（上）

经济学科课程思政
教学指南

主　编：王军生
副主编：李村璞　梁学平　郑开焰　刘赛红
　　　　倪国华　柴　建　徐凤敏　贾　彧

中国统计出版社
China Statistics Press

图书在版编目(CIP)数据

经济学科课程思政教学指南. 上 / 王军生主编. ——北京：中国统计出版社，2022.10
ISBN 978－7－5037－9987－7

Ⅰ.①经… Ⅱ.①王… Ⅲ.①高等学校－思想政治教育－教学研究－中国－指南 Ⅳ.①G641－62

中国版本图书馆 CIP 数据核字(2022)第 177394 号

经济学科课程思政教学指南(上)

作　　者	王军生
责任编辑	熊丹书
封面设计	李　静
出版发行	中国统计出版社有限公司
通信地址	北京市丰台区西三环南路甲6号　邮政编码/100073
发行电话	邮购(010)63376909　书店(010)68783171
网　　址	http://www.zgtjcbs.com
印　　刷	河北鑫兆源印刷有限公司
经　　销	新华书店
开　　本	880×1230mm　1/16
字　　数	1307 千字
印　　张	39.5
版　　别	2022 年 10 月第 1 版
版　　次	2022 年 10 月第 1 次印刷
定　　价	300.00 元(全两册)

版权所有，侵权必究。
如有印装差错，请与发行部联系退换。

前　言

2019年8月中共中央办公厅、国务院办公厅印发了《关于深化新时代学校思想政治理论课改革创新的若干意见》，进一步明确了推进高校课程思政建设的重要性和必要性。2020年5月教育部印发了《高等学校课程思政建设指导纲要》（以下简称《指导纲要》），要求把思想政治教育贯穿人才培养体系，全面推进高校课程思政建设。

《指导纲要》指出"专业课程是课程思政建设的基本载体。要深入梳理专业课教学内容，结合不同课程特点、思维方法和价值理念，深入挖掘课程思政元素，有机融入课程教学，达到润物无声的育人效果"。目前，课程思政的建设仍然存在一定的误区，专业教育和思政教育"两张皮"的问题亟待解决。在此背景下，为了落实立德树人根本任务，全面提高人才培养质量，西安财经大学联合西安交通大学、北京工商大学、天津商业大学、西安电子科技大学、西安外国语大学、湖南工商大学、福建江夏学院等高校，优选相关专业课教师，共同编撰出版《经济学科课程思政教学指南》，为经济学科相关专业开展课程思政建设提供参考。

课程思政建设旨在专业教育中将课程思政元素有机融入教学全过程，实现"育人""铸魂"的人才培养目标。从教书育人出发：理解落实"立德树人"对于专业课的意义；从协同育人出发：理解高校课程育人面临的育人环境的问题；从教育规律出发：遵循教育、认知和思想政治教育的规律；从教学要求出发：遵循课程要求，不改变本来的课程属性；从建设要求出发：将知识、能力和价值塑造与引导有机结合；从建设原则出发：实现显性教育和隐性教育的统一。

本书结合经济学科课程的特点，深入挖掘课程思政元素，以引导学生注重社会实践、关注现实问题，明确职业伦理和道德素养的重要性，将职业理想和职业道德等思政教育的重点内容融入专业课教学当中，贯穿于课程育人育才的全过程。

本书选择了经济学科各专业共计66门核心课程，从政治认同、家国情怀、文化素养、科学精神、时代担当、法治精神等多个维度将课程思政元素融入到各门课程的章节之中。在各门课程教学指南的编写中，提供了课程思政教学总体设计、各章节的主要思政元素分析、课程思政教学素材，以及相关思政元素融于具体知识点的课程思政教学实践，为经济学科专业课程开展课程思政提供了建设思路、建设方法以及必要的建设资源，具有较强的可操作性。

本书以经济学科专业人才培养为目标，以社会主义核心价值观为引领，传承中华优秀传统文化，弘扬革命文化，深化爱国主义、集体主义、社会主义教育，着力培养"有理想、敢担当、能吃苦、肯奋斗"担当民族复兴大任的时代新人。突出"育人""铸魂"的重点，结合专业课程的课程属性与专业教育的教育规律，立足于经济学科相关专业的一线课程思政教学实践，构建了经济学科课程思政教学体系，提出了经济学科课程思政的建设路径和评价方式，有利于促进课程资源在不同区域、类型的高校间共享共用。希望本书所提供的"课程思政教学总体设计"以及"课程各章节的课程思政教学内容设计"等内容，可以为相关课程的授课教师提供指导和参考。考虑到经济学科所涉及的相关专业与课程的丰富性，以及高校办学定位与教师教学方式的差异性，编者在此提醒读者，在各课程中所列出的思政维度以及各章节所列出的思政元素和课程思政教学实践，旨在提供有效的教学范式，并不意味着该课程的思政维度和思政元素局限于此。在掌握了课程思政的教学内涵和教学方式之后，相信广大经济学相关专业的一线教师会设计出更为精彩的课程思政教学方案。

在本书出版之际，感谢西安财经大学党委和西安财经大学经济学院党委的大力支持！感谢西安电子科技大学夏永林教授、西安美术学院沈宝莲教授以及西安交通大学、北京工商大学、天津商业大学、西安电子科技大学、西安外国语大学、湖南工商大学、福建江夏学院、西安财经大学马克思主义学院、中国统计出版社、西部证券股份有限公司等多个单位专家的指导和支持！特别感谢西安财经大学经济学院教务科长、系主任、专业负责人、课程负责人及8所高校266位参编教师在编撰、审核、校对、协调工作中的辛勤努力！同时本书在编撰过程中，参考借鉴了大量专业人士和机构的相关文献、案例及公开资料，在此表示诚挚的感谢！由于我们经验有限时间紧促，书中难免存在纰漏和不足之处，敬请广大师生和读者对本书提出宝贵的修改意见和建议。

编 者

2022 年 10 月

目　录

经济学类

《宏观经济学》课程思政教学指南 …………………………………………………（3）
《微观经济学》课程思政教学指南 …………………………………………………（25）
《政治经济学》课程思政教学指南 …………………………………………………（45）
《经济思想史》课程思政教学指南 …………………………………………………（80）
《经济史》课程思政教学指南 ………………………………………………………（99）
《发展经济学》课程思政教学指南 …………………………………………………（124）
《产业经济学》课程思政教学指南 …………………………………………………（144）
《新制度经济学》课程思政教学指南 ………………………………………………（162）
《〈资本论〉选读》课程思政教学指南 ………………………………………………（176）
《区域经济学》课程思政教学指南 …………………………………………………（191）
《社会经济调查方法》课程思政教学指南 …………………………………………（213）

金融学类

《金融学》课程思政教学指南 ………………………………………………………（231）
《国际金融》课程思政教学指南 ……………………………………………………（253）
《公司金融》课程思政教学指南 ……………………………………………………（271）
《金融工程》课程思政教学指南 ……………………………………………………（290）
《金融风险管理》课程思政教学指南 ………………………………………………（305）
《商业银行业务与经营》课程思政教学指南 ………………………………………（320）
《金融市场学》课程思政教学指南 …………………………………………………（343）
《互联网金融》课程思政教学指南 …………………………………………………（362）
《大数据与金融》课程思政教学指南 ………………………………………………（378）
《行为金融学》课程思政教学指南 …………………………………………………（397）
《信用管理学》课程思政教学指南 …………………………………………………（415）
《金融监管学》课程思政教学指南 …………………………………………………（431）
《证券投资学》课程思政教学指南 …………………………………………………（453）
《投资银行学》课程思政教学指南 …………………………………………………（471）
《融资租赁》课程思政教学指南 ……………………………………………………（485）
《保险学》课程思政教学指南 ………………………………………………………（504）
《风险管理》课程思政教学指南 ……………………………………………………（524）
《财产保险》课程思政教学指南 ……………………………………………………（539）

《保险营销学》课程思政教学指南 …………………………………………………………（558）
《人身保险》课程思政教学指南 ……………………………………………………………（577）
《保险精算学》课程思政教学指南 …………………………………………………………（595）
《保险法》课程思政教学指南 ………………………………………………………………（614）

经济学类

《宏观经济学》课程思政教学指南

李蓓蓓[1]　贾彧[1]　孙研[1]　李莉[1]　宋妍[2]　刘津汝[3]　董永祥[4]　徐小茗[5]
刘勇[1]　王薇[1]　李斌[1]　张文彬[1]　贾锐宁[2]　郑耀群[2]　许平祥[4]
程晶蓉[4]　魏蔚[4]　张伟进[3]　曾倩[3]　樊静[3]　曾先峰[3]

（[1] 西安财经大学　[2] 西安电子科技大学　[3] 西安外国语大学　[4] 天津商业大学　[5] 北京工商大学）

一、课程简介与课程目标

（一）课程简介

《宏观经济学》是中华人民共和国教育部规定的财经类专业核心课程之一，经济、管理类本科生的专业基础课，对学生后续其他专业课程的学习具有重要的基础性作用。课程以社会总体经济活动为研究对象，着眼于国民经济的总量分析。通过本课程学习，使学生熟练掌握宏观经济的基本指标、国民收入的决定模型、失业和通货膨胀、经济周期理论、经济增长理论以及宏观经济政策等内容；学会运用所学习的经济学分析工具，分析和阐释宏观经济运行中的各类经济现象和问题，探索宏观经济运行规律。帮助学生理解中国经济发展战略、法律法规和相关政策，引导学生深入社会实践、关注现实问题，帮助学生塑造正确的世界观、人生观、价值观，增强学生客观、理性、公允地预测和研判宏观经济发展趋势的能力，培育学生诚实守信、德法兼修的职业素养。

课程以马克思列宁主义、毛泽东思想、邓小平理论、"三个代表"重要思想、科学发展观和习近平新时代中国特色社会主义思想为指导，课程内容紧密结合中国经济社会发展成就和经济热点，运用大量的中国经济改革和发展的最新实践和成果，展现中国经验和中国智慧。采用课堂讲授、小组讨论、探究式教学、案例教学、情景教学、调查研究等多种教学方法，通过线上与线下相结合，将课内教学与课外实习实训相贯通，在引导学生构建现代宏观经济思维体系的同时，培养学生经世济民、爱党爱国的家国情怀，增强"四个意识"、坚定"四个自信"、做到"两个维护"，在思想和行为上自觉与党中央保持高度一致，成为能熟练掌握和运用宏观经济理论与方法、具有家国情怀、批判性思维、国际视野的应用型创新人才。

（二）课程目标

本课程为专业基础课程。通过本课程的学习，使学生能够达到以下目标：

1. 知识目标：理解和掌握现代宏观经济学的基本构架和分析逻辑；掌握宏观经济学基本原理、方法以及宏观经济运行机制；了解宏观经济学的学科理论前沿、应用背景和发展方向。

2. 能力目标：能够正确应用宏观经济学的基本原理对宏观经济现象和问题进行分析和阐释；能够运用适当的经济模型、图表和文字等，对现实宏观经济进行描述；能够从理论和实践层面解释宏观经济现象背后的产生原因和主要影响因素；能够针对长短期宏观经济问题初步提出解决对策和建议；能够预判并阐释财政政策、货币政策等宏观经济政策的经济社会效应等，具备一定的科学研究能力和创新精神。

3. 育人目标：(1)素质培育方面，培养问题意识、系统思维、大局意识、集体意识和全局观念。具有良好的专业素养，熟悉国家有关宏观经济战略、政策和法律法规，培育跟踪宏观经济形势、关注宏观经济学理论前沿、主动接受终身教育的习惯；能够掌握有效的学习方法，具备通过多种渠道构建和完善自我知识体系的能力；具备建立自主学习和探究创新的意识和信心，不断提高综合素质；具有一定的科学知识与科学素养以及良好的身心素质。(2)价值塑造方面，能够运用马列主义、毛泽东思想、邓小平理论、"三个代表"重要思想、科学发展观和习近平新时代中国特色社会主义思想的立场、观点和方法分析宏观经济问题，能够运用辩证唯物主义和历史唯物主义世界观和方法论对西方经济学主流思想开展批判性研究，在纵向比较中感受中国经济发展辉煌历史成就，在横向比较中理解中国宏观经济发展道路和治理效能，从而增强"四个意识"、坚定"四个自信"、做到"两个维护"。通过宏观经济学教学活动引导学生了解国情,维护国家利益;增强社会责任感和使命感,拥有服务经济社会发展的使命担当、经世济民的家国情怀、胸怀天下的开放心态;提出宏观经济政策时能综合考虑法律法规和经济社会可持续发展等因素,重视公众利益和社会利益,坚守和践行以人民为中心的发展思想,愿意为建设具有中国特色中国风格中国气派的宏观经济学新体系贡献心智力量。

(三)课程教材和学习资源

➢ 课程教材

《西方经济学》编写组.西方经济学(第二版)下册[M].北京:高等教育出版社,2019.

➢ 参考教材或推荐书籍

高鸿业.西方经济学(宏观部分)第八版[M].北京:中国人民大学出版社,2021(08).

➢ 学术刊物与学习资源

国内外经济类核心期刊。

学校图书馆提供的各种数字资源,特别是"中国知网"。

国家规划纲要与会议报告:《中华人民共和国经济和社会发展第十四个五年规划和 2035 年远景目标纲要》《中央经济工作会议报告》等系列文件。

➢ 推荐网站

思政在线平台学习资源库:"学习强国"、习近平重要讲话数据库、中国共产党思想理论资源数据库等。

中国高校思政学习平台:中国高校思政大讲堂、这就是中国、经济大讲堂等。

思政资讯与时事资源:央视财经评论、经济信息联播、经济半小时等。

中国国家政府及官方媒体网站资源:中国国家统计局官网 www.stats.gov.cn;中国政府网 www.gov.cn;新华网 www.news.cn;人民网 www.people.cn;光明网 www.gmw.cn 等。

二、课程思政教学总体设计

(一)课程思政建设的目标

《宏观经济学》课程思政建设,要结合本校办学定位、专业特色和人才培养要求,落实立德树人根本任务,深度挖掘提炼具有本课程特色的思想价值和精神内涵,准确把握课程思政建设方向和重点,科学设计课程思政建设总体目标和课堂教学具体目标,科学合理拓展课程的广度、深度和温度,实现价值塑造、知识传授和能力培养的高度统一。《宏观经济学》课程思政建设坚持以爱党、爱国、爱社会主义、爱人民、爱集体为主线,及时追踪学科前沿研究成果和经济发展、国家战略及相关政策的最新动态,努力构建中国特色学科体系、学术体系、话语体系,使课程思政建设具备政治性、时代性、特色性、实践性、灵活性和可操作性。

教师根据课程教学的知识目标、能力目标和育人目标,建议选择以下 10 个维度(包括但不限于)将课程思政教学目标融入其中,让知识点和课程思政教学点通过映射实现融合,进而形成宏观经济学课程教学目标体系。

1. 坚持思想引领

宏观经济学课程教学要以马列主义、毛泽东思想、邓小平理论、"三个代表"重要思想、科学发展观和习近平新时代中国特色社会主义思想为根本指导思想,重点是推进习近平新时代中国特色社会主义经济思想进教材、进课堂、进学生头脑。教师可以将习近平关于经济发展的重要论述有机融合在课程设计、课堂教学、研究讨论和考试测评中。

2. 实现政治认同

宏观经济学课程教学要引导学生认同中国共产党的领导、认同中国特色社会主义道路和制度体系。通过深入挖掘课程思政元素,引入丰富的案例素材,帮助学生深刻领会中国共产党领导下的宏观经济理论发展与实践,了解国家经济发展战略,增强学生对中国特色社会主义道路和制度的自信,培养学生强烈的社会使命感和责任感,从而认同"中国共产党为什么能、马克思主义为什么行、社会主义为什么好",增强学生的政治认同;引领学生充分认识中国共产党正确领导的意义和社会主义制度的优越性;将人类命运共同体理念作为培养学生国际化视野、现代思维的出发点。

3. 培育社会主义核心价值观

宏观经济学课程教学要将社会主义核心价值观、人民至上的立场以及和平、发展、公平、正义、民主、自由的全人类共同价值融入经世济民的学科专业价值塑造中，培养学生成为社会主义核心价值观的认同者和践行者。

4. 厚植家国情怀

宏观经济学课程基于国民经济的总量分析和构建宏观经济理论的微观基础等课程特征，用中国故事、中国精神作为宏观经济学重要的课程思政教学元素，通过中国经济发展的统计数据，让"数据说话"，使学生树立家国一体意识，鼓励学生将实现个人理想与为中华民族伟大复兴而奋斗紧密联系，引导学生增强中华民族伟大复兴的家国情怀。

5. 提升文化素养

宏观经济学课程注重将中华优秀传统文化融入到相关知识点中，通过引导学生阅读经典原著和学科文献，帮助学生理解宏观经济理论，培养学生阅读习惯，使学生思想得到升华；通过提炼中华优秀传统文化的思想精华，让弘扬真善美、传播正能量成为学生人文素养的有机组成部分，增强他们的文化自信和文化素养，使学生在潜移默化中成为优秀传统文化的认同者和传承者。

6. 养成科学精神

宏观经济学课程注重培育学生的科学精神。在教学中让学生了解科学精神的内涵与构成要素，以及它的整体结构，引导学生自觉地坚持和运用辩证唯物主义世界观和方法论，培养学生的战略思维、历史思维、辩证思维和创新思维，鼓励学生勇于探索、大胆创新。

7. 培育问题意识

宏观经济学源自人类经济社会活动的重大现实问题。宏观经济学课程教学要引导学生结合中国和世界经济发展中的现实问题开展研究性学习，培育学生问题意识，引导学生更好地认识中国国情，从而增强提出贴近中国实际的战略方案的能力。

8. 养成良好的职业道德修养

良好的职业道德修养有助于个人发展、有助于行业持续健康发展。宏观经济学课程通过正反面案例分析，引导学生理解职业道德修养是从业人员在道德意识和道德行为方面的自我锻炼及自我改造中所形成的职业道德品质以及达到的职业道德境界。经济管理类职业道德的基本规范包括：爱岗敬业、遵纪守法、诚实守信、业务优良、服务群众、奉献社会等。

9. 强化法治意识

通过本课程学习，帮助学生了解宏观经济领域的主要法律法规和相关政策，领会社会主义法治建设坚持以人民为中心，把保障人民权益作为法治的根本目的，以及促进经济、文化、社会等各方面权利得到落实的意义。培养学生牢固树立个人遵纪守法的意识和底线思维，激励学生自发崇尚、遵守和捍卫法律，为中国经济改革和法治建设贡献自己的力量。

10. 拓展国际视野

面对百年未有之大变局，实现"两个一百年"奋斗目标、实现中华民族伟大复兴，要求宏观经济问题的研究要具有全球视野。在新时代、新理念、新格局下，国家的经济社会发展尤其需要更多的具有国际视野的高素质人才。本课程通过中外宏观经济实践的对比分析，引导学生拥有进取开拓的精神和更加开放包容的态度，展现中国人民的世界情怀，不断增进全球视野。

(二)课程思政教学内容

结合课程思政的目标，《宏观经济学》课程思政的内容主要包括但不局限于以下几个方面：

1. 以马克思主义中国化时代化最新成果为指导

课程以马克思主义世界观和方法论为指导，积极推进习近平新时代中国特色社会主义思想进教材、进课堂、进头脑。坚持以马克思主义中国化时代化最新成果为指导，展示中国特色社会主义市场经济运行的独特规律，将党百年奋斗成功经验与课程内容紧密结合，帮助学生从党和国家长治久安、从社会主义前途命运的高度，理解新时代应该建设什么样的社会主义现代化强国、怎样建设社会主义现代化强国等重大时代课题。

2. 坚定政治立场,具备良好的思想品德和文化素养

本课程通过深入挖掘课程思政元素,引入丰富的案例素材,讲好中国故事,帮助学生深刻领会中国共产党领导下的社会主义建设所取得的重大成就和历史经验,培育学生的家国情怀和社会责任感,引导学生增强"四个意识"、坚定"四个自信"、做到"两个维护",敢于纠正不当言行。从经济学角度解析法律法规和政策,帮助学生牢固树立法治意识、廉洁意识和集体意识,培养品行端正、爱岗敬业和富有团结精神的高素质专业人才。通过中华优秀传统文化的浸润,提高学生的文化素养。

3. 熟悉中国国情,具备良好的专业素养

本课程的讲授内容通过加入大量中国经济发展改革的最新实践,并采用丰富多样的教学形式,解析国家发展战略和宏观经济政策,帮助学生了解中国的国情、社情、民情,将中国实践和一般宏观经济理论有机结合,使之掌握较为系统的宏观经济专业知识,了解数字化、网络化、智能化对宏观经济格局深刻改变,了解我国经济运行机制、改革动态和发展方向,具备良好的专业素养。

4. 富有科学精神,具备良好的研究能力

本课程注重培养学生的科学精神和创新意识,将专业知识传授与研究能力培养相融合,帮助学生了解学术研究的基本规范,夯实研究基础,并运用所学的经济学研究方法,开展与课程相关的问题研究。提倡"把论文写在祖国大地上"的研究精神,敢于理论创新,为加快构建中国特色宏观经济学学科体系、学术体系、话语体系而不断努力。

5. 关心宏观经济现实问题,深入经济社会实践

本课程倡导经世济民和知行合一的精神,注重理论与实践相结合,鼓励学生通过资料收集、实习实训、实地调研等途径,了解宏观经济领域的重点难点问题,并结合所学专业知识进行研讨,提高学生解决经济社会实际问题的能力,激发其对宏观经济现实问题的感知,切实做到理论与实践紧密结合,成为经世济民的专业人才。

(三)教学方法

本课程积极推进教学模式创新,为协调"教"与"学"之间的关系,采用"讲授式+主动式+协作式"的教学方式,将知识传授、知识迁移与知识体系构建相融合;倡导采用翻转课堂、线上线下融合教学,将教师讲授与学生小组研讨、课堂教学与社会实践、田野调查、第二课堂相融合;推进教学方法改革,倡导综合运用以问题为导向的课堂讲授法、案例教学法、情景式教学法、小组协作式教学法、统计调查研究法等多种教学方法,将宏观经济学的理论知识讲活讲精,引导学生自主构建现代宏观经济知识体系,培育学生社会主义核心价值观,提升学生运用科学方法分析和解决实际问题的能力,强化学生的团队合作精神,增强学生的组织协调能力;使学生自觉关注世情党情国情民情,增强社会责任感和时代使命感。

三、课程各章节的课程思政教学内容

第一章 宏观经济的基本指标及其衡量

专业教学目标

使学生熟知 GDP、价格水平、失业等宏观经济指标的内涵和核算方法,能够运用基本经济变量对宏观经济进行刻画,为后续深入学习宏观经济理论奠定基础。

【知识目标】

1. 掌握 GDP 的内涵及其核算方法,明确名义 GDP 与实际 GDP 的区别和联系,熟悉与 GDP 相关的其他指标。
2. 掌握价格水平及其衡量方法,理解通货膨胀的概念。
3. 掌握失业的类型,理解充分就业和自然失业率的概念。
4. 理解与 GDP 相关的宏观经济问题。

【能力目标】

1. 具备运用基本宏观经济变量对宏观经济运行状态进行刻画的能力。
2. 掌握宏观经济基础分析工具与方法,具备对宏观经济运行结果展开分析的能力。

3. 培养学生自主探究学习的意识,强化经济学思维方式,提高运用经济学方法分析和解决现实问题的能力。

课程思政教学目标及实践

【育人目标】

1. 思想引领　将中国与世界经济发展进行对比,让学生准确把握世界经济发展格局的变化和中国的贡献,深刻体会中国特色社会主义理论体系的先进性和思想精髓。

2. 政治认同　将国民经济核算与中国经济总量变化的实践相联系,使学生明确中国经济高速增长形成的原因,明确中国共产党领导的中国道路正确性以及社会主义制度的优越性,坚定"四个自信"。

3. 社会主义核心价值观　根据GDP增长的来源分析不同的经济增长方式,引导学生思考生态环境、社会福利与经济增长之间的关系,树立起正确的中国特色社会主义核心价值观。

4. 家国情怀　通过对宏观经济指标的拓展,使学生明确中国崛起背后的艰辛,启发学生思考未来中国如何由经济大国转变为经济强国,肩负起建设社会主义现代化强国的时代使命。

5. 科学精神　结合我国现实的宏观经济实践背景,组织学生探讨现存的GDP核算体系的弊端,以及数字经济如何完善GDP核算,提升学生科学研究素养和探索创新精神。

6. 职业道德修养　通过对失业类型及现阶段经济运行中失业结构的分析,引导学生制定正确的个人发展规划,加强自身的知识积累和专业技能训练,培育良好的职业道德修养。

【教学方式与方法】

1. 自主探究学习:以慕课、网络视频、学术论文为教学资源,让学生线上学习相应的基础专业知识点,线下自主阅读文献资料,对所学内容形成感性认识,提升学生学习的自主意识和积极性。

2. 课堂讲授:讲授宏观经济指标的基本知识(GDP的含义和衡量方法,价格水平的主要衡量指标,失业的衡量指标等),让学生系统地掌握基本经济原理。

3. 课堂展示与讨论:学生展示并报告新中国成立以来我国经济总量及所处地位的变化,分小组讨论中国经济发展成效背后的原因,感知中国共产党领导和中国道路的正确性。

4. 学习效果测评:学生围绕本章的重要知识点对自主探究和小组合作的学习效果进行汇报和自评,各小组之间相互评价,教师对学生整体参与情况、知识掌握程度及不足之处进行点评。

【课程思政教学实例】

案例材料1:中国经济增长的成就

(1)案例简介

鸦片战争以及后来的帝国主义侵略让中国的经济跌落到谷底,1850—1870年经济出现负增长。中国经济的显著变化出现在中华人民共和国成立之后,特别是改革开放之后,对于一个十多亿人口的大国,在人均资源和资本积累都不是很丰富的条件下,实现了持续四十多年的高速经济增长,这是世界经济史上的壮丽一页。这一时期中国经济平均年增长率为9.7%,远超同一时期其他主要经济大国的增长率。从世界经济格局变化来看,1900年,英国、美国、法国、德国、意大利、俄国、日本、奥匈帝国,8国的GDP按照购买力评价计算占世界的50.4%。2000年,英国、美国、法国、德国、意大利、俄国、日本、加拿大的经济总量占全世界的47%。美国GDP占世界经济的比重为30.42%,欧盟为21.54%,日本为14.74%,中国仅为3.59%。2020年,美国占世界经济的比重为24.41%,中国为16.34%,与欧盟27国的总量相当。

资料来源:腾讯网,林毅夫解读"百年未有之大变局"背后:全球经济格局的最大变化是中国崛起,2022—1—12.

(2)案例的思政元素

①思想引领。通过将中国与世界经济发展对比,让学生深刻理解和体会中国特色社会主义的发展目标和优越性,推进新时代中国特色社会主义思想理论体系进课堂、进学生头脑。

②政治认同。通过对新中国经济发展历史成就的了解,使学生明确中国共产党领导的正确性,认同"中国共产党为什么能、马克思主义为什么行、社会主义为什么好"。

③社会主义核心价值观。通过对不同阶段中国经济发展战略变化的学习,使学生理解人民至上、共同富裕的终极发展目标,树立国家富强民主、社会公平正义的价值观。

(3)教学手段

①课堂讲授+网络资源:通过视频、数据资料引出中国经济增长历史变化,让学生了解中国崛起的历

史,明确中国制度的优越性,引导学生坚定"四个自信",坚定不移地走中国道路。

②自主探究＋小组讨论:引导学生搜集与主题相关视频、文献、数据等资料,让学生自己整理并在课堂上展示、讨论,通过自主探索、知识共享等方式提高学生的参与度和体验感。讨论结束后各小组总结学习效果并进行互评,教师对探究学习情况进行综合点评。

案例材料2:数字经济——经济增长的新动能

(1)案例简介

2020年,新冠肺炎疫情对各国经济造成不同程度的冲击。根据世界银行统计数据,2020年全球GDP同比下滑3.6个百分点。在这场百年不遇的公共卫生危机中,数字经济表现出强大韧性。2020年,数字经济增加值规模达到32.6万亿美元,全球数字经济占GDP比重达到43.7%。2020年全球经济深度衰退,主要国家经济均出现负增长,在测算的47个国家中,有35个国家GDP为负增长,47个国家GDP平均同比名义增速为－2.8%。在此背景下,2020年全球数字经济同比名义增长3.0%,显著高于同期GDP增速5.8个百分点。从整体态势看,数字经济在国民经济中的核心地位不断巩固,数字经济已经成为应对全球经济下行压力的稳定器。同时,数字经济也成为稳就业的重要途径。根据中国信息通信研究院测算数据,2018年中国数字经济领域就业岗位达到1.91亿个,占全年就业总人数的24.6%。其中数字产业化领域就业岗位达到1220万个,产业数字化领域就业岗位达到1.78亿个。

资料来源:人民邮电报,数字经济对全球经济贡献持续增强.2021－9－29.

(2)案例的思政元素

①国际视野。通过对中国经济发展战略的分析,引导学生理解中国抓住新一轮科技革命和产业变革实现强国目标的重要性和困难性,让学生树立积极的开拓进取精神。

②问题意识。通过对数字经济下经济社会的新机遇和新挑战的分析,引导学生不断观察新现象、发掘新问题,提升运用科学方法解决现实问题的能力。

③职业道德修养。将科技革命引领下经济社会发展与个人职业发展相联系,引导学生树立正确的职业观,不断提升自身的专业技能、职业修养和创新潜力。

(3)教学手段

线上线下混合式教学:运用网络学习平台,将案例及课前导读以线上形式展现。在知识点失业的类型中,引出数字经济背景下中国产业结构的变动导致就业结构的变化趋势。课后组织学生以小组研讨方式寻找案例,展示中国如何应对新的信息技术冲击,个人如何适应技术冲击下就业需求结构的变化。同时,启发学生探究如何完善国民经济核算体系以实现对数字经济的准确核算。

第二章 国民收入的决定:收入—支出模型

专业教学目标

本章主要阐述凯恩斯主义的简单国民收入决定理论。通过本章学习使学生掌握从产品市场总需求变动角度分析均衡国民收入的决定、实现国民收入均衡的条件以及影响需求的乘数机制。

【知识目标】

1. 掌握短期均衡国民收入决定的基本原理。
2. 掌握两部门经济下,家庭消费和企业投资的影响因素,均衡国民收入决定的条件,以及相关政策效果。
3. 了解政府和国外需求对总需求的影响。
4. 掌握乘数理论。

【能力目标】

1. 通过掌握国民收入决定原理,提高学生分析均衡国民收入决定的能力。
2. 通过理解影响总需求各部分的决定因素,培养学生分析政策效果的能力。
3. 通过熟练计算乘数效应,提高学生运用定量分析方法的能力。

课程思政教学目标及实践

【育人目标】

1. **思想引领** 运用马克思主义政治经济学原理,引导学生认识简单国民收入决定理论的局限性。加深学生对习近平新时代中国特色社会主义理论的科学性和时代性的认知和认同。

2. 科学精神　　引导学生了解中国经济发展的特点和事实,辩证地分析中国的现实,而非照搬西方理论。

3. 政治认同　　通过分析总需求结构的宏观数据变化,帮助学生理解"扩大内需"战略,符合我国发展阶段和理论支持,增强学生的政治认同。

4. 社会主义核心价值观　　将马克思主义政治经济学和西方经济学相结合,引导学生理解"人民日益增长的美好生活需要和不平衡不充分的发展之间的矛盾"的现实背景和理论内涵,体现中国特色社会主义以人为本的社会主义核心价值观。

5. 国际视野　　以"国外需求"对我国国民收入决定的影响为切入点,引导学生以国际视野理解中国和世界之间密不可分的关系,提高学生对比中外经济问题的分析能力。

6. 家国情怀　　通过消费、投资、政府和国外等需求对我国国民收入增长贡献率变化和相关政策效果的事实描述,以及中外经济发展的数据对比,增强学生的民族自豪感。

7. 文化素养　　尝试引导学生结合中国传统文化探讨西方经济学中消费理论的局限性,增强学生的文化自信。

8. 法治意识　　以"政府需求"对国民收入影响为切入点,帮助学生了解政府的作用,以及相关政策必需依法依规制定、落实和被监督,培养学生的法治意识。

9. 问题意识　　引导学生结合中国和世界经济发展中"需求结构的变化和影响""相关政策效果"以及"乘数效应"等现实问题展开研究,培养学生提出贴近中国实际的、有参考意义方案的能力。

【教学方式与方法】

1. 课堂讲授:讲授均衡国民收入决定的相关理论、影响因素、政策效果以及乘数效应。

2. 课堂展示与讨论:老师提出与章节知识点相关的时事问题和社会热点,通过"头脑风暴"的形式组织学生小组讨论并展示。

3. 学习测评:包括老师对课堂展示与讨论的点评和对学生知识目标完成情况的测评。

4. 课后拓展:学生根据老师提供的相关经典文献和数字资料,撰写阅读笔记等进行拓展学习。

【课程思政教学实例】

案例材料1:构建以国内大循环为主体、国内国际双循环相互促进的新发展格局

(1)案例简介

"构建以国内大循环为主体、国内国际双循环相互促进的新发展格局"是党中央根据我国发展新阶段和国际错综复杂的环境变化所提出的前瞻性战略布局。"国内大循环为主体"的现实背景是我国国民经济增长已由外需转向内需推动,其中消费和投资是国内大循环的基础。我国14亿人口和预计2035年增加到8亿的中等收入人群购买力是扩大消费需求的动力。同时,我国正处在新型工业化、信息化、城镇化、农业现代化和智能化等产业深化的新阶段,是实现扩大投资需求的基础。大循环使经济在生产、分配、交换和消费等环节畅通无阻,从而提升社会的再生产能力。目前,阻碍国内大循环的因素不仅有需求端问题,也有供给侧因素,因此需要不断深化供给侧结构性改革,实现供给与需求在数量和结构上的均衡和匹配。

此外,国际逆全球化、单边主义、保护主义和霸权主义等导致全球供应链面临重构的巨大风险,因此激发国内需求尤为重要。但是,以国内大循环为主并不是忽视国际需求,而是通过繁荣国内经济,使内市场与国际市场更好地相连接,共同推动我国经济高质量发展。

资料来源:①《预计到2035年中国中等收入群体将增至8亿》,长江日报,2021-12-04,https://baijiahao.baidu.com/s?id=1718225235210421130&wfr=spider&for=pc.

②蒋博,李明.习近平关于构建"双循环"新发展格局重要论述的四维价值向度[J].江西财经大学学报,2022,(01):3-11.

(2)案例的思政元素

①思想引领。加强学生对习近平新时代中国特色社会主义新发展格局的科学性和时代性的认知和认同。

②科学精神。培养学生运用科学的思维方式认识"双循环"是以贴近中国经济的实际情况出发,是从需求和供给、总量和结构等多层次多角度的选择。

③政治认同。帮助学生深入理解"新发展格局"符合我国发展阶段、环境和条件的现实背景和理论支持,增强学生的政治认同。

④问题意识。引导学生对比中国和世界经济,对"如何扩大内外需"的现实问题展开研究性学习,增强以解决问题为导向、探索符合中国国情的可行性方案的能力。

⑤法治意识。帮助学生了解政府在推出"双循环"相关政策时必需依法依规制定、落实和被监管,培养学生的法治意识。

⑥国际视野。以"如何实现国内国际双循环相互促进"为切入点,引导学生学习和分析国际经验,培养学生的国际视野。

(3) 教学手段

①小组讨论和展示:围绕"新发展格局"的实现路径、政策体系、面临的困境和解决对策以及对中国乃至世界的影响等方面提出问题。以问题为导向,引导学生收集理论依据与实践数据;通过小组展示、讨论,增强学生对习近平新时代中国特色社会主义经济思想的认识和理解。

②学习测评:通过教师提问,对学生在"新发展格局"相关问题学习情况进行测评。根据教师编制的"新发展格局相关问题测评表"进行小组评价和互评。

案例材料 2:扩大国内需求的政策工具——消费券

(1) 案例简介

自新冠肺炎疫情发生以来,虽然我国率先恢复经济正增长,但由于境外疫情控制失力,导致我国局部疫情频发,"双循环"新发展格局受到严峻挑战。与美国等西方国家发放现金补贴不同,消费券专用于消费且有消费时效,可以快速且直接地转化为消费需求,既可以带动消费增长,又有利于提高老百姓的生活福利,还可以促进生产。自 2020 年 3 月以来,中央政府以财政资金方式支持各地方政府发放消费券,包含必需品和可选商品服务,重点保障低收入人群和支持餐饮、商场、文化、旅游等接触型消费行业。根据东吴证券研究数据显示,截至 2020 年 5 月初,全国累计发放消费券超 190 亿元,刺激消费效果明显。2022 年 4 月 20 日,国务院办公厅印发《关于进一步释放消费潜力促进消费持续恢复的意见》,各地政府开始新一轮的消费券政策,增加绿色消费和家电产品消费支持。据国家统计局数据显示,6月份的社会消费品零售总额同比增长 3.1%。

资料来源:①汤军,宋小雯.政策暖风吹向消费券,两轮消费券复盘与对比[R].苏州:东吴证券研究所,2022.
②林善浪.激发消费潜能是促进经济持续向好的关键[J].人民论坛·学术前沿,2020,(12):45—55.

(2) 案例的思政元素

①思想引领。引导学生理解为何促消费是"双循环"的重要引擎。加深学生对"新发展格局"的科学性和时代性的认知和认同。

②问题意识。引导学生对消费券的现实问题展开研究,分析消费券的效果和局限性,增强学生的问题意识。

③文化素养。尝试引导学生探讨中国传统文化对消费的影响。

④政治认同。结合马克思主义政治经济学,引导学生分析我国的消费券政策与国外现金补贴政策的优劣和效果,增强学生的政治认同。

(3) 教学手段

①小组讨论和展示:围绕消费券局限性、形式创新以及经济效果等方面提出问题;提升学生阅读相关文献和收集微宏观数据的能力;引导学生讨论、展示和分享各自观点;增强学生对消费券政策的认知。

②学习测评:通过教师提问对学生在"消费券"相关问题学习情况进行测评。根据教师编制的"消费券相关问题测评表"进行小组评价和互评。

第三章 国民收入的决定:IS-LM 模型

专业教学目标

IS-LM 模型是宏观经济学短期经济波动分析的基本理论工具。该模型描述了产品市场与货币市场相互影响、相互依存关系以及产品市场和货币市场的均衡条件。通过本章学习,帮助学生理解凯恩斯主义的经济理论、政策主张及其效果。

【知识目标】

1. 掌握在一般物价水平不变的假定下,产品市场和货币市场分别达到均衡和变动所需的条件,以及两个市场同时达到均衡和变动所需的条件。

2. 在产品和货币市场的分析框架中说明均衡利息率与均衡收入的决定,进而深入理解凯恩斯主义的经济理论、政策主张及其效果。

【能力目标】

1. 通过掌握IS-LM模型的理论推导思路,构建一般均衡在经济学中的推演过程,实现IS-LM均衡分析与收入－支出均衡分析、AD-AS均衡分析等知识联系,培养学生举一反三的能力。

2. 通过讨论式和示范式教学,塑造从理论学习到中国实践导入、知识补充到宏观经济思维训练的学习过程,培养学生自主性学习知识的能力。

3. 通过将中国宏观经济实践引入课堂,逐步形成运用经济学知识分析世情国情民情的能力。

课程思政教学目标及实践

【育人目标】

1. 思想引领　在习近平新时代中国特色社会主义经济思想的引领下,通过利率决定的分析,使学生明确完善中国利率市场化改革,将深化金融供给侧结构性改革,促进经济高质量发展和形成新发展格局。

2. 政治认同　通过IS-LM模型分析,理解宏观经济政策对经济发展的调节作用,从马克思主义经济理论和中国实践两方面引导学生,认同中国共产党的领导和社会主义制度的优越性。

3. 家国情怀　通过将宏观调控实践与中国经济社会发展相联系,使学生明确中国共产党领导的中国道路的正确性以及完成中华民族伟大复兴任务的艰巨性,启发学生构建现代宏观经济思维,努力成为社会主义事业的建设者和接班人,勇担历史重任。

4. 法治意识　通过讲解宏观经济政策对IS-LM模型均衡的影响,结合宏观调控法,帮助学生明晰市场化和宏观调控均要求遵守法制和依法干预,教育学生树立法治意识,养成遵纪守法的品格。

5. 问题意识　通过IS曲线含义和推导的内容教学,启发学生提出利率—投资—国民收入的推演关系,培养其提出问题并解决问题的能力。

6. 国际视野　在本章教学中融入马克思主义经济理论,通过比较剖析西方宏观经济学各流派宏观调控理论,拓展学生国际视野。

【教学方式与方法】

1. 自主学习:线上学习慕课中IS-LM模型章节的知识点,线下自主阅读文献资料,绘制思维导图,撰写阅读笔记,完成线上课前测评。

2. 课堂启发引导:注重以问题为导向,着重分析IS-LM模型与收入－支出模型的区别,包括模型的假设、推导、结论等。

3. 课堂讨论与测评:展示教学案例材料,学生分小组进行讨论并总结发言,教师就讨论内容做现场点评。

【课程思政教学实例】

案例材料1:我国利率市场化改革实践

(1)案例简介

党中央、国务院高度重视利率市场化改革。我国利率市场化改革从20世纪80年代起步,1982年国务院授予中国人民银行20%的浮动权限、1999年中国人民银行扩大贷款利率浮动幅度、2003—2004年贷款利率实行下限管理、2012—2013年贷款利率取消浮动下限、2015年实现存款利率全面放开、2019年新发贷款参考贷款市场报价利率(LPR)定价,浮动利率贷款采用LPR作为定价基准。随着利率市场化改革进程,还有很多难点需要突破。

资料来源:中国人民银行网站资料整理。

(2)案例的思政元素

①思想引领。在习近平新时代中国特色社会主义经济思想的引领下,通过中国利率市场化改革案

的学习讨论，使学生明确完善利率市场化改革，将深化金融供给侧结构性改革，促进经济高质量发展和形成新发展格局。

②政治认同。在中国共产党的领导和科学决策下，通过利率市场化改革，发挥利率优化金融资源配置的作用，提升宏观调控效果，用事实引导学生，认同中国共产党的领导。

③法治意识。利率市场化要求参与主体遵循市场规则，遵守法治，才能发挥其正向效果，教育学生树立法治意识，养成遵纪守法、诚实守信的品格。

(3) 教学手段

①翻转课堂——支架与高阶：IS-LM模型章节的慕课资源为翻转课堂提供支架；课堂展示我国利率市场化改革实践资料，通过分组进行思辨讨论实现课堂高阶性、高效性。

②知识点＋实事＋思政——贯穿融合：在知识点"利率的决定"中结合中国利率市场化改革实践分析讨论，增强对学生的思想引领、政治认同和法治意识的思政教育。

③学习测评——实时呼应：根据学生对利率市场化实践问题的讨论，教师进行现场点评。

案例材料2：财政货币政策有效协同 提振需求稳增长

(1) 案例简介

2022年二季度中国经济实现了正增长，经济企稳回升态势明显，但经济下行压力依然存在。中国经济网专栏作者乔瑞庆2022年8月6日发表文章认为："经济企稳回升更多地表现在供给端，而需求端恢复相对滞后，当务之急是切实提振需求稳增长。因此，财政政策应侧重引导激励社会有效需求增加，货币政策应侧重保持物价稳定、降低社会融资成本。"中国人民银行2022年下半年工作会议提出，综合运用多种货币政策工具，保持流动性合理充裕；引导金融机构增加对实体经济的贷款投放，保持贷款持续平稳增长；引导实际贷款利率稳中有降。这对稳定预期、引导社会投资增加、持续提振需求具有很强的导向作用。

资料来源：乔瑞庆. 财政货币政策有效协同提振需求稳增长[J]. 中国经济网 http://views.ce.cn/view/ent/202208/06/t20220806_37940029.shtml.

(2) 案例的思政元素

①政治认同。通过IS-LM模型学习、结合案例，体会在中国共产党的领导下货币政策主动精准配合使得积极财政政策产生良好效果。用事实引导学生，认同中国共产党的领导。

②家国情怀。在国际形势和疫情等不确定因素的情况下，结合案例说明我国经济下行压力依然存在，启发学生构建现代宏观经济思维，增强学生为中华民族伟大复兴而奋斗的家国情怀。

③国际视野。通过案例分析，启发学生分析IS-LM模型的局限性，体会需求侧的调节和供给侧的无力，探求西方经济学其他理论的合理解释和马克思主义经济理论的解读，拓展其国际视野。

(3) 教学手段

①翻转课堂——支架与高阶：IS-LM模型章节的慕课资源为翻转课堂提供支架；课堂展示财政货币政策实践，通过分组思辨讨论实现课堂高阶性、高效性。

②知识点＋实事＋思政——贯穿融合：在知识点"IS-LM模型均衡的变动"结合财政货币政策实践分析讨论，增强学生的政治认同、家国情怀和国际视野。

③学习测评——实时呼应：根据学生对财政货币政策实践问题的讨论，教师进行现场点评。

第四章 国民收入的决定：AD-AS模型

专业教学目标

AD-AS模型描述商品市场、货币市场和劳动力市场同时均衡时国民收入和价格水平的相互关系。通过本章学习，帮助学生理解凯恩斯主义的总需求模型、古典主义与新古典主义的总供给模型，了解需求侧和供给侧宏观经济调控的政策主张及效果。

【知识目标】

1. 掌握总需求曲线的含义和推导过程，理解总需求曲线的利率效应和实际余额效应，掌握价格水平变动、财政和货币政策变动对总需求的影响。

2. 掌握总供给曲线的含义和推导过程，掌握不同类型的总供给曲线及其特性。

3. 理解 AD-AS 模型的一般情况、短期极端情况和长期情况下的特征，了解 AD-AS 模型对生产能力变动、资源供给变动等供给冲击的反应。

【能力目标】

1. 构建一般均衡在经济学中的推演过程，实现 AD-AS 均衡分析与 IS-LM 均衡分析知识点联系，培养学生举一反三的能力。
2. 从理论学习拓展到宏观经济思维训练，培养学生的科学研究能力。
3. 运用 AD-AS 模型分析中国宏观经济现象，提升学生从需求侧及供给侧分析经济政策的能力。

课程思政教学目标及实践

【育人目标】

1. 思想引领　通过 AD-AS 模型分析数字经济对双循环新发展格局的支撑作用，深刻体会习近平新时代中国特色社会主义思想的重要理论创新成果，有效实现社会主义核心价值观引领。
2. 政治认同　通过 AD-AS 模型理解《中华人民共和国经济和社会发展第十四个五年计划和 2035 年远景目标纲要》，引导学生明确中国共产党领导的中国道路的正确性。
3. 家国情怀　将 AD-AS 模型与中国宏观经济的亮眼数据相联系，坚定"四个自信"，激发学生为中华民族伟大复兴而奋斗的历史责任感和担当精神。
4. 科学精神　借助 Matlab 等软件模拟 AD-AS 模型运行结果，提供经济波动的科学解释及未来趋势的研判。持续追踪国际学术理论和技术前沿，坚持科研报国，为中国宏观经济发展建言献策。

【教学方式与方法】

1. 课堂讲授：运用 AD-AS 模型分析中国宏观经济现象、成因与解决方案，培育和实践社会主义核心价值观，增强学生民族自豪感和认同感。
2. 自主学习：通过阅读慕课资源和在线文献，借助计量分析软件模拟 AD-AS 模型运行结果，解释经济波动和研判发展趋势，培养学生的科研能力和探索精神。
3. 课堂展示与讨论：在 AD-AS 框架下针对中国宏观经济发展具体问题组织讨论，通过课堂展示、师生思辨讨论实现以学生为中心、增强学生实践分析能力的目标。

【课程思政教学实例】

案例材料 1：数字经济支撑双循环新发展格局

(1) 案例简介

《中华人民共和国经济和社会发展第十四个五年计划和 2035 年远景目标纲要》指出要推动数字经济和实体经济深度融合，加快构建以国内大循环为主体、国内国际双循环相互促进的新发展格局。2020 年以来，数字化发展为双循环新发展格局形成提供强大推动力。国内需求方面，一是数字经济投资迅猛发展。2022 年上半年，我国计算机、通信和其他电子设备制造业投资同比增长 19.9%，高于固定资产投资 13.8 个百分点，5G 基站、大数据中心、人工智能和工业互联网等数字经济新基建投资高速增长，其中 5G 基站新增 42.9 万个，直接拉动投资超 1500 亿元，同比增加 125%。二是数字经济消费助推消费升级。2022 年上半年，全国网上零售额达 6.3 万亿元，同比增长 3.1%，高于社会消费品零售总额增速 3.8 个百分点，占比提升至 22%，对社会消费品零售额增长的贡献率接近 30%。从进出口方面看，数字经济贸易稳步增长，促进高水平双循环。据海关总署统计，2021 年，我国跨境电商进出口总额达 1.98 万亿元，增长 15%。

资料来源：①笔者根据"2022 上半年我国数字经济形势分析报告，21 财经，2022 年 8 月"节选而成。
②国家统计局、CEIC、中国数字金融合作论坛。

(2) 案例的思政元素

①思想引领。结合习近平新时代中国特色社会主义经济思想，引导学生认识到发展数字经济，构建国内国际双循环新发展格局是当前以及未来较长时期我国经济发展的战略方向。

②政治认同。通过《中华人民共和国经济和社会发展第十四个五年计划和 2035 年远景目标纲要》的顶层设计，使学生认识到我国经济和社会建设离不开党的领导和科学决策。

③家国情怀。学生能够更加深入地认识到我国数字经济发展所取得的巨大成就，培育和实践社会主义核心价值观，增强学生民族自豪感和认同感以及为中华民族伟大复兴而奋斗的家国情怀。

(3)教学手段

①课堂讲授法:在知识点"总需求函数"中介绍我国数字经济发展对消费、投资、进出口等形成的巨大影响,推动双循环新发展格局的形成,培育社会主义核心价值观,增强学生民族自豪感和认同感。

②小组讨论法:发起关于数字经济的主题讨论,例如:数字经济如何支撑双循环新发展格局。引导学生了解数字经济发展的现状、影响因素及未来发展趋势。启发学生思考我国推动数字经济发展的必要性,明确党中央在我国经济发展中的思想引领作用。

案例材料2:疫情冲击下宏观经济政策应对

(1)案例简介

自新冠肺炎疫情发生以来,中国政府始终坚持稳中求进工作总基调,持续做好"六稳""六保"工作,经济发展和疫情防控保持全球领先地位。2021年中央经济工作会议提出我国经济发展面临需求收缩、供给冲击、预期转弱三重压力,经济工作要稳字当头、稳中求进,各地区各部门要担负起稳定宏观经济的责任,要积极推出有利于经济稳定的政策,政策发力适当靠前。2022年上半年中国再次受到新冠肺炎疫情多点散发的影响,7月28日召开的中共中央政治局会议指出,对疫情防控和经济社会发展的关系,要综合看、系统看、长远看。要坚持人民至上、生命至上,坚持外防输入、内防反弹,坚持动态清零……要坚决认真贯彻党中央确定的新冠肺炎疫情防控政策举措,保证影响经济社会发展的重点功能有序运转。强调宏观政策要在扩大需求上积极作为。财政货币政策要有效弥补社会需求不足。

资料来源:根据新华社文章《勇毅笃行长风万里——习近平总书记引领中国经济社会发展稳中求进述评》节选而成。http://www.gov.cn/xinwen/2022-06/16/content_5696102.htm。

(2)案例的思政元素

①思想引领。通过分析新冠肺炎疫情防控政策举措,引导学生理解我国经济发展的根本立场是以人民为中心的发展思想。

②政治认同。中国经济和社会建设离不开党的领导和科学决策,在应对经济外部冲击时,党和人民始终站在同一战线。

③家国情怀。深刻认识到中国经济发展面临的机遇与挑战,增强学生为中华民族伟大复兴而奋斗的家国情怀。

(3)教学手段

启发式教学法:在知识点"总供给及总需求曲线的移动"中引入新冠肺炎疫情后我国实施的一系列宏观调控政策,引导学生深入理解宏观经济政策对市场均衡的影响,同时通过对比中国政府与别国政府在面对疫情时的不同举措,增强学生的政治认同和使命担当。课后组织学生以小组研讨方式继续寻找案例,展示中国经济发展历程中是如何应对总供给及总需求冲击的,明确中国政府在历次外部冲击下的积极有为作用。

第五章 失业、通货膨胀和经济周期

专业教学目标

经济发展通常呈现周期性波动的特征,与之相伴的失业和通货膨胀现象备受现代政府部门和社会公众的关注。围绕菲利普斯曲线和各类经济周期理论,经济学家之间存在着广泛的争议。通过本章学习,帮助学生理解不同学派关于失业、通货膨胀和经济周期理论的思想主张,掌握我国宏观经济的现实特征。

【知识目标】

1. 掌握失业和通货膨胀理论,以及菲利普斯曲线的含义与演进,理解失业和通货膨胀成为世界性经济难题的缘由。

2. 掌握经济周期的定义、阶段和类型,理解主要的经济周期理论,能够运用马克思主义经济危机理论分析西方经济学对经济周期成因解释的缺陷。

【能力目标】

1. 通过掌握失业、通货膨胀和菲利普斯曲线的基本原理和经济周期的主要理论,实现对现实宏观经济现象进行描述、分析和阐释的能力。

2. 通过讨论式和案例式教学,建立从理论知识到实践现象的链接,培养学生自主性学习和批判性思考的能力。

3. 通过将二元经济结构、供给侧结构性改革、经济新常态、乡村振兴与共同富裕等实践引入课堂,培养学生运用经济学知识分析宏观经济现象的能力,使其具备一定的创新精神。

课程思政教学目标及实践

【育人目标】

1. **思想引领**　通过对比分析不同的经济周期理论,引入"经济新常态"和"经济高质量发展"等习近平关于经济发展的重要论述,启发学生深刻认识到习近平新时代中国特色社会主义思想对我国经济社会发展的引领作用。

2. **家国情怀**　通过正确认识失业类型和原因、经济社会发展所处阶段,启发学生思考如何建立现代宏观经济思维,勇担历史重任,解决中国的失业人口问题和城乡二元经济结构矛盾。

3. **问题意识**　通过失业影响和通货膨胀现象的剖析,引导学生思考其成因、形成机制和治理对策的差异,培养学生的问题意识和创新性思维能力。

4. **科学精神**　通过菲利普斯曲线和主要经济周期理论的分析,引导学生深入思考经济理论的适用性和有效性,以及与马克思相关理论在方法论或内在根源上的本质差异。培育学生的好奇心、自主学习能力,以及不畏困难、勇于探索、求真求是、创新突破的伟大科学精神。

5. **国际视野**　通过剖析西方国家不同时期通货膨胀的表现差异,引导学生掌握各国不同时期的宏观经济特征,使学生更为深刻地理解我国供给侧结构性改革和政府的宏观经济政策,形成广阔的国际视野。

【教学方式与方法】

1. 翻转课堂:借助慕课、知网等网络教学资源,遵循"知识预习—文献阅读—问题提出—师生互动"的教学思路,使学生在课前的自主学习过程中对失业、通货膨胀、经济新常态现象形成感性认识,并经由课堂教学将其上升为理性认识,在此过程中培育学生的问题意识和科学精神。

2. 启发式讲授:知识点讲授以问题为导向,着重从理论演进脉络的视角出发,讲授不同经济学家关于失业、通货膨胀、经济周期现象的原因和影响因素的解释,使学生对不同知识点形成系统认知,从而科学高效地实现教学目标。

3. 课堂展示与讨论:学生讨论菲利普斯曲线的现实价值、人工智能和数字经济发展对就业的影响,以及面对目前宏观经济情况,应如何审视、选择宏观经济政策,展示根据教学素材整理分析的相关报告,小组讨论宏观经济政策运行中可能遇到的问题与挑战。

【课程思政教学实例】

案例材料1:经济发展进入新常态

(1)案例简介

2013年12月,习近平总书记在中央经济工作会议上提出"新常态"这一重大论断。"新常态"指经济增长从高速转向中高速,经济结构不断优化升级,动力从要素驱动、投资驱动转向创新驱动。这些变化,是我国经济向形态更高级、分工更优化、结构更合理的阶段演进的必经过程。我国经济发展进入新常态后,没有改变经济发展总体向好的基本面,改变的是经济发展方式和经济结构。

资料来源:习近平. 主动适应、把握、引领经济发展新常态,着力推进供给侧结构性改革[J]. 党的文献,2017(04):3—18.

(2)案例的思政元素

①思想引领。使学生认识到中国经济发展进入新常态,是习近平新时代中国特色社会主义思想的重要理论创新成果。

②政治认同。使学生认同中国经济社会建设离不开党的领导和科学决策。

③家国情怀。深入认识我国经济发展面临的机遇与挑战,增强学生为中华民族伟大复兴而奋斗的历史使命和担当。

④科学精神。启发学生历史地、辩证地认识我国经济发展的阶段性特征,准确把握经济发展新常态。

(3)教学手段

①启发式讲授:讲授我国经济发展进入新常态重大论断的国内和国际背景、发展路径等,启发学生用

所学知识对经济新常态进行思考。

②知识点与思政的贯穿融合：在知识点经济周期理论中引入我国经济发展进入新常态后的发展思路，增强学生的政治认同和为中华民族伟大复兴努力的使命担当。

③课堂讨论：组织学生分组讨论，激发学生对中国经济在新发展格局下出现的新变化进行理论思考，并对讨论结果予以点评和总结。

案例材料 2：灵活就业成为一种新型就业形态

(1)案例简介

灵活就业是数字经济时代下的热议话题。由于时间、空间、薪酬的灵活性，电商主播、网课老师、外卖骑手等灵活就业形式越来越受到青年人的青睐，不少大学生选择毕业就进入灵活用工平台。针对这一群体，我国政府实行了"包容审慎"的监管，在鼓励创新的同时，人社部等八部门共同印发《关于维护新就业形态劳动者劳动保障权益的指导意见》，对维护好新就业形态劳动者的劳动报酬、合理休息、社会保险、劳动安全等权益做出了明确要求。

资料来源：张西流.关爱灵活就业青年，关键是为新业态注入新活力[N].劳动午报，2022-5-6(2).

(2)案例的思政元素

①政治认同。通过我国政府及时关注到灵活就业这一新型就业形态，并采取包容审慎的态度对其进行引导和规制，说明我国经济和社会建设离不开党和政府的领导与科学决策。

②家国情怀。灵活就业已成为我国的重要就业形式，为国民经济发展注入了新的活力。

③法治意识。灵活就业等各类经济活动均需要受到法律法规的合理规制和监督，才能有效发挥其正面效果。

(3)教学手段

①启发式讲授：在知识点失业的解释中引入灵活就业这一新的就业形态，引导学生对既有失业概念在数字经济时代的适用性提出质疑和思考，增强学生的问题意识和科学精神。

②课堂讨论及测评：采用头脑风暴法组织学生分组讨论，激发学生对案例内容进行深入思考，就灵活就业的成因和影响形成各自的观点，并对讨论结果予以现场点评。

第六章　开放条件下的宏观经济

专业教学目标

IS-LM-BP 模型是分析开放条件下短期经济波动与政策建议的基本理论工具。蒙代尔—弗莱明模型以资本跨国流动为现实背景，描述了产品市场、外汇市场与货币市场三者实现一般均衡的条件，研究了不同汇率制度下财政货币政策在实现充分就业目标上的有效性。通过本章学习，学生应理解和掌握开放条件下宏观经济运行机制，并能够结合不同汇率制度国家的政策实践与后果展开分析。

【知识目标】

1. 根据国际收支平衡表了解国际收支的基本原理，理解净出口函数与国际收支平衡曲线及其变动。

2. 理解并掌握 IS-LM-BP 模型在构建产品市场、货币市场与外汇市场实现一般均衡及其变动所需达到的条件。

3. 理解并熟练应用蒙代尔—弗莱明模型的基本结论，通过相关案例分析理解汇率稳定与宏观稳定之间的关系。

【能力目标】

1. 掌握产品市场、货币市场和外汇市场等三种市场一般均衡模型的推演过程，理解三种市场之间的反馈效应以及相关调节政策的影响，培养学生逻辑推理能力。

2. 通过讨论式和示范式教学，塑造从理论学习到中国以及周边国家政策实践、知识补充到整体思维训练的学习过程，培养学生自主性学习能力。

3. 通过将中国与周边国家的宏观经济实践引入课堂，提升运用经济学知识分析世情国情民情的能力。

课程思政教学目标及实践

【育人目标】

1. 思想引领　构建基于"双循环"的新发展格局和"一带一路"倡议是党中央在国内外环境发生显著变

化大背景下,推动我国开放型经济向更高层次发展的重大战略部署。中国特色的宏观调控体系是新时代中国特色社会主义思想的重要理论创新成果。这些理论创新都将在当前的国际分工格局、开放经济下的宏观经济运行以及政策调节等方面,发挥思想引领作用。

2. **政治认同**　以马克思主义政治经济学为指导,以辩证的态度审视 IS-LM-BP 模型与蒙代尔—弗莱明模型的理论结论和政策建议,在中外宏观经济政策运用效果比较中,在实现汇率稳定与宏观稳定方面,树立"中国共产党为什么能、马克思主义为什么行、中国特色社会主义为什么好"的社会主义核心价值观。

3. **家国情怀**　通过将宏观调控与中国经济社会发展实践相联系,使学生明确中国共产党领导的中国道路的正确性,坚定学生的"四个自信",启发学生思考面对百年未有之大变局,应如何运用整体思维,解决全球面临的重大难题,勇担历史重任。

4. **国际视野**　通过本章的理论教学和比较案例分析,不仅充实宏观经济学的教学内容,使课堂教学变得更为厚重和丰富,而且让学生能够开拓国际视野,更为深刻和全面地去了解和熟悉我国正在推行的国内国外"双循环"战略和"一带一路"倡议。

5. **科学精神**　尊重事实,锤炼理性思维,培养学生运用客观和科学的经济学思维方式,学会认识和分析国际收支失衡、货币金融危机等全球经济现象。

6. **问题意识**　通过课堂讨论,引导学生深刻理解国际金融的三元悖论,贸易保护政策的"以邻为壑"效应,探讨宏观经济政策国际协调的条件和途径。

【教学方式与方法】

1. 自主学习:以"双循环"的新发展格局与"一带一路"倡议为思想引领,立足于国际收支平衡这一目标,围绕"开放条件下三市场均衡理论模型与政策调节"这一主线,通过线上学习(慕课或 B 站)与线下自主阅读文献资料相结合,撰写开放经济下宏观经济理论与政策的阅读笔记或思维导图,切实提高逻辑推理能力,理论联系实际,思考并发现重大现实问题,寻求解决现实问题的方式方法。

2. 课堂启发引导:以美国长期存在的经常账户赤字与我国近年来出现的"双顺差",欧美贸易保护政策,汇率竞相贬值等现实问题为导向与切入点,在讲授 IS-LM-BP 模型与蒙代尔—弗莱明模型推导的同时,引导学生们思考如何应用该模型,用国际视野来审视这些重大现实问题,切实理解我国在经济全球化中的使命担当与大国形象,同时要善于发现该模型在解释与预测世界经济方面的不足,并思考如何完善理论模型,增强其解释力。

3. 课堂展示与讨论:组织学生讨论国际金融中的三元悖论,分组开放式讨论人民币国际化的演进路径以及促进国际经济发展的政策协调,老师要适时点评同学们讨论中存在的问题与不足,在促进国际经济发展方面,要潜移默化地融入作为第二大经济体的大国形象与使命担当。

【课程思政教学实例】

案例材料1:东南亚金融危机期间我国周边国家的汇率变动与宏观后果

(1)**案例简介**

1997年下半年,一场金融危机在亚洲爆发,进而波及全球。危机爆发初期,泰国泰铢兑换美元的汇率下降了近20%。菲律宾比索、印度尼西亚盾、新加坡元、马来西亚林吉特也相继贬值。11月中旬,韩国也爆发了金融风暴。1997年下半年日本的一系列银行和证券公司也相继破产。1998年初印度尼西亚的财政预算案引发了东南亚新一轮金融市场动荡,香港股市也因此受到强烈冲击,这一轮动荡也波及到了全球股市。这场来势汹汹的金融危机,使亚洲许多国家和地区的货币出现大幅贬值(邓文奎,2021)。与之相比,我国政府承诺人民币不贬值,凭借着雄厚的外汇储备,有力地维护了亚洲金融市场的稳定,向全世界彰显了大国经济的伟大形象。

资料来源:格里格利·曼昆.宏观经济学[M].北京:中国人民大学出版社,2016:296.

(2)**案例的思政元素**

①思想引领。理解中国特色的宏观经济调控体系是新时代中国特色社会主义思想的重要理论创新成果。

②家国情怀。培养学生的全球意识与开放心态。理解"人类命运共同体"的含义。

③政治认同。我国的经济社会建设和在国际上的大国地位都离不开党的领导和科学决策。

④国际视野。外来冲击会影响我国的开放型经济,但我国政府保持人民币汇率稳定,也有利于亚洲金融市场的稳定与繁荣。

⑤科学精神。尊重经济规律与客观事实,培养学生运用科学的思维方式认知身边的经济学现象。

(3)教学手段

①翻转课堂——支架与高阶:慕课资源、文献资源为翻转课堂提供支架;针对本案例,师生可就传统凯恩斯主义的需求管理政策的作用展开思辨讨论,实现课堂高阶性、高效性。

②知识点+实事+思政——贯穿融合:在"国际收支平衡"与"政策选择与汇率稳定"等相关知识点中引入我国特色社会主义宏观调控体系等思政元素与中国成功经验相结合,增强学生的政治认同和使命担当。

③学习测评:根据讨论东南亚各国货币竞相贬值的原因与后果,学生课堂分组讨论,老师现场打分,并点评"以邻为壑"的汇率政策。

案例材料2:2008年金融危机后我国人民币汇率的走势与宏观稳定

(1)案例简介

伴随2008年9月15日雷曼兄弟投资银行的倒闭,金融危机正式爆发,迅速波及全球金融体系,大量金融机构破产,金融资产大幅度缩水,危机还加深了业已衰退的欧美经济。为避免经济萧条,世界主要经济体的官方利率同步大幅下调至零利率,并实施巨量的财政支出激励计划和以邻为壑的量化宽松货币政策,引起世界的主要货币竞相贬值。与此相反,我国适当收窄了人民币波动幅度以应对国际金融危机,自2008年9月金融危机爆发之后的两年,人民币兑美元汇率一直在6.81~6.87的范围内窄幅波动。与此同时,我国采用了积极的财政政策和适度宽松的货币政策,以提振内需并实现经济稳定增长和充分就业;稳定外汇汇率与外汇管制相配合,有效避免了大量外资流出,同时也提高了财政和货币政策的有效性。

资料来源:高丹.论后金融危机时代下的人民币汇率制度[J].环球市场信息导报,2016,(30),26—28.

(2)案例的思政元素

①思想引领。理解中国特色的宏观经济调控体系是新时代中国特色社会主义思想的重要理论创新成果。

②政治认同。经济稳定增长离不开党领导下的中国特色社会主义政治、经济和政策体系。

③家国情怀。中国在维护和促进世界和平、稳定与发展中发挥建设性、负责任的大国作用。

④国际视野。两次金融危机带来的外来冲击以及我国有效的政策应对,有利于本国与全球经济的稳定增长。

⑤科学精神。培养学生运用事实数据和科学的思维认知身边的经济学现象。

⑥问题意识。启发学生思考如何对美元本位下的国际货币体系进行改革。

(3)教学手段

①翻转课堂——支架与高阶:慕课资源、文献资源为翻转课堂提供支架;针对各国实施的财政货币政策的效果进行比较,并展开思辨讨论,实现课堂高阶性、高效性。

②知识点+实事+思政——贯穿融合:在"外来冲击与政策选择"和"政策选择与汇率稳定"等知识点中引入我国特色社会主义宏观调控体系等思政元素,增强学生的政治认同和使命担当。

③学习测评:根据我国的汇率制度,结合理论知识,课堂分组讨论我国财政货币政策组合的理由与效果,老师现场打分,并点评政策组合的有效性。

第七章 宏观经济政策

专业教学目标

宏观经济政策是国家或政府为了实现经济政策目标,增进社会经济福利、改善国民经济的运行状况,通过财政、货币等政策工具,而有意识和有计划地政策干预。通过本章教学将使学生从理论框架和政策实施两个角度,了解宏观经济政策目标,掌握财政政策和货币政策的含义和工具,了解财政政策思想,熟知货币乘数,能够运用IS-LM模型分析财政政策和货币政策对国民收入的影响。

【知识目标】

1. 掌握宏观经济政策的目标,以及财政政策和货币政策使用的基本原则、主要工具、作用机制和特点,理解凯恩斯主义宏观经济的理论主张。

2. 掌握运用IS-LM模型分析财政政策和货币政策变动对国民收入影响的效果，明确主要的自动稳定器机制及其局限，以及挤出效应产生的原因和影响因素。结合宏观经济特点，分析财政政策与货币政策的组合效应。

3. 了解宏观经济政策目标，掌握财政政策和货币政策的含义和工具，了解财政政策思想，熟知货币乘数，结合实际宏观经济案例，分析经济政策使用的基本逻辑。

【能力目标】

1. 通过学习，要求学生运用IS-LM模型分析掌握宏观经济政策目标及财政政策和货币政策，以及掌握两种政策的配合使用。

2. 通过思政案例导入，将IS-LM曲线模型的相关知识补充到宏观经济思维训练的学习过程，培养学生自主性分析财政政策和货币政策效果的能力。

3. 通过将中国宏观经济实践的经验引入课堂，逐步形成运用宏观经济学知识，分析和理解国家宏观政策战略导向的能力。

课程思政教学目标及实践

【育人目标】

1. 思想引领　结合十四个五年规划和2035年远景目标，探讨我国当前"稳字当先、稳中求进"的政策逻辑，强调我国经济政策对推进高质量发展转型与建设中国特色社会主义新时代的重要意义。只有使学生认识到国家层面的政策主张与重点，才能确定正确的战略、策略、政策和办法，促进社会矛盾解决，推动社会进步与发展。

2. 社会主义核心价值观　结合家国情怀和个人使命两个层面，提升学生对社会主义核心价值观的理解。进入新发展阶段，完整、准确、全面贯彻新发展理念，我们更要脚踏实地，久久为功，深刻践行社会主义核心价值观。

3. 问题意识　通过嵌入当前疫情背景下我国经济发展所面临的现实问题，展开对IS-LM曲线特征以及宏观经济政策作用效果的讲解，引导学生理解国家经济政策对市场均衡干预的作用特点，鼓励学生思考宏观经济政策对社会经济可持续发展的表现形式与内在机理，从而增强学生对宏观经济政策推进的问题意识。

4. 科学精神　理论层面融入西方经济学与马克思主义视角的理论讨论；案例层面利用西方社会和我国面对疫情冲击、通货膨胀等问题时在政策主张上的差异，在培养学生宏观经济学科学素养的同时，加强对国家宏观战略与政策优越性的理解。

【教学方式与方法】

1. 自主学习：整理2020年新冠肺炎疫情以来，我国为促进复工复产，推动高质量发展的宏观经济政策，分组绘制经济政策实施的鱼骨图。通过线上搜集和小组讨论，实现双向自主学习。

2. 课堂启发引导：借助角色代入，着重讲授本章经济学理论模型与政策实践的联系。

3. 课堂展示与讨论：思考如何寻求满足可持续发展需要的宏观经济政策组合，从而将经济学理论知识与宏观经济政策实践相联系。

【课程思政教学实例】

案例材料：综合运用货币政策工具 增强对重点领域与普惠民生的支持力度

(1) 案例简介

2022年以来，中国人民银行出台了3项新的结构性货币政策工具：利用科技创新再贷款，支持高新技术和专精特新中小企业；推进普惠养老专项再贷款试点，增加普惠养老服务供给；通过交通物流专项再贷款，支持公路货物运输经营。

资料来源：2022年第二季度货币政策执行报告，人民网，2022年8月。

(2) 案例的思政元素

①思想引领。理解习近平新时代中国特色社会主义思想的政策有效性和优越性。

②社会主义核心价值观。理解宏观经济政策层面对社会主义核心价值观的体现和实践。

③问题意识。构建抗疫复工复产与普惠民生实现的问题思考能力。
④科学精神。激发学生对专业学习的责任与使命反思,强化经世济民的科学素养。

(3)教学手段

①课堂教授:结合新型结构性货币政策工具的支持领域与作用机制,从课程思政层面理解货币政策的具体特点,以及执行宏观经济政策的现实意义。

②案例讨论:通过分小组的案例讨论,强化学生对中国特色社会主义发展重要意义的深刻理解,实现学科价值引导。

③学习测评:结合学生对宏观经济政策的解读,进行学习效果测评。

第八章 经济增长

专业教学目标

经济增长是宏观经济学部分最后章节,是集中反映现代宏观经济理论发展的部分。通过本章学习,帮助学生理解不同国家经济增长差异及事实,了解经典的经济增长理论和模型、经济增长的决定性因素及促进经济增长的政策,进一步加深学生对习近平新时代中国特色社会主义政治经济学的理解。

【知识目标】

1. 掌握增长模型的基本含义,能利用图形分析经济增长的稳态含义、实现过程和条件,掌握稳态增长的影响因素。
2. 掌握内生增长理论的理论逻辑。
3. 掌握经济增长源泉的计量和促进经济增长的经济政策。

【能力目标】

1. 掌握增长模型的构建思路,提高运用动态经济增长模型分析长期经济增长的能力。
2. 通过理解稳态含义,使学生将静态均衡分析与动态均衡分析进行对比学习,培养学生明辨性思维方式,提升举一反三的能力。
3. 通过讨论储蓄增加、人口增长、技术进步对稳态增长率的影响,培养学生运用定量分析方法的能力和对模型创新的能力。

【育人目标】

1. 政治认同 通过对中国改革开放40多年来经济发展取得的伟大成就的分析,引导学生明确中国共产党领导的中国道路的正确性,深刻体会习近平新时代中国特色社会主义重要理论创新成果,有效实现社会主义价值观引领。

2. 家国情怀 分析和梳理"中国奇迹""中国智慧""中国方案",培养学生的"四个自信",启发学生思考应如何构建现代宏观经济思维,激发学生为中华民族伟大复兴而奋斗的历史责任感和担当精神。

3. 科学精神 借助系统动力学、灰色关联等方法和软件,对中国经济发展及其原因进行分析与预测,提供经济波动的经济解释及未来趋势研判。开展"顶天立地"的软科学研究,既"面向祖国大地",又持续追踪国际学术理论和技术前沿。

4. 职业道德修养 人民是经济社会发展的主体。青年学生肩负着实现中华民族伟大复兴的时代责任,不同时代的青年人担负着国家不同发展阶段的重任,自觉将小我融入大我,不断追求国家的富强。教育学生要养成遵纪守法、爱岗敬业、诚实守信的职业品格和行为习惯。

【教学方式与方法】

1. 自主学习:线上学习相应慕课中的经济增长理论模型、驱动要素和促进政策基础专业知识点,线下自主阅读各国经济增长差异与现实文献资料,撰写阅读笔记或思维导图。

2. 以问题为导向的课堂讲授:以问题为导向,着重讲授经济增长差异及现实、经济增长模型的推导和经济解释、政策启示与建议等。

3. 翻转课堂:通过分组"慕课资源+在线文献+数据分析+模型模拟"作业,借助计量分析软件模拟中国经济增长及其影响因素,并展示汇报和思辨讨论。

4. 小组讨论:在习近平新时代背景下针对中国宏观经济发展及其影响因素具体问题组织讨论,通过课堂展示、师生思辨讨论实现课堂高阶性、高效性。

5. 学习测评:对世界各国经济增长差异与事实、驱动要素及促进政策讨论结果进行实时点评,包括学生自评、互评、教师点评。

【课程思政教学实例】

案例材料1:中国道路、中国方案与中国智慧的内涵

(1)案例简介

人类经济发展的历史上,经济文明的交往在北半球先后形成了三个影响全球经济走向的经济增长极。对应三个经济增长极的出现,人类形成了解释经济增长极的三个经济理论体系:一是古典经济理论,其代表性学说体现在亚当·斯密和大卫·李嘉图的作品之中;二是新古典经济理论,其代表性学说滥觞于剑桥学派,集大成于北美经济学家的著作之中;三是在20世纪下半叶至21世纪初,形成以中国为代表的东亚新兴经济体的崛起经验总结。第三增长极的形成带来一些新的经济发展体验,也表明世界存在着不同于欧美经济发展的中国道路,主要体现在政府与市场关系的定位、渐进式改革、非均衡经济发展方式、要素数量投入到要素质量投入转变等诸多方面。

资料来源:胡健. 经济发展的"中国道路"选择——兼谈任保平教授新著《新时代中国经济高质量发展研究》[J]. 西安财经大学学报,2021,34(01):14—18.

(2)案例的思政元素

①思想引领。中国改革开放以来的经济发展经验是中国版经济增长理论的创新成果。

②政治认同。中国奇迹、中国道路和中国智慧的形成离不开党的领导和科学决策。

③家国情怀。引导学生思考中国经济发展的战略方向,增强学生为中华民族伟大复兴而奋斗的家国情怀。

(3)教学手段

①翻转课堂:学生通过资料文献查找,对世界大国崛起和发展历史、经济增长事实和差距进行分组讲解,师生思辨讨论实现课堂高阶性、高效性。

②课堂讲授:对西方经济学中的经典理论如古典经济学、新古典经济学、内生增长理论、新增长理论等进行讲述,并梳理其局限性,总结中国道路的经验和共识,培育和实践社会主义核心价值观,增强学生的民族自豪感、政治认同感和民族复兴的使命担当。

③学习测评:对三个增长极及其经典理论讨论结果现场点评,并重点分析中国经济发展的经验和智慧,包括学生自评、互评、教师点评。

案例材料2:不同国家经济增长差异和现实分析

(1)案例简介

经济基本面相同的两个国家可能呈现截然不同的发展路径。正如Lucas(1993)给出的经典案例:"1960年,韩国和菲律宾的生活水平基本相当,按照1975年美元衡量的人均实际GDP都是640美元,两个国家在其他方面也很相似……从1960年到1988年,菲律宾人均实际GDP的年均增长率是1.8%,与全世界人均实际GDP的增长率相当。韩国同期人均实际GDP年均增长率是6.2%,按照此速度,每11年生活水平就可以翻一番。"Lucas(1993)提出"为什么韩国能产生经济增长奇迹,而菲律宾不能产生经济增长奇迹"。经济增长理论尝试对以上经济现象给出解释。

资料来源:严成樑. 现代经济增长理论的发展脉络与未来展望——兼从中国经济增长看现代经济增长理论的缺陷[J]. 经济研究,2020,55(07):191—208.

(2)案例的思政元素

①思想引领。理解经济高质量发展内涵,深刻体会习近平新时代中国特色社会主义思想的重要理论创新成果。

②政治认同。中国共产党的坚强领导、全国人民的团结奋斗、中国特色社会主义制度的显著优势。

③家国情怀。深刻认识应对我国经济发展面临的机遇与挑战,需要坚定不移做好自己的事情,要有自信自强的精神力量,"舍我其谁、责无旁贷"的担当精神,才能在中华民族伟大复兴的历史进程中创造新的发展奇迹。

(3) 教学手段

①翻转课堂：自主学习＋情景探究＋展示汇报＋思辨讨论。让学生分组形成项目团队，直面新常态和疫情冲击下的中国经济现实问题，掌握经济增长模型分析框架相关知识点，了解到中国及世界其他国家经济增长及其波动的典型事实，并对研究结果进行展示汇报，对各组存在的不同经济解释和经济形势研判进行思辨讨论。

②课堂讲授：对不同国家经济增长差异及现实进行讲述，对比分析中国经济增长取得巨大成就的现实和成功经验，培育和实践社会主义核心价值观，增强学生的民族自豪感、政治认同感和民族复兴的使命担当。

③学习测评：对世界主要国家的经济发展路径、差异、事实以及原因的讨论结果进行现场点评，包括学生自评、互评、教师点评。

四、课程思政的教学评价

(一)对教师的评价

1. 教学准备的评价

积极推进《宏观经济学》课程思政建设落实到教学准备各方面、各环节，重点考查《宏观经济学》课程内容、教学活动与育人目标的融合性。包括考查教师课程思政建设理念，是否针对课程思政教学的重点和难点进行课程思政目标设计、教学大纲修订、教案课件编写等工作，是否通过设计适合的教学方式和准备多种课程素材，将价值塑造与知识传授、能力提升相统一。

2. 教学过程的评价

对《宏观经济学》课程思政教学过程的评价，建议主要包括以下几个方面：第一，在教学内容方面，主要考查教师将思政元素融入各章节相关知识点的情况，通过学生课堂问答、案例讨论表现、社会实践和第二课堂等考查是否实现了知识目标、能力目标与育人目标有机融合。第二，在教学方式与方法方面，主要考查教师是否采取了恰当的教学方式，将理想信念教育、社会主义核心价值观教育、法治教育与职业道德教育等与专业知识相融合，以实现价值塑造与专业培养相统一的目标。第三，在教学资料建设方面，主要考查教师对思政素材是否进行体系化建设，形成课程的思政资源库；思政资源库是否具备前瞻性、时效性、典型性和科学性等。

3. 教学结果的评价

构建《宏观经济学》课程思政多维度评价体系，如应包括教学督导评价、领导随机听课、同行评议、学生评教、学生课程思政教学效果问卷调查、教学研究及教学获奖等方面。

4. 评价结果的运用

依据领导随机听课、教学督导评价、同行评议、学生评教等提出的改进建议，以及学生课程思政问卷调查结果进行分析，及时进行教学反思与改进，不断优化教学内容，创新教学方法和手段，实现《宏观经济学》课程的育人目标。

(二)对学生的评价

1. 学习过程的评价

对学生学习过程的评价应至少包括三个阶段：课前自我学习阶段、课堂学习阶段和课后巩固与拓展阶段。课前自我学习阶段主要考查学生完成教师布置的预习、资料整理、实地调研等任务的完成情况；课堂学习阶段通过课堂讨论、小组展示、专题分析、政策解读等考查学生知识构建与价值塑造的情况；课后巩固与拓展阶段通过课后作业、小论文撰写等评价学生的积极性、互动性和参与度。

2. 学习效果的评价

注重从学生角度建立对《宏观经济学》学习效果的评价指标体系，通过平时作业、课堂小组讨论、分析报告、随堂练习、课程论文等多种形式，检验学生对课程思政元素的领会程度，形成课堂内外评价体系的双维统一。

3. 评价结果的运用

通过师生座谈、问卷调查、教研活动等多种形式,对学生的学习过程和学习效果进行科学分析,及时发现学生学习中面临的问题和困惑,总结课程思政教学经验,不断改进教学方式与方法,努力提升课程思政的学习效果。

五、《宏观经济学》课程思政的教学素材

序号	内　　容	形式
1	中国在世界各国 GDP 排行的历史变化	视频资料
2	《改革开放简史》	阅读材料
3	《伟大创造的背后故事:从中国制造到中国创造》	阅读材料
4	《超常增长:1979—2049 年的中国经济》	阅读材料
5	中国制造 2025	政策文件
6	"十四五"数字经济发展规划	政策文件
7	关于进一步释放消费潜力促进消费持续恢复的意见	政策文件
8	2017—2021 年各季度中国货币政策执行报告	研究报告
9	2017—2021 年中国人民银行年报	研究报告
10	有序推进贷款市场报价利率改革	研究报告
11	中共中央宣传部举行党的十八大以来金融领域改革与发展情况发布会	阅读材料
12	2022 年上半年金融统计数据新闻发布会文字实录	阅读材料
13	中共中央宣传部举行经济和生态文明领域建设与改革情况发布会	阅读材料
14	充分发挥金融功能 提升经济发展效率和韧性	阅读材料
15	实施稳健的货币政策 稳妥应对外部环境冲击	会议视频
16	中华人民共和国中国人民银行法	国家法律
17	2017—2022 年政府工作报告	阅读材料
18	李克强主持召开国务院常务会议 部署进一步扩需求举措 推动有效投资和增加消费等	阅读材料
19	关于 2021 年中央和地方预算执行情况与 2022 年中央和地方预算草案的报告	阅读材料
20	财政政策如何提升效能?赤字率下调怎么看?减税降费有何看点?——财政部部长刘昆回应 2022 年"国家账本"	阅读材料
21	2017—2021 年中央经济工作会议公报	政策文件
22	关于构建更加完善的要素市场化配置体制机制的意见	政策文件
23	中共中央关于制定国民经济和社会发展第十四个五年规划和 2035 年远景目标的建议	政策文件
24	中国数字经济发展白皮书	研究报告
25	关于维护新就业形态劳动者劳动保障权益的指导意见	政策文件
26	习近平总书记在党的十九届六中全会第二次全体会议上的重要讲话:以史为鉴、开创未来,埋头苦干、勇毅前行	阅读材料
27	中华人民共和国劳动法	政策法规
28	供给侧改革:经济转型重塑中国布局	阅读材料
29	论中国特色社会主义宏观调控——兼对当代西方主流宏观经济学的批判	阅读材料
30	2018 年《预算法》第二次修正	政策法规
31	金融危机秘史	纪录片

续表

序号	内　　容	形式
32	东南亚金融危机期间我国周边国家的汇率变动与宏观后果	案例分析
33	2008年金融危机后我国人民币汇率的走势与宏观稳定	案例分析
34	经济波动的变异与中国宏观经济政策框架的重构	阅读材料
35	大市·中国	纪录片
36	中国经济专题12讲(林毅夫)	主题报告
37	党的十八大、十九大报告	政策文件
38	中华人民共和国国民经济和社会发展第十四个五年规划和2035年远景目标纲要	政策文件
39	中国国内生产总值核算历史数据的重大补充和修订	阅读材料
40	SNA视角下我国数字经济生产核算问题研究	阅读材料
41	中国国民经济循环:结构与区域网络关系透视	阅读材料
42	论马克思消费理论的两个维度及其现实意义	阅读材料
43	论中国特色社会主义宏观调控——兼对当代西方主流宏观经济学的批判	阅读材料
44	财政—货币政策的协调配合:理论综述与展望	阅读材料
45	中国共产党财政思想逻辑的百年演变与历史启示	阅读材料
46	2021年中国经济形势分析与2022年展望	阅读材料
47	稳增长压力加大 宏观政策亟待发力提效——2021年经济形势分析与2022年展望	阅读材料
48	2021年经济形势分析与2022年展望	阅读材料
49	走出疫情 稳字当头——2021年中国宏观经济形势分析与2022年发展预测	阅读材料
50	劳动力市场与中国宏观经济周期:兼谈奥肯定律在中国	阅读材料
51	中国通胀预期测度及时变系数的菲利普斯曲线	阅读材料
52	新中国70年的经济增长:趋势、周期及结构性特征	阅读材料
53	动态随机一般均衡视域下新冠肺炎疫情冲击的宏观经济效应	阅读材料
54	宏观经济治理的经济法之道	阅读材料
55	世界经济的结构性变化与宏观经济政策的限度:潜在增长率下降的原因和影响	阅读材料
56	中国经济学的探索:一个历史考察	阅读材料
57	论建设中国特色社会主义政治经济学为何和如何借用西方经济学	阅读材料
58	高质量发展的动力、机制与治理	阅读材料
59	全球经济大变局、中国潜在增长率与后疫情时期高质量发展	阅读材料
60	中国共产党百年历程中对马克思主义政治经济学的理论创造	阅读材料
61	现代经济增长理论的发展脉络与未来展望——兼从中国经济增长看现代经济增长理论的缺陷	阅读材料

《微观经济学》课程思政教学指南

孙研[1]　李蓓蓓[1]　曾先峰[2]　李颖[3]　李乾[4]　郑毅敏[1]　李莉[1]　刘勇[1]　张雪绸[1]
魏希娟[1]　王崎琦[1]　李垚[1]　贾倩[1]　曾倩[2]　刘津汝[2]　张小筠[2]　樊静[2]
郭清卉[2]　高建伟[3]　刘欣欣[3]　魏蔚[3]　王继平[3]　周莉津[3]

（[1] 西安财经大学　[2] 西安外国语大学　[3] 天津商业大学　[4] 北京工商大学）

一、课程简介与课程目标

（一）课程简介

《微观经济学》是《西方经济学》的重要组成部分，是中华人民共和国教育部规定的财经类专业的核心课程之一，也是经济管理类本科专业的专业基础课。《微观经济学》课程的主要内容包括均衡价格理论、消费者行为理论、生产者行为理论、市场理论、要素市场理论、一般均衡理论以及微观经济政策等。课程以分析个体经济单位的经济行为为基础，重点研究现代经济社会的市场机制运行规律，分析市场机制在资源配置中的作用，其中价格理论是其核心理论。通过本课程的学习，使学生能够熟练掌握微观经济学基础理论，分析微观市场中的各种经济现象，解读消费者和生产者在不同市场结构中的差异化行为，了解社会主义市场经济体制运行的基本规律及其分配原则，提出改善资源配置效率的微观经济政策。

课程以马克思列宁主义、毛泽东思想、邓小平理论、"三个代表"重要思想、科学发展观和习近平新时代中国特色社会主义思想为指导，结合中国改革开放以来在市场体制改革方面所取得的巨大成就，采用线下线上教学相结合，第一第二课堂相呼应，理论教学与实践教学相补充的方式开展灵活多样的教学活动。将课堂讲授与田野调查、仿真实验、经济学专业实训等实践教学活动相结合，慕课微课做补充，讲授理论知识的同时为学生再现中国社会波澜壮阔的改革开放史，引导学生树立经邦济世、为民立命的终极目标，增强"四个意识"、坚定"四个自信"，做到"两个维护"，培养学生成为能熟练掌握和运用微观经济理论与方法、具有家国情怀、独立人格、国际视野的应用型创新人才。

（二）课程目标

本课程为专业必修课。通过本课程的学习，使学生能够达到以下目标：

1. 知识目标：理解和掌握现代微观经济学的系统框架和内在逻辑；掌握微观经济学基本原理、方法、分析工具；掌握市场运行机制及其在资源配置中的作用；了解微观经济学的学科动态、理论热点及研究趋势。

2. 能力目标：能够正确应用微观经济学的基本原理对微观市场运行中的各类现象和问题进行分析和阐释；能够熟练运用现代经济学分析工具对经济理论、经济现象进行描述分析；能够运用微观经济学理论解释市场经济运行逻辑及微观经济主体的市场行为背后的深层次原因；能够准确判断微观经济市场失灵的原因并指出政府微观政策方向；初步树立经济学知识框架和经济学思维方式。

3. 育人目标：能够自觉运用马列主义、毛泽东思想、邓小平理论、"三个代表"重要思想、科学发展观和习近平新时代中国特色社会主义思想的立场、观点和方法分析微观经济问题，能够辩证看待西方经济学流派的经济思想，结合中国改革开放取得的巨大成就，加深对习近平新时代中国特色社会主义思想的理解和认知，不断增强"四个意识"，坚定"四个自信"，做到"两个维护"。能够在建立经济学知识体系的同时培养实事求是、一切从实际出发从中国国情出发的思维准则。培养学生成为熟悉国情、社情、民情，熟悉国家经济战略、政策和法律法规，关注民生的人；成为关注时事政治，关注经济学理论前沿，善于思考终身学习的人；成为具有自主学习和探究精神，具有夯实的科学知识与科学素养以及良好的身心素质的人。

（三）课程教材和资料

➢ 推荐教材

《西方经济学》编写组.西方经济学(第二版)(上册)[M].北京:高等教育出版社,2019(09).
> 参考教材或推荐书籍
1. 高鸿业.西方经济学(微观部分)(第八版)[M].北京:中国人民大学出版社,2021(08).
2. 曼昆.经济学原理(第十版)[M].北京:中国人民大学出版社,2020(01).
> 学术刊物与学习资源
国内外经济类核心期刊。
学校图书馆提供的各种数字资源,特别是"中国知网",下载相关文献并加以阅读。
国家规划纲要与会议报告:《中华人民共和国经济和社会发展第十四个五年规划和2035年远景目标纲要》《中央经济工作会议报告》等系列文件。
> 推荐网站
思政在线平台学习资源库:学习强国App、习近平重要讲话数据库、中国共产党思想理论资源数据库等。
中国高校思政学习平台:中国高校思政大讲堂、经济大讲堂等。
思政资讯与时事资源:央视财经评论、经济信息联播、经济半小时等。
中国国家政府及官方媒体网站资源:中国国家统计局官网 www.stats.gov.cn;中国政府网 www.gov.cn;新华网 www.news.cn;人民网 www.people.cn;光明网 www.gmw.cn。

二、课程思政教学总体设计

(一)课程思政教学目标

根据2020年5月《高等学校课程思政建设指导纲要》中对经济学专业课程思政建设提出的基本要求,结合学校办学定位、专业特色和人才培养要求,微观经济学课程思政教学要实现的总体目标为:以马克思列宁主义、毛泽东思想、邓小平理论、"三个代表"重要思想、科学发展观为指导,以习近平新时代中国特色社会主义思想为指引,全面贯彻党的教育方针,坚持立德树人;将中国特色社会主义市场经济改革成果融入微观经济学课程教学,讲好改革故事,用好改革案例,弘扬企业家精神,树立社会主义市场经济发展信心;培养具有坚定政治信念、强烈社会责任感与法治精神、诚实守信的社会主义事业建设者。具体目标包括但不局限于:

1. 坚定政治理念,实现政治认同。微观经济学课程的教学要坚持"为党育人、为国育才",培养学生树立坚定的马克思主义理想信念,引导学生通过对市场资源配置原理的学习,理解中国特色社会主义市场经济运行机制,理解微观经济政策实施目标及效果,在市场运行效果的中外对比中,在改革开放的成功经验中,增强学生对中国特色社会主义道路和制度的自信,使其自觉成为社会主义事业的维护者。

2. 厚植家国情怀。微观经济学课程教学要坚持用中国的案例讲好中国的故事。改革开放、脱贫攻坚等伟大事业的巨大成功为微观经济学课程教学提供了丰富的案例来源。通过对改革开放历程背后一个个市场主体的努力奋斗故事的解析,使学生认识到个人与国家的命运息息相关,鼓励学生将个人奋斗方向与国家发展紧密联系在一起,牢固树立家国一体的意识,自觉为实现中华民族伟大复兴的中国梦而努力奋斗。

3. 践行社会主义核心价值观。社会主义核心价值观是市场经济主体参与经济活动的基本准则,公平、诚实、守信等不仅是西方市场遵循的圭臬也是社会主义核心价值观的重要组成。微观经济学课程要引导学生认识规范、有约束的经济行为既是社会主义市场经济良好运行的基本前提,也是践行社会主义核心价值观的应有之义。

4. 弘扬中华优秀传统文化。微观经济学课程的教学要坚持从中华优秀传统文化中汲取营养,通过提炼中华优秀传统文化的思想精华,让讲仁爱、重民本、守诚信、崇正义、尚和合、求大同等时代价值成为学生人文素养的有机组成,引导学生富有中国心、饱含中国情、充满中国味,使学生在潜移默化中成为优秀传统文化的传承者。

5. 树立法治和诚信观念。现代社会,诚信为本,依法治国。微观经济学课程教学要坚持培养学生树立法治观念和诚信意识,教会学生凭诚信参与社会生活、用法治原则思考问题,以法治方式化解纠纷,使学生成为熟悉我国经济、金融、财税等专业领域政策法规的社会主义法治守护者。

6. 深化职业规范和职业道德教育。微观经济学课程教学要坚持以社会需求为导向,引导学生深刻理解并自觉关注现实问题,脚踏实地为地方和行业服务。引导学生增强职业责任感,培养爱岗敬业,遵纪守法,诚实守信,业务优良,服务群众,奉献社会的职业品格,使其成为富有创新精神和实践能力的应用型创新人才。

7. 培育科学精神。微观经济学课程教学应注重培育学生的科学精神,它包括科学探索过程中具备的坚定的信念、不畏失败的勇气、一丝不苟的工作态度、严谨求实的理性思维等。通过对微观经济学课程中理论知识点的图形演绎和理论推导,鼓励学生大胆假设、小心求证,努力培养学生客观理性、严谨不苟的科学精神。

8. 拓展国际视野。当今世界全球化已是不可逆的浪潮,要实现"两个一百年"奋斗目标就必须打开国门,就必须保证包括资本、劳动等生产要素的自由流动,就必须坚持改革开放。微观经济学课程教学过程中要善于引导学生从要素流动有利于提高效率、提高资源配置水平的角度看待改革开放的重要性,继而使学生对国际化、全球化拥有更加开放包容的态度,在国际交流中展现大国心态,积极融入全球化浪潮。

(二)课程思政的教学内容

结合课程思政的目标,微观经济学课程思政的内容和重点包括但不局限于以下几个方面:

1. 将马克思主义基本原理与专业课程教学相结合。微观经济学课程的教学中,要体现辩证唯物主义和历史唯物主义、马克思主义政治经济学以及科学社会主义的基本原理和规律。教育学生辩证看待西方主流经济学思想,取其精华,去其糟粕。既要引导学生认识市场在资源配置中的基础性作用在我国现阶段具有的现实意义,也要向学生展示中国特色社会主义市场经济运行的独特规律,使其认识到计划和市场是资源配置的两种手段,不是社会主义和资本主义的本质区别。

2. 挖掘思政元素,构建与专业素质教育相互支撑的课程知识体系。改革开放以来中国经济取得的巨大成功及众多成功企业案例,为揭示中国经济运行规律、体现中国特色社会主义市场经济体制优越性提供了取之不竭的智慧宝库。微观经济学课程的教学中尤其要善于运用企业家成功经验,讲好改革故事,鼓励学生以优秀企业家为榜样,培育企业家精神,积极投身于改革开放和社会主义建设事业中去。同时注意本课程与其他公共基础课、专业课和实践课等课程模块之间的联系,注意德育教育的侧重点,打造层次递进、相互支撑的课程思政体系。

3. 解读经济政策,把握时代走向。微观经济学课程的教学中,要结合课程核心内容知识点的讲授,创新课堂教学形式,生动、准确地解读国家战略、经济政策,引导学生解析不同时代背景下国家战略选择的依据和经济政策的绩效,尤其是通过中外对比,帮助学生深刻理解国情国策,把握时代走向。

4. 引导学生深入社会实践,服务地方服务行业。微观经济学课程教学要适当围绕地方和行业发展的现实问题,通过与实践课程、实践活动等教学内容的配合,一方面给学生创造接触社会,关注现实的机会,另一方面也使学生在为地方和行业服务的实践体验中不断提高解决实际问题的能力,培养经世济民、学有所用的专业人才。

5. 培育学生遵纪守法、爱岗敬业的职业道德和素养。微观经济学课程教学中要紧紧围绕经济学专业人才培养目标,加强对学生职业道德的培养,深入挖掘各类课程和教学方式中蕴含的思想政治教育资源,深化学生遵纪守法、诚信经营、爱岗敬业、无私奉献等职业道德规范,不断提升学生职业道德水平。

(三)教学方法

本课程为实现学生培养的知识目标、能力目标以及育人目标,采取线上线下教学有机融合、第一第二课堂互作补充的教学模式。鼓励教师在传统的课堂讲授之外,通过启发式教学和讨论式教学方法,引导学生成为课堂主体,培养他们自觉关注社会、主动思考问题的能力;鼓励教师采用任务驱动教学法,通过课前布置学习任务,让学生根据自己对当前问题的理解,运用共有的知识和自己特有的经验自主解决问题并完成任务,使学生处于积极的学习状态,提高其进行归纳和提炼问题的能力;鼓励教师将课堂讲授与课外社会实践相结合,将理论知识的学习延伸到课堂以外,让学生在社会实践和社会调查中寻找课堂问题的答案。总之,微观经济学教学可通过课堂讲授法、问题教学法、启发式教学法、讨论式教学法、情景式教学法、任务驱动教学法、目标教学法等多种教学方法,训练学生形成经济学的思维方式,锻造独立思考、勇于探索的科学品性,培养自觉关注国情、社情和民情,不断增强社会责任感和使命感的主人翁意识。

三、课程各章节的课程思政教学内容设计

第一章 导论

专业教学目标

本章要求学生掌握微观经济学的研究对象和假设条件,了解西方经济学的研究方法、其由来和演变,科学因素和阶级属性。

【知识目标】

1. 掌握资源稀缺性及选择的含义。
2. 掌握微观经济学的研究对象、研究内容和假设条件。
3. 掌握实证分析法和规范分析法的概念和异同,了解西方经济学的其他研究方法。
4. 掌握经济学每一发展阶段中的重要代表人物、代表作和主要学术贡献。

【能力目标】

1. 培养学生的科学探索精神和国际视野,让学生能在经济学产生和发展的历程中,筛选出有价值的经济知识和成果精髓。
2. 培养学生的深度学习和理论应用能力,帮助学生能够科学辩证地运用西方经济学的理论知识和研究方法,努力实现稀缺资源的有效配置和利用。

【育人目标】

1. 社会主义核心价值观 通过对西方经济学的由来和发展内容的学习,让学生掌握西方经济学的经典理论和成果精髓。通过对西方经济学各流派理论和产生背景内容学习,更加坚定地践行社会主义核心价值观。
2. 家国情怀 通过稀缺条件下如何实现资源有效配置和利用内容的学习,使学生理解转变经济发展方式和生活方式的重要性,从而增强学生在美丽中国建设中的社会责任意识。
3. 国际视野 通过多角度、辩证地学习西方经济学知识,引导学生取其精华、去其糟粕,将相关经济学理论知识服务于我国社会主义经济建设之中。

【教学方式与方法】

1. 任务驱动教学:要求学生通过微观经济学慕课、微课等线上教学资源,了解微观经济学的研究对象、研究方法和研究内容,并结合此项任务,引导学生思考微观经济学与马克思主义政治经济学课程的差异。
2. 课堂讨论:分小组进行课堂讨论西方经济学的研究对象、研究方法与研究内容与马克思主义政治经济学的差异,教师进行补充、点评。
3. 课堂讲授:对重点教学内容进行课堂讲授,例如西方经济学的研究对象、假设条件以及由来和发展等内容,结合"新发展理念"阐释我国社会主义经济建设过程中对西方经济学的借鉴以及超越。

【课程思政教学实例】

案例材料:资源配置效率——政府和市场的关系

(1)案例简介

按照传统微观经济学理论的分析,实现资源有效配置的根本途径是充分发挥市场机制的调节作用。自社会主义市场经济体制确立以来,"提高资源配置效率"一直贯穿于我国经济建设各个阶段。党的十四大确立了我国经济体制改革的目标是建立社会主义市场经济体制,提出要使市场在社会主义国家宏观调控下对资源配置起基础性作用。此后,我们党对政府和市场关系的认识经历了一个不断深化的过程。党的十八大提出"更大程度更广范围发挥市场在资源配置中的基础性作用",党的十九大再次强调"使市场在资源配置中起决定性作用,更好发挥政府作用"。这个定位,是我们党对中国特色社会主义建设规律认识的新突破,标志着社会主义市场经济发展进入了一个新阶段。习近平总书记强调:"既不能用市场在资源配置中的决定性作用取代甚至否定政府作用,也不能用更好发挥政府作用取代甚至否定使市场在资源配

置中起决定性作用。"我国实行的是社会主义市场经济体制,必须发挥社会主义制度的优越性、发挥党和政府的积极作用使市场和政府各就其位、各展其长,推动形成市场作用和政府作用有机统一、相互补充、相互协调、相互促进的格局,促进经济社会持续健康发展。

资料来源:①学习强国:《习近平新时代中国特色社会主义思想学习问答》:如何理解使市场在资源配置中起决定性作用,更好发挥政府作用?

②顾阳.提高资源配置效率关键在改革.中国经济网,2020—9—16。

(2)案例的思政元素

①政治认同。坚持社会主义市场经济改革方向,核心问题是处理好政府和市场的关系,使市场在资源配置中起决定性作用,更好发挥政府作用,这是我们党在理论和实践上的又一重大推进。

②科学精神。培养学生运用科学的思维方式去学习经济学的相关内容,能够对现实生活中的经济问题进行科学辩证思考。

(3)教学方法与手段

①讨论式教学:课前围绕资源配置的相关内容,引导学生讨论市场和政府在资源配置中的作用,针对案例提出的问题,探讨如何理解市场在资源配置中起决定性作用,更好发挥政府作用。

②启发式教学:在知识点"资源稀缺性"中,结合"如何提高资源配置效率"的经济热点问题,启发和引导学生的政治认同意识和科学理性思维精神。

第二章 需求、供给和均衡价格

专业教学目标

需求和供给是整个微观经济学的理论基础。本章主要讲解需求和供给相关概念及其市场运行机制,核心内容是需求和供给如何决定市场均衡以及均衡的变动,据此对一些经济现象和价格政策实施效果进行解释分析。通过本章学习,帮助学生理解需求定律和供给定律、市场均衡的决定及变动、弹性概念及计算,能够利用供求理论分析一些经济现象与经济政策。

【知识目标】

1. 掌握需求定律和供给定律,理解需求(供给)量变动和需求(供给)变动的区别、个体需求(供给)与市场需求(供给)的关系。

2. 熟悉市场均衡的形成及变动。

3. 掌握各种弹性的定义,并能计算各种弹性。

4. 了解各类价格政策及其效果。

【能力目标】

1. 通过强调需求(供给)量变动和需求(供给)变动的区别,培养学生严谨的学习态度。

2. 从弹性的一般概念引申到需求的价格弹性、需求的收入弹性、需求的交叉价格弹性等其他弹性概念,培养学生举一反三、自主学习的能力。

3. 通过供求理论与应用事例的结合分析,培养学生理论联系实际的能力。

【育人目标】

1. **社会主义核心价值观** 从"理想"和"能力"两个维度讲解需求和供给的概念,教育学生不仅要有理想,更要脚踏实地,通过努力奋斗提高自身能力、实现远大理想,正所谓空谈误国,实干兴邦。

2. **科学精神** 在运用蛛网模型讲解市场均衡动态稳定性时,引导学生思考蛛网模型的缺陷,培养学生批判质疑的科学精神以及严谨缜密的逻辑思维。

3. **法治意识** 新冠肺炎疫情防控期间,国家对口罩等民生物资实施价格管控,运用该案例讲解限制价格政策的目标效果以及可能引致的问题,如消费者排队抢购、生产者粗制滥造等。一方面帮助学生更好地理解限价政策,另一方面教育学生生财必须有道,发国难财的行为是可耻的,甚至是违法的。应自觉担当社会责任,不能在金钱面前迷失自我、在大是大非面前立场摇摆。同时,也用我国有效战"疫"的案例,讲解中国特色社会主义制度所展现的优越性,即:集中力量办大事。

4. **家国情怀** 自2004年以来,中央一号文件连续十九年聚焦"三农"问题,始终坚持把解决好"三农"问题作为全党工作重中之重,粮食最低收购价政策是系列强农惠农富农政策之一,用该案例讲解支持价格政策,引申出粮食安全、乡村振兴战略、城乡融合发展以及共同富裕等,培养学生经邦济世的家国情怀。

5. 科学精神 通过供求分析的应用事例讲解,启发学生思考生活中还有哪些经济现象或经济政策能用供求理论来解释或分析,培养学生发现问题、解决问题的兴趣,也激发其实践创新的热情。

【教学方式与方法】

1. 自主学习:线上课前预习、课后复习慕课中需求定律和供给定律等知识点,推荐延伸阅读文献,线下自行阅读学习。

2. 课堂讲授:通过PPT、板书等方式讲授需求、供给和均衡价格相关理论的主要观点或内容。

3. 习题巩固:在重难点内容讲授中,适当穿插弹性计算等习题讲解,加深学生理解;课后布置习题作业,巩固提升。

4. 课堂讨论:一方面给出典型案例(如口罩限价、粮食最低收购价等)让学生开放式讨论;另一方面让学生提出一些社会经济现象或经济政策,并用供求相关理论给出解释。

【课程思政教学实例】

案例材料1:粮食最低收购价政策

(1)案例简介

粮食安全是"国之大者",为稳定粮食生产,同时避免谷贱伤农,我国陆续出台了一系列粮食补贴政策。其中,2004年,在辽宁、吉林、黑龙江等水稻主产区,启动实施稻谷最低收购价政策,针对早籼稻、中晚籼稻以及粳稻实施差异化的最低收购价,当市场价格连续3天低于国家公布的最低收购价格时,按照规定程序启动收购预案,由受政府委托的中储粮、地方储备粮管理公司等具有一定资质的公司或单位,按照最低收购价收购市场中的粮食,避免出现卖粮难问题。2006年,我国又将小麦纳入最低收购价范围,该政策一直执行至今。

(2)案例的思政元素

①科学精神。实施最低收购价政策与我们倡导的发挥市场配置资源的决定性作用是否相违背?答案是否定的。在市场经济条件下,应该发挥市场机制在粮食市场资源配置中的基础性作用,当出现"市场失灵"时,政府应当在尽量不损害市场机制的作用下,出台包括最低收购价在内的干预政策。

②政治认同。粮食最低收购价政策体现了中国共产党执政为民的理念,始终把保障人民利益放在第一位。

③社会主义核心价值观。最低限价体现了扶困济弱的理念。

(3)教学手段

①启发式教学:在"支持价格"知识点讲授过程中引入粮食最低收购价案例,并与粮食安全、人民至上、扶困济弱等思政元素相结合,增强学生学以致用的能力,提高政治认同和人文情怀。

②课堂测评:在知识点讲授过程中适当穿插习题讲解,加深学生对知识点的理解。

案例材料2:口罩限价

(1)案例简介

在新冠肺炎疫情发生初期,突如其来的疫情让人们手足无措,市场存在一定程度的恐慌情绪。抢购风潮导致许多物品出现短缺,口罩一度出现"一罩难求"的局面。在口罩供不应求的情况下,一些不良商家囤积居奇、进行舆论炒作,致使口罩价格"疯涨",不少人诉诸海外代购、微商等渠道购买口罩仍然无法满足需求。为有效制止口罩价格暴涨,合理规范口罩市场行情,许多地方政府及时出台政策,明令限制口罩价格。如2020年2月14日,湖北省仙桃市出台文件,要求一次性医用口罩价格不得高于1.20元/片,非医用口罩价格不得高于1.00元/片,对违反政府指导限价的行为予以严厉打击。湖北省武汉市、黄冈市、荆州市等地还采取了摇号购买口罩的措施。

(2)案例的思政元素

①法治意识。经济学告诉我们企业追求利润最大化。商人逐利无可厚非,但生财必须有道,发国难财的行为是可耻的,甚至是违法的。

②政治认同。我国在新冠肺炎疫情防控过程中取得了显著成效,疫情得到了有效控制,也为全球抗疫贡献了"中国方案",这充分体现了中国特色社会主义制度所展现的优越性,即:集中力量办大事。

③职业道德教育。在重大突发事件面前,要保持理性,不能盲目跟风,更不能传播没有根据的言论。流言止于智者,要做科学的传播者,承担起更多的社会责任。

(3)教学手段

①启发式教学:在"限制价格"知识点讲授过程中引入新冠肺炎疫情防控期间的口罩限价案例,并与遵纪守法、志愿服务、不忘初心等思政元素相结合,增强学生的法治意识、政治认同以及社会责任感。

②讨论式教学:让学生自由讨论或分析口罩限价案例,在此基础上讨论生活中的其他限价案例。

第三章 消费者选择

专业教学目标

在经济学中,家庭不仅是商品或服务的需求者,也是生产要素的供给者,他们出卖自身拥有的生产要素以获得收入,并在收入约束条件下选择消费商品或服务,以实现自身利益最大化。消费者在做出选择时以获取最大效用为目标,所以对消费者最优选择的分析又被称为效用理论。通过本章的学习,帮助学生把握边际效用分析和无差异曲线分析的有关基本理论、基本知识和基本方法,更好地理解需求定理。

【知识目标】

1. 掌握总效用与边际效用函数的关系,重点掌握边际效用递减规律及其在经济分析中的重要性。

2. 掌握消费者偏好、边际替代率的含义和边际替代率递减规律;掌握无差异曲线分析的有关基本理论和基本方法,熟练掌握消费者均衡的条件,更好地理解需求定理。

3. 掌握商品恩格尔曲线和商品的需求曲线与消费者均衡的关系。理解消费者剩余的含义并能进行计算。

【能力目标】

1. 通过示范式教学,掌握基数效用论和序数效用论下消费者均衡的含义以及推导过程,培养学生对知识的思辨和总结能力。

2. 通过讨论式和示范式教学,塑造从理论学习到中国实践导入、知识补充到经济思维训练的学习过程,培养学生自主性学习知识的能力。

3. 通过将国内经济实践引入教学,逐步形成运用经济学知识分析世情国情民情的能力。

【育人目标】

1. 政治认同 通过消费者效用最大化理论,理解国内相关经济政策对消费者效用的调节作用,明确消费者选择理论的现实意义;以马克思主义经济学为指导,在中外微观经济比较中,找到"中国共产党为什么能、马克思主义为什么行、中国特色社会主义为什么好"的答案。

2. 家国情怀 通过党和政府的调控政策与中国经济社会发展实践相联系,使学生明确中国共产党领导的中国道路的正确性,培养学生的"四个自信",启发学生思考面对百年未有之大变局,应如何构建现代经济学思维,勇担历史重任。

3. 职业道德修养 大学生肩负着实现中华民族伟大复兴的时代责任,通过改革开放以来中国经济发展所取得的辉煌成就来启发学生,不同时代的青年人担负着国家不同发展阶段的重任,自觉将小我融入大我,以追求国家的富强为己任。同时结合经济案件教育学生养成遵纪守法、爱岗敬业、诚实守信的职业品格和行为习惯。

4. 国际视野 在本章的课程教学中融入马克思主义经济学的消费者理论,不仅充实微观经济学的教学内容,使课堂教学变得更为厚重和丰富,而且让学生更为深入和全面地掌握现代西方微观经济学各种流派和理论,增强学生的国际视野和素养。

【教学方法与手段】

1. 自主学习:通过线上慕课等完成效用论的预习。

2. 课堂讲授:知识点讲授注重以问题为导向,着重讲授本章消费者均衡的含义和经济解释、启示与建议等。

3. 课堂讨论:引导学生讨论面对预算约束的情况,应如何选择才能达到消费者均衡,展示根据教学素材整理分析的相关报告等,小组讨论达到效用最大化中可能遇到的问题。

4. **习题巩固**:在效用最大化问题讲授中,穿插习题讲解,加深学生理解,课后布置习题作业,巩固提升。

【课程思政教学实例】
案例材料:精准扶贫
(1)案例简介

党的十八大以来,习近平总书记对精准扶贫理念作出一系列重要论述,上升到扶贫开发基本方略的高度,提出扶持对象、项目安排、资金使用、措施到户、因村派人、脱贫成效"六个精准",坚持对扶贫对象实行精细化管理、对扶贫资源实行精确化配置、对扶贫对象实行精准化扶持,要求把精准扶贫贯穿扶贫开发的全过程,为打赢脱贫攻坚战提供了制胜法宝。

2021年2月25日,全国脱贫攻坚总结表彰大会上,习近平总书记庄严宣告:我国脱贫攻坚战取得了全面胜利。8年来,近1亿人脱贫,832个贫困县全部摘帽。我国如期完成新时代脱贫攻坚目标任务,提前10年完成联合国2030年可持续发展议程的减贫目标。

精准扶贫方略的成功实践,对中国和世界都具有重大意义,不仅为我国全面建成小康社会、实现第一个百年奋斗目标发挥了重要的作用。同时,创造了人类减贫史上的奇迹,彰显了中国共产党领导和中国特色社会主义的政治制度优势、中国共产党的治理能力和改革创新能力,为解决贫困治理一系列世界难题提供了中国智慧和中国方案。

资料来源:习近平.在全国脱贫攻坚总结表彰大会上的讲话.新华网,2021—03—03。

(2)案例的思政元素

①社会主义核心价值观。推进乡村精准扶贫,是习近平新时代中国特色社会主义思想的重要理论创新成果,也是富强、民主、文明、和谐等社会主义核心价值观在国家层面的具体实现。

②政治认同。我国经济发展与人民生活水平的提高,离不开党的领导和科学决策。

③家国情怀。学生能够更加深入地认识到我国经济社会发展面临的问题与挑战,增强学生为中华民族伟大复兴而奋斗的家国情怀。

(3)教学手段

①情景式教学:在知识点"预算约束线"中引入精准扶贫案例,通过讲解大国财政人民至上等思政元素与中国成功经验相结合,增强学生的政治认同和使命担当。

②讨论式教学:根据素材案例,组织学生对脱贫攻坚的成功经验进行讨论,引导学生思考为什么脱贫攻坚能在我们国家取得成功。

第四章 企业的生产与成本

专业教学目标

本章主要讲述短期、长期生产函数,短期、长期成本函数以及利润最大化原则。通过本章学习,使学生认识到企业在追求利润最大化目标时,不但要考虑技术效率的可行性(生产函数),还要考虑经济效率的可行性(成本函数)。

【知识目标】

1. 掌握厂商的概念及其追求的目标,短期、长期生产函数,生产者均衡的含义及其均衡条件。
2. 掌握成本的概念,短期、长期成本函数及曲线,短期成本与长期成本的关系。
3. 掌握生产函数与成本函数之间的关系。

【能力目标】

1. 通过本章的学习,培养学生逐步形成运用经济学知识分析企业投资、生产等决策行为的能力。
2. 通过讨论、案例示范式教学,引导学生将生产和成本理论知识运用到实际经济中,学会运用经济理论知识分析现实企业的经济行为,培养学生分析及解决经济问题的能力。
3. 通过生产理论、成本理论与应用案例的结合分析,培养学生理论联系实际的能力。

【育人目标】

1. **家国情怀** 通过本章的学习,引导学生理解诚信经营的价值所在,注重企业的可持续发展;引导学生明确企业追求利润最大化过程中应该注重环境保护,遵守市场规则,向社会提供合格产品,承担一定的社会责任。

2. **法治意识** 通过本章的学习,让学生了解到企业在追求利润最大化目标时,企业生产要遵守国家的法律法规,使学生认识到企业生产中的法律边界,从而增强学生的法治意识。

3. **社会主义核心价值观** 通过本章的学习,让学生掌握边际报酬递减等规律,明确企业在追求利润最大化目标时不能因为逐利而迷失"初心",生产低劣产品侵害消费者利益,要践行"诚信"经营,引导学生做社会主义核心价值观的信仰者、传播者、践行者。

【教学方式与方法】

1. 自主学习:采用超星学习通、学习强国等多种在线平台,引导学生学习生产成本理论专业知识点,培养学生逻辑思考与思辨的能力,同时也提高学生的民族自豪感,激发学生具备更强的责任感、使命感及爱国情怀。

2. 课堂讲授:通过讲授短期生产函数、长期生产函数以及短期成本、长期成本等内容,结合典型企业案例,让学生认识到企业在追求利润最大化目标的同时,要诚信经营,不被眼前的利益所迷惑,引导学生树立正确的道德念和价值观。

3. 课堂讨论:给学生提供三鹿奶粉、鸿星尔克捐赠等案例素材进行小组讨论,然后撰写分析报告,从生活中理解"企业的生产与成本"中比较抽象的理论知识;通过案例的讨论,让学生体会到具备社会责任心的企业才能持续发展。

【课程思政教学实例】

案例材料:尼日利亚重油电厂为何能省70%成本

(1)案例简介

20世纪非洲的工业电力解决方案,均为使用欧美高速柴油机驱动的发电机组,由于产品服务与配件供货周期及成本关系,电力成本非常高。重油是原油提取汽油、柴油后的剩余重质油,在其他地方用处不大,可是用在发电上,可以说是物尽其用了。尼日利亚作为主要产油国,重油价格很低,如果将其直接作为原料,将极大地降低电力成本。

宁波中策动力机电集团有限公司(以下简称"宁波中策")拥有60余年船用柴油机生产经验,是目前中国生产中速船用柴油机最大的企业之一。其产品具备可燃用重油、植物油、天然气等特点,适应非洲产油国家的需求。由于重油价格远低于柴油价格,可以极大地节约燃油,降低电力成本。在技术应用上,宁波中策因地制宜完成的设计与实施,100%确保了电站建设周期与设备管理标准的制度化。尼日利亚重油电站项目位于尼日利亚北部卡诺州,距离市区18公里。工程安装总容量17兆瓦,已经以重油为燃料连续运行16年,节约电力成本70%以上,截至目前,宁波中策已经在非洲十多个国家完成分布式重油电站126座,为非洲工业发展提供了可靠的电力保障。

资料来源:学习强国:李璐,湖南学习平台,2019-06-17.

(2)案例的思政元素

①家国情怀。宁波中策利用低价的重油在尼日利亚建立重油电站,利用自身技术帮助尼日利亚变废为宝,为非洲工业发展提供了可靠的电力保障,推动了人类文明的进步。

②科学精神。培养学生的理性思维,尊重事实,运用科学的思维方式认识问题、解决问题,并指导自己的行为。

(3)教学手段

①课堂讲授:在"成本函数"中引入案例,探究影响企业成本的因素,培养学生的理性思维,引导学生认识经济全球一体化,树立变废为宝的可持续发展理念。

②课堂讨论:通过该案例,分组讨论降低企业成本的方法,以及经济全球化过程中我国企业发展所面临的机遇和挑战。

第五章 完全竞争市场

专业教学目标

完全竞争是一种重要的市场结构类型,本章讲述了市场结构的划分标准、特征以及完全竞争市场企业利润最大化的条件、完全竞争企业的短期和长期均衡等问题。通过本章的学习,帮助学生理解完全竞争市场的经济理论,明确企业收支相抵和停止营业的条件,帮助企业提出合理决策。

【知识目标】

1. 掌握完全竞争市场的基本特征。
2. 掌握利润最大化原则下的产量决策。
3. 能够分析完全竞争市场企业盈亏情况。
4. 掌握完全竞争市场短期和长期均衡的实现机制及均衡状态差异。

【能力目标】

1. 通过市场结构的划分标准,理解完全竞争市场的特点,理解在理性经济人假设前提下企业生产的目标以及产量决策过程,能够分析完全竞争市场的企业盈亏状况,以及亏损状态下的生产决策等相关理论,能够为企业做出正确生产决策。
2. 通过讨论式和示范式教学,塑造从理论学习到中国实践导入、知识补充到微观经济思维训练的学习过程,培养学生自主性学习知识的能力。
3. 通过将企业实践引入课堂,逐步形成运用经济学知识分析国情民情的能力。

【育人目标】

1. 政治认同　理解完全竞争市场的特点以及完全竞争市场短期和长期均衡的市场机制及均衡状态差异,能够做出完全竞争市场下企业的理性决策;了解市场运行机制,感受中国市场经济发展的成就,树立"中国共产党为什么能、马克思主义为什么行、中国特色社会主义为什么好"的社会主义核心价值观。

2. 家国情怀　通过微观经济理论与企业实践相联系,使学生明确中国共产党领导的中国道路的正确性,培养学生的"四个自信",启发学生思考面对百年未有之大变局,应如何构建现代企业制度,加快社会主义现代化建设,实现经济高质量发展。

3. 法治意识　通过讲解完全竞争市场结构中,企业在利润最大化原则下产量的决策以及完全竞争市场企业盈亏情况,结合企业治理相关法律法规,帮助学生理解企业运营受法律法规约束,启发学生思考企业经营中符合经济政策而应得到允许或鼓励,不符合政策的应该限制或者禁止,从而增强学生法律意识。

4. 职业道德修养　青年学生肩负着实现中华民族伟大复兴的时代责任,通过中国企业取得的辉煌成就启发学生,不同时代的青年人担负着国家不同发展阶段的重任,自觉将小我融入大我,不断追求国家的富强。教育学生要养成遵纪守法、爱岗敬业、诚实守信的职业品格和行为习惯,要努力投身于社会主义现代化建设中。

5. 国际视野　在完全竞争市场相关理论及企业决策等实践的教学过程中,要结合国内外先进经验,剖析微观经济学相关理论,充实课堂教学内容,让学生们全面深入掌握现代市场、企业发展相关理论与实践,培养学生国际视野。

【教学方法与手段】

1. 自主学习:线上学习完全竞争市场长短期均衡的条件。
2. 课堂启发引导:从完全竞争市场的条件出发,引导学生关注现实市场与完全竞争市场的差异,启发学生思考现实市场中经济效率的表现。
3. 课堂展示与讨论:学生讨论面对目前中国企业发展情况,展示根据教学素材整理分析的相关报告等,小组讨论完全竞争下如何为企业制定合理决策等。

【课程思政教学实例】

案例材料1:深入实施公平竞争政策,营造良好竞争环境

(1)案例简介

公平竞争是市场经济的核心。深入推进公平竞争政策实施,是完善社会主义市场经济体制的内在要求。

党的十八大以来,我国公平竞争制度不断完善、市场监管体制日趋健全、竞争监管执法日益强化,营造了公平、透明、可预期的良好竞争环境。

国家和相关部门两次修订反不正当竞争法,推动出台电子商务法,加快修订反垄断法,制定《经营者集中审查暂行规定》《网络交易监督管理办法》等规章,发布《关于平台经济领域的反垄断指南》《经营者反垄断合规指南》等,基本建立起覆盖线上线下、日趋系统完备的竞争法律规则体系。

着眼激发创新活力和增进民生福祉,着力规范市场竞争行为。自2018年以来,市场监管部门聚焦于平台经济、医药保健、公用事业、建筑材料等重点领域,查处各类垄断案件332件、不正当竞争案件3.6万件、价格收费违法案件11.8万件、审结经营者集中案件1788件,加强案件行政处罚信息公示,维护公平高效有序的市场竞争格局。

着眼建设强大的国内市场,着力打破地方保护和市场分割。全面落实公平竞争审查制度,2018年以来,审查新出台政策措施文件85.7万件;清理存量政策措施189万件,修订废止妨碍全国统一市场和公平竞争的政策措施近3万件;大力查处滥用行政权力排除、限制竞争行为,促进提升国内大循环的效率和水平。

(2)案例的思政元素
①社会主义核心价值观。市场参与主体平等,不同类型企业可以平等参与市场竞争。
②政治认同。我国市场经济建设离不开党的领导和科学决策。
③法治意识。企业经营要在法律法规允许的框架下进行。

(3)教学手段
翻转课堂:学生作为课堂主体讲解完全竞争市场条件及均衡结果,聚焦市场竞争优劣问题进行辩论,教师予以补充和点评。

案例材料2:国有企业的目标、分类
(1)案例简介
国有企业,指国务院和地方人民政府(委托国资委和其他政府部门机关)代表国家履行出资人职责,并进行直接监管的国有资金持股比例100%的国有独资企业(公司),以及国有资金持股比例50%以上或持股比例未达50%但国有资金占主导地位的国有控股企业(公司)及其下属的各级全资、控股企业。

从产业领域看,十八大以来,国有经济更多是布局在第二、三产业。国有企业是国民经济的重要支柱,在我们党执政和我国社会主义国家政权的经济基础中也是起支柱作用的,必须搞好。习近平总书记多次强调要"理直气壮""坚定不移"把"国有企业做强做优做大"。

2015年12月7日,国务院国资委等部门印发了《关于国有企业功能界定与分类的指导意见》,立足国有资本的战略定位和发展目标,将国有企业界定为商业类和公益类。商业类国有企业按照市场化要求实行商业化运作,依法独立自主开展生产经营活动。其中,主业处于关系国家安全、国民经济命脉的重要行业和关键领域、主要承担重大专项任务的商业类国有企业,要以保障国家安全和国民经济运行为目标。公益类国有企业以保障民生、服务社会、提供公共产品和服务为主要目标。

(2)案例的思政元素
①政治认同。坚持党对国有企业的全面领导。
②科学精神。探究国有企业与民营企业目标的差异性。

(3)教学手段
案例教学:在知识点"利润最大化目标"中引入国有企业的多重目标和责任担当等思政元素与中国成功经验相结合,增强学生的政治认同和使命担当。

第六章 不完全竞争市场

专业教学目标

不完全竞争市场包括垄断、寡头垄断、垄断竞争等市场,本章对这些市场逐一介绍。通过本章内容的学习,使学生了解各类不完全竞争市场的含义及其形成条件,掌握各类市场的短期和长期均衡,运用所学理论分析和比较各类市场的优缺点。

【知识目标】

1. 清晰了解各类市场的特征和形成条件,熟练掌握各类市场的需求曲线、供给曲线、短期和长期均衡,学会从均衡产量、均衡价格、经济利润、社会福利等方面分析和比较各类市场。

2. 在垄断市场的分析框架中了解三类价格歧视的含义和特征,分析和比较各类价格歧视在垄断市场上产生的社会福利。

3. 在寡头垄断的分析框架中学习博弈论的基础概念,掌握纳什均衡的含义、意义及应用,深刻理解寡头合作难以维系的原理。

【能力目标】

1. 在学习各类市场均衡的基础上,在均衡数量、均衡价格、经济利润、社会福利等方面实现不同市场的横向比较,锻炼对知识的比较和总结能力。

2. 通过引入现实中的当代与历史案例,学会用经济学思维观察世界,形成跨学科、跨国家、跨时间的视野,提炼运用经济学知识分析古今中外世情国情民情的能力。

【育人目标】

1. 政治认同　通过垄断市场价格歧视的分析以及西安市居民生活用水价格实践对比,帮助学生了解西方垄断企业通过价格歧视追求垄断利润榨取消费者剩余、而中国国有企业追求社会收益最大而不是企业利润最大的根本区别,突显党的领导和科学决策指引着国有企业正确的发展方向,使学生从政治上认同党的领导和国有企业的发展。

2. 社会主义核心价值观　通过案例分析使学生体会国有垄断企业秉承"情系百姓、服务社会"企业宗旨,通过规模化经营满足人民追求高质量生活的努力。使学生充分信任人民对美好生活的向往是中国共产党的奋斗目标,进而践行社会主义核心价值观。

3. 科学精神　通过将所学知识与现实紧密联系,培养学生从理性、客观的角度看待和思考社会和国家的问题,明确科学是国家富强的重要基石,科学技术是第一生产力。

4. 国际视野　在寡头垄断的教学过程中,引入OPEC国家合作与世界石油价格的案例,将经济学的理论照进现实,让学生不仅融会贯通纳什均衡等知识概念,也对世界历史洪流中的重要经济事件有充分的了解。

【教学方式与方法】

1. 课堂讲授:讲授相关理论的主要观点或内容。

2. 即时反馈:在每个重要知识点讲授完后,通过学习平台向学生推送相关习题,学生现场完成习题,平台将数据即时反馈给教师和学生,这种方式让教师掌握学生的学习情况,视情况调整课程侧重点和进度,对学生实行个性化教学,同时让学生实时认识自己的学习情况,及时改善和补充没掌握好的知识点。

3. 经济学实验:学生在线上实验平台参与经济学实验,在某个经济学情景下身临其境做出决策;教师在实验结束后讲解实验结果。

4. 课堂展示与讨论:学生开展小组讨论、展示等活动,锻炼表达、合作、搜集和总结知识、领导团体等能力。

【课程思政教学实例】

案例材料1:西安市居民生活用水价格实践

(1)案例简介

西安水务集团是市政府授权的国有资产运营管理公司,以管好源头水、供好自来水、治好排放水、用好再生水为己任。在西方经济学对企业的分类上,西安水务集团属于垄断企业。

2015年12月15日起,西安市城区实行居民阶梯水价制度。主要内容如下:居民生活用水的基本水价实行1:1.5:3三级价差,各阶梯水价均为用户终端水价,具体如下:第一阶梯年用水量162立方米(含)及以下,基本水价1.69元/立方米;第二阶梯年用水量162立方米~275立方米(含);第三阶梯年用水量275立方米以上,基本水价5.07元/立方米。

西安市阶梯水价的实施,为垄断企业价格歧视提供了一个良好的案例。西方传统经济学认为,任何企业的目的在于利润最大化,而垄断企业可以利用其市场优势实行价格歧视,榨取消费者剩余,从而获取更高的生产者剩余。然而,中国的国有企业与西方传统的企业(垄断企业)相比,在企业目标上有本质上的区别。中国国有企业在考虑企业利润的同时,更看重社会福利,将资源有效利用、环境保护、可持续发展等因素纳入其定价策略,肩负更大更重的社会责任,这是西方企业(垄断企业)无法比拟的。

资料来源:西安市物价局关于我市城区实行居民阶梯水价制度有关问题的函.西安市发改委官网,2020-2-12.

(2)案例的思政元素

①社会主义核心价值观。阶梯定价一方面通过较低价格保障了人民群众的基本生活需求,另一方面则通过较高价格实现对稀缺水资源的节约使用,进而实现水源地的生态修复和居民用水的动态平衡,实现可持续发展。引导学生认识到节约用水既有经济利益,也是公民的社会责任。

②政治认同。学生能够理解国有企业存在的现实意义,并从政治上认同党对国有经济的领导。

③家国情怀。增强学生为中华民族伟大复兴而奋斗的家国情怀。

(3)教学手段

①讨论式教学:讨论西安市水价阶梯定价的目的及结果,在中外对比中增强学生对于国有企业社会责任感的认同。

②情景式教学:在知识点"价格歧视"中融合"人民为中心"以及可持续发展等思政元素分析体会西安市居民生活用水价格实践,增强学生的政治认同和家国情怀。

案例材料 2:石油输出国组织的合作与石油价格

(1)案例简介

石油输出国组织(OPEC)于1960年成立,成员国包括伊朗、伊拉克、科威特等石油储油量和生产量大国,其宗旨是协调和统一成员国石油政策,维持世界石油价格稳定,保障成员国实现稳定收入。在20世纪70年代初,石油输出国组织试图通过相互合作,压低石油产量,从而将国际油价维持在较高的水平,获取更高的经济利润。1970-1980年,该组织成功实现了目标,各成员国较好维持了协议产量,国际油价也从1972年的每桶2美元上升至1980年的每桶35美元。然而,这样的合作却最终没能维持下去。进入80年代,各成员国就协议产量发生了分歧,纷纷背叛合作,国家油价也一跌再跌,最终在1986年回落到每桶10美元。

此案例通过讲述石油输出国组织合作和国际石油价格之间的故事,向学生展示卡特尔的合作具有不稳定性的特点:合作虽然对集体有利,但在更大利益的诱惑下,每个人因追逐个人利益,背叛合作,结果则是集体中所有人都变得更差。通过对此案例的讲解,引出囚徒困境和纳什均衡等概念,从而学习卡特尔不稳定的原理,同时让学生首次接触博弈论这个经济学重要的学科。

资料来源:汪莉丽,王安建.世界石油价格历史演变过程及影响因素分析[J].资料与产业,2009,11(5):35-42.

(2)案例的思政元素

①科学精神。学生融会贯通纳什均衡等知识概念,学会从科学的角度看待和思考国际问题和历史事件。

②国际视野。学习国际油价的历史,了解石油输出国组织的来龙去脉,促进国际视野的形成。

(3)教学手段

①任务驱动:组织学生进行囚徒困境实验,将实验与现实中的石油输出国组织成员的产量合作和国家油价联系在一起,身临其境体验为什么很多时候集体合作难以维系,思考与讨论怎样克服合作难的问题。

②讨论式教学:通过分组收集资料、讨论、总结、展示等环节,促使学生了解石油输出国组织的历史及其对国际油价产生的影响。

第七章 生产要素市场和收入分配

专业教学目标

生产要素市场采用了供给和需求的分析框架,讨论了要素价格和使用数量的决定,具体包括劳动、土地和资本市场。涉及竞争条件下生产要素价格和与数量决定的一般理论和运用及垄断条件下的相应问题。通过本章学习,帮助学生理解劳动、资本、土地等要素价格决定的特点以及如何应用产品均衡价格理论分析各种生产要素价格的决定。

【知识目标】

1. 掌握完全竞争企业的要素需求曲线,要素的供给曲线,劳动供给曲线,劳动市场的供求均衡和工资的决定,土地的价格和地租。

2. 通过对生产要素价格和使用量决定理论的学习能够深入理解边际分配论的缺陷,关注收入分配中的效率与公平问题。

【能力目标】

1. 通过掌握生产要素市场理论,将产品市场和要素市场从供求分析及市场结构这两个方面统一起来,实现知识联系的举一反三能力。

2. 通过讨论式和案例式教学,让学生学会关注中国实际问题,培养学生辩证、系统的经济分析思维,培养学生自主性学习知识的能力。

3. 通过将中国要素市场化改革及收入分配制度的完善引入课堂,逐步形成运用经济学知识分析中国国情、中国制度、中国文化、中国现象的能力。

【育人目标】

1. 社会主义核心价值观 通过生产要素市场和收入分配理论的学习,理解劳动、资本、土地等要素价格决定的特点,以马克思主义劳动价值论为指导,使学生对比不同经济理论在解释同一问题上的不同立场及政策主张,引导学生认识劳动的重要性,接受劳动教育,树立社会主义核心价值观。

2. 家国情怀 通过将收入分配问题与中国实现共同富裕目标相联系,使学生明确中国共产党领导的中国道路的正确性,培养学生的道路自信、理论自信、制度自信、文化自信,树立大局意识、社会责任意识。

3. 法治意识 通过讲解劳动和资本市场,结合劳动法、个人所得税法、最低工资标准制度及资本无序扩张等问题,帮助学生理解国家对市场主体依法干预的必要性,启发学生思考市场主体哪些市场交易活动因符合国家的法律法规而应得到允许或鼓励,哪些市场交易活动因不符合国家法律和法规而受到限制或禁止,从而增强学生法治意识。

4. 职业道德修养 青年学生肩负着实现中华民族伟大复兴的时代责任,通过使学生了解我国的国家战略与政策,关注经济与社会问题,培养学生经世济民的职业修养以及养成遵纪守法、爱岗敬业、诚实守信的职业品格和行为习惯。

5. 国际视野 在本章中,在课程教学中融入马克思主义政治经济学劳动价值论及地租理论等理论,去剖析生产要素市场及收入分配理论,不仅充实微观经济学的教学内容,使课堂教学变得更为厚重和丰富,而且让学生更为深入和全面去掌握现代西方微观经济学各种流派和理论,来培养学生国际视野。

【教学方式与方法】

1. 自主学习:线上学习要素市场需求供给原则及工资、利息、地租的决定。

2. 课堂启发引导:知识点讲授注重以问题为导向,着重讲授要素的边际收益、劳动市场的均衡与工资的决定、土地的供求与地租的决定、资本市场的需求和供给等重要知识点。将当前的国家、党的政策、路线和中国经济发展的现状尽可能地与这些知识点结合起来,使理论与实践更加紧密地联系在一起。

3. 课堂展示与讨论:学生讨论面对目前中国生产要素市场和收入分配现状,应如何选择经济政策,展示根据教学素材整理分析的相关报告等,小组讨论我国要素市场化改革及完善收入分配制度的案例。

【课程思政教学实例】

案例材料1:要素市场化改革

(1)案例简介

在商品、服务和生产要素三大市场中,我国商品和服务市场化已有几十年历史,97%以上商品和服务价格已由市场形成。但是,土地、劳动力、资本、技术、数据等要素市场化严重滞后,成为我国市场化经济最后的硬骨头。要素市场化配置是解决我国经济结构性矛盾、推动高质量发展的根本途径,也是释放要素活力、增强发展动能的重要保障。

2020年3月30日,中共中央、国务院发布了首份要素市场化配置文件《关于构建更加完善的要素市场化配置体制机制的意见》,针对推进土地要素市场化配置、引导劳动力要素合理畅通有序流动、推进资本要素市场化配置、加快发展技术要素市场、加快培育数据要素市场、加快要素价格市场化改革、健全要素市场运行机制、组织保障等提出了具体要求。2022年1月6日,国务院进一步发布了《关于印发要素市场化配置综合改革试点总体方案的通知》,就开展试点工作,进一步破除阻碍要素自主有序流动的体制机制障碍,提升要素协同配置效率作出部署。

资料来源：朱昌明，郭小双.《关于构建更加完善的要素市场化配置体制机制的意见》解读，网易新闻，2020-5-6.

(2) 案例的思政元素

①政治认同。我国要素市场化改革，离不开党的领导和科学决策。

②科学精神。从推进劳动力、土地、资本、技术、数据等要素市场化配置，健全要素市场体系，推进要素市场制度建设，实现要素价格市场决定、流动自主有序、配置高效公平等方面进行案例分析，与课程内容的呼应与融合，以此引发学生的深入思考。

(3) 教学手段

①课堂讲授：采用启发式教学法，在知识点"要素市场""要素的价格决定"中引入要素价格的市场决定机制，是我国要素市场化改革的核心，进一步讲解劳动力、土地、资本、技术、数据等要素市场化改革的具体要求，增强学生的政治认同，培养学生的科学精神。

②课堂讨论：各地要素市场化改革的做法与经验启示，引导学生认识要素市场改革的必要性。

③学习测评：布置课后反思，根据学生对要素市场改革的认识对学习效果进行测评。

案例材料2：完善收入分配制度，实现共同富裕

(1) 案例简介

新中国成立七十多年来特别是改革开放四十多年来的发展成就，为促进全体人民共同富裕创造了良好条件。经过全党全国各族人民持续奋斗，我们实现了第一个百年奋斗目标，全面建成了小康社会，历史性地解决了绝对贫困问题，正在向着第二个百年奋斗目标"共同富裕"迈进。共同富裕不是少数人的富裕，不是整齐划一的平均主义，而是全体人民共同富裕，使全体人民共享改革发展成果。

完善收入分配制度是实现共同富裕的重要路径。整体来看，我国居民的收入差距近年来有所缓和，但财富差距明显拉大、阶层固化的风险也在扩大。结构上，城乡之间、区域之间和行业之间的收入差距也十分显著。这些分配领域的问题都阻碍了实现共同富裕的步伐。在迈向共同富裕的道路上，如何进一步深化分配制度改革，构建初次分配、再分配和三次分配协调配套的收入分配体系，是一个新的挑战。

资料来源：张占斌.共同富裕的科学内涵与实现路径[N].经济日报(理论版)，2021-08-25.

(2) 案例的思政元素

①政治认同。共同富裕体现了中国共产党执政为民的理念，始终把保障人民利益放在第一位。

②家国情怀。从深化分配制度改革，构建初次分配、再分配和三次分配协调配套的收入分配体系等方面进行案例分析，通过与课程内容的呼应与融合，激发学生的家国情怀。

(3) 教学手段

①课堂讲授：采用启发式教学法，在知识点"收入分配"中引入完善收入分配制度是实现共同富裕的重要路径，进一步讲解如何构建初次分配、再分配、三次分配协调配套的基础性制度安排。对收入分配与共同富裕的了解可以激发学生的政治认同和家国情怀。

②课堂讨论：我国收入分配差距现状与共同富裕的实现路径，引导学生正确看待我国现阶段的收入分配差距问题。

第八章 一般均衡与效率

专业教学目标

在此之前研究的是单个的产品市场或要素市场，属于局部均衡分析的范畴。本章以此为基础进一步发展，探讨一般均衡问题，即将所有相互联系的各个市场视为一个整体来加以讨论。在一般均衡分析中，每一种商品的需求和供给都不再单纯地取决于该商品自身的价格，还取决于其相关商品的价格。并且，每一商品的价格也不再是单独决定的，而是与其他商品价格相互关联。当整个经济的价格体系恰好使得所有商品的需求均与供给相等时，市场便实现了一般均衡。那么，一般均衡状态是否具有经济效率则属于福利经济学的研究范畴。通过本章学习，帮助学生理解一般均衡分析，了解社会福利函数。

【知识目标】

1. 理解一般均衡的含义。
2. 掌握帕累托最优条件，即交换的最优条件、生产的最优条件、交换和生产的最优条件。

3. 了解社会福利函数。

【能力目标】

1. 通过对比局部均衡分析与一般均衡分析，能够梳理两者的逻辑关系。

2. 通过学习交换的最优条件、生产的最优条件、交换和生产的最优条件，能够阐述帕累托最优条件。

3. 通过对经济效率的评价标准进行讨论，培养学生的经济学思维，养成自主学习的意识与能力。

【育人目标】

1. 政治认同　理解一般均衡的含义，掌握福利经济学第一、第二定理，理解公平与效率之间的替代关系，从而理解我国社会主义共同富裕的本质，以及我国现在为共同富裕所做的努力，包括扶贫工作和个人所得税专项附加扣除政策等。

2. 中华优秀传统文化　通过本章的学习，要使个人有参与公益和志愿服务的意识，有团队意识和互助精神，从而爱岗敬业，乐于奉献。通过对个人所得税专项附加扣除政策的理解，强化学生对我国传统文化中的孝亲敬长等价值观的认同。

3. 科学精神　将一般均衡理论与我国社会主义实践相结合，理解公平与效率之间的关系，理解税收调节手段背后的福利经济学第一、第二定理，培养学生的理性思维能力和科学精神。

【教学方法与手段】

1. 自主学习：线上学习一般均衡和帕累托最优条件相关知识点，撰写阅读笔记。

2. 课堂启发引导：知识点讲授注重以问题为导向，讲授经济效率的评价标准等内容。

3. 课堂展示与讨论：讨论围绕两个知识点进行，一是讨论马克思的一般均衡和新古典的一般均衡的异同，二是结合中国特色社会主义市场经济发展实际，讨论公平与效率的关系。

【课程思政教学实例】

案例材料1：中国的共同富裕，已经在路上

(1) 案例简介

党的十八大以来，党中央把逐步实现全体人民共同富裕摆在更加重要的位置上，采取有力措施保障和改善民生，打赢脱贫攻坚战，全面建成小康社会，为促进共同富裕创造了良好条件。

共同富裕是全体人民的富裕，是人民群众物质生活和精神生活都富裕，不是少数人的富裕，也不是整齐划一的平均主义，要分阶段促进共同富裕。自改革开放之初党中央提出小康社会的战略构想以来，我们党始终坚持在发展中保障和改善民生，把人民对美好生活的向往作为奋斗目标。

"十三五"时期，5575万农村贫困人口实现脱贫，城镇新增就业超过6000万人，基本医疗保险覆盖超过13亿人，基本养老保险覆盖近10亿人……今天，广大人民群众过上了比以往任何时候都更加富足的生活。

在不断做大"蛋糕"的同时，也要重视分好"蛋糕"。正确处理效率和公平的关系，构建初次分配、再分配、三次分配协调配套的基础性制度安排。

党的十九届五中全会强调"扎实推动共同富裕"，在描绘2035年基本实现社会主义现代化远景目标时，明确提出"全体人民共同富裕取得更为明显的实质性进展"。

如何探索走出一条中国特色社会主义的共同富裕之路，成为"十四五"时期乃至更长一段时间的重要目标。不久前，《中共中央国务院关于支持浙江高质量发展建设共同富裕示范区的意见》发布，这意味着浙江将走在全国前列，探索和实现共同富裕。

资料来源：人民网．2021-8-20。

(2) 案例的思政元素

①政治认同。共同富裕是社会主义的本质要求，是中国式现代化的重要特征，中国特色社会主义共同理想，中华民族伟大复兴中国梦。

②弘扬中华优秀传统文化。个人要有参与公益和志愿服务的意识，爱岗敬业，乐于奉献，有团队意识和互助精神。

(3) 教学手段

课堂讨论：公平与效率的关系辩论、中国共同富裕的目标与西方资本主义国家经济发展目标的比较辩论。

案例材料 2：《个人所得税专项附加扣除暂行办法》

（1）案例简介

为了减轻纳税人的负担，我国于 2019 年推出了个人所得税专项附加扣除政策，如果纳税人有子女教育、继续教育、赡养老人、大病医疗、住房租金、住房贷款利息这六个方面的支出，那么就可以享受个税抵扣，所以如果纳税人有赡养老人方面的支出，在申报个税的时候就可以申请抵扣个税。其中，纳税人如果名下有年满 60 周岁的老人需要赡养，那么即可申请赡养老人附加专项扣除，享受扣除的时间从被赡养人年满 60 周岁当月起，一直到赡养一位终止的年末。被赡养人指纳税人的生父母、养父母、继父母或其他法定赡养人。

资料来源：中国政府网，2018－12－22。

（2）案例的思政元素

①政治认同。对低收入和家庭负担比较重的家庭通过税收手段进行调节，与共同富裕目标一致。

②中华优秀传统文化。赡养老人的支出可申请抵扣个税，充分体现了我国传统文化中的孝亲敬长的价值观。

③科学精神。税收调节手段与福利经济学第一、第二定理的学习相结合，理论与实际相结合。

（3）教学手段

课堂讨论：围绕两个知识点进行，一是讨论马克思的一般均衡和新古典的一般均衡的异同，二是结合中国特色社会主义市场经济发展实际，讨论公平与效率的关系。

第九章 市场失灵和微观经济政策

专业教学目标

市场失灵主要包括垄断、外部性、公共物品和公共资源、信息不完全和不对称等情况。微观经济理论主要论述了"看不见的手"的原理，但在现实经济体系中，这个原理不是任何状况下都适用的。本章分析了资源配置无法达到最优的情况，此时需要政府与市场配合，发挥政府作用以促进市场效率的最大实现。在市场起决定性作用的前提下，提高政府调控经济的能力，实现有效市场与有为政府的结合。

【知识目标】

1. 学生能够分析垄断企业长期均衡时的效率，能对于垄断低效率作出完整的图形分析。
2. 掌握外部性的分类及外部性如何导致了市场失灵，并能对比分析不同微观经济政策在解决外部性时的优劣。
3. 理解公共物品与公共资源导致市场失灵的机制及解决对策。
4. 了解信息不对称时消费者的行为决策。

【能力目标】

1. 培养学生通过建立经济模型模拟现实经济的数理分析能力。
2. 培养学生思辨能力及逻辑分析能力，以辩证的眼光看待经济事件，能科学理性地分析经济政策。

【育人目标】

1. 政治认同　中国维护社会主义市场经济在资源配置中的决定性作用，更好地发挥有为政府的作用，做到有效市场与有为政府的有机结合，形成中国特色社会主义发展道路，使学生明确体会到社会主义制度的优越性。

2. 社会主义核心价值观　理解中国维护社会主义市场经济在资源配置中的决定性作用所采取的政策措施，从而认识到中国特色社会主义经济理论的先进性及社会主义核心价值观的内涵。

3. 家国情怀　通过梳理公平竞争及共同富裕的关联性，启发学生思考中国政府为人民服务的决心，引导学生建立正确的价值观，树立起民族自豪感。

4. 科学精神　充分认识到经济发展与生态保护之间的平衡点，持续追踪学术前沿，培养学生的科学研究精神。

【教学方式与方法】

1. 自主学习：通过学习通线上资源及慕课资源预习本章基础知识点，阅读文献资料，勾勒出本章思维导图。

2. 课堂讲授:讲授市场失灵与微观经济政策的主要内容、结合案例分析中国政府在解决市场失灵时的科学决策,帮助学生树立起社会主义核心价值观,培育学生对于社会主义发展道路的政治认同感。

3. 课堂讨论:分小组完成合作任务,每个小组选择不同的经济事件,查找资料,分析该事件中市场与政府的作用,教师选出优秀案例做课堂展示,培养学生的科学探究精神与经济研究能力。

【课程思政教学实例】
案例材料1:平台经济及反垄断
(1)案例简介

2021年7月国家市场监督管理总局颁布的《价格违法行为行政处罚规定(修订征求意见稿)》,在"新业态中的价格违法行为"部分指出,电子商务平台经营者利用大数据分析、算法等技术手段,根据消费者或者其他经营者的偏好、交易习惯等特征,基于成本或正当营销策略之外的因素,对同一商品或服务在同等交易条件下设置不同价格的情形之一的,都属于价格违法行为。

2021年10月8日,国家市场监督管理总局认为M团自2018年以来滥用其支配地位,以实施差别费率、拖延商家上线等方式,促使平台内商家与其签订独家合作协议,并通过收取独家合作保证金和数据算法等技术手段以及采取多种惩罚性措施,保障"二选一"行为实施,责令M团停止违法行为,全额退还独家合作保证金12.89亿元,并处以34.42亿元罚款。

2022年1月《最高人民法院关于充分发挥司法职能作用助力中小微企业发展的指导意见》中明确加强反垄断和反不正当竞争案件审理力度,依法严惩强制"二选一"等不正当竞争行为,依法认定经营者滥用数据、算法、平台规则等优势排除和限制竞争的行为。

资料来源:李三希,张明圣,陈煜.中国平台经济反垄断:进度与展望[J].改革,2022(06):62-75.

(2)案例的思政元素

①政治认同。中国经济和社会建设离不开党的领导和科学决策,以人民为主心,维护市场公平。

②社会主义核心价值观。加强和创新监管,反垄断和防止资本无序扩张,维护公平竞争。

③家国情怀。从维护市场秩序出发,深刻认识中国经济发展中面临的机遇与挑战,增强学生为中华民族伟大复兴而奋斗的家国情怀。

(3)教学手段

启发式教学:在知识点"对垄断的公共管制"中引入《反垄断法》修订及相应执法案例,结合学生日常实际感受,启发学生深入理解"防止资本无序扩张"的重要意义,掌握"有为政府"和"有效市场"有机结合的核心要义,增强学生的政治认同。

案例材料2:中国雾霾污染
(1)案例简介

改革开放以来,我国经济发展取得了举世瞩目的成就。但是,伴随着经济高速发展以及城市化的推进,环境污染问题也日益凸显。近年来,以雾霾天气频发为表征的大气污染问题已经引起了公众、政府与学界的广泛关注。据统计,中国空气污染每年造成的经济损失,基于疾病成本估算相当于国内生产总值的1.2%,基于支付意愿估算则高达3.8%。中国雾霾污染已经呈现出发生频率高、影响范围广、持续时间长、出现常态化、治理难度大等特点,对人们赖以生存的环境造成了极大影响,严重威胁居民的生命安全和身体健康,成为中国生态文明建设的"拦路虎",加强对雾霾污染的有效治理迫在眉睫。

资料来源:朱兆伟,王君玺.经济学视角下的雾霾成因及其治理探析[J].经济论坛,2018(03):149-151.

(2)案例的思政元素

①政治认同。中国共产党推进生态文明建设、坚持绿色发展理念的正确性。

②家国情怀。从雾霾污染的危害、原因和治理等视角,引导学生深刻理解我国生态环境保护工作的紧迫性,坚持低碳生活方式,厚植家国情怀。

③科学精神。积极寻找经济发展与生态环境保护的均衡点,通过建立经济模型进行科学研究。

(3)教学手段

讨论式教学法:通过小组讨论,引导学生运用外部性理论解释雾霾的微观层面成因,比较"庇古税"、产权界定和市场交易等解决方案的优劣性,思考繁荣经济背后的环境成本,从能源变换、清洁技术采用、企业排污限制、汽车尾气治理等方面探讨雾霾治理的方法,为实现经济与环境的双赢局面提出政策建议。深入学习贯彻习近平生态文明思想,培养学生致力减污降碳的家国情怀和探索中国绿色发展路径的科研精神。

四、课程思政的教学评价

(一)对教师的评价

1. 教学准备的评价

对《微观经济学》课程思政教学准备的评价主要包括:教师授课是否有明确的课程思政目标,是否围绕课程思政目标确定课程思政教学的重点和难点,是否围绕教学重点难点提炼思政元素并选择了准确的思政案例,是否找到准确切入点将思政案例楔入理论教学中,是否根据课程思政目标设计、修订教学大纲,完成教材选用、教案课件编写等。

2. 教学过程的评价

对《微观经济学》课程思政教学过程的评价主要包括:教师的教学手段是否恰当,是否能将马克思主义基本原理、习近平新时代中国特色社会主义理论相关论述与教学中微观经济市场体系运行的专业知识有机融合,是否有助于引发学生对现实经济现象的思考,进而对社会主义市场经济体系运行逻辑与西方资本主义市场进行辨析,从而对我国改革开放以来市场经济体制改革所取得的成功经验充满自信。

3. 教学结果的评价

通过同行听课、教学督导随机听课、学生期中期末评教等方式对教师课程思政教学结果进行评价,同时参考授课学生班级班风考评、第二课堂活跃度、诚信教育感恩教育参与度等指标,对《微观经济学》课程思政教学结果展开多维度的评价。

4. 评价结果的运用

评价结果主要用于对教师教学效果的反馈以及后续思政教学内容、教学方式方法的调整。每个教学周期结束后,授课教师根据评价结果对照思政教学目标对教学内容进行调整、对教学案例进行完善。

(二)对学生的评价

1. 学习过程的评价

对《微观经济学》课程思政学习过程的评价应包括学生课前、课中及课后全过程:检验学生课前是否认真阅读老师布置的思政案例并完成相关任务,课中是否积极曾参与课堂讨论、认真思考并提出有一定见解和深度的现实问题,课后是否能由课堂学习进而引发对中国市场经济运行规律的求知欲和探索精神。

2. 学习效果的评价

通过对学生课堂讨论参与度、资源库平台资料利用度、随堂练习和平时作业完成度以及期末考试成绩达标度等多个角度检验学生的思政学习效果。

3. 评价结果的运用

对《微观经济学》课程评价结果的运用应主要表现在通过恰当的反馈机制,将学生学习效果、学习难点和痛点反馈给授课教师,这一机制可以是师生面对面座谈交流,也可以通过微信、课程留言板等信息平台背对背进行,之后再通过课程组的集中研讨,对于反映比较集中的问题进行分析总结,不断提升课程思政的学习效果。

五、课程思政的教学素材

序号	内　　容	形式
1	1929—1933年期间美国农场主销毁"过剩"牛奶,1929—1933排队领取食品的美国饥民	影像资料
2	能源约束视角下中国经济可持续发展路径探究	阅读材料
3	构建新发展格局的路径研究	阅读材料
4	生态文明绿皮书:中国特色生态文明建设报告(2022)	研究报告
5	资源和需要双约束假设的经济学分析——阐发程恩富教授的资源需要双约束理论	阅读材料
6	"十四五"循环经济发展规划	政策文件
7	北京冬奥会吉祥物冰墩墩"一墩难求"	案例分析
8	习近平谈粮食安全:悠悠万事,吃饭为大	阅读材料
9	《大国粮仓》	纪录电影
10	粮食最低收购价政策	案例分析
11	口罩限价	案例分析
12	《中共中央关于制定国民经济和社会发展第十四个五年规划和2035年远景目标的建议》	政策文件
13	《中国精准扶贫发展报告(2019)》	研究报告
14	2018年《预算法》第二次修正	政策法规
15	《中国力量》	纪录片
16	2018年《中共中央国务院关于打赢脱贫攻坚战三年行动的指导意见》	政策文件
17	2015年《中共中央国务院关于打赢脱贫攻坚战的决定》	政策文件
18	习近平经济思想学习纲要	阅读材料
19	中共中央关于新时代推进西部大开发形成新格局的指导意见	政策文件
20	2021年7月河南暴雨期间鸿星尔克捐款的事件	案例分析
21	2021年度中央政府工作报告	研究报告
22	感动中国2021年十大人物及他们背后的故事	阅读材料
23	《中国》	纪录片
24	推动公平竞争,促进中小企业健康发展	视频
25	强化反垄断,深入推进公平竞争	阅读材料
26	2019中国国有经济发展报告	研究报告
27	《关于国有企业功能界定与分类的指导意见》	政策法规
28	西安市物价局关于我市城区实行居民阶梯水价制度有关问题的函	政策文件
29	世界石油价格百年发展史	阅读材料
30	中央财经委员会第十次会议精神要点	阅读材料
31	中共中央国务院关于支持浙江高质量发展建设共同富裕示范区的意见	政策文件
32	中共中央国务院关于实施全面两孩政策,改革完善计划生育服务管理的决定(2015年12月31日)	政策文件
33	关于优化生育政策促进人口长期均衡发展的决定	政策文件
34	从"经济新动能"到"共富新使命"——互联网平台企业助力共同富裕研究报告	研究报告
35	《中国的全面小康》白皮书	阅读材料
36	第七次全国人口普查数据分析报告	研究报告
37	中国市场监管行政处罚文书网	案例分析
38	《价格违法行为行政处罚规定(修订征求意见稿)》	政策文件
39	《最高人民法院关于充分发挥司法职能作用助力中小微企业发展的指导意见》	政策文件
40	《关于深入打好污染防治攻坚战的意见》	政策文件

《政治经济学》课程思政教学指南

柴建[1]　赵惠英[2]　郑毅敏[2]　殷红霞[2]　王云[2]　奚美君[2]　曹献雨[2]　公磊[2]　郑晓舟[2]　周源[1]
汪碧瀛[1]　滕昕[1]　郑又源[1]　逢嘉宁[1]　邓俊荣[1]　郑耀群[1]　李海伟[3]　王俊[3]　张双悦[3]
张月莹[3]　倪沙[3]　王恒[4]　焦贝贝[4]　王金秋[5]　叶青[5]

([1] 西安电子科技大学　[2] 西安财经大学　[3] 天津商业大学　[4] 西安外国语大学　[5] 北京工商大学)

一、课程简介与课程目标

(一)课程简介

《政治经济学》课程是经济、管理类专业的核心基础课程,是一门研究社会生产关系及其发展规律的科学,深刻分析资本主义生产方式及其内在矛盾,阐明社会主义经济发展的一般规律,为建设中国特色社会主义经济提供科学的理论基础。该课程旨在引领学生认识社会经济的本质及其发展规律,了解我国社会主义经济建设的一系列理论、方针、政策,树立正确的世界观、人生观和价值观。其中要重点掌握关于劳动价值理论、剩余价值理论、再生产理论及资本主义发展理论,在此基础上,掌握中国特色社会主义经济理论,特别是当代中国马克思主义政治经济学最新成果:习近平新时代中国特色社会主义经济思想。

本课程综合运用课堂讲授、启发式教学、案例教学、情境式教学、第一课堂与第二课堂相结合等多种教学方法,对马克思主义政治经济学理论及现实问题分别进行讲授,使学生理解和掌握政治经济学重点理论。本课程实现思想政治教育与专业教育的结合,将价值塑造、知识传授和能力培养融入课程内容设计、教学环节组织、教学效果测评的全过程,使学生正确理解马克思主义政治经学的基本原理,认识到经济规律的客观性及社会经济制度发展演变的必然性,掌握中国特色社会主义经济理论的逻辑架构及主要内容,理解经济政策制定的依据,具有正确的政治方向,坚定走中国特色社会主义道路的信心,并能运用相关经济理论分析实践中所面临的各类经济问题。

(二)课程目标

通过本课程的学习,使学生能够达到以下目标:

1. 知识目标:系统掌握马克思主义政治经济学基础理论及中国特色社会主义经济理论,理解并掌握生产关系、经济制度、经济运行及经济发展规律的相关内容。

2. 能力目标:具有自主学习的能力,能够掌握科学高效的经济学分析理论与方法,不断探究,获取有益知识,进行终身学习;具有实践应用能力,能够灵活运用所掌握的专业知识分析及解决实际问题;具备创新精神、创业意识和创新创业能力。

3. 育人目标:(1)意识形态:结合政治经济学鲜明的阶级性,培养学生树立坚定正确的社会主义政治方向,引导学生增强"四个意识"、坚定"四个自信"、做到"两个维护"。(2)道德品质:培养学生热爱社会主义祖国,具有良好的道德品质和文明习惯。(3)法治意识:培养学生熟悉国家有关经济方针、政策和法律法规,了解世界经济发展趋势。(4)公共参与:培养学生正确认识经济社会发展规律,具备社会责任感和人文关怀意识。

(三)课程教材和资料

➢ 推荐教材

《马克思主义政治经济学概论》编写组.马克思主义政治经济学概论(第 2 版)[M].北京:人民出版社,2021.

➢ 参考教材或推荐书籍

宋涛.政治经济学教程(第 13 版)[M].北京:中国人民大学出版社,2021.

逢锦聚,洪银兴,林岗,刘伟.政治经济学(第6版)[M].北京:高等教育出版社,2018.
马克思.资本论(第1—3卷)[M].北京:人民出版社,2018.
习近平.习近平经济思想学习纲要[M].北京:人民出版社,2022.
➢ 学术刊物与学习资源
国内外政治经济学各类期刊。
学校图书馆提供的各种相关纸质及数字资源,如"中国知网""万方数据库"等。
➢ 推荐网站
政治经济学评论:http://crpe.ruc.edu.cn/.
人民网:http://www.people.com.cn/.
中国国家统计局:http://www.stats.gov.cn/.

二、课程思政教学总体设计

(一)课程思政教学目标

《政治经济学》作为经济、管理类专业的重要的基础课程,其课程思政建设既应体现马克思主义属性,也应彰显中国特色。需要结合课程思政"价值体系、知识体系、能力体系"的"三体"合一的目的,实现"知识传授、价值塑造、能力培养"三维统一。注重思政德育元素和政治经济学基础理论,中国特色社会主义经济建设中的政策、措施等知识点的有机融合,对学生进行爱国主义等方面的道德教育。以习近平新时代中国特色社会主义思想为指引,全面贯彻党的教育方针,坚持"育人为本、德育为先"的理念,以理想信念教育为核心,以社会主义核心价值观为引领,引导学生立德成人、立志成才,在专业教学中帮助学生树立正确的世界观、人生观、价值观。

本课程加入大量近期发生的、对未来可能产生巨大影响的经典案例与实践成果。通过在课程中大量融入和体现中国特色与经验,增进学生分析和解决问题的能力,引导学生增强"四个意识"、坚定"四个自信"、做到"两个维护",把思想和行为自觉与以习近平同志为核心的党中央保持高度一致。具体而言,本课程的思政教学目标涉及实现思想引领、政治认同、家国情怀、培育和践行社会主义核心价值观、融入中华优秀传统文化、牢固树立法治观念、培养科学精神、拓展国际视野等维度。

1. 实现思想引领

政治经济学作为马克思主义的三大理论构成之一,从诞生之日起,就天然具有马克思主义思想引领的作用。在其发展过程中,随着马克思主义的中国化时代化大众化,马克思主义在意识形态中的指导地位不断加强,保证了中国特色社会主义的发展方向。习近平新时代中国特色社会主义经济思想是党的十八大以来推动我国经济发展实践的理论结晶,是新时代中国特色社会主义思想的重要组成部分,是当代中国特色社会主义政治经济学的最新成果,为新时代做好经济工作、搞好经济建设提供了科学指南。

2. 增强政治认同

《政治经济学》课程以马克思主义政治经济学基本原理与习近平新时代中国特色社会主义经济思想为主要内容,其中包含了关于国家、政治制度、阶级、政党、政治理想、政策等多方面政治认同的要素。具体表现为:通过分析坚持中国共产党领导的重要性以及社会主义制度的优越性,引导学生认同"中国共产党为什么能、马克思主义为什么行、社会主义为什么好";通过对资本主义流通及分配关系的新变化的分析,引导学生正确认识我国的金融体制、分配制度;将生态文明建设作为现在和未来国家建设的重要部分,引导学生认同绿色发展理念、"一带一路"、人类命运共同体的理念,帮助学生认识到人类文明的发展方向;等等。

3. 培养家国情怀

家国情怀是一个人对自己国家和人民所表现出的深情大爱,是对自己国家的高度认同感、归属感、责任感和使命感,体现的是一种责任担当,一种无私奉献,一种舍我其谁的精神。资本主义和社会主义发展的历史,已经指明了社会发展的方向。《政治经济学》课程通过对资本主义发展趋势的分析,结合我国社会主义发展的现状,阐明只有在中国共产党的领导之下,通过一代又一代奋斗者的无私奉献,才能把中国建设成强大的国家。具体表现为:通过讲解商品经济的基本矛盾,分析资本主义经济危机的实质和原因,启发学生思考面对百年未有之大变局,增强学生面对挑战勇于担当的责任感;通过分析当今全球化面临的深刻挑战,增强学生为推动国际新秩序建立的使命感;通过介绍中国在共建"一带一路"和推动共建人类命运共同体的贡献,使学生明确中国走和平发展道路的自觉与自信等。

4. 培育和践行社会主义核心价值观

核心价值观是一个民族赖以维系的精神纽带,是一个国家共同的道德基础。我国社会主义核心价值观是:富强、民主、文明、和谐、自由、平等、公正、法治、爱国、敬业、诚信、友善。《政治经济学》在教学中要以专业知识引导学生正确理解和坚持马克思主义理论,培育学生的社会主义核心价值观。通过讲解社会主义中国在中国特色社会主义经济理论指导下走上了富强、民主、文明、和谐的发展之路,来呈现并引导学生牢固树立为实现国家富强、民主、文明、和谐而努力奋斗的价值观。通过对商品拜物教的批判,帮助学生认清资本主义物化的世界;通过劳动力商品化的过程帮助学生认清资本主义平等的虚伪,以及认识到只有在公有制基础之上的社会主义的自由、平等、公正、法治才是真正的自由、平等、公正、法治。在学习发展中国特色社会主义市场经济时,注重培养市场经济建设者的爱国、敬业、诚信、友善的品质;等等。

5. 融入中华优秀传统文化

以"格物、致知、诚意、正心、修身、齐家、治国、平天下"作为中华传统文化的核心基因,在《政治经济学》的教学中融入中华优秀传统文化的精髓,引导学生熟悉我国的传统文化,热爱和弘扬中华优秀的传统文化,提升文化自信。具体表现为:在"生产力－生产方式－生产关系"这一马克思主义唯物史观分析范式中,充分融入"以人为本"的思想,践行"以人民为中心"的发展思想;在商品价值量的决定中,引导学生传承传统文化中的奋斗精神;在经济学发展历史的介绍中,融入中国传统"经邦济世"思想;在生态文明建设与绿色发展中,融入"天人合一"的思想;在经济全球化和人类命运共同体推动中,融入"世界大同"的思想;等等。

6. 牢固树立法治观念

政治经济学的研究着眼于生产力与生产关系,着眼于社会制度,没有法治的基本保障,公正的经济制度将无法得以建立。大力发展社会经济,提高社会生产力,对法治的要求亦会不断提高。《政治经济学》的教学中,主要着眼于对资本主义制度中法治思想的批判,及对中国特色社会主义初级阶段中相关法治思想的分析和总结。具体表现为:通过分析个人劳动、社会劳动与剩余劳动,批判资本主义法治所承诺的自由平等的虚伪性,揭露资本主义法治宣称的所谓"保护人的基本权利""法律面前人人平等"等假象。与此相反,通过对基本经济制度、社会制度的分析,可以看出,中国特色社会主义法治是为市场经济提供公平的制度环境,为保障人的自由,而不是为资本增值服务等。在结合实践分析的过程中,可以联系我国近年来出台的多项法律、法规,结合我国政府依法治国的具体措施,引导学生树立法治观念。

7. 培养科学精神

科学精神是在科学发展过程中,探索自然、社会和思维奥秘的过程中形成的普遍认同并加以遵循的价值准则、思维方式和行为规范。科学精神是不畏艰险的求知探索精神。求真务实是科学精神最本质的特征。批判和创新是科学精神的灵魂。在《政治经济学》的教学过程中,可以从两个方面反映科学精神的内涵:一是马克思主义政治经济学本身所体现的科学精神。首先,马克思主义政治经济学具有批判性,它是在对前人理论和思想尤其是古典政治经济学的批判中逐渐产生的。其次,马克思主义政治经济学具有实践性,其中无时无刻不体现着实践的观点。最后,马克思主义政治经济学具有创新性,这种创新性不仅包括马克思在前人思想基础上的创新,也包括当代马克思主义者对其发展与创新。同时,马克思写作《资本论》的过程,也闪耀着科学精神的光辉,他四十余年辛勤顽强的工作,才成就了这一鸿篇巨著;二是在本课程相关内容的教学过程中,体现科学精神。例如:在对商品二重性与劳动二重性、货币转化为资本、剩余价值的生产、价值规律、资本的循环与周转、剩余价值的分配、资本主义危机等核心原理进行讲授时,引导学生不断探索,通过实践案例批判创新。在系统学习中国特色社会主义经济理论的过程中,教师需要突出该理论从国情出发的创新与发展,而学生学习的过程则需要重塑观念,因而教与学的过程本身就是科学精神的完美体现。

8. 拓展国际视野

随着全球一体化格局的形成,全球竞争日趋激烈。在此背景下,国家经济的发展与建设需要具有国际视野的复合型高素质人才。拓展国际视野,需要培养学生的大格局意识、责任意识与危机意识。《政治经济学》在教学过程中,一方面以马克思主义政治经济学的核心内容为依托,联系资本主义国家发展历史,客观分析资本主义制度的发展趋势;另一方面,以中国特色社会主义经济理论的实践为依托,说明中国的发展离不开世界,世界的发展也离不开中国。例如,在经济建设、生态文明建设、对外开放、一带一路建设、共建人类命运共同体等内容中,讨论中国方案对世界的影响,说明中国在世界发展中应该承担的责任。同时,也要明确,当今的世界纷繁复杂,全球化面临着巨大挑战,我们必须具备足够的危机意识,才能为迎接这些挑战做好准备。

(二) 课程思政的教学内容

《政治经济学》课程的思政内容可以涉及以下几方面:

1. 将马克思主义基本原理与研究方法贯穿始终

这既是本课程内容的应有之义,也是课程思政的理论基础。马克思主义政治经济学作为马克思主义理论的三大组成部分之一,必然将马克思主义贯穿始终。马克思主义政治经济学的研究对象是生产关系,同时必须联系生产力和上层建筑,为此本课程的教学始终在把握生产力与生产关系之间、经济基础与上层建筑之间密切关系的基础上研究生产关系,来科学认识生产关系及其发展和变化的规律。通过运用辩证唯物主义与历史唯物主义的基本方法,以及科学抽象法、逻辑与历史相统一的方法、数学方法等,引导学生将科学的世界观、价值观、人生观、认识论、方法论等内化于心。

2. 对资本主义与社会主义经济制度的分析

马克思论证了资本主义制度必然消亡,社会主义社会必然取代资本主义社会的历史发展趋势。课程中通过对两种不同制度的分析,主要包括经济基础、政治制度、思想文化等方面,说明社会主义制度的优越性。引导学生正确认识社会发展趋势,坚定学生走社会主义的制度自信和道路自信。同时,也要认识到社会主义优越性的发挥是长期的,有条件的,不能一蹴而就。

3. 紧密联系国家发展战略与相关政策措施

《政治经济学》是一门与实践紧密结合的课程,在引导学生正确认识资本主义与社会主义制度的同时,离不开对国家发展战略和政策的研究。课程通过经典案例,让学生了解国家发展战略,特别是经济领域的发展战略,如可持续发展战略、国家创新驱动发展战略、新型工业化战略、信息化战略等,并对相关政策措施加以说明,帮助学生深刻理解国情国策,引导学生从实践中来,到实践中去,提高学生正确认识实践问题和解决实践问题的能力。

4. 深入挖掘中国传统文化的思政要素

中华传统文化博大精深,其中蕴含的思政要素还远远没有被充分发掘。实践证明,中华传统文化可以与马克思主义有机结合,马克思主义与时俱进的理论品质,可以赋予中华传统文化新的时代内涵,可以对其内容进行批判的继承与创新的发展;同时,马克思主义理论也可以通过中华传统文化不断传播发展,具有更强的生命力。在本门课程的思政教学中,特别注重对中华传统文化与政治经济学相关内容的融合,通过发现课程内容中与传统文化相契合的闪光点,引导学生对中华传统文化的认同,建立文化自信。

(三) 教学方法

《政治经济学》采用第一课堂与第二课堂相结合的教学方法,具体表现为课堂讲授互动与课下自主学习相结合,采取情境教学、案例教学、讨论教学、实践教学、线上学习等多种方式,使学生掌握有关政治经济学的基本概念、基本理论和政策措施。课堂教学中,注重难点重点内容的讲解,特别是马克思主义政治经济学的核心理论,包括劳动价值理论、剩余价值理论、再生产理论、资本主义发展理论,构建政治经济学的基本理论框架。具体方式可以采取:提问式教学,采用边问边讲;情境式教学利用视频、多媒体等现代化教学设施等教学方法,注重内容讲解的透彻度,融入思政案例;案例教学主注重学生的深度参与,采用课堂讨论、辩论的方式,强化学习效果;课下线上学习中,强调学生自主学习,教师加强过程管理和效果检验;实践教学主要采取参观体验的方式进行。

三、课程各章节的课程思政教学内容设计

第一章 导论

专业教学目标

通过本章学习,使学生掌握马克思主义政治经济学的研究对象、性质、任务和研究方法;了解马克思主义政治经济学的创立和发展;掌握习近平新时代中国特色社会主义经济思想的原创性贡献表现。

【知识目标】

1. 了解政治经济学的由来和演变。
2. 掌握物质资料生产是马克思主义政治经济学研究的出发点,生产关系是马克思主义政治经济学的研究对象,研究生产关系必须联系生产力和上层建筑。
3. 掌握马克思主义政治经济学的性质、任务和研究方法。
4. 了解马克思主义政治经济学的创立和发展。
5. 掌握习近平新时代中国特色社会主义经济思想的原创性贡献表现。

【能力目标】

1. 通过学习生产力和生产关系之间,以及经济基础与上层建筑之间的关系,具备运用这两对矛盾理解、分析现实经济问题的能力,从而具有系统思维。
2. 通过了解和掌握马克思主义政治经济学的创立和发展,特别是马克思主义政治经济学中国化的发展历程,有助于学生建立唯物史观,以更加宏观的历史视角理解和分析问题,以及在分析和解决问题时自觉将马克思主义与中国国情和时代特征相结合。

【育人目标】

1. 实现思想引领 通过本章学习,让学生充分认识到:在如何应对我国当前经济社会发展中面临的深刻复杂变化和问题中,我们必须以马克思主义政治经济学,特别是习近平新时代中国特色社会主义经济思想为指导。
2. 培养科学精神——系统思维、理性思考 通过本章学习,帮助学生学会运用生产力与生产关系之间、经济基础和上层建筑之间的关系理论,理性分析和思考我国经济社会面临的现实问题,培养学生具备系统思维、理性思考、求真求实、不断探索的科学精神。

【教学方法与手段】

1. 自主学习:线上学习慕课中相关的基础专业知识点,线下自主阅读文献资料,撰写阅读笔记或思维导图。
2. 课堂启发引导:知识点讲授注重以问题为导向,重点讲授生产力与生产关系之间、经济基础和上层建筑之间的关系理论,以及习近平新时代中国特色社会主义经济思想的原创性贡献表现等。
3. 课堂展示与讨论:讨论生产力与生产关系在当代中国的变化;基于下列案例材料组织课堂讨论。

【课程思政教学实例】

案例材料1:习近平:《在深圳经济特区建立40周年庆祝大会上的讲话》节选

(1)案例简介

1979年4月,广东省委负责人向中央领导同志提出兴办出口加工区、推进改革开放的建议。邓小平同志明确指出,还是叫特区好,中央可以给些政策,你们自己去搞,杀出一条血路来。1980年8月党和国家批准在深圳、珠海、汕头、厦门设置经济特区。

四十年来,深圳广大干部群众披荆斩棘、埋头苦干,奋力解放和发展社会生产力,大力推进科技创新,地区生产总值从1980年的2.7亿元增至2019年的2.7万亿元,年均增长20.7%,经济总量位居亚洲城市第五位,财政收入从不足1亿元增加到9424亿元,实现了由一座落后的边陲小镇到具有全球影响力的国际化大都市的历史性跨越。

四十年来,深圳坚持解放思想、与时俱进,率先进行市场取向的经济体制改革,首创1000多项改革举措,奏响了实干兴邦的时代强音,实现了由经济体制改革到全面深化改革的历史性跨越。

资料来源：习近平.在深圳经济特区建立40周年庆祝大会上的讲话.新华社，2020－10－14. http://www.gov.cn/xinwen/2020－10/14/content_5551299.htm.

（2）案例的思政元素

①培养科学精神——系统思维、理性思考。深圳经济特区确立发展市场经济，实现了上层建筑对生产力的反作用，生产力的进步带来新的生产关系，新型的生产关系对束缚经济发展的各种制度进行革新。体现了生产力的发展通过经济基础（生产关系），从而对上层建筑产生影响，有助于学生建立系统思维和理性思考。

②增强政治认同——制度自信。深圳经济特区的成功实践充分证明，党中央关于兴办经济特区的战略决策是完全正确的，有助于学生增强制度自信，自觉肩负起为中华民族伟大复兴和中国梦实现而学习的重任。

（3）教学手段

①翻转课堂——支架与高阶：要求学生利用慕课资源课前学习"生产力与生产关系之间、经济基础与上层建筑之间的关系"；要求学生课前利用网络资源，查阅习近平《在深圳经济特区建立40周年庆祝大会上的讲话》全文，了解深圳经济特区发展成就，以及制度改革的原因、过程、影响。从"生产力与生产关系之间、经济基础与上层建筑之间的关系"视角，组织课堂讨论"深圳经济特区取得巨大发展成就的主要原因"，实现课堂高阶性、高效性。

②知识点＋实事＋思政——贯穿融合：结合本案例理解"生产力与生产关系之间、经济基础与上层建筑之间的关系"，培养学生的系统思维、理性思考，激发学生对国家的政治认同——制度自信，从而自觉肩负起为中华民族伟大复兴和中国梦实现而学习的重任。

③学习测评——实时呼应：对讨论结果现场点评，归纳总结生产力与生产关系之间、经济基础与上层建筑之间的关系。

案例材料2：中华大地全面建成小康社会

（1）案例简介

1997年9月中共十五大上首次提出"两个一百年"奋斗目标：在中国共产党成立一百年时全面建成小康社会，在新中国成立一百年时建成富强民主文明和谐美丽的社会主义现代化强国。

2021年7月1日，习近平在庆祝中国共产党成立100周年大会上庄严宣告：我们实现了第一个百年奋斗目标，在中华大地上全面建成了小康社会，历史性地解决了绝对贫困问题，正在意气风发向着全面建成社会主义现代化强国的第二个百年奋斗目标迈进。

中国共产党之所以能够带领全国人民实现第一个百年奋斗目标，取得令世人瞩目的辉煌成就，依靠于中国共产党的引领之力，马克思主义、特别是习近平新时代中国特色社会主义经济思想的真理之力，中国特色社会主义的制度之力，亿万中国人民的奋斗之力。

资料来源：①习近平.在庆祝中国共产党成立100周年大会上的讲话.人民网. http://dangjian.people.com.cn/n1/2021/0702/c117092－32146533.html

②魏强，于鑫雨.实现第一个百年奋斗目标的力量源泉是什么？中国新闻网，2021－06－12. https://www.chinanews.com.cn/gn/2021/06－12/9498575.shtml.

（2）案例的思政元素

①实现思想引领。通过本案例，帮助学生认识到：在中国马克思主义政治经济学，特别习近平新时代中国特色社会主义经济思想的指导下，中国共产党领导全国人民实现了第一个百年奋斗目标——在中国共产党成立一百年时全面建成小康社会。

②增强政治认同——道路自信、理论自信、制度自信、文化自信。通过本案例，帮助学生认识到：中国共产党之所以能够带领全国人民实现第一个百年奋斗目标，依靠的是中国共产党的引领之力，马克思主义、特别是习近平新时代中国特色社会主义经济思想的真理之力，中国特色社会主义的制度之力，亿万中国人民的奋斗之力。

（3）教学手段

①翻转课堂——支架与高阶：要求学生利用慕课资源课前学习知识点："马克思主义政治经济学的创立和发展""习近平新时代中国特色社会主义经济思想原创性表现"；要求学生课前利用文献资料，查阅"全

面建成小康社会"各项指标及其实现情况;要求学生课前观看视频"习近平同志在庆祝中国共产党成立100周年大会上的讲话"。基于本案例组织课堂讨论:中国共产党为什么能领导中国人民实现第一个百年奋斗目标?实现课堂高阶性、高效性。

②知识点+实事+思政——贯穿融合:"中华大地全面建成小康社会"离不开"中国马克思主义政治经济学,特别是习近平新时代中国特色社会主义经济思想的科学指导",帮助学生更加坚定马克思主义立场,提升学生对社会主义中国的政治认同——道路自信、理论自信、制度自信、文化自信。

③学习测评—实时呼应:对讨论结果现场点评。

第二章 商品

专业教学目标

通过本章的学习,掌握商品的二因素和生产商品的劳动二重性,理解商品价值量的决定,使学生牢固地树立劳动价值理论的观点。

【知识目标】

1. 掌握商品二因素、生产商品的劳动二重性理论,理解商品内在矛盾。
2. 理解社会必要劳动时间以及简单劳动和复杂劳动的含义,进而掌握商品价值量决定的机理。

【能力目标】

1. 通过掌握商品及其内在矛盾,实现对产能过剩、"供给侧"改革等经济问题的理论联系实际的能力。
2. 分析劳动生产率对商品价值量的影响并与中国现实经济相结合,引导学生观察社会经济现象,逐步形成运用经济学知识分析世情国情民情的能力。
3. 通过线上慕课学习、线下文献阅读及课堂讨论及示范,塑造学生从课堂学习到社会实践导入、知识丰富到经济学思维训练的学习过程,培养学生自主性学习知识的能力。

【育人目标】

1. 增强政治认同——制度认同 联系劳动价值论,对中国特色社会主义分配制度进行分析,引导学生建立对中国分配制度的自信,树立对中国共产党领导的中国道路的信心,有效实现社会主义核心价值观的引领。

2. 培养家国情怀——社会责任 从商品内在矛盾角度分析各国经济发展实践,体会社会主义制度的优越性,培养学生的"四个自信",启发学生思考面对百年未有之大变局,灵活运用马克思政治经济学应对中国经济社会发展过程中面临的问题,勇担历史重任。

3. 培养科学精神——批判质疑 通过比较马克思政治经济学和资产阶级古典经济学在商品及价值决定方面的理论观点,基于马克思政治经济学对资产阶级古典经济学观点的批判与质疑,明确马克思政治经济学的先进性和科学性,启发学生学习马克思独立思考、求真求实,不断探索,培养学生的科学精神。

4. 培育和践行社会主义核心价值观 讲解马克思关于商品拜物教的观点,理解商品、货币和资本所具有的拜物教性质,以破除商品拜物教,树立正确的社会主义核心价值观,把社会主义核心价值观转化为自身的情感认同和行为习惯。

5. 融入中华优秀传统文化——文化自信 中华优秀传统文化是中华民族的精神命脉。通过中国俗语和古诗词启发学生,用好中华优秀传统文化的宝贵资源,把跨越时空、超越国度、富有永恒魅力、具有当代价值的文化精神弘扬起来,推动建设社会主义文化强国。通过讲解社会必要劳动时间决定商品价值量,让学生认识到"一分耕耘一分收获",价值的大小与付出的时间成正比;讲解简单劳动与复杂劳动时,让学生认识到"少壮不努力,老大徒伤悲",鼓励同学们掌握更多技能。

6. 拓展国际视野——国际理解 学习马克思主义政治经济学,也要了解其他流派关于商品、劳动及价值决定的观点,站在更广阔的角度观察这个世界,拥有更大的格局,见识多元化的世界,有助于拓展学生国际视野。

【教学方法与手段】

1. 自主学习:慕课线上学习相关知识点与线下自主阅读文献资料相结合。
2. 课堂启发引导:以问题为导向,讲授商品的二因素、劳动的二重性、简单商品经济的基本矛盾与商品价值量的决定等知识点。

3. **案例教学**：引入"2008金融危机""劳动创造幸福"和"商品拜物教在生活中的体现"等案例，提高学生对知识的理解能力、思考能力和运用能力。

4. **课堂展示与讨论**：思考劳动是否是价值的唯一源泉，讨论劳动价值论的现实意义、商品拜物教的根源与破除以及提高劳动生产率的方式方法，展示根据教学素材整理分析的相关报告等，深化对商品本质属性的认识。

【课程思政教学实例】

案例材料1：劳动创造幸福

(1) 案例简介

党的十九届五中全会审议通过的《中共中央关于制定国民经济和社会发展第十四个五年规划和2035年远景目标的建议》提出，要"提倡艰苦奋斗、勤俭节约，开展以劳动创造幸福为主题的宣传教育"。新时代新发展阶段开展以"劳动创造幸福"为主题的宣传教育，旨在鼓励人们崇尚劳动、尊重劳动，进一步弘扬劳动精神，在全社会形成劳动最光荣、劳动最崇高、劳动最伟大、劳动最美丽的良好社会氛围。开展以"劳动创造幸福"为主题的宣传教育需要找准着力点，以便能够更好地落地、落小、落细、落实。坚持马克思主义劳动思想，铸就"劳动创造幸福"宣传教育的理论基石。以实现中华民族伟大复兴中国梦为目标，激发"劳动创造幸福"宣传教育的动力源泉。立足中国特色社会主义伟大实践，夯实"劳动创造幸福"宣传教育的现实基础。坚持多措并举，营造"劳动创造幸福"宣传教育的良好氛围。

资料来源：郑银凤.找准"劳动创造幸福"宣传教育的着力点.中国新闻网.https://www.chinanews.com.cn/ll/2021/02-02/9403014.shtml.

(2) 案例的思政元素

①实现思想引领。中华民族伟大复兴中国梦，必将通过劳动创造来实现。

②培育和践行社会主义核心价值观——敬业。人生在勤，勤则不匮，应树立正确的社会主义核心价值观。

③培养家国情怀——社会责任。学生能够更加深入地认识到人们应该在通过劳动创造自己幸福梦的同时，能够自觉助力于实现中华民族伟大复兴中国梦。

(3) 教学手段

①翻转课堂——支架与高阶：课前引导学生学习"劳动价值论"相关的慕课资源和文献资源，为翻转课堂提供支架；课堂展示劳动价值论的观点并讨论"劳动是创造价值的唯一源泉吗？"，实现课堂高阶性、高效性。

②知识点＋实事＋思政——贯穿融合：在知识点"劳动是促进人的自由而全面发展重要手段"中引入中国特色社会主义收入分配制度等思政元素，并与改革开放以来中国取得的成就相结合，增强学生的制度自信和政治认同，增强学生为中华民族伟大复兴而奋斗的家国情怀。

③学习测评—实时呼应：投票结果、讨论结果现场点评。

案例材料2：商品拜物教

(1) 案例简介

"三年清知县，十万雪花银"，写出了古时官场的腐败情况。清朝的和珅，经过电视剧渲染，更成了几乎是无人不晓的贪污与腐败的典型。

"钱之为体，有乾坤之象，内则其方，外则其圆。"它能"无德而尊，无势而热，排金门，入紫闼。危可使安，死可使活，贵可使贱，生可使杀。"公元3世纪西晋的鲁褒写的这篇《钱神论》，就这么寥寥几笔，写尽了金钱的魔力与人间的贪欲。

无独有偶，英国作家莎士比亚在他的《雅典的泰门》中同样描绘了金钱魔力与社会腐败的情况："金子，黄黄的，发光的，宝贵的金子！只这一点点儿，就可以使黑的变成白的，丑的变成美的，错的变成对的，卑贱变成尊贵，老人变成少年，懦夫变成勇士……这黄色的奴隶可以使异教联盟，同宗分裂；它可以使受咒诅的人得福，使害着灰白色的癞病的人为众人所敬爱；它可以使窃贼得到高爵显位，和元老们分庭抗礼；它可以使鸡皮黄脸的寡妇重做新娘。"

从西晋的鲁褒到英国的莎士比亚,从金钱的权势与威力角度,写出了社会腐败的情况,但这也只是现象上的描述。至于它的原因,绝不是什么"人性险恶"所能解释的,其形成的根源来自马克思所揭示的商品拜物教这一深层土壤。

资料来源:袁恩桢.商品拜物教与经济腐败[J].毛泽东邓小平理论研究,2016(08).

(2)案例的思政元素

①实现思想引领。把物质欲望作为自己最基本的需求,这是消费社会强加于人的"虚假的需求",应以马克思主义为我们最根本的指导思想。

②融入中华传统优秀文化——文化自信。君子役物,小人役于物,君子不能为物欲所奴役。

③培育和践行社会主义核心价值观。联系马克思关于商品拜物教的分析,指出商品的拜物教性质的来源,破除商品拜物教。

(3)教学手段

①翻转课堂——支架与高阶:课前引导学生学习"商品拜物教"相关的慕课资源及文献资源,为翻转课堂提供支架;课上讨论"我们应如何对待金钱",进行思辨讨论,实现课堂高阶性、高效性。

②知识点+实事+思政——贯穿融合:在知识点"拜物教"和"消费主义"中引入社会主义核心价值观等思政元素,并讲解感动中国十大人物的故事,树立学生正确的价值观、消费观。

③学习测评—实时呼应:对投票结果、讨论结果进行现场点评。

第三章 货币

专业教学目标

通过本章学习,使学生掌握商品价值形式发展的四个阶段,货币的本质和职能,以及货币流通规律、通货膨胀和通货紧缩等。

【知识目标】

1. 掌握商品的价值形式发展的四个阶段。
2. 掌握货币的本质和职能。
3. 掌握货币流通规律、纸币流通量规律,理解通货膨胀和通货紧缩概念。
4. 了解货币形式的演化和货币层次。

【能力目标】

1. 通过价值形式发展四个阶段内容学习,使学生了解货币的起源和本质,培养学生的科学探索精神。
2. 通过学习货币理论,掌握货币的职能以及货币流通规律等有关知识,培养学生的深度学习能力,提升其人文素质。

【育人目标】

1. 人文素养——人文积淀 通过对货币价值形式发展阶段的学习,让学生了解货币的起源和本质,从中外经济学发展成果中撷取智慧与精髓,提升学生的人文素养、人文积淀。

2. 培养科学精神——勇于探究和坚持不懈 通过货币职能内容的学习,使学生理解货币形式演变的推动力,从而增强学生对于货币本质的理解,培养学生勇于探究,坚持不懈的科学探索精神。

3. 培养科学精神——理性思维和深度学习 通过多角度、辩证地学习货币理论,引导学生将相关货币流通量规律理论用于分析流通中需要货币量,理解经济发展中出现的通货膨胀和通货紧缩现象,培养学生理性思维和深度学习的科学精神。

【教学方式与方法】

1. 自主学习:线上学习相关课程内容,线下阅读推荐材料,撰写阅读笔记或思维导图,让学生了解货币形式的演化和货币层次。

2. 课堂讲授:结合案例教学,课堂讲授商品价值形式发展的四个阶段,货币的本质和职能,以及货币流通规律、通货膨胀和通货紧缩。

3. 课堂展示与案例讨论:课堂展示商品的价值形式发展、通货膨胀和通货紧缩的相关视频或者图片资料。安排学生进行翻转课堂实践,ppt展示通货膨胀和通货紧缩现象以及成因。

【课程思政教学实例】
案例材料1：中国银行研究院发布最新研究报告："一带一路"人民币使用率逐步提高
(1)案例简介

报告显示，2019年我国与"一带一路"相关国家办理人民币跨境收付金额超过2.73万亿元，同比增长32%。其中，货物贸易收付金额7325亿元，直接投资收付金额2524亿元。2019年，人民币对"一带一路"相关国家货币外汇交易规模达2042亿元，同比增长43%。马来西亚、白俄罗斯、柬埔寨、菲律宾、沙特阿拉伯等相关国家均已将人民币纳入外汇储备，俄罗斯在"去美元化"背景下甚至将人民币储备份额提升至15%左右。根据国际货币基金组织(IMF)最新数据，截至2020年一季度，全球人民币储备规模达2214.8亿美元，占国际储备总额的2.02%，创历史最高水平。不仅如此，当前"一带一路"相关8个国家已建立人民币清算安排，人民币跨境支付系统覆盖相关六十多个国家和地区。中资商业银行成为"一带一路"人民币推广使用的主力军。截至2019年末，共有11家中资银行在29个"一带一路"相关国家设立了79家一级分支机构。以中国银行为例，截至2019年末累计跟进重大项目超过600个，相关机构全年办理人民币清算量超过4万亿元。此外，汇丰、花旗、渣打等外资银行也看好"一带一路"前景与人民币业务，加大了资源投入与金融合作力度。

资料来源：钱箐旎. 中国银行研究院发布最新研究报告："一带一路"人民币使用率逐步提高. 经济日报(一带一路版)，2020—8—10.

(2)案例思政元素

①培养家国情怀——增加国际理解。"一带一路"倡议从提出到落地，取得了丰硕成果，成为我国参与全球开放合作、促进全球共同发展的公共产品，也为人民币国际化开启了全新格局，带来了难得的历史机遇。

②培养家国情怀——增强国家认同和社会责任。国家富强、民主、文明、和谐、美丽，离不开党的正确领导和科学决策。"一带一路"建设与人民币国际化良性互动发展，需要构建以商业性为主、政策性为辅的可持续循环模式与架构，这就需要青年学生认真学习相关知识，肩负起应有的社会经济责任。

(3)教学手段

在讲授货币职能内容时，利用多媒体设备，将文献资料"中国银行研究院发布最新研究报告：'一带一路'人民币使用率逐步提高"介绍给学生，使学生了解我国在"一带一路"建设中的人民币国际化情况。

案例材料2：全球通货膨胀的根源和走势
(1)案例简介

2022年，全球通货膨胀形势陡然升温。截至5月份，全球月度同比消费价格指数(CPI)大于10%的经济体超过40个，大于5%的经济体超过80个。其中，5月份黎巴嫩和委内瑞拉的月度同比CPI分别高达211%和167%，土耳其为61%，阿根廷为45%，都处在非常高的位置。从主要发达经济体看，6月份美国月度同比CPI为9.1%，欧元区为8.6%，日本较低为2.4%。我国6月份月度同比CPI为2.5%，处在比较稳定的状态。包括中国和日本在内，全球目前月度同比CPI低于3%的经济体不足20个。通货膨胀已经从个别经济体蔓延到全球，成为全球性的问题。

资料来源：汤铎铎，全球通货膨胀的根源和走势，搜狐网，智库动态版块，2022—9—14. https://business.sohu.com/a/585001452_739032.

(2)案例的思政元素

①培养家国情怀——增加国际理解和社会责任。通过对全球通货膨胀根源和走势的了解，培养学生的全球意识和开放心态，正视人类面临的全球性挑战，理解人类命运共同体的内涵与价值等。同时使学生更加深入地认识到我国经济社会发展中面临的挑战，增强学生为中华民族伟大复兴而奋斗的社会责任。

②培养科学精神——勇于探究。通过分析全球通货膨胀的根源和走势，探究其成因和解决路径，为中国社会稳定，经济持续发展添砖加瓦。

(3)教学手段

使用多媒体设备，展示通货膨胀现象、成因以及解决措施。利用翻转课堂教学方式，制作PPT分小组课堂展示。

第四章　市场经济和价值规律

专业教学目标

市场经济是商品经济发展到一定高度的产物。通过本章学习,使学生了解自然经济基本特征及其向商品经济的发展机理,理解商品经济与市场经济的关系,在此基础上掌握价值规律的作用机制及其对社会经济发展的作用。

【知识目标】

1. 阐明商品经济和市场经济之间的关系,分析市场对资源配置的作用及市场经济的特征。
2. 总结价值规律主要内容及其基本作用,分析价值规律作用的制约因素和范围。
3. 说明市场机制、市场体系及其在市场调节中的作用,并分析市场秩序建立和规范的重要意义及主要方面。

【能力目标】

1. 通过对自然经济、商品经济和市场经济的比较研究,引领学生分析和比较社会主义市场经济与资本主义市场经济的特征、区别与联系,培养学生的综合比较分析能力。
2. 通过讨论式和示范式教学,塑造从课堂到社会实践、从知识补充到经济学思维训练的学习过程,培养学生自主性学习知识的能力。
3. 通过将中国市场经济实践引入课堂,引导学生逐渐形成运用经济学知识分析世情、国情、民情的能力。

【育人目标】

1. 实现思想引领　本章通过对三个维度历史进程的梳理,即其一马列主义、毛泽东思想、邓小平理论、"三个代表"重要思想、科学发展观和习近平新时代中国特色社会主义思想发展过程,其二自然经济、简单商品经济和市场经济的经济发展过程,其三原始社会、奴隶社会、封建社会、资本主义、社会主义和共产主义的社会发展过程,引领学生深刻认识新发展阶段推进习近平新时代中国特色社会主义经济思想进教材、进课堂、进头脑的重大意义。

2. 增强政治认同　本章通过对市场经济和价值规律等基本内容的介绍,引领学生理解市场机制对经济发展的调节作用,明晰政府与市场协同作用的理论解释与现实意义;在中外宏观经济政策运用效果比较分析中,以马克思主义政治经济学为指导,引领学生树立"中国共产党为什么能、马克思主义为什么行、中国特色社会主义为什么好"的社会主义核心价值观。

3. 牢固树立法治观念　通过本章学习,帮助学生理解国家对市场主体的依法干预具有间接性的特点,启发学生思考哪些市场交易活动因不符合经济政策而受到限制或禁止,从而增强学生法律意识。

【教学方法与手段】

1. 自主学习:线上学习相应慕课中的基础专业知识点,线下自主阅读文献资料,撰写阅读笔记或思维导图。
2. 课堂启发引导:知识点讲授注重以问题为导向,着重讲授市场经济演进过程、价值规律主要内容和市场秩序的建立与规范等知识点,引导学生深刻理解和灵活运用历史唯物主义和辩证唯物主义的方法论和世界观,启发学生运用科学方法分析和比较不同历史发展阶段市场经济和价值规律的特征、作用和范围。
3. 课堂展示与讨论:讨论在不同发展阶段应如何选择有效的经济政策;通过案例"新发展阶段,如何有效处理市场与政府之间的关系",讨论面对新发展阶段,应当如何处理好政府和市场的关系,建立更加规范、高效、开放的市场、保证市场在资源配置中起决定性作用的同时,提升国家治理体系和治理能力现代化水平,更好发挥政府作用。

【课程思政教学实例】

案例材料:新发展阶段,如何有效处理市场与政府之间的关系

(1)案例简介

2021年12月17日下午,中央全面深化改革委员会第二十三次会议审议通过《关于加快建设全国统一大市场的意见》《关于进一步提高政府监管效能推动高质量发展的指导意见》等。

习近平在主持会议时强调,发展社会主义市场经济是我们党的一个伟大创造,关键是处理好政府和市场的关系,使市场在资源配置中起决定性作用,更好发挥政府作用。构建新发展格局,迫切需要加快建设高效规范、公平竞争、充分开放的全国统一大市场,建立全国统一的市场制度规则,促进商品要素资源在更大范围内畅通流动。要加快转变政府职能,提高政府监管效能,推动有效市场和有为政府更好的结合,依法保护企业合法权益和人民群众生命财产安全。

会议强调,要从制度建设着眼,坚持立破并举,在完善市场基础制度规则、推进市场设施高标准联通、加快要素和资源市场建设、推进商品和服务市场高水平统一、提升监管治理水平等方面出台有效的政策举措,不断提高政策的统一性、规则的一致性、执行的协同性,以统一大市场集聚资源、推动增长、激励创新、优化分工、促进竞争。要加快清理废除妨碍统一市场和公平竞争的各种规定和做法。要结合区域重大战略、区域协调发展战略实施,优先开展统一大市场建设工作,发挥示范引领作用。

会议指出,提高政府监管效能,要着力解决好"谁来管""管什么""怎么管"的问题。按照"谁审批、谁监管,谁主管、谁监管"的原则,理清责任链条,提高履责效能,严肃问责追责。行业主管部门要严格落实行业监管职责,相关监管部门要切实履行各自职责范围内监管责任,地方政府要全面落实属地监管责任,企业要加强自我管理、自我约束。

资料来源:新华社.习近平主持召开中央全面深化改革委员会第二十三次会议强调:加快建设全国统一大市场提高政府监管效能 深入推进世界一流大学和一流学科建设.中华人民共和国中央人民政府网站,2021-12-17. http://www.gov.cn/xinwen/2021-12/17/content_5661684.htm.

(2)案例的思政元素

①实现思想引领——辩证思维、历史思考。新发展阶段有效处理市场与政府之间的关系,是习近平新时代中国特色社会主义思想的重要理论创新成果,对于新发展阶段维护和完善社会主义市场经济具有非常重要的历史意义,另外建设全国统一大市场的意见对于我国面临新的国际环境优化分工、提升市场效率和提高政府监管效能等方面都具有重要的现实意义。这有助于学生运用辩证的、历史的和开放的方法和视角观察问题、分析问题,更有助于帮助学生深刻体会习近平新时代中国特色社会主义经济思想对现阶段中国高质量发展的重大意义。

②增强政治认同——制度自信、科学发展。社会主义市场经济是我们党的伟大创造,是充分考虑现阶段我国经济社会发展状况,充分发挥社会主义制度优势的科学定位。这有助于学生认清历史发展的必然趋势,明确认识到我国相较于资本主义国家而具备的明显的制度优势,并立足新发展阶段,总结过去、展望未来、科学规划、行稳致远。

(3)教学手段

①翻转课堂——支架与高阶:要求学生利用慕课资源课前学习知识点"自然经济和商品经济""价值规律及其作用";要求学生课前利用文献资料查阅"习近平新时代中国特色社会主义经济思想""国家治理体系和治理能力现代化""全国统一大市场"等知识点的具体内容,为翻转课堂提供支架;课堂展示《中共中央关于制定国民经济和社会发展第十四个五年规划和2035年远景目标的建议》和《2022年度中央政府工作报告》,师生思辨讨论如何正确处理政府与市场之间关系等问题,实现课堂高阶性、高效性。

②知识点+实事+思政——贯穿融合:在知识点"市场机制和政府职能"中引入人民至上和协同治理等思政元素,并通过回顾新中国成立以来社会经济发展历程,总结中国成功发展经验,增强学生的政治认同和使命担当。

③学习测评——实时呼应:对讨论结果进行现场点评。

第五章 资本主义经济制度及其演变

专业教学目标

本章概括了资本主义经济制度的形成及演变过程,讲述了资本主义经济制度产生的历史条件、资本主义所有制的本质特征和主要形式。通过本章学习,帮助学生认识资本主义所有制的本质特征,以及资本主义由自由竞争到垄断资本主义、再到国家垄断资本资本主义的历史过程,理解资本主义发展的历史规律和趋势。

【知识目标】

1. 掌握资本主义生产关系产生的条件和资本主义所有制的本质特征。
2. 学习资本主义经济制度的演变过程,了解自由竞争时期、垄断资本主义时期以及国家垄断资本主义时期的经济特征,进而深入理解资本主义经济制度剥削本质和内在矛盾。

【能力目标】

1. 通过资本主义生产关系产生条件的形成过程,理解资本原始积累与资本主义制度之间的内在联系,逐渐培养学生的逻辑推理能力。

2. 通过资本主义所有制的本质和形式的学习,加深学生对当代资本主义经济形式的理解,培养学生"透过现象看本质"的理性分析能力。

3. 通过资本主义经济制度演变的历史过程,培养学生正确的历史唯物观和辩证思维能力。

【育人目标】

1. 培育和践行社会主义核心价值观 通过对资本主义经济制度本质特征的分析,明确社会主义核心价值观的丰富内涵,在中外经济制度的比较中,树立"中国共产党为什么能、马克思主义为什么行、中国特色社会主义为什么好"的社会主义核心价值观。

2. 制度自信 通过资本主义经济制度的演变过程,理解资本主义经济制度的自身缺陷和内在矛盾,明确资本主义发展的历史规律和必然趋势,引导学生体会社会主义制度的优越性,坚定道路自信和制度自信。

3. 爱国情怀 通过资本主义资本原始积累的血腥历史、资本由自由竞争到垄断的无序竞争、国家垄断资本主义的野蛮扩张等史实,比照中国共产党百年奋斗历史所取得的伟大成就,激发学生为祖国富强奋斗的爱国热情,培养学生献身祖国的爱国情怀。

【教学方法与手段】

1. 原文赏析和视频材料:摘录莫尔、马克思等人关于资本主义发展历史的著名论断,插入资本主义"圈地运动"的教学短片,生动地解读资本主义的发展过程及其本质。

2. 课堂展示与讨论:讲解资本主义经济制度的本质特征和演变过程,讲述典型案例,引导学生结合中国经济发展现实,理解社会主义制度与资本主义制度的本质区别,组织学生进行小组讨论,分享自学和阅读心得。

【课程思政教学实例】

案例材料:欧洲的资本原始积累过程

(1)案例简介

马克思原始积累理论认为,原始积累绝非田园诗式的财富累积,而是劳动力与生产资料的被迫分离,是充满着剥削与暴力的资本主义前史。马克思原始积累理论的提出,是为了论证资本主义的不正义性。

资料来源:刘奕文.马克思的资本原始积累理论及其正义思想[J].社会科学动态,2019(07).

(2)案例的思政元素

①增强政治认同——"四个自信"。在历史知识的讲解中,引导学生积极思考,明确社会主义经济制度的优越性,坚定"四个自信"。

②增强政治认同——国家认同。我国经济和社会建设离不开党的领导和科学决策。

③爱国情怀。学生能够更加深入地认识到我国经济发展面临的机遇与挑战,增强学生为中华民族伟大复兴而奋斗的爱国情怀。

(3)教学手段

①翻转课堂——支架与高阶:慕课资源、视频教学资源为翻转课堂提供支架;课堂展示、师生思辨讨论实现课堂高阶性、高效性,以激发学生的实践创新力。

②知识点+史实+思政——贯穿融合:在知识点"资本主义生产关系产生的条件"中引入资本主义原始积累的血腥历史,今昔对比,增强学生的政治认同和使命担当。

③学习测评——实时呼应:课堂讨论结果现场点评,提高学生的理性思维和科学判断力,在讨论与点评中增强学生的爱国情怀,实现对学生社会主义核心价值观的塑造。

第六章 资本主义生产

专业教学目标

通过本章教学,使学生了解货币转化为资本的条件,理解资本的本质。掌握不变资本和可变资本的区分,深刻理解剩余价值与可变资本的关系。了解资本主义工资的实质和形式。

【知识目标】

1. 理解资本的本质、剩余价值生产的过程及其形式、不变资本和可变资本的区分。
2. 掌握劳动力使用价值的特点和劳动力价值的构成,资本主义工资的实质。

【能力目标】

1. 通过货币运动与资本运动的对比,培养学生对剩余价值生产、资本主义工资等知识的举一反三能力。
2. 以问题为导向,开展课堂讨论,培养学生运用经济学知识分析世情国情民情的能力。

【育人目标】

1. **增强政治认同——国家认同**　通过社会主义生产相关案例学习,对比资本主义生产目的与社会主义生产的目的,引导学生树立对中国共产党、对中国特色社会主义制度的自信,坚定中国道路的信心,践行社会主义核心价值观。
2. **实现思想引领——社会责任**　通过绝对剩余和相对剩余价值生产的比较,对学生进行唯物史观和创新教育,结合改革开放和经济建设中不断出现的新现象、新问题,引导学生爱岗敬业,主动作为,勇担历史重任,以应对百年未有之大变局。
3. **培养科学精神——理性思维**　通过资本运动总公式矛盾及其解决、资本主义工资本质的讨论和学习,培养学生尊重事实和证据,大胆尝试,运用科学的思维方式认识现象,积极寻求有效解决问题的方法,科学决策。

【教学方法与手段】

1. 课堂启发引导:以"价值增殖来自'低买高卖'？价值增殖来自生产过程？剩余价值究竟是怎么产生的？工资是'劳动的价值'吗？"等问题为导向,着重讲授资本、剩余价值、工资等概念,推演货币、资本、剩余价值、工资之间的逻辑。
2. 课堂展示与讨论:组织学生讨论"剩余价值不在流通中产生,又不能离开流通领域",揭示货币转化为资本的关键是"劳动力成为商品"。

【课程思政教学实例】

案例材料1:劳动价值论和效用价值论哪一个正确?

(1)案例简介

马克思的《资本论》坚持客观价值论,认为商品价值凝结人类劳动,由供给方的社会必要劳动时间决定。西方经济学的主观价值论认为钻石的价值高于大米是因为它的效用更大,商品价值是由需求方的边际效用所决定的。

用社会必要劳动时间计量价值,不论操作有多么困难,从理论上讲是可行的,因为时间能够简单相加。劳动价值论虽然比较抽象,但简洁明了,有说服力。相反,西方经济学通过量化主观效用来计量价值既讲不通,也行不通。首先,消费者购买经常以非理性的判断为依据,难以解释为数学上精确的效用论;其次,效用不存在同质的可比性,只能用价格推想效用,再用效用说明价格,陷入同义反复,难以自圆其说;再次,人们的消费需求有顺序性,首先是生存,然后是其他,因此很难想象谁会同时把所有商品都纳入他的效用函数。

资料来源:葛浩阳.劳动价值论与要素价值论、效用价值论及供求价值论的比较研究[J].改革与战略,2015,31(07).

(2)案例的思政元素

①增强政治认同——政治思想认同。劳动价值论作为马克思主义政治经济学的理论基石,面对新的时代特点,其现实指导意义更加明显突出,依然是指导我国经济社会健康持续发展的重要理论依据。

②实现思想引领——制度自信。资本主义社会的剩余价值反映的是资本家占有雇佣工人剩余劳动的剥削与被剥削的关系,社会主义市场经济条件下的剩余价值反映的是社会主义社会生产关系。通过对比,教导学生要始终坚持中国特色社会主义道路。

③培养科学精神——辩证思维。对马克思的劳动价值论与西方经济学的效用价值论进行比较,科学论证劳动价值论的正确性,培养学生的科学精神。

(3)教学手段

①翻转课堂——支架与高阶:课前要求学生借助慕课资源、网络资源对价值论相关知识点,尤其是马克思主义的客观价值论与西方经济学的主观价值论内容进行预习;课中通过小组讨论的方式对马克思主义的客观价值论与西方经济学的主观价值论进行辨析,培养学生的主动学习意识,实现课堂高阶性、高效性。

②知识点+实事+思政——贯穿融合:在知识点"剩余价值的生产中"引入政治思想认同等思政元素,坚定马克思主义的客观价值论和社会主义的思想道路。

案例材料2:货币转化为资本

(1)案例简介

随着社会主义市场经济的发展,我国一些居民由于手中积累了大量的货币财富,因此成为"资本家"。从其货币财富的来源看,"资本家"大致可分为三种情况:通过自身努力,在合乎社会主义市场经济规范的条件下,取得了大量收入而成为资本家;通过占有优越的自然或社会条件,垄断性地取得大量的收入而成为资本家;通过社会不允许的欺诈、阴谋盘算等不道德手段,占有或剥夺他人的财产而成为巨富的资本家。

在资本形成过程中,不同的所有者存在极大的差别,以致部分人大量地积聚起来的资本量超出他人拥有的资本量而成为资本家。资本家的产生,既可能由合乎社会平等的规范产生,也可能由超越社会平等的规范产生。通过自身的努力,积累起来了超过他人的资本,这种途径产生的资本家是合理的,是完全符合社会主义市场经济原则和道德规范的。在政策上应该保护这些个人正常资本的形成,保护他们正常的资本收益权。

资料来源:程恩富,马艳,包亚钧.现代政治经济学新编习题集(第三版)[M].上海:上海财经大学出版社,2010.

(2)案例的思政元素

①增强政治认同——制度认同。在货币转化为资本的过程中,市场主体的行为规范、法治化市场的建设、良好市场秩序的维护均离不开中国共产党的领导和科学决策。

②实现思想引领——道路自信。通过案例中三种情况的对比,引导学生要通过自身努力,在合乎社会主义市场经济规范的条件下获取收入,坚定学生的社会主义道路自信。

③培养科学精神——辩证思维。通过对货币财富的三种来源进行比较,让学生全面认识获取财富的方式,强化学生的法律意识和道德规范,培养学生的辩证思维能力。

(3)教学手段

①讲授——扩充知识:在讲授"货币转换为资本"时,将课本知识点与案例相结合,对案例的三种情况进行比较,说明货币转化为资本是有规范的,强化学生在学习过程中理论联系实际的能力。

②讨论与点评——实时呼应:学生分组对货币转化为资本的方式进行探讨,辨析哪些行为是资本主义倡导的,哪些是社会主义倡导的,并对讨论结果进行互评、总结。

第七章 资本主义流通

专业教学目标

通过本章教学,使学生理解和掌握产业资本周转、产业资本循环过程;理解固定资本和流动资本相关理论;理解和掌握社会资本再生产的理论前提社会总产品的实现条件。

【知识目标】

1. 掌握产业资本循环的相关理论。
2. 掌握资本周转速度的影响因素和计算方法。
3. 掌握固定资本与流动资本的含义及区分。
4. 理解社会资本再生产的理论前提和社会总产品的实现条件,进而了解资本主义的生产方式及其矛盾。

【能力目标】

1. 通过产业资本循环、资本周转和社会资本再生产等知识点的学习,使学生具备运用资本循环和周转理论分析现实经济问题的知识迁移与运用能力。

2. 通过对社会再生产理论和资本主义生产方式新变化的学习,使学生具有辩证地看待和分析资本主义生产方式的逻辑思辨能力。

【育人目标】

1. 实现思想引领　以习近平新时代中国特色社会主义思想为指导,深化对新时代条件下中国各类资本及其作用的认识,明确社会主义市场经济条件下规范和引导资本发展的重要性,使学生正确认识马克思主义政治经济学对于建设中国特色社会主义的重大指导作用。

2. 增强政治认同　使学生了解为什么资本主义社会会产生金融危机,理解中国特色社会主义的鲜明特色和制度优越性,以及资本主义社会发展所固有的弊端和缺陷;培养学生的爱国精神,增强学生的政治认同。

3. 培养科学精神　引导学生自觉地坚持和运用辩证唯物主义和历史唯物主义的世界观和方法论,辩证批判地看待资本主义国家的财政政策与货币政策,增强学生客观理性分析问题的能力,培养学生辩证思维。

【教学方法与手段】

1. 课堂启发引导:以资本主义流通产生的新变化(为什么会出现金融危机)为问题导向,启发学生对本章知识点的思考,着重讲授资本循环、资本周转和资本流通等基本概念和理论。

2. 课堂展示与讨论:组织学生观看视频资料,讨论"资本主义国家为什么会出现金融危机",揭示资本主义再生产过程和经济危机出现的新特点,以及资本主义制度的弊端。

【课程思政教学实例】

案例材料:坚持以深化供给侧结构性改革为主线

(1)案例简介

推进供给侧结构性改革,是以习近平同志为核心的党中央深刻洞察国际国内形势变化,科学把握发展规律和我国现阶段经济运行主要矛盾,作出的具有开创性、全局性、长远性的重大决策部署,是习近平新时代中国特色社会主义思想的重要理论创新成果,也是解决突出矛盾和问题、推动经济社会持续健康发展的治本良方。《中共中央关于制定国民经济和社会发展第十四个五年规划和2035年远景目标的建议》强调:"十四五"时期经济社会发展要以深化供给侧结构性改革为主线。综合分析国内外形势和我国发展阶段性特征,"十四五"时期制约我国经济发展的因素,供给和需求两侧都有,但矛盾的主要方面仍在供给侧,必须在适度扩大总需求的同时,着力加强供给侧结构性改革,着力改善供给结构,提高供给体系质量和效率。

资料来源:黄守宏.坚持以深化供给侧结构性改革为主线(深入学习贯彻党的十九届五中全会精神)[N].人民日报,2020-12-11.http://theory.people.com.cn/n1/2020/1211/c40531-31962601.html.

(2)案例的思政元素

①实现思想引领。推进供给侧结构性改革,是习近平新时代中国特色社会主义思想的重要理论创新成果,使学生深刻认识到习近平新时代中国特色社会主义思想的重要历史意义、现实意义和时代意义。

②增强政治认同。我国经济和社会建设离不开党的领导和科学决策,推进供给侧结构性改革是我国经济和社会实现高质量发展的关键。

③培养家国情怀。使学生认识到我国新时期经济社会发展面临的机遇与挑战,培养爱国精神,勇担历史重任。

(3)教学手段

①知识点+实事+思政:以供给侧结构性改革的具体内容切入"中国经济改革"的知识点,增强学生对习近平新时代中国特色社会主义思想的重要理论创新成果的深刻理解。

②讨论:学生课前观看视频资料,课堂中合作探讨与交流,深化供给侧结构性改革案例带来的启示。

③学习测评:讨论结果现场点评总结。

第八章　剩余价值的分配

专业教学目标

通过本章教学,使学生理解和掌握生产成本、商业资本、商业利润、借贷资本和利息相关概念和理论,理解和掌握级差地租、绝对地租实质和来源,学会运用剩余价值理论分析当代资本主义分配关系的新变化。

【知识目标】

1. 掌握生产成本的内涵。
2. 理解剩余价值转化为利润、利润转化为平均利润、价值转化为生产价格的过程。
3. 掌握商业利润、利息和地租等理论,进而理解剩余价值如何进行分配。

【能力目标】

1. 通过平均利润、生产价格、商业利润、利息和地租等相关知识点的学习,使学生具备运用剩余价值理论分析利润、利息和地租的逻辑应用能力。
2. 通过资本主义分配关系新变化的学习,使学生具备运用历史思维和辩证思维分析当代资本主义国家福利制度的能力。

【育人目标】

1. 增强政治认同　通过剩余价值分配的学习,使学生理解中国特色社会主义分配制度与资本主义分配关系的本质区别,深刻理解中国是以按劳分配为主体、多种分配方式并存的分配制度,是党和人民百年奋斗、创造、积累的根本成就。

2. 培养家国情怀　通过辩证地分析资本主义经济发展,使学生明确中国共产党领导的中国特色社会主义道路的正确性,认识中国经济和社会发展所取得的伟大成就,启发学生构建现代马克思主义政治经济学思维,勇担历史重任,培养学生的爱国主义精神。

3. 培养科学精神　通过将生产成本相关内容引入课程,分析资本家如何掩盖对工人的剥削,进行剩余价值的攫取,培养学生辩证思维、创新思维能力。

【教学方法与手段】

1. 课堂启发引导:以中国与资本主义国家分配方式区别为问题导向,着重讲授剩余价值分配相关理论,引导学生思考。
2. 课堂展示与讨论:组织学生学习"中国特色社会主义的分配公平",揭示中国特色社会主义制度的优越性。

【课程思政教学实例】

案例材料:中国特色社会主义的分配公平

(1) 案例简介

分配公平问题长期受到我国社会各界的关注和热议,也是党和政府着力解决的工作重点。党的十七大提出,合理的收入分配制度是社会公平的重要体现;初次分配和再分配都要处理好效率和公平的关系,再分配要更加注重公平。党的十八大进一步指出,初次分配和再分配都要兼顾效率和公平,再分配更加注重公平;调整国民收入分配格局,加大再分配调节力度,着力解决收入分配差距较大问题,使发展成果更多更公平惠及全体人民。党的十九大强调"促进收入分配更合理、更有序""拓宽居民劳动收入和财产性收入渠道""缩小收入分配差距"。党的十九届四中全会就如何促进分配公平提出了具体政策建议。马克思主义理论视域下的分配公平,建立在生产资料公有制基础上,包括分配制度公平、分配原则公平、分配方式公平、分配过程公平等多重含义。中国特色社会主义的分配公平,是科学社会主义理论与中国特色社会主义实践的内在要求,是走向共同富裕、保证发展成果由人民共享、最终实现人的自由全面发展的必由之路。

资料来源:邰丽华.中国特色社会主义的分配公平[N].光明日报,2020-8-31.http://ll.zgzx.com.cn/2020-08/28/content_9820414.htm.

(2) 案例的思政元素

①实现思想引领。中国特色社会主义的分配公平是走向共同富裕、保证发展成果由人民共享、最终实现人的自由全面发展的必由之路,使学生深刻理解完善收入分配制度是实现共同富裕的重要路径。

②增强政治认同。中国特色社会主义的分配公平是中国特色社会主义制度优越性的根本体现,使学生认同中国特色社会主义发展所具有的鲜明特色与优势。

③培养家国情怀。中国特色社会主义的分配制度与资本主义分配制度有本质区别,使学生明确中国

共产党领导的中国道路的正确性,培养学生的"四个自信"和爱国精神。

(3)教学手段

①翻转课堂:通过雨课堂、视频资源等多媒体资源与板书相结合,提高学生学习兴趣。

②知识点+实事+思政:在知识点"国民收入分配"中引入中国特色社会主义分配公平等思政元素,强化学生对中国收入分配制度与资本主义分配关系的本质区别,增强学生的政治认同。

③学习测评:讨论结果现场点评总结。

第九章 资本主义经济危机和历史趋势

专业教学目标

通过本章学习,使学生全面理解资本主义经济危机的概况,掌握资本主义经济危机爆发的原因,明晰当代资本主义金融危机爆发的原因及特征,明确资本主义制度的历史进步性和局限性,深刻理解社会主义代替资本主义的历史趋势。

【知识目标】

1. 掌握资本主义经济危机爆发的实质、原因及周期性特征,理解当代资本主义的金融和经济危机。

2. 理解资本主义的历史进步性和局限性、资本主义的基本矛盾,以及社会主义代替资本主义的历史趋势。

【能力目标】

1. 通过回顾货币与社会再生产等内容,进而推理经济危机产生的实质和原因,培养学生对知识体系的逻辑分析能力。

2. 通过案例和讨论式教学方法,与学生共同剖析2008年美国金融危机产生的原因及过程,以培养学生探索精神和分析推理能力,以及自主学习知识的能力。

3. 通过理解经济危机的实质和原因及社会主义代替资本主义的历史趋势,进而分析资本主义国家经济危机对中国经济的影响,以及中国特色社会主义的显著优势,逐步形成运用马克思主义政治经济学理论分析中国问题的能力。

【育人目标】

1. **增强政治认同——道路自信、制度自信** 通过对资本主义制度历史进步性和局限性,以及资本主义基本矛盾带来的现实问题及案例的分析,帮助学生深刻理解社会主义代替资本主义的历史趋势,增强学生对中国特色社会主义道路的自信和制度自信,增强政治认同。

2. **培养家国情怀——增加国家认同** 通过资本主义制度将引发经济危机的理论推理及实例,以及新冠肺炎疫情下的应对策略等实例,体会社会主义制度的优越性,启发学生思考在全球性金融危机下中国经济发展将面临的挑战,增强学生为中华民族伟大复兴而奋斗的家国情怀。

3. **培养科学精神——理性思维、勇于探究** 通过讲解经济危机产生的实质和根源,进一步探索当代经济危机爆发的特征和原因,特别是2008年美国全球性金融危机的情况及对中国经济的影响,培养学生的求真精神、逻辑思维、辩证思维,以及勇于探索的科学精神。

4. **国际视野——国际理解** 在学习马克思主义理论的基础上,了解其他流派对于经济危机的理论和观点,能够增加看问题的视角,拓展国际视野。

【教学方式与方法】

1. 自主学习:学习慕课中的相关知识点,并利用互联网搜集资本主义经济危机和资本主义历史趋势的相关资料,可绘制思维导图梳理知识点。

2. 课堂启发引导:课堂讲授以问题为导向,问题包括:20世纪70年代开始,发达资本主义国家普遍陷入经济停滞与高通货膨胀并存的境地。这是为什么?怎么办?2008年美国经济危机是如何爆发的,为什么演变成全球性经济危机?长期来看,社会主义和资本主义制度的发展趋势如何?在问题的基础上引导学生思考经济危机的特点,经济危机爆发的实质和原因,以及社会主义代替资本主义的历史趋势。

3. 课堂展示与讨论:组织学生针对2008年美国经济危机爆发的原因和特征,新冠肺炎疫情下社会主义制度的优越性等主题进行案例讨论和小组展示。

【课程思政教学实例】
案例材料:中国特色社会主义制度的显著优势
(1)案例简介

2022年,全国两会期间,习近平总书记作出我国发展具有"五个战略性有利条件"的重大论断,其中重要一条就是"有中国特色社会主义制度的显著优势"。这一重要论断,深刻揭示了我国社会主义制度具有的强大生命力和显著优越性,为我们牢牢掌握历史主动,奋进新征程,建功新时代注入了强大信心和力量。特别是在应对新冠肺炎疫情、打赢脱贫攻坚战等实践中,中国政治制度进一步彰显优越性,"中国之治"与"西方之乱"对比更加鲜明。

突如其来的新冠肺炎疫情是一次危机,也是一次大考。在这样一次特殊的"大考"中,中国特色社会主义制度优势得到了充分彰显:党的集中统一领导,让全国抗疫斗争有了明确的方向;紧紧依靠人民集中力量办大事,让全国人民的力量更加凝聚;依法治国切实保障人民权利,让人民群众在疫情中更加安心;保障和改善民生,增进人民福祉,让人民群众在疫情中更加放心;积极参与全球治理、构建人类命运共同体,让"中国方案"获得世界赞誉。

资料来源:①海外网.彰显中国特色社会主义制度的显著优势[N].人民日报,2022-5-25.
②肖桂清等."大考"彰显中国特色社会主义制度优势——学习习近平总书记关于防控新冠肺炎疫情系列重要讲话精神[J].马克思主义研究,2020(5).

(2)案例的思政元素

①实现思想引领。中国特色社会主义制度是当代中国发展进步的根本制度保障,是具有鲜明中国特色、明显制度优势、强大自我完善能力的先进制度,是习近平新时代中国特色社会主义思想的重要组成部分。

②增强政治认同——道路自信、制度自信。经济的发展和人民的美好生活离不开中国共产党的领导和中国特色社会主义制度,特别是在应对新冠肺炎疫情过程中,彰显出了中国特色社会主义制度的优越性,保持道路自信和制度自信。

③培养科学精神——理性思维、独立思考。面对突如其来的新冠肺炎疫情,中国和各资本主义国家采取了不同的应对策略,中国防控工作取得了较好的成效,源于中国特色社会主义制度带来了"党的集中统一领导""依靠人民群众办大事""依法保障人民权利""保障和改善民生""积极参与全球治理"等方面优势。通过分析推理,培养学生的理性思考和独立思考精神。

(3)教学手段

①课前学习:课前要求学生通过慕课平台学习相关知识点;查找新冠肺炎疫情下资本主义国家和中国的应对策略及成效的相关资料。

②知识点+思政+案例+讨论:在"资本主义发展的历史趋势"部分讲授过程中引入上述案例,在案例基础上组织课堂讨论"在新冠肺炎疫情防控中,中国特色社会主义制度是如何彰显出制度优势的?""该案例给我们何种启示?"

③学习测评:对讨论结果进行现场点评总结。

第十章 社会主义经济制度

专业教学目标

通过本章学习,使学生了解社会主义经济制度的建立和发展及其内涵、优势,深刻理解和掌握习近平新时代中国特色社会主义经济思想、坚持以人民为中心的发展理念。

【知识目标】

1. 了解社会主义经济制度的建立及其发展过程。
2. 深刻理解中国特色社会主义进入新时代,决胜全面建成小康社会、决战脱贫攻坚,以及中国进入新发展阶段。

【能力目标】

1. 通过分析新时代的内涵,特别是新时代我国社会主要矛盾的变化,有助于学生学会抓住主要矛盾解决实际问题的能力。

2. 通过讲解社会主义国家如何结合时代背景和具体国情推动社会主义经济制度的建立和发展,有助于提高学生理论联系实际、避免教条主义的能力。

【育人目标】

1. 培养科学精神——实事求是　通过讲解社会主义国家如何结合时代背景和具体国情推动社会主义经济制度的建立和发展,培养学生实事求是的科学精神

2. 增强政治认同——制度自信　通过讲授全面建成小康社会和决战脱贫攻坚取得的伟大胜利,增强学生对我国社会主义制度的认同,激发学生积极投身我国社会主义经济建设的热情。

3. 实现思想引领——以人民为中心的发展　通过讲解坚持以人民为中心的发展理念,引领学生在未来工作中坚持以人民为中心,坚持新发展理念,为实现全体人民共同富裕而奋斗。

【教学方法与手段】

1. 自主学习:把慕课、智慧树等线上学习材料和线下文献资料阅读相结合,撰写阅读笔记等方式进行。

2. 课堂讲授:以问题为导向,着重基本理论及其演变逻辑的讲授,引导学生理论联系实际举一反三。

3. 案例教学:引入"新发展理念""社会主义基本经济制度"等案例,提高学生对理论演进的把握和对相关理论的运用能力。

4. 课堂展示与讨论:讨论新时代中国特色社会主义经济制度的特点,以及五大发展理念的内在逻辑,提高学生思辨能力。

【课程思政教学实例】

案例材料:新发展理念

(1)案例简介

2015年10月,习近平总书记在党的十八届五中全会上提出了创新、协调、绿色、开放、共享的发展理念,强调创新发展注重的是解决发展动力问题,协调发展注重的是解决发展不平衡问题,绿色发展注重的是解决人与自然和谐问题,开放发展注重的是解决发展内外联动问题,共享发展注重的是解决社会公平正义问题,强调坚持新发展理念是关系我国发展全局的一场深刻变革。

新发展理念的提出,是对辩证法的运用;新发展理念的实施,离不开辩证法的指导。

资料来源:汪晓东,李翔,王洲. 关系我国发展全局的一场深刻变革——习近平总书记关于完整准确全面贯彻新发展理念重要论述综述[N],人民日报,2021-12-8.

(2)案例的思政元素

①实现思想引领。通过本案例加深学生对新发展理念的认识,有助于学生在未来坚持用新发展理念开展工作,不断破解工作中的难题,开创工作新局面。

②培养科学精神——理性思考。通过讨论"新发展理念的提出,是对辩证法的运用;新发展理念的实施,离不开辩证法的指导",有助于培养学生运用辩证法进行理性思考。

(3)教学手段

①线上线下结合:慕课资源、文献资源与课堂讲授、师生思辨讨论相结合。

②知识点＋实事＋思政——贯穿融合:在知识点"新发展理念"中,要求学生课前先自学知识点,同时查找与新发展理念的相关文献和实际案例。结合实际案例,基于新发展理念在课堂组织小组讨论,加深和拓展学生对新发展理念的理性思考,使学生在以后的学习工作中自觉以新发展理念为指导。

第十一章　中国特色社会主义所有制

专业教学目标

通过本章学习,使学生掌握中国特色社会主义所有制的基本内涵,深刻理解"两个毫不动摇":毫不动摇巩固和发展公有制经济,毫不动摇鼓励支持引导非公有制经济发展。

【知识目标】

1. 掌握中国特色社会主义所有制的基本内涵,深刻理解生产资料所有制的核心地位,中国特色社会主义所有制的主要规定,以及发展混合所有制经济的必要性和途径。

2. 深化对"两个毫不动摇"的理解,掌握公有制经济的主体地位、国有经济的主导作用,以及鼓励、支

持、引导非公有制经济发展的途径和要求。

【能力目标】

1. 通过学习"两个毫不动摇",使学生具有驳斥我国经济生活中各种不利于"两个毫不动摇"的观点的能力。

2. 通过学习"两个毫不动摇",使学生坚信无论在哪种所有制经济体中就业都可以为实现中华民族伟大复兴中国梦做贡献,从而具备根据社会需要和自身特长正确选择就业领域的能力。

【育人目标】

1. 增强政治认同——制度自信 通过本章学习,使学生认识到以公有制为主体、多种所有制经济共同发展的所有制制度,是改革开放40多年我国取得举世瞩目成就的制度保证,有助于增强学生对中国特色社会主义制度自信。

2. 培养科学精神——独立思考 通过本章学习,有助于学生运用"两个毫不动摇"对当前社会经济中存在的各种不利于"两个毫不动摇"的观点进行独立思考。

【教学方法与手段】

1. 课前自主学习:课前利用慕课等资源熟悉我国特色社会主义所有制的基本概念和主要规定,自主阅读、梳理和总结我国特色社会主义所有制改革的历史发展进程,撰写思维导图。

2. 课堂启发引导:知识点讲授注重以问题为导向,着重讲授我国社会主义初级阶段的所有制为什么以生产资料公有制为主体,如何看待非公有制经济的作用等问题,并结合具体案例进行讨论。

【课程思政教学实例】

案例材料1:云南白药的混合所有制改革之路

(1)案例简介

混合所有制是中国特色社会主义所有制的重要组成部分。党的十八届三中全会通过的《中共中央关于全面深化改革若干重大问题的决定》中指出,国有资本、集体资本、非公有资本等交叉持股、相互融合的混合所有制经济,是基本经济制度的重要实现形式。

云南白药的混改历程十分具有参考意义。2016年12月,云南白药控股有限公司拉开混改序幕,2019年,云南白药吸收合并白药控股,实现集团整体上市,为期四年的混改圆满落幕。云南白药混改分为两步完成:第一步是完成白药控股层面的混改,第二步是完成云南白药对白药控股的吸收合并。混改后云南白药经营业绩稳步增长,推动以中医药为核心逐步向生物医药、精准医疗和全方位大健康转型。在混改过程中实现产业结构调整和优化升级。

资料来源:陈永强. 云南白药:混改激发"乘风破浪"新动力[N]. 经济参考报,2020—09—14.

(2)案例的思政元素

①增强政治认同——制度自信。通过本案例,帮助学生更加深入地认识到中国特色社会主义所有制的特点,增强学生对中国特色社会主义所有制的制度自信。

②培养科学精神——独立思考。通过分析云南白药等国有企业混改情况,引导学生独立思考混合所有制改革的积极作用以及需要注意的问题。

(3)教学手段

①理论知识+国情实践+思政元素:在"发展混合所有制经济"的知识点中分析其产生的积极作用,增强学生的家国情怀和使命担当。

②课堂展示+思辨讨论:梳理云南白药混改的历史,总结其混改成功的原因,帮助学生深刻领悟我国改革开放以来取得的巨大成就,增强民族自豪感。

案例材料2:新冠肺炎疫情防控下国有企业的责任担当

(1)案例简介

国有企业是国有经济的具体存在形式之一,是中国特色社会主义的重要物质基础和政治基础,是中国共产党执政兴国的重要支柱和依靠力量,是中国特色社会主义经济的"顶梁柱"。

国有企业不仅为我国经济社会发展和科技创新作出卓越贡献,而且还承担大量社会责任,特别是在重大自然灾害、突发事件的抗击救援中发挥了"总后勤部"的作用。在抗击新冠肺炎疫情的斗争中,国有企业听党指挥,承担了火神山医院建设等紧急工程、疫情防控紧急物资供应,以及煤电油气、通信、交通运输等保障,同时又确保了城市生活必需品供应,真正做到了习近平总书记指出的"关键时刻听指挥、拉得出,危急关头冲得上、打得赢"的使命和担当。

资料来源:王玉喜,王菁华. 疫情防控下国有企业的责任担当[N]. 中国社会科学报,2020-04-22.

(2)案例的思政元素

①增强政治认同。本案例表明国有企业是中国特色社会主义经济的"顶梁柱",有助于增强学生对社会主义公有制的政治认同。

②深化职业规范与职业道德教育。国有企业的广大党员、干部、职工在危急关头迎难而上,敢拼敢冲的精神,有助于激发学生爱岗敬业、遵纪守法、团结互助等优秀道德品质。

(3)教学手段

①理论知识+国情实践+思政元素:在知识点"国有经济的主导作用"中分析国有企业的重要作用,增强学生理论自信、制度自信。

②课堂展示+思辨讨论:通过引入疫情防控下国有企业的责任担当案例,使学生更加理性地思考我国为什么要坚持国有经济的主导作用。

第十二章 中国特色社会主义分配制度

专业教学目标

通过本章学习,帮助学生理解社会主义分配制度内涵,掌握按劳分配为主体、多种分配方式并存的基本经济制度的内容和特点,体会促进效率公平有机统一、缩小收入差距、实现共同富裕的重大意义。

【知识目标】

1. 掌握社会主义分配制度的内涵,掌握国民收入初次分配和再分配的内容及相互之间的联系与区别。
2. 深刻理解按劳分配为主体、多种分配方式并存是我国的一项基本经济制度,以及掌握按劳分配的内容及特点。
3. 理解社会主义分配中效率和公平的辩证关系,以及促进效率公平有机统一、缩小收入差距、实现共同富裕的重大意义。

【能力目标】

1. 通过学习中国特色社会主义分配制度内涵,引导学生运用马克思主义政治经济学理论、观点、方法,分析收入分配中存在的问题与困境,培养学生的辩证思维能力。
2. 通过组织课堂讨论和课后实践,引导学生将课本上的理论与实际生活中的收入分配问题相联系,培养学生自主学习知识的能力。

【育人目标】

1. 培养科学精神——批判质疑 介绍初次分配和再分配过程,鼓励质疑,引导学生发现分配过程中存在的问题,积极独立思考解决方法。
2. 增强政治认同——认同中国特色社会主义分配制度 通过学习中国特色社会主义分配制度内涵,增强学生对中国特色社会主义理论的理解和认同,感受社会主义制度强大的优越性,增强制度自信。
3. 实现思想引领——树立崇高理想 深刻理解"共同富裕"的内涵,树立为中华民族伟大复兴中国梦的实现而奋斗的崇高理想。

【教学方法与手段】

1. 课前资料收集:鼓励学生在课前查找阅读有关收入分配的相关资料,自主观看慕课等线上学习内容。
2. 课堂展示与讨论:课堂师生共同讨论"为什么我国能够取得脱贫攻坚战役的重大胜利、实现全体人民共同富裕的目标有什么重要意义?"
3. 社会实践:鼓励学生在社会实践过程中自觉利用课堂所学的理论知识,分析解决现实问题。

【课程思政教学实例】

案例材料1:深化收入分配制度改革

(1)案例简介

收入分配是民生之源,是改善民生、实现发展成果由人民共享最重要最直接的方式。要坚持按劳分配原则,完善按要素分配的体制机制,促进收入分配更合理、更有序。鼓励勤劳守法致富,扩大中等收入群体,增加低收入者收入,调节过高收入,取缔非法收入。坚持在经济增长的同时实现居民收入同步增长、在劳动生产率提高的同时实现劳动报酬同步提高。拓宽居民劳动收入和财产性收入渠道。履行好政府再分配调节职能,缩小收入分配差距。

资料来源:中共中央宣传部.习近平新时代中国特色社会主义思想学习纲要[M].北京:学习出版社、人民出版社,2019.6.

(2)案例的思政元素

①增强政治认同——增加对中国共产党和社会主义制度的认同。深化收入分配制度改革是习近平新时代中国特色社会主义思想的重要组成部分。通过本案例,有助于学生了解中国共产党始终坚持全心全意为人民服务的宗旨,坚持深化收入分配制度改革,带领人民创造更美好生活,从而增强学生对中国共产党的领导和社会主义制度的认同。

②实现思想引领——以人民为中心。我国当前收入分配政策有助于改善民生、实现发展成果由人民共享,有助于引导学生坚持以人民为中心的发展理念。

(3)教学手段

①翻转课堂:学生课前收集相关资料了解本案例,课堂组织小组讨论,并进行点评。

②思政元素融入:在知识点"社会主义分配制度内涵"中引入以人民为中心的发展理念等思政元素,增强学生的政治认同。

案例材料2:打赢脱贫攻坚战,朝着实现全体人民共同富裕不断迈进

(1)案例简介

党的十八大以来,党中央鲜明提出,全面建成小康社会最艰巨最繁重的任务在农村特别是在贫困地区,没有农村的小康特别是没有贫困地区的小康,就没有全面建成小康社会;强调贫穷不是社会主义,如果贫困地区长期贫困,面貌长期得不到改变,群众生活水平长期得不到明显提高,那就没有体现我国社会主义制度的优越性,那也不是社会主义,必须时不我待抓好脱贫攻坚工作。

8年来,党中央把脱贫攻坚摆在治国理政的突出位置,把脱贫攻坚作为全面建成小康社会的底线任务,组织开展了声势浩大的脱贫攻坚人民战争。党和人民披荆斩棘、栉风沐雨,发扬钉钉子精神,敢于啃硬骨头,攻克了一个又一个贫中之贫、坚中之坚,脱贫攻坚取得了重大历史性成就。

脱贫攻坚战的全面胜利,标志着我们党在团结带领人民创造美好生活、实现共同富裕的道路上迈出了坚实的一大步。同时,脱贫摘帽不是终点,而是新生活、新奋斗的起点。解决发展不平衡不充分问题、缩小城乡区域发展差距、实现人的全面发展和全体人民共同富裕仍然任重道远。我们没有任何理由骄傲自满、松劲歇脚,必须乘势而上、再接再厉、接续奋斗。

资料来源:新华社.习近平2021年2月25日《在全国脱贫攻坚总结表彰大会上的讲话》(节选).人民网.http://politics.people.com.cn/n1/2021/0225/c1024-32037047.html.

(2)案例的思政元素

①增强政治认同——制度自信。通过本案例有助于学生理解中国特色社会主义的根本原则和本质要求——实现全体人民共同富裕,增强学生对中国特色社会主义制度自信。

②培养家国情怀——爱党爱国。对案例分析说明,是中国共产党领导中国人民取得了脱贫攻坚战的全面胜利,有助于培养学生的爱党爱国情怀。

(3)教学手段

①自主学习:引导学生收集我国脱贫攻坚和实现共同富裕过程中的相关材料,作为对案例的补充。

②点评+思政元素融入:组织课堂讨论与展示、对学生展示内容进行点评,并在知识点"缩小收入差距、实现共同富裕"中引入"不忘初心、牢记使命"等思政元素,增强学生的使命、担当。

第十三章 社会主义市场经济体制

专业教学目标

通过本章学习,使得学生了解社会主义经济体制改革,掌握社会主义市场经济体制的特征与优势,深刻理解社会主义市场经济体制下政府与市场的关系及各自所发挥的作用,掌握社会主义市场经济中宏观经济治理的举措。

【知识目标】

1. 了解我国进行经济体制改革的历史背景、进程与成就,以及我国进行经济体制改革的基本经验。
2. 掌握社会主义市场经济体制的特征、优势及完善途径与方式。
3. 深刻理解社会主义市场经济中政府与市场的关系,以及政府与市场分别如何发挥作用。
4. 掌握社会主义市场经济中的社会供求矛盾运动与经济波动,以及宏观经济治理的目标与手段,理解我国进行宏观经济治理的基本经验及新发展阶段宏观经济治理的特征。

【能力目标】

1. 在讲授中国社会主义市场经济建设的历史进程、历史成就的过程中,将不同国家的经济体制、宏观经济治理的特征以及其背后的理论依据、历史背景、发展现状等内容引入比较,培养学生的辩证思维能力。
2. 通过让学生自主选择与本章知识点相关的题目进行课堂展示与讨论,培养学生主动关注经济现实、拓展国际视野的学习习惯,并在这一过程中提升其自主学习能力。
3. 通过与学生讨论中国进行经济体制改革的历史经验和目标,引导学生关注国情民情,提升其学以致用的能力。

【育人目标】

1. **培养家国情怀** 通过讲授我国经济体制改革的背景与进程,介绍我国经济社会发展所取得的历史成就,增强学生对中国特色社会主义道路的信心,引导学生思考如何继续推进社会主义市场经济的建设。
2. **实现思想引领** 通过介绍社会主义市场经济体制的理论创新与改革实践过程,增强学生对马克思主义中国化必要性的理解,引导学生在未来工作中自觉运用中国特色社会主义市场经济理论。
3. **增强政治认同** 引导学生理解我国社会主义市场经济体制改革的意义和成就,增强学生对中国共产党的领导和中国特色社会主义的制度信心。
4. **拓展国际视野** 丰富学生对不同国家经济体制改革相关理论学说的认识,拓展学生国际视野。

【教学方式与方法】

1. 自主学习:学生通过搜集关于经济体制改革和社会主义市场经济体制的线上线下资源,撰写读书笔记。
2. 课堂讲授:在课堂上介绍中国经济体制改革的历程、成就、经验等知识点,引导学生深入了解我国经济体制改革。
3. 课堂展示与讨论:组织学生对建立健全中国社会主义市场经济体制的相关内容进行讨论。

【课程思政教学实例】

案例材料:全面深化改革 构建高水平社会主义市场经济体制

(1)案例简介

坚持和完善社会主义基本经济制度,充分发挥市场在资源配置中的决定性作用,更好发挥政府作用,推动有效市场和有为政府更好结合。建设高标准市场体系。健全市场体系基础制度,坚持平等准入、公正监管、开放有序、诚信守法,形成高效规范、公平竞争的国内统一市场。实施高标准市场体系建设行动。健全产权执法司法保护制度。实施统一的市场准入负面清单制度。继续放宽准入限制。健全公平竞争审查机制,加强反垄断和反不正当竞争执法司法,提升市场综合监管能力。深化土地管理制度改革。推进土地、劳动力、资本、技术、数据等要素市场化改革。健全要素市场运行机制,完善要素交易规则和服务体系。

资料来源:新华社.中共中央关于制定国民经济和社会发展第十四个五年规划和2035年远景目标的建议,中华人民共和国中央政府网.http://www.gov.cn/zhengce/2020-11/03/content_5556991.html.

(2)案例的思政元素

①增强政治认同。构建高水平社会主义市场经济体制是我国社会主义市场经济体制不断完善的战略

选择,是党中央在深入分析国内国际形势后做出的重要决定。通过本案例讨论,可以增强学生对社会主义市场经济体制的认同。

②培养科学精神。党中央提出全面深化改革,构建高水平社会主义市场经济体制,有助于培养学生勇于创新的科学精神。

(3)教学手段

①翻转课堂:结合本案例简介,要求学生收集关于社会主义市场经济体制的线上线下资料,为课堂引入教学资源。

②课堂讨论与展示:在课堂组织案例讨论与展示,引导学生对如何建设高水平社会主义市场经济体制进行独立思考。

第十四章 中国特色社会主义经济发展

专业教学目标

通过本章学习,使学生掌握经济高质量发展的内涵、要求及实现途径,深刻理解我国构建新发展格局的重要意义、战略要点,以及优势互补高质量发展的区域经济布局。

【知识目标】

1. 区分经济增长和经济发展的概念,掌握马克思主义经济发展理论。
2. 理解高质量发展是新发展阶段经济发展的主题,掌握经济高质量发展的内涵、要求及实现途径。
3. 深刻理解我国构建新发展格局的重要意义,掌握加快构建新发展格局的战略要点,及促进国内国际双循环的途径。
5. 深刻理解中国特色经济发展道路:中国特色新型工业化道路、中国特色农业现代化道路和乡村振兴战略、中国特色减贫道路、中国特色自主创新道路、中国特色城镇化道路、中国特色军民融合发展等。
6. 了解区域发展战略的演进,理解我国区域协调发展的新格局,掌握我国促进区域协调发展的新思路、新举措。

【能力目标】

1. 通过学习经济高质量发展理论、社会主义区域协调发展理论、中国特色经济发展道路相关理论,具备运用这些理论分析现实问题的能力。
2. 通过学习经济高质量发展理论、社会主义区域协调发展理论、中国特色经济发展道路相关理论,具备运用这些理论初步提出解决方案的能力。

【育人目标】

1. 培养家国情怀 通过学习区域经济协调发展理论,有助于培养学生的家国情怀,帮助学生树立正确的择业观,选择到祖国最需要的地方工作。
2. 实现思想引领 通过学习马克思主义经济发展理论和区域经济协调理论,有助于学生在这些理论的指导下在未来开展工作。

【教学方式与方法】

1. 自主学习:线上学习智慧树中的习题,线下自主阅读课本和文献资料,阅读经典著作,撰写有关于经济增长、经济发展的阅读笔记。
2. 课堂讲授:讲授关于经济高质量发展、新发展格局的构建、中国特色经济发展道路以及优势互补高质量发展的区域经济布局等相关理论。
3. 课堂展示与讨论:结合优势互补高质量发展的区域经济布局理论,学生展示根据教学素材整理分析的相关报告、小组讨论等,深入理解我国区域发展的历史,及"十四五"期间促进我国区域经济协调发展的新思路、新格局、新举措。

【课程思政教学实例】

案例材料1:新中国的资源型城市与老工业基地

(1)案例简介

我国的资源型城市与老工业基地可以分为资源型城市、复合型城市、老工业基地三种类型。未来,资源型城市要强化分类指导;复合型城市要着力提升城市功能;老工业基地要靠全面深化改革,通过创新突破向新型工业基地迈进。

<small>资料来源:安树伟,张双悦. 新中国的资源型城市与老工业基地:形成、发展与展望[J]. 经济问题,2019(09).</small>

(2)案例的思政元素

①培养科学精神——理性思考。通过讨论不同类型城市的发展问题,有助于学生运用区域协调发展理论对区域发展问题进行理性思考。

②实现思想引领。通过本案例讨论,有助于学生深入理解区域经济协调发展理论,并在将来的工作中自觉以其为指导。

(3)教学手段

①时事政治+思政内容贯穿始终:结合案例资料说明区域经济发展战略,对课程内容进行讲解,深入分析相关知识点。

②翻转课堂:课堂展示、师生思辨讨论实现课堂高阶性、高效性。

③学习测评及讨论:利用智慧树平台,及时反馈学生的学习情况及存在的问题。

案例材料2:黄河流域产业集聚与经济增长

(1)案例简介

黄河流域生态保护和高质量发展战略的实施对于落实新发展理念、构建新发展格局及实现区域经济协调发展具有重大意义。利用区位商及标准差椭圆方法对产业集聚与经济增长的空间格局进行分析后发现,在空间异质性下,黄河流域单一产业集聚与产业协同集聚两条路径均可以促进经济增长,且必须不断促进制造业结构升级,推动生产性服务业集聚,以充分发挥产业协同集聚效应。

<small>资料来源:张双悦. 黄河流域产业集聚与经济增长:格局、特征与路径[J]. 经济问题,2022(03).</small>

(2)案例的思政元素

①实现思想引领。通过本案例,有助于学生深入理解区域经济协调发展思想,以及将来能以协调发展理念为指导开展工作。

②培养家国情怀。通过了解黄河流域发展的现状与特征,关注重点区域政策、推进区域经济协调发展,有助于学生投身到黄河流域的发展建设中,为中华民族的伟大复兴做出自己的努力。

(3)教学手段

①时事政治+思政内容贯穿始终:结合习近平新时代中国特色社会主义思想,对经济增长、产业集聚、经济发展等概念进行讲解,明确构建新发展格局的意义与目的、手段等,了解高质量发展的内涵与外延。

②学生讨论:安排学生讨论及展示学习内容,并对讨论结果进行评价。

第十五章 生态文明建设与绿色发展

专业教学目标

通过本章学习,使得学生了解生态文明建设重大意义和基本遵循,理解绿色发展的内涵、推动绿色发展的重大意义、基本原则和主要实现路径。

【知识目标】

1. 了解生态文明建设重大意义和遵循的基本原则。

2. 理解和掌握绿色发展的内涵,推动基本原则和主要实现路径。

【能力目标】

1. 通过讨论式和示范式教学,塑造从课堂学习到社会实践导入,培养学生自主性学习的能力。

2. 通过将中国在推进生态文明建设和推动绿色发展方面的实践引入课堂,逐步养成学生运用所学知识分析国情的能力。

【育人目标】

1. 实现思想引领 通过生态文明建设相关内容的学习,使学生在未来的工作中自觉以新时代生态文明理论为指导,自觉参与到新时代生态文明的建设中。

2. 增强政治认同 通过对习近平生态文明思想的核心要义的阐释,使学生深刻理解"绿水青山就是金山银山""良好生态环境是最普惠的民生福祉",从而增强学生对中国共产党的领导以及中国政府的政治认同。

3. 增强文化自信　通过对生态文明建设相关内容的学习,使学生了解中华民族向来尊重自然、热爱自然,推进生态文明建设是马克思主义与中华优秀传统文化的创造性结合,有助于增强学生的文化自信。

4. 拓展国际视野　通过对习近平生态文明思想的学习,引导学生领会其中"共谋全球生态文明建设"的精神内涵,了解我国在应对全球气候变化、实现"双碳"目标方面的积极举措与贡献,明确我国是全球生态文明建设的重要参与者、贡献者、引领者,有助于拓宽学生国际视野。

【教学方法与手段】

1. 自主学习:线上学习慕课中的基础专业知识点,线下自主阅读文献资料,撰写阅读笔记。
2. 课堂启发引导:知识点讲授注重以问题为导向,着重掌握生态文明建设的重大意义和基本遵循,以及推动绿色发展的内涵、基本原则和实现路径。
3. 课堂展示与讨论:学生讨论我国生态文明建设的现状,结合实际思考不同的地区应当如何推动绿色发展,展示根据教学素材和案例讨论整理分析的相关报告等。

【课程思政教学实例】

案例材料1:坚决遏制破坏生态环境

(1) 案例简介

秦岭是中国重要的生态安全屏障。但前些年,一栋栋违规违法修建的别墅在这里生根,一些人企图将"国家公园"变为"私家花园"。

习近平一直牵挂着秦岭生态保护,先后6次作出重要指示批示,中央专门派出专项整治工作组入驻陕西。经过整治,1194栋违建别墅被彻底整治,4557亩土地被收归国有,1000余人被问询,包括时任陕西省委书记赵正永在内的多名省部级官员落马。今天,违建别墅不见踪影,秦岭又恢复了秀美宁静。

不只秦岭,对陕西延安削山造城、浙江杭州千岛湖临湖地带违规搞建设、新疆卡山自然保护区违规"瘦身"、腾格里沙漠污染、青海祁连山自然保护区和木里矿区破坏性开采、甘肃祁连山生态保护区生态环境破坏等典型事件,习近平多次作出指示批示,盯住不放。他说:"对突破三条红线、仍然沿用粗放增长模式、吃祖宗饭砸子孙碗的事,绝对不能再干,绝对不允许再干。""对那些损害生态环境的领导干部,要真追责、敢追责、严追责,做到终身追责。"这期间,不少领导干部因环境保护不力而落马或受处分,其中不乏省部级高官。

资料来源:学习小组.为什么说绿水青山就是金山银山? 宣讲家网,2021－11－09.http://www.71.cn/2021/1109/1148782.shtml.

(2) 案例的思政元素

①增强政治认同。通过本案例,使学生可以了解到党对保护生态环境的坚定决心和坚决手段,从而增强学生对党的领导的政治认同。

②培养家国情怀——自觉保护生态环境。案例提及习近平一直牵挂着秦岭生态保护,先后6次作出重要指示批示。这有助于增进学生对秦岭生态意义的认识,培养学生自觉保护祖国大好河山的家国情怀。

(3) 教学手段

①实事＋思政的贯穿融合:通过介绍近年来生态环境破坏等典型事件以及对这些典型事件的查处情况,一方面展现党对保护生态环境的坚定决心和坚决手段,另一方面增进学生对生态环境保护内涵与外延的认识,增强学生保护生态环境的意识。

②学生参与讨论:将学生分组对案例进行深入讨论,对讨论结果现场点评。

案例材料2:为什么说绿水青山就是金山银山?

(1) 案例简介

党的十八大以来,越来越多的"两山"故事在大江南北传颂。

故事一:河北最北端镶嵌着一颗"绿宝石",这里是世界上面积最大的人工林海——塞罕坝。曾经的塞罕坝"黄沙遮天日,飞鸟无栖树",现在这里变成了郁郁葱葱的林海。

从昔日"高、远、冷",到如今"绿、美、香",塞罕坝每年净化水质和涵养水源达2.84亿立方米,固碳

86.03万吨,释放氧气59.84万吨。林场积极发展绿色生态产业,成为职工及周边群众脱贫致富的"绿色银行"。

故事二:好生态给更多地方带来好"钱景"。

一棵树没砍,却挣了14万多元,这要搁在以前,福建三明常口村的村民想都不敢想。

这笔"奇怪"的收入来自"碳票"。这是以林木生长量增量为测算基础并依据计量办法换算成的碳减排量,以"票"的形式发给林木所有权人,从而把"空气"转化成可交易、可收储、可贷款的"真金白银"。只要树林管好了,林木所有权人就能源源不断获得收入。2021年5月,三明举行林业"碳票"首发仪式。常口村3197亩生态公益林监测期碳减排量12723吨的"碳票",发行当天即被买光。

中国向世界作出减排承诺:二氧化碳排放力争于2030年前达到峰值,努力争取2060年前实现碳中和。"碳达峰、碳中和"行动的推进,"林票""碳票"和碳金融等多元化的生态产品纷纷涌现,将给经济发展带来新增长点。绿水青山真正成了金山银山。

资料来源:人民日报海外版"学习小组".时代之问:出卷·答卷·阅卷[M].北京:人民出版社,2022.

(2)案例的思政元素

①实现思想引领。通过本案例,有助于学生更好地理解"两山"理论——绿水青山就是金山银山,并在未来工作生活中以这一理论为指导。

②培养家国情怀。党的十八大以来,越来越多的"两山"故事在大江南北传颂,有助于激发学生自觉保护祖国大好河山的家国情怀。

③拓展国际视野。通过本案例,有助于学生从国内外两个方面理解我国的碳排放政策,拓展学生的国际视野。

(3)教学手段

①线上线下混合:线下通过阅读材料,启发引导学生对所学知识回答"为什么绿水青山就是金山银山"进行思考与拓展。结合线上相关视频资源,让学生更直观感受"两山"故事。

②实事+思政的贯穿融合:通过介绍"两山"理论的成功实践经验,引导学生深入理解两山理论的重要指导意义,增强学生对国家绿色发展理念和生态文明建设政治认同,增强家国情怀和文化自信,拓宽学生国际视野。

③学生参与讨论:将学生分组对案例进行深入讨论,对讨论结果现场点评。

第十六章 保障和改善民生

专业教学目标

通过本章学习,使得学生正确理解保障和改善民生的意义及内涵,深刻理解必须在发展中保障和改善民生,掌握如何完善覆盖全民的社会保障体系。

【知识目标】

1. 正确把握保障和改善民生的内涵和现实意义。

2. 深刻理解必须在发展中保障和改善民生,了解保障和改善民生的持续性,掌握保障和改善民生的重点任务。

3. 理解社会保障体系的基本框架和完善社会保障体系的重大意义。

【能力目标】

1. 通过学习保障和改善民生的相关理论,使学生具备运用所学理论正确分析和解释社会民生热点现象的能力。

2. 通过学习保障和改善民生的相关理论,使学生初步具备运用所学理论针对现实民生问题提出解决方案的能力。

【育人目标】

1. 增强政治认同 保障和改善民生的制度安排是实现广大人民群众共享改革发展成果的重要制度安排,体现了社会主义制度的优越性,有助于学生增强对党和国家的政治认同。

2. 实现思想引领 通过讲解保障和改善民生制度,帮助学生理解只有在发展中才能保障和改善民生,引领学生为实现共同富裕而努力奋斗。

3. 培养家国情怀　通过阅读十八大以来养老、医疗、教育、房地产领域重点监管政策文件,了解党和政府在各领域民生工作的举措及成果。分析乡村振兴案例材料"袁家村乡村振兴之路",从袁家村转型发展的艰辛之路中汲取精神动力和力量源泉,增强学以致用、经世济民的家国情怀。

4. 融入中华优秀传统文化——提升文化自信　"治国之道,富民为始",共同富裕是中华民族最为质朴古老的理想之一,它不仅是经济表述,更是一种文化展示,与中华文化之间存在着天然的基因联系。通过本章的学习,有助于学生对中华优秀传统文化的自信。

【教学方式与方法】
1. 自主学习:线上学习慕课中的基础专业知识点,线下自主阅读文献资料,撰写阅读笔记或思维导图;收集整理相关政策及时事要闻,以备课上讨论。
2. 课堂讲授:讲授相关理论的主要观点或内容、政策启示与建议等。
3. 课堂展示与讨论:学生展示根据教学素材整理分析的相关报告等进行小组讨论,并利用课上学习的理论知识呈现各组案例及观点。

【课程思政教学实例】
案例材料1:创新与共享:袁家村的乡村振兴之路
(1) 案例简介
2007年以来,陕西省礼泉县袁家村以乡村旅游为突破口,打造农民创业平台,解决产业发展和农民增收问题;以股份合作为切入点,创办农民合作社,通过一系列创新实践,成功探索出一条破解三农难题、建设美丽乡村的新路径。其主要实践包括:以支部为核心,以农民为主体;因地制宜,自主创新;共同缔造,走共同富裕路;多维政策引导,各级政府帮扶。袁家村坚持党的领导,贯彻落实党的农村工作政策;党支部发挥战斗堡垒作用,书记起到带头人作用;坚持农民的主体地位,充分调动群众积极性。该模式证明,在党的领导下,农民不仅有能力自主创新决策共谋、发展共建、建设共管,也有智慧、有办法做到效果共评、成果共享,公平合理分配财富,共同缔造伟大中国梦。

资料来源:经济日报.[庆祝改革开放40周年基层行]陕西礼泉县袁家村:穷山村成为休闲金招牌,央广网,2018-12-15.http://news.cctv.com/2018/12/15/ARTIqpd8b7dlblac4Fku4zsw181215.shtml.

(2) 案例的思政元素
①培育和践行社会主义核心价值观。袁家村创新发展乡村旅游的探索为解决"三农"问题、实现县域经济社会追赶超越发展提供了范本,有助于学生投身伟大的社会主义现代化强国的建设中,践行富强、爱国、敬业的社会主义核心价值观。

②增强政治认同。通过案例可以了解到保障和改善民生,消灭贫困,产业致富,乡村振兴的道路上离不开党的领导和科学决策,有助于增强学生对党的领导的政治认同。

③培养家国情怀。学习支部书记郭裕禄同志有理想担当、不甘落后、敢为人先、自力更生、开拓进取的精神,增强学生学以致用、经世济民的家国情怀。

(3) 教学手段
①翻转课堂——支架与高阶:首先,要求在课前对本章知识点利用线上视频资源进行学习;其次,进一步深入讲解保障与改善民生的相关理论;再次,对学生进行分组,要求各组课前查找与阅读袁家村振兴的相关文献资料,并就袁家村振兴的经验进行分组讨论;最后请学生将各组讨论结果进行展示,从而实现课堂高阶性、高效性。

②知识点+实事+思政——贯穿融合:通过知识点的学习与案例讨论,增强学生的政治认同,培养学生的家国情怀,使学生能够践行社会主义核心价值观。

③学习测评——实时呼应:教师对学生讨论结果进行现场点评。

案例材料2:保障农民工工资支付
农民工为国家建设发展作出了重大而独特贡献,必须保证他们的辛劳获得及时足额的报酬。2019年12月30日,国务院总理李克强就《保障农民工工资支付条例》的公布签署国务院令(国令第724号)。2020年1月7日,该国务院令及《保障农民工工资支付条例》全文正式公布,自5月1日起施行。《条例》明确了用人单位主体责任、政府属地责任和部门监管责任,要求按约定及时足额支付农民工工资。规定建设单位未满足施工所需资金安排的不得开工建设或颁发施工许可证,建立拖欠农民工工资"黑名单",对拒不支付拖欠工资的可依法申请强制执行,涉嫌犯罪的移送司法机关处理。各级政府和国有企事业单位不得以任何理由拖欠农民工工资。各地要把政府投资项目拖欠农民工工资作为治理重点,明确责任限期清欠,对问题突出的要公开曝光,对相关责任人和单位严肃追责并予以惩戒。要持续发力,从保民生和巩固脱贫攻坚成果大局出发,抓实抓好正在开展的整治欠薪专项行动,加快健全长效机制,确保农民工按时足额拿到工资。

资料来源:新华社.《保障农民工工资支付条例》于5月1日正式实施,新华网,2020－04－30. http://www.xinhuanet.com/politics/2020－04/30/c_1125930679.htm.

(2)案例的思政元素

①牢固树立法治观念。通过本案例,有助于学生了解党和政府在维护农民工合法权益方面的决心,有助于学生牢固树立法治观念。

②培育和践行社会主义核心价值观。通过本案例,有助于培养学生的诚信观念,有助于学生践行社会主义核心价值观——诚信。

(3)教学手段

①翻转课堂——支架与高阶:利用慕课资源、文献资源为翻转课堂提供支架,主要体现在课前学生利用线上资源进行课前预习;对学生进行分组,要求学生按组查找和阅读《保障农民工工资支付条例》,同时搜集拖欠农民工工资的案例,并结合《保障农民工工资支付条例》进行讨论;要求学生按组在课堂展示讨论结果,从而实现课堂高阶性、高效性。

②知识点＋实事＋思政——贯穿融合:通过知识点的学习与案例讨论,有助于学生牢固树立法治观念,践行社会主义核心价值观。

③学习测评——实时呼应:教师对讨论结果进行现场点评。

第十七章 中国特色社会主义对外开放、全球经济治理与人类命运共同体

专业教学目标

通过本章学习,帮助学生理解:对外开放是推动我国经济发展的重要动力,以开放促改革、促发展是我国发展不断取得新成就的重要法宝;经济全球化对世界经济的影响,全球化面临的新趋势以及逆全球化出现的原因,明确中国积极参与全球治理的原则以及建立国际新秩序的主张;共建"一带一路"的意义、主要内容、进展成效与高质量发展,理解推动共建人类命运共同体的意义、内涵和中国智慧。

【知识目标】

1.了解中国对外开放的发展历程,理解中国对外开放的必要性和主要经验;掌握新时代对外开放的历程、特点和主要内容,熟悉建设更高水平开放型经济新体制的路径。

2.掌握经济全球化的含义与表现、经济全球化的三个阶段,经济全球化对发达国家和发展中国家的影响;了解经济全球化面临的新形势以及逆全球化对国际经济秩序的破坏,掌握经济全球化健康发展的正确理念;掌握中国积极参与全球治理体系改革坚持的原则以及建立国际经济新秩序的主张。

3.掌握共建"一带一路"的主要内容、进展成效与高质量发展;理解推动共建人类命运共同体的意义、内涵和中国智慧。

【能力目标】

1.通过了解中国对外开放政策形成和发展的历程,了解对外开放的必要性和主要经验,培养学生具有全球意识、国际视野和开放的心态,具备洞察国内外经济问题的能力。

2.通过分析中国积极参与全球经济治理体系改革中坚持的共商共建共享的原则以及中国关于建立国际经济新秩序的三项主张,培养学生遇到问题提出主张和解决问题的能力。

3.通过讨论式和示范式教学,塑造从理论学习到中国实践导入、知识补充到开放思维与国际视野训练的学习过程,培养学生自主性学习能力。

【育人目标】

1.实现思想引领　引导学生认识对外开放是中国的基本国策。我国正在主动参与和积极推动经济全

球化进程,发展更高层次的开放型经济,推动形成全面开放新格局。

2. 拓展国际视野　深化当代大学生对中国对外开放发展进程的全面了解,对世界和中国发展大势的客观认识,对构建人类命运共同体的透彻把握,帮助学生树立科学的开放观,形成正确的义利观,开拓良好的国际视野和家国情怀。

3. 增强政治认同　感受中国对外开放40多年给经济和人民生活带来的显著变化,让学生明白正是基于马克思主义理论与中国特色社会主义理论体系,对中国共产党执政规律、社会主义建设规律、人类社会发展规律的正确认识,我国才取得当下的辉煌成就,坚定大学生对中国的道路自信、理论自信、制度自信和文化自信。

4. 培养科学精神　通过学习经济全球化的发展理论,引导学生学习马克思的世界市场理论,使学生认识到,经济全球化是社会生产力发展的客观要求和科技进步的必然结果,要尊重客观规律,要站在历史正确的一边,站在人类进步的一边,把握全球经济发展大势,推动建立国际经济新秩序。

5. 培养家国情怀　通过介绍中国在共建"一带一路"和推动共建人类命运共同体的贡献,使学生明确中国走和平发展道路的自觉与自信,体现了中国的大国责任与担当;培养学生的"四个自信",启发学生思考面对百年未有之大变局,应如何构建开放包容思维、树立全球意识、勇担历史重任。

6. 文化自信　推进人类命运共同体理念是马克思主义与中华优秀传统文化的创造性结合,承载着"美人之美、美美与共、天下大同"的东方智慧,契合共建国家的迫切需求,助力破解长期制约发展的瓶颈,受到许多国家普遍欢迎和国际社会广泛认同。培养学生对中华优秀传统文化和中华文明的自信。

【教学方法与手段】

1. 自主学习:线上学习慕课中的基础专业知识点,线下自主阅读文献资料,撰写阅读笔记。

2. 课堂启发引导:知识点讲授注重以问题为导向,尤其是密切追踪我国对外开放进程中的难点和热点问题,着重讲授全球治理体系改革中国遵循的原则,以及中国建立国际经济秩序的主张;掌握共建"一带一路"的主要内容、进展成效与高质量发展,以及推动共建人类命运共同体的意义、内涵和中国智慧。

3. 案例讨论:选取有代表性的案例,由案例引申并提出需要思考的理论前沿问题,将学生分组进行讨论,由师生一起思考、探究。

【课程思政教学实例】

案例材料1:驻多米尼克大使林先江会见多国立大学孔子课堂中方院长一行

(1)案例简介

2022年4月13日,中华人民共和国驻多米尼克大使林先江会见多国立大学孔子课堂中方院长秦岭及中文老师李志俊。林大使表示,近年来中多关系不断发展,多民众学习中国语言文化的热情不断升温,对多国立大学孔子课堂的开办迫切期待,两位老师是课堂成立后中方合作院校西安电子科技大学派出的首批队伍,使馆和多政府均十分欢迎两位到任。林大使还介绍了多米尼克当前经济社会形势并详细了解了两位老师在多生活、健康、工作、安全等方面情况,希望两位老师能尽快熟悉和适应当地环境,在做好新冠肺炎防疫的基础上积极推进课堂建设和发展,努力将孔子课堂建设成为中多文化互鉴的良好平台,为促进中多人文交流和深化两国友谊发挥积极作用。

秦院长感谢使馆对孔子课堂工作的支持和关心,表示将在使馆的指导下,积极开展课堂筹备、启动和建设工作,促进中多文化交流与合作,为两国友谊深化发展贡献力量。

资料来源:西安电子科技大学.驻多米尼克大使林先江会见多国立大学孔子课堂中方院长一行.陕西省教育厅网.http://jyt.shaanxi.gov.cn/jynews/jyyw/202206/05/124411.html.

(2)案例的思政元素

①融入中华优秀传统文化。通过了解中国对外开放和文化传播的历程,树立文化自信。

②实践创新。培养学生有助于面对复杂的国际环境,在未来勇于实践,拓宽中国文化对外传播的途径。

(3)教学手段

先介绍案例的具体背景和内容,再分组讨论启发学生理解"走出去"战略对我国社会发展的影响和意义。

案例材料 2：把握经济全球化大势

(1)案例简介

2021年11月4日，国家主席习近平在第四届中国国际进口博览会开幕式上以视频方式发表了《让开放的春风温暖世界》为题的主旨演讲，深入分析世界发展大势，回顾中国加入世界贸易组织20年来的历史进程，郑重宣示中国在经济全球化建设中的立场。

在对当前局势的分析中，习近平主席指出："当前，世界百年变局和世纪疫情交织，单边主义、保护主义抬头，经济全球化遭遇逆流。有关研究表明，10年来'世界开放指数'不断下滑，全球开放共识弱化""我们要把握经济全球化发展大势，支持世界各国扩大开放，反对单边主义、保护主义，推动人类走向更加美好的未来。"

资料来源：新华网.习近平在第四届中国国际进口博览会开幕式上的主旨演讲(节选).http://www.news.cn/2021-11/04/c_1128031877.htm.

(2)案例的思政元素

①实现思想引领。经济全球化是社会生产力发展的客观要求和科技进步的必然结果，是人类社会发展必经之路，有助于引领学生如何应对经济全球化的变化。

②增强政治认同——制度自信。加入世界贸易组织20年来中国的发展进步，是中国人民在中国共产党坚强领导下埋头苦干、顽强奋斗取得的，有助于增强学生对党的领导的政治认同——制度自信。

③培养科学精神。让学生意识到要尊重客观规律，把握全球经济发展大势。

④培养家国情怀。增强学生为推动国际新秩序建立的使命感。

(3)教学手段

①翻转课堂——支架与高阶：慕课资源、文献资源为翻转课堂提供支架；课堂展示、师生思辨讨论实现课堂高阶性、高效性。

②知识点+实事+思政——贯穿融合：在知识点"建立国际经济新秩序"中，明确中国建立国际新秩序的主张，增强学生的家国情怀和使命担当。

案例材料 3：高质量共建"一带一路"

(1)案例简介

2019年4月27日，国家主席习近平出席第二届"一带一路"国际合作高峰论坛圆桌峰会并致开幕词。习近平主席在开幕词中指出，"我们期待同各方一道，完善合作理念，着力高质量共建'一带一路'。我们期待同各方一道，明确合作重点，着力加强全方位互联互通。我们期待同各方一道，强化合作机制，着力构建互联互通伙伴关系。"习近平主席宣布中国将采取的一系列重大改革开放举措释放了非常积极的信号，将有力推进共建"一带一路"合作和世界经济发展。

资料来源：新华社.习近平出席第二届"一带一路"国际合作高峰论坛开幕式并发表主旨演讲.中华人民共和国中央人民政府网.http://www.gov.cn/xinwen/2019-04/26/content_5386560.htm.

(2)案例的思政元素

①实现思想引领。习近平主席的开幕词，提出了关于高质量共建"一带一路"的思想，培养学生树立高质量发展意识。

②培养家国情怀。使学生明确中国走和平发展道路的自觉与自信，培养学生的"四个自信"，引导学生构建开放包容思维，勇担历史重任。

③融入中华传统优秀文化。推进人类命运共同体理念承载着"美人之美、美美与共，天下大同"的中国传统优秀文化与智慧，培养学生对中华优秀传统文化和中华文明的自信。

④拓展国际视野。培养学生的国际合作思维，树立全球意识，维护世界和平和全球发展。

(3)教学手段

①实事+思政的贯穿融合：通过介绍案例的具体背景和内容，启发学生用所学知识对推动共建"一带一路"高质量发展进行思考。引导学生构建开放包容思维，增强文化自信，拓宽国际视野。

②课堂讨论：将学生分组对案例进行讨论，激发学生对案例内容进行深入思考。

③学习测评：对讨论结果予以现场点评，包括学生自评、互评和教师点评总结。

四、课程思政的教学评价

(一)对教师的评价

1. 教学准备的评价

根据本课程属性,将深化政治经济学的科学本质,从经济学角度解读社会主义制度的优越性,进而养成学生经济学学习能力、坚守社会主义核心价值观作为课程思政的教学目标。并将此落实到教学大纲修订、教材选用、教案设计、课件制作等环节。

2. 教学过程的评价

"价值观塑造、知识传授、能力培养"目标的实现,科学的教学模式至关重要。每个单元授课结束后,教师对课堂内容、手段、活动形式等心得、想法、问题,以及学生反应、观点等记录下来,在教研活动中与团队老师分享,不断调整、改进教学设计。并通过教学理念的更新、教学方法的多元、案例资源的提炼、作业形式的设定、平时成绩考核等,着重考察思政元素挖掘的深度广度及其与专业知识的融合度。

3. 教学结果的评价

通过学生学习成效以及同行评议、随机听课、教学督导评价、学生评教、教学研究及教学获奖等方式,考量教师是否能够结合相关知识点深入、广泛地挖掘思政维度,运用与思政维度高度契合的案例材料,采用恰当的教学方法,以"润物细无声"的方式实现育人目标。

4. 评价结果的运用

通过对学生考核成绩分析,以及学生、教师和专家多主体评价提出的建议,总结课堂教学内容与方式等,对课前、课中各环节进行反思与提升。

(二)对学生的评价

1. 学习过程的评价

课前,通过相关资料导入,建立学生学习兴趣与动机;以开放式问题、小测验等,了解学生的知识储备与学习能力。课中,科学设定量化指标,检验学生在经典阅读、知识拓展、资料收集、课堂讨论、课堂互动和实地调研等教学过程中的积极性、互动性、参与度及完成度,作为过程性成绩的重要组成部分。

2. 学习效果的评价

除了运用课程论文、分析报告、小组讨论等形式,考查学生对课程思政元素的领会与掌握程度。还应进一步优化考试试卷的设计,加入一定权重的具有思政元素的试题,以较为全面地检验的国际视野、国家认同、社会责任等意识,理性思维、批判质疑、解决问题等能力,以及乐学善学、知识拓展等学识素养。

3. 评价结果的运用

通过对学生学习效果进行科学分析,帮助学生整合、引导学生反思。并以教研活动、师生座谈等多种形式,研判成效与问题,在教与学之间形成循环互动,提升课程思政的学习效果。

五、《政治经济学》课程思政的教学素材

序号	内容	形式
1	金一南:美国倾全力制裁华为的根本原因	视频资料
2	全面建成小康社会取得决定性进展 决战决胜实现目标必须加快补短	阅读材料
3	2021年经济学学科研究发展报告	阅读材料
4	进一步丰富和发展马克思主义关于生产力和生产关系的思想——学习习近平总书记在纪念马克思诞辰200周年大会上重要讲话	阅读材料
5	新时代中国特色社会主义生产关系特征研究——科学社会主义生产关系理论的丰富与发展	阅读材料
6	经济哲学视域中马克思对斯密商品价值决定论的超越	阅读材料
7	马克思《资本论》为什么以对商品的分析为开篇	阅读材料
8	津巴布韦通货膨胀失控 大妈怀抱3万亿买公交票	阅读材料
9	旧中国的通货膨胀	阅读资料
10	货币的发展——货币的起源与演变	视频资料
11	中国特色社会主义市场经济:有为政府+有效市场	阅读材料
12	2022年度中央政府工作报告	研究报告
13	中华人民共和国外商投资法实施条例	政策法规
14	辉煌60年	纪录片
15	马克思主义政治经济学课程的思政属性与思政建设——以"四个自信"为主线	阅读材料
16	"资产阶级社会"表面财富背后的资本主义生产方式——马克思《1861—1863年经济学手稿》研究	阅读材料
17	马克思资本主义生产方式起源理论的逻辑演进	阅读材料
18	摩登时代	影片
19	新时代社会主义生产目的内涵及其实现路径与方式	阅读材料
20	2021年度中央政府工作报告	研究报告
21	"大考"彰显中国特色社会主义制度优势——学习习近平总书记关于防控新冠肺炎疫情系列重要讲话精神	阅读材料
22	中共中央关于坚持和完善中国特色社会主义制度、推进国家治理体系和治理能力现代化若干重大问题的决定	政策文件
23	中国特色社会主义政治经济学研究报告	研究报告
24	彰显中国特色社会主义制度的显著优势	阅读材料
25	"三步法"讲好"习近平新时代中国特色社会主义思想概论"课——以习近平新时代中国特色社会主义思想蕴含的科学思维教学为例	阅读材料
26	建党百年来的所有制变革和中国特色社会主义基本经济制度理论探索	阅读材料
27	社会主义基本经济制度论——习近平关于马克思主义政治经济学的重大原创性贡献	阅读材料
28	中国特色社会主义收入分配理论	阅读材料
29	《习近平经济思想学习纲要》	阅读材料
30	中共中央关于全面深化改革若干重大问题的决定	政策文件
31	如何理解促进共同富裕的重大意义	阅读材料
32	《百炼成钢:中国共产党的100年》第五十五集:上下求索	纪录片
33	国务院关于推进资源型地区高质量发展"十四五"实施方案的批复	政策文件
34	国务院关于支持宁夏建设黄河流域生态保护和高质量发展先行区实施方案的批复	政策文件
35	国务院关于东北振兴"十三五"规划的批复	政策文件

续表

序号	内　　容	形式
36	国务院关于西部大开发"十三五"规划的批复	政策法规
37	国务院关于"十四五"新型城镇化实施方案的批复	政策文件
38	黄河流域产业集聚与经济增长：格局、特征与路径	阅读材料
39	马克思恩格斯人与自然关系思想及其当代价值	阅读材料
40	如何理解"第三次分配"？回顾十八大以来共同富裕的重要政策表述	阅读材料
41	中共中央国务院关于做好2022年全面推进乡村振兴重点工作的意见	政策文件
42	关于印发"十四五"全民医疗保障规划的通知	政策文件
43	中共中央关于经济体制改革的决定	政策文件
44	《习近平谈治国理政》第三卷	阅读材料
45	改革开放四十年大事记	阅读材料
46	我们一起走过——致敬改革开放40周年	纪录片
47	四十年四十个第一	纪录片
48	在庆祝改革开放40周年大会上的讲话	阅读材料
49	《百炼成钢：中国共产党的100年》第六十一集：加入世贸	纪录片
50	习近平：齐心开创共建"一带一路"美好未来——在第二届"一带一路"国际合作高峰论坛开幕式上的主旨演讲	阅读材料
51	共建"一带一路"倡议：进展、贡献与展望	政策文件
52	"十四五"时期推进"空中丝绸之路"建设高质量发展实施方案	政策文件
53	新时代中国特色社会主义政治经济学	阅读材料
54	数字经济与资本主义生产方式的重塑——一个政治经济学的视角	阅读材料
55	全面认识和正确理解社会主义市场经济	阅读材料
56	论社会主义市场经济中政府和市场的关系	阅读材料
57	政治经济学开展课程思政建设的教学改革实践	阅读材料
58	基于国情研究视角的"政治经济学"课程思政教学研究	阅读材料
59	经济学的历史特性与中国特色社会主义经济思想探析	阅读材料
60	基于雨课堂的"经济思想史"课程思政建设研究	阅读材料
61	《习近平生态文明思想学习纲要》	阅读材料
62	《习近平关于社会主义生态文明建设论述摘编》	阅读材料
63	决胜全面建成小康社会夺取新时代中国特色社会主义伟大胜利	政策文件
64	新时代保障和改善民生的理论创新与实践指引——学习《习近平谈治国理政》第三卷关于保障和改善民生的重要论述	阅读材料
65	《中华人民共和国经济史(1949—2019)》(第二版)	阅读材料
67	《习近平新时代中国特色社会主义思想学习问答》	阅读材料
68	《习近平新时代中国特色社会主义思想基本问题》	阅读材料
69	把握经济全球化发展大势——论习近平主席在第四届中国国际进口博览会开幕式上主旨演讲	阅读材料
70	"逆全球化"浪潮的源起及其走向：基于历史比较的视角	阅读材料
71	当前中国构建对外开放格局面临的重大挑战与战略对策	阅读材料
72	推动共建"一带一路"高质量发展——习近平关于高质量共建"一带一路"的系统论述	阅读材料
73	"一带一路"多边合作的优势、问题与对策——基于"一带一路"倡议促进国际大循环视角	阅读材料
74	高质量共建"一带一路"成绩斐然——二〇二一年共建"一带一路"进展综述	阅读材料
75	用"文化一带一路"支撑"经贸一带一路"——基于哈萨克斯坦、土耳其的考察	阅读材料

《经济思想史》课程思政教学指南

殷红霞[1] 岳永[1] 王格玲[1] 王俊[2] 郭清卉[3] 刘津汝[3] 张月莹[2]
([1]西安财经大学 [2]天津商业大学 [3]西安外国语大学)

一、课程简介与课程目标

(一)课程简介

《经济思想史》是中华人民共和国教育部规定的财经类专业的核心课程之一,经济、管理类本科生的专业基础课,对学生后续其他专业课程的学习具有重要的基础性作用。课程以西方经济学理论发展的历史演变过程为研究对象,主要介绍西方经济学 400 多年的发展历程,包括古希腊、古罗马经济思想,欧洲中世纪经济思想,资本主义早期的重商主义思潮,18 世纪 70 年代到 19 世纪 70 年代的古典政治经济学,从边际革命开始的新古典经济学,一直到凯恩斯革命。通过教师课堂教学、学生小组讨论和期末测评等形式,使学生了解经济思想的发展脉络,掌握不同经济学家的经济思想,在经济思想的历史演变中学习、继承与创新,从历史名人的成长过程中帮助学生树立正确的世界观、人生观、价值观,培养学生的创新意识和专业素养,以及为民谋福利、为国图振兴的家国情怀。

课程以马克思列宁主义、毛泽东思想、邓小平理论、"三个代表"重要思想、科学发展观和习近平新时代中国特色社会主义思想为指导,采用古今对比、中西结合的方法,将历史人物所处的时代背景、经济思想的形成与创新,以及社会贡献等要点传授给学生,并紧密结合古今中国经济社会发展的特征和重要成就,启发学生自我比照,培养学生勇于探索的科学精神和经世济民的家国情怀,将学生培养成国家振兴的建设者、传统文化的继承者和社会文明的传播者。

(二)课程目标

本课程为专业基础课程。通过本课程的学习,使学生能够达到以下目标:

1. 知识目标:理解和掌握以古典政治经济学派为主线的西方经济学思想和理论的发展轨迹和基本脉络;掌握各学派的基本观点,以及各学派之间的思想关联点和创新点;总体把握和了解当代西方经济学理论发展的思想背景、理论框架和创新逻辑。

2. 能力目标:能够正确评价历史上经典人物的经济思想和理论;能正确运用相关理论,分析当今世界发生的经济现象和问题;能够古今中外对比,理解和解释中国古今的治国理政思想;能够预判国际国内重大经济政策的社会效应,具备一定的科学研究能力和创新精神。

3. 育人目标:

(1)培养学生的家国情怀。从历史的、世界的角度,培养学生的全球意识,让学生学会尊重世界多元文化的多样性和差异性,认识到跨文化交流的重要性;在中西经济思想的比较学习中,增强学生对国情历史的认识和国民身份的认同,坚定"四个自信",坚持社会主义核心价值观;在学习著名经济学家经济思想的历史贡献中,培养学生乐于奉献、献身祖国的社会责任感。

(2)培养学生的科学精神和人文素养。在历史人物对于财富问题、价值问题、危机问题等的争议中,启发和培养学生独立思考、独立判断、勇于探究的科学求真精神;大胆尝试,积极寻求有效解决问题的方法、能力和韧性;学习历史名人的经济思想和智慧,增加学生的人文情怀,树立学生谋求中华民族伟大复兴、谋求人类生存、发展和幸福的崇高理想。

(3)培养和塑造学生正确的价值观。运用马列主义、毛泽东思想、邓小平理论、"三个代表"重要思想、科学发展观和习近平新时代中国特色社会主义思想的立场、观点和方法看待西方历史上的经济思想和理论,运用辩证唯物主义和历史唯物主义世界观和方法论对西方经济学主流思想开展批判性研究,在古今和中西比较过程中了解中国经济发展的辉煌历史、了解历史人物的人生经历和卓越成就,以及中国古今思想家的经国济世理念,培养学生正确的价值观,塑造健全人格,增强"四个意识",坚定"四个自信",做到"两个维护"。

总之,通过经济思想史的教学活动引导学生了解国情,维护国家利益,增强社会责任感和使命感,服务经济社会发展的使命担当、经世济民的家国情怀、胸怀天下的开放心态,重视公众利益和社会利益,坚守和践行以人民为中心的发展思想,愿意为实现中华民族伟大复兴中国梦而贡献智慧和力量。

(三)课程教材和学习资源

➢ 课程教材

姚开建.经济学说史(第三版)[M].北京:中国人民大学出版社,2016.

➢ 参考教材或推荐书籍

1. 张旭昆.经济思想史(第三版)[M].北京:中国人民大学出版社,2020.
2. 梁捷.西方经济思想史讲稿[M].上海:复旦大学出版社,2019.
3. 王志伟.西方经济思想史(第二版)[M].大连:东北财经大学出版社,2018.
4. 杨玉生,杨戈.经济思想史[M].北京:中国人民大学出版社,2015.
5. 任保平.西方经济学说史(第二版)[M].北京:科学出版社,2017.

➢ 学术刊物与学习资源

国内外经济类核心期刊。

学校图书馆提供的各种数字资源,特别是"中国知网",下载相关文献并加以阅读。

国家规划纲要与会议报告:《中华人民共和国经济和社会发展第十四个五年规划和2035年远景目标纲要》《中央经济工作会议报告》等系列文件。

➢ 推荐网站

思政在线平台学习资源库:"学习强国"、习近平重要讲话数据库、中国共产党思想理论资源数据库等。

中国高校思政学习平台:中国高校思政大讲堂、这就是中国、经济大讲堂等。

思政资讯与时事资源:央视财经评论、经济信息联播、经济半小时等。

二、课程思政教学总体设计

(一)经济思想史课程思政建设的目标

落实立德树人根本任务,深度挖掘提炼具有本课程特色的思想价值和精神内涵,科学合理地拓展本课程的思政维度,实现价值塑造、知识传授和能力培养的高度统一。经济思想史课程思政建设坚持以社会主义核心价值观为主线,厘清经济思想发展的历史脉络,在经济思想的传承中培养学生的创新精神,在众多思想家的成长过程中促成学生的人格发展,在多元文化的比较中培养学生的家国情怀,使课程思政建设具备政治性、时代性、特色性、创新性。

经济思想史课程思政教学结合本校办学定位、专业特色和人才培养要求,准确把握课程思政建设方向和重点,科学设计课程思政建设总体目标和课堂教学具体目标。

根据课程教学的知识学习目标、能力训练目标和素质养成目标,从以下9个维度将课程思政教学目标融入其中,让知识点和课程思政教学点通过映射实现融合,进而形成经济思想史课程思政教学目标体系。

1. 坚持思想引领

经济思想史课程思政教学要以马列主义、毛泽东思想、邓小平理论、"三个代表"重要思想、科学发展观和习近平新时代中国特色社会主义思想为根本指导思想,重点是推进习近平新时代中国特色社会主义经济思想进教材、进课堂、进学生头脑。教师可以将习近平关于经济发展的重要论述有机融合在课程设计、课堂教学、研究讨论和考试测评中。

2. 实现政治认同

经济思想史课程思政教学要引导学生认同党的领导、认同中国特色社会主义道路和制度体系、认同国家民族文化和社会主义核心价值观。通过深入挖掘课程思政元素,引入丰富的案例素材,帮助学生正确认识和评价西方经济思想和理论,深刻领会党领导下的治国理念和策略,增强学生对中国特色社会主义道路和制度的自信,培养学生强烈的社会使命感和责任感,从而认同"中国共产党为什么能、马克思主义为什么行、社会主义为什么好",增强学生的政治认同;引领学生充分认识中国共产党正确领导的意义和社会主义制度的优越性;将人类命运共同体理念作为培养学生国际视野、现代思维的出发点。

3. 培育社会主义核心价值观

经济思想史课程思政教学要将社会主义核心价值观、人民至上的立场以及和平、发展、公平、正义、民主、自由的全人类共同价值融入经世济民的学科专业价值塑造中。

4. 厚植家国情怀

《经济思想史》课程思政基于历史的、世界的、继承与发展、批判与创新等课程特征,用中国传统优秀思想、中国故事、中国精神作为重要的课程思政教学元素,引导学生增强中华民族伟大复兴的家国情怀。比如课程通过中国重农思想在法国重农思想产生和形成中发挥的重要引领性作用,让学生明白历史上中国经济思想的辉煌时期和世界影响力;通过斯密对中国、印度等经济的评价,让学生知道历史上中国经济的繁荣状况;通过马尔萨斯的人口论让学生理解我国人口发展趋势和政策意义;通过西斯蒙第、巴斯夏等人对英法经济快速发展的反思,培养学生以人为本、和谐发展的思想和情怀。

5. 提升文化素养

经济思想史课程思政注重将中华优秀传统文化融入到相关知识点中,通过原著摘录、经典导读以及主题讲解等方法,让学生在阅读中思考,在思考中升华,提升文化素养,增强"四个自信"。比如教师在讲述欧洲资本主义原始积累的内容时,让学生理解资本的原罪性,以及社会主义的优越性;比如在历史上对资本主义经济危机的争论与分析中,让学生理解资本主义制度本身的缺陷以及社会主义制度的优势,增强制度自信;在劳动价值论的产生和发展历史中,明白劳动价值论的科学性,以及劳动在价值创造中的重要性,结合中华民族勤劳的传统美德引出习近平总书记关于"劳动最光荣、劳动最崇高、劳动最伟大、劳动最美丽"的论述,达到五育并举中劳动教育的目标等等。

6. 强化法治意识

通过本课程学习,帮助学生了解经济思想发展的曲折而又漫长过程,对经济问题的探索由早期的政策研究、生产要素研究到西尼尔的纯经济学研究,再到法律、产权、心理等的研究,表现出社会科学的复杂性,同时也表现出在经济思想发展的后期对法制的重视。同时,培养学生牢固树立个人遵纪守法的意识和底线思维,激励学生自发崇尚、遵守和捍卫法律,为中国经济改革和法治建设贡献自己的力量。

7. 养成科学精神

经济思想史课程思政注重培育学生的科学精神。科学精神是反映科学发展内在要求并体现在科学工作者身上的一种精神状态,如科学探索的信念、勇气、意志、韧性、逻辑性、人文情怀和牺牲精神等,内涵极为丰富,互相之间贯通性和可塑性很强。要对科学精神有所把握,最重要的是要让学生了解它的内涵与构成要素,以及它的整体结构,引导学生自觉地坚持和运用辩证唯物主义世界观和方法论,训练学生的战略思维、历史思维、辩证思维、创新思维、法治思维、底线思维。鼓励学生勇于探索、大胆创新,将自身职业发展能够融入到新时代的新发展理念中,在教学中通过增强学生理性分析问题的能力,以此培养学生的科学精神。

8. 培育人格发展

经济思想史源自人类对重大经济社会问题的思考,400多年来无数有社会责任感和探索精神的先贤,为增加社会财富、发展社会经济和提高人民福祉而求索。经济思想史思政教学要本着"古为今用、洋为中用"的原则,引导学生学习历史上的先进思想和理论,培育学生的自我管理能力,培养学生健全人格。

9. 拓展国际视野

在新时代、新理念、新格局下,国家的经济社会发展尤其需要更多的具有国际视野的高素质人才。经济思想史课程思政通过古今中外经济思想发展的曲折过程,扩展学生的国际视野,培养学生的全球意识和开放的心态,让学生明白人类文明进程的曲折性、世界多元文化的多样性和差异性以及跨文化交流的重要性;以更加开放包容的态度,展现中国人民的世界情怀,不断增进人类命运共同体的和谐健康发展。

(二)课程思政教学内容

《经济思想史》课程的思政内容可以涉及以下几方面:

1. 以马克思主义为指导,培养社会主义核心价值观

本课程坚持以马克思主义为党的理论指南,运用马克思的科学原理和方法,批判地学习和继承西方经济思想史的精华,将历史上不同学派实现国家财富增长的科学思想和探索精神,传递给学生,激发学生的社会责任感和家国情怀,帮助学生理解共同富裕、中国梦等的内涵,培养社会主义核心价值观,为实现中华民族伟大复兴的中国梦而奋斗。

2. 提高人文素养,坚定政治立场

本课程通过对西方历史人物优秀成果和智慧的学习,不但积累了学生的人文思想和方法,也提高了学生的人文素养和人文情怀。同时,引入丰富的案例素材,将大量中国传统治国经济思想和当代发展改革的最新实践,融入和体现了中国经验,帮助学生深刻领会党领导下的社会主义建设所取得的重大成就和历史经验,培育学生的家国情怀和社会责任感,引导学生增强"四个意识"、坚定"四个自信"、做到"两个维护",敢于纠正不当言行。

3. 富有科学精神,培养创新能力

在经济思想的历史传承和演变中,培养学生的问题意识和严谨的求知态度、勇于探索的求真精神、独立思考的方法和能力,掌握理论创新的内在逻辑,培养学生的创新能力。

4. 放眼历史,培养开放包容发展的国际视野

在西方经济思想的历史演进中,培养学生的全球意识和开放的心态,学会尊重世界多元思想文化的多样性和差异性,理解跨文化交流的重要性。从历史和长远的角度,理性看待国际经济形势的变化,积极探寻中国经济发展的路径。

5. 关心现实经济问题,深入社会实践

本课程倡导学生发现和提出问题,培养解决问题的兴趣和热情,具有知行合一的精神,注重理论与实践相结合,鼓励通过经典阅读、中外对比等途径,了解经济学历史上主要人物的经济思想和观点,以及中国优秀传统治国思想,培养学生的劳动意识和创新能力,激发其对社会经济现实问题的洞察力和理解力,提高学生在复杂环境中的行动能力。

(三)教学方法

本课程积极推进教学模式创新,倡导采用线上线下融合教学,将教师讲授与学生小组讨论交流、第二课堂相结合;推进教学方法改革,综合运用以课堂讲授、经典导读、名人名言、专题讲解、课堂讨论等多种教学方法,将经济学的历史知识和理论思想讲活讲精,积极赋予历史经济思想以现代生命力,引导学生自主构建经济学思想理论发展的知识体系,强化学生的团队合作精神,增强学生的组织协调能力;使学生了解世情国情民情,增强社会责任感和使命感。

三、课程各章节的课程思政教学内容

第一章 导论

专业教学目标

通过本章学习,帮助学生了解经济思想史的研究对象、研究方法与课程体系,理解和掌握本课程的特点及与其他经济学专业课程之间的联系。本章的重点是理解该课程与政治经济学、西方经济学、计量经济学等经济学课程之间的联系。难点是掌握经济思想史的课程体系与阶段划分(三次革命与三次综合)。

【知识目标】

1. 了解经济思想史课程的研究对象、时间范围(16世纪—20世纪中期)以及空间迁移(英、法、德、美)。
2. 理解和掌握经济思想史与其他经济学课程之间的联系,重点是掌握该课程与政治经济学、西方经济学、计量经济学等经济学课程之间的联系。
3. 掌握经济思想史上的三次革命(斯密革命、边际革命、凯恩斯革命)与三次综合(约翰·穆勒、马歇尔、萨缪尔森)。

【能力目标】

1. 通过对经济思想史课程的研究对象、时间范围以及空间迁移的学习,使学生了解现代经济学在西方

不同国家发展过程中所呈现的差异,培养学生的国际视野,加深学生对经济史和经济思想史之间关系的理解。

2. 通过对经济思想史与其他经济学课程之间联系的学习,培养学生在问题导向视角下对当前经济热点问题整体(多学科、多角度)的把握能力,培养学生分析和解决实际问题的批判性思维和创新能力。

3. 通过对经济思想史上的三次革命与三次综合的学习,使学生了解并熟悉经济思想史的课程特点和教学方法,形成问题—方法—实践的科学思维。

课程思政教学目标及实践

【育人目标】

1. 国际视野　通过对经济思想史在西方不同国家发展过程中所呈现差异的学习,拓展学生的国际视野,加深学生对经济发展和经济思想发展之间关系的理解,为加快构建中国特色经济学学科体系、学术体系、话语体系而不断努力。

2. 科学精神　经济思想史上三次革命与三次综合都是对当时社会重大问题的思考、回应和理论创新,坚持问题导向教学方法,使学生能将课程学习与中国改革与发展过程中的最新实践结合起来,形成问题—方法—实践的科学思维。

3. 家国情怀　经济思想史在发展过程中呈现出明显的国别特征。坚持把经济思想史教学同中国具体实际相结合、同中华优秀传统文化中的经济思想相结合,加强中华优秀传统文化教育,增强和提升文化自信。

【教学方式与方法】

1. 自主学习:自主阅读教材和相关文献资料,梳理经济思想史演进过程中典型人物、代表性著作和重要历史事件,初步了解经济发展和经济思想发展之间的关系,撰写阅读笔记。

2. 课堂展示与讨论:结合中华优秀传统文化中的经济思想,比如司马迁的"善因论"、谈敏的著作《法国重农学派学说的中国渊源》中的思想和观点,以及刻舟求剑、盲人摸象等传统故事,引导学生理解经济思想史演进的动力、过程及其规律。组织学生进行小组讨论,让学生了解并熟悉经济思想史课程特点及其在专业培养方案中的定位。

【课程思政教学实例】

案例材料:在哲学社会科学工作座谈会上的讲话

(1)案例简介

坚持问题导向是马克思主义的鲜明特点。问题是创新的起点,也是创新的动力源。只有聆听时代的声音,回应时代的呼唤,认真研究解决重大而紧迫的问题,才能真正把握住历史脉络、找到发展规律,推动理论创新。坚持以马克思主义为指导,必须落到研究我国发展和我们党执政面临的重大理论和实践问题上来,落到提出解决问题的正确思路和有效办法上来。

……

理论思维的起点决定着理论创新的结果。理论创新只能从问题开始。从某种意义上说,理论创新的过程就是发现问题、筛选问题、研究问题、解决问题的过程。马克思曾深刻指出:"主要的困难不是答案,而是问题。""问题就是时代的口号,是它表现自己精神状态的最实际的呼声。"

资料来源:习近平. 在哲学社会科学工作座谈会上的讲话[N]. 人民日报,2016－05－19(002).

(2)案例的思政元素

①国际视野。观察当代中国哲学社会科学,需要有一个宽广的视角,需要放到世界和我国发展大历史中去看。

②科学精神。问题是创新的起点,也是创新的动力源。只有聆听时代声音,回应时代的呼唤,认真研究解决重大而紧迫的问题,才能真正把握住历史脉络、找到发展规律,推动理论创新。

③家国情怀。要按照立足中国、借鉴国外,挖掘历史、把握当代,关怀人类、面向未来的思路,着力构建中国特色哲学社会科学,在指导思想、学科体系、学术体系、话语体系等方面充分体现中国特色、中国风格、中国气派。

(3)教学手段

组织学生查找并阅读林毅夫的论文"本土化、规范化、国际化——庆祝《经济研究》创刊40周年",结合课程学习的相关文献资料,进行课堂讨论。让学生了解经济思想史在西方不同国家发展过程中所呈现的差异,拓展学生的国际视野,加深学生对经济思想史的演进动力、演进过程及其发展规律的理解,鼓励学生为加快构建中国特色经济学学科体系、学术体系、话语体系而不断努力。

第二章 重商主义

专业教学目标

本章在介绍重商主义时代背景的基础上,对重商主义的基本观点与政策、代表性学者的经济思想等内容进行归纳阐述,让学生理解早期与晚期重商主义的共同点与区别,深刻体悟不同时期各国代表人物的经济思想。

【知识目标】

1. 了解重商主义的时代背景与基本观点。
2. 掌握重商主义时期不同国家不同代表人物的经济思想。

【能力目标】

1. 通过课堂讨论的形式,使学生理解重商主义时期不同国家不同代表人物经济思想的区别与联系,培养学生归纳总结知识的能力。
2. 通过将实际案例引入相关知识点的形式,培养学生将重商主义的经济思想和实际生产生活中的事例和现象相联系的能力。

课程思政教学目标及实践

【育人目标】

1. 政治认同 通过分析重商主义时期相关经济学说形成的原因,理解时代背景与经济思想之间的联系,明确中国在短时间内的巨大发展成就都是在党的领导下取得的,中国共产党的领导是中国特色社会主义最本质的特征。

2. 时代担当 通过了解各国重商主义思潮的不同表现,明确在中国特色社会主义新时代,当代青年应当用知识充实头脑,用智慧创造未来,引导学生自觉践行社会主义核心价值观,成为时代担当。

3. 国际视野 通过对重商主义时期不同国家不同代表人物经济思想的讨论,使学生更为深入和全面地掌握各种流派和理论的具体内容,明确在经济全球化的时代背景下,当代青年要牢固树立全球思维和世界眼光,深化国际交流合作,做全球经济的推动者。

【教学方式与方法】

综合运用中国大学慕课、学习通等平台引导、督促学生自主学习与重商主义相关的内容,并通过PPT展示、案例等形式对重商主义的时代背景、基本观点与政策以及不同时期不同国家各代表人物的经济思想等内容进行讲授,理解重商主义时期不同经济思想之间的区别与联系,结合中国改革开放以来重商主义的兴起与发展开展相关讨论主题,进一步加深学生的政治认同,增强时代担当,扩展国际视野。

【课程思政教学实例】

案例材料:中美贸易争端

(1)案例简介

2022年以来,美国政商界人士多次敦促政府调整对华经贸政策。2018年,美国时任政府打着"让美国再次伟大"的旗号,单方面挑起对华贸易战。美国本届政府上台后,在对华经贸政策上沿袭旧例。在新冠肺炎疫情持续肆虐、经济复苏发展面临挑战的背景下,中美合作共赢是大势所趋、人心所向。若一意孤行走单边主义、保护主义和霸凌主义的老路,只会让美国自己更受伤。

资料来源:人民网—《人民日报海外版》:贸易战没能"让美国再次伟大"(观察台). http://sc.people.com.cn/n2/2022/0303/c345460-35157502.html.

(2)案例的思政元素

政治认同。将美国掀起的对华贸易战与"富兰克林的经济观点"的教学内容相结合,从其反对政府干预、主张自由贸易的观点等方面做到案例分析与课程内容的呼应与融合。中国在中美贸易争端中的应对策略与取得的成效,体现了中国在当代国际社会中的地位,深化学生对中国特色社会主义和中国共产党领导的政治认同。

(3)教学手段

①讲授:富兰克林的成长经历和主要经济观点,对华贸易战的发展历程。在知识点"富兰克林的经济观点"中引入对华贸易战,指出美国掀起贸易争端的做法对双方经济发展都是不利的。该争端的产生也间接体现了中国社会主义制度的优越性,正是在中国共产党的正确领导下,中国经济才能在短时间内取得如此成就,进一步增强学生的政治认同。

②讨论:结合案例,通过慕课资源、视频资料中相关内容的展示,引导学生探讨对华贸易战对中国发展的启示,促进学生思辨能力的提升。

第三章 古典政治经济学的产生

专业教学目标

古典政治经济学是资本主义经济制度产生、成长阶段的经济思想,奠定了马克思主义劳动价值论的基础。通过本章学习,帮助学生了解古典政治经济学产生的历史背景和早期代表人物,掌握政治经济学产生初期,经济学者对劳动价值论等古典经济学的基本概念理解及其局限性。

【知识目标】

1. 掌握古典政治经济学的定义及贡献。
2. 了解配第的生平、著作及研究方法,掌握配第的价值理论和分配理论。
3. 了解布阿吉尔贝尔的生平及著作,理解并掌握布阿吉尔贝尔的价值理论和货币理论。

【能力目标】

1. 通过古典政治经济学的定义、产生及其贡献的学习,使学生了解现代经济学中的基本概念、基本理论和逻辑体系。
2. 通过英法等国古典政治经济学思想的开始,使学生了解西方国家发展过程中的差异。

课程思政教学目标及实践

【育人目标】

1. 政治认同 通过配第价值理论的学习,理解劳动是商品价值的源泉、工资是工人最低生活必需品资料的价值等经济思想,明确中国为什么选择马克思主义道路,增强学生对社会主义制度的政治认同。

2. 问题意识 通过对古典政治经济学产生的历史背景的学习,明确古典政治经济学的产生是有着深刻的社会现实背景的。引导学生正确认识中国国情,结合经济发展规律客观看待中国当前社会问题,运用科学手段解决问题。

3. 科学精神 通过对布阿吉尔贝尔货币政策的讨论,理解为什么布阿吉尔贝尔主张取消货币,这种主张是否正确,结合当前我国及其他发达国家通过宏观政策调节经济运行的事实,分析货币政策在当前经济发展中的重要作用。鼓励学生钻研探索的科学精神。

4. 家国情怀 古典政治经济学产生于英法等国社会生产变革时期,理解资本主义兴起的内在逻辑,增强学生中华民族伟大复兴的家国情怀。

【教学方式与方法】

综合运用讲授、案例、讨论、翻转课堂等多种教学方法,使学生掌握古典政治经济学的内涵及特征、配第和布阿吉尔贝尔等人的经济思想,理解古典政治经济学产生初期经济学家思想的局限性。

【课程思政教学实例】

案例材料1:马克思主义中国化的基本历史经验——坚持兼容并蓄、交流互鉴

(1)案例简介

习近平总书记指出:"文明因多样而交流,因交流而互鉴,因互鉴而发展。""交流互鉴是文明发展的本质要求。只有同其他文明交流互鉴、取长补短,才能保持旺盛生命活力。"马克思主义是人类文明的重要成果,推进马克思主义中国化也必须充分吸收世界其他文明的优秀成果,坚持兼容并蓄、交流互鉴。

马克思主义是开放性的理论,自身就是吸收人类文明成果的结晶。马克思主义不是凭空产生的,这一理论的直接来源是德国古典哲学、英国古典政治经济学、法国空想社会主义。马克思等经典作家在批判和继承过往思想理论的基础上,又通过对自身所处时代和世界的深入考察,最终形成了马克思主义。这就说明,马克思主义绝不是与其他文明成果不相容的,马克思主义具备兼容并蓄的特质。

因此,我们在推进马克思主义中国化的进程中,要讲好中国话语,吸收世界智慧。我们要注重吸收人类文明的其他有益成果,以开放和包容的姿态,坚持相互尊重、平等相待,积极取长补短,不断融合创新,在批判中继承,在继承中发展。

资料来源:学习强国——董振华,张恺.百年大党推进马克思主义中国化的历程及经验(中).https://www.xuexi.cn/lgpage/detail/index.html? id=6564401307951028000&item-id=656440130795102800.

(2)案例的思政元素
①政治认同。推动马克思主义中国化,就必须坚持马克思主义基本原理不动摇。
②科学精神。增强学生辩证思维,以批判与兼容的思路在实践中进行大胆探索的科学精神。

(3)教学手段
①教师讲授:马克思主义思想与古典政治经济学的联系与区别。在马克思主义理论中,古典政治经济学发挥了至关重要的作用,为马克思创立历史唯物主义创造了必要的学科条件。可见文明的推进都是要建立在吸收世界智慧的基础之上的,因此对于马克思主义的中国化也须坚持兼容并蓄、交流互鉴的原则,在实现中华民族伟大复兴时坚持马克思主义、养成科学精神、拓展国际视野。
②学生讨论:结合案例讨论中国经济发展过程中学习世界智慧的证据,探讨如何推动马克思主义中国化时做到兼容并蓄、交流互鉴。

案例材料2:布阿吉尔贝尔主张取消货币的原因
法国资产阶级古典政治经济学创始人布阿吉尔贝尔,在价值论上有科学贡献也有重大错误。其主要错误是,主张保留商品生产,但不主张保留货币,认为"货币是一个要求把一切自然财富作祭品的荒诞的摩洛赫"。布阿吉尔贝尔憎恨货币、主张取消货币的原因何在?

资料来源:谭劲松.布阿吉尔贝尔主张取消货币的原因[J].益阳师专学报,1988(01):11—14.

(2)案例的思政元素
科学精神。通过对布阿吉尔贝尔货币政策的讨论,理解为什么布阿吉尔贝尔主张取消货币,这种主张是否正确,结合当前我国及其他发达国家通过宏观政策调节经济运行的事实,分析货币政策在当前经济发展中的重要作用。培养学生钻研探索的科学精神。

(3)教学手段
①自主学习:线下查找资料分析中外的货币政策,理解货币政策在调控经济时的重要作用,理解为什么不能取消货币,撰写学习报告,分析收获。
②展示讨论:挑选优秀学习报告进行展示,让学生分组讨论,并作总结。

第四章 重农学派

专业教学目标

重农学派的理论体系是在18世纪法国的经济、政治和思想发展的条件下,并在其先驱者的思想观点影响下产生和形成的。本章在介绍重农学派时代背景及其理论体系特点的基础上,对魁奈和杜尔哥的经济思想进行归纳阐述,使学生掌握二者经济观点之间的区别与联系。

【知识目标】
1. 了解重农学派的时代背景及其理论体系的特点。
2. 掌握魁奈和杜尔哥的经济思想。

【能力目标】
1. 通过课堂讨论的形式,使学生理解重农学派不同代表人物经济思想的区别与联系,培养学生归纳总结知识的能力。
2. 通过将实际案例引入相关知识点的形式,培养学生将重农学派的经济思想和实际生产生活中的事例和现象相联系的能力。

课程思政教学目标及实践

【育人目标】

1. **政治认同** 通过分析魁奈和杜尔哥的人生经历,了解二者经济思想形成的时代背景与具体观点之间的联系,使学生明确,没有共产党就没有新中国,就没有新中国的繁荣富强。坚持中国共产党这一坚强领导核心,是中华民族的命运所系。

2. **家国情怀** 通过分析魁奈和杜尔哥经济思想的形成原因,使学生明确,个人的生命体验与家国紧密相连,个人前途与国家命运同频共振,应把远大理想与个人抱负、家国情怀与人生追求熔融合一。

3. **科学精神** 通过讲述魁奈关于自然秩序的观点,使学生明确,科学是人类探索自然同时又变革自身的伟大事业,作为新时代的青年,应追求真理、崇尚创新、实事求是,与科学精神同行并进。

【教学方式与方法】

综合运用中国大学慕课、学习通等平台引导、督促学生自主学习与重农学派相关的内容,并通过 PPT 展示、案例等形式对重农学派的时代背景及其理论体系的特点、魁奈和杜尔哥的经济思想等内容进行讲授,理解二者经济思想的区别与联系,结合中国重农思想的发展和演变开展相关讨论主题,以进一步增进学生的家国情怀。

【课程思政教学实例】

案例材料:乡村振兴战略

(1)案例简介

习近平:乡村振兴是包括产业振兴、人才振兴、文化振兴、生态振兴、组织振兴的全面振兴,实施乡村振兴战略的总目标是农业农村现代化,总方针是坚持农业农村优先发展,总要求是产业兴旺、生态宜居、乡风文明、治理有效、生活富裕,制度保障是建立健全城乡融合发展体制机制和政策体系。

资料来源:央广网—《【每日一习话】实施乡村振兴战略的总目标是农业农村现代化》。http://news.cnr.cn/dj/20211230/t20211230_525702463.shtml。

(2)案例的思政元素

家国情怀。将乡村振兴战略与《经济思想史》课程中"魁奈的经济观点"的教学内容相结合,从其提出要增进国民财富,使人民富裕起来,最重要的是在振兴农业的观点等方面做到案例分析与课程内容的呼应与融合,以此引发学生对家国情怀的深入思考。

(3)教学手段

①讲授:魁奈所处的时代背景和主要经济观点,乡村振兴战略的相关内容。在知识点"魁奈关于发展农业的经济观点"中引入乡村振兴战略,指出农业农村农民问题是关系国计民生的根本性问题,必须始终把解决好"三农"问题作为全党工作的重中之重,实施乡村振兴战略,进一步培育学生的家国情怀与科学精神。

②讨论:引导学生通过搜集相关政策文件、学术论文及视频资源等方式,针对各地实施乡村振兴战略的具体举措进行讨论,并通过课堂展示的形式发表自己的见解。

第五章 斯密的经济思想

专业教学目标

通过本章学习,帮助学生了解斯密所处的时代背景,熟悉斯密的生平与著作,掌握《国富论》的主要思想和政策主张,进一步理解"看不见的手"及其自由竞争思想对古典经济学乃至现代经济学的影响。本章的重点是斯密的分工理论、"看不见的手"与经济自由主义思想。难点是如何理解"看不见的手"与现代市场经济之间关系。

【知识目标】

1. 了解工业革命、启蒙运动,重商主义、重农学派和早期古典经济学对斯密经济思想的影响,理解时代背景和斯密经济思想产生之间的关系。

2. 熟悉斯密的生平与著作,特别是斯密问题——《道德情操论》中的同情心和《国富论》中的自利心是否矛盾?让学生理解经济学与伦理学之间的关系,以及二者分离对现代经济学的影响。

3. 熟悉并掌握《国富论》的主要思想和政策主张,特别是斯密的分工理论、"看不见的手"与经济自由主义思想。让学生理解"看不见的手"的含义及其对古典政治经济学乃至现代经济学的影响。

【能力目标】

1. 通过对时代背景和斯密经济思想产生之间的关系的学习,使学生了解经济思想产生过程中的问题导向和方法特征,加深学生对经济发展和经济思想史之间关系的理解,引导学生形成问题—方法—实践的科学思维。

2. 通过对斯密的生平与著作,特别是斯密问题的讲解,让学生从整体上对斯密经济思想进行多维度了解,从而加深学生对古典政治经济学特点的理解,以及了解现代经济学与伦理学分离之后的发展趋势。

3. 通过对斯密的分工理论、"看不见的手"与经济自由主义思想等的讲解,让学生熟悉《国富论》对古典政治经济学乃至现代经济学的课程体系的影响,理解《国富论》在经济思想史上的重要地位以及古典政治经济学之所以"经典"的原因。

课程思政教学目标及实践

【育人目标】

1. 科学精神 问题导向是理论创新的起点和动力源。斯密理论在经济思想史上之所以被称为"斯密革命"、古典经济学的集大成者和现代经济学之父,就是因为斯密理论聆听了时代的声音,回应了时代的呼唤,认真研究解决当时社会工业发展、对外贸易等一系列重大而紧迫的问题。

2. 人格发展 在《国富论》(1776)写作之前,斯密已经出版了《道德情操论》(1759),因此斯密问题对同情心和自利心关系的讨论,对今天我们反思经济学与伦理学之间的关系,培养学生健全的人格(而不仅仅是经济人),促进人的全面发展有着重要的意义。

3. 家国情怀 对斯密"看不见的手"思想的讲授,可以和司马迁的"善因论"思想(《史记·货殖列传》:善者因之,其次利道之,其次教诲之,其次整齐之,最下者与之争)等进行比较分析,把经济思想史教学同中华优秀传统文化中的经济思想相结合。

【教学方式与方法】

1. 自主学习:自主阅读文献、视频资料,梳理斯密经济思想产生的时代背景,以及斯密本人同瓦特(工业革命)、重农学派(《经济表》)之间的关系,撰写阅读笔记。

2. 课堂展示与讨论:结合斯密问题、分工理论、"看不见的手"的讲解,让学生从整体上对斯密经济思想进行多维度了解,让学生在理解"看不见的手"与现代市场经济之间关系的同时,也思考一下囚徒困境、公共地的悲剧等现象产生的原因以及如何推动有效市场和有为政府更好结合。

【课程思政教学实例】

案例材料:司马迁与亚当·斯密若干经济思想之比较

(1)案例简介

中国古代经济思想的辉煌成就,是世界经济思想宝库中不可或缺的珍贵遗产。司马迁与亚当·斯密在经济思想的诸多领域,如肯定人的物质欲望、宏观经济调节机制、分工思想、价格思想、对资本积累的认识、财政思想以及货币思想等方面均存在着相似或接近的认识。在经济学西学东渐、很多学者动辄"言必称西方"的今天,我们不应妄自菲薄,而应积极探寻古代经济思想和现代经济思想的契合点,扎根现实,大胆创新,努力构建有中国特色的经济学理论体系。

资料来源:景春梅.司马迁与亚当·斯密若干经济思想之比较——兼谈对中国经济学的启示[J].生产力研究,2008(15):13—14+54.

(2)案例的思政元素

①国际视野。比较司马迁"善因论"思想与亚当·斯密"看不见的手"思想的异同,了解东西方社会对市场经济及其调节机制理解的差异。

②科学精神。同样是问题导向,司马迁提出"善因论"的时代背景与亚当·斯密提出"看不见的手"的时代背景和逻辑基础有何不同?

③家国情怀。有现代学者认为,古典经济学自然秩序和"无为"(自由放任)等经济思想来源于中国,如谈敏的《法国重农学派学说的中国渊源》等文献,引导学生阅读思考并在课堂上进行讨论。

(3)教学手段

组织学生查找并阅读司马迁的《史记·货殖列传》、亚当·斯密的《国富论》中关于"看不见的手"等相关文献资料,进行课堂讨论。让学生了解东西方社会对市场经济理解的差异,让学生理解经济思想的产生与本国经济发展过程中所呈现的具体问题之间的对应关系,引导学生形成问题—方法—实践的学习方法和科学思维。

第六章　古典政治经济学的分化与发展

专业教学目标

通过本章学习,了解斯密以后主要学者(包括李嘉图、马尔萨伊、萨伊、西斯蒙第和约翰·穆勒)所处的时代背景、生平与著作及其主要思想和政策主张;帮助学生理解上述学者对斯密以及古典经济学思想的继承与发展;以及在此过程中,古典经济学发展过程所呈现的主题转换(从生产到分配)和英法两国古典经济学在研究视角、研究方法和理论体系上所呈现的国别差异。

【知识目标】

1. 了解斯密以后主要学者(包括李嘉图、马尔萨伊、萨伊、西斯蒙第和约翰·穆勒)所处的时代背景、生平与著作及其主要思想和政策主张。

2. 熟悉并理解李嘉图的劳动价值理论、国际贸易理论,马尔萨斯的人口理论、萨伊定律、西斯蒙第的经济危机理论以及约翰·穆勒对古典经济学的大综合。

3. 理解并掌握古典经济学发展过程所呈现的主题转换(从生产到分配)、英法两国古典经济学分化与发展过程中所呈现的国别差异以及约翰·穆勒与经济思想史上第一次大综合。

【能力目标】

1. 通过对李嘉图和斯密所处时代背景差异的比较,使学生了解时代背景差异带来的问题导向的转换,重申经济思想产生过程中的问题导向和方法转换,加深学生对经济史和经济思想史之间关系的理解,引导学生形成问题—方法—实践的科学思维。

2. 通过对斯密之后,英法两国古典政治经济学研究视角、研究方法和理论体系分化和差异的讲授,让学生理解经济学从古典时代就已经呈现出明显的国别特征。因此经济学专业训练务必将经济思想史中的相关概念、理论和研究方法与中国本土实践相结合。

3. 通过对古典政治经济学发展阶段主要经济学家及其经济思想的学习,培养学生把握经济热点、分析和解决实际问题的批判性思维和创新能力。

课程思政教学目标及实践

【育人目标】

1. **思想引领**　古典政治经济学是马克思主义理论的思想渊源,马克思主义是在批判和继承过往思想理论的基础上形成的。通过学习使学生深刻理解马克思主义的思想精髓,坚持推动马克思主义中国化,增强"四个意识"、坚定"四个自信"。

2. **国际视野**　问题导向是理论创新的起点和动力源。从斯密时代到李嘉图时代,工业革命的迅速推进使得古典经济学所面临的问题也发生了变化,问题转换的同时要求研究方法不断更新,这样才能回应时代的呼唤。通过对英国和法国等西欧国家古典政治经济学发展过程的学习,建立全球化视野,在应对百年大变局之际,以发展的、开拓的、国际的眼光看待中华民族伟大复兴道路上遇到的艰难险阻。

3. **科学精神**　马尔萨斯的人口理论在客观上提醒人们注意人口和生活资料比例的协调,防止人口的过剩增长。他认为,人世间的一切灾难都是人口与生活资料均衡过程中的产物,人类的发展也必然与灾难始终相伴。但马尔萨斯忽略了科技进步的力量。通过对马尔萨斯陷阱的理解与分析,鼓励学生在实践中以事实为依据,严谨推理,不断探索与创新。

4. **问题意识**　马尔萨斯基于英国粮食价格上涨和贫困失业等社会问题,分析了人口增长的趋势及其后果。马尔萨斯的理论在当时是超前的,在目前仍有指导作用。通过马尔萨斯人口论的学习,让学生学会观察发现和提出问题,培养解决问题的兴趣和热情。

5. **政治认同**　通过资本主义经济大危机发生的原因、解决办法,以及给后人的启示的讨论与分析,引导学生感受看不见的手以及市场宏观调控的作用效果。通过宏观调控与中国经济发展实践相结合,使学生明确社会主义道路的正确性和优越性。

6. 家国情怀 无论是英法两国古典经济学的分化和差异,还是德国历史学派对政治经济学国民体系的强调,经济思想的国别特征是非常显著的。因此在构建中国特色经济学学科体系、学术体系、话语体系的过程中,一定要充分体现中国特色、中国风格、中国气派。

【教学方式与方法】

结合当前信息技术将教师课堂讲授与学生自主学习相结合,使学生了解斯密以后经济学家对古典政治经济学的继承与发展;以及在此过程中,英法两国古典政治经济学发展所呈现的主题转换以及国别差异。

【课程思政教学实例】

案例材料1:基于李嘉图贸易模型的中美产业竞争理论与实证分析

(1)案例简介

本文基于垄断竞争市场,引入生产率因子构建李嘉图模型,分析获得了封闭经济条件下的产业本土出厂价格和开放经济条件下的产业贸易价格。贸易价格为提价率和出厂价格的乘积,而提价率由产品替代弹性、贸易国总消费支出比、出厂价格比、关税等因子综合作用决定。提价率随着贸易国消费支出比的减小而增大,随着贸易国出厂价格比的增大而增大。出厂价格则与生产率成反比,与要素价格成正比。实证分析表明,在2000—2014年的分析时期内,中国的产业全要素生产率没有显著提高,而要素价格不断提高,美国的轻工业和高端制造业的产业全要素生产率则持续提高,因此相比美国,中国的产业竞争力持续削弱。在中美贸易中,中国在轻工业和部分高端制造业上具有比较优势,而重化工业则不具备比较优势。提升中国产业竞争力的根本动力源是促进生产率不断提高,中国应大力发展具有比较优势的轻工业类型产业和高端制造类型产业,进而带动作为基础产业的重化工业产业发展。

资料来源:周江,胡静锋,宋彦,王晓煊.基于李嘉图贸易模型的中美产业竞争理论与实证分析[J].宏观经济研究,2021(01):79—95.

(2)案例的思政元素

①国际视野。基于李嘉图贸易模型,对近年来中美两国相关产业的全要素生产率和竞争力进行比较分析。

②科学精神。在关注当前经济热点的问题导向下,将理论模型和数据实证有效地结合在一起,充分展示了经济理论分析的科学性。

③家国情怀。实证结果表明中国应大力发展具有比较优势的轻工业类型产业和高端制造类型产业,对中美贸易摩擦背景下我国产业政策的调整和制定有着重要的现实意义。

(3)教学手段

课堂讨论:基于李嘉图贸易模型,对近年来中美两国相关产业的全要素生产率和竞争力进行比较分析,其结果对中美贸易摩擦背景下我国产业政策的调整和制定有何现实意义?

案例材料2:马尔萨斯陷阱来袭,世界如何应对?

(1)案例简介

两百多年前,英国经济学家马尔萨斯提出,人口按几何级数增长,而粮食只能按算术级数增长。这样,人口增加到一定程度便出现粮食紧缺,人地矛盾,不可避免地反复出现饥馑、战争和疾病。这就是困扰人类千万年的"马尔萨斯陷阱":一次次如黑死病,西班牙大流感的传染病,一次次如伯罗奔尼撒战争,百年战争,"一战二战"的大规模战争,一次次如孟加拉国饥荒,印度饥荒的大灾难,掳走了千千万万人的生命,将人类锁定在"囚徒困境"中。

资料来源:清和.马尔萨斯陷阱来袭,世界如何应对?[J].全球商业经典,2020(4):12.

(2)案例的思政元素

①科学精神。运用辩证唯物主义的世界观和方法论,以发展的眼光看待人口问题,培养学生在实践中勇于探索、大胆创新的科学精神。

②问题意识。马尔萨斯的人口陷阱说明社会发展中的问题是伴随而生的,鼓励学生培养问题意识,结合国情提出贴近实际的战略方案。

(3)教学手段

课堂讨论:自主收集阅读近200年期间世界人口和粮食发展相关资料,讨论马尔萨斯陷阱没有出现的原因？预防马尔萨斯陷阱出现的措施都有哪些？

案例材料3：纪录片《资本主义经济大危机》

(1)案例简介

资本主义经济史上最持久、最深刻、最严重的周期性世界经济危机。首先爆发于美国。1929年10月24日纽约股票市场价格在一天之内下跌12.8%，大危机由此开始，紧接着就是银行倒闭、生产下降、工厂破产、工人失业。大危机从美国迅速蔓延到整个欧洲和除苏联以外的全世界，是迄今为止人类社会遭遇的规模最大、历时最长、影响最深刻的经济危机。

资料来源：学习强国——《资本主义经济大危机》. https://www.xuexi.cn/lgpage/detail/index.html?id=9795189932253744087.

(2)案例的思政元素

①政治认同。资本主义经济大危机爆发是资本主义社会制度下基本矛盾作用的最终结果。通过资料学习使学生更加明确社会主义制度的正确性和优越性。

②家国情怀。从资本主义经济危机的实质——生产过剩中认识中国经济发展面临的机遇与挑战，培养学生为民族复兴而努力学习的家国情怀。

(3)教学手段

翻转课堂：线下观看纪录片《资本主义经济大危机》，搜索30年代大危机相关资料，了解资本主义大危机的起因、经过和结果，通过记录学习笔记的方式总结大危机爆发的历史背景、导火索、原因及其基本表现，分析大危机解除的措施以及给后人的经验与启示。结合中国国情分析中国未来如何避免出现类似事件。

第七章 边际学派

专业教学目标

边际学派主要介绍西方资产阶级经济学"边际革命"的历程。本章包括边际革命先驱人物戈森的戈森定律，奥地利学派的边际效用价值论，英国边际学派的最后效用程度论，法国洛桑学派的一般均衡理论和序数效用论，以及美国边际学派的边际生产力论。本章还对西方资产阶级经济学效用价值理论的演变进行归纳阐述。

【知识目标】

1. 了解戈森定律的演变，了解边际革命的时代背景和经济基础。
2. 掌握奥地利学派边际效用价值论等理论，了解奥地利学派与历史学派的论战。
3. 掌握英国边际学派杰文斯的最后效用程度论。
4. 掌握法国洛桑学派瓦尔拉斯的一般均衡论和帕累托的序数效用论。
5. 掌握美国边际学派克拉克的边际生产力理论。

【能力目标】

1. 培养学生运用唯物史观分析边际革命爆发的经济基础。
2. 培养学生从历史唯物主义角度分辨西方资产阶级经济学的理论实质。

课程思政教学目标及实践

【育人目标】

1. 道德修养与职业伦理　通过对边际学派分析方法和理论观点的学习，激发学生爱岗敬业、无私奉献的精神，以及团队合作的意识。

2. 文化素养　通过对边际学派相关理论的介绍，引导学生认识到应当追求全面发展，加强自我管理，在学习中应当增强"透过现象看本质"的本领。

3. 科学精神　通过对边际学派在批判前人理论基础上建立自己理论体系的过程，引导学生认识到科学研究应当有敢于质疑、敢于探索的精神。

【教学方式与方法】

1. 课堂讲授：讲授相关理论的主要观点或内容、政策启示与建议等。

2. 课堂展示与讨论:学生展示根据教学素材整理分析的相关报告,小组讨论。

【课程思政教学实例】

案例材料:戈森定律与时间分配

(1)案例简介

材料一:时间就像海绵里的水,只要愿挤,总还是有的。——鲁迅

资料来源:百度百科:https://baike.baidu.com/item/%E9%B2%81%E8%BF%85%E5%90%8D%E8%A8%80%E8%AD%A6%E5%8F%A5/5883259? fr=aladdin.

材料二:"1. 在任何一种享受中,都有一种主要取决于更经常地或比较经常地重复享受的方式和方法使人们的享受总量最大化。"

"2. 人们在多种享受之间自由进行选择。为了使自己的享受总量达到最大化,人们必须在充分满足最大的享受之前,先部分地满足所有的享受,而且要以这样的比例来满足:每一种享受的量在其满足被中断时,保持完全相等。"

资料来源:经济学说史(第三版)[M].姚开建,北京:中国人民大学出版社,2016.

(2)案例的思政元素

①人格发展。结合鲁迅先生关于节约时间的警句和戈森定律中讨论的实现享受最大化的原则,启发学生认识到要在日常工作和生活中增强自我控制能力,合理、高效的安排时间,将有限的时间用于为人民服务。

②文化素养。戈森定律强调存在多种享受时只有按照合理比例才能实现享受总量最大化,启发学生认识到在个人成长的道路上应当追求全面发展、避免片面发展和畸形发展,在德智体美劳等方面综合提升个人素养。

(3)教学手段

①讲授:戈森定律强调人们为使享受总量最大化,会按照一定比例将时间分配到部分满足各种享受上。

②讨论:对学生们在学习、工作和生活方面合理分配时间的启示。

③学习测评:讨论结果现场点评,包括学生自评、互评、教师点评总结。

第八章 新旧历史学派和旧制度学派

专业教学目标

主要介绍新旧历史学派和旧制度学派的学说。本章包括历史学派的先驱者李斯特的保护性关税论,新旧历史学派的代表人物和主要经济学说,美国旧制度学派的代表人物和经济学说。本章通过介绍新旧历史学派和旧制度学派的经济学说,对西方资产阶级非主流经济学的学说演变进行归纳阐述,让学生更加全面认识西方资产阶级经济学的理论体系。

【知识目标】

1. 学生了解19世纪40—70年代德国产生新旧历史学派和美国产生制度学派的时代背景和经济基础。
2. 掌握德国历史学派先驱者李斯特的保护性关税论。
3. 掌握德国旧历史学派的代表人物和主要学说。
4. 掌握德国新历史学派的代表人物和主要学说。
5. 掌握美国旧制度学派的代表人物和主要学说。

【能力目标】

1. 培养学生运用唯物史观分析19世纪中叶德国和美国相继产生西方资产阶级非主流经济学流派的经济基础。
2. 培养学生从历史唯物主义角度辩证看待西方资产阶级非主流经济学说,清醒认识西方资产阶级非主流经济学的国家主义和改良主义价值倾向。

课程思政教学目标及实践

【育人目标】

1. 家国情怀　通过介绍新旧历史学派和制度学派经济学家结合本国现实经济问题进行理论创新的精神,激发学生热爱祖国的国家认同感,鼓励学生"知中国",树立为中华民族伟大复兴而努力学习的远大理想。

2. 科学精神　通过介绍新旧历史学派和制度学派敢于在批判资产阶级主流经济学说基础上建立自己

理论体系的过程,引导学生认识到科学研究应当有敢于质疑、敢于探索、不畏权威的精神。

【教学方式与方法】

1. 课堂讲授:讲授相关理论的主要观点或内容、政策启示与建议等。

2. 课堂展示与讨论:学生展示根据教学素材整理分析的相关报告,小组讨论。

【课程思政教学实例】

案例材料:李斯特与德国崛起

(1)案例简介

材料一:"保护关税如果使价值有所牺牲的话,它却使生产力有了增长,足以抵偿损失而有余,由此使国家不但在物质财富的量上获得无限增进,而且一旦发生战争,可以保有工业的独立地位。工业独立以及由此而来的国内发展,使国家获得力量,可以顺利经营国外贸易,可以扩张航运事业,由此文化可以提高,国内制度可以改进,对外力量可以加强。"

资料来源:经济学说史(第三版)[M].姚开建,北京:中国人民大学出版社,2016.

材料二:"为了保护德国的民族工业,更是为了尽快提高其民族工业的竞争力,俾斯麦推行保护关税政策,设立铁路基金,确立铁路法案和建立以中央银行为首的银行体系,进一步促进国内的经济联系和自由贸易扶持德国工业的迅速崛起……单就工业增长而言,统一前1860—1870年的年均增长为2.7%;1870—1880年即达到4.1%;1880—1890年为6.4%;1890—1900年为6.1%。其增长速度远远超过英法等国,仅次于美国。"

资料来源:羊海飞,丁建弘.浅谈德国统一与德国现代化[J].武汉大学学报(人文社会科学版),2002(6):7—7—714.

(2)案例的思政元素

①家国情怀 结合材料一中李斯特对关税保护论的阐述和材料二中德国俾斯麦政府实施关税保护对德国工业化的促进作用,引导学生认识到各国的经济理论应当为本国最广大人民的根本利益服务,启发学生要"为中华崛起而读书"。

②科学精神 结合两个材料可知,李斯特关税保护论的科学性在德国工业化过程中得到验证,恰好印证"实践是检验真理的唯一标准"这一经典论断,由此引导学生要知行合一,自觉把理论与实践相结合。

(3)教学手段

①讲授:李斯特主张当时尚处于落后地位的德国通过保护性关税增强本国实力,力主在国家干预下加速本国建设,赶超先进国家。

②讨论:李斯特的保护性关税学说对同学们在经济学学习过程中深入了解我国国情必要性的启示。

③学习测评:讨论结果现场点评,包括学生自评、互评、教师点评总结。

第九章 马歇尔和新古典学派

专业教学目标

本章主要介绍由马歇尔开创的新古典学派的理论体系,其中不仅包含了马歇尔提出的均衡价格论、分配理论等学说,还包含马歇尔之后的序数效用论、不完全竞争理论以及福利经济学理论等学说。通过本章的学习,帮助学生理解马歇尔与新古典学派的经济理论。

【知识目标】

1. 理解马歇尔的均衡价格论,掌握其所提出的弹性、消费者剩余等概念,掌握其提出的均衡价格的决定方式。

2. 掌握马歇尔提出的分配理论的基本观点,了解其提出的国民收入由四种生产要素决定、国民收入分配由四种生产要素各自的均衡价格决定的理论。

3. 理解完全竞争理论的缺陷,掌握张伯伦的垄断竞争理论与罗宾逊的不完全竞争理论对马歇尔理论体系的发展。

4. 掌握以庇古为代表的旧福利经济学以及以帕累托为代表的新福利经济学的主要经济理论,理解二者的经济学说与政策主张的区别。

【能力目标】

1. 通过将有承继关系的不同经济学派理论进行对照比较,培养学生的辩证思维能力,引导学生学习经济学家如何在现有理论中发现问题。

2. 通过在课堂上引入汇报展示与讨论环节,培养学生自主发现问题、关注实际、拓宽视野的学习思维与习惯,提高其自主学习的能力。

3. 通过将中国国民经济发展与世界经济发展等内容引入课堂,培养学生观察、理解、分析我国基本国情的兴趣,提升其学以致用的能力。

课程思政教学目标及实践

【育人目标】

1. 政治认同　在介绍马歇尔及新古典学派的收入分配相关理论时,引入我党关于收入分配和共同富裕的战略阐述,增强学生对党的热爱和对社会主义优越性的认识。

2. 科学精神　通过让学生学习马歇尔吸收、改造旧的经济学派学说的成果,引导学生认识到运用科学的思维方式认识事物、解决问题的重要性。

【教学方式与方法】

1. 自主学习:线上学习相应慕课中的基础专业知识点,线下自主阅读相关文献资料,撰写阅读笔记或绘制思维导图。

2. 课堂讲授:在讲授知识点时注重以问题为导向,将不同学派的经济理论、模型以及经济政策进行对照,启发、引导学生理解其中的区别。

3. 课堂展示与讨论:在自主学习与课堂讲授的基础上,通过搜集相关文献资料,学生对马歇尔及其他新古典学派的经济学家的经济理论及其提出的经济政策进行拓展学习与汇报讨论。

【课程思政教学实例】

案例材料:党的十九届四中全会论我国收入分配

(1)案例简介

坚持按劳分配为主体、多种分配方式并存。坚持多劳多得,着重保护劳动所得,增加劳动者特别是一线劳动者劳动报酬,提高劳动报酬在初次分配中的比重。健全劳动、资本、土地、知识、技术、管理、数据等生产要素由市场评价贡献、按贡献决定报酬的机制。健全以税收、社会保障、转移支付等为主要手段的再分配调节机制,强化税收调节,完善直接税制度并逐步提高其比重。完善相关制度和政策,合理调节城乡、区域、不同群体间分配关系。重视发挥第三次分配作用,发展慈善等社会公益事业。鼓励勤劳致富,保护合法收入,增加低收入者收入,扩大中等收入群体,调节过高收入,清理规范隐性收入,取缔非法收入。

资料来源:中共中央关于坚持和完善中国特色社会主义制度 推进国家治理体系和治理能力现代化若干重大问题的决定[N/OL].新华网.http://www.xinhuanet.com/politics/2019-11/05/c_1125195786.htm.

(2)案例的思政元素

①政治认同　在介绍马歇尔及新古典学派的收入分配理论时,引入党关于收入分配和共同富裕的阐述,引导学生加深对我国社会主义初级阶段基本分配制度的认识,增强学生对党的热爱和对社会主义优越性的认识。

②科学精神　介绍党对我国收入分配格局的深刻认识,引导学生认识到现实生活中的社会经济问题往往是复杂的,需要运用马克思主义的科学方法展开系统分析。

(3)教学手段

①讲授:结合案例材料,介绍我国社会主义初级阶段基本分配制度的理论内容。

②讨论:组织学生讨论马歇尔的分配理论与我国社会主义初级阶段基本分配制度的本质差异,加强学生对社会主义优越性的认识。

第十章　凯恩斯和新古典综合学派

专业教学目标

本章在介绍凯恩斯和新古典综合学派经济思想产生的时代背景的基础上,对凯恩斯和新古典综合学派的主要经济理论与观点等内容进行归纳阐述,使学生在对二者之间的联系进行了解的基础上,对当前中国经济面临的问题与相关经济政策进行思考。

【知识目标】
1. 了解凯恩斯和新古典综合学派经济思想产生的时代背景。
2. 掌握凯恩斯和新古典综合学派的经济观点与政策主张。

【能力目标】
1. 通过课堂讨论的形式,使学生理解凯恩斯和新古典综合学派经济思想的区别与联系,培养学生归纳总结知识的能力。
2. 通过将实际案例引入相关知识点的形式,培养学生将凯恩斯和新古典综合学派的经济思想和实际生产生活中的事例和现象相联系的能力。

课程思政教学目标及实践

【育人目标】
1. 文化素养　通过分析凯恩斯的人生经历及相关经济观点形成的原因,明确奋进新时代,迈向新征程,必须着力提高大学生文化素养,培养担当民族复兴大任的时代新人。
2. 家国情怀　通过分析新古典综合学派相关经济观点形成的原因及具体内容,使学生明确,新时代大学生应挑起振兴中华民族的重担,为祖国更好的明天而努力奋斗。
3. 科学精神　通过讲述凯恩斯《通论》的基本内容,使学生明确,当代新青年应具备独立思考能力、实践能力、创新能力和批判性思维,传承和弘扬科学精神。

【教学方式与方法】
综合运用中国大学慕课、学习通等平台引导、督促学生自主学习与凯恩斯和新古典综合学派相关的内容,并通过PPT展示、案例等形式对凯恩斯和新古典综合学派的时代背景与主要经济观点等内容进行讲授,理解二者经济思想的区别与联系,结合中华民族悠远的历史文化讨论开展相关讨论主题,进一步提高当代大学生的文化素养。

【课程思政教学实例】
案例材料:供给侧结构性改革
(1)案例简介
所谓供给侧结构性改革,即从提高供给质量出发,用改革的办法推进结构调整,矫正要素配置扭曲,扩大有效供给,提高供给结构对需求变化的适应性和灵活性,提高全要素生产率,更好满足广大人民群众的需要,促进经济社会持续健康发展。准确把握供给侧结构性改革的深刻内涵,需要把握"供给侧""结构性""改革"三大关键点。

资料来源:人民网—理论频道《如何准确把握供给侧结构性改革的深刻内涵》. http://theory.people.com.cn/n1/2021/0225/c40531-32036538.html。

(2)案例的思政元素
科学精神。将供给侧结构性改革与"新古典综合学派的经济观点"的教学内容相结合,从其强调供给侧结构性改革,就是要从生产端、供给侧入手调整供给结构,为真正启动内需、实现高质量的经济发展寻求新路径等方面做到案例分析与课程内容的呼应与融合,引发学生对科学精神的探索与思考。

(3)教学手段
①讲授:新古典综合学派的时代背景及其主要经济观点,供给侧结构性改革的背景、内容及措施。引入供给侧结构性改革,指出供给侧结构性改革就是要更好满足广大人民群众的需要,促进经济社会持续健康发展。

②讨论:各地实施供给侧结构性改革的具体举措分别是什么?有什么区别和联系?以提出问题的方式调动学生学习积极性,通过对以上问题的讨论提高学生搜集、整理信息及现场表达的能力,进一步培养学生的科学精神。

四、课程思政的教学评价

(一)对教师的评价
1. 教学准备的评价

将《经济思想史》课程思政建设落实到教学准备的各方面,教师要积极提炼思政元素,将价值塑造与知识传授相统一,进行课程思政目标设计、修订教学大纲、教材选用、教案课件编写等。

2. 教学过程的评价

将《经济思想史》课程思政建设落实到教学过程各环节,主要考察教学方式方法是否恰当,思政元素与专业知识是否相融合,案例教学是否规范等,以实现思想性与专业性相统一的目标。

3. 教学结果的评价

建立健全《经济思想史》课程思政多维度评价体系,包括同行评议、随机听课、学生评教、教学督导评价、教学研究及教学获奖等。

4. 评价结果的运用

对于同行评议、学生评教、教学督导等提出的改进建议,以及对学生考核成绩分析结果进行运用,对教学进行反思与改进。

(二)对学生的评价

1. 学习过程的评价

检验学生是否认真完成了老师布置的要求和任务,积极参与资料收集、课堂讨论和实地调研等教学过程,科学评价学生在学习过程中的积极性、互动性和参与度。

2. 学习效果的评价

通过平时作业、课堂讨论、资源库平台资料分析报告、随堂练习、课程论文、期末考试等多种形式,检验学生对课程思政元素的领会,以及思政教学目标的实现程度。

3. 评价结果的运用

通过师生座谈和系部教研活动等多种形式,对学生的学习效果进行科学分析,总结经验,改进不足,提升课程思政的学习效果。

五、《经济思想史》课程思政的教学素材

序号	内容	形式
1	本土化、规范化、国际化——庆祝《经济研究》创刊40周年	阅读材料
2	三次革命和三次综合	阅读材料
3	超越新古典——经济学的第四次革命与第四次综合	阅读材料
4	中美贸易争端	案例分析
5	重商主义及其当代意义	阅读材料
6	重商主义就等同于贸易保护吗?——对于重商主义理论的重新解读	阅读材料
7	中共中央国务院关于实施乡村振兴战略的意见	政策文件
8	论清末章太炎的重农主义思想——兼与法国重农学派比较	阅读材料
9	法国重农学派经济思想及对中国农业改革的启示	阅读材料
10	法国重农学派学说的中国渊源	阅读材料
11	CCTV《大国崛起》第四集 工业先声	阅读材料
12	思想史中的"斯密问题"	阅读材料
13	亚当·斯密的《道德感情论》与所谓"斯密问题"	阅读材料
14	重塑现代市场经济的人文基础——基于亚当·斯密学术思想的初步考察	阅读材料
15	价值论的革命变革——从斯密、李嘉图到马克思	阅读材料
16	马克思的《资本论》与古典政治经济学	阅读材料
17	马克思哲学与古典政治经济学:一种后现代的挑战——鲍德里亚《生产之镜》解读	阅读材料

续表

序号	内　容	形式
18	人类交换规律与人类行为准则的发展	阅读材料
19	资本与利息	阅读材料
20	政治经济学理论	阅读材料
21	纯粹经济学要义	阅读材料
22	财富的分配	阅读材料
23	政治经济学的国民体系	阅读材料
24	历史方法的国民经济学讲义大纲	阅读材料
25	国民经济、国民经济学及其方法	阅读材料
26	有闲阶级论	阅读材料
27	中共中央关于坚持和完善中国特色社会主义制度 推进国家治理体系和治理能力现代化若干重大问题的决定	政策文件
28	马克思劳动价值论与马歇尔均衡价格论的比较和思考——评近年发生的对马克思劳动价值论的批评	阅读材料
29	论新古典经济学诞生的标志	阅读材料
30	供给侧结构性改革	案例分析
31	重读凯恩斯:萧条经济学的演化生成与理论挑战	阅读材料

《经济史》课程思政教学指南

金星[1]　平萍[2]　王天恒[1]　邱士娟[2]　史歌[1]

([1] 西安财经大学　[2] 天津商业大学)

一、课程简介与课程目标

(一)课程简介

《经济史》是经济学专业必修核心课程,对经济学专业学生知识结构的完整性起着重要的支撑作用。本课程既可为其他经济学理论课程的学习提供坚实的史实基础,又可为其他应用学科的学习提供资料帮助。其包括了中国经济史和世界经济史两部分内容。中国经济史以各历史时期社会经济形态的发生、发展、演变过程为自己的研究对象,探讨传统经济的现代化过程与建立中国特色社会主义市场经济之间历史的连续性,力图揭示社会经济发展的特点及规律。中国经济史的教学内容涵盖中国经济活动从古至今的发展历程,立足于当前的经济现实,积极运用经济学理论方法分析中国经济的历史实际。世界经济史研究各个国家不同时代的生产和交换关系。即按时序描述和阐释人类社会的经济发展和制度演进;分析世界主要国家和民族经济增长的实绩、经济交往,以及各民族经济在历史上的冲突与融合。通过本课程的学习,使学生们能系统地掌握有史以来各国经济发展的脉络和各经济部门发展演变的实际状况,加深对世界经济发展历史进程的了解。

本课程综合运用课堂讲授、启发式教学、案例教学、小组合作式教学等多种教学方法,对不同国家各产业经济发展及相关经济制度安排进行教授,使学生对不同社会形态下各国各经济部门发展状态、土地、财政、金融、对外贸易制度安排等基本内容有所认识。本课程实现思想政治教育与专业教育的结合,紧紧围绕坚定学生理想信念,将价值塑造、知识传授和能力培养融入课程内容设计、教学环节组织、教学效果测评的全过程,使学生通晓社会经济及相关制度安排演进及规律,理解经济社会发展的决定因素,具有历史思维、国际化视野分析解决社会经济问题的能力,能够客观认识经济社会发展中的中国国情与特色,以及国家地区之间的差异,更加坚定理想信念、强化民族自豪感和责任担当,能够充分认识到自己所肩负的大国复兴的历史使命。

(二)课程目标

本课程为专业必修课程。通过本课程的学习,使学生能够达到以下目标:

1. 知识目标:系统掌握中国及世界其他地区国家各部门经济发展状况、相关经济制度安排及其变迁等专业基础知识与基本理论,同时能够将经济现实与马克思主义等经济学原理相联系,为其他课程提供史实基础,构建较为完整的经济理论知识体系。

2. 能力目标:具有获取知识的能力,能够掌握有效的学习方法,主动接受终身教育;具有实践应用能力,能够在社会经济实践活动中灵活运用所掌握的专业知识;能够运用专业理论知识和研究方法分析解决实际问题,具备一定的科学研究能力;具备创新精神、创业意识和创新创业能力。

3. 育人目标:坚定学生理想信念,提高民族自豪感、自信心,引导学生了解世情国情党情民情,增强对党的创新理论的政治认同、思想认同、情感认同,坚定"四个自信"。帮助学生掌握马克思主义世界观和方法论,传承中华优秀传统文化,树立和践行社会主义核心价值观。培育学生"论从史出""史由证来"的史学素养,具有运用历史思维分析处理现实问题与理论问题的能力。培养了解经济领域的国家战略、法律法规和相关政策,具备经世济民、诚信服务、德法兼修职业素养的专业人才。

(三)课程教材和资料

➤ 推荐教材

[1]《中国经济史》编写组．中国经济史[M]．北京：高等教育出版社，2019．
[2]《世界经济史》编写组．世界经济史[M]．北京：高等教育出版社，2019．

➢ 参考教材或推荐书籍

[1]侯家驹．中国经济史(上、下册)[M]．北京：新星出版社，2010．
[2]斯塔夫里阿诺斯．全球通史(第7版)[M]．北京：北京大学出版社，2017．

➢ 学术刊物与学习资源

国内外经济史各类期刊。
学校图书馆提供的各种数字资源，特别是"中国知网"。

➢ 推荐网站

专业知识学习平台：国学网——中国经济史论坛、中国经济思想史学会网。
思政在线平台学习资源库："学习强国"、习近平重要讲话数据库、中国共产党思想理论资源数据库等。
中国高校思政学习平台：中国高校思政大讲堂、这就是中国、经济大讲堂等。
思政资讯与时事资源：央视财经评论、经济信息联播、经济半小时等。

二、课程思政教学总体设计

(一)课程思政教学目标

深入贯彻落实习近平总书记关于教育的重要论述和全国教育大会精神，贯彻落实中共中央办公厅、国务院办公厅《关于深化新时代学校思想政治理论课改革创新的若干意见》，把思想政治教育贯穿人才培养体系，全面推进高校课程思政建设，发挥好每门课程的育人作用，提高人才培养质量。落实立德树人根本任务，必须将价值塑造、知识传授和能力培养三者融为一体、不可割裂。以全面提升学生专业素养、德育内涵、综合素质为驱动，注重思政德育元素和经济史知识点的有机融合，提升专业课的思政内涵，对学生进行职业教育、创新创业、爱国主义、爱岗敬业等方面的道德教育，达到润物无声的课程思政实效。以习近平新时代中国特色社会主义思想为指引，全面贯彻党的教育方针，聚焦经济社会发展及其规律，牢固树立学生的马克思主义历史观、经济观，培养学生"论从史出""史由证来"的史学素养。在专业课的教学中深入开展中国特色社会主义和中国梦教育、社会主义核心价值观教育、法治教育、职业道德教育以及中华优秀传统文化教育等，培养德智体美劳全面发展的社会主义建设者和接班人。

《经济史》课程以中国及世界其他地区国家社会经济发展及其运动规律为核心内容，学生可以掌握社会经济发展史实及基本知识，能够正确认识、评价历史与现实经济活动，能够掌握经济史研究的基本方法，了解前沿研究方向，将经济理论与经济史实相联系，正确认识评价各种经济理论观点，解决工作中存在的复杂问题，提升学生对国家经济与国际领域经济社会问题的分析能力和判断能力，充分激发学生的家国情怀与使命担当意识。

本课程加入大量的近期与未来可能产生巨大影响的经典案例与实践成果。例如通过ZH公司违法毁林事件、维新派代表刘光贲创建织布厂的故事、英国与中国明代资本主义萌芽比较分析、战后不同国家的经济增长与变革的比较等增强学生家国情怀。以"跨越卡夫丁峡谷"论、近代民族工业发展历程引导学生了解中国国情，实现政治认同。在课程中大量融入中国特色与经验，增进学生分析和解决问题的能力，引导学生增强"四个意识"、坚定"四个自信"、做到"两个维护"，把思想和行为自觉与以习近平同志为核心的党中央保持高度一致。具体而言，本课程的思政教学目标可以涉及以下十个维度：实现政治认同、增强国家认同、提升社会责任感、孕育人文情怀、加强实践创新能力、培养科学精神、增强国际理解、培养劳动意识、养成良好职业道德素养、实现价值塑造。

1. 实现政治认同

《经济史》课程以社会经济发展及其规律为主要内容，其中也会涉及经济制度变迁、发展道路选择等问题，例如"跨越峡谷"论、政府职能与市场的关系、"一带一路"倡议对世界经济的影响等，这些内容与中国特色社会主义道路紧密结合，传递坚持中国共产党领导的重要性，从而认同"中国共产党为什么能、马克思主义为什么行、社会主义为什么好"，增强学生的政治认同；引领学生充分认识中国共产党正确领导的意义和社会主义制度的优越性。

2. 增强国家认同

《经济史》课程通过对中华民族优秀文明成果的介绍,增强学生文化自信、国家认同。通过学习和比较战后不同国家经济增长与变革以及世界经济格局的演变,让学生树立"为中华之崛起而读书"的远大理想,用实际行动践行中华民族伟大复兴的"中国梦"。

3. 提升社会责任感

通过贯穿课程始终的正能量传播,帮助学生建立和强化社会责任感;通过历史人物的典型故事,使学生切身感受到心系民生、无私奉献的伟大精神,引导学生将个人价值实现与民族复兴大业相契合。

4. 孕育人文情怀

本课程注重学生人文素养提升,结合中国历代社会经济思想、经济政策实践中表现出的人文思想,培育和提升学生人文素养。例如,通过北魏"均田制"的案例,阐释其中蕴含的以人为本,尊重和保护人的生存、发展等基本人权的人文情怀。

5. 加强实践创新能力

本课程培养学生具备自主、有效、持续学习的意识和能力;具有批判性思维与求真务实的精神,具备创新实践能力和自主创业的意识。例如,通过阐述工业革命时期纺织业、采矿业、冶金业、机器制造业和交通运输业等产业的重大变化,让学生深入了解技术与人类文明的有机联系。

6. 培养科学精神

本课程注重培养学生的科学精神。让学生了解科学精神的内涵与构成要素,以及它的整体结构,引导鼓励学生尊重事实、独立思考、辩证分析、勇于探索、大胆创新。例如,在新民主主义经济思想和经济体制的确立思政案例中,引导学生理解中国共产党人勇于探索、大胆创新,以实践作为检验科学认知的标准和认识发展的动力,将马克思经典理论与中国实际相结合。

7. 增强国际理解

本课程教学中注重培养学生的国际视野与大格局意识,增强国际理解能力。同时,熟悉不同国家和地区的所有制和生产方式起源与变迁,尊重世界多元文化的多样性和差异性,理解接受不同文化,以得当的方式处理跨经济、文化事务,不断提升跨文化沟通能力。

8. 培养劳动意识

《经济史》课程强调对学生劳动意识的培养。人类财富的创造、社会的进步无不源自于人类的劳动。通过人类社会发展具体过程的分析,树立学生尊重劳动的意识,培养积极的劳动态度和良好的劳动习惯。

9. 养成良好职业道德素养

中国历代各行各业的经济活动中都有着严格的行业规范和从业道德要求,本课程在教学过程中深挖中华优秀传统文化中职业道德的内容,融合于教学过程,培养学生形成良好的职业道德素养。例如世界最早的纸币"交子"在北宋时期的出现,要求信用货币的发行者坚守良好的诚实、守信的职业道德品质。

10. 实现价值塑造

深度挖掘经济活动中典型人物的优秀思想品质,以其生平事迹感染学生,引导学生树立正确的世界观、人生观、价值观。

(二)课程思政的教学内容

《经济史》课程的思政内容可以涉及以下几方面:

1. 体现马克思主义基本原理

本课程的教学中,体现辩证唯物主义和历史唯物主义、马克思主义政治经济学以及科学社会主义的基本原理和规律,引导学生将科学的世界观、价值观、人生观、认识论、方法论、经济学规律等内化于心。例如,中国古代社会财政、货币与金融制度章节讲述中突出马克思主义的经济基础与上层建筑辩证关系,分析社会经济制度安排变迁的根本动因。

2. 解析国家战略、法律法规和相关政策

本课程在教学过程中,注重对国情、国策的介绍,使学生了解我国社会经济运行的背景与条件,理解国家战略、政策、法规。例如,"三孩"生育政策的案例中,通过介绍我国人口与生育政策变迁的关系,解析国家战略、法律法规和政策,帮助学生深刻理解国情国策、厚植家国情怀。

3. 引导学生深入社会实践、关注社会经济现实问题

本课程的教学中,围绕社会经济现实问题,通过学生自学、小组讨论、课堂讲述等多种形式教学活动,引导学生从实践中来、到实践中去,持续提高学生解决实际问题的能力。例如,通过"为实现集约经营,中国农村土地能否进行私有化?"的讨论,激发学生对经济现实问题的认知,引导学生运用历史的逻辑分析问题,切实做到经济理论与实践的紧密结合。

4. 激发学生奋进之力、增强民族自信

在本课程的教学中,重视对学生民族精神、奉献意识的培养。通过对中华民族曲折发展历程的学习激发学生为民族复兴而献身的奋发之力,通过对经济社会运动发展规律的掌握,对已被实践证明了的历史逻辑和现实逻辑的理解,增强学生的"四个自信"。

5. 传承中华优秀传统文化

中国历代的经济活动中积累了大量的宝贵文化遗产,本课程教学中,重视对中华优秀经济思想、事例的挖掘,将优秀经济思想元素融入教学过程,服务于学生的专业知识传授,提升对优秀中华文化的认同和传承。

(三)教学方法

本课程综合运用课堂讲授、启发式教学、案例教学、情景教学、小组合作式教学等多种教学方法。讲授法主要应用于基本概念、基本史实和基本理论阐述,帮助学生建构知识框架体系;案例教学、情景教学、小组合作式教学重在结合具体专业知识点实施课程思政,具体过程中注重启发式教学,以学生需求为中心,将思政元素嵌入教学内容,让学生在潜移默化中深受教育与浸染,达到润物无声的育人效果,坚决防止"贴标签""两张皮"。

三、课程各章节的课程思政教学内容设计

第一章 中国古代社会的人口、资源、环境与生产方式

专业教学目标

区域资源、环境状况是人类社会赖以生存的物质基础,直接影响着经济活动的水平。本章着重从资源禀赋、环境变迁和人口行为的分析入手,探讨中国古代生产方式的选择、发展与变迁,让学生对古代中国社会经济活动物质基础具备整体认识的基础上,深刻理解、感悟生产方式差异性的原因。

【知识目标】

1. 了解古代中国资源禀赋、环境状态、人口的分布、增长与迁徙、生产方式的基本状况。
2. 理解和掌握资源禀赋等客体要素对经济规模、经济结构及生产方式的影响。

【能力目标】

1. 通过自然资源与环境同人类经济活动的相互影响的学习,培养学生独立思考、缜密思维的能力。
2. 引导学生从现实逻辑的角度分析、理解社会经济活动,正确认识、评价不同历史阶段的经济结构、生产方式,培养学生运用史学思维分析经济问题的能力,查找、整理、分析文献资料的能力。

课程思政教学目标及实践

【育人目标】

1. 政治认同 在共产党的领导下,中国并没有照搬西方经济现代化的模式,将马克思主义理论与中国实际相结合,形成中国特色的社会主义市场经济体制。
2. 社会责任 引导学生树立绿色发展理念,增强生态文明意识,从自我做起、从小事做起,积极承担社会责任。
3. 国家认同 通过对我国现实社会经济活动中具体情况的掌握,使学生了解国家战略、法律法规及相关政策的制定及变化。

【教学方式与方法】

1. 自主学习:线上查找、学习相关基础知识点,线下自主阅读文献资料,撰写心得体会。以此培养学生

自主学习、独立思考的能力。

2. 课堂讲授:通过讲授相关史实、知识的主要观点和内容,明晰重点,理清知识结构,实现学生知识目标的达成。

3. 课堂展示与讨论:学生展示根据教学素材整理分析的相关报告、小组讨论。在学生对于资源环境、人口政策等问题的讨论中引导学生感悟其中蕴含的思政元素,实现政治认同、国家认同,增强社会责任感,达成育人目标。

【课程思政教学实例】

案例材料 1:ZH 公司违法毁林事件及启示

(1)案例简介

小兴安岭位于黑龙江省北部,它不仅是一些重要河流的发源地,更是东北天然生态屏障,在保障国家生态安全中具有重要的战略地位。按照我国森林法规定,自然保护区的林木禁止采伐,同时,法律还规定禁止毁林开垦。但是,中央生态环保督察组却发现,ZH 公司长期违规将林地出租用于人参种植。"2016 年以来,毁林种参面积达 16342 亩,涉及山口保护区内约 2729 亩,其中,核心区 1718 亩、缓冲区 316 亩、实验区 695 亩。"ZH 公司违法种参致使小兴安岭生态环境遭受严重破坏,甚至防火通道也被种上了人参。

资料来源:法制日报法治网,环保督察公开案例涉及多地生态破坏,2022－01－07. http://www.legaldaily.com.cn/government/content/2022－01－07/content_8654269.htm.

(2)案例的思政元素

①可持续发展理念。资源环境与人类经济活动之间存在着作用与反作用的关系,过度的开采利用对资源和生态环境造成不可逆的破坏最终将制约人类社会的长期发展。引导学生敬重自然之心,正确处理人与自然关系。

②社会责任。引导学生树立绿色生活方式理念,从小事做起、勤俭节约,承担维护可持续发展的社会责任。

(3)教学手段

①课堂讲授:重点讲授资源环境与人类经济活动的作用及反作用关系的内容。在对史实、理论阐述的基础上,使学生理解遭到人类经济活动破坏的生态环境会反过来深刻影响人类的生活和生产活动。增强学生环保意识与社会责任感。

②分组讨论:以"自身所遭受的生态环境破坏的影响有哪些?我自己能为生态环境保护做些什么?"为题进行课堂讨论活动。在讨论过程中引导树立绿色生活方式的理念。

③学习测评:讨论结果现场点评、打分,给予学生自评、互评一定打分权重,实时反映学习效果,激发学生课堂参与积极性。

案例材料 2:"三孩"生育政策——我国生育政策的变化

(1)案例简介

2022 年 8 月 1 日,《求是》杂志刊发署名为中共国家卫生健康委党组的文章《谱写新时代人口工作新篇章》。文章指出,新时代我国人口发展面临着深刻而复杂的形势变化,人口负增长下"少子老龄化"将成为常态。具体表现为:总人口增速明显放缓、生育水平持续走低、老龄化程度加深、家庭小型化、区域不平衡。

为积极应对当前复杂的人口问题,2021 年 6 月,中共中央、国务院印发《关于优化生育政策促进人口长期均衡发展的决定》,对做好新时代人口工作作出全面部署,实施三孩生育政策及配套支持措施。这是在 2016 年我国已实施"全面放开二孩"的生育政策基础之上,生育政策的进一步放宽。这是我党在分析具体国情后,将马克思主义人口理论与我国当代的人口发展实践相结合的体现,也是我国社会主义经济社会建设的需要。

资料来源:求是网,谱写新时代人口工作新篇章,2022－08－01. http://www.qstheory.cn/dukan/qs/2022－08－01/c_1128878530.htm.

(2)案例的思政元素

国家认同。通过分析中国人口变化趋势,揭示国家生育政策调整依据,将马克思主义的人口理论与我国人口发展情况及规律相结合,引导学生正确认识国情、了解国策。

(3)教学手段

①多维融合:将理论、事实、思政等内容进行多元融合,引导学生使用马克思主义人口理论分析中国人口生育政策的变化,提升理论运用能力的基础上,增强学生对国情、国策的了解。

②主题发言:学生针对我国人口问题发表自己的看法,激发学生关注民生、关注社会热点问题的热情,提升分析判断能力。

③App辅助教学:使用"学习通"教学App,让学生针对不同观点进行表态,提升学生认知,激发学习兴趣。

案例材料3:"跨越卡夫丁峡谷"

(1)案例简介

马克思在给俄国革命学者查苏利奇的复信中指出,俄国可以不通过资本主义制度的卡夫丁峡谷,而吸取资本主义制度所取得的一切肯定成果,直接进入社会主义社会。同俄国、印度等国家一样,中国传统社会是一种典型的亚细亚生产方式。亚细亚生产方式的特点是土地归国家所有,国家对人民实行租税合一的"超经济"剥削,而且国家还承担公共设施、水利工程等大型公共工程建设。这一切使得政府在社会生活中具有强大的职能,与西欧社会有着很大的不同。马克思晚年通过对人类古代社会研究成果的吸收与研究,开始认识到东西方历史的差别,对东方社会及其前景的看法发生了变化,这为东方国家走上自己独特的发展道路奠定了理论基础。中国特色社会主义道路正是马克思主义的中国化。

资料来源:王向远.近三十年来我国"理论东方学"的主流形态——从"亚细亚生产方式"到"马克思东方社会理论"和"马克思主义东方学"[J].人文杂志,2020(04):1-10.

(2)案例的思政元素

①政治认同。将"跨越峡谷"论嵌入"古代中国的生产方式"的教学内容中,通过亚细亚生产方式的介绍和"跨越峡谷"论的阐述,使学生理解中国共产党将马克思理论与具体中国革命实践相结合,以此增强学生对中国特色社会主义道路的政治认同。

②科学精神。中国特色社会主义理论来自中国共产党人不迷信权威、求真务实、不懈探索的科学精神。

(3)教学手段

①课前提问与讨论:课前布置阅读任务,让学生对亚细亚生产方式、马克思东方社会理论等有初步认识。通过课前提问与讨论了解学生掌握情况。

②自学辅导:对学生回答问题及讨论情况给予补充和总结,向学生阐述清楚相关知识、理论。培养学生基于历史传统分析问题的能力,增强政治认同、道路自信。

第二章 中国古代社会农业经济

专业教学目标

农业历来是中国社会最基本的生产部门,要理解古代社会的经济运行模式,就必须了解农业的发展状况。本章介绍古代社会农业的起源与发展、国家的农业政策措施、土地制度与租佃关系,阐述中国古代农业的发展历程,分析影响其发展的因素,让学生对古代中国社会农业经济活动及其成就具有全面、整体性的认识,提升学生民族自信,激发爱国情怀。

【知识目标】

1. 学生了解农业的起源与发展、国家的农业政策措施、土地制度与租佃关系。
2. 理解和掌握中国古代农业的发展历程、影响其发展的因素。

【能力目标】

1. 通过对中国古代国家农业政策措施内容的自主学习,培养学生独立学习的能力。
2. 在对中国古代社会地权关系及其变动的学习基础上,引导学生探究土地所有制演变的原因,培养学生发现问题、分析问题、解决问题的能力。
3. 通过对中国古代社会租佃制度产生条件及租佃关系的发展演变的学习,培养学生多维度、深层次分析问题的能力。

课程思政教学目标及实践
【育人目标】
1. 文化自信　中国古代社会农业经济在多方面取得了令人瞩目的成就,远超同时期世界其他地区,通过这些知识内容增强学生民族自信、文化自信。
2. 社会责任　通过历史人物事迹的案例,积极引导学生树立无私奉献、爱国、敬业的社会主义核心价值观,增强社会责任感。
3. 劳动意识　中国古代文明的成就来自于人民的劳动,培养学生尊重劳动、热爱劳动的思想品质。
4. 人文情怀　挖掘中国古代社会经济活动中丰富的人文情怀,教书与育人相结合,提高学生人文素养。

【教学方式与方法】
1. 自主学习:对于国家农业政策措施部分理论性不强的内容,由学生根据兴趣自己设计学习目的和内容,在知识目标达成的基础上提升学生独立学习的能力。
2. 课堂讲授:中国古代社会地权分配与租佃关系的内容进行重点讲授,帮助学生准确理解掌握土地所有制、租佃关系的类型与演变原因,完成知识目标的达成。
3. 情景式教学:运用多媒体课件、网络视频资源向学生展现中国古代农业发展及成就,通过直观的感受增强学生民族自豪感和文化自信,现实育人目标。

【课程思政教学实例】
案例材料1:古代中国农业经济的成就及启示
(1)案例简介
中国古代农业经济起源早、发展完善,领先于同时期世界其他地区,取得了令人瞩目的辉煌成就,为世界农业经济发展做出了巨大贡献。首先在其发展过程中驯化、培育了大量的野生动植物。据统计,目前世界上1200种栽培植物中有200种直接发源于中国。其次,中国传统农业在利用土地、保持地力方面创造了当时世界最高水平。在中世纪欧洲盛行两圃制和三圃制时,我国早已采用两年三熟制、一年两熟制甚至一年三熟制的连作制了。再次,在粮食亩产和投入产出比上,中国也远高于同时期的欧洲社会。据汉代《氾胜之书》和东晋贾思勰《齐民要术》记载,此时我国农业生产投入产出比已达几十倍甚至上百倍,而欧洲直至中世纪一般收获量最好的年成也不过六倍左右。此外,中国古代农业还积累了丰富的生产经验,编著了大量农书,使我国成为世界上农业典籍最丰富的国家。

资料来源:王玉茹. 中国经济史[M] 北京:高等教育出版社,2008.

(2)案例的思政元素
①文化自信。从四个方面介绍我国古代社会农业经济发展成就,并与同时期世界其他地区进行比较,以此增强学生民族自豪感与民族自信,激发爱国情怀,实现文化自信。
②劳动意识。千百万人民的辛勤劳动创造了中国辉煌农业成就,让学生认识到劳动创造财富、劳动创造文明。

(3)教学手段
①情景式教学:运用多媒体课件、网络视频资源,向学生展示中国传统农业取得的成就,加强感性认知。
②课堂讲授:通过对中国古代农业发展阶段及状态的讲授,使学生清晰农业发展的历程,能从整体上把握农业发展全貌。
③主题讨论:运用"学习通"App进行"中国古代农业取得辉煌成就的原因"的主题讨论,进行深度学习,培养问题意识。

案例材料2:李冰父子修建都江堰
(1)案例简介
都江堰水利工程修建于公元前256年战国时期,位于四川成都平原西部都江堰市西侧的岷江上,其以年代久远、无坝引水为特征,是世界水利文化的鼻祖。都江堰水利工程的修建不仅彻底消除了水患问题,而且为当地百姓提供了丰沛的生产、生活用水,时至两千多年后的今天仍然发挥着作用。为完成这巨大的水利工程,李冰先对岷江流域进行了全面的考察,几次深入到高山密林,追踪岷江源头,掌握了大量、翔实的一手材料。在此基础上,结合自己丰富的治水经验和水利知识,制定科学的工程方案。为彻底消除水患,就必须凿开玉垒山。为此,李冰父子亲自带领指挥民工,在玉垒山凿开了一个20米宽的口子,然后在江心用构筑分水堰的办法把江水分为两支。工程完工后,他还为工程的维护和长久使用制定了一系列的维修和监控办法,为此耗尽了心力。李冰一心为百姓谋福利,李冰父子几百年来一直受到四川人民的崇敬,被尊称为川主,四川各地修建二王庙,表达百姓对他的怀念。

资料来源:李思群. 建堰治水造福万代的李冰父子[M]. 长春:吉林人民出版社,2011.

(2)案例的思政元素

①社会责任。在中国古代国家的农业政策措施中嵌入李冰父子修建都江堰水利工程的故事,使学生从中感受到历史人物伟大的奉献精神和爱国情怀,培养学生爱岗敬业、服务社会的奉献精神,主动作为、履职尽责的社会责任感。

②实践创新。通过都江堰水利工程的修建,引导学生感知人类在征服自然过程中分析复杂问题、制定合理解决方案、勇于付诸行动的实践创新精神。

③价值塑造。个人价值的实现程度主要取决于对社会所做的贡献的大小,而不在于对社会索取的多少,通过案例人物事例培养学生正确的人生观、价值观。

(3)教学手段

①翻转课堂:学生提前对农业政策措施部分内容进行自主学习,教师通过课堂提问、课堂讨论等形式检查学生掌握情况,并针对存在问题进行辅导。

②课堂师生互动:网络视频资源、文献资源为翻转课堂提供支架;课堂师生互动、生生互动,师生思辨讨论实现课堂高阶性、高效性。

③学习测评:对学生课堂发言、回答问题情况进行评价、计分。

案例材料3:北魏"均田制"及其启示

(1)案例简介

北魏政权建立之初,由于连年的战争破坏,人民流离失所,土地荒芜,经济凋敝。孝文帝太和九年(公元485年)颁布均田令。均田制是政府将国有土地按人口数量及类别分配给无地少地的小农耕作,使土地与劳动力有效结合,发展农业经济,保证国家税赋,维护社会稳定和封建统治的一项土地制度。北魏时期基本的授田制度是凡年满15岁以上男子,每人授露田80亩(正田40亩+倍田40亩)、桑田20亩,女子每人授露田40亩(正田20亩+倍田20亩)。露田有授有还,桑田可作为永业田,但限制买卖。在不宜种桑的地区,男子每人授麻田10亩,女子5亩。除此之外,奴婢、耕牛也可授田,不得买卖。新定居的民户还可以分得少量宅田。均田制对于北魏促进经济的发展、抑制土地兼并、维护社会稳定等起到了极大的积极作用,该项土地制度一直被延续到唐代中叶。

资料来源:《魏书·食货志》。

(2)案例的思政元素

①人文情怀。在学生了解土地兼并产生的社会影响,佃农的悲惨处境基础上,通过对均田制的理解、掌握,使学生从中体会、感悟其中蕴含的追求社会公平、以人为本,保证人的生存、发展等基本人权的人文情怀。

②科学精神。通过引导学生对于均田制度历史作用的客观评价,培养学生尊重事实和证据,有实证意识和严谨的求知态度,能运用科学的思维方式认识事物。

(3)教学手段

①课堂讲授:对土地兼并及其影响、租佃关系的发展过程进行重点讲授,为学生对其后知识的理解和掌握奠定基础。

②小组任务:以"北魏均田制产生背景、内容、作用及其启示"为题布置小组任务,按组进行课堂汇报展示。一方面培养学生自学能力,另一方面引导学生体会、感悟均田制中蕴含的人文情怀,提升学生的人文素养。

③知识测评:运用"学习通"App对本章知识进行测评,巩固学习效果。

第三章 中国古代社会工商业的发展

专业教学目标

本章旨在理清中国古代工商业发展状况以及制度安排,进而揭示这些制度形成、发展乃至衰落的必然性,使学生了解这些制度与中央集权制国家制度之间的关系。

【知识目标】

1. 了解中国古代社会工商业发展状况及成就。
2. 掌握中国传统社会主要的工商业制度安排及其作用。
3. 了解中国古代社会对外贸易交流与主要对外贸易制度。

【能力目标】

1. 通过主要工商业制度及其作用的学习讨论,培养学生发现问题、探究问题的科学研究能力。
2. 通过对民族贸易、对外贸易知识的学习,培养学生掌握有效学习方法,获取知识的能力。

课程思政教学目标及实践

【育人目标】

1. 政治认同　建立和维护国家统一,有利于社会经济的发展。因此,我们既要运用发展成果夯实国家安全的实力基础,又要善于塑造有利于经济社会发展的安全环境。唯有发展和安全同步推进,方能行稳致远。

2. 文化自信　中华民族的文化自信,来源于中华优秀传统文化中所蕴含的强大文化基因。这些文化基因在悠久的历史进程中跨越千年而生成并不断进化,是在历史长河中大浪淘沙保留下来的精华,是一代又一代中国人薪火相传的优良品质,它们决定着中华民族的文化特性。这些优秀的文化基因,在古代丝绸之路上曾结出硕果、大放异彩,如今"一带一路"倡议的提出,是中华优秀传统文化基因的又一次精彩绽放。

【教学方式与方法】

1. 课前学习:学生阅读与中国古代工商业发展相关的资料,提升自主学习的能力。
2. 课堂启发引导:知识讲授注重以问题为导向,在对主要工商业制度安排基础知识讲授基础上,引导学生探究其作用影响,实现知识目标的同时提升学生分析能力。
3. 课堂展示与讨论:学生展示与中国古代工商业发展的相关报告并讨论相应政策启示,教师给予评论和总结。

【课程思政教学实例】

案例材料1:"一带一路"倡议的影响及启示

(1)案例简介

"一带一路"是"丝绸之路经济带"和"21世纪海上丝绸之路"的简称,2013年9月和10月由中国国家主席习近平分别提出建设"新丝绸之路经济带"和"21世纪海上丝绸之路"的合作倡议。"一带一路"倡议经济区开放后,承包工程项目突破3000个。2015年,中国承接"一带一路"倡议相关国家服务外包合同金额178.3亿美元,执行金额121.5亿美元,同比分别增长42.6%和23.45%。2016年6月底,中欧班列累计开行1881列,其中回程502列,实现进出口贸易总额170亿美元。截至2022年5月27日,中国已与150个国家、32个国际组织签署200多份共建"一带一路"合作文件。

资料来源:新华社,我国已与145个国家、32个国际组织签署200多份共建"一带一路"合作文件. http://www.news.cn/silkroad/2022-10/16/c_1127965185.htm.

(2)案例的思政元素

①国家认同。伴随着"一带一路"倡议的稳步推进,中国同沿线国家之间的经济联系日益紧密,中国经济的国际影响力在越来越多的国家得到认可。"一带一路"使更多国家搭乘中国经济高速发展的快车,也更加深刻感受到了中国经济快速发展给本国带来的好处。

②文化自信。优秀传统文化积聚了中华民族深埋骨血中的独特气质和精神追求,使我们能够在"一带一路"建设的交流互动中拿得出多种多样的文化资源,不断丰富和创新文化交流的内容与形式,无论与哪一国进行交流互动都能找到共同之处,并使文化交流底气十足。

(3)教学手段

①课前导入:使学生了解中国有着深厚的历史传统和丰富的文化资源,同时保持着吸收各国文明优质

营养的胸襟。

②翻转课堂:师生共同讨论"一带一路"倡议对我们的启示,结合案例激发学生爱国情怀和文化自信心。

③学习测评:现场点评学生关于"一带一路"倡议对我国和世界经济发展意义的讨论。

案例材料 2:"中国—东盟自由贸易区"的影响和启示

(1)案例简介

1997 年 12 月,中国和东盟领导人在首次东盟—中国领导人非正式会议上确定了建立睦邻互信伙伴关系方针。2002 年 11 月,第六次中国—东盟领导人会议在柬埔寨首都金边举行,决定到 2010 年建成中国—东盟自由贸易区。这标志着中国—东盟建立自由贸易区的进程正式启动。中国—东盟自贸区是中国对外商谈的第一个自贸区,也是东盟作为整体对外商谈的第一个自贸区,建成后的自贸区将覆盖 1300 万平方公里,惠及 19 亿人口。

资料来源:新华社,中国—东盟自贸区:"黄金十年"塑造世界经贸新格局. http://www.xinhuanet.com/world/2020-07/11/c_1126225221.htm.

(2)案例的思政元素

①政治认同。中国和东盟携手并进取得丰硕合作成果,双方都是自由贸易和多边主义的重要推动力量,对增进区域内相互理解和信任,维护和平与稳定作出重要贡献。

②国际理解。中国—东盟自由贸易区的建立,将更好地促进区域内各国之间的人才流、物流、资金流和信息流,更加有效地促进区域市场的发展,创造更多的财富,为区域内各国人民谋求福祉,增强了我国对东南亚地区的影响力。

(3)教学手段

①课前导入:让学生了解对我国而言,建立中国—东盟自由贸易区将有利于加强我国与东盟国家的政治、外交和经贸关系,有利于实现我国出口市场多元化战略,拓宽出口渠道,扩大经济发展的空间。

②翻转课堂:师生共同讨论"中国—东盟自由贸易区"的建立对我们的启示。结合案例激发学生的政治认同和国际视野。

③学习评测:现场点评学生关于"中国—东盟自由贸易区"建立意义的讨论。

第四章 中国古代社会的财政与金融

专业教学目标

本章旨在通过对中国财政、货币、金融制度安排及变迁的学习,要求学生了解中国古代财政、货币、金融制度的发展脉络,认识中国古代国家行为对社会经济发展的影响。

【知识目标】

1. 了解财政收入制度安排。
2. 了解货币形态的变迁。
3. 了解古代社会的借贷活动。

【能力目标】

1. 能够从"诺斯悖论"的角度分析中国古代国家财政分配活动与社会经济发展的关系,培养学生辩证思维的能力。
2. 能够对财政收入制度安排的变迁原因作出分析,提高学生实践应用能力。

课程思政教学目标及实践

【育人目标】

1. **政治认同** 在掌握中国古代社会税收结构、税收制度演变知识的基础上,通过我国政府实行的免除农业税收及其他减轻农民负担的政策措施实现政治认同。

2. **文化自信** 交子在千年之前出现,不仅是当时社会经济发展的必然,也是中国人民的智慧创造与中华文明对人类文明的一个重大贡献,更是货币信用史上的一次成功实践。

3. **职业道德** 从中国古代社会金融业高度发达的原因分析中,引导学生认知职业道德素养的重要性。

【教学方式与方法】
1. 课前学习:线上学习中国古代社会的财政与金融相关知识点,线下自主学习相关资料,撰写总结报告。
2. 课堂讲授:讲授中国古代社会的财政与金融的历史演变。
3. 课堂展示与讨论:讨论中国古代社会财政与金融的发展对于目前经济政策的启示。

【课程思政教学实例】
案例材料1:"交子"的影响和启示
(1)案例简介
中国是世界上使用货币较早的国家。到北宋时期,我国出现了纸币——交子。众所周知,大宋交子是货币第一次纸币化发行,是中国乃至全球金融业最重要的创新。交子的出现,无论是对经济社会的发展,还是人们的日常生活,都产生了不可估量的作用。此外,交子作为我国乃至世界上发行最早的纸币,在印刷史、版画史上也占有重要的地位,其历史与现实意义不亚于中国的四大发明。

资料来源:搜狐网,推动交子申遗、讲好交子故事. https://www.sohu.com/a/516008737_387251.

(2)案例的思政元素
①文化自信。本案例内容将古代纸币"交子"这一发明与《经济史》课程中"古代货币的发展"教学内容相结合,阐明了在我国一千多年前的宋朝,经历了一段商贸业较为发达的时期,货币也在当时实现了快速进步。让学生铭记这些引以为豪的历史,引导学生树立文化自信。

②职业道德。"交子"的出现关键在于发行纸币的钱庄必须有高度的信誉和强大的经济实力作后盾。诚信是现代社会经济运行的基础,更是金融行业开展经济活动的一项基本准则。

(3)教学手段
①课前导入:让学生了解纸币的发明是中国乃至世界发展史上的重大创新,无论是经济社会发展,还是人们日常生活所需,纸币的使用都产生了积极作用。

②翻转课堂:师生共同讨论交子的发明对中国和世界发展的影响。

③学习测评:现场对交子对中国和世界影响的讨论进行点评。

案例材料2:取消农业税的启示和意义
(1)案例简介
2005年12月29日,十届全国人大常委会第十九次会议决定,自2006年1月1日起废止《中华人民共和国农业税条例》。自此,国家不再针对农业单独征税,一个在我国存在了2600年的古老税种宣告终结。附加在农业税上的一系列地方性收费也一并取消。农业税及各种附加收费的取消,根本性地扭转了农民负担过重的状况,给亿万农民带来了看得见、摸得着的实惠。

资料来源:新华网,新中国峥嵘岁月——废除农业税. http://www.xinhuanet.com/politics/2019-11/14/c_1125230745.htm.

(2)案例的思政元素
①家国情怀。本案例将农业税的废除与《经济史》课程中"我国财政制度"的教学内容相结合,从取消农业税的影响及启示等方面做案例分析与课程内容相结合,以此引发学生的深入思考,让学生实时了解国家政策,国家实力,增强民族自豪感和荣誉感。

②政治认同。从国际上看,当一个国家经济发展到一定程度,无一例外地要对农业实行零税制,并给予相当的财政补贴。在经济全球化的宏观背景下,中国取消农业税,采取"少取、多予、放活"的政策,无疑顺应了时代的要求,适应了世界经济一体化的发展形势。

(3)教学手段
①课前导入:使学生了解到农业税的取消,是对农村生产力的又一次解放,给亿万农民带来了实实在在的利益,极大地减轻了农民的负担,调动了农民的积极性,是中国数千年农业史上前无古人的创举。取消农业税不仅有利于中国经济的可持续发展,也是实现社会公平正义的要求。

②翻转课堂:师生共同讨论取消农业税对农民带来的实惠以及对我国经济发展的意义,激发学生的家国情怀和政治认同。

第五章　近代中国的经济发展

专业教学目标

通过对中国近代经济状况及其发展的学习,帮助学生了解中国经济近代化的起源和背景,认识中国近代工业化的起步和发展;帮助学生了解在被动开放国门时中国在世界经济格局中的地位;帮助学生掌握中国经济结构的变化与金融业发展。

【知识目标】

1. 中国经济近代化的初始条件,如何从外部环境和内部条件两个方面来进行分析。
2. 世界市场对中国经济的影响。
3. 中国经济近代化的路径选择。
4. 中国近代经济结构的发展变化历史。

【能力目标】

1. 培养学生学会用内外因相结合的观点去分析问题的能力,在认识事物发展变化时,不仅要看其内部矛盾变化,也要关注外部环境影响。
2. 培养学生用历史唯物主义的哲学方法去看待国家近代经济发展历程的能力。

课程思政教学目标及实践

【育人目标】

1. 政治认同　帮助学生了解近代民族资本主义经济的发展历程,理解"为什么资本主义在中国走不通?"。
2. 社会责任　以近代中华民族工业发展的代表人物救亡图存,实业救国的感人故事,引导学生爱党爱国,激励学生刻苦学习,投身国家经济建设。
3. 国家认同　以西方列强打压民族资本主义发展的典型历史事件为切入点,引导学生牢记中国近代发展中的屈辱历史,不懈奋斗实现中华民族伟大复兴。

【教学方式与方法】

1. 自主学习:鼓励学生结合本章内容进行课前自主学习,通过线上资源和线下查阅史料,了解中国近代经济的发展历史,对本章学习知识点形成初步认知。
2. 课堂讲授:教师在课堂中系统讲授中国近代经济发展的主要内容,在其中插入案例引导学生深入了解中国近代民族资本家创办实业的艰难历程,以此鼓励学生学习其爱国精神;在近代民族手工业发展教学中引导学生探索"资本主义为何在中国走不通?"的原因。
3. 课堂展示与讨论:布置相关讨论题目,学生以小组为单位收集资料,引导学生利用内外因相结合的方法或历史唯物主义观点去分析问题,培养学生认识问题、分析问题的能力。

【课程思政教学实例】

案例材料1:近代中国手工业发展历程及启示

(1)案例简介

第二次鸦片战争后,西方资本主义国家在中国大量销售洋布,其在幅宽、质量和价格上都具有优势,对国内手工作坊生产的土布造成了较大冲击。由于洋务派的倡导,官方引进西方技术,开设工厂较多。随后,政府鼓励民间设厂,抵御西方资本入侵。陕西维新派代表人刘光蕡,感于国家贫弱,有志创办实业,试图在民间集股20万筹办"陕西保富机器织布局"。后来因民间集股失败,他又邀请时任刑部侍郎的赵舒翘作为担保向北京豫丰银号借银,而赵出于反对维新变革的目的拒绝了此事,织布厂最终筹建失败。刘光蕡只能购买几台轧花机器,创办了一家小型轧花厂。

中国进入世界市场后,传统手工业受到国外机器生产的冲击逐渐衰落。民办织布厂购买国外的织布机器进行棉纺织生产,开拓了近代棉纺织工业的先河,但同时又具有官办工业的封建性、低效化。

资料来源:任昉."中学为体,西学为用"的典型——刘光蕡墓志述评[J].中国青年政治学院学报,1999(02):57—60.

(2)案例的思政元素

①政治认同。近代民族手工业在西方机器生产的冲击下,在封建势力的影响下寻求变革。

②社会责任。引导学生学习近代民族手工业创办者在积贫积弱的旧中国,艰难寻求救亡图存之路的

民族精神,肩负起当代青年的责任,为实现中华民族伟大复兴不懈奋斗。

(3)教学手段

①案例+讨论+知识点+思政:教师介绍案例,并结合案例中的历史背景、创办民族手工业工厂的种种困难,抛出讨论问题"中国近代手工业为何没有发展成为大工业生产?"。教师带领学生结合案例,讨论国内手工业发展中存在的困难,引入知识点:国内手工业生产向机器大工业生产进化,以及传统手工业为何没有全部发展成为近代工业。并且在授课中引导学生学习在近代民族手工业发展中不断探索强国道路的民族精神。

②学习测评:现场点评讨论结果,再次回顾知识点。

案例材料2:近代中国民族资本主义发展中存在的问题及启示

(1)案例简介

民族资本主义近代工业出现于19世纪70年代,但除了广东的缫丝厂外,都是19世纪80年代才有所发展。首先出现的是船舶修造业、缫丝业,继有火柴、造纸、印刷等业兴起,他们属于小厂,创业资本仅数千两,最多不过数万两,仅一家丝厂达10万两。进入19世纪90年代,设厂增多,并有轧花、棉纺织厂,资本二三十万两者已不罕见,更有达50万两者。然而比之洋务企业,仍属小型,技术设备亦多因陋而就简。

从摘编中看到近代民族工业发展中存在以下问题:与洋务企业相比资金规模较小;主要以轻工业为主,重工业发展滞后;技术和管理水平落后,生产机械化程度低。

资料来源:许涤新,吴承明.中国资本主义发展史[M].北京:社会科学文献出版社,2007.

(2)案例的思政元素

①政治认同。从民族资本主义经济的发展问题出发,帮助学生去理解"为什么资本主义在中国走不通?"。

②国家认同。引导学生牢记中国近代发展中的屈辱历史,为实现中华民族伟大复兴不懈奋斗。

(3)教学手段

①课前自学:学生结合问题"为什么资本主义在中国走不通?",进行课前自学,查阅资料,梳理答案。

②案例教学法:教师介绍案例,与学生结合案例利用内外因分析法讨论中华民族工业发展走向衰败的自身原因和外部原因,以帮助学生深入理解中国近代化路径的选择知识点。讨论外部原因时,引导学生牢记中国近代发展的屈辱历史,刻苦学习,实现中华民族伟大复兴。

③启发式教学法:组织学生结合学习知识点和分析方法,进一步回答"为什么资本主义在中国走不通?",引导学生理解只有社会主义才能救中国,这是一百多年来中国近现代历史发展得出的必然结论。

④学习测评:根据学生讨论考查学生对分析方法的掌握情况,教师点评总结,让学生及时了解自己的学习效果。

第六章 当代中国经济的发展

专业教学目标

本章着重阐述新中国成立后经济现代化道路的选择、中国特色社会主义道路的探索与实践及中国经济社会全面发展的成就,使学生理解中国特色社会主义道路的必然性,掌握经济建设的成功经验,树立社会主义事业发展的信心。

【知识目标】

1. 掌握新中国成立初期的基本国情,理解中国经济现代化的道路选择。
2. 掌握在中国共产党领导下,我国经济建设取得的成就,产业结构的升级和经济体制的转变。

【能力目标】

1. 通过对新中国成立初期,中国对经济现代化道路的选择内容的学习,培养学生运用历史的逻辑、现实的逻辑思考和看待问题的能力。
2. 通过对中国在不同阶段经济体制、经济发展战略转变的学习,培养学生实践应用能力,能将马克思理论与中国实际相联系,分析、处理中国问题。
3. 通过对中国共产党探索中国特色社会主义道路过程的学习,培养学生勇于探索、求真务实的创新实践能力。

课程思政教学目标及实践

【育人目标】

1. 政治认同　中国在短时间内摆脱了贫困落后的状态,一跃而成为世界第二大经济体,经济社会全面发展,都得益于在中国共产党领导下对中国特色社会主义道路的伟大探索和实践。

2. 社会责任　将个人前途与国家命运结合起来,为国家经济社会建设贡献力量。

3. 科学精神　通过分析中国新民主主义经济思想探索和经济体制建立的过程,揭示共产党人求实、创新、理性思维的科学精神,增强学生客观理性分析问题能力,培养学生科学精神。

【教学方式与方法】

1. 自主学习:对当代中国农业、工业发展的内容由学生自己确定学习目的和内容,培养学生搜集、整理、分析资料的能力。

2. 课堂讲授:重点讲授中国经济体制的转变、政府的职能与作用等内容,完成知识目标达成。

3. 课堂展示与讨论:学生根据布置的学习任务、讨论主题等进行相关报告、讨论,运用教学案例融合思政元素,现实育人目标。

【课程思政教学实例】

案例材料1:新民主主义经济思想和经济体制的确立及启示

(1)案例简介

"新民主主义经济"是指在社会主义性质的国营经济主导下,国营经济、合作经济、个体经济、私人资本主义经济和国家资本主义经济多种经济成分并存,实行政府计划管理与市场条件相结合的一种过渡经济。新民主主义经济有利于调动各方面积极性极大地解放了生产力,使得国民经济迅速恢复和发展起来,是我党将马克思经典理论与中国国情相结合的产物,是马克思主义的中国化。体现了我党务实、求真的科学精神、创新精神。

(2)案例的思政元素

①科学精神。通过新民主主义经济思想的形成、新中国成立后新民主主义经济体制的建立过程,培养学生理性思维的能力,具备求真精神,能正确运用马克思主义基本原理和方法。

②政治认同。通过中国共产党新民主主义革命的成功实践,使学生了解党的历史和光荣传统,热爱党、拥护党的意识和行动,实现政治认同。

(3)教学手段

①课堂讲授:重点讲授建国初期国内外复杂、恶劣的基本环境和新民主主义经济思想形成和确立的过程,为其后的教学活动提供知识背景。

②多维融合:将知识、案例、思政进行多元融合,通过新民主主义经济体制建立过程具体分析,使学生了解党的光荣历史和传统。

③知识测评:通过"学习通"教学App对所学知识点进行检测,巩固知识。

案例材料2:美国"芯片法案"的出台及其启示

(1)案例简介

北京时间2022年8月9日,美国总统拜登签署《2022年芯片和科学法案》。这部法案的主要内容包括向美国半导体公司提供520亿美元的补助,以及为期四年的25%税收抵免,鼓励企业在美设厂。获得补助和抵免税收的企业被要求10年内不得扩大对华投资。与此同时还欲与日本、韩国及中国台湾组成"芯片四方联盟",施压他国企业限制向中国出口光刻机等半导体设备。美国这一切所为根本目的在于围堵中国高科技产业的发展,阻碍中国产业转型升级,遏制中国发展。

(2)案例的思政元素

①实践创新。通过美国实施"芯片法案"对中国经济发展进行"卡脖子"的案例分析,使学生认识到自主创新才是我国技术进步的根本途径,引导学生正确认识技术与人类文明的有机联系,激发掌握技术的兴趣和意愿。

②社会责任。使学生认识到中国在社会经济发展中所面临的复杂外部环境,激发学生捍卫国家主权、

国家利益的责任感,将个人价值实现与科技兴国战略相结合,积极引导学生树立无私奉献、勇于担当的精神。

(3)教学手段

①多维融合:将知识、时政、思政多元素融合于教学过程,向学生介绍美国"芯片法案"及其性质,让学生了解当前复杂的国际形势,认识自主创新是我国科学技术进步的根本途径。

②主题讨论:以"中国如何应对美国的技术封锁?"为题,展开课堂及课后的线上讨论,引导学生关注社会热点问题,激发学习兴趣。

第七章 古代奴隶制和封建制经济

专业教学目标

在古代,东方和西方的社会经济生活呈现不同的特色。本章首先介绍了以亚细亚生产方式为基础的东方专制主义和普遍奴隶制,以及希腊和罗马为代表的西方城邦奴隶制。第二部分阐述古代东方国家的封建经济和古代西方国家的封建经济的形成、发展和演变。第三部分介绍公元1500年以前,世界形成了几大贸易区,东西方之间的贸易交流有所发展。本章的重点是比较东西方古代经济的不同特点,从文明源头上理解东西方不同的历史道路。

【知识目标】

1. 学生了解第一次农业革命的起源及其对奴隶制产生的影响。

2. 学生通过对古希腊、古罗马社会经济发展及经济制度的学习,掌握古代西方社会经济形态演变的路径。

3. 学生了解西欧封建社会土地关系、庄园经济的形成及组织特征、西欧工商业的发展及其组织变迁。

4. 学生通过对古代世界各个地区相互之间的贸易活动,了解东西方贸易源远流长的历史,并强调古代世界贸易的作用及贸易制度。

【能力目标】

1. 通过对古代东西方不同生产方式的介绍,培养学生辩证思维能力,从思辨的角度分析当代东西方国家经济、政治、文化差异产生的原因,了解世界文明进程。

2. 通过对中国封建制历史的讲授,了解古代中国集权政治的根源,培养学生将所学理论灵活运用于现实经济的能力,关心时事政治,并将国家政策与所学知识相结合的能力。

3. 培养学生多角度、多学科综合分析和深入思考能力,能够正确理解不同历史阶段的经济形态和生产关系。

课程思政教学目标及实践

【育人目标】

1. 国际理解　通过对东西方起源的探寻,培养学生以开放的心态理解人类文明进程,尊重世界多元文化的多样性和差异性。

2. 国家认同　中国是农业文明的重要发源地之一,通过了解中国古代农业技术发展历程,增强学生的中华民族自豪感。

3. 劳动意识　通过对人类文明起源的介绍,让学生认识到劳动创造了人类文明,增加学生尊重劳动,鼓励积极的劳动态度。

4. 全球意识　虽然世界各个民族被各种地理屏障和距离所分割,但古代世界很早就有了贸易活动,通过对古代区域性贸易的介绍,让学生感受到世界各国人民对交流的渴望,并借此传达人类命运共同体的内涵与价值。

【教学方式与方法】

1. 课堂讲授:运用多媒体互动方式,讲述古代东、西方封建经济的形成、发展和演变。播放相关纪录片,讲授农业革命相关历史记载、主要观点和相关考古发现等。

2. 课堂讨论与辩论:学生分组讨论东西方奴隶制、封建制的异同,实现思辨能力的培养目标。提出议题"清代及以前的中国是否属于封建制国家?",将学生分为两个小组进行辩论。

3. 问卷调查：询问对本讲课程的教学反馈，征求学生对未来教学的改进意见，并以发放问卷方式了解国际理解、国家认同、全球意识等育人目标的达成情况。

【课程思政教学实例】
案例材料1：雅典奴隶制经济
(1)案例简介

在考察雅典奴隶制经济发展状况和走势时，有学者提出"持续增长说"，即雅典奴隶制经济在伯罗奔尼撒战争之后六十余年呈波浪式增长之势，但该假说也受到一些质疑。古代国家奴隶制的高峰通常出现在大规模对外征服期间或者紧随其后的一段时间，中外学者在考察雅典奴隶制经济发展状况和走势时，往往有意无意地压低或完全忽略使用奴隶的必备条件，从而夸大了使用奴隶的普遍性。奴隶在当时生产、消费和市场条件下，尚未达到创造出剩余价值的程度，这是古代生产力水平低下的最本质的表现。

资料来源：徐松岩，夏万芳. 论古典时代雅典奴隶制经济走势[J]. 西南大学学报：社会科学版，2009，35(6)：6.

(2)案例的思政元素

马克思主义理论。恩格斯指出："先要在生产上达到一定的阶段，并在分配的不平等上达到一定的程度，奴隶制才会成为可能。要使奴隶劳动成为整个社会中占统治地位的生产方式，那就还需要生产、贸易和财富积聚有更大的增长。"其中体现了政治经济学中生产力决定生产关系的理论观点，可以让学生打破学科间的壁垒，将政治经济学理论与经济历史融会贯通。

(3)教学手段

①课堂讲授：在讲授古希腊雅典城邦奴隶制时，穿插学者在奴隶制发展状况与走势的学术争议，引发学生的思考。

②分组讨论：运用所学知识和推理能力，讨论三种生产关系的异同，在后期讲到农奴制和雇佣劳动制时，再对此次讨论结果进行反思。

案例材料2：中西封建经济对比
(1)案例简介

中西封建社会具有相同的经济基础：第一，农业生产是中西封建社会的基础，城市商业有限发展。第二，中西封建社会的生产力水平相当。第三，中西封建社会的土地所有制形式相似。第四，中西封建社会的经济关系相似。中西封建社会具有不同的上层建筑：第一，中国封建社会的专制王权与西欧封建社会的有限王权。第二，中国封建社会采取官僚治理，西欧封建社会采取贵族治理。第三，中国封建社会秉承封建伦理，西欧封建社会履行封建契约。第四，中国封建社会保有常备军，西欧封建社会依赖骑士。第五，中国封建社会财政来源为税收，西欧封建社会的财政来源为领地财政。

综上所述，中西封建社会从生产力发展水平或生产关系形式来看，有很大的相似性，具有相同的经济基础；在君主制度、行政编制、法律制度、军事制度和财政来源等方面，二者具有不同的上层建筑。

资料来源：许亮. 下同上异：中西封建社会比较[J]. 学术探索，2020(9)：8.

(2)案例的思政元素

①唯物史观。将中国历史上的封建社会同西欧中世纪的封建社会进行比较，是具有重大历史意义和理论意义的。它不仅关系到如何解释近代中国与西欧的"大分流"，也是对马克思主义唯物史观原理的验证。

②国家认同。从历史角度比较中西封建社会的异同，了解中国古代劳动人民创造出的辉煌成就，有利于加深学生对中华民族璀璨文明的自豪感和国家认同感。

(3)教学手段

①智慧教学：运用智慧树App教学手段，利用幻灯片插播东西方封建经济形态演变，对比介绍中国封建经济从封建领主制经济到封建地主制经济，以及同期西欧各民族的封建化过程。

②网络互动：利用智慧教学中"发送弹幕"设置，组织学生线上讨论马克思的理论逻辑：分工造成私有制，私有制产生劳动异化，也就是剥削奴役，进而形成阶级对抗，其中的关键在于——所有制形式。

第八章 资本主义的起源

专业教学目标

本章阐述了以英国为代表的西方,通过变革或革命,实现了从封建生产方式向资本主义生产方式的转变,并实现了市场化和工业化。在以后的几个世纪里,英国通过殖民扩张,将这种生产方式传播到全世界,世界经济面临新的变革,原有的占统治地位的封建经济衰落和瓦解。此时,世界分为两大板块,一方面是资本主义经济,另一方面是东方和其他非西方国家地区的殖民地、半殖民地和半封建经济。通过对欧洲社会商业革命、近代农业革命、工场手工业的发展、近代金融制度的确立的学习,要求学生理解欧洲工业革命产生的前提条件,掌握其基本内容。

【知识目标】

1. 学生了解14、15世纪意大利出现的资本主义萌芽,以及随后西欧社会发生的一系列革命性变化:商业革命、农业革命、工场手工业兴盛以及近代金融制度的初步建立。

2. 介绍世界贸易区域的变化和世界市场形成过程,结合马克思恩格斯关于世界市场的产生和发展是和资本主义生产方式紧密相连的论述,深入理解"对外贸易和世界市场既是资本主义生产的前提,又是它的结果。"的深刻含义。

【能力目标】

1. 通过对资本主义早期阶段人力、技术、资本和制度条件的相关经济史的了解,培养学生解读马克思恩格斯经典著作的能力。

2. 通过对商业革命、工场手工业和近代金融制度创立过程的讲述,引导学生自主搜索相关历史史料,培养学生自主学习能力。

课程思政教学目标及实践

【育人目标】

1. 国家认同 英国和明朝资本主义萌芽基本产生于同一历史时期,并且具有很多相似点,但走上了不同的道路,总的来说,明朝的资本主义萌芽比欧洲更成熟,这种观点被很多学者认同。在教学中,要增加学生对国情历史的了解,增强文化自信。

2. 技术运用 培养学生使用多媒体、互联网等工具,主动搜索并自主学习资本主义起源相关内容。

3. 实践创新 利用翻转课堂,鼓励学生结合马克思恩格斯经典理论讲授该部分内容,课后老师总结关键知识点,并互相讨论学术观点,教学相长。

【教学方式与方法】

1. 课堂教学:提供商业革命、农业革命、工场手工业等相关资料,鼓励同学自主搜索相关学习内容。

2. 翻转课堂:将学生分组,根据资本主义起源相关知识点轮流上台演讲,并接受其他同学的提问,培养学生表达能力和自主学习能力。

3. 总结论述:教师总结学生演讲内容,引发学生对资本主义近代金融制度创立起因的思考;利用智慧树 App 中交流群功能进行探讨,达到技术运用与实践创新相结合的育人目标。

【课程思政教学实例】

案例材料1:资本主义萌芽在英国和明朝的对比分析

(1)案例简介

英国和中国明代资本主义萌芽基本上产生于同一时期,具有很多相似性,但最终走上了不同道路。二者有很多相似点,比如所处的时间段大致相同,都由于战争或瘟疫使生产力受到严重破坏,都是在传统农业国的基础上发展资本主义萌芽,都从纺织业开始。然而,英国从欧洲一个落后国家逐步建立资本主义制度,成为世界经济贸易霸主;而明代中国从当时的世界经济中心,逐渐转为落后国家,直到沦为半殖民半封建社会。运用马克思主义唯物史观和政治经济学基本原理进行分析,导致明代后期中国经济落后于西方(以英国为代表)的生产力、生产关系、上层建筑等方面的原因。

资料来源:武志.社会经济制度变迁的政治经济学分析——以英国和明朝的资本主义萌芽与发展对比为例[J].当代经济研究,2017(9):9.

(2)案例的思政元素

①运用马克思主义唯物史观分析人类社会经济制度变迁的普遍规律。马克思在《〈政治经济学批判〉

导言》中对唯物史观做过经典阐述:"无论哪一个社会形态,在它所能容纳的全部生产力发挥出来以前,是绝不会灭亡的;而新的更高的生产关系,在它的物质存在条件在旧社会的胎胞里成熟以前,是决不会出现的。"

②客观看待历史,揭示资本主义原始积累过程。用历史的眼光看待现代资本主义发展的"先进生产力",现代西方国家的资本原始积累过程,经历了圈地运动、海外殖民和商业掠夺等阶段。

(3)教学手段

①文献查阅:教授学生文献查阅方法,查阅《社会经济制度变迁的政治经济学分析——以英国和明朝的资本主义萌芽与发展对比为例》,并组织讨论。

②主题演讲:围绕"资本主义萌芽时期的中国明代与英国都铎王朝的经济对比"进行主题演讲,学生自拟选题方向。

③课后论文:学生课后以《资本主义原始积累过程》为题目撰写小论文,加深其对该部分内容的理解。

案例材料2:西方资本主义的全球扩张

(1)案例简介

西方史学家将大航海时代看作西方崛起的开始,此后西方采取了征战杀伐、原始积累、工场手工业提升、阶级斗争、军事、政治和宗教革命,教育和科技创新等一系列手段,彻底颠覆了东西方关系,从根本上改变了全球地缘政治经济格局。通过讲述这段历史过程,扭转人们对于"西方中心论"的错误观念,西方只不过是在18—19世纪,靠暴力和近代工业打败东方,才改变了世界格局,建立全球霸权。

资料来源:郑彪.世界变局与中国前沿[M].北京:中国经济出版社,2012.

(2)案例的思政元素

正确的历史观。2018年6月22—23日,习近平总书记在中央外事工作会议上强调:"所谓正确历史观,就是不仅要看现在国际形势什么样,而且要端起历史望远镜回顾过去、总结历史规律,展望未来、把握历史前进大势。"

(3)教学手段

①课堂讲授:世界格局的演变历程,特别是"西方中心论"的意识形态是如何形成的,强调近代西方不过"是在同一个唯一的世界经济或体系中取代了东方的位置。"

②小组讨论:围绕"什么是世界经济格局?"进行讨论,核心围绕大国或国家集团之间的经济力量对比关系。

第九章 工业革命

专业教学目标

本章阐述了18世纪后半叶,首先在英国爆发的改变人类历史进程的历史事件——工业革命。这场革命不仅是技术和经济的革命,而且是复杂的政治、社会、文化的大革命。此后,工业革命也成功地跨越大西洋传播至美国,之后又传播到世界其他地区。通过本章学习,要求学生掌握英国工业革命的内容、历程和作用。

【知识目标】

1. 掌握工业革命重新定义经济增长、阶级关系变革、生活观念变化等影响,以及英国成为世界工厂的原因和影响。

2. 了解经济增长的定义,熟悉工业革命对经济增长方式变革的影响。

【能力目标】

1. 深入思考能力。通过对18世纪英国发生的一系列意义深刻的技术革命的了解,引导学生深入思考工业革命对人类经济发展带来的影响,以及技术进步对国家兴衰的重要程度。

2. 辩证思维能力。工业革命虽然改变了人类生产和生活的面貌,然而在其爆发过程中存在的各种问题,为后来垄断资本主义发展埋下了伏笔。

课程思政教学目标及实践

【育人目标】

1. 实践创新 本讲介绍了英国工业革命中的技术发展路径,如纺织业、采矿业、冶金业、机器制造业和交通运输业等产业的重大变化,让学生深入了解技术与人类文明的有机联系。

2. 社会责任　培养学生解读国家政策能力,理解习近平总书记强调坚定不移走科技强国之路的发展战略,增强学生学习掌握技术的兴趣和意愿。

3. 国家认同　鼓励学生搜索除第一次工业革命以外的,人类社会发展历史上其他历次科技革命的发展成果,了解我国科技创新发展阶段以及在世界上的地位等,增强国家自豪感。

【教学方式与方法】

1. 课堂讲授:按照教学大纲讲授本章节相应知识点,要求学生掌握英国工业革命的内容、历程和作用,实现知识目标。

2. 网络信息搜索:要求学生通过网络搜索四次科技革命相关内容,并与同学进行讨论分享,实现实践创新等育人目标。

3. 课后练习:将本章重点、难点内容设计为选择题、问答题,帮助学生在练习中巩固知识点,实现对学生辩证思维等能力的培养。

【课程思政教学实例】

案例材料1:世界市场的形成

(1)案例简介

在新航路开辟之前,虽然古代丝绸之路在不同历史时期起起伏伏,但通过贯穿东西方的陆海通道,最终实现了人类文明史上商品物产大流通、科学技术大传播、多元文化大交融。16世纪新航路开辟后,欧洲掀起遗产广泛的殖民活动,到18世纪,英国通过战争称霸海上,成为最强大的海上强国,并控制了主要航道和殖民地市场。殖民活动将欧洲的分工关系进一步国际化,也使商品市场进一步全球化,在此期间,工业革命促进了人类生产力的空前提高,使人类摆脱了"马尔萨斯陷阱",其中体现了马克思所说的"人类社会从此步入了一个'世界历史'时代",促进了各民族的普遍交往,进而促成了世界市场的形成。

资料来源:李国强. 古代丝绸之路的历史价值及对共建"一带一路"的启示[J].大陆桥视野,2019(02):32-38.

(2)案例的思政元素

①"一带一路"倡议的介绍。习近平总书记强调,"必须以更高的站位、更广的视野,在吸收和借鉴历史经验的基础上,以创新的理念和创新的思维,扎扎实实做好各项工作,使沿线各国人民实实在在感受到'一带一路'给他们带来的好处。"

②回顾中国近代历史,理解中华民族伟大复兴的不易。要了解近代中国由于科学技术落后而饱受西方打压的民之痛、国之殇,按照习近平总书记在中国科学院第十七院士大会、中国工程院第十二次院士大会上强调的,坚定不移走科技强国之路。

(3)教学手段

①课堂讲授:解释为什么工业革命赋予了经济增长新的含义,以及对世界经济贸易格局带来的改变。

②政策解读:帮助同学们根据经济史相关内容解读"一带一路"国家合作发展倡议和新型工业化战略等国家政策。

③课堂讨论:讨论英国为什么是世界第一个爆发工业革命的国家,并解释技术革命与工业革命的关系。

案例材料2:中国半殖民地半封建经济的形成

(1)案例简介

清朝末年,清廷压制商品经济的发展,资本主义萌芽被扼杀在襁褓中;与此同时,西方把贸易作为国家发展的基石,发展科学技术,成功跨入以蒸汽机为动力、以大机器生产代替手工作坊的工业时代。最终,鸦片战争导致中国割地赔款,丧权辱国,开启了西方列强入侵的百年屈辱和灾难,也同时开启了中华民族不甘沦丧、自强不息的抗争与奋斗。带领学生在学习资本主义发展历程的同时,回顾近代中国发展的迟滞与落后,让学生懂得"落后就要挨打",理解民族复兴的来之不易。

资料来源:张建雄. 鸦片战争的历史启示[J].军事史林,2020,51(06):1-10.

(2)案例的思政元素

爱国主义教育。2020年9月3日,习近平总书记在纪念中国人民抗日战争暨世界反法西斯战争胜利

75周年座谈会上强调:"中华文明生生不息5000多年,中国人民以非凡的创造力为人类文明进步做出了不可磨灭的贡献。但是,1840年以后,由于列强的侵略和封建统治的腐朽,中国饱经沧桑磨难,中国人民遭受深重苦难。"

(3)教学手段

①观影推荐:组织同学观看爱国主义影片,激发学生的爱国热情,珍惜来之不易的美好生活。

②课后讨论:讨论近代中国哪方面落后于西方,应采取哪些变革,引发同学深入思考。

第十章 自由市场经济体制的终结

专业教学目标

第二次科技革命以电气化为核心的新技术产业迅速发展,大规模生产成为主要生产方式,从而在重工业中产生了大型的资本密集型垄断企业,资本主义逐步从自由竞争走向垄断。本章首先介绍了垄断产生的原因及影响;随后介绍了大萧条产生的原因及罗斯福新政;最后讲解国际商战、世界大战原因及战时经济状况。本章的重点是理解垄断和大萧条产生的原因,以及各国当时的经济策略,从而方便学生全面了解自由市场经济缘何终结。

【知识目标】

1. 了解第二次工业革命的内容,熟悉垄断产生的过程,掌握垄断的影响。

2. 了解大萧条爆发的过程,熟悉大萧条爆发的原因和后果,掌握罗斯福新政的主要内容。

3. 了解国际商战的主要表现形式,掌握国际商战的后果。

4. 了解世界大战爆发的原因,掌握苏联、法西斯战时经济和国家垄断资本主义在战时的实验。

【能力目标】

1. 通过对资本主义从自由竞争走向垄断的学习,使学生们掌握美国经济从"柯立芝繁荣"走向大危机和大萧条的原因,正确分析大危机和大萧条产生的原因及影响,培养学生透过现象看本质的能力。

2. 比较分析不同国家应对大萧条的经济发展策略,以及探究两次世界大战的根本原因,培养学生们的比较分析能力和深度思考能力。

课程思政教学目标及实践

【育人目标】

1. 国际理解 通过对垄断和经济危机演变的讲解,加深学生对命运共同体理解,在追求本国利益时兼顾他国合理关切,在谋求本国发展中促进各国共同发展。

2. 人文素养 人类只有一个地球,各国共处一个世界,要倡导"人类命运共同体"意识。

3. 国家认同 共同富裕是中国特色社会主义的本质特征,也是中国特色社会主义市场经济体制的特征。通过了解我国反垄断政策,增强学生对我国的制度自信。

【教学方式与方法】

1. 课堂讲授:运用多媒体进行展示,讲述垄断和经济危机的演变、原因及影响。播放1929年经济危机的相关纪录片,分享相关文献记载、主要观点等。

2. 课堂讨论与辩论:学生分组讨论不同国家应对大危机策略的异同,研讨两次世界大战的经济原因,以实现思辨能力的培养目标。提出议题"垄断对国家经济发展是否有益?",将学生分为两个小组进行辩论。

3. 问卷调查:询问对本讲课程的教学反馈,征求学生对未来教学的改进意见,并以发放问卷方式了解国际理解、国家认同、人文素养等育人目标的达成情况。

【课程思政教学实例】

案例材料1:1929年美国经济危机

(1)案例简介

1929—1933年美国大萧条是美国最为持久的一场经济危机,大量企业破产,数千万人失业,国民生活水平急剧下降。在危机之前,美国经历了经济强劲的增长以及股市的繁荣。但宽松的融资环境在激发信贷规模攀升的同时,也令贷款结构不断恶化。贷款结构逐渐由生产性贷款、消费性贷款向投机性贷款转变,从而导致股市泡沫愈发突出。随着政府干预力度加大,股市泡沫破裂,金融系统的融资功能逐渐下降,家庭部门和企业部门的融资成本上升,经济下行加大,而不恰当的政策措施加剧了经济恶化的情况。通过对美国大萧条产生的背景及原因进行分析,帮助学生理解我国金融监管、货币政策的制定。

资料来源:王森. 美国经济能否尽快复苏:1929—1933年大危机与目前经济危机的比较[J].经济学动态,2010,(05):141-144.

(2)案例的思政元素

①正确判断当前经济形势解读。2020年5月,习近平总书记看望参加全国政协十三届三次会议的经济界委员时强调,"坚持用全面、辩证、长远的眼光分析当前经济形势,努力在危机中育新机、于变局中开新局","我国经济潜力足、韧性强、回旋空间大、政策工具多的基本特点没有变。"

②居安思危,以西方经济危机为前车之鉴,理性客观看待中国经济发展过程中存在的问题。

(3)教学手段

①微课堂——课前导入:通过播放经济危机的相关纪录片,激发学生们的学习兴趣。马克思指出:"一切现实危机的最终原因,总是群众的贫困和他们的消费受到限制",通过讲解使学生认识到资本主义经济周期性危机的影响、根源、具体原因和演变。

②翻转课堂——知识点、文献资料、思政要素相结合:鼓励学生自主探究国际商战、世界大战发生的原因,分享并讨论他们整理的学者们关于大萧条的理解与争论,引发学生的思考。通过案例展示和思辨讨论,以及思政要素的融入,提高学生的国家认同感。

案例材料2:美国标准石油公司

19世纪下半叶,美国垄断组织逐渐崭露头角,其中最具有代表性的就是美国标准石油公司。该公司在发展早期就摒弃了传统经销模式,以横纵联合的方式迅速发展成为美国托拉斯的典型,在19世纪末期就已经控制了全美90%的炼油业。不仅如此,标准石油公司的垄断还带动其他企业的效仿。分析标准石油公司早期的垄断特点、发展特征,有助于理解我国反垄断经济政策的制定。

资料来源:江雨洋. 试论19世纪末美国标准石油公司的垄断特点及影响[J].淮北职业技术学院学报,2020,19(6):4.

(2)案例的思政元素

国家反垄断政策解读。2021年8月30日,习近平总书记主持召开中共中央全面深化改革委员会第二十一次会议。会议指出,"党的十八大以来,我们围绕反垄断、反不正当竞争,作出一系列重大决策部署,完善公平竞争制度,改革市场监管体制,加强反垄断监管,推进高标准市场体系建设,推动形成统一开放、竞争有序的市场体系。针对一些平台企业存在野蛮生长、无序扩张等突出问题,我们加大反垄断监管力度,依法查处有关平台企业垄断和不正当竞争行为,防止资本无序扩张初见成效,市场公平竞争秩序稳步向好"。

(3)教学手段

①课前预习:慕课+文献资料。课前要求学生通过慕课以及搜集相关文献资料学习垄断和经济危机的知识点;查找中国关于反垄断、反不正当竞争的具体事例。

②学习测评:根据美国标准石油公司的案例展开讨论,教师对讨论结果进行现场点评,其中包括学生自评、互评、教师点评总结。

第十一章 战后世界经济

专业教学目标

第二次世界大战之后,出现了由美国主导的第三次科技革命浪潮。资本主义国家利用新科技革命优势,并运用凯恩斯主义对经济周期进行有效干预,从而实现了近20年的"黄金发展"。与此同时,发展中国家逐渐兴起,通过国有经济和经济计划方式推进工业化进程,形成了独具特色的经济体制和经济发展模式。到20世纪70年代,资本主义国家的经济发展陷入"滞胀"状态,而发展中国家的经济发展一度停滞。本章首先介绍了战后资本主义国家经济的增长与变革;其次介绍计划经济体制国家的实践与转型,以及发展中国家经济的发展模式;最后讲解世界经济格局的变迁。本章重点是明确不同国家间经济发展模式的异同,从而对世界经济发展格局有所认识。

【知识目标】

1. 了解马歇尔计划的历史背景,熟悉战后西方国家经济繁荣,掌握市场经济国家的变革。

2. 了解发展中国家的定义,掌握新型工业化国家和地区的工业化,熟悉印度、巴西和石油输出国的工业化。

3. 了解计划经济体制建立和成就,熟悉苏联和东欧国家计划管理体制改革的内容,掌握中国特色社会主义市场经济建立过程。

4. 了解冷战期间东西方经济关系和南北关系,掌握布雷顿森林体系的变迁,熟悉经济全球化

【能力目标】

1. 通过学习市场经济国家与计划经济国家的经济增长模式与变革的知识点,使学生能从历史资料、文献资料以及影像记录中辨析出不同国家体制经济发展模式的异同,提高学生梳理、比较,以及分析的能力。

2. 在对不同国家经济发展模式与变革学习的基础上,使学生归纳和总结出西方发达国家和发展中国家经济发展的异同。其次,读懂弄通战后国际经济格局的发展及演变,培养学生提出问题,分析问题,解决问题的能力。

课程思政教学目标及实践

【育人目标】

1. 国家认同　通过学习和比较战后不同国家的经济增长与变革以及世界经济格局的演变,让学生树立"为中华之崛起而读书"的远大理想,用实际行动践行中华民族伟大复兴的"中国梦"。

2. 科学精神　通过多角度、辩证地分析不同国家经济发展模式,让学生们理解并坚信我国经济发展道路选择的正确性。

【教学方式与方法】

1. 智慧教学:运用多媒体播放《美国的崛起》《华尔街》等纪录片片段,激发学生学习战后世界经济的兴趣。利用幻灯片讲解不同国家体制间经济增长模式及变革,旨在引导学生们自觉归纳与总结相应知识点。

2. 课堂讨论:在掌握市场经济国家与计划经济国家的经济增长模式与变革的基础上,鼓励学生们线下自主阅读文献资料,分享相关文献记载、主要观点等。

3. 问卷调查:询问对本讲课程的教学反馈,征求学生对未来教学的改进意见,以问卷星方式收集青年学生们关于自身理想信念(未来发展)是否与"中国梦"结合,了解学生们对国家认同、科学精神等育人目标的实现程度。

【课程思政教学实例】

案例材料1:美国掀起的贸易战

(1)案例简介

纵观历史,美国曾经掀起多场贸易战,可谓"历史悠久,经验丰富",而贸易战的对象几乎覆盖了其所有的重要贸易伙伴。美欧和中美之间的贸易战,比美日次数更多,涉及行业范围更广。"301条款"更多的是美国获取谈判优势的手段,美国多次动用"301"大棒,欧洲企业也因此患上"恐美症"。历史上,美国也曾5次对中国动用"301条款"。作为世界头号经济体和世界贸易规则的主要设计者,美国为一己之私随意破坏规则、四面树敌。

资料来源:刘朝晖. 浑身贸易霸权主义的美国怪兽[J]. 新民周刊,2018(13):4.

(2)案例的思政元素

①国际政治经济时事探讨。通过对中美贸易的历史渊源的追溯,正确认识大国之间的博弈和中美贸易战的深刻影响。

②关注国家重大经济发展政策。2018年10月16日,习近平总书记在人民大会堂会见英国四十八家集团俱乐部主席佩里时,表示:"在当前世界形势下,中国也更加坚定支持贸易自由化,支持经济全球化。我们提倡在国际事务中要增进交流、合作、理解、互信,避免猜忌、偏见、误解。中国不会走国强必霸的道路"。党的十九大报告首次提出"建设现代化经济体系",指出这是跨越关口的迫切要求和我国发展的战略目标。

(3)教学手段

①翻转课堂——知识点、具体事例、思政元素相结合:在讲授西方发达国家和发展中国家的经济增长

和变革等知识点时,穿插讲解美国掀起多次贸易战的恶行,最后融入我国支持贸易自由化和经济全球化的具体实例,通过叙述、描绘、解释等传递知识信息,增强学生们的国家认同和制度自信。

②学习测评——反思与点评:随堂小测验,引导学生们分析和讨论不同国家体制的经济增长模式和变革,现场互评和教师点评,培养学生自主学习和独立思考的能力。

案例材料2:全球化中的南北问题

(1)案例简介

21世纪以来全球化不断深入发展,它正极大地改变着世界经济政治格局,南北关系也随之发生了新的变化。南北之间的经济矛盾更加尖锐、不平等关系加剧南方国家面临着全球化带来的巨大挑战。但是随着全球性问题日益增多,南北双方必须缓和矛盾密切配合。国际政治经济新秩序的建立取决于南北双方共同的努力。尽管南北问题短期内不可能解决,但阻碍它继续扩大应该成为国际社会的当务之急,而也只有公平公正的全球化,才能真正有利于全球经济的持续发展,真正造福世界各国人民。

资料来源:江时学.从南北关系的新变化看欧盟与拉美关系的特点[J].国际观察,2018,(04):124-140.

(2)案例的思政元素

①关注国际局势演变。南北差距问题在短期内不可能解决,但国际社会在竭力阻止问题继续扩大。

②树立正确的世界观。只有在公平公正的全球化体系之下,才能真正有利于世界经济的持续发展,真正造福于世界各国人民。

(3)教学手段

①自主学习:组织学生们自主学习,利用网络资源查找关于战后经济格局——南北关系的发展与演变相关文献及历史影像等资料,开阔学生们的研究视野,提高他们的自主学习能力和独立思考能力。

②课堂讨论:引导学生们提出自己的研究问题,分小组进行逐层深入分析与探讨,寻找答案,然后各组总结发言,提出本组见解。

四、课程思政的教学评价

(一)对教师的评价

1. 教学准备的评价

在教学前,按照课程思政目标进行教学设计。对教学大纲进行修订,将思政育人目标覆盖于教学内容各章节;选取马工程重点教材作为指定教材;教案等文案中注入思政元素,同时备好多种教学资料、教学手段,将《经济史》课程与史学、经济学相结合融入思想政治教育。

2. 教学过程的评价

将《经济史》课程思政建设落实到教学过程各环节。要求教师采用多种教学方式,充分利用网络资源和多媒体教学手段,主要看教学方式运用于课程思政的效果,侧重于课程内容安排与教学组织的效果评价;要求教师将课程思政实施于整个教学内容和全体学生,注重对教案、教学日志、教学反思的评价。

3. 教学结果的评价

建立健全《经济史》课程思政多维度评价体系,包括同行评议、随机听课、学生评教、教学督导、教学研究及教学获奖等。

4. 评价结果的运用

对于同行评议、学生评教、教学督导等提出的改进建议,以及对学生考核的成绩分析进行运用,对教学进行反思与改进。

(二)对学生的评价

1. 学习过程的评价

注重学习全过程评价。课前准备,检查学生资料收集阅读、项目准备情况等;课中侧重学习态度、参与主题讨论、辩论、回答问题等的频度与质量评价,适当增加描述性评价权重;课后主要检查作业、项目完成情况。

2. 学习效果的评价

做到过程性评价、诊断性评价与增值性评价相结合。通过平时作业、课堂讨论、心得体会、随堂练习、课堂记录、小论文、问卷调查、理论测试等多种形式,检验学生对课程思政元素的领会及其对思政元素的掌握程度。

3. 评价结果的运用

通过发放教学评价问卷,征求学生对教学改进的意见与建议,将评价结果及时与学生反馈。

五、课程思政的教学素材

序号	内　　容	形式
1	压实生态文明建设责任 促进高质量发展	阅读材料
2	全面把握我国生态环境保护发生的历史性、转折性、全局性变化	学术论文
3	建设人与自然和谐共生的美丽中国	阅读材料
4	中国共产党百年人口思想:回顾、总结与展望	学术论文
5	中国共产党建党百年人口思想演进及当代启示——基于马克思主义人口理论	学术论文
6	近三十年来我国"理论东方学"的主流形态——从"亚细亚生产方式"到"马克思东方社会理论"和"马克思主义东方学"	学术论文
7	亚细亚生产方式与中国古代社会的特殊性质	学术论文
8	《中国经济史》	阅读材料
9	漕运与古代农业经济发展	学术论文
10	浅谈中国古代农业科技发展的特点及形成原因	学术论文
11	《建堰治水造福万代的李冰父子》	阅读材料
12	天府之源 水利鼻祖——记世界古代水利工程杰出代表都江堰	学术论文
13	论北魏均田制下的国家、豪族与小农	学术论文
14	北魏均田制研究史	学术论文
15	共建"一带一路":生命力旺盛 新动能更足.	阅读材料
16	中东欧"一带一路"项目不断取得进展	阅读材料
17	中国—东盟自由贸易区的发展现状与对策研究	学术论文
18	中国—东盟自由贸易区对区域经济的影响研究	学术论文
19	中国古代财政政策演进研究	学术论文
20	宋代货币比价研究	学术论文
21	中国民族资本的特点	学术论文
22	论1905—1908年中国民族工业的发展	学术论文
23	《中国资本主义发展史》	阅读材料
24	中国共产党新民主主义经济思想的形成与现代意义	学术论文
25	新中国成立前后经济学界对新民主主义的理论思考	学术论文
26	美国发动"芯片战争""中国制造"加速成长	阅读材料
27	美强推芯片法案欲打压中国	阅读材料
28	美欧"芯片法案"及我国产业发展应对	学术论文
29	《棉花帝国:一部资本主义全球史》	阅读材料
30	《人类创造了自身》	阅读材料

续表

序号	内　　容	形式
31	《大分流:欧洲、中国及现代世界经济的发展》	阅读材料
32	社会经济制度变迁的政治经济学分析——以英国和明朝的资本主义萌芽与发展对比为例	学术论文
33	古代丝绸之路的历史价值及对共建"一带一路"的启示	学术论文
34	古代中国对外贸易优势地位形成的原因	学术论文
35	20世纪30年代美国大萧条的背景、原因及启示	学术论文
36	试论19世纪末美国标准石油公司的垄断特点及影响	学术论文
37	《马克思恩格斯文集(第5卷)》	阅读材料
38	《强权与富足:第二个千年的贸易、战争和世界经济》	阅读材料
39	论全球化经济的不平等性	学术论文

《发展经济学》课程思政教学指南

刘志[1] 陈安存[1] 张鹏飞[1] 余姗[1] 蔡志强[2] 曹咏[1]

([1] 西安财经大学　[2] 天津商业大学)

一、课程简介与课程目标

(一)课程简介

《发展经济学》课程是经济学专业的核心课程,发展经济学是专门研究发展中国家经济发展问题的经济学分支学科,对大学生尤其是经济学专业本科生来说,成为认识发展中国家的基本国情、掌握经济发展的基本理论,提高把握发展政策能力的主要课程。它以发展中国家的经济发展问题作为研究对象,以实现工业化、信息化、城镇化和农业现代化同步协调发展为研究任务,主要研究与长期经济增长和发展相关的要素、制度、结构、战略和政策问题,包括经济增长理论、收入分配和贫困理论、结构变迁理论、发展要素理论、开放发展理论和制度变迁理论。

课程以马克思列宁主义、毛泽东思想、邓小平理论、"三个代表"重要思想、科学发展观和习近平新时代中国特色社会主义思想为指导,课程内容紧密结合中国经济社会发展成就和经济热点,运用大量的中国经济改革和发展的最新实践和成果,采用课堂讲授、启发式教学、讨论式教学、案例教学、情景教学、调查研究教学等多种教学方法,展现中国经验和中国智慧。

本课程的学习,能使学生在了解、认识和掌握发展经济学的基本理论和分析方法的基础上,了解发展中国家经济发展理论、政策和策略以及发展途径。同时帮助学生将发展经济学理论与中国特色经济发展实践联系起来思考,培养其问题意识和政策研究能力,使学生不仅能运用发展经济学原理解释已有经济现象,而且能联系中国改革开放以来的伟大经济发展实践,不断深化对经济发展理论、战略、政策和发展道路的认识,初步培养学生基于中国发展实践发现新问题、形成新观点、提出新对策的能力。使学生能够更加坚定理想信念、强化民族自豪感和责任担当,能够充分认识到自己所肩负的大国复兴的历史使命。

(二)课程目标

本课程为专业必修课程。本课程的教学目标包括专业知识教学目标和思政育人目标,体现育人教育与育才教育的有机结合:

1. 知识目标:理解并掌握发展经济学一般原理和动态,更好理解和思考当代发展中经济的发展演进;通过对发展经济学全貌(包括发展中国家学者自己的学说)的了解,明确建立中国发展经济学的必要性。

2. 能力目标:要求学生能够系统地掌握促进发展中国家经济发展的相关理论,提高理论联系实际的能力,能综合运用发展经济学原理,分析发展中国家所面临经济问题的能力,并结合发展中国家的经济发展实践,做出深入的经济发展策略、政策和发展道路的分析并能运用发展经济学原理分析经济发展实践中的问题,具备一定的科学研究能力和创新精神。

3. 育人目标:热爱祖国,遵纪守法,具有良好的道德品质和文明习惯,培养良好的职业操守和职业道德,具备社会责任感和人文关怀意识;具有良好的专业素养,熟悉国家发展的战略目标、发展的计划和政策,了解国内外经济发展动态;具有一定的科学知识与科学素养;具有良好的身心素质。

(三)课程教材和资料

➢ 推荐教材

《发展经济学》编写组.发展经济学[M].北京:高等教育出版社,2019.

➢ 参考教材或推荐书籍

1. 谭崇台.发展经济学概论[M].武汉:武汉大学出版社,2013.

2. 何炼成,李忠民. 发展经济学[M].北京:高等教育出版社,2013.
➢ 学术刊物与学习资源
国内外经济类核心期刊。
学校图书馆提供的各种数字资源,特别是"中国知网"。
➢ 推荐网站
国研网:http://www.drcnet.com.cn.
思政在线平台学习资源库:"学习强国"、习近平重要讲话数据库、中国共产党思想理论资源数据库等。
中国高校思政学习平台:中国高校思政大讲堂、这就是中国、经济大讲堂等。
思政资讯与时事资源:央视财经评论、经济信息联播、经济半小时等。

二、课程思政教学总体设计

(一)发展经济学课程思政教学目标

发展经济学课程思政教学目标是在专业学习的同时升华精神境界,培养具有"中国风格、中国气派"、具备扎实专业基础和突出创新能力的杰出经济学拔尖人才。本课程坚持将专业基础、学科前沿知识、学科进展等育才教育与社会主义核心价值观教育、中国特色社会主义和中国梦育人教育相统一,深化对习近平新时代中国特色社会主义经济思想的认识,熟练运用当代中国马克思主义的基本观点和方法,提高学生正确分析、研判当代经济发展问题的能力和水平。具体而言,本课程选择以下8个维度将课程思政教学目标融入其中:

1. 实现政治认同

发展经济学课程教学要引导学生认同中国共产党的领导、认同中国特色社会主义道路和制度体系、认同国家民族文化和社会主义核心价值观。通过深入挖掘课程思政元素,引入丰富的案例素材,帮助学生深刻领会党领导下的发展经济理论的实践,了解国家经济发展战略,增强学生对中国特色社会主义道路的自信,培养学生强烈的社会使命感和责任感,从而认同"中国共产党为什么能、马克思主义为什么行、社会主义为什么好",增强学生的政治认同。

2. 自信制度优越

从国家社会政治制度的选择来看,目前欧美等西方国家普遍选择资本主义国家制度,而我国采用的是社会主义制度,且是有中国特色的社会主义制度,是以中国共产党为领导的社会主义,是在一定公有制基础上的市场经济,即社会主义市场经济。而为什么会选择有中国特色的社会主义制度?可以从经济学的根本出发点,即经济学是追求资源配置最优化这一理论得到解答。社会主义制度是以一定公有制为基础的市场经济,其目标是维护和发展全体人民的利益,其利润分配方式是致力于社会总福利的增加,在避免私人资本对国家政权的控制、改善人民生活水平和保障人民发展权力方面具有资本主义制度无法比拟的优越性。

3. 厚植家国情怀

课程思政教学思想是习近平总书记提出来的,他于2014年在全国高校思想政治工作会议上强调"要用好课堂教学这个主渠道,各类课程都要与思想政治理论课同向同行,形成协同效应。"全国课程思政教学的大发展和全面建设也是正式开始于2014年,尤其是最近三年呈现出蓬勃发展的态势。这既是全国各界人士尤其是高等教育学界努力的结果,也是国家发展到一定程度之后的必然结果,从一定程度上反映出课程思政建设的社会需求和政治需求。

最近几年,中美贸易战以及各种反华势力在各种领域发动的涉及意识形态和国家安定团结方面的言论和事件呈现爆发性增长的局面。这些事件的集中爆发其实不是偶然性的,而是我国经济发展到一定水平、国力达到一定程度之后必然会面临的阻力。要让学生学会运用发展经济学理论分析社会热点问题,更要通过分析找到我国各项政治、经济、社会制度制定决策的依据,在更好地理解我国政策的同时发现其他国家采取相关政策或手段的原因,从而在涉及国家发展和国际争端等大是大非问题上能做到明辨是非、坚持立场。

4. 培育和践行社会主义核心价值观

发展经济学课程教学要将社会主义核心价值观、和平、发展、公平、正义、民主、自由的全人类共同价值融入经世济民的学科专业价值塑造中。

5. 促进深度学习

发展经济学课程教学要致力于激发学生学习的主动性和能动性,从而促进学生的深度学习。发展经济学课程教学在培养学生世界观的时候,尽可能"摆事实"而不是"讲道理"。即教师在教学过程中要更加注重将事实呈现给学生,将基本的理论知识交给学生,而最终的道理由学生自己通过应用理论知识来分析客观事实而获得。这种"道理"的获得是其深刻思考之后发自内心的获得和认同,而非通过教师讲道理进行灌输,其效果自然是达到了"润物细无声"的境界。

6. 养成良好的职业道德修养

本课程通过正反面案例分析,引导学生理解职业道德修养是从业人员在道德意识和道德行为方面的自我锻炼及自我改造中所形成的职业道德品质以及达到的职业道德境界;良好的职业道德修养有助于个人发展、有助于行业持续健康发展。

7. 培养科学精神

发展经济学能够把经济学科大量的规律、原理与中国国情结合起来,有助于学生了解中国国情,理论联系实际,提高学生解决实际问题能力。概括地说,发展经济学无非研究两大方面问题:一是发展中国家为什么会长期经济落后,其落后的根源是什么?当前阻碍经济发展又有哪些障碍?二是发展中国家如何利用现有的资源和环境加快发展的步伐,如何选择经济政策以促进经济的发展。这是一个国家非常实际的问题。由于每一种经济理论都建立在一定前提条件下,发展中国家与发达国家相比,有不同的社会历史条件、政治经济制度、人口环境状况,因而简单地照抄照搬一些西方经济学理论来解决中国的现实经济问题已没有出路。因此,学生要学好发展经济学,解决本国的现实经济问题,就要去透彻地了解中国的现实国情,进行理论创新,以创新驱动为指引,逐渐形成严谨的学科精神。

8. 拓展国际视野

发展经济学从全球的角度考虑发展问题。随着国际性组织对发展中国家的影响日益增加,以及发展中国家与发达国家相互依存关系的日益增强,发展问题实际上已超出了发展中国家的范围。经济学家斯特里顿在谈及"发展经济学的未来发展"问题时,就认为我们应该吸取的教训之一,是应该及早地从全球的角度(也就是超越民族国家的界限)去研究国家政策与国际体系的相互影响、超过国家界限的利害同盟、对全球问题的适宜的制度等等,从而培养学生的国际视野。

(二)课程思政的教学内容

《发展经济学》课程思政的主要内容涉及以下几方面:

1. 体现马克思主义基本原理

本课程的教学中,体现辩证唯物主义和历史唯物主义、马克思主义政治经济学以及科学社会主义的基本原理和规律,引导学生将科学的世界观、价值观、人生观、认识论、方法论、经济学规律等内化于心。例如,发展经济学理论章节讲述马克思的人的全面自由发展观,突出讲述马克思主义中国化的历史性飞跃的理论成果:中国特色社会主义经济发展理论。

2. 解析国家战略和相关政策

透过我国城乡发展策略从城乡隔绝到城乡统筹再到城乡融合的发展历程,透过"新农村建设""乡村振兴"等国家战略的制定,认识到我国对城乡二元结构改善的决心,认识到国家让广大农民平等参与现代化进程、共同分享现代化成果的决心。以此激发学生有能力后积极参与回乡创业项目。

3. 关心经济现实问题,切实做到理论联系实践

发展经济理论中包含可持续发展理论。可持续发展虽然是宏观角度的资源利用观念,但在现实生活中却考验每个人的生活和消费理念,可从小处着眼。垃圾分类是循环经济的主要议题,也是可持续发展理念下的生活体现。总书记指出,实行垃圾分类,关系广大人民群众生活环境,关系节约使用资源,也是社会文明水平的一个重要体现。

4. 增加改革开放后经济发展辉煌成就,激发学生的爱国情怀

本课程讲授过程中增加我国改革开放后经济发展的大量真实案例,让学生充分了解"中国模式"的含义,将发展经济学理论与我国经济实践相结合,例如罗斯托在"经济发展阶段论"中提出一个国家的经济增长要经历六个阶段:传统社会阶段、起飞前准备阶段、经济起飞阶段、成熟阶段、高额消费阶段、追求生活质量阶段。我国当前正处于起飞向成熟转折阶段,提高发展质量是大势所趋。改革开放后,我国GDP高速增长持续四十年,带动经济总量位居世界第二。"一带一路""长江经济带""京津冀协同发展"为主要内容的"三个经济带"战略促成东西互动、优势互补、相互促进、共同发展的新格局。以我国经济发展成果和发展策略激发学生的自豪感和爱国情怀。

(三)教学方法

本课程积极推进教学模式创新,大胆采用线上线下融合教学,综合运用讲授、启发式教学、案例教学、情境教学、小组合作式教学、问题导向等多种教学方法,使学生掌握有关发展经济学的基本概念、理论架构,培养学生具有运用发展经济学理论知识分析国内外经济发展的热点问题的能力,深刻理解经济全球化背景下经济发展的新趋势,增强社会责任感和使命感。

本课程具有较强的理论性与实践性特点,结合课程特点,创新教学方法,让学生深刻理解在中国共产党带领下中国经济的发展阶段、面临的问题及取得的成就,帮助学生树立良好的家国情怀、正确的政治立场、理性的职业道德、开阔的国际格局。主要的教学方法包括:翻转课堂法——针对教学内容可设置专题讨论,学生以小组为单位,收集线上线下的教学资源并整理加工,提出小组集体的思想,一方面可锻炼学生的自主学习能力、小组协作能力和组织表达能力,另一方面也可以让学生深刻理解相关知识、理论、政策、成就,帮学生树立正确的政治立场。案例教学法——结合国内外典型的案例,揭示其反映的市场经济运行的规律、政策举措的效果等,让学生能通过真实案例的分析,切实体会到我国经济发展的特点,同时,基于国内外案例的对比,培养学生的国际视野和大局观念。课堂互动式教学法——与传统课堂讲授不同,课堂互动式教学需要老师讲授与学生主动参与结合,基于某个知识点老师和学生间可以开展讨论,这种方法既可以促使老师全身心投入到课堂中,又能调动学生学习和思考的积极性,让课堂既严肃又活泼,提高教学效果。

三、课程各章节的课程思政教学内容设计

第一章 导论

专业教学目标

导论包括三方面的内容:第一,发展经济学的研究对象、研究方法和指导思想,及学习发展经济学的意义与要求;第二,本次马克思主义工程版本教材的基本特点以及主要框架结构。第三,中国特色社会主义经济发展理论的基本理论及其理论意义和实践意义。

【知识目标】

1. 了解学习发展经济学的意义、基本要求及本教材具有的特点,中国特色社会主义经济发展理论的意义及所包含的各理论之间的关系。

2. 掌握发展经济学的主要研究对象、研究方法和指导思想,本教材的主要框架结构,中国特色社会主义经济发展理论的基本理论内容。

【能力目标】

1. 通过对中国特色社会主义经济发展过程中不同理论的学习,培养学生对不同理论间相互关系的思辨能力,使学生具备系统分析经济发展演变的逻辑能力。

2. 通过学习发展经济学的主要研究对象及方法,使学生具有基本方法的识别能力,并能运用相关理论分析发展经济表现出的不同现象。

课程思政教学目标及实践

【育人目标】

1. 政治认同 以发展经济学的视角理解中国特色社会主义经济发展理论及背景、实践和意义等,提升学生政治素养,实现学生对于国家经济发展的政治认同。

2. 制度优越　理解在中国特色社会主义制度下中国特色社会主义经济发展理论对经济发展卓越成就的指导作用,让学生感受社会主义制度的优越性。

3. 科学精神　综合各学者对发展中国家的含义阐释以及学习新发展理念知识点过程中同中国各省市发展中具体实际相结合,使学生从中总结其具有的共同点,培养学生多角度思维以及综合总结能力。

4. 社会主义核心价值观　阐述国家的各政策战略取得成效以及在家乡地方的具体实践应用,积极引导学生树立扎根基层、服务人民的正确价值观。

【教学方法与手段】

1. 自主学习:充分利用慕课学习资源辅助学生线上学习导论主要知识点,并安排学生线下自主阅读中国特色社会主义经济发展理论文献,完成心得体会撰写。

2. 课堂讲授:以改革开放70年以来中国经济发展取得的成就为切入点,讲授中国特色社会主义经济发展理论的主要内容,研究方法及发展经济学的主要框架,引导学生对比分析不同理论的异同。

3. 课堂展示与讨论:以中国经济发展为专题,让学生搜集中国经济发展的相关资料,以小组为单位展示并讨论学习中国特色社会主义经济发展理论的心得收获。

【课程思政教学实例】

案例材料1:我国发展中国家地位的理解

(1)案例简介

习近平同志在党的十九大报告中说"必须认识到,我国社会主要矛盾的变化,没有改变我们对我国社会主义所处历史阶段的判断,我国仍处于并将长期处于社会主义初级阶段的基本国情没有变,我国是世界最大发展中国家的国际地位没有变。"中国在各方面取得显著成就,但具备诸多发展中国家的特征。首先,尽管我国已经成为世界第二大经济体,但人均GDP和人均国民总收入水平均不高,距离高收入国家最低标准还有距离。其次,虽然农村经济整体发展向好,城乡差距逐年缩小,但农村经济与城镇经济差距仍较大。最后,我国总体产业结构与发达国家相比,工业化程度仍具有较大发展空间,高投入、高消耗的增长方式尚未得到根本改变,科技创新能力仍有明显不足,产业结构方面与发达国家仍有距离。综合起来看,我国仍然是一个典型的发展中国家。

资料来源:韩震.我国仍是世界最大发展中国家[N].人民日报,2018-04-30.

(2)案例的思政元素

①科学精神　通过学习各个不同学者对于发展中国家的定义,使学生了解不同观点的碰撞,培养学生多角度思考问题与辩证思考能力。

②制度优越　阐述国家的各项政策战略以及取得的成效,列出具体数据和现实发展案例,使学生充分感受到在中国特色社会主义制度指导下国家经济发展取得的卓越成就和巨大飞跃,培养学生强烈的民族自豪感。

(3)教学手段

①讲授:综合发展中国家普遍具有的共同特征,并结合我国如今的发展现状,说明我国仍然属于发展中国家的具体原因。

②讨论:我国国情的分析和启示。学生收集国家经济发展相关数据,通过国际比较、课堂展示、师生思辨讨论分析,提高课堂授课学习总体效率。

③测评:讨论结果现场点评,包括学生自评、互评、教师点评总结。

案例材料2:陕西以新发展理念引领高质量发展

(1)案例简介

陕西省上下贯彻新发展理念,统筹新冠肺炎疫情防控和经济社会发展,实现了"十四五"良好开局。以科技创新激活发展动力。省政府工作报告提出要打造"科学家+工程师"、创新型企业家、科技经纪人三支队伍。以绿色推动建筑行业高质量发展,如陕建成立数字科技公司,提升在"BIM""智慧工地"等关键领域竞争力,提升建筑行业数字化、智能化水平。陕西以法治推进更高水平对外开放,利用区位优势,推进共建"一带一路",建立"一带一路"商事法律公共服务工作机制,对中小企业涉外纠纷予以法律救济和法律援助。

资料来源:甘甜,孙鹏.陕西以新发展理念引领高质量发展[N].陕西日报,2022-03-05(001).

(2)案例的思政元素

①政治认同。阐述新时代背景下中国特色社会主义经济发展理论思想与中国特色社会主义经济发展理论的实践应用,提升学生对新发展理念和经济政策的政治认同。

②社会主义核心价值观。以新发展理念结合陕西省发展的具体实践来展现家乡发展的政策战略,积极引导学生将地区发展与个人价值实现相结合,树立学以致用、服务人民的正确价值观。

(3)教学手段

①讲授:介绍中国特色社会主义经济发展理论中的新发展理念与陕西省发展密切联系,说明中国特色社会主义经济发展理论的实践体现。

②讨论:结合新发展理念,为学生布置任务查找相关数据和搜集新发展理念指导下的具体案例,并结合慕课资源、文献资源以及《辉煌中国》等微纪录片为翻转课堂授课方式提供支持。

③测评:以小组为单位,对其所整理的资料进行专题讨论,并对结果现场点评,包括学生自评、互评、教师点评总结。

第二章 经济增长与经济发展

专业教学目标

本章在阐明经济增长与发展、自由的关系基础上,学习发展测度的方法,通过学习增长系列模型、增长阶段论、后发优势论、中等收入陷阱,深入了解发展中国家增长动力源泉和经济发展的复杂性;通过对中国经济增长分析,认识中国经济发展主要成就和动力因素。

【知识目标】

1. 掌握发展和经济增长的关系,熟悉经济增长及发展的衡量指标体系。
2. 熟悉哈—多模型、新古典增长模型、新增长模型的核心内容。
3. 深入了解现代增长、增长阶段论、后发优势论、中等收入陷阱的内容。

【能力目标】

1. 通过学习经济增长及发展的衡量指标体系,使学生具备识别和评价经济指标体系的能力。
2. 培养学生运用增长阶段论、后发优势论、中等收入陷阱概念等,阐释经济发展过程的复杂性的能力。

【育人目标】

1. 家国情怀 (1)国际视野:用国际眼光看待发展,尊重各国发展道路选择;(2)国家认同:正确看待中国经济发展取得的伟大成就。

2. 人文素养 (1)人文积淀:理解近现代中国探索富强之路的艰难及抉择;(2)审美情趣:科学认识经济发展新常态和中国特色社会主义建设。

3. 科学精神 (1)理性思维:正确认识西方现代经济增长及其增长阶段;(2)职业道德修养:以理论知识武装自己,学会用发展的眼光看待经济问题。

4. 深度学习 (1)乐学善学:关注经济现实问题,理论联系实际,提高理论素养;(2)信息意识:善于接受各种媒介信息,提高思辨能力;(3)勇于反思:认识经济发展的复杂性,善于和敢于否定自己,改革才能成功,经济才能持续发展。

【教学方法与手段】

1. 自主学习:线上学习经济增长模型、经济的不同增长阶段等基础专业知识点,线下自主阅读经济发展文献资料,撰写阅读笔记。

2. 课堂讲授:知识点讲授注重以问题为导向,着重讲授本章增长与发展、经济增长模型、增长阶段论、后发优势论、中等收入陷阱等知识点,并引导用以分析发展中国家经济发展问题。

3. 小组讨论:学生讨论我国经济发展新常态,应如何选择经济发展方式和应用那些动力源泉促进我国经济发展,展示根据教学素材整理分析的我国经济发展相关报告等,小组讨论我国经济发展新常态下供给侧结构性改革等措施。

【课程思政教学实例】

案例材料1:深入认识我国经济发展新常态

(1)案例简介

"十三五"时期,我国经济发展的显著特征就是进入新常态。我国经济发展正在经历增长速度从高速转向中高速、从规模速度型转向质量效率型、从增量扩能为主转向调整存量和做优增量并举、从主要依靠资源和低成本劳动力等要素投入转向创新驱动阶段,经济发展向形态更高级、分工更优化、结构更合理的阶段演进。

从历史过程看,我国经济发展历程中新状态、新格局、新阶段总是在不断形成之中,完全符合事物发展螺旋式上升的运动规律。从时间上看,我国发展经历了由盛到衰再到盛的几个大时期,今天的新常态是这种大时期更替变化的必然结果。从空间上看,我国出口优势和参与国际产业分工模式面临新挑战,经济发展新常态是这种变化的体现。深入认识我国经济发展新常态,主动适应并促进社会经济平稳健康发展,努力构建新发展格局。

资料来源:"2014年中央经济工作会议精神:主动适应经济发展新常态"和"习近平在省部级主要领导干部学习贯彻党的十八届五中全会精神专题研讨班上讲话"。

(2)案例的思政元素

①思想引领。经济发展新常态是习近平新时代中国特色社会主义思想重要理论创新成果应用的体现。

②政治认同。我国社会主义经济发展离不开党的领导和科学决策。

③家国情怀。深刻认识我国经济发展阶段的典型特征及其机遇和挑战,增强为中华民族伟大复兴而奋斗的家国情怀。

(3)教学手段

①讲授:介绍我国经济发展新常态具有的特征及相关的政策导向,并总结经济发展取得的成就,引入党领导高瞻远瞩的科学决断和政策指引等思政元素,增强学生的政治认同和家国情怀。

②讨论:以5人为一组,以经济发展新常态的科学判定对我国经济发展政策制定的引领作用为主题,鼓励学生通过上述案例并结合自身已储备的知识进行专题讨论,实现课堂教学的高效性。

③学习测评:根据各组的发言进行现场点评,包括学生自评、互评和教师总结。

案例材料2:编制"十四五"规划,科学谋划新发展格局

(1)案例简介

当今世界正经历百年未有之大变局,新一轮科技革命和产业变革深入发展,国际力量对比深刻调整,但和平与发展仍然是时代主题,人类命运共同体理念深入人心。我国经济发展阶段已转向高质量发展阶段,但不平衡不充分问题仍然突出。在此背景下,编制《中华人民共和国国民经济和社会发展第十四个五年(2021—2025年)规划和2035年远景目标纲要》,阐明国家构建新发展格局战略意图,明确政府工作重点,引导规范市场主体行为,这是我国全面建成小康社会、向第二个百年奋斗目标进军的第一个五年计划和远景观规划。纲要编制坚持党的全面领导、坚持以人民为中心、坚持新发展理念、坚持深化改革开放、坚持系统观念,认识和把握发展规律,体现编制的科学性、引领性、战略性。

资料来源:"中华人民共和国国民经济和社会发展第十四个五年规划和2035年远景目标纲要"和《中共中央关于制定国民经济和社会发展第十四个五年规划和2035年远景目标的建议》。

(2)案例的思政元素

①思想引领。纲要编制,是习近平新时代中国特色社会主义思想的重要理论的创新应用成果。

②政治认同。我国经济发展和社会文化建设离不开党的领导和科学决策。

③家国情怀。学生能够更加深入地认识到我国目前经济发展阶段面临的机遇与挑战,增强学生为中华民族伟大复兴而奋斗的信心。

④科学精神。纲要编制是在研判国际、国内形势基础上,根据我国经济发展阶段特征做出的科学规划。

(3)教学手段

①讲授:知识点+实事+思政贯穿融合。知识点"中国经济增长动力因素"讲授中引入国家发展科学规划等思政元素与中国改革开放的成功经验相结合,增强学生的政治认同、家国情怀、科学精神和使命、担当意识。

②讨论:小组讨论"'十四五'规划和 2035 远景规划"的重要性,从经济发展阶段、经济行为等角度进行讨论,最后以小组为单位选出代表进行阐述,提高学生的独立思考能力和语言组织表达能力。

③学习测评:对各组的发言进行现场点评,包括学生自评、互评和教师总结。

第三章 公平、分配与贫困

专业教学目标

通过学习和理解公平、分配与贫困的内涵,掌握经济增长与收入分配关系、探讨贫困产生的原因及缓解途径。从理论到实际,立足中国国情,提出适合中国发展与减贫途径。

【知识目标】

1. 掌握西方公平观、马克思公平观和中国特色社会主义公平观的核心观点。
2. 熟悉收入分配的概念和度量方法,掌握经济增长和收入分配相互关系。
3. 了解贫困的含义,发展中国家贫困熟悉产生原因和减贫途径。

【能力目标】

1. 通过学习西方和中国经济理论的核心观点,培养学生用科学的公平观、世界观和方法论观察和解决社会经济问题的能力。
2. 通过学习发展中国家收入分配和经济增长关系,特别是清晰地理性认识我国收入分配和经济增长,培养学生的理性思考能力和自主学习能力。
3. 在熟悉发展中国家贫困发生原因及减贫途径基础上,充分理解我国全面建成小康社会的意义,提升学生对经济发展优化路径方向的判断能力,并树立学生的家国情怀和职业素养。

【育人目标】

1. 家国情怀　(1)国际视野:用国际眼光看待公平与分配状况及我国减贫的伟大成就;(2)国家认同:正确看待中国决胜全面建成小康社会的伟大功绩,坚定建设社会主义现代化强国的信心。
2. 人文素养　(1)人文积淀:正确看待近代中国探索富强之路和脱贫攻坚之路的艰巨性及伟大成就;(2)审美情趣:充分认识我国科学扶贫、精准扶贫、"真扶贫、扶真贫"的创新精神。
3. 科学精神　(1)理性思维:正确看待西方公平观、马克思公平观和中国特色社会主义公平观。(2)职业道德素养:以科学态度认识贫困途径,精准扶贫、扶贫与扶智并举。
4. 深度学习　(1)信息意识:通过资料分析,充分认识我国脱贫攻坚决胜全面小康建设的艰巨性和伟大成就;(2)勇于反思:认识到反贫困的复杂性,思考巩固脱贫攻坚成果可行措施。

【教学方法与手段】

1. 自主学习:线上学习相应慕课中的基础专业知识点,线下自主阅读公平分配及反贫困的文献资料,撰写阅读笔记或思维导图。
2. 课堂启发引导:知识点讲授注重以问题为导向,着重讲授本章公平与分配、反贫困知识点等,引导分析发展中国家的收入分配与经济增长关系。
3. 课堂展示与讨论:学生讨论我国面对目前收入分配状况,应如何看待我国的收入分配和经济增长关系,展示根据教学素材整理分析的相关报告等,小组讨论在当前我国减贫过程的复杂性和历史功绩。

【课程思政教学实例】

案例材料 1:决胜全面小康建设,中国扶贫伟大壮举

(1)案例简介

2020 年 1 月 2 日《求是》杂志:习近平总书记在中央扶贫开发工作会议上掷地有声地宣示:"全面建成小康社会,是我们对全国人民的庄严承诺,必须实现,而且必须全面实现,没有任何讨价还价的余地。""民亦劳止,汔可小康。"中国共产党自成立之日起,就坚定扛起为中国人民谋幸福、为中华民族谋复兴的历史大任。从温饱到小康,从总体小康到全面小康。但全面小康,谈何容易?中国共产党充分发挥中国特色社会主义制度优势,披荆斩棘、勇往直前。从 1978 年到 2012 年,中国的绝对贫困人口减少了将近 7 个亿。"全面小康,一个都不能少。"让 9000 多万贫困人口摆脱贫困,2020 年全面建成小康社会。

资料来源:根据"决胜全面小康"《求是》(2020 年 01)和决胜全面建成小康社会《求是》(2017 年 10)整理所得。

(2)案例的思政元素

①思想引领。决胜全面小康建设,是习近平新时代中国特色社会主义思想的重要理论创新应用。

②政治认同。决胜全面小康建设离不开中国共产党领导人民群众万众一心的踏实肯干、久久为功。

③家国情怀。深刻认识我国脱贫攻坚取得的丰硕成果,增强学生为中华民族伟大复兴而奋斗的家国情怀。

④科学精神。全面建成小康社会,是中国共产党科学决断、领导全国人民矢志不渝、久久为功的结果。

(3)教学手段

①课堂展示:师生思辨讨论实现课堂高阶性、高效性效果。

②讲授:知识点+实事+思政贯穿融合。在知识点"中国减贫困取得的成就、经验和未来任务"讲授中引入思政元素,增强学生的政治认同感、家国情怀、科学精神和使命、担当意识。

③讨论:对科学精准扶贫的意义、战略举措、成效进行讨论,引导学生自主独立思考,并结合现实让学生深刻理解精准扶贫对我国经济发展的主要意义。

④学习测评:引导学生从自己身边的变化理解党的相关战略举措对经济发展的影响,并现场点评,培养学生的表达能力和思考能力。

案例材料2:提出乡村振兴战略及规划编制落地实施,开启共同致富伟大新篇章

(1)案例简介

党的十九大提出实施乡村振兴战略,是以习近平同志为核心的党中央着眼党和国家事业全局,深刻把握现代化建设规律和我国城乡关系变化特征,顺应亿万农民对美好生活的向往,对"三农"工作作出的重大决策部署,而编制《乡村振兴战略规划(2018—2022年)》是具体落实措施,是我国建设现代化经济体系的重要基础,是建设美丽乡村、美丽中国的关键举措,是传承中华优秀传统文化的有效途径,是新时代健全现代社会治理格局的固本之策和实现全体人民共同富裕的必然选择。

描绘好战略蓝图,按照产业兴旺、生态宜居、乡风文明、治理有效、生活富裕的总要求,对实施乡村振兴战略作出阶段性谋划,强化规划引领,科学有序推动乡村产业、人才、文化、生态和组织振兴,是乘势而上开启全面建设社会主义现代化国家新征程并向第二个百年奋斗目标进军、走向共同富裕的必要举措。

资料来源:根据《乡村振兴战略规划(2018—2022年)》和"坚持把解决好'三农'问题作为全党工作重中之重 举全党全社会之力推动乡村振兴"《求是》(2022/07)整理所得。

(2)案例的思政元素

①思想引领。乡村振兴战略,是习近平新时代中国特色社会主义思想的重要理论创新实践。

②政治认同。我国农业现代化建设和"三农"问题的解决离不开党的领导。

③家国情怀。深刻认识农村的全面振兴是党领导人民万众一心共同努力的结果,增强学生为中华民族伟大复兴而奋斗的家国情怀。

④科学精神。解决农业、农村、农民"三农"问题是我国现代化过程中系统性的问题,是我国进入经济新常态、全面建成小康社会、迈向新的第一个百年奋斗目标必须全面部署、认真解决的问题。

(3)教学手段

①讲授:知识点+实事+思政贯穿融合。在知识点"公平分配和经济增长""反贫困重点在农村"等讲授中引入思政元素,增强学生的政治认同、家国情怀、科学精神和使命、担当意识。

②讨论:以乡村振兴为切入点,引导学生思考在新发展格局下,我国乡村振兴战略实施的伟大意义,引出发展中国家减贫的重要性,据此进行讨论分析。

③学习测评:讨论结果现场点评。

第四章 工业化与信息化

专业教学目标

工业化是经济发展的动机,是发展中国家实现现代化的必由之路。中国工业化与信息化进程遵循经济发展的一般规律,但具有中国特色。通过本章学习,帮助学生了解产业结构的分类与演进机理、工业化的理论依据及各种发展战略理论,掌握新型工业化和信息化的特点及二者的作用机理,认识到发展中国家走新型工业化道路的必然性,让学生思考如何在新的经济背景下让中国经济迈向高质量发展阶段。

【知识目标】

1. 明确什么是产业结构和工业化,了解经济发展与产业结构的相互作用机理以及产业结构的演进次序。

2. 掌握平衡增长与大推进战略、不平衡增长与联系效应理论、主导部门优先发展战略三大工业化的战略。

3. 理解工业化与信息化的相互作用机理,并能了解中国工业化过程和中国迈向高质量发展阶段的战略和举措。

【能力目标】

1. 通过掌握经济发展与产业结构的相互作用机理及产业结构的演进次序,引导学生思考实现平衡增长的战略举措,培养学生思考问题的逻辑能力。

2. 通过讨论式和示范式教学,培养学生自主学习知识的能力。

3. 通过课堂知识的学习,培养学生应用经济学知识分析工业化进程、产业布局、作用机理等相关经济现象的能力。

课程思政教学目标及实践

【育人目标】

1. 政治认同　让学生能运用马克思主义基本观点、立场和学习方法理解中国工业化进程的演化及其发展的作用机理,深刻理解践行社会主义核心价值观,增强学生作为社会主义爱国青年的责任感、使命感。

2. 大格局观　引导学生深入社会实践,关注现实问题,辩证理解工业化和信心化之间的关系,有大局意识。

3. 国家使命　通过教学,让学生意识到只有完成工业化与信息化的有效融合,才能真正实现从制造大国走向制造强国,实现从经济大国步入经济强国的跨越。

【教学方式与方法】

1. 线上线下结合学习:线上学习相应慕课中的基础专业知识点,线下自主阅读文献资料,撰写阅读笔记或思维导图。

2. 案例教学:以中国工业化发展的相关案例为切入点,讲授中国产业的演进次序及国家的发展战略和举措等。

3. 情境教学:设置情境,让学生以小组为单位,根据课堂所学对中国工业化及信息化所面临的问题提出解决路径。

【课程思政教学实例】

案例材料:国家信息化和工业化融合发展国家政策分析

(1)案例简介

2016年是"十三五"开局之年,中共中央和国务院正式发布《国家信息化发展战略纲要》和《"十三五"国家信息化规划》,首次提出以"信息化驱动现代化",建立"数字中国"的战略要求。随着科技的发展,工业化的内涵在不断发生变化,工业化不仅是劳动生产率的提高,更带来了经济、政治、社会、文化等各方面的巨大变革。与工业化不同,信息化是利用现代信息技术解决信息和知识的规模生产和传播问题,信息化可以加速工业化的发展,最终将人类由工业社会引向信息社会。工业化与信息化融合,不仅在于利用信息技术改造工业生产的各个环节,更要从宏观层面研究如何促使国家达到发展现代产业体系的目的。因此,工业化和信息化融合是国家未来发展的战略重点。

资料来源:根据《"十三五"国家信息化规划》整理所得。

(2)案例的思政元素

本案例将国家对制造业和信息化的功能定位及相互融合的相关政策法规与《发展经济学》课程中"工业化与信息化"的教学内容相结合,从工业化的发展演变及信息化的功能定位等方面所制定的相关文件做到与课程重点内容的呼应。具体表现为:

①家国情怀。学生能通过相关政策法规更加深入地认识到我国工业化发展面临的挑战,工业化与信

息化融合的迫切性,增强学生为中国的崛起奋斗的家国情怀。

②深度学习。学生理解信息化多国家发展的重要性,能加强对现代信息技术的学习,有效使用互联网技术,促进社会信息化的发展。

③政治认同。我国工业化和信息化的发展离不开党的领导和科学决策。

(3)教学手段

①课堂演示:利用多媒体技术对我国工业化演化次序进行动态的课堂展示,引导学生形成系统性的认识。

②小组讨论:引导学生对工业化的现状和未来的发展路径进行讨论,探讨具体的举措,以小组为单位进行概括,并对各小组的结果进行现场点评。

第五章 农业发展与农业现代化

专业教学目标

农业是经济发展的基础和先决条件。通过本章学习,旨在让学生掌握工农业相互关系理论、传统农业向现代农业转变的途径;理解土地制度类型与土地改革对农业发展的影响;了解国家支持农业各项政策出台的背景及作用;结合中国农业现代化发展道路、土地制度变革和农业发展政策,深刻理解乡村振兴战略的伟大意义。

【知识目标】

1. 理解农业在国民经济中的基础地位。
2. 掌握工农业相互关系理论和农业发展道路理论。
3. 理解传统农业向现代农业转变的途径以及国家支持农业的各项政策。
4. 了解中国的农业现代化发展道路、土地制度变革和农业发展政策。
5. 深刻理解乡村振兴战略的背景、辉煌成就及历史意义。

【能力目标】

1. 通过对农业在国民经济中基础地位理论学习,使学生具体理清农业对促进经济发展重要性的能力。
2. 结合工农业相互关系理论的学习,培养学生辨别工农业对经济发展的促进作用的能力。

【育人目标】

1. 政治认同 通过本章学习,引导学生理解一个国家不同时期工农业相互关系的不同模式,结合我国改革开放前实施的"剪刀差"政策及当下实施的"以工补农"政策,启发学生理解我国始终把解决好"三农"问题作为全党工作的重中之重的原因,强化对工业反补农业、城市支持农村和多予少取放活方针的认识。增强对党的领导的信念,牢固树立社会主义核心价值观。

2. 家国情怀 通过讲解让学生了解传统农业向现代农业转变的基本方式,组织学生观看纪录片《大国粮仓》,帮助学生形象理解我国农业从改革开放初期传统农业到2021年农业机械化水平达到70%以上、粮食产量连续8年达到1.3万亿斤,彻底告别"吃不饱"到"要吃好和吃得健康"的农业高质量发展阶段的历史性转变,激发作为中国人的自豪感,引导学生把个人发展融入到国家经济发展战略之中。

3. 国际视野 本章在讲解过程中,涉及到发达国家曾经走过土地制度变化、发展中国家普遍的土地制度以及我国改革开放前后的土地制度对于经济发展的作用,引导学生思考分析土地制度在不同国家对于经济发展作用表现不同的原因,并结合承包责任制对于我国农业发展的巨大推动作用,启发学生看问题国际化视野。

【教学方法与手段】

1. 自主学习:课前线上布置需要预习的主要内容及知识点,线下自主阅读文献资料,撰写阅读笔记。
2. 课堂讲授:重点讲授相关理论的主要观点或内容,结合经济实践,开阔学生视野。
3. 课堂展示与讨论:以小组为单位讨论对本章知识点的认识,启发学生对讨论问题进行小结并形成书面文字。

【课程思政教学实例】

案例材料:新中国成立以来我国农业取得的辉煌成就

(1)案例简介

农业基础地位更加巩固,从以粮为纲的传统农业到农林牧渔业全面发展的现代化农业转变。改革开放前,我国农业生产结构较为单一,种植业占据绝对主导地位。1952年,农林牧渔业总产值中农业比重高达85.9%,林、牧、渔业比重分别只有1.6%、11.2%、1.3%。改革开放后,联产承包责任制、农产品流通体制等多方面改革逐步实施,鼓励发展多种经营、促进农业产业化政策措施相继出台,农业生产逐步多元化。1990年,农林牧渔业总产值中农业比重下降至64.7%,林、牧、渔业比重分别上升至4.3%、25.7%、5.4%。党的十八大以来,强农惠农富农政策体系持续完善,农业供给侧结构性改革不断深化,农业基础更加巩固,农业现代化水平逐渐提高,农业结构调整优化。2019年,农林牧渔业总产值中农业比重下降至53.3%,林、牧、渔业比重分别提高至4.3%、26.7%、10.1%。

农业生产条件持续改善,综合生产能力快速提升。建国初期,我国农业生产基础单薄,"靠天吃饭"现象明显,粮食产量较低。20世纪60—70年代,在十分困难的条件下推进了农田水利设施建设。改革开放以来,随着农村改革的深化,农业综合生产能力不断提升,农业经济快速发展。

粮食总产量及人均粮食占有量稳步提高。粮食总产量由1949年的11318万吨到1978年的30477万吨再到2021年的68285万吨(13657亿斤)。党的十八大以来,农业机械化程度持续提高,主要农产品产量稳定增长,其中谷物、肉类、花生、茶叶、水果等产量持续位居世界第一。人均粮食占有量1952年285公斤,到2021年人均粮食占有量达到483公斤,高于国际公认的400公斤粮食安全线,做到了谷物基本自给、口粮绝对安全。

资料来源:根据国家统计局公布的相关数据整理而成。

(2)案例的思政元素

①政治认同。建国后我国农业经济发展取得巨大成就的原因在于坚持党的领导。

②家国情怀。引导学生深入了解新中国成立以来我国经济发展过程中的工农业互相关系转变的路径,增强民族自豪感。

③国际视野。通过了解我国人均粮食占有量从1952年的285公斤到2021年的483公斤的历史性跨越,理解发展中国家农业发展的不同模式,以及不同模式间的异同点。

(3)教学手段

①讲授:通过对新中国成立以后我国农业从"吃不饱"到"要吃好"的历史转变的讲解,让学生真切感受改革开放以来"中国奇迹"的影响力,理解社会主义制度优越性在我国经济发展过程中的具体体现。

②讨论:以小组为单位,以建国初期的一穷二白到当下稳居世界经济总量第二为主题展开讨论,启示学生认识"发展是硬道理"对于发展中国家的重要意义。

③学习测评:讨论结果现场点评,包括学生自评、互评、教师点评总结。

第六章 城市化与城乡发展

专业教学目标

世界上所有发展中国家都是传统经济与现代经济并存,城市化与工业化并行发展,呈现出明显区别于发达国家的二元经济结构。通过本章学习,让学生掌握二元经济发展模型、乡—城人口流动模型,了解中国的二元经济结构及其转变,理解城市化与工业化的相互作用的机理,发展中国家城市化与工业化的不平衡表征,发展中国家城市化存在的主要问题。结合中国国情,让学生熟悉中国城镇化与农村发展的动态变化,中国城乡发展不平衡的种种表现,以及缩小城乡差距的政策思路。

【知识目标】

1. 把握刘易斯模型、拉尼斯—费模型、托达罗模型的基本观点,并对比各模型的优缺点。

2. 了解中国二元经济结构的演化过程与动因,掌握改革开放以来城市化的不同发展阶段及其特征、中国乡—城劳动力转移过程与特征,据此弄清解决我国农民工市民化的对策思路。

3. 理解发展中国家城市化中存在的问题,掌握中国城市化中城乡发展不均衡的特征及原因,明确中国城镇化应该面对的路径选择,据此结合城乡融合理解中国新型城镇化推进的思路。

【能力目标】

1. 培养根据所学知识解释现实生活中的经济现象的能力,如解释城市失业与乡—城人口流动并存这一现象的内在机理。

2. 提高学生的自主学习能力,引导学生能辨别不同模型的优缺点,并根据模型对存在的现实经济问题进行科学的分析,提出应对措施。

3. 通过讨论式和示范式教学,培养学生从思辨的角度分析当前中国城镇化进程中面临的困难和解决的路径的能力,能够分析评价中国新型城镇化推进过程中城乡融合政策实施的作用与效果。

课程思政教学目标及实践

【育人目标】

1. 政治认同　改革开放以来,中国经济迅猛发展,城市化进程不断加快,在中国共产党的领导下,中国城乡面貌焕然一新,人民生活水平得到显著提升,形成了具有中国特色的新型城镇化道路。

2. 社会主义核心价值观　将学生的个人价值实现与中国城市建设相结合,积极引导学生树立社会主义核心价值观。

3. 国际视野　在本章中,在课程教学中融入诺瑟姆理论去剖析城市发展的一般规律,不仅充实了发展经济学的教学内容,同时,能引导学生从国际和国内的视角分析城市化进程不同阶段表现出的特征,让学生的思维更加活跃,视野更加开阔,格局更大。

【教学方式与方法】

1. 问题导向法:教师通过相关材料的展示,向学生提出中国城市化进程中面临的问题,让学生通过自主学习的形式对中国城市化演进过程形成系统认识,并针对问题提出应对措施。

2. 课堂讲授:讲授相关理论的主要观点或内容、政策启示与建议等。

3. 小组讨论:学生以小组为单位,对中国城市化与城乡发展的历程进行总结,并针对面临的问题提出具体举措。

【课程思政教学实例】

案例材料:中国城乡发展的变迁案例分析

(1)案例简介

新中国成立70年来,中国的城乡发展面貌发生了显著变化。1949年,中国的城镇化率仅为10.64%,到2011年,城镇化率突破50%,至2018年底,中国的城市化率更达到了59.58%。2021年末,中国常住人口城镇化率已达到64.72%。

在城镇化率超过30%的拐点后,中国城镇化进入了一个超高速推进的时期。从1980年到2017年,我国历年的城镇化平均增长速度为3%,是世界历史上速度最快、规模最大的城镇化进程。正是对不同时期城市和乡村的功能定位以及城乡关系的考量和发展政策,造就了我国城镇化的阶段性发展特点和推进模式。

资料来源:根据财经新闻关于《国际城市规划》的专家评论、任果《改革开放40年中国城市化进程研究》整理所得。

(2)案例的思政元素

①政治认同。中国城市化进程的快速发展离不开党的领导和科学决策。

②思想引领。推进中国城镇化发展,促进城乡一体化,缩小贫富差距,是马克思主义、毛泽东思想、邓小平理论、三个代表、习近平新时代中国特色社会主义思想的重要理论创新成果。

③家国情怀。学生能够更加深入地认识到我国城市化进程中面临的机遇与挑战,增强学生为中华民族伟大复兴而奋斗的家国情怀。

(3)教学手段

①课堂展示:以小组的形式展示学生自己感受到的城市和农村面貌的变迁过程,让学生能深刻认识到城镇化带给人民的优势。

②小组讨论:以小组讨论的形式对中国城镇化进程中面临的问题进行讨论,并据此提出相应的对策。

第七章　人口与人力资源

专业教学目标

本章包括两个方面内容:第一,人口增长理论与人口转型阶段,人口增长对经济发展的影响,中国人口增长和老龄化趋势的现状。第二,人力资本理论及其与经济发展的关系,发展中国家劳动力市场结构、教育状况和失业类型,以及中国在教育方面取得的成就。

【知识目标】

1. 了解人口增长理论、人口转型与发展阶段,人口增长对经济发展的影响,发展中国家的劳动力市场结构、教育状况和失业类型原因及解决方案。

2. 掌握人力资本理论以及其与经济发展之间的关系。

【能力目标】

1. 培养学生将所学理论灵活应用于实际和解决具体问题的能力。

2. 通过课堂知识的学习,使学生具有更大的格局,更开阔的国际视野,总更高的站位分析人口和人力资源二者间的关系。

课程思政教学目标及实践

【育人目标】

1. 国际视野 了解当前世界人口增长趋势与人口结构变化,对比世界各国不同的人口现状以及人口政策,培养国际视角分析人口问题。

2. 政治认同 研究新时代下我国人口增长、人口结构和人力资本理论以及所面临的挑战,培养学生对于国家人口政策的大局观和政治认同。

3. 职业道德修养 分析中国当下面临的劳动市场人力资本问题和失业问题,结合各地不尽相同的人才引进政策,帮助学生做好职业规划,深化加强职业道德修养。

4. 家国情怀 了解我国在人口老龄化程度不断加深的背景下,通过制定合适的人口政策、教育政策促进人口红利向人才红利转变,将学生个人的价值观和价值实现与国家发展相结合,引导学生从提升个人素质出发,建立人才资源竞争优势。

【教学方式与方法】

1. **自主学习**:借助慕课完成人口与人力资源相关知识点线上学习,线下自主阅读人口政策相关文献,绘制我国人口政策演变进程思维导图。

2. **课堂讲授**:讲授人力资本理论主要内容及其对经济发展的影响,介绍各主要城市的人才引进战略。

3. **课堂展示与讨论**:学生展示根据案例整理分析的相关报告,并讨论各地不同的人才引进战略的主要原因。

【课程思政教学实例】

案例材料 1:全面三孩政策的内涵及影响

(1)案例简介

第七次全国人口普查结果公布显示,以人口老龄化为主的人口失衡已逐步成为中国人口方面亟待解决的问题。2021 年 5 月 31 日,中共中央政治局为进一步优化生育政策,实施一对夫妻可以生育三个子女的政策及配套支持措施。实施该政策将会对社会经济发展和人口结构产生一定影响:首先,其可以促进社会经济的健康可持续性发展,有利于明显改善国内消费结构,为经济增长赋予新动力和活力;其次,该政策有助于完善人口结构,使劳动人口的缺失得到补充;最后,全面三孩政策可以稳定生育水平,减缓人口总量下降趋势,有利于我国人口长期均衡发展。

资料来源:根据《中共中央、国务院关于优化生育政策促进人口长期均衡发展的决定》整理所得。

(2)案例的思政元素

①政治认同。新时代背景下结合我国人口发展现状及政策,积极引导学生从中国实际情况出发理解全面三孩政策的合理性和必要性,促进学生对我国人口问题和政策的政治认同。

②家国情怀。分析我国人口政策的背景,随着人口老龄化程度不断加深,我国劳动年龄人口占比趋于下降,我国人口政策如何正确促进人口结构合理化以及经济长期向好发展,激发学生的大国自豪感。

(3)教学手段

①讲授:中国历次人口生育政策的变迁,并主要介绍全面三孩政策及其背景、意义和推进方式,使学生从中国实际思考人口政策。

②讨论：分组讨论全面三孩政策及其对人口结构、人口增长和经济发展的影响，通过课堂展示、师生思辨讨论实现课堂提高课堂效率。

③测评：讨论结果现场点评，包括学生自评、互评、教师点评总结。

案例材料2：全国各主要城市人才引进战略的意义及影响

(1) 案例简介

人才引进战略不仅有利于高质量人才获得各项福利，还有助于当地企业提高人力资源质量并提升劳动生产率，更可以促进地方经济高质量发展。各个地区重视高质量人才，并积极采取各种方式增加本地区人才引进。例如，北京市以积分落户为主，研究生学历并取得硕士学位26分，研究生学历并取得博士学位37分，每连续缴纳社会保险满1年积3分；上海市2022年最新措施指出，在沪各研究所、各高校应届研究毕业生、其他世界一流大学建设高校和世界一流学科建设高校建设学科应届毕业生符合当年度非上海生源应届普通高校毕业生进沪就业申请本市户籍办法规定的基本条件即可落户。

资料来源：根据《北京市积分落户管理办法》(京政办发〔2020〕9号)及《2022年非上海生源应届普通高校毕业生进沪就业申请本市户籍评分办法》政策文件整理所得。

(2) 案例的思政元素

①职业道德修养。分析受到新冠肺炎疫情影响下中国各大城市面临的人力资源问题，展现各地所制定的人才引进政策及对人才的迫切渴望，帮助学生进行合理的职业规划，加强职业道德修养。

②家国情怀。对当下我国各地人力资源发展现状分析，阐述各地人才引进政策，随着我国进入高质量发展阶段，各地如何释放与挖掘人才红利，将学生个人未来的价值实现与地方城市、国家发展紧密结合、互相促进，激发学生投身地方城市与国家发展建设的热情。

(3) 教学手段

①讲授：引进人才对于地方经济发展的意义及全国各地人才引进战略。以我国各大主要城市为例，讲授高质量人才不同地区落户可以享受到的福利。

②讨论：不同地区颁布的人才引进战略不同的原因，以慕课资源、文献资源为翻转课堂提供支架，并进行课堂展示、师生思辨讨论。

③测评：讨论结果现场点评，包括学生自评、互评、教师点评总结。

第八章 资本形成与金融发展

专业教学目标

本章旨在让学生了解资本在经济发展中的作用、资本形成的来源与途径，了解金融制度对经济发展的作用机理以及古典的、马克思的和现代金融发展理论。让学生了解中国资本驱动型发展方式对中国经济增长的贡献和局限性，以及其在新时期转变的必要性，理解中国金融制度的演变及其对经济增长的贡献。

【知识目标】

1. 了解资本与资本形成及其在经济发展中的作用，掌握资本形成的来源与途径，理解金融制度与经济发展的关联。

2. 在认识中国资本积累对经济增长的贡献的基础上，了解新时代我国投资驱动型发展的转变，理解中国高储蓄率及其形成的原因，进而深入理解中国金融制度发展的经验。

【能力目标】

1. 通过了解资本形成及其在经济发展中的作用和资本形成的来源与途径，使学生能结合我国国情，具备分析我国金融制度对经济增长影响的能力。

2. 通过将中国投资驱动型经济发展方式和中国金融制度改革与发展的经济实践引入课堂，培养学生运用经济学知识分析国情民情的能力。

课程思政教学目标及实践

【育人目标】

1. 政治认同　以马克思主义经济学为指导，在对中外宏观金融政策的制定与运用效果比较中，树立"中国共产党为什么能"的观念。

2. 家国情怀 通过将中国金融政策和金融制度的演变与中国经济社会发展实践相联系,使学生明确中国共产党领导的中国道路的正确性,培养学生的"四个自信"。

3. 法治意识 通过讲解资本形成及其在经济发展中的作用,帮助学生理解国家对经济发展的依法干预具有间接性的特点,启发学生思考市场主体市场为什么会被允许、鼓励或被限制、禁止,增强学生法律意识。

【教学方法与手段】

1. 自主学习:线上学习相应慕课中的基础专业知识点,线下自主阅读文献资料,撰写阅读笔记或思维导图。

2. 课堂启发引导:知识点讲授注重以问题为导向,着重讲授本章理论内容与上一章理论内容的联系与区别和经济解释、政策启示与建议等。

3. 课堂展示与讨论:学生围绕面对目前金融制度改革的情况,就应如何选择金融制度和金融政策进行讨论,展示根据教学素材整理分析的相关报告等。

【课程思政教学实例】

案例材料1:资本形成的中国道路

(1) 案例简介

中国的资本形成道路具有鲜明的中国特色,主要有以下几种道路:一是政府主导,政府始终引导着中国的资本形成,政府始终为资本形成的产业格局布局谋篇;二是立足国内积累资本,特别是依靠农业剩余、国有企业的利润、居民储蓄,逐步扩大资本形成;三是发挥社会主义公有制制度优势,不断扩展国有资本的形成;四是在改革开放中扩大资本形成的来源渠道,积极利用国内国际两个市场、两种资源,促进资本形成;五是不断探索与经济体制相适应的、合宜的资本形成机制,并紧随经济体制的变革,适时转换资本形成机制。

资料来源:根据赵学军发表在《经济学动态》2017年第5期的"资本形成的中国道路"的思路整理所得。

(2) 案例的思政元素

①政治认同。通过案例,明确中国的资本形成道路离不开中国的国情,离不开党的领导和科学决策。树立"中国共产党为什么能、马克思主义为什么行"的社会主义核心价值观。

②实践创新。中国的资本形成道路,是以马克思主义经济学为指导,在结合中国当时国情的基础上进行创新而形成的具有中国特色的资本形成道路。

③家国情怀。通过案例,加强对中国特色资本形成道路的认识与理解,明确中国资本形成以及经济建设中坚持自力更生的重要意义,增强学生为中华民族伟大复兴而奋斗的家国情怀。

(3) 教学手段

①翻转课堂——支架与高阶:慕课资源、文献资源为翻转课堂提供支架;课堂展示、师生思辨讨论实现课堂高阶性、高效性。

②知识点+实事+思政——贯穿融合:在知识点"我国的资本形成"中引入中国的资本形成道路特色等思政元素,增强学生的政治认同和使命、担当。

③学习测评:投票结果、讨论结果现场点评。

案例材料2:新时代金融体制改革的政策脉络

(1) 案例简介

2013年11月召开的党的十八届三中全会确立了新时代金融体制改革的基础框架,内容包括金融机构和金融市场建设、金融开放、金融监管等。金融体制改革的方向和举措既体现了市场在资源配置中起决定性作用的改革总体要求,也体现了金融外部性强、风险高的行业特点。

十八届五中全会通过了《中共中央关于制定国民经济和社会发展第十三个五年规划的建议》,对深化金融体制改革、扩大金融业双向开放作出部署。

2017年4月,习近平总书记就维护我国金融安全提出了6项要求,内容包括金融改革、金融监管、金融风险处置原则、金融服务实体经济、领导干部金融工作能力和加强党对金融工作的领导。

2018年2月召开的党的十九届三中全会通过了《中共中央关于深化党和国家机构改革的决定》。按照会议精神要求,国务院新组建中国银行保险监督管理委员会,不再保留中国银行业监督管理委员会和中国保险监督管理委员会。

2020年10月,党的十九届五中全会通过《中共中央关于制定国民经济和社会发展第十四个五年规划和2035年远景目标的建议》。规划建议再次指出了金融改革开放工作中的重要任务,并在"十四五"规划纲要中得到体现。

资料来源:根据吴振宇2021年10月14日发表在《中国经济时报》的"新时代金融体制改革的政策脉络和重大进展"整理而得。

(2)案例的思政元素

①政治认同。从我国新时代金融体制改革的政策脉络可以看到中国共产党是积极稳妥推进我国金融领域体制改革的核心。

②家国情怀。通过案例,使学生能够更加深入地认识到随着我国金融体制改革的不断深入,我国金融服务实体经济和防控风险的能力得到不断提升,增强学生为中华民族伟大复兴而奋斗的家国情怀。

③法治意识。通过案例,帮助学生理解国家对金融体制的改革也是依照相关法律规定逐渐递进式推进的,从而增强学生的法律意识。

(3)教学手段

①翻转课堂——支架与高阶:慕课资源、文献资源为翻转课堂提供支架;课堂展示、师生思辨讨论实现课堂高阶性、高效性。

②讲授:在知识点"金融制度与经济发展"中引入中国的金融制度改革等思政元素,增强学生的政治认同和使命、担当。

③学习测评:投票结果、讨论结果现场点评。

第九章 制度与发展

专业教学目标

本章旨在让学生了解制度的定义及制度变迁在经济发展中的作用,掌握马克思的制度变迁理论,了解新制度经济学的理论观点,结合这些理论了解中国体制改革与转型历程,并明确新时代中国深化改革的主要目标任务。

【知识目标】

1. 了解新制度经济学的理论框架,掌握马克思主义的制度变迁理论,理解制度影响经济增长的作用机制。

2. 在认识中国的体制改革与转型历程的基础上,深入理解新时代中国深化体制改革的主要目标任务。

【能力目标】

1. 通过了解新制度经济学的理论架构和马克思主义的制度变迁理论,理解制度影响经济增长的作用机制,实现对制度变迁与制度创新、中国体制改革与体制转型等知识联系的举一反三的能力。

2. 通过讨论式和案例式教学,塑造从理论学习到中国实践导入、知识补充到经济制度思维训练的学习过程,培养学生自主性学习知识的能力。

3. 通过将中国体制改革与体制转型的实践引入课堂,逐步形成运用制度经济学知识分析国情民情的能力。

课程思政教学目标及实践

【育人目标】

1. 政治认同 通过对新制度经济学理论和马克思主义制度变迁理论的学习和比较,树立"马克思主义为什么行"的社会主义核心价值观。

2. 家国情怀 通过将马克思主义制度变迁理论与中国体制改革与转型实践相联系,使学生明确中国共产党领导的中国道路的正确性,培养学生的"四个自信"。

3. 科学精神 通过对新制度经济学理论和马克思主义制度变迁理论的比较学习,培养学生的求真务实精神和独立思考、独立判断的能力,能够运用科学的方法和思维方式认识事物。

【教学方法与手段】
1. 自主学习:线上学习相应慕课中的基础专业知识点,线下自主阅读文献资料,撰写阅读笔记或思维导图。
2. 课堂启发引导:知识点讲授注重以问题为导向,着重讲授本章理论内容与上一章理论内容的联系与区别和经济解释、政策启示与建议等。
3. 课堂展示与讨论:学生就目前经济制度改革的方向和内容,讨论经济制度和经济制度改革在实施中可能遇到的问题。

【课程思政教学实例】
案例材料1:改革开放以来我国经济体制的变革历程
(1)案例简介

在不断推动经济体制市场取向改革的深入过程中,形成了艰难起步、全面展开、制度建立、制度完善、全面深化等五个发展阶段。

艰难起步(1979—1984年)。这一阶段的改革主要是在计划经济体制内部引入市场机制,核心是放权让利、激发活力,开启了探索适应市场经济要求的分配原则和分配方式,开始调整生产关系和上层建筑不适应生产力发展的局面。

全面展开(1985—1992年)。这一阶段的改革主要是丰富所有制结构,尊重价值规律,进一步放权让利、激发市场活力,开始进行体制改革和运行机制改革以推动计划经济开始转向商品经济,为实行社会主义市场运行机制奠定了体制基础。

制度建立(1993—2000年)。这一阶段的改革形成了社会主义市场经济体制的基本框架:一个基础五大支柱。"一个基础",是坚持以公有制为主体、多种经济成分共同发展;"五大支柱",是现代企业制度、统一市场体系、宏观调控体系、收入分配制度和社会保障制度,市场在国家宏观调控下对资源配置起基础性作用开始显现。

制度完善(2001—2011年)。这一阶段,改革注重以制度方式构建市场在资源配置中的基础性作用,努力界定政府"有形的手"与市场"无形的手"的边界,社会主义市场经济体系初步建立并推进经济发展数量向质量转型。

全面深化改革(2012年至今)。这一阶段,改革成效是推进以主要管资本和加快发展混合所有制为特征的国有经济改革,推进以"三权分置"为特征的农村经济改革,进一步发展非公有制经济,逐步形成以国有经济为主导,多种所有制经济共同发展的格局。

资料来源:根据刘雅君2021年12月5日在《青海学习报》第3版发表的"改革开放以来我国经济体制的变革历程"整理而得。

(2)案例的思政元素
①政治认同。中国经济体制改革是在中国共产党的正确领导下进行的一场"革命",是持续推动我国经济社会快速发展的"秘籍",中国的经济体制改革只有在中国共产党的领导下才能取得成功。
②家国情怀。通过案例,使学生能够更加深入地认识到我国经济体制改革的成果,增强学生为中华民族伟大复兴而奋斗的家国情怀。

(3)教学手段
①讲授——知识点＋实事＋思政贯穿融合:在知识点"中国的体制改革与转型历程"中引入中国体制改革成果等思政元素,增强学生的政治认同和使命、担当。
②学习测评——实时呼应:投票结果、讨论结果现场点评。

案例材料2:马克思主义和新制度主义制度变迁理论的比较
(1)案例简介

新制度主义和马克思主义的制度变迁理论之间存在相互排斥、相互对立的方面。

第一,从方法论原则来看,马克思主义属于历史唯物主义和辩证法,强调生产力对生产关系、经济基础对上层建筑的决定作用,同时也重视生产关系对生产力、上层建筑对经济基础的反作用。而新制度主义基本属于历史唯心主义和形而上学,把技术变迁与制度变迁、经济与政治之间的关系给颠倒了。

第二,从对制度变迁方式的划分来看,马克思主义从阶级斗争形式的角度将制度变迁划分为暴力革命与和平改良两种方式。新制度主义则从制度变迁主体的角度将制度变迁划分为诱致性制度变迁和强制性制度变迁两种方式。前一种划分是科学的,后一种划分在很大程度上是非科学的。因为大量的制度变迁是非中性的。这种制度变迁对其推动者来说是诱致性的,而对其纯粹的承受者来说则是强制性的。

资料来源:根据刘小怡在《南京师大学报》(社会科学版)2007年第1期发表的"马克思主义和新制度主义制度变迁理论的比较与综合"整理而得。

(2)案例的思政元素

①政治认同。马克思从历史唯物主义出发,运用辩证法方法论分析了制度变迁的原因,强调科学的方法论是认识世界的前提。

②科学精神。我们应该辩证地对待新制度主义制度变迁理论,惟其如此,才能形成以马克思主义为基础的制度变迁理论的新综合,才能科学地认识制度变迁的方式及制度变迁的原因。

(3)教学手段

①讲授:在知识点"新制度经济学的理论框架"中引入追求真理、理性思维等思政元素,增强学生辩证地学习和运用西方新制度经济学理论观点的能力。

②学习测评:实时呼应:投票结果、讨论结果现场点评。

四、课程思政的教学评价

(一)对教师的评价

1. 教学准备的评价

将《发展经济学》课程思政建设落实到教学准备各方面,提前提炼思政元素,将价值塑造与知识传授相统一,进行课程思政目标设计、修订教学大纲、教材选用、教案课件编写等。

2. 教学过程的评价

将《发展经济学》课程思政建设落实到教学过程各环节,主要是看教师是否采取了恰当的教学方式,将思政元素自然地融入教学内容中,对学生的思政教育以"润物细无声"的方式展开,以实现课程思政性与专业性相统一的目标。

3. 教学结果的评价

建立健全《发展经济学》课程思政多维度评价体系,包括同行评议、随机听课、学生评教、教学督导、教学研究及教学获奖等。

4. 评价结果的运用

对于同行评议、学生评教、教学督导等提出的关于《发展经济学》课程思政的教学改进建议,以及对学生考核的成绩分析进行运用,对《发展经济学》课程思政教学进行反思与改进。

(二)对学生的评价

1. 学习过程的评价

检验学生是否按照要求认真完成了老师布置的任务,积极参与发展经济体的资料收集、课堂讨论和经济发展的实地调研等教学过程,科学评价学生在《发展经济学》课程学习中的积极性、互动性和参与度。

2. 学习效果的评价

通过课外实践、课堂讨论、随堂练习、课程论文、期末考试等多种形式,检验学生对《发展经济学》课程思政元素的领会及其对思政元素的掌握程度。

3. 评价结果的运用

通过师生座谈和系上教研活动等多种形式,对学生的《发展经济学》课程思政的学习效果进行科学分析,总结经验,改进不足,提升《发展经济学》课程思政的学习效果。

五、课程思政的教学素材

序号	内容	形式
1	习近平：创立一门社会主义的发展经济学	阅读材料
2	新时代中国特色社会主义经济发展动能转换思想研究	阅读材料
3	坚持把解决好"三农"问题作为全党工作重中之重 举全党全社会之力推动乡村振兴	阅读材料
4	国家信息化和工业化融合发展政策解读及机遇分析	阅读材料
5	《温铁军文集》	阅读材料
6	推行三孩生育政策的战略意义与实现路径	阅读材料
7	新时代金融体制改革的政策脉络和重大进展	阅读材料
8	马克思主义政治经济学与新制度经济学研究范式的比较分析	阅读材料
9	《中共中央国务院关于支持浙江高质量发展建设共同富裕示范区的意见》	政策法规
10	《中华人民共和国乡村振兴促进法》	政策法规
11	《中共中央国务院关于优化生育政策促进人口长期均衡发展的决定》	政策法规
12	国务院印发《扎实稳住经济的一揽子政策措施》	政策文件
13	《中共中央关于制定国民经济和社会发展第十四个五年规划和2035年远景目标的建议》	政策文件
14	《乡村振兴战略规划（2018—2022年）》	政策文件
15	《大数据产业发展规划（2016—2020年）》	政策文件
16	《2022年新型城镇化和城乡融合发展重点任务》	政策文件
17	《上海市引进人才申办本市常住户口办法》	政策文件
18	《中共中央国务院关于深化体制机制改革加快实施创新驱动发展战略的若干意见》	政策文件
19	比较视野下中国特色社会主义少数民族经济发展研究	案例分析
20	乡村振兴战略的提出及编制《乡村振兴战略规划（2018—2022年）》	案例分析
21	"三孩"生育政策落地的综合施策研究——以苏州市为例	案例分析
22	深入认识经济发展新常态	案例分析
23	习近平新时代中国特色社会主义经济思想的时代价值与经济学理论贡献	研究报告
24	《国家新型城镇化报告2019》	研究报告
25	乡村振兴背景下的人才引进路径研究	研究报告
26	伟大的变革——庆祝改革开放40周年大型展览网上展馆	网络视频展览文件
27	《大国粮仓》	纪录片
28	《大国重器》	纪录片
29	《辉煌60年》	纪录片
30	《资本的故事》	纪录片
31	《将改革进行到底》	纪录片
32	《辉煌中国》	纪录片
33	《百年求索》系列微纪录片	纪录片

《产业经济学》课程思政教学指南

陈安存　余珊　燕星辰　郑晓舟　汪辉平

(西安财经大学)

一、课程简介与课程目标

(一)课程简介

《产业经济学》是经济学专业的专业基础课程,是介于宏观经济学和微观经济学之间的中观经济学,它以产业为桥梁衔接起了宏观经济学的总量研究和微观经济学的个量分析,是一门新兴的应用经济学科。本课程主要包括产业组织、产业结构、产业关联、产业布局、产业发展以及产业政策等几部分内容,每一部分内容相对独立又有内在的关联。通过本课程的学习,使学生学会运用产业组织理论分析产业内部企业间的竞合关系以及如何促进资源在企业间的优化配置;学会运用产业结构理论分析现实产业结构其存在的问题以及优化的路径;学会运用产业布局理论为地区以及全国产业布局提出建设性建议;学会运用产业发展理论在不利的产业生命周期达到趋利避害目的;理解产业政策制定的依据以及起作用的方式。总之通过本课程的学习,引导学生关注现实经济问题,提高学生对于产业发展趋势的预判能力,帮助学生理解产业结构优化对于我国经济高质量发展的战略意义,培育学生诚实守信、德法兼修的职业素养。

本课程以马克思列宁主义、毛泽东思想、邓小平理论、"三个代表"重要思想、科学发展观和习近平新时代中国特色社会主义思想为指导,以唯物辩证法为主要研究方法论,紧跟产业经济学理论研究前沿,实时追踪国内外产业发展热点问题,结合新中国成立以来产业结构演变路径,采用课堂讲授、启发式教学、小组讨论教学、案例教学、情景教学、调查研究等多种教学方法,在教会学生掌握产业经济学理论知识的同时,培育学生的家国情怀,提高学生的政治认同,增强"四个意识"、坚定"四个自信"、做到"两个维护",在思想和行为上自觉与党中央保持高度一致,努力把学生塑造成为能熟练掌握和运用产业经济学经济理论与分析方法、具有严谨科学精神、国际视野的应用型创新人才。

(二)课程目标

通过本课程的学习,使学生能够达到以下目标:

1. 知识目标:掌握产业经济学的学科体系及分析方法;理解产业运行的规律及产业结构优化的路径;深刻认识国内外产业政策出台的背景以及作用;结合我国"十四五"规划和2035年远景目标纲要,引导学生分析并预测我国产业发展的趋势;及时了解国内外产业经济学学科理论前沿及热点问题。

2. 能力目标:运用产业经济学的基本原理深刻理解产业发展规律;应用产业组织理论分析产业内部企业间的竞合关系;从产业关联的计算结果推导并解释一个国家在经济发展不同时期主导产业转换的现象;从理论和实践角度解释不同时期产业政策出台的背景及主要影响因素;依据产业结构优化理论提出自己家乡或一个地区产业结构高度化的建议;掌握国内外最新产业经济学动态,具备一定的科学研究能力和创新精神。

3. 育人目标:(1)专业素质养成:通过专业知识以及课程思政教学,使学生理解国家产业发展战略及各种产业的政策法律法规,养成随时观察产业发展动态、关注学科最新理论前沿素养,把产业经济学基本理论与产业发展实际相结合,培养学生发现问题解决问题的能力。(2)人文素质培育:在教学中始终坚持正确的政治方向,开阔学生看问题的视野,自觉遵守国家法律法规,在掌握扎实专业知识的同时,培养多样化的思维方式,把科学精神融入日常生活,建立自主学习和探究创新的意识和信心,不断提高综合素质。(3)价值观塑造:教学过程自觉运用马列主义、毛泽东思想、邓小平理论、"三个代表"重要思想、科学发展观和习近平新时代中国特色社会主义思想的立场、观点和方法分析产业发展中的问题,引导学生对产业经济学各种流派思想进行批判性研究，了解我国古代辉煌的科技成就和国家强盛的原因在于全方位的产业优势，探究近代以来我国贫穷落后的产业原因，结合改革开放以来我国经济建设取得的伟大成就，尤其是新冠肺炎疫情发生后国内外在产业链方面对我国的依赖程度，激发作为中国人的幸福感和自豪感，自觉增强"四个意识"，坚定"四个自信"、做到"两个维护"。

(三)课程教材和学习资源

➢ 课程教材

苏东水．产业经济学(第四版)[M]．北京：高等教育出版社，2019.

➢ 参考教材或推荐书籍

吴建伟．产业经济学(第一版)[M]．北京：清华大学出版社，2016.

➢ 学术刊物与学习资源

国内外经济类核心期刊。

学校图书馆提供的各种数字资源。

《中国制造2025》。

《中华人民共和国经济和社会发展第十四个五年规划和2035年远景目标纲要》。

《泽平宏观》。

➢ 推荐网站

新华时政：https://xhsz.news.cn/live.

"学习强国"：https://www.xuexi.cn/.

这就是中国：https://tv.sohu.com/s2019/jlpzjszg/.

中国经济大讲堂：https://tv.cctv.com/lm/zgjjdjt/.

中国产业经济信息网：http://www.cinic.org.cn/index.

二、课程思政教学总体设计

(一)产业经济学课程思政建设的目标

在建构本课程专业知识体系的同时，结合课程思政"价值体系、知识体系、能力体系"的"三体"合一的目的，以全面提升学生专业素养及德育内涵为主的综合素质，注重思政要素和产业经济学理论知识点的有机融合，提升专业课的思政内涵，将价值塑造、知识传授和能力培养融为一体。在教学中融入中国特色社会主义理论、社会主义核心价值观、爱国敬业和职业道德相关内容，引导学生从产业的角度探究古代中国长期雄踞世界的原因，用鲜活的数据启迪学生理解改革开放四十年我国经济社会发生的巨大变化，增强大学生爱党、爱国、爱社会主义的意识。

根据课程的体系结构及内容，本课程的思政教学目标包括以下八个维度：坚持思想引领、实现政治认同、培养家国情怀、践行社会主义核心价值观、融入中华优秀传统文化、培养良好职业道德、拓展国际视野、培养科学精神。从八个维度将课程思政教学目标融入专业知识，进而形成产业经济学课程教学目标体系。

1. 坚持思想引领

在产业经济学课程教学过程中，坚持马列主义、毛泽东思想、邓小平理论、三个代表重要思想、科学发展观和习近平新时代中国特色社会主义思想为根本指导思想，以习近平总书记"产业结构优化升级是提高我国经济综合竞争力的关键举措"理论为指导，推进习近平新时代中国特色社会主义经济思想进教材、进课堂、进头脑。将习近平关于经济发展的重要论述与课程知识点有机融合，体现在课程设计、课堂教学、研究讨论和考试测评的整个教学环节

2. 实现政治认同

产业经济学是应用性很强的经济学科，在经济现实中无处不在无时不有。本课程以产业发展为线索展开，通过深入挖掘课程思政元素，引入丰富的案例素材，帮助学生认识鸦片战争到新中国成立期间，中国贫困落后被动挨打的政治原因和产业原因，结合新中国尤其是改革开放后取得的巨大成就，传递坚持中国共产党领导的重要性，引领学生认识社会主义制度的优越性，深刻理解"中国共产党为什么能、马克思主义

为什么行、社会主义为什么好",提高学生的政治认同。

3. 厚植家国情怀

教学过程中,结合产业经济学理论知识,用我国改革开放后大量的产业发展实例来讲解中国故事,培养学生为实现"两个一百年"奋斗目标而努力学习的家国情怀。如通过第一产业从改革开放初期纯粹的手工劳作到现在近76％的机械化耕作,人均粮食占有量从建国初期的200公斤到2021年的483公斤,超过国际通常认为的400公斤粮食安全线标准,从过去"吃不饱"到现在"要吃好"的转变,用活生生的数字让学生体会我国经济发展的成就,增强其为国家经济高质量发展贡献力量的自觉意识。

4. 培育社会主义核心价值观

产业经济学课程教学过程中,鼓励学生结合专业知识进行课程思政专题设计,自觉将社会主义核心价值观融入专业知识中;通过观看《大国重器》纪录片让学生直观了解改革开放后我国工业取得的令人瞩目的成就,引导学生将个人价值实现与民族复兴大业相契合;通过《这就是中国》让学生从世界经济政治格局的角度理解我国的政治经济制度的优越性,培养学生践行社会主义核心价值观主观能动性,达到国家价值目标、社会价值取向和公民价值准则在大学生身上的高度融合。

5. 融入中华优秀传统思想文化

本课程注重融入中华优秀经济思想方面的传统文化的精髓,让学生理解优秀的经济思想文化是一个国家产业竞争力的内在体现,引导学生从历史的角度理解影响中国历史两千多年的"农本"思想文化,探究其对于经济发展、社会稳定、民族凝聚所具有的深远历史意义,强化民族文化认同,提升文化自信;通过融入改革开放后邓小平"让一部分先富起来""让一部分地区先富起来"以期实现共同富裕的价值观念,引导学生认识中国站起来富起来到强起来的深刻思想文化内涵,增强制度自信;通过融入习近平以产业振兴为核心的乡村振兴战略和脱贫攻坚取得巨大成就,让学生体会社会主义的公平观,增强学生道路自信。

6. 培养良好的职业道德修养

本课程通过真实的正面案例的分析,培养学生终身学习的意识和能力,使学生具备批判性思维与求真务实的科学精神,倡导干中学学中干,引导学生认识良好的职业道德修养对于个人全面发展的作用,培养学生诚实守信、忠于职守、忠于法规、专业专注、廉洁奉公、保守秘密、服务群众的经济管理类职业道德规范。

7. 拓展国际视野

通过课程学习,引导学生理解国家全方位对外开放大战略以及我国倡导平等、开放、合作、共享的全球经济治理观,积极践行推动经济全球化朝着更加开放、包容、普惠、平衡、共赢的方向发展。启发学生理性看待美国发动对我国的贸易战及科技封锁和经济脱钩,分析其本质实际上是中美产业结构由过去的互补型转变为现在的竞争型,中国在有些产业发展方面与美国并驾齐驱甚至有所超越,即中国要崛起美国要遏制中国发展,这是大国崛起必须面对的"修昔底德陷阱"。让学生充分认识一个大国在产业结构高级化过程中面临的各种风险,增强爱国意识,以开放的心态,全球化的视野,理性看待国家间的经济竞争。

8. 养成科学精神

本课程结合产业发展规律,引导学生理解科学精神是伴随近代科学的诞生,反映科学发展内在要求并体现在科学工作者身上的一种精神状态。让学生认识到任何产业发展背后的动力归根结底都是科学技术的发展,都有一大批有坚定信念科学家长时间默默地辛勤付出。本课程从两方面入手培养学生的科学精神,一方面通过支撑几次产业革命的科学技术发明创造,从世界范围内理解科学家精神对于科技进步和产业发展的重要意义;同时从我国"两弹一星"工程大批老科学家"干惊天动地事,做隐姓埋名人",敢于战胜一切艰难险阻,勇于攀登航天科技高峰,早日实现建设航天强国的伟大梦想的忘我奉献的精神,激励大学生以先辈为榜样,努力学习专业知识,养成积极探索学科前沿习惯,把对科学的追求融入国家科技进步的洪流,逐渐形成严谨的科学精神。

(二)课程思政教学内容

《产业经济学》课程的思政内容主要涉及以下几个方面:

1. 坚持马克思主义唯物辩证法

唯物辩证法是我们研究任何问题的根本方法论,在教学过程中,自觉运用"事物是运动的、普遍联系的及发展的"唯物辩证法的方法,既承认各国在特定时期存在的产业分工、产业结构差异,又要以发展的观点看待它,让学生认识到后起的国家只要政治稳定、产业政策符合国情,赶上并超越发达国家是完全有可能的。同时结合课程内容重点介绍党的十八大以来,以习近平同志为核心的党中央对新中国成立以来特别是改革开放以来我国经济发展的实践成就和历史经验进行的全面分析和系统总结,帮助学生从国家战略层面理解高质量发展的含义,增强建设社会主义现代化强国的使命感。

2. 融入国家产业发展战略

结合产业经济学课程自身特点,教学过程中,通过丰富多样的教学形式,解析国家经济发展战略,如对于《"十四五"规划和2035年远景目标纲要》《中国制造2025》《2030年前碳达峰行动方案》等国家层面长远的产业发展规划的讲解,帮助学生深刻理解其出台的背景、实现的路径、面临的问题以及实现后对于我国经济发展和世界经济格局的影响,增强学生努力学习产业报国的信念。

3. 增加改革开放后经济发展辉煌成就内容

本课程讲授过程中增加我国改革开放后产业结构演变的大量的真实案例,将产业经济学理论与我国产业结构变迁相结合,使学生深刻理解改革开放四十年我国发生的全方位的巨大变化,引导学生通过我国产业结构演变的路径,了解国民经济运行的内在机制以及产业发展的趋势与规律,养成良好的经济学专业素养。

4. 解读当下产业和经济热点

在教学过程中引导学生运用产业经济学理论分析当下国内外产业和经济热点,提升学生解决现实经济问题的能力。如通过国家层面对于"卡脖子"相关产业关键技术的研判,使学生认识到中美产业结构从互补型到竞争型的转换,进而指导学生认识大国科技竞争的长期性与残酷性,增强学生努力学习的主观能动性,形成以专业知识助推国家经济发展的良性循环。

5. 激发学生产业报国热情

本课程的主旨围绕产业展开,鼓励学生通过资料收集、实习实训、实地调研等途径,了解产业领域的重点难点问题,并结合所学专业知识进行研讨,使学生认识到地区与国家竞争归根到底是产业竞争,一个国家产业结构的层次决定其在国际经济格局中的地位。我国正处于经济发展新旧动能转换时期,高质量发展成为国家战略,这就要求大学生积极创新创业,以实际行动为国家经济建设添砖加瓦。

(三)教学方法

基于本课程应用性较强的特点,积极进行教学方法与教学模式的创新与改革,讲透讲精产业经济学理论知识,培养学生浓厚的学习兴趣,奠定扎实的理论功底。综合运用小组教学法、问题导向讲授法、案例教学法等多种教学方法。小组学习法——按照班级人数,以4~5人为一个学习小组,提前布置下一节课要预习的内容以及小组的课堂作业,每一个小组推选一人用5分钟左右讲解课堂作业思路,其余成员随时补充,老师现场讲评。问题导向讲授法——引导学生从观察自己家乡的产业结构做起,探究其形成的原因、存在的问题以及优化的路径,并推而广之,以同样的思路和方法观察一个地区和一个国家的产业结构;案例教学法——结合国内外经济发展过程中典型产业案例,剖析其取得成功的原因及导致其失败的因素,引导学生掌握正确的案例分析方法,并能够运用它分析现实经济问题。总之,通过多样化的教学方法使学生掌握产业经济学理论知识的同时,切实感知改革开放后我国产业结构高级化演变的过程及取得的辉煌成就,亲身体验中国特色社会主义制度的优越性,增强作为中国人的自豪感。

三、课程各章节的课程思政教学内容

第一章 产业经济学总论
专业教学目标

总论包括导论和理论基础两部分内容。导论部分主要介绍产业的含义与分类、产业经济学研究对象以及研究方法,理论基础部分主要介绍产业组织理论和产业结构理论的理论基础以及演变。通过本章学习,让学生掌握产业经济学的基本概念、研究对象及理论发展。

【知识目标】

1. 掌握产业的含义以及产业分类的不同标准,熟悉当今国际通行的三次产业分类模式及运用。

2. 理解产业经济学研究对象。
3. 掌握产业经济学基础理论发展脉络,为以后各章节学习打好基础。

【能力目标】

1. 通过产业含义及产业分类的学习,培养学生通过产业之间及产业内部各个子产业的相互关系的理解具备分析现实中优化产业结构路径的能力。

2. 通过产业经济学研究对象的讲解,使学生深刻理解产业发展有其自身的规律性,具备能够运用理论知识分析现实中的产业结构、产业布局、产业政策及产业关联等的合理性及不足之处的能力。

3. 通过对产业结构理论的学习,使学生拥有分析自己家乡产业结构存在的问题,找出其原因并提出优化的措施的能力。

【育人目标】

1. 政治认同　结合产业之间发展顺序的讲解,组织学生观看《大国粮仓》,让学生深刻体会改革开放四十年来从"吃不饱"到"吃得好"我国农业发展的巨大变化,引导学生切身体会新冠肺炎疫情发生以及俄乌冲突以来许多国家遭受物价上涨而我国物价整体平稳的产业方面原因,增强对党领导的信心,践行社会主义核心价值观。

2. 家国情怀　引导学生联系我国改革开放前优先发展重工业战略造成的国民经济发展失衡的局面以及改革开放后按照产业规律国民经济取得的辉煌成就,并结合纪录片《大国重器》中我国在制造业领域的比较优势,启发学生思考面对百年未有之大变局,应如何实现产业结构高度化,为国家经济高质量发展贡献力量。

3. 国际视野　在产业以及分类的教学中,既介绍西方经济学家的理论观点,同时重点讲解马克思政治经济学中两大部类的产业分类理论,辅之以我国古代"重农"思想的解读,让各种思潮在一个问题中交互体现,开阔学生看问题视野,培养学生的国际化格局

4. 理性思维　通过本章学习,引导学生理性认识产业发展具有自身的规律性,鼓励学生分析评判当前的产业结构中存在的问题,探究产业自身以及产业之间的发展规律,为产业结构优化建言献策。

【教学方法与手段】

1. 自主学习:在中国大学慕课线上学习产业的含义,产业分类、产业经济学研究对象等本章相关的基础专业知识点,线下自主阅读指定的文献资料,撰写阅读笔记或思维导图。

2. 课堂启发引导:以问题为导向进行知识点讲授,重点讲授产业经济学研究对象、产业含义及分类标准、研究方法以及分析框架等,同时引导学生区分产业经济学作为中观层次经济学与宏微观经济学的区别和联系

3. 课堂展示与讨论:展示依据教学内容搜集及设计的产业方面的相关报告,引导学生围绕报告进行讨论,深化学生对产业的认识,启发学生自主总结报告所揭示的产业发展规律和趋势,提升学习产业经济学的兴趣。

【课程思政教学实例】

案例材料:新中国成立以来我国产业结构发生的巨大变化

(1)案例简介

农业生产条件持续改善,综合生产能力快速提升。建国初期,我国农业生产基础单薄,"靠天吃饭"现象明显,粮食产量较低。粮食总产量由1949年的11318万吨增加到1978年的30477万吨。党的十八大以来,农业机械化程度持续提高,粮食总产量2021年达到68285万吨(13657亿斤),其中谷物、肉类、花生、茶叶、水果等产量持续位居世界第一。人均粮食占有量1952年285公斤到2021年达到483公斤,高于国际公认的400公斤粮食安全线,做到了谷物基本自给、口粮绝对安全。

工业体系逐步完善,多项工业品产量居世界第一。建国之初我国工业部门十分单一,只有采矿业、纺织业和简单加工业,大量工业产品依赖进口。改革开放尤其是党的十八大以来,我国工业发展进入腾飞期,工业生产能力日益增强,并逐步向中高端迈进。2013—2020年,我国高技术产业、装备制造业增加值年均分别增长11.7%和9.5%。目前,我国已成为拥有联合国产业分类中全部工业门类的国家,200多种工业品产量居世界第一,制造业增加值自2010年起稳居世界首位。

产业结构日趋合理。1978年农业占GDP比重达30%,83%的人从事农业生产,到2021年农业在GDP占比下降到6.7%,第二产业占比38.4%,第三产业占比54.9%,第三产业成为国民经济的第一大产业,服务业对经济社会的支撑效应日益突出,三次产业发展趋于均衡,经济发展的全面性、协调性和可持续性不断增强。

资料来源:依据国家统计局网站相关数据整理。

(2)案例的思政元素
①政治认同。我国经济建设取得巨大成就的原因在于坚持党的领导。
②家国情怀。引导学生深入了解新中国成立以来我国产业结构演变的路径,增强民族自豪感。
③国际视野。通过产业结构理论的学习,引导学生理解一个国家在世界经济格局中所处的地位是由其产业结构的水平决定的。

(4)教学手段
①讲授:重点讲授我国从改革开放前"吃不饱"到现在"吃得好"的历史性变化,帮助学生认识改革开放以来我国农业产业高级化发展路径,理解社会主义制度优越性在我国经济发展过程中的具体体现。
②启发讨论:通过建国来我国工业从几乎一穷二白到成为唯一一个拥有联合国承认的全产业链的国家,经济总量稳居世界第二的史诗级经历,引导学生讨论"发展才是硬道理"命题
③学习测评:以5人小组为单位进行讨论,鼓励每一个学生对讨论的主题发表看法,引导学生互评,现场点评课堂讨论结果,激发学生学习兴趣,培养实践创新能力。

第二章 产业组织理论

专业教学目标

产业组织理论部分主要包括产业组织理论的形成与发展、不同学派的产业组织理论、SCP分析框架等。着重需要学生掌握产业组织、有效竞争、马歇尔冲突等概念,并了解产业组织理论的发展脉络以及哈佛学派、芝加哥学派和新奥地利学派之间关于产业组织理论观点的异同点。详细地从市场结构、市场行为和市场绩效等三个角度让学生掌握SCP分析框架,并学会运用其对当前部分产业组织进行简要分析。

【知识目标】
1. 了解产业组织的基本含义及其发展渊源,了解有效竞争、马歇尔冲突等相关概念,对比不同学派之间关于产业组织理论观点的异同点。
2. 掌握SCP分析框架以及其中市场结构、市场行为、市场绩效等所包含的相关具体概念及测度指标。

【能力目标】
1. 培养学生具备将所学产业组织理论灵活应用于现实和具体案例的能力。
2. 培养学生从思辨的角度,利用SCP分析框架,从市场结构、市场行为和市场绩效等的角度对当前典型产业的发展进行分析的能力。

课程思政教学目标及实践

【育人目标】
1. 科学精神 通过学习哈佛学派、芝加哥学派和新奥地利学派之间关于产业组织理论不同观点,进一步理解在不同历史发展阶段,产业组织的理论是不断发展与演进的,提高学生思辨能力和科学精神。
2. 国际视野 通过学习国际企业兼并垄断等形成过程以及马歇尔冲突的具体表现,拓宽学习眼界,培养国际视角。
3. 家国情怀 通过对当下国内典型行业如"双碳"目标下的新能源产业及卡脖子的集成电路产业进行分析,培养学生家国情怀,积极引导学生将个人层面的价值实现与国家发展层面的产业经济发展战略相结合。
4. 法治观念 在市场结构的学习中融入有关垄断的法治案例,进一步深化对竞争机制和市场秩序的认识,结合反垄断指南、反不正当竞争法等有关法律知识,帮助学生培养正确的法治意识。

【教学方式与方法】
1. 自主学习:借助慕课辅助学生线上学习产业组织理论主要知识点,线下布置阅读不同学派观点的文

献,并完成产业组织理论发展进程的思维导图。

2. 课堂讲授:讲授不同学派产业组织理论的异同点,并结合实际讲解马歇尔冲突等主要知识点。

3. 课堂展示与讨论:学生展示根据案例及教学素材整理分析的市场相关数据,就案例讨论促进中国新能源汽车产业发展并提出可行性的建议。

【课程思政教学实例】

案例材料:对中国新能源汽车产业的 SCP 框架分析及启示

(1)案例简介

汽车工业具有产业链长、涉及面广、国际化程度高的特点,是我国经济发展的战略性产业。而新能源汽车产业是我国未来汽车发展的趋势,也是实现"双碳"目标任务落实的重要措施之一。

市场结构方面,2021年新能源汽车销量352.1万辆,同比增长157.5%,渗透率达到13.4%,CR4达到41.75%,CR8达到54.04%,说明我国新能源汽车行业属于寡占市场;新能源汽车产业在技术创新、使用功能和产品服务方面表现出较大差异化;新能源汽车属于技术密集型产品,对电池、动力系统等技术要求高,需要大量资金投入与技术人员投入,因此在技术经验、人才积累与资金规模方面逐步形成壁垒。

市场行为方面,TSL国产ModelY实行通过降价达到市场渗透的价格策略;作为新能源汽车领域的头部企业BYD通过研发刀片电池、DM-i油电混合系统等核心技术的非价格策略;SLS通过和HW跨界合作,实现全球科技品牌与智能汽车品牌渠道互通的组织调整策略。

市场绩效方面,随着供给改善叠加油价高位带动订单增长以及鼓励消费政策推动,新能源汽车产销两旺、短期供不应求,具有良好市场前景;投资潜力方面,BYD、CA汽车等上市公司的托宾Q值均大于1,投资价值较高。

资料来源:乘用车市场信息联席会(http://cpcaauto.com/);中国汽车工业协会http://www.caam.org.cn/及相关年报等公开数据整理。

(2)案例的思政元素

①家国情怀。通过分析"双碳"目标下中国的新能源汽车产业发展现状,揭示中国经济发展面临的机遇和挑战,激发学生创新精神和民族复兴使命感,引导学生将个人层面的职业发展与价值实现同国家发展层面的产业经济发展战略相结合。

②法治观念。通过中国新能源汽车产业SCP框架分析,提升学生对企业间正确良性竞争的理解,意识到相关法律法规对于引导企业合理竞争的界定和规制,培养学生正确的法律意识,树立学生牢固的法治观念。

③科学精神。案例分析中涉及市场集中度、市场绩效等指标测度,鼓励学生勇于探索,通过数据检索及Excel、Stata软件等途径计算相关指标,培养科学严谨的研究精神。

(3)教学手段

①讲授:SCP框架分析的主要内容以及对中国新能源汽车产业的SCP框架分析。从市场结构、市场行为和市场绩效三个角度进行产业组织发展现状的分析,并选择适当变量作为对市场结构、市场行为和市场绩效的衡量。

②小组讨论:中国新能源汽车产业的SCP框架分析的启示。引导学生运用SCP分析框架对该产业组织进行分析,并鼓励学生通过上述案例的分析提出为促进该产业发展的建议。同时采用慕课资源、文献及视频资源等为翻转课堂提供支架,利用课堂展示、师生思辨讨论等帮助实现课堂的高阶性、高效性。

③学习测评:讨论结果现场点评,包括学生自评、互评、教师点评总结。

第三章 产业结构理论

专业教学目标

产业结构与经济增长有着非常密切的关系。本章的主要从"质"的方面描述了产业间的技术经济联系及联系方式,属于狭义的产业结构理论。通过本章学习,帮助学生了解产业结构理论的形成与发展,认识产业结构变动的影响因素,掌握产业结构的演变规律、产业结构优化及合理化的内容。

【知识目标】

1. 理解产业结构理论的含义、形成与发展,明确产业结构理论的研究对象和理论体系

2. 掌握产业结构的演变规律和产业结构变动的影响因素
3. 掌握产业结构优化的含义及主要内容

【能力目标】

1. 通过掌握产业结构的演变规律,培养学生通过分析产业发展规律进而总结出影响产业结构发展的重要影响因素的能力,提升对产业结构发展趋势及产业结构优化方向的判断能力。

2. 通过讨论式和示范式教学,塑造从产业结构理论学习到中国的产业结构优化实践导入、从知识补充到经济思维训练的学习过程,培养学生的问题意识和自主性学习知识的能力。

3. 通过将中国产业结构演进过程及产业结构优化实践引入课堂,逐步形成运用产业结构理论和经济学思维来观察、分析和解决现实问题的能力。

课程思政教学目标及实践

【育人目标】

1. 家国情怀　通过将产业结构理论与中国产业结构演变与优化的实践相联系,使学生明确中国共产党领导的中国道路的正确性,深刻理解国家政策背后的经济学理论依据,培养学生的"四个自信",启发学生思考应如何实现产业结构优化和经济发展的良性互动局面,勇担历史重任。

2. 国际视野　将人类面临的人口、资源、环境问题与产业结构优化相结合,展开课堂讨论,引导学生从更广的视野思考这些问题将如何影响各国的产业结构演变,以及如何从产业升级的角度去寻求这些全球性挑战的解决思路,使学生更深刻地理解人类命运共同体的内涵与价值。

3. 政治认同　通过学习产业结构演变规律,结合我国改革开放以来产业结构合理化和高度化的过程,引导学生认识遵循产业规律所取得辉煌的成就,增强学生对于党的领导的社会主义制度优越性的认同。

4. 科学精神　结合产业结构优化的学习,引导学生发现我国产业结构优化过程中存在的一些现实问题,鼓励学生将这些现实问题转化为科学问题,运用本章所学理论分析这些问题,制定合理的解决方案,提高运用专业知识解决现实问题的能力,为我国产业结构优化建言献策。

【教学方法与手段】

1. 自主学习:线上学习相应慕课中的基础专业知识点,线下自主阅读文献资料,撰写阅读笔记或思维导图。

2. 课堂启发引导:注重以问题为导向,从目前全球面临人口、资源和环境问题的共同挑战、"碳达峰、碳中和"目标硬约束等背景下经济发展的需要出发,引出产业结构优化的重要意义,着重讲授产业结构理论的发展、产业结构的演变规律、产业结构变动的影响因素、产业结构优化的内容等。

3. 课堂展示与讨论:引导学生讨论目前全球性的人口、资源和环境问题如何影响产业结构演变,如何制定相应的政策来应对这些问题;展示根据教学素材整理的相关报告等,小组讨论目前我国产业结构优化进程中存在的问题及改进措施。

【课程思政教学实例】

案例材料:新中国成立以来我国工业体系构建及产业结构优化

(1) 案例简介

新中国成立以来,在中国共产党的领导下,新中国制定和实施了一系列重大产业政策,建立起门类齐全的现代工业体系,工业结构在不断调整中优化升级。具体表现为:

一是建立了门类比较健全的工业体系。我国已拥有41个工业大类、207个中类、666个小类,形成了行业比较齐全、具有一定技术水平的现代工业体系。

二是传统产业转型升级步伐不断加快。新中国成立以来,我国传统工业在产业规模迅速扩大的同时,通过淘汰落后产能,加快技术改造等实现产业升级、脱胎换骨。钢铁行业已拥有世界上最大最先进的冶炼、轧制设备,钢材品种质量提升实现巨大突破,大多数钢材品种的自给率超过了100%。

三是新兴产业不断加快孕育发展。建国初期至90年代,我国工业结构是以钢铁、建材、农副食品、纺织等传统行业为主。进入21世纪特别是十八大以来,我国大力发展高技术产业和先进制造业,积极推动战略性新兴产业,新动能加快孕育发展,工业经济不断向中高端迈进,主要代表性产品增势强劲。

四是智能制造发展取得积极成效。党的十八大以来,我国工业化和信息化深度融合进展加快。表现在制造业数字化网络化智能化水平持续提升,"互联网+制造业"新模式不断涌现,工业互联网发展已迈出实质步伐。

<small>资料来源:国家统计局工业司,工业经济跨越发展 制造大国屹立东方——新中国成立70周年经济社会发展成就系列报告之三,2019-07(http://www.gov.cn/xinwen/2019-07/10/content_5407835.htm).</small>

(2)案例的思政元素

①拓展国际视野。构建现代工业体系,是我国应对全球经济、产业、投资、贸易、供应链格局深刻调整的关键举措,是中华民族伟大复兴的核心保障。

②实现政治认同。我国现代工业体系的构建离不开党的领导和科学决策。

③培养科学精神。构建现代工业体系,是我国经济高质量发展的必然要求,符合经济发展规律。

(3)教学手段

①微课堂——课前导入:分享我国工业体系构建及产业结构优化的案例,引发思考,提升兴趣。

②翻转课堂——知识点、实事、思政相融合:课堂案例展示与师生思辨讨论并用,使学生在感受我国工业体系发展历程的同时理解知识点,锻炼思维,增强制度自信;在知识点"产业结构理论""产业结构优化"中融入我国产业结构优化的实践,增强学生的政治认同和社会责任感。

③学习测评——反思与点评:随堂小测验,引导学生比较学习知识点后对此案例的理解与学习前有何不同,现场点评,培养学生勤于反思的学习习惯。

第四章 产业关联理论

专业教学目标

本章的产业关联理论主要从"量"的角度静态考察国民经济各产业部门间技术经济联系与联系方式。通过本章学习,使学生理解产业关联的概念,掌握产业关联分析的基本工具及产业波的分析方法。

【知识目标】

1. 理解产业关联的含义,掌握产业关联的方式及类型。
2. 掌握产业关联的分析工具,熟练运用投入产出表、投入产出模型,熟悉投入产出分析的主要内容。
3. 掌握产业波及效果分析工具的运用。

【能力目标】

1. 通过掌握产业关联的含义、方式和类型,熟悉经济学中静态分析的一般方法,通过理解投入产出表和投入产出模型,熟悉经济学量化研究的方法,培养通过一系列数据来建立联系并分析问题的能力。

2. 通过讨论式和启发式教学,围绕案例,引导学生完成从定性描述产业关联方式到进行量化、编制投入产出表,建立投入产出模型,分析产业波及效果这一完整的经济学问题分析过程,使学生了解一般的经济学分析范式,养成良好的经济学研究习惯,初步具备经济学研究的能力。

3. 通过将中国产业关联的实例引入课堂,逐步形成运用产业关联的分析工具分析和解决现实问题的能力。

【育人目标】

1. 社会主义核心价值观 通过对常见的产业关联及其量化分析过程的讲解,启发学生理解产业间联系的普遍性及其程度,使学生意识到以后不论从事什么工作,自己的行为也将融入所在的产业而进一步影响到其他产业,因而除了应自尊自律,诚信友善,爱岗敬业,遵守职业道德,还要主动作为,履职尽责,培养社会责任感。

2. 家国情怀 在投入产出表的编制过程中,引导学生详细解读我国改革开放后的投入产出,以切实的数据激发学生的爱国热情。

3. 科学精神 投入产出表、投入产出分析模型及产业波及效果分析工具是重要的经济学分析工具,通过对这些工具的学习,引导学生熟悉经济学的量化研究程序,熟练运用这一工具解决实际问题。

4. 国际视野 在学习产业关联分析工具及产业波及效果分析时,引导学生站在全球的角度看待数据信息对于经济发展的重要作用,培养学生的数据信息安全意识,提升学生的数字化生存能力,使学生在获取有价值的信息的同时遵守网络伦理道德,具备信息安全意识。

【教学方法与手段】
1. 线上讨论与线下自主学习相结合：充分利用微课堂等形式，向学生展示与产业关联相关的案例，并引导学生提出问题、展开讨论，线下自主阅读文献资料，尝试用产业关联相关知识点分析现实案例并提出解决方案。
2. 课堂启发引导：注重以问题为导向，从目前逆全球化趋势、贸易保护主义、新冠肺炎疫情等多重因素的叠加影响下经济发展的需要出发，引出产业链优化升级的重要意义，再进一步讲授产业关联理论及其分析工具等。
3. 课堂展示与讨论：展示整理分析的相关报告等，引导学生讨论我国当前产业链优化升级中所面临的挑战以及原因，提出推动产业链优化升级的措施。

【课程思政教学实例】
案例材料：改革开放以来我国的主导产业转换
(1) 案例简介
我国产业结构变动总体符合产业结构演变的一般规律。改革开放以来，我国三次产业结构在调整中不断优化，总体呈现由"二一三"向"二三一"，再向"三二一"的演变趋势。具体可以分为以下几个阶段：

第一阶段（二产不断上升超过一产）：1978年，我国产业结构开始呈现"二一三"格局，三次产业比例为27.7∶47.7∶24.6。

第二阶段（三产超过一产）：1985年，第三产业规模首次超过第一产业，三次产业比例实现"二一三"向"二三一"的重大转变，三次产业比例调整为27.9∶42.7∶29.4。

第三阶段（三产超过二产）：2012年，第三产业规模再次超过第二产业，成为推动国民经济发展的主导产业，三次产业结构实现"二三一"向"三二一"的历史性转变，三次产业比例调整为9.1∶45.4∶45.5。特别是党的十八大以来，我国经济发展步入新阶段，经济结构战略性调整和转型升级加快推进，2019年我国三次产业比例为7.1∶39.0∶53.9，"三二一"产业格局更加巩固，经济发展的全面性、协调性和可持续性显著增强。2020年受新冠肺炎疫情影响，三次产业比例又调整为7.7∶37.8∶54.5。

资料来源：国家发改委网站，"十四五"时期我国产业结构变动特征及趋势展望，2021-10（https://www.ndrc.gov.cn/wsdwhfz/202110/t20211012_1299485.html?code=&state=123）。

(2) 案例的思政元素
①拓展国际视野。我国主导产业的转换是符合产业结构演变规律的，也符合国际大背景的需要。
②实现政治认同。在当今世界科学技术革命和产业变革的大背景下，推进产业结构优化升级是党中央做出的一项正确决策，有助于实现中华民族的伟大复兴。
③培养家国情怀。使学生认识到数字化技术在产业结构优化升级中的作用以及我国在这方面存在的不足，增强学生学习掌握这些技术的兴趣和意愿，鼓励学生将个人学习与祖国的建设需要结合起来。
④培养科学精神。使学生更加深入地了解我国产业结构现状，结合本章产业关联的知识点提出问题的解决思路。

(3) 教学手段
①微课堂——课前导入：分享主导产业转换及产业链优化等相关案例，使学生对产业关联及其分析工具有一定的感性认识，鼓励学生讨论产业关联的含义。
②课堂讲授与互动——知识点、实事、思政相融合：在知识点"产业关联的含义"中引入我国产业链的现状，引导学生讨论当前我国在产业链优化过程中面临的挑战，增强学生的社会责任感。
③学习测评——点评与反思：通过简短随堂点评，引导学生加深对产业链升级路径的理解。

第五章　产业布局

专业教学目标
通过教学，理解产业布局的含义，认识影响产业布局的多种因素，掌握实现优化产业空间分布和组合所应采取的政策措施，了解全球、全国和地区等不同层次的产业布局的实践。

【知识目标】
1. 掌握产业布局的基本理论及影响产业布局的因素；

2. 了解全国性产业布局的目标、演进、调整的过程,并进一步把握地区性产业布局的依据、基本走势和在实践中的应用。

【能力目标】

1. 通过掌握产业布局的主要模式,使学生具备理清中国典型区域产业布局模式及实践应用的能力;

2. 结合案例材料,讨论、分析地区产业布局的方法、重点,使学生拥有把握中国产业布局的变化趋势的能力。

【育人目标】

1. **政治认同** 通过分析国际分工与国际产业转移背景下发展中国家的经济发展战略,并结合产业布局的影响因素,理解以马克思主义为指导的具有中国特色的产业布局策略的合理性、科学性,从而树立"中国共产党为什么能、马克思主义为什么行、中国特色社会主义为什么好"的社会主义核心价值观。

2. **家国情怀** 通过将产业布局理论与中国地区实践相联系,使学生明确中国共产党领导的中国道路的正确性,培养学生的"四个自信",启发学生思考面对百年未有之大变局,应如何以系统思维科学合理谋划产业布局,构建现代化产业布局体系,驱动中国经济高质量发展,提高中国在国际上的影响力。

3. **科学精神** 尽可能地让学生参与实地调研,理论与实际相结合,为学生搭建更加丰富的学习平台,深刻理解政府的产业布局策略,切实领会政府进行产业布局的思路,培养学生深度思考、科学分析问题的能力。

4. **职业道德修养** 青年学生肩负着实现中华民族伟大复兴的时代责任,通过中国经济取得的辉煌成就启发学生,不同时代的青年人担负着国家不同发展阶段的重任,自觉将小我融入大我。教育学生养成遵纪守法、爱岗敬业、诚实守信的职业品格和行为习惯。

5. **国际视野** 通过深度解读、剖析产业布局理论,结合国际分工和国际产业转移实践,让学生深入和全面掌握中国产业布局的国际环境和历史演变特征,培养学生的国家意识和国际视野双重着力点。

【教学方法与手段】

1. **自主学习**:线上学习产业布局的基础专业知识点,线下自主阅读文献资料,撰写阅读笔记或思维导图。

2. **课堂启发引导**:知识点讲授注重以问题为导向,着重讲授中国产业布局的演变和调整过程、典型区域产业布局的主要模式。

3. **课堂展示与讨论**:选择典型代表区域,分组讨论应如何进行产业布局规划,并根据课堂讨论形成相关报告。

【课程思政教学实例】

案例材料:西安市现代产业布局规划

(1)案例简介

2020年10月21日,西安市正式印发《西安市现代产业布局规划》,规划指出要聚焦高端产业与产业高端,围绕产业链部署创新链,围绕创新链布局产业链,实施"创新性引领,大企业带动,大项目支撑,集群化推进,园区化承载"发展战略,支撑"6+5+6+1"西安现代产业体系加快建设。

在空间布局上,按照"地域相邻、产业相近、属性相融、优势互补、资源共享、做大做强"的原则,加大产业发展的统筹协调力度,使开发区从产业聚集向能级提升转变,形成"定位明确、产业明晰、优势互补、错位发展"的态势,逐步形成"一核三带一通道多板块"的产业空间布局。其中,"一核"指位于城市空间中心的文旅商贸核心。"三带"指高新技术产业带、先进制造产业带和文化旅游产业带。"一通道"指从空港新城连接高铁新城到国际港务区的国际物流大通道。主要发展现代物流、临港经济、临空经济。"多板块"指各区县、开发区立足自身资源禀赋和现实需求,明晰发展的重点方向,形成各具特色的产业板块。

该规划旨在加快转变经济发展方式,推动产业基础高级化发展,提升产业链现代化水平,加快推进西安国家中心城市建设,构建现代产业体系、优化产业布局。

资料来源:依据2020年10月21日西安市印发的《西安市现代产业布局规划》文件整理而成。

(2)案例的思政元素

①政治认同。西安市的产业布局规划离不开党的领导和科学决策。西安市通过印发《西安市现代产

业布局规划》文件,引领西安市构建现代产业体系、优化产业布局,推动经济高质量发展。

②家国情怀。结合产业布局基本理论,对西安市产业布局影响因素、依据、目标和模式进行深入探讨和分析,培养学生的社会责任感、时代使命感,内化学生的家国情怀。

③科学精神。基于西安市产业实地调研结果,思考如何以西安市产业布局规划为契机,辐射带动陕西省乃至整个西北地区产业发展。

(3)教学手段

①翻转课堂:将实地调研与文献资源学习相结合,让学生作为教学主体参与课堂。带领学生进行实地调研,基于实地调研资料,分析《西安市现代产业布局规划》的科学性和合理性。

②讨论、点评:西安市产业布局的启示。未参与调研的学生分组讨论西安市产业布局规划,并形成简单的规划报告,让参与调研的学生对报告进行分析、点评,最后教师点评总结。

第六章 产业政策

专业教学目标

通过教学,理解产业政策的含义,了解其运用与局限性;掌握产业政策的演变规律、特征,以及产业组织政策、产业结构政策和产业布局政策的核心内容、手段和具体应用,并能根据我国国情做具体分析;在完成上述目标的基础上,能够进一步结合地区实际,模拟制定产业政策,并对产业政策进行评估。

【知识目标】

1. 掌握各类产业政策的基本理论及核心内容。
2. 了解产业政策的评估原则与标准,把握制定产业政策的依据。

【能力目标】

1. 在掌握三类产业政策核心内容的基础上,能够结合地区实际,具备模拟制定综合产业政策的能力。
2. 通过案例教学和课堂讨论,加深学生对产业政策的理解,拓展学生的思维和眼界,培养学生运用经济学知识分析全国及地区产业政策的能力。

【育人目标】

1. 政治认同 将中国产业政策的特点与美德日等国家的产业政策进行比较,理解以马克思主义为指导的具有中国特色的产业政策的合理性、科学性,增强对社会主义道路的认同。

2. 家国情怀 将产业政策基本理论与中国具体实践相结合,使学生明确中国共产党领导的中国道路的正确性,同时引导学生思考如何应用经济学理论解决中国产业发展面临的实际问题,担当时代责任,为中国经济发展贡献力量。

3. 科学精神 关注中国产业发展现实问题,积极探索经济高质量发展阶段需要怎样的产业政策,思考如何推动传统的产业政策向新的产业政策转型,为中国产业发展、经济发展出谋划策。

4. 职业道德修养 将产业政策理论学习与地区实践相结合,激发学生内在学习动力和民族自豪感,引领学生为中华民族伟大复兴而努力学习的决心。在学生时代要养成遵守学校纪律,认真读书的行为习惯,将来在工作岗位要践行遵纪守法、爱岗敬业、诚实守信的良好职业品格。

5. 国际视野 在本章中,通过深度解读、剖析三类产业政策理论,结合产业政策的起源和演变规律,让学生深入和全面掌握中国产业政策形成的历史脉络,引导学生站在历史的、国际的高度思考中国产业发展现实问题。

【教学方法与手段】

1. 自主学习:线上学习产业政策的基础专业知识点,线下自主阅读文献资料,撰写阅读笔记或思维导图。

2. 课堂启发引导:知识点讲授注重以问题为导向,着重讲授中国三类产业政及综合性产业政策的基本内容、产业政策制定的原则和一般标准。

3. 课堂展示与讨论:选择典型代表区域,分组讨论产业政策制定的依据、思路、合理性,并根据课堂讨论形成相关报告。

【课程思政教学实例】

案例材料:建国 70 年中国农业产业政策变迁及取得的辉煌成就

(1)案例简介

新中国成立以来,党领导"三农"战线广大干部、科技人员、企业家和农民自力更生、艰苦奋斗,不断探索发展改革之路,通过系列农业产业政策,驱动农业经济可持续发展。

新中国成立以来主要的农业产业政策如下:建国之初:开展土地改革,建立集体经济制度;改革开放之初:实行家庭承包经营,大力发展农村经济;21世纪初:统筹城乡发展,着力强农惠农富农;十八大以来:全面深化农村改革,不断激发发展活力;十九大以来:实施乡村振兴战略,推动城乡融合发展。

在不同发展阶段农业产业政策的逐步推动下,我国的农业生产能力得到不断提升,粮食安全和重要农产品供给得到切实保障。据统计,1949年,全国粮食产量仅为11318万吨;1978年,全国粮食产量增长到30477万吨;2000年,全国粮食产量增加到46218万吨,两亿多农村贫困人口的温饱问题得到了根本解决;2021年,全国粮食产量跃升为68285万吨,我们成功将饭碗牢牢端在中国人民自己手中,实现了用较少土地养活较多人口的中国奇迹,实现了由"吃不饱"到"吃得饱",并且"吃得好"的历史性转变。

资料来源:国家统计局公布的相关数据整理而成。

(2)案例的思政元素

①家国情怀。农业是国民经济的基础,农业发展对其他产业具有重要的影响。通过案例学习,深刻理解我国不同发展阶段农业产业政策内容及政策实施对农业产业可持续发展、对其他产业发展的深远影响。

②科学精神。运用科学的思维探讨和分析新中国成立以来不同发展阶段中国农业产业政策制定的现实环境;基于中国农业产业发展取得的辉煌成绩,理性思考农业产业政策制定的科学性和合理性。

③国际视野。中国农业产业政策的制定和调整,是在综合考虑国内外环境的基础上形成的。通过案例材料,引领学生站在国际高度,以开放的思维思考农业产业政策。

(3)教学手段

①讲授:三类产业政策、产业政策评估。基于农业产业政策案例对三类产业政策、综合产业政策的基本内容进行讲授,探讨产业政策制定的现实依据、一般标准和规则。

②讨论与点评:新中国成立以来中国农业产业政策变迁的启示。分组讨论中国不同发展阶段农业产业政策的发展重点、发展目标及对其他产业发展产生的影响。最后,教师对讨论结果进行点评总结。

第七章 产业发展理论

专业教学目标

产业发展是一个从低级向高级不断演进、具有内在逻辑、不以人们意志为转移的客观历史过程。研究这一客观历史过程的规律性,是产业经济学的一项十分重要的内容或任务。通过本章学习,帮助学生理解产业发展的基本理论,运用理论分析产业发展中遇到的问题,对我国产业发展提出合理的建议。

【知识目标】

1. 掌握产业发展的含义,从单个产业发展和总体产业发展两个不同的角度,深入理解产业发展的生命周期理论和产业发展的模式。

2. 掌握经济增长的含义,从产业发展动力的角度出发,理解经济增长与产业发展之间的关系。

3. 掌握可持续发展的含义、应用以及发展的不可持续问题,了解全球所面临的人口、资源、生态环境问题,理解可持续发展的原则和产业的可持续发展战略。

【能力目标】

1. 通过掌握产业发展的生命周期理论、产业发展模式、经济增长理论、可持续发展理论等,分析世界各国经济增长的历史和现实,培养学生分析综合比较概括和迁移知识的能力。

2. 通过讨论式和示范式教学,塑造从理论学习到中国实践导入、知识补充到思维训练的学习过程,培养学生自主性学习知识的能力。

3. 通过将产业发展生命周期理论及实践引入课堂,培养学生运用经济学知识分析现实经济问题的能力。

【育人目标】

1. **思想引领** 通过讲解可持续发展概念、战略和目标,使学生明确人、社会与自然和谐、协调发展是马克思主义的一贯思想。使学生理解可持续发展战略的实质是人类的可持续发展,其与习近平新时代中国特色社会主义思想是一脉相承的,是"社会生产力发展和科技进步的必然产物",是"破解全球性问题的'金钥匙'"。

2. 政治认同　通过将经济增长理论与中国产业发展的实践相联系,使学生了解改革开放以来中国形成了完整的工业体系,拥有全球最丰富最复杂的产业链条,为中国经济由大变强奠定坚实的产业基础。引导学生深入理解中国特色社会主义市场经济体制的形成过程和改革方向。

3. 家国情怀　通过对人口、资源与环境之间关系的分析,引导学生树立正确的科学发展观,用科学发展观塑造学生的高尚人格。深化生态文明教育,教育引导学生不断强化人与自然生命共同体、地球生命共同体理念,培养其家国情怀。

4. 职业道德修养　青年学生肩负着实现中华民族伟大复兴的时代责任,通过中国产业发展历史以及取得的辉煌成就启发学生,不同时代的青年人担负着国家不同发展阶段的重任。教育学生要养成遵纪守法、爱岗敬业、诚实守信的职业品格和行为习惯,引导学生将未来的职业规划与产业变革紧密联系在一起。

5. 国际视野　通过介绍可持续发展的原则和目标等,使学生明白近代西方工业文明所形成的发展模式是一种非持续性的发展模式。人口、资源和环境问题是摆在全人类面前的严峻挑战,而可持续发展是破解全球性问题的"金钥匙"。引导学生站在全球的视角,重新审视可持续发展问题,从而培养国际视野。

【教学方法与手段】

1. 自主学习:线上学习相应慕课中的基础专业知识点,线下自主阅读文献资料,撰写阅读笔记或思维导图。

2. 课堂启发引导:知识点讲授注重以中国产业发展问题为导向,着重讲授产业发展的生命周期理论、经济增长模型的推导、可持续发展目标与战略等。

3. 课堂展示与讨论:学生讨论后疫情时代,如何选择适合中国国情的产业发展模式,展示分析报告等,小组讨论中国采取不同产业发展模式中可能遇到的问题。

【课程思政教学实例】

案例材料:数字经济:踏上高质量发展之路

(1) 案例简介

党的十八大以来,数字技术创新推动产业向网络化、数字化和协同化方向发展,逐渐成为中国实现产业壮大和经济高质量发展的重要战略。

我国已建成全球规模最大、技术领先的网络基础设施。截至2021年底,已建成142.5万个5G基站,总量占全球60%以上,5G用户数达到3.55亿户。数字经济规模达到45.5万亿元,稳居世界第二。全国超300个城市启动千兆光纤宽带网络建设,千兆用户规模达3456万户。近5年算力年均增速超过30%,算力规模全球排名第二。

数字技术创新能力快速提升。人工智能、云计算、大数据、量子信息等新兴技术跻身全球第一梯队。2021年,我国信息领域PCT国际专利申请数量超过3万件,比2017年提升60%,全球占比超过三分之一。2017－2021年,数字经济占GDP比重从32.9%提升至39.8%,成为推动经济增长的主要引擎之一。

传统产业数字化转型进程提速升级。大数据、云计算、人工智能等新一代信息技术与制造业加速融合。截至2022年6月底,工业互联网应用已覆盖45个国民经济大类,智能制造工程加速实施,孵化解决方案供应商已经超6000家,服务范围覆盖90%以上制造业领域。

数字经济不断为中小企业赋能。截至2021年底,全国培育专精特新企业已有4万多家,制造业单项冠军企业超过800家。制造业重点领域关键工序数控化率、数字化研发设计工具普及率分别为70.9%和74.7%,协同研发设计、无人智能巡检、数字工厂、智慧矿山等新场景、新模式、新业态蓬勃兴起。

资料来源:中国电子报。https://baijiahao.baidu.com/s?id=1740005709701338855.

(2) 案例的思政元素

①政治认同。党的十八大以来,以习近平同志为核心的党中央深刻把握新一轮科技革命和产业变革趋势,高度重视、统筹推进数字经济发展,作出一系列重大决策部署,指引我国数字经济发展取得显著成就,为经济社会高质量发展注入强劲动能。

②家国情怀。让学生历史地、辩证地认识我国经济发展的特点和规律,敏锐把握信息时代数字经济发展的战略机遇,增强学生为中华民族伟大复兴而奋斗的家国情怀。

③国际视野。通过国内外数字经济发展的对比,引导学生站在全球视角来审视数字产业化和产业数字化步伐,培养学生的开拓进取精神和开放包容的态度,增进全球视野。

(3)教学手段

①讲授:在"产业发展的生命周期理论"中引入案例,分析中国数字经济发展的运行和演变轨迹,分析中国新兴产业未来的发展方向,增强学生的政治认同和使命担当。

②讨论:中国数字经济高质量发展带来的启示。

③学习测评:讨论结果现场点评,包括学生自评、互评、教师点评总结。

第八章　中国产业发展展望

专业教学目标

新中国成立以来,中国产业的发展经历了从无到有、从弱到强的曲折过程,建立了全世界最完整的现代工业体系,在整体素质和效率方面,已逐渐缩小与发达国家的差距。通过本章学习,帮助学生了解我国产业发展的趋势,并运用所学知识分析我国产业结构调整的方向和重点,认识我国发展高新技术产业的重大意义。

【知识目标】

1. 掌握中国产业发展的新趋势,理解市场化、城市化、全球化、知识化等经济发展趋势及其对产业发展的影响。

2. 掌握中国未来战略产业的选择,理解调整、优化产业结构的着眼点、目标和方向。

3. 了解高新技术产业的概念及特点,熟悉中国高新技术产业发展的历程与现状,理解中国发展高新技术产业的意义及环境与制约因素。

【能力目标】

1. 通过掌握中国产业发展的趋势、产业结构调整的方向和重点、高新技术产业的发展等,培养学生分析综合比较概括和迁移知识的能力。

2. 通过讨论式和示范式教学,塑造从理论学习到中国产业发展实践导入,培养学生自主性学习知识的能力。

3. 通过将中国产业发展实践引入课堂,培养学生运用经济学知识分析并解决中国问题的能力。

【育人目标】

1. 思想引领　通过讲解中国产业结构调整的方向和重点,使学生加深对习近平新时代中国特色社会主义经济思想的理解。习近平总书记指出:"要加快改造提升传统产业,深入推进信息化与工业化深度融合,着力培育战略性新兴产业,大力发展服务业特别是现代服务业。"习近平总书记对产业发展问题作出的重要论述,是深化产业结构调整,加快构建现代产业发展新体系,推动中国经济转型升级的基本遵循和科学指导。

2. 政治认同　通过介绍中国产业发展的历史进程和调整的新方向,使学生理解产业发展的合理化和高级化是中国经济体制改革的重要内容。明晰未来中国产业发展的方向,引导学生深入理解中国特色社会主义市场经济体制的形成过程和改革重点。

3. 家国情怀　通过对中国未来产业选择的分析,引导学生树立创新驱动产业发展理念。从全球范围看,科学技术越来越成为推动经济社会发展的主要力量,新一轮科技革命和产业变革正在孕育兴起。推动科技与产业的深度融合,是实现中国经济平稳健康发展的必然选择。深化科技创新教育,加强培育学生科创素养,培养家国情怀。

4. 职业道德修养　青年学生肩负着实现中华民族伟大复兴的时代责任,通过中国高新技术产业的发展历史以及取得的辉煌成就启发学生,不同时代的青年人担负着国家不同发展阶段的重任。引导学生牢牢把握产业革命大趋势,致力于破解创新发展科技难题,将自己的职业与产业变革紧密联系在一起。

5. 国际视野　通过介绍我国高新技术产业发展所处的国内外环境,使学生了解高新技术产业发展面临的机遇与挑战,培养学生的国际视野。在全球产业结构正面临加速调整和价值链体系重构的背景下,为应对可能的风险挑战,我国高技术产业应采取畅通国际合作渠道、实施产业链"强链补链"工程,坚持兼容并包的开放性原则,坚持以我为主、为我所用。

【教学方法与手段】

1. 自主学习:线上学习相应慕课中的基础专业知识点,线下自主阅读文献资料,撰写阅读笔记或思维导图。

2. 课堂启发引导:知识点讲授注重以问题为导向,着重讲授中国产业发展的趋势、产业结构调整的方向和重点以及高新技术产业的发展等。

3. 课堂展示与讨论:学生讨论新冠肺炎疫情发生以来,以高技术产业为代表的各行业供应链、产业链、价值链、创新链均受到严重冲击,如何防范并化解疫情持续可能带来的一系列风险,展示分析报告等。

【课程思政教学实例】

案例材料:加快建设科技强国 实现高水平科技自立自强

(1)案例简介

在党中央坚强领导下,我国科技实力正在从量的积累迈向质的飞跃、从点的突破迈向系统能力提升,科技创新取得新的历史性成就。

基础研究和原始创新取得重要进展。在量子信息、干细胞、脑科学等前沿方向上取得一批重大原创成果。成功组织了一批重大基础研究任务,"嫦娥五号"实现地外天体采样返回,"天问一号"开启火星探测,"怀柔一号"卫星成功发射,新一代"人造太阳"首次放电,"雪龙2"号首航南极,76个光子的量子计算原型机"九章"等。

战略高技术领域取得新跨越。在深海、深空、深地、深蓝等领域积极抢占科技制高点。"海斗一号"完成万米海试,"奋斗者"号成功坐底,北斗卫星导航系统全面开通,中国空间站天和核心舱成功发射,"长征五号"遥三运载火箭成功发射,"天鲲号"首次试航成功。"国和一号"和"华龙一号"三代核电技术取得新突破等。

高端产业取得新突破。智能制造取得长足进步,人工智能、数字经济蓬勃发展,图像识别、语音识别走在全球前列,5G移动通信技术率先实现规模化应用。新能源汽车加快发展。消费级无人机占据一半以上的全球市场。

民生科技领域取得显著成效。医用重离子加速器、磁共振、彩超、CT等高端医疗装备国产化替代取得重大进展。运用科技手段构建精准扶贫新模式,为贫困地区培育科技产业、培养科技人才。煤炭清洁高效燃烧、钢铁多污染物超低排放控制等多项关键技术推广应用,促进了空气质量改善。

资料来源:习近平. 加快建设科技强国,实现高水平科技自立自强[J]. 求是. 2022年第9期.

(2)案例的思政元素

①政治认同。习近平总书记强调,广大科技工作者要以与时俱进的精神、革故鼎新的勇气、坚忍不拔的定力,面向世界科技前沿、面向经济主战场、面向国家重大需求、面向人民生命健康,把握大势、抢占先机,直面问题、迎难而上,肩负起时代赋予的重任,努力实现高水平科技自立自强。

②家国情怀。让学生清晰地了解中国科技创新和高技术领域所取得的伟大成就,增强学生的自信心和自豪感,培养学生为中华民族伟大复兴而奋斗的家国情怀。

③国际视野。通过介绍中国科技创新取得新的历史性成就,引导学生正确认识当代年轻人所肩负的时代赋予的重任,培养学生的进取开拓精神和开放包容的态度,增进全球视野。

(3)教学手段

①讲授:在"中国高新技术产业的发展"中引入案例,分析近些年来中国科技创新取得新的历史性成就,增强学生的政治认同和使命担当。

②讨论:中国加强科技自立自强的必要性和意义。

③学习测评:讨论结果现场点评,包括学生自评、互评、教师点评总结。

四、课程思政的教学评价

(一)对教师的评价

1. 教学准备的评价

将思政建设落实到《产业经济学》课程教学准备各方面,教师备课时提前搜集与本章节教学内容相契合的课程思政素材,达到知识性与思政要素的有机融合,把专业知识传授与价值观塑造统一起来,认真做好教材选用、修订教学大纲、设计思政目标、教案课件编写等。

2. 教学过程的评价

将《产业经济学》课程思政建设落实到教学过程各环节,在课堂讲授中将思政元素自然融入教学知识点中,引导学生对改革开放以来经济建设取得的辉煌成就做积极正面的评价,实现思想性与专业性相统一。同时考察教师教学方法是否得当,学生对于课堂教学效果的认可程度,布置的课堂作业的知识性和本章节思政元素的契合度,批改作业的及时性等全教学过程进行评价。

3. 教学结果的评价

建立健全《产业经济学》课程思政多维度评价体系,具体包括:同一门课程教师听课后对于教学各环节的评价;专家组随机听课后的意见反馈;学生对于教师备课、讲课、作业及育人等方面评价;教学督导对于教案、教材、教学内容等的评价;教研组组织教学研究的针对性评价等。

4. 评价结果的运用

对于同一门课程教师以及教研组老师的评价,任课老师要认真对待,吸收其他老师的合理化建议并运用到以后的教学实践中去;对学生评教反馈的问题,召开学生会议,吸收学生的可行性建议;对教学督导等提出的改进建议,与其进行密切沟通,提出具体的切实可行改进方法。在综合各种评价结果的基础上对下一步的教学工作进行反思与改进。

(二)对学生的评价

1. 学习过程的评价

认真检查学生对课前布置的资料查找的情况、以小组为单位的课堂作业的准备情况以及讲解情况评价,作为平时成绩的一部分;结合课程内容,针对性地带领学生实地调研,形成调研报告,作为实践成绩一部分;学生在课堂教学过程中的互动性及参与度等作为衡量学生学科成绩的参考。

2. 学习效果的评价

学习效果的评价既包括专业知识点的掌握也包括章节内容涉及的思政元素的领会,通过平时作业、课堂讨论、问卷展示、期末考试、实践调查报告等多种形式展开

3. 评价结果的运用

通过师生座谈、小组讨论、系部同行教研活动等多种形式,全方位客观地对学生学习存在的问题进行评估,总结经验,从中找到改进的方法,提升本课程思政的总体学习效果。

五、《产业经济学》课程思政的教学素材

序号	内　　容	形式
1	坚持用马克思主义及其中国化创新理论武装全党	阅读材料
2	中国共产党领导是中国特色社会主义最本质的特征	阅读材料
3	习近平论科技创新	阅读材料
4	在庆祝新中国成立70周年大会上的讲话	阅读材料
5	重读"马歇尔冲突"——经济思想史视角的梳理	阅读材料
7	平台经济反垄断关键在于构建有效竞争的监管机制	阅读材料
8	中国金融服务业的产业关联分析	阅读材料
9	中国产业结构演变史略（上、下篇）	阅读材料
10	新中国70年产业结构演进、政策调整及其经验启示	阅读材料
11	产业组织理论三大主要学派的比较分析	阅读材料
12	新中国产业结构演变述论(1949—2016)	阅读材料
13	中国产业布局的演变逻辑和成就经验	阅读材料
14	中国时间序列投入产出表的编制:1981—2018	阅读材料
15	新工业革命对产业空间布局的影响及其表现特征	阅读材料
16	中国产业政策研究综述	阅读材料
17	关于美国对中国产业政策质疑的几点分析	阅读材料
18	可持续发展目标评价研究进展及中国实践	阅读材料
19	"十四五"全国农业机械化发展规划	阅读材料
20	新中国70年产业组织政策变革及展望	阅读材料
21	产业结构调整指导目录(2019年本)	阅读材料
22	中国高质量发展阶段下的产业结构变迁与经济增长研究——基于结构—效率—速度的逻辑框架	阅读材料
23	产业组织理论与新规制经济学的拓展和应用——2014年度诺贝尔经济学奖得主让·梯若尔主要经济理论贡献述评	阅读材料
24	西方产业组织理论在中国的引进及相关评论	阅读材料
25	数字经济驱动中国高技术产业高质量发展—机制与路径研究	阅读材料
26	中国高新技术企业的发展现实及政策思考	阅读材料
27	高新技术产业如何打造健康的创新生态系统:基于核心能力的观点	阅读材料
28	建国70年中国农业产业政策变迁及取得的辉煌成就	案例分析
29	新中国成立以来我国工业体系构建及产业结构优化	案例分析
30	城市产业画像系列:2022年广州市产业全景分析报告	研究报告
31	联合国可持续发展目标	研究报告
32	产业组织理论回溯与研究展望	研究报告
33	《大国重器》	纪录片
34	《辉煌60年》	纪录片
35	《大国粮仓》	纪录片
36	《为了零碳》	纪录片
37	《强国基石》	纪录片
38	中共中央关于制定国民经济和社会发展第十四个五年规划和2035年远景目标的建议	政策文件
39	中共中央国务院关于完整准确全面贯彻新发展理念做好碳达峰碳中和工作的意见	政策文件

《新制度经济学》课程思政教学指南

曹献雨 岳永 贾倩 奚美君 顾冉
（西安财经大学）

一、课程简介与课程目标

(一)课程简介

《新制度经济学》作为现代经济学的新兴领域和重要组成部分,研究对象是人、制度与经济活动以及它们之间的相互关系,课程涉及的内容比较广泛,以交易费用分析为基本范式,以研究产权、契约和制度变迁为主要内容。通过本课程的学习,使学生了解现代产权理论和契约理论在公司治理、创新创业和社会变革过程中的重要理论价值和现实意义;使学生了解交易费用分析范式与其他经济学专业课程研究对象和研究方法的差异;使学生掌握新制度经济学的基本原理和分析方法,提高学生分析和解决实际问题的能力,为培养应用创新型人才奠定的基础;帮助学生建立起正确的政治认同,形成家国情怀和文化自信,希望在潜移默化中,引导和指引学生建立公民意识、科学思维、国际视野和专业精神,实现专业教育与思想政治教育的同向同行。

《新制度经济学》通过线上线下相结合、课堂讲授、启发式教学、视频分享、案例教学、情景演练等教学方法把马克思列宁主义、毛泽东思想、邓小平理论、"三个代表"重要思想、科学发展观和习近平新时代中国特色社会主义思想内化于课程内容之中,通过展现中国在改革进程中取得的伟大成就和经济高速发展的伟大历程,突出中国特色社会主义制度的科学性、先进性和优越性,强调中国共产党领导对中国经济奇迹取得的核心作用,从而引导大学生根植制度自信,在价值观形成的关键时期"扣好人生第一粒扣子",促使学生成为熟练掌握新制度经济学理论知识、具有科学思维和专业精神、具有社会责任的应用型创新人才。

(二)课程目标

本课程为专业选修课程。通过本课程的学习,使学生能够达到以下目标:

1. 知识目标:使学生掌握新制度经济学的基本原理和分析方法;使学生了解现代产权理论和契约理论在公司治理、创新创业和社会变革过程中的重要理论价值和现实意义;使学生了解交易费用分析范式与其他经济学专业课程研究对象和研究方法的差异。

2. 能力目标:能够结合新制度经济学的基本思想和大量实例增加对经济制度的理解,增加解释真实世界里经济现象的能力;能够掌握新制度经济学的基本原理和分析方法,提高分析和解决实际问题的能力;能够预判并阐释制度所发挥的经济社会效应及变迁趋势,具备一定的科学研究能力和创新精神。

3. 育人目标:(1)素质培育方面,培养学生的系统思维和大局意识;培养学生的专业素养,促使其形成新制度经济学领域的专业敏感度;形成其持续跟踪新制度经济学相关的理论问题和现实问题的能力;培养学生有效学习的学习方法;灌输学生终身学习的学习信念;促使学生建立与完善自我知识体系;希望学生不断突破、不断创新、不断超越。

(2)价值塑造方面,能够运用马列主义、毛泽东思想、邓小平理论、"三个代表"重要思想、科学发展观和习近平新时代中国特色社会主义思想的立场、观点和方法分析新制度经济学相关问题;能够运用辩证唯物主义和历史唯物主义世界观和方法论对新制度经济学派的理论观点开展批判性研究;能够通过解析市场经济体制改革、国企改革、农地产权与征地制度等案例,提升学生问题意识与攀登精神,厚植爱国情怀,强化社会担当,坚定科研报国、服务人民的发展方向,强调将个人理想与国家发展紧密融合,增强学生"四个意识"、坚定"四个自信"、做到"两个维护",愿意为建设具有中国特色中国风格中国气派的新制度经济学新体系贡献心智力量。

(三) 课程教材和学习资源

➢ **课程教材**

卢现祥,朱巧玲.《新制度经济学》(第三版)[M].北京:北京大学出版社,2021.

➢ **参考教材或推荐书籍**

1. 鲁博顿 等.新制度经济学[M].上海:上海人民出版社,2015.
2. 周其仁.产权与中国变革[M].北京:北京大学出版社,2017.
3. 张五常.经济解释(五卷本)[M].北京:中信出版社,2019.

➢ **学术刊物与学习资源**

国内外制度经济学类核心期刊。

学校图书馆提供的各种数字资源,特别是"中国知网"。

国家规划纲要与会议报告:《中华人民共和国经济和社会发展第十四个五年规划和2035年远景目标纲要》《中央经济工作会议报告》等系列文件。

推荐网站

专业知识学习平台:中国大学慕课《新制度经济学》、人大经济论坛制度经济学板块。

思政在线平台学习资源库:"学习强国"、习近平重要讲话数据库、中国共产党思想理论资源数据库等。

中国高校思政学习平台:中国高校思政大讲堂、这就是中国、经济大讲堂等。

思政资讯与时事资源:央视财经评论、经济信息联播、经济半小时等。

二、课程思政教学总体设计

(一) 新制度经济学课程思政建设的目标

以爱党、爱国、爱社会主义、爱人民、爱集体为主线,从全球视角和历史视角出发,采用线上线下教学相结合的模式,结合本校办学定位、专业特色和人才培养要求,准确把握课程思政建设方向和重点,将立德树人、改革开放和新时代中国特色社会主义等思想政治内容融入到课程教学体系之中,贯穿于《新制度经济学》课程教学的全过程,科学设计课程思政建设总体目标和课堂教学具体目标,深度挖掘提炼具有本课程特色的思想价值和精神内涵,科学合理拓展课程的广度、深度和温度,实现价值塑造、知识传授和能力培养的高度统一。

根据课程教学的知识学习目标、能力训练目标和素质养成目标,可在教学过程中融入以下10个思政维度,形成《新制度经济学》课程思政教学目标,实现专业知识与思政教学点的有机融合。

1. 坚持思想引领

新制度经济学课程教学要以马列主义、毛泽东思想、邓小平理论、"三个代表"重要思想、科学发展观和习近平新时代中国特色社会主义思想为根本指导思想,通过将根本指导思想有机融合在课程设计、课堂教学、研究讨论和考试测评中,推进思想政治内容进教材、进课堂、进学生头脑。

2. 实现政治认同

新制度经济学通过深入挖掘课程思政元素,引入丰富的案例素材,帮助学生深刻领会新制度经济学相关理论,增强学生对中国特色社会主义道路和制度的自信,培养学生强烈的社会使命感和责任感,引导学生认同党的领导、认同中国特色社会主义道路和制度体系、认同国家民族文化和社会主义核心价值观,从而认同"中国共产党为什么能、马克思主义为什么行、社会主义为什么好",增强学生的政治认同。

3. 培育社会主义核心价值观

新制度经济学课程教学要将涉及国家、社会、公民的价值要求融为一体的社会主义核心价值观融入新制度经济学的教学过程中,例如针对当代大学生中存在"精致利己"现象,在人类的行为理论教学中,要让学生明白与人交往是一个重复博弈的过程,做人要讲诚信,要有集体认同和归属感,比如寝室的卫生清扫,每位室友作为寝室的成员都应承担相应的义务,减少"搭便车"现象的出现,增强集体荣誉感。

4. 厚植家国情怀

《新制度经济学》课程在现代微观经济学分析研究制度和制度变迁的课程特征基础上,用中国制度、中国故事、中国精神作为新制度经济学重要的课程思政教学元素,引导学生增强中华民族伟大复兴的家国情怀。比如课程通过中国制度变迁带来的巨大变化,增强学生的民族自豪感和国家荣誉感;从产权角度深刻理解中国经济奇迹的原因,激发学生的爱国热情,引导学生坚定"四个自信",增强学生的责任担当,树立远大的理想,培养爱国之情、砥砺强国之志。

5. 提升文化素养

新制度经济学课程注重将古今中外人文领域传统文化和成果的智慧与精髓和人文思想中所蕴含的认识方法和实践方法等融入到相关知识点中,一方面帮助学生理解新制度经济理论,另一方面增强文化自信、促使学生文化素养得到提高。比如教师在讲述产权理论时,提到孟子的"有恒产者有恒心,无恒产者无恒心",培养学生对中华优秀传统文化的自信心。

6. 养成科学精神

通过本课程的教学,引导学生尊重事实和证据,运用科学的思维方式认识事物、解决问题;鼓励学生独立思考,敢于批判质疑;不畏艰难,坚持不懈,勇于探究。例如在讲述科斯定理时,通过比较科斯与庇古在解决外部性问题的做法时,引导学生学习科斯敢于批判质疑的科学精神。

7. 培育问题意识

新制度经济学强调研究真实的世界,其假设交易成本为正,注重产权安排,强调不完全契约,注重合作,新制度经济学课程教学引导学生结合中国和世界制度、制度体系和制度变迁中的现实问题开展研究性学习,培育学生大问题意识,引导学生更好认识中国国情,从而提出贴近中国实际的制度建设和变迁方案。

8. 强化法治意识

新制度经济学着眼于人、制度和经济之间的关系,在讲解制度理论和制度变迁理论的过程中帮助学生认识中国各种正式制度与非正式制度,促使学生明辨是非,树立规则意识与法治意识,激励学生遵守和捍卫法律,维护社会公平正义,自觉维护公民各项权利和义务。

9. 养成良好的职业道德修养

本课程在讲解契约理论过程中,可引入正反两方面案例,引导学生理解职业道德修养是从业人员在道德意识和道德行为方面的自我锻炼及自我改造中所形成的职业道德品质以及达到的职业道德境界,引导其爱岗敬业,遵纪守法,诚实守信,业务优良,服务群众,奉献社会,鼓励学生继承发扬中华民族重信守诺的传统美德,弘扬与社会主义市场经济相适应的诚信理念、诚信文化、契约精神。

10. 拓展国际视野

学生只有拥有了全球意识和开放的心态,才能从容应对不断变化的社会经济现实。要实现"两个一百年"奋斗目标和中华民族伟大复兴,要求学生必须具有全球视野。本课程通过对比中外新制度经济学代表人物的不同理论观点、中外制度体系和制度变迁的不同实践,引导学生拥有进取开拓的精神、更加开放包容的态度,鼓励学生尊重世界多元文化的多样性和差异性,展现中国人民的世界情怀,不断增进全球视野。

(二)课程思政教学内容

《新制度经济学》课程的思政内容可以涉及以下几方面:

1. 坚持马克思主义的思想指导

我们党的历史,就是一部不断推进马克思主义中国化的历史,就是一部不断推进理论创新、进行理论创造的历史。《新制度经济学》课程以马克思主义、毛泽东思想、邓小平理论、"三个代表"重要思想、科学发展观和习近平新时代中国特色社会主义思想为根本指导思想,在新制度经济学教学过程中,始终坚持马克思主义理论的科学指导,课程思政的推进过程也是马克思主义与教材、课堂结合的过程,我们要积极推进其与教材和课堂的结合。

2. 坚定正确的政治立场,培育社会主义核心价值观

通过中国故事、中国奇迹和中国智慧的讲解,让学生感受百年来中国取得的巨大成就,增强学生的"四个意识"、坚定学生的"四个自信"、做到"两个维护"。

3. 熟悉中国的具体情况,提升专业素养

本课程的讲授内容通过加入大量中国制度变迁的最新实践,融入和体现中国经验,并通过丰富多样的教学形式解析国家发展战略,帮助学生了解中国的国情、社情、民情,将中国实践和新制度经济学的相关理

论有机结合,使之掌握较为系统的新制度经济学专业知识,了解人口变化及科学技术进步对制度变迁的深刻影响,了解我国制度形成机制及变迁方向。

4. 富有科学精神,提升研究能力

本课程培养学生的求真精神,鼓励学生独立思考、多角度、辩证地分析问题,培养学生不畏困难、坚持不懈的探索精神,促使学生积极寻求有效解决问题的方法、能力和韧性,提升"把论文写在祖国大地上"的研究能力。

5. 深入社会实践,根植现实问题

本课程倡导理论与实践的结合,注重培养学生经世济民和知行合一的精神,鼓励学生多渠道参加实训实习,了解现实问题,运用新制度经济学所学的专业知识解决现实问题,从实践中来,回到实践中去。

6. 拓展国际视野,构建人类命运共同体

本课程倡导以全球意识、开放的心态学习人类文明进程中的优秀文化成果,从世界发展动态中了解经济社会发展规律,尊重世界多元文化的多样性和差异性,注重各国文化的交流,勇敢挑战人类面临的共同问题,积极构建人类命运共同体。

(三)教学方法

全程根据授课专题配套精选案例与经典文献,将思政元素内化于课程内容之中,通过解思政、融思政的教学手段达到强思政的教学目标。课程运用课堂讲授、启发式教学、视频分享、案例教学、情景演练、线上线下教学相结合等教学方法,实现理论知识与实践知识的互联互通,通过展现中国改革开放和经济高速发展的伟大历程,拓宽思政广度,挖掘思政深度,紧扣国家政策,注重互动过程的价值引领,强家国之"根",塑科研之"魂",提思维之"智",培责任之"心"。

三、课程各章节的课程思政教学内容

第一章 新制度经济学概论

专业教学目标

通过本章的学习,学生要掌握新制度经济学课程的研究对象,了解新制度经济学发展演变的基本脉络以及新制度经济学对现实问题分析的基本框架,为更加深入地学习新制度经济学这门课程奠定基础。

【知识目标】

1. 掌握新制度经济学的内涵、基本信念和分析框架。
2. 掌握新制度经济学与新古典经济学的区别和联系。

【能力目标】

1. 通过掌握新制度经济学的内涵和基本信念,明确新制度经济学的研究对象,结合现实中制度对经济行为的影响,逐步形成学生理论联系实际的能力。

2. 新制度经济学的分析框架可高度概括为"三个三",然后具体分析三大理论综合、三个层次和三大视角,这种从具体到一般,再从一般到具体的分析方法可以提高学生的归纳能力和演绎能力。

3. 新制度经济学是新古典经济学的修正和发展,这种批判和吸收的理论发展能够培养学生的创新能力。

【育人目标】

1. 思想引领 在讲解制度对经济的重要作用时,通过引入中国共产党的制度建设,贯穿习近平新时代中国特色社会主义思想。

2. 政治认同 新制度经济学是经济理论的第四大柱石,制度是影响一国经济发展的重要因素,在讲解新制度经济学内涵与基本信念时,结合改革开放以来中国在经济社会发展方面取得的巨大成就与制度之间的关系,培养学生的"四个自信",树立"中国共产党为什么能、马克思主义为什么行、中国特色社会主义为什么好"的社会主义核心价值观。

3. 家国情怀 结合欧美国家与中国经济社会发展实践,讲解新制度经济学分析框架,使学生在比较中明确中国共产党领导的中国道路的正确性,启发学生运用新制度经济学应对中国经济社会发展过程中面临的问题,勇担历史重任。

4. 科学精神　新制度经济学利用古典经济学的理论和方法去分析制度问题,但是这种利用并不是一种简单、照搬式的应用,而是一种有修正、有发展的运用,可通过新制度经济学对新古典经济学的创新与发展启发学生大胆创新,独立判断,运用科学的思维方式认识事物、解决问题。

5. 国际视野　新制度经济学的学习,需建立在新古典经济学、制度经济学等理论的学习基础之上,各流派的了解不仅充实新制度经济学的教学内容,使课堂教学变得更为厚重和丰富,而且让学生对经济学流派和理论有了更多掌握,有助于拓展学生国际视野。

课程思政教学目标及实践

【教学方法与手段】

1. 自主学习:在中国大学慕课线上学习与本章相关的基础专业知识点,线下自主阅读文献资料,撰写阅读笔记或思维导图。

2. 课堂启发引导:知识点讲授注重以问题为导向,着重讲授新制度经济学的内涵、基本信念和分析框架以及新制度经济学与新古典经济学的区别和联系等。

3. 课堂展示与讨论:思考新制度经济学的研究对象、新制度经济学的分析框架以及新制度经济学与新古典经济学的区别和联系,展示根据教学素材整理分析的相关报告等,深化对新制度经济学学习内容的认识。

【课程思政教学实例】

案例材料:制度与经济增长

(1)案例简介

40年改革开放表明,从计划经济体制到市场经济体制过渡的制度变迁过程中交织着制度变化与经济发展。制度变迁促进了经济发展,而经济发展又有利于制度变迁。自从党的十一届三中全会召开以来,中国在坚持社会主义公有制前提下,选择了一条适合本国国情发展的渐进式改革路径,通过制度供给实现新的制度安排,形成新的体制、新的机制、新的制度,更好地发挥了人力资本、物质资本等在资源配置中的作用。有效的制度安排实现了40年的经济高速稳定增长,可以说制度改革红利是中国步入经济高速增长后最大的红利,改革红利就是制度变迁红利,制度变迁与制度理论对改革开放起到功不可没的作用。

资料来源:卢现祥,朱迪. 中国制度变迁40年:回顾与展望——基于新制度经济学视角[J]. 人文杂志,2018(10):13—20.

(2)案例的思政元素

①政治认同。中国在坚持社会主义公有制前提下,选择了一条适合本国国情发展的渐进式改革路径。

②家国情怀。用中国故事作为新制度经济学重要的课程思政教学元素,引导学生增强中华民族伟大复兴的家国情怀。

③科学精神。用中国事实得出严谨的结论:制度变迁促进了经济发展,而经济发展又有利于制度变迁。

(3)教学手段

课下引导学生充分利用慕课资源及相关文献资源,课上鼓励学生进行课堂展示,并组织师生思辨讨论;在知识点讲述过程中引入中国改革开放四十年制度变迁等思政元素,增强学生的制度自信和政治认同,增强学生为中华民族伟大复兴而奋斗的家国情怀,以实现专业知识与思政点的有机融合。

第二章　交易费用及其测量

专业教学目标

交易费用是新制度经济学研究制度构成和运行的基本原理。通过本章的学习,帮助学生理解掌握交易费用的概念,理解作为分析范式的交易费用理论,了解交易费用测量的两个层次及其发展趋势。

【知识目标】

1. 重点掌握交易费用的概念。

2. 掌握交易费用理论的基本构成。

3. 重点掌握交易费用测量的两个层次及其变化趋势。

【能力目标】

1. 通过掌握交易费用理论,理解交易费用的概念、存在的原因、作为一种分析方式的交易费用理论在现实世界中的应用和交易费用测量的两个层次及其变化趋势。

2. 通过讨论式和示范式教学,塑造从理论学习到中国实践导入、知识补充到制度经济学思维训练的学习过程,培养学生自主性学习知识的能力和不断探索的科学精神。

课程思政教学目标及实践

【育人目标】

1. **政治认同** 结合"三去一降一补"的供给侧结构性改革和"中国营商环境"的案例,通过学习交易成本产生的原因在于机会主义、人的有限理性行为等内容,增强学生对中国特色社会主义道路和制度的自信,引领学生充分认识中国共产党正确领导的意义和社会主义制度的优越性。

2. **社会主义核心价值观** 在人类的行为理论教学中,与人交往是一个重复博弈的过程,做人要讲诚信,有集体认同和归属感,比如寝室的卫生清扫,每位室友作为寝室的成员都应承担相应的义务,减少"搭便车"现象的出现,增强集体荣誉感。

3. **科学精神** 通过多角度、辩证地学习交易成本的理论内容,引导学生取其精华、去其糟粕,将相关经济学理论知识服务于我国社会主义经济建设中。

4. **问题意识** 增加问题意识,提高解决现实中经济问题的能力,利用信息化手段理解交易费用测量的两个层次及其变化趋势。

【教学方法与手段】

1. 自主学习:线上学习相应慕课中的基础专业知识点,线下自主阅读文献资料,撰写阅读笔记或思维导图。

2. 课堂讲授:讲授什么是人类的有限理性行为、交易费用的基本概念、交易费用的范式、交易费用测量的两个层析及其变化趋势。

3. 课堂展示与案例讨论:安排学生讨论交易成本产生的原因及如何测量交易成本,并结合中国实际国情,指出社会主义制度的优越性,展示相关教学素材。

【课程思政教学实例】

案例材料:加快数字社会建设步伐

(1) 案例简介

"十四五"规划纲要明确提出"加快数字经济、数字社会、数字政府,以数字化转型整体驱动生产方式、生活方式和治理方式变革"。国家发展改革委等13部门2020年发布《关于支持新业态新模式健康发展 激活消费市场带动扩大就业的意见》中提出:"从问题出发深化改革、加强制度供给,更有效发挥数字化创新对实体经济提质增效的带动作用,推动'互联网+'和大数据、平台经济等迈向新阶段。"近年来,我国数字经济建设的步伐加快,有利促进了各要素在生产、分配、流通、消费各个环节的衔接,加速推进了产业数字化的发展,发挥数字化创新对实体经济提质增效的带动作用。

资料来源:"十四五"规划纲要和国家发展改革委发布的《关于支持新业态新模式健康发展 激活消费市场带动扩大就业的意见》。

(2) 案例的思政元素

①思想引领。将数字经济与交易成本理论结合起来,指出发展数字经济的重要意义。发展数字经济意义重大,是把握新一轮科技革命和产业变革新机遇的战略选择,是以新发展理念为主要内容的习近平新时代中国特色社会主义经济思想。

②政治认同。实现富强、民主、文明、和谐、美丽的社会主义现代化强国,离不开党的领导和科学决策。

③家国情怀。学生能够更加深入地认识到我国经济发展面临的机遇与挑战,增强学生为中华民族伟大复兴而奋斗的家国情怀。

(3) 教学手段

利用多媒体影像资料,并加以课堂讨论,引发学生思考交易费用的基本理论,探讨交易费用理论在现实生活的运用。

第三章 产权理论与科斯定理

专业教学目标

经济学要解决的是由于资源稀缺而发生的利益冲突,从而必须运用这样或那样的规则即产权来解决这种冲突。产权经济学研究的就是如何通过界定、变更和安排产权的结构,降低或消除市场机制运行的社会费用(外部性问题),提高运行的效率,改善资源配置,加快技术进步,增加经济福利,促进经济增长。通过该章的学习,学生要理解掌握产权的内涵、产权的功能与属性,了解产权保护及其意义,熟悉科斯定理并用其分析现实问题。

【知识目标】

1. 掌握产权的内涵、产权的功能与属性。
2. 弄清产权的起源和影响因素。
3. 了解产权保护及其意义。
4. 熟悉科斯定理并用其分析现实问题。

【能力目标】

1. 通过掌握产权的内涵、功能与属性,深入理解科斯定理的内容、启示与意义,把握产权理论与交易费用、契约理论、企业理论等知识的内在联系,理解新制度经济学的基本理论框架,培养学生系统化的思维能力。

2. 通过问题引入、课堂讨论的教学方式,形成发现问题、理论学习、分析问题、解决问题、思考总结的学习过程,培养学生自主学习、理性思辨的能力。

3. 通过将中国经济改革的实践案例引入课堂,逐步形成运用经济学知识解释中国经济现象、探究中国发展路径、立足中国大地讲好中国故事的能力。

【育人目标】

1. **政治认同** 通过将中国四十多年来举世瞩目的经济改革实践引入课堂教学,让学生深切感受中国经济改革的伟大成就,树立"中国共产党为什么能、马克思主义为什么行、中国特色社会主义为什么好"的社会主义核心价值观。

2. **家国情怀** 介绍产权的激励与约束功能、外部性内在化以及资源配置功能,从产权角度深刻理解中国经济奇迹的原因,激发学生的爱国热情,引导学生坚定"四个自信",增强学生的责任担当,树立远大的理想,培养爱国之情、砥砺强国之志。

3. **科学精神** 通过对环境污染等外部性问题的讲述、分析,引导思考如何运用科斯定理深入认识外部性问题,运用该理论考察我国环境保护政策的目标、分类及其效力,实现知识的实践应用与迁移。积极寻求新时代有效提升环境质量的方法,正确处理经济发展与生态环境保护的关系,探索实现发展和保护协同共生的新路径。

4. **人文素养** 在讲述产权理论时,提到孟子的"有恒产者有恒心,无恒产者无恒心",培养学生对中华优秀传统文化的自信心。

5. **国际视野** 本章教学中融入马克思主义产权理论与现代产权理论的研究和比较,梳理产权及其制度的产生、演变、发展过程,了解历史角度的、跨国家的、跨文化的产权理论,丰富和充实课堂教学内容,形成一个对产权及其效应的更完整的理解方面,培养学生国际视野。

【教学方法与手段】

1. **自主学习**:线上学习相应慕课中的基础专业知识点,线下自主阅读文献资料,撰写阅读笔记或思维导图。

2. **课堂启发引导**:知识点讲授注重以问题为导向,着重讲授产权的内涵、产权的功能与属性、科斯定理的内容与意义,启发学生运用理论知识深入分析中国经济现象。

3. **课堂案例讨论**:组织学生运用产权理论、科斯定理分析我国经济改革的发展路径和实践经验,从制度经济学的角度尝试解释我国经济高速增长的深层次原因,探讨高质量发展阶段如何通过完善产权制度进一步优化资源配置、降低市场交易成本,增强经济发展的持久动力。

【课程思政教学实例】

案例材料1:健全数字经济时代的数据产权制度

(1)案例简介

伴随数字经济的迅猛发展,数据作为数字经济的关键生产要素,其权属问题不仅影响开发利用和流通,也会影响数字经济创新发展。从我国实践来看,数据要素产权已成为数据要素市场培育的首只"拦路虎",清晰合理的数据要素产权制度缺位,使得数据的共享、流通、交易以及价值实现等要素市场培育难以实现。

场内交易狭小问题。产权界定不清导致大量数据无法进场交易,2019年我国场内数据交易规模仅占整个大数据产业的4%,超过50%的数据交易平台年流量低于50笔,数据交易规模狭小。

数据垄断问题。手握海量数据实际控制权的互联网公司依靠自身强大的用户流量优势,积极"圈数"的数据垄断问题愈发严重。互联网不同资本系之间数据壁垒森严,严重妨碍数据要素统一大市场形成。

政企对接难的问题。由于权属不清、隐私保护、开放范围不确定性以及部门利益等原因,数据开放共享面临困境。

个人信息保护难的问题。互联网科技公司对数据的采集虽以用户"知情同意"为前提,但往往列出冗长艰涩的隐私条款,用户为了使用产品服务,只能敷衍同意或被迫同意。在大数据时代,个人信息识别难度和保护要求进一步增大。

为更好推动我国数字经济健康发展,需牢牢抓住完善数据产权制度这个关键,加快培育发展数据要素市场,使数据要素的资源价值充分释放。

资料来源:①求是网.健全数字经济时代的数据产权制度。http://www.qstheory.cn/llwx/2020－02/14/c_1125571835.htm.
②光明网.加快完善数据产权制度。https://theory.gmw.cn/2021－12/14/content_35379330.htm.
③国家发改委."专家观点"中国特色数据要素.产权制度体系构建研究。https://www.ndrc.gov.cn/wsdwhfz/202202/t20220223_1316662.html?code=&state=123.

(2)案例的思政元素

①政治认同。系统梳理党和国家在十九届四中全会《关于构建更加完善的要素市场化配置体制机制的意见》《中共中央关于制定国民经济和社会发展第十四个五年规划和2035年远景目标的建议》等对数据要素产权制度体系建设的战略性部署。在中国共产党领导下,从我国数据要素市场培育的实际情况出发,完善数据权属界定、开放共享、交易流通等标准和措施,实现个人利益与社会利益最大化,坚定青年学子的文化自信和制度自信。

②家国情怀。"十四五"时期,我国数字经济转向深化应用、规范发展、普惠共享的新阶段。通过向学生讲述基于数据资源的数字经济发展背景、发展规模与重要性,以及对于国家安全的重大意义,激发学生的民族自豪感和爱国热情,增强学生为中华民族伟大复兴而奋斗的家国情怀。

③社会责任。在信息化时代,个人信息保护已成为广大人民群众最关心最直接最现实的利益问题之一。结合目前存在的个人信息保护难问题,加强对学生社会责任感、规则意识与法治意识的培养。

(3)教学手段

①翻转课堂——支架与高阶:慕课资源、文献资源为翻转课堂提供支架;课堂展示、师生思辨讨论实现课堂高阶性、高效性。

②知识点＋实事＋思政——贯穿融合:在知识点产权的内涵、产权的功能与属性中引入中国经济改革的实践经验,使学生深刻认识到党的正确领导是我国经济体制改革取得伟大成就的决定性因素。党的十八大以来,在以习近平同志为核心的党中央坚强领导下,我国重要领域和关键环节改革取得突破性进展,改革开放和社会主义现代化建设取得历史性成就。

第四章 契约理论

教学目标

通过本章契约理论的学习,帮助学生了解现代契约理论的基本概念和原理,熟悉和掌握契约的基本分类和履行过程,掌握委托－代理理论和不完全契约理论的基本内容。本章的重点是委托－代理理论和不完全契约理论。难点是委托－代理理论视角下的最优契约设计问题。

【知识目标】

1. 了解现代契约理论的基本概念和原理,契约建立的基本原则(平等、互利等)及其社会经济功能。

2. 熟悉和掌握契约的基本分类(完全契约与不完全契约、显性契约和隐性契约等)和履行过程(自我履行、第三方实施和一体化治理等)。

3. 熟悉和掌握委托－代理理论和不完全契约理论的基本内容,了解二者分析思路的差异,掌握委托－代理理论视角下的最优契约设计问题。

【能力目标】

1. 使学生了解契约理论的基本概念及其在现代市场经济发展过程中的重要作用,引导学生形成问题—方法—实践的科学思维。

2. 使学生了解契约理论和产权理论分析视角差异,在比较分析的基础上培养学生多角度分析具体问题的能力。

3. 使学生能将委托－代理理论视角下的最优契约设计问题和现实经济问题相结合,培养学生对现实问题的模型化思维和实践能力。

课程思政教学目标及实践

【育人目标】

1. 国际视野　通过契约理论的起源及其在现代市场经济发展过程中重要作用的学习,让学生了解东西方社会发展过程中契约形式和内容的差异,拓展学生的国际视野。

2. 科学精神　委托－代理理论和不完全契约理论的教学设计,都是以解释和解决现实社会中信息不对称问题为出发点。问题导向的教学和对研究结论可实证性的强调,有利于学生形成问题—方法—实践的科学思维。

3. 职业道德　契约精神、守约观念是现代市场经济的重要要求。通过契约理论,特别是不完全契约理论学习,鼓励学生继承发扬中华民族重信守诺的传统美德,弘扬与社会主义市场经济相适应的诚信理念、诚信文化、契约精神。

【教学方法与手段】

1. 自主学习:自主阅读教材和文献资料,梳理契约理论的基本概念、原理,了解体现契约理论在现代市场经济发展过程中重要作用,撰写阅读笔记。

2. 课堂展示与讨论:结合中华优秀传统文化中的契约文化和契约精神,比如地契、乡规民约(比如,中国最早(1076年)成文的乡规民约《吕氏乡约》)中包含的契约思想,引导学生思考并讨论契约精神、守约观念、职业道德在传统社会和现代市场经济发展过程中重要作用。

【课程思政教学实例】

案例材料:新时代契约精神的传承与创新

(1)案例简介

契约是主体之间达成的合意,具有自由、平等、诚实、守信的基本内涵。基于契约关系产生的契约精神是社会主体主动、善意地遵守约定和规则,尊重他人合法权益、公共利益的思想观念。2020年7月21日习近平总书记在企业家座谈会上指出:"法治意识、契约精神、守约观念是现代经济活动的重要意识规范,也是信用经济、法治经济的重要要求。"契约精神蕴含着丰富的传统文化内涵,有必要对契约精神的渊源进行梳理,在传承中华优秀传统文化的基础上结合新时代新形势的要求创新契约精神培育。

资料来源:王滨,陈律. 新时代契约精神的传承与创新[J]. 人民论坛,2021(23):75－77.

(2)案例的思政元素

①国际视野。了解东西方社会发展过程中契约形式和内容的差异,对契约精神的渊源进行梳理和比较分析。

②科学精神。理解契约精神、契约履行对企业改革、公司治理以及技术创新影响机制,从案例分析(比如晋商和徽商比较)和数据实证两个维度培养学生的科学精神。

③家国情怀。在对中华优秀传统文化中契约文化和契约精神进行梳理和传承的基础上,结合新时代新形势的要求,重点从诚信意识、规则意识和权责意识等方面培育与社会主义市场经济相适应的契约精神。

(3)教学手段

组织学生查找并学习中国传统社会地契、乡规民约(如中国最早(1076年)成文的乡规民约《吕氏乡约》),以及明清时期徽商与晋商的比较研究的相关文献。通过组织课堂讨论,引导学生对契约理论、契约精神在传统社会和现代市场经济发展过程中的重要作用进行思考,加深学生对契约理论与公司治理、商业模式、技术创新、经济发展之间关系的理解。

第五章 企业理论

教学目标

通过本章企业理论的学习,帮助学生了解现代企业理论的基本概念和原理,熟悉和掌握现代企业制度的分类与公司治理中委托-代理等相关问题,掌握企业家理论并深入理解企业家精神在现代市场经济中的作用。重点是企业的本质与边界问题。难点是如何理解企业家精神在现代市场经济中的重要作用。

【知识目标】

1. 了解现代企业理论的基本概念和原理,特别是科斯等人对企业的本质与边界的讨论,以及团队生产过程中的剩余索取权与剩余控制权问题。

2. 熟悉和掌握现代企业制度的分类,深入理解公司治理中委托-代理问题,以及对美日等国公司治理差异地进行比较分析。

3. 熟悉熊彼特等人的企业家理论,深入理解企业家精神和企业家人力资本在现代市场经济中的重要作用。

【能力目标】

1. 使学生了解团队生产和企业家精神在现代市场经济发展过程中的重要作用,引导学生形成问题—方法—实践的科学思维。

2. 使学生了解现代企业制度的分类,并对美日等国公司治理的差异地进行比较分析,培养学生问题导向的独立思考的和批判性思维。

3. 使学生理解企业家精神和企业家人力资本在现代市场经济中的重要作用,培养学生对现实热点问题的关注、创新意识和实践能力。

课程思政教学目标及实践

【育人目标】

1. 国际视野 通过对现代企业制度的分类和美日等国公司治理模式差异的学习,让学生了解东西方社会发展过程中团队合作、企业制度以及公司治理的差异,拓展学生的国际视野。

2. 科学精神 问题是创新的起点,也是创新的动力源。问题导向也是企业家精神的出发点,对问题导向和各类创新(不仅是技术创新)的强调,有利于培养学生形成问题—方法—实践的科学精神。

3. 家国情怀 企业营销无国界,企业家有祖国。优秀企业家必须对国家、对民族怀有崇高使命感和强烈责任感,把企业发展同国家繁荣、民族兴盛、人民幸福紧密结合在一起,主动为国担当、为国分忧。

【教学方法与手段】

1. 自主学习:自主阅读熊彼特、科斯、张维迎等关于创新、企业理论和企业家精神的相关文献资料,梳理现代企业理论的基本概念、原理及其在现代市场经济发展过程中典型案例和事件,撰写阅读笔记。

2. 课堂展示与讨论:结合中国改革和现代市场经济发展过程中的优秀企业和优秀企业家所展现出来的企业家精神,引导学生讨论并理解现代企业理论以及企业家精神在我国产业发展和长期经济增长中的重要作用。

【课程思政教学实例】

案例材料:在企业家座谈会上的讲话

(1)案例简介

改革开放以来,一大批有胆识、勇创新的企业家茁壮成长,形成了具有鲜明时代特征、民族特色、世界水准的中国企业家队伍。

……

第一,希望大家增强爱国情怀。企业营销无国界,企业家有祖国。优秀企业家必须对国家、对民族怀有崇高使命感和强烈责任感,把企业发展同国家繁荣、民族兴盛、人民幸福紧密结合在一起,主动为国担当、为国分忧……

第二,希望大家勇于创新。创新是引领发展的第一动力。"富有之谓大业,日新之谓盛德。"企业家创新活动是推动企业创新发展的关键……改革开放以来,我国经济发展取得举世瞩目的成就,同广大企业家大力弘扬创新精神是分不开的。创新就要敢于承担风险。敢为天下先是战胜风险挑战、实现高质量发展特别需要弘扬的品质。

资料来源:习近平. 在企业家座谈会上的讲话[N]. 人民日报,2020-07-22(002).

(2)案例的思政元素

①国际视野。企业家要立足中国,放眼世界,提高把握国际市场动向和需求特点的能力,提高把握国际规则能力,提高国际市场开拓能力,提高防范国际市场风险能力。

②科学精神。企业家要做创新发展的探索者、组织者、引领者,勇于推动生产组织创新、技术创新、市场创新,重视技术研发和人力资本投入,有效调动员工创造力,努力把企业打造成为强大的创新主体。

③家国情怀。任何企业存在于社会之中,都是社会的企业。社会是企业家施展才华的舞台。只有真诚回报社会、切实履行社会责任的企业家,才能真正得到社会认可,才是符合时代要求的企业家。

(3)教学手段

组织学生查找并学习中国改革开放和市场经济发展过程中的优秀企业和优秀企业家的相关资料和研究文献,结合熊彼特、张维迎等对创新和企业家精神的有关文献进行课堂讨论,加深学生对企业理论,特别是团队合作、企业家精神与经济增长之关系的理解,从新发展阶段、新发展理念和新发展格局视角理解企业理论、企业家精神和企业家社会责任的现代意义。

第六章 制度变迁理论

专业教学目标

制度变迁是指从一种制度安排,经过修正、完善、更改、替代、转换、废除、创立、创新等方法而变为另一种新的制度安排。通过本章学习,理解制度变迁的含义、制度变迁的博弈分析、制度变迁的历史分析、制度变迁对经济增长的影响。

【知识目标】

1. 理解制度及制度变迁的含义,明晰从博弈论视角如何分析制度变迁问题,以及制度的多样性及均衡问题。

2. 掌握制度变迁的历史分析方法,理解制度变迁的路径依赖理论,以及制度变迁对经济增长的影响。

【能力目标】

1. 通过讲解如何将博弈论用于分析制度变迁,逐步培养学生的逻辑分析能力,并能将博弈论用于分析其他经济社会问题。

2. 通过案例和讨论式教学方法,与学生共同剖析专利等制度产生和发展的历程及成就,以培养学生的探索精神和分析推理能力,以及自主学习知识的能力。

3. 通过将中国各制度的变化实践引入课堂,逐步形成运用经济学思维分析中国问题的能力。

课程思政教学目标及实践

【育人目标】

1. **政治认同** 通过对制度变迁路径依赖理论的学习,以及中国制度变迁的实践,明确中国共产党成立百年来制度变迁的历史进程和成就,使学生坚定中国共产党的领导,坚定中国特色社会主义道路的正确性,坚定"四个自信",增强学生的政治认同。

2. **家国情怀** 通过讲解制度变迁对经济增长的影响,并结合中国各制度变迁实践,帮助学生理解当前中国经济发展中各制度的作用,增强制度自信,并启发学生思考中国经济发展中面临的机遇和挑战,培养学生为中国民族伟大复兴而奋斗的家国情怀。

3. 科学精神　通过讲解如何从博弈论视角分析制度变迁，以及从历史视角分析制度变迁，并探索中国各制度变迁的具体历程，培养学生的求真精神、逻辑思维、辩证思维，以及勇于探索，客观理性分析问题的科学精神。

4. 人文素养　中华民族历来将法律条规、伦理道德作为自身思想与行为的重要约束。在讲授制度的内涵和功能时，以时事与史实为例，引导学生们做到严于律己，宽以待人，继承和弘扬中华民族的传统文化和优良美德，共同维护社会主义核心价值观。

5. 法治意识　在讲解制度理论和制度变迁理论的过程中帮助学生了解中国各种正式制度与非正式制度，促使学生明辨是非，建立规则意识与法治意识，激励学生遵守和捍卫法律，维护社会公平正义，自觉维护公民各项权利和义务。

6. 国际视野　通过引入各流派关于制度内涵、制度功能、制度变迁的理论，拓展看问题的角度，并立足于历史层面，剖析各个国家的制度变迁，逐步培养学生的国际视野。

【教学方法与手段】

1. 自主学习：学习慕课中关于制度、制度变迁的博弈分析、制度变迁的历史分析等知识点，并利用互联网搜集中国各制度变迁的相关资料，可绘制思维导图梳理知识点。

2. 课堂启发引导：课堂讲授以问题为导向，在问题的基础上引导学生思考如何从博弈论视角分析制度变迁，制度变迁的历史分析方法，制度变迁是如何形成路径依赖的等。

3. 课堂展示与讨论：组织学生针对建党百年来制度变迁的历程、制度变迁对中国经济增长的影响等问题进行小组讨论和展示。

【课程思政教学实例】

案例材料：中国共产党建党 100 年来中国农地制度的变迁

(1) 案例简介

中国共产党建党百年以来，中国共产党带领人民实现了中华民族从"站起来Ⅰ"（1921—1949 年）、"站起来Ⅱ"（1949—1979 年）、"富起来"（1979—2013 年）到"强起来"（2013 年至今）的历史性飞跃，经历了 6 个阶段、5 次农地制度变迁，分别是由"国家公有、农民经营"（1921—1932 年）向"农民私有、农民经营"（1932—1937 年）、向"地主所有、租赁经营"（1937—1945 年）、向"农民私有、农民经营"（1945—1956 年）、向"集体所有、集体经营"（1956—1979 年）、向"集体所有、农民经营"（1979 年至今）转变。

中国农地制度变迁的实践逻辑表明，农地制度调整是党和国家在推进农地制度变迁时，结合国内农村社会经济环境变化和制度实施过程中经验总结对农地制度进行的修正；虽然在不同时期农地制度调整的方式方法不同，但是都围绕党和国家的战略目标，服务中华民族伟大复兴。在"站起来Ⅰ"时期表现为不断调整没收土地的对象和实施差异化农地政策；在"站起来Ⅱ"时期表现为不断调整农村合作社的级别；在"富起来"和"强起来"时期，表现为不断丰富和完善农地产权制度，包括完善农地权属结构、丰富农地权能结构和延长农地承包期限等。

资料来源：徐亚东．建党百年中国农地制度变迁：动态演进与逻辑[J]．农业经济问题，2021(12)：16—36．

(2) 案例的思政元素

①政治认同。中国共产党带领人民实现了中华民族从"站到来"到"富起来"，到"强起来"的历史飞跃，与中国农地制度的不断调整密切相关，经济的发展和人民的美好生活离不开中国共产党的领导和优良的制度建设，保持道路自信和制度自信。

②家国情怀。全面实施乡村振兴是当前国家的重点战略目标，而农地制度是农村的基础性制度，是推进农村发展的基石。通过对建党 100 周年以来中国农地制度变迁的回顾，分析其发展过程的经验与启示，增强为中华民族伟大复兴而奋斗的家国情怀。

③科学精神。中国共产党建党 100 周年以来，中国农地制度变迁复杂多样，通过逻辑梳理，概括为 5 次农地制度变迁，并基于史实，辩证分析每次农地制度变迁的情况。

(3) 教学手段

①学生课前学习：课前要求学生通过慕课平台学习制度变迁的知识点；查找建党 100 年来中国农地制

度变迁的具体事例。

②知识点＋思政＋案例＋讨论：在"制度变迁的历史分析"部分讲授过程中引入上述案例，在案例基础上组织课堂讨论：中国共产党建党100年来，中国农地制度是如何变迁的？该案例给我们何种启示？

③学习测评：对讨论结果进行现场点评总结。

四、课程思政的教学评价

（一）对教师的评价

1. 教学准备的评价

根据课程思政的要求，教师需要根据专业知识内容提前提炼思政元素，将知识传授与价值塑造有机结合，并完成课程思政目标、教学大纲、教材选用及教案课件编写等课前准备工作。

2. 教学过程的评价

教学过程评价涉及教学理念及策略是否符合课程思政的要求，教师教学方式是否恰当，是否将思政点有效融合于专业知识的讲授之中，作业的布置及批改是否及时、是否合理，平时成绩考核是否规范等。

3. 教学结果的评价

以课程思政的评价标准，优化原有的同行评议、随机听课、学生评教、教学督导评价、教学研究及教学获奖等多维度评价体系，以促进《新制度经济学》课程思政的有效推进和实施。

4. 评价结果的运用

合理采纳教学督导、同行评议及学生评教提出的改进建议，合理运用学生考核的成绩分析，在综合各种评价结果的基础上对进一步的教学工作进行反思与改进。

（二）对学生的评价

1. 学习过程的评价

课前是否按要求完成了老师布置的任务，是否认真学习了慕课，是否下载相关文献资料并进行阅读；课上是否认真听讲，是否踊跃参与讨论；课后是否认真完成作业，是否积极参与实地调研等。

2. 学习效果的评价

学习效果的评价不仅包括知识点的把握，还涉及各项能力的提升及正确价值观的塑造，其评价依赖于课堂讨论、日常作业及期末考试等多种形式。

3. 评价结果的运用

评价结果可在师生之间、系部同行之间及专家座谈会上展开讨论，以期更加客观地科学地对存在的问题进行分析，并从中找到改进的方法，以提升《新制度经济学》课程思政的总体学习效果。

五、《新制度经济学》课程思政的教学素材

序号	内　　容	形式
1	《中共中央关于制定国民经济和社会发展第十四个五年规划和2035年远景目标的建议》	政策文件
2	新制度经济学与中国改革的推进	阅读材料
3	论交易方式的演进——基于交易费用理论的新框架	阅读材料
4	"十四五"数字经济发展规划	政策文件
5	中国数字经济发展白皮书（2022年）	研究报告
6	《中共中央关于坚持和完善中国特色社会主义制度、推进国家治理体系和治理能力现代化若干重大问题的决定》	政策文件
7	党的制度建设视域下的历史经验研究——咨询报告集萃（2019）	研究报告
8	2020年《中华人民共和国专利法》第四次修订	政策法规

续表

序号	内容	形式
9	制度变迁下的中国经济增长研究	阅读材料
10	《企业的企业家:契约理论》	阅读材料
11	《企业家精神与中国经济》	阅读材料
12	经济发展的新制度经济学:一个根本性的批判	阅读材料
13	高质量发展下新制度经济学前沿问题探索	阅读材料
14	农户市场行为研究述评——从古典经济学、新古典经济学到新制度经济学的嬗变	阅读材料
15	多层级选择框架下的偏好与制度共同演化	阅读材料
16	产权理论视角下智慧城市大数据利用困境与创新策略	阅读材料
17	新中国70年的农村产权制度:演进脉络与改革思路	阅读材料
18	宏观制度变迁对转型时期中国经济增长的贡献	阅读材料
19	数据要素确权交易的现代产权理论思路	阅读材料
20	自然资源资产产权制度改革和体系建设思考	阅读材料
21	发展视域下中国农村土地产权制度的变迁——基于两种产权理论的比较	阅读材料
22	产权理论:马克思和科斯的比较	阅读材料
23	"权释"农村集体产权制度改革:理论逻辑和案例证据	阅读材料
24	中国农村改革:国家和所有权关系的变化(上)——一个经济制度变迁史的回顾	阅读材料
25	不完全契约理论:一个综述	阅读材料
26	契约理论的起源、发展和分歧	阅读材料
27	完全契约与不完全契约——两种分析方法的一个比较	阅读材料
28	契约精神、商事改革与创新水平	阅读材料
29	宗族制度、商人信仰与商帮治理:关于明清时期徽商与晋商的比较研究	阅读材料
30	所有制、治理结构及委托—代理关系——兼评崔之元和周其仁的一些观点	阅读材料
31	西方企业理论的演进与最新发展	阅读材料
32	企业家的创业与创新精神对中国经济增长的影响	阅读材料
33	创新、企业家活动配置与长期经济增长	阅读材料
34	寻找创新驱动发展的新理论思维——基于新熊彼特增长理论的思考	阅读材料
35	中国共产党制度建设的百年实践与启示	阅读材料

《〈资本论〉选读》课程思政教学指南

傅辉煌　王云　岳永

（西安财经大学）

一、课程简介与课程目标

（一）课程简介

《资本论》是马克思的经典理论著作，是马克思主义理论体系最核心的部分。《〈资本论〉选读》是经济学专业的专业必修课之一，主要对《资本论》的经典内容进行解读，使学生在已学《政治经济学》的基础上更进一步理解马克思经济理论。综合考虑课时限制和学生基础，本课程重点讲授《资本论》第一卷的内容，对第二、三卷只做总体概述。具体而言，本课程主要包括科学的劳动价值论也即劳动二重性理论、资本主义生产的实质和秘密也即剩余价值论、资本积累过程及其历史趋势等内容。通过学习，要求学生掌握马克思主义的立场和观点，理解原著所揭示的资本主义经济运行规律及资本主义生产方式的产生、发展和演进的客观趋势，并把握《资本论》的逻辑结构以及方法论，提高分析现实经济问题的能力。

本课程以课堂讲授为主，在讲授过程中，注重通过案例讨论、不同学派观点对比等切入点，启发学生思考，提高学生运用理论、分析问题的能力；同时，由于学生已有《政治经济学》基础，本课程还综合采用翻转课堂、小组讨论、分组辩论等形式，锻炼学生自主学习、梳理文献、科学思辨以及观点表达的能力，使学生具备良好的学术素养基础。

（二）课程目标

本课程为专业必修课程。通过本课程的学习，使学生达到以下目标：

1. 知识目标：从整体角度掌握马克思经济理论的逻辑结构和体系，并深刻理解各个理论组成部分，重点掌握第一卷的内容；理解劳动价值论，掌握商品经济的基本规律；理解剩余价值论，从剩余价值的生产过程理解资本主义制度的剥削性；理解资本积累理论，从而理解资本主义必然被社会主义取代的科学论断；了解资本循环和资本周转理论，了解资本的各种具体形态以及剩余价值的转化和分配。

2. 能力目标：通过马克思所创立的经济学说与其他学派的对比，掌握辩证思维和比较分析能力；通过马克思经济理论的哲学基础和方法论解读，培养学生抽象思维和逻辑演绎的能力；从马克思主义的时代性，培养学生理论联系实际，运用马克思政治经济学基本原理分析现实问题的举一反三能力。

3. 育人目标：热爱祖国，拥护中国共产党的领导，认同社会主义制度，理解中国特色社会主义制度的优越性，践行社会主义核心价值观；形成正确的世界观，以辩证唯物主义和历史唯物主义为指导，理解马克思主义，相信马克思主义；客观看待当代资本主义的发展和痼疾，正确认识我国与西方社会的关系，既不夜郎自大，也不崇洋媚外。

（三）课程教材和资料

➢ 推荐教材：

《〈资本论〉导读》编写组.《资本论》导读(第二版)[M].北京:高等教育出版社,2020.

➢ 参考教材或推荐书籍

1. 马克思.资本论[M].北京:人民出版社,2004.
2. 孟氧.《资本论》历史典据注释[M].北京:中国人民大学出版社,2005.
3. 张薰华.《资本论》脉络[M].上海:复旦大学出版社,2002.
4. 白暴力,白瑞雪.《资本论》读书笔记[M].北京:经济科学出版社,2009.

➢ 学术刊物与学习资源

学术刊物：《当代经济研究》《改革》《红旗文稿》《经济纵横》《马克思主义研究》《世界社会主义研究》《世界政治经济学评论》《政治经济学评论》等以马克思主义政治经济学研究为侧重的学术期刊。

学习资源：中国知网、超星电子图书、人大复印资料等在线资源。

➢ 推荐网站

1. 人民网：http://www.people.com.cn/.
2. 新华网：http://www.news.cn/.
3. 中国经济网：http://www.ce.cn/.
4. 中国政治经济学教育科研网：http://www.cpeer.cn/.
5. 实践与文本：https://ptext.nju.edu.cn/main.htm.

二、课程思政教学总体设计

(一)课程思政教学目标

以习近平新时代中国特色社会主义思想为指导，全面贯彻党的教育方针，本课程将思政教育、专业传授和能力培养融为一体，旨在培养三观正、专业通、能力强的经济学专业人才，为我国的社会主义事业培养合格的建设者和接班人。

本课程以精读和泛读相结合的方式对《资本论》进行引导式教学，在介绍《资本论》整体逻辑结构的基础上，选取《资本论》尤其是第一卷中的重点篇章进行教学，读原著、悟原理，使学生在学习过《政治经济学》、对马克思主义政治经济学"知其然"的基础上，进一步理解理论点的逻辑关系，做到"知其所以然"，从而深化对马克思主义政治经济学的理解。

具体而言，本课程的思政教学目标主要涉及实现政治认同、培育和践行社会主义核心价值观、深植家国情怀、培养科学精神、提升人文素养和拓展国际视野六个维度。

1. 实现政治认同

《资本论》对资本主义生产过程进行了深刻地剖析，揭露了资本主义制度的剥削性，指出了周期性爆发的经济危机是资本主义制度不可克服的痼疾，资本主义基本矛盾必将不断激化，资本主义制度最终的发展趋势必然是被更优越的社会主义制度所取代。我国在中国共产党的领导下实现了经济的高速平稳发展，从建国伊始的百废待兴，到今日跻身大国行列，尤其在经历了2008年世界经济危机和全球新冠肺炎疫情持续笼罩两次重大事件之后，依然保持了经济的平稳较快发展，充分体现了我国社会主义公有制的优越性，为马克思关于社会主义必将取代资本主义的科学论断提供了有力的事实依据。我国经济社会的快速发展与《资本论》所揭示的资本主义基本矛盾，形成了鲜明对比，可以让学生切实感受到中国共产党能、中国特色社会主义好、马克思主义行，增强学生的政治认同。

2. 培育和践行社会主义核心价值观

马克思在《资本论》中对资本主义核心价值观进行了揭露和批判，如资本主义工资的本质使工人失去了全面发展和实现自我价值的可能性。与此形成鲜明对比的，是中国共产党所提出的社会主义核心价值观。通过不同制度核心价值观的对比分析，让学生深切体会到社会主义核心价值观所体现的以人为本的基本原则，从而培育学生爱祖国、爱人民、爱劳动、爱科学、爱社会主义的公德，引导学生在个人行为中践行爱国、敬业、诚信、友善的价值准则。

3. 深植家国情怀

十月革命之前，就已经有一些先行者向国人零零散散地介绍马克思和他的著作《资本论》了，例如留日学生赵必振翻译的《近世社会主义》、近代资产阶级革命家朱执信发表的文章《德意志社会革命家小传》等。十月革命之后，更是有毛泽东、周恩来、李大钊、陈独秀等大批进步知识分子和革命志士不遗余力地宣传马克思主义，如周恩来在1920年被北洋政府逮捕入狱后，仍然大义无畏地在狱中宣传马克思和《资本论》；并且，他们还将马克思主义与中国现实相结合，用于指导革命实际，迈出了马克思主义中国化的第一步。从此，马克思主义中国化取得了一系列伟大成果，例如习近平新时代中国特色社会主义思想就是马克思主义中国化的最新成果。本课程通过向学生讲述中国共产党运用马克思主义指导中国革命和建设的伟大历程,让学生了解马克思主义中国化的伟大成就,培养学生的爱党爱国精神,深植家国情怀。

4. 培养学术素养

本课程将从两个方面培养学生的学术素养。一方面,《资本论》中许多篇章都能体现马克思对古典经济学的扬弃以及对庸俗经济学的深刻批判,通过讲解这些内容,使学生了解马克思主义政治经济学相比古典经济学的科学性和进步性。在此基础上,对马克思主义政治经济学和西方经济学的对应理论进行对比分析,引导学生客观看待西方经济学的理论局限性,从而培养学生的质疑精神和思辨能力。另一方面,向学生介绍部分现代、当代马克思主义学者的经典成果,让学生了解后人对马克思主义政治经济学的发展,并引导学生思考理论的发展趋势,培养学生发现问题和探究科学规律的能力。

5. 提升人文素养

《资本论》中,马克思在理论阐述中运用了大量诸如莎士比亚戏剧、古希腊神话、圣经典故、伊索寓言等历史文化典据来进行阐释和类比,但由于学生并非生活在西方社会,对于马克思所用典据并不熟悉,使得学生不仅无法体会马克思式的幽默,还影响了对理论本身的理解。因此,本课程将在讲授过程中穿插对这些典据的解释,使学生在理解理论的同时积累人文知识,提升人文素养。此外,马克思关于商品经济的分析部分,有些知识点和我国从古至今不同时期的社会经济现实是契合的。例如,不足值货币的部分,可以向学生讲述世界最早的纸币"交子"在我国的诞生历程;货币的流通手段部分,可以介绍我国电子支付的先进便利远超世界其他国家;在讲述商品流通时,可以引导学生欣赏《清明上河图》,了解古代中国市场的繁荣,等等;从而让学生了解古代中国的辉煌历史和现代中国的强大先进,增强文化自信。

6. 拓展国际视野

全球化早已是当前世界不争的事实,也是未来发展的大势所趋。资本早已冲出国界,在全球范围内争夺资源、寻求利润。马克思对国际化问题非常重视,早在《〈政治经济学批判〉导言》中拟定的"五篇计划"里,他就将第四篇和第五篇的篇名定为"国际经济关系"和"世界市场和危机"。马克思的国际分工理论揭示了资本主义主导的国际分工的实质、特点和内在矛盾,尽管当代国际分工已经出现了很多新变化,但其实质和内在矛盾依然符合马克思的论断。本课程将引导学生分析经济全球化的实质以及近年来逆经济全球化现象出现的原因,并让学生了解我国在倡导公平竞争、互惠互利的新型全球化和推动构建人类命运共同体上所付出的努力,使学生了解中国在世界上所展现的负责任的大国形象,帮助学生形成正确的国际观,拓展学生的国际视野。

(二)课程思政的教学内容

本课程主要从以下四个角度设计教学内容,从而实现上述六个维度的思政教育目标。

1.《资本论》重要篇章和经典论述原文精读

读原著是悟原理的重要途径,本课程将选取《资本论》原著中部分重要篇章和经典论述,带领学生进行精读,让学生了解马克思的写作逻辑,加深学生对理论的理解。例如,通过精读第一卷第一版序言和第二版跋,让学生感受马克思的写作风格,理解唯物史观与马克思主义政治经济学研究的内在联系,了解马克思主义政治经济学的诞生背景、研究对象和研究方法;再如,通过精读马克思对剩余价值真正来源的论述,理解马克思对资本主义剥削本质的批判是基于事实的科学论断,而不仅仅是道德批判。从而,让学生掌握科学的研究方法,提高学术素养。

2. 中国特色社会主义制度及其优越性解读

本课程将在相应知识点向学生讲述中国特色社会主义制度的建立和基本内容,结合经济数据和具体政策实施来论证其对解放生产力、发展生产力、加快政治文明建设、激发先进文化发展、推动和谐社会建设等方面的关键性作用,引导学生理解"两个必然"和"两个绝不会",让学生体会到社会主义制度确实是比资本主义制度更公正、更公平、更先进、更科学的社会制度,感受到中国特色社会主义制度的优越性,增强学生对我国基本制度的政治认同。

3. 现实经济数据和案例分析

本课程将在理论讲述之后插入与理论相契合的现实经济数据和相关案例,让学生阅读,并引导学生结合理论对所给现实材料进行分析。比如,在价值尺度二重化矛盾部分插入金本位制度的诞生;在经济危机周期性部分插入资本主义世界历次经济危机的爆发年份;在资本的原始积累部分插入英国圈地运动的历史材料,等等。

4. 拓展文献导读

本课程将从两个方面引导学生进行拓展文献阅读。一方面,在阐述理论时,马克思用到了很多历史典据来进行类比,本课程将挑选一些对理解理论有明显辅助作用的典据让学生了解,比如马克思用莎士比亚的戏剧人物瞿克莱夫人来引出价值形式的必要性,如果不让学生了解瞿克莱夫人辩白自己从不藏头盖脸那一段对白,学生也就无法理解"商品的价值对象性不同于快嘴桂嫂(即瞿克莱夫人)"。另一方面,本课程将挑选一些马克思主义政治经济学的学术论文提供给学生阅读,让学生了解后人对马克思主义政治经济学的发展。

(三)教学方法

为实现上述知识目标、能力目标和育人目标,本课程采取"讲授—引导—讨论—评价"的四步教学法。第一步讲授环节,主要是教师向学生讲授原理,包括原理内容本身和前后逻辑思路;第二步引导环节,主要是利用各知识点的思政元素素材,引导学生思考;第三步讨论环节,将课堂主动权交给学生,让学生围绕素材展开讨论;第四步评价环节,教师收回主动权,对学生的讨论情况进行总结,强化合理的观点,纠正不恰当的观点,补充学生没有分析到或分析不透彻的部分。

三、课程各章节的课程思政教学内容设计

第一章　导论

专业教学目标

本章对应的原著内容为《资本论》第一卷第一版序言、第二版跋和《〈政治经济学批判〉序言》。通过本章教学,使学生了解《资本论》的研究背景和研究对象,掌握马克思严谨的理论研究态度和系统科学的理论研究方法,并体会马克思的行文风格。

【知识目标】

1. 了解《资本论》的研究背景和研究对象。
2. 理解《资本论》的阶级性。
3. 掌握《资本论》的方法论。

【能力目标】

1. 通过了解马克思坚韧不拔的科学精神,培养学生科学、规范、严谨的做事能力。
2. 通过马克思主义政治经济学和西方经济学阶级性对比,培养学生抽象思维,以及明辨事理、选择和坚持正确方向的能力。

课程思政教学目标及实践

【育人目标】

1. 学术素养　通过观看视频《马克思主义的诞生》,了解马克思写作《资本论》的时代背景,理解任何社会科学的诞生都有其特定的社会基础;并在此基础上理解《资本论》鲜明的阶级性。
2. 社会主义核心价值观　通过向学生介绍马克思主义政治经济学中国化的最新成果——习近平新时代中国特色社会主义经济思想,既理解马克思主义的时代性,更加深学生对社会主义核心价值观的理解。

【教学方式与方法】

1. 讲授—引导:教师讲授《资本论》的研究背景和研究对象,以及《资本论》的阶级性和时代性,引导学生思考社会科学研究的普遍特征。
2. 讨论—评价:学生围绕马克思主义的诞生背景、马克思主义中国化等案例主题,进行小组讨论,并推选小组代表汇报讨论结果,最后教师对讨论结果进行评价。
3. 课后自主学习:教师上传延伸阅读材料到学习通平台,供学生课后自主学习。

【课程思政教学实例】

案例材料1:视频资料——马克思主义的诞生

(1)案例简介

本视频时长约5分钟,节选自中央电视台出品的纪录片《世界历史》第65集《马克思主义的诞生》。通

过观看视频,可以让学生更直观地了解当时欧洲资本主义工业的蓬勃发展,以及随之不断激化的劳资矛盾,了解蓬勃开展的工人运动需要科学的理论武器的指导。由此,让学生理解马克思主义诞生的必然性和必要性,理解社会科学的诞生和发展与时代特征息息相关。

(2)案例的思政元素

通过观看视频,了解马克思写作《资本论》的时代背景,并在此基础上理解《资本论》鲜明的阶级性。引导学生认识到社会科学不同于自然科学,它会更多地受到社会环境的影响,并具有一定的阶级性,从而提升学生对社会科学研究的认识。

(3)教学手段

学生观看视频,了解《资本论》的写作背景;教师组织学生讨论当时的社会经济状况对马克思的影响,以及《资本论》诞生的必然性和必要性。

案例材料2:马克思主义政治经济学中国化的最新成果——习近平新时代中国特色社会主义经济思想

(1)案例简介

2017年中央经济工作会议指出,5年来,我们坚持观大势、谋全局、干实事,成功驾驭了我国经济发展大局,在实践中形成了以新发展理念为主要内容的习近平新时代中国特色社会主义经济思想。我们坚持加强党对经济工作的集中统一领导,保证我国经济沿着正确方向发展;坚持以人民为中心的发展思想,贯穿到统筹推进"五位一体"总体布局和协调推进"四个全面"战略布局之中;坚持适应把握引领经济发展新常态,立足大局,把握规律;坚持使市场在资源配置中起决定性作用,更好发挥政府作用,坚决扫除经济发展的体制机制障碍;坚持适应我国经济发展主要矛盾变化,完善宏观调控,相机抉择,开准药方,把推进供给侧结构性改革作为经济工作的主线;坚持问题导向部署经济发展新战略,对我国经济社会发展变革产生深远影响;坚持正确工作策略和方法,稳中求进,保持战略定力、坚持底线思维,一步一个脚印向前迈进。习近平新时代中国特色社会主义经济思想,是党的十八大以来推动我国经济发展实践的理论结晶,是中国特色社会主义政治经济学的最新成果,是党和国家十分宝贵的精神财富,必须长期坚持、不断丰富发展。

资料来源:瞿商.习近平新时代中国特色社会主义经济思想的丰富内涵和历史基础[N].光明日报,2018-6-15(06).

(2)案例的思政元素

社会主义核心价值观。通过介绍习近平新时代中国特色社会主义经济思想的形成,让学生认识到这是马克思主义与中国经济建设实践相结合的成果;同时,通过解读习近平新时代中国特色社会主义经济思想的主要内涵,让学生了解我国经济工作始终坚持以人民为中心,加深学生对社会主义核心价值观的理解。

(3)教学手段

教师讲授案例的主要内容,让学生了解习近平新时代中国特色社会主义经济思想的主要内涵,在此基础上引导学生思考习近平新时代中国特色社会主义经济思想中体现出的中国特色社会主义制度以人民为中心的发展理念,组织学生基于案例内容讨论对社会主义核心价值观的理解。

第二章　商品和货币

专业教学目标

本章对应的原著内容为《资本论》第一卷第一篇。通过本章教学,使学生理解劳动二重性这一"枢纽",以及商品二重性和商品拜物教的秘密;了解货币的起源及本质,从而揭示出货币拜物教的秘密,并进一步熟悉商品的内在矛盾是如何转化为外在矛盾的,进而掌握价值的表现形式和货币的职能,以及价值规律的内涵作用方式和机制。

【知识目标】

1. 掌握、理解劳动二重性理论,在此基础上才能充分理解商品的内在矛盾及其发展,为以后剩余价值理论的学习打下扎实基础。

2. 理解商品经济的基本矛盾。

3. 了解价值形式的发展,理解商品的内在矛盾如何外化为商品与货币的对立,从而理解货币的本质。

4. 掌握价值规律及其作用机制,由于马克思没有集中论述价值规律,因而讲述时要加以概括提炼。

【能力目标】

1. 通过马克思的劳动价值理论与西方经济学的价格理论进行对比,掌握交换价值、价值、价格等知识的联系,提高举一反三的能力。

2. 通过商品拜物教和货币拜物教的本质的解析,培养学生抽象思维和明辨是非的能力,避免陷入消费主义和拜金主义的陷阱。

课程思政教学目标及实践

【育人目标】

1. 科学精神　引导学生基于商品二因素理论思考微观经济学的经典案例"谷贱伤农",培养学生从多个角度思考问题的能力。

2. 人文素养　通过讲述《资本论》中提到的中国人王茂荫币制改革的历史,让学生了解我国古代的经济政策,增强文化自信和文化认同,提高人文素养。

3. 政治认同　通过了解我国社会主义市场经济的建立及其对经济的促进作用,让学生体会尊重价值规律的意义,认识到中国特色社会主义市场经济体制的优势,增强政治认同。

【教学方式与方法】

1. 讲授－引导:教师讲授马克思的劳动价值论的主要观点以及相比前人的进步性,引导学生思考马克思的劳动价值论的科学性和系统性。

2. 讨论－评价:学生围绕"谷贱伤农"的政治经济学解读、我国社会主义市场经济体制的建立等案例主题,进行小组讨论,推选小组代表汇报讨论结果;教师对学生进行评价。

3. 课后自主学习:教师上传延伸阅读材料到学习通平台,供学生课后自主学习。

【课程思政教学实例】

案例材料1:对"谷贱伤农"的不同解释

(1) 案例简介

丰产不丰收,也即谷贱伤农。微观经济学基于弹性理论对该现象进行了解释,本案例从商品二因素的角度给学生提供另一种思路。商品的首要性质是能够满足人们的需要,这是商品的使用价值。在非商品经济下,生产是为了获得使用价值,而在商品经济下,商品生产的目的是交换,是为了得到它的交换价值。因此,在非商品经济下,丰产就是丰收,因为生产的产量越多,使用价值就越多,财富也就越多。但在商品经济下,问题在于生产出来的东西能换回来多少东西,丰产和丰收也就分离了。同样的劳动量,意味着同样的价值量,在丰产年虽然使用价值总量增加了,但价值总量却没变,平均到每一单位谷物上,谷物单位价值反而降低了,谷贱伤农的现象也就出现了。

资料来源:余斌.45个十分钟读懂《资本论》[M].北京:东方出版社,2017:11-17.

(2) 案例的思政元素

科学精神。以商品二因素为基础分析微观经济学经典案例"谷贱伤农",不仅可以加深学生对商品二因素理论的理解,而且,通过从新的角度分析旧的问题,还可以提高学生多角度分析问题的能力,从而培养学生的科学精神。

(3) 教学手段

在讲授完商品二因素理论之后,引导学生思考商品的两个内在矛盾在商品经济和非商品经济条件下关系的差异,再让学生讨论在何种条件下会出现案例所说的谷贱伤农的情况,尝试分析如何用商品二因素理论来解释该现象。

案例材料2:《资本论》中的中国典据:王茂荫的币制改革

(1) 案例简介

马克思在讲述纸币的产生时,在脚注中提到清朝咸丰年间的官员王茂荫的币制改革。王茂荫官任户部右侍郎,兼管钱法堂事务。为了克服当时因镇压太平天国运动等导致的财政困难,王茂荫反对"铸大钱"(不足值铜钱),主张发行纸币,但纸币应可兑换为贵金属,从而避免纸币的过度发行导致货币贬值。这项史料由当时俄国传教士译成俄文,后又被译成德文。

资料来源:孟氧.《资本论》历史典据注释[M].北京:中国人民大学出版社,2005:188.

(2)案例的思政元素

人文素养。通过向学生讲述案例,让学生知道封建时期的古代中国也不乏具备经济思维、理解经济规律的人才,改变对我国封建时期蒙昧不开化的刻板印象,正确认识中华传统文化和历史,提升人文素养。

(3)教学手段

教师讲述完王茂荫的政策主张后,引导学生思考并分小组讨论他提出的币制改革的目的,并挑选两个小组汇报讨论结果。

案例材料3:我国社会主义市场经济体制的建立

(1)案例简介

1992年,邓小平在南方谈话中发表了一段著名的讲话:"计划多一点还是市场多一点,不是社会主义与资本主义的本质区别。计划经济不等于社会主义,资本主义也有计划;市场经济不等于资本主义,社会主义也有市场。市场经济是中性,在外国它就姓资,在中国就姓社",由此提出要建立社会主义市场经济体制;中共十四大正式提出建立社会主义市场经济体制的目标;1993年11月,党的十四届三中全会审议通过《中共中央关于建立社会主义市场经济体制若干问题的决定》,制定了建立社会主义市场经济体制的总体规划,制定了社会主义市场经济体制的基本框架,从此,我国经济体制改革开始向建立社会主义市场经济体制的目标整体性推进;2017年10月18日,习近平总书记在十九大报告中指出,要加快完善社会主义市场经济体制。

资料来源:①黎清荣.以解放思想推动改革创新[EB/OL].人民网理论频道:http://theory.people.com.cn/n/2014/0107/c40537-24049545.html.

②新华网.[百个瞬间说百年]1993,建立社会主义市场经济体制[EB/OL].http://www.news.cn/politics/2021-12/08/c_1211478958.htm.

(2)案例的思政元素

政治认同感。通过向学生讲述我国社会主义市场经济体制的建立过程和建立之后对经济发展的巨大促进作用,让学生理解社会主义市场经济体制从根本上解除了把社会主义与市场经济对立起来的思想束缚,对中国经济改革和经济发展产生了极大的推动作用,从而增强对我国经济制度的政治认同感。

(3)教学手段

教师讲授案例内容之后,让学生理解经济体制并不是判断基本经济制度性质的标准,思考我国社会主义市场经济体制建立之后价值规律如何发挥作用,并让学生根据自己学到、听到以及实际感受到的经济现实,讲述社会主义市场经济体制对经济发展的促进作用。

第三章 剩余价值的生产

专业教学目标

本章对应的原著内容为第一卷第二篇至第六篇。通过本章学习,主要实现以下专业教学目标:第一,掌握货币如何转化为资本,两者的本质区别是什么,由此把握生产方式由简单商品经济到资本主义的突变和飞跃,认识资本和雇佣劳动的对立,为认识资本主义的本质奠定基础。第二,深刻理解剩余价值的真正来源和资本的本质。第三,掌握相对剩余价值生产的意义,尤其是工场手工业到机器大工业的发展在生产力发展和资本主义生产方式发展上的重大意义,进一步认识资本的本质。第四,掌握相对剩余价值生产的方式及其必然,以及剩余价值量、劳动力价值与剩余价值率之间的相互关系。第五,使学生深刻认识工资的本质以及各种工资形式的意义,学会正确比较不同国家的工资水平。

【知识目标】

1. 了解货币转化为资本的条件和意义,商品流通和资本流通的本质区别,劳动力商品买卖的实质,劳动力的价值和使用价值及其特殊性。

2. 理解马克思对资本总公式的矛盾及其解决的阐述逻辑,掌握马克思分析剩余价值真正来源的论述。

3. 掌握劳动力剥削程度的衡量,工作日的界限及必要劳动与剩余劳动划分的意义。

4. 掌握剩余价值生产的两种方式:绝对剩余价值生产与相对剩余价值生产。

5. 理解工资的本质,从质的方面理解名义工资与实际工资的关系,从量的方面理解计时工资与计件工资的关系;理解工资的国民差异的原因。

【能力目标】

1. 通过资本主义生产过程的二重性的论述,培养学生从现象到本质的抽象思维和举一反三的能力。

2. 通过将资本区分为不变资本与可变资本的意义、绝对剩余价值生产与相对剩余价值生产之间的关系、劳动和劳动力的区别等知识点的学习,培养学生紧扣事物的主要矛盾(资本的本质)和矛盾的主要方面(价值增殖)的能力。

课程思政教学目标及实践

【育人目标】

1. **家国情怀** 通过讲述资本的本质,使学生理解资本主义生产的真正目的,并与社会主义生产解放生产力、最终实现共同富裕的目的进行对比,让学生体会我国以人民为中心的基本原则,增强爱国情怀。

2. **学术素养** 通过讲述马克思如何抽丝剥茧地分析剩余价值的真正来源,并基于此揭露资本主义的剥削本质,让学生切实体会到马克思关于资本主义剥削本质的论断是基于客观实际的科学分析结果,而不是道德批判。从而提升学生对研究结论科学性的认识,提升学术素养。

3. **国际视野** 通过讲述中美贸易战以来美国对华反倾销调查主要集中于各类生产资料而非生活资料,引导学生思考低价生活资料对于保持低劳动力价值的重要作用,理解对外贸易政策背后的经济学原理,形成马克思主义国际观。

4. **政治认同** 向学生讲述我国按劳分配制度的内涵,引导学生思考我国按劳分配制度下的劳动者工资与资本主义工资的本质不同,让学生感受到中国特色社会主义制度始终以人民为中心,增强学生政治认同感。

【教学方式与方法】

1. 讲授—引导:教师讲授资本总公式的矛盾及其解决、剩余价值生产理论和工资理论,引导学生感受马克思分析价值增殖真正来源的层层推进、理解剩余价值和工资之间的逻辑关系(从而理解马克思在这部分的章节安排)。

2. 讨论—评价:学生围绕我国关于社会主义本质的论述、美国对华反倾销政策和我国分配制度等案例主题,进行小组讨论,并推选小组代表汇报讨论结果;最后,教师对学生表现进行评价。

3. 课后自主学习:教师上传延伸阅读材料到学习通平台,供学生课后自主学习。

【课程思政教学实例】

案例材料1:我国关于社会主义本质的阐述

(1)案例简介

1992年初,邓小平在南方谈话中提出:"社会主义的本质,是解放生产力,发展生产力,消灭剥削,消除两极分化,最终达到共同富裕"。这一概括完整地阐释了社会主义本质的内涵,凸显了这一本质规定中逻辑紧密、学理相衔的三个基本问题:一是强调解放生产力和发展生产力是社会主义革命、建设、改革的根本任务;二是突出消灭剥削、消除两极分化,是社会主义发展的根本方向;三是明确逐步达到共同富裕是社会主义发展的根本目标。2012年12月,党的十八大召开后不久,习近平总书记就提出:"消除贫困、改善民生、实现共同富裕,是社会主义的本质要求";并且在《关于〈中共中央关于制定国民经济和社会发展第十四个五年规划和2035年远景目标的建议〉的说明》中指出:"让广大人民群众共享改革发展成果,是社会主义的本质要求,是社会主义制度优越性的集中体现,是我们党坚持全心全意为人民服务根本宗旨的重要体现。"

资料来源:顾海良.共同富裕是社会主义的本质要求[J].红旗文稿,2021(20):4—11.

(2)案例的思政元素

家国情怀。学生非常熟悉关于社会主义本质的科学论断,本案例对社会主义本质的显著特征进行概括,让学生理解共同富裕作为社会主义经济制度的本质要求,与资本主义基本经济制度中"两极分化"的必然趋势正相对立。通过结合我国GDP和居民可支配收入的具体数据,让学生看到我国发展生产为人民的理念,培养学生认同中国共产党、热爱国家的家国情怀。

(3)教学手段

教师选择学生回顾社会主义本质的著名论断,引导学生总结归纳其显著特征,组织学生讨论从中体现的社会主义和资本主义的本质不同,深刻理解我国发展生产力的最终目标是使广大人民实现共同富裕,理解社会主义公有制的先进性。

案例材料2:美国对华反倾销调查的特点

(1)案例简介

中美贸易战伊始,美国政府就频繁对中国出口美国的产品实施反倾销调查。如:2018年1月,宣布对进口大型洗衣机和光伏产品分别采取为期4年和3年的全球保障措施,并分别征收最高税率达30%和50%的关税;2月,宣布对进口中国的铸铁污水管道配件征收109.95%的反倾销关税;3月9日,特朗普正式签署关税发令,对进口钢铁和铝分别征收25%和10%的关税;2月27日,美国商务部宣布对中国铝箔产品厂商征收48.64%~106.09%的反倾销税,以及17.14%~80.97%的反补贴税;4月17日,美国商务部宣布,对从中国进口的钢制轮毂产品发起反倾销和反补贴调查,等等。从中不难看出,美国对华反倾销的重点是生产资料而非生活资料。

资料来源:第一财经. 美国再发难,中国已成遭反倾销调查最多的国家[EB/OL]. https://www.yicai.com/news/5409151.html.

(2)案例的思政元素

国际视野。从案例可以看出美国对华反倾销调查大多数是针对生产资料,针对低价生活资料却较少。通过引导学生从相对剩余价值生产的角度思考美国对华反倾销调查,理解低价生活资料是保持低劳动力价值的关键因素,也即相对剩余价值生产的重要基础,运用马克思主义政治经济学理解国际贸易关系,扩大国际视野。

(3)教学手段

教师讲述中美贸易战初期美国一系列对华反倾销措施的事实材料,引导学生发现其中规律,组织学生基于相对剩余价值生产理论分组探讨该现象出现的原因,并选出小组代表汇报讨论结果。

案例材料3:我国社会主义分配制度

(1)案例简介

我国实行的按劳分配为主体、多种分配方式并存的分配制度,是在实践中不断建立和完善起来的。社会主义制度建立以后,我国消灭了剥削制度,确立了按劳分配为基础的社会主义分配制度。改革开放以后,在坚持按劳分配主体地位的同时,多种分配方式逐步发展起来。党的十三大提出,以按劳分配为主体,其他分配方式为补充。党的十四大在明确我国改革的目标是建立社会主义市场经济体制的同时,提出在分配制度上以按劳分配为主体,其他分配方式为补充,兼顾效率与公平。党的十五大提出,允许和鼓励资本、技术等生产要素参与收益分配,并明确提出了坚持按劳分配为主体、多种分配方式并存的分配制度。党的十六大强调,"确立劳动、资本、技术和管理等生产要素按贡献参与分配的原则,完善按劳分配为主体、多种分配方式并存的分配制度"。党的十七大提出,"要坚持和完善按劳分配为主体、多种分配方式并存的分配制度,健全劳动、资本、技术、管理等生产要素按贡献参与分配的制度"。党的十八大提出,"完善劳动、资本、技术、管理等要素按贡献参与分配的初次分配机制"。党的十九大明确指出,"坚持按劳分配原则,完善按要素分配的体制机制,促进收入分配更合理、更有序"。在此基础上,十九届四中全会明确将按劳分配为主体、多种分配方式并存确立为社会主义基本经济制度之一,这是社会主义分配理论和实践发展的重大创新,对于进一步完善我国的分配制度具有重大意义。

资料来源:洪银兴. 我国社会主义分配制度的显著优势[EB/OL]. http://ie.cass.cn/academics/thinktank_center/201912/t20191230_5066733.html.

(2)案例的思政元素

政治认同。通过讲述我国分配制度的建立与完善过程,让学生看到我国始终将坚持按劳分配原则放在首位,反映了社会主义的本质要求;让学生理解我国所实施的按劳分配制度,是按照劳动者提供的劳动数量和质量进行分配,而资本主义工资是劳动力价值的货币化,以剩余价值的生产为必要前提,二者存在本质差异,从而增强学生对社会主义制度的政治认同。

(3)教学手段

教师讲述我国分配制度的建立与完善历程,引导学生理解按劳分配对社会主义本质的体现,组织学生分组讨论按劳分配制度下工资的本质及其与资本主义工资本质的差异,并选择学生发言展示讨论结果。

第四章　资本积累

专业教学目标

本章对应的原著内容为第一卷第七篇。通过这一章的学习,使学生了解资本的本源,资本积累的本质、发展规律和历史趋势,深刻认识人类社会发展的内在必然规律,认识社会主义的历史必然性,增强社会主义必胜的信念,在经济实践中把握社会主义的方向。

【知识目标】

1. 了解资本主义再生产是物质资料再生产与生产关系再生产的统一,懂得如何在再生产过程中再生产出资本主义的生产关系。

2. 掌握资本积累的一般规律和历史趋势。

3. 理解资本原始积累的本质。

【能力目标】

1. 通过资本主义再生产也是资本主义生产关系再生产的解析,加深学生对资本主义生产力与生产关系之间辩证关系以及资本主义生产本质的理解,培养学生透过现象分析本质的能力。

2. 通过学习资本积累理论所揭示的资本主义的历史阶段性,培养学生采用辩证唯物主义和历史唯物主义相结合的方法,多角度、客观、全面分析问题的能力。

课程思政教学目标及实践

【育人目标】

1. 人文素养　通过让学生观看根据央视纪录片剪辑的视频《英国圈地运动》,让学生直观地感受资本原始积累的残酷,了解资本主义的发展历程始终伴随着无产阶级的血与泪。

2. 政治认同　通过向学生讲述中国特色社会主义制度的内涵,让学生体会其优越性,增强政治认同感。

【教学方式与方法】

1. 讲授－引导:教师讲授资本主义再生产理论和资本积累理论,引导学生思考资本主义的原始积累、资本主义的历史宿命等问题。

2. 讨论－评价:学生围绕纪录片所展示的资本原始积累的残酷、我国社会主义基本经济制度等案例主题进行小组讨论,并推选小组代表汇报讨论结果;教师针对学生讨论和汇报情况进行评价。

3. 课后自主学习:教师上传延伸阅读材料到学习通平台,供学生课后自主学习。

【课程思政教学实例】

案例材料1:视频资料——英国圈地运动

(1)案例简介

本视频长约6分钟,剪辑自中央电视台出品的纪录片《世界历史》第33集《英国资本主义的起源》。视频直观地展示了英国"羊吃人"的圈地运动的始末,并进一步介绍了因圈地运动而失去土地的农民被迫成为一无所有的流民、甚至遭遇牢狱之灾的残酷史实。通过观看视频,可以使学生更深入地了解圈地运动造就资产阶级和无产阶级的历史过程。

(2)案例的思政元素

通过让学生观看视频,让学生切实体会马克思所说的"资本来到世间,从头到脚,每个毛孔都滴着血和肮脏的东西",理解资本主义发展史就是无产阶级的血泪史。从而增进学生对西方社会现实状况的了解,打破西方社会极力宣扬的公平、民主的假象。

(3)教学手段

在讲授完资本原始积累之后,播放视频《英国圈地运动》,引导学生理解在资本主义发展过程中始终存在残酷剥削是不可否认的事实。

案例材料2:我国社会主义基本经济制度的优越性

(1)案例简介

我国社会主义基本经济制度,不仅同我国社会主义初级阶段社会生产力发展水平相适应,具有不断解放和发展社会生产力的显著优势;而且深刻体现社会主义本质要求,在消除两极分化、最终达到共同富裕方面不断彰显社会主义制度优越性。改革开放以来,我国经济以世所罕见的速度发展壮大,人民生活水平快速提升。我国已经成为世界第二大经济体、制造业第一大国、货物贸易第一大国、商品消费第二大国、外资流入第二大国。经济快速发展奇迹的背后,是不断巩固和完善的社会主义基本经济制度的坚强保障,是社会主义基本经济制度优势的不断彰显。

资料来源:①刘伟.为经济高质量发展奠定坚实制度基础[N].人民日报,2020-4-17(9).
②洪银兴.我国基本经济制度具有显著优势的原理[N].人民日报,2020-4-17(9).

(2)案例的思政元素

政治认同。通过向学生讲述我国社会主义基本经济制度的内涵以及对经济发展的巨大促进作用,让学生切实体会社会主义基本经济制度的优越性,提高政治自信,增长政治认同。

(3)教学手段

教师讲述我国社会主义基本经济制度的主要内涵以及改革开放之后我国经济的迅速发展,引导学生思考社会主义基本经济制度对经济发展的促进作用,并分组讨论社会主义基本经济制度的优越性。

第五章 资本循环与周转

专业教学目标

本章对应的原著内容为《资本论》第二卷。通过本章学习,使学生理解资本运动和资本增殖的关系,了解资本的三种职能形式、资本正常循环的条件和加速资本周转速度的路径,并使学生掌握社会再生产的一般规律,明确社会生产两大部类之间及其内部保持一定比例关系是社会化大生产的客观要求,了解社会资本再生产的前提条件和实现条件。

【知识目标】

1. 理解资本循环理论,了解资本的形态变化及其循环。
2. 理解资本周转理论,了解资本周转速度的影响因素,理解资本周转对预付资本量的影响。
3. 掌握社会总资本再生产理论,理解社会生产两大部类的相互依存性、社会总产品实现的条件。

【能力目标】

1. 通过资本循环和资本周转理论的学习,掌握加速资本循环和提高资本周转速度的方法,培养举一反三、触类旁通的能力。
2. 通过社会总资本再生产理论,理解社会各生产部门之间保持比例合理性的重要意义,提高学生总体意识,以及分工合作、协同发展的能力。

课程思政教学目标及实践

【育人目标】

1. 国际视野 通过介绍论文《资本的国际化和社会资本循环》的主要内容,一方面让学生了解资本循环理论的创新运用,另一方面让学生从新的视角理解资本国际化,拓宽国际视野。
2. 政治认同 通过讲授我国供给侧结构性改革的内涵,使学生理解供给侧结构性改革的理论创新,增强学生对国家政策的理解,提高政治认同。

【教学方式与方法】

1. 讲授—引导:教师讲授资本循环理论、资本周转理论和社会总资本再生产理论,引导学生思考其对经济现实的启示。
2. 讨论—评价:学生以社会总资本再生产理论为基础对我国供给侧结构性改革记性小组讨论,并推选小组代表汇报讨论结果;教师对讨论结果进行点评。
3. 课后自主学习:教师上传延伸阅读材料到学习通平台,供学生课后自主学习。

【课程思政教学实例】

案例材料1:资本的国际化和社会资本循环

(1)案例简介

《资本的国际化和社会资本循环》一文是法国经济学家克里斯蒂安·帕劳著作中的一部分章节,论述了跨国资本和全球化条件下"生产的碎片化",并把生产的全球化作为一个资本国际循环的新阶段进行研究。文中,帕劳提出了资本形式演进的历史顺序:商品资本循环是国际化的第一个循环,主要表现为世界贸易;货币资本循环是第二个循环,主要表现为金融资本进入海外风险投资;生产性资本循环是最近才出现的,主要表现为"二战"结束后跨国公司大规模的增长。

资料来源:克里斯蒂安·帕劳,王兴华.资本的国际化和社会资本循环[J].政治经济学报,2015,5(02):77-98.

(2)案例的思政元素

国际视野。通过向学生介绍论文的主要内容,一方面让学生了解资本循环理论的创新运用,拓宽学生的学术思维;另一方面让学生从新的视角理解资本国际化,拓宽国际视野。

(3)教学手段

教师介绍论文的主要内容,组织学生围绕资本国际化问题进行讨论,并展示汇报讨论结果。

案例材料2:供给侧结构性改革对社会总资本再生产理论的发展

(1)案例简介

以习近平同志为核心的党中央基于马克思主义社会资本再生产理论,根据我国经济发展新常态的现状,揭示了我国经济发展所面对的矛盾存在于总供给结构层次,认为在当前我国经济发展中"结构性问题最突出,矛盾的主要方面在供给侧。"当然,这里的结构性问题既有第一部类生产的生产资料难以满足第一部类和第二部类扩大再生产对于生产资料的需要,比如第一部类的生产企业由于技术创新不足,产品的科技含量不高,难以满足两大部类对于生产资料技术升级的需要;也有消费资料的生产难以满足两大部类不断提高的对于消费资料的需要,比如升级的消费资料和第三产业产品、服务以及公共服务供给不足等。正是因为第一部类和第二部类生产供给的结构性不足,难以满足社会对升级生产资料和消费资料的需要,导致整个社会扩大再生产不能顺利进行,成为经济发展的障碍。既然问题在于供给方的结构方面,那么解决这些结构性问题,就必须从供给侧的结构方面发力,通过去除绝对过剩产能减少无效供给、发展新产业扩大有效供给,实现供给结构的优化和升级,从而不断适应需求结构的提高和变化。

资料来源:白暴力,王胜利.供给侧改革的理论和制度基础与创新[J].中国社会科学院研究生院学报,2017(02):49-59+146.

(2)案例的思政元素

国家政策的认同感。通过向学生讲述我国供给侧结构性改革的提出与含义,让学生体会供给侧结构性改革对社会总资本再生产理论的发展,加深学生对供给侧结构性改革的认识,提高学生对国家政策的认同感。

(3)教学手段

教师介绍供给侧结构性改革的含义,引导学生思考其中的理论内涵,并基于社会总资本再生产理论理解供给侧结构性改革的理论创新。

第六章 剩余价值的分配

专业教学目标

本章对应的原著内容是《资本论》第三卷。通过本章学习,使学生掌握资本及剩余价值的各种具体形态,理解利润率趋于下降的规律,理解平均利润与企业利润的形成过程及其实质,掌握资本主义土地所有制形式下地租的产生与实质等相关知识,并了解当代资本主义分配关系的新变化。

【知识目标】

1. 理解利润的本质。
2. 掌握平均利润的形成过程及前提条件。
3. 了解利润率趋于下降的规律及其反作用的各种原因。
4. 理解资本主义分配关系的实质。

【能力目标】

1. 通过学习利润率趋于下降规律和起反作用的各种因素,培养学生辩证思维以及综合分析、统筹规划的能力。
2. 通过学习产业利润、商业利润、利息、地租等剩余价值的各种具体形式,培养学生透过纷繁复杂现象抽象分析事物本质的能力。

课程思政教学目标及实践

【育人目标】

1. 社会主义核心价值观　通过向学生讲述共享发展理念的内涵,引导学生思考共享发展理念对社会主义核心价值观的体现。

2. 学术素养　基于马克思地租理论对平台企业利润本质进行分析,拓宽学生思路,培养学生创新思维。

【教学方式与方法】

1. 讲授—引导:教师讲授剩余价值的各种具体形式、平均利润的形成过程和利润率趋于下降规律,引导学生思考资本主义分配关系的实质。

2. 讨论—评价:学生围绕共享发展理念、平台资本和数字租金等案例主题进行小组讨论,并推选小组代表汇报讨论结果;教师对讨论结果进行评价。

3. 课后自主学习:教师上传延伸阅读材料到学习通平台,供学生课后自主学习。

【课程思政教学实例】

案例材料1:共享发展理念

(1)案例简介

党的十八届五中全会审议通过的《中共中央关于制定国民经济和社会发展第十三个五年规划的建议》指出,"坚持共享发展,着力增进人民福祉","必须坚持发展为了人民、发展依靠人民、发展成果由人民共享,作出更有效的制度安排,使全体人民在共建共享发展中有更多获得感"。共享发展理念的提出契合了民生保障和改善的普惠性要求,其本质是增强发展成果的辐射能力和辐射范围,让改革发展成果更多、更公平、更实在地惠及广大人民群众,最大程度地保障和改善民生。共享发展不仅是经济的发展,更是民生与经济的协同发展,其最终落脚点是实现人的自由全面发展。推进共享发展,就是要坚持以人民为中心的发展思想,坚持把增进人民福祉、促进人的全面发展、朝着共同富裕方向稳步前进作为经济发展的出发点和落脚点。

资料来源:韩喜平,孙贺.共享发展理念的民生价值[J].红旗文稿,2016(02):15－18.

(2)案例的思政元素

社会主义核心价值观。共享发展理念的本质是让改革发展成果更多、更公平、更实在地惠及广大人民群众,体现了我国民主、文明、和谐、平等、公正的价值取向,通过对共享发展理念的学习,使学生加深对社会主义核心价值观的理解。

(3)教学手段

教师讲述共享发展理念的提出和基本内涵,引导学生思考共享发展理念的本质及其与资本主义分配关系本质的根本性差别,通过课堂发言让学生试述共享发展理念对社会主义核心价值观的体现。

案例材料2:平台资本与数字租金

(1)案例简介

马克思地租理论是理解和分析平台企业利润以及垄断问题的重要基础和依据。作为促进社会生产和再生产的中介组织,平台本身不生产价值。平台企业的利润属于租金,本质是使用平台的职能资本生产或实现的超额剩余价值。根据平台类型,平台企业可以获得级差租金或垄断租金,或同时获得两种形式的租金。平台企业获得租金的原因是数据要素所有权垄断,其中,数据要素以大数据与算法等技术为基础。当平台租金被纳入虚拟资本运动链条,金融资本投资成为平台企业垄断的主要机制。在资本主义生产方式下,平台企业垄断及其可能引发的经济社会问题都难以得到彻底解决。平台企业健康发展需要在"以人民为中心"的逻辑下重现平台企业的社会性。

资料来源:赵敏.租金、平台企业利润与垄断问题研究——基于马克思地租理论[J].马克思主义研究,2022(04):99－111.

(2)案例的思政元素

学术素养。平台经济是当前社会经济的一大热点,基于马克思地租理论对其利润本质进行分析,可以拓宽学生思路,培养学生创新思维,提升学术素养。

(3) 教学手段

教师讲述平台企业及其所获利润的本质特征,引导学生思考马克思地租理论在分析平台经济问题中的适用性,组织学生分组讨论,并分组展示讨论结果。

四、课程思政的教学评价

(一) 对教师的评价

1. 教学准备的评价

在教学准备阶段,要根据思政元素的各个维度,搜集与《〈资本论〉选读》课程知识点相契合的思政元素,对材料进行整理和编辑,将课程思政建设的目标落实到大纲修订、课件设计、教学环节设置等教学准备各方面。最终,通过教学大纲、课件和教案对思政教学内容的设计和准备进行评价。

2. 教学过程的评价

本课程本身就具有很强的思政属性,可以在课堂上综合采用课堂讲授、材料阅读、视频观看、小组讨论等多种教学形式,将课程思政元素自然地融入知识点讲授。对教学过程的评价,一方面要考察知识目标与育人目标的契合度,另一方面要通过点名回答问题、布置并批改平时作业等手段来检查教学过程中课程思政的实施效果。

3. 教学结果的评价

充分利用同行评议、随机听课、督导听课、学生评教等学校常规教学评价手段,了解各个方面对教学结果的反馈,并据此开展教学研究,改进教学方法,并在改进过程中积累素材,争取教学获奖。

4. 评价结果的运用

认真听取教师同行、教学督导以及班级学生的意见和建议,综合平时作业的情况,反思教学过程中薄弱之处,及时进行改进,尤其注重学习新的教学手段,以增强学生对课程的兴趣。

(二) 对学生的评价

1. 学习过程的评价

课前,通过"学习通"App了解学生学习预习资料的情况;课堂中,主要通过提问来观察学生的课堂反应,对学生课堂学习的效果进行评价;课后,通过学生在平时作业、小组讨论和课堂发言等环节的表现,对学生的理解程度、学习态度、参与程度进行评价。

2. 学习效果的评价

综合运用平时作业、小组讨论、课堂发言、线上交流、期末考试等多种考察形式,一方面检验学生对课程知识点的掌握程度,另一方面检验学生对与知识点相关的思政案例的理解水平。

3. 评价结果的运用

通过课前和课间面对面交流、课后线上交流等多种形式,了解学生的学习动态和存在困难,倾听学生对课程思政的诉求和建议,积极改进。

五、课程思政的教学素材

序号	内容	形式
1	马克思主义的诞生	视频材料
2	不断开拓当代中国马克思主义政治经济学新境界	学术论文
3	《资本论》产生的时代背景与阶级历史任务——纪念马克思逝世八十周年	学术论文
4	中央经济工作会议首提习近平新时代中国特色社会主义经济思想	政策文件
5	习近平新时代中国特色社会主义经济思想的三个特质	报刊文章
6	习近平新时代中国特色社会主义经济思想的丰富内涵和历史基础	报刊文章

续表

序号	内　　容	形式
7	劳动价值论定量分析	学术论文
8	马克思劳动价值论的现实意义及理论启示	学术论文
9	党的领导与社会主义市场经济中的国家经济治理	学术论文
10	邓小平南方谈话(全文)	政策文件
11	45个十分钟读懂《资本论》(节选)	案例分析
12	《资本论》历史典据注释(节选)	阅读材料
13	以解放思想推动改革创新	阅读材料
14	[百个瞬间说百年] 1993,建立社会主义市场经济体制	阅读材料
15	相对剩余价值生产与现代市场经济——迈向以《资本论》为基础的市场经济一般理论	学术论文
16	相对剩余价值长期趋势与劳动力价值决定	学术论文
17	马克思工资市场定位理论——资本主义市场均衡工资模型	学术论文
18	按劳分配原则中国化的探索历程——经济思想史视角的分析	学术论文
19	共同富裕是社会主义的本质要求	学术论文
20	我国社会主义分配制度的显著优势	阅读材料
21	社会主义市场经济中的资本:属性、行为和规范——《资本论》的启示	学术论文
22	英国圈地运动	视频资料
23	资本主义再生产:一个内在动荡的过程	学术论文
24	资本积累的全球化与空间的生产	学术论文
25	在比较中彰显中国特色社会主义道路的优越性	学术论文
26	为经济高质量发展奠定坚实制度基础	报刊文章
27	我国基本经济制度具有显著优势的原理	报刊文章
28	资本的国际化和社会资本循环	学术论文
29	社会总资本的再生产和流通:理论原理与意义	学术论文
30	马克思主义经济学视域下的供给侧结构性改革解读——基于社会总资本再生产理论	学术论文
31	供给侧改革的理论和制度基础与创新	学术论文
32	科学认识平均利润率趋向下降规律——基于《资本论》本义与1948—2015年美国利润率等数据	学术论文
33	论共享发展理念	学术论文
34	租金、平台企业利润与垄断问题研究——基于马克思地租理论	学术论文
35	共享发展理念的民生价值	学术论文

《区域经济学》课程思政教学指南

成卓 李垚 杨松茂 刘欣英

(西安财经大学)

一、课程简介与课程目标

(一)课程简介

区域经济学,是研究经济活动空间分布与协调以及与此相关的区域决策的学科,它具有很强的区域性、综合性和应用性的特点。中国共产党在运用马克思主义基本原理指导中国经济建设过程中,逐步建立了具有中国特色的区域经济学理论框架,它初步形成于20世纪80年代,进入21世纪后得到较快发展。尤其是随着中国特色社会主义进入新时代,中国社会主要矛盾已经转化为人民日益增长的美好生活需要与不平衡不充分发展间的矛盾,中国共产党始终把坚持以人民为中心作为治国理政的价值引领,统筹推进"五位一体"总体布局,协调推进"四个全面"战略布局,贯彻落实创新、协调、绿色、开放、共享的新发展理念,从而进一步丰富和发展了中国特色区域经济学理论体系。

《区域经济学》作为一门特色鲜明、与时俱进的应用型课程,是目前国内众多高校财经类、管理类专业的核心课程之一。《区域经济学》课程的研究对象,主要涉及经济活动空间分布、区域经济活动协调、地域结构演进以及区域决策等方面的内容。《区域经济学》课程综合运用教师讲授、翻转课堂、地图分析、案例讨论、实践调研与慕课微课等教学方法与手段,在引领学生学习基础知识的同时,培育其独立分析问题的能力与科学研究素养,同时深入挖掘课程思政元素,发挥课程德育功能,加强对学生爱国主义、集体主义、社会主义的教育,引导学生树立正确的历史观、民族观、国家观、文化观,树牢"四个意识"、坚定"四个自信"、坚决做到"两个维护",努力培育新时代德智体美劳全面发展的社会主义建设者与接班人。

(二)课程目标

本课程为专业必修课程。通过本课程的学习,使学生能够达到以下目标:

1. 知识目标:了解区域经济学的学科理论前沿、应用背景与发展方向;掌握区域经济系统运行规律、生产要素转移规律、区域系统非均衡形成机制、区域经济结构演进及区际经济结构差异、区际差距形成机理及其变化趋势、区域协调发展机制与区域经济政策等内容。

2. 能力目标:能够运用区域经济学的基本理论来解释现实中的区域经济现象并指导具体的区域经济实践活动;具备独立思考与分析现实区域经济问题的能力,具备从事区域经济及相关科学研究工作的能力;能够阐释并预判区域经济政策的经济社会效应与政策目标,具备较强的学习能力、钻研精神与创新意识。

3. 育人目标:将区域经济学教学知识点与思政教学点以"润物无声"的形式贯彻于课堂授课始终。在马列主义、毛泽东思想、邓小平理论、"三个代表"重要思想、科学发展观以及习近平新时代中国特色社会主义思想指导下,培育具有正确世界观、人生观、价值观,热爱祖国、遵纪守法,具有较强事业心、责任感、诚信意识以及良好的道德品质与学术修养的区域经济学专业应用型创新人才。

(三)课程教材和资料

➢ 课程教材

《区域经济学》编写组. 区域经济学[M]. 1版. 北京:高等教育出版社,2018.

➢ 参考教材或推荐书籍

郝寿义,安虎森. 区域经济学[M]. 3版. 北京:经济科学出版社,2015.

➢ 学术刊物与学习资源

学校图书馆提供的各种数字资源,下载相关文献并加以阅读。

国家规划纲要与会议报告:《中华人民共和国经济和社会发展第十四个五年规划和 2035 年远景目标纲要》《中央经济工作会议报告》等系列文件。

➤ 推荐网站

思政在线平台学习资源库:"学习强国"、习近平重要讲话数据库、中国共产党思想理论资源数据库等。

中国高校思政学习平台:中国高校思政大讲堂、中华人民共和国教育部政府门户网站、经济大讲堂等。

思政资讯与时事资源平台:新闻联播、央视财经评论、经济信息联播、经济半小时等。

二、课程思政教学总体设计

(一)《区域经济学》课程思政教学目标

《区域经济学》应准确把握课程思政建设的方向与重点,在结合本校办学定位、专业特色与人才培养要求的基础上,科学合理地设计课程思政建设的总体目标与具体目标。《区域经济学》课程思政教学的总体目标是以马列主义、毛泽东思想、邓小平理论、"三个代表"重要思想、科学发展观以及习近平新时代中国特色社会主义思想为指导,坚持知识传授与价值引领相结合,加强对学生爱国主义、集体主义、社会主义的教育,引导学生树立正确的历史观、民族观、国家观与文化观,培养学生正确的价值取向与政治信仰,培育学生的家国情怀、诚信意识与社会责任,让学生成长成为德才兼备、全面发展的创新型人才。《区域经济学》课程思政教学具体目标可以涉及十个维度,教师应根据本课程教学的知识目标、能力目标与育人目标,将课程思政的具体教学目标融入到教学内容中去,让课程内容知识点与课程思政教学点在课堂中实现完美融合。

1. 增强政治认同

"培养什么人?怎样培养人?为谁培养人?"是关乎党和国家前途命运的重大问题。《区域经济学》课程思政建设的首要目标便是要将课程教学内容与增强学生政治认同紧密联系起来。所谓政治认同是人民群众对于政权的赞同态度、支持行为及由此产生的对政权代表的国家的心理归属感。具体到新时代中国,就是要坚持和认同以中国共产党领导为最本质特征的中国特色社会主义。为此《区域经济学》课程教学应当引导广大青年学生增强对社会主义核心价值体系与马克思主义意识形态的认同,增强对中国特色社会主义根本制度的认同以及对中国共产党和中国政府治国理政举措的认同。

2. 厚植家国情怀

习近平总书记号召在全社会大力弘扬家国情怀,培育和践行社会主义核心价值观,弘扬爱国主义、集体主义、社会主义精神,提倡爱家爱国相统一,让每个人、每个家庭都为中华民族大家庭做出贡献。《区域经济学》课程理论框架所包含的生产力均衡布局理论、区域经济非均衡发展理论、区域经济协调与协同发展理论、城乡统筹理论、新时代以人民为中心的平衡充分发展理论等,无不在叙述和展示着新中国成立以来,在中国共产党领导下全国人民进行中国特色社会主义建设过程中所经历的中国故事与所塑造的中国精神,旨在让家国情怀深深扎根于学生心灵,引导学生增强责任感与使命感为中华民族的伟大复兴做出应有贡献。

3. 坚定制度自信

党的十八届六中全会强调,要坚定对中国特色社会主义的道路自信、理论自信、制度自信、文化自信。中国特色社会主义制度之所以自信,在于它具有独特优势,具有活力潜力,适应我国国情和发展要求,取得显著制度绩效,获得社会广泛认可,有着强大的自我完善和发展能力,是人民当家作主和中国发展进步的根本制度保障。《区域经济学》课程在介绍我国区域经济发展战略以及区域经济政策与经济体制改革等内容时,向学生展示了中国特色社会主义制度在实践运用过程中所取得的成就。实践证明中国特色社会主义制度,能够有效解决中国面临的现实问题,能够不断满足人民群众对美好生活的向往,集中体现了中国道路的特点和优势。

4. 增强法治观念

新中国成立以来党和国家一直把"依法治国,建设社会主义法治国家"作为建设中国特色社会主义的重要组成部分。实践证明经济发展和社会进步都离不开健全的法制体系。《区域经济学》在讲授"区际贸易与竞争、城乡二元结构与城乡统筹、区域经济与可持续发展、区域经济政策与经济体制改革"等多个章节时,都应当引导学生关注相关法律、法规建设的基本情况,比如涉及与区际贸易相关的知识产权保护、与人资环良性循环相关的区域环境治理、与乡村振兴相关的农村金融建设等方面的法律法规等。旨在让学生牢固树立遵纪守法意识的同时,使之充分认识到区域经济发展与法治建设之间的紧密联系。

5. 坚持科学精神

十九大报告强调:"弘扬科学精神,普及科学知识"。科学精神是科学的灵魂,以求实和创新为核心诉求,是现实可能性和主观能动性的结合。中国特色社会主义进入新时代,更需要在全社会传播科学知识、弘扬科学精神。《区域经济学》在教学过程中应注重对学生科学精神的培育,一方面要让学生掌握科学精神的内涵及构成,引导学生自觉坚持和运用辩证唯物主义世界观和方法论去分析问题,提升其客观理性分析问题的能力;另一方面要鼓励学生尊重科学、重视技术、实事求是、开拓创新,努力成长为理想信念坚定、专业知识扎实、具有创新创业能力且德才兼备的有为人才。

6. 培养问题意识

区域经济学是研究经济空间分布与协调以及与此相关的区域决策的学科,其基本任务是要回答经济活动空间分布及其变化趋势"如何""应该如何"以及"如何调整"等问题。《区域经济学》教学的目的不仅是要向学生传授必要的书本知识,更重要的是应该引导学生将所学理论与区域经济发展现实问题挂钩,进行进一步的深层次分析与研究,这就需要培养学生的问题意识,让学生在学习过程中学会发现问题、分析问题并竭力解决问题,这也是塑造学生创新思维和创新能力的关键环节。

7. 开拓国际视野

《区域经济学》注重国外区域理论与国内区域理论的结合、传统区域理论与最新区域理论的结合、区域经济理论与区域经济实践活动的结合,并从区域经济现实中抽象出区域经济运行的内在规律。因此在现实教学过程中,一方面必须在马列主义、毛泽东思想、邓小平理论、"三个代表"重要思想、科学发展观以及习近平新时代中国特色社会主义思想指导下去剖析区域系统问题,充实教学内容;另一方面要有选择地引入国外区域研究前沿理论与方法,通过对比分析,取其精华弃其糟粕,帮助学生打开国际视野。

8. 践行新发展理念

党的十九届五中全会通过的《中共中央关于制定国民经济和社会发展第十四个五年规划和 2035 年远景目标的建议》,明确提出要"坚定不移贯彻创新、协调、绿色、开放、共享的新发展理念",并且将坚持新发展理念作为"十四五"时期经济社会发展必须遵循的一项重要原则。《区域经济学》课程在讲授"区域产业结构演进、区域发展模式演变、区域经济与可持续发展、区域竞争与合作以及区域经济政策演变"等章节时,应集中将"新发展理念"与教学知识点紧密结合,让学生充分理解"创新是引领发展的第一动力,是建设现代化经济体系的战略支撑"的内涵,充分认同推进脱贫攻坚、促进区域协调发展以及实现共同富裕的重要性和迫切性,充分领悟"绿水青山就是金山银山"的发展理念以及人与自然和谐共生的必要性,充分认可开放发展理念是拓展我国经济发展空间、提升开放型经济发展水平的必然要求,充分领会"共享发展理念是社会公平正义的保证"的真正内涵。

9. 弘扬优秀传统文化

优秀传统文化是中华民族的精神命脉,是文化自信的重要来源。《区域经济学》注重将中华优秀传统文化与教学知识点相结合,在传授专业知识的同时引导学生从优秀传统文化中汲取营养和智慧。比如在介绍促进区域协调发展的主要任务与战略时,我们强调要"加大力度支持革命老区、民族地区、边疆地区、贫困地区加快发展"。在授课过程里可引导学生挖掘革命老区红色文化、弘扬老区革命精神;可引导学生探索少数民族地区、边疆地区文化的研究、保护、传承、展示与开发等,让学生体会传统民族文化的宝贵价值以及文化软实力建设的重要性;在梳理我国反贫困战略特点的同时,可引导学生体会中华民族扶危济困、乐善好施的优良文化传统。

10. 提升职业道德修养

《区域经济学》课程通过对中国区域经济发展取得的辉煌成就进行梳理,启发学生作为新时代社会主义的建设者和接班人,应自觉担负起国家发展的重任,不仅要有坚定的政治方向,要掌握科学的理论知识与熟练的职业技能,更需要具备积极的服务意识、灵活的应变能力、娴熟的沟通能力、良好的团队合作精神以及较高的职业道德品质。要教育学生养成遵纪守法、爱岗敬业、诚实守信的职业品格与行为习惯,自觉将"小我"融入"大我",为我国社会主义现代化建设奉献力量。

(二)课程思政教学内容

《区域经济学》课程思政教学的内容主要涉及以下六个方面。

1. 马克思主义区域经济思想

马克思主义经典作家的区域经济思想是中国特色区域经济学理论的重要渊源,也是指导我们处理中国区域经济问题的理论指南。马克思主义区域经济思想主要包括生产力布局、城乡统筹以及区际分工与协作思想等。马克思主义经典作家的区域经济思想,对中国共产党探索社会主义区域经济发展规律产生了极其重要的影响,进而形成了中国特色的区域经济学理论体系。

2. 中国特色区域经济学理论框架

新中国成立后,尤其是改革开放以来,中国共产党领导全国人民进行中国特色社会主义经济建设过程中,通过运用马克思主义的基本原理,提出了很多具有原创性、时代性的概念和理论,如生产力均衡布局理论、区域经济非均衡发展理论、区域经济协调与协同发展理论、城乡统筹理论、新时代以人民为中心的平衡充分发展理论等,这些概念和理论组成了中国特色区域经济学理论框架。

3. 新时期中国区域经济问题分析

中国区域经济学理论的发展与深化,不能离开中国的社会实践。在新的历史时期,中国社会主要矛盾已经转化为人民日益增长的美好生活需要与不平衡不充分发展间的矛盾,中国区域经济发展也面临着一系列新的重大问题,这些问题集中在区际协调发展与区际公平、新型城镇化与城市群、产业转移与转型升级、扶贫开发与区域公平、资源开发与生态环境建设、国家重大区域、国家级重点区、重大基础设施的引领与建设以及区域经济政策与区域管理等方面。

4. 中国区域经济发展模式的演变

新中国成立至今,中国共产党始终把坚持以人民为中心作为治国理政的价值引领,统筹推进"五位一体"总体布局,协调推进"四个全面"战略布局,贯彻落实创新、协调、绿色、开放、共享的新发展理念,根据不同时期经济发展的不同特点与不同需要,确定我国区域经济发展的不同模式。概括起来主要包括四个阶段,一是实施均衡发展模式阶段;二是实施效率优先的非均衡发展阶段;三是实施区域经济协调发展阶段;四是实施多级统筹发展战略阶段。

5. 统筹城乡协调发展的战略与策略

统筹城乡发展是科学发展观中五个统筹中的一项内容。强调要更要注重农村的发展,解决好"三农"问题,坚决贯彻工业反哺农业、城市支持农村的方针,逐步改变城乡二元结构,逐步缩小城乡发展差距,实现农村经济社会全面发展,实行以城带乡、以工促农、城乡互动、协调发展,实现农业和农村的可持续发展。为此,要加快消除城乡二元结构的体制机制障碍,推进城乡要素平等交换和公共资源均衡配置,实施乡村振兴战略,让广大农民平等参与现代化进程、共同分享现代化成果。

6. 区域经济政策的目标、内容与区域治理

区域问题的存在与市场机制的缺陷,构成了政府干预区域经济活动的客观基础。区域经济政策实施的整体目标主要体现在如何权衡效率与公平的问题,但由于不同区域在不同阶段面临的问题也有所不同,因此区域经济政策实施的具体目标也会有一定差别,如推动经济增长、合理配置要素、促进劳动力就业、提高社会福利、扶持新兴产业、促进分工竞争等。通过对具体区域经济政策的解析,可引导学生思考区域经济政策制定的缘由,并对政策实施效果进行客观分析与评价,同时坚定学生对中国特色社会主义的道路自信、理论自信、制度自信与文化自信。

(三)教学方法

《区域经济学》课程综合运用教师讲授、翻转课堂、地图分析、案例讨论、实践调研与慕课微课等教学方法与手段,引导学生由传统的、被动的知识接受者转变为主动的、积极的学习参与者,使学生掌握区域经济学的基本概念与理论架构,让学生能够运用区域经济学的基本理论来解释现实中的区域经济现象并指导具体的区域经济实践,具备基础的科学研究与分析问题的能力。更重要的是,要通过各种教学方法的改

进,充分发挥《区域经济学》课程的德育功能,加强对学生爱国主义、集体主义、社会主义的教育,培养学生树立正确的历史观、民族观、国家观、文化观,引导学生深刻理解经济全球化背景下区域经济发展的新趋势与新特点,增强其社会责任感与使命感。

三、课程各章节的课程思政教学内容设计

第一章 绪论

专业教学目标

本章主要介绍区域的概念、区域经济学的形成与发展、区域经济学的研究对象、研究内容及研究方法、区域经济的"块状特征"等。通过本章学习,主要是让学生了解区域的概念、区域经济的特征、区域经济学主要研究内容以及国内外区域经济学的形成与发展的基本情况。

【知识目标】

1. 理解区域的概念,尤其是理解连续空间、离散空间以及同质区域和功能区域的划分及其区别。
2. 了解西方区域经济学和中国区域经济学产生和发展的历程,明白区域经济学的研究内容和研究方法。
3. 掌握区域经济的"块状特征",以及形成块状经济的客观基础,知道区域经济的主要特征。

【能力目标】

1. 通过讲解区域的内涵、不同学科对区域概念的解读以及区域的类型等教学内容,充分调动学生学习区域经济学的兴趣,使学生具备区分区域经济学与其他应用经济学学科的区别与联系的能力。
2. 通过介绍西方区域经济学和中国区域经济学产生、发展的背景与历程,使学生掌握对比分析方法,具备举一反三的能力。
3. 将区域经济"块状特征"的理论概述与区域经济发展现实案例联系起来进行分析,培养学生理论联系实际思考问题的能力。

课程思政教学目标及实践

【育人目标】

1. 政治认同　通过区域概念的解读,强调中国主权领土完整不容分割,帮助学生树立国家版图意识,这是维护国家版图尊严和完整的需要,也是加强爱国主义教育的需要。
2. 制度自信　国内众多经济区域发展势头强劲,充分凸显了中国特色社会主义制度和国家治理体系是具有强大生命力和巨大优越性的,激发学生民族自豪感与爱国情怀。
3. 国际视野　西方区域经济学理论框架的诞生,除了马克思主义经典作家外,还有很多外国学者做出过相应贡献,如杜能、韦伯、克里斯塔勒等,让学生打开学习眼界,培养国际视角。
4. 科学精神　中国共产党在运用马克思主义基本原理指导中国经济建设过程中,逐步建立了具有中国特色的区域经济学理论框架,并根据经济发展的特征与需要,与时俱进地丰富和发展了中国特色区域经济学的理论体系。

【教学方法与手段】

1. 课前准备与自主预习:授课前在学习通上发布课前任务,引导学生就"区域的概念和类型"等多个问题展开思考,要求学生提前搜索相关资料,准备上课时的讨论素材,为翻转课堂做好准备。
2. 课上讨论与教师讲授:以问题为导向在课堂上分组讨论,由学生组织发言,以小组为单位进行总结。教师就学生的观点进行点评,并就本章的教学重点进行详细讲解,尽量将教学知识点与思政教学点润物无声地结合起来。
3. 课后总结与答疑解惑:课后教师应将本章教学重点与难点进行梳理,并布置作业巩固上课成果,同时解答学生听课和讨论过程中的出现的各种疑惑。

【课程思政教学实例】

案例材料:自然资源部开展国家版图意识宣传周活动

(1) 案例简介

近年来,图书、报刊、电视、广告、展览、互联网大量使用地图插图。一些漏绘我国领土、错绘国界线、标

注错误称谓等"问题地图"时有出现。"问题地图"特别是漏绘我国重要岛屿、错绘国界线等,将危害国家主权的统一与领土的完整,也损害我国的民族尊严和国家利益。2021年8月29日是我国第18个测绘法宣传日。自然资源部指出,2021年测绘法宣传日的主题是"规范使用地图,一点都不能错"。为进一步提升社会公众的国家版图意识,倡导规范使用标准地图,自然资源部在8月27日至9月2日组织开展2021年测绘法宣传日暨国家版图意识宣传周活动。应当说,测绘法宣传日暨国家版图意识宣传周是普及测绘法律知识,强化公民国家版图意识,维护国家版图尊严的重要宣传平台。

资料来源:法制日报. 自然资源部开展国家版图意识宣传周活动[EB/OL]. 新华网 http://www.news.cn/expo/20211015/.

(2)案例的思政元素

①政治认同。正确的国家版图是国家主权和领土完整的象征。引导学生树立国家版图意识,是维护国家版图尊严和完整的需要,也是加强爱国主义教育的需要,中国维护领土主权的决心和意志坚定不移。

②家国情怀。"有国才有家",国家安全是指国家政权、主权、统一和领土完整、人民福祉、经济社会可持续发展和国家其他重大利益相对处于没有危险和不受内外威胁的状态,以及保障持续安全状态的能力。只有国家安全了人民才能幸福。维护国家安全人人有责。

③法治观念。中华人民共和国测绘法,是为了加强测绘管理,促进测绘事业发展,保障测绘事业为经济建设、国防建设、社会发展和生态保护服务,维护国家地理信息安全制定的法律。在全面推进依法治国进程中,全体公民都必须不断增强法治观念和法律意识。

(3)教学手段

①翻转课堂:课前就"问题地图"向学生提问,引出学生对区域概念和类型的思索,引导学生查找资料和相关官方网站,获取信息资料和期刊资料,在课堂上以小组形式展开讨论。

②教师讲授:与学生一起分析讨论具体案例,在提升学生学习兴趣的同时,润物无声地将教学知识点与思政教学点融合。

③课后总结:结合案例,总结课堂教学的重点与难点,引导学生对感兴趣的问题进行持续性研究。同时及时接受学生和督导反馈,不断改进教学方式与方法。

第二章 中国特色的区域经济学理论框架

专业教学目标

区域经济学理论是指有关区域经济发展和变化的规律的理论。通过本章的学习,帮助学生了解中国的区域经济学理论是在运用马克思主义理论来指导中国社会主义经济建设过程中形成的,是马克思主义区域经济思想的进一步发展和深化。

【知识目标】

1. 掌握马克思主义区域经济的相关思想定义及关系。

2. 掌握生产力均衡布局理论、区域经济非均衡发展理论、区域经济协调发展理论、城乡统筹理论、平衡充分发展理论。

3. 了解新时期中国区域经济学发展面临的主要问题。

【能力目标】

1. 通过掌握马克思主义生产力均衡布局和协调发展理论,城乡融合发展以及区际分工与协作理论的内涵与不同理论的区别,培养学生严谨的学习态度与对知识思辨的能力。

2. 通过讨论式和示范式教学,塑造从理论学习到中国实践导入、知识补充到经济思维训练的学习过程,培养学生自主性学习知识的能力。

课程思政教学目标及实践

【育人目标】

1. 政治认同 通过学习马克思主义区域经济的思想,理解国内相关区域经济政策对区域经济的调节作用,明确区域经济理论的现实意义;以马克思主义区域经济学为指导,在中外区域经济政策运用效果比较中,树立"中国共产党为什么能、马克思主义为什么行、中国特色社会主义为什么好"的社会主义核心价值观。

2. 家国情怀　通过党和政府的调控政策与中国区域经济社会发展实践相联系,使学生明确中国共产党领导的中国道路的正确性,培养学生的"四个自信",启发学生思考面对百年未有之大变局,应如何构建现代经济学思维,勇担历史重任。

3. 国际视野　在课程教学中融入马克思主义经济学关于区域经济的理论,不仅充实区域经济学的教学内容,使课堂教学变得更为厚重和丰富,而且让学生更为深入和全面去掌握现代西方区域经济学各种流派和理论,培养了学生的国际视野。

【教学方法与手段】

1. 自主学习:组织学生线上学习相应慕课中的基础专业知识点,线下自主阅读文献资料,撰写阅读笔记。

2. 课堂启发引导:知识点讲授注重以问题为导向,着重讲授生产力均衡布局理论、区域经济非均衡发展理论、区域经济协调发展理论、城乡统筹理论、平衡充分发展理论的含义和经济解释、启示与建议等。

3. 课堂展示与讨论:学生讨论新时期中国区域经济学理论发展面临的问题,展示根据教学素材整理分析的相关报告,最后教师对学生的讨论予以点评与总结。

【课程思政教学实例】

案例材料:推动我国区域协调发展

(1)案例简介

党改革开放以来,我国经济社会发展取得显著成就,同时区域发展不平衡不充分问题依然比较突出。区域经济发展分化态势明显,发展动力极化现象日益突出,部分区域发展面临较大困难……我国经济由高速增长阶段转向高质量发展阶段,经济发展的空间结构正在发生深刻变化,对区域协调发展提出了新的要求。正是在这样的时代背景下,习近平总书记高瞻远瞩、深谋远虑,强调"我们必须适应新形势,谋划区域协调发展新思路""要面向第二个百年奋斗目标,作些战略性考虑",并把实施区域协调发展战略作为新时代国家重大战略之一,作为贯彻新发展理念、建设现代化经济体系的重要组成部分,这是对时代命题的深邃思考,是对经济规律的深刻把握,是对未来发展的深远谋划,展现了大党大国领袖高超的政治智慧、宽广的战略眼光和强烈的历史担当。

资料来源:求是网:推动我国区域协调发展呈现新气象新格局。

(2)案例的思政元素

①政治认同。推进区域经济协同发展,是习近平新时代中国特色社会主义思想的重要理论创新成果。我国区域经济发展与人民生活水平的提高,离不开党的领导和科学决策。

②家国情怀。学生能够更加深入地认识到我国区域经济发展面临的问题与挑战,增强学生为中华民族伟大复兴而奋斗的家国情怀。

(3)教学手段

①翻转课堂——支架与高阶:通过慕课资源、文献资源为翻转课堂提供支架;通过课堂展示、师生思辨讨论实现课堂高阶性、高效性。

②知识点+实事+思政——贯穿融合:在知识点"新时代以人民为中心的平衡充分发展理论"中引入大国区域经济发展人民至上等思政元素与中国成功经验相结合,增强学生的政治认同和使命、担当。

③课堂测评——知识巩固:在知识点讲授过程中适当穿插习题讲解,加深学生对知识点的理解。

第三章　生产要素配置与产业聚集

专业教学目标

本章讨论的主要是生产力布局基本理论,包括生产要素、区位理论、产业布局与产业聚集,作为案例研究,介绍了中国产业布局的变化趋势。通过本章的学习,帮助学生理解不同的生产要素及其流动性,并且掌握相关区位理论以及产业布局与产业聚集的内涵。

【知识目标】

1. 掌握不同生产要素的定义及其流动性问题。

2. 掌握区位理论,重点理解农业区位论、工业区位论、市场区位论、新经济地理学的区位理论的含义。

3. 掌握产业布局指向的定义及其类型,掌握产业转移理论以及产业聚集理论及其类型,理解聚集经济的源泉和产业集群的相关概念。

4. 了解我国产业布局的变化趋势。

【能力目标】

1. 通过本章的学习,掌握不同生产要素对于区域经济发展的作用;培养学生逐步形成运用区位理论以及产业集聚理论分析区域经济的能力。

2. 引导学生将区域经济理论知识运用到实际经济中,学会运用经济理论知识分析现实经济行为,培养学生分析及解决经济问题的能力。

3. 通过将国内区域经济实践引入教学,逐步培养学生形成运用区域经济学知识和理论分析国情的能力。

【育人目标】

1. 政治认同　通过学习区位理论与产业聚集理论,理解我国区域经济发展格局与趋势,明确区位理论与产业聚集理论的现实意义;了解产业集聚运行机制,感受中国产业布局发展的成就。进而引导学生增强对中国特色社会主义根本制度的认同以及对中国共产党和中国政府治国理政举措的认同。

2. 家国情怀　通过区域经济理论与中国区域经济发展实践相联系,使学生明确中国共产党领导的中国道路的正确性,启发学生思考新时期应如何构建现代产业布局,加快社会主义现代化建设,实现经济高质量发展等问题。

3. 国际视野　在本章中,要结合国内外先进经验,剖析区域经济学相关理论,充实课堂教学内容,让学生们全面深入掌握现代区位理论以及产业聚集,培养学生国际视野。

【教学方法与手段】

1. 提前预习:线上课前预习慕课资源中相应的知识点,推荐延伸阅读文献,线下自行阅读学习。

2. 课堂讲授:知识点讲授注重以问题为导向,着重讲授区位理论、产业转移与产业聚集的含义和经济解释、启示与建议等。

3. 学生讨论:给学生提供相关的案例素材进行小组讨论,学生讨论面对目前国内产业布局情况,未来的发展趋势走向,展示根据教学素材整理分析的相关报告等,小组讨论未来国内产业应怎样合理布局。

【课程思政教学实例】

案例材料:推动乡村产业振兴

(1)案例简介

2021年8月24日,习近平总书记在河北承德市双滦区大贵口村考察调研时指出,产业振兴是乡村振兴的重中之重,要坚持精准发力,立足特色资源,关注市场需求,发展优势产业,促进一二三产业融合发展,更多更好惠及农村农民。

提升农民幸福感,产业是源泉。乡村产业能让农民实现就地就近就业,增加收入,还方便他们照顾老人孩子,解决留守儿童、留守老人问题。随着产业发展而愈加繁荣的农村,教育、医疗等公共服务和基础设施也会逐步完善,从而大大提升农民的幸福感。

资料来源:抓准产业振兴这个重中之重——中国青年网。

(2)案例的思政元素

①思想引领。推进乡村产业发展,有助于畅通国内大循环,是习近平新时代中国特色社会主义思想的重要理论创新成果。

②政治认同。我国区域经济发展与人民生活水平的提高,离不开党的领导和科学决策。

③家国情怀。学生能够更加深入地认识到我国乡村经济发展面临的问题与挑战,增强学生为中华民族伟大复兴而奋斗的家国情怀。

(3)教学手段

①讨论式教学:慕课资源、文献资源为翻转课堂提供支架;课堂展示、师生思辨讨论实现课堂高阶性、高效性。

②情景式教学:在知识点"产业布局与产业聚集"中引入振兴乡村经济进而提升农民生活幸福感等思政元素与中国成功经验相结合,增强学生的政治认同和家国情怀。

第四章 区域经济发展理论与发展模式

专业教学目标

本章讨论的主要是区域经济发展的概念以及不同阶段,相关区域经济发展的理论与机制,并且对于不同的发展模式进行介绍,最后主要介绍了中国区域经济发展模式的变化。通过本章的学习,帮助学生掌握区域经济学发展的概念、阶段、理论以及模式,以便使学生了解区域经济学的发展脉络,并总体上把握中国区域经济发展模式的演进过程。

【知识目标】

1. 掌握区域经济发展的内涵、形式以及所需经历的阶段。

2. 掌握相关区域经济发展理论,包括区外需求—输出基础理论,区外供给—哈罗德多马区域模型,要素禀赋与区域经济增长理论,并且理解区域经济的发展机制。

3. 了解典型区域经济发展模式,以及中国区域经济发展模式的演进过程。

【能力目标】

1. 在学习各种区域经济发展模式的基础上,明晰不同发展模式的优缺点,并对于中国区域经济发展的各种模式进行比较,锻炼学生对知识的比较和总结能力。

2. 通过讨论式和示范式教学,塑造从中国区域经济发展形势的导入到经济思维训练的学习过程,培养学生自主性学习并应用知识的能力。

课程思政教学目标及实践

【育人目标】

1. 政治认同　通过学习国内外区域经济发展模式,理解我国在不同的阶段采取不同区域经济发展模式的作用,明确区域经济发展的现实意义;在中外区域经济发展模式的效果比较中,树立"中国共产党为什么能、马克思主义为什么行、中国特色社会主义为什么好"的社会主义核心价值观。

2. 科学精神　通过将所学知识与现实紧密联系,培养学生从科学的角度看待和思考社会和国家的问题,明确科学是国家富强的重要基石,树立正确的价值观、人生观、世界观。

3. 国际视野　在本章中,在课程教学中融入国外不同的区域经济发展模式,不仅充实区域经济学的教学内容,使课堂教学变得更为厚重和丰富,将区域经济学的理论照进现实,让学生不仅融会贯通知识概念,也对世界其他国家的区域经济发展模式有充分的了解,来培养学生国际视野。

【教学方法与手段】

1. 课前预习:线上学习微课慕课中的基础专业知识点,线下自主阅读文献资料,撰写阅读笔记或思维导图。

2. 课堂讲授:通过PPT、板书等方式着重讲授不同区域经济发展模式的含义和经济解释、启示与建议等。

3. 课堂展示与讨论:学生讨论面对国内区域经济发展模式,应如何选择区域经济政策,展示根据教学素材整理分析的相关报告等,小组讨论区域经济政策使用中可能遇到的问题。

4. 习题巩固:在重难点内容的讲授中,适当穿插习题讲解,加深学生理解,课后布置习题作业,巩固提升。

【课程思政教学实例】

案例材料:推动共建"一带一路"高质量发展

(1)案例简介

2021年11月19日,习近平总书记在北京出席第三次"一带一路"建设座谈会并发表重要讲话。总书记强调,完整、准确、全面贯彻新发展理念,以高标准、可持续、惠民生为目标,巩固互联互通合作基础,拓展国际合作新空间,扎牢风险防控网络,努力实现更高合作水平、更高投入效益、更高供给质量、更高发展韧性,推动共建"一带一路"高质量发展不断取得新成效。

习近平总书记指出8年来,在党中央坚强领导下,我们统筹谋划推动高质量发展、构建新发展格局和共建"一带一路",坚持共商共建共享原则,把基础设施"硬联通"作为重要方向,把规则标准"软联通"作为重要支撑,把同共建国家人民"心联通"作为重要基础,推动共建"一带一路"高质量发展,取得实打实、沉甸甸的成就。通过共建"一带一路",提高了国内各区域开放水平,拓展了对外开放领域,推动了制度型开放,构建了广泛的朋友圈,探索了促进共同发展的新路子,实现了同共建国家互利共赢。

资料来源:求是网:推动共建"一带一路"高质量发展,习近平做出最新部署。

(2)案例的思政元素

①政治认同。推进"一带一路"高质量发展,是习近平新时代中国特色社会主义思想的重要理论创新成果。我国"一带一路"倡议的实施带动了区域经济发展与人民生活水平的提高,离不开党的领导和科学决策。

②家国情怀。学生能够更加深入地认识到我国区域经济发展战略的实施,增强学生为中华民族伟大复兴而奋斗的家国情怀。

(3)教学手段

①翻转课堂——循序渐进:通过慕课资源与文献资源为翻转课堂提供基础学习支撑;通过课堂展示、自由讨论实现知识学习进阶。

②多维融合——融会贯通:在知识点"中国区域经济发展模式的变化"中引入以人民为中心以及注重效率与公平等思政元素与中国成功经验相结合,增强学生的政治认同和使命、担当与人文情怀。

③分组讨论——实践运用:根据素材案例,学生进行讨论并给出本组观点,教师对讨论结果现场点评、总结。

第五章 区域产业结构演进

专业教学目标

本章讨论的主要是区域产业结构演进及其度量方法、区域产业结构配置等,同时作为案例研究还介绍了中国区域产业结构配置。通过本章的学习,帮助学生掌握主导产业选择标准以及我国区域产业结构变化特征,产业结构优化标准的动态性,并较为深入地了解中国区域产业结构演进过程。

【知识目标】

1. 掌握区域产业结构划分以及产业结构演进的相关规律,掌握区域产业结构演进和产业聚集与分散的度量方法,理解区域产业结构演进与区域经济发展之间的关系。

2. 掌握主导产业、关联产业、基础产业的概念及选取因素,重点理解区域产业结构合理性评价标准及其方法,了解区域产业结构优化的内容与策略。

3. 理解我国产业趋同现象背后的原因,深入了解中国区域产业结构演进过程。

【能力目标】

1. 将区域产业结构演进理论与国内区域产业结构演进实践结合起来进行讲解,培养学生对知识的举一反三能力。

2. 让学生学会关注中国产业结构问题与实际,培养学生辩证、系统的经济分析思维,培养学生自主性学习知识的能力。

3. 通过将中国区域产业结构实情引入课堂,逐步形成运用区域经济学知识分析中国国情、中国制度、中国文化、中国现象的能力,培养学生理论联系实际的能力。

【育人目标】

1. 政治认同 通过学习区域产业结构合理性评价标准与方法,评价我国区域产业结构的演进,明确区域产业结构变迁的现实意义;并且感受我国区域产业结构发展对于我国经济发展的巨大推动作用,树立"中国共产党为什么能、马克思主义为什么行、中国特色社会主义为什么好"的社会主义核心价值观。

2. 国际视野 在本章中,引入国外区域产业结构演进形势,充实课堂教学内容,让学生们全面深入掌握国内外区域产业结构演进规律,培养学生国际视野。

【教学方法与手段】

1. 自主学习:采用超星学习通、钉钉等多种在线手段,引导学生学习相应的专业知识点,线下自主阅读相关的文献资料。

2. 课堂讲授：知识点讲授注重以问题为导向，着重讲授产业结构演进的实质，以及区域产业结构优化的含义和经济解释、启示与建议等。

3. 课堂展示与讨论：学生讨论面对目前国内区域产业结构情况，未来区域产业结构的发展趋势走向，展示根据教学素材整理分析的相关报告等，小组讨论未来国内区域产业结构应怎样合理构建。

4. 启发引导：通过提问、知识点回顾、案例讲解等方式，引导学生主动思考、发散式思考。

【课程思政教学实例】

案例材料：以数字技术赋能传统产业转型升级

(1) 案例简介

利用物联网平台智能监控系统，抓取窑炉数据指导生产，实现降本增效；运用5G和AI技术，大幅提升陶瓷工艺品的检测效率；依托跨境电商及大数据分析，让产品精准对接海外市场。

习近平总书记指出："促进数字技术和实体经济深度融合，赋能传统产业转型升级"。推动传统产业转型升级是建设制造强国的重要任务之一。如何优化流程，提高生产效率？怎样精准把控，确保产品质量？怎么对接市场，避免无效供给？近年来，互联网、大数据、云计算、人工智能、区块链等技术加速创新，为传统产业转型升级提供了新机遇。加快数字化改造，这是推动传统产业焕发新活力、释放新潜能的重要途径。

资料来源：以数字技术赋能传统产业转型升级——人民日报。

(2) 案例的思政元素

①思想引领。以数字技术促进传统产业升级，有助于优化产业结构，促进我国产业迈向中高端，是习近平新时代中国特色社会主义思想的重要组成部分。

②政治认同。我国区域产业结构的发展与人民生活水平的提高，离不开党的领导和科学决策。

③家国情怀。学生能够更加深入地认识到我国传统产业结构升级所面临的问题与挑战，增强学生为中华民族伟大复兴而奋斗的家国情怀。

(3) 教学手段

①翻转课堂：通过慕课资源、文献资源为翻转课堂提供支架；通过课堂展示、师生思辨讨论实现课堂高阶性、高效性。

②情景式教学：在知识点"中国产业结构配置"中引入产业数字化是为人民创造高品质生活的内在要求等思政元素，增强学生的政治认同和使命、担当。

③讨论式教学：通过分组收集资料、讨论、总结、展示环节得出本组观点，教师对讨论结果进行点评和总结。

第六章 区域竞争与合作

专业教学目标

本章主要介绍区域分工的基础和形式，考察区域合作和区际贸易对区域发展的影响，结合要素流动及产业转移趋势，论证区域一体化的发展规律。

本章教学的主要目的是使学生掌握区际分工理论、双边和多边贸易理论、区域经济一体化、生产投资转移等基本理论问题。

【知识目标】

1. 了解马克思主义区际分工理论与几种影响较大的区际分工与贸易理论的基本内容。

2. 明白区域竞争体系的构成，理解区际贸易产生原因的理论演进以及贸易一体化对不同参与国的差异性影响。

3. 掌握区域经济一体化的内涵与发展进程，知道中国为推进区域经济一体化所做出的努力。

【能力目标】

1. 引导学生理论联系实际，主动思考区域分工的基础以及区域贸易对区域经济发展的影响。

2. 培养学生从思辨角度出发分析区际贸易政策，并对比与评价不同的贸易政策实施所带来的作用与效果。

3. 能够预判并阐释区域经济一体化的经济社会效应,具备一定的科学研究能力,为将来就某一问题进行持续性深入研究奠定基础。

课程思政教学目标及实践

【育人目标】

1. 家国情怀　改革开放以来中国积极参与世界经济一体化进程,构建与世界各国合作发展的新平台。通过研究历年我国对外贸易数额的对比,以及不同区域经济增长取得的丰硕成果,让"数据说话",让"事实说话",不断增强学生的民族自豪感与国家荣誉感。

2. 新发展理念　习近平总书记指出:"各国经济,相通则共进,相闭则各退"。开放发展是中国基于改革开放成功经验的历史总结,也是拓展经济发展空间、提升开放型经济发展水平的必然要求。

3. 问题意识　区域经济一体化是经济发展中必然经历的过程,也是全球经济发展和经济空间作用的必然结果。积极推进区域合作会产生"多米诺效应",可引导学生对这一效应产生的原因和结果进行思考,培养学生的问题意识。

4. 职业道德修养　不论是区域竞争还是区际合作,始终离不开人才这一重要的生产要素,要引导学生树立远大理想与目标,不断夯实自身实力,提高综合素质,树立爱岗敬业、遵纪守法、诚实守信、奉献社会的意识。

【教学方法与手段】

1. 课前预习:要求学生在上课之前,先通过慕课、微课等线上资源,学习本章基础的专业知识点,然后在线下自主阅读相关文献资料,提前预习本章教学内容,并对不理解的问题进行总结。

2. 课堂讲授:教师讲授本章主要内容,结合PPT演示、视频播放和讨论以及案例教学法的运用等,详细介绍本章的重点与难点。要注重将教学知识点与思政教学点相融合。

3. 课后巩固:课后将本章教学的难点进行梳理,并布置作业巩固上课成果,同时解答学生的学习疑惑,与督导老师、学生代表交流不断改进教学方法和手段。

【课程思政教学实例】

案例材料:共建"一带一路"取得实打实沉甸甸的成就

(1)案例简介

2013年秋习近平总书记西行哈萨克斯坦、南下印度尼西亚,先后提出建设丝绸之路经济带和21世纪海上丝绸之路重大倡议,旨在传承丝绸之路精神,携手打造开放合作平台,为各国合作发展提供新动力。8年来"六廊六路多国多港"互联互通架构基本形成,一大批合作项目落地生根,我国已与140个国家、32个国际组织签署200多份共建"一带一路"合作文件,与沿线国家货物贸易额累计达到10.4万亿美元,对沿线国家非金融类直接投资超过1300亿美元。据世界银行研究报告,共建"一带一路"倡议将使相关国家760万人摆脱极端贫困、3200万人摆脱中度贫困,将使参与国贸易增长2.8%～9.7%、全球贸易增长1.7%～6.2%、全球收入增加0.7%～2.9%。

资料来源:人民日报评论员. 共建"一带一路"取得实打实沉甸甸的成就——论学习贯彻习近平总书记在第三次"一带一路"建设座谈会上重要讲话[N],人民日报,2021年11月21日。

(2)案例的思政元素

①制度自信。通过共建"一带一路",提高了国内各区域的开放水平,拓展了对外开放的领域,不断推动着政策沟通、设施联通、贸易畅通、资金融通以及民心相通的实现。"一带一路"倡议源于中国,但机遇和成果却属于世界。

②家国情怀。随着"一带一路"沿线各国互联互通取得越来越多的丰硕成果,"一带一路"建设为促进沿线各国经济繁荣与区域经济合作提供了全新的平台,作为中国人,心中的民族自豪感与国家荣誉感便油然而生。

③传统文化。通过共建"一带一路",各国不断深化基础设施建设、产业、经贸、科技创新、公共卫生、人文等领域的务实合作。中国璀璨的传统文化也走出国门,向世界呈现中华文化的精髓与内涵,被越来越多的国家和地区所接受。

④新发展理念。中国为推进区域经济一体化做出了极大努力。在国内鼓励众多省份都参与到区域合作与区域经济一体化建设中来,在国际则持续加大开放力度,"一带一路"倡议的提出不断夯实了中国国际经济合作和竞争的新优势。

(3)教学手段

①课前准备:课前就"一带一路"倡议取得的成就,向学生提出一系列问题,引发学生对区域竞争与合作的思索,引导学生查找资料,关注官方网站信息,并在课堂上以小组形式展开讨论。

②翻转课堂与教师讲授:教师与学生一起分析讨论案例,按照时间线索梳理"一带一路"所取得的丰硕成果,在引起学生学习兴趣的同时,润物无声地将教学知识点与思政教学点融合。

③课后总结:总结课堂教学重点与难点,布置课后作业巩固教学成果,同时引导学生对感兴趣的问题进行持续研究,培养学生独立思考问题的能力。

第七章 国民收入区际分配与政府调控

专业教学目标

本章集中讨论了产业分布如何影响国民收入区际分配、如何度量区际收入差距以及区际收入差距的影响因素三方面内容。本章教学的目的,是要使学生掌握区际收入分配的基本理论以及度量区际发展差距的一些方法。

【知识目标】

1. 理解产业分布是如何影响国民收入区际分配的;

2. 掌握区际收入分配的基本理论以及度量区际发展差距的一些方法;

3. 知道影响我国国民收入区际差距的主要因素,明白政府调控与福利水平改善之间的关系。

【能力目标】

1. 引导学生运用所学知识解释现实生活中的经济现象,如解释国民收入在区域之间、城乡之间、不同群体之间分配不均的原因。

2. 提高学生自主学习能力和独立思考问题的能力,引导学生查找资料,就威廉姆森"倒U形理论"存在的争议进行总结。

3. 通过课堂讨论或案例教学法,引导学生理论联系实际,对政府宏观调控的重要性和必要性有一定认知。

课程思政教学目标及实践

【育人目标】

1. 政治认同　宏观调控是我国社会主义市场经济体制的本质要求和不可缺少的组成部分,是中央政府的重要职能。政府宏观调控在一定程度上可以弥补市场不足,缩小区际人均国民收入的分配差距,这是社会主义制度优越性的集中体现。

2. 制度自信　东部率先发展离不开中央确定的改革开放以及东部沿海地区首先开放、优先发展的政策,而沿海地区各省区市的地方政府在政府管理体制方面的优势也为东部沿海地区的率先发展起到极大的助推作用。

3. 科学精神　在分析影响国民收入区际差距的要素时,科学技术是一个极为重要且不容忽视的重要因素,这就要求我们尊重科学、重视技术、不断进取、开拓创新,提升人力资本水平,用科技的力量推动区域经济发展。

【教学方法与手段】

1. 预习时提出问题:通过线上线下相结合的方法,组织学生课前预习,自主阅读并提前思考本章授课重点,带着问题来上课。

2. 课堂上解决问题:教师正式授课前可先将学生问题进行归类和梳理,在授课过程中,一一解答学生课前预习所提出的问题,并结合案例教学法、互动教学法等,将教学知识点与思政教学点在讲课过程中呈现出来。

3. 下课后及时反馈:课后布置作业巩固上课成果,组织学生就上课重点与难点进行总结,并听取学生反馈,有选择地进行授课方式的调整。

【课程思政教学实例】
案例材料:我国区域发展差距呈缩小态势
(1)案例简介

据国家统计局2019年发布报告显示,建国70年来随着我国区域发展战略的实施,各区域经济总量不断攀升。1952年东部、中部、西部、东北地区生产总值仅分别为257亿元、146亿元、127亿元和84亿元,到1978年分别增加至1514亿元、750亿元、726亿元和486亿元,均比新中国成立初期明显增长。2018年,东部、中部、西部和东北地区生产总值分别达到48.1万亿元、19.3万亿元、18.4万亿元和5.7万亿元。从区域发展差距看,70年间,各区域经济发展的相对差距经历了从缩小到扩大再到缩小的变化过程。党的十八大以来,按不变价格计算,东部、中部、西部、东北地区人均地区生产总值年均增速分别为7.2%、8.2%、8.5%和6.1%,中西部地区发展速度领先于东部地区,形成了地区经济发展良性互动的局面。

资料来源:刘杨.国家统计局发布报告显示——我国区域发展差距呈缩小态势,经济日报2019-08-20。

(2)案例的思政元素

①政治认同。中国区域经济发展差距的逐渐缩小离不开中国共产党的英明领导和科学决策。在教学中要用"案例说话",让"数据说话",让学生真切体会到"中国共产党为什么能、马克思主义为什么行、社会主义为什么好"的原因。

②制度自信。从数据可以看出新中国成立以来,我国东部、中部、西部、东北地区生产总值都在逐年提升,70年间各区域经济发展的相对差距经历了从缩小到扩大再到缩小的变化过程。人民生活水平得到整体提高,这是社会主义制度优越性的集中体现。

(3)教学手段

①翻转课堂:组织学生对以上案例进行学习,让学生分组思考与讨论中国区域经济发展差距逐渐缩小的原因和表现,撰写研究报告。

②知识点+实事+思政:将教学知识点与思政教学点充分融合,详细梳理建国后70多年来,我国区域经济发展呈现出的特点与取得的辉煌成就,强调政府宏观调控的重要性,增强学生的政治认同感与制度自信。

③学习测评:对学习效果进行测评,对小组讨论情况以及小组提交的研究报告进行打分,及时解答学生学习过程中提出的问题。

第八章 城乡二元结构与城乡统筹

专业教学目标

本章的主要内容为二元结构理论与城市化、乡村经济与贫困、统筹城乡协调发展。本章教学的主要目标是,学生通过学习城乡二元结构理论,深入理解中国特色的统筹城乡协调发展理论以及中国特色的城乡协调发展实践。

【知识目标】

1. 了解劳动力转移的二元结构理论,理解二元经济结构产生的原因。
2. 知道城市化特点与乡村经济的基本特征,理解农村贫困形成的原因以及我国反贫困战略的特点。
3. 掌握中国特色的统筹城乡协调发展理论以及中国特色的城乡协调发展实践。

【能力目标】

1. 给学生讲授国内外学者的二元结构理论,引导学生就国内外不同学者的观点进行对比分析。
2. 梳理我国脱贫攻坚的历程,引导学生理论联系实际,对农村贫困形成的原因进行思考,培养学生的研究分析能力。
3. 通过互动教学法或案例教学法,帮助学生深刻理解城乡统筹的重大意义,引导学生对政府宏观调控的重要性和必要性有一定认知。

课程思政教学目标及实践
【育人目标】

1. **政治认同** 中国特色的城乡协调发展实践,用城乡发展差距逐渐缩小的成果向我们证明了"中国共产党为什么能、马克思主义为什么行、中国特色社会主义为什么好"。进一步增强了人们对中国特色社会主义制度的认同以及对中国共产党和中国政府治国理政举措的认同。

2. 制度自信　中国自建国后一直致力于农村的反贫困治理,在改革开放后更是大力推进脱贫攻坚进程,一系列反贫困治理战略的出台以及脱贫攻坚制度的实施,使得我国在2020年取得脱贫攻坚的绝对性胜利,如此骄人的减贫成就,充分彰显了中国特色社会主义制度的优势。

3. 新发展理念　统筹城乡强调要注重农村的发展,坚决贯彻工业反哺农业、城市支持农村的方针,改变城乡二元结构,缩小城乡发展差距,推进城乡要素平等交换和公共资源均衡配置,让广大农民平等参与现代化进程、共同分享现代化成果。

【教学方法与手段】

1. 提前预习:课前在学习通发布视频资料与学习资料,引导学生对"二元经济结构""城市化动因""乡村经济特征""农村贫困原因"以及"城乡统筹意义"等问题进行思考,准备课堂讨论。

2. 翻转课堂:每节课首先就授课主题进行讨论,由学生团队派代表结合课程内容为大家讲授,鼓励学生对其中的思政元素进行思考。教师则记录发言的重点和不完善之处,及时进行点评、纠错、总结和补充。

3. 课后巩固:课后布置作业巩固上课成果,并就上课的重点与难点进行总结和梳理,及时听取学生对翻转课堂的反馈意见,灵活调整教学思路。

【课程思政教学实例】

案例材料:中宣部授予张桂梅"时代楷模"称号

(1) 案例简介

在我们如期完成新时代脱贫攻坚目标任务、决战脱贫攻坚取得重大胜利之际,中央宣传部向全社会宣传发布张桂梅同志的先进事迹,授予她"时代楷模"称号。张桂梅同志扎根边疆教育一线40余年,默默耕耘、无私奉献,为了改变贫困地区女孩失学辍学现状,在党和政府以及社会各界的帮助下,推动创建了一所免费招收贫困女生的高中,2008年建校以来已帮助1800多位女孩走出大山走进大学,用知识改变贫困山区女孩命运。

资料来源:新华网. 中宣部授予张桂梅"时代楷模"称号[EB/OL],http://www.xinhuanet.com/politics/2020-12/11/.

(2) 案例的思政元素

①政治认同。消除贫困、逐步实现共同富裕是社会主义制度的本质要求。中国共产党的初心使命就是为人民谋幸福、为民族谋复兴。中国脱贫攻坚取得的伟大成就离不开中国共产党的英明领导和科学决策。因此应引导学生增强对中国特色社会主义制度的认同以及对中国共产党和中国政府治国理政举措的认同。

②家国情怀。张桂梅同志是践行习近平总书记"四有"好老师要求的优秀榜样,是脱贫攻坚中涌现出的教育扶贫先进典型,是新时代妇女投身脱贫攻坚巾帼建功的杰出代表,是点亮乡村女孩人生梦想的优秀人民教师。她热爱祖国、奉献人民的家国情怀,充分体现了共产党人不忘初心,为老百姓谋幸福,一切为了人民的崇高使命。

(3) 教学手段

①实践教学法:组织学生对"农村贫困地区的教育问题"进行思考,查找相关资料,并在条件允许的情况下组织社会实践调查,让学生充分认识到"扶智、扶业、扶志,是教育扶贫之根本"。

②案例教学法:要求学生将实践调查结果撰写实践报告,并结合"燃灯"校长张桂梅老师的案例,讨论农村贫困地区教育扶贫的困境和必要性,引导学生增强对中国特色社会主义制度的认同以及对中国共产党和中国政府治国理政举措的认同。

③课后学习测评:对学生撰写的实践报告以及学生分组讨论的成果进行评价,作为平时成绩考核的一个来源。同时引导学生持续关注扶贫问题,不断培养学生科学研究的素养。

第九章　区域经济与可持续发展

专业教学目标

本章的主要内容为可持续发展在区域经济中的内涵、区域经济发展与生态环境保护的协调、区域实现可持续发展的方式和途径。本章的教学目的是让学生通过学习了解可持续发展的基本内涵、可持续发展在区域经济中的意义、区域经济发展中如何与生态环境保护相协调。

【知识目标】

1. 了解可持续发展的内涵以及可持续发展从理念到行动的历程。
2. 知道可持续发展的基本原则以及可持续发展在区域经济中的意义。
3. 掌握区域实现可持续发展的方式与途径,明白低碳经济、循环经济与可持续发展的关系。

【能力目标】

1. 给学生介绍可持续发展从理念到行动的大致历程,引导学生思索可持续发展理念被提出的原因。
2. 引导学生理论联系实际,对可持续发展面临的挑战进行思考,培养学生的研究分析能力。
3. 通过课堂讨论或案例教学法,帮助学生深刻理解可持续发展的重大意义,并引导学生重视政府宏观调控的重要性。

课程思政教学目标及实践

【育人目标】

1. 新发展理念　区域经济发展过程应以"创新、协调、绿色、开放、共享"新发展理念作为引领,探索区域可持续发展的方式与路径,尤其是绿色发展理念对于区域经济发展尤为重要。
2. 科学精神　生态文明的科学普及与科技创新是绿色发展的一体两翼。积极发展以新能源、绿色装备制造、节能环保技术、现代生态农业等为代表的新技术、新业态和新产业,以科技创新引领绿色高质量发展尤为重要。

【教学方法与手段】

1. 实践教学法:课前要求学生提前预习,并就"可持续发展的内涵和意义"进行思考,查找资料总结可持续发展从理念到行动的大致历程,鼓励学生自主阅读并提前思考授课重点,带着问题来上课。
2. 案例教学法:上课时可将涉及"可持续发展"的相关视频资料进行汇总,通过讲解视频案例,让学生充分体会实现可持续发展的必要性和重要性,进而将授课知识点与思政教学点融会贯通。
3. 互动教学法:鼓励学生在课前、课中与课后都积极与老师进行互动,就区域的可持续发展主题,提出问题、思考问题并且解决问题。

【课程思政教学实例】

案例材料:云南滇池污染治理:新技术助力滇池治理

(1)案例简介

根据昆明市发布的《滇池保护治理三年攻坚行动实施方案》,到2020年滇池草海和外海水质均要稳定达到Ⅳ类。为了达到这一目标,提升入湖河流的水质非常关键,而在2018年5月36条滇池主要入湖的河流中,还有6条河流的水质尚未达标。如今进入雨季,像老海河这种河流,只能临时采取应急措施,避免污水直接排入滇池。其余还有一些河流,正尝试采用一些减少污染负荷,净化水体的新技术,来提升入湖河流的水质。

资料来源:央视网.云南滇池污染治理:新技术助力滇池治理.https://www.sohu.com/a/238451482_428290.

(2)案例的思政元素

①新发展理念。十九大报告明确指出,我们要建设的现代化是人与自然和谐共生的现代化,既要创造更多物质财富和精神财富以满足人民日益增长的美好生活需要,也要提供更多优质生态产品以满足人民日益增长的优美生态环境需要。滇池几十年的治理历程说明必须坚持生态保护优先,决不能重复走先污染后治理的弯路。

②科学精神。应加强生态环境治理的科技支撑,进一步加大环境领域前沿重大专项研究与国家实验室等重大科技平台建设的支持力度,将科技与环保结合起来,让科技的力量保证人资环的良性循环。

(3)教学手段

①翻转课堂:组织学生对"滇池污染治理"案例进行思考,充分利用线上和线下各种资源,让学生分组讨论区域可持续发展的意义。

②授课+思政:将教学知识点与思政教学点充分融合,通过对该案例的分析,增强学生的政治认同和

制度自信。

③学习测评:对学习效果进行测评,及时反馈问题,调整教学方式和方法。

第十章 区域发展战略与区域规划

专业教学目标

本章的基本内容为区域分析与规划方法、区域经济发展战略以及区域规划等。本章教学的目的是使学生通过学习了解,如何对区域进行系统分析、战略理论和规划方法,怎样识别区域经济发展的特征,把握区域经济发展的方向。

【知识目标】

1. 在熟悉区域分析基本概念的基础上,把握区域系统分析的常用方法,如功效的比较和评价(各种评价指标)、结构分析方法——投入产出分析、决策对策方法、SWOT、情景分析等。

2. 在把握区域经济发展战略内涵和内容构成的基础上,熟悉区域经济协调发展战略和主体功能区及其开发战略及其编制。

3. 在深刻理解和掌握区域规划概念和特性的基础上,厘清区域规划的主要类型,熟悉区域规划的主要内容,掌握区域重点产业部门选择、重点发展区域的选择和区域规划的编制设计的基本方法。

【能力目标】

1. 通过掌握区域系统分析常用方法,构建区域发展的自然条件和社会经济特征及其对区域社会经济发展的影响分析过程范式框架,实现区域系统分析中诸多知识联系的举一反三融通运用能力。

2. 通过讨论式和示范式教学,塑造从理论学习到中国实践导入、知识补充到区域经济发展战略和区域规划思维训练的学习过程,培养学生自主性学习知识和掌握技能的能力。

3. 通过将中国改革开放以来中国区域经济发展战略演变过程、长江三角洲区域一体化发展规划纲要、关中城市群发展规划的实践引入课堂,逐步形成分析区域经济基本特征的能力。

课程思政教学目标及实践

【育人目标】

1. 政治认同 通过区域系统分析,明确区域经济发展战略确立与区域规划编制的现实意义;在中外区域经济发展的经典案例介绍中,进行区域经济发展战略和运用效果的比较,引导学生树立社会主义核心价值观。

2. 家国情怀 通过将区域经济发展战略、区域规划的引领和调控与中国区域经济发展实践相联系,使学生明确共产党领导中国道路的正确性,培养学生的"四个自信",鼓励学生勇担区域经济发展的历史重任。

3. 法治观念 通过讲解区域经济发展战略以及区域规划的概念、特性、内容、作用和编制、评审、批准、修订等过程,启发学生思考区域经济发展中法律、法规建设的重要性,从而增强学生的法律意识。

4. 职业道德修养 用中国区域经济取得的辉煌成就启发学生,时代的青年人担负着国家发展的重任,要自觉将小我融入大我,不断追求国家的富强。教育学生要养成遵纪守法、爱岗敬业、诚实守信的职业品格和行为习惯。

【教学方法与手段】

1. 学生自主学习:让学生线上学习慕课微课中的基础专业知识点,线下自主阅读文献资料,撰写阅读笔记。

2. 课堂启发引导:教师知识点讲授注重以问题为导向,着重讲授区域系统分析方法、区域经济发展战略和区域规划等。

3. 课堂展示与讨论:学生讨论面对目前中国区域经济空间格局演变,应如何选择我国西部地区区域经济发展战略和编制区域规划等,小组讨论可能遇到的问题,最后由教师进行总结与补充。

【课程思政教学实例】

案例材料:新时代区域协调发展战略(2012年至今)

(1)案例简介

新时代的区域协调发展战略内涵十分丰富。

第一，坚持统筹协调与分类指导相结合，推动形成区域协调发展新格局。十八大以来，国家相继提出了"一带一路"、京津冀协同发展、长江经济带、粤港澳大湾区建设、长三角一体化发展及黄河流域生态保护和高质量发展等区域重大发展战略。形成了沿江沿海沿河沿线经济带为主的纵向横向经济轴带，开创了区域协调发展新格局。

第二，坚持重点突破与整体推进相结合，着力培育区域协调发展的新引擎。一是加快城市群建设，通过推进新型城镇化来促进区域协调发展。通过培育区域发展新增长极，促进区域协调发展。二是加大对特殊类型区域的扶持力度。十九大报告明确提出要"加大力度支持革命老区、民族地区、边疆地区、贫困地区加快发展""支持资源型地区经济转型发展"。

第三，坚持补齐短板与建立长效机制相结合，健全区域协调发展机制。一方面补短板，一是将推进区域基本公共服务均等化作为缩小区域差距的根本任务。二是将生态文明的理念引入区域协调发展战略中，加快完善主体功能区政策体系。另一方面坚持深化改革，通过完善体制机制，以形成制度保障，逐步形成长效机制。

第四，坚持开放互动与合作共赢相结合，增强区域协调发展动力。十九大提出要"优化区域开放布局"，要以"一带一路"建设为重点，扩大统筹空间。在深化沿海开放的同时，推动内陆和沿边地区从开放的洼地变为开放的高地，与京津冀协同发展、长江经济带建设、大湾区建设等国家战略统筹推进，形成"陆海内外联动、东西双向互济的开放格局"。

资料来源：石碧华．我国区域经济发展战略思想的演变及展望[J]．理论视野，2021(12)：58－63．

(2) 案例的思政元素

①思想引领。区域协调发展是习近平新时代中国特色社会主义经济思想的重要组成部分，党的十九大报告首次明确提出要坚定实施区域协调发展战略。

②政治认同。历史已经证明，我国经济和社会发展与经济空间的现代化建设离不开党的英明领导和科学决策。

③家国情怀。使学生能够更加深入地认识到我国区域经济社会发展取得的巨大成就，全面了解我国区域空间格局的现代化建设的动态蓝图，以及面临的机遇与挑战，激发学生为中华民族伟大复兴而奋斗的家国情怀。

(3) 教学手段

①翻转课堂——支架与高阶：慕课资源、文献资源为翻转课堂提供支架；课堂展示、师生思辨讨论实现课堂高阶性、高效性。

②知识点＋实事＋思政——贯穿融合：在区域经济发展战略和区域规划等知识点讲解中引入富民强国等思政元素与中国区域经济发展战略取得的成功经验相结合，增强学生的政治认同和使命担当。

③学习测评—实时呼应：对学生讨论结果进行现场点评。

第十一章 区域经济政策与经济体制改革

专业教学目标

通过本章的学习，使学生充分认识区域经济政策的必要性与可能性，熟悉区域经济政策的主要目标、基本工具、效应评价，以及把握深化体制改革和贯彻在"新发展理念"背景下如何加快区域经济发展等问题。

【知识目标】

1. 在熟悉微宏观经济政策理论的基础上，从区域经济发展中市场机制的缺陷来认识政府调控的必要性，从区域协调发展视角出发，理解政府宏观调控可以主导区域经济模式，了解区域经济发展中政府与市场、效率与公平的关系等；

2. 把握区域经济政策的内涵，厘清目标、工具、作用对象、政策主体，作用层次等内涵要义，从而理解区域经济目标的选择和主要政策工具的运用及组合。

3. 在熟悉宏观经济政策评价和微观经济政策评价内容的基础上，掌握区域经济政策评价的主要类型及其内容，把握对比分析、偏离－份额分析、成本－收益分析等区域政策效应评价方法。

4. 从生产关系一定要适应生产力发展的视角去认识和理解经济体制改革的主要内容,掌握"推进全面深化体制改革,加快区域经济发展"的路径与方法。

【能力目标】

1. 通过掌握区域经济政策的理论基础,构建区域经济政策及其作用模式的推演过程,在实现区域经济发展中市场机制和政府调控作用的分析、区域经济政策目标在效率与公平取舍的分析中强化知识与实践的联系,达到提升学生举一反三能力的目的。

2. 通过讨论式和示范式教学,塑造从理论学习到具体区域经济政策实践的导入、知识补充到区域经济学思维训练的学习过程,培养学生自主性学习知识的能力。

3. 通过将中国区域经济政策与经济体制改革的伟大实践引入课堂宣讲及讨论,逐步形成运用经济学知识分析世情、国情、民情的能力。

【育人目标】

1. 政治认同 通过全方位梳理中国区域经济政策和经济体制改革的实践发展脉络,以马克思主义基本原理为指导,建构区域经济政策与经济体制改革的理论基础,科学认识中国区域经济政策演变、经济体制改革不断深入和新时代区域经济高质量发展态势,使学生树立社会主义核心价值观。

2. 家国情怀 通过将区域经济政策理论与中国区域经济政策及经济体制改革的实践有机结合,使学生明确中国共产党领导下中国发展道路的正确性,启发学生思考面对中国区域经济空间的大变革,应如何重新定位自我,勇担历史重任。

3. 法治意识 通过讲解区域经济政策概念、构成内容、目标选择政策评价和经济体制改革及成就,帮助学生理解政府政策对区域经济发展既具有导向性又有法的权威性,启发学生思考区域开放发展中"法"的创新问题,从而增强学生的法律意识。

4. 职业道德修养 通过中国区域经济政策和经济体制改革取得的辉煌成就激发学生,时代的青年人担负着国家不同发展阶段的重任。教育学生要养成遵纪守法、爱岗敬业、诚实守信的职业品格。

【教学方法与手段】

1. 学生自主预习:线上学习相应慕课中的基础专业知识点,线下自主阅读文献资料,撰写阅读笔记或思维导图。

2. 上课启发引导:教师知识点讲授注重以问题为导向,着重讲授区域经济政策的理论基础、政策的主要目标和工具、政策效应评价、经济体制改革与区域经济发展等。

3. 课堂讨论与总结:组织学生讨论:面对目前我国区域经济的发展态势,应如何选择区域经济政策和深化区域经济体制改革? 展示根据教学素材整理分析的相关报告等,小组讨论区域经济体制改革和政策推行中可能遇到的问题,最后由教师做出全面的补充与总结。

【课程思政教学实例】

案例材料:中国经济体制改革 40 年的实践

(1)案例简介

第一,从计划经济到商品经济的改革探索阶段(1978—1991年)。改革首先从农村推行经营体制改革开始,逐步向城市国企扩大自主权、恢复和发展集体经济和个体经济推进;推行利改税以及"划分收支、分级包干"税制改革;废除农副产品的统购统销制度,培育农产品市场;对外开放从经济特区向开放沿海、沿江乃至内地推进。

第二,市场经济体制框架初步建立阶段(1992—2002年)。党的十四大确立社会主义市场经济体制的改革目标、方向和基本内容,涉及宏观经济管理体制、基本经济制度、国有企业改革和国有经济布局的结构调整和基本社会保障体系建设等。到2002年社会主义市场经济体制的基本框架初步建立。

第三,市场经济体制初步完善阶段(2003—2011年)。党的十六大提出到2020年建成完善的社会主义市场经济体制改革目标,十六届三中全会对此又做出了全面部署。包括取消农牧业税、农林特产税;清理和修订限制非公有制经济发展的法规、规章和政策性规定;不断健全公共财政、金融管理体制的改革;加快土地、劳动力、技术、产权、资本等要素市场发展;不断完善社会保障体系的制度。

第四,新时代的全面深化改革阶段(2012年至今)。2012年党的十八届三中全会做出《中共中央关于全面深化改革若干重大问题的决定》,非常明确地表明,改革不再拘泥于经济体制改革领域,而是涵盖经济、政治、文化、社会以及生态文明的新时代全面深化改革。

资料来源:搜狐网.中国40年改革的基本历程.https://www.sohu.com//a/272777171.

(2)案例的思政元素

①思想引领。中国的经济体制改革,是中国特色社会主义思想的重要理论创新成果。

②政治认同。中国经济体制改革40年的实践取得的丰硕成果,离不开党的领导和科学决策。

③家国情怀。学生能够更加深入地认识到我国经济发展面临的机遇与挑战,增强学生为中华民族伟大复兴而奋斗的家国情怀。

(3)教学手段

①课前预习:组织学生在学习通上提前观看相关纪录片,让学生对案例内容有一个大致了解,主动思考制定区域经济政策的目标。

②知识点+实事+思政:在知识点"区域经济政策和经济体制改革"中引入思政元素,并与中国成功的实践经验相结合,引导学生增强政治认同感、民族自豪感以及使命担当的责任感。

③课后总结:通过对案例的解析,将教学知识点与思政教学点融会贯通,课后进行总结和重点梳理,帮助学生理顺学习思路。

四、课程思政的教学评价

(一)对教师的评价

1. 教学准备的评价

《区域经济学》课程思政建设的教学准备,要求教师必须做到知识传授与价值引领相结合,加强对学生爱国主义、集体主义、社会主义的教育,引导学生树立正确的历史观、民族观、国家观、文化观,树牢"四个意识"、坚定"四个自信"、坚决做到"两个维护"。为此必须提前提炼各章节所涉及的思政元素,提前进行课程思政教材的选用、教学目标的设计、教学大纲的修订以及教案课件的编写等工作。

2. 教学过程的评价

对《区域经济学》课程思政建设教学过程的评价主要应包括这样几个方面:第一,在教学目标方面,是否实现了知识目标、能力目标与育人目标的完美统一;第二,在教学内容方面,是否能够充分发挥课程的德育功能,"润物无声"地将课程思政元素融入到《区域经济学》的教学内容中去;第三,在教学方法方面,是否能够娴熟地将教师讲授、翻转课堂、地图分析、案例讨论、实践调研与慕课微课等教学方法与手段在教学中加以运用,在充分调动学生学习热情的同时,将马克思主义基本原理运用、习近平谈治国理政中关于经济发展、经济政策的论述与专业知识实现融会贯通。

3. 教学结果的评价

《区域经济学》课程思政应该建立多维度的评价体系,如应该包含同行评议、随机听课、学生评教、教学督导评价、教学研究及教学获奖等。

4. 评价结果的运用

关于《区域经济学》教学的评价,可通过同行互评、督导听课、学生评教等方式给出改进建议,进而督促教师及时进行教学反思,并不断改进教学方法和手段,完善教学内容,更好地将《区域经济学》的德育功能充分发挥出来。

(二)对学生的评价

1. 学习过程的评价

《区域经济学》的学习过程至少包括课前预习、课堂互动与学习以及课后复习与巩固三个阶段,对学生学习过程的评价可从这三个阶段入手,分别制定相应的指标来进行对比与区分。比如课前预习阶段,可通过衡量学生对教师布置的预习任务的完成程度、对翻转课堂需要准备的研究材料的质量进行判定来进行评价;课堂互动与学习阶段,可通过学生发言的次数与质量、课堂互动的频率与态度等进行评价;而课后复习与巩固阶段,可通过作业完成的情况以及论文、研究报告撰写的水平来进行评价。

2. 学习效果的评价

《区域经济学》学习效果的评价,可通过期末考试、平时作业、课堂讨论、调研报告、随堂练习、课程论文等多种形式来进行,尤其要重视检验学生对课程思政元素的领会及其对思政元素的掌握程度。

3. 评价结果的运用

可采取问卷调查、匿名访谈、师生交流等方式,对学生学习过程和学习效果进行评价,总结其学习中面临的问题与困惑,不断改进教学方法、教学内容和教学手段,提升学生学习的兴趣和效率,努力将课程思政教学点与授课知识点完美融合,将"立德树人"充分融入到《区域经济学》专业课的教学中去。

五、《区域经济学》课程思政的教学素材

序号	内容	形式
1	中国经济体制改革 40 年	阅读书籍
2	2020 年度中央政府工作报告	研究报告
3	2021 年"十四五"规划与新时代区域经济发展	研究报告
4	"十四五"时期我国产业结构变动特征及趋势展望	研究报告
5	《中国"一带一路"贸易投资发展报告 2021》	研究报告
6	《关中平原城市群发展规划》	政策文件
7	2018 年《中共中央国务院关于建立更加有效的区域协调发展新机制的意见》	政策文件
8	2016 年《关于贯彻落实区域发展战略促进区域协调发展的指导意见》	政策文件
9	2021 年《关于促进制造业有序转移的指导意见》	政策文件
10	2015 年《工业和信息化部关于进一步促进产业集群发展的指导意见》	政策文件
11	2022 年《国家发展改革委等部门关于推进共建"一带一路"绿色发展的意见》	政策文件
12	2019 年《粤港澳大湾区发展规划纲要》	政策文件
13	2017 年《国务院关于印发新一代人工智能发展规划的通知》	政策文件
14	2016 年《国务院关于深化制造业与互联网融合发展的指导意见》	政策文件
15	《中国现代化报告 2018:产业结构现代化研究》	研究报告
16	《辉煌中国》	纪录片
17	《一带一路》	纪录片
18	《大国重器》	纪录片
19	《中国力量》	纪录片
20	《摆脱贫困》	纪录片
21	《人民的小康》	纪录片
22	中国区域经济学的理论基础与研究框架	期刊论文
23	区域经济学的一些理论问题	期刊论文
24	中国区域经济学:概念、特征与创建思路	期刊论文
25	区域经济学的研究逻辑:兼论中国气派的区域经济学构建	期刊论文
26	中国区域经济理论演进与未来展望	期刊论文
27	新时代我国区域经济发展战略的新特点新任务新思路	期刊论文
28	比较优势、竞争优势与区域一体化	期刊论文
29	引领区域经济合作新实践 深入构建周边命运共同体	期刊论文

续表

序号	内　　容	形式
30	我国区域合作治理机制的研究进展	期刊论文
31	区域高质量一体化发展:从地理空间到多维联系	期刊论文
32	中欧班列运行效益分析及高质量发展对策	期刊论文
33	"十四五"时期中国国民收入分配格局研究	期刊论文
34	完善国民收入分配结构与深化供给侧结构性改革	期刊论文
35	区际产业转移与区域经济差距	期刊论文
36	我国宏观调控思路的历史性进展	期刊论文
37	大数据背景下政府宏观调控方式优化研究	期刊论文
38	脱贫攻坚与乡村振兴有效衔接的生成逻辑、价值意蕴及实现路径	期刊论文
39	习近平关于共同富裕的重要论述及其时代价值	期刊论文
40	我国乡村振兴与城乡统筹发展关联分析	期刊论文
41	中国共产党城乡关系统筹发展认识的历史演进	期刊论文
42	从二元结构到城乡融合的中国特色农村发展道路研究	期刊论文
43	从中国看世界:全球绿色发展研究40年之回溯与展望	期刊论文
44	中国相对贫困地区可持续发展问题典型研究与政策前瞻	期刊论文
45	中国可持续农业发展模式的区域比较和启示	期刊论文
46	杭州市区域规划与分析	期刊论文
47	我国区域经济发展战略思想的演变及展望	期刊论文
48	"十四五"我国区域经济发展总体战略的基本思路——构建高质量现代化城乡区域经济新体系	期刊论文
49	国家区域政策与区域经济发展	期刊论文
50	新时代中国特色社会主义市场经济体制逐步建成——中国经济体制改革四十年回顾与展望	期刊论文
51	中国产业布局的演变逻辑和成就经验	期刊论文
52	中国区域产业结构优化的再估算	期刊论文
53	增强"课程思政"实效的三个维度	网络电子文献
54	论科学精神	网络电子文献
55	政治认同:国家治理现代化的根与魂	报刊资源

《社会经济调查方法》课程思政教学指南

王宗鱼　杜康　张海涛

（西安财经大学）

一、课程简介与课程目标

（一）课程简介

《社会经济调查方法》是一门主要针对经济学、财政学、税收学、贸易经济、金融学、投资学、保险学等专业学生从事社会实践活动，开展相关经济研究的方法论课程。通过本课程学习，使学生能够熟练掌握社会经济调查研究资料的收集方法与工具；较全面掌握调查样本的选取方法与具体操作过程；掌握规范化、标准化问卷设计方法与设计技巧；熟练掌握自填问卷法、当面访问法与电话调查法这些基本的调查资料收集的方法和技巧；并掌握对调查资料的整理、加工、图表展示和统计分析方法；掌握调查分析报告的基本结构、质量评价标准及规范撰写调查分析报告的具体要求和技巧。学习本课程将促进学生专业理论学习与社会经济问题研究的有机结合，培育学生善学好用的实践创新能力与不断钻研深度学习的科学精神，使学生在学习中逐步具备独立研究社会经济问题的能力。通过本课程的学习与实践，将帮助学生深刻认识当今中国经济社会发展变化现状、了解中国改革开放与社会经济治理所取得的令人瞩目的伟大成就。引导学生深入社会生活、关注现实问题，分析现象背后的相关原因，探寻解决问题对策与方法。不断增进学生发现问题、分析问题和解决问题能力，帮助学生树立正确的世界观、人生观、价值观。

本课程以马克思列宁主义、毛泽东思想、邓小平理论、"三个代表"重要思想、科学发展观和习近平新时代中国特色社会主义思想为指导，课程内容紧密结合中国社会经济热点，采用课堂讲授、启发式教学、小组讨论教学、案例教学、情景教学、实际调查研究、实验实训和慕课微课教学等多种教学方法。在教导学生掌握正确社会经济调查方法的同时，培育学生爱党、爱国、爱人民的家国情怀，增强"四个意识"、坚定"四个自信"、做到"两个维护"，在思想和行为上自觉与党中央保持高度一致，努力成为能熟练掌握和运用社会经济调查理论与方法、具有科学精神、心系国家、关注社会、创新实践的应用型创新人才。

（二）课程目标

本课程为专业必修课程。通过本课程的学习，使学生能够达到以下目标：

1. 知识目标：熟悉现代社会经济调查方法的内涵与特点，熟知针对不同调查目标选取合理调查样本的相关理论；熟知标准化问卷设计方法；学会自填问卷、当面访问、网络调查与电话调查等资料收集方法；学会数据资料整理、制表、制图及统计分析等方法；学习调查分析报告的写作要求及撰写规范。

2. 能力目标：能够针对不同调查目标选择合理调查方法，能恰当选择调查样本；每一名学生都能针对调查目标设计规范标准的调查问卷；能够合理选择资料收集方法并能对问卷回收资料进行审核、汇总，运用统计软件对数据进行分析；能够在调查报告中运用适当的经济模型、图表和文字等，对社会经济现象进行描述；能够从理论和实践层面解释社会经济现象背后产生的原因和主要影响因素；能够针对社会经济问题撰写调查分析报告并提出解决对策和建议，具备一定的科学研究能力和创新精神。

3. 育人目标：

（1）素质培育方面，培养学生的发现问题意识、理性思维、系统思维、集体意识和全局观念。使学生具备良好的专业素养，树立求真务实、坚持不懈的科学精神，熟悉国家有关经济战略规划、政策法规，形成主动接受终身教育的习惯；能够掌握有效的学习方法，具备通过多种渠道构建和完善自我知识体系的能力；具备建立自主学习和探究创新的意识和信心，不断提高综合素质；具有一定的科学知识与科学素养以及良好的身心素质。

(2)价值塑造方面,能够运用马列主义、毛泽东思想、邓小平理论、"三个代表"重要思想、科学发展观和习近平新时代中国特色社会主义思想的立场、观点和方法分析经济问题,能够运用辩证唯物主义和历史唯物主义世界观和方法论对社会经济现象开展调查研究。通过调研实践活动引导学生了解国情,增强社会责任感和使命感及服务经济社会发展的使命与担当。

(三)课程教材和学习资源

➤ 课程教材

郝大海.社会调查研究方法[M].北京:中国人民大学出版社,2019(4)

➤ 参考教材或推荐书籍

1. 陈卫洪,洪名勇.农村经济调查方法[M].北京:中国经济出版社,2012(1).
2. 水延凯,江立华.社会调查教程[M].北京:中国人民大学出版社,2014(6).
3. 风笑天.社会研究方法[M].北京:中国人民大学出版社,2018(5).
4. 风笑天.现代社会调查方法[M].武汉:华中科技大学出版社,2021(1).
5. 翟振武.社会调查问卷设计与应用[M].北京:中国人民大学出版社,2019(7).

➤ 学术刊物与学习资源

《市场调查信息》杂志,国内统一刊号:CN22-1300/C.

《调研世界》杂志,国内统一刊号(CN):11-3705/C.

国内外经济社科类核心期刊。

学校图书馆提供的各种数字资源,特别是"中国知网"。

➤ 推荐网站

思政在线平台学习资源库:"学习强国"、国家统计局数据库,"问卷星"在线网络调查网站。

中国高校思政学习平台:中国高校思政大讲堂、这就是中国、经济大讲堂等。

思政资讯与时事资源:央视财经评论、经济信息联播、经济半小时等。

二、课程思政教学总体设计

(一)《社会经济调查方法》课程思政建设的目标

落实立德树人根本任务,深度挖掘提炼具有本课程特色的思想价值和精神内涵,科学合理拓展课程的广度、深度和温度,实现价值塑造、知识传授和能力培养的高度统一。本课程思政建设坚持以爱党爱国、热爱社会主义制度,热爱人民主线,及时追踪学科前沿研究成果和学科发展的最新动态,努力构建中国特色学科体系、学术体系、话语体系,使本课程思政建设具备政治性、时代性、特色性、实践性、灵活性和可操作性。

本课程思政教学要结合本校办学定位、专业特色和人才培养要求,准确把握课程思政建设方向和重点,科学设计课程思政建设总体目标和课堂教学具体目标。

教师根据课程教学的知识学习目标、能力训练目标和素质养成目标,选择以下10维度将课程思政教学目标融入其中,让知识点和课程思政教学点通过映射实现融合,进而形成《社会经济调查方法》课程教学目标体系。

1. 坚持思想引领

《社会经济调查方法》课程教学要以马列主义、毛泽东思想、邓小平理论、"三个代表"重要思想、科学发展观和习近平新时代中国特色社会主义思想为根本指导思想,重点是推进习近平新时代中国特色社会主义经济思想进教材、进课堂、进学生头脑。教师可以将习近平关于经济发展的重要论述有机融合在课程设计、课堂教学、研究讨论和考试测评中。

2. 实现政治认同

《社会经济调查方法》课程教学要引导学生认同党的领导、认同中国特色社会主义道路和制度体系、认同国家民族文化和社会主义核心价值观。通过深入挖掘课程思政元素,引入丰富的案例素材,帮助学生深刻领会党领导下的我国经济理论发展与实践,了解国家经济发展战略,增强学生对中国特色社会主义道路和制度的自信,培养学生强烈的社会使命感和责任感,从而认同"中国共产党为什么能、马克思主义为什么行、社会主义为什么好",增强学生的政治认同;引领学生充分认识中国共产党正确领导的意义和社会主义制度的优越性;将人类命运共同体理念作为培养学生国际化视野、现代思维的出发点。

3. 培育社会主义核心价值观

《社会经济调查方法》课程教学要将社会主义核心价值观、人民至上的立场以及和平、发展、公平、正义、民主、自由的全人类共同价值融入经世济民的学科专业价值塑造中。

4. 厚植家国情怀

《社会经济调查方法》课程用中国社会经济发展案例和中国经济发展数据作为本课程的思政教学元素,引导学生树立民族自信心,增强实现民族复兴的家国情怀。比如通过在调查方法的介绍中引入费孝通先生为帮农民探寻致富之路,多次深入基层农村开展调查,为我国农村发展和学术研究作出重大贡献的故事。通过中国经济发展的统计数据,让"数据说话",增强学生的民族自豪感和国家荣誉感;通过对脱贫地区乡村特色产业接续发展现状与问题调查报告的分析,引导学生感知我国脱贫攻坚工作的伟大成就,激发学生参与社会建设,承担历史使命壮志豪情。

5. 养成科学精神

本课程注重培育学生的科学精神。引导学生自觉地坚持和运用辩证唯物主义世界观和方法论,训练学生的辩证思维、理性思维、创新思维。培养学生坚持不懈、求真务实的科学精神。鼓励学生勇于探索社会经济问题,将自身职业发展能够融入到新时代的新发展理念中,在教学中通过增强学生客观理性分析问题能力培养学生科学精神。

6. 培育问题意识

经济热点现象层出不穷,如何看待?热点现象背后的原因有哪些?如何开展对其监督及管理?本课程教学要培育学生发现、研究、调查和解决问题的意识,引导学生更好认识问题,通过社会经济调查为政府、企业和社会大众提供社会经济信息,提高决策能力和管理水平,为经济建设和社会管理服务。

7. 养成良好的职业素养

本课程通过实际参与相关社会经济项目调查工作以及对调查领域的主要法律法规和相关政策的学习,引导学生熟悉工作流程和工作要求,反对弄虚作假,树立保密意识,保护私人信息和隐私,严守国家秘密,树立良好的职业道德。

8. 形成深度学习习惯

通过对社会经济调查方法、数据分析方法等各种方法论的学习,了解社会经济调查中没有一种方法是"灵丹妙药",均有其自身固有的局限性,鼓励学生利用互联网等学习资源自主学习,及时总结反思,善学善用,形成深度学习的习惯。

9. 提升人文素养

通过对调查资料搜集方法的学习,引导学生形成"以人为本""保护被访者"的社会调查行为准则。使得学生能够明白不论使用何种资料采集方法,都能够在数据采集过程中做到尊重受访者、尊重隐私。

10. 促进实践创新

通过丰富的案例学习、情景模拟以及实践调查活动,帮助学生能将所掌握社会经济调查知识应用到实际社会问题的调查研究和解决之中,能够学以致用,不断提升学生解决现实问题的能力,促进学生实践创新能力的形成。

(二)课程思政教学内容

《社会经济调查方法》课程的思政内容可以涉及以下几方面:

1. 以辩证唯物主义和历史唯物主义为理论基础和指导思想,坚持实事求是观点和群众观点

科学的社会经济调查,必须以辩证唯物主义和历史唯物主义作为自己的理论基础和指导思想。遵循人类的认识活动三个不可缺少的要素,即认识主体、认识客体和认识过程。教导学生在社会经济调查中,要坚持实事求是的基本原则,克服形形色色的主观主义:不"唯上",不"唯书",要尊重事实,崇尚实践,与时俱进,勇于创新。同时要将群众观点作为科学社会经济调查的重要指导思想,全心全意为人民服务,要敢于反映现实,敢于揭露矛盾,敢于做人民群众的忠实代言人。向群众讲真话,交真心,寻真相,求真知,从而

建立一套科学完整而优良的调研作风。始终把实事求是的观点和全心全意为人民服务的观点作为科学社会经济调查的最根本的指导思想。

2. 坚定政治立场，塑造良好的思想品德和家国情怀

本课程通过深入挖掘课程思政元素，引入丰富的案例素材，讲好中国故事，帮助学生深刻领会党领导下的社会主义建设所取得的重大成就和历史经验，培育学生的家国情怀和社会责任感，引导学生增强"四个意识"、坚定"四个自信"、做到"两个维护"。关心国情历史，坚持社会主义核心价值观，坚定中国特色社会主义共同理想，教导学生为实现中华民族伟大复兴的中国梦而勤奋学习。

3. 熟悉中国国情，培养学生良好的专业素养

本课程的讲授内容通过引入大量有关中国经济发展的社会调查案例，并通过丰富多样的教学形式，将中国社会经济发展和社会经济调查专业知识的讲授进行有机结合，使之掌握较为系统的社会调查专业知识的同时，了解中国的国情、社情、民情，使学生具备良好的专业素养。

4. 树立科学精神，具备良好的研究能力

本课程注重培养学生的求真务实、坚持不懈的科学精神和问题意识，将专业知识传授与调查能力培养相融合，使学生在开展社会经济调查的过程中能多角度地进行辩证思考，不畏困难，尊重客观事实和证据、实事求是，发现问题并利用所学知识分析并解决问题。

5. 关心经济社会现实问题，深入社会经济实际

本课程注重理论与实践相结合，鼓励学生通过问卷设计、资料收集、实习实训、实地调研等途径，了解社会经济领域的重点与难点问题，并结合所学专业知识进行调查研讨，提高学生解决社会经济实际问题的能力，激发学生对社会经济现实问题的感知，真正做到专业理论学习与社会实践紧密相结合。

（三）教学方法

本课程基于其课程性质与特点，积极推进教学方法与教学模式创新与改革，采用课堂理论学习与实际问题调查研究相结合，将教师讲授与学生小组研讨、小组讨论与交流发言、课堂教学与社会实践调查、第二课堂建设相结合；推进教学方法改革，综合运用以问题为导向的课堂讲授法、案例教学法、情景式教学法、小组座谈教学法、深度访谈调查法、统计分析研究法等多种教学方法，将社会经济调查理论知识讲透讲精讲清，奠定学生扎实的调研理论基础，强化学生的团队合作精神，增强学生的团队协调能力；使学生在社会经济调查中既感知党的改革开放政策所取得的伟大成就，又增进学生热爱党、热爱国家的家国情怀，切身体会中国特色社会主义制度的优越性。

三、课程各章节的课程思政教学内容设计

第一章 社会经济调查方法总论

专业教学目标

本章是全书的概述，学习这一章的目的是：了解社会经济调查方法的一般问题。主要是弄清楚什么是社会经济调查方法；社会经济调查特点有哪些；社会经济调查方法主要类型及社会经济调查活动的工作程序；为从事和开展实际社会经济调查工作奠定理论基础。

【知识目标】

1. 明确社会经济调查方法的内涵与其三大主要特点即询问调查手段、恰当的调查样本选择及科学规范的调查分析报告的撰写。

2. 了解社会经济调查方法的主要类型即普查与抽样调查；探索性调查、描述性调查及解释性调查；单一时点的横剖调查即截面数据取得与多重时点的纵贯调查即时间序列数据取得。

3. 熟悉社会经济调查方法的工作程序。即调查设计、实地抽样、资料搜集、资料整理分析和报告撰写。

【能力目标】

1. 通过对社会经济调查方法内涵和特点的学习，使学生能根据实际问题，灵活选择和选用调查手段，具备判断各种调查方法适用性的能力。

2. 通过案例示范教学与小组讨论式学习，使学生明白学习掌握社会经济调查方法在解决社会现实问

题中的重要意义,培养他们的勇于探索、求真务实的创新实践能力。

课程思政教学目标及实践

【育人目标】

1. 思想引领 通过社会经济调查方法运用与实践活动,可以掌握整个国家及所在地区的经济总量及经济发展速度与水平,了解当地的环境治理和百姓生产生活状况等信息,能够在习近平新时代中国特色社会主义思想的指导下,为实现共同富裕和第二个百年奋斗目标献计献策。

2. 科学精神 通过运用抽样调查方法及询问法、观察法、实验法,树立求真务实的科学精神,能尊重事实证据,探究社会经济问题的本质与发展规律。

3. 深度学习 通过对社会经济调查方法特点学习,了解社会经济调查方法绝非是"灵丹妙药",有其自身固有的局限性。要善学善用,及时总结反思。

4. 实践创新 通过社会经济调查方法具体实践开展,积极引导学生将专业理论知识与社会实践有机结合,培养学生观察问题、分析问题及解决实际问题能力,提升学生的社会责任感与创业创新意识。

【教学方式与方法】

1. 自主学习:线上学习相应慕课中的有关调研专业基础知识点,线下自主阅读调查有关统计年鉴、经济年鉴、企业报表及政府有关经济政策等文献资料,撰写阅读笔记或思维导图。

2. 课堂启发引导:讲授调研相关理论的主要观点或内容、政策启示与建议等,为学生学习期间的学年论文、毕业设计完成及未来走上工作岗位的社会经济问题调查研究奠定扎实的有关调查的原理与方法。

3. 课堂展示与讨论:结合总论部分内容学习需要,通过对实际典型案例介绍展示及对以往学生开展实际调研活动的优秀实践报告的学习讨论,从中吸取经验,总结存在问题与不足,从而理解调查研究是一项科学系统而又充满挑战的工作过程。

【课程思政教学实例】

案例材料:北师大收入分配抽样调查:月入 2000 以下 9.64 亿人

(1)案例简介

2019 年,北京师范大学中国收入分配研究院课题组分层线性随机抽取 7 万个代表性样本所作调查显示,中国有 39.1% 的人口月收入低于 1000 元,换算成人口数为 5.47 亿人,而月收入在 1000 元~1090 元的人口为 5250 万人,因此月收入 1090 元以下的总人口为 6 亿人,占全国人口的比重为 42.85%。

文章表示,这 6 亿人的典型特征是:绝大部分都在农村,主要分布在中西部地区,家庭人口规模庞大,老人和小孩的人口负担重,是小学和文盲教育程度的比例相当高,大部分是自雇就业、家庭就业或失业,或干脆退出劳动力市场。

资料来源:万海远,孟凡强.北京师范大学中国收入分配研究院.CHIPs 2020.

(2)案例的思政元素

①思想引领。需要继续推进经济发展改革的步伐,在习近平新时代中国特色社会主义思想的指导下,努力实现经济社会的高质量发展。

②科学精神。本着求真务实、尊重事实与证据,不畏改革发展过程中困难与问题,以坚持不懈的探索创新精神,积极寻求有效解决城乡收入差距问题的方法。

③家国情怀。学生能够从案例实际调查所得数据与结论中,更加深入地认识到我国经济社会发展中面临的机遇与挑战,增强学生为中华民族伟大复兴而奋斗的家国情怀。

④实践创新。从北师大 2019 年中国收入分配研究院所采取的分层线性随机抽取 7 万个代表性样本的调查过程可以看出,没有调查研究,就没有发言权。只有通过具体调查实践活动,才能够发现和提出问题、分析问题产生缘由并寻求解决问题的有效方法。

(3)教学手段

①翻转课堂——支架与高阶:北师大案例及网络资源为翻转课堂提供支架;师生就北师大案例背后反映的社会现实的思辨讨论实现课堂高阶性、高效性,在案例的讨论中增强学生为中华民族伟大复兴而奋斗的家国情怀。

②知识点+实事+思政——贯穿融合:在对北师大收入分配状况抽样调查案例介绍中引入求真务实、

尊重事实与证据的科学精神;同时结合案例讨论激发学生家国情怀,勤奋学习,增强实践创新能力。

③学习测评——实时呼应:对学生课堂讨论结果现场点评,实时给予检查评议,反映学习效果。

第二章　抽样设计

专业教学目标

本章主要介绍社会经济调查中常用的抽样调查方法。学习这一章的目的是:了解掌握抽样及抽样方法。现阶段抽样方法包括非概率抽样(即非随机抽样)方法与概率抽样(即随机抽样)方法两大类;其中概率抽样方法可以估算抽样误差进而推断总体特征,非概率抽样则不能计算抽样误差,也无法推断总体特征。所以概率抽样样本代表性较高,对总体推断结果也比较精确。

【知识目标】

1. 了解抽样设计内容,包括:编制抽样框,选择抽样方法,估计抽样误差,确定样本规模。
2. 了解常用的非概率抽样方法,包括:任意抽样(方便抽样),判断抽样,配额抽样和雪球抽样。
3. 熟悉常用的概率抽样方法,包括:简单随机抽样,等距抽样,分类抽样,整群抽样和多阶段抽样。
4. 熟悉抽样误差的测定与必要样本规模确定。

【能力目标】

1. 通过对非概率和概率抽样方法的学习,使学生具备在社会经济调查实践中适时选择抽样方法的能力。
2. 通过案例示范教学与小组讨论式学习,使学生能在未来社会经济调查实践工作的开展中正确抽取样本,确定合理样本规模,测定抽样误差,掌握社会经济现象总体的推断与估算的必要技术与手段。

课程思政教学目标及实践

【育人目标】

1. 家国情怀　通过抽样调查方法运用与实践活动,可以掌握整个国家及所在地区人口情况及城乡居民的家庭生活水平状况,及时掌握有关国情国力数据信息,为国家治理及相关政策制定提供依据。
2. 科学精神　通过概率抽样有关理论的学习,帮助学生学会选取不同抽样方法的必要前提与条件,以便恰当而合理的选取抽样方法,树立尊重现实、追求完美、精益求精的科学精神。
3. 深度学习　通过对抽样调查方法学习,了解要提高调查结果准确性,抽取恰当样本、准确估计抽样误差是关键。要善学思考与钻研,不断探索更好更具操作性的抽样方法。
4. 实践创新　通过抽样调查方法学习,要学以致用,将所学抽样方法应用到具体的社会经济问题的实践当中去,提升学生对社会的了解与认识,并为探求规律提供抽样的技术和手段。

【教学方式与方法】

1. 自主学习:线上学习相应慕课中的有关抽样调查的专业基础知识点,线下自主阅读抽样调查有关典型案例介绍等文献资料,撰写阅读笔记或思维导图。
2. 课堂启发引导:讲授抽样调查相关理论的主要观点或内容,为学生学习期间的学年论文、毕业设计完成及未来走上工作岗位的社会经济问题调查研究奠定扎实的有关抽样调查原理与方法。
3. 课堂展示与讨论:结合抽样调查内容学习需要,通过实际典型案例介绍展示及以往学生开展的实际调研活动的优秀实践报告的学习与讨论,从中吸取经验、总结存在问题与不足,从而理解抽样调查方法是一项经常采用的科学系统而又复杂的工作过程。

【课程思政教学实例】

案例材料:青年与老一代农民工融入城市的代际比较研究——基于 W 市抽样调查

案例的实证分析

(1)案例简介

农民工在城市处在一个身份认同和自身定位的转型期,本文以 W 市的抽样调查数据进行分析,从经济融入、社会融入和心理融入三个层面来探讨青年与老一代农民工融入城市的差别,并且得出结论:两代农民工有着不同的社会认同感和生活期望值,导致他们不同的个人行为选择,他们的差异是多方面甚至是全方位的。相较于老一代,青年农民工城市融入的"嵌入"式和"失范"性程度更加突出,需要从理论层面和制度设计中予以重视。

资料来源:周莹. 中国青年研究[J]. 上海社会科学院人口与发展研究所,2009(03):54-58.

(2)案例的思政元素

①思想引领。青年农民工融入城市发展的抽样调查结果充分体现了城乡融合发展的政策导向,表明城乡发展已进入一个新的发展阶段,符合新时代的阶段特征与要求。

②科学精神。本着实事求是的态度,探索寻求有效解决城乡收入差距和发展不平衡问题的解决方案,实现经济社会文化共存共荣。

③家国情怀。学生能够从案例实际调查中,更加深入地认识到我国经济社会发展中面临的机遇与挑战,增强学生为中华民族伟大复兴而奋斗的家国情怀。

④实践创新。通过对新老一代农民工城市融入案例的介绍,帮助学生认识到社会调查在解决回应现实问题中的重要意义,鼓励学生利用社会调查探索解决其他的社会问题。

(3)教学手段

①翻转课堂——支架与高阶:文献资源为翻转课堂提供支架;课堂展示、师生思辨就案例的讨论实现课堂高阶性、高效性,在此过程中激发学生的实践创新性。

②知识点+实事+思政——贯穿融合:在对案例中W市抽样调查的介绍中引入尊重事实与证据、规避个人主观意愿的科学精神等思政元素。

③学习测评——实时呼应:课堂讨论结果现场点评,在讨论中增强学生的爱国情怀,实现对学生的思想引领。

第三章 问卷题目的设计方法

专业教学目标

本章主要介绍社会经济调查中常用的调查问卷题目如何科学合理设计,即将向受访者调查时所需要了解的情况以问题方式表现出来的过程。学习这一章的目的是:学习掌握调查问卷题目的设计方法。调查问卷的题目类型大致分两种即开放式问题(也称自由式问题)和封闭式问题;其中开放式问题有:"填空式"问题和"自由问答式"问题。封闭式问题有:"复选题""排序题""是否题""评比量表"及"语意差别量表"等形式。

【知识目标】

1. 了解问卷的内涵及作用。问卷实质是一种调查表或调查工具,其设计的合理与否将直接关系能否获得调查样本的配合与调查的成功。

2. 了解常用的开放式题目,包括:填空式与自由问答式。

3. 了解常用的封闭式题目,包括:"复选题""排序题""是否题""评比量表"及"语意差别量表"等。

4. 熟悉事实与行为类题目和主观状态类题目设计原则与技巧。

【能力目标】

1. 通过对开放式问卷题目设计方法的学习,使学生掌握其在社会经济调查实践中重要作用,能够适时选用开放式的问题设计,探询被调查者的内在要求与呼声。

2. 通过对封闭式问卷题目设计方法学习,帮助学生可以灵活根据调查问题特性及调查目的选择不同方法来设计和规划题目。同时能在题目的设计中注意用词用语清晰、口语化、平常化;对敏感问题要讲究提问方式方法与技巧;要保持封闭式问题答案的"穷尽性"与"相互排斥性"。

3. 通过案例示范教学与小组讨论式学习,使学生明白在调查问卷题目的设计时,一定要从被调查者的回答角度考虑题目的合理安排与设计。不提他们未经历过的问题,不提过于琐碎、容易遗忘的问题,不提经历时间跨度过长、过久的问题。增强学生问卷问题设计技巧与能力培养。

课程思政教学目标及实践

【育人目标】

1. 家国情怀 通过调查问卷问题设计及运用与实践活动,了解改革开放所带来的社会变迁及城乡居民不断追求高质量幸福生活的愿望与诉求,明白在社会调查中及时掌握有关信息为加快改革步伐和完善政策提供依据的重要意义。

2. 问题意识　通过对调查项目的剖析,帮助学生能针对性地提出相关问题,选择适当的题目类型。明白可以通过调查题目的设计探寻现象背后的本质,树立学生的问题意识。

3. 实践创新　通过调查问卷问题设计,鼓励学生学以致用,从而使调查研究能真正地应用到具体的社会经济问题的实践当中去,增进学生对社会的了解与认识。

【教学方式与方法】

1. 自主学习:线上学习相应慕课中的有关调查问卷问题设计的专业基础知识点,线下自主阅读调查问卷问题设计的有关文献资料,撰写思维导图。

2. 课堂启发引导:讲授调查问卷问题设计的相关理论观点或内容要求,为社会经济问题调查研究及研究解决奠定良好基础。

3. 课堂展示与讨论:结合调查问卷问题设计部分内容学习需要,通过实际典型案例介绍展示及以往学生开展实际调研活动的优秀调查问卷学习讨论,从中吸取经验、总结存在问题与不足,从而掌握和熟练运用合理方式方法做好问卷题目的设计与安排。

【课程思政教学实例】

案例材料:西安财经大学"高校定点帮扶"情况调查问卷

(1) 案例简介

各位乡亲:

您好!

我是西安财经大学经济学院暑期三下乡活动"共筑小康"调研队员。为了进一步了解高校参与定点扶贫的现状,更好地为高校参与定点扶贫提供有效方法与措施,特进行这次关于高校定点帮扶情况的问卷调查。望您能客观如实回答我们所提问题,衷心感谢您在百忙之中抽出时间来回答这份调查问卷。我们还特为您准备一份小小礼品以表谢意。

本次调研采用不记名形式,我们将对您的答案采取保密措施,希望您能够根据自身情况如实填写,请将您所选择答案的字母写到题后括号里。感谢您的积极配合与大力支持。

部分问题示例:

封闭式单题题:您对当前"高校定点帮扶"工作有了解吗?(　　　)

a. 非常了解　　b. 比较了解　　c. 一般　　d. 不很了解　　e. 从未了解

封闭式评比量表题:您对高校参与定点扶贫工作的满意度是(请在所选答案上画圈)

非常满意　比较满意　一般　较不满意　很不满意
　　5　　　　4　　　3　　　2　　　　1

封闭式多选题:对于高校参与资助当地贫困学生的措施,你认为还有哪些方面需要改进(多选)

a. 严格把控资助对象的真实性,防止冒名顶替

b. 以资金资助为主,教育资助为辅,两者并行

c. 紧密关注贫困大学生在接受资助后的动态

d. 通过定期辅导班进行辅导答疑及学习方法介绍

自由开放式问题:对于高校参与定点帮扶,您还有什么意见或建议?(请将答案写在下面横线上)

_____

再次感谢您的配合与支持。祝您家庭幸福! 生活愉快!

资料来源:西安财经大学高校定点帮扶项目研究.2021(7).

(2) 案例的思政元素

①思想引领。学生从案例中可以了解到高校参与定点帮扶工作,充分体现"民族要复兴,乡村必振兴""农民富,才是真正的富",中国全面小康目标的实现,关键在农村。

②科学精神。本着实事求是的态度,探索寻求有效解决城乡差距和发展中的不平衡问题的解决方案,通过高校知识扶贫、智力扶贫、专业技能及法律知识帮扶来探索城乡共同走向富裕之路。

③家国情怀。学生能够从案例实际调查中,更加深入了解认识定点帮扶地区老百姓生产生活实际以

及党的"三农"政策给广大农村带来的蒸蒸日上的新气象、新变化及新面貌,增强学生为中华民族伟大复兴而努力学习奋斗的家国情怀。

④实践创新。通过问卷设计与调查活动,让学生走出校门、走进社会,实现专业知识与实际社会经济问题的有机结合,不断探索解决"三农"问题、实现共同富裕的新路径、新举措。

(3)教学手段

①翻转课堂——支架与高阶:调查问卷为翻转课堂提供支架;课堂展示、师生思辨讨论实现课堂高阶性、高效性。在对调查问卷的展示中实现对学生的思想引领。

②知识点+实事+思政——贯穿融合:在对高校参与扶贫等背景知识的讲授中,增强学生为中华民族伟大复兴而努力奋斗的家国情怀。

③情景模拟:通过课堂现场使用问卷模拟调查,传递实事求是的科研精神。

第四章 问卷的设计、评估与编排

专业教学目标

本章的教学目标主要是帮助学生掌握问卷设计的具体步骤;问卷题目设计需要把握的原则;问卷设计中常用的评估方法;问卷的结构以及编排原则;从而能设计出一份合格的调查问卷。

【知识目标】

1. 明确问卷设计中题目编写的步骤,即首先确定问卷的研究问题,其次确定分析框架,最后确定变量清单;同时在问卷题目的设计中把握五大原则,即内容合适、措辞清楚、指向明确、客观公正、避免敏感。

2. 了解问卷评估的必要性以及三种常用的评估方法:焦点小组讨论、深度访谈以及实地预调查。

3. 熟悉问卷的基本结构以及题目的编排原则。即熟悉问卷标题、填写说明、填写要求、问题与答案、编码以及其他说明这六个部分在问卷中的作用以及问卷题目的编排原则。

【能力目标】

1. 通过对问卷设计、评估与编排的学习,使学生能掌握设计问卷的基本知识,从而能在日后学习及工作中根据研究需要设计相应的调查问卷。

2. 通过对问卷评估三种方法(小组讨论、深度访谈和小规模试调查)的学习,懂得问卷的设计并非一蹴而就,需要具备一丝不苟的学习态度,使学生能在日后的社会调查实践中设计出较高质量的调查问卷。

3. 通过案例示范教学与小组讨论式学习,一方面培养学生的问题解决能力。让学生来发现和提出研究问题,并根据研究问题设计合理的调查问卷。另一方面引导学生在问卷的设计中树立问题意识,能够从多角度,用辩证的思维和符合基本逻辑的精神去检测问卷题目设计是否符合基本常识与原则、问卷编排是否科学合理。

课程思政教学目标及实践

【育人目标】

1. 科学精神 在问卷的设计、评估以及编排中,帮助学生树立问题意识,能够独立思考、独立判断、多角度、辩证地分析和评估问卷的设计是否合理,提高学生的批判性思维能力,形成理性思维。

2. 社会主义核心价值观 通过对问卷设计原则的学习,使得学生能够在问卷的设计中做到换位思考,培养学生在设计题目收集所需信息的同时能够尊重受访者尊严和隐私,做到"以人为本"。

3. 实践创新 通过案例以及小组讨论的开展,引导学生在问卷设计之初能够发现和提出具体的研究问题,激发学生解决相关问题的兴趣和热情。并在问卷的设计过程中结合问卷的设计步骤培养学生解决问题的能力。

【教学方式与方法】

1. 课堂启发引导:通过讲授问卷设计的步骤、原则以及方法等主要内容,帮助学生掌握扎实的有关问卷设计的原理与方法,从而为学年论文、毕业设计甚至未来工作中可能涉及的问卷设计工作打下坚实的基础。

2. 案例示范:通过实际展示优秀的调查问卷以及对这些问卷的学习讨论,从中吸取经验和总结存在问题与不足,从而理解问卷设计是一项科学严谨的工作过程。

3. 课堂小组讨论:通过课堂小组讨论的形式来评估学生初步设计的问卷,在小组讨论的过程中让学生更加深入地学习和体会问卷评估的焦点小组讨论法,同时通过小组讨论完善其问卷设计。

【课程思政教学实例】
案例材料:中国健康与养老追踪调查
(1)案例简介
中国健康与养老追踪调查是由北京大学国家发展研究院主持,旨在收集一套代表中国45岁及以上中老年人家庭和个人的高质量微观数据,用以分析我国人口老龄化问题,推动老龄化问题的跨学科研究,为制定和完善我国相关政策提供更加科学的基础。

该调查在完成了问卷的设计后,于2008年首先在我国的甘肃和浙江两省开展了预调查。在完成问卷的评估和修订后,于2011年启动了第一期的全国调查,截至目前已开展了长达五轮的社会调查,覆盖了全国150个县区、450个村居以及近一万八千名45岁及以上的个人。该调查的访问应答率和数据质量在世界同类项目中位居前列,数据在学术界得到了广泛的应用和认可。

资料来源:北京大学中国健康与养老追踪调查组,《中国健康与养老报告》。

(2)案例的思政元素
①科学精神。通过了解中国健康养老追踪调查的问卷设计、编排以及预调研评估工作,树立起严谨的求知态度和理性思维。

②家国情怀。学生能够从案例的学习中更加深入地认识到我国所面临的老龄化挑战,增强其同理心,培养学生的社会责任感,愿意为我国积极应对老龄化挑战、实现共同富裕而努力奋斗。

③问题解决。从中国健康养老与追踪调查的案例中让学生明白调查研究是回答现实问题、辅助解决现实问题的重要手段,能够在日后的学习工作中运用所学的关于问卷设计的相关知识来解决现实问题。

(3)教学手段
①案例讨论＋思政——贯穿融合:在介绍中国健康与养老追踪调查案例中引入求真务实、理性思考的科学精神和积极应对老龄化挑战的家国情怀等思政元素,增强学生的使命、担当和社会责任。

②翻转课堂——支架与高阶:文献资源为翻转课堂提供支架;师生思辨讨论实现课堂高阶性、高效性。

第五章 调查资料的搜集方法

专业教学目标
本章的教学目标主要是帮助学生弄清楚调查资料收集的方法有哪些、各种方法对应的优缺点以及在实际调查方法选择中需要考虑的主要因素有哪些,从而让学生能在实际调查中选择合适的调查资料搜集方法。

【知识目标】
1. 了解自填问卷和结构访问这两种常用的调查资料搜集的基本方法以及优缺点。
2. 掌握自填问卷法下所包含的个别发送法、集中填答法、邮寄填答法以及网络调查法的具体做法及优缺点;掌握结构访问法下所包含的当面访问法和电话访问法的具体做法及优缺点。
3. 熟悉调查资料搜集方法的选择中应考虑的主要因素,包括成本、总体与样本、调查周期、调查内容、回收率以及资料质量。

【能力目标】
1. 通过对调查资料收集方法的学习,能够清楚掌握各种方法的做法以及优缺点,从而能够根据不同的研究需要选择合适的调查方法。
2. 通过小组讨论式以及情景模拟学习,让学生深刻理解选择调查资料方法时需要考虑的因素,能够在既定成本下提高问卷的质量以及回收率,努力实现调查方法的最优化选择。

课程思政教学目标及实践
【育人目标】
1. **人文素养** 通过对调查资料搜集方法的学习,引导学生形成"以人为本""保护被访者"的社会调查行为准则。使得学生能够明白不论使用何种资料采集方法,都能够在数据采集过程中做到尊重受访者、尊重隐私。

2. **职业素养** 通过邀请数据调查员分享调查经验，启发引导学生明白在调查资料收集的过程中要做到文明礼貌，尊重文化差异，保持开发的心态，不对受访者评头论足，在未来可能的调查工作中做一个合格的调查资料收集人员。

3. **科学精神** 通过费孝通案例的讲述让学生认识到在科学研究的过程中要不畏困难，不怕吃苦，认识到科学研究并非一日之功，帮助学生树立起坚持不懈的科学精神。

4. **深度学习** 通过对不同调研方法的优缺点学习，了解每种方法都有其自身固有的局限性，同时调研方法也是与时俱进的，培养学生的终身学习意识，做到对各种方法的善学善用。

【教学方式与方法】

1. 课堂启发引导：通过讲授不同调查资料搜集方法的具体做法以及优缺点等主要内容，帮助学生理解各种调查方法，从而能够在未来的研究和工作中根据具体的研究问题和现实情况选择合适的调查资料搜集方法。

2. 课堂演示：邀请调查员讲述自身的数据调查经验，帮助学生更切身地体会调查资料收集过程中需要遵守的调研伦理，能够在日后的研究和工作中做到尊重他人隐私，保持开放包容、客观中立的态度。

3. 课堂情景模拟：通过假定一项即将开展的调查研究，让学生分组设计各自的调查方法并报告展示，在此过程中鼓励学生大胆尝试，积极寻求合适调查方法，提升学生运用所学知识解决问题的能力。

【课程思政教学实例】

案例材料：社会学家费孝通

(1) 案例简介

费孝通，被誉为中国社会学和人类学的奠基人之一。为中国农民找一条出路，成为费孝通研述一生的大课题。费孝通三访温州、三访民权、四访贵州、五上瑶山、六访河南、七访山东、八访甘肃、27次回访家乡江村。一生写下了《江村经济》《乡土中国》《行行重行行》等诸多著作。

他的研究对象主要关注是农民，寻求如何帮助农民群众摆脱贫困走向富裕之路。他关心中国农村和少数民族的经济发展，关心农产品流通和农民增收问题，为中国农业和农村经济发展做出了重要贡献。

资料来源：周大鸣. 认识中国：从费孝通的社会调查经历谈起[J]. 求索，2021(04)：31－39.

(2) 案例的思政元素

①科学精神。通过学习费孝通的事迹，帮助学生树立起坚持不懈、不畏困难的科学精神。

②国家认同。学生能够从案例的学习中了解我国的国情历史，明白我国经济发展成果的来之不易，并能承担起自己所肩负的时代责任，为实现中华民族的伟大复兴、实现共同富裕贡献自己的力量。

③人文积淀。通过鼓励学生阅读和分享费孝通所著书籍，一方面吸取其研究中的优秀成果，另一方面学习费孝通在调查研究中的知识和实践方法。

(3) 教学手段

①案例讨论＋思政——贯穿融合：在费孝通的案例介绍和讨论中引入不畏困难、坚持不懈的科学精神和为民族富强、共同富裕的家国情怀等思政元素，增强学生的社会责任感，提升学生的国家认同感。

②翻转课堂——支架与高阶：文献资源以及费孝通所著书籍为翻转课堂提供支架；师生思辨讨论实现课堂高阶性、高效性。

第六章 调查资料的整理与分析方法

专业教学目标

本章的教学目标主要是帮助学生掌握如何对其收集的资料进行整理，学习如何将原始资料转化为可分析的数据，并且通过介绍单变量和双变量分析帮助学习掌握基本的数据分析方法，从而能对所收集的调查资料进行定量分析。

【知识目标】

1. 了解调查资料的整理步骤和具体做法，包括原始资料的审核、调查资料的编码、调查数据的录入、调查数据的清理。

2. 掌握单变量描述性统计的方法以及常用统计表/统计图的制作,包括频数频率的描述、集中趋势的描述以及离散趋势的描述。熟悉单变量的推论统计中的区间估计和假设检验。

3. 熟悉双变量之间的相关关系以及因果关系的含义,明确分析双变量之间关系的常用做法,包括交互分类表、卡方检验以及回归分析等。

【能力目标】

1. 通过对调查资料整理步骤和方法的学习,使学生具备正确地将原始调查资料转化为可分析的数据的能力,为后续的数据分析工作奠定基础。

2. 通过对单变量以及双变量分析方法的学习,帮助学生了解常用统计图表的制作,熟悉常用的变量分析做法,使学生能够根据研究需要选择合适的变量分析方法。

3. 通过对原始数据实际整理和分析练习,使学生能掌握资料编码、数据清理、变量分析等具体做法。

【育人目标】

1. 科学精神　通过案例分享引导学生认识到科研诚信的重要性,能在日后的调查资料的整理以及数据分析工作中坚决杜绝弄虚作假、篡改数据,培养学生求真务实的科学精神。

2. 深度学习　通过对变量分析方法的介绍,引导学生了解其他更多的定量数据分析方法,鼓励学生利用互联网等学习资源自主学习更多的数据分析方法,培养学生终身学习的意识和能力。

3. 求真精神　通过对资料整理知识点的学习,让学生认识到原始数据质量的重要性,能认真对待其所收集的数据,仔细核查和处理数据,做到尊重事实,树立起学生的实证意识和严谨的求知态度。

【教学方式与方法】

1. 自主学习:线上学习相应慕课中的有关定量数据分析的基础知识点,线下自主阅读相关统计学、计量分析软件相关书籍以及文献资料,撰写阅读笔记并实际开展定量数据的分析。

2. 课堂启发引导:讲授调查数据整理以及分析的主要工具与方法,为学生日后科研工作中的实证分析工作奠定扎实的理论基础。

3. 课堂练习讨论:结合调查资料定量分析内容的学习需要,通过提供实际的调查资料给学生练习调查资料整理、数据清理以及变量分析等学习内容,结合课堂讨论答疑,让学生从做中学,帮助学生更深刻地理解调查资料整理与分析相关知识。

【课程思政教学实例】

案例材料:24起医学科研不端事件

(1)案例简介

2022年5月24日,科技部通报24起部分高校医学科研诚信案件调查处理结果。主要涉及代写代投、数据和图片造假、不当署名、伪造通讯作者邮箱、买卖论文数据等行为。涉事人员受到记过处分、取消科技计划项目(专项、基金等)申报资格,涉及吉林大学、西安交通大学、重庆医科大学等20所高校和附属医院,共处理52人。

涉事学者受到取消科技计划项目(专项、基金等)申报资格,取消各类评奖评优、职务职称晋升申报资格,扣发岗位津贴,取消研究生导师资格等处罚和处理,其中3人被永久取消招收同等学力研究生资格,6人被撤销主任医师、副主任医师、副教授职务,4人被取消博士学位申请资格。还有3人作为在籍研究生,给予留校察看处分等处理。

资料来源:中华人民共和国科技部,科研诚信案件调查处理公开通报,2022.5.23。

(2)案例的思政元素

①科研诚信。在调查数据的收集、整理、分析等全流程中做到诚实守信,实事求是,不作假,严格遵守学术研究规范。

②规则和法治意识。学生能从案例的学习中认识到遵守规则、遵守法规的重要性,能够明辨是非,不为一时的利益放弃原则、违背规则。

③求真精神。通过案例学习引导学生尊重事实和证据,培养其求真务实的科学精神。

(3)教学手段

①翻转课堂——支架与高阶:线上网络资源为翻转课堂提供支架;线下课堂案例展示、师生思辨讨论

体现课堂高阶性、高效性。

②知识点＋实事＋思政——贯穿融合：结合24起医学科研不端事件案例，让学生建立科研诚信的底线思维，培养其求真务实、尊重事实与证据的科学精神。

③学习测评——实时呼应：通过案例引导学生讨论其他数据处理和分析中可能存在的数据造假的情况，并对讨论结果现场点评，在此过程中加深学生对科研诚信的认识，进一步树立求真精神，以及规则和法治意识。

第七章　调查分析报告的撰写

专业教学目标

本章主要介绍社会经济调查中最终环节调查分析报告的撰写与应注意的相关事项。学习这一章的目的是：在调查分析工作结束后，调研组织者应就整个调查活动提供一份全面的调查报告，将调查的过程、方法和结果，以文字、数字或图表等形式，向报告阅读者及其他人进行详细说明。调查报告是调查成果、调查过程的一种书面总结，但也不能太追求面面俱到。一份较高质量的调查报告应该努力做到内容客观真实、选题清晰明确、观点新颖独特、信息提供及时有效。

【知识目标】

1. 了解一般较完整调查报告的内容应包括：标题，内容摘要与关键词，目录，序言，正文内容及结论。

2. 熟悉调查报告的题目包括：单标题与双标题两种。其中单标题有：公文式标题、问题式标题与观点式标题。

3. 明确调查报告的内容摘要：应是对调查选题调研过程存在的问题、原因分析及主要结论与对策建议的高度归纳与总结，字数控制在300~500字。

【能力目标】

1. 通过对调查报告撰写方法的学习，掌握社会经济调查报告撰写的基本格式与质量控制的一般标准。使学生能在报告撰写中做到客观、属实、全面、系统，观点鲜明，对策建议切合实际。

2. 通过对调查报告撰写方法的学习，能掌握撰写调查报告的方法，能独立开展调查报告的撰写。

3. 通过案例示范教学与小组讨论式学习，使学生在学习调查报告撰写方法时，能比较规范科学地完成调查报告撰写工作，提高调查工作服务质量与服务效果。

【育人目标】

1. 政治认同　通过《脱贫地区乡村特色产业接续发展现状与问题调查》报告实例的学习，使学生能更加深入地认识到党领导下的我国脱贫攻坚工作的重大成就，增强学生对中国特色社会主义道路和制度的自信，培养学生强烈的社会使命感和责任感，增强学生的政治认同。

2. 科学精神　通过调查报告结构的学习，引导学生明确报告各部分之间的逻辑关系，培养学生的理性思维，全局思维，做到思维缜密，逻辑清晰。

3. 职业素养　通过学习撰写调查报告中对被访者隐私权、告知权和保密的相关规定，促进学生树立法治意识和职业道德修养。

4. 实践创新　通过调查报告撰写方法学习，要学以致用，将所学专业理论知识应用到具体的社会经济问题的实践当中去，提升学生发现问题、分析问题及解决问题能力。

【教学方式与方法】

1. 自主学习：线上学习相应慕课中的有关调查报告撰写的专业知识，线下自主阅读相关专业的以往优秀调查报告典型案例等文献资料，撰写阅读笔记或思维导图。

2. 课堂启发引导：讲授调查报告撰写相关理论及内容要求，为学生开展短学期社会实践活动及学年论文、毕业设计完成及未来走上工作岗位的社会经济问题调查报告撰写奠定良好的基础。

3. 课堂展示与讨论：结合调查报告撰写内容学习需要，通过实际典型案例介绍展开及以往学生开展的实际调研活动的优秀实践报告的学习与讨论，从中吸取经验、总结存在问题与不足，从而不断改进和提高调查报告撰写质量与水平。

【课程思政教学实例】

案例材料：脱贫地区乡村特色产业接续发展现状与问题调查

(1) 案例简介

脱贫地区乡村特色产业接续发展现状与问题调查

内容摘要:为了确保巩固脱贫攻坚成果,坚决杜绝大规模返贫现象发生,脱贫地区特色产业的接续发展和脱贫人口持续帮扶就成为当下及今后"三农"工作的重中之重。为此我们西安财经大学经济学院经济1902班专项课题组,围绕脱贫地区乡村特色产业持续发展培育情况展开深入实际调查研究,通过实地走访考察西安3个脱贫县区的乡村特色产业发展现状,使我们这些在校大学生真正体验和深刻诠释了"产业兴旺是解决农村一切问题的前提"这句话的内涵所在,亲眼见识了产业兴旺给脱贫地区农村带来的翻天覆地的巨大变化。但也了解到产业持续发展中的产生和存在的诸多问题:脱贫地区发展基础仍比较薄弱;脱贫产业还需要接续培育;脱贫人口还需要持续帮扶;一村富还需要带动大家共同富;一业强还需要带动各业强;还需要加大科技下乡的政策支持力度;努力为脱贫地区培养一批既懂技术又热爱农业事业的"新农人";加快脱贫地区农村电商发展速度;培育新型农业经营主体等问题。我们期待在各方面的共同努力下,这些问题能早日得以解决,从而使脱贫地区的乡村特色产业能更好地带动乡村发展与振兴,使农村宜居宜业,使农民富裕富足,使农业为稳定经济基本盘发挥基础性作用。

关键词:脱贫地区;特色产业;持续发展;乡村振兴

资料来源:西安财经大学本科生实习实训日调研项目.2022(7).

(2) 案例的思政元素

①思想引领。从脱贫地区乡村特色产业接续发展调查结果看,充分体现了"民族要复兴,产业必振兴",符合新时代经济高质量发展的客观要求。

②科学精神。本着实事求是的态度,不虚夸成绩,探索寻求有效解决城乡差距和发展不平衡问题的方案,实现经济社会文化共存共荣。

③家国情怀。学生能够从案例实际调查中,更加深入地认识到我国经济社会发展中面临的机遇与挑战,防止大面积返贫现象发生工作任重而道远,要努力巩固脱贫攻坚的成果,增强学生为中华民族伟大复兴而奋斗的家国情怀。

④实践创新。通过实际调研活动开展与调研报告撰写,增强学生对社会的认识与了解,提升学生发现问题、分析问题与解决问题的能力。

(3) 教学手段

①翻转课堂——支架与高阶:调查报告为翻转课堂提供支架;课堂报告展示、师生就调查报告的思辨讨论实现课堂高阶性,在此过程中加深学生对"民族要复兴,产业必振兴""巩固脱贫攻坚的成果"的认识,体现思想引领、家国情怀等思政元素。

②知识点+实事+思政——贯穿融合:在对脱贫地区乡村特色产业接续发展现状与问题调查报告的讲授中引入尊重客观事实,客观真实反映社会发展实际,一是一,二是二,不掩盖问题,不虚夸成绩,规避个人主观意愿的科学精神等思政元素。

③学习测评——实时呼应:对学生的讨论结果现场点评,增强学生调查报告撰写的了解,能在报告撰写中提升学生问题解决等实践能力。

四、课程思政的教学评价

(一)对教师的评价

1. 教学准备的评价

将《社会经济调查方法》课程思政建设落实到教学准备各方面,教师要提前修订教学大纲、选用课程教材、设计思政教学目标、拟定思政教学方案、编写教学课件、设计调查实践,在教学准备环节中不断提炼课程思政元素,做到社会经济调查专业知识的传授与立德树人思政教育的统一。

2. 教学过程的评价

将《社会经济调查方法》课程思政建设落实到教学过程各环节,主要看教师在教学思路的设计、课堂结构的安排、调查实践的开展,以及教学方法的运用等方面是否做到了与思政教学目标相匹配、是否做到了专业知识与家国情怀、科学精神、人文素养等思政元素的有机融合。此外,教师在课堂教学之外的作业批改、平时成绩考试等方面也能融入和体现思政元素。

3. 教学结果的评价

建立健全《社会经济调查方法》课程思政多维度评价体系,通过同行评议、随机听课、学生评教、师生座谈、调研访谈、教学督导评价、教学研究及教学评奖等方式评估课程思政教学效果。

4. 评价结果的运用

基于同行评议、学生评教、师生座谈、调研访谈、教学督导等提出的改进建议,以及对学生考核成绩的分析运用,对《社会经济调查方法》课程教学的全过程进行反思与改进,提升课程思政教学效果。

(二)对学生的评价

1. 学习过程的评价

检验学生是否积极参与资料搜集、小组讨论、随堂练习等教学过程,是否能与班级其他同学友好合作完成小组学习任务,是否在调研实践中践行了思政元素,是否主动参与到课程思政元素的学习中,科学评价学生在学习过程中的积极性、互动性和参与度。

2. 学习效果的评价

通过平时作业、课堂讨论、问卷展示、随堂练习、课程论文、期末考试、师生座谈、调查实践、调查报告等多种形式,在检验学生专业知识掌握程度的同时考查学生对课程思政元素的领会及其对思政元素的掌握程度。

3. 评价结果的运用

通过师生座谈、小组讨论、系部教研活动等多种形式,对学生的学习效果进行科学分析,总结经验,取长补短,提升社会经济调查方法课程思政的学习效果。

五、《社会经济调查方法》课程思政的教学素材

序号	内 容	形式
1	北师大调查:月入 2000 以下 9.64 亿人	阅读材料
2	青年与老一代农民工融入城市的代际比较研究	学术论文
3	西安财经大学"高校定点帮扶"情况调查问卷	调查问卷
4	中国健康与养老报告	研究报告
5	认识中国:从费孝通的社会调查经历谈起	学术论文
6	24 起医学科研不端事件	案例分析
7	脱贫地区乡村特色产业接续发展现状与问题调查	调查报告
8	中国社会调查中的研究伦理:方法论层次的反思	学术论文

金融学类

《金融学》课程思政教学指南

刘赛红[1]　王军生[2]　郑开焰[3]　王恒博[2]　管敏[1]　黎艳[4]　李沂[5]　邱格磊[3]　张传良[3]
陈伟[3]　陈莺[3]　洪防璇[3]　张伟亮[5]　孟樱[5]　赵红雨[5]　邓鑫[1]　田敏[1]　胡磊[1]
陈长民[2]　谢爱辉[2]　邓锴[2]　姚畅燕[2]　姚芳玲[2]　马光宇[2]　高月[2]　芦嘉迪[2]

([1] 湖南工商大学　[2] 西安财经大学　[3] 福建江夏学院　[4] 天津商业大学　[5] 西安外国语大学)

一、课程简介与课程目标

(一)课程简介

《金融学》(Finance)是一门研究金融领域各要素及其基本关系与运行规律的专业基础理论课程,也是经济类、管理类等多个专业的必修或选修课程。本课程作为经济学的重要组成部分,在内容上以货币、信用、银行为主线展开。具体包括货币与货币制度,信用,利息和利率,外汇和汇率,金融机构,商业银行,中央银行,理财规划与理财产品比较,货币需求与货币供给,通货膨胀与通货紧缩,货币政策,金融发展与经济增长,金融创新、金融脆弱性与金融危机,金融监管等,共计十五章。

通过课程学习,学生将对金融学的基本理论有全面的理解和较深刻的认识,了解国内外金融问题的现状,理解实际中金融机构与金融市场的基本功能,解读央行执行货币政策的基本含义,掌握观察和分析金融问题的正确方法,培养辨析金融理论和解决金融实际问题的能力,并为深入学习其他金融类专业课程奠定重要基础。

通过本课程的学习,基本目标是学习金融基本原理和了解金融业发展动态,高阶目标是增强学术研究能力和提高思想政治素质。

(二)课程目标

通过本课程的学习,使学生能够达到以下目标:

1. 知识目标:掌握货币、信用、利率等金融领域重要概念及其性质;了解货币制度、商业银行的历史发展进程以及展望人类金融活动的未来发展趋势;掌握货币供给运行机制和货币供应调控原理,学会从货币供求、社会总供求、货币政策等方面剖析金融与经济发展的关系;熟悉金融相关法律、政策和国际规则;了解国内外金融学科和金融业的历史、现状和发展趋势。

2. 能力目标:结合现实中的货币与金融新闻热点,解读我国货币金融政策、法律规章制度;回顾中国金融体制改革,总结中国金融业的发展成就以及深化改革的要求;同时,培养学生建立较强的调研、分析、解决实际问题的能力和一定的科研能力;为后续深入的理论研究和实际工作,奠定坚实的基础。

3. 育人目标:把"金融服务实体经济""诚信守法"和"审慎金融监管"的思想融入课堂,帮助学生准确理解金融的功能以及如何合理合法地利用金融工具;加强对在线课堂的运用,将思政教育潜移默化地融入课堂的主题讨论和互动评价;在教学中引导学生反思金融与科技、金融与法、金融与道德之间的关系,引导学生树立正确的金钱观和价值观。

(三)课程教材和资料

➢ 推荐教材

黄达. 金融学[M]. 5版. 北京:中国人民大学出版社,2020.

➢ 参考教材或推荐书籍

1. 刘赛红,颜伟. 金融学[M]. 2版. 长沙:国防科技大学出版社,2021.
2. 胡碧,李朋林. 金融学[M]. 西安:西北大学出版社,2022.
3. 李健. 金融学[M]. 3版. 北京:高等教育出版社,2018.

➤ 学术刊物与学习资源

国内外经济金融类各类期刊。

学校图书馆提供的各种数字资源,推荐《金融研究》《保险研究》等。

商业银行、证券公司、保险公司等金融机构年报。

➤ 推荐网站

中国人民银行网站,http://www.pbc.gov.cn/.

中国银保监会网站,http://www.cbirc.gov.cn/.

二、课程思政教学总体设计

(一)课程思政教学目标

以习近平新时代中国特色社会主义思想为指导,坚持知识传授与价值引领相结合,运用培养大学生理想信念、价值取向、政治信仰、社会责任的题材与内容,全面提高大学生缘事析理、明辨是非的能力,让学生成为德智体美劳全面发展的人才。

本课程强调基本理论和基本知识的学习,通过在课程中大量融入和体现中国经验,增进学生分析和解决问题的能力,引导学生增强"四个意识"、坚定"四个自信"、做到"两个维护",把思想和行为自觉与以习近平同志为核心的党中央保持高度一致。具体而言,本课程的思政教学目标可以涉及以下八个维度:

1. 政治认同

通过专业知识的讲述,让学生更准确了解中国金融业改革发展取得的成就,从历史发展过程中能够自然而然地传递马克思主义基础理论的正确性,有助于同学们认识到马克思主义指导地位的重要性和中国特色社会主义制度的优越性,以及党的领导和集中力量办大事的制度优势。通过对比分析,引导大学生感悟新时期国家治理体系和治理能力的不断提升,进而增强大学生对中国特色社会主义的道路自信、理论自信、制度自信和文化自信,增强学生的政治认同。

2. 家国情怀

我国金融业从中国共产党诞生就具有红色基因,特别是新中国成立和改革开放过程中,在党的领导下,我国金融业迅猛发展。在此过程中涌现出一批爱岗敬业、勇于奉献的老一辈金融从业人员。通过介绍他们为祖国为人民牺牲奉献的事迹,能够让学生感受到中华民族一脉相承的爱国主义精神,传承爱国情怀。通过旧中国新中国金融发展大事记对学生进行爱党、爱国、爱社会主义、爱人民、爱集体的"五爱"教育。此外,本课程还可以借中外对比,以及与发达国家金融市场发展的差距,让学生树立为祖国、为人民奋斗奉献的理想。

3. 道德修养与职业伦理

本课程涉及金融职业道德相关知识,通过案例分析,让学生认识到金融职业道德的重要性,自觉养成遵守金融职业道德的习惯。在市场经济条件下,金融业职业道德水平的高低在很大程度上决定着该行业能否立于不败之地并得到持续健康发展。金融职业道德的基本规范包括:爱岗敬业,遵纪守法,诚实守信,业务优良,服务群众,奉献社会等。通过本课程的知识讲解和案例解读,切实提高学生的道德修养。

4. 法治意识

金融业是在既定法律法规框架下经营的。本课程包含了大量相关法律、法规介绍,内容涵盖如《民法典》《中国人民银行法》《商业银行法》等。通过本课程学习,学生了解相关的金融法律法规,认识到相关法规对于金融业发展和金融稳定的重要作用。通过金融案例引导学生树立法治思维观念。此外,结合《民法典》的推出与实施背景,培养大学生形成尊法、学法、守法、用法的好习惯,建立法治思维的价值取向和规则意识,将法律至上、权力制约和公平正义作为自己的行为准则。

5. 文化素养

本课程注重学生文化素养的养成。文化素养,不可能一蹴而就。积极的素养,是综合性的,既是知识,又是能力,还是品德作风,更是胸怀境界。对金融来讲,最重要的文化特征是"诚信"。本课程以货币、信用与银行为主线,通过讲授相关专业知识,着重对学生进行"诚信"教育,通过一系列案例分析对学生进行中华优秀传统文化——诚信为本的教育。

6. 科学精神

本课程注重培养学生的科学精神。提出"知识为基、研究为核、思政为魂"的课程目标,在各章节教学中,注重通过研究能力训练来培养学生的科学精神。如在教学中,引导学生学习各章后的思考题,结合中国金融业的发展,思考金融业发展中存在的主要问题,引导学生阅读相关的参考文献,鼓励学生开展纵深阅读与探究。

7. 时代担当

青年是国家的未来。青年兴则国家兴,青年强则国家强。"青年一代有理想、有本领、有担当,国家就有前途,民族就有希望"。在教学中,一是介绍我国金融业发展过程中不同时代的青年人对金融改革的贡献。二是注重结合习近平总书记对青年的寄语引导学生树立远大崇高的理想,强本领、勇担当。

8. 广阔视野

在新时代、新理念、新格局下,国家的发展尤其需要更多的具有国际视野的高素质人才。当代大学生是我国全面建成小康社会、实现中华民族伟大复兴的生力军,是祖国的未来和民族的希望。培养学生的世界眼光和国际视野,立志成才报国,有志于世界文明的进步尤为重要。本课程通过让学生了解国际、国内金融业发展的最新成就和发展趋势,特别是注重中国与发达国家金融业发展的比较,培养学生的广阔视野。

(二)课程思政的教学内容

在现代社会,金融被喻为国民经济的血脉,也已成为现代经济的核心。金融稳,经济稳;金融活,经济活。因此本课程的思政育人目标包括:政治认同、家国情怀、道德修养与职业伦理、法治意识与底线思维、文化素养、科学精神、时代担当、广阔视野等八个方面。在专业知识教学过程中融入思政教育,充分挖掘课程中的思政元素,通过教育实践活动潜移默化地对学生进行价值引导,提升学生的职业道德,以期符合新时代金融人才的素质要求。《金融学》课程的思政内容具体涉及以下5个方面:

1. 金融发展的"四个自信"

中华文明源远流长,早在先秦时期著作中就有关于原始金融思想的记录。从现代社会管理的视角看,金融是一种资源跨期管理、社会合作、和合与共济。金融业通过风险分担机制,为人民谋幸福,有助于经济社会的稳定健康发展。专业教师在讲授时,结合中国传统文化,注重介绍体现时代、民族与文化特色的中国金融的发展实践和理论发展现状、原因及其独特性,增强学生对中国金融发展的文化自信和制度自信。

2. 货币与金融历史唯物观

金融历史可以折射出我国悠久的货币与信用发展史、丰富灿烂的货币与金融文明以及衍生出的人类智慧。专业教师在讲授时,注重从金融学的专业视角帮助学生增强对中华传统文化的认同感,树立学生的爱国情怀、文化自信、民族自豪感和对人民币的敬畏之心。

3. 金融企业的社会责任

金融是资源跨期管理和风险管理的制度安排,分担风险,稳定预期,福祉社会是金融企业的责任和初心。金融企业承担了促进区域经济发展、增进社会福利和支持公益事业的责任。专业教师教学中应当将百年变局背景下金融企业的社会责任嵌入教育的全过程,将责任意识融入学生心灵。

4. 金融伦理与从业人员的职业道德

金融伦理与从业人员的职业道德是行业健康运行的基石。在教学中应当融入金融伦理认知和职业道德教育,如诚实守信教育、爱岗敬业教育、遵纪守法教育、廉洁奉公教育、优质服务教育等,引导学生具有家国情怀、法治意识、社会责任和仁爱之心。

5. 新时期金融稳定与经济发展的关系

金融与经济发展密切相关,处理好金融与经济增长之间的关系是一国可持续发展的根本保障。在教学中梳理我国经济发展过程中通货膨胀和通货紧缩及相应宏观调控措施,帮助学生理解中国改革开放后的经济发展特征和中国特色宏观调控体系,培养学生的国家认同感和制度认同感,培养学生树立在复杂环境中发现问题、解决问题的思维方式和制定解决方案的能力,使学生从新时期我国经济与金融取得的成就中认识到中国共产党领导的重要性、社会主义制度优越性。

(三)教学方法

本课程总体上采用显性与隐性相结合的教学模式,具体可综合运用讲授、案例教学、情景模拟教学、讨论教学、启发式教学、翻转课堂等多种灵活有效的教学方法,以分组讨论、微评论、金融思政主题学习启示感悟等学生为主体的教学形式,讲好与思政元素相对应的专业知识。同时可利用课外文字资料、视频、实训等方式作为课程思政的载体,将思政元素具体化,让学生在潜移默化中最大限度地接收、思考和感悟思政元素。

三、课程各章节的课程思政教学内容设计

第一章 货币与货币制度

专业教学目标

货币是人类生活中的重要因素,其历史几乎与人类文明本身一样悠久。本章在概述商品价值形式与货币产生的基础上,系统性介绍货币制度的基础知识和基本原理,丰富并深化学生对货币的整体认知,树立正确的财富观和金钱观。

【知识目标】
1. 了解货币的演变过程,并补充有关数字货币的内容,引导学生思考货币发展演变的内在规律。
2. 掌握货币的职能及其对经济社会的影响。
3. 熟悉货币制度的构成要素及演变过程,并熟悉我国货币制度的相关内容。
4. 掌握货币层次的划分、标准及其经济意义。

【能力目标】
1. 培养学生从思辨与探索的角度关注并思考货币发展的动态与趋势。
2. 培养学生独立解析金融理论和创造性解决实际金融问题的能力,提升逆向思辨素养。
3. 提升学生理论联系实际、知行合一的能力。

课程思政教学目标及实践

【育人目标】
1. 家国情怀 通过讲授中国货币发展历程,让学生了解我国悠久的货币发展史和丰富灿烂的货币文明以及衍射出的人类智慧,增强对中华传统文化的认同感,树立学生的爱国情怀、"四个自信"和对人民币的敬畏之心。
2. 科学精神 将马克思主义政治经济学中的基本理论与现代金融理论有机结合,强化学生对马克思主义基本原理的认知和学习,增强对马克思主义的认同感。同时,通过辩证分析货币与货币制度的发展演变过程,提升学生的辩证思维能力和坚持不懈的探索精神。
3. 人文素养 通过"劣币驱逐良币""特里芬难题"等内容,引导学生致敬"疫"线最美逆行者,充分理解国家为抗击疫情所做工作的重大意义和作用,坚定打赢"疫"战的信心,凸显社会主义制度的优越性。

【教学方式与方法】
1. 启发式教学方法:通过微信班级群分享相关文献资料并鼓励学生在条件允许的情况下参观当地的金融博物馆,拓展知识面;倡导学生分享阅读笔记与游学感悟,绘制思维导图,达到"润物细无声"的效果。
2. 案例式教学方法:通过导入微视频与红色金融故事,讲授货币形态和货币制度演变等内容,力求抽象知识具象化,提高学习的趣味性。
3. 翻转课堂式教学方法:围绕"比特币是货币吗?""数字货币的发展与影响"等话题,通过分组讨论、微评论等形式提升学生学习的主动性,增强学习的时效性。

【课程思政教学实例】

案例材料:《红色财经·信物百年》之第一套苏维埃纸币

(1)案例简介

1932年,时任中华苏维埃共和国国家银行行长的毛泽民,受火烧羊毛产生焦臭味现象启发,在生产印钞纸的纸浆中加入细羊毛、烂布等纤维。混入了羊毛的苏币,细密的纤维清晰可见,燃烧后能散发出焦臭

味,反之则没有。在苏币正面下方,还有一串类似于签名的文字,像是英文,又像是汉语拼音。这是一种专门特制的暗号,当时只有银行工作人员和保卫部的同志知道。他严格命令造币厂厂长在关键环节指定专人操作,要求相关人员绝对保密,并以"出了问题唯他们是问"为手段落实责任,保证了苏区货币的信用和正常流通。

资料来源:央视财经.《红色财经·信物百年》第十六集《第一套中华苏维埃纸币》.2021-06-01.

(2)案例的思政元素

①文化自信与探索精神。从"土办法"解决苏区货币防伪到现代纸币多维度防伪技术的发展,提升学生家国情怀、文化自信与民族自豪感,也展现了一代又一代革命人的探索精神。

②责任意识。保守党的秘密,压实责任意识,培养学生的使命、担当意识。

③探索精神。受火烧羊毛产生焦臭味启发解决苏区货币防伪问题,引导学生坚定"办法总比困难多"的不断尝试和探索的科学精神。

(3)教学手段

①翻转课堂——学生共建共享:以人民币防伪技术为切入点,分享鉴别方法,引导学生关注并近距离认识我们的货币。

②知识点+实事+思政——贯穿融合:在知识点"货币制度"中引入苏区货币和第五套人民币防伪技术的发展演变,增强家国情怀和"四个自信"。

③学习测评——实时呼应:讨论结果现场点评,并借助线上习题库完成测试。

第二章 信用

专业教学目标

人无信不立,业无信不兴,国无信不强。本章在概述信用概念基础上,重点阐述在现代信用经济中,各种现代信用的概念、特点及其对经济发展的推动作用;分析直接融资和间接融资的特点及作用,为促进经济高质量发展提供有力支持和保障。

【知识目标】

1. 理解信用的产生、特征和各种信用工具。
2. 掌握各种信用形式的概念、特征及其作用。
3. 掌握直接融资和间接融资的区别及其在资金融通中的不同作用。

【能力目标】

1. 培养学生对信用经济发展动态的思考,保持时代敏锐性。
2. 培养学生独立解析金融理论和创造性解决实际金融问题的能力。
3. 培养学生爱岗敬业、诚实守信的职业精神。

课程思政教学目标及实践

【育人目标】

1. 家国情怀　通过讲授用生命守护银行信用等红色金融故事,深刻理解共产党人艰苦奋斗、一心为民的革命信仰,激发学生的社会责任感和服务意识。

2. 人文素养　通过分享中国传统文化中有关诚信和借贷的相关记载,增强学生对优秀传统文化的认同和传承,树立文化自信。

3. 科学精神　通过比较研究信用的经济学范畴与广义信用范畴,培养学生求真务实的学习态度和批判质疑精神。

4. 深度学习　通过对高利贷、民间借贷和校园贷等主题的小组讨论或课堂展示,规范自身借贷行为,维持良好信用,树立理性消费观。

【教学方式与方法】

1. 启发式教学方法:通过分享与诚信、信用相关的名人名言、成语等形式激发学生的学习热情;并通过解读个人信用报告,深化对信用的认知。

2. 案例式教学方法:通过红色金融故事和村镇银行暴雷等案例,讲授不同信用形式的特点与作用,引导学生关注守信与失信的影响。

3. 翻转课堂式教学方法:围绕"老赖惩罚措施,你知道几条?"等主题活动,进行思辨阅读、头脑风暴,增强学生知行合一的能力。

【课程思政教学实例】
案例材料:用生命守护银行信用
(1)案例简介

1933年,面临敌人强大攻势,时任游击队长的老行长阮山再三叮嘱闽西工农银行工作人员"人在资财在,保护好资产保护好账簿就是维护银行的信用"后,便带领游击队主动出击吸引敌人,掩护陈继今行长突围。国民党占领汀州城后,银行工作人员在恶劣的环境和条件极端困苦的日子里,继续开展银行业务工作,理清账户,结算盈亏。行长陈继今坚定地对大家说:"饭可不吃,命可不要,银行在账就不可不做,做好账就是保护好银行的资产,保护好股东和客户的权益,保护好银行的信用"。

资料来源:国家外汇管理局福建省分局."红色金融 诚信传承"系列宣传|①用生命守护银行信用.2021-11-16.

(2)案例的思政元素

①思想引领。坚持以信为本,分享并解读国办发〔2020〕49号等政策文件,在贯彻落实社会信用体系建设的同时,深化学生对信用的认知。

②社会责任。闽西工农银行在烽火岁月中坚持做好日记表,昭示着共产党一心为民的不变初心,增强学生热爱党、拥护党的意识和行动,也孕育了学生爱岗敬业、诚信友善的火种。

(3)教学手段

①混合式教学:在讲授"信用形式"中,引入"用生命守护银行信用"案例,凸显老一辈革命人的信用壮举,讨论分析他们为什么、又愿意"用生命守护银行信用"。在此基础上,结合实际,鼓励学生分享诚实守信的典型事迹,并讨论失信行为的不良影响,深化对信用的认识。

②学习测评:线上作业库中分享今日心得,并完成对应的课后习题。

第三章 利息和利息率

专业教学目标

本章主要掌握利息和利率的基本概念,利率的构成和分类,利率的决定因素和利率的作用,把握马克思的利率理论和西方利率理论的基本观点以及各种利率理论的异同,能够运用所学理论对现实金融问题进行分析。

【知识目标】

1. 了解利息的本质,掌握利息、利息率等相关概念的内涵。
2. 熟悉利息率的分类、决定理论及影响因素。
3. 了解利率的作用及管理体制。

【能力目标】

1. 培养学生掌握利息的计算方法。
2. 培养学生从思辨与探索的角度分析马克思利率决定理论与西方利率理论的不同点,评价其存在的局限性。
3. 培养学生将所学利率理论灵活应用于现实生活。

课程思政教学目标及实践

【育人目标】

1. **科学精神** 引导学生理性地看待复利在现实生活中的运用,复利并不仅是运用在高利贷信用下的民间借贷利率的计算,它的存在也具有其合理性,培养提升学生的理性思维和辩证逻辑。

2. **时代担当** 防范化解重大风险是金融行业的重要任务之一,通过典型案例分析,引导学生重视来自金融系统、金融创新等方面的各类风险,了解风险防范不及时可能带来的严重后果,提高学生的社会责任认知。

【教学方式与方法】

1. 自主学习:线上学习相应慕课中的专业基础知识点,线下自主阅读文献资料,撰写阅读笔记或思维导图。

2. 课堂讲授：讲授相关理论的主要观点或内容、政策启示与建议等。

3. 课堂展示与讨论：学生展示根据教学素材整理分析的相关报告等，小组讨论、汇报答疑等。

【课程思政教学实例】

案例材料：堵住"偏门"管好校园贷

(1) 案例简介

前些年出现的校园贷乱象，让一些大学生深陷其中。为防控风险，2017年中国银监会等三部门印发《关于进一步加强校园贷规范管理工作的通知》，暂停网贷机构开展校园网贷业务，同时提出加强引导，鼓励合规机构积极进入校园，为大学生提供合法合规的信贷服务。

随着互联网技术的深度发展和金融产品的日益丰富，一些小额贷款公司的违规校园贷产品夹杂在正规的消费贷款业务中，打着"创新"的名头，通过虚假宣传诱导，给一些大学生带来"借钱容易""还钱不难"的错觉，由此产生的过度借贷消费，再次让他们陷入高额负债的泥淖。2021年中国银保监会等五部门发布《关于进一步规范大学生互联网消费贷款监督管理工作的通知》，明确小额贷款公司不得向大学生发放互联网消费贷款，同时要求银行业金融机构审慎开展大学生互联网消费贷款业务。

堵住"偏门"，开好"正门"，相信随着互联网消费贷款市场的持续健全，以及对年轻人消费理念的合理引导，校园贷会逐渐回归良性发展，在严控风险的前提下，不断满足大学生群体合理的信贷资金和金融服务需求。

资料来源：白之羽. 堵住"偏门"管好校园贷[N]. 人民日报，2021-03-19(10).

(2) 案例的思政元素

①理性思维。通过利息与利息率基本原理和方法的运用，帮助学生正确认识校园贷，自觉抵制非法的校园贷、套路贷、培训贷等社会不良现象。

②自我管理。通过了解大学生群体合理的金融服务需求，使学生强化安全意识与自我保护能力，建立健康的消费习惯和生活方式。

(3) 教学手段

①翻转课堂——支架与高阶：通过案例学习和相关资料搜集，掌握大学生主要收入来源和消费对象，探究非法校园贷、套路贷等诱导路径模式及其危害。

②知识点＋实事＋思政——贯穿融合：运用利息与利息率基本原理和方法分析非法校园贷、套路贷等形成过程，在师生互动交流过程中将理性思维和自我管理等思政元素与专业知识相结合，增强学生的科学精神与时代担当意识。

③学习测评——实时呼应：小组汇报案例分析结论和搜集资料信息、组间答疑、教师点评总结，使学生正确认识校园贷，掌握利息和利息率基本原理和计算方法。

第四章 外汇与汇率

专业教学目标

外汇与汇率是金融学的重要组成部分，重点涉及外汇与外汇储备、汇率及其决定、汇率制度等内容。本章旨在帮助学生掌握外汇、汇率等相关理论知识，培养其分析国际金融、人民币国际化等现实问题的能力。

【知识目标】

1. 理解外汇与汇率的基本概念，掌握汇率制度、人民币汇率制度演变。
2. 利用汇率制度与外汇管制的相关知识，分析人民币国际化问题。

【能力目标】

1. 提高学生理论联系实际的能力，培养学生较强的金融热点问题解读与信息分析能力。
2. 提高学生思辨的能力。如不仅要积极评价外汇储备的重要性，还应理解为什么不是越多越好。

课程思政教学目标及实践

【育人目标】

1. 家国情怀 引领学生树立"四个自信"，坚定大国金融梦想。我国外汇储备规模保持在3万亿美元以上,是维护国家经济金融安全的"稳定器"和"压舱石"。

2. 科学精神　培养学生专业钻研、勇于探究的科学精神。引导学生利用所学知识思考、探索人民币资本账户的完全开放或自由兑换的可能性路径与重难点问题。

【教学方式与方法】

1. 自主学习:线上学习相应慕课中的专业基础知识点;线下开列推荐书目,引导学生自主阅读文献资料,撰写阅读笔记或思维导图。

2. 课堂讲授:讲授与本章内容相关的知识点,结合经典案例、融媒体、数字化教学资源突出重点难点与思政元素。

3. 课堂展示与讨论:采取课堂讨论、辩论方法,让学生自我讲授、相互辩论,展示自己的理论见解与思政观点。

【课程思政教学实例】

案例材料:1998年香港金融保卫战

(1)案例简介

1997年,美国著名金融家索罗斯发起了连番狙击,引发了二战后对亚洲国家的政治、经济和社会生活各层面冲击最巨的亚洲金融危机。1998年6—7月间,索罗斯将矛头对准了港元,开始有计划地向香港股市及期市发动冲击;8月下旬,香港特区政府决定对国际炒家予以反击。在此背景下,中央政府重点给予了香港特区政府如下支持:一是派遣2名中央银行副行长抵达香港,发动香港全部的中资机构支持护盘行动;二是将净值1971亿港元的土地基金全权移交给特区政府;三是向世界声明"人民币不会贬值"。上述有力措施不仅增加了香港的外汇和财政储备,助力香港战胜国际炒家,更维护了东南亚的经济秩序,促进了亚洲乃至世界金融、经济的稳定和发展。

资料来源:搜狐网. 佚名.1998年香港金融保卫战纪实[EB/OL].2017—01—27.

(2)案例的思政元素

①政治认同。在香港金融保卫战中,中央政府成为特区政府最坚实的后盾,维护了香港的联系汇率制度与繁荣稳定。学生在此应当认识到中国共产党领导的重要性,增强政治认同、思想认同、情感认同。

②时代担当。1998年,中国自身仍面临众多经济困难。但面对金融危机,不采取竞争性汇率贬值措施,甚至拿出部分外汇支援有关国家稳定外汇市场,显示了大国的担当和风范。学生应当从中学会强本领、勇担当、会钻研。

③人类命运共同体。金融危机中,中国政府明确与东亚各国(地区)共同渡过难关,提升了金融市场和投资者对亚洲市场的信心。学生应据此坚定参与推动构建人类命运共同体的信心,增强家国情怀,推进人民币国际化。

(3)教学手段

①讲授:在"汇率制度"中引入案例,如结合香港金融保卫战案例,将政治认同、时代担当、人类命运共同体等思政元素与专业知识相结合,帮助学生树立正确的金融观、价值观、世界观。

②讨论:香港金融保卫战案例的启示。

③学习测评:重点以小组PPT汇报、课堂论文等方式进行学习测评。

第五章　金融机构

专业教学目标

现代市场经济中的货币、信用和各种金融活动都与金融机构息息相关。通过本章的教学,使学生了解和掌握金融机构的产生与发展、存在的必要性及其主要功能;了解金融机构体系的一般构成;把握中国金融机构体系的构成、发展及变革情况。

【知识目标】

1. 学生了解金融机构的形成、分类、主要功能;金融机构存在的客观必要性。

2. 学生掌握金融机构体系的一般构成及相互关系,掌握中国金融机构体系的构成、发展及变革情况。

【能力目标】

1. 培养学生把握金融机构发展变化与金融创新趋势的能力。

2. 培养学生独立思考市场经济条件下多样化金融机构存在的客观必要性的能力,中国金融机构与西方国家金融机构异同的辨析能力。

课程思政教学目标及实践

【育人目标】

1. 家国情怀　通过讲解中国的金融机构形成、发展和变迁过程,加深学生对中国金融经济发展过程的理解,认识到中国金融机构的发展是金融稳健发展的基本力量。

2. 科学精神　通过让学生更清晰地了解金融机构的一般构成、中国金融机构体系的构成、特点及创新发展,提高学生的求真精神、运用理论和实际相结合等科学方法辩证分析现实问题的能力以及创新思维能力。

【教学方式与方法】

1. 自主学习与小组合作学习:线上学习与线下学习相辅相成。学生做到自主阅读课程与文献资料,撰写阅读笔记或思维导图。明确小组合作学习与成员分工。

2. 课堂讲授:讲授知识点和相关理论的主要内容。

3. 课堂讨论:学生将教学素材整理分析的相关报告等进行展示和小组讨论、交流。

【课程思政教学实例】

案例材料:2022 年全球银行 1000 强出炉:140 家中资银行入榜

(1) 案例简介

2022 年 7 月 4 日,英国《银行家》杂志发布 2022 年全球银行 1000 强排行榜(基于一级资本)。榜单显示,共有 140 家中资银行上榜。中国工商银行、中国建设银行、中国农业银行和中国银行连续位居榜首前 4 名。交通银行排名第 10 位,中资银行首次在榜单上占据全球前十大银行的一半。另外,排名前 20 位的中资银行还有招商银行(第 11)、中国邮政储蓄银行(第 13)、兴业银行(第 16)、上海浦东发展银行(第 18)、中信银行(第 19)。英国《银行家》杂志报道认为,2022 年度世界银行 1000 强排行榜中,中资银行在新冠肺炎疫情期间的表现更强大、坚韧。

资料来源:华道视界.英国《银行家》2022 年全球银行 1000 强出炉,中资银行首次占据前十榜单半壁江山.和讯网[EEB/OL]2022-07-05.

(2) 案例的思政元素

①家国情怀。让学生了解该排行榜已成为社会各界了解全球银行业现状、变化和趋势的一个窗口,增强学生的全球意识、国家意识、民族自豪感,坚定中国改革开放、走中国特色社会主义道路的信念。

②科学精神。让学生了解中资银行不畏艰难,在新冠肺炎疫情期间表现出的强大与坚韧,培养学生求真务实的进取精神和积极寻求有效解决问题的方法、能力和韧性。

(3) 教学手段

①讲授:在"金融机构体系"中引入案例,揭示金融机构体系的构成、发展变化与金融创新趋势,培养学生的创新思维与实践能力。

②讨论:中资银行发展变化案例带来的启示。

③学习测评:进行质疑答疑,对讨论结果现场点评,包括学生自评、互评、教师点评总结。

第六章　商业银行

专业教学目标

通过本章教学,使学生掌握商业银行的产生与发展、性质与职能、组织制度;了解商业银行的主要业务;理解商业银行的信用创造原理,重点掌握信用创造的制约因素;掌握商业银行的经营原则,了解经营管理理论及方法。

【知识目标】

1. 学生了解商业银行的性质和职能,熟悉商业银行的资产业务、负债业务及表外业务,理解商业银行的信用创造等内容。

2. 学生掌握商业银行派生存款创造过程与票据贴现额的计算能力。

【能力目标】

1. 培养学生将所学理论灵活应用于经济现实和实践中的能力。

2. 培养学生从思辨与探索的角度分析商业银行经营管理过程,探讨现代商业银行在选择不同经营模式时可能面临的利与弊。

课程思政教学目标及实践

【育人目标】

1. 家国情怀　通过讲解商业银行的产生与发展、制度与业务,让学生认识到中国国内银行发展面临过的挑战,中国人民用智慧变革和眼界在重重困难中突围,人类命运共同体的内涵与价值,建立国家意识和文化自信,从而培养学生的国家认同感和社会责任感。

2. 深度学习　在不同历史时期,商业银行所处的经营环境和业务活动存在显著差异,培养学生在学习过程中养成积极的学习态度和善于思考的能力,引导学生阅读相关专著与文献,让学生勤于反思,善于总结,能根据不同情境进行多角度辩证地分析,提高解决实际问题的能力。

【教学方式与方法】

1. 自主学习:线上学习相应慕课中的基础专业知识点,线下自主阅读文献资料,撰写阅读笔记或思维导图。

2. 课堂讲授:讲授学生学习中难以自习内容和相关理论的主要观点或内容、对政策启示与建议全方位解读,举例展开等。

3. 课堂展示与讨论:学生展示根据教学素材整理分析的读书笔记或相关报告等,适当进行小组讨论。

【课程思政教学实例】

案例材料:我国商业银行绿色金融债券业务研究与分析——以 XY 银行为例

(1)案例简介

当前,世界各国经济快速发展,由此产生的环境问题也越发严重,如何在最大程度上实现经济发展与环境保护相平衡,备受各国关注。自"绿色金融"这一概念提出以来,作为我国金融机构体系中处于主导地位的商业银行,积极开展绿色金融业务,引导更多的资金不断地注入到绿色产业当中,将社会责任与经济金融的发展相统一起来。2016 年初,继 PF 银行之后,我国 XY 银行作为全国第二个发行绿色金融债券的股份制商业银行,一年中发行了 3 只总规模为 500 亿元人民币的绿色金融债券,为绿色金融债券这一新型的绿色金融产品在我国债券市场的不断深入发展奠定了基础。截至 2019 年末,XY 银行在银行间债券市场绿色金融债券的发行规模累计达 1300 亿元,对其他银行等金融机构具有引领和示范作用。

资料来源:吕森鸿,李娇. 我国商业银行绿色信贷业务探讨——以兴业银行为例[J]. 环渤海经济瞭望,2019(09).

(2)案例的思政元素

①家国情怀。国家政策的指引离不开商业银行的共同努力,在达成共识的基础上,才能更好地服务社会,达成目标。

②创新精神。通过识别大环境的变化,使得为商业银行的后续发展把握方向,才能更好地服务客户。

③环境意识。绿色金融的发展是为了助力实体经济的绿色转型,只有实体经济更加绿色环保,才能使得可持续发展延续。

(3)教学手段

①知识点+实事+思政:在"商业银行经营活动"知识点中引入新经营模式,将家国情怀、创新精神以及环境意识等思政元素与专业知识相结合,增强学生的环境意识、政策导向,以及为集体做贡献的意识,使学生养成主动关注国家政策的思维习惯。

②翻转课堂:慕课资源、文献资源为翻转课堂提供支架;课堂展示、师生思辨讨论实现课堂高阶性、高效性。

③学习测评:讨论结果现场点评,包括学生自评、互评、教师点评总结。

第七章　中央银行

专业教学目标

中央银行是一国金融体系的核心,它统领一国金融体系,是制定和执行国家的货币政策、调节和控制全社会货币供给与信用活动的最高金融管理机构。本章在介绍中央银行制度形成的基础上,分析探讨中央银行的地位、性质和职能,让学生建立起对于中央银行的整体认识,了解中央银行业务活动的原则、类型和特点,把握其在现代经济中起到的作用。

【知识目标】

1. 使学生了解中央银行制度的形成和发展,明确中央银行的地位、性质和职能。
2. 掌握中央银行的业务原则及资产负债等各项业务。

【能力目标】

1. 培养学生将所学基本原理和知识灵活应用于现实和具体案例分析。
2. 培养学生从思辨与探索的角度分析中央银行的职能和业务活动,评价其产生和发展的必要性和客观性。

课程思政教学目标及实践

【育人目标】

1. 家国情怀 通过从世界范围考察中央银行制度的形成和发展,让学生以开放的心态理解人类社会文明进程、世界经济发展动态,不同国家发展的差异,在百年未有之大变局中,中华民族激发出前所未有的创新实践活力,从而培养学生为国家的发展努力奋斗的意识;通过了解中国人民银行早期活动家的事迹,红色金融史的学习,调动学生爱国、爱家、爱学习的热情。

2. 科学精神 帮助学生理解中央银行作为唯一垄断货币发行的特殊金融活动主体,必须是在《中央银行法》的框架下遵循经济运行的基本规律开展具体的业务活动,以有效发挥其职能,履行其职责;通过掌握中央银行的业务运行,考察中国人民银行在防范金融风险,保持金融稳定方面的作法,使学生树立科学精神和法治意识。

【教学方式与方法】

1. 自主学习:线上学习相应慕课中的专业基础知识点,线下自主阅读文献资料,撰写阅读笔记或思维导图。
2. 课堂讲授:讲授相关原理的主要观点或内容、启示与建议等。
3. 课堂展示与讨论:学生展示根据教学素材整理分析的相关报告等,小组讨论。

【课程思政教学实例】

案例材料:红色金融路:从统一金融秩序到发行第一套人民币!

(1)案例简介

1949年2月,北平和平解放后,在新中国即将诞生的曙光中,从战火中走来的中国人民银行与解放军同时进入北平。在此之前,革命政权的主要金融工作都是在农村,如何处理前国民政府在城市里的金融机构,组建新中国的金融体系,是一个艰巨又迫在眉睫的问题。

从统一金融秩序,到新中国成立后第一套完整的人民币发行,中国人民银行扭转了新中国成立初期金融市场混乱的状况,遏制了国民党政府遗留的恶性通货膨胀,理顺了财经管理体制,保障了国民经济的恢复与发展,为构筑新中国金融事业的宏伟大厦,打下了坚实根基。

资料来源:央视财经.红色金融路|从统一金融秩序到发行第一套人民币!中国人民银行,这样打好财经第一仗,2021—07—08.

(2)案例的思政元素

①红色金融史。中国共产党领导下老一辈金融工作者的奋斗历史和不怕艰难的光荣传统。
②法治意识。理顺财政金融管理体制,推动人民币币值的稳定和国民经济的恢复与发展。
③责任意识。组建金融体系,履行管理金融经济的责任。

(3)教学手段

①引导学生课前文献资源阅读,通过课堂展示,进行师生思辨讨论。
②在知识点"中央银行制度产生和发展"中引入中国的红色金融史;把中央银行的产生、发展的历史进程进行国际间比较,增强同学们理论联系实际、借鉴他国的经验、以我为主的家国意识。
③通过相关财经新闻报告解读、问卷投票、讨论结果现场点评进行学习测评。

第八章 金融市场

专业教学目标

金融市场是一个包含许多子系统的大系统,在这个市场上进行资金融通,实现借贷资金的集中和分配,完成金融资源的配置过程。本章在介绍金融市场及其要素的基础上,对主要的金融市场进行介绍、分析,让学生建立起对于金融市场的整体认识,了解金融市场与产品市场之间的密切联系。

【知识目标】

1. 使学生了解金融市场及其要素,掌握货币市场、衍生工具市场、投资基金、外汇市场、黄金市场等市场的相关概念和作用。

2. 使学生加深对金融市场国际化的理解,掌握经济的全球一体化与金融市场国际化之间的联系。

【能力目标】

1. 培养学生将所学内容灵活应用于现实生活和具体问题分析。

2. 培养学生从思辨和探索的角度分析不同金融市场的运作过程及其相互关系,把握中国与发达国家金融市场的异同点。

课程思政教学目标及实践

【育人目标】

1. 家国情怀 通过对金融市场的发展历程进行讲解,让学生认识到金融业植根于一定的制度之下。在社会主义市场经济中,我国金融行业有其独特特征。通过对学生进行金融学的课程思政教育,使其了解我国金融业发展特征和经济发展形势,培养学生在未来促进我国金融业高质量发展的意识。

2. 法治意识 金融市场的健康运行离不开法律的规范与约束。在金融从业人员开展的相关业务活动中,不能做出违法乱纪行为,促进学生了解金融市场相关法律法规的重要意义,树立法治精神,强化法治意识。

3. 深度学习 通过深入挖掘金融学课程思政元素,促进学生正确认识和理解金融市场相关内容的价值,并通过讲解正在发生的重大金融事件,培养学生养成良好的学习习惯,建立适合自身的学习方法,树立终身学习的意识。

【教学方式与方法】

1. 自主学习:课前推送金融市场相关资料,线上学习相应慕课中的专业基础知识点,线下自主阅读文献资料,撰写阅读笔记或思维导图。

2. 课堂讲授:讲授不同金融市场的发展历史和演进、构成要素、基本功能,以及金融市场国际化的原因及发展趋势。

3. 学生展示:根据教学素材整理分析的相关报告等,小组讨论,进一步加深对金融市场的理解。

【课程思政教学实例】

案例材料:破除"美国金融模式迷信"!中国金融要走自己的路

(1)案例简介

长久以来,我国金融界一些人士一直自觉或不自觉地把美国当作现代金融的样板,并呈现出相当程度的盲目性,这种盲目性的根源是新自由主义的影响。今天的中国金融界也需要解放思想,立足中国国情,立足社会主义的价值观去思考中国的问题。我们必须来一场思想解放,破除金融发展路径上的"洋迷信""洋八股"。

资料来源:新华社.破除"美国金融模式迷信"!中国金融要走自己的路,2022-3-15.

(2)案例的思政元素

①法治意识。以习近平新时代中国特色社会主义思想引领金融法治建设,把党的领导贯穿到金融法治工作的全过程和各方面,在金融法治建设中始终坚持以人民为中心。

②服务意识。建设高标准金融市场体系,服务实体经济,使学生能够更加深入地认识金融市场的服务价值,从而增强其服务意识。

③制度自信。我们有在社会主义发展价值观指导下的制度优势,可以在社会主义的价值观指导下,制定在资本利润至上的资本主义国家不可能有的、为人民而不是为资本服务的新型金融制度,规范金融服

务,抑制金融放任发展,抑弊兴利,使金融有所为,有所不能为。

(3)教学手段

①课堂讲授:在讲授开始时引入案例,采用启发式、问题式等课堂讲授方法,启发学生的思维,激发学生主动学习金融市场内容的积极性。

②翻转课堂:慕课资源、文献资源为翻转课堂提供支架;课堂展示、师生思辨讨论实现金融市场教学的高阶性、挑战度。

③学习测评:根据投票结果、讨论结果现场点评,保障金融市场的教学质量。

第九章 理财规划基础与理财产品比较

专业教学目标

本章在介绍理财规划基础与理财产品比较的基础上,对理财规划的内涵、目标和内容进行全面介绍。熟练掌握理财规划的具体内容,向学生普及个人理财知识,培养学生的理财技能,特别是熟悉不同的理财产品,并对其进行简单的介绍。课程应与实际工作岗位要求相符,实现很好地对接,与助理理财规划师的要求保持基本一致。

【知识目标】

通过课程的教学,学生较全面地了解理财规划的基础理论和基本知识;熟悉我国现行的各类个人理财产品,掌握各类理财产品的性质、风险和赢利状况。

【能力目标】

熟悉各类理财产品,具有分析各类理财工具风险收益关系的能力;准确测度客户的风险偏好,并且能够按照客户的风险偏好和财务状况为其选择合适的理财产品;具备设计综合理财方案,进行理财规划,以实现一定的财务目标的能力;取得助理理财规划师等。

课程思政教学目标及实践

【育人目标】

培养学生具有正确的理财观念,增强自身的金融素养,增强独立思考的能力,更新知识结构,具备利用专业知识进行理财方案设计的能力,能够根据所学知识进行案例分析。

【教学方式与方法】

1. 自主学习:通过网络查询理财相关案例或询问家人是否具有理财需求,将其基本信息和具体的理财需求进行收集和汇总,利用经济学知识分析案例中客户的风险偏好。

2. 课堂讲授:对理财的目标和理财规划的具体内容进行介绍,介绍不同理财产品的性质和风险,解读明星主播逃税事件。

3. 课堂展示与讨论:学生展示根据自主学习部分所获取的资料进行理财案例分析等,小组讨论。

【课程思政教学实例】

案例材料:范某某、郑某和薇某等主播明星逃税事件

(1)案例简介

2018年9月30日,范某某偷税、漏税被官方证实,需要补缴税款共8.84亿。

2021年8月27日,郑某偷税、逃税,被追缴税款、加收滞纳金并处罚款共计2.99亿元。

2021年11月22日,朱某某、林某某因偷逃税款,将被依法追缴税款、加收滞纳金并处罚款分别计6555.31万元和2767.25万元。

2021年12月20日,薇某偷税、漏税、被国家税务总局杭州市税务局稽查局按照相关法律,对其追缴税款、加收滞纳金并处罚款共计13.41亿元。

资料来源:邓海建.文娱领域逃税惩处力度升级,税收没有"灰色地带".央广网,2022-07-26.

(2)案例的思政元素

①法治意识。合理合规纳税是每个公民应尽义务,充分了解并熟悉税法知识,让学生清楚合法和非法的界限,通过学习税法知识,保持对税法的敬畏感。

②社会责任。明确税收"取之于民,用之于民,造福于民"的本质,国家能够通过税收进行严格的政府

预算,将其用于基础建设等公共服务方面。

③科学精神。学生应当具备职业素养,理财主体在合理纳税的前提下应当设法通过税收筹划减轻税负,优化资产配置,增强责任感和使命感。

(3)教学手段

①翻转课堂——支架与高阶:慕课资源、文献资源为翻转课堂提供支架;课堂展示,师生针对具体的理财案例需求进行分析,实现课堂高阶性、挑战度。

②知识点+实事+思政——贯穿融合:在知识点"税收"中引入主播明星偷税漏税案例,将法治意识、社会责任以及科学精神等思政元素与专业知识相结合,增强学生的法治意识与底线思维。

③学习测评——实时呼应:学生对自己所整理的理财案例进行理财方案设计。

第十章 货币需求与货币供给

专业教学目标

货币需求与货币供给保持平衡,是实现商品供求平衡,进而促进市场均衡的前提与基础。本章主要介绍货币需求理论、货币供给及其层次划分、货币均衡与非均衡等内容,引导学生学习和掌握货币供给的控制机制,以及货币供求失衡与价格波动的形成机理。

【知识目标】

1. 使学生了解货币界定的复杂性,知晓货币供给口径与层次划分依据,能对狭义与广义货币进行识别。

2. 使学生理解货币供给的内生性与外生性问题,熟悉我国在实现货币供求平衡与促进市场均衡过程中所进行的探索。

3. 使学生理解和掌握货币供给的控制机制,能够分析货币供求失衡的原因及影响。

【能力目标】

1. 培养学生利用所学知识,分析和解释金融领域出现的新问题与新现象。

2. 培养学生从思辨和探索角度,分析各国货币供求的差异性。

3. 培养学生能够通过实际案例,分析当前我国货币供求存在的问题及原因,能提出合理的政策与建议。

【育人目标】

1. 家国情怀 通过剖析货币需求的影响因素,阐明中国人民银行在促进货币供求平衡,实现保增长、促就业、稳物价、惠民生、防范系统性金融风险的作用与意义;激发学生的责任感和大局意识,培养学生的国家认同感和制度自信感。

2. 科学精神 培养学生求真精神和理性思维,能基于货币供求理论,对相关问题进行独立思考和辩证分析;能运用所学知识提出自己的见解,培养学生不畏困难,勇于探索的精神。

3. 深度学习 通过挖掘思政元素,加深学生对货币供求与宏观调控的学习兴趣,培养学生勤于思考、乐学善学的意识。

【教学方式与方法】

1. 自主学习:查找文献资料,搜集整理2000年以来我国货币供求失衡引发的问题,并对其产生的原因、影响进行分析,据此提出相应的政策建议。

2. 课堂讲授:结合理论知识,讲解2000年以来我国货币需求的变化,剖析中国人民银行促进货币供求平衡的创新型工具。

3. 课堂讨论:结合课堂讲授,引导学生根据案例讨论货币供求失衡问题,探讨积极稳健货币政策的重要性。

【课程思政教学实例】

案例材料:流动性过剩、"钱荒"与积极稳健的货币政策

(1)案例简介

2008年美国金融危机爆发后,为防止经济衰退,我国迅速实施4万亿投资计划和极度宽松的货币政策,导致流动性过剩,资产价格和物价快速上涨。此后,受外汇占款缩减和经济结构调整影响,我国在2013年出现两次"钱荒"。为此,中国人民银行及时引入积极稳健的货币政策,在操作中基于交易方程式 MV=PY,将 M_2 增速尽可能控制在预期 GDP 增速与通胀率之和的水平上。2020 年以来,我国在发挥积极稳健货币政策总量功能的同时,有效引导信贷资金直达中小微、科技创新型企业,定向支持能源、普惠养老等国民经济重点领域和薄弱环节,为新冠肺炎疫情防控和经济高质量发展奠定了基础。

<small>资料来源:中国经济网.密切关注国内外通胀形势变化——稳健货币政策实施力度继续加大.2022-8-13.</small>

(2) 案例的思政元素

①政治认同。使学生理解党中央国务院宏观决策始终坚持以人民为中心,增强学生的国家认同与制度自信。

②责任意识。强化学生责任感和主人翁意识,为未来经济发展勇挑重担。

(3) 教学手段

①课堂讲授:在货币供求介绍中引入失衡案例,剖析货币供求失衡的影响,启发学生思维,激发学生主动探究知识并寻求解决问题方法和途径的积极性。

②讨论:流动性过剩与"钱荒"案例带来的启示。

③学习测评:对讨论结果现场点评,包括学生自评、互评、教师点评总结。

第十一章 通货膨胀与通货紧缩

专业教学目标

本章主要介绍了通货膨胀和通货紧缩的相关内容,在学习货币需求和货币供给的基础上,理解通货膨胀和通货紧缩的概念,通货膨胀的具体类型和度量指标,以及通货膨胀带来的经济效应,掌握通货膨胀和通货紧缩的产生原因和治理方案。

【知识目标】

1. 理解通货膨胀的概念、度量指标与分类,能够识别通货膨胀带来的经济效应。
2. 掌握通货膨胀的产生原因,以及相应的治理措施和方法。
3. 理解通货紧缩的概念和产生的原因,掌握通货紧缩的治理措施和方法。

【能力目标】

能够结合实际案例,分析现实条件下通货膨胀和通货紧缩产生的原因并提出相应的治理措施。

【育人目标】

1. 政治认同　理解我国经济发展过程中通货膨胀和通货紧缩及相应宏观调控措施和手段,培养学生的国家认同感和制度认同感。

2. 创新思维　引导学生收集我国通货膨胀、通货紧缩相关资料,并进行分析、讨论,以自主学习方式对理论进一步理解,并培养学生严谨的资料收集和求证的学习态度,以及理性思维能力。

3. 深度学习　训练学生结合理论分析我国经济发展历程和相关宏观调控措施,树立在复杂环境中发现问题、解决问题的思维方式,培养学生制定解决方案的能力。

【教学方式与方法】

1. 自主学习:自主查找收集相关文献资料,整理改革开放后历次通货膨胀和通货紧缩的产生原因、特点和相应宏观调控措施。

2. 课堂讲授:将本章节知识点与我国宏观调控周期的案例相结合,以理论+实践的方式进行重点知识讲解。

3. 课堂讨论:结合课堂讲授,学生根据案例讨论解决通货膨胀和通货紧缩的具体措施及其有效性。

【课程思政教学实例】

案例材料:改革开放后中国经济的"稳"与"进"

(1) 案例简介

改革开放后,我国经济体制改革的关键是既要保障经济发展质量、效率的"进",又要确保经济增长的"稳"。1991—1999 年是改革开放以来持续时间最长、物价波动幅度最大的一轮宏观调控周期。1993 年,受强烈投资需求拉动影响,全社会固定资产投资总额增加,金融信贷规模和货币供应量也急剧扩张,至1994年物价涨幅达到24.1%,出现较高通货膨胀。1993年中共中央下发六号文件,提出宏观调控"十六条";1994年实行分税制改革;成立货币政策委员会,把保持币值稳定作为货币政策的优先目标。1996年CPI下降到8.3%,但随后又进入"过剩经济"时代,加之1997年亚洲金融风暴冲击,宏观经济出现信贷萎缩和需求不足的通货紧缩现象,1999年物价涨幅仅为-1.4%。从1998年开始,国家宏观调控主题变为扩大内需,实施"积极的财政政策"和"稳健的货币政策"协调配合,物价水平在2003年6月止跌反弹,结束了长期下滑趋势并呈现小幅上扬态势。

资料来源:①董昀.中国宏观调控思想七十年演变脉络初探——基于官方文献的研究[J].金融评论,2019,5:14-37.
②蒋和胜,曾兴.新中国成立以来我国稳定物价的历史脉络、演进特征及经验启示[J].西南民族大学学报(人文社会科学版),2020,2:214-221.
③刘伟,蔡志洲.中国经济发展的突出特征在于增长的稳定性[J].管理世界,2021,5:11-23.
④刘金全,张龙.新中国70年财政货币政策协调范式:总结与展望[J].财贸经济,2019,9:35-50.

(2)案例的思政元素

①政治认同。了解改革开放后中国经济特征,理解党和政府宏观调控措施制定的原因,认识中国特色宏观调控体系的演进过程,树立学生的国家认同和制度自信。

②制度自信。中国特色宏观调控体系使用了积极的财政政策配合货币政策,建立了与西方国家不同的宏观调控手段,带领全社会平稳度过七个宏观调控周期,推进社会主义现代化发展。

③科学精神。通过学生对案例相关内容的自主学习,培养学生运用理论知识联系实际,用科学思维方式分析复杂问题的研究态度。

(3)教学手段

①课堂讲授:结合案例,引导学生对通货膨胀和通货紧缩的产生、度量、治理措施等内容进一步理解,培养学生分析问题的能力。

②讨论:结合案例,鼓励学生运用理论知识讨论改革开放后我国几轮宏观调控周期的动因、措施和效果,以及思考带来的启示。

③学习测评:学生总结,教师点评、总结。

第十二章 货币政策

专业教学目标

本章主要使学生掌握货币政策的概念及主要内容,学会应用有关理论分析现行体制下的我国货币政策目标的选择和货币政策的影响问题。运用案例教学手段,使学生认识到我国货币政策的提出远远早于西方,提升学生的民族自豪感。

【知识目标】

1. 熟悉货币政策的概念及货币政策目标、货币政策工具、货币政策效果等内容。
2. 熟练掌握中介指标的含义及选择。
3. 了解货币政策传导机制。

【能力目标】

1. 能够模拟不同情况下货币政策工具效果。
2. 结合我国当前的社会环境和所面临的国际局势,提出与之相对应的货币政策。

课程思政教学目标及实践

【育人目标】

1. 家国情怀 通过对我国春秋时代齐国管仲所提出的"轻重"理论的介绍,使学生了解我国早在两千多年前就提出了较为完备的货币政策理论,并服务于实践,增强学生对中华传统文化的了解。

2. 科学精神 通过对时滞作用的具体讲述,让学生了解到,包括货币政策在内的很多政策在具体实施过程中,作用发挥会有一定的时间延时,并不能当下就看到改变,进而实现提升学生理性思考的教育目标。

【教学方式与方法】

1. 自主学习:学生应运用学习强国平台,观看"爱课程"强国号中货币政策相关内容;同时,阅读货币政策相关时事新闻,撰写货币政策相关阅读笔记。

2. 课堂讲授:讲述货币政策概念、主要目标、货币政策效果等,重点讲授货币政策在当前中国经济实践中的创新性发展——习近平新时代中国特色社会主义经济思想中的货币政策和宏观审慎双支柱调控框架。

3. 课堂展示与讨论:要求学生结合货币政策相关时事新闻,运用课堂所学到的知识进行相应解析,并以小组为单位进行课堂展示,教师进行相关点评。

【课程思政教学实例】

案例材料:人类最早的货币政策记载——管仲"轻重"理论

(1) 案例简介

《管子》书有《轻重》19篇(今存16篇),主要讲商品流通、货币流通和价格之间的关系。管仲强调,应注意货币与百姓生活中重要的生产生活资料(如盐、铁等)之间的关系,通过控制货币,来促进社会健康发展,百姓安居乐业,抑制豪强势力。

资料来源:管仲,管子[M].北京:中华书局,2019.

(2) 案例的思政元素

①家国情怀。管仲的"轻重"理论是目前已知的人类最早的成体系的货币政策理论。《管子·轻重篇》所阐发的以轻重之术治国的方略,主张通过经济手段调控治理国家,该主张在我国建设社会主义市场经济的今天,仍有较强的借鉴意义。

②文化自信。西方一直有一些学者强调"经济思想源头在西方",认为包括金融在内的一切经济思想的最早起源都在西方,而我国的先秦典籍有效证明了早在几千年前,中国古人就已经开始思考货币政策对于经济的影响,有助于提高学生的文化自信。

(3) 教学手段

①讲授:在讲解"货币政策的制定依据"相关内容时引出该案例,并结合春秋时期齐国称霸中原的史实,让学生充分了解到即使是在生产力发展较为初级的我国先秦时期,货币政策对于国家发展仍起到不可忽视的作用,进而提高学生的民族自豪感。

②讨论:让学生思考在我国近现代发展过程中,货币政策对于国家发展局势的影响。

③点评:教师根据学生现场表现进行点评,尤其注意学生对于货币政策的传导机制的把握。

第十三章 金融发展与经济增长

专业教学目标

金融与经济发展密切相关,处理好金融与经济增长之间的关系成为一国可持续发展的根本保障。本章主要介绍金融与经济增长的一般关系、金融压抑与金融自由化、金融排斥与普惠金融等问题,使学生建立金融发展理论整体认识,深刻领会我国发展普惠金融的现实意义。

【知识目标】

1. 掌握金融与经济增长的关系,正确理解金融在现代经济发展中的作用。
2. 掌握金融压抑与金融自由化的主要观点。
3. 掌握金融排斥内涵、金融排斥具体表现。
4. 掌握普惠金融内涵、普惠金融特征、普惠金融目标。

【能力目标】

1. 培养学生将所学金融发展相关理论灵活应用于现实具体问题。
2. 培养学生能够深入分析我国存在金融排斥的原因,提出可行性的对策建议。
3. 培养学生能够深入分析我国普惠金融发展现状,探讨惠普金融的挑战与展望。

课程思政教学目标及实践

【育人目标】

1. 家国情怀 通过讲解普惠金融的内涵、特征与目标,让学生认识到中国特色社会主义建设的目的是实现人民福祉,共同富裕是中国共产党向中国人民兑现的历史承诺,金融企业的社会责任,为助力中国脱贫攻坚取得最后胜利的成果,实现家国情怀的目标。

2. 科学精神　通过金融发展相关理论的学习,学生能够运用所学的理论,分析中国金融改革与发展的问题,并积极探究有效解决问题的方法,实现科学精神的目标。

【教学方式与方法】

1. 自主学习:通过资料查找,整理出 2001—2021 年我国货币化率(M2/GDP)数据,分析我国经济的高货币化程度及原因,并提出相应的政策建议。

2. 课堂讲授:重点讲解发展中国家出现金融压抑的主要原因及政策建议;发展中国家金融自由化及出现的问题原因;中国当前的农村金融排斥困境的原因。

3. 课堂讨论:通过普惠金融理论学习,把普惠金融与脱贫攻坚结合起来分组讨论,老师点评与总结。

【课程思政教学实例】

案例材料:脱贫攻坚下的普惠金融

(1)案例简介

到 2020 年底,经过 8 年精准扶贫,5 年脱贫攻坚战,832 个贫困县全部摘帽,所有贫困人口全部退出,创造了世界减贫史上的伟大奇迹。脱贫攻坚下的普惠金融,勇于承担社会责任,建立普惠金融体系,构建多层次、多方位、多渠道精准扶贫的金融格局,为低收入群体提供可负担的金融服务,实现消除贫困、共同富裕目标,助力中国脱贫攻坚取得最后胜利的成果。

资料来源:中国政府网.2020 年底所有贫困人口将全部退出[EB/OL].2020—12—02.

(2)案例的思政元素

①家国情怀。中国已如期打赢脱贫攻坚战,中华民族千百年来存在的绝对贫困问题历史性地彻底得到解决,是中国共产党人勇于担当、负重前行,以习近平同志为核心的党中央始终总揽全局、协调各方,始终发挥谋大局、定政策、把方向的领导作用;金融企业的社会责任,为助力中国脱贫攻坚取得最后胜利的成果。

②科学精神。通过脱贫攻坚下的普惠金融,继续探讨研究脱贫攻坚精神、普惠金融发展与共同富裕。

(3)教学手段

①讲授:通过普惠金融等知识点讲授,融入家国情怀、科学精神、深度学习等思政元素,增强学生的爱国主义、中华民族伟大复兴中国梦情怀,以及为实现全体中国人民的共同富裕做贡献的意识。

②讨论:确定讨论主题"普惠金融与脱贫攻坚",班级分成若干小组;制作 PPT 汇报,学生发言讨论普惠金融助力中国脱贫的启示。

③学习测评:现场点评,学生投票评选结果,作为小组学生平时考核成绩,老师总结。

第十四章　金融创新、金融脆弱性与金融危机

专业教学目标

本章以金融市场创新产品为导向,围绕金融创新给国家、民族、社会个人带来的影响,向学生介绍金融创新的重要性以及主要分类。同时,多维度讨论金融创新的利与弊,结合金融监管知识,从不同维度讨论金融创新的适度性与监管必要性。此外,围绕金融脆弱性生成的内在机制、金融自由化与金融脆弱性、金融危机及其防范与治理等方面深入探讨金融脆弱性与金融危机,不仅可更直接真实地向学生传播市场、行业最前沿知识,以及促进学生对金融脆弱性与金融危机本质的深度认识,还可提高学生对于课程内容的认可度和新鲜感。

【知识目标】

1. 使学生了解金融创新的概念范围及具体分类,学习金融创新案例,提高学生对金融创新的认识度。

2. 使学生熟悉金融脆弱性与金融危机发生的原因、造成的危害以及防范治理等过程,促进学生对金融脆弱性与金融危机的进一步了解。

【能力目标】

1. 培养学生将所学的理论灵活运用于现实和具体案例。

2. 培养学生创新意识和创新思维,以及从思辨与探索的角度分析金融脆弱性与金融危机,并对其存在

的问题与影响做出客观评价。

课程思政教学目标及实践

【育人目标】

1. 家国情怀　通过讲解金融创新、金融脆弱性与金融危机,让学生认识到金融创新对于产业、国家、社会可持续发展的重要性以及金融脆弱性与金融危机爆发对于世界各国造成的巨大危害,从而培养学生的创新意识与风险意识,树立对国家可持续发展观念的正确认识。

2. 法治意识与底线思维　金融创新的应用、金融脆弱性与金融危机的防范与金融监管密不可分,也离不开金融市场相关法律的规范与约束,在追求金融创新、抵御金融危机的各个过程中,帮助学生树立金融市场的法治意识与底线思维。

【教学方式与方法】

1. 自主学习:线上学习关于金融创新、金融脆弱性与金融危机的基础专业知识点,线下自主阅读文献资料,撰写阅读笔记或思维导图。

2. 课堂讲授:讲授关于金融创新、金融脆弱性与金融危机的主要内容,对国家发展的政策建议等。

3. 课堂展示与讨论:学生根据所整理的相关文献材料,分小组讨论。

【课程思政教学实例】

案例材料:MYJF 暂缓上市的原因

(1) 案例简介

蚂蚁金服是一家金融服务机构,它旗下有 ZFB、YEB、MYJB 等多款创新产品,专门为个人消费和小微企业提供普惠金融服务。目前,其依托于互联网,在大数据、云计算等方面取得了显著创新成就。但原定申请于 2020 年 11 月 5 日在上交所科创板上市被监管部门紧急暂停,引起了市场极大关注。

MYJB 创新构建了一条金融产业链,通过 ZFB 提供支付结算业务、ALXD 提供贷款业务、资产证券化实现融资,此外还涉及担保、保险、基金等。主要突破在于能通过存款、同业负债等方式加杠杆、增规模,过度杠杆化催生的超大资产规模引起了金融监管部门的忧虑,给金融体系的发展带来了巨大潜在风险。

资料来源:参考网. 蚂蚁金服暂停上市案例研究. 2021－03－07.

(2) 案例的思政元素

①风险意识。金融创新只有建立在风险可控、运行稳健的金融制度体系之上,才能成为社会经济发展的推动力。

②服务意识。学生能够深入认识金融创新的金融服务普惠性,从而增强其服务意识。

(3) 教学手段

①翻转课堂——支架与高阶:结合慕课资源与文献资源,提高师生思辨讨论的活跃性与课堂的挑战度。

②知识点＋实事＋思政——贯穿融合:在金融创新等知识点讲述过程中引入"MYJF 暂停上市"案例,将风险、服务意识等思政元素与专业知识相结合,增强学生的底线思维与服务意识。

③学习测评——实时呼应:线上与线下测试相结合、课堂讨论、学习报告。

第十五章　金融监管

专业教学目标

金融监管是金融监督和金融管理的总称。本章主要介绍金融监管的定义、框架和相关理论,阐述金融监管体制的类型,梳理我国的金融监管实践,分析金融监管的国际协同与合作,帮助学生梳理和构建金融监管理论的基本脉络和框架,提升对我国现实金融问题的认识和理解。

【知识目标】

1. 学生掌握金融监管的框架及相关理论。
2. 学生理解金融监管体制的类型。
3. 学生了解金融监管的国内外实践及国际协调与合作。

【能力目标】

1. 培养学生将所学理论灵活应用于现实和具体案例。

2. 培养学生从系统和辩证的角度分析金融监管实践。
3. 培养学生从全球视野和国情兼具的角度分析金融监管实践。

课程思政教学目标及实践

【育人目标】

1. 家国情怀　通过回顾改革开放以来我国经济与金融改革的巨大成就,讲解金融监管的国内外实践及国际协调与合作,突出中国在国际上的话语权,帮助学生了解金融监管的必要性,强化学生的"四个自信",树立正确的价值导向,增强规则意识和法治意识,培育学生经世济民、诚信服务、德法兼修的职业素养,培养学生的全球视野。

2. 科学精神　通过介绍金融监管的相关理论及监管体制类型,分析金融监管的典型案例,培养学生系统、辩证地认识、分析和解决金融监管领域相关问题的能力。

3. 深度学习　通过金融监管政策和实践的系统梳理及时事资讯分析,引导学生与时俱进追踪金融监管的相关前沿及动态,提升有效获取、评估、鉴别和使用信息的能力,培养学生自主学习和终身学习的意识和能力。

【教学方式与方法】

1. 课堂讲授:讲授金融监管的相关理论。
2. 启发式教学:引导学生追踪、分享和讨论金融监管的相关前沿及动态,增强学生的课堂参与度,促进学生自主学习。
3. 案例式教学:通过对各类高风险机构的有序处置案例分析,强化学生对金融监管的认知。

【课程思政教学实例】

案例材料:依法稳妥处置 BS 银行风险

(1) 案例简介

2019 年 5 月 24 日,人民银行、银保监会发布公告,鉴于 BS 银行出现严重信用风险,为保护存款人和其他客户合法权益,依法依规对 BS 银行实行接管。人民银行、银保监会在防范系统性风险的同时,坚持市场化原则,防范道德风险,严格依法依规推进 BS 银行接管工作。2020 年 4 月 MS 银行成立并开业。MS 银行和 HS 银行分别收购承接 BS 银行的相关业务、资产及负债。2021 年 2 月 7 日,北京一中院裁定宣告 BS 银行破产。

资料来源:中国人民银行金融稳定分析小组.中国金融稳定报告(2021)[M].北京:中国金融出版社,2021.

(2) 案例的思政元素

①规则意识和法治意识。BS 银行是否严格遵守审慎经营规则。

②科学精神。系统、辩证地认识和分析 BS 银行风险的依法稳妥处置。

③政治认同。坚持以人民为中心,努力把维护最广大群众的根本利益作为金融监管工作的出发点和落脚点,体现道路自信。坚持以中国特色政治经济学为指导原则,推动金融服务实体经济,体现理论自信。坚持预防为主、防患未然,维护金融安全,防止发生系统性金融危机是金融领域最重要的制度,体现制度自信。坚持在党的统一领导下,金融领域持续加强清廉金融文化建设,体现文化自信。

④深度学习。引导学生搜集上述金融机构的相关资料,进行案例分析,培养学生有效获取信息和自主学习的意识和能力。

(3) 教学手段

①讲授:在知识点"金融监管实践"中引入案例,展示 BS 银行的案例视频及媒体报道,分析金融监管的必要性,将规则意识和法治意识、科学精神、"四个自信"和深度学习等思政元素与专业知识相结合,激发学生的家国情怀和责任担当,树立正确的世界观、人生观和价值观。

②讨论:BS 银行风险的依法稳妥处置带来的启示。

③学习测评:现场点评,含学生自评、互评和老师点评总结。

四、课程思政的教学评价

(一)对教师的评价

1. 教学准备的评价

将《金融学》课程思政建设落实到教学准备各方面,要求教师立足课程本身教学目标要求和质量标准,提炼概括适切的思想政治教育元素,在具体和精准地明确课程思政建设目标和内容重点(难点)的基础上,阐述本课程在课程思政建设中的具体做法、举措。

2. 教学过程的评价

将《金融学》课程思政建设落实到教学过程各环节,清晰展示如何将课程思政融入课堂教学的全过程。教师是否采取了恰当的教学方式,将思政元素自然地融入教学内容中,对学生的思政教育以"润物细无声"的方式展开。

3. 教学结果的评价

建立健全《金融学》课程思政多维度评价体系,可以包括同行评议、随机听课、学生评教、教学督导、教学研究及教学获奖等。

4. 评价结果的运用

对于同行评议、学生评教、教学督导等提出的改进建议,以及对学生考核的成绩分析进行运用,对教学进行反思与改进。

(二)对学生的评价

1. 学习过程的评价

检验学生是否认真完成了任课教师布置的要求和任务,积极参与资料收集、课堂讨论和实地调研等教学过程,科学评价学生在学习过程中的积极性、互动性和参与度。

2. 学习效果的评价

评价学生从课程思政中的获得感,通过平时作业、课堂讨论、课程阶段性学习展示汇报、课程论文、期末考试等多种形式,评价学生对课程思政元素的领会及其对思政元素的掌握程度。

3. 评价结果的运用

通过师生座谈和系部教研活动等多种形式,掌握学生的价值观现状、学生的发展需求以及学习情况,从供、需双方着手,全员、全过程、全要素以及更长时段、更加全面地评价课程思政的有效性,进而改进并提升课程思政的效果。

五、课程思政的教学素材

序号	内容	形式
1	数字人民币试点范围稳步扩大,配套制度法规提上日程	阅读材料
2	云游博物馆,看"钱"世"金"生	阅读材料
3	识破"马甲",牢记典型不良校园贷案例	阅读材料
4	反思高利贷与民间金融	阅读材料
5	中国利率走廊建设介绍	阅读材料
6	在开放中变革、融合与创新的金融机构体系——40年中国金融改革开放的基本经验	阅读材料
7	绿色金融助力高质量白皮书(2022)	阅读材料
8	读懂中国金融:金融监管如何应对新的风险挑战	阅读材料
9	"四个自信"引领中国金融监管	阅读材料
10	金融的本质:伯南克四讲美联储	阅读材料

续表

序号	内　　容	形式
11	《红色金融》之《风气——山沟沟里的国家银行》	案例分析
12	国家外汇管理局福建省分局"红色金融,诚信传承"系列宣传	案例分析
13	欠发达地区高风险金融机构风险化解问题研究——基于 A 农商行的案例分析	案例分析
14	破除"美国金融模式迷信"！中国金融要走自己的路	案例分析
15	流动性过剩、"钱荒"与积极稳健的货币政策	案例分析
16	改革开放后中国经济的"稳"与"进"	案例分析
17	我国绿色金融发展现状及前景分析——以兴业银行为例	案例分析
18	蚂蚁金服暂缓上市的原因	案例分析
19	人民银行银保监会:金融机构服务乡村振兴考核评估办法	政策文件
20	人民银行等七部委发布《关于构建绿色金融体系的指导意见》	政策文件
21	税收规划——范某某、郑某和薇某等主播明星逃税事件	案例分析
22	中国数字人民币的研发进展白皮书	研究报告
23	中国人民银行:中国绿色金融发展报告	研究报告
24	中国绿色金融发展研究报告 2021	研究报告
25	中国金融监管报告(2022)	研究报告
26	中国金融稳定报告(2021)	研究报告
27	国务院办公厅《关于进一步完善失信约束制度构建诚信建设长效机制的指导意见》国办发〔2020〕49 号	政策法规
28	中共中央办公厅、国务院办公厅《关于推进社会信用体系建设高质量发展促进形成新发展格局的意见》	政策文件
29	关于完善系统重要性金融机构监管的指导意见	政策法规
30	国务院关于加快建立健全绿色低碳循环发展经济体系的指导意见　国发〔2021〕4 号	政策法规
31	中华人民共和国金融稳定法(草案征求意见稿)	政策法规
32	地方金融监督管理条例(草案征求意见稿)	政策法规
33	管仲.《管子》轻重篇	阅读材料
34	商洛教育扶贫计划案例	案例分析
35	理财产品市场服务了实体经济吗？——基于投资收益税改政策的准自然实验	阅读材料
36	金融科技监管与银行高息揽"储"——基于理财产品视角	阅读材料
37	金融素养与家庭储蓄率——基于理财规划与借贷约束的解释	阅读材料
38	大而不倒	阅读材料
39	货币政策与金融脆弱性	阅读材料
40	基于脆弱性指标的金融危机预警研究	阅读材料
40	货币政策、同业业务与银行流动性创造	期刊文献
42	商业银行吸收存款能力、发行理财及其经济后果研究	期刊文献
43	浅谈金融学课程思政	阅读材料
44	讲好金融故事:"金融学"课程思政改革的有效路径	阅读材料

《国际金融》课程思政教学指南

李凌[1]　陈长民[1]　陈欣[2]　周政宁[2]　黄仁全[2]　陈茜[3]　郑水珠[3]　周江银[3]　刘润心[3]

([1] 西安财经大学　[2] 西安外国语大学　[3] 福建江夏学院)

一、课程简介与课程目标

(一) 课程简介

《国际金融》课程是金融类专业的核心课程,也是经济与管理专业学生必修的课程之一。本课程主要介绍国际金融的基础知识和基本理论,提供分析的总体架构;主要介绍外汇交易与国际融资业务,反映该课程的基本知识与技能;主要介绍汇率制度和外汇管制、国际储备、国际货币制度、国际金融机构等,体现国际金融的政策与制度,反映金融全球化下各国在货币金融领域竞争又合作的关系。

通过本课程学习,要求学生掌握国际金融的基本知识与基本理论;了解国际金融市场及金融工具的基本交易与应用原理,掌握一定的国际金融实务操作的基本方法;能够运用所学到的理论与方法对国际金融领域的问题进行初步的分析。使学生在学习国际金融理论与实务的同时,了解国际金融业务活动的现状与发展趋势及中国在国际金融中的日益重要地位,具备国际视野和开放性思维,熟悉国家有关金融经济的方针、政策和法律法规,增强社会责任感和使命担当意识。

(二) 课程目标

本课程为专业必修课程。通过本课程的学习,使学生能够达到以下目标:

1. 知识目标:系统地掌握国际收支、外汇与汇率、国际储备、国际货币体系、国际资本流动以及开放条件下的宏观经济政策等基础知识和相关理论;理解开放宏观经济运行与国际金融市场中的一些重要现象、历史演变以及发展趋势;掌握外汇交易、国际投融资以及防范外汇风险的基本知识;理解中国金融开放的进程及内在逻辑并了解中国涉外金融管理的方针、政策和法规。

2. 能力目标:运用国际金融的基本原理和分析方法解释各种金融现象和解析国际金融现实问题,具有分析国际收支失衡、汇率波动、国际资本流动、开放经济下内外失衡的原因及影响的能力;初步掌握基本的外汇交易技巧和有关国际金融实务操作技能;具备一定的科学研究能力;具备创新精神、创业意识和创新创业能力。

3. 育人目标:具有深厚的爱国主义情怀和强烈的社会责任感和使命感;遵纪守法,具有良好的从事国际金融活动的职业操守和职业道德;具有金融全球化的国际视野和开放的思维;具有金融创新意识、思维和能力;具有良好的专业素养和科学知识素养,熟悉国家有关金融经济的方针、政策和法律法规,具有良好的身心素质。

(三) 课程教材和资料

➢ 推荐教材

陈长民. 国际金融[M]. 西安:西北大学出版社,2018.

➢ 参考教材或推荐书籍

1. 陈茜. 国际金融[M]. 2版. 厦门:厦门大学出版社,2021.
2. 路妍. 国际金融学[M]. 北京:清华大学出版社,2020.
3. 陈雨露. 国际金融[M]. 6版. 北京:中国人民大学出版社,2019.
4. 张礼卿. 国际金融[M]. 2版. 北京:高等教育出版社,2018.
5. 姜波克. 国际金融新编[M]. 6版. 上海:复旦大学出版社,2018.

➢ 学术刊物与学习资源

国内外经济金融类各类期刊。如《金融时报》《中国证券报报》《中国金融》《金融研究》、各财经类院校学报。《金融与保险》《投资与证券》人大报刊复印资料、《中国区域金融运行报告》等。

"中国知网"及学校图书馆提供的各种数字资源。

> 推荐网站
1. 国家外汇管理局：http://www.safe.gov.cn.
2. 中国人民银行：http://www.pbc.gov.cn.
3. 世界银行：http://www.worldbank.org.
4. 国际货币基金组织：http://www.imf.org.

二、课程思政教学总体设计

(一)课程思政教学目标

以习近平新时代中国特色社会主义思想为指导，专业知识讲授与价值引领并重，运用可以培养大学生理想信念、价值取向、政治信仰、社会责任的题材与内容，全面提高大学生缘事析理、明辨是非的能力，让学生成为德才兼备、全面发展的人才。

《国际金融》是一门以国际金融活动及其本质为研究对象，涉及国际及国内货币、资本、信用活动等方面的金融学专业基础课程。本课程紧密跟踪国际金融学理论和实践的发展动态，注重培养学生独立分析和解决问题的能力，充分激发学生的担当意识和使命意识。

本课程加入大量的中国经济改革和金融发展的最新实践和成果，比如：中国国际收支平衡表分析、人民币汇率及汇率制度改革、人民币离岸金融市场、中国利用外资的方式与管理、中国外汇交易方式及外汇风险管理、国际储备的变化与创新发展、人民币国际化、"一带一路"建设等。通过在课程中大量融入和体现中国经验，从金融开放的伟大实践中挖掘思政教学资源，教师着力"讲好中国故事"，学生用心"读懂中国故事"，引导学生增强"四个意识"、坚定"四个自信"、做到"两个维护"，把思想和行为自觉与以习近平同志为核心的党中央保持高度一致。具体而言，本课程的思政教学目标可以涉及到以下六个维度：政治认同、家国情怀、时代担当、广阔视野、职业道德修养和科学精神。

1. 政治认同

《国际金融》课程以全球化背景下的国际货币金融活动为基本内容，帮助学生深入理解当代复杂的国际货币金融关系及其实质，引导学生正确认识当前百年未有之国际大变局；同时课程通过"讲好中国故事"，让学生客观理解中国特色和国际比较。课程将中国金融开放中的热点焦点问题有机有序地融入各章教学内容，使学生充分认识和理解中国金融改革开放的伟大实践，把握中国渐进式金融开放的内在逻辑，并由此加深学生对中国特色社会主义道路的认同，深刻理解中国特色社会主义是实现中华民族伟大复兴的唯一正确道路。

2. 家国情怀

《国际金融》课程从国际收支、国际金融市场、国际资本流动、国际储备、国际金融组织等多个层面介绍各国的货币金融关系，使学生认识到由于国际货币体系的缺陷，各国并没有平等地从金融全球化中受益。个别国家凭借其在国际货币体系中的独特地位，转移国内经济风险加剧全球金融市场动荡，甚至长臂管辖践踏他国的经济金融主权。中国在数次的经济金融危机中，对于抑制危机蔓延、促进全球经济走出衰退发挥了巨大的积极作用，展示出负责任大国的风范。同时，中国积极参与及推动国际货币体系的改革，提高新兴市场国家和发展中国家在国际金融治理当中的话语权，致力于建立一个更加公平公正、包容有序的国际金融体系。上述内容随着课程的进展，一步步深入到教学中，学生在理性的学习和思考中，民族自豪感和爱国主义情怀油然而生。

3. 时代担当

《国际金融》课程运用辩证唯物主义的世界观和历史观，客观分析中国金融改革开放的进程。中国金融开放的过程中，存在着金融风险积累、进程总体缓慢等问题。而当前国际环境日趋复杂，国际金融动荡更大更频繁，如何进一步推动金融开放，促进金融改革，实现金融促进经济高质量发展，是中国金融业必须面对的挑战。这些现实问题的有机融入,就是要把使命担当意识刻在学生心中,激发学生的爱国主义热情,培养他们志存高远,为实现"中国梦"而奋斗。

4. 广阔视野

当今世界,各国相互联系、相互依存,全球命运与共、休戚相关。《国际金融》课程展现开放经济下纷繁复杂的国际金融活动,分析各国在货币金融领域的竞争与合作,揭示金融全球化的发展及其深刻影响,探讨逆全球化思潮涌动的实质。通过课程学习,赋予学生观察解读经济金融现象的新视角新思路,引导学生拓宽眼界和思维,形成国际视野和全球意识,以开放的心态面对经济社会的发展变化。

5. 职业道德修养

金融业特殊的经营对象及经营性质,使其尤为看重从业人员的职业道德修养。从业人员是否能做到遵纪守法、爱岗敬业、诚实守信、廉洁奉公,是否具有服务人民、奉献社会的高尚情操,不仅关系到其个人的职业前途,更是金融机构能否安全、稳健运行的一道防线。《国际金融》课程实务部分的教学中,通过细致分析各类型国际金融市场运作机制、交易制度、主要产品交易规则及惯例,不仅对学生进行知识的传授,更是希望在这些金融业未来的从业者心中,种下恪守信用、以义谋利、合规合法、底线思维的种子。

6. 科学精神

时代发展日新月异,国际金融舞台新现象、新问题层出不穷。中外学者们孜孜不倦地对现实金融世界进行探析和诠释,国际金融领域不断取得新的研究成果。《国际金融》课程对主要理论在不同时期的新进展、新成果、新结论进行阐释和分析,让学生理解理论进步的动力和内在逻辑,将大胆假设、小心求证的研究方法和严谨求实、勇于探究的科学精神植根于学生心中,鼓励学生深度学习,积累科学素养和研究能力。

(二)课程思政的教学内容

《国际金融》课程的思政内容可以涉及以下几方面:

1. "四个自信"

国际金融学从货币金融的角度研究国际经济活动的基本原理和运行规律,与各国参与的国际金融市场息息相关。《国际金融》课程教学要善于结合教学内容充分挖掘思想政治教育元素,使学生认识到改革开放和中国特色社会主义市场经济在国际金融领域取得的举世瞩目的成就,诸如中国国际收支的动态优化、上海国际金融中心建设、国内外资本市场的互联互通、人民币汇率制度改革、中国国际储备管理、人民币国际化发展等。引导学生树立正确的价值观与世界观,开拓国际视野,增强对中国特色社会主义理论和道路的政治认同、思想认同和情感认同,增强学生的道路自信、理论自信、制度自信与文化自信,培养学生的家国情怀和服务国家与人民的社会责任感。

2. 人类命运共同体意识

当今,经济全球化以及金融一体化趋势日益显著,国际金融发展面临机遇和挑战。以国际金融为视角构建人类命运共同体具有客观必然性和迫切性。随着中国金融业进一步对外开放,其与国际金融市场、国际金融活动的联系性和传导性明显增强。当前发达国家基于自身在国际金融体系中的优势地位,其财政货币政策对全球经济形成外溢效应,甚至扰乱金融市场秩序,加剧了国际金融市场的脆弱性。中国致力于建立一个更加公平、开放、透明的国际金融治理体系,积极推动主要多边金融机构深化治理改革,推进金融科技、绿色金融等金融新产品的规则制定,主张加强金融体系的国际协作、加强全球金融安全网,促进新时代全球金融经济的平稳发展。要使学生认识中国倡导构建人类命运共同体也有国际金融方面的背景,理解中国推动主要多边金融机构深化治理改革、支持亚洲基础设施投资银行建设、"一带一路"建设的重大意义。通过案例讲解国际货币体系发展与改革等现实问题,引导学生正确认识中国在参与国际金融实践中所表现出的大国使命担当,将人类命运共同体的意识和时代使命的理念浸入学生心灵之中。

3. 创新意识

创新是引领发展的第一动力。本课程通过介绍20世纪70年代以来的国际金融创新浪潮与态势,讲解改革开放以来中国金融领域的创新成果与经验,使学生认识到各种各样的产品创新、服务创新、组织机构创新、监管创新、制度创新促进了金融业的发展,创新是解决现实金融问题的出路;启发学生观察金融世界、思考金融问题、寻求解决方法,树立创新意识和具备创新思维能力。

4. 职业素养

金融行业的特殊性和高风险性要求从业人员应有高水平的职业素养。在教学中应当融入法治观念、职业道德和职业知识技能等。如讲述金融市场的交易制度和交易惯例,讲述国际投融资的方式和程序,让学生领悟"君子爱财,取之有道";通过一些负面案例,如巴林银行倒闭事件和 LIBOR 操纵案等阐述恪守信用、以义谋利是金融业的生命线。培养学生自觉遵守国家法律法规和企业规章制度,具有强烈的社会责任感和正确的职业价值观,形成遵纪守法、爱岗敬业、诚实守信、廉洁奉公的职业操守,并具有较强的职业沟通和团队协调能力。

5. 深度学习

《国际金融》课程对主要的国际金融理论进行系统的讲授,帮助学生把握理论的动态进展及其意义。如汇率理论从颇有争议的购买力平价到纳入多个市场、多因素的资产组合模型;国际收支调节理论从弹性论到吸收论、货币论、乘数论等;货币危机、金融危机理论的演进等等。启迪学生正确认识和理解学习、科研的价值,激发学生自主学习、独立思考,做到乐学善学,深度学习。

(三)教学方法

本课程教学主要采用翻转课堂模式。课堂教学中围绕重难点,综合运用讲授、启发式教学、案例式教学、讨论式教学、情景式教学等多种教学方法,加强师生有效互动,提高教学的吸引力和感染力。使学生获得系统的国际金融基础理论知识,具有运用国际金融知识分析现实问题的能力,形成金融全球化的国际视野和开放性思维,自觉践行爱国、敬业、诚信、尽职、创新的职业操守。

三、课程各章节的课程思政教学内容设计

第一章 国际收支

专业教学目标

一国国际收支可以反映出该国的产业结构、外债结构和储备结构等重要信息,是国际经济活动的指示器。由于国与国之间在对外经济往来活动方面存在明显差异,所以各国国际收支平衡表也反映出不同的特征。本章在介绍国际收支概念基础上,分析国际收支平衡表的结构以及编制原则,介绍国际收支差额类型及其作用,探索导致国际收支不平衡的原因及其调节机制,并讲述弹性论、吸收论等国际收支理论的主要观点和政策主张。

【知识目标】

1. 学生把握国际收支的含义,掌握国际收支平衡表的基本结构和编制原则。
2. 学生理解国际收支不平衡的测度方法,掌握主要国际收支差额的分析方法。
3. 学生掌握弹性论、吸收论、货币论等国际收支理论的主要观点和政策主张。

【能力目标】

1. 培养学生理论联系实际的能力,分析国际收支平衡表主要差额的原因及影响,进而发现一国国际收支存在的问题。
2. 培养学生数据收集与分析的能力,增强运用相关知识分析国际问题的能力。

课程思政教学目标及实践

【育人目标】

1. **家国情怀** 通过讲解国际收支平衡表的编制方法,让学生意识到我们每一经济主体的国际交易都是一国国际收支的一部分,培养学生"国是千万家"的意识。
2. **"四个自信"** 通过分析 2000—2020 年中美两国国际收支,得出贸易摩擦并未改善美国国际收支,美国"贸易逆差造成失业"的理由站不住脚,中国"一带一路"倡议、经济结构调整初见成效等,国际收支结构逐步优化,增强"四个自信"。

【教学方式与方法】

1. **课堂讲授**:讲授国际收支、国际收支平衡等相关概念,讲解弹性论、吸收论、货币论等国际收支理论的重点和难点,及其政策启示与建议等。

2. 自主学习：线上学习相应慕课中的基础知识点，线下自主查询中国、美国国际收支平衡表数据，对比分析两国经常项目、资本和金融项目、储备资产、净误差与遗漏等项目的演变规律特点，研读国际收支报告、学术论文等文献资料。

3. 课堂展示与讨论：根据经常项目、资本和金融项目、储备资产、净误差与遗漏等项目进行分组，由学生展示分析结果并开展讨论。

【课程思政教学实例】

案例材料：中美贸易摩擦下的国际收支变化

(1) 案例简介

2018年，特朗普政府发起贸易摩擦，理由之一为"贸易逆差造成了美国的失业"。但根据2000年以来美国经常账户差额与失业率的关系，却得出与之相反的结论。国际收支平衡表作为国际经济活动的指示器，为分析中美贸易摩擦对两国带来的影响提供了新视角。2019和2020年，美国经常账户进一步恶化，而中国经常账户顺差除了在2018年收窄外，2019和2020年逐年增大。表明美国发起的中美贸易摩擦是"搬起石头砸自己的脚"，中国应对贸易摩擦措施行之有效。

资料来源：根据网络公开资料搜集整理。

(2) 案例的思政元素

①批判质疑。围绕中美贸易摩擦问题，根据2000—2020年中美两国国际收支平衡表，引导学生提出三大疑问：一是特朗普政府"贸易逆差造成失业"逻辑是否正确；二是2018年以来美国经常账户逆差是否得到缓解；三是中国应对贸易摩擦的措施是否有效。

②"四个自信"。美国、中国分别为世界第一和第二大经济体，美国发起贸易摩擦损人不利己，中国应对贸易摩擦的措施行之有效，可增强学生"四个自信"。

③国家认同。2020年在新冠肺炎疫情冲击情况下，我国国际收支平衡表经常账户顺差进一步扩大，并成为全球唯一实现正增长的主要经济体。

(3) 教学手段

①翻转课堂——支架与高阶：中美国际收支平衡表数据资源、文献资源为翻转课堂提供支架；根据国际收支平衡表结构进行课堂展示和师生思辨讨论，实现课堂高阶性、高效性。

②知识点＋实事＋思政——贯穿融合：在知识点"国际收支平衡表"差额的类型与作用部分，引入其在中美贸易摩擦中的分析与运用，增强学生"四个自信"。

第二章 外汇和汇率

专业教学目标

外汇和汇率是重要的基本概念和基础理论，在国际金融理论研究和实际业务中都处于核心地位。本章阐述外汇的概念和类型、汇率的概念和主要类型、影响汇率的主要因素，以及汇率变动对经济产生的影响，并介绍购买力平价理论等汇率决定理论。通过本章的介绍，让学生掌握外汇和汇率的基本概念和基础理论，并能够对现实中汇率变动的原因以及对经济产生的影响进行分析。

【知识目标】

1. 学生理解外汇和汇率的概念。
2. 学生掌握汇率的标价方法和主要种类。
3. 学生理解汇率与经济的关系。
4. 学生掌握主要的汇率决定理论。

【能力目标】

1. 培养学生将汇率决定理论灵活应用于现实的汇率变化分析，并进行预测。
2. 培养学生从思辨与探索的角度分析现实中汇率变化可能产生的经济影响。

课程思政教学目标及实践

【育人目标】

1. 理性思维　通过对汇率决定理论的分析和对比，培养学生的求真精神和探索精神，掌握汇率理论和在实践中的运用。

2. 政策认同和社会责任　通过学习汇率对经济的影响,引导学生关注现实中汇率对经济形势的影响,使学生认识到汇率的稳定对一国经济和社会稳定的重要性。培养学生对于国家外汇、汇率政策重要性的认知和认同感,认识到金融行业和金融岗位的重要性和社会责任,提升职业责任感。

【教学方式与方法】

1. 自主学习:线上学习慕课中的汇率基本概念、汇率决定理论等知识点,线下自主阅读汇率和经济相互影响关系的文献资料,撰写阅读笔记或思维导图。

2. 课堂讲授:结合慕课,介绍本章主要内容,并对重难点进行详细讲解。

3. 课堂展示与讨论:学生根据教师要求进行现实中汇率影响经济的材料搜集,在课上展示,并进行小组讨论。

【课程思政教学实例】

案例材料:巨无霸指数

(1)案例简介

巨无霸指数(Big Mac index)是由英国杂志《经济学人》于1986年推出的非正式经济指数。巨无霸指数是由巨无霸汉堡在A国以当地货币计量的价格,除以在B国以当地货币计量的价格得出。将该指数和两国货币的实际汇率作比较。如果巨无霸指数结果比实际汇率低,说明A国货币的汇价被低估了;若指数结果比实际汇率高,则表示A国货币的汇价被高估了。《经济学人》选取巨无霸汉堡的原因是,这一产品是在很多国家都出售的经常消费品,包含了多种原料和劳动,还具有相同的输入和分配系统的优势。所以可以把它的价格看成某种综合指数,具有一定的经济参考价值。

资料来源:根据网络公开资料搜集整理。

(2)案例的思政元素

①理性思维。分析讨论巨无霸指数作为购买力平价汇率,有哪些隐含的假设,其中哪些是不现实的。

②独立思考和批判精神。搜集巨无霸在中国和美国的价格,和人民币兑美元汇率进行比较,讨论巨无霸指数能否反映人民币兑美元汇率的趋势。

③国家认同。通过巨无霸指数归纳人民币汇率持续升值的趋势,体现我国经济实力的增长。建立我们自己的文化自信和民族自信。

(3)教学手段

①翻转课堂——支架与高阶:慕课资源、文献资源为翻转课堂提供支架;课堂展示、师生思辨讨论实现课堂高阶性、高效性。

②讲授+思政——贯穿融合:在知识点"购买力评价理论"中引入案例,将理性思维、独立思考和批判精神、国家认同等思政元素与专业知识相结合,培养学生的独立思考能力和民族认同感。

③头脑风暴+教师反馈:就全球重大时事,让学生查找相关资料并讨论其对汇率的影响,提升学生的理论应用能力。

第三章　国际金融市场

专业教学目标

国际金融市场是国际金融交易的舞台,实现了购买力的国际转移及资本的国际流动。本章涉及国际金融市场的发展、国际金融市场的构成等基本问题,着重介绍欧洲货币市场的含义、特征、作用及影响,并分析金融衍生工具市场的产生背景、功能、影响及主要的金融衍生工具。

【知识目标】

1. 学生了解国际金融市场的形成和发展历程。

2. 学生掌握国际金融市场的构成。

3. 学生掌握欧洲货币市场的概念、特点、主要业务类型,理解其作用和影响。

4. 学生了解金融衍生工具市场的产生和发展,掌握主要金融衍生工具的交易机制,理解金融衍生工具的功能和影响。

【能力目标】
1. 学生具有搜集、整理和分析各类国际金融市场主要交易品种、交易报价等数据资料的能力。
2. 学生能够关注金融市场,具有对国际金融热点焦点问题的敏感度,并运用所学原理和理论对国际金融市场发生的重大事件进行分析和解读。

课程思政教学目标及实践

【育人目标】
1. **国家认同** 通过上海国际金融中心、香港离岸人民币市场、离岸人民币债券市场等案例、阅读资料等,展现中国金融开放、人民币国际化等取得的成果,培养学生对中国特色社会主义道路的"三个认同""四个自信"。
2. **时代担当** 中国资本市场通过QFII、RQFII、沪深港通、沪伦通、债券通等方式进行"管道式"、渐进式的开放,但总体开放程度较低,与英、美等发达国家比较,中国资本市场的国际化程度还有相当差距。培养学生客观认识中国资本市场开放状况和存在的问题,为建设金融强国而努力学习的远大志向和时代担当。

【教学方式与方法】
1. 自主学习:阅读教材、观看课程视频,自主学习基本知识点,撰写预习笔记;搜集、整理和对比分析全球主要国际金融市场的资料和数据;阅读上海国际金融中心、Libor操纵案等教学案例的基础上,分组准备教师课前提出的相关问题,并形成报告。
2. 检测和讲授:通过随机点名、投票、课堂小测等方式检测学生基本知识点预习情况,重点讲授香港人民币离岸市场、资本市场开放、金融衍生工具市场等难点问题,回答学生预习反馈中的疑问。
3. 讨论和评价:展示小组讨论报告,小组之间进行现场互评及教师点评。

【课程思政教学实例】
案例材料:上海国际金融中心建设和发展
(1)案例简介
2009年国务院颁布《关于推进上海加快发展现代服务业和先进制造业 建设国际金融中心和国际航运中心的意见》,提出:到2020年,上海要基本建成与我国经济实力以及人民币国际地位相适应的国际金融中心。2020年9月和2021年3月,上海连续两次在英国智库Z/Yen集团与中国(深圳)综合开发研究院共同编制的GFCI(全球金融中心指数)排名中位列第三,反映出上海国际金融中心建设已经得到国际社会的广泛认可,实现了"基本建成"这一目标。2021年8月24日,上海市政府发布《上海国际金融中心建设"十四五"规划》,提出到2025年,上海国际金融中心能级显著提升,为到2035年建成具有全球重要影响力的国际金融中心奠定坚实基础。

资料来源:根据网络公开资料搜集整理。

(2)案例的思政元素
①国家认同。2009年以来上海国际金融中心建设取得重大进展,金融市场发展格局日益完善,金融中心核心功能不断增强,国际联通交流持续扩大。
②全球意识、开放的心态。随着中国金融开放推进,上海将建成全球人民币资产配置中心,人民币计价资产将在全球投资者间进行配置,"上海价格"的国际影响力将逐步扩大。

(3)教学手段
①翻转课堂:课前发布"为什么选择在上海建立国际金融中心""上海国际金融中心建设取得了哪些成就""如何推进上海国际金融中心建设"等案例讨论问题,学生带着问题观看课程视频、阅读文献、准备小组讨论;学生课堂展示学习成果,师生思辨讨论,教师及时启发和点评,实现课堂高阶性、高效性。
②知识传授和思政融入:在知识点"国际金融市场的产生和发展"中引入上海国际金融中心建设问题,培养学生"四个自信",增强建设金融强国的责任担当。

第四章 国际资本流动与金融危机

专业教学目标

国际资本流动是国际金融的重要内容,短期巨额的资本流动可能引发金融危机。本章在介绍国际资本流动的基本概念和长期、短期资本流动的基础上分析资本流动的经济效应,并进一步帮助学生理解资本流动下金融危机发生的动因和过程,理解对投机资本的防范措施。

【知识目标】

1. 学生掌握国际资本流动的概念和分类,理解国际短期资本流动和长期资本流动对经济的影响。

2. 学生理解国际短期资本流动与金融危机的关系,掌握金融危机的发生机理。

【能力目标】

1. 培养学生将所学理论灵活应用于现实的能力,能够运用所学到的理论与方法对国际资本流动的效应进行初步分析。

2. 培养学生从思辨与探索的角度分析金融危机发生的动因、过程,评价危机发生国出现的金融制度和资金流动方面的问题。

课程思政教学目标及实践

【育人目标】

1. 大国担当　通过讲解中国在香港狙击国际游资冲击,有效阻止了东亚货币危机的蔓延,以及为维护地区稳定而坚持人民币不贬值的举措,让学生认识到中国在地区金融危机中体现的大国担当,增强学生民族自豪感。

2. 危机意识与合作精神　短期巨额资本流动可能对一国经济造成冲击,因此对资本流动应该审慎管理并具有危机意识。金融危机的爆发和蔓延通常会波及多个国家,帮助学生了解中国在维护地区经济金融稳定中所做出的贡献以及积极推动地区金融合作的重要意义,树立合作共赢的精神。

【教学方式与方法】

1. 自主学习:线上学习国际资本流动的概念和分类等基础知识点,并自主阅读文献资料,提前搜寻东亚金融危机相关资料并准备主题讨论。

2. 课堂讲授:讲授资本流动的经济效应、国际短期资本流动与金融危机的关系等相关理论和政策启示等。

3. 课堂讨论:学生按照东亚金融危机、香港汇率保卫战两大主题分组展示,进行全班讨论。

【课程思政教学实例】

案例材料:东亚金融危机下的香港汇率保卫战

(1) 案例简介

1997年,以索罗斯为首的国际游资攻击东亚多个国家汇率制度,使得泰国泰铢大幅贬值,继而多个国家相继爆发货币危机,危机不断蔓延。在国际炒家妄图继续做空港元以牟取暴利时,我国香港在中央政府的支持下,采取一系列举措,稳定了香港汇率,维护了东亚货币和金融的稳定。

资料来源:根据网络公开资料搜集整理。

(2) 案例的思政元素

①大国担当。中国为维护香港汇率稳定采取的积极举措对阻止东亚金融危机有着重要意义,中国坚持汇率不贬值,危机后积极参与区域货币合作,提出"中国方案"为东亚金融稳定做出了贡献。

②制度自信。分析"一国两制"下,香港在受到游资冲击时中央政府提供外汇储备支持,如何维持了香港联系汇率制度和汇率稳定。

③合作精神。分析东亚金融危机后的区域货币合作,树立合作共赢的精神。

(3) 教学手段

①翻转课堂——支架与高阶:慕课资源、文献资源为翻转课堂提供支架;课堂展示、师生思辨讨论实现课堂高阶性、高效性。

②知识点+思政——贯穿融合:在知识点"国际资本流动和金融危机"中引入东亚金融危机下的香港汇率保卫战这一典型案例,将大国担当、制度自信以及合作精神等思政元素与专业知识相结合。

③教师反馈:对小组作业进行点评,引导学生增强民族自豪感,鼓励学生今后在国际金融领域发出中国声音,增强与其他国家合作的意识。

第五章 外汇市场与外汇交易

专业教学目标

政府对汇率的干预、企业的进出口及个人外汇资产的保值增值都离不开外汇交易。本章介绍全球主要外汇市场和外汇交易系统,并从实务层面重点介绍外汇交易的不同方式。

【知识目标】

1. 学生了解全球主要外汇市场和外汇交易系统。
2. 学生掌握即期、远期、套利、套汇、掉期等传统外汇交易的交易机制和原理。
3. 学生掌握外汇期货、外汇期权的交易机制和原理。
4. 学生了解金融互换交易的种类、功能。

【能力目标】

1. 学生具有搜集、整理和分析全球主要外汇市场交易品种、交易价格等数据资料的能力。
2. 学生能够进行模拟外汇交易、并运用外汇期货、外汇期权进行简单的外汇风险管理。

课程思政教学目标及实践

【育人目标】

1. 国家认同　从产品、服务、基础设施、开放程度等方面分析中国外汇市场的建设和发展,并关注外汇市场服务实体经济问题,培养学生对中国特色社会主义道路的"三个认同""四个自信"。
2. 合规观念　分析国内外主要外汇市场交易制度、交易惯例和监管规则,指出"合规"是金融机构的核心价值观念,每个岗位每个业务环节都要遵循法律、规则和标准,培养学生的合规观念和意识。
3. 创新思维　讲解国内外外汇市场的创新产品,分析外汇交易创新的目的和方法,培养创新思维。

【教学方式与方法】

1. 自主学习:阅读教材,观看课程视频,自主学习基本知识点,撰写预习笔记;搜集、整理和对比分析主要外汇市场的资料和数据。
2. 检测和讲授:通过随机点名回答问题、投票、课堂小测等方式检测学生基本知识点预习情况,重点讲授套汇、套利、掉期、外汇期货、外汇期权等的交易实例。
3. 练习和评价:完成课堂练习,学生互评并即时线上提交,教师现场点评和纠错。

【课程思政教学实例】

案例材料:人民币对外汇期权交易再添新产品

(1)案例简介

2022年5月20日,国家外汇管理局发布《关于进一步促进外汇市场服务实体经济有关措施的通知》,支持金融机构开展普通美式期权、亚式期权两类外汇期权新产品业务。2022年5月26日,中国外汇交易中心发布《关于银行间外汇市场新增期权品种的通知》,银行间人民币外汇市场新增普通美式期权及其组合交易、亚式期权。人民币对外汇期权业务于2011年4月1日起在银行对客户市场和银行间外汇市场推出,之后外汇期权交易量逐年增加。银行对客户外汇市场期权交易量由2011年的8.7亿美元增加至2021年的3446亿美元。

资料来源:国家外汇管理局. 国家外汇管理局副局长、新闻发言人王春英就《关于进一步促进外汇市场服务实体经济有关措施的通知》答记者问[EB/OL].2022—05—24/2022—08—16.

(2)案例的思政元素

①国家认同。人民币汇率市场化程度提高,外汇衍生品市场交易品种日益丰富,规模不断扩大,更好地服务于实体经济。

②创新意识。金融业满足各类市场主体需求,创新性地解决金融问题,是金融业发展的动力。

(3)教学手段

①讲授:在"外汇期权交易"中引入案例,讲解中国外汇市场中外汇期权交易的发展以及新增的外汇期权交易品种,培养学生创新意识。

②讨论:外汇市场如何更好地服务实体经济。

③学习测评:学生现场自评和互评讨论报告,教师现场点评及总结。

第六章 外汇风险及其管理

专业教学目标

如何对外汇风险进行防范,是一国政府及外汇交易人都必须面对并加以解决的重要问题。本章主要阐述外汇风险的概念及分类;外汇风险管理的一般方法;企业外汇风险管理策略。主要使学生理解各类外汇风险的特性,掌握防范外汇风险的各种方法和策略。

【知识目标】

1. 学生了解外汇风险的概念、类型及其特性。
2. 学生掌握防范外汇风险的各种方法和策略。

【能力目标】

1. 培养学生对外汇风险进行识别与测度的能力。
2. 培养学生独立思考并善于综合运用各种方法和策略防范外汇风险的能力。

课程思政教学目标及实践

【育人目标】

1. 家国情怀　通过讲解外汇风险的概念、类型及其特性,加深学生对外汇风险管理已成为中国实体企业和金融机构参与全球经贸往来中无法忽视的内容,加深对中国汇率形成机制的正确理解。

2. 科学精神　运用理论和实际相结合、历史和逻辑相统一的科学方法,结合中国外汇风险管理的实践与创新,讲解防范外汇风险的各种方法和策略,培养学生的科学精神和创新思维能力。

【教学方式与方法】

1. 自主学习:线上学习与线下学习相结合。学生做到自主阅读教材与文献资料,撰写阅读笔记或思维导图。
2. 课堂讲授:讲授知识点和相关理论的主要内容。
3. 课堂讨论:学生将教学素材整理分析的相关报告等进行展示和小组讨论、交流。

【课程思政教学实例】

案例材料:外汇局一揽子政策落地　完善市场主体外汇风险管理

(1) 案例简介

2022年5月20日,国家外汇管理局发布《关于进一步促进外汇市场服务实体经济有关措施的通知》,推出一揽子措施,支持金融机构加强服务实体经济外汇风险管理的能力建设。此次措施的一个亮点是丰富金融机构对客户外汇市场的产品,新增人民币对外汇普通美式期权、亚式期权及其组合产品。要求已具备对客户期权业务资格的金融机构,可自行开展上述新产品。

2011年国内外汇市场推出普通欧式期权,交易量逐年增加,2021年银行对客户外汇市场期权交易量达3446亿美元,占银行对客户外汇衍生品交易总量的26%,期权已成为企业使用较多的一种外汇套保工具。

新增产品总体上符合企业的风险识别能力和金融机构的风险管理水平。推出新交易产品,有利于丰富市场主体交易工具选择,进一步满足灵活、多样化的外汇套保需求。

资料来源:徐燕燕.外汇局一揽子政策落地　完善市场主体外汇风险管理[N].第一财经日报,2022-5-23(A03).

(2) 案例的思政元素

①家国情怀。让学生了解我国外汇市场及其交易产品的动态发展,认识到加强外汇风险管理是外汇市场深化发展、改革与开放的一项基础性和长期性工作。

②实践创新。从我国不断加强外汇风险管理能力建设的实践中,启迪学生与时俱进、勇于实践和创新。

(3) 教学手段

①讲授:在"外汇风险管理"中引入案例,揭示外汇风险的类型与特性,探讨防范外汇风险的方法和策略,培养学生的风险防范意识和实践创新能力。

②讨论:金融机构加强服务实体经济外汇风险管理的能力建设案例带来的启示。

③学习测评:进行质疑答疑,对讨论结果现场点评,包括学生自评、互评、教师点评总结。

第七章 国际融资

专业教学目标

国际经济交易的发展和国际资本流动规模的扩大促进了国际融资方式的不断创新和发展。本章主要介绍各类融资主体在国际金融市场上如何利用贸易融资、贷款融资、项目融资、租赁融资、证券融资等国际融资具体方式,通过积极参与国际资本流动和国际投融资活动,实现其经济增长或收益增加的目标。

【知识目标】

1. 学生掌握主要国际融资方式的概念、特点、主要参与者、资金来源及融资条件等内容。
2. 学生掌握主要国际融资方式的业务流程及风险管理方法。

【能力目标】

1. 培养学生结合所学理论能为具体项目设计合适的融资方式。
2. 培养学生从思辨和探索的角度分析各种融资方式的利弊并进行有效的风险防范。

课程思政教学目标及实践

【育人目标】

1. 家国情怀　通过国际金融市场和中国金融市场的分析比较,帮助学生正确认识世界和中国发展大势,提高学生的民族自豪感和爱国热情,坚定"四个自信"。

2. 诚实守信　借贷行为本身就是一种信用活动。通过概念讲解让学生明白要讲信用、信守承诺,"有借有还再借不难"是经济领域讲信用的表现。

3. 社会责任　通过案例分析帮助学生树立风险防范意识,培养创新思维,引导学生关注社会现实问题,培育学生经世济民、德法兼修的职业素养。

【教学方式与方法】

1. 讨论式案例教学:借助融资案例,使学生在掌握专业知识的基础上,提高综合分析和解决问题的能力。
2. 启发式情景教学:如进行项目融资结构设计,使学生掌握相关业务技能,提高实践应用的能力。
3. 开放式自主学习:线上学习相应慕课中的基础知识点,线下自主阅读文献资料,撰写阅读笔记,提高自主学习的能力。

【课程思政教学实例】

案例材料:银团贷款融资 220 亿元:港珠澳大桥建成通车

(1)案例简介

港珠澳大桥是"一国两制"框架下粤港澳三地首次合作建设的大型跨海交通工程,总投资金额约 1200 亿元。大桥于 2009 年 12 月开工,2018 年 10 月正式通车,驾车从香港到珠海、澳门仅需半个小时。作为中国从桥梁大国走向桥梁强国的里程碑之作,该桥被誉为桥梁界的"珠穆朗玛峰",英媒《卫报》称其为"现代世界七大奇迹"之一。据中国银行官网消息,除三地口岸及连接线建设由粤、港、澳三方政府投资完成外,大桥主体采用"政府全额出资本金,资本金以外部分由粤港澳三方共同组建的项目管理机构通过'银行贷款解决'"的融资方式,中国银行作为贷款牵头行,负责大桥主桥部分约 220 亿元项目贷款的融资安排和银团筹组(银团成员包括中国进出口银行、国家开发银行、中国邮政储蓄银行、中国农业银行、珠海市农村信用合作联社、东亚银行、南洋商业银行等),并对项目筹备、建设和运营提供整体金融服务。

资料来源:中国银行. 中行正式获选港珠澳大桥主桥项目贷款牵头行[EB/OL].2009－04－14/2022－08－16.

(2)案例的思政元素

①国家意识。大桥落成是改革开放伟大建设成就,体现了我国综合国力,提高学生国家意识和民族自豪感,增强"四个自信"。

②创新能力和工匠精神。大桥建设创下多项世界之最,体现了我国自主创新的能力和追求卓越的工匠精神。

③金融自信。银团贷款融资方式有效保障大桥建设资金需求,异军崛起的中国银行业,已站在全球金融业的领跑位置。

(3)教学手段

①讲授:在知识点"贷款融资"中展开介绍银团贷款,引入港珠澳大桥银团贷款融资案例,将国家意识、

创新能力和工匠精神以及金融自信等思政元素与专业知识相结合,增强学生的民族自豪感和大国金融自信,以及服务社会的责任意识。

②讨论:港珠澳大桥银团贷款融资案例带来的启示。

③学习测评:讨论结果现场点评,包括学生自评、互评、教师点评总结。

第八章 汇率制度与汇率政策

专业教学目标

汇率制度和汇率政策是国际金融的核心内容,与国际收支和资本流动密切相关。本章在介绍汇率制度分类和外汇管制的基础上,分析汇率政策和制度选择的决定因素以及货币可自由兑换条件,让学生理解一国如何根据自身经济特点选择汇率制度以及实现货币可自由兑换。

【知识目标】

1. 学生掌握汇率制度的基本分类、特点以及一国进行汇率制度选择的决定因素。

2. 学生了解外汇管制和货币可自由兑换的概念,理解货币可自由兑换的条件。

【能力目标】

1. 结合汇率制度选择理论,培养学生从思辨的角度对各国现有不同汇率制度选择进行分析,理解中国汇率制度的改革和演变。

2. 培养学生将理论运用到实践的能力,探索性地分析人民币国际化道路和存在的问题。

课程思政教学目标及实践

【育人目标】

1. 使命担当 分析人民币汇率制度和外汇管理体制的改革变迁历程,探讨"8·11"汇率制度改革后,资本短期内大规模流出、外汇储备规模快速下降的现象,让学生理性思考和对待汇率制度改革取得的成果和面临的挑战,激发学生的使命感和社会责任感。

2. 开放与合作思维 "一带一路"旨在通过积极发展与沿线国家的经济合作伙伴关系,共同打造政治互信、经济融合、文化包容的利益共同体、命运共同体和责任共同体。帮助学生了解中国推动沿线国家共同发展的出发点,树立合作共赢的精神。

3. 金融自信 通过数据分析人民币在"一带一路"国家贸易结算以及投资中比例的上升,让学生理解人民币国际化加速的重要意义,帮助学生树立金融自信,产生民族自豪感。

【教学方式与方法】

1. 自主学习:线上学习相应慕课中的汇率制度的分类和特点、外汇管制和货币可自由兑换等基础知识点,线下自主阅读教学素材和搜寻相关文献资料,准备小组报告。

2. 课堂讲授:讲授汇率制度选择、汇率政策、货币可自由兑换的相关理论,以及政策启示与建议等。

3. 课堂展示与讨论:根据人民币国际化的道路、"一带一路"对人民币结算与投资功能的影响、"一带一路"对储蓄功能的影响三个主题进行分组,由学生展示相关报告,进行全班讨论。

【课程思政教学实例】

案例材料:"一带一路"助力人民币国际化

(1)案例简介

随着"一带一路"建设的推进,人民币在国际上的结算与投资功能获得了很大提升,储蓄功能也得到了初步发展,"五通"目标给人民币国际化带来新的机遇。在带来机遇的同时,我们也应当看到"一带一路"与人民币国际化在实践过程中可能遭遇的挑战,采取行之有效的措施来抓住机遇、应对挑战,才能使人民币国际化更快更好地发展。

资料来源:根据网络公开资料搜集整理。

(2)案例的思政元素

①金融自信。人民币在"一带一路"国家贸易结算以及投资中比例的上升,人民币国际化的加速,中国在金融市场地位和影响力不断上升。

②开拓和合作精神。帮助学生理解国际合作的意义,从而增强在国际事务上发出中国声音的意识,树

立合作共赢的精神。

(3)教学手段

①翻转课堂——支架与高阶：慕课资源、文献资源为翻转课堂提供支架；课堂展示、师生思辨讨论实现课堂高阶性、高效性。

②知识点＋实事＋思政——贯穿融合：在知识点"货币可自由兑换"中引入"一带一路"推动人民币国际化案例，将金融自信、开拓和合作精神等思政元素与专业知识相结合，增强学生的民族自豪感，鼓励学生在国际金融领域的合作意识。

③学习测评——实时呼应：根据学生发言进行现场投票，对小组汇报进行现场点评。

第九章 国际储备

专业教学目标

国际储备对于维护一国经济金融安全意义重大。本章介绍国际储备概念、特征、构成、来源和作用，分析国际储备管理的基本原则和主要内容，并关注中国国际储备的规模和结构管理问题。

【知识目标】

1. 学生理解国际储备的概念、特征和作用，熟悉国际储备的构成与来源，掌握多元化国际储备体系产生的主要原因和发展特征，掌握国际储备管理的内容。

2. 学生了解我国国际储备的构成与特点，掌握当前我国国际储备规模管理和结构管理的现状。

【能力目标】

1. 培养学生将所学的理论知识与实际相结合，提高理论联系实际的水平。

2. 培养学生从思辨的角度，结合国情分析我国巨额外汇储备的构成与特点，从制度和经济因素两方面剖析我国形成巨额外汇储备的主要原因，培养分析问题的能力。

课程思政教学目标及实践

【育人目标】

1. 家国情怀 通过讲解我国国际储备的构成，分析我国外汇储备规模大的原因，让学生明白保持较高外汇储备，是我国经济实力提升的重要标志，有利于中国应对突发事件，防范金融风险，维护国家经济安全。

2. 发展眼光、全球化意识和开放心态 特别提款权是我国国际储备的组成部分。人民币成为SDR篮子里的第五种货币，这是中国经济融入全球金融体系的一个重要里程碑。2022年IMF提高了人民币在SDR篮子中的权重，也表明人民币国际化在不断推进。启发学生要用发展的眼光、全球的意识和开放的心态看待人民币国际化问题。

【教学方式与方法】

1. 课堂讲授：课堂讲授国际储备主要知识点，分析我国国际储备的构成与特点等。在讲授中可以以启发式提问拓宽学生学习思路。

2. 线上与线下结合自主学习：线上学习国际储备中的基础专业知识点，线下自主阅读我国外汇储备管理的相关文献资料，撰写读书笔记或思维导图。

3. 组织课堂讨论或辩论：关于我国外汇储备的适度规模和人民币作为储备货币问题一直是社会各界讨论的话题，把学生分小组在课堂上组织讨论或展开辩论。

【课程思政教学实例】

案例材料：特别提款权与人民币

(1)案例简介

2015年11月30日，国际货币基金组织正式宣布人民币于2016年10月1日加入特别提款权。2016年10月1日起，特别提款权的价值由美元、欧元、人民币、日元、英镑这五种货币所构成的一篮子货币的当期汇率确定，所占权重分别为41.73%、30.93%、10.92%、8.33%和8.09%。2022年5月11日，国际货币基金组织执行董事会完成了五年一次的SDR定值审查，决定维持现有SDR篮子货币构成不变，并将人民币权重由10.92%上调至12.28%，美元权重由41.73%上调至43.38%，其他三种货币的权重即欧元

(29.31%)、日元(7.59%)和英镑(7.44%)各有小幅度下降。新的 SDR 货币篮子在 2022 年 8 月 1 日正式生效,并于 2027 年开展下一次 SDR 定值审查。

资料来源:中国青年网 IMF 上调人民币权重,释放哪些利好[EB/OL].2022-05-18/2022-08-16.

(2)案例的思政元素

①"四个自信"。人民币首次成为 SDR 篮子里的第五种货币,这是中国融入全球金融体系的一个重要里程碑,是国际社会对中国金融改革开放取得成就的认可。人民币在 SDR 中权重的提升,进一步反映了国际社会对中国经济和金融市场改革的肯定和信心。

②家国情怀。人民币在 SDR 篮子中权重的提升,增强人民币和人民币资产的国际吸引力,进一步推动人民币国际化。让学生了解人民币在国际货币体系中的重要地位,从而激发他们的民族自豪感和爱国情怀。

③发展的眼光和全球化意识。人民币加入 SDR 以及在 SDR 货币篮子中权重的上调,意味着人民币国际储备货币地位得到国际认可,是人民币国际化征程上的一个新起点。人民币国际化虽然带来一定的风险,但利于全球,利于长远。

(3)教学手段

①课堂授课与课后阅读相结合:授课可采用案例法教学,辅以启发式提问拓宽学生学习思路,就国际储备中的 SDR 篮子货币构成热点问题组织学生课堂讨论;课后布置学生阅读材料,要求学生做好读书笔记。

②教学中融会贯穿思政元素:在知识点"国际储备构成"和"中国国际储备管理"中引入"四个自信"、家国情怀、发展的眼光和全球化意识等思政元素,将专业知识与思政元素巧妙结合。

第十章 国际货币体系

专业教学目标

国际货币体系是一切国际金融活动的体制背景。本章主要介绍国际货币体系的含义与主要内容,通过学习国际金本位、布雷顿森林体系、牙买加体系主要内容及弊端,理解随着国际贸易发展和国际金融领域合作日益密切,建立一个防范国际货币危机、保证利益公平分配及促进全球经济共同发展的国际货币体系显得十分重要。

【知识目标】

1. 掌握国际货币体系含义及内容。
2. 掌握国际金本位、布雷顿森林体系、牙买加体系的主要内容及弊端。
3. 理解欧元诞生原因及对世界经济影响。
4. 探讨国际货币体系未来改革设想。

【能力目标】

1. 培养学生对国际热点的关注与解读能力。
2. 培养学生将所学理论灵活应用于现实和具体案例,从思辨与探索的角度评价当前国际货币体系存在局限性。

课程思政教学目标及实践

【育人目标】

1. 社会责任　引导学生关注社会现实问题,培育服务国家与人民的社会责任感。
2. 创新精神　国际货币体系需要不断修正、创新。
3. 家国情怀　认识中国采取诸种措施在参与国际货币体系改革中所表现出来的大国使命担当,提高学生民族自豪感和爱国热情,坚定"四个自信"。

【教学方式与方法】

1. 自主学习:线上学习相应慕课中的基础专业知识点,线下自主阅读文献资料,撰写阅读笔记或思维导图。
2. 课堂讲授:讲授相关理论的主要观点或内容、政策启示与建议等。

3. 课堂展示与讨论:针对国际时事热点设置分享环节,引导学生对新闻事件进行整理,深入分析,课上讲述报告或小组讨论。

【课程思政教学实例】

案例材料:美欧对俄 SWIFT 制裁

(1)案例简介

2022 年 2 月 24 日,俄乌战争爆发。美国与欧盟、英国与加拿大共同声明,宣布禁止俄罗斯主要银行使用环球同业银行金融电讯协会(SWIFT)国际结算系统。如俄罗斯被剔除该系统,意味该国金融机构脱离国际金融体系。随后,美国政府对俄罗斯中央银行进行制裁,冻结俄央行在美一切资产且阻止美国人与俄央行所有交易。英国和欧盟也禁止任何实体与俄罗斯央行、俄罗斯联邦财政部、俄罗斯国家财富基金进行交易。

资料来源:根据网络公开资料搜集整理。

(2)案例的思政元素

①社会责任。培养学生对国际热点关注与解读能力。

②创新精神。深入领会中国提出构建人类命运共同体创新战略,而非对抗性竞争或颠覆性挑战,推动国际体系和国际秩序变革的意图和决心。

③民族自信。正确认识中国在参与国际货币体系改革中表现出的大国使命担当:提出共商共建共享的全球治理观;推动共建"一带一路";倡议建立亚洲基础设施投资银行;签署《巴黎协定》引领全球应对气候变化的行动等,切实发挥引领作用,塑造变化中的国际制度体系与国际合作议程,进一步提升中国国际地位。增强学生民族自信心和自豪感,坚定"四个自信"。

(3)教学手段

①翻转课堂——支架与高阶:慕课资源、文献资源为翻转课堂提供支架;课堂展示、师生思辨讨论实现课堂高阶性、高效性。

②知识点+实事+思政——贯穿融合:在知识点"国际货币体系改革"中引入中国在提出构建人类命运共同体创新战略中表现出大国使命担当。增强学生民族自豪感。

③联系实际与实时呼应:利用多媒体和教材上的二维码,精选实时发生的典型案例,了解最新学术动态;通过二维码和多媒体网络连接方式,直接进入电视台栏目如《今日观察》或相关网站,精选相关案例,创设教学情景,为学生提供一种全新学习环境和认知方式。

第十一章 国际金融组织与金融全球化

专业教学目标

本章在介绍国际金融组织的基础上,对金融全球化的表现、原因和影响等进行介绍和分析,让学生建立起对国际金融组织和金融全球化的基本认识,了解国际金融组织在金融全球化以及全球金融治理中的作用。

【知识目标】

1. 学生了解主要的国际金融组织,熟悉国际金融组织的宗旨、资金来源与业务活动等。

2. 学生掌握金融全球化的含义、表现、原因和影响。

【能力目标】

1. 培养学生将所学理论灵活应用于现实和具体案例。

2. 培养学生从思辨与探索的角度分析国际金融组织在金融全球化中所起的作用。

课程思政教学目标及实践

【育人目标】

1. 国际理解 通过讲解国际金融组织和金融全球化,使学生形成国际视野,了解国际金融体系发展动态,认识到国际交流与合作的重要性,从而培养学生的人类命运共同体意识。

2. 国家认同 通过分析发达国家主导的国际金融组织存在的问题和局限性,让学生认识到改革现有国际金融治理体系的必要性,对中国积极参与、推动国际金融治理体系改革的一系列举措及其所体现的大国担当产生认同。

【教学方式与方法】
1. 自主学习：线上学习相应慕课中的国际金融组织和金融全球化的基础专业知识点。
2. 课堂讲授：讲授国际金融组织和金融全球化的主要内容，以及国际金融组织改革的建议等。
3. 课堂展示与讨论：学生展示金融全球化影响的相关报告等，并小组讨论。

【课程思政教学实例】
案例材料：亚洲基础设施投资银行（亚投行）
(1) 案例简介

历经800余天筹备，由中国倡议成立、57国共同筹建的亚洲基础设施投资银行于2015年12月25日正式成立，全球迎来首个由中国倡议设立的多边金融机构。

亚投行成立的第一年，就为巴基斯坦、塔吉克斯坦、孟加拉国、印度尼西亚、缅甸、阿曼、阿塞拜疆等"一带一路"沿线国家的9个项目提供了17.3亿美元贷款，撬动公共和私营部门资金125亿美元，对促进区域互联互通产生重要推动作用。2016年，亚投行投资巴基斯坦M4高速公路项目，该项目建设已顺利完成，成为巴基斯坦南北交通运输走廊组成部分，对改善巴基斯坦交通基础设施、促进贸易和物流、消除贫困具有重要意义。2018年，亚投行投资了土耳其天然气贮藏设施建设项目；2019年，投资了土耳其地热发电站建设项目。两次投资共计7亿美元。亚投行通过帮助土耳其加强能源领域的基础设施建设，使其国内能源需求得到了满足，进而推动了经济发展。随着这样高质量的投资愈来愈多，亚投行的国际影响力以及对亚洲地区经济发展的支持作用不断提升。

资料来源：根据网络公开资料搜集整理。

(2) 案例的思政元素

家国情怀。亚投行是首个由我国倡议成立的国际多边金融机构，促进了"一带一路"沿线国家的基础设施投资，推动这些国家之间的经贸合作经济发展。亚投行推动各成员间的开放包容与互利共赢，其成立是国际经济治理体系改革进程中具有里程碑意义的重大事件，展现出我国负责任大国的形象。由此激发学生的民族自信心和爱国情怀。

(3) 教学手段

①知识点＋实事＋思政——贯穿融合：在知识点"金融全球化"中引入金融全球化的表现、原因和影响，在此基础上介绍中国倡议成立的亚投行，将专业知识与思政相结合，增强学生的民族自信心与自豪感。

②学习测评——实时呼应：就金融全球化的影响展开讨论、并现场点评。

四、课程思政的教学评价

（一）对教师的评价

1. 教学准备的评价

教学准备的各个环节要落实《国际金融》课程思政的要求。课程组要明确思政教学的具体目标，挖掘课程思政元素，构建思政教学内容体系，按思政教学要求修订教学大纲、编审选用教材；教师要优化教学设计，持续打磨教案及课件，编写、更新思政教学素材等。

2. 教学过程的评价

教学过程的各个方面要落实《国际金融》课程思政的要求。课堂教学方法恰当、手段灵活多样、课后作业及考核精心设计，将思政内容自然融入到知识传授和能力培养中，具有启发性和感染性。

3. 教学结果的评价

建立健全《国际金融》课程思政多维度评价体系，可以将教风、班风、学风等纳入到评价指标中，采取同行评议、随机听课、学生评教、教学督导等方式进行评价。

4. 评价结果的运用

对于同行评议、学生评教、教学督导等提出的改进建议，以及对学生考核的成绩分析进行运用，对教学进行反思与改进。

(二)对学生的评价

1. 学习过程的评价

借助智慧教学工具加强对学习过程的管理和监督。对学习过程的评价主要考查学生是否积极参加课内外教学互动并按要求完成《国际金融》课程的各项作业和任务,是否能够自觉关注国际金融热点焦点,是否能够自觉学习深度学习等。

2. 学习效果的评价

通过平时作业、课堂检测和讨论、课程论文、期末考试等多种形式,检验学生对《国际金融》课程思政元素的领会及其对思政内容的掌握程度。

3. 评价结果的运用

召开师生座谈会和课程组教研活动等,对学生的学习效果进行科学分析,总结经验,改进不足,提升课程思政的学习效果。

五、课程思政的教学素材

序号	内容	形式
1	中国国际收支平衡表	数据资源
2	美国国际收支平衡表	数据资源
3	中国外汇市场交易概况	数据资源
4	国家外汇管理局:官方储备资产	统计数据
5	国际收支手册	阅读材料
6	从跨境贸易人民币结算看人民币国际化战略	阅读材料
7	外币债务融资与企业外汇风险水平	阅读材料
8	国际融资业务的风险管理问题研究	阅读材料
9	推动共建丝绸之路经济带和21世纪海上丝绸之路的愿景与行动	阅读材料
10	"8·11汇改"4周年:人民币完成惊险的一跃	阅读材料
11	人民币如何成为"一带一路"投融资的"锚货币"?	阅读材料
12	揭开中国外汇储备持有和经营的神秘"面纱"	阅读材料
13	"逆全球化"下建设国际金融新体制的中国方案	阅读材料
14	我国金融业对外开放:回顾及展望	阅读材料
15	国际金融组织在全球金融治理中的作用	阅读材料
16	人民日报:坚持共商共建共享的全球治理观	阅读材料
17	为发展中国家提供新选项——亚投行的缘起、设计与创新	阅读材料
18	美联储加息对世界经济产生的影响	案例分析
19	伦敦银行同业拆借市场:LIBOR操纵案	案例分析
20	艾派克并购利盟国际融资方案的案例研究	案例分析
21	如何看待俄罗斯剔除出SWIFT系统	案例分析
22	外汇市场交易行为规范指引	政策法规
23	中国国家外汇管理局企业汇率风险管理服务小组:企业汇率风险管理指引	政策法规
24	关于推进上海加快发展现代服务业和先进制造业 建设国际金融中心和国际航运中心的意见	政策文件
25	中国国家外汇管理局:关于进一步促进外汇市场服务实体经济有关措施的通知	政策文件

续表

序号	内　容	形式
26	中国人民银行关于全口径跨境融资宏观审慎管理有关事宜的通知	政策文件
27	关于银行业金融机构境外贷款业务有关事宜的通知	政策文件
28	全球资本流动新动向	研究报告
29	2021年人民币国际化报告	研究报告
30	全球金融危机与国际货币金融体系改革	研究报告
31	我国国际收支新阶段、新问题及对策建议	学术论文
32	汇率影响经济增长的逻辑、路径及实证分析	学术论文
33	当代国际金融中心发展的决定因素与上海的对策	学术论文
34	人民币离岸金融市场:发展动力、经验教训与前景展望	学术论文
35	新兴经济体应对国际资本流动:文献综述	学术论文
36	东亚金融危机的教训:政策、制度与危机应对	学术论文
37	香港为什么要保卫联系汇率制	学术论文
38	"一带一路"建设与人民币国际化	学术论文

《公司金融》课程思政教学指南

陈少炜[1]　付榕[1]　林琳[1]　赖明发[2]　李烜[2]　孙云鹏[3]　乐胜杰[4]

([1] 西安财经大学　[2] 福建江夏学院　[3] 天津商业大学　[4] 湖南工商大学)

一、课程简介与课程目标

(一)课程简介

《公司金融》是金融类专业的核心课程,微观金融理论的三大支柱之一。通过本课程的学习,使学生能够系统地掌握公司金融的相关理论,并在理论指导下熟练地掌握公司金融的实务操作。本课程旨在引领学生了解公司金融的理论发展脉络,理解公司金融活动依附的公司治理机制与土壤,掌握公司投资、融资和营运资本管理决策的基本原理、方法、技术和思想。在此基础上,要求学生会运用公司金融的理论知识分析现实中的公司案例,明确公司治理结构、委托代理等问题会对公司发展产生的影响,了解与公司金融相关的热点事件和问题。此外,本课程有助于学生理解宏观经济与金融运行的底层逻辑,提升学生理清企业、行业乃至宏观经济发展变迁的思维水平。

本课程综合运用讲授、启发式教学、案例教学、讨论教学等多种教学方法,结合中国资本市场的发展,使学生掌握公司投资、融资和营运资本管理决策的作用机制和决策依据。从微观上能培养学生对公司金融的认识,让学生了解公司金融决策的经济效益与社会责任;从宏观上能提升学生对企业、行业以及宏观经济发展的再认识,使学生了解企业在经济活动中的作用,以及企业家精神对经济社会发展的影响,增强学生的社会责任感和时代使命感。

(二)课程目标

本课程为专业必修课程。通过本课程的学习,使学生能够达到以下目标:

1. 知识目标:系统掌握公司金融理论基础,掌握公司投资、融资和营运资本管理决策的基本原理、方法、技术和思想,以及金融、投资等专业基础知识、基本理论与基本技能,具有在金融相关领域、行业和技术体系内,较熟练进行项目投融资分析、设计与开发的专业知识能力。

2. 能力目标:具有获取知识的能力,能够掌握有效的学习方法,主动接受终身教育;具有实践应用能力,能够在金融实践活动中灵活运用所掌握的专业知识;能够运用专业理论知识和现代经济学研究方法分析解决公司金融领域的实际问题,具备一定的科学研究能力;具备创新精神、创业意识和创新创业能力。

3. 育人目标:通过案例介绍中国经济改革和金融深化发展的最新实践和成果,培养学生的政治认同和家国情怀,激发学生的爱国热情;通过熟悉国家有关公司设立、投融资行为、上市公司信息披露、企业并购以及资本市场管理等方面的方针、政策和法律法规,培养学生的法治意识;引导学生思考公司金融领域的前沿问题,注重培养学生的科学精神;阐述优秀传统文化在公司金融领域的传承和应用,培养学生的文化素养;通过案例介绍公司金融的目标、委托代理问题以及新时代赋予个人和企业的使命,使学生明确社会责任、职业伦理和道德素养的重要性,激发学生的使命担当感;通过了解国内外公司金融理论和实践的最新发展,拓展学生的国际视野。

(三)课程教材和资料

➢ 推荐教材

朱叶. 公司金融[M]. 5版. 上海:复旦大学出版社,2021.

➢ 参考教材或推荐书籍

1. 郭丽虹,王安兴. 公司金融学[M]. 3版. 上海:上海财经大学出版社,2019.

2. 李曜. 公司金融[M]. 北京:高等教育出版社,2019.

3. 斯蒂芬 A. 罗斯,伦道夫 W. 威斯特菲尔德,布拉德福德 D. 乔丹. 公司理财[M]. 12版. 崔方南,谭跃,周卉,译. 北京:机械工业出版社,2020.

4. 理查德 A. 布雷利,斯图尔特 C. 迈尔斯,佛兰克林·艾伦. 公司金融[M]. 12版. 赵冬青,译. 北京:机械工业出版社,2017.

➢ 学术刊物与学习资源

国内外经济金融类各类期刊,优先推荐《金融研究》《管理世界》《Journal of Corporate Finance》。

学校图书馆提供的各种数字资源,特别是"中国知网"。

上市公司年报以及券商投研部发布的各类公司及行业分析报告。

➢ 推荐网站

中国证监会网站:http://www.csrc.gov.cn/.

上海证券交易所网站:http://www.sse.com.cn/.

深圳证券交易所网站:http://www.szse.cn/.

中证金融研究院网站:https://www.cifcm.cn/.

二、课程思政教学总体设计

(一)课程思政教学目标

《公司金融》课程以企业估值和投融资决策的理论知识作为核心内容,学生可以掌握风险与投融资估值的基本内涵和知识,重视风险管理、公司金融基础理论和实践操作技能的培养,提升学生对公司金融领域实践问题的分析能力和综合运用能力,充分激发学生的担当意识和使命意识。

本课程加入大量的中国经济改革和金融深化发展的最新实践和成果,比如我国金融机构和资本市场的改革、创新与发展,我国的金融体系现状和监管体系特色,中国企业的跨国并购等,在课程中大量融入和体现中国经验、中国模式、中国智慧,增进学生分析和解决问题的能力,全面提高学生缘事析理、明辨是非的能力,让学生成为德才兼备、全面发展的人才。引导学生增强"四个意识"、坚定"四个自信"、做到"两个维护",把思想和行为自觉与党中央保持高度一致。具体而言,本课程的思政教学目标可以涉及以下九个维度:政治认同、家国情怀、科学精神、法治意识、文化素养、社会责任、职业伦理和道德修养、时代担当、广阔视野。

1. 政治认同

我国金融改革不断深化的过程体现了独特的"中国智慧",本课程中有多处涉及金融市场的制度设计、企业税收改革、金融监管改革等现实问题,在这些专业知识的讲述中结合马克思主义的基础理论,增强学生对马克思主义指导地位的重要性和中国特色社会主义制度的优越性的认识,提升学生的"道路自信"和"制度自信",增强学生的政治认同。

2. 家国情怀

企业是经济活动的重要载体,也是一国经济持续健康发展的重要推动力量。通过介绍历史上的"红色资本家"以及当代民族企业家的成长历程,让学生感受到中华民族一脉相承的爱国主义精神,传承爱国情怀。通过介绍国家和政府为了稳定金融市场、发展经济所做出的一系列决策,以及持续深化的改革措施,让学生体会到党和政府坚持的"立党为公、执政为民"的理念,让学生树立为祖国、为人民奋斗奉献的理想。

3. 科学精神

本课程是以估值为主线的,教育学生对于国外成熟的定价因子,一定要结合中国实际进行应用,不能照搬照抄,脱离实践。在公司的投融资决策当中,不能盲目决策,需要以理论知识为基础,通过认真、严谨、科学的论证后,有依据地做出合理决策。此外,引导学生思考公司金融领域的研究主题,如资本结构、公司治理结构、企业并购行为等对公司盈利能力的影响,培养学生运用科学的思维方式认识事物、解决问题的能力。

4. 法治意识

通过多种教学方式,让学生意识到公司法、证券法等相关法规对于公司健康发展以及金融市场稳定的重要作用,认识到我国法律制度设计的中国特色。使学生明确法律法规在规范企业行为中发挥的作用,通过案例阐述企业违法行为可能导致的严重后果,培养学生的法治意识。

5. 文化素养

公司金融讨论估值时,除了传统的定价因子外,其他的定价因子往往受到社会文化传统的影响,具有鲜明的国家和民族特色,这些定价因子的学习过程中能够使学生了解中华民族优秀传统文化、共产党革命文化和社会主义先进文化。此外,优秀传统文化的传承有利于改良公司治理机制,提高企业管理水平,使学生明确文化素养对自身发展的重要性。

6. 社会责任

企业的成功与社会的健康和福利密切相关,企业在追求自身利益的过程中应全面考虑对雇员、客户、社区、供应商和自然环境等利益相关人的影响,应具备企业公民理念,将社会基本价值与日常商业实践、运作和政策相整合。通过介绍民族企业在大灾大难面前的付出和担当,以及消费者对这些企业行为的认可,使学生理解企业社会责任的重要性。

7. 职业伦理和道德修养

本课程除了介绍估值的传统影响因素之外,还会介绍正确的价值观对于金融市场合理定价标准的重要影响,让学生将社会主义核心价值观也作为估值的重要参考因素。此外,由于所有权和控制权相分离,委托代理问题在公司金融活动中长期存在。通过具体案例让学生了解财务造假、利益输送等违背职业伦理的行为可能产生的严重不良后果,使学生明白坚守职业伦理底线的重要性,切实提高自身的道德修养。

8. 时代担当

回眸历史,早在根据地时期,中国共产党领导人民办工厂、建银行,办企创业,着力解决群众的生活之需。在当前百年未有之大变局下,个人和企业都要勇于担当,勇敢承担起历史赋予我们的使命,个人发展与企业发展要与民族发展相融合。青年学生要树立远大崇高的理想,强本领、勇担当;企业要加强自主创新,助力攻坚"卡脖子"领域。

9. 广阔视野

在世界多极化加速发展,国际格局不断变化的环境下,国家发展需要更多具有广阔视野的高素质人才。公司金融活动决策、公司治理实践均需在全球范围内借鉴经验、拓宽视野。当代大学生要努力培养自己的世界眼光和国际视野,立志于成才报国。本课程通过让学生了解国际国内公司金融行为的最新特点和发展趋势,特别是企业贡献的"中国智慧",培养学生的广阔视野。

(二)课程思政的教学内容

《公司金融》课程的思政内容可以涉及以下几方面:

1. 金融发展的道路自信和制度自信

公司的金融活动依赖于金融市场,只有在充分了解金融市场的情形下才能进行有效的投融资决策。在课程教学中将中国的现代金融体系、多层次的金融市场、多种类的金融机构体系、货币政策和金融监管改革等中国金融故事与专业知识点有机串联起来,引导学生理解国家层面富强、民主、文明、和谐的价值目标,培养学生以宏微观经济视角观察经济金融问题的能力,树立中国金融发展的道路自信、制度自信。

2. 青年学生要勇于承担历史赋予的使命

回望历史,在"一穷二白"中,中国共产党领导人民创造了惊天动地的经济奇迹,绘就了中国经济灿烂的篇章,为中国人民的千秋基业、国家安全、民生福祉构筑起了牢固的经济保障。在当前百年未有之大变局下,青年学生要勇敢承担起历史赋予我们的使命,将个人发展、企业发展与民族发展相融合,为中华民族伟大复兴贡献力量。

3. 企业的社会责任

作为金融领域的专业人才,在未来的工作与企业管理中,应树立企业公民理念。在企业经营活动中,以地球环境和人类福祉为出发点,在追求企业利益的同时,自觉承担社会责任,实现全面、协调、可持续的经济社会发展。专业教师教学中应当将百年变局背景下企业的社会责任嵌入教育的全过程,将责任意识融入学生心灵。

4. 金融职业伦理与从业人员的道德修养

金融职业伦理与从业人员的道德修养是公司治理实践中需要坚守的底线,也是行业健康发展的基石。在教学中应当融入金融伦理认知和职业道德教育,如诚实守信教育、爱岗敬业教育、遵纪守法教育、廉洁奉公教育、优质服务教育等,引导学生具有家国情怀、法治意识、社会责任和仁爱之心。

(三)教学方法

本课程综合运用讲授、启发式教学、讨论教学、案例教学等多种教学方法,通过讲授以及启发式教学使学生具备有关公司金融领域的基本知识、基本理论和基本分析方法;在讨论教学与案例教学中融入课程思政元素,使学生具备运用专业知识分析现实问题的能力,并在此过程中实现"育人铸魂"的培养目标。

具体而言:(1)建设或引用融入课程思政的《公司金融》慕课资源。在系统阐述专业理论的同时,力求以实际案例展现中国公司的起源、发展以及为国民经济所做的重大贡献,使学生在学习西方理论的同时,能够扎根中国大地、了解中国国情。(2)围绕慕课资源组织"线上+线下"混合式教学,提高学习效能,为课程思政建设留白。线下课堂通过互动式教学、研讨式教学,有的放矢地引导学生关注中国实践。通过对中国典型案例的剖析,详细阐述其中蕴含的思政要素,将价值塑造、知识传授和能力培养融为一体。(3)建设符合课程思政主旨思想的课程配套资源,弥补专业课教材相对固化的缺陷。建设以中国实践为基础的案例库、习题库、核心文献库等教学资源,并在教学中灵活运用,充分加深了学生对中国国情的了解和对中国问题的思考,帮助学生提升政治认同、家国情怀和文化素养。

三、课程各章节的课程思政教学内容设计

第一章 导论

专业教学目标

公司金融的核心在于公司对投资、融资和营运资本三大金融活动做出的决策。本章介绍公司制企业的特点,以及公司通过三大决策实现财务目标的过程中存在的代理冲突等问题,在此基础上阐述公司金融行为必须遵循的原则,让学生建立起对于公司金融的整体认识,了解公司金融各项活动中的衔接以及存在问题的解决思路。

【知识目标】

1. 理解为什么大企业和转型企业会选择公司制。
2. 掌握公司的投资、融资和营运资本三大金融活动过程。
3. 理解公司的财务目标和冲突,了解公司金融交易的原则。

【能力目标】

1. 培养学生将所学理论灵活应用于现实和具体案例分析的实践应用能力。
2. 引导学生从思辨与探索的角度分析公司的财务目标和冲突,应该如何看待公司内部的委托代理问题等开放式话题,培养学生的辩证式思维以及自主学习能力。

课程思政教学目标及实践

【育人目标】

1. 政治认同 通过讲解中国资本市场的发展历程,让学生认识到中国特色资本市场的发展道路,现有的多层次资本市场是致力于解决企业融资,促进实体经济发展的重要渠道。

2. 法治意识、道德修养和职业伦理 公司制企业的设立和运营离不开法律契约的规范与约束,职业经理人从事企业经营管理的过程中,不能做出有损于企业股东利益的行为。帮助学生了解公司法等相关法律法规的重要意义,以及金融从业者应具备的职业素养,进而树立法治精神,明确道德修养和职业伦理的重要性。

3. 社会责任 公司金融在实现股东财富最大化的目标时,需要保障政府、员工及供应商等相关利益者的利益,需要承担必要的社会责任,不能盲目逐利。

【教学方式与方法】

1. 自主学习:线上学习慕课中"公司金融的含义""公司金融的目标"以及"委托代理问题"等基础专业知识点,线下自主阅读相关文献资料,撰写阅读笔记或思维导图。

2. 课堂讲授：讲授代理问题以及公司治理结构等相关理论的主要观点或内容、政策启示与建议等。

3. 课堂展示与讨论：学生展示根据教学素材以及自己搜集的相关资料，开展"企业社会责任""公司治理"等主题的小组讨论，整理分析形成小组报告并进行汇报讨论。

【课程思政教学实例】

案例材料：中国资本市场发展历程

(1) 案例简介

19世纪80年代，近代中国的资本市场进入了"茶会"时代。19世纪末期，上海橡胶股票投机风愈演愈烈，最后演变为激荡全国的金融危机。民国时期，中国股票市场一度走上了脱离产业经济的畸形发展轨道。新中国成立以来，特别是改革开放以来，在《中华人民共和国证券法》《证券公司代办股份转让服务业务试点办法》以及《关于进一步促进资本市场健康发展的若干意见》等法律法规和政策文件的引导下，我国资本市场快速稳健地发展。截至2022年8月，已形成了上海证券交易所、深圳证券交易所、北京证券交易所等三大证券交易所，拥有了主板、中小板、创业板、科创板、新三板等多个市场板块，基本形成了结构合理、功能完善、规范透明、稳健高效、开放包容的多层次资本市场体系。

资料来源：①张春廷．中国证券市场发展简史(民国时期)[J]．证券市场导报，2001(05)：45-52.
②李雨蒙．近代中国资本市场的历史变迁[J]．中国民商，2020(05)：82-83.

(2) 案例的思政元素

①政治认同。中国特色资本市场的发展道路是以服务企业融资，促进实体经济发展为重要目标的，有效维护了投资者的利益和社会经济的稳定。

②法治意识。资本市场的健康发展离不开法律法规的规范，企业的投融资行为也必须符合相关法律法规的要求。

③服务意识。学生能够更加深入地认识到资本市场的金融服务功能，从而增强其服务意识。

(3) 教学手段

①翻转课堂——支架与高阶：慕课资源、文献资源为翻转课堂提供支架；课堂展示、师生思辨讨论实现课堂高阶性、高效性。

②知识点+实事+思政——贯穿融合：在知识点"公司和金融市场的关系"中引入中国资本市场的发展历程，将政治认同、法治意识以及服务意识等思政元素与专业知识相结合，增强学生的"道路自信"、法治意识与底线思维，培养学生服务集体、服务社会的服务意识。

③学习测评——实时呼应：投票结果、讨论结果现场点评。

第二章 现值和价值评估原理

专业教学目标

本章中，在介绍了"现值""贴现"与"净现值"等基本概念和计算公式之后，以债券与股票为对象，介绍其估值的基本原理。

【知识目标】

1. 了解现值与贴现率的定义、现值的计算。
2. 掌握不同计息方式下的现值。
3. 了解公司债券定价原理、普通股定价原理相关知识。

【能力目标】

1. 培养学生将所学理论灵活应用于现实和具体案例分析的实践应用能力。
2. 通过分析货币的时间价值，什么是现金牛公司，公司债券定价原理、普通股定价原理等相关问题，以开放式问题培养学生的思辨思维，提升探索与独立思考的能力。

课程思政教学目标及实践

【育人目标】

1. 家国情怀　通过学习不同计息方式下的现值、公司债券定价原理、普通股定价原理等理论知识，结合实际案例，理解国家为稳定发展经济做出的政策。

2. 科学精神　通过学习货币的时间价值在生活中的应用,让学生们建立合理科学的理财知识。

3. 实践创新　理解国家为更加合理地发展企业所做出的创新实践。

【教学方式与方法】

1. 自主学习:线上学习慕课中"货币时间价值""现值与终值"等基础专业知识点,线下自主阅读文献资料,撰写阅读笔记或思维导图。

2. 课堂讲授:讲授"货币时间价值"等相关理论的主要观点或内容,启示学生学会利用好时间,把握自己的人生,不负年华。

3. 课堂展示与讨论:学生展示根据教学素材整理分析"复利的威力""时间管理观念"等相关主题报告等,开展小组讨论。

【课程思政教学实例】

案例材料:普通股定价原理(ZSH 公司回归 A 股)

(1)案例简介

ZSH 集团公司控股的 ZSH 股份有限公司先后于 2000 年 10 月和 2001 年 8 月在境外境内发行 H 股和 A 股,并分别在香港、纽约、伦敦和上海上市。2007 年底,ZSH 股份公司总股本 867 亿股,ZSH 集团公司持股占 75.84%,外资股占 19.35%,境内公众股占 4.81%。

此时中国企业在海外市场表现不佳,B 股市场长期低迷。2000 年下半年起科技网络股泡沫的破灭,美国股市暴跌和经济增长放缓,引发依赖于主要市场一片跌势,其对中国公司的热情同步下降,融资能力急剧萎缩,中国企业海外上市计划被迫推迟。ZSH 集团公司在《财富》2008 年度全球 500 强企业中排名第 16 位。ZSH 公司回归 A 股市场稳定了内地股票市场信心,是中国资本市场的新里程碑。改善内地市场的资本结构,改变了中国股市的现有格局,使股指更准确地反映我国经济发展的面貌,并真正成为我国经济的"晴雨表"。

资料来源:李侠. 中石化演绎"王者归来"[N]. 金融时报,2006－02－09(007).

(2)案例的思政元素

①家国情怀。ZSH 公司回归 A 股市场稳定了内地股票市场信心,是中国资本市场的新里程碑,为维护资本市场发展,国家与国企做出了表率。

②人文素养。为稳定中国股市,促进中国企业发展,国家和国企做出了一系列的政策和救市措施。

③科学精神。为了更好地发展中国经济,国家和中国企业一直不断探索和思考,学生也应学习这种科学精神。

(3)教学手段

①翻转课堂:慕课资源、文献资源为翻转课堂提供支架;课堂展示、师生思辨讨论实现课堂高阶性、高效性。

②知识点＋实事＋思政——贯穿融合:在知识点"普通股定价原理"中引入案例,将家国情怀、人文素养和科学精神等思政元素与专业知识相结合,让学生了解企业不仅要盈利,更重要的是承担起社会责任,为国家整体发展做出贡献。

③学习测评——实时呼应:投票结果、讨论结果现场点评。

第三章　风险和收益

专业教学目标

掌握风险的计量,风险和收益之间的关系和贴现率的架构,理解项目贴现率如何认定。

【知识目标】

1. 收益与风险的度量。

2. 资本资产定价模型和证券市场线。

3. 投资组合的有效集。

4. 风险和分散化效应。

【能力目标】

1. 培养辩证思维能力,引导学生理解风险,掌握风险和收益的关系。

2. 培养学生综合分析能力,能够利用所学知识处理不同的风险和收益的关系。

3. 培养学生实践应用能力,能利用所学知识为家庭或他人提供投资建议。

课程思政教学目标及实践

【育人目标】

1. 家国情怀　从各类证券风险的分析学习,理解投资收益与风险背后的经济关系与原理,理解我国为稳定市场做出的决策科学合理性。

2. 科学精神　初步培养学生的风险管理和理财意识,投资决策需要科学合理,不能盲目投资。

3. 广阔视野　通过现实案例理解不同的收益与风险,拓展学生的投资视野。

4. 社会责任　通过结合实务操作及案例的讲解,培养学生自尊自律,作为从业人员要严格遵守职业道德,维护证券市场稳定。

【教学方式与方法】

1. 自主学习:线上学习慕课中"风险的度量""CAPM 模型"等基础专业知识点,线下自主阅读文献资料,撰写阅读笔记或思维导图。

2. 课堂讲授:讲授"风险和收益"相关理论的主要观点或内容、政策启示与建议等,通过实务操作及现实案例,培养学生的风险意识,激发学生的爱国精神,明确坚守职业道德底线的重要性。

3. 课堂练习:结合例题计算加深学生对本部分内容的掌握。

【课程思政教学实例】

案例材料:公共危机事件下金融市场的影响

(1) 案例简介

2019 年 7 月至 2020 年 7 月间,受中美贸易摩擦和新冠肺炎疫情等事件冲击,股市发生了比较剧烈的波动。研究发现,除了一定的经济因素,投资者情绪对不同类型股票收益率也产生了不同程度的影响。而高效的危机应对措施会有效缓解情绪对不同股票市场的负面影响,政府部门应重视投资者情绪对金融市场稳定的积极作用,建立投资者情绪预警机制,以便及时疏导投资者情绪,防范金融风险。

资料来源:张普,倪文辉. 危机冲击视角下的投资者情绪与股票收益:演变、特征及风险防范[J]. 常州大学学报(社会科学版),2021,22(06):74－85.

(2) 案例的思政元素

①家国情怀。尽管与发达国家相比,由于国内投资者和投资环境还不太成熟,国内股票市场受到了影响,但在此次疫情期间,我国股市却表现出了极强的韧性,这得益于我国有效的疫情防控措施与较为理性的投资者情绪。

②科学精神。保持科学的风险管理意识,避免盲目跟风、追涨杀跌等非理性投资行为。

(3) 教学手段

知识点＋实事＋思政——将案例、时事以及理论贯穿融合:以政府在金融市场稳定中发挥的重要作用为切入点,将家国情怀、科学精神等思政元素与专业知识相结合,增强学生的法治意识与底线思维,树立为金融市场有序健康发展做贡献的正确思想。

第四章　资本成本

专业教学目标

资本成本是公司金融的一个很重要的概念,是估值的重要基石,也是公司投资决策和融资决策的重要基础。本章通过对资本成本测度方法和特定资产贴现率计算的介绍,使学生理解资本成本的含义,学会分析企业的资本成本,为以后投资项目评估和公司估值的学习打下基础。

【知识目标】

1. 了解资本成本的含义,影响资本成本的主要因素。

2. 理解资本成本两面性和其在公司决策中的作用。

3. 掌握普通股成本、债务成本和加权平均资本成本的计算。

【能力目标】

1. 培养学生严谨认真的工作态度和计算能力。能够从公司财务报告中收集财务数据并准确计算财务指标,要求学生认真细致,对财务报表有较好的理解。

2. 培养学生将所学知识用于现实分析的能力,对于资金敏感型上市公司,评估其资本成本。

3. 培养学生学会透过现象看本质,分析资本成本背后的影响因素,进而分析企业在融资方面存在的缺陷和优点。

课程思政教学目标及实践

【育人目标】

1. 科学精神 通过讲解资本成本的计算,培养学生理性思维,逻辑清晰,能运用科学的思维方式认识事物、解决问题。

2. 文化素养 中国的优秀传统文化中早已体现风险管理的思想,如儒家的忧患意识(生于忧患,死于安乐)、道家的辩证思想(祸兮,福之所倚;福兮,祸之所伏)。在资本成本的专业知识讲解注重优秀传统文化的传承,提高学生的风险意识,增强学生的文化素养。

3. 社会责任 通过对影响公司资本成本的主要因素的讲解,使学生了解到企业对社会责任的承担不仅仅提升了社会福利,而且可以建立良好的信誉,从而降低企业的资本成本,给企业带来正向收益。

【教学方式与方法】

1. 自主学习:线上学习慕课中"资本成本的含义""加权平均资本成本"等基础专业知识点,线下自主阅读文献资料,完成相应的练习和案例。

2. 课堂讲授:结合例题来讲授资本成本的计算方法。

【课程思政教学实例】

案例材料:我国民营地产公司的"爆雷"和高昂的债务成本

(1)案例简介

2021下半年,我国房地产行业进入下行通道,房地产投资增速下降,多家房地产企业陷入债务违约危机,"爆雷"事件频传。主要原因是这些房地产企业采取"高杠杆、高负债、高周转"的策略不断扩大投资规模使债务规模巨大,债务成本高企,资金链条紧绷脆弱。而新冠肺炎疫情的发生使企业现金流的回流速度变慢,加上国家这几年来去杠杆和三条红线的调控政策对地产企业的融资更是釜底抽薪,使企业融资艰难,反过来进一步推高地产企业的融资成本。最终导致这些企业危机的爆发,也给社会经济带来了不良影响。

资料来源:根据网络公开资料搜集整理。

(2)案例的思政元素

①风险意识。企业在经营的过程中必须注重防范经营风险和财务风险,要保证企业的自由现金流能够覆盖融资成本,这样才能实现企业永续增长。

②社会责任。企业的经营目的应不仅仅限于对盈利性的追求,而应该关注社会责任,关注相关利益者群体,避免片面追求大而不能倒而给社会带来损失。

(3)教学手段

①思辨:在案例教学中可以提出一些有分歧的话题,如企业的股东利益最大化的追求与企业承担社会责任之间可能会存在矛盾和冲突的问题,与学生共同讨论,获得学生的及时反馈,促进学生主动思考。

②融入:把思政元素融入案例教学,避免简单的说教,用案例本身来说明问题,润物无声。

③测评:案例分析要求应加入思政内容,如有关商业道德和商业伦理的开放式问题。

第五章 资本预算的基本方法和技术

专业教学目标

公司的投资项目具有不可逆的特点,在项目投资前,需对所投项目的未来经营状况进行预测分析,判断该项投资所产生的未来经营收益是否能够收回期初投资,是否可以向有关投资者或公司提供令人满意的投资回报,这样的投资决策分析即为资本预算。本章在介绍资本预算基本方法的基础上,对回收期法、获利指数法与内含报酬率法同净现值法进行比较,让学生深刻理解净现值法的科学性与主导性,并且进一步学习掌握基于自由现金流的净现值法基本技术。

【知识目标】

1. 掌握净现值法、获利指数法、回收期法和内含报酬率法的基本概念、流程要领,熟悉这几种资本预算方法的区别。
2. 掌握自由现金流的测算和项目贴现率的估算,理解贴现率与自由现金流相匹配的原因。
3. 掌握约当年均成本的概念与含义,了解约当年均成本在投资决策中的作用与意义。

【能力目标】

1. 培养学生将所学资本预算理论与方法灵活应用于现实项目投资估值与决策情境中的综合能力。
2. 引导学生从思辨与探索的角度分析现实经济中国有、民营、外资等不同所有制企业,或大中小微等不同规模企业的投资活动,评价其科学性、合理性,预判其给企业成长、企业价值和股东财富带来的影响,提升学生的科学研究能力。

课程思政教学目标及实践

【育人目标】

1. 政治认同,家国情怀　通过讲解国有企业项目投资预算中涉及到的社会责任履行,让学生坚定对我国社会主义经济制度优越性的认识,从而培养学生投身于我国社会主义建设浪潮的热情与决心。
2. 文化素养,科学精神　项目投资与否的决策标准应当在项目全周期的范围内进行考虑,净现值方法的核心科学思想与中国优秀文化所宣导的全局思维完全契合,促使学生更进一步了解中国传统优秀文化的生命力,同时也提升学生的科学素养。

【教学方式与方法】

1. 自主学习:线上学习慕课中"回收期法""内含报酬率法""净现值法"等相关基础专业知识点,线下自主阅读文献资料,完成相应的练习。
2. 课堂讲授:讲授资本预算相关理论知识,并结合例题讲解计算方法。
3. 案例讨论:引导学生将优秀传统文化的传承以及科学精神的内涵纳入项目资本预算的设计,组织学生分组进行案例分析与讨论,并完成观点陈述与报告。

【课程思政教学实例】

案例材料1:茶饮行业的"过度投资"与"产能过剩"

(1)案例简介

近十年,我国奶茶企业注册量暴增,投融资额度近两年大幅提升。企CC数据显示,2010年奶茶相关企业注册量仅2354家,截至2021年7月1日,我国在业/存续奶茶相关企业(包含个体户)32.7万家。相关媒体发文称,在安徽芜湖某步行街上,300米之内有四五家奶茶店,500~600米之内大概十几家,甚至同一品牌就有3家店。在佛山开了3年多奶茶店的郭某表示,"品牌越来越多,奶茶店数量趋于饱和,每个商圈至少有3~5家以上的奶茶店,招商无序,商家之间'贴身肉搏',竞争惨烈。""90后,开奶茶店一年亏30万""40万加盟某知名奶茶品牌,不到半年便后悔"等声音不绝于耳。这些信息显示传统上人们所认为的暴利茶饮行业存在"过度投资"与"产能过剩"乱象。

资料来源:中国经济网.行业观察|四大"矛盾"暴露奶茶行业之痛 破局路在何方?[EB/OL].2021-09-09/2022-08-16. https://baijiahao.baidu.com/s?id=1710390370534056732&wfr=spider&for=pc.

(2)案例的思政元素

①文化素养。奶茶店的项目投资预算不能仅着眼于前几年的现金流,过于关注一般意义上的投资回收期,应以中华文化精粹的思维将眼光放置于更加长远的企业前景上。

②科学精神。通过观察茶饮行业的动态发展与区域茶饮店铺的竞争格局演变,能够形成对快周转行业投资逻辑的科学认识。

③服务意识。学生能够更加深入地认识资本助推下的茶饮行业存在马太效应,品牌方在放开加盟后应做好后续服务,同时也要做好区域保护,保障已有加盟店投资者的经济利益。

(3)教学手段

①翻转课堂——支架与高阶:慕课资源、文献资源为翻转课堂提供支架;课堂案例分析、师生思辨讨论实现课堂高阶性、高效性。

②知识点＋时事＋思政——贯穿融合：在知识点"资本预算的基本方法"中引入茶饮行业过度投资现象，将中华优秀传统文化、科学精神等思政元素与专业知识相结合，增强学生的科学素养与文化水平。

案例材料2：国有企业项目投资中的社会责任履行

(1) 案例简介

在促进我国经济高质量发展上，国有企业发挥了顶梁柱作用。截至2021年底，我国国资系统监管企业资产总额达到259.3万亿元，比2012年底增长2.6倍，年均增长15.4%，超过80家企业进入了《财富》世界500强。根据要求，国有企业要在履行社会责任中发挥模范带头作用，必须坚决贯彻落实党中央决策部署，把维护人民群众根本利益作为企业发展的出发点和落脚点。站在新的历史起点上，国有企业必须完整准确贯彻落实新发展理念，积极融入构建新发展格局，在经济体系优化升级、国家科技自立自强、国土空间布局优化调整、加快构建生态文明体系、全面推进乡村振兴、推进区域协调发展、建设平安健康中国等一系列新决策新部署的贯彻落实中担当重任、积极作为。具体到项目投资决策中，国有企业要注重新冠肺炎疫情下稳增长、稳经济大盘的特殊使命，要考虑项目投产带来的负外部性等等，这些项目投资中的社会责任履行支出在项目自由现金流的测算中不能被忽视。

资料来源：①光明网.国有企业发生根本性、转折性、全局性重大变化[EB/OL].2022－06－18/2022－08－16. https://m.gmw.cn/baijia/2022－06/18/35819791.html.

②中原新闻网.国资委彭华岗：国有企业要在新时代履行社会责任中发挥更大作用[EB/OL].2021－09－27/2022－08－16. https://baijiahao.baidu.com/s?id=1712048423250578726&wfr=spider&for=pc.

(2) 案例的思政元素

①政治认同。让学生认识到国有企业是我国重要经济支柱，是我国社会主义经济制度的核心组成部分，其经营发展既关乎国家经济稳定，也关乎国计民生保障。

②家国情怀。通过介绍国有企业在项目建设过程中发挥的社会责任，履行先锋模范作用，凝聚学生爱党爱国，投身国家建设的家国情怀。

③服务人民。通过深入观察国有企业带头履行社会责任，促使学生深刻理解中国特色的社会主义经济制度优越性，激发学生心系国家、情系人民的服务大众意识。

(3) 教学手段

①翻转课堂——支架与高阶：慕课资源、文献资源为翻转课堂提供支架；课堂案例分析、师生思辨讨论实现课堂高阶性、高效性。

②知识点＋时事＋思政——贯穿融合：在知识点"净现值法的基本技术"中引入国有企业必须履行社会责任的现实情形，将政治认同、家国情怀以及服务民众等思政元素与专业知识相结合，增强学生的家国认同，奉献国家和人民的意识。

第六章　投资风险调整方法

专业教学目标

投资风险是投资主体决定是否投资所进行预测分析的最主要内容，导致投资风险的因素众多，投资风险的调整至关重要。本章讲述了未来不确定性和资本预算的复杂性，目标项目风险处置的两种思路，项目特有风险调整和项目系统性风险调整等问题。通过本章的学习，帮助学生掌握投资风险调整的方法，能够理论联系实际，提出合理的投资风险调整对策。

【知识目标】

1. 理解未来不确定性和资本预算的复杂性。
2. 理解目标项目风险处置的两种思路。
3. 掌握项目特有风险调整和项目系统性风险调整。

【能力目标】

1. 通过讲解未来不确定性和资本预算的复杂性，让学生们了解市场投资的不确定性和复杂性，了解我国以及全球宏观经济走势，把握金融市场变化，能够科学梳理市场投资的现状及问题，提升实践应用能力。

2. 通过目标项目风险处置两种思路的讲解，让学生们了解如何根据客观实际进行目标项目风险处置思路的选择，提高学生们风险投资调整的实际操作能力。

3. 通过项目特有风险调整和项目系统性风险调整的讲解,让学生们能够掌握投资风险调整的方法,能够承担投资风险调整的相关工作,具备为相关企业、金融机构、政府部门提供有力服务的综合实践能力。

【育人目标】

1. **政治认同** 通过未来不确定性和资本预算的复杂性的讲解,了解我国以及全球宏观经济运行状况,深入了解资本市场运行机制,感受中国资本市场发展的成就,树立"中国共产党为什么能、马克思主义为什么行、中国特色社会主义为什么好"的社会主义核心价值观。

2. **家国情怀** 通过目标项目风险处置两种思路的讲解,让学生明确中国共产党领导的中国道路的正确性,培养学生的"四个自信",启发学生思考面对百年未有之大变局,应如何构建投资风险处置方法,加快我国资本市场建设,实现经济高质量发展。

3. **法治意识** 通过项目特有风险调整和项目系统性风险调整的讲解,帮助学生理解投资风险调整受法律法规约束,启发学生思考资本市场建设过程中,符合政策的应得到允许或鼓励,不符合政策的应该限制或者禁止,从而增强学生法律意识。

4. **职业道德修养** 青年学生肩负着实现中华民族伟大复兴的时代责任,通过中国资本市场取得的辉煌成就启发学生,不同时代的青年人担负着国家不同发展阶段的重任,自觉将小我融入大我,不断追求国家的富强。教育学生要养成遵纪守法、爱岗敬业、诚实守信的职业品格和行为习惯,要努力投身于社会主义现代化建设中。

5. **国际视野** 在本章的教学过程中,要结合国内外先进经验,剖析相关调整方法,充实课堂教学内容,让学生们全面深入掌握投资风险调整的相关理论与实践,培养学生国际视野。

【教学方式与方法】

1. 自主学习:线上学习慕课中"目标项目风险处置""投资项目风险调整方法"等基础专业知识点,线下自主阅读文献资料,撰写阅读笔记或思维导图。

2. 课堂启发引导:知识点讲授注重以问题为导向,讲授投资风险调整方法的相关理论等。

3. 课堂展示与讨论:学生讨论目前投资风险的现状与问题以及实际采取的调整方法,展示根据教学素材整理分析的相关报告等。

【课程思政教学实例】

案例材料:JD软件投资风险调整

(1)案例简介

JD软件是一家于1993年成立的财务软件公司。JD软件公司总裁,同时也是中国第一代电子计算专家之一,他提出了"打破传统商业会计,开创全新财务管理"的新理念。他致力于新产品的开发要符合国际标准。JD软件公司先后推出了V2.0和V3.0财务软件,并通过其敏锐的市场意识来展示其竞争力,并以此赢得了对手。1996年4月,JD软件公司开发的新Windows产品通过了相关部门的严格测试并且被誉为"中国最佳Windows版财务软件"。自那以后,JD软件公司以其不懈的努力来缩短产品更新周期,在技术上始终领先于其他财务软件,同时不断地推出策略支持软件。作为新兴的高科技企业,革新是其最重要的基石。国际数码集团董事会主席在调查JD软件公司时提到,"JD除了在市场上取得的成就和优秀的组织以外,在产品和服务上拥有独特的技术。它是中国发展步伐最快的财务软件公司。"虽然风险投资比起其他投资享有更多的额外利益,但是同时他也将承担更多风险。许多风险投资者往往要在避免风险和追求最大利益中寻求平衡。若资金被投资于经济快速发展的国家,诸如中国,在具有巨大潜力的信息技术行业中诸如JD这样拥有良好的市场资质的企业中,这样的两难问题将会得到很好的解决。

资料来源:全球品牌网. 金蝶软件公司引进风险投资成功之道[EB/OL]. 2010-02-11/2022-08-17. https://www.globrand.com/2010/352091.shtml.

(2)案例的思政元素

①思想引领。安全是社会主义市场经济体制的内在要求,我国旨在打造公平、公开、公正的市场经济环境,维护市场的安全稳定,切实保障投资者权益。

②政治认同。投资风险调整离不开党的领导和科学决策。

③法治意识。投资风险调整需要在法律法规允许的框架下进行,在遵守法律法规的同时,也必须严守

职业道德操守的底线。

(3) 教学手段

①翻转课堂——支架与高阶：慕课资源、文献资源为翻转课堂提供支架；引导学生从党的领导、法律法规、职业伦理等角度作为切入点，进行课堂展示、师生思辨讨论，进而实现课堂高阶性、高效性。

②学习测评——实时呼应：投票结果、讨论结果、现场点评，将思政元素与专业知识点相结合，潜移默化地融入到教师点评之中。

第七章 资本结构

专业教学目标

融资决策作为公司金融的重要内容，主要有债券融资、股权融资等融资方式，融资方式和融资比例会影响公司融资成本和公司价值。本章旨在引导学生掌握MM资本结构模型和米勒模型、破产与融资决策，理解管理者动机与融资决策、信息不对称与融资决策。

【知识目标】

1. 掌握公司资本成本的计算，重点掌握无税MM（1958）模型、有税MM（1963）资本结构模型和米勒模型。

2. 掌握管理者动机、信息不对称和资本结构中的各项理论发展脉络和思想变迁。

【能力目标】

1. 培养学生将所学理论灵活应用于现实和具体案例的实践应用能力。

2. 培养学生的辩证思维能力，提升科学研究能力。从思辨与探索的角度分析公司价值的评估，进一步评价现有理论存在的局限性和问题。

课程思政教学目标及实践

【育人目标】

1. 政治认同　通过向学生讲解我国公司发展的历史，让学生理解公司在我国经济中发挥的作用，特别强调加强党的领导，加强学生对我国经济制度以及政治制度的认同。

2. 家国情怀　通过讲解改革开放40多年来，我国经济发展经历了规模由小到大、结构从劣到优、整体对外参与由单一迈向多元的改变，世界500强公司数量越来越多，特别是改革开放以来取得的一系列成就，培养学生的爱国主义精神和为党和国家奉献的精神。

3. 职业伦理和道德修养　良好的道德修养是社会主义建设者应该具备的素养，在相关案例教学中要融入道德修养元素。如KM药业重整案涉及公司负债过多和公司治理缺失，通过对该案例分析不仅教育学生要坚守职业伦理，能够受得住寂寞、守得住底线，而其前提是要提高自身的道德修养。

4. 法治精神　通过讲解公司治理和监管的重要性、必要性以及金融监管相关制度建设。引导学生学习《公司法》、中国人民银行颁布的《金融控股公司监督管理试行办法》等法律法规，帮助学生了解保险法和相关法律法规的重要意义，树立法治精神。

5. 文化素养　鼓励学生阅读公司资本结构和公司管理相关书籍，包括查阅我国金融改革相关资料，拓展所学知识，提升文化素养。

6. 科学精神，时代担当　鼓励学生勤奋学习和勇于钻研、大胆探索的精神。引导学生思考公司金融的研究方向，例如数字普惠金融对公司资本结构的影响、货币政策与公司资本结构的关系、绿色信贷政策与资本结构动态调整、资本结构对公司盈利能力的影响等研究主题。青年学生肩负着实现中华民族伟大复兴的时代责任，在相关教学案例教学中融入时代担当元素。使学生充分了解现代公司资本结构的运作机制，弄明白我国公司监管中为何以及如何加强党的领导，敢于担当。

7. 广阔视野　以诸多上市公司的企业行为作为案例，通过案例剖析及比较研究培养学生的广阔视野。

【教学方式与方法】

1. 自主学习：线上学习慕课中"资本成本""资本结构模型"等基础专业知识点，线下自主阅读文献资料，撰写阅读笔记或思维导图。

2. 课堂讲授：讲授资本结构相关理论的主要观点或内容、政策启示与建议等。

3. 课堂展示与讨论:以案例为载体,融入家国情怀、时代担当、科学精神等思政元素,组织学生展示根据教学素材整理分析的相关报告等,开展小组讨论。

【课程思政教学实例】

案例材料1:HD集团债务危机

(1)案例简介

截至2021年6月,HD集团表内负债总额1.97万亿,其中有息负债5718亿元,一年内到期的有息负债加上贸易应收账款(欠供应商的钱)合计已超过8225亿元。账面货币资金仅为868亿元,且此部分资金或仍有水分。这还未考虑到表外负债,市场保守估计表外负债或超1万亿元。HD集团8月销售额381亿元,同比下滑26%。HD集团财富发生挤兑事件,民众对HD期房竣工信心丧失,预计HD未来销售将进一步下滑,甚至归零。叠加融资通道不再顺利,除了变卖资产,HD没有任何现金流入。

相关的措施:中央要求HD地产保证已售项目的交付工作,未出售项目和已建成的大楼等资产将会出售。其余土地资产等,将用来冲抵债务;对于金融机构借款等债务,可以展期的,要求展期;ZX集团等机构将会介入托管HD的资产,广东省已聘任DQ做外部审计,审计HD可变现资产的真实价值(主要是旧改项目);2022年7月5日,GD信托接收了滁州市HC置业有限公司10%股权,另90%股权属于深圳GH新七号投资企业,而这家公司背后就是GDXL信托。

资料来源:①经济观察报. 诊病恒大|解析中国恒大万亿负债[EB/OL]. 2021-09-28/2022-08-17. https://xw.qq.com/cmsid/20210928A0B0EI00?f=newdc.

②中媒晟讯. 预测:恒大资产处置方案以及未来的机会[EB/OL]. 2021-09-17/2022-08-17. https://www.163.com/dy/article/GK4OVM440534TVR9.html.

(2)案例的思政元素

①政治认同。坚持"房住不炒"定位,稳字当头、稳中求进,完善长效机制,保持调控政策连续稳定,加强房屋安全管理,探索创新发展模式,支持商品房市场更好满足购房者的合理住房需求,促进市场平稳健康发展。

②法治意识。HD面临着债务危机,购房者如何维护自己的权益。

③服务意识。学生能够更加深入地评估公司的价值,从而增强其服务意识。

④科学精神。鼓励学生分析HD集团陷入债务危机的原因,已经影响资本结构的因素有哪些,增加学生的科研兴趣和动手能力。

(3)教学手段

①翻转课堂——支架与高阶:慕课资源、文献资源为翻转课堂提供支架;课堂展示、师生思辨讨论实现课堂高阶性、高效性。

②知识点+实事+思政——贯穿融合:在知识点"债务融资和股权融资"中引入案例,将政治认同、法律意识、服务意识以及科学精神等思政元素与专业知识相结合,增强学生的法治意识与底线思维,以及勇于探究的科学精神。

③学习测评——实时呼应:投票结果、讨论结果现场点评。

案例材料2:LN公司的资本结构改变

(1)案例简介

2012年7月份LN公司的行政总裁卸任,9月初又宣布将在香港的唯一一家分店关闭,12月中旬LN公司公开称,董事会已批准渠道复兴计划,包括专注于经销商清理库存、存货回购、合理化销售网络以及制定针对性的计划,拟一次计提14亿元~18亿元,以重整个别参与者的应收账结构等一系列问题。自此事件出现后,LN公司的资本结构问题就突显出来,而通过这次重整计划,其资本结构问题能否得到解决并且实现公司价值呢?

在国内市场不稳定和海外市场拓展都不顺利的双重打击下,LN公司不得不采取措施来盘活销售,而导致这种局面的原因有:财务状况不理想,LN的资产结构存在不合理的地方,产品销售遇到瓶颈,投资者和管理者的态度和决策方面有顾虑或者失误,以及整个行业的消沉。LN公司采取了以下应对措施:聘请有经验的财务的专业人士改善财务状况;着手解决其资产结构不合理的部分;产品要符合消费者的需求;采取相关的鼓励措施调动投资者的积极性,聘请有经验储备的高层管理人士;集合行业整体的力量。

资料来源：根据网络公开资料搜集整理。

(2) 案例的思政元素

①政治认同。国家鼓励企业创新，探索创新发展模式，解决企业融资难的问题。

②服务意识。学生能够更加深入地评估公司的价值，从而增强其服务意识。

③科学精神。鼓励学生分析 LN 公司度过财务危机的原因，优化公司资本结构会有什么作用，增加学生的科研兴趣。

(3) 教学手段

①翻转课堂——支架与高阶：慕课资源、文献资源为翻转课堂提供支架；课堂展示、师生思辨讨论实现课堂高阶性、高效性。

②知识点＋实事＋思政——贯穿融合：在知识点"资本结构"中引入新出现的案例，将政治认同、服务意识以及科学精神等思政元素与专业知识相结合，增强学生的法治意识与底线思维，以及为集体做贡献的服务意识。

③学习测评——实时呼应：投票结果、讨论结果现场点评。

第八章 股利政策

专业教学目标

股利政策是指将税后利润在支付股利和增加留存收益之间进行合理分配的策略，内容包括股利支付形式、股利支付率、股利稳定性、股利发放程序等。因此，股利政策是公司重要的利益分配政策，也是重要的内部融资方式。

【知识目标】

1. 了解公司股利发放方式和程序。
2. 掌握税、管理者动机、信号和股利政策相关知识。
3. 了解公司关于股利政策选择和决定类型相关知识

【能力目标】

1. 培养学生将所学理论灵活应用于现实和具体案例的实践应用能力。
2. 培养学生的辩证思维能力以及科学研究能力，从思辨与探索的角度分析股利有关论的有害论和有益论、公司与税的关系、公司关于股利政策选择和决定类型相关问题。

课程思政教学目标及实践

【育人目标】

1. 家国情怀　了解世界各国在股利发放方式和政策上的不同，了解中国企业股利发放方式和政策，理解我国为股市稳定前进做出的决策和科学合理的改进。

2. 深度学习　理解我国股利政策的不断改善，近年来，我国税收制度改革不断深化，税收征管体制持续优化，纳税服务和税务执法的规范性、便捷性、精准性不断提升。

3. 实践创新　通过引入"一鸟在手"、股利无关论等股利政策理论，理解股利政策如何影响公司价值。

4. 文化素养　理解公司在选择股利政策时，除了相关理论，还需要综合考虑传统文化对税、管理者动机、信号等诸多因素的影响。

【教学方式与方法】

1. 自主学习：线上学习慕课中"股利支付形式""股利政策理论"等基础专业知识点，线下自主阅读文献资料，撰写阅读笔记或思维导图。

2. 课堂讲授：讲授股利政策相关理论的主要观点或内容、政策启示与建议等。

3. 课堂展示与讨论：引导学生从中国税收制度改革、传统文化对股利政策的影响等视角对我国企业的股利发放政策进行思考，展示根据教学素材整理分析的相关报告等，开展小组讨论，教师点评时注意思政元素的有效融合。

【课程思政教学实例】

案例材料："营改增"对企业财务管理的影响

(1) 案例简介

新华社北京 3 月 24 日电 近日,中共中央办公厅、国务院办公厅印发了《关于进一步深化税收征管改革的意见》,并发出通知,要求各地区各部门结合实际认真贯彻落实。

近年来,我国税收制度改革不断深化,税收征管体制持续优化,纳税服务和税务执法的规范性、便捷性、精准性不断提升。以习近平新时代中国特色社会主义思想为指导,全面贯彻党的十九大和十九届二中、三中、四中、五中全会精神,围绕把握新发展阶段、贯彻新发展理念、构建新发展格局,深化税收征管制度改革,着力建设以服务纳税人缴费人为中心、以发票电子化改革为突破口、以税收大数据为驱动力的具有高集成功能、高安全性能、高应用效能的智慧税务,深入推进精确执法、精细服务、精准监管、精诚共治,大幅提高税法遵从度和社会满意度,明显降低征纳成本,充分发挥税收在国家治理中的基础性、支柱性、保障性作用,为推动高质量发展提供有力支撑。

资料来源:吕连菊,邱茹芸. 浅析"营改增"对企业财务管理的影响[J]. 会计之友,2015(16):89-91.

(2) 案例的思政元素

①家国情怀。近年来,我国税收制度改革不断深化,税收征管体制持续优化,纳税服务和税务执法的规范性、便捷性、精准性不断提升。

②深度学习。为更好地规范企业股利发放政策与方式、从而更好地发展国家经济,国家与企业做出了不断的改革与创新。

③实践创新。我国在公司金融方面起步虽晚,但一直不断学习,积极创新。

(3) 教学手段

①翻转课堂——支架与高阶:慕课资源、文献资源为翻转课堂提供支架;课堂展示、师生思辨讨论实现课堂高阶性、高效性。

②知识点+实事+思政——贯穿融合:在知识点"税、管理者动机、信号和股利政策"中引入案例,将家国情怀、深度学习和实践创新等思政元素与专业知识相结合,让学生了解我国公司股利政策的不断改革、持续发展。

第九章 融资决策和价值评估

专业教学目标

公司资本结构受税收、破产、管理者动机、信号等诸多因素影响。从现实来看,公司的资本结构是对这些因素进行广义均衡的结果。掌握目标资本结构,利息税盾和 WACC 方法,利息税盾和现值调整法,理解债务融资的其他影响因素是本章主要学习的目标。

【知识目标】

1. 加权平均资本成本法和调整现值法。
2. 目标项目与项目持有公司资本结构不一致时如何应对。
3. 利息税盾的估算。

【能力目标】

1. 培养学生对 WACC 法的综合应用能力。
2. 培养学生的实践应用能力以及科学研究能力,从思辨与探索的角度阅读财报,尝试从资本结构角度思考其对公司价值的影响。

课程思政教学目标及实践

【育人目标】

1. 社会责任 合理利用杠杆,严格履行债务合约是企业保证自身价值、信用评级、维护经济发展稳定的重要责任所在。
2. 科学精神 通过学习,使学生理解设计和管理资本结构的原理。

【教学方式与方法】

1. 课堂讲授:讲授相关理论的主要观点或内容、政策启示与建议等。
2. 课堂展示与讨论:学生根据相关研究报告、财务数据等,进行小组讨论,企业融资的基本分析,并最终形成关于企业价值及投融资的具体观点,在进行企业分析时需要采用科学合理的方法,注重考察企业的社会责任。

3. 自主学习:学生自行阅读文献资料进一步深入学习。

【课程思政教学实例】

案例材料:对 ST 公司财报审计项目的质量管理

(1)案例简介

2018年上交所、深交所相继发布新的退改制度,建立更加多元和严格的退市指标体系,对上市公司在股票交易市场存续的各项指标趋向严格。上市公司出现财务状况异常会触碰风险警示指标,由此会进行特殊处理,将其证券冠以"ST"。然而在现实中,也曾出现 A 所对某 ST 公司财报项目审计失败的情况。失败案例特征主要反映在双方合作时间较长、ST 公司关联方交易难以识别、公司财报问题复杂以及内控机制存在缺陷等。这种情况的出现,不仅会错误评估该公司的财务状况,同时在市场上可能会对投资者产生误导。

资料来源:向雅玲,王金荣. 瑞华会计师事务所对索菱股份审计失败问题分析[J].现代商业,2022(20):190-192.

(2)案例的思政元素

①法治意识。作为上市公司应履行对投资者的保护职责,严格把控内部管理,做好信息披露。

②职业伦理和道德修养。作为审计从业部门应履行审计职责,遵守相关职业道德规范。

③科学精神。通过学习,培养学生要深入挖掘失败案例,积极探索解决有效途径,充分认识财报的重要价值。

(3)教学手段

①翻转课堂:充分利用慕课资源、文献资源为翻转课堂提供支撑,借助课堂展示、师生思辨讨论实现课堂高阶性、高效性。

②知识点+实事+思政——贯穿融合:在知识点"公司分析"中引入案例或者市场上其他证券监管制度情况,通过引导学生自行分析,将法治意识、家国情怀以及科学精神等思政元素与专业知识相结合。

第十章 营运资本管理

专业教学目标

营运资本管理是公司金融活动的重要决策构成。本章旨在引导学生掌握营运资本的定义,营运资本投资规模的测算和控制;了解营运资本政策的决定因素。重点理解营运资本的构成和营运资本的管理目标,以及公司短期融资策略的实施。

【知识目标】

1. 掌握营运资本投资规模的测算和控制。
2. 理解应收账款管理中商业信用政策的内容。
3. 理解短期融资方式的选择依据和选择策略。

【能力目标】

1. 通过具体案例的剖析,提升学生将营运资本管理相关知识应用于现实生活和具体案例的分析能力。
2. 引导学生从思辨与探索的角度思考短期融资策略应如何实施,提升实践应用能力。

课程思政教学目标及实践

【育人目标】

1. 科学精神 通过学习,使学生理解营运资本投资规模的测算和控制,短期融资决策应具有科学性与合理性,不能盲目决策。

2. 文化素养 "义"与"信"是中国传统文化的重要要素,在商业信用决策中应注重优秀传统文化的传承。

【教学方式与方法】

1. 课堂讲授:讲授相关理论的主要观点或内容、政策启示与建议等。
2. 课堂展示与讨论:学生根据相关案例、财务数据等,进行小组讨论,引导学生考虑中国传统文化的作用,注重短期融资决策的科学性与合理性,进而探讨短期融资策略的最佳实施路径。

3. 自主学习:学生自行阅读文献资料进一步深入学习。

【课程思政教学实例】

案例材料:供应链金融赋能中国汽车产业发展

(1) 案例简介

汽车行业的产业链条长,上至零部件供应商,下至经销维保服务商,供应链金融可通过场景式、嵌入式的综合性金融服务注入金融活水,快速响应汽车产业链上的各节点企业,满足其金融需求。在政策和科技的加持下,供应链金融的发展呈现百花齐放却又别具一格的局面。作为集物流、资金流和信息流于一体的金融活动,供应链金融是促进产业链条协同发展,降低整个产业交易成本,助力提升产业链现代化水平的关键抓手,也是数字化时代金融机构赋能实体经济高质量发展、缓解中小微企业融资问题的有效路径。

资料来源:温昕. 供应链金融赋能中国汽车产业发展[J]. 智能网联汽车,2022(04):52—53.

(2) 案例的思政元素

① 家国情怀。受新冠肺炎疫情影响,企业在供应链、产业链的资源整合、成本管理、业务效率等需求上的要求逐步提高,政策引导下的供应链金融较好解决了汽车行业内公司的金融需求。

② 时代担当。供应链金融有利于促进产业链条协同发展,也是数字化时代金融机构赋能实体经济高质量发展、缓解中小微企业融资问题的有效路径。

(3) 教学手段

① 翻转课堂:充分利用慕课资源、文献资源为翻转课堂提供支撑,借助课堂展示、师生思辨讨论实现课堂高阶性、高效性。

② 知识点+实事+思政——贯穿融合:在知识点"短期融资方式"中引入案例或者市场上其他金融产品及融资渠道,通过引导学生自行分析,将家国情怀、时代担当等思政元素与专业知识相结合。

第十一章 公司治理

专业教学目标

公司治理是缓解或减少委托代理问题的重要机制,本章旨在引导学生理解公司管理层的核心需要以及管理层薪酬的高低判定;了解小股东控制公司的法律、非正式制度等途径;重点掌握公司代理问题的主要表现、现金流权和控制权,以及控制权私有收益;了解针对剥夺问题订立的累积投票条款、提高董事会有效性等治理机制。

【知识目标】

1. 理解公司管理层的核心需要。
2. 掌握公司代理问题的主要表现、现金流权和控制权,以及控制权私有收益。
3. 了解针对代理问题和剥夺问题的治理机制。

【能力目标】

1. 培养学生将公司治理相关知识应用于现实和具体案例的实践分析能力。
2. 培养学生的辩证思维方式以及自主学习能力,从思辨与探索的角度思考代理问题、剥夺问题产生的原因,以及对不同利益主体进行利弊分析,深刻理解公司治理的作用机制。

课程思政教学目标及实践

【育人目标】

1. 职业伦理和道德修养 企业管理者应严守职业经理人的职业伦理和道德底线,不能为了自身利益损害股东的合法权益。

2. 社会责任 公司的资金来源是多元化的,企业管理者与所有者应避免大股东压榨小股东等行为的发生。

3. 法治意识,广阔视野 为了缓解或减少代理问题或剥夺问题,各自监管措施、激励方案均付诸于公司金融的实践。公司治理机制需要在法律范围内实施,接受必要的监管和约束;公司治理实践也需要在全球范围内借鉴经验,拓宽视野。

【教学方式与方法】
1. 课堂讲授：讲授相关理论的主要观点或内容、政策启示与建议等。
2. 课堂展示与讨论：学生根据相关案例、视频资料等，开展小组讨论，探讨委托代理问题产生的原因、表现形式以及如何进行公司治理。
3. 自主学习：学生自行阅读文献资料进一步深入学习。

【课程思政教学实例】

案例材料：WLY 大股东与中小股东的冲突

(1) 案例简介

WLY 股份有限公司 1998 年 3 月在深圳证券交易所上市，股票代码：0008××。WLY 号称"中国酒王"，是著名的白酒类上市公司，从 1994 年至 2005 年，WLY 连续 11 年蝉联中国酿酒行业头把交椅，规模效益均为同行业之首。非股东的托管人 WLY 集团成为 WLY 的实际控制人，将本已供不应求的 WLY 的销售权渡给了 WLY 集团下的销售公司，并利用巨额关联交易通过 WLY 向 WLY 集团输送经济利益。WLY 尽管年报业绩优良，却一直很少分红，严重损害了中小股东的利益遭到了中小股东在股东大会上的集体抗议。

资料来源：根据网络公开资料搜集整理。

(2) 案例的思政元素

①职业伦理与道德修养。企业管理者应维护包含中小股东在内的所有股东的合法权益，自觉抵制利益输送等违背职业伦理的企业行为，不应纵容大股东压榨中小股东的行为。

②社会责任。企业尤其是国有企业应当承担必要的社会责任，在追求经济利益的同时，也需要为社会稳定和经济发展做出相应的贡献。

(3) 教学手段

①翻转课堂：充分利用慕课资源、文献资源为翻转课堂提供支撑，借助课堂展示、师生思辨讨论实现课堂高阶性、高效性。

②知识点＋实事＋思政——贯穿融合：在知识点"代理问题"中引入案例，通过引导学生自行分析、分组讨论等方式，将职业伦理与道德修养、社会责任等思政元素与专业知识相结合。

四、课程思政的教学评价

(一) 对教师的评价

1. 教学准备的评价

将《公司金融》课程思政建设落实到教学准备各方面，提前提炼思政元素进行课程思政目标设计、修订教学大纲、教材选用、教案课件编写等。

2. 教学过程的评价

将《公司金融》课程思政建设落实到教学过程各环节，主要是看教师是否采取了恰当的教学方式，将思政元素自然地融入教学内容中，对学生的思政教育以"润物细无声"的方式展开。包括教学理念及策略、教学方法运用、作业及批改、平时成绩考核等。

3. 教学结果的评价

建立健全《公司金融》课程思政多维度评价体系，包括同行评议、随机听课、学生评教、教学督导、教学研究及教学获奖等。

4. 评价结果的运用

对于同行评议、学生评教、教学督导等提出的改进建议，以及对学生考核的成绩分析进行运用，对教学进行反思与改进。

(二) 对学生的评价

1. 评价目标多维化

《公司金融》课程评价需要超越原有的识记型知识点和计算分析能力的层面，增加对价值塑造等课程思政元素融入课程考核评价目标。在本课程实践中,重点考查学生的政治认同、科学精神、法治意识以及文化素养等思政维度,对应人才培养过程中的道路自信、理论自信、制度自信、文化自信。

2. 评价任务真实化

《公司金融》课程在过程性考核的案例分析及小组讨论部分,可引入具体的情景模拟,赋予学生不同的角色,使其置身于案例情景中,从思想上潜移默化地领会职业使命感,将学习与考核有机结合在一起,引导学生将头脑中的理论知识真正运用于实践。

3. 评价主体多元化

《公司金融》课程将作为学习主体的学生吸收为考核的评价主体之一,积极调动学生的主观能动性,助力实现"三全育人"。在具体的教学实践中,如课堂汇报、作业评分等教学活动中加入学生自评、互评,给予学生更大的自主权,使学生在评价过程中有更多参与感。引导学生在评价时不仅考察受评对象专业知识的掌握情况,更重要的是考察受评对象的职业道德素养以及价值观导向。

五、课程思政的教学素材

序号	内容	形式
1	中国资本市场发展历程	案例分析
2	关于进一步促进资本市场健康发展的若干意见	政策文件
3	利滚利(复利)	案例分析
4	公司债券承销报价内部约束指引	政策文件
5	ZSH 回归 A 股	案例分析
6	中国公司债超额收益的影响因素研究	阅读材料
7	2022 年资管新规:结束"刚兑"的一条使命	政策文件
8	危机冲击视角下的投资者情绪与股票收益	案例分析
9	我国民营地产公司的"爆雷"和高昂的债务成本	案例分析
10	DB 证券研究报告:A 股基本面 20 年复盘:加权平均资本成本(WACC)	研究报告
11	茶饮行业的"过度投资"与"产能过剩"	案例分析
12	国有企业项目投资中的社会责任履行	案例分析
13	HD 集团债务危机	案例分析
14	LN 公司的资本结构改变	案例分析
15	中华人民共和国企业破产法	法律法规
16	PG 公司的股利发放	案例分析
17	"营改增"对企业财务管理的影响	政策文件
18	四川 CH 科技实行股利高派现	案例分析
19	绿色债券发行对企业股价的影响	阅读材料
20	××上市公司财务报表分析	案例分析
21	扇贝逃跑事件	案例分析
22	供应链金融赋能中国汽车产业发展	案例分析
23	WLY 大股东与中小股东的冲突	案例分析
24	ZCDL 购买紫砂壶	案例分析
25	DD 打车赴美上市	案例分析
26	小微企业专项金融债案例	案例分析
27	现金流时间价值的魔术师——资产证券化案例	案例分析

《金融工程》课程思政教学指南

徐凤敏[1] 方杰[2] 高月[3] 贾云[4] 马贵元[1] 李杰辉[2]

([1] 西安交通大学 [2] 福建江夏学院 [3] 西安财经大学 [4] 湖南工商大学)

一、课程简介与课程目标

(一)课程简介

《金融工程》课程是金融类专业核心课程,通过运用金融衍生品,创新金融工具的设计、开发与实施,将工程的思维融入金融领域,创造性地解决金融问题,有"现代金融的高科技领域"之称。本课程旨在引领学生理解有关金融工程的基本概念与性质的同时,融入相关的德育知识,使学生在基础积累阶段树立正确的金融道德观,塑造完善的金融职业道德人格。

本课程综合运用课堂讲授、启发式教学、讨论教学、案例教学、翻转课堂教学等多种教学方法,将《金融工程》的专业知识与党的十九大会议精神、唯物主义哲学原理、社会主义核心价值观等内容相结合,以达成教学目标。本课程使用现代金融学、工程方法和信息技术等主要技术手段,对金融工程的基本原理、金融衍生工具的定价、交易和组合,以及运用金融工程思想对风险的管理等内容进行介绍,使学生对金融工程的基本概念、原理与方法等基本内容有所认识。从宏观上能培养学生对金融衍生工具和金融工程方法的理解与应用能力,让学生了解国内外金融工程的发展趋势,培养学生的民族自信心,使学生通过学习金融工程课程,为以后走向相应金融岗位奠定扎实的专业基础,增强专业责任感和使命感。

(二)课程目标

课程是金融学、投资学等金融类本科专业的专业基础课程,在整个金融类专业课程体系中发挥着重要的作用。通过本课程的学习,使学生能够达到以下目标:

1. 知识目标:系统掌握金融工程学的基本知识、基本理论和基本方法,理解主要金融衍生工具的交易制度、交易流程及其风险特征,掌握金融衍生工具的套利、套期保值和投机策略,了解金融衍生工具的定价方法,以及金融工程在金融风险管理及企业并购、避税等领域的应用。同时还需具有其他相关领域知识,形成兼具人文社会科学、自然科学、工程与技术科学的均衡知识结构,具有在金融相关领域、行业和技术体系内,较熟练进行项目分析、设计与开发的专业能力。

2. 能力目标:具有获取知识的能力,能够掌握有效的学习方法,主动接受终身教育;具有实践应用能力,能够在金融等实践活动中灵活运用所掌握的专业知识;能够运用专业理论知识和现代经济学研究方法分析解决实际问题,具备一定的科学研究能力;具备创新精神、创业意识和创新创业能力。

3. 育人目标:热爱祖国,遵纪守法,培养良好的金融职业操守和职业道德,具备社会责任感和人文关怀意识;具有良好的金融专业素养,熟悉国家有关金融的方针、政策和法律法规,了解国内外金融衍生品发展历程与动态;具有一定的科学知识与科学素养;具有良好的身心素质。

(三)课程教材和资料

➢ 推荐教材

1. 郑振龙,陈蓉. 金融工程[M]. 5版. 北京:高等教育出版社,2020.
2. 方杰,李杰辉. 金融工程学[M]. 3版. 厦门:厦门大学出版社,2022.

➢ 参考教材或推荐书籍

1. 徐凤敏. 金融工程案例分析[M]. 北京:经济科学出版社,2021.
2. 徐成贤,薛宏刚. 金融工程——计算方法与技术[M]. 北京:科学出版社,2007.
3. 林清泉. 金融工程[M]. 5版. 北京:中国人民大学出版社,2018.

4. 施兵超. 金融衍生产品[M]. 上海：复旦大学出版社，2008.
5. 宋浩平. 期货及期权投资实务[M]. 3版. 北京：首都经济贸易大学出版社，2017.
6. 张元萍，郗文泽. 金融衍生工具[M]. 5版. 北京：首都经济贸易大学出版社，2019.
7. 周洛华. 金融工程学[M]. 4版. 上海：上海财经大学出版社，2019.
8. 唐·M·钱斯、罗伯特·布鲁克斯. 金融衍生工具与风险管理[M]. 10版. 北京：中国人民大学出版社，2020.
9. 约翰·C·赫尔. 期货与期权市场导论[M]. 7版. 北京：中国人民大学出版社，2014.
10. 罗伯特·L·科索斯基. 金融工程学原理[M]. 北京：中国人民大学出版社，2021.

➢ 学术刊物与学习资源
1. 国内外经济金融类各类期刊，如《Journal of Finance》《经济研究》《金融研究》等。
2. 学校图书馆提供的各种数字资源，如中国知网、万方数据资源库、超星电子图书数据库等。

➢ 推荐网站
1. 国际互换与衍生品协会：http://www.isda.org.
2. 国际清算银行：http://www.bis.org.
3. 芝加哥商品交易所：http://www.cme.com.
4. 伦敦金属交易所：https://www.lme.com.
5. 上海国际能源交易中心：https://www.ine.com.cn.
6. 中国金融期货交易所：http://www.cffex.com.cn.
7. 上海期货交易所：http://www.shfe.cn.
8. 郑州商品交易所：http://www.czce.com.cn.
9. 大连商品交易所：http://www.dce.com.cn.
10. 世界银行：https://www.shihang.org/zh/home.
11. 中国人民银行：http://www.pbc.gov.cn.
12. 中国证券监督管理委员会：http://www.csrc.gov.cn.

二、课程思政教学总体设计

(一)课程思政教学目标

深入贯彻落实习近平总书记关于教育的重要论述，坚定落实立德树人的根本任务。在讲授金融工程专业知识的同时，加强对学生的价值塑造和能力培养。帮助学生树立正确的人生观、世界观、价值观和金融观，培养面向国家经济主战场、能够从全局视角了解中国特色金融发展、创造性解决中国面临的现实金融问题的德才兼备、全面发展的优秀金融人才。

金融工程是设计、开发金融产品及其衍生品，并将其应用于投资策略研究和金融风险管理研究等领域，创造性解决现实中的金融问题的一门学科。它兴起于20世纪70年代，将工程思维融入金融实务问题。《金融工程》课程以介绍国内外主流金融工具和相关理论知识为核心内容，要求学生熟悉和掌握国内外金融市场的基本产品，理解各类金融衍生品的交易制度、风险特性和交易策略。在传授理论知识的同时，《金融工程》课程也将"大局意识、法律意识、科学精神和职业道德"等融入整个教学过程中，德育教育与智育教育并举，充分激发学生的使命担当意识和服务国家意识。

本课程涉及了大量的国内外金融实务案例，不仅可以拓宽学生国际视野，同时也让学生聚焦于中国自身发展过程中遇到的金融问题。引导学生辩证地认识和看待国外发展经验。学习和借鉴国外的成功案例，诸如"金融衍生品作为风险管理工具，创造性解决一些企业发展中的风险管理问题"。同时，也要从国外的失败案例中汲取经验和教训。比如，通过学习"CDS等金融衍生品在2008年全球金融危机中扮演的角色"，从而深刻认识到国家提前整治"房地产市场过度金融化问题"的前瞻性和必要性。学生在对比分析国内外金融实务案例后，能够显著提升其辩证分析问题的能力，加强对中国特色金融体系的道路自信、理论自信和制度自信。本课程将从以下八个维度来具体完成课程思政的教学目标。

1. 政治认同

《金融工程》课程以介绍金融产品及其衍生品的开发、设计和应用为主，同时也结合实际案例展示这些金融产品的实务应用，包括为企业提供多样化的风险管理工具、为大宗商品提供更好的价格发现功能、为社会资本提供更加多样化的投资机会等等。在讲授专业理论知识的同时，课程更进一步挖掘背后的现实问题背景因素，帮助学生树立正确的金融观。学习金融工程不是单纯地培养学生如何能够利用专业知识赚多少钱，而是应该为企业发展、国家战略服务。在了解和掌握金融市场的交易机制和衍生品市场设计的同时，让同学认识到中国特色的金融市场中政府的重要指导意义，强化道路自信与政治认同。一切金融产品都是服务于中国特色社会主义建设，为解决中国发展面临的金融问题，绝非为了个别投资者的个人利益。通过本课程的专业知识学习和思政课程教育，让同学从根本上理解"什么是金融工程？""金融产品的设计初衷是什么？""如何让应用金融工程专业知识来服务中国特色金融发展？"等三个问题。让学生在学习和掌握专业知识的同时，也能够提升国家经济发展服务的大局意识。

2. 家国情怀

我国金融业发展起步较晚，但是从它诞生的那一刻起，就始终在党的领导下茁壮成长。虽然现代金融工程学科最早兴起于国外，但是它在中国特色的国情下也得到了全面的发展。中国特色的经济发展道路为我国金融工程学发展注入了中国元素。

与西方资本国家的重商主义不同，我国的金融工程除了继承了西方金融工程的专业理论知识，更加融入了中国特色社会主义价值。不仅仅是为了追求个人利益、公司利益最大化，更将企业责任与政府担当注入其中。通过介绍国内的金融工程案例，让学生切身体会到我国金融工程是如何响应党和国家的号召，全力支持中国经济发展。本课程还会通过国内外金融案例对比分析，辨析我国金融工程发展的大局意识和家国情怀。希望不仅为学生传授专业的金融工程知识，更能为学生树立服务社会、奉献国家的信念。

3. 道德修养与职业伦理

金融工程是一门专业性极高的交叉学科。它涉及数学、金融、计算机等相关内容。金融工程的相关从业人员都是具备这些专业技能的优秀人才。课程会向学生强调，除了过硬的专业技能，良好的道德修养和职业伦理更是必不可少的。课程会通过一些反面案例来介绍如果丧失了道德修养和职业伦理，即使专业能力再强，对于整个社会来说也只会是一个沉重的负担。因此课程思政一定要让学生意识到金融工程职业道德的重要性，严格要求自己，提升道德修养，为金融工程的健康发展贡献自己的一份力量。道德修养和职业伦理可以有方方面面的体现，包括但不限于：爱岗敬业、遵纪守法、诚实守信、服务社会、严守风控等。学好专业技能是"智育"，养成良好的道德修养和职业伦理是"德育"。两者都做得好，才是"德才兼备"的金融工程专业人才。

4. 法律意识

大部分金融产品及其衍生品，本质上都是特殊形式的金融合约。特别是在介绍各类金融衍生品市场的交易制度与规则的时候，课程会涉及到大量的法律法规和协会规范。2022年8月，《期货和衍生品法》将会正式实施。这是我国首部规范期货与衍生品交易行为的专门法律，标志着我国期货和衍生品市场发展进入新的法治化轨道。课程设计更要将这部分知识实时更新传递给学生们。让学生认识到立法是为了强化风险防控和交易者保护。通过学习《期货和衍生品法》，提升学生们的法律意识，告诫学生严守法律底线，捍卫法律尊严。在进行金融产品创新研究的同时也要注意到相应的合法性问题。

5. 文化素养

作为一门专业课，金融工程除了讲述专业知识外，也要注重培养提升学生们的文化素养。本课程蕴含有相关的文化素养：科学思维、工程思维、创新精神、风险意识、大局意识等。科学思维是一种以探索世界、认识规律、发现规则为导向的"仰望星空"式思维方式；而工程思维是一种以解决实际问题为导向的"脚踏实地"式思维方式。金融工程这门课程两种思维方式并行，应用科学思维来认识产品的设计原理，再利用工程思维将金融产品正确地应用到现实生活中去。金融衍生品作为金融工程学的核心内容，则体现了对学生创新精神的培养。无论是再复杂的金融产品都是基于最基本的金融产品，经过设计者巧妙的设计，加以创新性改造得来的。在进行金融创新的同时，也要时刻提醒学生强化风险意识。任何的金融创新都会伴随着新型金融风险，金融工程学就是在创新和风险管理之间做好完美的平衡。而平衡这两者的关键就是要有大局意识,不能只考虑个别投资者、个别企业的利益,要有更为宏大的视野,以服务国家经济发展为最终目的,提升看待问题的角度,形成开阔的胸襟,培养大局意识。

6. 科学精神

科学精神是科学思维的进一步升华。它是伴随着自然科学发展而产生的,是一种以求真为最终目的的追求。金融工程这门学科虽然以工程思维为具体导向,但是也必须要有科学精神作为支撑。学生在学习这门课程的过程中,必须清楚地认识到金融工程的学科框架,从金融产品基础知识、金融产品定价、风险管理和风险对冲等,可以清楚地展现从基础理论到实践应用,逐步递进的科学精神。为学生灌输科学精神,就是在教授的过程中强调"求真"。我国古代经典论语中也强调"知之为知之,不知为不知,是知也"。在开发金融产品及其衍生品的时候,要做到认真严谨、客观理性。不要夹杂太多的个人情感或者其他主观情绪等会影响到科学研究的外部干扰因素。在科学精神的熏陶下,学生要做到求真务实、实事求是、诚实守信、不弄虚作假。由此可见,科学精神的培养与良好的职业道德的形成也是一致的。

7. 时代担当

大学生是天之骄子、是经济发展的生力军,是国家的未来和希望。在金融工程这门课程的讲授过程中,除了专业知识和道德修养,同时也要结合我国金融市场发展的历史进程,为同学们分析我国金融市场发展还不够成熟的客观现状,从而向他们提出更加具体的任务与需求,以激发他们的时代责任。当前我国科技发展在关键技术领域频频遭遇西方国家的阻挠,科技创新发展被卡脖子。课程会适时地向学生提出"金融应如何支持国家科技自立自强?"等现实问题。通过案例来阐释,科技企业面临的金融难题,从而增强大学生的时代责任感。让学生在学习理论知识的同时,也能清楚地感知到自己身上的责任与担当,国家亟须自己承担起未来社会发展的重担。

8. 国际视野

金融工程学起源于西方资本主义国家,在我国社会主义大背景下也茁壮成长起来。课程在为学生讲授理论知识的时候,应做到国内外经验兼顾,遵循科学精神,让学生具有更加广阔的国际视野,能够在全球竞争日趋激烈的当下准确清晰地为国家经济发展做好定位。大学生广阔的国际视野也是我国全面建成小康社会、实现中华民族伟大复兴和屹立于世界民族之林的必然要求。广阔的国际视野也有助于学生在未来解决国内金融问题的时候提供更多的案例借鉴,有助于国内外金融协调发展,共同推进人类文明的进步。

(二)课程思政的教学内容

《金融工程》课程的思政内容可以涉及以下几方面:

1. 金融市场发展中的道路自信和制度自信

金融工程学虽起源于西方资本主义国家,但是在中国特色社会主义体制下得以继承和发展的。金融工程在西方社会更多的是一种财富积累的工具,但是在我国体制下则迸发出新的生机,在中央政府的统筹部署下,金融市场为企业创新、社会发展和国家经济增长起到了重要作用。历次金融危机过后,我们可以看到西方资本主义道路无法解决周期性的危机问题。而中国特色社会主义下的金融市场发展,在强有力的中央政府协调指挥下,可以避开诸多西方国家碰到的问题。更加坚定了我们对中国特色社会主义的道路自信和制度自信。

2. 金融工程学中的科学思维和工程思维

金融工程这门课程既包含追求真理的科学思维,也包含实事求是解决实际问题的工程思维。课程希望学生在"求真"的同时也能做到"务实"。在研究过程中坚持科学思维和科学精神,但又不闭门造车,做虚无缥缈的理论研究。培养学生在学习专业知识后,把理论知识应用于实际问题中,来解决具体问题的工程思维。培养具有两种思维模式的求真务实的金融工程人才。

3. 金融市场发展的法律意识和职业道德

金融工程的健康发展离不开完善的法律体系和良好的职业道德,二者缺一不可。金融从业人员必须具有法律意识,遵纪守法,明确地知道金融创新与法律的边界。课程要求学生在未来从业的时候具有清晰的法律意识和契约精神。同时也具备良好的职业道德,促进金融工程行业的正常发展,为国家金融业稳定做出自己的一份贡献。

4. 金融从业人员的大局意识和风险意识

在课程学习的过程中,要培养学生正确的金融观,要明白金融产品不是服务于某些个体投资者或者企业的,而是服务于国家金融与经济发展的,要有清晰的大局意识。要将国家利益和集体利益放在个人利益前面。同时,也要为学生时时刻刻强调金融创新的过程不是无边界的,必须要在法律的框架下开展,且符合职业道德。在设计复杂的金融产品的时候,必须要站在全局的角度评估其金融风险,不能把风险未知或者风险不可控的金融产品直接抛向社会。在教学中融入金融市场职业道德教育,如诚实守信教育、爱岗敬业教育、遵纪守法教育、廉洁奉公教育、优质服务教育等,引导学生具有家国情怀、法律意识、大局意识和风险意识。

（三）教学方法

本课程综合运用讲授、启发式教学、讨论教学、案例教学、模拟实践教学等多种教学方法,使学生掌握有关金融工程领域的基本知识与理论,认识金融产品及其衍生产品,了解主流的衍生品交易市场,能够运用无套利定价方法和风险中性方法为金融衍生品进行定价,可以熟练应用衍生品进行套期保值和风险管理等实务操作。拓展国际视野,了解全球化环境下的行业发展,熟悉金融衍生品市场的职业道德标准。

三、课程各章节的课程思政教学内容设计

第一章 金融工程概论

专业教学目标

通过本章学习,使学生掌握什么是金融工程,金融工程的根本目的、主要内容、运用的主要工具、主要技术手段、作用,金融工程的发展历史与背景,从而为学好以后各章奠定基础。

【知识目标】

1. 理解金融工程的含义和风险的概念。
2. 掌握金融衍生工具的概念、分类及金融衍生工具的特点。
3. 了解金融工程发展的历史背景。

【能力目标】

1. 能够对我国金融衍生产品市场的主要产品进行分类和归纳。
2. 对我国金融工程发展的基本历程有所了解。

课程思政教学目标及实践

【育人目标】

1. 科学精神 金融工程的根本目的及主要内容,实现科学精神中理性思维的目标。
2. 人文素养 金融工程作为一门分支学科,有着严谨的科学内涵。通过了解金融工程的发展历程,培养学生的国际视野,明晰金融工程能够解决的实际问题。
3. 家国情怀 结合中国特色社会主义的发展,回顾金融工程在我国的发展现状和不足,培养学生的家国情怀和使命担当。

【教学方式与方法】

1. 自主学习:线上学习相应慕课中的基础专业知识点,线下自主阅读文献资料,登录我国期货交易所网站查询交易金融衍生品合约的基本信息。
2. 课堂讲授:讲授金融工程的基本含义,结合我国金融衍生品发展现状,介绍金融衍生品的基本分类及其特征。

【课程思政教学实例】

案例材料:彭实戈——中国金融数学的探路者

(1) 案例简介

山东大学彭实戈院士,将金融数学中的"倒向随机微分方程"理论及其相关方法应用在我国企业境外的期权期货交易中,发现大部分企业在不清楚这种现代金融工具所隐藏的巨大风险以及如何度量和规避这种金融风险的情况下,便盲目投资,进行境外期货期权交易,由此会造成我国资金的大量流失。最终彭

实戈的建议信转呈中央财经委员会采取相应措施,避免了我国金融资产的大量流失。

资料来源:彭实戈.中国金融数学的探路者[N].大众日报,2021.10.11.

(2)案例的思政元素

①国家认同。1993年,彭实戈发现期货市场的期权期货交易中存在严重问题,投资者每做一单交易,输的概率大于70%,而赢的概率少于30%,这必然会造成资金的大量流失。彭实戈立即写了两封信,一封交给原山东大学校长潘承洞,另一封递交国家自然科学基金委,陈述了中国当时进行境外期货交易所面临的巨大风险,并建议从速开展对国际期货市场的风险分析和控制的研究,并加强对金融高级人才的培养,由此避免了国有资产的大量流失。

②理性思维。运用科学的思维方式认识境外期权期货交易的风险性。

(3)教学手段

①知识点+时事+思政贯穿融合:在知识点"我国金融工程发展的基本历程"中引入案例,将家国情怀、人文素养和科学精神等思政元素与专业知识相结合,让学生了解作为国家的金融人才,更重要的是承担起社会责任,为国家整体发展做出贡献。

第二章 金融产品定价技术

专业教学目标

通过本章学习,使学生掌握如何通过组建无套利组合进行金融产品的定价,在理解风险中性原理的基础上,掌握如何使用风险中性定价技术进行定价。

【知识目标】

1. 熟悉金融产品定价的基本方法。
2. 掌握无套利定价的原理。
3. 掌握风险中性定价的原理。

【能力目标】

1. 能深刻理解定价思想在金融实践中的应用。
2. 能用无套利定价和风险中性定价方法进行简单的金融产品定价。

课程思政教学目标及实践

【育人目标】

1. 科学精神 以严谨的科学思维理解金融产品定价的基本原理,培养科学精神,加强学生的职业道德培养。
2. 深度学习,人格发展 通过学习无套利定价和风险中性定价方法,实现强化学生风险意识和大局意识的目标。

【教学方式与方法】

1. 自主学习:线上学习相应慕课中的基础专业知识点,线下自主阅读文献资料,撰写阅读笔记。
2. 课堂讲授:讲授金融产品定价的基本理论,特别强调金融衍生品定价的方法与传统金融产品的定价方法上的不同之处。

【课程思政教学实例】

案例材料:从物理学到金融学

(1)案例简介

在近二十年来,愈来愈多理工背景出身的人才投入金融领域的工作,而华尔街在征求金融工程人才时也已经把专业要求从金融转到数学、物理学、或其他的理工专业。金融学,尤其是金融工程已经发展成为横跨金融这个社会学科和物理、数学、计算机等理工学科的新领域;不论是在学术研究上,或是在实务应用上,这样的多门学科的联结与融合,都已日益明显。

资料来源:林苍祥,蔡蒔铨.从物理学到财务金融——漫谈跨学科的结合[J].物理双月刊,2005,12.

(2)案例的思政元素

科学精神。基于基本的科学原理和方法的运用,采用物理学和数学中的相关方法,将之用于金融学的相关实际问题研究之中;激发学生发现和提出问题、解决问题的兴趣和热情。

(3)教学手段

①课前预习:通过教师提供的慕课资源、文献资源让学生在课前初步了解金融产品定价的重要性。

②课堂讲授:在知识点"金融产品定价"中引入案例,将家国情怀、人文素养和科学精神等思政元素与专业知识相结合,培养学生的学习兴趣。

③课堂讨论:通过课堂展示、师生思辨讨论本章案例"从物理学到金融",实现课堂的高阶性与高效性,培养学生的家国情怀。

第三章 金融远期和期货市场概述

专业教学目标

通过本章学习,使学生掌握金融远期的概念及其原理、金融期货的定义及其特征,熟悉金融期货与远期合约的区别,同时能理解金融远期和期货市场存在的重要意义,了解我国金融期货市场的发展现状。

【知识目标】

1. 掌握金融远期的概念、分类及其优缺点。
2. 掌握金融期货的定义、分类及其特征。
3. 熟悉金融期货与远期合约的区别。

【能力目标】

1. 能深刻理解金融远期和期货市场存在的重要意义和功能。
2. 能用金融远期和期货市场运作原理阐述解决实际金融问题的思路。

课程思政教学目标及实践

【育人目标】

1. 家国情怀 通过学习远期金融市场的运作机制,阐述远期金融市场是如何解决国家实际金融问题,培养学生的家国情怀和政治认同,实现培养学生工程思维的目标。

2. 深度学习 通过学习金融期货市场的交易机制,以具体期货品种为例,让学生深刻理解金融期货是如何助力国家经济的发展,实现培养学生科学精神和家国情怀的目标。

【教学方式与方法】

1. 自主学习:线上学习相应慕课中的基础专业知识点,线下自主阅读文献资料,撰写阅读笔记;查阅国内交易所网站,了解我国上市的主要期货合约品种。

2. 课堂讲授:讲授金融远期和期货的基本概念,特别强调金融远期和期货的相同和不同之处。

3. 课堂展示与讨论:学生根据国内期货交易所网站所搜集的信息,通过小组报告的方式,展示国内期货市场发展的基本概况;通过中国货币网,展示国内金融远期市场发展的概况。

【课程思政教学实例】

案例材料:保险+期货:为乡村产业撑起"保护伞"

(1)案例简介

《中共中央国务院关于全面推进乡村振兴加快农业农村现代化的意见》明确提出,发挥"保险+期货"在服务乡村产业发展中的作用。这是"保险+期货"模式连续7年写入中央一号文件。近年来,"保险+期货"模式在支持乡村产业发展中的作用也日益明显。该模式结合了期货市场的风险规避功能与保险行业的承保理赔作用,创新性地解决了农业价格不可保、市场风险难规避的难题,成为我国农业风险管理体系的有益补充。

资料来源:保险+期货:为乡村产业撑起"保护伞"[N].经济日报,2021-3-16.

(2)案例的思政元素

①科学精神。充分发挥期货的优势,为农民进行风险防控提供了更有用的工具。

②家国情怀。"保险+期货"在构建农村防止返贫机制上大有可为。

(3)教学手段

①知识点+时事+思政——贯穿融合:在知识点"我国期货市场的发展现状"中引入案例,将家国情

怀、人文素养和科学精神等思政元素与专业知识相结合,增强学生的法治意识,树立为我国金融市场有序健康发展做贡献的思想。

第四章 金融远期和期货合约的定价

专业教学目标

通过本章学习,使学生了解远期合约的价格发现功能,掌握远期价格和期货价格的关系、无收益资产远期合约的定价、支付已知现金收益资产远期合约的定价、支付已知收益率资产远期合约的定价以及期货价格和现货价格的关系等;在无套利定价法的基础上,掌握金融期货的定价方法。

【知识目标】

1. 理解设计远期合约的最初动机,了解远期合约的价格发现功能。
2. 熟悉远期价格与期货价格的关系。
3. 掌握无套利定价法、现货－远期平价定理。
4. 掌握金融期货的定价原理,以及金融期货的定价公式。

【能力目标】

1. 能运用"无套利定价法"这一金融工程的重要思想与方法对远期和期货合约进行定价。
2. 能对金融期货定价的典型案例中存在的风险点进行分析。

课程思政教学目标及实践

【育人目标】

1. 科学精神 通过理解设计远期合约的最初动机,了解远期合约所具有的价格发现功能,实现培养学生科学精神及工程思维的目标。
2. 深度学习 通过对金融期货定价的典型案例的分析,认识到期货交易中蕴含的法律问题和风险问题,实现培养学生法律意识、风险意识的目标。

【教学方式与方法】

1. 自主学习:线上学习相应慕课中的基础专业知识点,线下自主阅读文献资料,撰写阅读笔记;查阅国内交易所网站,了解我国上市的主要期货合约品种。
2. 课堂讲授:讲授金融远期和期货的基本概念,特别强调金融远期和期货的相同和不同之处。
3. 课堂展示与讨论:学生通过期货行情软件,通过小组报告的方式,解读期货市场的行情数据及期货交易的相关专业术语。

【课程思政教学实例】

案例材料:《中华人民共和国期货和衍生品法》颁布的重要意义

(1) 案例简介

8月1日,《中华人民共和国期货和衍生品法》正式施行,该法是我国期货和衍生品市场30多年发展经验和监管实践的系统集成,它的施行标志着我国期货和衍生品市场发展进入新的法治化轨道,对整个期货和衍生品行业发展具有鲜明的指引作用,并将给行业带来更广阔的发展空间。

资料来源:中华人民共和国中央人民政府网站《中国人民共和国期货和衍生品法》2022－04－21.

(2) 案例的思政元素

①法治意识。以立法的方式,规范行业的发展,保证资本市场健康发展。
②科学精神。树立为金融市场有序健康发展做贡献的科学、正确思想。

(3) 教学手段

讲授＋思政:在知识点"金融期货的定价方法"中引入《中华人民共和国期货和衍生品法》颁布的时事案例,将政治认同、家国情怀等思政元素与专业知识相结合,增强学生的家国认同与科学素养。

第五章 金融互换

专业教学目标

通过本章学习,使学生掌握什么是金融互换,理解互换市场产生的原因及其发展的趋势,在掌握利率互换、货币互换等产品相关机理和交易机制的基础上,能进行金融互换产品的设计。

【知识目标】

1. 掌握金融互换的概念及分类。
2. 了解金融互换产生和发展的历程。
3. 熟练掌握利率互换、货币互换的相关机理及其作用。

【能力目标】

1. 在掌握金融互换合约的交易机制基础上能进行互换设计。
2. 能对主流金融互换产品在国际贸易中的应用案例进行分析。

课程思政教学目标及实践

【育人目标】

1. 科学精神　通过利率互换、外汇互换等基本互换合约的学习,掌握互换合约的运作原理及设计方法,实现科学精神及工程思维的目标。
2. 深度学习,实践创新　通过对主流外汇互换在国际贸易中应用案例的分析,培养科学精神及工程思维,实现开拓国际视野的目标,为服务国内金融发展提供经验借鉴。

【教学方式与方法】

1. 自主学习:线上学习相应慕课中的基础专业知识点,线下自主阅读文献资料,撰写阅读笔记。
2. 课堂讲授:讲授金融互换的基本概念及分类,介绍互换条款的设计。特别要强调金融互换定价的基本思路和方法。

【课程思政教学实例】

案例材料:B&G 公司因互换巨亏

(1) 案例简介

1994 年 4—5 月,B&G 公司与信孚银行签署了一项互换合约,由信孚银行以固定利率交换 B&G 公司的浮动利率。然而美联储自 1994 年开始,实行紧缩性货币政策,连续 6 次调高利率,造成利率走势反转上升。随着利率的上涨,价差呈倍数扩增,导致 B&G 公司所支付的浮动利率快速上涨,远大于一般的利率水平。B&G 公司的损失不断扩大,达到 1.57 亿美元。在低利率的诱惑下,B&G 公司选择了这个复杂的互换方案,最终造成了巨额亏损。

资料来源:Smith, D. J. ,"Aggressive Corporate Finance: A Close Look at the Procter & Gamble-Bankers Trust Leveraged Swap", The Journal of Derivatives [J]. April, 1997, pp. 67—79.

(2) 案例的思政元素

①职业道德。认清可供选择的风险管理方案中的风险点,权衡利弊,选择合适的风险管理方案。
②法治意识。投资风险调整在法律法规允许的框架下进行。

(3) 教学手段

①课前预习+课堂讨论:课前学生查阅与本案例相关的 B&G 公司互换巨亏事件的前因后果,并制作相关展示资料,分小组进行课堂讨论。
②学习测评:讨论结果现场点评,包括小组自评、小组间互评、教师点评总结等。

第六章　金融期权市场及其交易策略

专业教学目标

通过本章学习,使学生了解期权定价理论的发展简史,掌握期权的基本概念、基本分类;熟悉期权的基本交易制度;理解期权的功能;掌握期权与远期、期货等金融衍生工具的联系和区别;掌握期权的基本交易策略。

【知识目标】

1. 了解期权的发展简史。
2. 掌握期权的相关概念、基本分类。
3. 熟悉期权的交易制度。

4. 掌握期权与远期、期货等金融衍生工具的联系和区别。
5. 掌握期权的基本交易策略。

【能力目标】
1. 能理解期权市场存在的必要性,以及与远期市场和期货市场的区别。
2. 能绘制期权基本交易策略的盈亏图。

课程思政教学目标及实践

【育人目标】
1. 家国情怀　通过对期权市场发展历程的了解,从国家的角度来理解建立期权交易市场的必要性,同时通过分析当前期权交易制度存在的问题,实现培养学生家国情怀和时代担当的目标。
2. 科学精神　通过国内外具体案例的分析,理解和掌握各类期权组合的交易策略及其对应的组合收益分析,实现培养学生的科学精神、工程思维的目标。

【教学方式与方法】
1. 自主学习:线上学习相应慕课中的基础专业知识点,线下自主阅读文献资料,撰写阅读笔记;查阅国内交易所网站,了解我国上市的主要金融期权合约品种。
2. 课堂讲授:讲授金融期权的基本交易策略,以及这些策略的各种组合策略,特别是强调这些策略的适用情形。
3. 课堂展示与讨论:学生根据国内交易所网站所搜集的信息,通过小组报告的方式,展示国内期权市场发展的基本概况;通过期权行情软件,讲解如何解读期权市场的行情数据。

【课程思政教学实例】

案例材料1:巴林银行的倒闭

(1)案例简介

1995年2月26日,新加坡巴林公司期货经理尼克·李森超越自身权限,通过错误账户掩盖其在日经225股指期货及其期权合约上的投机失利,导致巴林银行遭受巨额损失,合计损失达14亿美元,最终无力继续经营而宣布破产。从此,这个有着233年经营史和良好业绩的老牌商业银行在伦敦城乃至全球金融界消失。

资料来源:尼克·李森.我是如何弄垮巴林银行的[M].张友星,译.北京:中国经济出版社,1996.

(2)案例的思政元素

①职业道德。作为企业的"明星交易员",不能因为业绩贡献高而忽视自身道德的修炼和提升。
②规则意识。不得进行越权交易,防范企业陷入巨大风险。

(3)教学手段

案例分析法、讨论法:观看电影《魔鬼交易员》片段,学生结合此案例与电影片段谈启示与心得。

案例材料2:深ND对赌协议巨亏

(1)案例简介

2008年3月12日,深ND与美国高盛集团的全资子公司的杰润(新加坡)私营公司签订了对赌协议。通过这两份协议,深ND可以在原油价格高企的情况下获得赔偿金,但原油价格大跌时,则需多倍向杰润支付赔偿金。这样的对赌条款,最终在美国次贷危机造成的油价暴跌的大背景下,使得深ND巨亏逾8000万美元。

资料来源:新浪财经网站.深南电深陷高盛全球石油赌局[EB/OL].2008-10-28/2022-08-16.

(2)案例的思政元素

①职业道德。作为协议的签订方,企业未能认真理解协议的内容,特别是对协议中所涉及的条款本质认识不足。
②问题解决。防范风险的方式有很多,一定要选择熟悉的,尤其是对衍生品定价问题要予以充分的认识,以免落入国际资本的圈套。

(3)教学手段

①讲授+讨论:教师讲解深ND对赌协议及相关金融工程知识点;学生讲此案例带来的启示,通过师生

思辨讨论实现课堂高阶性、高效性。

②学习测评：讨论结果现场点评，包括学生自评、互评、教师点评总结。

第七章　金融期权定价

专业教学目标

通过本章学习，使学生了解期权定价理论的发展简史，掌握期权价格的构成及其相互间的关系，熟悉期权价格变动的影响因素，掌握期权价格的上下限以及欧式期权的平价关系，了解Black-Scholes模型的假设条件、公式，掌握期权二项式定价方法。

【知识目标】

1. 了解期权定价理论的发展简史。
2. 掌握期权价格的构成及其相互间的关系。
3. 熟悉期权价格变动的影响因素，掌握期权价格的上下限以及欧式期权的平价关系。
4. 了解Black-Scholes模型的假设条件、公式。
5. 掌握期权二项式定价方法。

【能力目标】

1. 能分析各变量如何影响期权的价格。
2. 能利用二项式定价理论进行期权定价。

课程思政教学目标及实践

【育人目标】

1. 科学精神　通过Black-Scholes模型的发展历程及其在金融领域的重要地位的介绍，使学生明白其背后蕴含的风险对冲的风险管理哲学，实现培养学生的科学精神、工程思维和风险意识的目标。

2. 深度学习　通过二项式定价理论的学习，并通过编程实现基本的二项式定价功能，实现培养学生的科学精神、工程思维的目标。

【教学方式与方法】

1. 自主学习：线上学习相应慕课中的基础专业知识点，线下自主阅读文献资料，撰写阅读笔记。
2. 课堂讲授：讲授金融期权定价的简要历程，特别是介绍期权定价的数值和解析方法，比较两者之间的异同之处。
3. 课堂展示与讨论：学生根据国内交易所网站所搜集的信息，通过小组报告的方式，将金融期权定价模型应用于市场交易的期权产品的定价中，分析结果与真实期权交易行情中的价格之间的差别所在，并加以解释。

【课程思政教学实例】

案例材料：潘军：享受金融研究的快乐

(1) 案例简介

在麻省理工学院(MIT)任教近二十年、获得斯坦福大学和纽约大学双博士学位，声誉远播国际金融领域的潘军，在新中国成立70周年之际，决心辞去海外终身教职，回到从小成长的上海，回到曾就读过的上海交通大学，加入上海高级金融学院。她说："长期以来，金融市场是被美元或美国市场左右，而这次疫情，让我们也看到了中国的力量和未来。我非常看好中国，正在着手做相关的研究和课题，希望未来能传递更多知识给学生，发挥金融的真正的力量。"

资料来源：中国高级金融学院网站.潘军：纽大—斯坦福—MIT—高金，享受金融研究的快乐[EB/OL].2020-07-24/2022-08-16.

(2) 案例的思政元素

①家国情怀。潘军毅然回国任教，为国家培养高级金融人才，这是对国家和民族的认同。

②科学精神。潘军具有物理学和金融学的专业背景，同时具有不畏困难、坚持不懈的探索精神，为其从事学术研究提供了极大的帮助。

(3) 教学手段

①翻转课堂：慕课资源、文献资源为翻转课堂提供支架；课堂展示、师生思辨讨论实现课堂高阶性、高

效性。

②知识点＋实事＋思政:在知识点"期权定价"中引入案例,将家国情怀、人文素养和科学精神等思政元素与专业知识相结合,让学生了解作为国家的金融人才,更重要的是承担起社会责任,为国家整体发展做出贡献。

③学习测评:讨论结果现场点评,包括学生自评、互评、教师点评总结。

第八章　金融衍生工具在套期保值中的应用

专业教学目标

通过本章学习,使学生掌握什么是套期保值,理解套期保值的基本原理,熟悉套期保值的操作和应用,熟悉基差风险、合约选择、套期保值比率、久期及期权价格的敏感性指标的含义,了解其在套期保值中的应用。

【知识目标】

1. 掌握套期保值的含义及基本原理。
2. 理解套期保值效率与套期保值盈亏的区别。
3. 掌握基于远期的套期保值交易策略的适用条件和方法。
4. 熟悉基差风险、合约选择、套期保值比率、久期的含义,了解其在套期保值中的应用。
5. 了解期权价格的敏感性指标的含义及其相应的套期保值技术。
6. 了解基于互换的套期保值策略适用的范围。

【能力目标】

1. 能利用套期保值交易原理结合实际进行套期保值策略选择。
2. 能认识到套期保值在实际操作过程中存在的局限性。

课程思政教学目标及实践

【育人目标】

1. 深度学习,人格发展　理解套期保值交易所蕴含的科学逻辑,通过套期保值交易原理的学习,结合具体的案例分析,培养学生利用工程思维解决实际问题的能力。

2. 实践创新　通过对基于远期和期货的套期保值策略及基于期权和互换的套保策略的学习,加强学生金融创新解决实际问题的能力。

【教学方式与方法】

1. 自主学习:线上学习相应慕课中的基础专业知识点,线下自主阅读文献资料,撰写阅读笔记。
2. 课堂讲授:讲授使用金融衍生工具进行套期保值的基本原理,特别是介绍衍生工具的套期保值比率计算的相关方法,并对这些方法的优缺点加以比较和分析。
3. 课堂展示与讨论:学生根据国内交易所网站所搜集的相关数据,通过小组报告的方式,设计套期保值方案,并将之应用于市场交易中,分析套期保值的效果,并对产生的偏差和问题加以解释。

【课程思政教学实例】

案例材料1:株洲YL厂套保巨亏

(1)案例简介

1997年3月世界金属期货市场价格上扬,锌市走俏,株洲YL厂进口公司见有利可图,开始在每吨1250美元的价位上向外抛售合同,此时株洲YL厂每吨锌的成本仅1100美元。但是后来锌价上扬到1300美元,株洲YL厂进口公司开始做空,抛出了远远大于株洲YL厂年产量的供货合同,由于对锌价走势判断的错误以及交易对手逼仓,锌价一路攀升,虽然国家出面从其他锌厂调集了部分锌进行交割试图减少损失,但是终因抛售量过大,株洲YL厂为了履约只好高价买入合约平仓,形成1.758亿美元(14.6亿元人民币)的巨额亏损。

资料来源:黄玉峰.爆"仓"——株洲冶炼厂期货风波始末[J].检察风云(法制新闻),2001(10).

(2)案例的思政元素

①规则意识。要认清企业套期保值的目标是锁定价格和成本,而不是单纯地从衍生品市场获利,尤其

是不能以套保为名,行投机之实。

②风险意识。要认清期货市场的巨大风险,不能偏离套期保值的初衷。

(3)教学手段

知识点+实事+思政——贯穿融合:在知识点"期权价格与套期保值技术"中引入案例,将政治认同、法律意识和科学精神等思政元素与专业知识相结合,增强学生对金融风险的认识与法治意识、底线思维,以及用于探究的科学精神。

案例材料2:巧用期权,墨西哥有效应对原油价格波动风险

(1)案例简介

2020年石油市场需求受新冠肺炎疫情影响严重下降,原油价格暴跌,而墨西哥政府提前购入看跌期权作为保险,完美地避开了价格下跌带来的损失。

资料来源:新浪财经网站.巧用期权,墨西哥在原油大战中安然无恙[EB/OL].2021-5-18/2022-08-16.

(2)案例的思政元素

规则意识。合理利用金融衍生品进行风险防范,一国才能更加安心地去提升产业的核心竞争力。

(3)教学手段

①翻转课堂:慕课资源、文献资源为翻转课堂提供支架;课堂展示、师生思辨讨论实现课堂高阶性、高效性。

②学习测评:讨论结果现场点评,包括学生自评、互评、教师点评总结。

第九章　金融衍生工具在套利中的应用

专业教学目标

通过本章学习,使学生掌握什么是套利,理解套利交易的基本原理,掌握套利交易的基本形式,能充分利用市场定价不合理的各种机会构建套利组合,同时对套利存在的风险能加以判断。

【知识目标】

1. 掌握套利交易的基本原理。
2. 掌握基于远期和期货合约、基于期权等套利交易策略的适用条件。
3. 熟悉套利交易存在的局限性。

【能力目标】

1. 能利用套利交易原理在同种资产或相关资产之间构建套利组合。
2. 能分析出套利交易过程中存在的风险。

课程思政教学目标及实践

【育人目标】

1. 深度学习　通过典型套利案例的学习,让学生认识到套利交易背后存在的风险,实现培养风险意识和大局意识的目标。

2. 家国情怀　通过对国内外实务套利交易案例进行分析,深刻理解衍生品套利交易如何服务国家经济发展,实现开拓国际视野以及探索中国特色解决方案的目标。

【教学方式与方法】

1. 自主学习:线上学习相应慕课中的基础专业知识点,线下自主阅读文献资料,撰写阅读笔记。
2. 课堂讲授:讲授使用金融衍生工具进行套利的基本原理,特别是介绍套利交易的分类。
3. 课堂展示与讨论:学生根据国内交易所网站所搜集的相关数据,通过小组报告的方式,设计套利策略,并将之应用于市场交易中,分析套利的效果,并对结果加以解释和改进。

【课程思政教学实例】

案例材料1:套利的代价——长期资本管理公司的巨亏

(1)案例简介

美国长期资本管理公司(LTCM)成立于1994年2月,是一家主要从事采用高杠杆的绝对收益交易策略(例如固定收益套利、统计套利和配对交易等)的对冲基金。这个精英团队内荟萃了职业巨星、公关明星、学术巨人。然而,在 1998 年全球金融动荡中,长期资本管理公司难逃一劫,从 5 月俄罗斯金融风暴到 9 月全面溃败,短短的 150 多天资产净值下降 90%,出现 43 亿美元的巨额亏损。最终美联储出面组织安排,高盛、美林、德银等 14 家国际银行组成的财团注资 37.25 亿美元购买了 LTCM90% 的股权,共同接管了 LTCM,使得它免于倒闭。2000 年初,LTCM 破产清算。

资料来源:根据网络公开资料搜集整理。

(2)案例的思政元素

①职业道德。作为行业的明星,不能忽略应用数学模型的假设前提,要合理控制套利交易中的杠杆倍数。

②规则意识。风险管理与准确投资同样重要,特别是在市场出现较大变动的情形下。

(3)教学手段

①翻转课堂:慕课资源、文献资源为翻转课堂提供支架;课堂展示、师生思辨讨论实现课堂高阶性、高效性。

②学习测评:观看纪录片《点石成金的公式》片段并撰写观后感、讨论结果现场点评。

案例材料 2:李祥林的模型与次贷危机

(1)案例简介

李祥林曾分别在花旗银行和巴克莱投行担任全球信用衍生产品数量分析和研究部负责人。他是信用衍生产品早期开拓者之一,发明的信用组合定价公式被市场广泛使用和学术界认可,并获华尔街日报头版大幅报道。他构建的违约相关性模型可以帮助 CDS 的投资者在特定情况下准确计算回报、定价、计算风险及应采取什么策略以降低风险,等于为结构化的信用衍生产品的估价和风险控制提供定量化的有效工具。但是在次贷危机期间,金融业者忽视了模型的假设前提,最终引发了金融海啸。

资料来源:①Li, David X. (2000). "On Default Correlation: A Copula Function Approach". Journal of Fixed Income; Matthias Scherer, Giovanni Puccetti.

②李祥林:"摧毁华尔街"的不是我的数学公式[J],上海保险,2019(2).

(2)案例的思政元素

①科学精神。作为行业的从业者,忽视了数学模型的假设前提,特别是没有尊重事实和证据,最终酿成了严重的模型风险。

②职业道德。华尔街的炒家不检讨自己的贪得无厌,反而指责模型和方法的提出者。

(3)教学手段

①翻转课堂:慕课资源、文献资源为翻转课堂提供支架;课堂展示、师生思辨讨论实现课堂高阶性、高效性。

②学习测评:观看电影《大空头》片段并结合金融工程相关知识撰写观后感。

四、课程思政的教学评价

(一)对教师的评价

1. 教学准备的评价

将《金融工程》课程思政建设落实到教学准备工作各方面,教师要具备提前提炼思政元素进行课程思政目标设计、修订教学大纲、教材选用、教案课件编写、线上资料编写等基本能力。

2. 教学过程的评价

依托"线上+线下"混合式教学模式,将《金融工程》课程思政建设落实到教学过程各环节。借助智慧教室,教师要采取恰当的教学方式以实现包括课前、课中、课后的立体化、整体化、不间断学习的目的,并具备将思政元素自然融入教学内容中以实现立德树人润物无声的理解能力、实施能力和改进能力,如教学理念及策略、教学方法运用及改进、作业及批改、平时成绩考核等。

3. 教学结果的评价

建立健全《金融工程》课程思政多主体参与、多维度动态评价体系,包括同行评议、随机听课、学生评教、教学督导检查、学生获奖及教研教改成果等,覆盖课前准备、课中教学和课后结果全过程,做到主观分析和客观分析相结合、定性分析和定量分析相结合。

4. 评价结果的运用

对于同行评议、学生评教、教学督导等提出的改进建议，以及对学生考核的成绩分析进行运用，对教学不断进行反思与改进。

(二)对学生的评价

1. 学习过程的评价

运用"SPOC+数字化"资源平台以定位性评价、形成性评价、诊断性评价为主，终结性评价为辅，检验学生是否认真完成了老师布置的要求和任务，积极参与了《金融工程》的课前预习、课中学习和课后实训等教学全过程，借助平台通过自我评价、师生互评、生生互评和师、生、平台之间的实时互评多维化、立体化地反映学生的学习过程，科学评价学生在学习过程中的积极性、互动性和参与度。

2. 学习效果的评价

通过线上学习分析报告、平时作业、课堂讨论、资源库平台资料分析报告、随堂练习、课程论文、期末考试等多种形式，检验学生对《金融工程》课程思政元素的领会及其对思政元素的掌握程度。

3. 评价结果的运用

通过师生座谈和系部教研活动等多种形式，对学生的学习效果进行科学分析，总结经验，改进不足，以提升课程思政的学习效果。

五、课程思政的教学素材

序号	内容	形式
1	《金融工程(第五版)》	书籍资料
2	《金融衍生工具教程(第五版)》	书籍资料
3	《金融衍生产品》	书籍资料
4	《金融工程学(第三版)》	书籍资料
5	《大空头》	电影选段
6	《点石成金的公式》	纪录片片段
7	CDS等金融衍生品在2008年全球金融危机中扮演的角色	案例分析
8	数学家彭实戈——中国金融数学的开创者	阅读材料
9	从物理学到金融学	阅读材料
10	保险+期货：为乡村产业撑起"保护伞"	阅读材料
11	2021年《关于促进衍生品业务规范发展的指导意见(征求意见稿)》	政策法规
12	2021年《中共中央国务院关于全面推进乡村振兴加快农业农村现代化的意见》	政策法规
13	2022年《中华人民共和国期货和衍生品法》	政策法规
14	《中华人民共和国期货和衍生品法》颁布的重要意义	阅读材料
15	宝洁公司因互换巨亏	案例分析
16	巴林银行的倒闭	案例分析
17	《魔鬼交易员》	电影选段
18	深南电对赌协议巨亏	案例分析
19	潘军：享受金融研究的快乐	阅读材料
20	株洲冶炼厂套保巨亏	案例分析
21	巧用期权，墨西哥有效应对原油价格波动风险	案例分析
22	套利的代价——长期资本管理公司的巨亏	案例分析
23	李祥林的模型与次贷危机	阅读材料

《金融风险管理》课程思政教学指南

周晶[1]　杨馥[1]　杨小丽[2]　李淑彪[3]　吕坤[4]　郑素娟[2]　徐婷婷[1]
（[1] 西安财经大学　[2] 福建江夏学院　[3] 西安交通大学　[4] 天津商业大学）

一、课程简介与课程目标

(一)课程简介

根据《普通高等学校本科专业类教学质量国家标准》(2019)的最新要求，《金融风险管理》课程是金融学类专业"5+X"中的五门专业必修课之一，是金融学、投资学、保险学、金融数学、金融工程等专业的核心课程。《金融风险管理》包含金融风险的识别、评估、管理等内容，学生通过课程学习，首先应该掌握金融风险的内涵、特点和类别，能够以"风险识别—风险评估—风险管理"的系统性框架分析金融风险的相关问题，这是《金融风险管理》课程的整体设计。在此框架下，《金融风险管理》课程主要涉及对市场风险、信用风险、流动性风险、操作风险等重要的金融具体风险，此外还包含国家风险、声誉风险、战略风险、合规风险、科技风险等其他金融风险，学生通过学习可以对具体的金融风险进行分析，对具体案例进行剖析，对相关指标进行计算，从而深入掌握对金融风险管理的理解和认识。

(二)课程目标

本课程为专业必修课。通过本课程的学习，使学生能够达到以下目标：

1. 知识目标：系统掌握金融风险管理的基础知识、基本理论与基本技能。整体上把握风险识别、风险评估、风险管理一般方法的同时掌握市场风险、信用风险、流动性风险、操作风险等具体风险的内涵，具有金融风险管理分析的专业能力。

2. 能力目标：金融风险管理是一门兼具理论性和实践性的课程，而且金融风险管理的发展创新要求学生拥有学习主动性，对金融风险管理能够深度分析、大胆质疑、勇于创新，同时提高对风险管理学习的深度和广度，拥有新时代金融人才必须具备的知识融通能力、实践应用能力和职业素养。

3. 育人目标："立经世济国之德、树致知明德之人"作为培养金融专业人才的根本宗旨，不仅培养学生过硬的业务理论知识，更培养学生诚实守信的高尚人格、爱岗敬业的优良品质和不忘初心的坚定信念，为国家、为人民、为时代塑造优秀的财经人才。

(三)课程教材和资料

➢ 参考教材或推荐书籍

1. 朱淑珍．金融风险管理[M]．北京：北京大学出版社，2021．
2. 陆静．金融风险管理[M]．北京：中国人民大学出版社，2021．
3. 安东尼．金融风险管理[M]．北京：人民邮电出版社，2018．
4. 王周伟．风险管理[M]．北京：机械工业出版社，2021．
5. 高晓燕．金融风险管理[M]．北京：清华大学出版社，2021．
6. 王勇．金融风险管理[M]．北京：机械工业出版社，2020．
7. 约翰．赫尔．风险管理与金融机构[M]．王勇等，译．北京：机械工业出版社，2021．
8. 斯文．基于python的金融分析与风险管理[M]．北京：中国工信出版社，2021．
9. 菲利普．金融风险管理师考试手册[M]．6版．王博等，译．北京：中国人民大学出版社，2012．
10. 姜伟生，涂升．Python金融风险管理FRM(实战篇)[M]．北京：清华大学出版社，2021．

➢ 学术刊物与学习资源

国内外经济金融类各类期刊。

学校图书馆提供的各种数字资源,特别是"中国知网"。

➢ 推荐网站

中国人民银行:http://www.pbc.gov.cn/.

中国银行保险监督管理委员会。

http://www.cbirc.gov.cn/cn/view/pages/index/index.html.

各大金融机构官网。

二、课程思政教学总体设计

(一)课程思政教学目标

作为金融学类的专业基础课程,《金融风险管理》对于高校学生的金融知识构建、金融能力培养、金融职业伦理道德塑造起到至关重要的作用。《金融风险管理》课程蕴含了丰富的课程思政元素,能够引导学生增强"四个意识"、坚定"四个自信"、做到"两个维护",树立职业态度,深化家国情怀。

具体而言,本课程的思政教学目标涉及以下八个方面,即政治认同、家国情怀、道德修养与职业伦理、法治意识与底线思维、文化素养、科学精神、时代担当和广阔视野。

1. 政治认同

培养金融风险管理领域的优秀人才,首先要坚决拥护中国共产党的领导,坚持中国特色社会主义理想信念,能够积极投身于中国特色社会主义建设,这是后续一切工作的基础。人类的发展史就是一部与风险不断斗争博弈的历史,中国人民自古以来关于风险管理的理论探索和实践经验是我们宝贵的财富,从风险管理的角度理解辩证唯物主义和马克思主义基础理论的正确性,感受社会主义制度的优越性,增强同学们的政治认同。

2. 家国情怀

中国金融业从中国共产党诞生以来就具有红色基因,特别是新中国成立和改革开放过程中,在党的领导下,我国银行业、保险业、证券业迅猛发展,涌现出一批投身于社会主义建设的优秀案例,通过案例介绍能够向学生传递家国情怀,让学生感受到中华民族一脉相承的爱国主义精神。当然,社会主义发展过程中,也伴随着金融市场改革的痛点和挫折,正确认识这些问题,同样可以从另一个角度树立学生为祖国、为人民奋斗奉献的理想。

3. 道德修养与职业伦理

金融风险管理的案例中不乏涉及到道德修养和职业伦理,这可以让学生充分认识到金融职业道德的重要性,理解爱岗敬业,遵纪守法,诚实守信,业务优良,服务群众,奉献社会在金融发展中的作用,切实提高学生的道德修养。

4. 法治意识

中国自古就有没有规矩不成方圆的规范要求,现代金融机构更是在一定法律法规框架下经营发展,学生在学习《金融风险管理》课程的同时也应该了解相关的法律法规,结合案例材料激励学生敬畏法律、遵守法律和捍卫法律的自我意识,认识到法律法规对于金融发展和金融稳定的重要作用。除此之外,还鼓励学生对当前法律法规进行创新性探索,为金融领域的法治建设贡献自己的力量。

5. 文化素养

中华民族文化源远流长,这是每一个中国人的自信和骄傲。文化是一个内涵十分丰富的概念,文化素养的养成需要在素质的基础上不断积累和沉淀的过程,是不断理解和深悟的过程,是不断提高和丰富的过程,不断完善和完美的过程。

6. 科学精神

《金融风险管理》课程注重培养学生的科学精神。现代金融风险管理的思路、方法是在继承了众多优秀成果的基础上,逐渐发展起来的科学理念和科学积淀,是蕴涵了金融风险管理理念和规范的综合。要对科学精神有所把握,最重要的是要让学生了解金融风险管理的内涵或构成要素,以及金融风险管理的整体结构。

7. 时代担当

青年是国家的未来,青年兴则国家兴,青年强则国家强。青年一代金融人才是未来金融建设和发展的生力军,青年学生在充分学习《金融风险管理》理论和实践的同时也要树立责任担当意识,以促进我国金融发展为己任,为实现社会主义金融行业高质量发展做出积极贡献。

8. 广阔视野

在新时代、新理念、新格局下,金融发展尤其需要更多的具有国际视野的高素质人才。具有国际视野对于学习《金融风险管理》尤为重要,学生要培养自己的世界眼光和国际视野,建立正确的市场风险管理理念,树立服务祖国人民、服务全人类的信念。

(二)课程思政的教学内容

《金融风险管理》课程的思政内容可以涉及以下几方面:

1. 金融风险管理要坚持中国共产党的领导不动摇

中国共产党自诞生以来就高度重视中国金融工作的发展,尤其是十八大以来,习近平总书记高度重视金融在经济社会发展中的重要地位和作用,持续深化金融本质和规律的认识,强调金融回归服务实体经济的本源,金融发展取得巨大成就。

2. 金融风险管理注重培养从业人员的综合素质

新时代金融从业人员应该有经世济国、致知明德的优秀品质,不仅业务素质过硬,更需要具有文化修养、职业道德、责任担当等多方面的综合素质,有梦想,有追求,真正能够投身于国家经济发展建设,为人民服务,为实现中国梦贡献个人力量。

3. 金融风险管理强调风险识别、评估、管理与监管全过程的科学性

夯实数理方法和计量方法在金融风险管理工作中的应用,同时关注金融科技对金融风险管理的驱动作用,新科技手段在风险管理领域中的应用,通过区块链、人工智能、大数据和云计算等关键技术,推动金融风险管理创新。除此之外,加强法律法规建设,保证金融市场正常有序发展,为金融风险管理保驾护航。

(三)教学方法

本课程综合运用讲授、启发式教学、讨论教学、案例教学、模拟实践教学等多种教学方法,首先构建金融风险管理的一般框架,包含金融风险的识别、评估、管理等环节,然后结合具体风险使学生进一步掌握有关金融风险管理的基本知识、基本理论和基本分析方法,同时穿插大量案例分析,引导学生了解全球背景下的金融风险案例,提高学生的综合素质。

三、课程各章节的课程思政教学内容设计

第一章 金融风险管理概述

专业教学目标

【知识目标】

1. 掌握风险的概念、分类和特征,了解风险管理的发展历史,熟悉风险管理的一般理论和方法。

2. 掌握金融风险的内涵、特征和风险分类,初步熟悉和了解市场风险、信用风险、流动性风险、操作风险等重要金融风险,并理解金融风险对经济社会的影响作用。

3. 掌握识别、评估和管理的基本理论和方法,重点掌握金融风险评估的相关量化方法,了解金融风险管理未来发展的趋势。

【能力目标】

1. 能够将风险分类的方法运用到实际案例分析中,剖析实际案例的风险特征,并且从历史发展的角度探讨风险管理的具体方法。

2. 能够运用市场风险、信用风险、流动性风险、操作风险等重要金融风险的一般知识分析案例材料。

3. 能够运用均值方差模型、VaR、一致性估计等方法解决具体的问题。

4. 尝试运用大数据、云计算、区块链、人工智能等方法解决金融风险管理问题。

课程思政教学目标及实践

【育人目标】

1. **制度认同** 改革开放以来,我国经济和社会发生了巨大的变化,新的体制机制给金融业发展注入了新的生机和活力,金融业发展也取得了前所未有的成绩,引领中国发展的基本理论、基本路线、基本方略,中国选择的发展道路、制度模式和价值观念,值得我们认同。

2. **家国情怀** 金融发展是国家经济发展的重要支撑,近年来国际局势多变,西方一些国家不愿意看到中国的崛起,恶意打压,面对这样的压力,我们更加需要促进经济更快更好发展,早日实现中国的伟大复兴。因此,对于青年一代,应该怀抱有实现中国梦的家国情怀,为祖国进步贡献力量。

3. **道德修养与职业伦理** 金融风险案例中不乏由于"个人主义""享乐主义""拜金主义"导致的反面案例,通过案例分析加强理想信念、职业道德和法纪观念教育,帮助学生树立正确的价值观念,为未来进入社会防范和化解金融风险打下坚实的基础。

4. **法治意识** 目前,按照社会主义市场经济体制的要求,我国金融行业法律法规体系建设已经取得了一定的成绩,初步实现了在金融市场开展经济活动能够做到有法可依,从而为金融体制改革创造良好的金融生态环境,更好地化解金融风险。

5. **文化素养** 提升金融行业从业人员的思想文化素质,自觉主动严格约束个人行为,才能在根本上加强金融风险防控和管理水平,降低风险事故发生的频率,优化金融市场竞争环境。

6. **科学精神** 在分析金融风险和风险管理时,引导学生注意采用科学的手段和方法进行分析,规避风险,开展风险管理,尽可能减少主观因素和不理智行为对金融风险管理的影响。

7. **广阔视野** 在经济全球化的背景下,我国金融市场也会以更加开放的姿态融入新时代的潮流中,这对未来金融风险管理人员的综合素质提出了更高的要求,学习中需要引导学生多读多看多思考,培养个人的广阔视野。

【教学方式与方法】

1. **自主学习**:在线学习智慧树平台中的课程资源,熟悉基础专业知识点,线下自主阅读文献资料,撰写金融风险管理发展的阅读笔记或思维导图。

2. **课堂讲授**:讲授风险的概念、分类和特征,风险管理的一般理论和方法。讲述金融风险的内涵、特征和风险分类。讲述识别、评估和管理的基本理论和方法。

3. **课堂展示与讨论**:讨论市场风险、信用风险、流动性风险、操作风险等重要金融风险相关案例,开展小组讨论。

【课程思政教学实例】

案例材料1:中国古典风险管理思想

(1)案例简介

风险管理在人类文明的早期就闪耀着智慧的光辉,例如,据先秦古籍《逸周书》记载,夏朝(约公元前21世纪)开国君王大禹曾告诫:"小人无兼年之食,遇天饥,妻子非其有也。大夫无兼年之食,遇天饥,臣妾舆马非其有也。国无兼年之食,遇天饥,百姓非其有也。戒之哉!弗思弗行,至无日矣。"其中就体现了风险管理的思想。除此之外,居安思危(《左传 襄工十一年》)、长治久安(《汉书 贾谊传》)、有备无患(《左传 襄工十一年》)、防微杜渐(《元史 张桢传》)、未雨绸缪(《诗 幽风》)、亡羊补牢(《战国策》)等众多经典词汇中也无处不体现着中国古典风险管理思想的博大精深。

资料来源:根据公开资料搜集整理。

(2)案例的思政元素

①文化素养。从中华古老的文明中可以发现关于风险管理的智慧,引导学生在日常学习中多阅读中华优秀典籍,在提升个人文化素养的同时也能够加深对风险管理的认识和理解。

②时代担当。在回顾风险管理的发展史中不难发现,中国很早就已经产生了风险管理的思想,但是为什么现代风险管理技术手段大多是国外学者的研究成果呢?青年学生应该认真思考这个问题,发挥自己的时代责任。

(3)教学手段

①课堂讲授:在讲授风险管理的发展历史中,着重融入中国元素,加强学生的文化认同,同时也引导学

生正确认识近现代以来中国在金融风险管理领域的发展,激发学生的时代担当意识。

②课堂展示与讨论:分组分享对中国传统风险管理的认识。

案例材料 2:美国次贷危机和全球金融危机

(1)案例简介

二战以后,世界金融领域里的创新,最引人注目的莫过于资产证券化,不幸的是,2006—2007 年美国的房价开始直线下跌,危机开始逐渐显现。2008 年 9 月 AIG 被美国政府以 850 亿美元的紧急贷款所接管,与此同时,贝尔斯登被卖给了 JP 摩根,房利美、房地美被接管,雷曼兄弟申请破产保护,华盛顿互惠银行倒闭,很多银行都处于崩溃的边缘,这引发了全世界的恐慌,政府不得不通过向这些银行注入资本或者通过救助计划收购其不良资产来帮助它们摆脱困境。此外,复杂的关系链使得更多金融机构像多米诺骨牌一样倒下,因此,对金融系统性风险和系统性重要金融机构的研究是一项重要课题。

资料来源:根据公开资料搜集整理。

(2)案例的思政元素

国际视野。美国次贷危机和全球金融危机是学习金融风险管理的一个非常典型的案例,从这个案例中,学生们可以认识很多的金融机构、金融产品、金融风险事件,以及他们之间错综复杂的关系(系统性风险),以此增强学生的知识面,提高学生的国际视野。

(3)教学方法

课堂展示与讨论:以美国次贷危机和全球金融危机为主题,围绕市场风险、信用风险、操作风险、流动性风险等主要风险类别分组进行展示和讨论。

第二章 信用风险

专业教学目标

【知识目标】

1. 信用风险的含义、特点;信用风险产生的原因。
2. 信用风险的风险要素;风险敞口;信用悖论。
3. 传统信用风险的度量与现代信用风险的度量。
4. 信用风险管理。

【能力目标】

1. 通过案例自主学习,提升学习自主积极性,掌握如何以更有效的方式获取知识,并提高学生全面思考和解决问题的综合素质。
2. 通过翻转课堂,学生进行小组讨论和学习,不仅可以加深对知识的理解,而且有利于提高其表达讨论技能,增强面对困难的自信心。

课程思政教学目标及实践

【育人目标】

1. 道德修养与职业伦理 引导学生理解金融从业人员的职业操守和职业道德修养,以及维持良好金融生态环境的重要性。
2. 法制学习与底线思维 分析商业银行的信用风险和信贷风险的区别。放款前银行要对个人信用报告、资产情况进行了解以及风险评估,加大违约的惩罚力度和提高抵押和担保,降低风险概率,减少损失的发生。育人方面,引导学生珍惜自身信用,加强法制学习和底线思维教育,实现诚信育人的目的。
3. 广阔视野 引导学生关注时下的财经新闻资讯,国际国内金融局势,学会自主思考,站在更高角度思考问题,开阔视野。

【教学方式与方法】

1. 自主学习:线上学习智慧树平台中的基础专业知识点,线下自主阅读文献资料,撰写阅读笔记或思维导图。
2. 课堂讲授:讲授信用风险的概念、特点、影响因素、评估方法等内容。
3. 课堂展示与讨论:学生根据教学素材整理分析的相关报告,开展小组讨论,案例形式,翻转课堂等的教学互动。

【课程思政教学实例】

案例材料1：北海道拓殖银行的倒闭

(1) 案例简介

北海道拓殖银行（以下简称拓银）是日本的第十大商业银行，也是日本的城市银行之一。拓银原有资产 95000 亿日元，职工 2 万多人，国内外共有分支机构 200 余处，总行设在札幌市。拓银依据"北海道拓殖银行法"成立于 1900 年，成为专门为北海道地区的开发提供长期信贷的特殊银行。第二次世界大战前，北海道地区曾存在十几个银行，太平洋战争期间，银行大合并，拓银成为北海道唯一的银行。第二次世界大战后，拓银为了扩大业务范围，由特殊银行转变为普通银行。1955 年进入城市银行行列，并开始经营外汇业务。

20 世纪 80 年代末泡沫经济时期，拓银将巨额贷款投向不动产，泡沫经济崩溃后，不动产建设公司难以偿还贷款，造成巨额呆账。加之拓银又未能及时改变经营战略，使经营陷入困境。出现经营困难以后，拓银开始四处奔走，试图在东京地区找到买主，但未能如愿。几经周折，1997 年 11 月 7 日终因"短期金融市场急速收缩，难以筹措资金"而宣告破产，将业务移交给北洋银行。

资料来源：张季风. 北海道拓殖银行和山一证券公司倒闭原因探析[J]. 现代日本经济，1998(2)：26—28.

(2) 案例的思政元素

①道德修养与职业伦理。在资金短缺市场中，借款人寻租会加剧商业银行的信用风险。此时要强调金融从业人员的职业操守，职业道德修养的养成，维持良好金融生态环境。

②科学精神。商业银行放款时不仅要解决期限错配问题，更需要关注该笔贷款风险评估的科学性和客观性，对贷款风险进行科学定价，避免人情放款和关系放款。关注商业银行信用风险内部控制制度，强化道德约束。

(3) 教学手段

翻转课堂：结合案例讨论北海道拓殖银行倒闭的根本原因是什么？学生有可能会回答是泡沫经济的后遗症，或者是银行扩大了业务范围，由特殊银行转变为普通银行，或者是贷款审核不严或者是其他外界因素，这时需要让学生聚焦之前学习过的重点内容，挖掘探索北海道拓殖银行信用风险产生的原因最重要的是呆账，借方企业倒闭不能偿还银行贷款，明确本节课学习的重点内容，并加深对信用风险及原因的理解。

第三章 市场风险

专业教学目标

【知识目标】

1. 熟悉市场风险的定义与相关分类。
2. 掌握市场风险的度量手段和管理方法。

【能力目标】

1. 培养学生把理论知识与实践应用相结合、分析问题解决问题的能力。
2. 培养学生从思辨与创新的角度探究市场风险的本质与内在逻辑，创新市场风险管理的技术与方法。

课程思政教学目标及实践

【育人目标】

1. 家国情怀　通过学习市场风险产生的原因及交易主体间的博弈本质，并通过案例分析，使学生认识国家力量、民族情感的重要意义；通过了解市场价格失灵、金融危机，使学生认识到宏观调控、行政管理对金融市场风险管理的重要意义，进而理解和认同中国举国体制特色及其优越性，增强国家认同、政治认同及制度自信。

2. 家国情怀　通过学习市场风险的跨市场化、国际化，了解双循环的国际国内背景，使学生认识到不同政治、文化制度背景下的金融市场具有互补性，增强国际理解，综合利用各种有利因素共建人类命运共同体。

3. 科学精神　通过学习金融市场风险的各种计量方法,提高市场风险管理的科学决策水平,培养科学精神,并自主遵循金融风险的相关规律。

4. 深度学习　通过学习互联网、信息技术对金融市场风险及其管理带来的冲击和挑战,激发学生自主学习、持续学习的动力,通过学习和利用大数据、人工智能、区块链等新技术,来提高市场风险的识别、度量及管理水平。

【教学方式与方法】

1. 自主学习:学生线上学习智慧树平台中的基础理论知识,线下自主阅读有关市场风险的文献资料,撰写阅读笔记。

2. 课堂学习:通过课堂听讲梳理理论知识的内在逻辑,从"博""精"两个维度进行扩展和深入,并通过案例学习促进理论与实践相结合,提升分析问题、解决问题的能力。

3. 课堂汇报与讨论:在分析、理解教学素材的基础上,组织小组汇报和讨论。

【课程思政教学实例】

案例材料1:GameStop 事件——散户们"倒割韭菜",重创华尔街金融大鳄

(1)案例简介

2021年1月中下旬,GameStop 等个别美股上演了一波不可思议的过山车行情。价格暴涨暴跌(股价三周涨幅达27倍,但随后又快速回落,跌幅达90%)、社交媒体推波助澜下散户大量涌入、部分对冲基金损失惨重、媒体人士与基金经理热辩、交易平台 Robinhood 意外限制交易等各种相关事件成为全球焦点,也引发了监管和政策的关切。

GameStop 是全球最大实体游戏零售商,互联网冲击下经营遇到瓶颈,新冠肺炎疫情更使其雪上加霜,进而吸引大量机构做空,做空比例一度高达140%,这也给了逼空者以口实。1月11日,一些投资者押注在线宠物食品商 Chewy 创始人科恩的加入将带领公司走出困境,进而推动股价大涨,但这并不为做空机构所看好,反而激起了部分散户的不满,投资者开始在 Reddit 社区 WallStreetBets 上号召大家一起买入。事件高潮出现有一定影响力的某投资人1月26日公开发难买入看多期权并随后在 CNBC 采访中把对做空机构逼空上升为散户对抗华尔街建制派高度。股价因此飙升,甚至导致一些做空机构经历巨亏后被迫平仓。1月28日线上交易平台如 Robinhood 意外暂停部分股票买入交易。1月29日,做空研究机构香橼表示其将停止做空研究。1月29日 Robinhood 宣布将取消交易限制,但 GameStop 股价自此一路下行,"喧嚣"逐步平息。

资料来源:中金点睛等.GameStop 事件:Game Stopped? [EB/OL].(2021-02-24)[2022-08-25]. http://usstock.jrj.com.cn/2021/02/24075832016290.shtml.

(2)案例的思政元素

①科学精神。面对 GameStop 股票价格的剧烈波动,反思金融市场本质与调控治理的意义。

②职业操守与职业素养。分析案例中散户、机构投资者、"大咖偶像"、平台机构、证券监管机构等主体在事件中所呈现的利益代言和价值取向,进而审视和认同我国相关的职业操守规程、职业素养要求和社会价值标准。

③家国情怀与制度自信。通过分析案例中利益主体的"伪公正""伪自由",坚信中国以维护广大人民利益为核心的制度设计和执行力。

(3)教学手段

①角色模拟:多个学生共同参与,分别模拟事件中的不同参与主体,进行多方利益博弈。

②互动讨论:通过适时贯穿与浅析"自由的相对性与利益的绝对性""角色的可变性"等分析视角,引导学生讨论事件的本质。

案例材料2:"中行原油宝"事件——负价交易

(1)案例简介

新冠肺炎疫情发生以来,全球原油价格迭创新低,到2020年3月中旬,我国大量散户投资者借道银行渠道,抄底原油期货。北京时间20日晚间,美国 WTI 原油期货5月合约到期结算价暴跌超300%至−37.63美元/桶,创下历史首次负值纪录。

这场"史诗级"的负油价所暴露风险管理漏洞,足以让金融机构和所有投资者警醒。首先,在产品设计方面存在明显缺陷,原油宝是临近合约最后一天才平仓,此时能够交易的对手已经很少,价格容易失真,在极端市场环境下,这种失真可能性更大、波动程度更剧烈。其次,在临时应变方面不够及时,芝商所在4月3日就通知修改了IT系统的代码,允许"负油价"申报和成交,并从4月5日开始生效,但这并没有引起中行重视,直到20日晚上,中行还"正积极联络芝商所,确认结算价格的有效性和相关结算安排"。最后,在风险意识方面存在冲动冒险,3月中旬大量投资者涌入抄底原油价格十多年来的低点,认为"跌无可跌",而对原油库存瓶颈、原油继续减产的可能性、经济恢复的速度等因素则缺少考虑,忘记了风险,更忘记了及时主动止损自救。

尽管有些机构认为油价最终会恢复到50美元/桶的正常水平,但这样的大趋势对经历负油价的多头们来说已毫无意义,因为他们的本金已悉数亏完,甚至倒欠巨额债务。

资料来源:杜恒峰. 中行原油宝巨亏是一堂惨痛风险教育课[EB/OL][2022−08−25]. http://www.nbd.com.cn/articles/2020−04−22/1427726.html.

(2)案例的思政元素

①家国情怀。分析事件中中国投资者及投资机构在交易规则制定、事件处理等方面的话语权缺失,增强学生的民族情感和家国情怀,通过奋斗逐步提升话语权和影响力。

②科学精神。通过研读案例交易规则、复盘交易过程,树立市场风险管理与防范的严谨、科学精神。

(3)教学手段

①复盘交易:学生提前预习和复盘事件中的交易过程与交易细节。

②互动讨论:引导学生就交易规则"陷阱"和风险管理"漏洞"开展讨论。

案例材料3:"妖镍"事件——LME 3月份镍金属期货价格暴涨逼空事件

(1)案例简介

2022年3月7日,伦敦商品交易所(LME)的镍期货合约在一天之内上涨了74%,从不到3万美元涨到5万美元。3月8日更是突破了10万美元大关,两天涨幅接近400%。与镍的暴涨相伴同时,青山控股面临巨额空单爆仓的风险。

青山主营镍矿开采和生产,并用空单做套期保值。青山持有的现货为高冰镍,但青山在LME对冲空单的镍产品为高纯度镍金属板。这两个产品相关度较高、价格大致同步,但所持现货并不是可交割产品。青山的策略是当镍出现价格巨幅波动时,通过向俄罗斯采购镍金属板现货,向LME交货从而避免平仓。

俄乌冲突爆发导致LME宣布俄罗斯产品为不可交割材料。外资认为青山在短期内(逼空开始时离合约结算还有2天)无法在现货市场上获得足额的可交割镍板,于是就大幅拉升期货合约价格进行逼空。因此就出现了本次的平仓风险事件。

3月9日,青山表示用旗下高冰镍置换国内金属镍板已筹足可交割现货,并于3月15日发布声明,表示其已经与由期货银行债权人组成的银团、LME等达成了一项静默协议,落实流动性授信,各参团期货银行不对青山的持仓进行平仓,或要求增加保证金,青山集团将随着异常市场的消除,有序减仓。短期平仓风险已初步解除,不排除静默期后市场还会出现逼空的市场行为。

资料来源:李沛涵. 史诗级"妖镍"事件复盘:逼空背后的资本交手与游戏规则[EB/OL]. (2022−03−16)[2022−08−25]. https://mp.weixin.qq.com/s?__biz=MzA4ODA1OTMxNw==&chksm=88237c0ebf54f518fef901a95baa97041d1d55fa681d1f919b70e9f0cb2fb0a90539ac4b20da&idx=1&mid=2650284244&sn=08248e832a3e641353028348262e3ad1.

(2)案例的思政元素

①家国情怀。分析事件中青山控股与国内相关企业筹措金属镍板、与国内金融机构筹集保证金等相关阻击措施,展示中国企业联手防范海外资本围猎的决心,强化民族情感和国家情怀意识,增加民族自信心。分析香港交易所的话语权和影响力,增强民族自豪感。

②科学精神。通过研判此逼空事件,用科学的精神审视青山控股在此次镍期货交易中的失误与漏洞,体会市场风险的暗流涌动及交易策略设计科学严谨的重要性。

(3)教学手段

①复盘交易:学生提前预习和复盘事件中的交易过程与交易细节。

②互动讨论:引导学生就市场风险管理、市场因素变动影响等方面开展讨论。

第四章　操作风险

专业教学目标

【知识目标】

1. 掌握操作风险的国际、国内定义。
2. 掌握巴塞尔银行监督管理委员会对操作风险的分类、操作风险资本的主要计量方法。
3. 能够理解与区分具体操作风险事件产生的不同原因。

【能力目标】

1. 培养学生树立正确的金融职业道德观念。
2. 培养学生运用金融风险管理理论剖析具体金融风险事件的主动性、自觉性。
3. 提高学生的思辨能力,能够与时俱进地从多角度分析具体案例中操作风险的成因。
4. 引导学生勇于探索防范金融风险的具体管理方法。

课程思政教学目标及实践

【育人目标】

1. 家国情怀　通过讲授操作风险产生的原因,使学生认识到职业素养、职业道德对金融从业人员的深远意义;通过讲授操作风险可能引发的负面影响,使学生认识到金融风险管理在推动中国经济高质量发展、实现国家富强、维护社会公平正义中的重要作用。

2. 科学精神　通过国际、国内的典型操作风险的案例分析,引导学生透过现象看本质,用全面、辩证、发展的眼光思考相关金融风险事件产生的背景,并勇于独立总结操作风险的主要特征及演进规律。

3. 深度学习　通过讲授巴塞尔银行监管管理委员会对银行操作风险计量方法的不断改进,鼓励学生借助互联网获取并学习巴塞尔协议一系列文件中相关的具体内容、形成背景以及产生的影响,从金融专业角度逐步提高学生自主学习、整合文献、鉴别信息的能力。

【教学方式与方法】

1. 自主学习:引导学生线上学习智慧树平台中的基础知识点;线下自主阅读教材及参考资料,撰写学习笔记并开展小组讨论。

2. 课堂学习:讲授操作风险的基本理论,结合具体案例,以问题为导向随机考查学生对基础知识的理解程度或预习效果;再次明确重点、难点内容。

3. 小组讨论:教师组织学生对具体案例展开讨论,形成小组观点后课堂汇报;根据汇报质量,教师进行点评与总结,关注不同小组的学习认知差异与学习效果差异。

【课程思政教学实例】

案例材料:A银行信贷人员以细心化解操作风险

(1)案例简介

某房地产开发商售楼处,A银行信贷经理小王受理了5笔个人一手房按揭贷款业务,这5位借款人均向A银行提供了办理贷款的所需材料,暂未发现异常。而进行贷款材料复查时,另一名经验较丰富的信贷经理小张在核实客户的工资收入后发现:这5位借款人的就职单位虽然不同,但经互联网查询企业信息,这几家单位的法定代表人均为同一人,该情况引起了A银行注意。

小张随后通过与客户深层的沟通探出实情:原来房屋的真实购买人是提供收入证明单位的法定代表人老贾,其为了规避银行对第二套房贷高比例首付以及不予办理第三套房贷的相关规定,要求其公司内征信良好且未有住房贷款的员工以个人名义向A银行提出申请,从而获得银行低首付的住房贷款。鉴于真实的购房人与房贷申请人不一致、且存在利用财务杠杆进行"炒房"的嫌疑,为保证银行的资金安全,A银行拒绝了此次多笔按揭贷款的申请。

资料来源:根据网络公开资料搜集整理。

(2)案例的思政元素

①科学精神。引导学生在案例分析中展开反向思考并讨论:如果信贷员小张没有认真复查5名客户就职单位的真实情况,将可能令A银行面临什么类型的金融风险?

②职业操守与职业素养。作为商业银行信贷部门的客户经理，小张凭借经验和勤勉尽职的工作作风，避免了操作风险的发生，也避免了由此可能给 A 银行造成的损失；A 银行的贷前调查流程有助于及时发现风险，避免问题贷款的出现（引导学生思考并进行小组讨论：如果今后从事金融行业的工作，应如何从自身做起规避操作风险的发生？）

③中国特色社会主义共同理想。坚决拥护党和国家"房住不炒"的方针政策。引导学生学习党和国家有关"房住不炒"的纲领性文件，以及金融监管机构对个人住房贷款的调控政策演进，引导学生思考"炒房"行为对社会主义经济建设和实现共同富裕的潜在危害。

（3）教学手段

①翻转课堂：引导学生阅读教材和政策文件，学习操作风险的定义、总结引发操作风险的原因、整理有关住房贷款的相关规定以及党和国家关于"房住不炒"的纲领性文件。

②互动讨论：设置案例思考问题，组织学生展开"头脑风暴"，根据各小组谈论后的观点汇报，对学生的回答进行点评与指导，以金融学专业课程为载体不断激发学生的家国情怀与使命担当。

第五章 流动性风险管理

专业教学目标

【知识目标】

1. 了解流动性的相关概念，了解流动性缺口的含义，熟悉流动性风险度量的财务指标。
2. 掌握交易流动性风险与融资流动性风险的决定因素和衡量指标。

【能力目标】

1. 培养学生将所学理论灵活应用于现实和具体案例。
2. 培养学生从思辨与探索的角度分析流动性风险产生的原因，以及所应采取的管理方法。

课程思政教学目标及实践

【育人目标】

1. **家国情怀** 通过讲解流动性风险管理理论与方法，让学生明白有效管理流动性风险需要金融机构资金部门、业务部门等各部门之间的协作，培养学生的团队意识与互助精神。同时，通过讲解流动性风险产生的原因，让学生意识到金融机构的所有业务均可能导致流动性风险的产生，强调学生应爱岗敬业，遵守金融职业道德。

2. **科学精神** 所有金融活动均孕育着金融风险，金融机构流动性风险产生的原因有多个方面。管理者必须具备独立思考与判断能力，多角度、辩证地分析流动性风险产生的原因，才能做出明智的决策以有效降低或规避流动性风险，鼓励学生积极寻求有效解决问题的方法、能力和韧性。

【教学方式与方法】

1. 自主学习：线上学习智慧树平台中的基础专业知识点，线下自主阅读有关流动性风险的文献资料，撰写阅读笔记或思维导图。
2. 课堂讲授：讲授流动性风险的基本概念、特征、影响因素和评价方法。
3. 课堂展示与讨论：学生根据流动性风险的教学素材进行小组讨论。

【课程思政教学实例】

案例材料1：央行降低准备金率，提高金融市场流动性

（1）案例简介

为支持实体经济发展，促进综合融资成本稳中有降，中国人民银行决定于 2022 年 4 月 25 日下调金融机构存款准备金率 0.25 个百分点（不含已执行 5% 存款准备金率的金融机构）。为加大对小微企业和"三农"的支持力度，对没有跨省经营的城商行和存款准备金率高于 5% 的农商行，在下调存款准备金率 0.25 个百分点的基础上，再额外多降 0.25 个百分点。本次下调后，金融机构加权平均存款准备金率为 8.1%。

资料来源：人民银行决定 4 月 25 日下调金融机构存款准备金率 0.25 个百分点．新浪财经网[EB/OL] https://finance.sina.com.cn/china/2022-04-18/doc-imcwipii4969794.shtml? cref=cj.

（2）案例的思政元素

①科学精神。思考国家下调金融机构存款准备金率的原因，该举措对于金融机构流动性的影响，是否

与当前经济形势相符？

②规则意识与法治意识。通过观察央行对金融机构与部分城商行的存款准备金率，所采用不同的政策实施力度，所有金融机构必须按照对应政策调整实施，树立规则意识与法治意识。

③服务意识。学生能够更加深入地认识金融机构的服务价值，从而增强其服务意识。

(3) 教学手段

翻转课堂：在知识点"流动性风险管理"中，引入介绍央行的新政策，讨论央行降准中的科学精神、规则意识、法治意识以及服务意识，组织小组讨论，增强学生思辨能力。

第六章 其他风险

专业教学目标

【知识目标】

了解国家风险、声誉风险、合规风险、科技风险等其他风险的特征，熟悉不同风险的识别、评估和管理方法。

【能力目标】

能够运用理论知识分析国家风险、声誉风险、合规风险、科技风险等风险的相关案例。

课程思政教学目标及实践

【育人目标】

1. 政治认同　十八大以来，得益于中国经济的快速发展，中国金融发展取得骄人成绩，这些成绩的取得充分表明，坚持金融业改革创新的市场化方向符合金融业发展一般规律，是推动金融业发展适应社会主义市场经济的重要实践经验，也是做好下一阶段金融工作的必然选择。

2. 法治意识　金融机构是在既定的法律法规框架下经营的。学习与金融风险管理相关的法律法规，给学生树立法治观念，认识到相关法规对于金融业发展和金融稳定的重要作用。

3. 科学精神　随着时代的不断发展，金融风险也会演化出许多新的形式和新的特点，鼓励学生勤奋学习、勇于钻研、大胆探索，一方面深入对已有风险的度量和管理，另一方面也提高对新风险的识别能力。

4. 道德修养与职业伦理　金融风险（尤其是合规风险）的产生和发展离不开人的参与，金融从业人员正确的世界观和人生观，以及优秀的道德修养和职业道德，对预防金融犯罪、防范金融风险有着是十分重要的作用。

【教学方式与方法】

1. **自主学习**：线上学习智慧树平台中的基础专业知识点，线下自主阅读有关金融风险的文献资料，结合前期学习的市场风险、信用风险、操作风险和流动性风险，建立金融风险案例库，绘制金融风险思维导图。

2. **课堂讲授**：讲授国家风险、声誉风险、合规风险等风险的识别、评估和管理的相关知识。

3. **课堂展示与讨论**：学生展示根据金融风险管理案例的素材进行分享，组织案例分析和小组讨论。

【课程思政教学实例】

案例材料1：希腊主权债务危机

(1) 案例简介

2001年，希腊加入欧元区，但此时希腊并不符合欧洲经济货币同盟成员国的相关标准，于是希腊便求助于美国投资银行高盛。高盛为希腊设计出一套"货币互换交易"方案，为希腊政府掩饰了一笔高达10亿欧元的公共债务，从而使希腊在账面上符合了欧元区成员国的标准。事实上，希腊经济竞争力相对不强，经济发展水平在欧元区国家中相对较低，经济主要靠旅游业支撑。金融危机爆发后，世界各国出游人数大幅减少，对希腊造成了很大的冲击。此外，希腊出口少、进口多，在欧元区内长期存在贸易逆差，导致资金外流，不得不举债度日。2009年，鉴于希腊政府财政状况显著恶化，全球三大信用评级机构惠誉、标准普尔和穆迪相继调低希腊主权信用评级，希腊债务危机正式拉开序幕，并不断蔓延最终引爆了欧洲债务危机。

资料来源：陆静. 金融风险管理[M]. 北京：中国人民大学出版社，2021.

(2) 案例的思政元素

科学精神。高盛提出的"货币互换交易"是怎样的？这个方案是否科学？其中蕴含了哪些风险？

(3)教学手段
①课堂讲授:结合案例讲授国家风险的识别、评估和管理的相关知识。
②课堂展示与讨论:组织学生收集国家风险案例,进行小组汇报并开展讨论。

案例材料2:金融创新中蕴含的风险

(1)案例简介

虽然比特币是一种安全的支付方式,但一些允许个人用比特币兑换传统(法定)货币的比特币交易平台存在问题。已经有很多关于交易所被黑客入侵的报道,最引人注目的是位于东京涩谷区的Mt.Gox。2014年2月,该公司宣布价值超过4.5亿美元的比特币可能被盗,而造成这一损失的原因尚不清楚。看来,糟糕的管理和控制不力的计算机代码让黑客得以窃取比特币。一些人指责CEO挪用了资金,但这一说法遭到了否认。不管什么原因,Mt.Gox在2014年4月申请破产。

怎样才能避免这类损失?比特币应不应该存储在交易所?它们应该转移到一个值得信赖的只有当你想交易时才存在的在线交易所吗?

资料来源:约翰.赫尔著,王勇等译.风险管理与金融机构[M].北京:机械工业出版社,2021.

(2)案例的思政元素

科学精神。诸如比特币在内的科技创新,其中的科学性体现在哪些方面?应该如何进行科学管理?

(3)教学手段

课堂展示与讨论:组织学生结合大数据、云计算、人工智能、区块链等科技创新手段,收集由此可能带来的金融风险,进行小组汇报并开展讨论,引导学生思考科技风险之间的相关性。

案例材料3:声誉风险管理

(1)案例简介

银保监会于2021年2月18日出台银行保险机构声誉风险管理办法,要求银行保险机构从事前评估、风险监测、分级研判、应对处置、信息报告、考核问责、评估总结等环节建立全流程声誉风险管理体系。

《银行保险机构声誉风险管理办法(试行)》提出银行保险机构应该遵循前瞻性原则、匹配性原则、全覆盖原则、有效性原则对声誉风险进行管理,要求银行保险机构承担声誉风险管理的主体责任,构建组织健全、职责清晰的声誉风险治理架构,从风险排查、应急演练等方面做好声誉风险日常管理工作。监管机构要将银行保险机构的声誉风险管理纳入法人监管体系,将机构的声誉风险管理状况作为监管评级及市场准入的考虑因素,并针对发现的问题依据现行有关法律法规实施行政处罚。

银保监会有关部门负责人表示,当前金融业声誉风险形势复杂严峻,银保监会对原先两部声誉风险管理指引进行修订,形成融合统一的声誉风险监管制度,指导行业机构加强声誉风险管理、有效防范应对声誉风险。

资料来源:中国银行保险监督管理委员会:中国银保监会发布《银行保险机构声誉风险管理办法(试行)》[OB/EL].2021-02-18. https://www.cbirc.gov.cn/cn/view/pages/ItemDetail.html? docId=967212&itemId=917&generaltype=0.

(2)案例中的思政元素

①科学精神。声誉风险管理的科学性体现在哪些方面?未来还可以在哪些方面提升声誉风险管理的科学水平?

②法治意识。在金融风险管理课程中加入对现行法律法规的学习,引导学生加强职业的法律意识。

(3)教学手段

①课堂讲授:结合行业文件讲授声誉风险的识别、评估和管理的相关知识。

②课堂展示与讨论:组织学生收集声誉风险案例,尝试运用《银行保险机构声誉风险管理办法(试行)》对案例风险提出管理方案,进行小组汇报并开展讨论。

案例材料4:汇丰银行合规风险管理

(1)案例简介

2012年,一向以稳健经营著称的汇丰银行,因为墨西哥一件洗钱案件被推上了风口浪尖,其多年累积的专业形象和合规监管品质受到了质疑。在墨西哥洗钱案件发生之前,汇丰银行并没有加大对此类金融犯罪的监控和督察,此类风险的识别和监督力度不够,没有加强对集团体系的合规治理。这次事件后,汇丰银行新任董事会对集团进行了严格的合规整改,按照最严格的美国合规标准,明确了合规风险的范围后制定了集团内部的《环球标准手册》进行集团从上到下的整改运动,全球各个分支行按照统一的标准来进行业务、合规审查。在集团内加强合规文化的理念传导,实行从上到下的银行合规文化治理。在人才的选拔、入职、培训和晋升方面汇丰也加强控制,所有的入职人员都要经过信息背景调查,保证入职人员的高素质。经过五年的内部治理,严格执行合规操作,2017年12月,汇丰在美国监管机构的检查中,最终获得了美国监管机构的认可,取消了 DPA(延期诉讼协议),为银行挽回了声誉,本来面临的美国营业资格的吊销,由于良好的内部治理,美国监管当局撤销了对汇丰的起诉,保证全球业务的有效进行,完善自身的合规操作。

资料来源:李东蓁.汇丰银行(HSBC)合规风控管理研究——对我国商业银行合规风控管理的启示[D],上海交通大学,2018年.

(2)案例中的思政元素

①道德修养与职业伦理。从汇丰银行案例中引导学生进行讨论,银行从业人员应该具备哪些基本的道德修养和职业素质?

②法治意识。汇丰银行洗钱案例是合规风险管理的案例材料之一,通过案例引导学生树立法治意识的基本观念。

(3)教学手段

①课堂讲授:结合汇丰银行案例讲授合规风险的识别、评估和管理的相关知识。

②课堂展示与讨论:组织学生收集合规风险案例,进行小组汇报并开展讨论。

第七章 金融风险监管

专业教学目标

【知识目标】

1. 熟悉巴塞尔协议的发展历程和基本内容。

2. 了解巴塞尔协议Ⅲ中对信用风险、市场风险、流动性风险、操作风险的监管要求,以及对系统性风险的监管方案。

3. 熟悉我国对于金融风险监管的具体措施。

【能力目标】

1. 能够从历史的角度理解巴塞尔协议不断调整的内涵,深度理解风险监管。

2. 能够运用巴塞尔协议Ⅲ的相关要求分析具体案例问题。

3. 能够分析一些我国的金融监管问题。

课程思政教学目标及实践

【育人目标】

1. 政治认同　向学生讲解我国金融监管改革取得的成就,学习领会习近平总书记关于中国金融监管改革的"三个统筹"的重要论述和指导意义,加强学生对我国经济制度以及政治制度的认同。

2. 法治精神　金融监管离不开法律支撑。通过讲解金融监管相关制度和法律法规,让学生了解法律法规,自觉遵守法律法规,通过案例向学生介绍金融机构违规经营的严重后果,培养学生的法治精神和底线思维。

3. 科学精神　通过学习巴塞尔协议的演进历程,尤其是2008年美国发生次贷危机后各国开始加强宏观审慎监管等举措,以及我国在科学监管方面的措施和成效,使学生理解金融监管的科学性。

4. 时代担当　青年学生肩负着实现中华民族伟大复兴的时代责任,在相关教学案例讲解时要融入时代担当元素。

5. 广阔视野　青年学生应该具有广阔视野,通过对国内外金融监管法律的比较,以及重大监管事件分析,培养学生的国际视野。

【教学方式与方法】

1. 自主学习:线上学习智慧树平台中的基础专业知识点,线下自主阅读有关风险监管的文献资料,撰写阅读笔记或思维导图。

2. 课堂讲授:讲授金融风险监管的国际经验和中国方案。
3. 课堂展示与讨论:组织学生分组进行专题研究,并进行小组汇报和讨论。

【课程思政教学实例】
案例材料:打好防范化解重大金融风险攻坚战
(1)案例简介

打好防范化解重大金融风险攻坚战,是党的十九大确定的三大攻坚战之一。在党中央、国务院的坚强领导下,人民银行认真贯彻落实各项决策部署,系统性金融风险上升势头得到遏制,金融脱实向虚、盲目扩张得到根本扭转,金融风险整体收敛、总体可控,金融业平稳健康发展,防范化解重大金融风险攻坚战取得重要阶段性成果:金融服务实体经济效能明显提升,平稳有序处置高风险金融机构,影子银行风险持续收敛,全面清理整顿金融秩序,有效应对金融市场异常波动和外部冲击风险,防范化解金融风险制度建设有力推进。

资料来源:中国人民银行微信公众号.《打好防范化解重大金融风险攻坚战 切实维护金融安全》2022-4-15.

(2)案例的思政元素

①政治认同。从金融监管取得的众多成就中体验社会主义市场经济体制的优越性。

②法治意识。引导学生学习金融监管方面的法律法规,提高学生法治观念,树立学生法治意识。

③时代担当。青年学生担负着中华民族伟大复兴的时代责任,为进一步提高我国金融风险防范能力贡献力量。

(3)教学手段

①翻转课堂:帮助学生进一步梳理我国金融风险监管的框架和体系,结合案例加强对学生政治素养、职业素养的教育。

②互动讨论:以金融服务实体经济效能明显提升、平稳有序处置高风险金融机构、影子银行风险持续收敛、全面清理整顿金融秩序、有效应对金融市场异常波动和外部冲击风险、防范化解金融风险制度建设有力推进等作为专题,组织学生进行深度学习,分组讨论并进行成果汇报。

四、课程思政的教学评价

(一)对教师的评价

1. 教学准备的评价

将《金融风险管理》课程思政建设落实到教学准备各方面,尤其在案例选取时特别关注思政元素的提炼,将课程思政融入教学大纲、教材选用、教案课件编写中。

2. 教学过程的评价

将《金融风险管理》课程思政建设落实到市场风险、信用风险、操作风险、流动性风险等各个风险学习中,主要关注教师是否在教学理念及策略、教学方法运用、作业及批改、平时成绩考核等环节将思政元素自然地融入到各个风险中。

3. 教学结果的评价

从同行评议、随机听课、学生评教、教学督导、教学研究及教学获奖等多方面对《金融风险管理》课程思政建设进行评价。

4. 评价结果的运用

对于同行评议、学生评教、教学督导等提出的改进建议,以及对学生考核的成绩分析进行运用,对教学进行反思与改进。

(二)对学生的评价

1. 学习过程的评价

检验学生在《金融风险管理》学习过程中的参与程度,包括资料收集、材料制作、课堂分享、互动讨论等环节的表现,科学评价学生的学习过程。

2. 学习效果的评价

通过平时作业、课堂讨论、案例分析、课程论文、期末考试等多种形式,检验学生对《金融风险管理》课程思政元素的融入程度。

3. 评价结果的运用

在与学生的日常交流中评估学生的学习效果,总结经验,改进不足,提升课程思政的学习效果。

五、课程思政的教学素材

序号	内容	形式
1	中国古典风险管理思想	阅读材料
2	美国次贷危机和全球金融危机	案例分析
3	《巴塞尔协议Ⅰ》《巴塞尔协议Ⅱ》《巴塞尔协议Ⅲ》	阅读材料
4	《商业银行预期信用损失法实施管理办法》	政策法规
5	《商业银行资本管理办法》	政策法规
6	《商业银行信用风险内部评级体系监管指引》	政策法规
7	北海道拓殖银行倒闭原因探究	案例分析
8	GameStop事件	案例分析
9	"中行原油宝"事件	案例分析
10	"妖镍"事件	案例分析
11	《商业银行操作风险管理指引》	政策文件
12	《决胜全面建成小康社会 夺取新时代中国特色社会主义伟大胜利》	纲领性文件
13	《中华人民共和国国民经济和社会发展第十四个五年规划和2035年远景目标纲要》	纲领性文件
14	央行降低准备金率,提高市场流动性	案例分析
15	希腊主权债务危机	案例分析
16	中国金融发展成就	阅读材料
17	《银行保险机构声誉风险管理办法(试行)》	政策法规
18	汇丰银行合规风险管理	案例分析性
19	《打好防范化解重大金融风险攻坚战》	阅读材料

《商业银行业务与经营》课程思政教学指南

王军生[1]　罗长青[2]　周莉[3]　熊洁[4]　吕坤[5]　薛勇[1]　姚畅燕[1]　刘菊芹[1]　谌莹[2]
吕颖毅[2]　杨梅[2]　粟亚亚[2]　杨小红[3]　李西平[3]　李沂[4]

([1]西安财经大学　[2]湖南工商大学　[3]福建江夏学院
[4]西安外国语大学　[5]天津商业大学)

一、课程简介与课程目标

(一)课程简介

《商业银行业务与经营》既是金融专业的专业主干课程,也是一门理论与实践相结合的特色鲜明的应用性课程。课程以我国现行的法律法规和国际准则为依据,主要讲授商业银行的业务与经营和管理机制。课程教学中,要吸收国外先进银行的管理理念和银行动态、尽力体现技术和最新的理论研究成果,结合国内银行新的改革实践和参照现行做法,通过案例和讨论式、混合式教学,综合培养学生分析问题以及解决问题的能力,以期能够缩短理论与实践的磨合期,使学生真正成为应用型、复合型、创新型和具有国际视野的专业人才。

围绕教育要立德树人的根本任务,从仁义礼(德)智信、守法合规、诚实守信、勤勉尽职、风险管理等方面,将商业银行业务与经营课程内容和思想政治教育相结合,有效发挥专业课程更新和价值渗透作用、思想引导作用。

本课程可采用庄毓敏教授《商业银行业务与经营》中国人民大学出版社2019.3(第五版)和张桥云教授《商业银行经营管理》机械工业出版社2021.9作为教材,重点讲述银行依据《中华人民共和国商业银行法》等法律法规,银行合规合法经营原则、银行三大业务和经营管理等内容,侧重于商业银行的业务与经营管理,实时融入最新银行现实实践和理论前沿变化,对新商业银行法、大数据、风险控制和智能投顾,人工智能发展的未来银行等探索,打造开放交流的教学内容体系,契合应用型人才培养期许。

(二)课程目标

《商业银行业务与经营》为金融专业学科和金融学课程下的主干专业课程,为专业必修课程,通过本课程的学习,让学生了解商业银行作为金融体系"压舱石"的重要性和作用,使学生能够达到以下目标:

1. 知识目标:系统掌握经济学理论基础,有金融专业基础知识基本理论和基本的操作技能,同时具有其他领域相关知识,形成兼具人文社科、自然科学、工程与技术科学基本均衡的知识结构。具有在银行相关领域、行业技术体系内较熟练进行项目分析、设计、开发的专业能力。理解商业银行经营管理的基本原则、三大核心业务和经营管理,正确认识信用、业务规范和风险管理、绩效管理和合规合法经营等概念,帮助学生树立正确的人生观、世界观和价值观。

2. 能力目标:具有获取知识的能力,能够有效地掌握学习方法,主动接受终身教育,具备实践应用能力,在银行实践活动中灵活运用所掌握的专业知识,能用专业知识、理论和现代科学研究方法解决实际问题,具备一定的科研能力和创新精神、创业意识以及参与创新创业的能力。

从商业银行基础理论、业务到管理,实现所有章节课程思想政治理论和实践全覆盖。商业银行业务与经营注重理论讲述和实践操作的有机结合。授课对象为三年级本科生,这些学生已完成基础课程如《金融学》等课程学习,初次逐步接触到专业课程,正是学习专业知识和塑造"三观"的重要时期,将知识传授、价值引领和能力培养有机融合,实现专业学习和思政提升的协同效应。

3. 育人目标:热爱国家,遵纪守法,具有良好的职业品质和职业文明习惯,培养出有良好的职业操守、专业素养,具备社会责任和人文关怀的意识。熟悉国家有关金融和银行方针政策、法律法规,了解国内外银行发展动态,具有一定科学知识、科学素养和良好的心理素质的业界人才。

通过专业知识的学习,培养大学生良好的金融职业素养,倡导积极向上的人生态度和阳光心理,使学生能够清楚认识到当代大学生所肩负的历史使命和努力方向。持续强化课程思政浸入和建设,深入挖掘课程思政元素,有助于在商业银行知识学习中实现价值引领和职业塑造。

(三)课程教材和资料

➢ 推荐教材

1. 庄毓敏. 商业银行业务与经营[M]. 5 版. 北京:中国人民大学出版社,2019.
2. 张桥云. 商业银行经营管理[M]. 北京:机械工业出版社,2021.

➢ 参考教材或推荐书籍

1. 戴国强. 商业银行经营学[M]. 北京:高等教育出版社,2022.
2. 戴小平. 商业银行学[M]. 3 版. 上海:复旦大学出版社,2020.
3. 彭建刚. 商业银行管理学[M]. 5 版. 北京:中国金融出版社,2019.

➢ 学术刊物与学习资源

学术刊物:金融研究、金融论坛、中国金融、国际金融研究、现代商业银行等国内外经济金融类期刊。

学习资源:大学慕课、智慧树、学习通等平台,人民银行、银保监会、财政部、发展改革委等政策公告及研究报告。

➢ 推荐网站

中国政府网:http://www.gov.cn.

中国人民银行网站:http://www.pbc.gov.cn.

中国银行保险监督管理委员会网站:http://www.cbirc.gov.cn.

中、农、工、建、交等各大银行官网。

二、课程思政教学总体设计

(一)课程思政的教学目标

以习近平新时代中国特色社会主义思想为指导,始终坚持知识传授与价值引领结合,运用多样教学方式培养大学生理想信念、价值取向、政治信仰、社会责任意识,用鲜活的题材和全面的内容,提升大学生缘事析理,明辨是非的能力,让大学生成为德才兼备和全面发展的人。

课程思政建设的进行:"融入式"的课程思政改革十分必要. 在此基础上,以"习近平新时代中国特色社会主义思想"为核心,从国家、企业以及个人三个层面,充分发掘与课程相关的思政元素,通过整合教学内容、选取合适的思政融入点和思政融入方式、利用现代化的技术手段以及采用"线上+线下"的教学模式,将思政元素全程融入教学活动的各个环节,从而实现"三全育人",为国家培养"德才兼备"的高素质金融人才。

(二)课程思政的教学内容

结合课程思政政治认同、家国情怀、道德修养与职业伦理、法治意识与底线思维、文化素养、科学精神、时代担当、广阔视野等八个维度对其蕴含的思政元素进行归纳和概括,对本课程主要内容概括成具体的方面如下:

1. 政治认同

政治态度和制度认同,包括对国家政治制度、阶级、政党、政治理想认同。并结合商业银行经营与管理讲述银行发展历程,中国商业银行的特点和各类业务、具体业务操作,银行法律法规和制度政策体系以及实体经济发展的步伐,结合国内外情况对比学习、讨论互动,能够帮助学生认识到社会主义制度优越性,增强制度自信和道路自信。

2. 家国情怀

商业银行的业务涉及几乎所有的居民和家庭,和学生的生活紧密联系,更容易引发学生的共鸣。通过银行特征和原则深刻理解银行业务,通过了解商业银行的主要业务,包括存款、贷款、中间业务等,认识金融服务内涵/分析银行服务居民和服务社会的职能与作用,阐述商业银行在社会主义建设(例如机场、铁路和公路等基础设施建设)中的融资作用和银行家的贡献,让学生在学习专业知识的同时,增强国家认同感。

3. 道德修养与职业伦理

本课程会涉及金融职业道德相关知识,特别是金融业务过程管理。通过反面案例的分析,让学生认识到金融职业道德的重要性,能自觉养成遵守职业道德的习惯。在市场经济条件下,金融职业道德水平的高低很大程度上决定该行业能否可持续健康发展。像诚实信用,守法合规,专业胜任,保护商业秘密与客户隐私,公平竞争都是重要内容。树立正确的价值观,能够加强反腐倡廉,廉洁自律。讲廉洁,拒腐蚀,遵守法,比贡献。倡导积极向上态度,使学生能够认识到当代大学生所肩负的历史使命,在商业银行知识学习中实现价值引领和职业塑造。

4. 法治意识与底线思维

商业银行从设立开始,到产品运营,业务拓展和风险管理需要遵循法律法规和严格遵守法律法规的要求,接受严格的监管,不能触碰监管的"红线"。从金融领域的反腐实践案例和风险点等出发,拓展到学生的生活和今后工作,提醒学生要有法律认知和敬畏法律法规,做到遵纪守法,培养良好的金融职业素养。

5. 文化素养

倡导诚实守信的行业文化,注重素质和日常积累,提醒学生养成读纸质书和习惯阅读的规矩,不听谣言和传谣言,用脑袋思考和逻辑推理和判断。阅读国内外金融历史原著原版,累积未来从事金融行业的底气和文化自信。

6. 科学精神

塑造学生以坚韧意志、理性思维和求真务实的科学精神。如追求逻辑上自洽,即追求知识的统一性、兼容性。新东西试图成为科学必须先努力做到与现有的知识体系兼容,当发现实在不通时,才着手突破旧体系。创新要被认可,必须努力做到向下兼容。寻求可重复的经验证据。现代科学是经验科学,要求所有理论都要付诸实践地不断检验,理论只有获得足够多的经验证据,才能被认可。证据应当是尽可能可重复的,不因时空位置变化、实验主体变化而不同。实际情况很复杂的要特别处置。

7. 时代担当

商业银行作为经营货币业务的特殊企业。一是要有敢于担当的品质。坚决"捍卫核心",增强"四个意识"、坚定"四个自信"、做到"两个维护";须守土有责、守土负责、守土尽责。二是要有勇于担当的豪气。空谈误国,实干兴邦。社会主义是干出来的,新时代是干出来的。面对转型发展、创新发展、跨越发展的繁重任务,狭路相逢、勇猛者胜。三是要有善于担当的能力。有善担当的"真本领"。锐意进取,坚定不移讲政治、守纪律、抓执行推进和落实;明大德、守公德、严私德。追求利润同时履行社会责任。使学生能够清楚认识到当代大学生所肩负的历史使命和责任担当。为中华民族伟大复兴努力奋斗,达到专业课程思政育人的良好效应。

8. 广阔视野

从国内外商业银行的发展历程,到商业银行的不同阶段的发展和危机考验经历,再到国内外商业银行的业务和实践对比分析,帮助学生了解国内外商业银行的最新发展,理解我国当前"双循环发展格局"的战略意义,帮助学生树立广阔视野,拥有全球化意识和国际视野。

(三)教学方法

商业银行业务与经营课程教学采用线上线下混合教学方式,线上侧重理论知识讲授,线下引导和注重实践业务和讨论互动,并结合最新商业银行的时事热点,有机融合到课程相关知识点中,将专业知识和思政教育深度融合,实现以下目标:

深刻理解马克思主义唯物史观,学习使用辩证法分析和解决问题,认同、拥护中国共产党领导的社会主义制度和社会主义核心价值观,了解中国金融发展历程和商业银行特征,与日常经济生活联系起来。

深刻理解我国商业银行在金融体系中的基石作用,增强政治认同感,拥有道路自信、文化自信、制度自信和家国情怀。形成良好的金融职业素养,具备合规合法意识和高度的社会责任感,做合格金融从业者和社会主义事业的接班人。

三、课程各章节的课程思政教学内容设计

第一章 商业银行导论

专业教学目标

商业银行是社会经济发展中重要的金融中介机构。伴随生产力的发展和生产关系的变革,不同国家和地区的银行也表现出差异化的演进规律。

本章立足国际、国内双重视角,使学生能够运用马克思唯物主义史观看待商业银行的起源、发展、经济职能等问题,引导学生建立金融学专业的理性思维,科学地分析、判断商业银行在金融全球化进程中的发展趋势,以及中国的商业银行应如何有效应对来自国际、国内的各种机遇与挑战。

【知识目标】

1. 早期银行业产生的原因、业务形式、历史意义及时代局限性。
2. 资本主义商业银行产生的原因。
3. 中国银行业务的历史演进及中国近现代商业银行建立的历史背景。
4. 国际金融市场的发展趋势对商业银行业务与经营的影响。
5. 商业银行的性质与作用。
6. 商业银行的外部组织结构与内部组织结构。
7. 政府对银行业监管的原因、内容、发展趋势。

【能力目标】

1. 能够运用马克思历史唯物主义、辩证唯物主义看待不同历史时期国际、国内银行业的演进规律。
2. 能够准确表述商业银行的不同职能以及业务发展趋势。
3. 能够辩证分析不同国家和地区商业银行外部组织结构的优势与局限。
4. 能够深刻理解中国所处的历史阶段特征,全面把握党和国家的大政方针,在树立全球意识和开放心态的同时,充分认识到中国银行业面临的机遇与挑战,坚定责任感和使命感。

课程思政教学目标及实践

【育人目标】

1. 把握人类文明进程与世界发展动态 讲授人类不同历史时期银行业务的具体内容及产生原因,资本主义商业银行的性质与历史贡献,引导学生从金融专业角度建立全球意识。
2. 了解中国历史,捍卫国家的主权、尊严和利益 讲授近、现代中国在资本主义列强入侵后,外资在华商业银行对中国国民经济造成巨大破坏,对学生进行爱国主义教育,认清资本主义的本质。
3. 了解中华民族的优秀文明的成果,坚定文化自信 归纳比较"工、农、中、建"四大国有商业银行行徽的外在形式与文化内涵,引导学生深入体会金融机构对中华民族传统文化的继承与发扬。
4. 牢固法治意识 指导学生自主学习《中华人民共和国商业银行法》《存款保险条例》等内容,使学生认识到,对于具有高杠杆经营特征的商业银行而言,一切经营活动都必须依法开展,且需要金融监管机构应"有法可依、有法必依、执法必严、违法必究",维护社会的公平正义。
5. 实现共同富裕 讲授《存款保险条例》出台的目的与意义,使学生明确该政策法规的积极作用;综合分析国际、国内形势,引导学生理解商业银行服务实体经济的重要性和必要性。体现出金融行业在践行"共同富裕"伟大理念中的特有贡献。

【教学方式与方法】

本章内容主要采用"对分课堂"教学模式完成:即一半课堂时间由教师讲授,另一半课堂时间组织学生展开小组讨论和全班交流。采用"隔堂讨论"方式,在教师讲授和课堂讨论两个环节之间,给学生充分进行自主阅读、查找资料、完成作业、内化吸收的时间和空间,师生之间、学生之间形成交互式学习。

【课程思政教学实例】

案例材料:源起、传承、使命——中国四大国有商业银行的"钱事"与"金生"

(1)案例简介

在中国众多的商业银行中,由中华人民共和国财政部、中央汇金公司直接管控的中国工商银行、中国

建设银行、中国银行以及中国农业银行最为人所熟悉,它们代表着中国最雄厚的金融资本力量,其中中国工商银行更是连年居于英国《银行家》杂志全球银行1000强的榜首,被称为"宇宙第一大行"。新中国成立以来,这四家大型商业银行对金融行业乃至社会经济的发展都做出了重要的历史贡献。

通过历史资料整理,在深入了解这四家商业银行发展历程的同时,综合分析它们独具特色的标识中如何巧妙地将中国传统文化与它们在社会主义建设过程中承担的特殊使命有机融合,并深入思考面对国际、国内的复杂形势,四大商业银行应如何选择正确的发展路径,体现中国的金融担当。

(2)案例的思政元素

①文化自信。四家大型商业银行的行徽均为中国古代"圆形方孔"钱币的变异造型,不仅体现出明显的金融属性,且分别有机融入了各自的企业名称、业务特色、企业文化等元素。

②国家认同。中华人民共和国成立至今,四大商业银行在不同历史时期为国民经济发展做出的特有贡献;基于共建"一带一路"倡议的大背景以及"三期叠加"的经济发展阶段,深刻认识到四大商业银行在"中国梦"的实现中应具有的金融担当。

(3)教学手段

①任务驱动与研究性学习融合:布置学习任务,督促学生独立充分利用图书馆、互联网等资源,收集、整理、总结有关四大商业银行的发展进程、金融贡献、综合实力以及行徽内涵。

②案例教学与同伴教学融合:以案例为载体,组织学生即时分组讨论、形成小组观点,并在全班进行汇报;针对开放式讨论的问题(例如:四大商业银行应如何为新时代中国特色社会主义经济发展建设做出新的历史贡献?)教师组织开展头脑风暴,鼓励学生各抒己见的同时乐于听取他人观点,取长补短,师生之间互评、互助、互动,教学相长。

第二章 商业银行负债管理

专业教学目标

本章主要讲解商业银行外部资金来源渠道,包括存款资金与非存款资金来源的种类与结构;并重点介绍商业银行存款保险制度与负债成本的管理,为银行财务绩效的评价奠定理论基础。

【知识目标】

1. 了解国内外银行存款的类型。
2. 了解银行非存款性资金来源的种类。
3. 熟悉存款保险制度。
4. 掌握银行负债成本的组成及其计算。

【能力目标】

1. 培养学生灵活应用各种负债资金的筹集方式。
2. 培养学生从思辨的角度分析商业银行负债结构,以及进行负债成本分析的能力。

课程思政教学目标及实践

【育人目标】

1. **实践创新** 通过介绍存款的种类及变化,引导学生认识到实践创新的本质,提升学生勇于探究,及时发现、解决问题的兴趣和热情。

2. **国家认同** 通过存款保险制度的介绍,引导学生认识到党中央对人民群众利益的维护,以及维护金融稳定,促进银行业健康发展的信念,提升学生的家国情怀与爱国热情。

3. **社会责任** 通过银行在筹集非存款性资金来源时存在风险的案例介绍,结合中国银保监会发布的《商业银行负债质量管理办法》,引导学生认识到商业银行在经济社会中的重要作用,增强学生的社会责任感。

4. **制度认同** 通过介绍商业银行存款与非存款负债的类型及结构的变化,引导学生认识到先进的社会主义制度为银行业的规模扩张与稳定发展提供了成熟的市场环境,增强学生的制度认同。

【教学方式与方法】

1. 课堂讲授:讲授商业银行负债的主要类型、存款保险制度、负债成本计算等内容。

2. 课堂讨论:学生根据课程案例进行小组讨论。

【课程思政教学实例】

案例材料:B银行案例

(1)案例简介

201×年2月,B银行发行了65亿元的二级资本债,期限10年,固定利率4.5%。201×年5月,B银行因出现严重信用风险,被人民银行、银保监会联合接管。202×年,B银行在中国货币网披露,因被认定已经发生"无法生存触发事件",B银行对已发行的65亿元二级资本债券本金实施全额减记,并对尚未支付的5.86亿元累计应付利息不再支付。"一旦债务无法及时兑付,极易引发银行挤兑、金融市场波动等连锁反应。为最大程度保障广大储户债权人合法权益,维护金融稳定和社会稳定,人民银行、银保监会经过深入研究论证,决定由存款保险基金和人民银行提供资金。"人民银行称,先行对个人存款和绝大多数机构债权予以全额保障。同时,对大额机构债权提供了平均90%的保障。2021年银保监会制定发布《商业银行负债质量管理办法》,规定商业银行应当重点从负债来源的稳定性、结构的多样性、与资产匹配的合理性、获取的主动性、成本的适当性、项目的真实性六个方面加强负债质量管理,以防止负债大幅异常变动、过度集中、过度错配或负债成本不合理等引发风险。

资料来源:①《中国人民银行 中国银行保险监督管理委员会 关于认定B银行发生无法生存触发事件的通知》(银发〔2020〕274号)。

②中国财经网转载中华工商时报2020-11-20第07版:《B银行65亿元二级资本债全额减记》。

(2)案例的思政元素

①国家认同。启发学生认识到共产党执政下为人民服务,维护储户利益的信念,增强学生的国家认同与爱国热情。

②社会责任。商业银行负债结构不协调,很可能导致资金的周转不灵,进而发生对商业银行的挤兑,并可能造成公众的心理恐慌及连锁反应,轻则严重损害银行的信誉,重则引发金融风险。引导学生认识在市场经济条件下,商业银行负债管理在经济社会中的重要作用,增强学生的社会责任感。

③勤于反思。针对商业银行的负债管理,银保监会及时出台相关文件,积极预防风险发生,启示学生勤于总结、及时反思。

(3)教学手段

知识点+实事+思政:在知识点"存款保险制度"的基础上,引入B银行案例,将制度认同、爱国情怀、社会责任等思政元素与专业知识相结合,增强学生的国家认同与爱国热情。

第三章 商业银行现金资产管理

专业教学目标

本章主要讲解商业银行现金资产的构成、管理原则与存款准备金的计算,重点介绍商业银行流动性需求与供给的组成,以及流动性需求预测与管理方法,为探索商业银行流动性管理奠定理论基础。

【知识目标】

1. 了解现金资产的构成与管理的目的、原则。
2. 熟悉存款准备金的计算与管理。
3. 了解商业银行的流动性需求及其类型。
4. 掌握商业银行流动性需求的预测方法。
5. 了解商业银行流动性需求管理的原则与方法。

【能力目标】

1. 培养学生能够依据现金资产管理原则,实现银行的盈利性与安全性、流动性要求平衡的理性思维。
2. 培养学生能够依据所学方法进行银行流动性需求的预测,并根据相关原则方法进行流动性管理的能力。

课程思政教学目标及实践

【育人目标】

1. 理性思维 通过介绍商业银行现金资产管理原则,引导学生思考商业银行盈利性与安全性要求之间的平衡,运用科学的思维方式解决问题、指导行为。

   2. 社会责任　通过介绍安全性原则,以"错送款箱""未按规定操作兑换钞票"等为例,引导学生认识到工作疏忽、不遵守规章制度及风险防范意识淡薄极易引发银行损失风险,提升学生的职业道德与责任感。

   3. 科学精神　通过 J 银行流动性风险案例分析与讨论,引导学生独立思考判断,多角度地分析流动性缺口及风险形成的原因,勇于批判质疑。

   4. 国际理解,国家认同　通过中外银行流动性管理的相关规定,包括巴塞尔协议Ⅲ、存款准备金制度、《商业银行流动性风险管理办法》,引导学生认识到全球银行面临的共同挑战,以及中国政府做出的努力,提升学生的国际视野与国家认同。

【教学方式与方法】
   1. 自主学习:线下自主阅读 J 银行案例文献资料。
   2. 课堂讲授:讲授流动性需求、供给、流动性缺口、流动性管理等理论知识。
   3. 课堂讨论:针对案例,结合理论知识对流动性风险产生的原因及对策进行讨论报告。

【课程思政教学实例】
案例材料:J 银行流动性风险案例
(1)案例简介

2008 年全球金融危机和 2013 年"钱荒"事件暴露出商业银行流动性风险,《第三版巴塞尔协议》为弥补过去对商业银行流动性风险的监管缺陷,引入流动性覆盖率和净稳定资金比率作为流动性风险监管指标。我国 2011 年开始试行将流动性覆盖率列入监管指标体系,2014 年 3 月开始实施,于 2018 年底达到不低于 100% 的监管标准。J 银行在 201×年通过流动性风险指标分析发现,资金头寸不足、各个期限流动性缺口较大、资产负债存在严重期限错配、流动性匹配率和流动性覆盖率低于监管标准,已经面临较为严重的流动性短缺。进一步分析其风险产生原因,发现是 J 银行资产负债结构不合理,负债端过度依赖同业负债、资产端应收款项类投资占比过大等内部原因,以及宏观经济下行压力加大和银行体系出现流动性分层等外部原因共同导致了 J 银行流动性危机。

资料来源:①《中国银监会关于中国银行业实施新监管标准的指导意见》(银监发〔2011〕44 号)。
②《商业银行流动性风险管理办法(试行)》(中国银行业监督管理委员会令 2014 年第 2 号)。
③《商业银行流动性风险管理办法》(中国银行保险监督管理委员会令 2018 年第 3 号)。
④聂世如. J 银行流动性风险案例分析[D]. 湘潭大学,2021。

(2)案例的思政元素
①科学精神。通过 J 银行流动性风险形成的原因分析探讨,培养学生独立思考、判断、分析问题的能力。
②国际理解。通过讲述《巴塞尔协议Ⅲ》关于流动性风险监管指标的要求,引导学生认识到全球银行面临的共同挑战,提升学生的国际视野。
③国家认同。通过存款准备金制度、《商业银行流动性风险管理办法》等政策法规的介绍,启发学生认识到中国政府做出的努力,增强国家认同。

(3)教学手段
①翻转课堂:利用文献资源为翻转课堂提供支撑;通过课堂展示、师生思辨讨论实现课堂高效性。
②知识点＋实事＋思政:在知识点"流动性需求"中引出流动性风险及相关政策法规,将国际理解、国家认同与批判思维等思政元素与专业知识相结合,增强学生立足国际视野分析解决问题的能力。

第四章　贷款政策与管理
【专业教学目标】

贷款是商业银行最主要的资产业务,是商业银行最主要的资金运用。本章在介绍商业银行贷款种类、政策规定和操作流程的基础上,着重对贷款质量评价、问题贷款的发现与处置进行分析,使学生建立起对商业银行贷款业务的整体认知,掌握贷款的相关概念和基本原理,为之后学习企业贷款和个人贷款章节奠定基础。

【知识目标】
   1. 学生了解贷款的重要性,熟悉贷款的种类、政策规定和基本操作流程。

2. 学生掌握贷款质量评价、问题贷款的发现和处置。

【能力目标】

1. 培养学生将贷款相关理论灵活应用于现实业务和具体案例。

2. 培养学生从思辨与探索的角度剖析问题贷款的现状、成因与处置的问题。

课程思政教学目标及实践

【育人目标】

1. 家国情怀与社会责任 通过讲解商业银行服务国家战略,对高新技术产业等重点领域、重点项目和京津冀、长三角、大湾区等重点区域加大信贷力度,强调银行业支持实体经济发展的责任担当;以及近年来大力发展绿色信贷、普惠贷款,助力绿色发展和共同富裕,增强学生的政治认同,激发学生爱国热情。

2. 职业道德与职业素养 通过讲解贷款流程、贷款质量分类流程和处置问题贷款流程等内容,让学生认识到按规定程序规范操作的重要性,强调银行业从业人员要守法合规,培养学生诚实守信的职业道德和勤勉尽责的职业素养。

3. 创新意识 通过讲解我国处置问题贷款的实践,从自行清收等传统方式,到不良资产证券化、债转股等方式的创新,让学生体会到商业银行不断提高处置问题贷款的能力,增强学生创新意识。

【教学方式与方法】

1. 自主学习:学生通过学习通等线上学习平台,学习基础专业知识点,线下自主阅读文献资料,撰写阅读笔记或思维导图。

2. 课堂讲授:讲授相关理论的主要观点或内容、政策等。

3. 课堂展示与讨论:学生展示根据教学素材整理分析的相关报告等,小组讨论。

【课程思政教学实例】

案例材料:X银行Q分行落地首笔风力发电贷款

(1)案例简介

2019年11月,X银行Q分行首笔风力发电贷款落地,2.7亿元的贷款资金将专项用于R公司铺集风电场工程项目建设,项目建成后,预计每年发电量在9000万度左右,可满足2.5万户普通家庭全年用电量,每年可减少各类大气污染排放物超50万吨。近年来,围绕水资源、清洁能源等领域,X银行开发落地了排污权质押贷款、节水贷、绿创贷等一系列创新产品,获得了良好的社会与环境效益。其中,"绿创贷"荣获《亚洲货币》2020年"最佳绿色金融产品奖"。

资料来源:兴业银行官网.兴业银行青岛分行落地首笔风力发电借款[EB/OL].2021—11—23/2022—08—16.

(2)案例的思政元素

①社会责任。X银行为支持国家绿色转型,加大绿色信贷投放力度,将信贷资金向绿色金融领域配置,助力国家"双碳"目标的实现。

②创新意识。分析"绿创贷"等创新型绿色信贷产品的创新点与创新意义,探讨银行如何进行产品创新。

③风险意识。分析绿色信贷与传统信贷业务的风险点有何异同,针对其风险特征,如何强化绿色信贷风险防范。

④科学探索。与国际银行业发展绿色信贷及绿色金融业务实践进行比较,分析优势与不足,开阔学生的视野与思维,培养其科学探索精神。

(3)教学手段

①知识点+实事+思政——贯穿融合:在相关知识点中引入绿色信贷案例,将思政元素与专业知识相结合,增强学生的社会责任、创新意识、风险意识和科学探索精神。

②课堂讨论——实时呼应:学生分组对案例进行分析、讨论,老师现场点评。

第五章 企业贷款

【专业教学目标】

本章在介绍企业贷款种类及企业借款理由的基础上,着重介绍如何对借款企业进行信用分析,以及企业贷款的合理定价,使学生建立起对企业贷款业务经营与管理的整体认知,并能掌握分析判断企业偿债能力和对贷款进行合理定价的方法。

【知识目标】
1. 学生了解商业银行企业贷款的种类,以及企业的借款理由。
2. 学生掌握对借款企业进行信用分析的方法,以及贷款定价的几种方法。

【能力目标】
1. 培养学生理论联系实际,将所学知识灵活应用于现实业务和具体案例。
2. 培养学生积极思考商业银行企业贷款业务的开展应如何更好地配合国家政策,突出其责任担当。

课程思政教学目标及实践

【育人目标】
1. 家国情怀　通过讲解企业贷款的种类及企业贷款的定价等内容时,融入商业银行通过业务创新及定价上的让利助力绿色发展和抗疫纾困的案例,让学生意识到金融服务实体经济的重要性,明确商业银行所应承担的社会责任,从而激发学生的家国情怀。

2. 专业素养和职业道德　通过讲解企业借款理由分析和借款企业信用分析,让学生意识到准确分析企业借款理由的真实性和合理性、判断企业的偿债能力对于降低贷款风险的重要意义,深刻理解银行从业人员的专业素养和职业操守对银行业健康发展的重要性,由此激励学生提高自身的专业水准和职业道德修养。

3. 科学精神　通过讲解借款企业信用分析,让学生意识到科学的分析方法以及分析人员的求真务实的精神对于准确判断借款企业的偿债能力的重要性,由此培养学生坚持真理、不畏困难的科学精神。

【教学方式与方法】
1. 自主学习:学生通过学习通等线上平台,学习基础专业知识点,线下自主阅读有关文献资料,撰写阅读笔记或思维导图。
2. 课堂讲授:讲授相关理论的主要观点或内容、政策等。
3. 课堂展示与讨论:学生展示根据教学案例进行分析、整理的报告等,小组讨论。

【课程思政教学实例】

案例材料:L 股份财务造假

(1) 案例简介

L 股份上市 5 年,主营收入从 4.6 亿大幅增长至 18.4 亿,但之后董事会却发布公告称正接受证监会调查。

刘研究员当时在撰写《上市公司虚假会计报表识别技术》这本书,正想找一个可供深入剖析的上市公司虚假财务新案例,看到 L 股份被证监会调查的消息后,即对其财务报告进行分析。

而后刘研究员在《金融内参》发表了《应立即停止对 L 股份发放贷款》的文章。文章在对 L 股份的资产结构、现金流向和偿债能力作了分析后,得出结论是 L 股份的偿债能力越来越恶化;L 股份没有净收入来源;不能创造足够的现金流量以维持正常经营活动和保证按时偿还银行贷款本息;银行应立即停止对 L 股份发放贷款。此后,有关银行相继停止对 L 股份发放新的贷款。由此,L 股份的资金链条断裂,其业绩大幅增长的神话随之破灭,并最终退市。

资料来源:戴小平.商业银行学(第三版)[M].上海:复旦大学出版社,2020:115—116.

(2) 案例的思政元素

①专业素养。刘研究员通过对 L 股份的财务报表的分析,得出 L 股份的偿债能力越来越恶化,银行应立即停止对其贷款的结论,可见其过硬的专业技能。

②职业道德。刘研究员仅用了十多天通过对 L 股份公开的财务信息进行分析,就揭露了 L 股份造假的真相,她所运用的分析方法是银行的高管以及信贷员们都能做到的,然而,不该发放的贷款却发放出去了,这是为什么呢?

(3) 教学手段

①知识点+思政——贯穿融合:在相关的知识点引入 L 股份财务造假案例,使思政要点与教学内容有

机结合,达到潜移默化的教育效果。

②课堂讨论——实时呼应:学生分小组进行分析、讨论,老师现场点评。

第六章　个人贷款

【专业教学目标】

本章通过对个人贷款的分类及发展进行介绍,分析个人贷款的内容、流程、定价、风险等,并重点强调个人信用评估的内容和方法。通过学习,让学生建立起对商业银行个人贷款的整体认知,熟悉个人贷款的流程及风险控制。

【知识目标】

1. 了解个人贷款的分类及特点,熟悉个人贷款的流程、定价原则与定价模型。
2. 掌握个人信用评估的方法。

【能力目标】

1. 培养学生理论联系实际,能够将个人贷款理论应用于现实业务和具体案例。
2. 培养学生从辩证的角度、发展的眼光探索个人贷款的全过程,并对个人贷款业务存在的局限性与问题进行剖析。

课程思政教学目标及实践

【育人目标】

1. 家国情怀　通过讲解个人贷款的分类及作用,让学生认识个人贷款在提高人民生活质量,促进我国经济发展中的重要作用,了解金融企业的社会责任,激发学生的家国情怀与爱国热情。

2. 法治意识与底线思维　通过讲解个人贷款的规范流程与步骤,让学生熟悉相关规章制度及法律法规,意识到遵纪守法,合规经营的重要意义,培养学生遵守法规与依法办事的职业素养,牢固树立法治意识与底线思维。

3. 科学精神　通过讲解个人贷款的贷款定价、风险控制、个人信用评估模型与等,使学生认识到银行从业人员的专业素养对业务开展的重要作用,培养学生勤于思考、勇于探索的科学精神。

4. 时代担当与广阔视野　通过分析当前的时代背景与未来发展,发现我国个人贷款业务存在问题与不足,让学生认识到个人贷款业务类型、服务方式、服务手段、风险防范等必须不断进行创新,培养学生的时代担当与国际视野。

【教学方式与方法】

1. 自主学习:学生通过学习通等线上学习平台,学习基础专业知识点,线下自主阅读文献资料,撰写阅读笔记或思维导图。
2. 课堂讲授:讲授相关理论的主要观点或内容、政策等。
3. 课堂展示与讨论:学生展示根据学习内容整理分析的报告并进行小组讨论。

【课程思政教学实例】

案例材料:C银行推出"快贷"业务

(1)案例简介

"快贷"是C银行推出的个人客户全流程线上自助贷款,客户可通过C银行电子渠道在线完成贷款,包括实时申请、审批、签约、支用和还款。客户可通过C银行手机银行、网上银行、智慧柜员机进行自助办理,按提示操作即可轻松完成贷款,无需通过任何中介和他人办理。"快贷"业务可分为信用快贷和质押快贷。

信用快贷——全流程线上自助操作的小额信用贷款。

贷款金额:1000元～20万元。

贷款利率:"快贷"额度及利率由系统自动审批,具体利率及还款日期以最终合同签约为准。

贷款用途:按照有关政策规定,"快贷"应用于合法合规的消费用途,不得用于购房、股票投资等。

资料来源:建设银行官网.建行"快贷"[EB/OL].2017-03-10/2022-08-16.

(2)案例的思政元素

①家国情怀。"快贷"作为一种新型的个人贷款种类,在提高金融服务与发展经济方面的作用有哪些,

培养学生为国家的金融事业及经济发展艰苦奋斗的精神。

②法治意识。分析"快贷"是否具有个人贷款的规范性,其经营环节是否受到相关法律法规的约束,培养学生的法治意识。

③科学精神。分析"快贷"业务的定价模式、信用评估方法,培养学生勇于探索的科学精神。

④广阔视野。"快贷"与西方国家的个人贷款业务进行比较,分析优势与不足,开阔学生的视野与思维。

(3)教学手段

①知识点＋实事＋思政——贯穿融合:在相关知识点中引入新出现的个人贷款产品,将家国情怀、法治意识等思政元素与专业知识相结合。

②课堂讨论——实时呼应:学生分小组进行分析、讨论,老师现场点评。

第七章 商业银行证券投资管理

专业教学目标

通过介绍商业银行经营模式与商业银行证券投资方法,使学生了解商业银行两大经营模式优缺点,理解商业银行证券投资目标,掌握商业银行证券投资的主要工具与投资策略。

【知识目标】

1. 梳理商业银行经营模式变迁,了解国际银行业经营体制演变过程,掌握分业经营与混业经营利弊。

2. 掌握商业银行证券投资目标及商业银行证券投资的主要工具,了解商业银行实际持有证券组合的构成,考察不同规模银行持有证券组合差异。

【能力目标】

1. 培养学生将所学投资策略灵活应用于商业银行证券投资。

2. 培养学生从思辨与探索角度分析理解收益率曲线对银行证券投资的作用。

课程思政教学目标及实践

【育人目标】

1. 科学精神 宏观经济环境复杂多变,商业银行工作人员必须具备独立思考与判断能力,多角度、辩证地分析银行流动性与收益性变化,才能做出明智的决策以有效降低或规避流动性风险,鼓励学生积极寻求有效解决问题的方法,提升银行证券资产组合应对市场行情变化的韧性。

2. 法治意识与底线思维 商业银行的证券投资行为必须符合中国人民银行、中国银保监和中国证监会等相关监管机构的审批与同意,资产组合设计既要符合银行流动性和收益性要求,又不能损害投资者的利益,加大系统性金融风险。从业者应认真学习并遵守证券法等相关法律法规,树立法治精神,强化自身底线思维。

【教学方式与方法】

1. 自主学习:智慧树平台线上学习基础专业知识点,线下自主阅读文献资料,撰写阅读笔记或思维导图。

2. 课堂讲授:讲授相关理论的主要观点或内容、政策启示与建议等。

3. 课堂展示与讨论:学生展示相关研究报告,进行小组讨论。

【课程思政教学实例】

案例材料:N银行——债券市场特色银行

(1)案例简介

N银行作为业内公认的债券之王,债券承销、投资、交易在其收入当中占据着举足轻重的地位。1997年6月6日,银行间债券市场正式成立,N银行积极参与其中,债券业务逐步成为N银行的特色业务。2000年,N银行的资金运营中心在城商行同业当中率先成立。2005年,N银行的债券结算量已达1.14万亿,其中代理结算4006亿元,居于全国商业银行之首。十几年债券市场业务的累积,奠定了N银行无可动摇的地位。一方面,N银行获得了巨量的业务收益,另一方面也承受着债券市场波动带来的冲击。2013年债市经历"钱荒",债市中的丙类户问题凸显。2016年N银行所代销的X基金产品被省证监局点名存在宣传不当。2016年3月,省证监局采取行政监管措施,责令N银行改正。2018年,N银行的资管业务于《资管新规》颁布之后开始逐渐边缘化。2018年8月N银行140亿元定增计划罕见被否。2020年以来,N银行开始主动调整经营结构,减少同业资产非标资产投入,并侧重公司传统对公业务与零售银行建设。

资料来源:新京报.债券之王N银行这两年:债券业务增速放缓,定增受挫[EB/OL].2019—03—12/2022—08—16.

(2)案例的思政元素

①法治意识和底线思维。N银行债券投资行为必须符合中国人民银行、中国银保监和中国证监会等相关监管机构的审批与同意,严格遵循相关监管规则。严格树立底线思维,不牺牲储户利益,不引发地方金融风暴。

②科学精神。N银行工作人员须具备独立思考与判断能力,辩证地分析债券投资的收益与成本,以降低或规避金融风险。适时根据宏观经济变化调整银行资产配置,积极主动开展数字化转型,建设符合时代要求的新型零售银行。

(3)教学手段

①翻转课堂:智慧树平台资源、学校电子图书馆为翻转课堂提供平台支持;课堂展示、师生思辨讨论构建以学生为中心的课堂。

②协同育人:在知识点"商业银行证券投资方法与策略"中引入N银行债券投资案例,讲述社会主义核心价值观包含的法治意识和底线思维、科学精神。

③学习测评:观点投票、知识点检测、现场点评。

第八章 商业银行中间业务管理

专业教学目标

学生通过学习将掌握中间业务的基本概念,能够比较灵活地分析各类中间业务的风险点和内外部监管措施,并进一步思考商业银行中间业务将来的创新趋势和监管方向。

【知识目标】

1. 从狭义和广义两个层面了解商业银行中间业务的内涵和外延,熟悉中间业务的九大类型,结合实例对各类中间业务的风险点进行分析和归类。

2. 从市场准入、产品类型、风险点、内部控制、信息披露及监管要求等多维度把握商业银行中间业务的管理内容。

【能力目标】

1. 培养学生结合实例深入思考各类中间业务存在的风险点。

2. 结合科技金融发展和"双碳"目标背景,引导学生思考商业银行中间业务的创新趋势和监管方向。

课程思政教学目标及实践

【育人目标】

1. **科学精神** 我国商业银行中间业务近些年虽然发展较快,但存在发展规模偏小、范围比较狭窄且发展不平衡等问题。在金融科技和"双碳"目标背景下,可以从放开金融产品定价权、建立适合市场需求的中间业务体系、健全对中间业务的内部管理和风险控制系统等方面运用区块链、大数据、人工智能等技术进行金融创新。

2. **道德修养与职业伦理** 商业银行各种类型的中间业务广泛存在着信用风险、操作风险、市场风险等金融风险,针对中间业务从业人员开展持续性、系统性的道德修养和职业伦理培训和考核很有必要。培训的内容既要涵盖中间业务相关法律法规和近年来相关典型案例,提升从业人员对中间业务风险的敏锐度,通过自身道德修养和职业伦理的把控构筑起一道抵御中间业务风险的防火墙。

【教学方式与方法】

1. **自主学习**:智慧树平台线上学习相关专业知识点,线下阅读有关文献资料,撰写阅读笔记或绘制思维导图。

2. **课堂讲授**:讲授商业银行中间业务相关理论的主要概念、风险与管理措施。

3. **课堂讨论**:针对商业银行中间业务相关案例展开小组讨论。

【课程思政教学实例】

案例材料：Z银行——"原油宝"事件

(1)案例简介

近年来，随着投资理财市场不断发展，银行金融机构也参与其中。关于原油宝的推送，Z银行的宣传语是这么说的："对于没有专业金融知识的'投资小白'，是否也有好玩有趣又可以赚钱的产品推荐呢？当然有啦！那就是原油宝！"。

2020年受突发新冠肺炎疫情的影响，市场对原油的需求大幅下降，国际原油期货价格暴跌。2020年4月20日晚间，美国WTI原油期货5月合约上演史诗级崩盘，一夜暴跌超305%，收盘价格竟为－37.63美元/桶。4月22日，Z银行发布公告称，芝加哥商品交易所官方结算价为－37.63美元/桶为有效价格。在此价格上，大量投资者的本金全部亏完，还倒欠银行钱，接着出现了Z银行强行扣划投资者账户余额事件。

2020年10月，中国银保监会对Z银行及其分支机构合计罚款5050万元；对Z银行全球市场部两任总经理均给予警告并处罚款50万元，对Z银行全球市场部相关副总经理及资深交易员等两人均给予警告并处罚款40万元。

资料来源：①中国银行保险监督管理委员会行政处罚信息公开表（〔2020〕60号）．
②人民网．原油宝暴露的风险隐患值得行业警醒［EB/OL］．2020－04－26/2022－08－16．

(2)案例的思政元素

①道德修养与职业伦理。商业银行必须秉承如实向客户披露产品风险的职责，并对客户进行风险偏好评级，确保购买产品的客户符合该产品的风险特征。Z银行为提升产品销量夸大部分宣传销售文本内容或者片面宣传产品的收益而不提风险，甚至吸纳年龄不符合条件的客户购买产品，这些行为违背了《银行业从业人员职业操守和行为准则》(2020版)第三十九条对充分披露信息这一内容的规定。

②科学精神。原油宝是一种记账式原油期货产品，它的风险远大于QDⅡ类型的期货投资产品。Z银行在开发该产品时没有充分考虑原油价格波动的风险因素，后期对产品的管理也不够科学规范，产品后评价工作没有独立开展、未对产品开展压力测试工作，内控管理不够健全，绩效考核与激励机制不合理。商业银行应苦练内功，深入钻研金融衍生产品的运行规则和蕴含的风险，提高风控水平。

(3)教学手段

①翻转课堂：智慧树平台资源、学校电子图书馆为翻转课堂提供平台支持；课堂展示、师生思辨讨论构建以学生为中心的课堂。

②协同育人：在知识点"商业银行中间业务蕴含的风险"中引入Z银行原油宝事件案例，将道德修养和职业伦理、科学精神等思政元素融入到专业知识。

③学习测评：线上学习数据统计、课后作业、课堂答题和点评。

第九章 商业银行资产管理业务

专业教学目标

商业银行资产管理业务是一类重要的中间业务，近年来其规模逐渐扩大，成为了商业银行重要盈利来源。本章在介绍商业银行资产管理业务定义、性质、意义和发展概况的基础上，阐述不同类型资产管理业务的形式，并介绍其主要风险。

【知识目标】

1. 学生了解商业银行资产管理业务的类型、发展现状。
2. 学生熟悉商业银行资产管理业务的风险种类及防控方法。

【能力目标】

1. 使学生具备根据客户需求和银行能力开发新型资管产品的创新意识。
2. 培养学生开展资产管理业务的实践操作能力。
2. 培养学生对商业银行资产管理产品进行风险识别和防控的能力。

课程思政教学目标及实践

【育人目标】

1. 时代担当　商业银行资产管理业务的健康发展和科学监管,直接影响系统性金融风险,也是避免"脱实向虚",确保金融全面服务实体经济的重要保障,在熟悉商业银行资产管理业务过程中,培养学生为经济高质量发展做贡献的意识。

2. 法治意识　商业银行从业人员开展资产管理业务需严格遵守法律和监管规则,在产品设计和运营过程中不得损害客户利益,不能采用隐蔽方式逃避监管,通过案例分析培养学生的法治意识。

【教学方式与方法】

1. 自主学习:线上学习相应慕课中的基础专业、线下自主阅读相关文献。
2. 课堂讲授:讲授相关理论的主要观点或内容、政策启示与建议等。
3. 课堂展示与讨论:学生展示资产管理风险管理的案例,并对资产业务开展过程中的操作风险等进行小组讨论。

【课程思政教学实例】

案例材料:银行资管理财"乱象"遭监管"重拳"

(1)案例简介

2020年G银行私人银行部因2018年12月部分理财产品交易存在利益输送,被中国银保监会上海银保监局责令改正并处罚款50万元;2021年中国农业银行Z省分行因为误导销售保险产品、强制借贷搭售,被中国银保监会Z省监管局罚款37万元;2021年H银行因理财资金管理不审慎,回流借款人母公司挪用于支付土地出让保证金等6大案由,被中国银保监会Z省监管局罚款250万元。

资料来源:华尔街见闻.银行资管理财"乱象"遭监管"重拳",八家银行领罚近3.7亿[EB/OL]2021－06－15/2022－08－28.

(2)案例的思政元素

①法治意识。商业银行开展资管业务需要遵守《关于规范金融机构资产管理业务的指导意见》(2018)、《商业银行理财子公司管理办法》(2018)、《理财公司理财产品流动性风险管理办法》(2021)等一系列法律法规和监管规定。

②时代担当。通过分析资产管理业务的运作机制,理解资产管理业务如何将资金来源、中间环节与最终投向相链接,并将资金如何有效投向实体企业。

(3)教学手段

①翻转课堂——夯实基础:通过线上教学资源与课堂讲授相结合,为学生提供前沿和完整的知识体系,通过课堂讨论,提升学生的思考能力和创新意识。

②研究性学习——实践应用:在资产管理业务风险管理的学习过程中,引入案例的研究性学习,学生在查阅上述案例相关资料的基础上,明确以上银行受到处罚的具体原因,并提出相关改进措施,通过案例学习,增强学生的法治意识与底线思维,以及强化为经济高质量发展的时代担当。

第十章　商业银行资产负债管理

专业教学目标

资产负债管理是现代商业银行管理的核心内容。随着我国金融业市场化程度和开放程度的不断提高,资产负债管理方法在我国商业银行的运用将不断走向深入。本章在考察世界商业银行历史发展过程的基础上,重点介绍和分析了资产和负债的管理的三个阶段:资产管理阶段、负债管理阶段和资产负债管理阶段。

【知识目标】

1. 学生了解商业银行资产负债管理的发展历程。
2. 学生熟悉商业银行资产负债管理的一般理论。
3. 学生重点掌握资产负债管理方法,把握利率敏感分析与缺口管理、持续期缺口管理以及资产负债比例管理方法。

【能力目标】

1. 培养学生将商业银行的资产负债管理理论灵活应用于现实和具体案例。

2. 培养学生开展商业银行资产负债管理业务的实践操作能力。

课程思政教学目标及实践

【育人目标】

1. 家国情怀　通过阐述西方国家资产负债管理理论的发展历程和背景,对比我国商业银行的发展阶段,让学生认识中国特色的商业银行体系,引导学生树立正确的历史观和国家观。结合资产负债管理理论,阐述我国商业银行经营管理水平的持续提升,增强学生的政治认同和道路认同感。

2. 时代担当　经济新常态背景下,商业银行资产负债管理的机遇与挑战并存,如何抓住机遇,迎接挑战,不断改进商业银行资产管理,是其实现稳定健康发展的重要议题。在熟悉商业银行资产负债管理的过程中,激励学生肩挑金融使命,服务发展大局。

【教学方式与方法】

1. 自主学习:线上学习相应慕课中的基础专业、线下自主阅读相关文献。
2. 课堂讲授:讲授相关理论的主要观点或内容、政策启示与建议等。
3. 课堂展示与讨论:学生展示资产负债管理的案例,并对新时期我国商业银行如何进行资产负债管理展开小组讨论。

【课程思政教学实例】

案例材料:英国 Y 银行危机对商业银行资产负债管理的启示

(1)案例简介

英国 Y 银行创建于 1997 年,是由 Y 住房协会改制完成后成立,主要业务为住房抵押贷款业务。当时,遭受房地产泡沫后的英国房地产经济开始触底反弹,出现强势复苏景象。Y 银行抓住这一历史时机,开始深耕住房抵押贷款市场。截至 2006 年底,其资产规模已达到 1010 亿英镑。Y 银行虽然保持了持续的高速发展,但在其发展过程中,资产和负债结构失衡,流动性风险未得到足够重视和妥善处理。2007 年美国次贷危机爆发后,全球金融市场流动性全面收紧。同时,在不景气的房地产市场环境下,房价大幅下降,部分业主开始停止还贷。受内外部不利因素冲击,主要依赖货币市场和贷款证券化来进行融资的 Y 银行资金压力逐渐凸显,并于 2007 年 9 月向英国央行寻求帮助。随后,Y 银行的流动性危机被媒体曝光,同时社会上传播 Y 银行的税前利润比预期低 20%,这一消息引发了 Y 银行的客户蜂拥而至,引发"挤兑现象"。2007 年 10 月,Y 银行宣布倒闭,2008 年被收归国有。Y 银行倒闭,虽然有外部环境的原因,但总体来看,导致 Y 银行危机事件的主要因素是其自身的发展战略和"安全性、流动性、效益性"失衡的资产负债结构。

资料来源:于东智,董华香,谭明洋.英国 Y 银行危机对当下银行资产负债管理的启示[J].中国银行业,2020(11):53—55.

(2)案例的思政元素

①家国情怀。通过分析西方商业银行发展中的问题,同时结合我国商业银行在不同时期的实践探索路径,增强学生对我国商业银行发展道路的认同感,加强学生对我国国情和现实发展的理解,增强对国家发展道路的认同。

②时代担当。以史为鉴,通过研究英国 Y 银行危机的主要成因,结合宏观背景分析新时期我国商业银行资产负债管理面临的挑战,思考当前我国商业银行稳健经营及资产负债管理的若干启示。

(3)教学手段

①翻转课堂——夯实基础:通过线上教学资源与课堂讲授相结合,为学生提供前沿和完整的知识体系,通过课堂讨论,提升学生的思考能力和创新意识。

②研究性学习——实践应用:引入案例的研究性学习,学生在查阅上述案例相关资料的基础上,明确英国 Y 银行危机的主要成因,探究对新时期我国银行资产负债管理的启示,增强学生的家国情怀和时代担当。

第十一章　商业银行资本管理

专业教学目标

本章是商业银行管理中非常重要的组成部分。通过分析巴塞尔协议的演变过程引出我国商业银行资本监管的进程及主要内容,最后介绍我国商业银行如何进行资本充足率的管理来增强银行业金融机构抵御风险的能力。

【知识目标】

1. 学生了解商业银行资本的构成、职能,商业银行资本充足率标准的演变,熟悉商业银行资本控制银行规模扩张的原理、风险加权资产计算原理、监管资本套利机制原理。

2. 学生了解我国对商业银行资本监管的进程,熟悉中国资本充足性监管的分类监管与分级监管、掌握商业银行提高资本充足率的策略。

【能力目标】

1. 培养学生将理论与实际相结合,通过具体案例分析我国商业银行对资本的管理。

2. 培养学生了解资本监管的法律法规,明白平衡业务发展与风险管理的关系。

课程思政教学目标及实践

【育人目标】

1. 家国情怀　通过讲解我国银行资本实力的变化,以及资本监管体制和政策改革发展的历程。培养学生的爱国主义精神和为党和国家奉献的精神。

2. 法治精神　通过讲解巴塞尔协议变化过程,以及我国银行资本监管相关制度和法律法规,让学生了解资本监管的法律法规,培养学生的法治精神和底线思维。

【教学方式与方法】

1. 自主学习:慕课线上学习基础专业知识点,线下自主阅读文献资料。

2. 课堂讲授:讲授相关理论的主要观点或内容、政策启示与建议等。

3. 课堂展示与讨论:学生展示银行对于提高资本充足率填补资本缺口的案例,并对商业银行为满足自身发展需求对资本补充渠道上进行的创新进行小组讨论。

【课程思政教学实例】

案例材料:商业银行资本补充债券

(1)案例简介

随着经济增速换挡,内源性资本补充能力相应减弱,加之新冠肺炎疫情影响,银行业普遍资产质量承压,不少银行特别是中小银行逐步加大拨备计提和不良核销,资本消耗压力较大,依靠发行资本补充工具等外部"输血"的诉求愈发强烈。另一方面,监管政策也多方位引导中小银行发行资本债券增强风险抵御能力,增加信贷投放,提升服务经济实体质效。

Wind 数据显示,截至 2022 年 8 月,商业银行已发行次级债券 69 只,发行总额为 6004 亿元,较上年同期增加近 4 成。其中永续债(一级资本)13 只、二级资本债 56 只。

资料来源:①中小银行资本补充[J].中国金融,2021(10):39.
②可转债受青睐,商业银行纷纷补充资本[N].中国证券报,2022-08-06(A02).

(2)案例的思政元素

①政治认同。通过学习商业银行发行资本补充债券以增强地方银行资本实力,提高经营稳健性等方面的改革,从而自觉增强"四个意识"、坚定"四个自信"。认真学习习近平总书记关于中国金融监管改革的"三个统筹"的重要论述和指导思想,从内心认同和践行"两个维护"。

②时代担当。青年学生肩负着实现中华民族伟大复兴的时代责任,通过学习商业银行资本充足率与相应的风险承担能力,让学生认识到做人要守法经营要合规,能担当起时代赋予的责任。

(3)教学手段

①翻转课堂——夯实基础:通过线上教学资源与课堂讲授相结合,为学生提供前沿和完整的知识体系,通过课堂讨论,提升学生的思考能力和创新意识。

②知识点+时政+思政——贯穿融合:通过案例分析与时政介绍融入相关的专业知识点,提炼思政要点元素与教学内容有机结合,贯穿专业知识学习的全过程,从而达到潜移默化、润物细无声的思政教育效果。

第十二章 商业银行全面风险管理

专业教学目标

商业银行风险管理已从传统的单一信贷风险扩展到了包括信用风险、市场风险、操作风险、流动性风险等多风险类型在内的全面风险管理。本章将在全面风险管理框架下介绍商业经营的主要风险类型及管理方法。

【知识目标】

1. 学生了解全面风险管理体系的形成与发展,熟悉商业银行风险主要类型。
2. 学生了解我国商业银行对全面风险管理的探索,了解我国利率市场化改革与利率管制。
3. 学生掌握商业银行利率风险的来源,利率变动对商业银行净利差与净值的影响,了解商业银行利率风险管理策略。

【能力目标】

1. 培养学生识别商业银行风险主要类别,理解金融监管意图。
2. 通过案例分析,培养学生将理论方法策略应用于实际风险管理。

课程思政教学目标及实践

【育人目标】

1. 政治认同 通过向学生讲解我国利率银行风险管理取得的成就,特别是相关工具和市场创新等,学习领会习近平总书记关于金融风险和金融安全的重要论述,加强学生对我国经济制度以及政治制度的认同。

2. 科学精神 引导学生积极思考商业银行利率风险主要来自哪些方面?利率变动如何影响银行的净利差?利率变动如何影响银行的净值?商业银行利率风险管理的策略有哪些?

【教学方式与方法】

1. 自主学习:线上学习相应慕课中的基础专业、线下自主阅读相关文献。
2. 课堂讲授:讲授相关理论的主要观点或内容、政策启示与建议等。
3. 课堂展示与讨论:学生展示银行对于不同风险的管理手段与全面风险管理创新的案例,并对新冠肺炎疫情对宏观环境的影响导致我国商业银行面临的风险上升问题等进行小组讨论。

【课程思政教学实例】

案例材料:建立存款利率市场化调整机制

(1)案例简介

2015年10月,人民银行放开了对存款利率的行政性管制,市场利率定价自律机制(简称利率自律机制)成员在存款利率自律上限内自主确定存款利率水平。2021年6月,人民银行指导利率自律机制优化存款利率自律上限形成方式,由存款基准利率乘以一定倍数形成,改为加上一定基点确定。2022年3月,新发生定期存款加权平均利率为2.37%,同比下降0.08个百分点,较存款利率自律上限优化前的2021年5月下降0.12个百分点。其中,中长期定期存款利率降幅更大,2年、3年和5年期定期存款利率较2021年5月分别下降0.18个、0.43个和0.45个百分点。2022年4月,人民银行指导利率自律机制建立了存款利率市场化调整机制,自律机制成员银行参考以10年期国债收益率为代表的债券市场利率和以1年期LPR为代表的贷款市场利率,合理调整存款利率水平。

资料来源:中国人民银行2022年第一季度《货币政策执行报告》。

(2)案例的思政元素

①家国情怀。我国利率市场化改革基于中国国情,是对中国特色社会主义道路的有益探索,同时也体现了中国特色社会主义道路自信。

②时代担当。中国利率市场化对于传统银行人而言是最后一代,但不是终结而是开始。培养学生做旧时代终结的记录者、新时代征程的开拓者,肩负起实现中华民族伟大复兴的时代责任。

③广阔视野。通过比较分析中美利率管制与利率市场化改革的路径,培养学生的国际视野。

(3)教学手段

①翻转课堂——夯实基础:通过线上教学资源与课堂讲授相结合,为学生提供前沿和完整的知识体

系,通过课堂讨论,提升学生的思考能力和创新意识。

②知识点+时政+思政——贯穿融合:通过案例分析与时政介绍融入相关的专业知识点,提炼思政要点元素与教学内容有机结合,贯穿专业知识学习的全过程,从而达到潜移默化、润物细无声的思政教育效果。

第十三章 商业银行监管与法律

专业教学目标

中国金融监管体系基本形成"一委一行两会"中央监管架构和"中央+地方"的金融监管格局。中国是以银行为主的金融体系,因此金融监管的重中之重是对银行体系的监管。本章将介绍金融监管主体、监管的内容方式等。

【知识目标】

1. 学生了解商业银行监管的特点与原则,熟悉利率管制、利率市场化等相关概念的含义,熟悉中国监管架构。
2. 学生了解近年来银行业的主要法律法规。

【能力目标】

1. 培养学生将所学理论灵活应用于现实和具体案例。
2. 培养学生了解中国金融监管架构。

课程思政教学目标及实践

【育人目标】

1. 家国情怀 通过讲解我国银行监管体制和政策改革发展的历程,确保我国金融行业的健康稳健发展,培养学生的爱国主义精神和为党和国家奉献的精神。
2. 法治精神 通过讲解商业银行监管相关制度和法律法规,让学生了解法律法规,自觉遵守法律法规,守法经营,培养学生的法治精神和底线思维。

【教学方式与方法】

1. 自主学习:线上学习相应基础专业知识点,线下自主阅读文献资料,撰写阅读笔记或思维导图。
2. 课堂讲授:讲授相关理论的主要观点或内容、政策启示与建议等。
3. 案例教学:讲授"三三四十"专项治理监管案例。

【课程思政教学实例】

案例材料:"三三四十"专项治理

(1)案例简介

2017年,中国银监会启动的"三三四十"专项整治行动,对我国银行业的发展产生了深远影响。"三三四十"专项整治行动是指在银行业全系统开展的"三违反、三套利、四不当、十乱象"大检查。其中,"三违反"指违反金融法律、违反监管规则、违反内部规章;"三套利"指监管套利、空转套利、关联套利;"四不当"指不当创新、不当交易、不当激励、不当收费;"十乱象"指股权和对外投资、机构及高管、规章制度、业务、产品、人员行为、行业廉洁风险、监管履职、内外勾结违法、涉及非法金融活动等十个方面市场乱象。

资料来源:经济日报2018年1月22日第7版,"银行业'三三四十'专项整治行动收官"。

(2)案例的思政元素

①政治认同。商业银行监管是确保商业银行沿着正确的轨道运行的必要保证,是一国金融监管体系的重要组成部分。

②道德修养。教育学生在未来纷繁复杂的世界中坚守道德,守住金融人的底线。

③文化素养。鼓励学生阅读商业银行监管方面的相关书籍,扩展知识面,提升文化素养。

④时代担当。通过学习让学生认识到做人要守法经营要合规,担当时代赋予的责任。

⑤广阔视野。通过商业银行监管法律的比较,以及重大监管事件分析,培养学生的国际视野。

(3)教学手段

①翻转课堂——支架与高阶:慕课资源、文献资源为翻转课堂提供支架;课堂展示、师生思辨讨论实现

课堂高阶性、高效性。

②学习测评——实时呼应：投票结果、讨论结果现场点评。

第十四章 商业银行的业绩评价

专业教学目标

资产负债表、损益表、现金流量表是商业银行最重要的财务报表。本章对商业银行的财务报表,进行银行经营的财务分析,通过学习掌握其成本构成和成本控制,理解商业银行的业绩评价指标。

【知识目标】

1. 学生了解商业银行主要的财务指标。
2. 学生掌握商业银行盈利能力主要指标的计算能力。
3. 掌握商业银行业绩评价的主要内容。

【能力目标】

1. 培养学生将所学理论灵活应用到现实具体案例。
2. 培养学生能够计算相关财务指标和分析财务报表。

课程思政教学目标及实践

【育人目标】

1. 家国情怀 通过讲解我国商业银行的利润形成方式以及支出方式,强调银行必须承担社会责任。培养学生的爱国主义精神和为党和国家奉献的精神。

2. 法治精神 通过讲解商业银行收支与财务等相关制度建设,学习银行财务制度和信息披露制度,牢固树立遵纪守法合规经营的底线思维,培养学生的法治精神。

3. 广阔视野 通过商业银行绩效、收入结构变化等案例的比较研究,认识商业银行盈利来源的差异,培养学生的国际视野。

4. 科学精神 引导学生积极思考宏观经济、银行特征对非利息收入的影响有哪些？薪酬制度会影响银行绩效吗？银行会利用新冠肺炎疫情加速不良贷款核销吗？培养学生勇于钻研、大胆探索的精神。

【教学方式与方法】

1. 自主学习：线上学习相应基础专业知识点,线下自主阅读文献资料,撰写阅读笔记或思维导图。
2. 课堂讲授和启发式教学：讲授相关理论的主要观点或内容、政策启示与建议等。
3. 课堂展示与讨论教学：学生展示根据教学素材整理分析的相关报告等,小组讨论等。

【课程思政教学实例】

案例材料：C银行加大减费让利力度

(1)案例简介

为积极贯彻落实相关要求,2021年6月C银行发布关于加大减费让利力度的公告：积极践行普惠金融理念,严格贯彻落实党中央、国务院以及监管部门关于降低实体经济融资成本的决策部署,坚持"以客户为中心",坚持金融向上向善,针对小微企业、个体工商户、个人客户等推出了多项减费措施。2021年9月发布《C银行服务价目表》部分项目优惠措施,例如对小微企业和个体工商户开立单位结算账户开户手续费按现行收费标准打5折、免收账户管理费、网上银行服务费执行五折以下等优惠措施。

资料来源：中国人民银行、银保监会、发展改革委、市场监管总局四部委联合发布《关于降低小微企业和个体工商户支付手续费的通知》(银发〔2021〕169号)；《中国C银行股份有限公司关于加大减费让利力度的公告》。

(2)案例的思政元素

①政治认同。通过让学生全面了解党和政府出台的支持中小微企业发展,降低企业融资成本,加强学生对我国经济制度以及政治制度的认同。

②家国情怀。通过讲解我国银行的利润形成方式,以及支出方式,强调银行必须承担社会责任。培养学生的爱国主义精神和为党和国家奉献的精神。

③法治精神。通过学习银行财务制度和信息披露制度,牢固树立遵纪守法合规经营的底线思维,培养学生的法治精神。

④时代担当。通过惠企利民助力经济高质量发展,持续推动落实"六稳""六保",为市场主体恢复元气、增强活力也是实现中华民族伟大复兴的时代责任。

(3)教学手段

①翻转课堂——支架与高阶:慕课资源、文献资源为翻转课堂提供支架;课堂展示、师生思辨讨论实现课堂高阶性、高效性。

②学习测评——实时呼应:投票结果、讨论结果现场点评。

第十五章 金融科技与商业银行业务管理

专业教学目标

本章在探寻商业银行科技发展路径,深入理解商业银行转型背景及金融科技发展现状的基础上,从商业银行业务及服务模式创新、商业银行经营模式创新等方面分析金融科技发展对中国银行业的影响,让学生建立起对于商业银行业务数字化转型过程的整体认识,了解商业银行服务经营环节之间的科技布局与创新。

【知识目标】

1. 学生了解商业银行的科技发展路径,熟悉商业银行的转型背景、金融科技发展现状等相关特点与原则。
2. 学生掌握商业银行业务和服务创新的七种新业务形态。
3. 学生理解商业银行的直销银行、银行系电商平台、开放银行以及综合生态四种经营模式创新。

【能力目标】

1. 培养和提高学生认识和解决商业银行金融科技发展问题的实践能力。
2. 转变学生金融创新的价值观和过程观,助推科技中国建设。
3. 培养更好契合国家数字金融发展需要的合格人才,服务于国家科技发展的重大战略。

课程思政教学目标及实践

【育人目标】

1. 社会责任　商业银行业务发展应坚守为民初心,健全适应数字经济发展的现代金融体系,在熟悉商业银行业务数字化转型过程中,培养学生为构建新发展格局、实现共同富裕贡献金融力量的责任意识。

2. 创新意识　商业银行从业人员开展金融科技背景下的商业银行业务转型应始终坚持创新驱动,严防数据跑偏,脱实向虚以及单纯追逐高效益而忽略了社会价值和民生价值,通过案例分析培养学生的创新能力。

【教学方式与方法】

1. 自主学习:线上学习相应慕课中的基础专业、线下自主阅读相关文献。
2. 课堂讲授:讲授相关理论的主要观点或内容、政策启示与建议等。
3. 课堂展示与讨论:学生展示金融科技手段与银行业务体系融合创新的案例,并对中国银行业转型过程中面临的痛点难点问题等进行小组讨论。

【课程思政教学实例】

案例材料:金融科技赋能普惠金融——G银行业普惠金融典型案例

(1)案例简介

G银行运用大数据及卫星遥感等技术,通过高频获取渔业、农业作物经营种植面积、智能识别作物类型、长势等数据,然后再融合农户身份、金融资产、土地证、历史农作物出售证明、政府相关农作物生产数据等多维度大数据分析进行综合授信评估,为农户提供相应额度的贷款金额和合理的还款周期,为涉农小微客户提供智能在线信用融资服务。

资料来源:新浪财经.基于卫星遥感技术的涉农信贷服务[EB/OL].2022-04-20/2022-08-16.

(2)案例的思政元素

①社会责任。只有不断增强社会责任感和历史使命感的商业银行才能具有更强的竞争力,只有提升银行履责质效,构建良好的品牌优势和信誉优势的商业银行才能最终实现健康的持续发展。在这个过程

中,引导学生时刻牢记,积极承担社会责任,是"百年未有之大变局"与中华民族伟大复兴下,银行业金融机构必须具备的时代品格。

②创新意识。在讲授商业银行业务形式以及金融科技新发展趋势时,促使学生了解商业银行业务创新背景、创新模式和创新特点,以及大数据、区块链、智能算法、云协同等在商业银行业务转型中的应用,进而让学生了解经营模式的创新都是来自某些新需求的拉动或新技术的推动。从不同视角让学生认识到创新是在既有的知识基础上推进知识边界,创新方法则主要是找到知识和技术等的新组合、新应用。增强学生对创新的认识、结合专业知识训练,培养学生能力。

(3)教学手段

①翻转课堂——夯实基础:通过线上教学资源与课堂讲授相结合,为学生提供前沿和完整的知识体系,通过课堂讨论,提升学生的思考能力和创新意识。

②研究性学习——实践应用:在金融科技与商业银行业务管理的学习过程中,引入案例的研究性学习,学生在查阅上述案例相关资料的基础上,明确以上金融科技背景下银行普惠金融业务的转型动因,理解金融科技与商业银行的关系,通过案例学习,增强学生的社会责任意识与职业伦理道德观念,引导学生要积极应对环境变化,努力创新以谋求发展。

四、课程思政的教学评价

(一)对教师的评价

1. 教学准备的评价

把《商业银行业务与经营》课程思政建设落实到教学准备各方面时,提前进行课程思政元素的提炼、课程思政目标的设计,同时进行教学大纲的修订、教材的选用、教案的编写和课件的完善等。

2. 教学过程的评价

把《商业银行业务与经营》课程思政建设落实到教学过程各环节中,主要考察教师采取的教学方式和教学手段是否能将课程思政元素有效和巧妙地融入教学内容中,使课程思政教学以"润物细无声、潜移默化"的方式完成。包括课程思政教学理念的转换,教学方法及策略的运用、课堂师生"学和问"的互动、作业布置及批改、平时成绩考核等。

3. 教学结果的评价

课程思政建设的教学效果不仅要看对学生的积极影响,还要看对任课教师产生的积极影响,因此,建立并完善《商业银行业务与经营》课程思政多维度评价体系,不仅包括同行评议、随机听课评议、学生评教、教学督导评议、教学研究项目立项及教学获奖情况的评价,还包括任课教师精神面貌、教学热情度及工作积极性方面的评价等。

4. 评价结果的运用

对于同行评议、学生评教、教学督导评议以及对任课教师产生的积极影响评议中提出的改进建议,以及对学生考核的成绩分析进行运用,对教学进行反思与改进。

(二)对学生的评价

1. 学习过程的评价

检验学生是否认真完成了老师的课堂学习要求和布置的学习任务,积极参与资料收集、课堂讨论和实地调研等教学过程,科学评价学生在学习过程中的积极性、互动性和参与度。

2. 学习效果的评价

除了通过传统的平时作业、课堂讨论、资源库平台资料分析报告、随堂练习、课程论文、期末考试等多种形式进行考核外,建立健全德智美体劳等考评维度的课程思政考评体系,包括学生听课认真度、学习热情、德智美体劳参与度等考核,全面检验学生对课程思政元素的领会及其掌握程度。

3. 评价结果的运用

通过师生座谈和系部教研活动,再结合学生德智美体劳的表现情况,以多种形式,对学生的学习效果进行科学分析,总结经验,改进不足,提升课程思政的学习效果。

五、课程思政的教学素材

序号	内　　容	形式
1	中华人民共和国国务院《国务院关于中国人民银行专门行使中央银行职能的决定》国务院发〔1983 第146 号〕	政策文件
2	中国银行业监督管理委员会《商业银行资本管理办法（试行）》中国银行业监督管理委员会令〔2012 第 1 号〕	政策文件
3	中国银行保险监督管理委员会《中国银保监会现场检查办法（试行）》中国银行保险监督管理委员会令〔2019 第 7 号〕	政策文件
4	中国银行业监督管理委员会《流动资金贷款管理暂行办法》中国银行业监督管理委员会令〔2010 第 1 号〕	政策文件
5	中国银行业监督管理委员会《固定资产贷款管理暂行办法中国银行业监督管理委员会》令〔2009 第 2 号〕	政策文件
6	中国银行业监督管理委员会《个人贷款管理暂行办法》中国银行业监督管理委员会令〔2010 第 2 号〕	政策文件
7	中国银行业监督管理委员会《项目融资业务指引》银监发〔2009 第 71 号〕	政策文件
8	中国银行保险监督管理委员会《银行业保险业绿色金融指引》银保监发〔2022 第 15 号〕	政策文件
9	中国银行保险监督管理委员会《商业银行流动性风险管理办法》中国银行保险监督管理委员会令〔2018 第 3 号〕	政策文件
10	中国人民银行《中国人民银行金融消费者权益保护实施办法》中国人民银行令〔2020 第 5 号〕	政策文件
11	中国银行保险监督管理委员会《商业银行监管评级办法》银保监发〔2021 第 39 号〕	政策文件
12	中国银行保险监督管理委员会《银行业保险业绿色金融指引》中国银行保险监督管理委员会令〔2022 第 15 号〕	政策文件
13	中国人民银行《金融科技发展规划（2022—2025 年）》银发〔2021 第 335 号〕	政策文件
14	中国银行保险监督管理委员会《关于银行业保险业数字化转型的指导意见》银保监规〔2022 第 2 号〕	政策文件
15	中国人民银行《中国人民银行金融消费者权益保护实施办法》中国人民银行令〔2020 第 5 号〕	政策文件
16	中国银行保险监督管理委员会《中国银保监会办公厅关于印发商业银行负债质量管理办法的通知》银保监办发〔2021 第 35 号〕	政策文件
17	中国银行协会《银行业从业人员职业操守和行为准则》银协发〔2020 第 120 号〕	政策文件
18	中国人民银行《关于规范金融机构资产管理业务的指导意见》银发〔2018 第 106 号〕	政策文件
19	中国银行业监督管理委员会《关于提升银行业服务实体经济质效的指导意见》银监发〔2017 第 4 号〕	政策文件
20	B 银行 65 亿元二级资本债全额减记	案例分析
21	商业银行不良贷款的主要影响因素及差异性——以中信银行和宁波银行为例	案例分析
22	财务分析：刘研究员解读 L 报表	案例分析
23	G 银行"网贷通"业务、H 银行消费信贷"个人享贷产品"	案例分析
24	商业银行资本补充债券	案例分析
25	建立存款利率市场化调整机制	案例分析
26	"三三四十"专项治理	案例分析
27	C 银行关于加大减费让利力度的公告	案例分析
28	中国银行保险监督管理委员会行政处罚信息公开表（〔2020〕60 号）——银行资管理财"乱象"遭监管"重拳"，八家银行领罚近 3.7 亿	案例分析
29	《中华人民共和国商业银行法》	法律法规
30	《存款保险条例》	法律法规

续表

序号	内　　容	形式
31	《习近平经济思想的生动实践述评》	阅读材料
32	《中国货币史》(彭信威 著)	阅读材料
33	中国人民银行——存款准备金政策与制度	阅读材料
34	实现信贷经营跨周期稳健发展	阅读材料
35	迈向"双碳"新起点 X银行抢跑绿色金融新赛道	阅读材料
36	Q银行推"抗疫贷"助力战"疫"	阅读材料
37	毕马威:疫情下商业银行如何应对的思考	阅读材料
38	中国银保监会办公厅关于进一步做好受疫情影响困难行业企业等金融服务的通知	阅读材料
39	中国银保监会办公厅关于2022年进一步强化金融支持小微企业发展工作的通知	阅读材料
40	财政部印发《商业银行绩效评价办法》的通知(2020)	阅读材料
41	中国人民银行、银保监会、发展改革委、市场监管总局发布《关于降低小微企业和个体工商户支付手续费的通知》(2021)	阅读材料
42	银保监会等六部门联合发布《关于进一步规范信贷融资收费降低企业融资综合成本的通知》(2020)	阅读材料
43	银保监发〔2021第17号〕《中国银保监会关于开展银行业保险业"内控合规管理建设年"活动的通知》	阅读材料
44	中国人民银行《中国货币政策执行报告》增刊——有序推进贷款市场报价利率改革(2020)	阅读材料
45	2021年金融机构贷款投向统计报告	研究报告
45	2001—2022中国人民银行各季度货币政策执行报告	研究报告

《金融市场学》课程思政教学指南

彭莉戈[1]　江东瀚[2]　李江平[3]　倪风华[2]
([1] 西安财经大学　[2] 福建江夏学院　[3] 西安外国语大学)

一、课程简介与课程目标

(一)课程简介

《金融市场学》是金融学专业、投资学专业的核心课程。是研究市场经济条件下金融市场运行原理和规律的科学。习近平总书记指出:"金融是实体经济的血脉"。随着我国社会主义市场经济体系的日益完善,金融市场更是成为了经济体系的核心。金融市场学旨在引领学生全面掌握市场经济条件下金融市场运行的原理和规律,掌握金融市场的基本理论、基本知识和基本技能,金融资产的定价方法、主要金融变量的相互关系,了解当前发生的与金融学、投资学相关的热点问题。并能够运用所学理论、知识和方法分析解决金融市场的相关问题,达到金融学、投资学专业培养目标。

本课程综合运用讲授、翻转课堂、启发式教学、讨论教学、案例教学、虚拟仿真教学等多种教学方法,对金融市场的各子市场分别进行介绍,使学生掌握市场经济条件下的金融市场的基本理论。力求通过加强学生的理论功底,使学生拥有适应当今金融市场快速变化的能力,并且使学生在学习金融市场基本理论的同时增强社会责任感和使命感。

(二)课程目标

本课程为专业必修课程。通过本课程的学习,使学生能够达到以下目标:

1. 知识目标:系统掌握经济学理论基础,金融、投资等专业基础知识、基本理论与基本技能,同时具有其他相关领域知识,形成兼具人文社会科学、自然科学、工程与技术科学的均衡知识结构,具有在金融相关领域、行业和技术体系内,较熟练进行项目分析、设计与开发的专业能力。

2. 能力目标:具有获取知识的能力,能够掌握有效的学习方法,主动接受终身教育;具有实践应用能力,能够在金融、投资实践活动中灵活运用所掌握的专业知识;能够运用专业理论知识和现代经济学研究方法分析解决实际问题,具备一定的科学研究能力;具备创新精神、创业意识和创新创业能力。

3. 育人目标:热爱祖国,遵纪守法,具有良好的道德品质和文明习惯,培养良好的职业操守和职业道德,具备社会责任感和人文关怀意识;认识自身的历史使命和努力方向。具有良好的专业素养,熟悉国家有关金融市场的方针、政策和法律法规,了解国内外金融市场发展动态;掌握金融市场的主体、客体和运作机制,国家在金融市场监管方面的方针、政策和法律法规,具有一定的科学知识与科学素养;具有良好的身心素质。

(三)课程教材和资料

➢ 推荐教材

张亦春. 金融市场学[M]. 6版. 北京:高等教育出版社,2020.

➢ 参考教材或推荐书籍

1. 彭莉戈. 金融市场学[M]. 北京:经济科学出版社,2020.
2. 晏艳阳. 金融市场学[M]. 2版. 北京:高等教育出版社,2020.

➢ 学术刊物与学习资源

国内外经济金融类各类期刊。

学校图书馆提供的各种数字资源,特别是"中国知网"。

➢ 推荐网站

华尔街日报——金融市场专版:http://online.wsj.com/.
中国金融新闻网:https://www.financialnews.com.cn/.
中国金融网:http://www.financeun.com/.
中国金融信息网:https://www.cnfin.com/.
中国债券信息网:https://www.chinabond.com.cn/.
中国货币网:https://www.chinamoney.com.cn/chinese/index.html.
Asian and Oceanian Stock Exchanges Federation(AOSEF):https://www.aosef.org/index.html.
Federation of European Securites Exchanges(FESE), https://www.fese.eu/.
Organisation for Economic Co-operation and Development (OECD):https://www.oecd.org/index.htm.

各国中央银行网站、财政部网站、各投资基金网站、全球主要证券交易所网站、各商业银行、投资银行、保险公司网站。

二、课程思政教学总体设计

(一)课程思政教学目标

《金融市场学》课程是以金融市场理论知识为核心内容的课程。通过本课程学习,使学生掌握金融市场的基本内涵和理论知识,注重对学生金融市场基础理论和实践操作技能的培养,提升学生对金融投资领域实践问题的分析能力和综合运用能力,充分激发学生的担当意识和使命意识。

本课程拟采用合适的教学方式、体现和强化课程思政元素,以习近平新时代中国特色社会主义思想为指导,坚持知识传授与价值引领相结合,运用可以培养大学生理想信念、价值取向、政治信仰、社会责任的素材与内容,融入专业知识。使学生全面提高大学生缘事析理、明辨是非的能力,让学生接受马克思主义唯物史观、学习使用辩证法分析和解决问题;认同、拥护中国共产党领导的社会主义制度;坚定中国特色社会主义理想信念;了解中国国情和中国金融体系发展现状;了解中国金融市场与金融机构发展演变、掌握债券、股票、期权、期货等金融资产定价方法;具有家国情怀,热爱祖国、热爱中国文化;形成良好的职业伦理道德,具备法治意识和高度的社会责任感;形成客观理性的思维方式、建立良好的市场风险意识,形成创新的价值取向。增进学生分析和解决问题的能力,使学生成为德才兼备、全面发展的人才。引导学生增强"四个意识"、坚定"四个自信"、坚决做到"两个维护",在思想和行为自觉与以习近平同志为核心的党中央保持高度一致。

在课程教学中要把正确的人生观、价值观与专业科学精神结合起来,提高学生正确认识问题、分析问题和解决问题的能力。金融市场学课程要注重经济科学思维方法的训练和科学伦理的教育,既要培养学生探索未知、追求真理、勇攀科学高峰的责任感和使命感,又要激发学生学以报国的家国情怀和使命担当。

开展润物细无声式的教育,课程思政教育不是单纯的政治教育。在金融市场各个子市场的上市和交易活动中,存在很多不道德和违法的案例。在教学中以案例为抓手,在给学生分析案例的同时,以润物无声的方式把思课程政讲好,而不是空谈政治。

根据金融市场学的课程设计、知识结构和教学需求,其蕴含的思政元素可以涉及制度认同、家国情怀、社会责任、法治意识、道德修养与职业伦理、理性思维、创新意识与全球视野八个方面的维度。

1. 制度认同

金融市场学中涉及我国金融市场的发展与改革,也包括了相关经济政策和金融制度以及金融机构的相关业务,需要对国内外制度的比较和思考,有助于学生认识到中国共产党领导下的社会主义制度的优越性,激发学生的爱国主义情怀,增强学生的制度认同。

2. 家国情怀

家国情怀的基本内涵包括家国同构、共同体意识和仁爱之情,有助于增强国家认同和民族凝聚力。本课程中的相关案例常常涉及中国金融市场发展、金融机构的艰难成长过程,例如艰苦创业的不易、外部反动势力打压、道路曲折等事实。对于这些案例的分析,极易使学生产生民族自豪感,坚定为中华之崛起而读书的坚定信念;同时,也有助于同学们了解中国金融业对专业人才的渴求与信任,进而产生对中华文化的认同感。

3. 社会责任

本课程需要讲解多次金融危机爆发的原因。探寻金融危机爆发原因的过程会使同学们加深对专业知识的理解,进一步理解金融创新是一把双刃剑,提醒学生要有社会责任和道德底线,德才兼备以德为先。

4. 法治意识

本课程通过对金融市场法制化建设的讨论以及违法案例的警示分析,牢固树立学生的遵纪守法意识,帮助学生充分意识到法律的严肃性和权威性,培养遵纪守法的金融从业者。

5. 道德修养与职业伦理

本课程会涉及到金融业职业道德相关知识,特别是在相关案例的学习过程中,我们通过反面案例进行分析,让学生认识到金融职业道德的重要性,养成遵守职业道德的习惯。

6. 科学精神

经过四十多年的发展,我国的金融市场已形成一个错综复杂的体系。要想学习和掌握其中的规律,需要同学们具备极强的探究精神。能够自觉探寻、举一反三。通过相关内容学习,有助于学生理性看待我国金融市场发展路径的选择,培养学生理性思考的能力。

7. 创新意识

本课程通过剖析金融市场的组成,对金融市场上相关创新的梳理和讨论,培养学生的创新思维,增强学生的创新意识和创新能力。

8. 全球视野

本课程内容涉及国内外金融市场以及机构。通过学习相关知识,能够开阔学生眼界,拓展学生的全球视野,引领学生从国际视野审视自己的专业知识和技能。

(二)课程思政的教学内容

《金融市场学》课程的思政内容可以涉及以下几方面:

金融市场学是研究市场经济条件下金融市场运行机制及各主体行为规律的科学,是一门兼具理论与实务的课程。在国家"走出去"战略指引下,围绕回报社会的应用型创新金融专业人才培养,应大力提升人才服务行业的能力,同时强化对学生专业能力、语言能力和政治信念的培养。金融市场学的教学内容应该要从专业素养和政治立场两个维度着手,从而实现课程思政。

1. 采用典型案例契合知识传授和价值引领

新时代金融市场学课程改革和教学创新的方向,应该着手于全员全程全方位育人,发挥专业教学的隐性思政教育。挖掘金融市场学课程思政隐性教育资源,帮助学生笃定正念,把正能量思想信念根植于内心深处,从而实现知识传授和价值引领同频共振。从立德树人的长远目标来实施金融市场学教学内容改革,把握好提升教学质量和丰富教学内涵两大主体内容。

课程思政教学内容,并非以形式主义生搬硬套地进行思想政治教育,而是依据教学任务和教学目标,从教学内容中提炼出思政元素,指导学生的思政理念,形成知识传授与价值引领的有机结合。教学实践中,将价值引领要素融入课堂教学过程是知识传授加价值引领有效契合点。通过将课程内容相关知识且包含隐性思政元素的典型案例进行讨论,从而实现知识传授和价值引领的有效契合。金融市场学的教学内容涉及货币市场、股票市场、债券市场、证券投资基金市场、外汇市场、金融衍生市场等内容。结合专业基础教材,对经典理论专著、国内外金融市场热点问题进行深入剖析探讨,可以培养学生自觉的理性思维能力和独立的价值判断能力,有效激发学生的历史使命感和时代担当精神。将课程育人工作任务分解到各个章节教学内容当中。

2. 通过线上线下混合式课堂实现隐性思政

从传统课堂的结构来看,专业知识传授是课堂容量主体,价值引领兼顾较少。现代信息教育技术从时间和空间两个角度打破了传统课堂的约束,实现了教学过程和教学内容的有效延伸。金融市场学的教学可以依靠"学习通"软件打造线上线下混合式课堂。混合课堂为拓展课堂教学内容,提高课外学习质量,实现专业培养和隐性教育有效结合。线上平台的开放性和线上资源的丰富性,有利于学生实施个性化学习和自主性学习。教师利用平台教学功能,一方面有利于学生课前预览和课后重播,另一方面为课堂价值引领教学留下课时,提升课堂教学质量。混合式教学的共享资源便于营造一个跨学科和多元化校园文化环境,扩展学生的兴趣爱好,使学生形成自我表达与独立思考的能力。

3. 将思政教育和专业实践有效对接

金融市场学课程在教学内容上应紧跟时代步伐,把握金融市场前沿理论,引导学生关注实践发展。通过金融理论与实践的结合,组织学生参与各项理财大赛和模拟炒股大赛、"中金杯"全国大学生金融知识大赛等比赛,增强学生对投资的感性认知,培养学生的团队合作精神。引导学生学习不能只停留于课本理论知识,更要关心国家经济政策走向,做到理论与实践的有机融合。崇尚"工匠精神",让学生敬畏职业精神,在行动上高标准对待学习,思想上忠于伟大的事业。让学生感知并内化为追求精益求精、敢于突破且力争服务最优的工匠精神。

(三)教学方法

本课程综合运用讲授、翻转课堂、启发式教学、讨论教学、案例教学、虚拟仿真教学等多种教学方法,使学生掌握有关金融市场领域的基本知识、基本理论和基本分析方法,具有运用金融市场知识分析和解决现实问题的能力,具有国际视野,了解全球化环境下金融市场的发展,熟悉金融伦理和职业道德标准。

三、课程各章节的课程思政教学内容设计

第一章 金融市场概论

专业教学目标

金融市场是现代市场体系的重要组成部分,金融市场对经济社会的发展和技术进步起着重要推动作用。本章介绍金融市场的定义、金融市场的交易对象、金融市场的类型,阐述金融市场的功能及其发展趋势,讨论金融市场的变革与创新。

【知识目标】

1. 掌握金融市场的概念和主体。
2. 掌握金融市场的主要类型。
3. 理解金融市场的主要功能。
4. 了解金融市场的发展趋势和变革创新。

【能力目标】

1. 培养学生将所学理论灵活应用于现实并能够用于解释金融市场的现象。
2. 培养学生通过辨析金融市场的创新和金融危机之间的关系,评价资本主义制度的缺陷和中国社会主义制度的优越性。

课程思政教学目标及实践

【育人目标】

1. 制度认同 在介绍不同国家和地区金融市场发展、交易所发展、金融创新的发展时,讨论国外金融市场发展中的失败案例。让学生认识到,西方金融市场发展的一些模式存在着本质问题,容易引发金融危机。我国金融市场发展虽然相对于欧美发达国家存在一定的差距,但差距在缩小。我国金融市场的发展符合实体经济建设的需求,而且从十八大以来在不断推进,与完善社会主义市场经济建设等相适应,增强学生的政治认同和制度认同。

2. 家国情怀 在讲授我国金融市场发展的历程时,梳理出改革开放后我国金融市场的大事。让学生认识到,虽然国内金融市场的发展和发达国家依然存在着差距,但是通过我们不懈的努力差距正在缩小。学生在专业学习中应更加努力,为中华民族的伟大复兴而学习,激发学生的家国情怀和爱国热情。

3. 社会责任 在分析资产证券化和金融全球化时,通过典型案例分析2008年的金融危机及其造成的市场冲击及社会后果,增强学生的社会责任感和职业伦理道德观念。

4. 科学精神 在分析金融市场的发展趋势时,强调虽然金融全球化、金融自由化、资产证券化及金融工程化可以进一步为套期保值和投机提供便利,但是也存在监管的困难,容易引发金融危机。引导学生理

性看待金融市场的创新。

5. 创新意识 通过分析金融市场的发展与创新历程,了解金融创新能够提升效率,但是同时也带来了相应的风险和监管问题。让学生提高创新意识到同时辩证地理解金融创新。

6. 全球视野 通过对国内外金融市场发展历程、形式及其优缺点的介绍,让学生了解全球金融市场及金融机构的情况,熟悉国际金融市场,具备全球化视野。

【教学方式与方法】

1. 自主学习:线上学习相应慕课中的金融市场概述的知识点,线下自主阅读推荐文献资料,撰写阅读笔记和章节思维导图。

2. 课堂讲授:讲授金融市场的分类、发展历程、金融市场的功能和趋势等。

3. 课堂展示与讨论:学生展示根据教学素材整理分析中外金融市场发展现状和区别的相关报告等,小组讨论。

【课程思政教学实例】

案例材料:中国的金融市场体系

(1)案例简介

目前,中国已基本形成了货币市场、资本市场、外汇市场、抵押贷款市场、衍生金融工具市场共存的金融市场体系。20世纪80年代是中国金融市场体系建设的起步阶段。1981年1月我国颁布了《中华人民共和国国库券条例》,财政部开始发行国库券。1984年国务院颁布了《关于城市经济体制改革的决定》,中国金融市场建设首先从货币市场开始,同业拆借市场、票据市场、国债回购市场先后得到发展。与此同时,资本市场的发展逐渐起步。1984年11月,飞乐音响成为我国第一家发行股票的公司。1990年上海证券交易所和1991年深圳证券交易所的成立。1992年12月,上海证券交易所推出国债期货交易。1994年外汇体制改革后,形成了全国统一的外汇市场。1997年全国银行间债券市场的建立。同年,国务院通过了《证券投资基金管理暂行办法》。2004年1月,国务院《关于推进资本市场改革开放和稳定发展的若干意见》,首次提出了建立多层次资本市场的要求。2005年4月29日。中国证监会发布《关于上市公司股权分置改革试点有关问题的通知》,股权分置改革正式启动。2006年9月,中国金融期货交易所在上海成立。2008年1月9日,黄金期货在上海期货交易所成功上市。2009年10月30日深圳证券交易所创业板开市交易。2010年3月31日,深圳、上海证券交易所接受券商的融资融券交易申报,融资融券交易正式进入市场操作阶段。2010年4月16日,筹备多年的股指期货合约正式上市交易,挂盘基准价均为3399点。2012年8月3日,经国务院批准,非上市股份公司股份转让("新三板")试点扩大。除北京中关村科技园区外,首批扩大试点新增上海张江高新技术产业开发区、武汉东湖新技术产业开发区、天津滨海高新区。2013年11月,股票发行注册制改革启动。2014年4月10日,中国证监会与香港证监会就开展沪港通试点发布联合公告。证监会指出,沪港通总额度为5500亿元人民币。2014年5月9日,国务院印发《关于进一步促进资本市场健康发展的若干意见》,表示进一步促进资本市场健康发展,健全多层次资本市场体系,对于加快完善现代市场体系、拓宽企业和居民投融资渠道、优化资源配置、促进经济转型升级具有重要意义。2014年11月,沪港通开通。2015年5月26日,FTSE(富时罗素)宣布将启动将A股纳入全球基准的过渡计划,推出两个纳入A股的新兴市场过渡指数。2016年10月1日人民币正式加入SDR,人民币成为与美元、欧元、日元和英镑并列的第五种SDR篮子货币,并以10.92%的权重位列第三。2016年12月5日经过两年多筹备的深港通终于落地。2017年6月21日,经过连续四年冲击之后,摩根士丹利资本国际公司(明晟公司,MSCI)在官网公告,初始将中国222只A股纳入MSCI新兴市场指数和全球基准指数,这些A股约占MSCI新兴市场指数0.73%的权重。2018年9月,富时罗素宣布将A股纳入其全球指数体系。2018年11月,习近平主席宣布,将在上海证券交易所设立科创部并试点注册制。2019年上海证券交易所设立科创板并试点注册制。

我国金融市场的发展既反映了我们对金融市场作用和认识的不断深化,也反映了市场在资源配置中基础作用的不断增强。21世纪以来,各类金融市场发展明显加速,市场参与主体不断扩大,市场基础建设不断增强,交易和监管机制不断完善。中国金融市场进入了全面开放的新时期,已经发展为适应市场经济要求的现代化金融体系。金融市场正有力地促进了经济增长和扩大就业,成为国民经济发展的重要市场。

资料来源:根据网络公开资料搜集整理。

(2)案例的思政元素

①制度认同。在介绍我国金融市场发展的历程时,启发学生认识到我国金融市场在四十年间取得的巨大成就,由衷地产生民族自豪感。虽然我国当前的金融市场与欧美等发达国家还存在一定的差距,但差距正在不断缩小。中国的金融市场发展符合中国经济建设的需求,为中国经济高速发展贡献了重要力量。通过这些讲解分析,增强学生的制度认同、政治认同。

②全球视野。学生应该具有广阔视野,通过对中国金融市场的发展和欧美等国家金融市场的发展进行比较研究,培养学生的国际视野。

③创新意识。金融市场在发展的同时,金融业务和金融工具也在不断创新发展,金融创新虽然是把双刃剑,但是也是金融机构增强其竞争力和金融市场不断向前发展的原动力。通过对我国金融市场发展的介绍,帮助学生理解金融创新对于金融市场发展的重要意义,培养学生的创新精神。

④法治意识。通过对比我国和国外金融市场的发展,讨论相关法律法规体系的设计与完善,在讨论中引出完善的监管体制对于市场发展的重要作用,增强学生的法律意识,培育遵纪守法的金融从业人员。

(3)教学手段

①讲授:介绍金融市场的发展历程时引入案例,对我国金融市场的发展在资源配置中起到的基础性作用进行分析,我国快速发展的金融市场促进了我国国民经济的发展,激发学生的民族自豪感。

②讨论:国内外金融市场发展的历程和对比。

③学习测评:讨论结果现场点评,包括学生自评、互评、教师点评总结。

第二章 货币市场

专业教学目标

货币市场是期限在一年以内的短期金融工具所形成的供求关系及其运行机制的总和,它一方面为短期资金供给方或需求方提供盈利机会或低成本资金,另一方面为中央银行实施货币政策提供操作手段。就其结构而言,货币市场可分为同业拆借市场、银行承兑汇票市场、商业票据市场、大额可转让定期存单市场、回购市场、短期政府债券市场及货币市场共同基金市场等子市场。通过本章的学习,让学生了解并掌握货币市场运行机制及各种货币市场工具的特征。

【知识目标】

1. 熟悉货币市场及其子市场的相关概念、了解其发展历史和现状。
2. 理解各种货币市场子市场的交易原理和运行机制。
3. 掌握各种货币市场工具的风险和收益特征。

【能力目标】

1. 培养学生将所学理论灵活应用于现实货币市场实务的能力,能根据货币市场工具的风险和收益特征,选择合适的工具来满足市场参与者的目标。
2. 培养学生从思辨与探索的角度分析货币市场运作过程,评价其在经济体系中所起的作用,分析并理解央行通过货币市场实施货币政策的方式和意图。

课程思政教学目标及实践

【育人目标】

1. 家国情怀 通过讲解货币市场及其子市场的相关概念、作用及我国相关市场的发展历程,一方面让学生了解货币市场对于整个金融市场的正常发展以及社会主义市场经济的完善所起的基础作用与意义;另一方面让学生了解国情历史,认识到在中国共产党的领导下,我国货币市场近几十年内在交易规模、市场流动性、市场制度建设和市场完善度等多个方面均取得了巨大的成就,增强学生对党的认同感,从而潜移默化地培养学生热爱党、拥护党的意识和行动。

2. 科学精神 通过对货币市场工具的讲解,让学生探讨、归纳和对比各种不同货币市场工具的风险、收益等方面特征,培养学生独立思考、辩证分析问题的能力和理性思维。同时,基于对货币市场工具特征的总结,让学生大胆尝试,勇于探究,用合适的货币市场工具来满足不同货币市场参与者的需求。

3. 深度学习　通过分组讨论、归纳和教师点评,让学生对自己的学习状态和效率进行审视,在不断总结的基础上调整学习策略和方法,提升学习效率。同时,引导学生自觉、有效获取并鉴别和评估货币市场数据信息,基于数据信息来识别和评价货币市场动态和货币政策动向。

【教学方式与方法】

1. 自主学习:线上学习相应慕课中的货币市场知识点,线下自主阅读推荐文献资料,撰写阅读笔记和章节思维导图。

2. 课堂讲授:讲授货币市场各子市场的发展历程、交易原理和相应工具的概念、特征等。

3. 课堂展示与讨论:学生可展示我国货币市场子市场的一些最新动态等,小组讨论如何比较不同货币市场工具的收益率、央行如何通过货币市场来实施其货币政策等。

【课程思政教学实例】

案例材料:上海同业拆借市场的探索与成就

(1) 案例简介

为推进利率市场化改革,健全市场化利率形成和传导机制,培育货币市场基准利率,中国人民银行于2007年正式推出了上海银行间同业拆借利率(Shibor)。Shibor的创设借鉴了伦敦银行间同业拆借利率(Libor)等国际基准利率。2012年以来,由于国际金融危机后无担保拆借市场规模有所下降,以及部分报价行操纵Libor报价案件等原因,国际社会开始着手改革以Libor为代表的金融市场基准利率体系。2017年7月,英国金融行为管理局(FCA)宣布从2021年底起不再强制要求Libor报价行开展报价,英国将逐步转向基于实际交易数据的SONIA(英镑隔夜平均利率)作为英镑市场基准利率。另有一些国家和地区的中央银行(例如欧洲中央行、日本央行)采取了更加中性、多元的做法:一方面研究引入基于实际交易数据的无风险利率,丰富市场基准利率体系,允许存在多个基准利率;另一方面改革Euribor、Tibor等基于报价的基准利率,引入瀑布法等混合方法,提高银行间拆借利率(IBOR)报价的可靠性和基准性。比较而言,Shibor在报价和计算方法上与Libor类似,但在制度安排上更加注重与中国实际相结合,具有较为明显的特点。经过十多年的发展完善,当前Shibor已成为我国认可度较高、应用较广泛的货币市场基准利率之一。

资料来源:中国人民银行,2017年第三季度中国货币政策执行报告,2017—11—17.

(2) 案例的思政元素

①制度认同。通过了解Shibor的产生与发展,让学生了解国情历史;通过Libor操纵案和Shibor所取得成绩的鲜明对比增强学生对共产党领导的认同感和民族自豪感,树立为中华民族伟大复兴而努力奋斗的理想。

②国际视野。通过各国对金融基准利率体系的改革过程了解世界同业拆借市场发展动态;通过Shibor对Libor的借鉴理解跨文化交流的重要性。

③科学精神。通过对Shibor在制度安排上结合中国特色方面的探究,让学生尊重事实和证据,运用科学的思维方式、多角度辩证认识并分析我国金融经济改革和发展中出现的问题,勇于探究,坚持不懈的探索精神,结合中国特色来寻求解决这些问题的有效方法。

④信息意识。鼓励学生通过互联网获取关于Shibor报价、计算方法和制度安排等方面的知识和信息,并引导他们正确地鉴别和评估使用从网上所获取的信息。

(3) 教学手段

①讲授:在"同业拆借市场"中引入案例,探究Shibor的起源、作用与成就,增强学生对我国制度等的认同感和培养他们的国际视野。

②讨论:Shibor的中国特色表现及其所取得成就的原因。

③学习测评:讨论结果现场点评,包括学生互评、互评和教师点评。

第三章　资本市场

专业教学目标

资本市场是金融市场中的重要部分,资本市场是期限在一年以上的中长期金融市场,其基本功能是实现并优化投资与消费的跨时期选择。按市场工具来划分,资本市场通常由股票市场、债券市场、投资基金市场以及另类投资市场构成。通过对资本市场这一章节的学习,让学生掌握资本市场的基本概念与构成。

【知识目标】

1. 掌握股票、债券的概念、种类以及相关市场的运作。
2. 熟悉投资基金的概念、种类以及其运作。
3. 熟悉另类投资的概念,了解另类投资的历史和发展。

【能力目标】

1. 培养学生将所学理论灵活应用于现实的资本市场实务。掌握从直接融资工具到证券投资工具的基础知识。
2. 培养学生从思辨与探索的角度分析资本市场运作的过程,评价其在市场经济中的功能。

课程思政教学目标及实践

【育人目标】

1. 家国情怀　通过讲解改革开放后我国股票市场的产生,以及上海证券交易所和深圳证券交易所的建立,让学生认识到当年坚持市场经济建设的重要性,让学生了解资本市场对中国改革开放成功的重要意义,资本市场对最终实现中华民族的伟大复兴的重要作用,从而培养学生的家国情怀。

2 法治意识与底线思维　资本市场的运作离不开法律契约的规范与约束,让学生知道内幕交易、操纵市场和虚假陈述等是写入《中华人民共和国刑法》的法律条款,帮助学生了解《证券法》《公司法》和相关法律法规的重要意义,树立法治精神。

【教学方式与方法】

1. 自主学习:线下自主阅读文献资料,撰写阅读笔记或思维导图。
2. 课堂讲授:讲授相关理论的主要观点、政策启示与建议等。

【课程思政教学实例】

案例材料1:"中国与股市握手"邓小平送出的一张中国股票

(1)案例简介

1986年11月14日,邓小平会见了以纽约证券交易所董事长约翰·范尔霖为团长的美国纽约证券交易所代表团,在接受客人赠送给他的纽约证券交易所的证章和证券样后,将一张上海飞乐音响股份有限公司的股票回赠给客人。国际社会因此发出了"中国与股市握手"的惊呼。邓小平——中国改革开放的总设计师用这样一个举动向世界宣布:股票市场并非资本主义所专有,社会主义国家同样可以利用这一有效工具发展自己的经济。

曾任中国证监会首任主席的刘鸿儒回忆这段历史时说,当年范尔霖赠送给邓小平的精美证章,凭着它可以在华尔街股票市场中通行无阻;邓小平回赠的则是新中国首批公开发行的股票之一的"小飞乐"股票。范尔霖获得"中国的第一张股票"后非常兴奋,并亲自到中国工商银行信托投资公司上海静安证券业务部办理了过户手续。

资料来源:新华网"中国与股市握手"邓小平送出的一张中国股票。https://news.sina.com.cn/o/2004-08-20/17343448720s.shtml.

(2)案例的思政元素

①国家认同。国家意识,国情历史。向学生介绍我国证券市场的产生以及过去与现在,与发达国家资本市场发展的差距,让学生树立为中国的伟大复兴、为人民奋斗奉献的理想。

②人类命运共同体。人类命运共同体的内涵与价值。人类文明史是一部人类社会互相融合、相互竞争、互相协作和共同进步的历史,人类同舟共济,资本市场全球化是必然的,国际化的资本市场也是我们的发展方向。

③科学精神。理性思维,求真精神,基本的科学原理和方法的运用;尊重事实和证据,有实证意识和严谨的求知态度。让学生有勇于探究的精神:大胆尝试,积极寻求有效解决问题的方法、培养能力和韧性。

(3)教学手段

①知识点+实事+思政——贯穿融合:培养学生将所学理论灵活应用于现实的资本市场实务。掌握从直接融资工具到证券投资工具的基础知识。培养国家认同、理性思维的意识。

③学习测评——实时呼应：投票结果、讨论结果现场点评。

案例材料 2：证监会官网公布 YHSH（600978）信息披露违法违规案

（1）案例简介

2022 年 4 月，证监会官网公布了 2021 年证监稽查 20 起典型案例，涉及信息披露违法违规、股价操纵、内幕交易、中介未勤勉尽责等案件类型。其中，YHSH（600978）（已退市）信息披露违法违规案。成立于 2001 年，前身是广东省宜华木业股份有限公司，2004 年在上交所主板上市，主要从事家具和木地板等家具产品的设计、生产与销售。实际控制人刘绍喜曾被誉为"潮汕资本教父"，但截至目前已因未履行多起生效判决列入失信被执行人名单。本案是一起实际控制人刘绍喜指使上市公司实施财务造假的典型案件。2016－2019 年，宜华生活的实际控制人刘绍喜利用其控制地位，指使上市公司通过虚构销售业务等方式，累计虚增收入 71 亿元，累计虚增利润 28 亿元。证监会稽查人员告诉记者，以往他们查的财务造假案一般是假出口，它没有真正的出口和报关，因此整套数据都是假的。然而该公司是真出口、真报关，但是报关价格虚高、货值虚高，以此来虚增企业营收和利润。本案表明，监管部门持续严厉打击资本市场财务造假等违法行为，依法严肃追究大股东、实际控制人和上市公司及其董事、监事、高级管理人员的违法责任。

资料来源：央视财经.连续四年财务造假隐藏公司重要部门对抗调查.http://www.csrc.gov.cn/csrc/c100201/c2937748/content.shtml.

（2）案例的思政元素

①法治意识与底线思维。本课程各章学习中包含了大量法律、法规介绍，内容涵盖《中华人民共和国刑法》《公司法》和《证券法》等。通过本课学习让学生学习相关的法律法规，认识到资本市场是一个公开、公平、公正的市场；特别是公开、及时准确的信息披露是成熟市场的标志。让学生牢固树立个人遵纪守法的意识和证券业合规经营的底线思维，如信息披露违法违规，让学生增强法治意识与底线思维。

②道德修养与职业伦理。本课程会涉及证券业职业道德相关知识，特别是证券中介业务的学习过程中，我们通过反面案例分析，让学生认识到上市公司及证券服务机构（如会计师事务所、律师事务所和证券公司）从业者的职业道德的重要性，自觉养成遵守职业道德的习惯。

（3）教学手段

①翻转课堂——支架与高阶：慕课资源、文献资源为翻转课堂提供支架；课堂展示、师生思辨讨论实现课堂高阶性、高效性。

②知识点＋实事＋思政——法治意识与底线思维：资本市场的运作离不开法律契约的规范与约束，让学生知道内幕交易、操纵市场和虚假陈述等是写入《中华人民共和国刑法》的法律条款，帮助学生了解《证券法》《公司法》和相关法律法规的重要意义，树立法治精神，增强学生的法治意识与底线思维。

第四章　外汇市场

专业教学目标

外汇市场是金融市场的重要组成部分。由于它的存在，资金在国际的调拨划转才得以进行，国际的债权债务才得以清偿，国际资本才得以流动，跨越国界的资金借贷融通才得以实现。通过外汇市场这一章的学习，使得学生掌握外汇市场的基本原理和相关理论。

【知识目标】

1. 学生应了解外汇与汇率的概念范畴。熟悉外汇市场多种交易方式。熟悉汇率决定理论以及影响汇率的各种因素。

2. 学生应掌握外汇市场的含义、分类、组成部分及其功能。

【能力目标】

1. 培养学生将所学理论灵活应用于现实和具体案例。特别是培养学生从汇率和国际收支角度来分析国家的宏观经济形势的能力。

2. 培养学生从思辨与探索的角度分析外汇市场的运作过程，理解在这个外汇交易系统中的参与者：外汇银行、外汇经纪商、顾客、中央银行及其他机构之间的关系。

课程思政教学目标及实践
【育人目标】

1. 家国情怀　本章借由中外对比,向学生介绍凭借多元化的特点以及中长期增值潜力,人民币资产对全球中长期投资者依然具有吸引力,让学生树立国家自豪感和荣誉感。

2. 全球视野　外汇市场当然是研究全球经济的重要手段。当代大学生是我国全面建成小康社会、实现中华民族伟大复兴的生力军,是祖国的未来和民族的希望。大学生是否具有全球化的国际视野对于国家的发展尤为重要。

【教学方式与方法】

1. 课堂讲授:讲授相关理论的主要观点或内容、政策启示与建议等。
2. 课堂展示与讨论:学生展示根据教学素材整理分析的相关报告等,小组讨论。

【课程思政教学实例】

案例材料:人民币在特别提款权(SDR)中权重2022年8月1日起上调

(1) 案例简介

2022年5月,国际货币基金组织(IMF)执董会完成了五年一次的SDR定值审查,决定维持现有SDR篮子货币构成不变,即仍由美元、欧元、人民币、日元和英镑构成,并将人民币权重由10.92%上调至12.28%。新的SDR货币篮子自8月1日起正式生效。这是人民币自2016年"入篮"后的首次调整,标志着人民币国际化水平的进一步提高。专家表示,人民币在SDR中权重的提升,有利于巩固人民币官方储备资产份额,推动机构投资者增持人民币资产,并扩大人民币在国际金融交易中的使用范围。"人民币作为全球融资和储备货币的长期前景良好。"德意志银行董事总经理、大中华区宏观策略主管刘立男表示,此次IMF将人民币权重提高1.36个百分点,表明自2015年SDR定值审查以来,人民币作为国际货币的吸引力持续提升。IMF执行董事普遍认可了中国在金融市场改革方面取得的进展。

资料来源:上海证券报 IMF 特别提款权人民币权重今起上调。https://finance.eastmoney.com/a/202208012466438829.html。

(2) 案例的思政元素

①家国情怀,国家认同。人民币在特别提款权(SDR)中权重2022年8月1日起上调,人民币的国际贸易计价结算职能、国际金融计价交易职能以及国际储备职能均在巩固。让学生对祖国产生自豪感,对学生进行爱党、爱国、爱社会主义、爱人民、爱集体的"五爱"教育。除此之外,本章借由中外对比,向学生介绍凭借多元化的特点以及中长期增值潜力,人民币资产对全球中长期投资者依然具有吸引力,让学生树立为祖国、为人民奋斗奉献的理想。

②全球视野。全球竞争日趋激烈、世界合作日趋紧密是大趋势。改善SDR货币篮子相关操作性问题、进一步开放人民币市场并深化金融市场改革,对人民币作为全球融资和储备货币的长期前景至关重要。当代大学生是我国全面建成小康社会、实现中华民族伟大复兴的生力军,是祖国的未来和民族的希望。大学生是否具有国际视野对于国家的发展尤为重要。大学生要培养自己的世界眼光和国际视野,立志成才报国,有志于世界文明的进步。本课程通过让学生了解人民币国际化发展的最新成就和发展趋势,培养学生的广阔视野。

(3) 教学手段

知识点+实事+思政:思政元素(家国情怀)与专业知识(外汇概念)相结合,增强学生的全球化视野和为国家做贡献的意识。关于人民币的实事:IMF执行董事普遍认可了中国在金融市场改革方面取得的进展。邮储银行研究员娄飞鹏对上海证券报记者表示,人民币在SDR篮子中权重提升,有利于进一步增强人民币国际接受程度,增强人民币资产和人民币的国际吸引力,在国际贸易和投资中更多使用人民币,从而进一步推动人民币国际化。

第五章　债券价值分析

专业教学目标

债券作为一种重要的投、融资工具,其市场规模远超过权益类工具。收入资本化法认为债券的内在价值取决于其预期未来现金流的现值,市场参与者根据其内在价值与市场价格是否一致来制定投、融资决策。债券价值分析的核心是决定债券的内在价值。决定债券的内在价值,就是通过分析债券的属性来预期未来的现金流和确定适当的贴现率从而得出相应现值的过程。通过本章的学习,学生应理解和掌握债券定价基本方法和相关原理,熟悉债券属性对债券内在价值的影响,了解如何利用久期和凸度来管理债券投资过程中的利率风险。

【知识目标】

1. 掌握收入资本化法(贴现法)在债券价值分析中的运用。
2. 掌握债券定价的基本原理。
3. 理解债券属性与债券价值的关系。
4. 理解久期、凸度及其在利率风险管理中的运用。

【能力目标】

1. 培养学生将所学理论灵活应用于现实债券市场实务的能力。能根据不同债券品种的风险和收益特征,选择合适的债券品种构建债券组合来满足投资者的投资目的。
2. 培养学生从思辨与探索的角度分析债券发行主体及其他债券属性对债券价值的影响,探讨债券利率风险管理手段的适用性。

课程思政教学目标及实践

【育人目标】

1. 家国情怀　通过讲解信用风险与债券价值之间的关系,一方面让学生了解在信息不对称的金融市场中,信用危机具有极强的传染性和破坏性,如2007年的次贷危机席卷全球给各国经济和人民生活带来的不利影响,从而增强学生的全球意识和开放心态,加深学生对人类命运共同体内涵与价值的认知;另一方面通过探讨公司债违约事件造成的恶劣影响,培养学生社会责任感、职业道德、规则意识、法治意识和底线思维。

2. 科学精神　通过对债券估值方法和利率风险度量的讲解,让学生探讨、归纳和对比各种不同类型债券风险、收益等方面的特征,培养学生独立思考、辩证分析问题的能力和理性思维。同时,基于对各种债券特征的总结,让学生大胆尝试,勇于探究,构建债券投资组合来满足不同投资者的投资需求。

3. 深度学习　通过分组讨论、归纳和教师点评,让学生对自己的学习状态和效率进行审视,在不断总结的基础上调整学习策略和方法,提升学习效率。同时,引导学生自觉、有效获取并鉴别和评估债券市场相关数据信息,基于数据信息来识别和评价债券市场在估值方面是否有效并分析原因。

【教学方式与方法】

1. 自主学习:线上学习相应慕课中的债券估值分析知识点,线下自主阅读推荐文献资料,撰写阅读笔记和章节思维导图。
2. 课堂讲授:讲授债券估值的方法、影响债券价值的主要因素及债券利率风险度量手段等。
3. 课堂展示与讨论:学生可展示其对某只债券的估值分析过程等,小组讨论如何根据投资者的特定要求来构建相应的投资组合及久期的应用等。

【课程思政教学实例】

案例材料:YGC债务"爆雷"

(1)案例简介

2022年3月28日,YGC公告称,因受宏观经济环境、行业环境、融资环境叠加影响,流动性出现阶段性紧张。公司未能按期支付3只境外债券本金或利息。另外,公司应于2022年3月22日支付某只中期票据本息,截至兑付日日终,公司未能按照约定筹措足额偿付资金,造成实质性违约。受此不利信息的影响,公司的股票和债券价格均出现大幅下跌。

2022年8月5日,某全国性资产管理公司宣布,已与YGC签署《纾困重组框架协议》,并召开纾困战略合作会议。该资产管理公司表示,为贯彻落实国家关于稳定房地产市场,保交楼、稳民生的有关要求,进一步促进房地产业良性循环和健康发展,该公司将全面推动与相关市场主体的纾困合作。

资料来源:根据网易、金融界、搜狐等网站新闻整理而得。

(2)案例的思政元素

①国家认同。通过全国性资产管理公司与YGC签订纾困战略协议引出五大全国性资产管理公司（AMC）在企业纾困中所起的积极作用，体现党中央和有关部门对化解大型企业市场风险的积极举措和稳经济、稳民生方面的决心，增强学生对党和国家的认同感。通过对国家政策、宏观经济背景和房地产行业当前困境的分析，让学生认同社会主义核心价值观和中国特色社会主义共同理想，培养社会责任感和可持续发展理念。

②科学精神。通过YGC债务违约原因的深入分析，让学生尊重事实和证据，运用科学的思维方式、多角度辩证认识并分析企业债务违约及其后果，勇于探究，坚持不懈的探索精神，结合中国特色来寻求有效解决债务违约问题的方法。

③信息意识。公司债务违约看似是突发事件，实则不然，通过对宏观经济、行业基本面和公司相关财务指标的分析往往可以提前发现端倪。鼓励学生通过互联网等多种渠道收集相关信息，并引导他们正确使用信息，培养学生的信息意识和提升其对信息的敏感度。

(3)教学手段

①讲授：在讲授"债券属性对债券价值的影响"中引入案例，探究信用风险对债券价值的重要影响，同时了解我国债券市场违约近况和国家在化解企业债务违约风险方面所起的积极作用，培养学生的家国情怀。

②讨论：通过对典型企业YGC的经营环境和企业财务等方面的了解，让学生讨论在债券投资过程中如何识别和规避风险，培养学生的实践创新能力和问题解决能力。

③学习测评：课堂展示和讨论结果现场点评，包括学生自评、互评和教师总结点评。

第六章 普通股价值分析

专业教学目标

普通股作为资本市场里最基础的金融工具，不仅是一种投资理财工具和有价证券，还是股份公司的基本的融资工具，这二者都必须进行价值分析。所以普通股的价值分析是对股票相关概念的认知之后的进一步学习的必要内容。本章在介绍股息贴现模型、市盈率模型和自由现金流量贴现模型的基础上，让学生结合MM理论、内在价值与通货膨胀率分析普通股的价值变化，了解普通股价值分析方法用于实际证券分析的过程。

【知识目标】

1. 掌握不同类型的股息贴现模型，掌握不同类型的市盈率模型。
2. 掌握负债情况下的自由现金流分析法。
3. 了解通货膨胀对股票价值评估的影响。

【能力目标】

1. 培养学生将所学理论灵活应用于现实和具体案例。
2. 培养学生从思辨与探索的角度分析股息贴现模型、市盈率模型和自由现金流量贴现模型，评价其存在的局限性和问题。

课程思政教学目标及实践

【育人目标】

1. 时代担当　青年兴则国家兴，青年强则国家强。"青年一代有理想、有本领、有担当，国家就有前途，民族就有希望"。"国家的希望在青年，民族的未来在青年"，青年要主动扛起责任担当，勇做新时代的弄潮儿，从而培养学生为集体贡献的意识。

2. 科学精神　要对科学精神有所把握，最重要的是要让学生了解它的内涵或构成要素，以及它的整体结构。

【教学方式与方法】

1. 自主学习：线上学习相应慕课中的基础专业知识点，线下自主阅读文献资料，撰写阅读笔记或思维导图。

2. 课堂讲授:讲授相关理论的主要观点或内容、政策启示与建议等。

【课程思政教学实例】

案例材料:中信证券、天风证券研报看高 BYD(002594)估值

(1)案例简介

2022 年 6 月 13 日,中信证券看高 BYD(002594)估值至 1.4 万亿。6 月 10 日,公司股价大涨,市值突破万亿,成为首个跻身万亿市值俱乐部的汽车自主品牌。随后好势头并没有停止,股价续创历史新高,今日盘中最高价达到 358.86 元/股,目前总市值为 10154 亿元。对此,中信证券发布研报看高 BYD(002594)估值至 1.4 万亿。

中信证券发布研报称,BYD(002594)总市值突破万亿,公司未来高端化完善车型矩阵、提升品牌定位,为全球化和智能化提供支撑,"三化"逐步落地打开公司新成长空间。按分部估值法,参照可比公司平均估值,分别给予 2023 年公司造车/动力电池/控股 BYD 电子+半导 9500/3300/1000 亿元估值,加总得公司合理价值 1.4 万亿,对应 A/H 股目标价 481.1 元/562.6 港元。

2022 年 7 月 28 日,天风证券对 BYD(002594)的研究报告总结:看好公司在汽车智能电动转型背景下的长期发展。公司 2022 年销量有望持续高速增长,车价上涨叠加规模效应有望改善盈利状况,技术升级驱动产品周期,公司 2022 年有望量价齐升。预计公司 2022—2023 的归母净利润分别为 117.8 亿元、356.5 亿元,对应 PE 分别为 80 倍、27 倍,维持买入评级。

资料来源:①中信证券看高 BYD(002594)估值至 1.4 万亿。https://finance.sina.com.cn/stock/s/2022-06-13/doc-imizmscu6628397.shtml.

②研究报告:智能电动重点公司深度拆解+预测。http://guba.eastmoney.com/news,002594,1211445825.html.

(2)案例的思政元素

①时代担当。环保理念,碳中和是全球共识,中国政府提出:"中国将提高国家自主贡献力度,采取更加有力的政策和措施,二氧化碳排放力争于 2030 年前达到峰值,努力争取 2060 年前实现碳中和。"这家公司在汽车智能化及新能源电动转型背景下的长期发展,公司 2022 年销量有望持续高速增长,车价上涨叠加规模效应有望改善盈利状况,技术升级驱动产品周期,公司 2022 年有望量价齐升。青年是国家的未来。青年兴则国家兴,青年强则国家强。"青年一代有理想、有本领、有担当,国家就有前途,民族就有希望"。"国家的希望在青年,民族的未来在青年",青年要主动扛起责任担当,勇做新时代的弄潮儿。

②科学精神。本课程提出"知识为基、研究为核、思政为魂"的课程目标,在本章节教学中,注重通过研究能力训练来培养学生的科学精神。在介绍股息贴现模型、市盈率模型和自由现金流量贴现模型的基础上,让学生结合 MM 理论、内在价值与通货膨胀率分析普通股的价值变化,了解普通股价值分析方法用于实际证券分析的过程。引导学生阅读相关的参考文献,鼓励学生开展纵深阅读与探究。

(3)教学手段

①知识点+实事+思政——贯穿融合:在知识点"可比公司估值法(含市盈率法)"中引入新能源公司与时代担当(环保理念)等思政元素相结合,增强学生的环保意识和科学精神,提倡青年要主动扛起责任担当,勇做新时代的弄潮儿。

②学习测评——实时呼应:投票结果、讨论结果现场点评。

第七章 金融远期、期货和互换

专业教学目标

金融衍生工具,即指其价格依赖于基本标的资产价格的金融工具。金融衍生工具产生于 20 世纪 70 年代,是现代金融市场最重要的创新之一。金融衍生工具具有转移风险、发现价值、套期保值和套利等功能,金融衍生工具市场飞速发展、市场规模不断扩大。根据金融衍生工具的合约类型,可分为远期、期货、期权和互换以及其他金融衍生产品。本章将介绍金融远期、期货和互换。通过这一章节的学习,使得学生理解并掌握金融远期、期货和互换的基本概念及相关的定价原理。

【知识目标】

1. 了解金融远期、期货和互换的概念及特点。
2. 掌握远期合约和期货合约的定价。

3. 了解期货价格和远期价格,期货价格和现货价格之间的关系。
4. 掌握利率互换和货币互换的设计和安排。

【能力目标】
1. 培养学生能够结合金融远期、期货和互换工具的基础知识、原理和理论,分析金融远期合约和期货合约的定价、利率互换和货币互换在金融机构和国际金融市场中的应用。
2. 培养学生以求真与探索的角度分析金融远期、金融期货和互换工具的特征与功能,评价其在金融市场中的合理应用与风险。

课程思政教学目标及实践

【育人目标】
1. **政治认同** 通过讲解金融远期、期货和互换工具的产生背景、其合约的基本特点以及金融远期期货市场和互换工具在我国金融市场的发展历程,让学生了解在全球金融业务不断革新的大背景下,期货和衍生品市场作为专业化的风险管理市场,是建设我国社会主义市场经济体系、多层次资本市场不可或缺的重要组成部分,其发展定位是服务实体经济和国家战略,加强学生对我国经济制度的认同。
2. **法治精神** 通过梳理我国资本市场、期货和衍生品市场的相关政策法规,学习了解我国在远期、期货和衍生品市场的最新政策与法规,特别是2022年8月1日开始正式实施的《中华人民共和国期货和衍生品法》,帮助学生了解《期货和衍生品法》作为期货和衍生品行业的第一部基本法律,是新时代资本市场法治建设的重要成果,树立法治精神。
3. **科学精神** 我国远期、期货和互换市场的发展尽管取得一定进展,但总体而言仍处于发展初期,产品体系不够健全、参与者结构不完全合理等问题依然突出。鼓励学生运用所学的基本原理,如远期期货合约定价理论等,结合我国实际情况,探讨国内期货市场在产品体系、担保品制度、机构投资者和市场开放等方面创新与发展,培养学生大胆探索的科学精神。

【教学方式与方法】
1. 自主学习:线下自主阅读文献资料,与小组同学进行讨论并形成书面笔记或思维导图。
2. 课堂讲授:讲授相关的基础理论、政策启示与建议等。

【课程思政教学实例】
案例材料1:风控意识提升 133家A股公司公告参与期货套保
(1)案例简介
2022年6月15日,北京科锐发布公告称:董事会审议通过了同意公司及子公司使用自有资金不超过5000万元开展商品期货期权套期保值业务,套期保值业务期间为自董事会审议通过之日起一年。据《证券日报》记者不完全统计发现,BJKR是A股市场本年度内第133家发布参与套期保值的公司,虽然套期保值资金量并不高,但却是具备严谨性特征的公司之一。

记者梳理发现,在133家A股公司参与期货套期保值中,参与商品期货的数量占比约20%,其中,有公司更是明确所要参与的期货品种,例如BL宝明确参与套期保值的品种为玉米、玉米淀粉;SJ矿业参与套期保值的品种是铁矿石期货;CF科技参与交易的品种为PTA;QL管业参与交易的品种为PVC和PE等。

法人持仓占比是反映各类机构参与期货市场的重要证明形式之一,其中就包括各类企业的参与程度。记者从大商所和郑商所处获悉,截至6月14日,今年郑商所日均法人客户持仓量占比达69.45%,功能作用发挥较好的品种如PTA、棉花期货等日均法人客户持仓量占比超过80%;截至5月底,今年参与大商所市场交易的单位客户持仓占比达71%,比去年同期增长了近10个百分点。

资料来源:中证网. 风险意识提升 年内133家A股公司公告参与期货套保. https://www.cs.com.cn/zzqh2020/202206/t20220616_6277625.html.

(2)案例的思政元素
①政治认同。向学生讲授期货合约的特点与功能时,结合我国在期货市场发展立足于服务实体经济的发展定位。近年来,期货的套期保值和价格发现功能在市场实践中得到一致认可,上市公司参与期货套期保值业务已成常态,让学生理解我国期货市场服务现货市场和实体经济发展的功能,增强学生对我国金融市场改革的认同。

②科学精神,理性思维。通过案例,结合我国期货及衍生品市场的发展历程,学生能够更加深入认识到金融创新的重要性,尊重事实和市场发展实际,辩证分析问题,培养学生解决问题的方法与能力。

(3)教学手段

①知识点＋实事＋思政——贯穿融合:在知识点"期货价格、远期价格和现货价格之间的关系"中引入上市公司公告参与期货套期保值等实事案例,将政治认同和科学精神等思政元素与专业知识相结合,增强学生对社会主义市场经济制度的认同与科学创新精神。

案例材料 2:期货和衍生品法 8 月 1 日起施行 业界期待发展新机遇

(1)案例简介

《期货和衍生品法》是我国首部规范期货交易和衍生品交易行为的专门法律。8 月 1 日,这部我国期货和衍生品领域的"基本法"正式施行。"《期货和衍生品法》是我国期货和衍生品市场三十多年发展经验和监管实践的系统集成,它的施行标志着我国期货和衍生品市场发展进入新的法治化轨道。"中国期货业协会相关负责人说。

监管部门依据期货和衍生品法加快对现有相关规章的"立、改、废、释"工作。证监会起草了《关于修改部分证券期货规章的决定》《关于修改部分证券期货规范性文件的决定》,对 8 部规章、15 部规范性文件的部分条款予以修改,并于 6 月底向社会公开征求意见。

业内人士透露,期货和衍生品法为行业和市场创造了有法可依的法治条件。围绕期货和衍生品法的具体内容,行业将会有多项创新发展举措配合期货和衍生品法的施行,其中涉及改革品种上市机制、完善交易机制、推动经营机构由传统经纪商向风险管理服务商转型、完善交易者结构、专业人才培养等方面。

资料来源:光明网. 期货和衍生品法 8 月 1 日起施行 业界期待发展新机遇. https://m.gmw.cn/baijia/2022-08/02/1303070993.html.

(2)案例的思政元素

①法治意识与底线思维。通过学习并了解《期货和衍生品法》的主要内容,让学生认识到其作为期货衍生品市场的基本法,标志着我国期货和衍生品市场发展进入新的法治化轨道。让学生牢固树立个人遵纪守法的意识,期货经营机构和交易群体均应践行法律法规,遵守从业者合规经营的底线思维。

②金融伦理和职业道德。作为从业人员不仅要遵守法律法规,也必须坚守职业道德素养的底线。

(3)教学手段

知识点＋实事＋思政——法治意识与底线思维:让学生知道操纵期货市场、从事内幕交易等违法违规行为的成本较此前大幅提高,帮助学生了解《期货和衍生品法》和其他相关法律法规的逐步完善,对行业和市场发展的重要意义,增强学生的法治意识与道德修养。

第八章 期权和权证

专业教学目标

本章将讨论期权和权证,它们是金融产品中最引人入胜、也最复杂的金融产品。期权是赋予其买者在规定期限内按双方约定的价格买或卖一定数量某种金融资产的权利的合约。期权是人类在金融领域最伟大的发明之一,亦称为"期权革命"。通过本章学习,学生应掌握期权的基本知识和相关理论。

【知识目标】

1. 了解期权的基本特性、主要类型及盈亏分布;掌握看涨－看跌期权的平价关系。
2. 了解布莱克－斯科尔斯期权定价公式。
3. 了解权证与股票期权的异同点。
4. 了解可转换债券。

【能力目标】

1. 培养学生能够结合期权的基本定义、主要类型等基础知识,结合具体案例,分析期权价格的影响因素。
2. 培养学生以求真与探索的角度分析期权的特征与功能,评价其在金融市场中的合理应用与风险防范。

课程思政教学目标及实践

【育人目标】

1. 家国情怀 通过讲解我国期权、权证和可转债市场的发展,让学生了解我国衍生金融工具市场的快速发展,同时又与国际金融市场之间存在差距,树立学好专业技能与文化知识,服务国家经济建设的爱国情怀与奉献精神。

2. 时代担当　在全球金融业务不断改革创新以及我国金融市场进一步深化改革的大背景下,期权等衍生金融工具市场的发展需要大量具备高水平的专业从业人员。青年学生应勇于承担金融从业人员的责任。

【教学方式与方法】

1. 自主学习:线下自主阅读文献资料,完成知识点学习的思维导图。
2. 课堂讲授:讲授相关的理论基础内容、案例材料与分析等。
3. 课堂展示与讨论:学生展示根据教学素材整理分析的相关报告等,小组讨论。

【课程思政教学实例】

案例材料:中证 1000 股指期货和期权获批利好市场 年内一篮子新品种"在路上"

(1) 案例简介

中证 1000 股指期货和期权于 2022 年 7 月 22 日上市,证监会表示,下一步将督促中金所做好各项工作,保障中证 1000 股指期货和期权的平稳推出和稳健运行。

业内人士表示,股指期货和期权自诞生以来,已成为全球主要资本市场不可或缺的专业化风险对冲工具,发挥着风险管理等重要功能。中证 1000 指数成份股与已上市股指期货品种的标的指数沪深 300 指数、上证 50 指数、中证 500 指数的成份股不重叠。基于对中证 1000 指数对应的成份股来看,科创板和创业板上市公司数量占比最高,金融股权重占比在四大指数中最低,更能代表成长型公司。因此,多家机构分析认为,中证 1000 股指期货和期权的上市,有助于进一步满足投资者避险需求,吸引更多投资者入市,丰富交易策略,带动公募和券商等各类资管机构相关业务发展。

与此同时,也有多个期权类和新能源类品种值得期待。如:大商所正积极推进黄大豆 1 号、黄大豆 2 号、豆油期权上市各项准备工作。上市期权工具将促进豆类期货市场功能发挥,进而提升我国豆类衍生品市场的价格影响力,更好地服务国家粮食安全和保供稳价大局。各家期货交易所都在有条不紊地推进相关品种,与现运行的品种形成互补,做精做深产业链。

资料来源:证券日报网．中证 1000 股指期货和期权获批利好市场年内一篮子新品种"在路上"．http://www.zqrb.cn/money/qihuo/2022－07－20/A1658248617858.html.

(2) 案例的思政元素

①家国情怀。通过讲解我国期权市场的发展历程,让学生了解到随着中国资本市场对外开放进程的不断推进,中国定价问题逐渐成为衍生品市场的重要关注点,培养学生的爱国主义精神。

②时代担当。青年是国家建设和发展的生力军。在当今的金融市场改革开放进程中,青年学生要主动扛起责任,做新时代的弄潮儿。在案例讲解中融入时代担当元素,通过分析我国期权市场发展依然处于初期,期权市场的发展任重道远,教育学生学好专业本领,用于担当时代责任。

(3) 教学手段

①知识点＋实事＋思政——贯穿融合:在知识点"期权主要类型和功能""期权价格特征"等知识点中引入我国股指期权市场和商品期权市场的改革发展等实事,与时代担当等思政元素相结合,提倡学生努力学习专业知识、掌握专业技能,勇于担当新时代新格局下我国金融改革重担。

②讨论:我国金融期权市场的改革与发展的难点与趋势。

第九章　抵押和证券化资产

专业教学目标

资产证券化是 20 世纪 70 年代以来重要的金融创新之一,为市场提供了新的风险管理和投资工具。本章不仅概述了资产证券化的概念、类型、原因以及资产证券化机制,详细介绍了两种比较重要的证券化资产类型,即抵押支持证券和资产支持证券。资产证券化机制是本章学习的重点内容。通过本章学习,要了解为什么资产证券化必须实现破产隔离、真实出售、信用增级,以及资产证券化的一般流程。

【知识目标】

1. 掌握资产证券化的概念和运作流程。

2. 理解抵押支持证券的特点和主要类型。
3. 理解资产支持证券的特点和主要类型。
4. 了解中国资产证券化的主要情况。

【能力目标】
1. 培养学生将所学理论灵活应用于现实和具体案例。
2. 培养学生从思辨与探索的角度分析不同类型的资产证券化的程序,评价其存在的局限性和问题。

课程思政教学目标及实践

【育人目标】

1. **制度认同** 抵押支持证券和资产支持证券是金融市场的重要组成部分,是市场上新的风险管理和投资工具。通过向学生对比讲解我国和美国资产证券化体系,使得学生明白为何美国住房抵押贷款产品创新及住房金融制度必然会导致次贷危机发生。自我国资管新规施行以来,信贷资产证券化对于商业银行优化资金配置,增强银行内部风险抵御能力具有重要意义。正确理解和落实习近平总书记讲的"房子是用来住的,不是用来炒的"定位,了解我国有主要的住房调控政策与措施。通过梳理我国资产证券化业务的发展历程,增强学生的制度认同。

2. **家国情怀** 通过讲解我国资产证券化的发展历程,特别是中国特色的信贷资产证券化、实体企业资产证券化等资产证券化创新的案例。使学生更感性、更直观地理解中国的资产证券化。增强学生的民族自豪感,培养学生的爱国主义精神和为党和国家奉献的精神。

3. **道德修养** 良好的道德修养是社会主义建设者应该具备的素养,在相关教学案例讲解时要融入道德修养元素。作为借款人,个人的道德修为将会反应在个人信用之中,要提高信用分数,要求借款人必须有较好的道德修养。

4. **法治精神** 通过讲解相关制度建设和政策,培养学生的法治精神。遵守借款契约规定,按时偿还房贷本息。增强学生的法律意识,培育遵纪守法的金融从业人员。

5. **科学精神** 鼓励学生勤奋学习和勇于钻研、大胆探索的精神。引导学生积极思考,如资产证券化二级市场主要的机构及交易方式、与MBS审批有关的主要指标、市场利率对资产证券化的影响。我国房地产市场近期出台的控制商业银行住房贷款业务的政策等等。

6. **时代担当** 青年学生肩负着实现中华民族伟大复兴的时代责任,在相关教学案例讲解时要融入时代担当元素。作为金融从业者,要坚决落实国家对房贷市场的调控政策;作为借款人,应该积极响应党和国家号召,遵守国家颁布的有关调控法规规定。

7. **广阔视野** 学生应该具有广阔视野,通过对中国和美国资产证券化发展进行比较研究,特别是宏观调控和监管进行比较研究,培养学生的国际视野。

8. **社会责任** 通过对我国征信体系发展历程、信用评级发展中存在的问题的梳理,讨论征信市场的发展对于资产证券化发展的意义。引导学生认识到,信用对于金融业务发展的重要作用,引导学勇于承担社会责任。

【教学方式与方法】

1. 自主学习:线上学习相应慕课中的抵押和资产证券化定义的流程单知识点,线下自主阅读文献资料,撰写阅读笔记或思维导图。

2. 课堂讲授:重点讲授资产证券化中的ABS和MBS、讲授中国资产证券化的发展现状和趋势,了解相关政策等。

3. 课堂展示与讨论:学生展示根据教学素材整理分析的相关报告等,小组讨论。

4. 学习测评—实时呼应:投票结果、讨论结果现场点评。

【课程思政教学实例】

案例材料:建元2015年第一期个人住房抵押贷款支持证券

(1) 案例简介

建元2015年第一期个人住房抵押贷款支持证券是2015年9月发行的一只信贷资产证券化产品。中国建设银行担任发起机构和贷款服务机构,建信信托有限责任公司担任受托人和发行人,国泰君安证券股份有限公司担任主承销商。发行规模162211.87万元,法定最终到期日为2043年1月26日,其票面利率为浮动利率,每月26日付息一次,利率基准为五年期基准贷款利率加基本利差。

建元2015年第一期个人住房抵押贷款支持证券的基础资产为个人住房抵押贷款。贷款资产池中,贷款笔数为4931笔,未偿还本金余额162211.87万元,符合规模性原理。借款人分布于广东、福建、河南、上海等四个省份和直辖市,地域分布、年龄分布和期限分布都具有分散性特征。所有贷款均为住房抵押贷款,具有同质性特征。

为了实现信用增级,建元2015年第一期个人住房抵押贷款支持证券采用MBS分层技术,将发行的证券分成优先级和次级两类,次级债券本金和收益的支付都在优先级证券的本息支付之后,规模为197118700元。优先级证券中又分为A-1、A-2、A-3三档,规模分别为500000万元、315000万元、610000万元。三档证券的主要区别是本息偿付的先后顺序不同,A-1级证券的利息和本金支付的优先级最高,其次是A-2级,最后是A-3级。

(2) 案例的思政元素

①制度认同。资产证券化是通过对资金池的重新组合,使流动性差的金融工具能够在金融市场流通,从而达到融资目的。虽然我国发展资产证券化市场比欧美晚了二三十年,但是得益于国家的推进以及金融机构的参与,发展速度仍是较快的。通过对我国资产证券化发展历程的梳理,增强学生的制度认同。

②创新意识。资产证券化是20世纪70年代以来重要的金融创新之一,为今日市场提供了新的风险管理和投资工具。2005年3月,以中国建设银行与国家开发银行的信贷资产证券化试点为标志,资产证券化正式在我国启动。通过资产证券化,可以解决抵押贷款银行的流动性风险、降低融资成本、改善银行的风险管理。通过这一章的学习和探究,增强学生的创新意识。

③法治意识。分析我国资产证券化市场的法治环境,介绍我国资产证券化市场管理框架。通过对资产证券化法律环境的讨论,增强学生的法治意识。培养学生的法治精神。遵守借款契约规定,按时偿还房贷本息。

④广阔视野。学生应该具有广阔视野,通过对中国和美国资产证券化市场发展的比较研究,特别是住房宏观调控的比较研究,培养学生的国际视野。

(3) 教学手段

①任务驱动:课前通过教学平台布置学习任务,引导学生大量阅读相关资料,整理资产证券化的相关工具。

②翻转课堂:通过提问检查学生对不同类型证券化工具的理解情况进一步帮助学生加强对概念理解,对资产证券化工具的双面作用进行分析。帮助学生理解我国"房住不炒"对社会经济发展的重要意义。

③互动讨论:在介绍案例后,组织学生分组讨论后进行观点汇报,对学生的回答进行点评与指导,不断激发学生的制度认同和法治意识。

四、课程思政的教学评价

(一) 对教师的评价

1. 教学准备的评价

将《金融市场学》课程思政建设落实到教学准备各方面,提前提炼思政元素进行课程思政目标设计、修订教学大纲、教材选用、教案课件编写等。

2. 教学过程的评价

将《金融市场学》课程思政建设落实到教学过程各环节,主要是看教师是否采取了恰当的教学方式,将思政元素自然地融入教学内容中,对学生的思政教育以"润物细无声"的方式展开。包括教学理念及策略、教学方法运用、作业及批改、平时成绩考核等。

3. 教学结果的评价

建立健全《金融市场学》课程思政多维度评价体系,包括同行评议、随机听课、学生评教、教学督导、教学研究及教学获奖等。

4. 评价结果的运用

对于同行评议、学生评教、教学督导等提出的改进建议,以及对学生考核的成绩分析进行运用,对教学进行反思与改进。

(二)对学生的评价

1. 学习过程的评价

检验学生是否认真完成了老师布置的要求和任务,积极参与资料收集、课堂讨论和实地调研等教学过程,科学评价学生在学习过程中的积极性、互动性和参与度。

2. 学习效果的评价

通过平时作业、课堂讨论、资源库平台资料分析报告、随堂练习、课程论文、期末考试等多种形式,检验学生对课程思政元素的领会及其对思政元素的掌握程度。

3. 评价结果的运用

通过师生座谈和系部教研活动等多种形式,对学生的学习效果进行科学分析,总结经验,改进不足,提升课程思政的学习效果。

五、课程思政的教学素材

序号	内容	形式
1	美国次贷危机的原因及其应对	案例分析
2	中国的金融市场体系	阅读材料
3	上海同业拆借市场的探索与成就	阅读材料
4	"中国与股市握手" 邓小平送出的一张中国股票	案例分析
5	证监会官网公布 HYSH(600978)信息披露违法违规案	案例分析
6	人民币在特别提款权(SDR)中权重 2022 年 8 月 1 日起上调	阅读材料
7	阳光城债务"爆雷"	案例分析
8	中信证券看高 BYD 估值至 1.4 万亿	研究报告
9	研究报告:智能电动重点公司深度拆解+预测	研究报告
10	中华人民共和国期货和衍生品法	政策文件
11	风控意识提升 年内 133 家 A 股公司公告参与期货套保	案例分析
12	期货和衍生品法 8 月 1 日起施行 业界期待发展新机遇	阅读材料
13	中证 1000 股指期货和期权获批利好市场 年内一篮子新品种"在路上"	阅读材料
14	2021 年 RMBS 发行近 5000 亿:节奏受政策影响大 机构建议提升审批效	阅读材料
15	建元 2015 年第一期个人住房抵押贷款支持证券	案例分析
16	证券交易所的无形化	阅读材料
17	华谊兄弟股份有限公司融资案例	案例分析
18	资产证券化在我国的发展	阅读材料
19	国家开发银行首例 ABS	案例分析
20	里森的空头跨式期权策略与巴林银行事件	案例分析
21	中航油事件	案例分析
22	吉布森公司的金融互换案例分析	案例分析
23	我国的利率市场化	阅读材料
24	上投摩根纯债券型证券投资基金投资策略	案例分析
25	中华人民共和国期货和衍生品法	政策法规
26	FICC 业务在国内市场的实践案例	案例分析

《互联网金融》课程思政教学指南

丁杰　黄婷　张雷　张韩
(福建江夏学院)

一、课程简介与课程目标

(一)课程简介

《互联网金融》课程是金融学专业核心课程,通过引入互联网金融的内涵及概念,通过网络借贷、众筹、互联网支付、互联网基金、互联网保险、互联网信托及互联网消费金融等概念、运用、原理具体知识及案例介绍,强调基本原则,在此基础上,让学生结合实际案例对新时代新金融的新业态进行全面分析,对金融创新带来的新风险产生深刻的思考。通过书本理论分析当前热点问题,产生预判意识。

本课程运用讲授、启发式教学、讨论教学、案例教学、反转教学、实践教学等多维度教学方法,对各类互联网金融产品进行分类介绍,使学生对互联网金融的范畴及理论内涵有深刻的理解,让学生对互联网金融未来的发展,可能带来的金融风险有本质的认识,利用数字化的信息及金融网络媒体的交互性和辅助营销目标实现的一种新型学科,通过课程与思政内容紧密结合,以课程为载体,实现全方位育人。

(二)课程目标

本课程为专业必修课程。通过本课程的学习,使学生能够达到以下目标:

1. 知识目标:系统掌握经济学理论基础,银行、证券、保险、信托等专业基础知识、基本理论与基本技能,同时具有其他相关领域知识,形成兼具人文社会科学、自然科学、工程与技术科学的均衡知识结构,具有在金融相关领域、行业和技术体系内,较熟练进行项目分析、产品设计与风险预判的专业能力。

2. 能力目标:具有拓展性思维,养成终身学习的能力,通过主动性获取知识,接受有效方法渗透,形成实践能力与理论知识的良好互动;能够运用专业理论分析市场热点、难点,具备一定的科研思维,有坚持不懈的创新精神、创业意识与综合实践运用能力。

3. 育人目标:胸怀祖国,尊师重教,具有良好职业操守与执业底线,培养良好的职业习惯与道德,具备服务社会意识,将人文关怀贯彻到工作方方面面;具有扎实的理论功底,熟悉相关法律法规、了解国内外互联网金融的发展动态;具有一定的科学素养与科研基础;具备良好的专业素质。

(三)课程教材和资料

➤ 推荐教材

赵华伟. 互联网金融[M]. 北京:清华大学出版社,2017.

➤ 参考教材或推荐书籍

1. 谭玲玲. 互联网金融[M]. 4版. 北京:北京大学出版社,2019.
2. 周光友. 互联网金融[M]. 2版. 北京:北京大学出版社,2022.

➤ 学术刊物与学习资源

1. 国内外经济金融类各类期刊。
2. 学校图书馆提供的各种数字资源,特别是"中国知网",下载相关文献并加以阅读。百度金融、陆金所、余额宝等上市保险公司年报。

➤ 推荐网站

1. 中国互联网金融举报信息平台:https://jubao.nifa.org.cn/ipnifa/.
2. 中国互联网金融协会网站:https://www.nifa.org.cn/nifa/index.html.

二、课程思政教学总体设计

(一)课程思政教学目标

以习近平新时代中国特色社会主义思想为指导,以培养中国特色社会主义接班人为目标,坚持以培养大学生理念信念、价值取向、政治信仰、社会责任为最终目标,提升大学生明辨是非的能力,保证大学生政治立场坚定,让学生成为德才兼备,全面发展,适应社会进步的核心人才。

《互联网金融》课程以互联网金融的内涵为基础,学生在掌握新业态发展过程中的新技术与新风险等基本知识,重视网络发展与金融创新的关系,充分认识到新时代大学生的使命与担当,提升学生解决实际问题的能力。

本课程加入大量互联网金融背景下最新的案例与金融创新的成果,比如,支付宝职能的演变、蚂蚁金服的战略布局、陆金所金融创新实践、个人征信数字化的发展趋势等,通过课程大量的融入,深入浅出地引领学生进行拓展性思维,在金融创新大背景下,金融监管的数字化发展,积累大量中国经验的基础上,增进学生思考与解决实际问题的能力,引导学生增强"四个意识"、坚定"四个自信"、做到"两个维护",把思想和行为自觉与以习近平同志为核心的党中央保持高度一致。具体而言,本课程的思政教学目标包括以下八个维度:政治认同、家国情怀、道德修养与职业伦理、法治意识与底线思维、文化素养、科学精神、时代担当、广阔视野。

1. 政治认同

《互联网金融》课程以互联网金融内涵与金融理论为主,也有大量具有中国特色的金融理论与实践问题的总结与提炼,这些问题与辩证唯物主义以及中国特色社会主义密切相关。通过这些专业知识的讲述,有助于让学生更准确了解中国金融业的发展,以及互联网金融创新背景下可能带来的风险,例如P2P的风险形成,从发展规律进行探讨,有助于学生理解马克思主义的基础理论,并产生高度的认同感,当金融风险产生时,国家政策的导向与对特殊人群的帮扶等,更进一步验证了社会主义的优越性,让学生更坚定政治信仰。

2. 家国情怀

我国互联网金融在引领时代发展的同时,也借鉴金融风险评估等理论,在此过程中,金融营销人员的转型、对消费者的保护意识、对于金融产品设计的风控意识也在逐步完善,充分体现了为人民服务、爱岗敬业的专业素养,通过各国互联网金融产品的对比、金融产品风控的分析,让学生树立为祖国、为人民奋斗的理想。通过与传统金融产品的功能与服务、风控手段的对比分析,更进一步提升学生的职业目标与从业道德的养成水平。通过讲解互联网金融是去中介化的运作,把资金供给的个体集合起来在平台上投放给最需要资金的个体,让学生认识到集体的力量,每个人做出的一点贡献便能够帮助那些得不到传统金融服务的弱势群体,从而培养学生为人人为我,我为人人的集体互助意识。

3. 道德修养与职业伦理

本课程会涉及到金融职业道德相关知识,特别是金融中介业务的学习过程中,我们通过反面案例分析,让学生认识到金融职业道德的重要性,自觉养成遵守金融职业道德的习惯。银行金融机构要与传统企业合作,与互联网企业合作,通过合作达到互惠互利,提升自己的竞争力。让学生们在学习生活中注意培养合作互助意识,培养团队精神,在合作互助中促进成长,为未来的金融职业生涯打下坚实的能力基础。在针对客户需求分析时,应该结合市场风险与客户可承受的风险进行推荐,而不能一味夸大收益忽略风险。道德修养与职业伦理道德规范决定了个人在金融行业发展中的作用,能走多远,能做多大的事。通过本课程的知识讲解和案例解读,切实提高学生的道德修养。

4. 法治意识与底线思维

本课程各章学习中包含了大量法律、法规介绍,特别是新时代背景下金融创新可能带来的风险,导致金融风险的传播范围大,影响力强。通过本课学习,让学生学习相关的法律法规,认识到相关法规对于金融业的健康发展和金融稳定的重要作用。让学生牢固树立个人遵纪守法的意识和互联网金融的合规经营底线思维,如"校园贷"、P2P炸雷等问题。激励学生自发崇尚、遵守和捍卫法律。除此之外,本课程鼓励学生对当前法律法规存在的问题进行创新性探索,为金融领域的改革和法治建设贡献自己的力量,并根据时代前沿问题产生新情况进行金融监管的探索。

5. 文化素养

本课程注重学生文化素养的养成。文化是一个内涵十分丰富的概念,泛指一般知识、礼仪、习俗。它包括知识、科学、品德、情感、方式、方法、作风、文风、学风、纪律、机构、制度、传统、习俗、生活、饮食、娱乐、休闲等。素养是平时经常有意识地学习、实践和修养,以及社会舆论、环境暗示的影响,从而使自己的知识、能力、作风、品德、胸怀、境界达到了一定的水平。文化素养的养成,是在素质的基础上不断积累和沉淀的过程,不断理解和深悟的过程,不断提高和丰富的过程,不断完善和完美的过程。文化素养,不可能一蹴而就。积极的素养,是综合性的,既是知识,又是能力,还是品德作风,又是胸怀境界。对银行从业者而言,在众多的文化中,最重要的文化特色是"诚信"。对保险从业者来讲,在众多的文化中,最重要的文化特色也是"诚信"。在本课程金融合同与金融原则中,通过讲授相关专业知识,着重对学生进行"诚信"教育。我们将通过一些案例对学生进行中华优秀传统文化——诚信为本的教育。

6. 科学精神

本课程注重培养学生的科学精神。科学精神是伴随近代科学的诞生,在继承人类先前思想遗产的基础上,逐渐发展起来的科学理念和科学传统的积淀,是科学文化深层结构(行为观念层次)中蕴涵的价值和规范的综合。要对科学精神有所把握,最重要的是要让学生了解它的内涵或构成要素,以及它的整体结构。科学精神是反映科学发展内在要求并体现在科学工作者身上的一种精神状态,如科学探索者的信念、勇气、意志、工作态度、理性思维、人文关怀和牺牲精神等,内涵极为丰富,互相之间贯通性和可塑性很强。本课程提出"知识为基、研究为核、思政为魂"的课程目标,在各章节教学中,注重通过研究能力训练来培养学生的科学精神。比如,在教学中,引导学生学习各章后的思考题,结合中国互联网金融的发展,思考金融业发展中存在的问题,引导学生阅读相关的参考文献,鼓励学生对问题进行深入探究。

7. 时代担当

青年是国家的未来。青年兴则国家兴,青年强则国家强。"青年一代有理想、有本领、有担当,国家就有前途,民族就有希望"。青年是国家建设和发展的生力军,回望历史,青年要主动扛起责任担当,勇做新时代的弄潮儿。在教学中,一是介绍我国互联网金融发展的历史与变革。二是注重结合习近平总书记对青年的寄语,引导学生树立远大崇高的理想,强本领、勇担当。

8. 广阔视野

全球竞争日趋激烈、世界合作日趋紧密是大趋势。在新时代、新理念、新格局下,国家的发展尤其需要更多的具有国际视野的高素质人才。当代大学生是我国全面建成小康社会、实现中华民族伟大复兴的生力军,是祖国的未来和民族的希望。大学生是否具有国际视野对于国家的发展尤为重要。大学生要培养自己的世界眼光和国际视野,立志成才报国,有志于世界文明的进步。本课程让学生了解国际、国内互联网金融发展与变革,注重中国与其他国家互联网金融发展的比较,培养学生的广阔视野与延伸性思维。

(二)课程思政的教学内容

《互联网金融》课程的思政内容可以涉及以下几方面:

1. 互联网金融发展的文化自信和制度自信

中华文明源远流长,新阶段下,互联网金融业的发展更是蒸蒸日上。问题解决和技术运用是创新的两个驱动力。问题解决通过发现和提出问题、解决问题,制定合理的解决方案做出创新。而技术运用是把握技术与人类文明的有机联系,学习掌握技术的兴趣和意愿、工程思维,把创意和方案转化为新的技术和产品。金融从业者要解决满足客户多样化的需求问题和规避各种金融风险问题,催生了金融的创新。引导学生能够多提问题和敏锐了解与金融相关的新技术的变化,用独特的思考来解决金融问题。从业教师在讲授时,要结合中国传统文化,也要注重介绍体现时代、民族与文化特色的中国金融业的发展实践和理论发展现状、原因及其独特性,增强学生对中国保险发展的文化自信和制度自信。

2. 人类命运共同体意识

互联网金融在低门槛、服务便捷方面有突出优势,能够覆盖传统金融服务行业的服务空白,解决广大中小微企业、普通民众的金融需求,让中小微企业和普通百姓融资不再难,普惠性是互联网金融的特点,互联网金融给全体人民共同富裕的目标提供了有力支持,这是互联网金融的国家使命。每一位学生都是未来金融从业者,不仅能满足自己职业成长的需要,还能光荣地去完成普惠金融的国家使命,为金融服务走入百姓家做贡献。

3. 互联网金融企业的社会责任

互联网金融借助互联网发展,促进了金融的创新,发展了新的产业,着力解决小微企业贷款和贫困人口贷款难问题,想国家之所想,急国家之所急,不愧为时代担当,能够激发学生从事互联网金融的热情,努力培养自己的金融分析能力,把自己塑造成新时代的金融精英。

4. 金融伦理与从业人员的职业道德

互联网金融也是社会主义市场经济的一部分,是社会主义金融市场的新生力量,利国利民,有助于促进共同富裕,互联网金融与其他类似经济制度有相似之处,也有其特性,体现出和而不同、相辅相成的作用。同学们应该充满自豪感,努力学习,毕业后从事互联网金融行业,为祖国做贡献。金融伦理与从业人员的职业道德是行业健康运行的基石。在教学中应当融入金融伦理认知和职业道德教育,如诚实守信教育、爱岗敬业教育、遵纪守法教育、廉洁奉公教育、优质服务教育等,引导学生具有家国情怀、法治意识、社会责任和仁爱之心。

(三)教学方法

本课程综合运用讲授、启发式教学、讨论教学、案例教学、模拟实践教学、反转教学等多种教学方法,使学生具备有关金融领域的基本知识、基本理论和基本分析方法,具有运用金融知识分析现实问题的能力,具有国际视野,了解全球化环境下的行业发展,熟悉金融伦理和职业道德标准。

三、课程各章节的课程思政教学内容设计

第一章 绪论

专业教学目标

本章介绍金融业的发展和变革、互联网金融的兴起和国内外互联网金融发展的概况。通过了解金融创新和金融业的变革来理解我国金融体系的未来。通过对互联网金融的历史、特点、模式等阐述让学生能全方位、概括性了解互联网金融。

【知识目标】

1. 学生理解金融、金融业、金融创新、互联网金融的概念及含义,熟悉金融创新的内容、互联网金融的模式和特点。

2. 学生要了解互联网金融的兴起和国内外互联网金融发展的概况。

【能力目标】

1. 能够结合互联网金融的创新思维模式去思考经济问题。

2. 培养学生从思辨与探索的角度分析互联网金融产生的必然性,评价其存在的局限性和问题。

课程思政教学目标及实践

【育人目标】

1. 国家使命感 互联网金融在低门槛、服务便捷方面有突出优势,能够覆盖传统金融服务行业的服务空白,解决广大中小微企业、普通民众的金融需求,让中小微企业和普通百姓融资不再难。普惠性是互联网金融的特点,互联网金融给全体人民共同富裕的目标提供了有力支持,这是互联网金融的国家使命。每一位学生都是未来的金融从业者,不仅能满足自己职业成长的需要,还能光荣地去完成普惠金融的国家使命,为金融服务走入百姓家做贡献。

2. 合作意识 非银行金融机构要与传统企业合作,与互联网企业合作,通过合作达到互惠互利,提升自己的竞争力。让学生们在学习生活中注意培养合作互助意识,培养团队精神,在合作互助中促进成长,为未来的金融职业生涯打下坚实的能力基础。

3. 实践创新 问题解决和技术运用是创新的两个驱动力。问题解决通过发现和提出问题、解决问题,制定合理的解决方案做出创新。而技术运用是把握技术与人类文明的有机联系,学习掌握技术的兴趣和

意愿、工程思维,把创意和方案转化成新的技术和产品。金融从业者要解决客户多样化的需求问题和规避各种金融风险问题,催生了金融的创新。引导学生能够多提问题和敏锐了解与金融相关的新技术的变化,用独特的思考来解决金融问题。

4. 政治认同　互联网金融也是社会主义市场经济的一部分,是社会主义金融市场的新生力量,利国利民,有助于促进共同富裕,互联网金融与其他类似的经济制度有相似之处,也有其特性,体现出和而不同、相辅相成的作用。同学们应该充满自豪感,好好努力,毕业后从事互联网金融行业,为祖国做贡献。

5. 时代担当　互联网金融借助互联网发展,促进了金融的创新,发展了新的产业,着力解决小微企业贷款和贫困人口贷款难的问题。想想国家之所想,急国家之所急,不愧为时代担当,能够激发学生从事互联网金融的热情,努力培养自己的金融分析能力,把自己塑造成新时代的金融精英。

6. 人文关怀　互联网金融是以人为本,满足人的生存和发展权,给传统金融服务不到的弱势群体提供金融支持,实现共同富裕。

7. 家国情怀　通过讲解互联网金融是去中介化的运作,把资金供给的个体集合起来在平台上投放给最需要资金的一个个个体,让学生认识到集体的力量,每个人做出的一点贡献便能够帮助那些得不到传统金融服务的弱势群体,从而培养学生人人为我,我为人人的集体互助意识。

【教学方式与方法】

1. 自主学习:线上学习相应慕课中的金融专业基础知识点,线下自主阅读文献资料,撰写阅读笔记或思维导图。

2. 课堂讲授:讲授金融创新、互联网金融发展的相关内容、互联网金融兴起的启示等。

3. 课堂展示与讨论:学生展示根据教学素材整理分析的相关报告等,根据课上主题研讨式案例进行小组讨论。

【课程思政教学实例】

案例材料:AL 微贷

(1)案例简介

ALJR 通过互联网数据化运营模式,给 TB、ALBB、TMW 等电子商务平台上的小微企业、个人创业者提供可持续性的、普惠的互联网金融服务,其所开发的新型微贷应用的核心是大数据和互联网。同时阿里微贷技术非常重视互联网技术,小微企业的数据运算依赖互联网的云计算技术,不仅保证安全高效,同时也降低了运行成本,对互联网的应用也简化了小微企业的贷款流程,更能提供 365×24 全天候金融服务。从 ALJR 的微贷产品的运作方式来看,带有强烈的互联网特征,客户从贷款申请到贷款审批、获贷、支取以及还贷,整个环节完全在线上完成,零人工参与。2020 年 8 月 24 日,ZGTH 与 ALBB、MYJT 在杭州签订全面深化战略合作协议。三个合作方将根据新的形势,加快构建互联网+金融的合作发展新业态。各方将发挥各自优势,整合平台、用户、市场、渠道、数据和技术等资源。ZGYH、ALBB、MYJT 三方将在传统金融、个人数字金融、金融科技、综合化经营、市场创新等领域升级合作,并将利用 ALBB 和 MYJT 的互联网技术优势,共同开展金融科技合作和创新。

资料来源:人人文库. 互联网金融案例研究[EB/OL]. 2021-10-10/2022-08-28. https://www.renrendoc.com/paper/149347581.html.

(2)案例的思政元素

①服务意识。互联网金融提供了传统金融无法提供的服务,比如服务时间扩展、服务人群差异等,通过差异化的服务拓展市场,这是服务意识的体现,让学生理解提升服务意识对于金融行业的重要性。

②合作意识。互联网科技企业应该加强与商业银行的战略合作,加强技术合作,信息共享,联手合作金融服务,实现优势互补,互利互惠,让学生理解合作共赢的重要性,培养学生的合作意识。

③人文关怀和共同富裕。互联网金融的普惠性让人们都能得到生存和发展的权利,人人都能参与其中,特别是对弱势群体的关怀,充分体现了互联网金融尊重人权。让学生理解互联网金融服务是以人为本,尊重人的尊严,培养学生尊重人的生存权,促进共同富裕的人文情怀。

④实践创新。互联网金融的创新突破来自互联网技术的应用和对传统金融弊病的解决,让学生理解实践创新的来源,培养学生从解决问题和对新技术的敏锐分析中培育创新的灵感。

(3)教学手段

①翻转课堂——支架与高阶:慕课资源、文献资源为翻转课堂提供支架;课堂展示、师生思辨讨论实现课堂高阶性、高效性。

②知识点＋实事＋思政——贯穿融合:在知识点"互联网金融概念和特点"中引入主流互联网金融产品,将人文关怀、互助精神以及服务意识等思政元素与专业知识相结合,增强学生的法治意识与底线思维,以及为集体做贡献的意识。

③学习测评——实时呼应:投票结果、讨论结果现场点评。

第二章 互联网金融的发展内涵

专业教学目标

互联网金融是互联网技术和金融功能的有机结合,所以从互联网的发展说起,互联网技术在世界上的发展进步和普及是互联网金融产生的基础,本章介绍了互联网技术从 web 2.0 到 web 3.0 的突破、社交网络、云计算、大数据、移动互联网等最新网络技术的发展,为互联网金融的进步奠定了技术基础。基于上述互联网思想,介绍了互联网金融,首先是互联网金融和金融互联网的区别、互联网金融导致的金融脱媒,然后介绍了互联网金融对长尾市场的填补和贡献、互联网金融的普惠性和民主性,让学生了解互联网金融的发展脉络和互联网金融的本质特征。

【知识目标】

1. 学生了解互联网的产生和在中国的发展,互联网金融如何引发中国金融业的变革。了解互联网技术的五大最新发展成果。

2. 理解互联网金融和金融互联网的区别,掌握金融脱媒的原因以及金融脱媒和互联网金融背景下商业银行的对策。理解互联网金融脱媒给金融监管机构带来的挑战。理解互联网金融填补长尾市场是互联网金融存在的逻辑和未来的发展方向。理解互联网金融的普惠性和民主性。

【能力目标】

1. 培养学生将所学理论灵活应用于现实和具体案例。

2. 培养学生从思辨与探索的角度分析互联网金融发展的原因和未来格局,评价其存在的局限性和问题。

3. 能够结合互联网金融的创新思维模式去思考,能够识别互联网金融可能出现的监管基本问题。

课程思政教学目标及实践

【育人目标】

1. **个人信息保护意识** 互联网金融的后台大数据处理和云计算技术会带来信息安全的道德风险,让学生注意在使用互联网金融的过程中注意保护隐私,不要轻易泄露隐私,作为未来的互联网金融从业者,提高职业道德操守感,注意保护客户的个人隐私才能赢得客户的信任,创造更大的价值。

2. **自律意识** 互联网金融脱媒本身就是创新的体现,是对传统金融机构和业务的扬弃,很多业务处于监管真空,需要互联网金融行业协会开展行业自律,维护行业的健康发展。而学生作为未来的从业者也要用自律精神从现在开始要求自己,不在校规和法律边缘游走,遵守道德规章,树立法治精神。

3. **维护金融稳定和底线思维、深度学习** 互联网金融脱媒给金融监管带来巨大的挑战,因为信息技术安全、道德逆向选择、恶性竞争、平台产品挤兑、新金融带来的监管缺位等都可能会引起系统性问题,从而破坏金融的稳定,所以无论是监管部门还是行业协会都要坚持底线思维,守住不暴发系统风险的底线,用完善的监管和全面的风险管理来管控金融风险。学生们无论学习哪门专业课都要有一定的风控思维,要用风险管理的思考方法思考专业知识的来龙去脉,把风险管理的理念融入专业学习之中。

4. **国家荣誉与责任感** 金融脱媒与互联网金融背景下,商业银行要充分应对挑战,这是因为银行特别是国有大银行是国有资产的核心资产,是社会主义最有力的物质保障,是社会主义制度优越性的最集中表现,使国有银行增加竞争力,增加利润,使其保值增值是社会主义接班人的责任和使命,学生们要充分理解商业银行如何应对互联网金融的挑战,多学习,多做研究,为商业银行应对挑战献计献策,为国家争荣誉。

5. **合作精神和命运共同体** 商业银行应该加强与互联网科技企业的战略合作,加强技术合作,信息共享,联手合作金融服务,实现优势互补,互利互惠。互联网金融和银行要实现我为人人、人人为我,风雨同舟,两者不是绝对对立的,都属于大金融的命运共同体。通过学习,学生可以更好地理解人类命运共同体。

6. 人的生存权和民主性　互联网金融具有先天的普惠性,能够为传统金融机构之外的广大中低收入阶层和小微企业甚至生活困难人口提供便利的金融服务。借助互联网金融的普惠性让人人都能得到生存和发展的权利,人人都能参与其中,充分体现了互联网金融人人参与的民主性。让学生理解互联网金融服务是以人为本,尊重人的尊严,满足广大人民参与经济的基本权利,体现了我们国家的社会主义经济制度的优越性。

【教学方式与方法】

1. 自主学习:线上学习相应慕课中的互联网金融发展的相关知识点,线下自主阅读文献资料,撰写阅读笔记或思维导图。

2. 课堂讲授:讲授互联网金融的技术发展脉络、互联网金融对传统金融的产生的脱媒影响以及传统金融的对策等。

3. 课堂展示与讨论:学生展示根据教学素材整理分析的相关报告等,根据课上主题研讨式案例进行小组讨论。

【课程思政教学实例】

案例材料:余额宝

(1)案例简介

余额宝是 MYJF 旗下的余额增值服务和活期资金管理服务产品,于 2013 年 6 月推出。天弘基金是余额宝的基金管理人。余额宝实质是互联网货币基金,为客户提供现金增值,客户把钱转入余额宝,即申购了天弘增利宝基金,随后享受货币基金收益。用户选择资金从余额宝转出或者使用余额宝购物支付,相当于赎回基金份额。通常来说余额宝既能获得高于银行存款利息的收益,又能保障本金安全(相对安全)。余额宝操作流程简单,没有最低购买金额限制、收益高、使用灵活、无手续费、手机操作、随时到账、网络化营销降低了成本等优点。余额宝对银行的冲击:①高利率分流银行存款。②协议存款使银行存款成本升高。③助推利率市场化。④对货币供应量指标产生扰动,影响货币政策的运用。余额宝也会引起一定的监管问题。首先,余额宝交易有跨地区、跨账户、跨机构等特点,使监管手段受到限制,还造成监管协调问题;其次对互联网货币基金的监管还不完善。银行如何应对余额宝的冲击:①推出类余额宝产品。②利率市场化。③对转账余额宝进行限制。④对余额宝所投资的协议存款取消提前支取不罚息的红利。

资料来源:①百度文库. 白亚茜,张弦,等. 余额宝案例分析[EB/OL]. 2022-08-28. https://wenku.baidu.com/view/304377698562caaedd3383c4bb4cf7ec4bfeb6ea.html.

②Fintech 观察. 中行与阿里、蚂蚁集团三方合作将加速金融科技竞争[EB/OL]. 2020-09-01/2022-08-28. https://baijiahao.baidu.com/s?id=1676627330212579989&wfr=spider&for=pc.

(2)案例的思政元素

①维护金融稳定和底线思维、深度学习。余额宝等产品的互联网金融脱媒给金融监管带来巨大挑战,因为信息技术安全、道德逆向选择、恶性竞争、平台产品挤兑、新金融带来的监管缺位等都可能会引起系统性问题,从而破坏金融的稳定,所以无论是监管部门还是行业协会都要坚持底线思维,守住不暴发系统风险的底线,用完善的监管和全面的风险管理来管控金融风险。培养学生无论学习哪门专业课都要有一定的风控思维,要用风险管理的思考方法思考专业知识的来龙去脉,把风险管理的理念融入专业学习之中。

②国家荣誉与责任感。在余额宝等互联网金融产品导致的金融脱媒的挑战下,商业银行要充分应对挑战,这是因为银行特别是国有大型银行是国有资产的核心资产,是社会主义最有力的物质保障,是社会主义制度优越性的最集中表现,使国有银行增加竞争力,增加利润,使其保值增值是社会主义接班人的责任和使命。学生们要充分理解商业银行如何应对互联网金融的挑战,多学习,多做研究,为商业银行应对挑战献计献策,为国家争荣誉。

③实践创新。余额宝之所以赢得了客户,是因为充分利用了互联网技术的优势,回避了存款产品的不足,培养学生从解决问题和对新技术的敏锐分析中培育创新的灵感。

④自律意识。余额宝等互联网货币基金涉及了监管真空,余额宝等产品要做到行业自律,不要在法律边缘游走,为互联网金融未来着想,拒绝短视行为,让学生理解行业自律和践行职业道德的重要性。

(3)教学手段

①翻转课堂——支架与高阶:慕课资源、文献资源为翻转课堂提供支架;课堂展示、师生思辨讨论实现课堂学习互联网金融发展过程的高效性。

②知识点+实事+思政——贯穿融合:在知识点"给监管带来的挑战"中引入新出现的相关互联网金融产品,将法治意识、自律意识以及实践创新等思政元素与专业知识相结合,增强学生的法治意识与底线思维,以及为集体做贡献的意识。

③学习测评——实时呼应:投票结果、讨论结果现场点评。

第三章 互联网众筹

专业教学目标

网络众筹以其特有的融资快、范围广、门槛低等融资优势获得创业者的追捧,同时也存在较高的风险隐患。本章从网络众筹的概念及特点开始分析,对网络众筹的模式类型进行了详细的分类,对网络众筹的产生与发展历程、风险与监管等问题做了介绍,并分别从融资者和投资者的视角探究股权众筹融资和股权众筹权的实务操作流程。让学生建立起对于互联网众筹的整体认识,掌握网络众筹实际操作环节的具体运作流程。

【知识目标】

1. 掌握网络众筹的概念及特点、模式类型。
2. 掌握网络众筹的风险及监管规则。
3. 掌握股权众筹平台的概念及监管要求。
4. 熟悉股权众筹平台的运作模式和盈利模式。
5. 掌握股权众筹融资的概念及特点。
6. 掌握股权众筹投资的概念及特点。

【能力目标】

1. 会辨析网络众筹的不同模式。
2. 会分析股权众筹融资的实务操作流程。
3. 会分析股权众筹投资的实务操作流程。
4. 会分析股权众筹投资的风险防范措施。

课程思政教学目标及实践

【育人目标】

1. **家国情怀** 通过讲解互联网公益众筹的操作流程,让学生意识到每个人只要做出一点贡献,在集合众人的力量后,便能帮助条件困难的弱势群体或环境严重破坏的地区获得相应的资金扶持,从而培养学生为弱势群体及国家建设贡献自己力所能及的力量的意识。

2. **实践创新** 通过讲解互联网众筹的发展历史,让学生知道最初的众筹形式主要是热心人士表达支持之心的一种方式,主要目的并不是获得财务回报。而互联网股权众筹等商业模式也是在21世纪结合互联网技术后,对原有股权融资模式进行的技术上结合创新。鼓励学生结合互联网金融中所学习到的最新各种融资工具进行衍生产品设想,提高实操设计及创新能力。

【教学方式与方法】

1. 自主学习:线上先预习慕课中互联网众筹的基础专业知识点,线下自主阅读第三章互联网众筹的相关内容及文献资料,撰写阅读笔记标注疑难点。
2. 课堂讲授:讲授互联网众筹相关理论及策启示与建议等。
3. 课堂展示与讨论:学生展示根据教学素材结合最新互联网众筹事实新闻,整理分析的案例,进行PPT、视频、小品、软件互动等多样化的课程展现模式,完成后教师点评相关问题后进行小组讨论及展示作品的二次修改。
4. 课后复习:课后结合所学知识点绘制思维导图,并更新思维导图总纲,把对应章节添加入原有总纲逻辑结构图中,形成全课程多章节完整思维导图蛛形网络图。

【课程思政教学实例】
案例材料：公益众筹及股权众筹爆雷
（1）案例简介

说到网络众筹，最为大众熟悉的便是网络公益众筹及股权众筹。

2022年5月7日0时，中国红十字会"5·8人道公益日"互联网众筹项目将在腾讯公益平台正式推出，共上线62个公益项目，全国30个省、自治区、直辖市及新疆生产建设兵团超过1000个红十字组织参与。

与之对应的盈利性网络众筹则因监管原因开始出现各类爆雷情况，最为典型的案例便是2021年多彩投民宿众筹平台的多个项目爆雷情况。

爱好旅游的张小姐被众筹App上的酒店和民宿所吸引，从2017年开始陆续投了App上面的5个项目。2021年4月，张小姐到上海出差时，特地拿着分到的消费金入住了位于浦东机场附近的林隐艺术酒店，她和酒店工作人员聊了聊酒店经营情况，餐厅生意不错，住宿客人也较多，这都让张小姐对酒店整体经营充满信心。然而，几个月后，张小姐突然被告知，林隐艺术酒店无法如期回购，随后她发现，酒店已经停止营业了。几乎同时，张小姐投资的另一家位于杭州的酒店也放出无法按期回购的消息，酒店方表示，需要签订延期回购协议。与张小姐情况相同的还有田小姐，她花费了360万元投资的18个项目中，只有1个是到期后正常回购的。田小姐介绍："12个爆雷的项目里，目前只有2个把本钱要回来了。"

资料来源：①李禾.中国红十字会"5·8人道公益日"互联网众筹项目正式启动[EB/OL].https://baijiahao.baidu.com/s?id=1732174899082003276&wfr=spider&for=pc.

②丁文婷.民宿酒店众筹平台多彩投多项目"爆雷"有投资人本金蒸发80%[EB/OL].https://baijiahao.baidu.com/s?id=1709168254921696791&wfr=spider&for=pc.

（2）案例的思政元素

①实践创新。各小组通过对比初始的网络公益众筹以及在其之上衍生出的盈利性网络股权众筹，充分了解如何利用现有技术结合专业场景及最新科技载体发挥创新精神以及锻炼实践操作和创新设计能力。

②奉献精神。各小组通过深入了解三个不同类型的公益众筹机制，能够在充分了解公益众筹整体运行机制的同时感受我国企业的社会责任感及普通群众的奉献精神。

③风险意识。学生通过新闻真实案例体会新兴网络股权众筹存在的风险情况，更加切身地体会高风险高收益的金融基础知识。同时对比我国银行基础存贷款汇率，通过科学对比的方式对风险防范和认知进行进一步了解。

（3）教学手段

①翻转课堂：课前投放慕课资源、视频、文献资源以及课前思考题为翻转课堂提供前期支撑；在课堂上通过分析互联网众筹事实新闻，讲解知识点的实际运用场景、结合相关思政元素进行师生思辨讨论以实现课堂高阶性、高效性。

②知识点＋实事＋思政：在知识点"互联网众筹的分类中"中引入现行6类互联网众筹产品，从非盈利众筹产品的起源到盈利性众筹产品的讲解，将法治意识、互助精神以及创新精神和风险意识等思政元素与专业知识相结合，增强学生的实践创新能力，打开衍生产品研发思路，以及培养无私奉献的精神和风险管理的意识。

③学习测评——实时呼应：现场多组进行实景新闻分析PK，让学生自行挖掘更多衍生思政元素，雨课堂实时显示各组投票结果，现场点评并要求各小组进行对应内容的修改，下次课程递交修改结果。

第四章　互联网支付

专业教学目标

互联网支付围绕电子支付项目的目的与任务，利用充实的理论学习基础，对模拟软件进行系统的操作，对实例进行上网操作，最终达到学生能够将理论部分与现实实践结合，全面领悟网络支付与电子银行的思想，掌握网络支付与结算技能。

【知识目标】

1. 学生了解个人银行业务的内容，熟悉网上个人银行业务的电子支付流程及有关规定。

2. 使学生具备金融电子支付基础知识以及认识电子支付所必备的计算机、网络、通讯、网络银行所具备的支付基础知识。

【能力目标】
1. 培养学生将所学理论灵活应用于现实和具体案例。
2. 培养学生从思辨与探索的角度分析互联网支付过程存在的风险,以及进行风险预判及防范的手段。

课程思政教学目标及实践

【育人目标】
1. 家国情怀 通过讲解金融产品合同的回报率与风险预期,让学生理解消费者对风险评估的能力,认识到产品设计、推广、风险的控制都离不开集体团队的合作运营,从而培养学生为集体贡献的意识,养成胸怀祖国的全局观。

2. 法治意识与底线思维 互联网支付过程中,个人信息的保存与生物数据的自我保护意识的普及。对于涉及他人隐私数据的违法行为的认识,不能做出有损金融消费者的行为。互联网金融公司的运营离不开法律契约的规范与约束,在金融产品设计与推广等经营环节中,不能做出有损于当事人的行为,帮助学生了解金融法和相关法律法规的重要意义,树立法治精神。

【教学方式与方法】
1. 自主学习:线上学习相应慕课中互联网支付相关的基础专业知识点,线下自主阅读文献资料,撰写阅读笔记或思维导图。结合思维导图做好预习与上期的复习。
2. 课堂讲授:讲授互联网支付中个人银行电子支付的主要观点或内容、政策启示与建议等。
3. 课堂展示与讨论:学生展示根据教学素材整理分析的相关报告等,小组讨论互联网支付过程存在的风险,并通过现存案例进行风险预判及防范。

【课程思政教学实例】
案例材料:A 同学使用了 YSF 进行互联网交易支付
(1)案例简介
YSF 是一款主打优惠,同时具备闪付和扫码支付功能的第三方软件,背靠中国银联,加上国家监管,有着非常高的安全性。YSF 通过与商业银行互联互通,帮助银行进行数字化能力构建,实现银行 App 和 YSFApp 的功能整合,为银联十亿持卡人和 YSF4 亿用户提供互联网支付服务。YSF 较大的优惠力度和较多的产品功能使其在众多互联网支付软件中脱颖而出。

资料来源:百度文库:《云闪付产品分析报告》(2018.8)。

(2)案例的思政元素
①信息意识。通过 YSF 案例了解"互联网+"发展趋势,增强学生信息意识。
②勇于探究。了解 YSF 运作模式、营销手段,培养学生的探究能力。
③技术运用。通过了解科学技术与传统行业的结合方式,培养学生学习和掌握科学技术的兴趣。

(3)教学手段
①案例导入手段:通过 YSF 的支付案例,展开探讨未来互联网金融的发展趋势,以及可能产生的风险,并根据金融科技手段,提升其风险防范的能力。以问题引入来解决实践运用的推进。不仅有利于培养学生的科研思维,更有利于打开学生的科研视角。
②问题互动手段:结合问题链,如何运用当今监管科技手段,完善互联网金融支付的安全性?生物数据泄露对金融支付的影响等问题,展开探讨,形成问题互动的教学模式。

第五章 互联网基金
专业教学目标

近年来,我国互联网产业发展迅猛,成为我国经济增长的重要动力之一。公募基金借助互联网技术的支持,扩大了金融服务的覆盖面和渗透率,快速汇聚数量庞大的微小客户,互联网基金销售渠道也逐渐成为传统基金销售渠道的重要补充。本章节主要让学生学习互联网基金的内涵、特征、影响以及互联网基金的主要模式;同时了解互联网基金的现状、发展趋势及风险与监管。

【知识目标】

1. 了解互联网基金的内涵、特征和影响。
2. 掌握互联网基金中公募基金、私募基金的特点。
3. 了解互联网基金的现状及发展趋势。
4. 掌握互联网基金存在的风险及相应的监管措施。

【能力目标】

1. 会进行互联网基金的开户流程。
2. 会进行互联网基金的实务操作流程。
3. 会分析互联网基金的风险防范措施。

课程思政教学目标及实践

【育人目标】

1. 科学精神　通过对比传统基金及互联网基金两种不同的销售方式,让学生意识到面对各种新兴业态及金融行业的变化,面对新的金融衍生产品,需能以唯物辩证法的角度,客观公正对待互联网基金模式及销售中出现的新兴变化,需具有独立思考能力和思辨精神对新产品新模式进行分析运用。

2. 深度学习提高风险意识　通过讲解互联网基金的发行方式,让学生了解到目前新兴基金销售方式的便捷性,同时了解到正是因为缺乏纸质合同和专业基金顾问的讲解,会让许多消费者没有关注基金本质上为非保本理财产品,在购买前就需要着重关注其赎回方式及投资标的物的风险等级,并且通过风险测评判断是否有对应风险的承受能力,提高对新型金融衍生品的风险预判意识,关注高风险才会有高收益的基本金融风险原理。

【教学方式与方法】

1. 自主学习:线上先预习慕课中互联网基金的基础专业知识点,线下自主阅读第五章互联网基金相关内容及文献资料,撰写阅读笔记标注疑难点。

2. 课堂讲授:讲授互联网基金相关理论的主要观点或内容、政策启示与建议等。

3. 课堂展示与讨论:学生展示根据教学素材结合最新互联网基金相关事实新闻,整理分析的案例,进行 PPT、视频、小品、软件互动等多样化的课程展现模式,完成后教师点评相关问题后进行小组讨论及展示作品的二次修改。

4. 课后复习:课后结合所学知识点绘制思维导图,并更新思维导图总纲,把对应章节添加入原有总纲逻辑结构图中,形成全课程多章节完整思维导图蛛形网络图。

【课程思政教学实例】

案例材料:从 YEB 到"全民"互联网基民

(1)案例简介

2013 年 6 月作为首个广为人知的互联网货币市场基金"YEB"横空出世,其以操作便捷、低门槛、零手续费、随存随取随用的突出特点,尤其是一元起购的低门槛在短时间内成为了中国市场规模最大的货币市场基金。

随着 YEB 的出现,各大银行业相继推出各种宝类货币市场基金理财产品,而在 2017 年 3 月 21 日 MYJF 宣布旗下基金交易平台向基金公司开放的消息后,整个互联网金融基金产品更是迎来近年的销售高峰。

据《2020 国人理财趋势报告》显示,已有近 7 亿人通过 ZFB 平台进行理财,其中超九成的人倾向于基金理财。同时,理财群体趋于年轻化,35 岁以下用户约占六成。年轻投资者喜欢在手机上进行交易,于 2020 年已经累计达 2.4 万亿美元公募基金行业资金。但其中大部分客户对基金的认知基础差,很多人压根没有买过基金。而中国证券监督管理委员会也针对该情况积极进行推进投资者教育,除了通过证券机构对投资者进行定期投资者教育外,2021 年,中国证券业协会联合证监局推出"四合一"机制,引导行业深入高校推动投资者教育,并且积极推动自媒体投资者教育,仅支付上便已有 120 家金融机构为用户提供了近 2.5 万篇投资教育文稿。

资料来源:吴超.互联网平台爆款基金背后:年轻人像炒股那样炒基金[EB/OL].https://xw.qq.com/cmsid/20200817A00JW800.

(2)案例的思政元素

①社会责任。各小组通过查找"四合一"机制具体实施情况,了解中国证券监督管理委员会如何采取具有针对性、指导性的有力措施帮助无基础的各类投资者学习和掌握相关专业知识,紧密结合习近平新时代中国特色社会主义指示精神,推动将投资者教育纳入国民教育体系,尊重投资者、敬畏投资者、保护投资者,通过提高投资者专业能力履行社会责任。

②实践创新。各小组通过对比传统基金与货币市场基金购买门槛的差异以及目前各种宝类基金可使用的消费场景,充分掌握如何针对长尾市场客户结合互联网技术及专业消费场景进行新基金衍生产品的模拟设计,提高学生实践操作及思维创新的能力。

③风险意识。学生通过下载基金投资App,体验互联网金融工具便捷性的同时,通过实时新闻了解我国并无销售任何保本理财产品,并借助App自带推荐功能,了解不同类型的基金对投资者风险承受能力的区别,通过科学对比的方式增加学生的风险认识及风险防范意识。

(3)教学手段

①翻转课堂:课前投放慕课资源、视频、文献资源以及课前思考题为翻转课堂提供前期支撑;课堂是通过事实新闻讲解知识点的实际运用场景、结合相关思政元素进行师生思辨讨论以实现课堂高阶性、高效性。

②知识点+实事+思政:在知识点"互联网基金的风险"用国家最新政策及实时新闻,从常见货币市场基金开始到各类衍生网络基金产品的特征及使用范围的讲解,将法治意识、创新精神和风险意识等思政元素与专业知识相结合,增强学生的实践创新能力,打开衍生产品研发思路,以及培养衍生产品风险管理的意识。

③学习测评:实时呼应:现场多组进行实景新闻分析PK,让学生自行挖掘更多衍生思政元素,雨课堂实时显示各组投票结果,现场点评并要求各小组进行对应内容的修改,下次课程递交修改结果。

第六章 互联网保险

专业教学目标

互联网保险属于理论与实务相结合的课程,通过保险知识介绍,培养学生对互联网保险的理论认识与分析水平,以及具备相应一定的实际操作动手能力。主要培养学生对于互联网保险的认知能力、操作运作和管理能力,以及在互联网领域的创新思维能力。

【知识目标】

1. 正确认识互联网保险的概念,掌握互联网保险的特点及发展趋势。
2. 了解互联网保险与传统保险在商业模式上的区别,掌握不同商业模式运作。
3. 对保险科技有一定的了解,了解其运用。
4. 掌握最新监管政策并对互联网保险的承保、理赔、客服流程有一定了解。

【能力目标】

1. 培养学生互联网保险思维能力。
2. 能够完成互联网投保操作,深度的案例分析与比较。

课程思政教学目标及实践

【育人目标】

1. **家国情怀** 通过讲解互联网保险合同的费率厘定与保险赔付,让学生认识到集体的力量,每个人做出的一点贡献便能够帮助遭受重大损失的人获得相应的支持,从而培养学生为集体贡献的意识。

2. **法治意识与底线思维** 保险公司的运营离不开法律契约的规范与约束,在互联网保险营销、保险理赔等经营环节中,不能做出有损于当事人的行为。应当帮助学生了解保险法和相关法律法规的重要意义,树立法治精神。

【教学方式与方法】

1. **自主学习**:通过学习通的资料库,通过线上预习,将上节课的知识点形成问题链,通过解决问题链总结以往的知识点。之后通过资料库与教师课前布置问题与论文,进行文献的阅读与学习,结合线上的思维导图,进行课前预习总结。

2. **课堂讲授**:通过课前的准备,结合互联网保险的知识点,让学生带着问题进入课堂,通过解决问题、案例分析,提升理论的认知,根据现实热点难点进行深度剖析,既可以解决问题,又提升了学生的运用能力,加深对理论的理解。

3. 课堂展示与讨论:学生展示根据教学素材整理分析的相关报告等,小组讨论与小组演讲。通过小组辩论与总结,阐述观点并进行分析原因。

【课程思政教学实例】
案例材料:第三方电子商务平台互联网保险——以"MYBX"为例
(1)案例简介
ZFB作为国内领先的第三方支付平台,拥有庞大的用户群体以及完善的产品体系,目前吸引了大量的保险机构入驻平台,涵盖了健康险、意外险、旅游保险、财产保险、人寿保险、年险、养老保险、运费险等,大家最熟悉的退货运费险也是MYBX的特色互联网产品。支付宝App的"MYBX"依靠功能的便捷性以及产品的多样性吸引了大量的用户。

资料来源:韩胜男. 我国互联网保险商业模式的案例分析及启示[J]. 长春金融高等专科学校学报,2019(01):30-35.

(2)案例的思政元素
①信息意识。通过"MYBX"案例了解"互联网+"发展趋势,增强学生信息意识。
②法律意识。保险服务涉及大量的保险法律知识,"MYBX"案例能够帮助学生更好地理解保险的法律条款。
③逻辑思维。"MYBX"案例能够指导学生利用科学和法律的方式认识问题和解决问题。

(3)教学手段
①理论与实践结合,将思政元素伏线千里。例如,通过电影《白银帝国》,探讨金融从业者的专业素质与从业底线。新时代,新业态下,互联网金融人才的执业标准与道德评价有哪些变化？注重条理,重点突出,通过课前设问、课中讨论、课后总结,将授课重点与疑难点相结合,融入具体思政案例与读物,进行探讨与沉淀,更全面提升其运用与理解。
②评测结合,互动教学法。通过日常小组演示、答辩、讨论,作为平时分的参考项,不仅有利于学生拓展性思维,带着问题解决问题;更有利于学生展开发散性思考,更全面提升学生综合运用能力,也回答了培养什么人,为谁培养人的问题。

第七章 互联网信托及互联网消费金融

专业教学目标

互联网信托及互联网消费金融是互联网金融的重要组成部分。本章在介绍互联网信托相关概念的基础上,分析其发展趋势和发展模式,让学生了解互联网信托的相关规定。同时,本章介绍互联网消费金融的主要产品,分析其发展现状和业务流程,让学生了解其主要风险和主要法规。

【知识目标】
1. 学生了解互联网信托,熟悉互联网信托发展模式、互联网消费金融、互联网消费金融风险等相关概念的含义。
2. 学生掌握互联网信托的交易结构和互联网消费金融的业务流程。

【能力目标】
1. 提升学生的实务运用能力。
2. 强化学生的风险控制能力,通过分析互联网信托和互联网消费金融的风险控制流程,评价其存在的问题,尝试提出完善举措。

课程思政教学目标及实践
【育人目标】
1. **家国情怀** 通过讲解互联网信托和互联网消费金融的主要产品,让学生认识到互联网消费金融产品的普惠金融特点,分析互联网信托和互联网消费金融产品的主要风险,提出风险防控对策,从而培养学生的责任意识。
2. **法治意识与底线思维** 针对互联网消费金融容易导致过度消费及信息安全等问题,帮助学生了解互联网金融相关法律法规和监管的重要意义,树立法治精神。

3. 实践创新　未来社会的消费趋势呈现为消费观念的转型和消费习惯的改变,通过比较现有的各种互联网消费金融产品,培养学生的实践创新意识。

【教学方式与方法】

案例教学法与分组讨论:通过典型案例和分组讨论对比蚂蚁花呗、京东白条、360借条等产品,将法治意识、社会责任、信息意识等思政元素与互联网金融专业知识相结合,增强学生的法治意识及实践创新意识。

【课程思政教学实例】

案例材料:MYJT向公众推出"花呗"产品及"蚂蚁315"消费者权益保护专项行动

(1)案例简介

H呗是MYJT旗下的一款互联网消费金融产品,额度因人而异,基本在500元～50000元之间,最长40天免息期。H呗上线于2015年4月,因其申请程序便捷,全场景运用而备受用户青睐。MYJT的招股书中显示,蚂蚁H呗、J呗年服务用户超过5亿人次。2021年MYJT通过"蚂蚁315"消费者权益保护专项行动,共计推出包括承担平台责任、完善产品体验、规范平台营销、关注特殊人群、加强隐私保护、规范平台秩序等6方面30多项举措,如H呗发送理性消费提醒1.6亿条、走进100多个县城开展金融基础知识教育、设置隐私保护外部监督机构等,切实保障消费者权益。

资料来源:①佚名. 花呗"上征信",5亿用户慌了?[EB/OL].(2021-09-26)[2022-07-25]. https://finance.ifeng.com/c/89qtwSFuhfL.

②林森. 蚂蚁集团消保工作年报:发起"蚂蚁315"专项行动,推出30余项消保举措[EB/OL].(2022-01-18)[2022-07-26]. https://www.163.com/dy/article/GU0S1KOV0512D03F.html.

(2)案例的思政元素

①法治意识。H呗是否具有信贷产品的规范性,其经营环节是否能够受到相关法律法规的约束。

②社会责任。通过观察"蚂蚁315"消费者权益保护专项行动的各项举措,能够加强对互联网金融机构社会责任的认识。

③信息意识。学生能够更加深入地认识网络信息安全意识,加强信息意识。

(3)教学手段

通过PPT:全面讲述"H呗"产品及"蚂蚁315"消费者权益保护专项行动组织学生讨论、现场点评。

第八章　互联网金融监管

专业教学目标

互联网金融的健康发展离不开互联网金融监管。本章在介绍互联网金融监管相关理论的基础上,分析其监管必要性,让学生了解互联网金融监管的相关规定、监管主体,熟悉监管工具如监管沙盒等。

【知识目标】

1. 学生了解互联网金融监管理论如公共利益理论等,熟悉互联网金融监管、监管主体、监管原则和监管工具等相关概念的含义。

2. 学生掌握互联网金融监管的主体如中国人民银行、银保监会、证监会和监管原则如公平原则、从严原则等。

【能力目标】

1. 能将所学金融监管理论对应现实案例,解决实务问题。

2. 能分析互联网金融行业特别是P2P网贷行业所暴露出的问题,分析互联网金融业务的主要风险,尝试提出解决方案。

课程思政教学目标及实践

【育人目标】

1. 家国情怀　通过讲解P2P网贷行业的发展历史,让学生认识到互联网金融的巨大风险,分析互联网金融的监管策略,从而培养学生的责任意识。

2. 法治意识与底线思维　针对互联网金融容易产生垄断、欺诈、数据风险等问题,帮助学生了解互联网金融相关法律法规和监管的重要意义,树立法治精神。

3. 实践创新　在互联网金融的监管方法上,探索运用大数据、云计算、人工智能等科技成果,提升风险监测感知能力和穿透式监管能力,培养学生的实践创新意识。

【教学方式与方法】

启发式教学法:通过学习互联网金融监管,注重启发学生的思维,调动其学习主动性和积极性。

【课程思政教学实例】

案例材料:MYJT再次被金融管理部门约谈

(1)案例简介

2021年4月12日,人民银行、银保监会、证监会、外汇局等金融管理部门再次联合约谈MYJT。MYJT的整改内容主要包括五个方面:一是纠正支付业务不正当竞争行为,在支付方式上给消费者更多选择权,断开支付宝与"H呗""J呗"等其他金融产品的不当链接,纠正在支付链路中嵌套信贷业务等违规行为。二是打破信息垄断,严格落实《征信业管理条例》要求,依法持牌经营个人征信业务,遵循"合法、最低、必要"原则收集和使用个人信息,保障个人和国家信息安全。三是MYJT整体申设为金融控股公司,所有从事金融活动的机构全部纳入金融控股公司接受监管,健全风险隔离措施,规范关联交易。四是严格落实审慎监管要求,完善公司治理,认真整改违规信贷、保险、理财等金融活动,控制高杠杆和风险传染。五是管控重要基金产品流动性风险,主动压降YEB余额。

资料来源:佚名.中国人民银行副行长潘功胜就金融管理部门再次约谈蚂蚁集团情况答记者问[EB/OL].(2021-04-12)[2022-07-28].http://www.pbc.gov.cn/goutongjiaoliu/113456/113469/4229432/index.html.

(2)案例的思政元素

①法治意识。MYJT为何被金融管理部门约谈?其整改方案体现了哪些金融监管原则?

②社会责任。通过解读MYJT的整改方案,深入学习平台经济必须坚持服务实体经济和人民群众的本源,加强对互联网金融机构社会责任的认识。

③实践创新。学生能够更加深入地认识互联网金融平台、反垄断、数据监管、运营管理、消费者保护、金融科技、金融创新与金融监管之间的关系,提升实践创新能力。

(3)教学手段

知识点+实事+思政——贯穿融合:在知识点"互联网金融监管的主要工具"中重点介绍监管沙盒工具,将法治意识、社会责任等思政元素与专业知识相结合,增强学生的法治意识及实践创新意识。

四、课程思政的教学评价

(一)对教师的评价

1. 教学准备的评价

将《互联网金融》课程思政从从业道德、产品推荐、产品渠道建设与维护,提升思政元素与具体课程的结合,特别是互联网金融的监管科技的运用,加深思政元素的融入。从课程目标、大纲设计、教材撰写、备课准备进行相关准备。

2. 教学过程的评价

将《互联网金融》课程思政建设,从教学设计、教学方法与手段落实到教学过程各环节。通过评测,将思政元素由浅入深地注入到日常教学中。培养学生胸怀祖国,精益求精的科研态度。结合日常讨论、小组测评、演讲,探讨新时代新业态背景下,思政的新表达。

3. 教学结果的评价

组织专项教学比赛,通过课赛一体化的理念,将日常工作与学习全面凝练总结,提升成果的运用效果,加强成果可推广可应用的功能。通过同行评价,师生评价,生生互评等手段提高思政元素的考核强度。

4. 评价结果的运用

在评价过程中,注重学生的过程评价,结合出现评价不足问题,及时调整教学手段与教学方法,通过同行学习与借鉴,提升结果运用的覆盖面。

(二)对学生的评价

1. 学习过程的评价

检验学生的理解与运用能力,通过案例解析与实践处理考核,科学且全面评价学生反复出现问题的原因,加强实践调研能力,结合过程考核指标,更快速发现问题,总结优势,有利于思政元素的更好融入。

2. 学习效果的评价

通过各类平台的学习、复习、沉淀,结合线上线下学习模式,相关赛事的提升与总结,更全面提供学习效果评价指标,并根据常出现的不足提供有效的解决方案。不断调整学习资料的全面性,拓展学习平台的延伸功能。

3. 评价结果的运用

通过各类同行座谈会,教学成果汇报会,在教研室、兄弟院校进行科学分析与推广,结合实践中出现的误区,不断调整学习路径,加强学习效果。

五、课程思政的教学素材

序号	内　容	形式
1	关于促进互联网金融健康发展的指导意见	政策文件
2	金融控股公司监督管理试行办法	政策法规
3	关于实施金融控股公司准入管理的决定	政策法规
4	商业银行互联网贷款管理暂行办法	政策法规
5	关于进一步规范商业银行互联网贷款业务的通知	政策法规
6	关于做好P2P网络借贷风险专项整治整改验收工作的通知	政策法规
7	互联网金融风险专项整治工作实施方案	政策文件
8	互联网金融监管及发展趋势	研究报告
9	互联网保险风险专项整治工作实施方案	政策文件
10	非法金融机构和非法金融业务活动取缔办法	政策法规
11	关于进一步加强校园贷规范管理工作的通知	政策文件
12	关于立即暂停批设网络小额贷款公司的通知	政策文件
13	关于规范整顿"现金贷"业务的通知	政策文件
14	关于做好网贷机构分类处置和风险防范工作的意见	政策文件
15	网络小额贷款业务管理暂行办法(征求意见稿)	政策法规
16	征信业务管理办法	政策法规
17	关于规范商业银行通过互联网开展个人存款业务有关事项的通知	政策法规
18	互联网金融监管政策变化与影响分析	研究报告
19	互联网金融	专著
20	互联网消费金融的风险分析与监管建构	论文
21	探究风口下的消费金融——互联网消费金融调研报告	论文
22	中国互联网信托:内生逻辑、运营模式与风险规制	论文
23	互联网金融监管的必要性与核心原则	论文
24	互联网金融监管"宏观—微观"协同框架研究	论文
25	互联网金融创新的沙盒监管:挑战与应对	论文
26	中国人民银行副行长潘功胜就金融管理部门再次约谈蚂蚁集团情况答记者问	新闻
27	余额宝货币基金的风险防范研究	论文
28	互联网金融理论与应用	论文

《大数据与金融》课程思政教学指南

刘昌菊[1] 董志龙[2]

([1] 西安外国语大学 [2] 西安交通大学)

一、课程简介与课程目标

(一)课程简介

《大数据与金融》课程是金融专业金融科技方向的核心课程,旨在引领学生认识大数据技术在金融行业中应用的特点,掌握金融大数据平台设计流程与思路,掌握金融行业中大数据技术应用的典型方法及基本原理,其中要重点掌握大数据技术在金融营销、金融欺诈、金融产品创新方面的应用。在此基础上,还要求学生会运用所学知识,分析传统金融业存在的业务困境及大数据技术优化思路。另外,学生通过学习本课程了解大数据技术解决金融行业数据问题,推动金融科技创新发展的基本思想、路径与方法,了解金融科技相关的热点问题。

本课程综合运用讲授、讨论、案例分析、启发式教学、慕课平台等多种教学方法,对大数据相关基础知识分别进行介绍,使学生对数据采集、数据分析、可视化分析、机器学习等基本内容有所认识。从宏观上培养学生对金融科技的认识,让学生了解中国金融科技的现状及发展趋势,我国对金融科技产业发展的制度安排及保障措施,增强学生的社会责任感及金融创新的使命感。

(二)课程目标

本课程为专业实训课程。通过本课程的学习,使学生能够达到以下目标:

1. 知识目标:系统掌握大数据技术、金融、证券、保险、信托等基础知识、基本业务与基本技能,同时具有物联网、云计算相关技术领域基础知识,形成兼具大数据技术与金融理论相融合的知识结构,具有在金融领域较熟悉进行大数据项目分析与设计的专业能力。

2. 能力目标:具有主动探索未知领域的学习能力,能够掌握应用大数据技术的有效方法,保持积极的求知欲;具有一定的应用实践能力,能够将大数据技术与传统金融相结合,灵活运用大数据技术解决问题;能够运用专业理论与信息技术分析金融业务中的实际问题,具备一定科研能力;具备创新创业的意识能力。

3. 育人目标:践行社会主义核心价值,热爱祖国,拥护中国共产党的领导,遵纪守法,具备良好的社会责任感和人文关怀意识;恪守专业守则,具备专业素养,熟悉国家金融发展相关政策,了解国内外金融科技发展动态;勇于探究,积极攀登科学高峰;热爱生活,身心健康。

(三)课程教材和资料

➢ 推荐教材

刘晓星. 大数据金融[M]. 北京:清华大学出版社,2018.

➢ 参考教材或推荐书籍

吴喜之,刘苗. 数据科学导论——R 与 Python 实现[M]. 北京:高等教育出版社,2019.

➢ 学术刊物与学习资源

国内外经济金融类各类期刊。

学校图书馆提供的各种数字资源,特别是"中国知网",下载相关文献并加以阅读。

➢ 推荐网站

中国人民银行网站:http://www.pbc.gov.cn/.

中国银保监会网站:http://www.cbirc.gov.cn/.

二、课程思政教学总体设计

(一)课程思政教学目标

以习近平新时代中国特色社会主义思想为指导,坚持理论教学与为党育人相结合,立足国际视野、家国情怀、集体精神和创新思维的新时代人才基本需求,广泛选取中国传统文化、民族精神、习近平治国理政思想、社会道德楷模等题材与内容,引导学生树立远大理想,坚定人生信念,实现更好的人生价值。

《大数据与金融》课程以大数据技术在金融领域特色应用为核心内容,学生可以掌握金融数据采集、存储、分析等应用的基本知识,掌握大数据技术在金融营销、产品设计、风险防范等领域的应用,提升学生应用大数据技术分析金融问题,解决问题的综合能力,充分激发学生的担当意识和使命意识。

本课程加入了大量新时代中国金融高质量发展的最新实践和成果,比如中国特色社会主义金融理论体系中最新精髓要义,以人民为中心,把为人民谋幸福作为金融工作的初心和使命,坚持服务实体经济,宏观金融政策紧扣党和国家发展大局,与国家的经济战略相协调,与国家的产业政策相匹配,提供更有效率的金融服务。引导学生增强"四个意识"、坚定"四个自信"、做到"两个维护",积极主动地向以习近平同志为核心的党中央靠拢,做到知行合一。具体而言,本课程的思政教学目标包括以下八个维度:政治认同、家国情怀、道德修养与职业伦理、法治意识与底线思维、文化素养、科学精神、时代担当、广阔视野。

1. 政治认同

《大数据与金融》课程以大数据技术在金融领域中的应用为主,也有大量具体中国特色的金融理论和实践的总结,深刻揭示了金融发展的特点和规律,体现了中国共产党人在金融改革与发展实践中对金融发展本质和规律认识的不断深化。通过讲述专业知识,有助于让学生更准确理解在国际国内复杂形势下,维护金融安全是关系我国经济社会发展全局的根本性大事。中国的金融改革实践证明党的坚强领导和正确指引,是我国金融事业战胜挑战、可持续健康发展的法宝。要做好新形势下的金融工作,确保金融改革发展方向,实现经济金融稳健发展,必须坚持党对金融工作集中统一领导这个"定海神针",增强同学们的政治认同。

2. 家国情怀

纵观历史,在中国共产党的领导下,我国特色金融事业支持了根据地的斗争、建设和发展,促进了解放战争的胜利和新中国成立前后经济金融秩序统一和恢复。党的十八大以来,以习近平同志为核心的党中央发挥总揽全局、协调各方的领导核心作用,推动各项金融事业发展再上新台阶,金融业发展的活力和韧性不断增强。我国摸索出适合国情实际的金融改革开放之路,大力推进普惠金融,促进均衡发展;发展绿色金融,加强环境保护;积极推进金融创新,防范金融风险;坚持金融开放,积极参与国际金融治理。通过介绍我国金融实践对国家发展的贡献,总结存在的问题,引导学生增加对中国金融事业的认同感,为中国特色社会主义事业做出自己的贡献。

3. 道德修养与职业伦理

金融职业道德修养是社会道德在金融职业中的具体需求,确保我国金融业沿着中国特色社会主义道路健康发展,营造健康有序的金融环境。本课程会结合案例,让学生理解涉及到金融职业道德相关知识,如在信用评价相关知识教学中,强调诚实授信的道德约束是社会健康发展的基本力量,也是社会生活最基本的道德要求,通过大数据技术在信用风险评估中的案例,提醒学生不要抱有侥幸心理,高度重视诚信,珍惜个人信用,传承中华民族诚信精神。

4. 法治意识

技术本身是无罪的,但技术是一把双刃剑,当技术被用于违法行为时便有可能产生犯罪。本课程各章节学习了大量的大数据分析相关技术以及其在金融场景中的应用,大数据技术可以用来识别金融机构或者企业的违法犯罪行为,也有可能被违法犯罪分子利用从事侵害他人权益的违法行为。通过本课程中案例的讲解与职业道德的阐释,让学生学习相关的法律法规,认识到相关法规对于金融大数据发展的重要作用。让学生牢固树立个人遵纪守法的意识和企业合规经营的底线思维。引导学生敬畏、遵守和捍卫法律。除此之外,本课程也鼓励学生对当前法律法规存在的问题进行创新性探索,为金融科技领域的改革和法治建设贡献自己的力量。

5. 文化素养

自然科学与人文社科本属于两个领域,但它们都包含了人们对所处世界的观察理解与阐释,两者同时也具有内在的联系与共性。本课程在讲授大数据分析方法与技术时将穿插引入一些传统的人文典故,如孟母三迁、望梅止渴等。通过大数据的语言对这些众人熟知的人文典故进行不同角度的解读,既可以让同学们加深对所学大数据知识的理解,也可以让大家体会到人文典故中隐含的古人的思想和智慧,进而激发学生们的发散性思维和对人文典故的向往。通过课程中潜移默化的影响来培养学生们的文化素养。

6. 科学精神

科学精神是反映科学发展内在要求并体现在科学工作者身上的一种精神状态,如科学探索者的信念、勇气、意志、工作态度、理性思维、人文关怀和牺牲精神等,内涵极为丰富,互相之间贯通性和可塑性很强。科学精神也是科学文化深层结构(行为观念层次)中蕴涵的价值和规范的综合。要对科学精神有所把握,最重要的是要让学生了解它的内涵与构成要素,以及它的整体结构。而科研是用科学的手段和科学的方法进行科学问题的研究并得出科学的结论,科研的每一个环节都需要科学精神作为基石。本课程致力于打造科教融合产学研一体化的教学模式,在各个教学环节中,注重通过研究能力训练来培养学生的科学精神。通过案例教学翻转课堂等方式引导学生科学思维,激发学生科学探索的兴趣,进而鼓励学生将所学知识用于科研课题的研究中去,为国家培养具有科学精神的金融科技人才。

7. 时代担当

青年是国家的未来,教育是青年的摇篮。青年兴则国家兴,青年强则国家强。"青年一代有理想、有本领、有担当,国家就有前途,民族就有希望"。青年是国家建设和发展的生力军,回望历史,在"五四运动"的呐喊奔走间,在"抗日救亡"的枪林弹雨里,在"改革开放"的时代发展进程中都充满了青年人的身影。在二十一世纪的大数据时代,青年更要主动扛起责任担当,学习先进的技术和本领,勇做新时代的弄潮儿。本课程在教学中通过一些国家被卡脖子的技术和案例激发学生奋发图强的斗志和为国贡献的雄心,鼓励学生勇于担当历史使命,将自身的发展与时代的进步融合在一起,努力成为自己所处领域的领军人才。

8. 广阔视野

当前,我国处于中华民族伟大复兴战略全局和世界百年未有之大变局交错的历史时刻,国内外形势复杂严峻。当代大学生是中国特色社会主义的建设者,是民族的希望,聚焦世界变局,引导学生正确认识中国的发展机遇与挑战。引导学生主动服务中国全球化发展战略,鼓励学生培养自己的世界眼光和国际视野。本课程通过让学生了解国内外金融科技发展的最新成就和发展趋势,理解中国在全球治理中的贡献,培养学生的广阔视野。

(二)课程思政的教学内容

《大数据与金融》课程的思政内容可以涉及以下几方面:

1. 金融发展的道路自信与制度自信

我国特色金融事业支持了根据地的斗争、建设和发展,促进了解放战争的胜利和新中国成立前后经济金融秩序统一和恢复。中国金融在不断发展中形成了具有中国特色的金融机构体系、市场体系、监管模式、风险防范机制与开放格局,立足我国实际,走出了中国特色发展之路。专业教师在讲授时,可以结合我国在金融监管实践中提出的坚持宏观审慎管理和微观行为监管的金融监管架构,深入剖析中国金融制度体系,增强学生对中国金融规范运行的理解。

2. 科学精神与自主创新

本课程通过对大数据技术发展历史的讲解和其在金融领域创新应用的阐释,引导学生以科学的态度和思维方式,创造性地用大数据科学方法解决传统金融问题,致力于为我们国家在金融科技领域的创新做出贡献。教学中将新时代的社会责任嵌入教育的过程中,将责任意识融入学生心灵。

3. 人文素养与文化自信

中华文明上下五千年留下了无数的人文典故,它们就像无穷无尽的宝藏值得我们从中汲取前进的力量。本课程通过大数据的思维方式将传统文化中的典故进行全新角度的解读,一方面可以培养学生对人文知识的理解,另外一方面也可以增强学生对古人智慧的敬佩以及自身的文化自信。

4. 金融伦理与职业道德

金融行业具有高风险、高回报、高负债的特点,决定着金融从业人员要恪守职业准则,加强职业道德素养。金融从业人员应具备的职业道德包括爱岗敬业、诚实守信、廉洁自律、法治意识、底线思维等,引导学生具有家国情怀、社会责任、仁爱之心。

(三)教学方法

本课程综合运用讲授、启发式教学、讨论教学、案例教学、模拟实践教学等多种教学方法,使学生具备大数据与金融相结合领域的基本知识、理论和分析方法,具有运用大数据技术分析金融问题的能力,具有国际化视野,了解全球金融科技发展态势,熟悉金融伦理和职业道德标准。

三、课程各章节的课程思政教学内容设计

第一章 金融大数据概述

专业教学目标

二十一世纪随着网络信息技术的迅猛发展即将步入数字化的时代,大数据技术在金融领域的应用为金融产品和服务创新提供了崭新的视角与思路,但同时也为金融监管带来了新的挑战和困难。本章将从大数据的起源与发展、大数据分析方法概述、金融大数据应用场景、金融大数据平台等几个角度进行介绍,使学生可以整体了解和掌握大数据的基本概念以及金融大数据分析流程等知识点和系统框架。通过本章的教学,学生也将对本门课程的内容设置有更多的理解和把握。

【知识目标】

1. 学生了解大数据的起源,熟悉大数据的基本概念,掌握大数据的基本特征,理解金融应用场景中对大数据技术的需求和依赖。

2. 学生建立起大数据分析流程的整体框架概念,了解金融大数据应用需要的知识储备和技术体系。

【能力目标】

1. 培养学生对大数据的认知能力,掌握大数据的基本分析能力。

2. 培养学生对金融场景中大数据技术的应用分析能力,学会用大数据的思路和技术对金融产品和服务进行创新。

课程思政教学目标及实践

【育人目标】

1. 家国情怀 通过讲解数字化时代给金融行业以及社会整体带来的挑战和变革树立学生紧跟时代潮流的学习理念,结合我国在大数据技术和相关应用方面的现状和案例加强学生对于学习本课程相关内容的使命与认知,通过对全球金融行业发展趋势的讲解培养学生的国际化视野以及自我提升的紧迫感。

2. 思想水平 金融科技的核心仍然是金融,科技为金融插上了腾飞的翅膀,金融可以反过来助力科技自立自强。通过对金融本质以及大数据技术的讲解让学生理解两者之间的关系,并建立起双方互相成就的认知,培养学生长远的目光与合作的意识,同时建立起学生对课程内容的学习兴趣。

【教学方式与方法】

1. 自主学习:线上学习金融大数据应用的相关讲座与报告,线下自主阅读文献资料,撰写阅读笔记或思维导图。

2. 课堂讲授:讲授大数据相关概念与技术发展历程、金融大数据应用的场景和分析流程等。

3. 课堂展示与讨论:学生展示根据教学素材整理分析的相关案例报告等,小组讨论。

【课程思政教学实例】

案例材料:银行停止智能投顾服务事件分析

(1)案例简介

据了解,ZH"MJZT"创设于 2016 年 12 月 6 日,是 ZH 智能化的基金投资顾问,也是国内商业银行最早尝试智能基金投顾的系统,主要根据客户自身情况提供最优的基金投资组合,5 年来已经累计服务客户超过 20 万。继 2021 年 12 月份 ZSYH 智能投顾服务"MJZT"提示可能暂停其购买功能后,《每日经济新闻》

记者了解到,自 2022 年 7 月 1 日起,ZH 的 MJZT 业务将停止购买、调仓、投资陪伴等服务。无独有偶,ZGGSYH 也发布《关于终止 AI 投协议的通告》,称自 2022 年 6 月 30 日起,该行将停止包括 AI 指数、AI 智投和 AI 策略在内的产品申购,如已购买可正常赎回。

据了解,2021 年 11 月份发布的《关于规范基金投资建议活动的通知》中明确,不具有基金投资顾问业务资格的基金销售机构应当于 2022 年 6 月 30 日前,将存量提供基金投资组合策略建议活动整改为符合相关法律关系的基金销售业务。而有关"基金投资组合策略建议活动"的提法,实际上就是指基金投顾业务,虽然此前也有相关法规对该业务进行规范,但在过程中可能出现的代销行为未做细致安排,上述通知专门就此类业务进行负面清单管理,划出多道"红线"。政策的落地实施为行业的发展和同业自律提供了保障。虽然在该通知出台后,部分机构停止相关业务,但也有业内人士此前曾表示,整体来看,投顾业务尚处市场孕育期和摸索期,未来成长空间巨大。

资料来源:每日经济新闻. 招行、工行等多家银行将停止智能投顾服务[EB/OL].2022－06－28/2022－08－28.http://cd.nbd.com.cn/articles/2022－06－27/2342888.html.

(2)案例的思政元素

①思想水平。智能投顾是集合人工智能、大数据等技术所创造的金融产品与服务创新形式,但技术是把双刃剑,不受约束的技术在带来便利的同时也可能带来更大的伤害。

②法律意识。权利与义务是相伴相生的,金融科技创新主体在享受法律保护的权利同时也需承担服务客户、维护客户财产权益以及遵守国家法律法规的相应义务。

③职业素养。学生能够更加深入地认识金融大数据发展与国家政策之间的关系,为将来做一名遵纪守法,遵守职业道德的合格从业者奠定思想基础。

(3)教学手段

①翻转课堂——支架与高阶:慕课资源、文献资源为翻转课堂提供支架;课堂展示、师生思辨讨论实现课堂高阶性、高效性。

②知识点+时事+思政——贯穿融合:在知识点"金融大数据应用场景"中引入金融科技催生的智能投顾产品以及其发展的过程和命运,将法治意识、创新精神以及服务意识等思政元素与专业知识相结合,增强学生的法治意识与底线思维,以及遵纪守法的基本职业素养。

③学习测评——实时呼应:投票结果、讨论结果现场点评。

第二章 数据采集与存储

专业教学目标

数据在数字化时代被称为是第五种生产要素,数据的采集和存储是金融大数据分析及应用的基础。本章将从数据的分布特征以及数据存储的形式讲起,剖析数据采集的基本步骤以及数据存储的关键要素,使学生可以对数据有更直观更深入地认识与了解。通过本章的学习,学生将了解数据的采集方式,掌握基本的数据获取工具,了解数据的主要存储方式,掌握基础的数据存储技术。

【知识目标】

1. 学生了解数据存储的形式和特征以及数据采集的流程和步骤。
2. 学生掌握基本的数据采集工具和存储技术。

【能力目标】

1. 培养学生获取大数据的基本能力,掌握大数据获取的软件及编程工具。
2. 培养学生存储大数据的思维和手段,掌握大数据存储的基础语言和软件。

课程思政教学目标及实践

【育人目标】

1. 家国情怀 通过讲解自由软件组合的起源与现状,结合我国在自由软件领域的短板和被卡脖子的技术,激发学生奋发图强自力更生的斗志。

2. 思想水平 通过对 Python 语言开源特征和发展路径的解释,培养学生对科技创新的兴趣以及不断超越自我的价值观念。

【教学方式与方法】
1. 自主学习:线上学习自由软件的相关内容与资料,线下自主阅读数据采集与存储的相关技术报告,撰写阅读笔记或思维导图。
2. 课堂讲授:讲授数据采集和存储的相关概念和技术工具等。
3. 课堂展示与讨论:学生展示根据教学素材整理分析的相关案例报告等,小组讨论。

【课程思政教学实例】
案例材料:从自由软件到鸿蒙系统
(1)案例简介
根据自由软件基金会的定义,"自由软件"(Free Software)表示的是那些赋予用户运行、复制、分发、学习、修改并改进软件这些自由的软件。

"开源软件"这一短语被某些人用于指代与自由软件或多或少地相同的一类软件。它们并不是与自由软件严格一致的一类软件。然而,两者外延的差别并不大——只有很少的开源软件不是自由软件。理论上也会有个别自由软件不被接受为是开源软件。

被广泛使用的自由软件有 GNU/Linux 操作系统、Linux 内核、PHP、MySQL、Python 编程语言、WordPress 等。

华为鸿蒙系统(HUAWEI Harmony OS),是华为公司在 2019 年 8 月 9 日于东莞举行华为开发者大会(HDC.2019)上正式发布的操作系统。

鸿蒙 OS 是华为公司开发的一款基于微内核、耗时 10 年、4000 多名研发人员投入开发、面向 5G 物联网、面向全场景的分布式操作系统。鸿蒙的英文名是 HarmonyOS,意为和谐。不是安卓系统的分支或修改而来的,与安卓、iOS 是不一样的操作系统。鸿蒙 OS 架构中的内核会把之前的 Linux 内核、鸿蒙 OS 微内核与 LiteOS 合并为一个鸿蒙 OS 微内核。创造一个超级虚拟终端互联的世界,将人、设备、场景有机联系在一起。同时由于鸿蒙系统微内核的代码量只有 Linux 宏内核的千分之一,其受攻击几率也大幅降低。

华为的鸿蒙操作系统宣告问世,在全球引起反响。人们普遍相信,这款中国电信巨头打造的操作系统在技术上是先进的,并且具有逐渐建立起自己生态的成长力。它的诞生将拉开永久性改变操作系统全球格局的序幕。

资料来源:①百度百科 2022 年 8 月 12 日,华为鸿蒙系统。https://baike.baidu.com/item/%E5%8D%8E%E4%B8%BA%E9%B8%BF%E8%92%99%E7%B3%BB%E7%BB%9F/23500650.
②百度百科 2022 年 8 月 12 日,自由软件。https://baike.baidu.com/item/%E8%87%AA%E7%94%B1%E8%BD%AF%E4%BB%B6/405190.

(2)案例的思政元素
①家国情怀。国家强需科技强,科技强需人才强,人才强需教育强。无论师生我们均需要一种为国奉献的精神,为国争光的斗志,进而转化为激励自己做好本职工作的动力。
②科学精神。台上一分钟,台下十年功。任何一项技术的变革和创新离不开众多科技工作者十年如一日的踏实付出与埋头钻研。宝剑锋从磨砺出,梅花香自苦寒来。想要成为国之栋梁,引领国家科技走向世界舞台就必须拥有一颗坚韧的心,一颗包容的心,一颗奋发图强的心,一种持之以恒的科学探索与创新精神。

(3)教学手段
①翻转课堂——支架与高阶:慕课资源、文献资源为翻转课堂提供支架;课堂展示、师生思辨讨论实现课堂高阶性、高效性。
②知识点+时事+思政——贯穿融合:在知识点"数据爬取工具"中引入自由软件的概念以及中国相关软件和技术发展的进展和命运,将家国情怀、创新精神以及科学精神等思政元素与专业知识相结合,增强学生的自立自强为国争光的奋斗意志,以及严谨认真自主创新的科学精神。
③学习测评——实时呼应:投票结果、讨论结果现场点评。

第三章 数据探索与预处理
专业教学目标
首先带领学生认识数据探索的对象——数据集,了解数据质量分析以及数据特征分析的主要内容和基本步骤。其次提出大数据技术在分析和应用时所面临的主要的数据问题,进而引出数据预处理的目的和任务。通过本章的学习,使得学生能够掌握数据探索与预处理的概念与方法,学会用相应的统计指标对数据进行描述性分析,掌握数据清洗、数据集成、数据归约、数据变换等步骤的基本技巧与方法。

【知识目标】

1. 学生了解数据质量分析的相关概念与统计指标。
2. 学生掌握数据预处理中面临的数据问题及对应的处理步骤。

【能力目标】

1. 培养学生分析大数据的基本能力,掌握数据探索的基本方法。
2. 培养学生处理大数据的基本技巧,掌握数据预处理的基本步骤与方法。

课程思政教学目标及实践

【育人目标】

1. 科学精神　通过讲解现实中数据分析时所面临的各种各样的数据质量问题,进而启发学生思考应该采用什么样的数据处理手段去解决对应的问题,引导学生从一堆杂乱无章质量参差不齐的数据中采用科学的手段提取出有价值的信息,培养学生发现问题解决问题的耐心以及提炼问题归纳问题的思维。帮助学生在最基础的数据处理步骤中即建立起大数据分析方法的科学思维模式。

2. 思想水平　世界上很多事情都是不完美的,数字化时代的大数据尤其如此,但是我们总可以通过科学的方法在一片迷雾中寻找一线光明。人生也不都是完美的,但是只要有一点光明的希望都值得我们拼尽全力去追寻,而当我们翻过千山万岭终于柳暗花明的那一刻,其带来的幸福感是可以扫去一切阴霾的。因此,通过数据探索和预处理的内容讲解,我们希望可以帮助学生建立起不畏困难,勇往直前的人生态度和信条。

【教学方式与方法】

1. 自主学习:线上学习数据探索的相关内容与资料,线下自主阅读数据预处理的相关技术报告,撰写阅读笔记或思维导图。
2. 课堂讲授:讲授数据探索和预处理的相关概念和技术工具等。
3. 课堂展示与讨论:学生展示根据教学素材整理分析的相关案例报告等,小组讨论。

【课程思政教学实例】

案例材料:从空想性错视看切尔诺夫脸谱图

(1)案例简介

切尔诺夫脸谱图(chernoff faces)由 Herman Chernoff 在 1973 发明,以人脸的形式展现多种类型的数据。用眼、鼻子、嘴巴、表情等多种人脸表情表示数据维度。该想法的起因是因为人们对于人脸表情能够毫不费力地识别差异。切尔诺夫脸谱图对各种变量以不同图谱表示。

按照切尔诺夫于1973年提出的画法,采用15个指标,各指标代表的面部特征为:脸的范围、形状,鼻子的长度,嘴的宽度、位置,笑容曲线,眼睛的位置、分开程度、角度、形状和宽度,瞳孔的位置,眼眉的位置、角度及宽度。这样,将各变量的取值进行一定的数学函数映射后,就可以确定脸的轮廓、形状及五官的部位、形状,每一条数据都可以用一张脸谱来表示。由于人类非常善于识别脸部特征,脸谱化使得多维度数据容易被分析人员消化理解,有助于数据的规律和不规律性地可视化。而切尔诺夫脸谱的局限性在于,它无法表示数据的多重联系,以及未能显示具体的数据值。这种方法已被应用于多地域经济战略指标数据分析,空间数据可视化等领域。可用 R 实现图形绘制。

空想性错视(Pareidolia),也被称为空想性错觉、幻想性错觉,是一种心理现象,指的是大脑对外界地刺激(一幅画面或一段声音)赋予一个实际的意义,但只是巧合,实际上"意义"并不存在。

研究人员认为,由类似人脸产生的物品引发的人脸识别属于相对的早期处理过程,而不是稍后的认知理解现象。2011年的一项功能性磁共振成像研究揭示了类似的现象,反复展示那些"有意义的"形状会降低在看到正常物体时,核磁共振的强度。这些研究结果都显示出人们在处理这些模糊的外界刺激时,会试图将其理解成已知的、熟悉的物品。

这些研究解释了为什么人们能够毫不犹豫地将几个圆形加几条线组成的图案看成人脸。那些"像人脸一样"的物品能够激活大脑的认知过程,提醒观察者要注意对方的情绪和对方的同一性。在大脑开始处理信息之前,甚至是在大脑还没接收到信息之前,这一过程就已经开始。

<small>资料来源:百度百科 2022 年 8 月 13 日,切尔诺夫脸谱图。https://baike.baidu.com/item/%E5%88%87%E5%B0%94%E8%AF%BA%E5%A4%AB%E8%84%B8%E8%B0%B1%E5%9B%BE.</small>

(2)案例的思政元素

①科学精神。无论是人类远古时期的结绳计数法还是当下数字化时代的大数据方法,都是人们在尝试采用科学的手段和方式去描述我们所处的世界。随着科学技术的进步,人们对自然世界和人类社会的认知也在进步,同时伴随着的是人类生活质量的提高和文明的进化。通过一门课程中的知识点引导学生认识到人类社会的变迁和一些现象背后的理论有助于激发学生对科学探索的兴趣和爱好。

②思想水平。科学探索的要义之一就在于从茫茫万象中提炼出背后的逻辑进而形成理论以帮助人们理解世界或者指导人类未来的行为。数据探索和预处理是科学之路上的第一步,通过对其思想的解读可以引导学生思考人生之路的价值又在哪里,启发学生从自身以及社会发展中观察并提炼出人生的意义和目标并为之奋斗,而对于那些人生中的坎坷和困难要像处理异常值一样将之剔除,保留一以贯之的前进之路。

(3)教学手段

①翻转课堂——支架与高阶:慕课资源、文献资源为翻转课堂提供支架;课堂展示、师生思辨讨论实现课堂高阶性、高效性。

②知识点＋时事＋思政——贯穿融合:在知识点"数据质量分析"中引入切尔诺夫脸谱图的概念以及空想性错视的理论,引导学生思考每一个大数据技术背后的原理,将科学精神、思想水平等思政元素与专业知识相结合,激发学生的科学探索兴趣和自我反思能力。

③学习测评——实时呼应:投票结果、讨论结果现场点评。

第四章　分类方法

专业教学目标

首先带领学生了解分类大数据分析方法的概述,结合金融应用场景提出对分类方法的需求,根据金融应用中的分类步骤引出分类方法的相关概念和流程。结合信用评估等场景导入决策树分类方法,详细介绍该方法的原理与相关知识点,针对具体的案例引入分类模型评估指标以及评估策略等,引导学生思考不同的评估方法优缺点。本章节通过对不同分类方法的对比和介绍使得学生掌握分类大数据分析方法的基本概念和操作流程,学会运用所学知识解决金融应用场景中的分类问题。

【知识目标】

1. 学生了解分类大数据分析方法的相关概念。
2. 学生掌握分类大数据分析方法解决金融应用问题的基本步骤和思想。

【能力目标】

1. 培养学生构建分类模型进行大数据分析的能力,掌握分类方法的基本步骤与技巧。
2. 培养学生利用分类方法解决金融大数据应用问题的动手能力,提升用大数据技巧以及分类思想剖析生活中相关问题的思维能力。

课程思政教学目标及实践

【育人目标】

1. 实践创新　通过讲解分类方法的概述使学生掌握分类的基本思想与步骤,帮助学生建立起指标体系的概念和分类模型的认知,结合金融应用场景中的实际案例讲解构建分类模型的必备要素,培养学生综合运用分类挖掘方法解决问题的能力。利用竞赛以及科研数据训练学生理论结合实践的应用能力,根据学生实践中遇到的问题引导其创新与发散性思维。

2. 思想水平　通过对分类模型评估方法的讲解以及分类模型集成方法的阐释引导学生树立起辩证思考及多元化的世界观,培养学生团队合作的能力以及综合全面认知自我的眼界,进而提升学生的思想水平。

【教学方式与方法】

1. 自主学习：线上学习分类方法的相关内容与资料，线下自主阅读分类评估与模型集成的相关技术报告，撰写阅读笔记或思维导图。

2. 课堂讲授：讲授分类方法的相关概念和技术工具等。

3. 课堂展示与讨论：学生展示根据教学素材整理分析的相关案例报告等，小组讨论。

【课程思政教学实例】

案例材料：分类方法阈值选取与分类结果相关性的思考

(1) 案例简介

常见的分类方法为二元分类，但二元分类方法往往并非直接给出对象的二元分类标签，而是给出具体对象属于某一个分类标签的概率值。我们通过选定阈值来将所有的对象进行二元归类。因此，阈值选取对于分类的结果至关重要。然而，并没有一个统一的标准来给出最优的阈值选择方法，同一个对象在不同的阈值下将归属于完全不同的分类。现实生活中每个人对世界的认知都可以看作是在进行分类的过程，人与人的认知不同体现在所构建分类模型的指标选择与阈值选择的不同，而模型训练过程的丰富与否也决定了模型在预测能力上的高低。通过将分类方法与人的认知进行关联来帮助学生摆脱二元极端世界观的束缚，建立多元辩证的思维方式，提升学生综合的思想认知水平。

(2) 案例的思政元素

① 实践创新。分类方法中包含指标选取、模型构建、模型训练、模型应用等流程，学生通过对真实金融案例数据的处理和分析将锻炼综合的实践能力，且没有一种模型可以适用所有的分类情形，学生需根据具体情况具体分析学会举一反三的创新思维方式。

② 思想水平。通过分类评估模式的选择和指标的构建培养学生多元化的思维能力，通过模型集成的过程与效果向学生展示团结集体的力量，通过将分类思想与现实结合提升学生的思想水平。

(3) 教学手段

① 翻转课堂——支架与高阶：慕课资源、文献资源为翻转课堂提供支架；课堂展示、师生思辨讨论实现课堂高阶性、高效性。

② 知识点＋时事＋思政——贯穿融合：在知识点"分类模型构建与评估"中引入多元化价值观在现实生活中的应用，将实践创新以及思维提升等思政元素与专业知识相结合，增强学生的动手能力和辩证思维能力。

③ 学习测评——实时呼应：投票结果、讨论结果现场点评。

第五章 聚类方法

专业教学目标

首先带领学生了解聚类大数据分析方法的概述，结合金融应用场景提出对聚类方法的需求，并对比其与分类方法的本质不同。根据金融应用中的聚类步骤引出聚类方法的相关概念和流程，包括聚类对象之间的相似度与相异度等度量指标。本章节将根据金融数据对象的特征分析不同聚类方法的优缺点，通过 K 均值聚类，凝聚层次聚类，基于密度的聚类等方法详细阐述聚类大数据分析方法的应用前景。通过聚类评估方法的介绍，帮助学生加深聚类分析的理解和认识。

【知识目标】

1. 学生了解聚类分析的相关概念，熟悉聚类对象的相似度及相异度衡量指标。

2. 学生掌握聚类分析方法的基本技巧与步骤。

【能力目标】

1. 培养学生利用聚类方法进行大数据分析的基本能力。

2. 培养学生根据金融应用场景构建聚类分析模型的实践应用能力，掌握聚类模型评估的方法，提升聚类思想拓展的思维水平。

课程思政教学目标及实践

【育人目标】

1. **科学精神** 通过讲解聚类对象之间的相似度与相异度量化指标帮助学生树立起科学的思维方式，

辩证看待每一种方法的适用范围以及不同方法之间的异曲同工之妙。培养学生利用科学手段描述现实世界现象并进行解释的能力,锻炼学生利用大数据工具认知世界的科学精神。

2. 文化素养　结合孟母三迁的人文典故阐述近朱者赤近墨者黑的道理,并将其与聚类算法思想进行关联。通过现实生活中尤其金融应用场景中的案例启发学生思考聚类方法的适用情景,培养学生与人为善,见贤思齐的道德情操和追求,进而提升学生的综合文化素养与水平。

【教学方式与方法】

1. 自主学习:线上学习聚类方法的相关内容与资料,线下自主阅读聚类算法评估的相关论文技术报告,撰写阅读笔记或思维导图。

2. 课堂讲授:讲授聚类方法的相关概念和技术工具等。

3. 课堂展示与讨论:学生展示根据教学素材整理分析的相关案例报告等,小组讨论。

【课程思政教学实例】

案例材料:孟母三迁,近朱者赤近墨者黑

(1)案例简介

邹孟轲之母也,号孟母。其舍近墓。孟子之少也,嬉游为墓间之事,踊跃筑埋。孟母曰:"此非吾所以居处子。"乃去。舍市旁,其嬉戏为贾人炫卖之事。孟母又曰:"此非吾所以居处子也。"复徙居学宫之旁。其嬉游乃设俎豆,揖让进退。孟母曰:"真可以居吾子矣。"遂居。及孟子长,学六艺,卒成大儒之名。君子谓孟母善以渐化。

晋傅玄《太子少傅箴》:"夫金水无常,方圆应形,亦有隐括,习以性成,故近朱者赤,近墨者黑。"

(2)案例的思政元素

①科学精神。通过运用现代的聚类大数据分析方法对传统的人文典故案例进行分析,进而得出描述型数据挖掘方法的应用场景和分析流程,引导学生发现更多适合聚类分析方法的情形,培养学生的综合思维能力和科学探索精神。

②文化素养。培养学生见贤思齐的高尚道德追求,加深学生对传统人文典故的理解以及综合的文化素养水平。

(3)教学手段

①翻转课堂——支架与高阶:慕课资源、文献资源为翻转课堂提供支架;课堂展示、师生思辨讨论实现课堂高阶性、高效性。

②知识点＋时事＋思政——贯穿融合:在知识点"聚类对象度量方法"中结合实际案例阐释不同方法的优缺点,将科学精神以及文化素养等思政元素加入案例分析中,提升学生的大数据思维能力和人文素养。

③学习测评——实时呼应:投票结果、讨论结果现场点评。

第六章　关联规则方法

专业教学目标

通过对关联规则的基础介绍引导学生思考关联规则在现实生活中以及金融场景中可能的应用前景。本章包含关联规则的定义,关联规则挖掘算法,关联模式评估等内容。通过本章的学习,使得学生能够掌握利用关联规则进行大数据分析的基本思路与方法,学会将关联规则方法与金融场景结合并通过数据预处理,数据分析等流程开展实践应用。

【知识目标】

1. 学生了解关联规则的相关概念与数据分析指标。

2. 学生掌握关联规则分析中的基本步骤。

【能力目标】

1. 培养学生通过观察数据和现象进行判断并选择合适的关联规则方法进行处理的能力。

2. 培养学生在金融场景中应用关联规则方法并进行评估的综合能力,以及关联规则挖掘的大数据思维方式。

课程思政教学目标及实践
【育人目标】
1. 人文素养　通过引入望梅止渴的典故引导学生思考现实生活中的关联规则现象,结合关联规则的定义对相关典故和问题进行分析,并尝试用大数据的分析方法对案例中的关联规则提取流程和评估进行探索,最终实现在学习新的大数据知识的同时也可以加深对人文典故的理解。
2. 科学思想　大数据的分析方法不只是一种技术,更是一种思维模式。通过对生活中典故中案例的剖析和探索培养学生利用科学手段解决现实问题的能力,并形成大数据分析的思维模式,最终期待可以将该思维模式应用于金融场景中并加以实践。

【教学方式与方法】
1. 自主学习:线上学习关联规则挖掘的相关内容与资料,线下自主阅读关联规则分析方法的相关技术报告,撰写阅读笔记或思维导图。
2. 课堂讲授:讲授关联规则挖掘的相关概念和技术工具等。
3. 课堂展示与讨论:学生展示根据教学素材整理分析的相关案例报告等,小组讨论。

【课程思政教学实例】
案例材料:望梅止渴的典故与其中的关联规则知识
(1)案例简介
《世说新语·假谲》:"魏武行役,失汲道,军皆渴,乃令曰:'前有大梅林,饶子,甘酸可以解渴。'士卒闻之,口皆出水,乘此得及前源。"后世据此典故引申出成语"望梅止渴"。

曹操利用了人对酸梅子的条件反射,让士兵们在干渴的行军中看到了希望,鼓舞了士气。通过望梅止渴的方法既解决了士兵们口渴难耐的问题,又加快了行军的速度。这则寓言告诉人们,在遇到困难的时候,不要一味地畏缩不前,应该用对成功的渴望来激励自己,这样就会有勇气去战胜困难,成功的取得往往存在于再坚持一下的努力之中。

资料来源:百科词条 2022 年 8 月 12 日,望梅止渴。https://baike.baidu.com/item/%E6%9C%9B%E6%A2%85%E6%AD%A2%E6%B8%B4/1448。

(2)案例的思政元素
①人文素养。望梅止渴是中华文明浩瀚宇宙中的沧海一粟,类似的典故如果能结合新时代的知识和技术进行解读,既能增加学生学习的兴趣也能加深学生对传统文化的印象,培养学生综合的人文素养。
②思想水平。望梅止渴可以是物质的渴望,也可以是精神的追求,对该问题的解读将有助于学生塑造正确的价值观,引导学生追求长远的精神目标。
③科学精神。学生能够更加深入地认识金融大数据技术在现实生活中的应用,学会用科学的方法和思路去分析一些习以为常的现象和问题,进而巩固课堂所学知识,将之真正变成自己的思维方式,建立起大数据分析的内在功底。

(3)教学手段
①翻转课堂——支架与高阶:慕课资源、文献资源为翻转课堂提供支架;课堂展示、师生思辨讨论实现课堂高阶性、高效性。
②知识点＋时事＋思政——贯穿融合:在知识点"关联规则定义"中引入不同场景下的情形,将人文素养、科学精神、思想水平等思政元素与专业知识相结合,增强学生的文化修养,以及大数据分析的思维方式。
③学习测评——实时呼应:投票结果、讨论结果现场点评。

第七章　大数据技术在商业银行中的应用
专业教学目标

商业银行的经营活动主要包含负债业务、资产业务与中间业务,传统商业银行存在数据资源碎片化,数据信息缺乏深度挖掘等问题。本章内容在介绍大数据技术优化商业银行经营管理方面应用的基础上,对大数据提升信用卡营销与网点服务两个内容进行详细介绍,让学生深入理解大数据技术在商业银行中的应用特点。

【知识目标】

1. 学生了解商业银行的主要业务,熟悉商业银行的大数据技术需求,区分商业银行的数据来源、数据应用流程等内容。

2. 学生掌握大数据实时计算在信用卡场景化营销中的特点及相关概念,掌握大数据技术在提升商业银行网点获客能力中的应用及相关概念。

【能力目标】

1. 培养学生将大数据技术灵活应用于商业银行现实问题和具体案例分析。

2. 培养学生从探索的角度分析传统商业银行经营中面临客流减少的问题,模拟厅堂营销中提升客户服务的方法。

课程思政教学目标及实践

【育人目标】

1. 人文素养　通过讲解流式计算在信用卡实时营销中的作用,比较实时营销与传统营销在理念、方式上的差别,让学生深入理解以人为本,立足客户需求,提升客户满意度,为客户提供高质量金融服务,培养学生将人文关怀与金融服务相结合的意识。

2. 深度学习　传统商业银行经营网点面临客流量少,高净值客户流失的风险,通过介绍利用地理信息技术设定地理围栏,扩大网点的服务空间,培养学生对信息技术的自主学习兴趣。

【教学方式与方法】

1. 自主学习:线上复习慕课中大数据流式计算基础专业知识点,线下自主阅读文献资料,总结学习笔记或思维导图。

2. 课堂讲授:讲授相关理论的主要观点与内容。

3. 课堂展示与讨论:学生展示自主学习成果,提问并讨论。

【课程思政教学实例】

案例材料:线上线下数据联动实现信用卡实时营销

(1) 案例简介

某银行构建"天罗""地网"两大类基础信息库。其中,"天罗"数据库包含:交易偏好、社交媒体关系/活动、风险偏好等线上行为信息;"地网"数据包含:涵盖客户交易活动信息、客户自身属性等线下信息。基于基础信息库的客户进行画像,实施精准化营销。如根据客户信用卡实时消费信息为客户及时提供相应的产品服务,客户在商城用信用卡消费后提示与其消费相对应的促销活动或折扣广告。

资料来源:根据网络公开资料搜集整理。

(2) 案例的思政元素

① 人文素养。给所有客户推荐的产品有无差异性,如何做到以人为本,差异化推荐产品。

② 法律意识。保护消费者信息,防止不法分子利用客户消费信息实施欺诈活动,如何鉴别电话诈骗、网络刷单等非法活动。

③ 职业素养。学生能够更加深入地认识营销艺术,切实提高金融服务价值,增强其服务意识。

(3) 教学手段

① 知识点＋案例＋思政:在知识点"大数据技术在信用卡实时营销"中引入案例,将待人接物、法律意识、服务意识等思政元素与专业知识相结合,增强学生对金融营销方法与技巧的认识,同时强化法治意识与底线思维。

② 课堂讨论:结合知识点与案例,考查学生课前自主学习情况,讨论学习效果。

③ 学习测评:讨论结果现场点评。

第八章　大数据技术在证券行业中的应用

专业教学目标

证券行业的经营活动主要包含经纪业务、资产管理与投融资服务,围绕股票投资展开各项业务。预测股票市场走向、分析股价波动因素是证券市场比较关注的问题。本章内容在介绍传统证券业务的基础上,对大数据技术在量化投资与投资者情绪分析两个应用进行详细介绍,让学生深入理解大数据技术在证券行业中的应用特点。

【知识目标】

1. 学生了解证券公司的主要业务,熟悉证券市场中的博弈过程,理解大数据技术在证券行业的需求。
2. 学生掌握大数据量化投资的相关概念与基本策略,掌握大数据分析投资者情绪的相关概念及基本方法。

【能力目标】

1. 培养学生将大数据技术灵活应用于证券行业现实问题和具体案例分析。
2. 培养学生从理性分析的角度分析传统证券市场中博弈过程,充分了解证券市场交易情况及特点。

课程思政教学目标及实践

【育人目标】

1. 科学精神 通过讲解量化投资的基本概念与策略,让学生理解尊重事实与证据,运用理性思维分析问题,客观分析证券投资市场的博弈过程,树立运用科学手段解决金融问题的理念。
2. 职业素养 通过讲解大数据技术分析投资者情绪,引导学生理解证券分析师在执业过程中应恪守诚信、谨慎、客观的原则,注重维护证券分析师的社会声誉。同时,要正直、诚实,不能利用职业便利,用内幕信息为自己或他人谋私利。

【教学方式与方法】

1. 自主学习:线上复习慕课中大数据分析基础专业知识点,线下自主阅读文献资料,总结学习笔记或思维导图。
2. 课堂讲授:讲授相关理论的主要观点与内容。
3. 课堂展示与讨论:学生展示自主学习成果,提问并讨论。

【课程思政教学实例】

案例材料:大数据在优化高频交易中的基本应用

(1)案例简介

假设某只股票交易量是 V,一定时间范围的交易步骤数为 T。目标是在交易步骤数 T 内买入 V 股股票,实现支出金额最小化。

在这个模型中,任何交易策略都是基于状态条件下的,初始状态用符号(v,t)来表示,其中 v 表示余下的需要买入的股数,v≤V;t 表示余下的交易步数,t≤T。如果处于 v 较小 t 较大的状态,说明已经购买了目标量的大部分,会考虑用更低的价格购买剩余的股票。如果处于 v 较大 t 较小的状态,说明时间不多了,目标量还有大部分需要购买,所以应该开始跨越价差、提高流动性,以此来尽快达成目标,代价可能是更高的支出。

资料来源:根据网络公开资料搜集整理。

(2)案例的思政元素

①人文素养。辩证分析数量与成本之间的关系,生活中有没有遇到类似的问题,鱼与熊掌不可兼得,比如休闲与收入,如何抉择。

②人生目标。人生规划中有哪些目标,在实现过程中遇到困难如何取舍。

(3)教学手段

①知识点+案例+思政:在知识点"大数据技术在信用卡实时营销"中引入案例,将待人接物、法律意识、服务意识等思政元素与专业知识相结合,增强学生对金融营销方法与技巧的认识,同时强化法治意识与底线思维。

②课堂讨论:结合知识点与案例,考查学生课前自主学习情况,讨论学习效果。

③学习测评:讨论结果现场点评。

第九章 大数据技术在保险行业中的应用

专业教学目标

保险业务主要包括财险业务和寿险业务,保险欺诈是传统保险经营活动中面临的重要问题之一,需要花费大量的人力和物力去识别与防治。本章内容在介绍传统保险业务的基础上,重点介绍大数据技术在保险反欺诈与保费定价方面的应用,培养学生建立保险反欺诈意识,引导学生树立正确的社会行为规范。

【知识目标】

1. 学生了解保险公司的主要业务,熟悉保险理赔过程与业务难点,理解大数据技术在保险行业的需求。

2. 学生掌握保险大数据反欺诈的相关概念与基本形式,掌握大数据技术在财险和寿险产品定价方面的相关概念与方法。

【能力目标】

1. 培养学生将大数据技术灵活应用于保险行业现实问题和具体案例分析。

2. 培养学生从社会进步与人类精神文明的角度认识保险的意义,辨别保险与理财收益的差别。

课程思政教学目标及实践

【育人目标】

1. 家国情怀 通过讲解大数据在保险欺诈识别中的广泛应用,深入分析保险欺诈形成的原因,区别保险产品与理财产品的差异,让学生深入理解保险的作用,明辨保险业务中蕴含的社会责任与社会文明。

2. 法律意识 大数据时代要更加注重法律意识,无论在日常生活还是工作中,要恪守法律底线,不参与违法活动,不要抱有侥幸心理,坚决抵制各类违法活动,拒绝为违法行为提供便利。

【教学方式与方法】

1. 自主学习:线上学习相应慕课中的基础专业知识点,线下自主阅读文献资料,撰写阅读笔记或思维导图。

2. 课堂讲授:讲授相关理论的主要观点或内容、政策启示与建议等。

3. 课堂展示与讨论:学生展示根据教学素材整理分析的相关报告等,小组讨论。

【课程思政教学实例】

案例材料:大数据技术打击汽修骗保

(1)案例简介

一个名为"仓某恒"的驾驶员,两年多共驾车发生事故并申报理赔81次;一个名为"张某继"的人,在过去两年多时间里,遭遇事故39次……伪造事故、诈骗保险赔付是汽车修理、二手车交易等行业半公开的"秘密"。南京公安运用大数据比对分析,发现一些汽修厂伪造事故骗保的惊人细节。某汽修厂附近一家酒店地下停车场的一根柱子,在两年零三个月的时间里,被该厂修理的不同车辆碰蹭多达54次;一些骗保团伙在两年多时间里,相互发生剐蹭事故达118次……不合常理的数据背后,正是一次次得逞的车险骗保阴谋。统计数据表明,2017年以来,南京市年均投保车辆约240万辆左右,年均收取保费108亿元,年均赔付额63亿元,赔付率高达58%,高出国际平均赔付率三成。

资料来源:2019年11月25日新京报快评,打击汽修骗保,不妨多用大数据。https://baijiahao.baidu.com/s?id=16511413816275937&wfr=spider&for=pc.

(2)案例的思政元素

①科学精神。培养学生运用科学手段解决繁杂事物的意识,尊重科学判断,引导学生培养扎实的科学技能。

②法律意识。信息技术为生活带来便利的同时,也给犯罪分子更多可乘之机,在生活、学习、找工作中如何防范各类违法事件的发生。

②职业素养。引导学生注重养成认真、严谨的工作态度,抱有批判质疑的态度,多角度、辩证地思考问题。

(3)教学手段

①翻转课堂——支架与高阶:慕课资源、文献资源为翻转课堂提供支架;课堂展示、师生思辨讨论实现课堂高阶性、高效性。

②知识点+实事+思政——贯穿融合:在知识点"大数据技术在保险欺诈应用"中引入案例分析,将法治意识、科学精神以及批判质疑等思政元素与专业知识相结合,增强学生的法治意识与底线思维。

③学习测评——实时呼应:投票结果、讨论结果现场点评。

第十章　大数据技术在信托行业中的应用

专业教学目标

信托行业遵循受人之托,代人理财的业务本源,涉及的投资方式与投资范围较广。本章内容在介绍信托业务的基础上,深入分析在资管新规实施背景下,信托行业转型发展的需求,通过介绍大数据技术在客户标签管理及消费信托平台化转型两个典型应用,让学生深入理解大数据平台的功能。

【知识目标】

1. 学生了解信托公司的主要业务,熟悉信托产品的特点,理解大数据技术在信托行业的需求。
2. 学生掌握消费信托的相关概念与主要模式,掌握消费信托平台化的相关概念及特点。

【能力目标】

1. 培养学生将大数据技术灵活应用于信托行业现实问题和具体案例分析。
2. 培养学生从客观、理性的角度构建客户标签维度,科学分析客户需求,合理设计金融产品的能力。

课程思政教学目标及实践

【育人目标】

1. 人文情怀　现代大学生受网络文化影响较多,思想活跃,接受新事物的渠道较多,通过介绍大数据技术构建客户标签,与学生交流在互联网中总结网友特征,思考如何构建网友评价的维度,培养学生思考网络生活中人的生存与发展的需求。

2. 勤于思考　平台化发展是大数据对各行各业发展带来的变革,通过介绍传统消费信托产品与平台化消费信托产品的差异,让学生深入思考平台化的内涵,总结平台化的特点,培养学生勤于思考,归纳总结的能力。

【教学方式与方法】

1. 自主学习:线上学习相应慕课中的客户画像专业知识点,线下自主阅读文献资料,撰写阅读笔记或思维导图。
2. 课堂讲授:讲授相关理论的主要观点或内容、政策启示与建议等。
3. 课堂展示与讨论:学生展示根据教学素材整理分析的相关报告等,小组讨论。

【课程思政教学实例】

案例材料:《你的样子》为百年中国共产党画像

(1)案例简介

2021年7月1日,恰逢党的百年华诞,《新华每日电讯》发表题为《为百年中国共产党画像——讲故事、析事理,新华社这部政论片引发广大观众共情》的报道。影片《你的样子》确定了"信念""初心""铁肩""品格""情怀"五个主题,将"你的样子"解析为一个可拍摄、可操作的具象化产品,并与党史专家共同论证,形成站得住脚的理论框架和叙事框架。"五个主题,从不同角度、不同时期的共产党人故事切入,以个体故事反映重大历史事件和历史进程,在百年的时空跨越中挖掘感人细节,将深奥的道理浅显化、通俗化,让观众看得懂,产生情感共鸣,最终反映一个拥有9000多万名党员的百年大党群像和气质。"主创团队负责人说。

资料来源:新华社新媒体,《你的样子》为百年中国共产党画像。https://baijiahao.baidu.com/s?id=1704065433650438320&wfr=spider&for=pc.

(2)案例的思政元素

①家国情怀。除了影片中的五个主题,还可以怎么为中国共产党画像,并具体说明原因。

②职业技能。为中国共产党画像与为客户画像有什么区别与联系,引导学生理解画像的基本思路不变,只是维度设计有差别。

③艺术表达。学生能够更加深入理解画像的功能,理解艺术表达的多样性。

(3)教学手段

①翻转课堂——支架与高阶:慕课资源、文献资源为翻转课堂提供支架;课堂展示、师生思辨讨论实现课堂高阶性、高效性。

②知识点＋实事＋思政——贯穿融合:在知识点"客户画像"中引入案例,将家国情怀、艺术表达等思政元素与专业知识相结合,增强学生爱党爱国情怀。

③学习测评——实时呼应:投票结果、讨论结果现场点评。

第十一章 大数据技术在融资租赁行业中的应用

专业教学目标

融资租赁是集融资与融物、贸易与技术更新于一体的新型金融产业,对企业资信与担保要求相对较低,适合解决中小企业融资难问题。本章内容在介绍融资租赁业务基础上,对大数据技术支持融资租赁公司调研评估企业真实财务、经营能力方面的应用进行详细介绍,让学生深入理解大数据技术在融资租赁行业中的应用特点。

【知识目标】

1. 学生了解融资租赁公司的主要业务,熟悉不同融资租赁业务的特点及大数据技术需求。
2. 学生掌握大数据企业尽职调查的相关概念与策略,掌握大数据优化业务流程方面的应用。

【能力目标】

1. 培养学生将大数据技术灵活应用于融资租赁行业现实问题和具体案例分析。
2. 培养学生从科学分析的角度解决传统信贷行业中企业调研信息不对称问题,灵活运用信息技术优化传统业务。

课程思政教学目标及实践

【育人目标】

1. 深度学习 信息不对称问题广泛存在,通过介绍大数据技术在企业尽职调研中解决金融机构与企业信息不对称问题,让学生正确认识大数据技术带来的创新,深刻理解学习价值,激发学生的求知欲。

2. 实践创新 利用大数据技术优化金融业务流程,不仅能提高工作效率,还可以有效降低金融风险。通过讨论,引导学生积极思考,主动发现问题,并制定合理的解决方案,培养学生主动提出问题并解决问题的兴趣与热情。

【教学方式与方法】

1. 自主学习:线上学习相应慕课中的数据分析知识点,线下自主阅读文献资料,撰写阅读笔记或思维导图。
2. 课堂讲授:讲授相关理论的主要观点或内容、政策启示与建议等。
3. 课堂展示与讨论:学生展示根据教学素材整理分析的相关报告等,小组讨论。

【课程思政教学实例】

案例材料:大数据助力融资租赁公司尽职调查

(1)案例简介

某企业希望添置35台加工中心,每台28万元,申请金额750万元。融资租赁A公司经调研,该企业专业从事手机中框的车铣精加工,主要接3手单,提供的资料表明,月收入300万元。融资租赁A公司一方面通过标的物数据对比同类设备的品牌、型号、技术参数和价格,得出设备一手价格可靠,二手价格尚可的结论。另一方面,通过比对A公司内部客户数据库,发现同类客户单台该品牌加工中心的月产值在3万元左右,推算该企业的产能约在150万元/月,由此产生疑点。为了印证是否客户订单价格好,或技术突出,产生了竞争优势,进一步挖掘,A公司征提申请人与其主要下游的对账单,得知手机中框加工费在8元～13元/个之间,加权平均10元/个;通过和生产工人进一步了解,每台机器每小时大约生产5个框,加工费在50元/小时/台。按每天20小时,每月25天计算,月加工收入约125万,远远低于300万元,由此拒绝该笔业务。

(2)案例的思政元素

①批判质疑。对待科研与工作保持批评质疑的态度,如何运用科学手段深入论证,反复调查研究,确保准确性。

②技术应用。埋头苦干中需要方法支撑,案例中的融资租赁公司将自身优势与大数据技术相结合,提

醒我们在技术应用中要结合自身优势。

(3) 教学手段

①翻转课堂——支架与高阶：慕课资源、文献资源为翻转课堂提供支架；课堂展示、师生思辨讨论实现课堂高阶性、高效性。

②知识点＋实事＋思政——贯穿融合：在知识点"融资租赁业务"中引入案例，将批判质疑、技术应用等思政元素与专业知识相结合，培养学生利用现代信息技术解决问题的意识。

③学习测评——实时呼应：投票结果、讨论结果现场点评。

第十二章 大数据技术在中央银行中的应用

专业教学目标

中央银行的主要功能包括发行货币、集中存款准备金、组织银行间清算、代理政府金融事务、代理国库、代表政府参加国际金融活动、处理国际金融事务等。本章在介绍中央银行职能的基础上，介绍大数据技术在中央银行业务中的应用，重点对大数据技术在信息脱敏与反洗钱中的应用。

【知识目标】

1. 学生了解中央银行的主要业务，熟悉央行在结算、外汇交易、信管等系统中存在的数据问题，理解大数据技术在中央银行业务中的需求。
2. 学生掌握大数据脱敏技术的相关概念与特点，掌握大数据在反洗钱应用中的相关概念及方法。

【能力目标】

1. 培养学生将大数据技术灵活应用于中央银行现实问题和具体案例分析。
2. 培养学生从监管的角度分析传统证券市场中博弈过程，充分了解证券市场交易情况及特点。

课程思政教学目标及实践

【育人目标】

1. 家国情怀 通过讲解反洗钱工作的重要性，我国反洗钱工作要点，金融特别工作组（FATF）规则要求，利用大数据、人工智能技术有效遏制洗钱和恐怖融资犯罪，维护金融安全的重要性，同时，让学生深入理解反洗钱工作要立足全球，深度参与国际治理。

2. 法律意识 通过讲解大数据脱敏技术应用，增强学生的信息安全意识：一方面要注重数据安全；另一方面还要挖掘数据价值同商业银行经营网点面临客流量少，高净值客户流失的风险。通过介绍利用地理信息技术设定地理围栏，扩大网点的服务空间，培养学生对信息技术的自主学习兴趣。

【教学方式与方法】

1. 自主学习：线上学习相应慕课中的社交网络分析专业知识点，线下自主阅读文献资料，撰写阅读笔记或思维导图。
2. 课堂讲授：讲授相关理论的主要观点或内容、政策启示与建议等。
3. 课堂展示与讨论：学生展示根据教学素材整理分析的相关报告等，小组讨论。

【课程思政教学实例】

案例材料：利用大数据技术精准打击洗钱犯罪

(1) 案例简介

东街派出所通过对年前案件嫌疑人李某某的信息研判和追踪，挖出一个以朱某林为首的诈骗"洗钱"的犯罪团伙。据警方披露，该案涉案团伙以朱某林为首，其于2021年6月听闻为境外电信网络诈骗洗钱能轻松赚钱，便开始了洗钱之旅。落网时，该团伙洗钱资金流水超1900万元，累计非法获利30万余元。经过审讯，落网的犯罪嫌疑人均对涉嫌洗钱违法犯罪事实供认不讳。落网的7人中，年纪最大的25岁，最小的只有17岁。为了逃避抓捕，涉案团伙每次作案要么是选择在乡镇进行流动式洗钱操作，要么选择在偏僻的宾馆进行窝点式操作。

资料来源：潇湘晨报2022年2月21日，涉案流水超1900万元！北海警方打掉一洗钱团伙，7人被拘。https://baijiahao.baidu.com/s?id=1725358576789489610&wfr=spider&for=pc。

(2) 案例的思政元素

①家国情怀。通过讲解我国在参与反洗钱全球治理中的贡献，引导学生思考面对复杂世界局势如新

冠肺炎疫情影响等,中国主张和中国方案是什么。

②法律意识。通过案例参与反洗钱的团伙成员年轻化,要牢固法律底线思维,提高法律防范意识。

(3)教学手段

①翻转课堂——支架与高阶:慕课资源、文献资源为翻转课堂提供支架;课堂展示、师生思辨讨论实现课堂高阶性、高效性。

②知识点+实事+思政——贯穿融合:在知识点"大数据技术在反洗钱应用"中引入案例,将家国情怀、法治意识等思政元素与专业知识相结合,增强学生的法治意识与底线思维。

③学习测评——实时呼应:投票结果、讨论结果现场点评。

四、课程思政的教学评价

(一)对教师的评价

1. 教学准备的评价

将《大数据与金融》课程思政建设落实到教学各个阶段,思政目标设计、思政元素选择,设计教学大纲、选择教材、案例、编写课件等。

2. 教学过程的评价

将《大数据与金融》课程思政建设落实到教学全过程,主要看教师在专业知识与思政元素融合过程是否融洽,教学设计逻辑是否合理,在教学策略、方法、作业、考核中全流程渗透思政理念。

3. 教学结果的评价

构建《大数据与金融》课程思政多维度评价体系,包括教学团队、教学督导、学生评教、教学研究、教学获奖等多个方面。

4. 评价结果的运用

对各方面提出的意见和建议在修订教学计划、完善教学内容等方面有无改进。

(二)对学生的评价

1. 学习过程的评价

检验学生是否认真完成了老师布置的任务,课前完成线上学习,课堂积极思考讨论,科学评价学生学习过程的积极性。

2. 学习效果的评价

通过课堂提问、检查作业、检查笔记、随堂练习、论文等形式,考查学生对思政元素的学习情况。

3. 评价结果的运用

通过课后与学生沟通交流,通过与班级学委、团支书交流,了解学生的学习效果,总结经验,改进教学方式,提升课程思政效果。

五、课程思政的教学素材

序号	内容	形式
1	银行停止智能投顾服务事件分析	案例分析
2	从自由软件到鸿蒙系统	阅读材料
3	从空想性错视看切尔诺夫脸谱图	阅读材料
4	分类方法阈值选取与分类结果相关性的思考	阅读材料
5	孟母三迁,近朱者赤近墨者黑	案例分析
6	望梅止渴的典故与其中的关联规则知识	案例分析
7	线上线下数据联动实现信用卡实时营销	案例分析

续表

序号	内容	形式
8	大数据在优化高频交易中的基本应用	阅读材料
9	大数据技术打击汽修骗保	案例分析
10	《你的样子》为百年中国共产党画像	阅读材料
11	大数据助力融资租赁公司尽职调查	案例分析
12	利用大数据技术精准打击洗钱犯罪	案例分析
13	智能财务扫描在金融投资的应用案例	案例分析
14	算法交易在金融投资的应用案例	案例分析

《行为金融学》课程思政教学指南

邓锴　王恒博

(西安财经大学)

一、课程简介与课程目标

(一)课程简介

《行为金融学》(behavioral finance)课程是金融类专业重要的选修课程,旨在帮助学生通过行为角度了解金融投资实务操作,并在行为金融领域内进行深入研究的一门启发性课程。通过引领学生认识经济人假设在投资行为中的缺陷,掌握行为金融的概念、特征以及相关投资原理,使学生能够从人类的心理和行为角度对证券投资行为进行分析,为学生跨入微观金融领域、从事投资工作打下基础。在此前提下,要求学生学会运用课堂上学到的行为金融学原理,树立正确的投资观分析日常生活中的投资行为,学会从行为金融视角看待金融学热点问题,避免投资陷阱,提高投资效率,帮助学生了解传统金融学假说及缺陷和对人们认知偏差和行为偏差的分析。

本课程综合运用案例讲授、线上线下相结合、启发式教学、讨论教学、模拟实践教学等多种教学方法,对行为金融学的各种主要理论分别进行介绍,尤其强化学生对行为金融学与传统经济学、金融学基本假设方面相关区别的认识,正确看待包括投资行为在内的日常生活中的心理暗示、习惯路径、思维逻辑等内容。并着重强调任何投资行为应本着为国家、为社会创造更多价值的角度出发,万不可为一己私利在投资市场上推波助澜、兴风作浪,让国家和人民蒙受损失,使学生在学习行为金融学相关理论的同时增强社会的责任感和使命感,提升运用投资行为为人民服务、为人民谋福祉的意识和能力。

(二)课程目标

行为金融学相对其他学科,更为"年轻",是金融学科前沿的重点内容,集中体现着学科发展与创新的趋势。通过本课程的学习,使学生能够达到以下目标:

1. 知识目标:系统掌握行为金融学的定义与本质,对于有效市场假说及其缺陷、证券市场中的异象、期望效用理论、认知偏差等行为金融学主要内容有较为深层次的了解,并结合所学的经济学、管理学、心理学、统计学、高等数学等学科的相关知识及方法,熟练掌握甚至推导出行为资产定价、资产组合等理论模型。从深层次看待学科创新与发展的动力及依据,进一步加强对习近平总书记所提出的"创新是一个民族进步的灵魂"的理解和认识。

2. 能力目标:通过本课程的学习,培养学生运用行为金融学相关假设以及行为资产定价理论、行为资产组合理论、行为公司金融理论等相关理论制定投资策略的能力,提高学生接受学科前沿相关内容的能力,使之能够掌握有效的学习方法,主动接受终身教育;具有实践应用能力,能够在金融、保险、投资实践活动中灵活运用所掌握的专业知识;在日常生活中,面对一些非投资类、金融类问题时,能够依据自身对于行为投资策略的理解与把握,制定相应应对策略,提升解决生活实际问题的能力;正确看待和回顾传统金融学与行为金融学基本假设方面的差异,并由此激发创新精神。

3. 育人目标:引导学生将金融投资行为与为国家、为社会做贡献紧密结合起来,为自身获取丰厚收入的同时,为他人提供正向的外部性影响,确保学生在进行金融、投资行为实际操作时,不会有思想和行为上的偏差;通过本课程的学习,使学生具有一定的行为学知识与科学素养;能够从行为金融角度不断完善自身的投资行为。

(三)课程教材和资料

➢ 推荐教材

饶育蕾,彭叠峰,盛虎. 行为金融学[M]. 北京:机械工业出版社,2018.
➢ 参考教材或推荐书籍
1. 饶育蕾,彭叠峰. 行为金融学导论[M]. 北京:高等教育出版社,2020.
2. 陆蓉. 行为金融学讲义[M]. 北京:中信出版社,2019.
➢ 学术刊物与学习资源
《金融时报》《中国证券报》《经济日报》《21世纪报道》《金融研究》《中国金融》《经济研究》《经济学动态》《金融与保险》《证券与投资》《中国货币市场》《中国资本市场》及财经类双一流高校学报。
➢ 推荐网站
人民日报、光明日报、中国人民银行、中国银行业监督管理委员会、中国保险监督管理委员会、中国证券监督管理委员会、上海证券交易所、深圳证券交易所、中国证券报等官方网站。

二、课程思政教学总体设计

(一)课程思政教学目标

以习近平新时代中国特色社会主义思想为指导,坚持行为金融学相关知识传授与树立学生正确的投资观等价值引领相结合,运用相关教学资源及手段,全面提升大学生政治立场、理想信念、价值取向、社会责任等意识,提高大学生明辨是非、独立思考的能力,正确看待、准确把握个人的投资活动与国家发展、人民福祉之间的联系,帮助学生塑造正确的世界观、人生观和价值观。

《行为金融学》是一门将金融学所学到的相关知识理论与现实投资行为相结合的、具有极强实际可操作性的专业选修课程。学生首先通过对有效市场假说、证券市场中的异象等内容的学习,了解行为金融学与传统经济学、金融学之间基本假设方面的差异,进而能够从更深层次视角了解金融市场中的个体心理与行为、群体心理与行为以及金融泡沫等内容,最终熟练运用行为资产定价理论、行为资产组合理论、行为公司金融理论,形成在行为金融学视角下的行为投资策略,并在此过程中将个人的投资回报追求与国家、社会的健康发展结合起来,充分激发学生的使命感和创新意识。

本课程强调学生思维方式的转变与实际操作能力的学习,立足中国发展实际,以国际化视野,体现行为金融领域学科前沿的发展、变革以及演进。通过本课程学习,理解在现实生活中相关金融投资行为偏差产生的机制和原因,以及相关偏差避免的方式和路径,进而运用行为金融学相关理论,构建相应投资策略模型,并在此基础上思考作为个人和机构投资者,在习近平总书记对于全国金融工作所提出"牢牢守住不发生系统性金融风险"的要求中,能够做些什么,以及怎样去做。通过在课程中大量融入和体现我国资本市场的发展与相关监管制度提出的落脚点及演进过程,增进学生分析和解决问题的能力,引导学生增强"四个意识"、坚定"四个自信"、做到"两个维护",在思想和行为上自觉与以习近平同志为核心的党中央保持高度一致。具体而言,本课程的思政教学目标包括以下八个维度:政治认同、家国情怀、道德修养与职业伦理、法治意识与底线思维、文化素养、科学精神、时代担当、广阔视野。

1. 政治认同

《行为金融学》课程以行为金融理论为主,在讲授过程中包含大量具有中国特色的金融理论与资本市场现实问题的总结与提炼,尤其注意加入党的十八大以来的资本市场发展动态等相关内容,这些与马克思列宁主义基本原理以及习近平新时代中国特色社会主义经济思想高度相关。通过这些专业知识的讲述,要让学生更准确地认识到,作为一个社会主义国家的金融工作者,其工作的基本出发点和落脚点应当是为最广大人民群众谋福祉,而不是像有些资本主义国家的金融从业者那样,为了一己私利宁愿破坏、阻碍相关国家和地区经济发展,给这些国家和地区的人民带去灾难。运用相关案例,结合客观实际,帮助同学们认识到马克思列宁主义指导思想的正确性,和中国特色社会主义制度的优越性,本能地认识到中国共产党的伟大,从心灵深处认同中国共产党的治国理念,将同学们在思政课堂上所学到的知识活学活用,增强同学们的政治认同,自觉地为实现中国梦,创建人类命运共同体做出贡献。

2. 家国情怀

十八大以来,在以习近平同志为核心的党中央领导下,我国资本市场发展日臻完善,广大股民也越来越成熟,投资行为也越来越理性。通过对相关内容的介绍,培养学生的爱国主义精神,传承爱国情怀,帮助学生认识到,我国设立资本市场的初心和使命。运用相关案例对学生进行爱党、爱国、爱社会主义、爱人民、爱集体的"五爱"教育。在此基础上,本课程还会重点突出中外资本市场、行为金融对比,向学生介绍在我国资本市场投资的特殊社会经济贡献,即帮助我国企业发展,推动科技进步,让学生树立为人民服务、为国家发展添砖加瓦的崇高理想。

3. 道德修养与职业伦理

本课程在讲授过程中会涉及到金融投资行为职业道德相关知识,通过几次全球范围的金融危机发展的反面案例分析,让学生直观感受到贪婪的金融投资行为对于国家、社会以及普通人民群众的极大破坏性,充分认识到正确的、不以单独谋求私利为最高目标的金融行为对于国家发展的重要性,自觉养成遵守社会主义道德的金融投资行为习惯。认识到,包括收入获取在内的个人利益甚至是个人命运,与国家命运是紧密结合在一起的。如果金融资本市场充满了个人贪婪与私利,最终也不会得到良好发展。道德修养与职业伦理道德规范影响着个人的金融行为,这不仅决定了个人在资本市场中的作用,也影响着资本市场对于我国经济发展促进作用的体现。

4. 法治意识与底线思维

金融行为要求在既定的法律法规下进行,本课程靠后的一些章节学习中包含了大量法律、法规介绍。通过让学生学习相关的法律法规,认识到相关法规对于资本市场发展的重要作用。让学生牢固树立个人遵纪守法的意识,在今后的日常投资行为中杜绝"老鼠仓"等违法违规行为。激励学生自发崇尚、遵守和捍卫法律。此外,结合《民法典》的推出与实施背景,培养大学生形成尊法、学法、守法、用法的好习惯,建立法治思维的价值取向和规则意识,将法律至上、权力制约和公平正义作为自己的行为准则,自觉抵制诱惑,在遵纪守法的大前提下实施金融行为。

5. 文化素养

法治意识更多起到的是最低的行为约束要求,而文化素养是学生最为重要的软实力,能够在更高层次上约束学生金融行为。本课程在教授相关知识内容的同时,注重学生文化素养的养成。由于金融业普遍工资收入较高,从业人员往往具有更多的浮躁气息,通过本课程的讲授,帮助学生树立正确的金钱观,不以财富获取的多少,来衡量一个人成功或者失败。要求学生尊重劳动、尊重工人阶级,尊重依靠体力劳动获取收入的广大普通人民群众。在日常的相关金融行为中,尊重企业发展的客观规律,不做"家门口的野蛮人"。同时,在讲授过程中还向学生强调诚信、平等、公正、和谐等社会主义精神文明内涵,要求学生出校门后挣符合天道酬勤、符合中华传统美德的干干净净的钱,不做为了获取收益而出卖、背叛企业、政府的行为,提高自身文化修养。

6. 科学精神

科学精神是人类社会发展的重要驱动力,也是本学科发展动力的重要源泉。本课程注重培养学生的理性思维、独立思考、辩证精神等能力。由于本课程属于金融学发展的前沿,很多内容并不像其他学科那样经过几十年甚至上百年的人类实践所检验,并且相关知识的讲授依赖于学生的积极参与,在这一过程中注重培养学生养成独立思考等能力。对于课本所教授的知识,也学会综合运用多学科知识来分析,从不同角度切入,由于本课程包含大量的实验内容,也鼓励学生在课下广泛阅读相关文献资料,对于行为金融学的发展前沿展开积极探索,进一步培养创新精神。

7. 时代担当

"少年强则国强"。通过在课堂上相关内容的讲授,帮助同学们认识到,伴随着世界经济发展步伐越来越快,当前国际形势复杂多变,通过军事手段推翻一国政权已经越来越难,国与国之间的竞争更多体现在经济、金融领域。由于资本市场起步较晚,加之金融领域的很多具有国际性影响力的金融组织大多由西方主要资本主义国家发起成立,很多金融规则、金融行业管理均由西方国家制定,我国在金融领域的储备人才相对较少,今后在金融领域与西方资本主义国家交锋,还主要依靠现在坐在课堂上的同学们。今后的几十年,是我们实现党提出的第二个百年奋斗目标的关键时期,金融领域的战争不会少,会很残酷,这需要学生们承担起这一代人的担当,为国家、为民族做出这一代人应有的贡献,共同谱写新时代的奋斗华章。

8. 广阔视野

习近平总书记强调"三千年未有之大变局"。当前,受到新冠肺炎疫情等方面的影响,全球竞争日趋激烈,世界经济发展速度降低,我国产业结构升级任务依然艰巨。行为金融学是经济学、金融学、管理学、心理学、行为学、统计学等多学科交叉所形成的一门较为年轻的新学科,这要求学生有更加广阔的知识背景和对学术前沿的辨析能力,进而形成具有自身特点的金融投资策略。本课程在讲授过程中,将着重通过让学生了解国际、国内行为金融学发展的最新成就和发展趋势,令学生的视野更加广阔。

(二)课程思政的教学内容

《行为金融学》课程具有与现实联系紧、可操作性强的特征,金融专业的很多毕业生在离开学校后会从事这一行业。同时,伴随着我国资本市场规模越来越大,个体和机构的金融行为对于经济的影响也会越来越明显。因此本课程的思政确立了政治认同、家国情怀、道德修养与职业伦理、法治意识与底线思维、文化素养、科学精神、时代担当、广阔视野等八个方面的育人目标。在对行为金融学理论以及相关投资策略制定过程中融入思政教育,进一步深化行为金融学的思政色彩,强化思政元素,通过课堂案例和教学实验活动对学生进行社会主义价值引导,提升学生对党的经济工作的认识,帮助其树立为人民服务的远大理想,为新时代经济发展培育具有高度政治认同和浓郁家国情怀的高水平高素质金融人才。本课程的思政内容可以涉及以下几方面:

1. 文化自信和制度自信

我国虽然资本市场历史不像西方那样久远,但中华文明源远流长,在唐朝、宋朝、明朝的很多历史典籍中也有很多关于金融发展的记载,当时人的很多金融行为也能够在今天的行为金融学课程内容中得到印证,因此,说我国古代缺乏金融实践、甚至没有金融行为,是十分片面的。从现代社会管理的视角看,我国的资本市场设立的初衷是吸纳社会闲散资金,为国家科技发展服务,为人民谋幸福,有助于经济社会的稳定健康发展。并且相关管理制度也日臻完善,决不允许我国的资本市场成为冒险家、投机家的乐园,相应地,同学们今后的金融投资行为,也要遵循这一原则。在日常授课过程中,应结合中国传统文化和中华民族崇尚勤劳的民族性格来讲授相关内容,培养学生正确的三观,增强学生的文化自信和制度自信。

2. 人类命运共同体意识

当今社会,国与国之间的联系愈发紧密,而这一联系又更多、更集中地体现在金融领域,东南亚金融危机、美国次贷危机的负面影响席卷全球,对世界经济的发展造成极为深远的危害,即使是始作俑者,也付出了相应的代价,可以说,在这样的金融战争中,没有绝对的赢家。教师在讲授过程中,应着重强调这一点,即自身的金融行为应当给社会其他成员带来福祉,而不是灾难,应当追求正和博弈,而不是零和博弈。注重从行为金融学的专业视角帮助学生形成人类命运共同体意识。

3. 金融从业者的社会责任

通过课堂教授使学生认识到,金融从业者的首要任务,是帮助市场发现最有发展潜力的科技技术,促进金融的有序发展,进而推动我国经济发展,使得社会更加和谐。而不是利用相关漏洞和金融市场特殊运营模式,仅仅着眼于为自身获取更多的经济利益。简言之,应强调学生对社会的奉献精神,将自己的命运与国家、社会的命运紧密联系起来,在为国家、社会发展做出突出贡献的同时,为自己获得一份合理的经济报酬,万不可置社会发展利益于不顾,从满足自身私欲出发,去做一些危害国家、社会发展的行为。

4. 金融从业人员的职业道德

应强调对于金融从业者职业道德的约束,如诚实守信教育、爱岗敬业教育、遵纪守法教育、公平竞争教育等,引导学生具有家国情怀、法治意识、社会责任和仁爱之心,进一步提升金融从业人员道德水准,绝不允许"为富不仁"、坑害客户的金融从业者出现。

(三)教学方法

行为金融学本身就具有案例多、学生参与度强的特征。在日常思政环节教学实践中,提前将要讲的思政案例告知学生,要求其查阅相关资料,掌握案例发生的背景。在课堂教学中,结合章节知识点,自然而然地将案例引出,做到"润物细无声"。要求学生选择一些章节案例在课堂上讲解,真正做到让教学内容与思政元素的深度融合,达到让学生"入脑入心"的思政教学效果。

三、课程各章节的课程思政教学内容设计

第一章 概论

专业教学目标

掌握行为金融学的定义与本质,以及其对于有效市场假说、经济人假设和理性人假设的修正。通过对标准金融学整体理论架构的回顾与串联,在把握整理理论架构的基础上,理解行为金融学对标准金融学的进一步发展和补充。了解行为金融学发展的简要历史,行为金融学的形成与心理学、行为学、实验经济学和行为经济学发展之间的关系。

【知识目标】

1. 了解行为金融学的历史与发展。
2. 熟悉行为金融学的相关学科基础。
3. 从理性人假设修正角度理解行为金融学的内涵。

【能力目标】

1. 能够举出实际事例,体现行为金融学与标准金融学在信息处理、决策制定、市场效率方面的差异。
2. 了解实验经济学对于行为金融学发展的特殊意义,以及在人工 AI 方兴未艾的当下,预测未来行为金融学的发展路径。
3. 从大众心理学角度,分析历史上曾经出现的郁金香泡沫、南海泡沫等著名金融危机事件。

课程思政教学目标及实践

【育人目标】

1. 制度自信 引入实际案例,使学生了解相较于其他国家,我国政府对于资本市场的相关管理制度在更大程度上限制了资本的无序波动,理解相关政策的出台是为了在最大程度上维护各方面利益,进一步凸显以共同富裕为目标的中国特色社会主义制度的优越性。

2. 创新思维 行为金融学是一门年轻的学科,是吸纳很多学科前沿的基础上创新而来,因此学生应努力养成创新思维,在课下积极阅读行为金融学相关文献,尝试性地提出学科发展相关问题。

3. 科学精神 在经济学其他学科中一定程度上被视为"金科玉律"的理性人假设,在现实生活中具有较为明显的缺陷,与客观实际情况有一定差距,培养提升学生的科学精神和辩证逻辑。

【教学方式与方法】

1. 课前预习:要求学生熟悉课本内容,结合学习强国平台等相关网络资源,对于行为金融学产生的时代背景和相关学科基础有所了解。

2. 课堂讲授:本章的课堂讲授突破了标准金融学理论的框架,首先指出传统金融学与现实生活之间存在脱节,进而对行为金融学产生的相关学科基础进行介绍,最后借助相关案例,指出将人类的心理和行为因素引入到金融产品的投资决策过程中的必要性。

3. 课堂讨论:要求学生针对"理性人"假设的缺陷进行讨论,进一步论证行为金融学的现实意义。

【课程思政教学实例】

案例材料:1997—1998 中国香港股灾

(1)案例简介

1997 年 10 月,国际炒家开始做空港股和港币,股市市值两个月之内缩水 1/3,恐慌情绪蔓延全港,大量投资者忧心忡忡,难以运用理性思维准确分析市场前景。此时,中国中央政府迅速做出反应,强调中央是香港的坚强后盾,绝对不会放任不管,调拨相应资产救市;香港特区政府迅速行动起来,开始打击恶意做空套利行为,在股票和期货市场上主动做多,这些措施成功阻击了国际游资的做空行为,恒生指数逐渐企稳回升,恢复元气。

资料来源:网易财经,出手要快 出手要重,2015 年 7 月 9 日。

(2)案例的思政元素

①国家认同。通过该案例的讲授,让学生认识到共产党领导下的中央政府敢于向外国投机资本做斗

争,不惜代价保护人民财产,深刻理解只有中国共产党全心全意为了人民,凸显社会主义制度的优越性。

②理性思维。直到现在,仍然有一些西方学者大力鼓吹"自由经济",认为政府应该管得越少越好。但现实是,如果政府不及时解决经济运行当中的一些突发性问题,很有可能经济体系将出现大的波动。据此,可锻炼学生独立思考的能力,提升其理性思维。

(3) 教学手段

①讲授:在讲解情绪对于股票市场波动时,引出该案例。分析在1997年时,投资者情绪对于香港股市的影响机理和实际影响路径,以及我国政府在恰当时刻出手救市的这一举动,对于稳定投资者信心的重要作用。

②讨论:结合案例谈谈"市场万能论"的片面性。

③学习测评:要求学生结合本章内容,再举出一到两个相关事例,论证政府的主动作为对于稳定投资者信心、使社会对于市场预期持积极态度的必要性。

第二章 有效市场假说及其面临的质疑

专业教学目标

深刻认识有效市场假说的理论缺陷。通过标准金融学整体理论架构的回顾与串联,理解行为金融学是标准金融学的进一步发展和补充。了解证券市场中的案例对有效市场假说的挑战。

【知识目标】

1. 运用相关理论深入了解标准金融体系。
2. 了解有效市场假说及其理论缺陷。
3. 从心理学角度理解套利的有限性,不会随着信息传递技术的进步在短期内彻底消亡。

【能力目标】

1. 培养学生能够利用所学知识,分析现实生活中不同国家的资本市场的有效程度。
2. 提出提升我国资本市场有效性的具体路径。
3. 熟练运用所学理论分析噪声交易者产生的社会基础。

【育人目标】

1. 科学精神 有效市场假说在提出之初,受到学术界广泛认可,随着学术前沿的发展,该学说逐渐受到质疑,并有学者提出应进行较大幅度修正。这体现出,科学知识的发展不是一成不变,对于很多理论,学生要学会独立思考。

2. 深度学习 通过深入挖掘与套利有限性有关的技术、人类心理等相关元素,加深学生的学习兴趣,理解相关理论与知识的应用价值,并通过剖析当前有效市场假说的相关案例,培养学生勤于思考的习惯,树立终身学习的意识。

【教学方式与方法】

1. 自主学习:自主查找收集相关文献资料,搜集整理近五年来学术界对于有效市场假说的相关研究,从中提炼、总结出相应观点,在课堂上与其他同学分享。

2. 课堂讲授:通过对标准金融理论的系统性回顾和理解,引出有效市场假说理论,并结合相关案例,指出该理论的缺陷以及在现实生活中的具体体现。同时要着重强调尽管有效市场假说受到挑战,但提升市场的有效性仍然是各国经济部门工作的重点。

3. 课堂讨论:结合相关案例,引导学生认识到在现实的金融市场中套利交易会由于制度约束、信息约束和交易成本等诸多因素而受到极大的限制。现实中的套利交易不仅是有风险和成本,在一定情况下甚至会由于市场交易规则的约束而根本无法实施。

【课程思政教学实例】

案例材料:我国资本市场越来越有效

(1) 案例简介

2018年以来,我国金融市场开放政策连连落地。其中,资本市场动作频频,尤为引人注目。沪港通、深港通于2018年5月1日起每日交易额度扩大4倍;证券公司、基金管理公司、期货公司的外资持股比例上限放宽至51％,三年后不再设限;积极稳妥推进H股"全流通"试点;外国投资者参与A股交易范围将进一步放开。

<small>资料来源:中国证券网,中国资本市场改革开放脚步坚定,2018年7月27日。</small>

(2)案例的思政元素

①制度自信。通过对我国资本市场有效性逐渐增强历程的回顾,使学生能够理解我国在制定相关政策时,始终从客观实际出发,以金融推动经济发展为主要目标,增强学生的国家认同与制度自信。

②理性思考。随着事物的发展,相关监管政策也要及时做出调整,以便于事物更好更快发展,培养学生用发展的眼光看问题。

(3)教学手段

①讲授:在讲解有效市场假说的当代意义中引入案例,介绍政府对于提升我国资本市场有效性的具体举措,着重强调我国的制度优势对于资本市场健康、有序发展的重要保障作用。

②讨论:让学生具体讲讲为什么有效市场假说存在缺陷,但追求市场的有效性仍然是我国资本监管工作的重要内容。

③学习测评:结合当前科技发展形势,让学生思考进一步提升我国证券市场有效性的方法还有哪些,教师现场点评。

第三章 期望效用理论及其受到的挑战

专业教学目标

掌握期望效用理论的理论精髓,深入了解心理学实验的结果,认识到人们在不确定性决策过程中,并不按照期望效用理论中的优势性、恒定性和传递性原则来决策,从而理解期望效用理论的局限性。充分认识到,心理学实验过程是展示人类在金融决策时真实心理过程,其跳出了标准金融理论的框架,用行为金融学的方法和角度来研究金融问题。

【知识目标】

1. 了解期望效用理论及其假设。

2. 能够结合客观生活实际,详细论述确定性效应、同结果效应与同比率效应的具体内容。

3. 通过心理学实验,对期望效用理论中的假设前提进行推导,从而发现人类心理和行为过程对于期望效用理论的挑战。

【能力目标】

1. 讲述一个现实中具体案例,并指出它系统性地违背了期望效用理论的那些假设前提。

2. 论述在当下新冠肺炎疫情可能长期存在的情况下,普通人应该依照哪些具体步骤来做出相应的投资决策。

课程思政教学目标及实践

【育人目标】

1. 政治认同 通过讲授和分析期望效用理论的相关内容,让学生了解到单纯为自身的物质回报而奋斗是极为片面的,人获取心理满足的方式多种多样,进而强调引出习近平总书记讲的"世界上最大的幸福莫过于为人民幸福而奋斗"这一内容,认识到中国特色社会主义建设的目的是实现人民福祉,共同富裕是中国共产党向中国人民兑现的历史承诺,提升学生的政治认同。

2. 深度学习 本章内容涉及大量心理学实验,要求学生通过线上慕课学习了解相关知识点,养成良好的学习习惯,掌握适合自身的学习方法;自主学习,具有终身学习的意识和能力等,实现深度学习的目标。

【教学方式与方法】

1. 课前预习:充分借鉴学习强国《行为经济学》线上精品课程资源,了解期望效用理论的发展历程、基本内涵以及其所受到的挑战。

2. 课堂讲授:通过课堂实验导入,引发学生对于期望效用理论内涵的思考;进而运用相关数理模型对预期效用函数进行推导,向学生表明该理论具有强大的数理基础支撑;最后讲解该理论在现实生活中所遭到的质疑,结合思政案例,使学生了解幸福并不是效用的简单叠加,投资者不能简单将获取经济收益作为自身最终的奋斗目标,应像习近平总书记那样,追求人民的幸福。

3. 课堂讨论:要求学生就预期效用理论相关内容举出现实生活中的事例,并进行讨论,老师总结。

【课程思政教学实例】

案例材料:习近平总书记的"奋斗幸福观"

(1)案例简介

习近平主席在多个场合强调"幸福都是奋斗出来的""奋斗本身就是一种幸福""新时代是奋斗者的时代"。在2022年的春节团拜会上,总书记更是强调"世界上最大的幸福莫过于为人民幸福而奋斗"。可以说,这是习近平主席的"奋斗幸福观"。是习近平新时代中国特色社会主义思想最简明最通俗的表达形式,是对广大人民群众参与民族复兴大业、实现中国梦最有力的动员。在奋斗中谋幸福,是"奋斗幸福观"的逻辑支点和理论核心。

<small>资料来源:学习强国平台相关资料整理。</small>

(2)案例的思政元素

①家国情怀。引导学生认识到单纯为自身的收入提升而奋斗的人生是极为苍白的,并且基于课堂上所学的相关内容,人的偏好也会随着时间、环境的不同而变化,不可盲目追求"物质利益最大化"。作为新时代的大学生,要更加积极地为了人民的幸福而奋斗。

②政治认同。引导学生运用所学理论,对于"世界上最大的幸福莫过于为人民幸福而奋斗"进行深刻理解,通过深入思考,真正从内心深处认同这一观点,并为自身将来的就业选择指明方向。

(3)教学手段

①讲授:在讲解"预期效用最大化"时引出该案例,让学生认识到在追求效用最大化时,必须与人民群众的利益相一致,为一己私利而让国家、社会蒙受损失,是可耻的。作为新时代大学生,要树立为人民谋福祉的思想意识。

②讨论:让学生具体讲讲,为什么说当个人利益与人民大众利益相一致时,能够获得最大的幸福感,引导学生对思政内容有更深层次理解。

③学习测评:就当前在校大学生如何运用自身所学知识发挥积极作用,在丰富自己的同时为人民多做好事,提高民众幸福感进行讨论,教师点评。

第四章 前景理论

专业教学目标

通过金融市场交易中出现的异象,提出前景理论是在承认决策者"非理性"下对于效用理论的改进与替代。了解人类风险决策过程的前景理论中价值函数的引进以及对传统价值函数的挑战分析。运用不确定性决策中出现的心理账户和决策权重函数,对前景理论进行分析和理解。

【知识目标】

1. 运用前景理论对金融市场中的交易行为进行解释。
2. 运用行为金融学相关理论分析个人风险决策过程。

【能力目标】

1. 结合实例,要求学生运用前景理论解释证券市场中的处置效应。
2. 培养学生试用前景理论解释现实生活中的某一现象。

课程思政教学目标及实践

【育人目标】

1. 理性思维了解前景理论 对于人们风险态度的影响,并据此来分析自己的日常行为,尤其是当客观现实与自身期望不一致时,如何避免出现不理智的过激行为。

2. 深度学习 前景理论表明人的风险态度会随着心态的变化而变化,这与很多同学之前对于人的风险偏好认识不一致。因此应鼓励学生加强对于前景理论相关学术前沿内容的理解,培养持续学习的良好习惯。

【教学方式与方法】

1. 自主学习:课前推送学习强国 App 相关资料,线上学习前景理论相应专业知识点,线下自主阅读文献资料。

2. 课堂讲授：结合现实生活中相关案例讲授前景理论的发展历史和演进，以及近些年来的发展趋势，尤其是在讲到个人决策过程时，注意运用课堂实验来加强学生理解。

3. 小组讨论：学生展示根据前景理论相关内容整理分析，小组讨论，进一步加深相关内容理解。

【课程思政教学实例】

案例材料：习近平：坚持久久为功

(1) 案例简介

党的十八大以来，习近平总书记多次重要讲话中，反复强调这个词——久久为功。久久为功，中国共产党永远保持谦虚、谨慎、不骄、不躁的作风，永远保持艰苦奋斗的作风，勇于变革、勇于创新，永不僵化、永不停滞，在这场历史性考试中经受考验，努力向历史、向人民交出新的更加优异的答卷！

资料来源：学习强国相关内容整理。

(2) 案例的思政元素

①政治认同。前景理论表明，当现实和人的预期差距相对较大时，人往往会急躁、不理智，做出一些冲动的行为。而中国共产党能够按照客观规律，一步一个脚印，久久为功，永不停滞，一心一意将宏伟蓝图变为现实，最终达到自己的目标。

②道路自信。在中国共产党的领导下，我国各项事业都按照其自身发展规律稳步发展，未来的国家一定能够更加繁荣昌盛，伟大的中国梦一定能够实现。

(3) 教学手段

①讲授：在讲解"价值函数"时引出该案例。引导学生意识到，个人的风险偏好会随着客观实际情况的变化而变化，风险规避和风险追求之间往往就是一线之隔。进而强调中国共产党做事情不追求一蹴而就，盲目冒进，而是久久为功，积小胜为大胜。

②讨论：习近平总书记强调的"久久为功"，对于学生在学习、生活中的影响。

③学习测评：让学生结合前景理论进行讨论，教师进行点评。

第五章 判断和决策中的认知偏差

专业教学目标

掌握人类在决策过程中呈现的启发式偏差、框定偏差等认知偏差的概念与表现。理解人类认知偏差在金融投资决策中的行为表现。了解人类认知偏差的心理学机理。

【知识目标】

1. 学生掌握认知心理学的相关基本内容。
2. 了解框定偏差、锚定效应、首因效应等内容。
3. 了解有效性幻觉、关联幻觉、货币幻觉等内容。

【能力目标】

1. 能够从心理学角度分析在决策过程中为什么不能依据自身的"印象"来简单决策。
2. 运用实际事例解释人们遇到问题时的"降维"思路容易产生哪些问题。
3. 从认知心理学角度深层次理解为什么人的理性是有限的。

课程思政教学目标及实践

【育人目标】

1. 家国情怀　通过对我国古代典籍中关于听人劝告、不可独断专行等内容的回顾，了解中国古人早在几千年前就认识到认知偏差可能带来的负面影响，并将相应应对措施进行总结，以传后世。进而提高学生的民族自豪感。

2. 深度学习　引导学生对日常生活中的认知行为进行深入认识和思考，提升有效获取、评估、鉴别和使用信息的能力，培养学生自主学习和终身学习的意识和能力。

【教学方式与方法】

1. 课前预习：线上学习学习强国 App 中的相关知识点，结合客观生活实例，对认知偏差的发现、论证以及当前理论界的最新研究进展有一定程度了解。

2. 课堂讲授:运用案例引导学生对认知偏差产生直观认识,进而从心理学的角度分析其认知偏差,引导学生结合身边典型事例进行分析和思考,梳理相关特点,注意运用教材中的相关实验对学生进行启发。

3. 小组讨论:让学生结合校园生活场景提出认知偏差的具体表现,旨在强调认知偏差存在的普遍性,教师对讨论结果进行点评。

【课程思政教学实例】

案例材料:张居正的"谋在于众"思想

(1)案例简介

推行"一条鞭法"的明代首辅张居正,在我国金融史上具有重要地位。"天下之事,虑之贵详,行之贵力,谋在于众,断在于独。"出自他的《陈六事疏》,是张居正政治理念的最重要体现。他主张对于包括财政、货币等国家重要政策的制定,应当在充分考虑群臣的意见基础上,最终做出决断。

资料来源:根据网络公开资料搜集整理。

(2)案例的思政元素

①文化自信。我国古代关于"谋于众"的思想源远流长,在很多点集中均有体现,这也是保障中华民族能够五千年来屹立于世界东方的一个重要原因,是民族的"传家宝",同学们应当将这一美德传承并发扬光大。

②科学精神。引导学生们思考"谋在于众,断在于独"其中所蕴含的辩证思想,既不能过于独断,也不能过于依赖别人的看法,并将其用之于指导自身的日常行为。

(3)教学手段

①讲授:介绍"认知偏差的修订"相关内容时引出该案例。结合万历时我国的经济、军事形势来讨论"谋在于众"观点在张居正一生轨迹中的体现,通过案例引导学生认识到在日常的工作、学习和投资行为中,个人认知偏差修订的重要性。

②讨论:让学生结合认知偏差修订相关内容,讨论修订过程中所存在的认识、偏好方面的相关阻力,以及克服阻力的具体措施。

③点评:教师根据学生归纳总结的不同阻力,以及具体解决措施的实际可操作性等内容进行点评。

第六章 决策中的心理偏差与偏好

专业教学目标

掌握人类在决策过程中出现的心理账户、证实偏差、从众行为和时间偏好等认知偏差的概念与表现。运用所学知识分析上述内容在金融投资决策中的具体表现形式,了解人类认知偏差的心理学机理。

【知识目标】

1. 掌握后悔厌恶理论的三个核心定理。
2. 能够根据实际案例,指出后悔厌恶和损失厌恶在心理层面的相通点。
3. 从心理学理论出发,对于事后聪明、心理偏差等内容具有较为深刻的认识。

【能力目标】

1. 培养学生能够利用所学知识,分析和解释日常投资行为中的心理偏差现象。
2. 培养学生从思辨和探索角度,分析心理偏差在日常生活中可能造成的负面作用。

【育人目标】

1. 政治认同　在讲授过度自信的内容时,中国共产党在百年的发展历程中,多次提出要防止盲目自信,一切从客观实际出发,实事求是。这也是我们党能够历经百年风雨而依旧青春的主要原因之一。通过这一内容的讲授,使学生更加深化对党的认识,加强政治认同。

2. 科学精神　培养学生求真精神和理性思维,能够基于课堂所学的知识,对日常生活中的心理偏差现象做出合理解释;对于过度自信等内容,能够从更高、更深的视角去了解和认识。

【教学方式与方法】

1. 课前预习:自主查找收集相关文献资料,搜集整理近年来学术界关于心理偏差与偏好的相关理论研究前沿,并进行分类。

2. 课堂讲授:讲授心理偏差与偏好的主要内容,重点讲授过度自信、损失厌恶、模糊厌恶的相关内容,注重在课堂上开展相关实验,引导学生积极参与,以期能够启发学生对于心理偏差与认知偏差相关内容之间的联系和区别进行思考。

3. 课堂讨论:引导学生们结合客观事例,讨论课堂上所学的内容,将讨论结果与全班分享。

【课程思政教学实例】

案例材料:习近平总书记强调"满招损,谦受益"

(1)案例简介

中国共产党历来保持谦虚谨慎的工作作风,在最大程度上防止过度自信的危害。2012年12月5日,习近平总书记同在华工作的外国专家代表亲切座谈。在听取专家们发言后,习近平发表讲话。他在讲话中指出,"满招损,谦受益。"中国已经取得举世瞩目的发展成就,但我国仍是一个发展中国家……我们既不妄自菲薄,也不妄自尊大,更加注重学习吸收世界各国人民创造的优秀文明成果,同世界各国相互借鉴、取长补短。

资料来源:学习强国相关内容整理。

(2)案例的思政元素

①政治认同。通过案例的讲解,强调中国共产党人的谦虚谨慎作风,加强学生对党的认识,进而提升政治认同感。

②广阔视野。结合案例中的"更加注重学习吸收世界各国人民创造的优秀文明成果,同世界各国相互借鉴、取长补短。"教育学生要有开阔的视野,对于世界各国的优秀文化遗产加以了解,形成正确、全面的世界观。

(3)教学手段

①讲授:在讲解"过度自信"相关内容时引入该案例。让学生认识到,谦虚谨慎的行事风格是中国共产党的优良作风,作为大学生应在日常学习、生活中时刻注意自身所产生的骄傲自满情绪,这对自己的人生大有裨益。

②讨论:让学生结合中国共产党发展历程中的典型事例,进一步论证"满招损,谦受益"对于我党发展壮大的重要促进作用。

③点评:教师根据学生的课堂展示效果,以及与本章相关内容的结合程度来进行点评。

第七章 金融市场中的个人投资者行为

专业教学目标

通过本章的学习,要求学生掌握金融市场交易中个人投资者出现心理和行为偏差,并用心理学的相关知识进行解释和分析。能够运用所学知识分析人类在不确定性条件下的心理和行为偏差,意识到这些行为对金融市场的交易产生了实际影响,而这些交易的结果导致了金融市场的异象,进而对标准金融理论提出了挑战。认识到人类在金融交易中的非理性行为可能是金融市场波动的一种最重要的因素。

【知识目标】

1. 运用所学理论分析个人投资者的投资表现。
2. 掌握过度交易、注意力驱动交易、情绪驱动交易等概念的内涵。

【能力目标】

1. 能够举出实际事例,论证投资组合的不充分分散在现实中的表现。
2. 结合上一章内容,从理论深度探讨在实际投资行为中,过度自信与过度交易之间的联系。
3. 结合客观实际案例,运用所学理论分析情绪驱动交易所产生的原因,以及在现实生活中如何最大程度避免。

课程思政教学目标及实践

【育人目标】

1. 政治认同 通过讲授相关案例,让学生直观感受到政府相关职能部门对于散布相关不实信息,引导投资者过度交易行为的管控,是为了让其健康运行,防止投机行为出现,保护广大股民的利益,坚决不允许一些机构联合起来,扰乱资本市场,利用股价虚高来获取自己的利益,让普通股民承担损失。

2. 科学精神　通过对情绪驱动交易等个人投资行为相关事例的讲解,让学生认识到在投资过程中投资者有可能没有意识到的一些偏差行为,培养学生理性思考的能力,并将之用于指导日常生活中的客观实践。

【教学方式与方法】

1. 自主学习:课前推送学习强国 App 相关资料,线上学习本章相应专业知识点,注重结合前两章内容,针对个人投资行为进行深度思考。

2. 课堂讲授:通过开展教材中的相关实验,帮助学生了解人类在金融决策中所出现的个体的心理和行为偏差。进而运用心理学的相关知识,结合前几章所学的内容,分析分析和解释这些偏差。需要强调的是,应注意运用课堂实验来加强学生理解。

3. 让有投资经验的学生结合本章学习内容,谈谈投资过程中的个人感受。

【课程思政教学实例】

案例材料:加大造谣煽动市场情绪行为处罚力度

(1)案例简介

2019 年 1 月,国家网信办发布《金融信息服务管理规定》(以下简称《规定》),围绕金融信息服务制定了一系列规范。要求金融信息服务提供者不得制作、复制、发布、传播含有下列内容的信息:散布虚假金融信息,危害国家金融安全以及社会稳定的;歪曲国家财政货币政策、金融管理政策,扰乱经济秩序、损害国家利益的法律、法规和规章禁止的其他内容。

资料来源:光明网:对造谣煽动市场情绪行为加大处罚力度,2019 年 1 月 23 日。

(2)案例的思政元素

①政治认同。相关部门十分重视资本市场的良好发展,全心全意为人民服务,对于资本市场当中出现的恶意煽动情绪这一在有些国家不被认定为市场操控的行为,政府也会大力打击,积极维护股民利益。

②深入学习。国家出台相应规章制度,防止恶意煽动市场情绪行为,足见情绪对于人的行为影响之深远。而情绪控制,也是大学生日常学习的重要本领之一,引导学生思考在网络时代,如何保持情绪稳定,并在课堂上进行讨论。

(3)教学手段

①讲授:在讲解"羊群效应"时引出该案例。让学生认识到,通过制造市场恐慌来影响投资者心态,进而引发羊群效应是一些西方无良投机者的惯用伎俩。我国政府出于维护金融市场稳定、维护广大股民财产的考虑,正本清源,积极打击造谣行为,这样的做法是必要的,体现着我国的制度优势。

②讨论:对国内外资本市场进行比较,帮助学生认识到我国政府加大造谣煽动市场情绪行为处罚力度这一行为是符合我国国情、推动我国资本市场健康发展的必要举措。

③点评:教师根据学生的论述效果,以及与本章内容的结合程度进行点评,帮助学生活学活用。

第八章　金融市场的股票收益率异象

专业教学目标

本章从证券交易实务着手,主要针对证券中存在的异象进行分析和讲解,应掌握证券市场异象与标准金融市场反应之间的差异。理解证券市场异象与人类心理和行为之间的关系。了解证券市场异象产生的基本心理学原因。

【知识目标】

1. 能够熟练掌握股票溢价之谜的传统解释和行为金融解释,并比较二者之间的异同。

2. 结合实例分析封闭式基金折价之谜的原因。

3. 对于动量效应、反转效应以及日历效应有相应了解,并提出自己的解释。

【能力目标】

1. 能够结合实际案例,分析我国资本市场有哪些典型的异象。

2. 结合新冠肺炎疫情发生以来我国资本市场案例,运用行为金融学相关理论,分析动量效应和反转效应产生的根源。

【育人目标】

1. 政治认同　结合相关事例讲授封闭式基金折价之谜,让学生了解这其中不仅有投资者的心理作用,在一些国家也有许多无良券商的恶意宣传。进而梳理我国基金行业监管的发展历程,了解在基金行业发展的不同阶段,我国金融监管部门所做出的调整和布局,最大限度减少无良券商对基金价格的影响,培养学生的国家认同感和制度认同感。

2. 深度学习　要求学生结合相应事例,运用课堂所学到的理论分析我国资本市场上所发生的各种异象,并借鉴在网络上所收集到的相关观点,来做出解释。树立在复杂环境中发现问题、解决问题的思维方式,培养学生制定解决方案的能力。

【教学方式与方法】

1. 自主学习:自主查找收集相关文献资料,学习证券市场中的异象相关研究前沿动态。

2. 课堂讲授:综合运用近十年来我国资本市场的相关典型案例,结合教材内容,对学生进行具体讲授。对于封闭式基金价格变动等内容,注意从外部环境和投资者情绪两面讲解,使课堂讲授内容与客观实际之间的差距进一步缩小。

3. 深度讲解:结合教材相关案例,让学生对于市场异象有直观了解,进一步认识到投资理论与投资实践之间的差距。

【课程思政教学实例】

案例材料:我国私募股权投资基金监管越来越有序

(1) 案例简介

近20年来,我国私募股权投资基金监管大体走过多头管理、统一监管、行政监管和协会自律相结合的常态化监管三个阶段。从最初的十部委联合监管走向证监会和基金业协会共同监管,职责越来越清、效率越来越高、行业发展越来越好。

资料来源:根据网络公开资料搜集整理。

(2) 案例的思政元素

①政治认同。通过对私募基金业监管发展的回顾,认识到政府基金业监管的出发点是帮助行业更好更快发展,并且是伴随着行业的不断壮大,监管越来越有序,树立学生的政治认同。

②道路自信。鉴于金融行业的特殊性,相关行业在发展时不能像一些西方国家那样,政府监管缺位,放任野蛮生长。与西方一些国家不同,伴随着行业的发展,我国的监管制度也在不断地进步,切实保障私募行业的平稳有序发展,为经济发展带来显著的促进作用。

(3) 教学手段

①讲授:在讲解"封闭式基金折价之谜"时引出该案例。通过案例学习,让学生了解到我国基金行业的发展离不开政府和基金业协会的共同监管,认识到包括封闭式基金折价等现象尽管能够通过相关理论进行解释,但在现实生活中也会有一些无良机构推波助澜,从中牟利。相关监管制度的出台和实施,很有必要。

②讨论:运用行为学、心理学相关理论,试从文化心理角度论证我国政府及相关社会组织加强包括基金在内的很多金融业务监管力度的必要性。

③点评:根据学生现场表述效果及论述的完备性进行点评,重点考虑与金融市场的股票收益率异象相关内容的把握和理解程度。

第九章　金融市场中的群体行为与金融泡沫

专业教学目标

通过介绍国内外金融市场的泡沫形成过程,分析投资者的交易行为与金融泡沫之间的关系;通过理论分析和金融市场交易案例,分析人类在金融决策中所出现的群体心理和行为特征和产生的偏差。掌握金融市场交易中投资者群体心理和行为偏差的表现,理解投资者群体心理和行为偏差的心理学过程,了解投资者群体心理和行为偏差与金融市场泡沫的关系。

【知识目标】

1. 对于历史上一些经典的金融领域泡沫有自身的认识。
2. 了解在金融泡沫中市场机制与制度缺陷的推动作用。
3. 了解社会大环境对于金融泡沫的刺激作用。

【能力目标】

1. 提高学生理论联系实际的能力，培养学生较强的金融泡沫相关问题解读能力。
2. 提高学生独立思考的能力，分析庞氏骗局及其变种。

课程思政教学目标及实践

【育人目标】

1. 政治认同　任何时候国家都不会放任金融泡沫不管，会积极保护普通群众的利益，共产党维护国家和社会平稳发展的意志永远不会动摇。
2. 人类命运共同体　目前金融已经将全球联系为一个整体，一旦发生金融危机，最好的解决办法就是共渡难关，以邻为壑的风险转嫁模式，只能适得其反，最终将没有赢家。

【教学方式与方法】

1. 自主学习：运用学习强国等平台，了解人类历史上的重要股灾发生的历史背景、进程以及最终影响。结合教材相关内容，分析金融泡沫产生的经济、社会基础。
2. 课堂讲授：运用相关案例，讲授金融泡沫的产生路径，分析投资者心理过程及资产定价对于金融泡沫产生的影响机理，结合思政内容，探究去除资本市场泡沫的有效路径，注意结合经典案例突出重点难点与思政元素。
3. 课堂讨论：结合相关事例，思考人工 AI 的推广对于金融泡沫所产生的抑制作用。

【课程思政教学实例】

案例材料：证监会"组合拳"力促 A 股去泡沫化

(1) 案例简介

2012 年，证监会和沪深交易所推出了包括新股发行制度、主板退市制度和降低交易费用的一系列证券市场改革"组合拳"。此举意味着证监会正在重新调整证券市场的功能定位，并致力于在制度上夯实 A 股价值投资的基础，会抑制 A 股中垃圾股和新股炒作，并促使其价格加速去泡沫化。

资料来源：经济参考报，证监会"组合拳"力促 A 股去泡沫化，2012 年 5 月 2 日。

(2) 案例的思政元素

①政治认同。我国政府打击资本市场投机行为力度相较其他国家更大，这表明相较于资本市场所谓的活力，帮助大企业通过资本市场融资等内容，政府更为重视的是保持市场稳定，维护股民利益。党的心中，时时装着人民群众。

②道路自信。一些西方学者鼓吹"市场万能论"，强调市场尤其是资本市场政府应该管得越少越好，并以政府管控力度来评价该国市场是否为"自由市场"。作为新时代大学生应自觉抵制这种提法。

(3) 教学手段

①讲授：在讲授"金融泡沫社会因素"时引入此案例，论述证监会去泡沫化相关措施的必要性和针对性，同时强调利用市场泡沫进行投机对于实体经济的危害，帮助学生树立正确的金融观。

②讨论：结合新冠肺炎疫情防控、国际局势变幻等客观现实，以及科技发展的最新动态，讨论稳定资本市场，去除市场泡沫的有效路径。

③点评：根据学生的现场表现情况和所提对策与我国国情结合的紧密程度来进行点评和总结。

第十章　行为公司金融

专业教学目标

掌握传统标准格式金融理论的缺陷和投资者非理性、经理人的过度自信、损失厌恶等偏差对公司对财务行为的影响。理解经理人和投资者的其他非理性行为对公司财务行为的影响了解行为公司金融理论在实践中的意义。

【知识目标】

1. 了解市场非有效性对于公司投融资行为的影响。
2. 了解公司股利分配的行为特征。

【能力目标】

1. 培养学生将人类的心理和行为偏差引入到公司金融中,从而理解经理人的偏差与公司非理性财务行为之间的关系
2. 试着结合实例,分析公司行为的非理性化对于企业和行业的影响。

课程思政教学目标及实践

【育人目标】

1. 政治认同　通过案例的讲解,让学生了解到我国企业也会为了国家利益来放弃企业利益,在股市不稳的时候积极护盘,与投机者作斗争。这样的企业只能存在于以人民利益为核心的国家,进而增强学生的爱国情怀。
2. 理性思维　让学生认识到,在企业利益和国家稳定二者间,千万不能短视,不能只看一时的企业收益,有时候为了国家稳定也要放弃短时的收益,培养学生的辩证思维。

【教学方式与方法】

1. 自主学习:要求学生结合金融学、公司金融等相关学科内容,对经理人非理性和投资者非理性对公司融资和投资的影响等相关内容有所了解,并分析本章内容与之前《公司金融》课程中类似内容的区别与联系。
2. 课堂讲授:结合相关案例,指出 MM 理论、股利政策无关论等传统公司金融重要理论的缺陷,强调行为公司金融之所以产生,是因为传统行为金融理论无法对客观实践进行解释和指导,进而讲解融资、投资决策的行为因素,最后讲解并购、股利分配过程中的行为因素。
3. 课堂讨论:结合具体事例,分析公司在进行投融资时如何将企业利益与促进社会发展结合起来。

【课程思政教学实例】

案例材料:两桶油护盘

(1) 案例简介

在近十年的资本市场波动中,中石油、中石化时常为了资本市场的稳定,逆市场下跌大势而行,通过一系列操作使公司市值牢牢稳定在一定区间,体现了企业的担当,为资本市场的稳定做出突出贡献。

(2) 案例的思政元素

①政治认同。让学生了解到在市场不稳时,我国企业也会挺身而出,与投机者作斗争。这得益于我国制度的优越性,进而增强学生的爱国情怀。

②社会责任。以两桶油勇于承担社会责任,积极维护资本市场稳定为例,加强学生服务社会责任和担当意识。

(3) 教学手段

①讲授:在讲解"融资决策中的行为因素"中引入此案例,论述"两桶油"护盘的决策出发点,将政治认同、社会责任等思政元素与本章专业知识相结合。

②讨论:要求学生论述只有企业利益和国家利益相一致时,才能够获得最大的利益,注意从我国社会主义国家性质入手,真正让学生从心理认同。

③点评:根据学生结合本章内容程度和观点论述的逻辑完备性进行现场点评。

第十一章　行为投资策略与管理

专业教学目标

通过本章教学,使学生掌握技术分析和价值分析中的心理和行为偏差,以及行为投资策略中可以利用的其他投资者的偏差和需要规避的自身偏差;理解人类投资中心理和行为偏差消除的方法;了解行为投资策略的运用。

【知识目标】
1. 掌握基本面分析与技术分析的不同思维逻辑。
2. 制定投资策略时应注意的相关因素。

【能力目标】
1. 结合实例,说明在选择投资对象时如何将基本面分析与技术分析结合起来。
2. 结合实际,试着制定利用市场非有效性的具体策略。

课程思政教学目标及实践

【育人目标】
1. 时代担当　使学生了解到作为新时代的大学生,在选择投资股票时,不能仅仅关注资本回报率,应注重与国家大政方针相结合,为我国科技进步尽一份力量。
2. 深度学习　让学生学会运用之前所学的理论制定符合自身习惯的投资策略,这需要建立在大量阅读相关文献的基础上。

【教学方式与方法】
1. 自主学习:引导学生通过课外阅读、网络资源等,了解历史上很多著名投资者的投资策略、经典投资案例,试着将本章内容融入这些素材中。
2. 课堂讲授:本章是本门课程重要的实际操作章节,在课堂讲授中,首先介绍在技术分析、基本分析中可能存在的偏差,进而介绍行为投资策略类型,最后结合前两部分内容讲授行为投资策略在实践中的应用。应注意学生对相关内容的把握和理解程度,对于一些较难理解的内容,应结合客观事例与学生讨论,提升学生的学习效果。
3. 课堂展示与讨论:学生展示收集到的相关投资案例,结合本章内容进行小组讨论。

【课程思政教学实例】
案例材料:资本市场助力"中国芯"发展
(1)案例简介
2019年,《上海证券交易所科创板企业上市推荐指引》发布,明确保荐机构应当准确把握科技创新的发展趋势,重点推荐领域的科技创新企业,主要包括半导体和集成电路、电子信息、下一代信息网络、人工智能、大数据、云计算、新兴软件、互联网、物联网和智能硬件等,这体现的是资本市场对于"硬科技"的支持。

资料来源:新浪财经,半导体领域遭遇瓶颈资本市场助力"中国芯"发展,2019年11月21日。

(2)案例的思政元素
①时代担当。资本市场能够为我国一些"卡脖子"领域的突破发挥较为明显的作用,尽管一开始这些企业的市盈率、市净率等数据不尽如人意,但作为新时代的大学生,在选择投资股票时,应注重与我国发展实际相结合,为我国科技进步尽一份力量。
②创新精神。学生应意识到创新是一个国家发展进步的重要支撑,在选择投资领域时,尽量兼顾个人收益和国家发展需求。

(3)教学手段
①讲授:在讲解"行为投资策略在实践中的运用"时引出该案例,分析与一些西方资本主义国家相比,我国资本市场对促进科技发展和科研成果转化的特殊作用,即不急功近利,只看眼前,而是尊重科学规律,真正助力科技发展。
②讨论:要求学生思考在我国资本市场开放程度越来越深的大背景下,如何将行为投资策略与促进科技进步更有效地结合起来
③点评:教师根据与本章内容的关联程度、所提政策的实际可操作性等特征进行现场评价。

第十二章　行为金融学发展的前沿动态

专业教学目标

本章主要介绍当前行为金融学发展的最新成果,让学生掌握当前行为金融学发展的几大前沿问题,以

及应用领域和研究方法的新拓展,并对未来的发展前景做出合理预期。

【知识目标】

1. 了解认知心理学研究手段的缺陷,以及如何影响行为金融学应用领域。
2. 目前行为金融学的研究方法有哪些拓展。

【能力目标】

1. 结合自身经验,分析科技进步对行为金融学目前存在缺陷的补充效力。
2. 对未来行为金融学发展方向做出预测。

课程思政教学目标及实践

【育人目标】

1. 科学精神　通过介绍行为金融学当前发展前沿,引导学生独立思考,系统、辩证地认识、分析这些前沿成果。
2. 深度学习　鼓励学生大量阅读相关文献,引导学生与时俱进追踪行为金融学的相关前沿及动态,培养学生自主学习能力。

【教学方式与方法】

1. 自主学习:结合学术论文、相关学术讲座内容了解行为金融学前沿内容。
2. 课堂讲授:讲授行为金融学前沿的主要内容,注意结合相关理念提出的时代背景和科技发展变化,让学生意识到行为金融学的创新是与现实情况紧密联系的,其实用性较之其他学科更强。
3. 课堂展示与讨论:学生对于所了解到的行为金融学前沿相关内容进行课堂展示,老师点评。

【课程思政教学实例】

案例材料:我国行为金融学研究现状的统计分析

(1)案例简介

尽管起步较晚,我国学者在行为金融领域的研究还是可圈可点。徐媛(2004)对个体投资者存在的非理性心理和行为进行了补充。苏玮等(2005)认为羊群行为的研究方法体现在两个方向:一是以股价分散度为指标,研究整个市场在大幅涨跌时是否存在羊群行为;二是以基金等特定类型的投资者为研究对象,通过分析它们的组合变动和交易信息来判断其是否存在羊群行为。侯成琪等(2006)从非理性行为、系统性偏离和有限套利三个方面对有效市场成立的假设进行了质疑。

资料来源:陈菊花等.我国行为金融学研究现状的统计分析[J].现代商业,2009(10)。

(2)案例的思政元素

①家国情怀。虽然我国行为金融学研究起步较晚,但仍然有大量学者积极投身其中,取得了很多令人瞩目的成果,增强学生的自豪感。

②深度学习。引导学生搜集上述学者的相关资料,进行相应案例分析,培养学生有效获取信息和自主学习的意识和能力。

(3)教学手段

①讲授:在讲解"行为金融学应用领域的拓展"时引入该案例,同时重点介绍一些我国学者在相关领域近些年取得的新成果,以及这些成果的产生背景、产生路径,强化学生自豪感。

②讨论:让学生就所学的内容中哪些会在未来持续成为理论热点进行讨论,并说明理由。

③点评:根据学生的现场讲解情况和所阐述的理由进行点评,尤其要注意与我国经济发展的现实需要相结合。

四、课程思政的教学评价

(一)对教师的评价

1.教学准备的评价

针对《行为金融学》课程每章内容,设计相应思政环节,并注意结合中国共产党的新政策、新精神对于原有思政环节和思政案例进行补充和完善,细化原有教学大纲、教学多媒体课件和教学教案,强化思政教学内容,在条件准备充足的情况下对现有教材进行相应补充。

2. 教学过程的评价

在课前预习、课堂讲授和课后总结等教学环节中,应主动融入思政教学内容,并注意融入的环节、方式以及时机,让学生真正理解每节课所教授的思政内容与该章节的关系,避免让学生产生"牵强附会"之感。注意与学生已经学过的思政课内容相联系,让学生加深印象,乐于接受。鼓励学生在课堂上主动举出相应思政案例,并进行讲解。

3. 教学结果的评价

依据教师讲解、学生理解、案例更新、文案契合等维度建立健全《行为金融学》课程思政评价体系,与平时的教学督导活动相结合,注重学生反馈结果,适时启动具有较强针对性的思政教学评价、奖项评比等工作。

4. 评价结果的运用

对于学生反馈、同行评议、随堂听课等环节所形成的相关意见,教师应在日常教学中补充完善,依据评价、奖项评比等结果进一步细化有关内容。

(二)对学生的评价

1. 学习过程的评价

结合学生对于《行为金融学》课程进行当中相关思政内容的学习积极性、互动性和参与度,以及资料收集情况、课堂展示情况进行综合评价,尤其注重学生对于思政内容的体会和认识。

2. 学习效果的评价

根据学生是否真正"入脑入心",真正理解、掌握相关思政内容和思政知识,能否在学习、生活中自觉养成吸纳思政事物的习惯,以及根据自身材料收集情况所提出的相关思政案例进行评价。

3. 评价结果的运用

通过与学生进行一对一谈话、召开专题研讨活动等方式,让学生充分发表自身感想,对于思政学习效果显著的同学进行表扬,同时针对学生学习效果进行总结,持续改进。

五、课程思政的教学素材

序号	内　　容	形式
1	习近平总书记在全国金融工作会议上的重要讲话	阅读材料
2	习近平经济思想学习纲要	阅读材料
3	习近平经济思想的生动实践述评	阅读材料
4	习近平经济思想研究文集	阅读材料
5	践行习近平经济思想调研文集	阅读材料
6	学习强国 App《行为经济学》慕课	阅读材料
7	中华人民共和国证券法	政策法规
8	中华人民共和国公司法	政策法规
9	中华人民共和国证券投资基金法	政策法规
10	中华人民共和国商业银行法	政策法规
11	中国投资者的股票出售行为画像	阅读材料

《信用管理学》课程思政教学指南

王军生　宋长青　林琳

（西安财经大学）

一、课程简介与课程目标

(一)课程简介

《信用管理学》课程是金融学(信用管理方向)的基础理论课之一,本课程通过对信用管理基本理论问题的研究,探讨信用、信用管理在现代经济中的作用,并通过考察信用体系运行机制,解读信用管理的重要性及信用体系建设的必要性。通过本课程的教学,要求学生掌握信用管理的理论依据和各类信用管理的基本内涵和管理方法,了解各类信用的主要风险及其应对措施,了解信用管理机构、信用服务机构的具体业务范围和方式,社会征信体系建设的重要意义及其途径选择。通过本课程的学习,培养学生具有能运用这些基本理论知识来识别、阐明、分析、研究、探索当前信用主要问题,特别是我国在经济发展过程中出现、存在的实际问题的能力;具有能独立思考、正确处理这些问题的能力,以适应新形势下对人才厚基础、宽口径、高素质的培养要求。

本课程综合运用课堂讲授、启发式教学、分组讨论、案例分析及启发引导、实践教学等多种教学方法,对信用管理的内涵、功能、重要性以及行业发展、未来趋势等相关内容进行介绍,使学生了解信用在市场经济建设中的重要性;能比较全面、系统地掌握信用管理的基本理论和基础知识以及我国在该领域的具体实践;培养学生具有能运用信用管理基本理论识别、阐明、分析、探索与研究当前信用主要问题的能力;具备独立思考能力与正确的世界观、人生观、价值观,使学生在学习信用管理理论知识的同时增强道德素养和社会责任感,提高建设新时代中国特色社会主义的时代使命感。

(二)课程目标

本课程为专业必修课。通过本课程的学习,使学生能够达到以下目标:

1. 知识目标:通过课程学习,系统掌握信用管理学相关概念、基本理论与基本技能,了解我国社会信用体系的框架构成及建设意义,同时初步具有信用管理领域以及征信行业其他相关知识和技能,形成兼具道德伦理、人文素养、社会科学、自然科学、辩证哲学的均衡知识结构,具有在信用管理相关领域、征信行业、监督管理部门和其他行业服务机构内,较熟练进行客户资信管理、信用信息收集与整理、信用评级、信用风险转移以及利用数据库开发客户潜力的理论知识和业务能力。

2. 能力目标:具有主动获取知识的能力,掌握有效的学习方法以及养成终身学习的习惯;具有将理论知识应用于现实实践的能力,能够在企业以及个人信用管理相关领域、征信行业、监督管理部门等信用管理实践活动中灵活运用所掌握的专业知识;能够运用专业理论知识和现代经济学研究方法分析解决实际问题,具备批判精神和独立思考的能力;在熟练掌握基础知识和基本理论的基础上,培养初步的科学研究能力;具备一定的创新意识。

3. 育人目标:遵纪守法、热爱人民、心系祖国,以社会主义核心价值观为人生价值标准,具有家国情怀,拥有较高的人文素养和道德文明水准,坚守中国传统文化中诚实守信的传统美德。培养职业操守和职业道德,具备时代青年应该具备的社会责任感和人文关怀意识;具有良好的专业素养,熟悉国家有关社会信用体系建设的方针、政策和法律法规,了解国内外信用管理学科的发展动态;具有一定的科学知识与科学素养;身心健康,具有正确的世界观、人生观、价值观。

(三)课程教材和资料

➢ 推荐教材

吴晶妹．信用管理概论[M]．北京：中国人民大学出版社，2021．
➢ 参考教材或推荐书籍
1. 吴晶妹，韩家平．信用管理学[M]．北京：高等教育出版社，2015．
2. 刘澄，张峰，鲍新中，程翔，刘祥东．信用管理[M]．3版．北京：清华大学出版社，2020．
3. 洪玫．资信评级[M]．北京：中国人民大学出版社，2017．
4. 孙森．信用管理[M]．北京：中国金融出版社，2012．
➢ 学术刊物与学习资源
国内外经济金融类各类期刊。
学校图书馆提供的各种数字资源，特别是"中国知网"。
财政部网站、各省财政厅及行业协会网站、企业信用管理平台系统和省级征信机构网站。
➢ 推荐网站
中华人民共和国商务部网站：http://www.mofcom.gov.cn/．
国家发展和改革委员会网站：https://www.ndrc.gov.cn/?code=&state=123．
信用中国网站：https://www.creditchina.gov.cn/．

二、课程思政教学总体设计

(一)课程思政教学目标

以习近平新时代中国特色社会主义思想为指导，以"立大志、明大德、成大才、担大任"的青年人时代使命为前进方向，坚持知识传授与价值引领相结合，对新时代大学生进行社会主义核心价值观教育，为中国特色社会主义事业培养合格的建设者和可靠的接班人。运用学生感兴趣的"失信惩戒、守信激励""信用修复"机制的现实案例，引导大学生树立正确的人生观、价值观和世界观，全面提高大学生独立思考、判断是非的能力，使学生拥有时代青年应有的社会责任感和使命感，为国家培养身心健康、德才兼备、人格健全的复合型人才。

《信用管理》课程以信用经济理论知识为核心内容，学生可以掌握信用与信用管理的基本内涵和知识，重视信用风险管理、信用评级理论实践操作技能的培养，提升学生对征信行业、信用评级以及信用管理领域实践问题的分析能力和综合运用能力，使学生充分认识到信用是市场经济的前提和基础、"信以立身、信以前行"的深刻道理，自觉承担起应有的诚信担当和建设社会信用体系的使命。

本课程加入大量的中国改革开放过程中信用经济和信用管理的最新实践和发展进程，例如我国进入买方市场后企业销售模式的转变、我国社会信用体系的构建、企业客户管理的重要作用、征信行业的发展、资信评级业的现状与发展方向、金融危机与评级的关系以及信用风险有效转移等，通过在课程中大量融入中外现实案例和中国市场经济发展进程中的经验教训，启发式引导学生思考解决中国发展困境的有效途径，使学生认识到中国传统文化精髓中诚信为本的深刻含义，充分认识到社会主义制度的优越性，进而坚定"四个自信"，自觉做到"两个维护"。本课程将专业知识和思政理念有机融合，以"润物细无声"的方式在理论知识讲授中融会贯通中华民族伟大复兴，始终贯穿"立德树人"的教育理念。具体而言，本课程的思政教学目标涉及以下八个维度：政治认同、家国情怀、道德修养与职业伦理、法治意识与底线思维、文化素养、科学精神、时代担当、广阔视野。

1. 政治认同

《信用管理》课程以信用经济理论为核心，讲授过程中涉及大量中外信用管理实践经验的总结以及数次金融危机的事件经过，理解这些问题需要客观的态度和辩证的思维。通过总结国外信用管理的先进做法和经验教训，启发学生对中外经济、金融以及信用管理相关制度设计进行比较思考，使学生认识到社会主义制度有其独特的优越性以及坚持中国共产党领导的重要性，增强学生的制度自信和道路自信。

2. 家国情怀

我国信用管理行业发展一直处于较为滞后的状态，改革开放以后，在党和国家的正确领导和大力支持下，我国信用管理行业借助后发优势持续发展，不断向美国、欧洲、日本等信用管理行业较为发达的国家学习发展经验,找出找准现存差距、发展障碍以及发展途径。同时通过世界三大评级机构长期压低中国的主权评级等级、不断参股中国评级机构的事实案例,激发学生的爱国热情和家国情怀,使学生树立建立健全我国的社会信用体系,使信用管理行业尽快成长壮大,为中华民族伟大复兴而努力学习的理想目标。

3. 道德修养与职业伦理

本课程会涉及到大量信用管理从业职业道德的相关知识,特别是征信业务、评级业务的学习过程中,我们通过案例分析,让学生充分体会职业操守和职业道德在信用管理行业的重要性,自觉养成遵守职业道德和职业操守的习惯。世界三大评级机构之所以占据全球绝大多数的业务,重要原因之一就是一百多年来其真实、客观、公正的工作态度为其在全球范围内积攒的信誉度和认可度。当前在市场经济条件下,我国征信行业能否持续健康发展在很大程度上取决于从业人员的道德修养与职业伦理。信用管理从业人员的职业道德规范包括:真实、客观、公正、保密等。道德修养与职业伦理道德规范决定了个人在信用管理行业发展中的作用。通过本课程的知识讲解和案例解读,切实提高学生的道德修养,培养学生正向积极的职业观。

4. 法治意识

完善健全的法律法规是信用管理行业发展的前提和基础。本课程介绍了美国信用管理行业相关的法律、法规,内容涵盖《公平正义法》《隐私法》等。通过学习美国相关的法律法规,使学生认识到法律法规对于一国信用管理行业的发展发挥着基础性和决定性作用。没有法律法规的明确规定和严格约束,从信用管理最基础的数据公开到政府监管,将全部处于"无法可依、无规可循"的盲目状态,行业发展和社会功能更是无从谈起。通过课程学习,让学生牢固树立依法从业的意识和合规经营的底线思维,激励学生自发崇尚、遵守和捍卫法律。除此之外,我国信用管理相关法律法规尚属空白,本课程鼓励学生对当前法律法规的设计进行创新性探索,为我国信用管理相关法治建设贡献自己的力量。

5. 文化素养

信用管理课程从学科划分上属于经济学与社会学的交叉学科,这种学科属性决定了本课程蕴含大量社会规范、文化修养的相关内容,因此本课程的学习有助于学生文化素养的提高。文化素养,不可能一蹴而就,需要时间的沉淀积累和春风化雨地渗透教授。文化素养对人生发挥着三重境界:一是知识能力,二是品德修养,三是胸怀格局。对信用管理从业者而言,在多维度的文化中,最重要的文化特色是"诚信"。在社会信用体系的"社会诚信"中,不仅需要通过专业知识讲授使学生明白在全社会范围内普及诚信文化对信用管理行业发展的重要意义,教育学生身体力行从自我诚信做起,引导社会风气逐步向"崇尚真、善、美"转变,使中华优秀传统文化——诚信为本的精神真谛得以回归。

6. 科学精神

本课程虽属人文社会科学范畴,但同样注重学生科学精神的培养。科学精神是反映科学发展内在要求并体现在科学工作者身上的一种精神状态,如科学探索者的信念、勇气、意志、工作态度、理性思维等,内涵极为丰富,互相之间贯通性和可塑性很强。本课程中信用评级部分内容,通过向学生讲授信用评分模型的构建及应用,使学生明白信用管理工作必须遵循理性思维,信用评级的等级结果不仅停留在主观上的定性分析,而是深入调查、数据分析获得的客观的定量分析。课程通过计量分析模型的构建及应用来培养学生客观、理性的思维方式和科学精神,鼓励学生对信用评级模型和技术进行探究,训练学生的创新思维、专注创新能力的培养。

7. 时代担当

"青年一代有理想、有本领、有担当,国家就有前途,民族就有希望"。习近平总书记用"人生的扣子从一开始就要扣好"的生动比喻,来形容青年养成正确价值观的重要性。在总书记看来,青年的价值取向决定了未来整个社会的价值取向,而青年又处在价值观形成和确立的时期,抓好这一时期的价值观养成十分重要。在教学中,一是介绍我国信用管理行业当前发展过程中的困难与不足,鼓励青年人"担负时代使命",肩负起我国信用管理行业发展的时代重任。二是结合习近平总书记的寄语"青年要自觉践行社会主义核心价值观",引导学生践行道德实践、善于明辨是非,扎实干事、踏实做人,勇挑时代重任,做新时代的弄潮儿。

8. 广阔视野

人类发展进步大潮滚滚向前,世界经济时有波折起伏,但各国走向开放、走向融合的大趋势没有改变。世界经济一体化发展是大势所趋。无论是中国传统文化中的"大道之行也,天下为公"还是习近平总书记提出的"人类命运共同体",都折射出世界各国相互依存、休戚与共的利益共同体、责任共同体、命运共同体关系。在新理念、新格局下,社会主义事业的建设发展、中华民族的伟大复兴都需要具有国际视野的高素质人才。本课程通过让学生了解发达国家信用管理行业发展的最新成就和发展趋势,特别是美国、欧洲、日本等不同模式社会信用体系模式的对比总结,开阔学生的眼界,培养学生的全球视野。

（二）课程思政的教学内容

《信用管理》课程的思政内容可以涉及以下几方面：

1. 中华民族的文化自信和社会主义建设的制度自信

中华文明源远流长,早在孔孟时期中华民族就具有崇尚"诚信"的社会风气。"言而有信""言必行,行必果"等文化名言至今依旧在全社会广泛流传。从中国传统文化的角度,"无信则人危、无法则国乱",诚信是立身之本、是治国之基。从经济发展的角度,诚信是市场经济的前提和基础。从现代社会管理的视角看,信用管理是一种失信惩戒、守信激励的社会规范。信用管理通过宣传诚信的社会道德行为标准,提高人民的幸福感和安全感,使人民从传统文化中汲取思想力量,有助于市场经济和全社会的稳定健康发展。

专业教师在讲授时,要结合中国传统文化,使学生增强对中华民族思想精髓的文化自信。同时通过对数次世界性金融危机起因的总结反思,使学生了解明确共产党领导的社会主义制度的独特优越性,建立对社会主义道路的制度自信。

2. 道德修养和社会风气

《信用管理》课程通过大量取自中国传统文化和现实世界的案例,在潜移默化中使学生明白"诚信"是立身之本、治国之基,从而达到自发地将诚信的行为品格作为自己的行为标准和道德要求。个人是社会最基本的构成元素,青年人是我国社会主义事业的建设者。提高年轻人的个人素质和道德修养,形成个人诚信到企业诚信再到社会诚信的发展趋势,引导社会风气逐步向"崇尚真、善、美"转变,是我国社会信用体系建设的必经之路和根本途径。

3. 社会责任和家国情怀

当前,我国全社会范围内的诚信意识缺失已成为制约我国社会经济发展的瓶颈。学习发达国家先进经验,借助后发优势追赶式发展我国的信用管理行业是时代赋予每个金融专业大学生的社会责任。信用管理对区域经济的发展具有重要意义,更有助于社会福利和公民安全感、幸福感的提升,信用管理行业肩负着维护国家经济金融稳定以及社会和谐的社会责任。

专业教师教学中应将信用管理行业的社会责任嵌入专业知识讲授的全过程,将责任意识融入学生心灵。与此同时通过对比信用管理行业发达的国家,也使学生清醒地认识到我国信用管理行业发展一直处于较为滞后的状态,已成为我国下一阶段高质量发展的制约。同时通过世界三大评级机构长期压低中国的主权评级等级的事实案例,激发学生的家国情怀,立志于建立健全我国的社会信用体系、发展信用管理行业,使学习动力和人生目标有更高层次的追求。

4. 从业人员的职业规范和职业道德

信用管理从业人员的职业规范和职业道德是行业健康运行的基石。职业伦理和道德规范,从个人角度而言是个人在信用管理行业发展的前提和基础,从行业发展角度而言决定了我国信用管理行业能否健康发展以及业务的深度和广度,具有根本作用。在教学中每一章节都应当有职业道德教育,如真实、客观、公正、保密等,引导学生具有法治意识、正确的三观和积极的人生。

（三）课程思政设计思路

《信用管理》课程以信用经济理论知识为核心内容,通过课程学习使学生充分认识到信用是市场经济的前提和基础、"信以立身、信以前行"的深刻道理,自觉承担起应有的诚信担当和建设社会信用体系的使命。课程讲授过程中加入大量的中国改革开放过程中信用经济和信用管理的最新实践,例如我国进入买方市场后企业销售模式的转变、我国社会信用体系的构建、金融危机与评级的关系以及信用风险有效转移等,通过中外现实案例和中国市场经济发展进程中的经验教训,启发式引导学生思考解决中国发展困境的有效途径,使学生认识到中国传统文化精髓中诚信为本的深刻含义,充分认识到社会主义制度的优越性,进而坚定"四个自信",自觉做到"两个维护"。本课程将专业知识和思政理念有机融合,以"润物细无声"的方式在理论知识讲授中融会贯通中华民族伟大复兴,始终贯穿"立德树人"的教育理念。

(四)教学方法

本课程综合运用讲授、启发式教学、分组讨论、案例教学、诚信考场等多种教学方法,使学生具备信用管理专业的基本逻辑、基本理论和基本分析方法,具有运用信用管理专业知识分析现实问题的能力,具有国际视野,了解全球化环境下的信用管理行业发展,熟悉信用管理职业伦理和职业道德标准。

三、课程各章节的课程思政教学内容设计

第一章 信用与信用管理

专业教学目标

近年来,信用经济快速发展,信用在现代经济中的作用变得越来越重要。本章内容包括信用是怎么产生和发展的、信用的内涵是什么、信用属于经济范畴还是属于社会范畴、怎样对信用进行管理、信用管理与经济和社会的关系是什么。

【知识目标】

1. 通过介绍信用的产生与发展、信用的内涵与外延以及信用的分类与特征来帮助学生理解信用的本质、作用以及信用对经济社会发展的重要意义。

2. 学生认识信用管理,理解信用管理涵盖的众多领域,从金融授信的信用风险控制、商务贸易的客户信用风险管理到政府的日常监管;从资本市场信用评级、电商平台授信赊销到个人信用评分,几乎覆盖了市场的方方面面。

3. 学生理解信用管理的重要性,信用无时不在、无处不有,信用的产生和发展与社会的发展密不可分,社会制度的变迁、社会经济的前进都离不开信用。

【能力目标】

1. 培养学生将所学理论灵活应用于现实和具体案例。

2. 培养学生从思辨与探索的角度分析信用的内涵、信用的主体、信用的分类标准、信用的特征、信用管理的范畴及应用领域、加强信用管理对于社会指力的作用。

课程思政教学目标及实践

【育人目标】

1. 家国情怀 通过学习古今对信用的定义,正确地认识信用、发展信用、不断加强信用管理,才能促进中国社会经济朝着更快、更好的方向发展。

2. 人文素养 信用有社会交往的道德伦理和契约经济两方面的解释。因此,对于信用一词我们可以从社会学和经济学意义上加以阐释。

3. 广阔视野 只有正确地认识信用、发展信用、不断加强信用管理,才能促进中国社会经济朝着更快、更好的方向发展。信用管理与社会治理、经济发展息息相关。

【教学方式与方法】

1. 课堂讲授:讲授相关理论的主要观点或内容、政策启示与建议等。

2. 课堂展示与讨论:学生根据相关研究报告等,进行小组讨论,理解信用管理的内涵。

3. 自主学习:学生自行阅读文献资料进一步深入学习。

【课程思政教学实例】

案例材料:学术诚信纳入全国信用信息共享平台(信用管理的重要性)

(1)案例简介

近些年,学术不端"丑闻"时有曝光,甚至一些过往的论文造假现象也被"挖"出。其原因在于,学术造假等不端行为的违规成本非常低。教育部、财政部将学位论文作假行为作为信用记录纳入全国信用信息共享平台,并且对学术造假的行为制定了惩戒措施。学者和教师一直是一个国家、一个民族的道德的最后底线。学术和学者腐败了,就会动摇这个社会的道德基础。中国古人认为,诚是真实、表里如一的品格,也

是做人的根本。如果说人文本质是"求善",艺术的本质是"求美",科学的本质便是"求真"。科研人员必须以严肃的态度对待学问,努力钻研,潜心塑造精品论著。同时建立规范的学术监督机构,加大处罚力度,实行"师德师风一票否决制",塑造中国学者良好的整体形象,为国家的创新发展创造良好的学术土壤。

资料来源:中华人民共和国教育部,国务院学位委员会,教育部:将学位论文作假行为作为信用记录纳入全国信用信息共享平台,2020-9-29。

(2)案例的思政元素

①家国情怀。学生通过案例了解只有正确地认识信用、发展信用、不断加强信用管理,才能促进中国社会经济朝着更快、更好的方向发展。

②广阔视野。培养学生良好的整体形象,为国家的创新发展向国际靠拢创造良好的学术土壤。

(3)教学手段

①讲授:通过理论知识讲授,让学生了解信用管理的本质。

②知识点+实事+思政——贯穿融合:在知识点"信用管理的重要性"中引入古今社会事实,将法律意识和道德修养等思政元素与专业知识相结合,增强学生的学术道德与学术规范。

③课后讨论:结合课堂讲授的理论知识与实际案例,学生讨论与总结对信用管理的理解。

第二章 企业信用管理

专业教学目标

本章将主要介绍企业信用管理的范围与功能以及企业信用管理的内容,并对企业信用管理流程、企业信用管理岗位设置与考核、电子商务和供应链的信用管理等方面进行系统阐述。

【知识目标】

1. 学生了解企业信用管理的范畴与功能。
2. 学生了解企业信用管理的主要内容。
3. 学生了解企业信用管理流程。
4. 学生了解企业管理岗位设置与考核。
5. 学生了解电子商务和供应链金融的信用管理。

【能力目标】

1. 培养学生将所学理论灵活应用于现实和具体案例。
2. 培养学生从思辨与探索的角度理解企业信用管理的主要内容、企业信用管理是如何影响我们的商业环境,以及电子商务时代要如何应用与优化企业的信用管理。

课程思政教学目标及实践

【育人目标】

1. 人文素养 引入企业信用管理与信用销售相关知识,可以使企业在不断扩张信用以扩大市场份额,同时最大限度地减少坏账损失以降低成本,提高盈利,不断颠覆创新、以兴邦利民为己任的大国工匠精神。
2. 道德修养与职业伦理 企业应当在发展自身的同时,也要对社会提供信用证明。
3. 时代担当 在当今社会下,企业应在提高盈利的同时,提供信用销售服务。
4. 法治意识 随着社会的发展,会产生越来越多的风险,应学习如何规避相应风险。
5. 科学精神 如何合理规避风险,从而更好地发展经济,是学生应该学习掌握的。

【教学方式与方法】

1. 自主学习:线上学习相应慕课中的基础专业知识点,线下自主阅读文献资料,撰写阅读笔记或思维导图。
2. 课堂讲授:讲授相关理论的主要观点或内容、政策启示与建议等。
3. 诚信考场:课后学生通过诚信考场更加清楚地了解企业信用管理相关内容。

【课程思政教学实例】

案例材料:实施《电子商务法》、提升电商行业法治意识(电子商务的信用管理)

(1)案例简介

ALBB作为电子商务行业的龙头老大,旗下的"TB""TM"等平台每天的流量巨大,许多卖家都争相入驻平台。"诚信通"的刷单事件也反映了电商行业法治意识的缺失。市场经济是法治经济,要求所有参与市场交易的主体必须诚信守法。从某种角度看,刷单行为是对消费者的欺诈,涉嫌侵犯了消费者的知情权。为弘扬社会主义核心价值观,维护社会公共利益,法院会严厉打击网络刷单炒作信用的行为,以促进平台经济和共享经济依法健康发展。《电子商务法》的实施提升了电商行业的法治意识,保护了用户合法权益,为电商行业营造了风清气正的环境。

资料来源:法制日报,疯狂刷单戕害互联网诚信生态,2016-10-13。

(2)案例的思政元素

①法治意识。市场经济是法治经济,要求所有参与市场交易的主体必须诚信守法。从某种角度看,刷单行为是对消费者的欺诈,涉嫌侵犯了消费者的知情权。

②科学精神。为适应社会科技发展,应不断研究与探索信用管理相关法律法规,以适应新行业。

(3)教学手段

讲授——贯穿融合:在知识点"电子商务的信用管理"中引入古今理论与案例,将法治意识和社会主义核心价值观等思政元素与专业知识相结合,学生了解《电子商务法》的实施提升了电商行业的法治意识,保护了用户合法权益,为电商行业营造了风清气正的环境。

第三章 金融信用管理

专业教学目标

金融机构作为经营风险的专业机构,在经济活动和信用管理中具有重要地位。信用管理是金融机构最早出现和最核心的业务。近年来,随着我国信用经济的发展,信用交易的规模与范围不断扩大,银行、非银行金融机构以及各类新兴金融机构作为市场上重要的信用中介机构,面临的信用风险也在逐渐加大。

本章将主要从银行信用风险管理、互联网金融信用风险管理、其他金融机构信用风险管理、资本市场与证券交易信用风险管理几个方面进行系统阐述。

【知识目标】

1. 学生了解银行的信用管理。
2. 学生掌握互联网金融的信用管理。
3. 学生了解其他金融机构的信用管理。
4. 学生掌握资本市场与证券交易市场的信用管理。

【能力目标】

1. 培养学生将所学理论灵活应用于现实和具体的金融业信用管理问题。
2. 培养学生从思辨与探索的角度分析银行业面临的信用风险、互联网金融风险的产生、证券公司信用管理的重要意义、我国证券市场的信用管理制度。

课程思政教学目标及实践

【育人目标】

1. 家国情怀　银行目前仍是我国企业和居民融资的最重要渠道,在我国金融体系中占据十分重要的地位,关系着国家的金融安全和经济发展。银行的业务模式决定了银行聚集了大量的信用风险,良好的信用管理时银行盈利的重要保障。

2. 道德修养与职业伦理　任何职业都有伦理边界。优化中国特色社会主义政治文化环境,使社会主义的法治文化和社会文化深入人心,培养主管人员的平等意识。

3. 国际视野　投资银行、信托公司、保险公司等非银行金融机构的业务与商业银行信贷不同,但也面临着信用风险,需要对交易方、合作方进行信用管理。

4. 科学精神　创新意识是经济发展的第一动力,改革创新精神作为新时代中国精神的鲜亮底色。

5. 法治意识　一个比较发达、完善的证券市场会有一套比较完整的信用制度体系来使信息披露尽可能完整、真实,使信息评价尽可能专业、准确,并使这两个环节得到监督管理,以减少信息不对称,保证交易质量。

【教学方式与方法】

1. 课堂讲授:讲授相关理论的主要观点或内容、政策启示与建议等。

2. 课堂展示与讨论:学生展示根据教学素材整理分析的相关报告等,小组讨论。

【课程思政教学实例】

案例材料:"明星"银行 BS 银行破产案例(银行的信用管理)

(1)案例简介

2019年5月,曾经的"明星"银行 BS 银行,因出现严重信用风险,被中国人民银行、中国银保监会联合接管。2019年11月16日,一份留置决定书摆在前包头银监分局局长刘金明面前。正是其在包头工作期间,BS 银行实现了初步扩张。由此,BS 银行严重信用风险背后系列监管腐败案件的"盖子"逐步揭开。2020年4月,刘金明被"双开"一个多月后,贾奇珍被留置。2020年6月4日专案组对薛纪宁等人同时立案并采取留置措施。

在此案例中银行监管人员模糊了职业道德,监管干部和监管对象贪污腐败的根本原因在于公共权力主体思想上发生了变化,从而扭转了人生观和价值观。优化中国特色社会主义政治文化环境,有利于使社会主义的法治文化和社会文化深入人心,培养主管人员的平等意识。

资料来源:证券时报网,谢忠翔. BS 银行将破产清算!央行报告披露处置细节:政府承担损失前,无投资者愿参与重组[EB/OL]. 2020-08-07/2022-08-28.

(2)案例的思政元素

①家国情怀。优化中国特色社会主义政治文化环境,使社会主义的法治文化和社会文化深入人心,培养主管人员的平等意识。

②道德修养与职业伦理。任何职业都有伦理边界。优化中国特色社会主义政治文化环境,使社会主义的法治文化和社会文化深入人心,培养主管人员的平等意识。

(3)教学手段

①讲授——贯穿融合:在知识点"银行的信用管理"中引入案例,将中国特色社会主义政治文化和职业伦理等思政元素与专业知识相结合,让学生了解到任何职业都有伦理边界。优化中国特色社会主义政治文化环境,使社会主义的法治文化和社会文化深入人心,培养主管人员的平等意识。

②学习测评——实时呼应:投票结果、讨论结果现场点评。

第四章 消费信用管理

专业教学目标

在信用经济当中,为了进一步扩大信用消费、防范信用风险,必须对消费者的信用进行管理。为了尽可能降低消费风险,需要遵守客户授信、账户管理、商账处理的流程对消费者信用进行管理,具体的内容涵盖信用调查、信用记录、信用评价、授信管理和失信处罚等。

【知识目标】

1. 学生掌握消费信用管理的范畴与功能。
2. 学生了解消费信用管理的流程与内容。
3. 学生掌握关于共享经济与消费信用管理相关知识。
4. 学生了解消费信用管理与隐私保护相关知识。

【能力目标】

1. 培养学生将所学理论灵活应用于现实和具体的消费信用管理相关问题。
2. 培养学生从思辨与探索的角度分析消费信用管理的范畴与功能、消费信用管理的流程与内容、共享经济与消费信用管理、消费信用管理与隐私保护等相关知识。

课程思政教学目标及实践

【育人目标】

1. 法治意识 中国人民银行发布的《个人住房贷款管理办法》(以下简称"办法")中明确指出借款人需要具备有稳定的职业和收入,信用良好,有偿还贷款本息能力。
2. 文化素养 "办法"体现出信用制度是市场经济的基石,良好的信用关系是国民经济持续健康运行的基本保证。

3. 时代担当　随着时代的发展,经济与科技也在不断发展,例如共享经济是使用权的暂时转移和分享,通过提高存量资产使用效率创造价值的一种新经济模式。

4. 底线思维　消费信用管理需要法律法规与从业人员的职业操守、底线思维来平衡,严守法律底线会使消费信用管理在社会经济发展中大有作为。

【教学方式与方法】

1. 课堂讲授:讲授相关理论的主要观点或内容、政策启示与建议等。
2. 课堂展示与讨论:学生展示根据教学素材整理分析的相关报告等,小组讨论等。
3. 自主学习:学生自行阅读文献资料进一步深入学习。

【课程思政教学实例】

案例材料:隐私保护是信用管理发挥作用的前提和基础(消费信用管理与隐私保护)

(1) 案例简介

随着各种互联网平台的兴起,部分平台经营者打着信用消费的幌子搜集并售卖贷款申请主体及家庭的生活信息、联系方式等隐私信息,在利益驱动下部分不法分子以"虚假注册""恶意认证"等形式对未成年人数据进行非法收集或越权获取,致使大量数据及隐私被不当泄露或滥用,甚至被非法买卖,数据及隐私泄露不仅造成对个人信息的侵犯,也直接或间接为下游的网络诈骗、电话诈骗等行为提供助力。

只有在个人隐私保护得到保障的基础上才会有更好的消费信用管理,使得消费者能够有更好的消费体验。习近平总书记也在2018年4月20—21日在全国网络安全和信息化工作会议上强调:"要依法严厉打击网络黑客、电信网络诈骗、侵犯公民个人隐私等违法犯罪行为,维护人民群众合法权益。"

资料来源:屈玉含. 大数据时代未成年人数据及隐私保护的路径[J]. 内蒙古电大学刊,2021(01):16-20.

(2) 案例的思政元素

①法治意识。当前随着各种互联网平台的兴起,大量数据及隐私被不当泄露或滥用,数据及隐私泄露不仅造成对个人信息的侵犯,也直接或间接为下游的网络诈骗、电话诈骗等行为提供助力。

②底线思维。隐私保护与消费信用管理之间的关系需要法律法规与从业人员的职业操守、底线思维来平衡,严守法律底线会使消费信用管理在社会经济发展中大有作为。

(3) 教学手段

①讲授——贯穿融合:在知识点"消费信用管理与隐私保护"中引入案例,将法治意识和底线思维等思政元素与专业知识相结合,让学生了解隐私保护与消费信用管理之间的关系需要法律法规与从业人员的职业操守、底线思维来平衡,严守法律底线会使消费信用管理在社会经济发展中大有作为。

②讨论:讨论案例"隐私保护是信用管理发挥作用的前提和基础"带来的启示。

第五章　信用管理服务业

专业教学目标

本章主要介绍信用管理服务业的产生、发展和作用,并对信用管理服务项下细分业务包括征信、信用评级、信用管理咨询服务、信用保险、信用保理、商账追收等进行介绍。

【知识目标】

1. 学生了解信用管理服务业的产生与作用。
2. 学生掌握征信相关知识。
3. 学生熟悉信用评级相关知识。
4. 学生了解信用管理咨询相关流程。
5. 学生了解其他信用管理服务业。

【能力目标】

1. 培养学生将所学理论灵活应用于现实和具体案例。
2. 培养学生从思辨与探索的角度分析信用管理服务业相关知识,评价其存在的好处和缺点。

课程思政教学目标及实践

【育人目标】

1. 道德修养　诚信缺失问题在征信业务中日益凸显,践行诚信价值观需要诚信建设制度化才能得以实现。中国人民银行日前正式公布《征信业务管理办法》并从2022年1月1日起实施。

2. **法律意识** 《征信业务管理办法》主要包括明确界定信用信息、规范征信业务全流程以及保障信用信息安全三个方面，旨在法律法规框架下推动对信用信息依法保护、有限共享。

3. **职业伦理** 信用评级活动是对被评级对象的资金、信誉，从质、量方面进行检验和计量，并科学、客观地做出全面评价的过程。真实、中立是信用管理从业人员的基本职业伦理。

4. **科学精神** 企业当前面临的融资困境，诚信的企业通过好的信用评分，会拥有良好的社会资源和发展环境，进入良性发展的轨道。企业信用分析方法趋于科学化的量化分析，信用管理的作用进一步凸显。

5. **社会责任** 《社会信用体系建设规划纲要（2014—2020年）》指出，"培育并规范信用服务市场是完善以信用奖惩为核心的社会信用体系运行机制的重要内容之一。"社会信用体系建设离不开法治建设，更是每一位时代青年的社会责任和担当。

【教学方式与方法】

1. 课堂讲授：讲授相关理论的主要观点或内容、政策启示与建议等。
2. 分组讨论：学生展示根据教学素材整理分析的相关报告等，小组讨论。

【课程思政教学实例】

案例材料：信用评级在美国次贷危机中的作用（信用评级）

（1）案例简介

2007年爆发了美国次贷危机，以其为导火索引发了迅速蔓延至世界各国的金融危机，对全球各国的经济都带来深重的影响。引发次贷危机的导火索是次级住房抵押贷款，2007年之前美国房地产业兴旺，由此开始发行的次级抵押债券被信用评级机构认定为与一般的抵押债券在评定风险问题上类似，获得较高的信用等级。这种过度乐观式的评级使得投资者和监管机构放松了应有的风险警惕。然而2006年危机苗头初现时信用评级机构反应迟缓，当次贷危机真正爆发时，又开始大范围大幅度地降低次级债券的评级，造成投资者纷纷抛售所持有的次贷产品，对市场造成很强冲击，使得投资者信心丧失的同时还产生了对信用评级机构评级程序及评级方法的怀疑，认为信用评级机构对结构性融资证券的评级是失败的。

资料来源：次贷风波研究课题组.次贷风波启示录[M].北京：中国金融出版社，2008，78-79.

（2）案例的思政元素

①职业伦理。美国次贷危机对全球各国的经济都带来深重的影响。2006年危机初现时信用评级机构反应迟缓，当次贷危机真正爆发时，又开始大范围大幅度地降低次级债券的评级，对市场造成很强冲击。真实、中立是信用管理从业人员的基本职业伦理。

②科学精神。信用评级活动是对被评级对象的资金、信誉，从质、量方面进行检验和计量，并科学、客观地做出全面评价的过程。真实、中立是信用管理从业人员的基本职业伦理，客观严谨的科学精神是信用评级工作的态度和要求。

（3）教学手段

①讲授：通过理论与实际案例，讲解信用管理服务业相关知识。

②知识点＋实事＋思政——贯穿融合：在知识点"信用评级"中引入案例，将职业伦理和科学精神等思政元素与专业知识相结合，让学生了解真实、中立是信用管理从业人员的基本职业伦理，客观严谨的科学精神是信用评级工作的态度和要求。

③诚信考场：学生通过诚信考场理解相关知识。

第六章 信用风险分析的主要内容和方法

专业教学目标

本章先具体讲解了宏观和中观分析的主要目的和主要内容。之后，对于微观分析，本章对企业和个人两大信用主体分别进行阐述，对于企业，主要涉及业务、财务、治理分析，紧接着对非金融企业和金融企业的信用评级方法进行简要介绍；对于个人，在进行信用分析之前需要进行信用调查和信用记录，之后根据个人信用信息进行评分，信用评分指标体系包括个人特征、财务特征、贷款特征、信用历史等指标。最后，本章将分别介绍实践中经典的和创新性的企业和个人信用风险度量或评价模型。

【知识目标】
1. 学生了解信用风险分析中的宏观和中观分析。
2. 学生掌握企业信用分析的相关知识。
3. 学生了解个人信用分析相关知识。
4. 学生掌握信用分析的主要方法与模型。

【能力目标】
1. 培养学生将所学理论灵活应用于现实和具体案例。
2. 培养学生从思辨与探索的角度分析为什么在信用风险分析时要进行宏观分析、企业信用分析主要内容、个人信用分析的基础、企业和个人信用分析的模型有哪些等问题。

课程思政教学目标及实践

【育人目标】
1. 科学精神 商业银行所采用的信用评级存在诸多问题，企业信用分析方法趋于科学化的量化分析，信用管理的作用进一步凸显。
2. 道德修养 个人诚信习性养成、诚信价值取向、诚信信仰培育，是个人道德修养的表现也是全社会崇尚诚信的基础，这正是建设个人档案的初衷。
3. 时代担当 企业当前面临的融资困境，诚信的企业通过好的信用评分，会拥有良好的社会资源和发展环境，进入良性发展的轨道。

【教学方式与方法】
1. 课堂讲授：讲授相关理论的主要观点或内容、政策启示与建议等。
2. 课堂展示与讨论：学生根据相关研究报告等，进行小组讨论，对企业和个人信用风险度量或评价模型进一步理解。
3. 自主学习：学生自行阅读文献资料进一步深入学习。

【课程思政教学实例】
案例材料：重视企业信用分析，降低企业信用风险（企业信用分析）

（1）案例简介
企业的经营发展和技术创新离不开资金的支持，诚信的企业通过好的信用评分，会拥有良好的社会资源和发展环境，进入良性发展的轨道。然而针对企业当前面临的融资困境，商业银行所采用的信用评级却暴露出诸多问题，例如专家判断法比重大于模型法比重、评级方法与实际需求存在出入、企业信用评级体系缺乏针对性以及银行信贷数据为主的评级模型难以满足互联网金融机构的信用评估需求等。在任何市场环境下企业信用都是至关重要的，只有拥有良好信用的企业才会有长远的发展，习近平总书记曾强调指出，"公有制企业也好，非公有制企业也好，各类企业都要把守法诚信作为安身立命之本。"因此应重视企业信用分析，降低企业信用风险。

资料来源：肖斌卿，杨旸，余哲，沈才胜．小微企业信用评级模型及比较研究[J]．系统工程学报，2016,31(06)：798－807＋830．

（2）案例的思政元素
①科学精神。在理论界学者们依实务操作的需要，针对企业贷款业务的信贷模式、评级指标、评级方法以及违约概率估计开展了广泛的研究和讨论，也汇总出丰富的研究成果。在任何市场环境下企业信用都是至关重要的，只有拥有良好信用的企业才会有长远的发展。
②时代担当。习近平总书记曾强调指出，"公有制企业也好，非公有制企业也好，各类企业都要把守法诚信作为安身立命之本。"因此应重视企业信用分析，降低企业信用风险。

（3）教学手段
①翻转课堂——支架与高阶：慕课资源、文献资源为翻转课堂提供支架；课堂展示、师生思辨讨论实现课堂高阶性、高效性。
②讲授：在知识点"企业信用分析"中引入案例，将时代担当和科学精神等思政元素与专业知识相结合，让学生了解在任何市场环境下企业信用都是至关重要的，只有拥有良好信用的企业才会有长远的发

展,习近平总书记曾强调指出,"公有制企业也好,非公有制企业也好,各类企业都要把守法诚信作为安身立命之本。"因此应重视企业信用分析,降低企业信用风险。

③学习测评——实时呼应:投票结果、讨论结果现场点评。

第七章　信用主体的自我管理

专业教学目标

本章将从信用主体自我管理角度出发,分别介绍政府、企业、个人三大信用主体进行自我信用管理的主要内容和方法。根据吴氏三维信用论,信用是由诚信度、合规度和践约度构成的,所以不仅在对信用主体进行评价和管理时需要从这三个方面入手,信用主体进行自我管理时也应该从这三个方面考虑。

同时,社会信用体系建设的四大重点领域是政务诚信建设、商务诚信建设、社会诚信建设和司法公信建设,政务诚信、商务诚信和社会诚信建设包含了对政府、企业个人以及所有社会主体进行自我信用管理的要求。

【知识目标】

1. 学生了解政府自我信用管理相关知识。
2. 学生掌握企业自我信用管理相关流程。
3. 学生了解个人自我信用管理相关知识。

【能力目标】

1. 培养学生将所学理论灵活应用于现实和具体案例。
2. 培养学生从思辨与探索的角度分析政务诚信建设、政务防范债务危机、如何建立商务诚信、互联网时代个人获得信用资本的路径等问题。

课程思政教学目标及实践

【育人目标】

1. 理性思维　政府诚信建设是每一个公务人员的事情,每一名党员干部要坚守好政治诚信,树立科学政绩观,出真实政绩,不搞虚假政绩。
2. 政治认同　习近平总书记强调:企业家要做诚信守法的表率,带动全社会道德素质和文明程度提升。
3. 国际视野　诚信关乎一个国家国民的道德素质,更关乎一个民族、一个国家的整体形象。
4. 道德修养　习近平主席在G20峰会上借古人"诚信者,天下之结也"。向世界传播中国声音,传达中国方案,践行真正的多边主义,推动构建人类命运共同体。
5. 社会责任　企业家是否诚信守法至关重要,深刻影响着经济运行和社会风气。

【教学方式与方法】

1. 课堂讲授:讲授相关理论的主要观点或内容、政策启示与建议等。
2. 课堂展示与讨论:学生根据相关研究报告等,进行小组讨论,理解政府、企业、个人三大信用主体进行自我信用管理的主要内容和方法基本。
3. 自主学习:学生自行阅读文献资料进一步深入学习。

【课程思政教学实例】

案例材料:HD集团逾期票据造成信用危机(企业自我信用管理)

(1)案例简介

SKS发布公告称HD逾期票据金额占总逾期票据金额的95.7%,导致GF银行对HD集团产生信用疑问申请冻结HD资产,一般情况下,银行是很少会主动向HD讨债的,因为他们相信HD有偿还债务的能力,而当银行都开始主动向HD讨债了,就更不用说HD的其他债主了。自此之后,HD地产信任危机的连锁反应随之而来,国内外各大信用机构将其信用评级下调,危机感进一步蔓延至地方政府及客户,终将招致系统性风险,最终RM银行、银保监会联合约谈HD,这是金融监管部门首次约谈房企。

资料来源:中财网"SKS——披露关于对SKS涂料股份有限公司举报信有关问题进行核查的函的核查报告"[EB/OL]。

(2)案例的思政元素

①国家认同。对于企业经营而言,诚信不仅是企业发展的品牌与生存的基础,更是蕴藏着丰富的文化内

涵,它是企业树立品牌的过程,是经济发展的规律,是企业不断自我提升的必然结果。企业的不诚信行为导致社会交易成本激增的情况下,还破坏了中国企业整体形象,影响了中国企业走出国门、参与全球化竞争。

②社会责任。如习近平总书记强调的:企业家要做诚信守法的表率,带动全社会道德素质和文明程度提升。

(3) 教学手段

①讲授——贯穿融合:在知识点"企业自我信用管理"中引入案例,将国家认同和社会责任等思政元素与专业知识相结合,让学生了解企业家是否诚信守法至关重要,深刻影响着经济运行和社会风气。

②讨论:学生分组,结合案例讨论信用主体的自我管理相关知识。

第八章 政府信用监管

专业教学目标

政府与市场的关系是密不可分的,政府是市场中重要的信用主体,同时也在规范管控者市场的良好运转。政府对自身进行信用管理可以为其他信用主体树立表率,同时政府肩负着对整个社会进行信用监管的职责。

从信用监管职责来看,政府能够通过法律法规、制度准则的制定、执行来管控社会信用风险,并有责任和义务对失信行为进行惩戒,同时,政府还承担着建设社会诚信文化和市场诚信环境的职责。

【知识目标】

1. 学生了解信用监管的界定与内容。
2. 学生了解主要信用监管部门及活动。
3. 学生了解对信用服务业的相关监管。

【能力目标】

1. 培养学生将所学理论灵活应用于现实和具体案例。
2. 培养学生从思辨与探索的角度分析信用监管内涵、目前信用监管的一些实践情况、加强信用监管的重要性、对信用服务业的相关监管等问题。

课程思政教学目标及实践

【育人目标】

1. 法律意识 利用守信激励及失信惩戒机制,推动知识产权文化发展,有利于创新型人才培养,有利于在全社会形成尊重知识、崇尚创新、诚信守法的知识产权文化意识。

2. 社会责任 政府对自身进行信用管理可以为其他信用主体树立表率,同时政府肩负着对整个社会进行信用监管的职责。

3. 人文情怀 从信用监管职责来看,政府能够通过法律法规、制度准则的制定、执行来管控社会信用风险,并有责任和义务对失信行为进行惩戒,同时,政府还承担着建设社会诚信文化和市场诚信环境的职责。

【教学方式与方法】

1. 自主学习:线上学习相应慕课中的基础专业知识点,线下自主阅读文献资料,撰写阅读笔记或思维导图。
2. 课堂讲授:讲授相关理论的主要观点或内容、政策启示与建议等。
3. 课堂展示与讨论:学生展示根据教学素材整理分析的相关报告等,小组讨论。

【课程思政教学实例】

案例材料:知识产权领域"黑名单"推动知识产权文化发展(信用监管的内容)

(1) 案例简介

2020新冠肺炎疫情防控期间,段某多次通过自购和代购方式从河北购进侵犯他人注册商标专用权的3M9001型口罩,并利用其工作便利条件,共销售口罩27万只,销售金额达81万元。当事人在明知口罩进货渠道不正当、价格远低于正品批发价格、无合法进货票据和相关手续的情况下,仍然购进侵权口罩并销售。当事人因知识产权侵权行为被法院判处承担刑事责任,市场监管部门按程序将该当事人列入了知识产权领域"黑名单"进行失信惩戒,并向社会公示。

资料来源:2020年知识产权执法行动典型案例(市场监管总局)[EB/OL]。

(2) 案例的思政元素
①法治意识。新冠肺炎疫情防控期间,段某因知识产权侵权行为被法院判处承担刑事责任,市场监管部门按程序将该当事人列入了知识产权领域"黑名单"进行失信惩戒,并向社会公示。
②文化意识。利用守信激励及失信惩戒机制,推动知识产权文化发展,有利于创新型人才培养,有利于在全社会形成尊重知识、崇尚创新、诚信守法的知识产权文化意识。

(3) 教学手段
①讲授——贯穿融合:在知识点"信用监管的内容"中引入案例,将法治意识和文化意识等思政元素与专业知识相结合,让学生了解利用守信激励及失信惩戒机制,推动知识产权文化发展,有利于创新型人才培养,有利于在全社会形成尊重知识、崇尚创新、诚信守法的知识产权文化意识,激励企业家干事创业。有助于社会公平正义,有利于建设知识产权强国和创新型国家。
②讨论:知识产权领域"黑名单"推动知识产权文化发展案例带来的启示。
③学习测评——实时呼应:投票结果、讨论结果现场点评。

第九章 社会信用体系建设

专业教学目标
本章将介绍社会信用体系建设的管理框架、主要内容和公共信用信息平台建设、联合奖惩与信用承诺及修复、城市信用建设等几个重点建设领域的作用、实践情况和未来发展方向。

【知识目标】
1. 学生了解社会信用体系建设的概况。
2. 学生学习本章之后知道公共信用信息平台建设情况。
3. 学生了解联合奖惩与信用承诺及修复相关知识。
4. 学生了解诚实信用建设相关知识。

【能力目标】
1. 培养学生将所学理论灵活应用于现实和具体案例。
2. 培养学生从思辨与探索的角度分析有关什么是社会信用体系、为什么要进行社会信用体系建设、我国有哪些主要的公共信用信息平台、什么是信用承诺、什么是信用修复、为什么要进行城市信用建设等问题。

课程思政教学目标及实践
【育人目标】
1. 理性思维　对于个人而言,诚信是高尚的品德;对于企业而言,诚信是黄金资产;对于社会而言,诚信是公序良俗;对国家而言,诚信是司法政务公信力的保障。只有政府带头讲诚信、说实话、办实事,认真负责,才会在全社会营造出诚信之风。
2. 人文积淀　只有政府带头讲诚信、说实话、办实事,认真负责,才会在全社会营造出诚信之风。
3. 信息意识　诚信作为社会主义核心价值观的重要内容,已经成为一个城市的文明标志。将信用信息以数字化形式贯穿至城市发展的每一条脉络,发挥信用在优化营商环境、强化惠民便企服务的作用。
4. 时代担当　一方面让守信者享受到守信的好处,一方面加大失信者的代价,从而引导人们守信,营造社会诚信氛围。
5. 法治意识　信用修复做法向市场和社会释放包容性和正能量,有效激发市场主体守信意愿,用修复弱化了失信主体"永无翻身之日"的恐慌感和消极心态。信用修复不是给失信主体"断后路",而是"谋出路"。而是帮助更多人明确信用的价值与边界,进而推动建设更加诚信、更加公平的社会,让信用修复激发更多正能量。

【教学方式与方法】
1. 课堂讲授:讲授相关理论的主要观点或内容、政策启示与建议等。
2. 课堂展示与讨论:学生根据相关研究报告、财务数据等,进行小组讨论,讨论社会信用体系建设的管理框架。
3. 诚信考场:学生通过诚信考场进一步社会信用体系的建设。

【课程思政教学实例】
案例材料："信用修复"体现生态修复和人文关怀（信用修复）
（1）案例简介

唐女士的母亲在无锡经营某包装厂二十多年，后因市场环境变化和经营策略失误，结欠了大量债务，母亲去世后，由其接手经营并承担还款责任。在已经变卖了所有房产和设备后，还有一百多万元债务，面对债主起诉、银行断贷、账户被封……唐女士的信用跌到了谷底。而这类个人破产试点工作挽救了诚实而不幸的创业失败者，给他们提供信用修复的机会，虽然免掉了超过一半的债务，但只有通过了信用考察期，债务人才能解除信用惩戒，真正获得免责和复权。

_{资料来源：信用江苏"无锡市法院多项创新举措推进信用修复"。}

（2）案例的思政元素

①法治意识。信用修复做法向市场和社会释放包容性和正能量，有效激发市场主体守信意愿，信用修复弱化了失信主体"永无翻身之日"的恐慌感和消极心态。

②人文情怀。信用修复不是给失信主体"断后路"，而是"谋出路"。帮助更多人明确信用的价值与边界，进而推动建设更加诚信、更加公平的社会，让信用修复激发更多正能量。

（3）教学手段

①讲授——贯穿融合：在知识点"信用修复"中引入案例，将法治意识和人文情怀等思政元素与专业知识相结合，让学生了解信用环境乃至整个社会生态其实是同样的，对于伤痕累累的信用不仅需要"找出病灶""挖出病根"，更需要精准施治、刮骨疗毒、强化免疫，营造人人知诚信、个个讲信用的强大社会氛围。

②讨论：结合案例讨论，让学生更加了解社会信用体系建设。

四、课程思政的教学评价

（一）对教师的评价

1. 教学准备的评价

第一，考察教师平日中是否注意《信用管理》课程思政建设的元素收集，对相关政策法规、视频、案例整理归类，寻找案例和《信用管理》课程知识点的结合切入点。第二，教师是否以爱党、爱国、爱社会主义、爱人民、爱集体为主线，围绕政治认同、家国情怀、文化素养、宪法法治意识、道德修养等重点优化课程思政内容供给，系统进行中国特色社会主义和中国梦教育、社会主义核心价值观教育、法治教育、劳动教育、心理健康教育、中华优秀传统文化教育。第三，教师是否将《信用管理》课程思政建设落实到教学准备各方面，提前提炼思政元素进行课程思政目标设计、修订教学大纲、教材选用、教案课件编写等。

2. 教学过程的评价

将《信用管理》课程思政建设落实到教学过程各环节，主要是看教师是否采取了恰当的教学方式，将思政元素自然地融入教学内容中，对学生的思政教育以"润物细无声"的方式展开而不是思想政治教育生拉硬凑。评价教师教学中是否坚持以学生中心、产出导向、持续改进，不断提升学生的课程学习体验、学习效果，包括考察教学理念及策略、教学方法运用、作业及批改、平时成绩考核等，坚决防止"贴标签""两张皮"。

3. 教学结果的评价

建立健全《信用管理》课程思政多维度评价体系，包括同行评议、随机听课、学生评教、教学督导、教学研究及教学获奖等。考察教师是否创新课堂教学模式，推进现代信息技术在课程思政教学中的应用，激发学生学习兴趣，引导学生深入思考；是否综合运用第一课堂和第二课堂，结合社会实践、志愿服务、实习实训活动，不断拓展课程思政建设方法和途径。

4. 评价结果的运用

对于同行评议、学生评教、教学督导等提出的改进建议，以及对学生考核的成绩分析进行运用，对教学进行反思与改进。同时，把教师参与课程思政建设情况和评价结果作为教师考核评价、岗位聘用、评优奖励、选拔培训的重要内容。

（二）对学生的评价

1. 学习过程的评价

检验学生是否认真完成了老师布置的要求和任务,积极参与资料收集、课堂讨论和实地调研等教学过程,科学评价学生在学习过程中的积极性、互动性和参与度。

2. 学习效果的评价

通过平时作业、课堂讨论、学习心得交流、课程论文、期末考试等多种形式,检验学生对课程思政元素的领会及其对思政元素的掌握程度。运用课题提问、平时作业等方式考查学生是否了解相关专业和行业领域的国家战略、法律法规和相关政策,综合评价学生是否关注现实问题以及是否具备经世济民、诚信服务的职业素养以及爱国爱民、心系国家的家国情怀。

3. 评价结果的运用

通过师生座谈和系部教研活动等多种形式,对学生的学习效果进行科学分析,总结经验,改进不足,提升课程思政的学习效果。做到思政元素与专业知识点的有机结合、无形穿插,而不是简单的思想政治教育。使学生在掌握理论知识的同时,树立正确的三观、培养道德素养和家国情怀。

五、课程思政的教学素材

序号	内容	形式
1	信用的内涵	阅读材料
2	学术诚信纳入全国信用信息共享平台	阅读材料
3	海尔集团的工匠精神	案例分析
4	中华传统文化在企业管理中的应用	阅读材料
5	实施《电子商务法》,提升电商行业法治意识	政策法规
6	"明星"银行 BS 银行破产案例	案例分析
7	光大证券的创新精神	案例分析
8	华晨集团债券违约事件	案例分析
9	《个人住房贷款管理办法》中信用的体现	政策法规
10	消费信用管理是解决共享经济困境有效途径	阅读材料
11	隐私保护是信用管理发挥作用的前提和基础	阅读材料
12	《征信业务管理办法》自 2022 年 1 月 1 日起实施	政策法规
13	信用评级在美国次贷危机中的作用	阅读材料
14	我国保险业的信用危机	阅读材料
15	重视企业信用分析,降低企业信用风险	阅读材料
16	个人信用档案在诚信价值观培育中的重要作用	阅读材料
17	"三鹿奶粉"事件造成我国政府公信力危机	案例分析
18	恒大集团逾期票据造成信用危机	案例分析
19	"老赖"的笑称	阅读材料
20	知识产权领域"黑名单"推动知识产权文化发展	案例分析
21	加强政府信用监管、提升百姓幸福感和安全感	案例分析
22	诚信是司法政务公信力的保障	阅读材料
23	"杭州公共信用信息平台"营造良好数字生态	阅读材料
24	联合惩戒让失信者寸步难行	阅读材料
25	"信用修复"体现生态修复和人文关怀	阅读材料
26	内部信用评级在信用风险管理体系中的应用案例	案例分析
27	资管固收信用债投资案例	案例分析

《金融监管学》课程思政教学指南

林兴　陈建铃　穆红梅　宋靖　蔡鸣龙

（福建江夏学院）

一、课程简介与课程目标

(一)课程简介

《金融监管学》是从宏观视角研究现代经济和金融运行规律，探讨经济与金融稳健发展的一门学科。随着现代科技的发展和金融创新的不断涌现，金融业务之间的界限不断被打破，不同金融机构之间和不同金融工具之间的区别日益模糊，金融国际化、自由化和国际资本流动不断扩张，与此同时，金融领域的风险也在急剧增大。由于金融业的特殊性和金融在经济体系中的地位的显著增强，通过监管保证金融体系的稳健运行日益成为经济与社会健康发展的关键。

2018年"一委一行两会"的新监管体系的建立，标志着我国金融监管从分业监管回归混业监管。社会主义市场经济体制的逐步确立和金融监管对现代金融业的特殊重要性，在经济和管理类专业特别是金融学类专业开设这门课程显得尤为重要。

通过本课程的学习，要求学生对金融监管的基本原理和国际标准有全面、系统的掌握和较为深刻的认识；通过课堂讲授、案例分析、课堂讨论、课外延伸、实务讲座等多种教学方法的综合教学，使学生了解国内外金融监管问题研究的现状，结合中国的实践，反思和探索我国金融监管的正确路径和方法；能理论联系实际分析和解决金融实际问题，为以后从事相关的金融业务操作与管理工作打好基础。

(二)课程目标

本课程为专业必修课程。通过本课程的学习，使学生能够达到以下目标：

1. 知识目标：学习有关金融监管的基本理论和基本知识，熟悉中国金融监管体制发展模式的发展演变，增强对金融监管在现代经济体系中所处重要地位和作用的认识；掌握不同金融机构、金融市场的监管实务，增强金融业务合规经营管理意识；了解各国金融监管机构协调和协作的重要性，学会辩证思维分析金融风险，金融发展与金融安全的关系。

2. 能力目标：系统掌握金融机构和金融市场的监管内容、方法和程序，既能胜任金融监管部门的实践工作，又能够从监管合规的角度出发审慎操作金融机构各项业务；了解国内外金融监管改革与发展动态，能够从宏观角度观察和分析总体经济和金融运行状况，提高对经济和金融发展规律的认识能力和把握能力；对金融风险、金融安全具有高度的洞察力，能够及时采取应对措施防范金融风险。

3. 育人目标：坚持以立德树人为根本任务，将金融监管思政元素贯穿人才培养的全过程，培养适应金融发展与金融安全需要，德智体美劳全面发展，具有国际视野和社会责任感，具有创新创业精神和实践动手能力，具有敬业爱岗、遵纪守法的品质，能自觉自愿地遵守职业道德规范，贯彻落实"一委一行两会"所制定颁布的金融监管法律法规、能在金融机构、监管部门从事相关业务的复合型金融专业人才。

(三)课程教材和资料

➤ 推荐教材

郭田勇．金融监管学[M]．4版．北京：中国金融出版社，2020．

➤ 参考教材或推荐书籍

1. 胡滨，郑联盛，尹振涛．金融监管蓝皮书：中国金融监管报告（2021）[M]．北京：社科文献出版社，2021．

2. 巴曙松，刘晓依，朱元倩等．巴塞尔Ⅲ：金融监管的十年重构[M]．北京：中国金融出版社，2019．

3. H. 大卫. 科茨. 金融监管与合规[M]. 邹亚生,马博雅,刘毓灵等,译. 北京:中国金融出版社,2018.

4. 胡滨,刘亮,尹振涛等《金融风险与监管:国际研究镜鉴》,经济管理出版社,2016年。

➤ 学术刊物与学习资源

1.《金融监管研究》,中国银行保险监督管理委员会。

2.《中国金融稳定报告》,中国人民银行。

3.《全球金融稳定报告》,国际货币基金组织。

➤ 推荐网站

1. 中国人民银行:http://www.pbc.gov.cn/.

2. 中国银行保险监督管理委员会:http://www.cbirc.gov.cn/cn.

3. 中国证券监督管理委员会:http://www.csrc.gov.cn/.

4. 各省市地方金融监管管理局官网。

二、课程思政教学总体设计

(一)课程思政教学目标

本课程的总体目标在于通过学习金融监管的基本理论和方法、金融监管体系构建、金融监管实务、金融监管合作与发展等重点内容和核心问题,使学生掌握金融监管体制发展的一般规律和特殊规律,吸取他国的经验和教训,努力探索建立具有中国特色社会主义的金融监管体制。

1. 政治认同

通过了解世情国情,增强对党的金融监管创新理论的政治认同、思想认同、情感认同,坚定中国特色社会主义道路自信、理论自信、制度自信、文化自信。

2. 家国情怀

深刻认识到金融监管的重要性,做到个人爱岗敬业、金融机构合规经营,配合国家牢牢守住不发生金融风险的底线,维护金融安全,促进金融发展,凸显家国情怀。

3. 道德修养与职业伦理

深刻理解并自觉实践各行业的职业精神和职业规范,增强职业责任感,培养遵纪守法、爱岗敬业、无私奉献、诚实守信、公道办事、开拓创新的职业品格和行为习惯。

4. 法治意识与底线思维

加强金融反腐倡廉警示教育,增强党员干部思想觉悟和廉洁自律意识,促进以案释德、以案释纪、以案释法、以案促改,一体推进不敢腐、不能腐、不想腐体制机制,增强法治意识与底线思维。

5. 文化素养

充分挖掘我国金融监管体系演变中的理论精髓和深刻的金融内涵,领会党和政府在金融监管改革发展中的智慧和精神,避免盲目崇拜外国制度,树立金融监管文化自信。

6. 科学精神

根据国内外经济及金融形势,准确识变、科学应变、主动求变,防范金融风险于未然,培养科学决策和创造性应对金融风险和金融危机的科学精神。

7. 时代担当

树立"恪尽职守、敢于监管、精于监管、严格问责"的监管精神,敢为善为,着力培养忠诚干净担当的金融监管从业人员。

8. 广阔视野

聚焦国际金融监管的高原、高峰,借鉴、比较、启迪我国金融监管体系演变,深化央地监管协调配合,有效防范化解和处置地方金融风险。

(二)课程思政的教学内容

1. 政治认同

坚持和认同以中国共产党领导为最本质特征的中国特色社会主义。具体包含社会主义核心价值体系和马克思主义意识形态的认同、中国特色社会主义根本制度认同和党与政府实施金融监管、促进金融发展、维护金融安全举措的认同。

2. 家国情怀

学习金融监管体制的发展变迁及各国的金融监管体制内容，比较分析我国金融监管制度的优越性，理解监管体制的最优选择与金融发展、金融安全的密切联系，激发学生树立牢牢守住不发生系统性风险底线的思想。

3. 道德修养与职业伦理

学习银行业、证券业、保险业、其他金融机构、金融市场的监管实务，培养热爱本职、尽职尽责，遵纪守法，严守秘密的道德修养，践行金融伦理行为规范准则，维护金融活动的健康开展。

4. 法治意识与底线思维

学习各类金融监管法律法规和规章制度，提高金融从业守法意识；坚守以人民为中心的根本立场，强化底线思维，提高金融监管透明度和法治化水平。

5. 文化素养

注重从中华优秀传统文化、社会主义核心价值观和红色金融文化中汲取清廉文化养分，营造浓厚清廉金融文化氛围，激发廉洁从业内生动力，树立清廉金融文化理念，提升党性修养、道德素养和廉洁操守。

6. 科学精神

学习金融创新与金融监管的内在辩证关系，领悟金融监管的新框架、新理念与新精神，运用金融科技手法科学构建金融监管体系，不断提升金融监管效率。

7. 时代担当

熟悉金融风险预警系统的构建并灵活运用，培养及时发现风险及时提示和处置的金融监管氛围，培育恪尽职守、敢于监管、精于监管、严格问责的时代担当监管精神。

8. 广阔视野

学习国内外金融监管体系发展与演变过程，了解金融国际监管协调与合作，借鉴国外成功经验，构建中国特色社会主义金融监管体系。

(三)教学方法

1. 课堂讲授法，即在有限的时间内浓缩课程精华，突出重点难点，有效地帮助学生掌握金融监管的基本原理、基本方法、基本观点。

2. 案例分析法，即精选大量典型案例，以案例带动理论知识的阐析，帮助学生更好地理解本课程的重点和难点。同时，选择财经频道金融监管相关视频，有针对性地引导学生分析现实金融监管问题。

3. 课堂讨论、辩论，即改变传统的满堂灌、"填鸭式"的教学模式，采取分组课堂讨论、相互辩论等方法，使学生成为学习主体。

4. 课外延伸阅读方法，即开列思考题目及推荐书目，引导学生查阅文献资料，阅读参考书目，增强运用金融监管知识的能力。

5. 在条件具备时聘请各省市中国人民银行支行、银保监局、证监局、地方金融监督管理局、各金融机构的资深监管专家，以专题讲座、热点座谈等方式，提升学生理论联系实际运用知识分析解决现实金融监管问题的能力。

三、课程各章节的课程思政教学内容设计

第一章 金融监管导论

专业教学目标

金融监管是政府通过特定的机构，如中央银行、证券交易委员会等对金融交易行为主体作的某种限制或规定。本质上是一种具有特定内涵和特征的政府规制行为。金融监管可以分成金融监督与金融管理。金融监督指金融主管当局对金融机构实施的全面性、经常性的检查和督促，并以此促进金融机构依法稳健

地经营和发展。金融管理指金融主管当局依法对金融机构及其经营活动实施的领导、组织、协调和控制等一系列的活动。

【知识目标】

1. 学生了解金融监管的概念,要素,金融监管的必要性。
2. 学生了解金融监管的目标与原则,构成体系与方法。
3. 学生了解金融监管理论构成体系:理论体系、法规体系、组织体系、内容体系,掌握西方发达国家金融监管方法,我国金融监管方法。

【能力目标】

1. 培养学生将所学金融监管理论灵活应用于具体案例的分析。
2. 培养学生掌握西方发达国家金融监管方法,我国金融监管方法。

课程思政教学目标及实践

【育人目标】

1. 广阔视野　通过学习金融监管的必要性,了解金融监管的体系,熟悉金融监管的目标与原则,培养学生将金融监管理论用于现实案例的分析能力。
2. 职业道德　通过学习本章知识,提升学生对金融监管的必要性的认知,培养学生金融职业道德。
3. 家国情怀　通过学习我国金融监管体制知识,了解我国金融监管体制现状,掌握我国金融监管方法,培养学生家国情怀。

【教学方式与方法】

1. 自主学习:学生线下自主阅读相关监管法律法规、文献资料,撰写阅读笔记或思维导图。
2. 课堂讲授:教师讲授相关理论的主要观点或内容、政策启示与建议等。
3. 课堂展示与讨论:学生展示根据教学素材整理分析的相关报告等,小组讨论,教师讲评。

【课程思政教学实例】

案例材料:中国银行保险监督管理委员会行政处罚决定书

(1)案例简介

中国银行保险监督管理委员会行政处罚信息公开表

(银保监罚决字〔2022〕31号)

行政处罚决定书文号		银保监罚决字〔2022〕31号
被处罚当事人	单位 名称	中国GD银行股份有限公司
	法定代表人姓名	李晓鹏
主要违法违规事实(案由)		GD银行理财业务存在以下违法违规行为: 一、老产品规模在部分时点出现反弹 二、托管机构未及时发现理财产品集中度超标 三、托管业务违反资产独立性要求,操作管理不到位
行政处罚依据		《中华人民共和国银行业监督管理法》第二十一条、第四十六条和相关审慎经营规则
行政处罚决定		罚款400万元
作出处罚决定的机关名称		中国银行保险监督管理委员会
作出处罚决定的日期		2022年5月24日

资料来源:中国银行保险监督管理委员会. 中国银行保险监督管理委员会行政处罚信息公开表[EB/OL]. 2022－06－02/2022－08－28. http://www.cbirc.gov.cn/cn/view/pages/ItemDetail.html?docId=1054409&itemId=4113&generaltype=9.

(2)案例的思政元素

①法治理念。防范化解风险是金融工作的永恒主题,树立法治理念,学法知法、知法守法、守法经营,

提高学生法律底线意识,通过案例警示教育活动,进一步明确金融从业人员行为准则,督促金融从业人员保持自我警醒并严格履行监督与管理职责。

②改革精神。深化金融业改革开放,服务实体经济,防控金融风险,建立符合中国现代金融特点、统筹协调监管、有力有效的现代金融监管体系。

(3)教学手段

①翻转课堂——支架与高阶:监管法律法规、文献资源为翻转课堂提供支架;课堂展示、师生思辨讨论实现课堂高阶性、高效性。

②知识点+实事+思政——贯穿融合:在知识点"金融监管必要性"中引入金融监管体制改革方案,将中国特色、深化改革等思政元素与专业知识相结合,加强学生金融监管意识。

③学习测评——实时呼应:小组展示互评、教师总结点评。

第二章　金融监管与风险

专业教学目标

金融风险指的是与金融有关的风险,如金融市场风险、金融产品风险、金融机构风险等。一家金融机构发生的风险所带来的后果,往往超过对其自身的影响。金融机构在金融交易活动中出现的风险,有可能对该金融机构的生存构成威胁;一家金融机构因经营不善而出现危机,有可能对整个金融体系的稳健运行构成威胁;一旦发生系统风险,金融体系运转失灵,必然会导致全社会经济秩序的混乱。所以,金融风险的存在与发生,无疑是对经济稳定发展的一个威胁。加强金融风险监管,不但能在一定程度上减少风险发生的可能性,而且能在金融风险发生后减少它带来的经济损失,从而减少金融风险损失给社会再生产各个环节带来的波及效应和不良后果,最终促进经济的稳定发展和经济效益的提高。

【知识目标】

1. 学生了解金融风险的内涵及外延,金融风险的特征,金融风险的种类,金融风险与金融监管的关系,金融监管对防范或化解金融风险的作用。

2. 学生了解建立金融风险预警系统的意义,构建金融风险预警指标体系的原则,金融风险预警的主要内容,我国金融风险预警系统的建立与完善。

【能力目标】

1. 培养学生掌握金融风险的内涵及外延,金融风险的特征,金融风险的种类。

2. 培养学生掌握金融风险预警指标体系,金融风险预警方法。

课程思政教学目标及实践

【育人目标】

1. 法治意识　金融风险监管离不开金融法律的规范与约束,通过对金融风险案件的产生原因分析,要培养学生懂法、守法的法治精神和职业操守,了解金融监管等法律法规的重要,树立法治意识。

2. 风险意识　通过学习了解金融风险的内涵及外延,金融风险的特征,金融风险的种类,培养学生风险意识,正确处理金融风险与金融监管的关系,提高对防范或化解金融风险的认识。

【教学方式与方法】

1. 自主学习:学生线下自主阅读相关监管法律法规、文献资料,撰写阅读笔记或思维导图。

2. 课堂讲授:教师讲授相关理论的主要观点或内容、政策启示与建议等。

3. 课堂展示与讨论:学生展示根据教学素材整理分析的相关报告等,小组讨论,教师讲评。

【课程思政教学实例】

案例材料:进一步健全金融风险预防、预警、处置、问责制度体系

(1)案例简介

央行公布《中国区域金融运行报告(2021)》指出,我国系统性金融风险上升势头得到遏制,金融风险逐步收敛、整体可控。但国际经济金融形势仍然复杂严峻,新冠肺炎疫情变化和外部环境存在诸多不确定性,国内经济恢复基础尚不牢固,疫情冲击下,市场主体债务违约风险可能上升,金融机构面临不良资产上升压力。下一步,人民银行将会同相关部门进一步健全金融风险预防、预警、处置、问责制度体系,加强风险监测预防,完善风险处置长效机制,进一步压实各方责任,多渠道补充银行资本金,牢牢守住不发生系统性金融风险的底线。

资料来源:中国人民银行货币政策分析小组. 中国区域金融运行报告(2021)[EB/OL]. 2021-06-08/2022-08-16. http://www.pbc.gov.cn/goutongjiaoliu/113456/113469/4264899/index.html.

(2)案例的思政元素

①责任意识。严格压实金融机构及股东的主体责任,压实地方政府的属地风险处置责任和维稳第一责任,压实金融监管部门的监管责任。

②时代担当。健全金融风险预防、预警、处置、问责制度体系,加强风险监测预防,完善风险处置长效机制,进一步压实各方责任,多渠道补充银行资本金,牢牢守住不发生系统性金融风险的底线。

(3)教学手段

①翻转课堂——支架与高阶:监管法律法规、文献资源为翻转课堂提供支架;课堂展示、师生思辨讨论实现课堂高阶性、高效性。

②知识点+实事+思政——贯穿融合:在知识点"金融监管"中引入金融监管方式及我国金融监管存在的主要问题,增强学生对金融风险分析的洞察力,分析我国现今金融监管体系存在的问题,借鉴其他国家的金融监管经验,提出完善建议。

③学习测评——实时呼应:小组展示互评、教师总结点评。

第三章 金融创新与金融监管

专业教学目标

金融创新是变更现有的金融体制和增加新的金融工具,以获取现有的金融体制和金融工具所无法取得的潜在利润,它是一个为盈利动机推动、缓慢进行、持续不断的发展过程。广义的金融创新是指发生在金融领域的一切形式的创新活动,包括金融制度创新、机制创新、机构创新、管理创新、技术创新和业务创新。狭义的金融创新主要指金融工具和金融服务等业务创新。通常所说的创新主要是指狭义的金融创新。随着社会主义市场经济新体制的确立,金融发展将主要依靠社会经济机体的内部力量——金融创新来推动。国有商业银行的股份制改造,各种新型理财品种的推出,深圳中小企业板块的建立等等都在一定程度上促进了我国金融体系的完善。

【知识目标】

1. 学生了解金融创新的原因,金融创新的种类和内容,金融创新的影响。

2. 学生了解金融创新与金融监管的辩证关系,金融监管刺激了金融创新的产生,金融创新促使金融管制进行调整。

【能力目标】

1. 培养学生将所学理论应用于具体案例的分析。

2. 培养学生从思辨的角度认识金融创新与金融监管的辩证关系。

课程思政教学目标及实践

【育人目标】

1. 科学精神 通过学习我国金融发展的历史,了解金融发展也是一部不断创新的历史,创新是金融发展的灵魂和生命,加深学生对金融创新的种类和内容的认识,树立创新意识。

2. 风险意识 金融业天生具有脆弱性,金融创新并没有改变金融风险的本质。金融创新没有消除风险,甚至没有减少风险,而是扩大了风险。要加强学生对金融创新风险的认识。

【教学方式与方法】

1. 自主学习:学生线下自主阅读相关监管法律法规、文献资料,撰写阅读笔记或思维导图。

2. 课堂讲授:教师讲授相关理论的主要观点或内容、政策启示与建议等。

3. 课堂展示与讨论:学生展示根据教学素材整理分析的相关报告等,小组讨论,教师讲评。

【课程思政教学实例】

案例材料:银保监会曝光典型案例 防范借金融创新名义进行的非法集资

(1) 案例简介

如何防范落入非法集资圈套？银保监会曝光了近年一起假借网络借贷信息中介平台名义进行非法集资的案例：

浙江××集团有限公司(简称××集团)及其关联公司从事非法集资活动，截至2016年4月非法吸收公众存款共计64亿余元，未兑付资金共计26亿余元，涉及集资参与人13400余人，其中，通过线上渠道吸收公众存款11亿余元。2017年××集团实际控制人杨某等人因非法吸收公众存款罪被依法提起公诉，2018年杨某最终以非法吸收公众存款罪被判处有期徒刑九年六个月，并处罚金人民币50万元，其余有关人员也被处以相应刑罚。本案追赃挽损工作仍在进行中。

据查，××集团通过线下和线上两个渠道开展非法吸收公众存款活动。在线下渠道，××集团自2013年9月起开始在线下进行非法吸收公众存款活动，其通过门店，采用发宣传单、办年会、发广告等方式宣传，理财客户通过签订债权转让协议或匹配××集团虚构的信贷客户借款需求进行投资，投资款被转至杨某个人名下账户，用于集团还本付息、生产经营等活动。在线上渠道，××集团假借开展网络借贷信息中介业务之名，未经依法批准归集不特定公众资金设立资金池，控制、支配资金。

资料来源：央广网．银保监会曝光典型案例 防范借金融创新名义进行的非法集资[EB/OL].2020-07-16/2022-08-16. https://baijiahao.baidu.com/s?id=1672358745658198137&wfr=spider&for=pc.

(2) 案例的思政元素

①风险防范。通过案例分析，让学生认识到要客观评价自身风险认知能力和风险承受能力，选择符合自身风险偏好的金融产品。切勿盲目追求高收益却忽视了高风险，跟风投资自己风险承受能力之外的金融产品；一味追求担保或所谓"保本保息"销售承诺而不注重风险辨别，会给不法分子留下可乘之机。

②守法意识。通过案例分析，让学生认识到注意防范以金融创新为名实施的非法集资等金融犯罪活动侵害。非法集资是国家坚决打击的金融犯罪行为。近年来，一些机构和平台打着网络借贷信息中介等金融创新旗号，或假借扶持中小微企业、养老服务、互联网新零售、政府和社会资本合作（PPP）之名，通过虚构项目标的、承诺高收益、设立资金池借新还旧等手段，进行自融或变相自融，形成庞氏骗局，触碰非法集资底线。

(3) 教学手段

①翻转课堂——支架与高阶：监管法律法规、文献资源为翻转课堂提供支架；课堂展示、师生思辨讨论实现课堂高阶性、高效性。

②知识点＋实事＋思政——贯穿融合：在知识点"金融创新监管"中引入金融监管体制改革方案，增强学生协助提升金融创新监管水平，促进金融健康发展的意识。

③学习测评——实时呼应：小组展示互评、教师总结点评。

第四章 金融监管体制

专业教学目标

金融监管体制是由一系列监管法律法规和监管组织机构组成的体系。回顾中外金融监管史，各国选择什么样的监管体制，必须与本国的政治、经济、文化和传统紧密结合起来，进行综合评判。在金融分业经营的体制下，集中监管体制比分业监管体制的总体监管效力高，但分业监管效力低。在混业经营体制下，集中监管的效力要比分业监管体制的效力高很多，牵头监管、"双峰"监管体制的监管效力最优。本章通过学习金融监管体制的变迁，了解各国金融监管体系理论，掌握金融监管体制的有效性分析。

【知识目标】

1. 学生了解金融监管体制的含义，熟悉不同金融监管模式的优缺点。
2. 学生分析中央银行在各国金融监管体制中的作用。
3. 学生理解不同金融经营体制下监管体制模式的选择，学会比较不同国家金融监管体制的特点。

【能力目标】

1. 培养学生将所学理论灵活应用于现实和具体案例的比较分析。
2. 培养学生从思辨与探索的角度比较分析不同国家选择的金融监管模式，评价其优缺点，思考中央银行在各国金融监管体制中的作用。

课程思政教学目标及实践
【育人目标】
1. 广阔视野　通过学习金融监管体制及其关联概念的具体含义,了解金融分业、金融混业模式下不同国家金融监管体制的不同选择,培养学生的国际金融素养,深刻汲取金融监管发展的历史经验。
2. 法治意识　通过学习本章知识,提升学生对金融行业中权力运行及其监管重要性的认识,旨在强化底线思维,鼓励学生对比各国金融监管效力,对我国如何进一步提高金融监管透明度和法治水平进行思考和创新型探索。

【教学方式与方法】
1. 自主学习:学生线下自主阅读金融监管体制相关的监管法律法规、文献资料,撰写金融监管体制的阅读笔记。
2. 课堂讲授:教师讲授金融监管体制相关理论的主要观点、政策启示等。
3. 课堂展示与讨论:学生展示与金融监管体制相关内容的报告,教师讲评。

【课程思政教学实例】
案例材料:金融管理部门联合约谈部分从事金融业务的网络平台企业
(1)案例简介
为深入贯彻落实党的十九届五中全会、中央经济工作会议及中央财经委员会第九次会议精神,进一步加强对网络平台企业从事金融业务的监管,强化反垄断和防止资本无序扩张,推动平台经济规范健康持续发展,2021年4月29日,人民银行、银保监会、证监会、外汇局等金融管理部门,联合对部分从事金融业务的网络平台企业进行监管约谈,13家网络平台企业实际控制人或代表参加约谈。

资料来源:金融管理部门联合约谈部分从事金融业务的网络平台企业—经济·科技—人民网。http://finance.people.com.cn//n1/2021/0429/c1004-32092284.html.

(2)案例的思政元素
①道德修养与职业伦理。必须加强平台企业金融监管、规范平台经济竞争秩序,坚持金融活动全部纳入金融监管,打破信息垄断,防止风险的扩散。
②社会责任。纠正不正当竞争行为,树立严格遵守金融监管要求的合规意识、坚决维护公平竞争环境的市场意识、以消费者权益保护为核心的服务意识。

(3)教学手段
①讲授:在"金融监管体制"中引入金融监管体制改革方案,提出应加快建立我国金融科技监管体系,提高学生对监管责任的认识。
②讨论:加强对从事金融业务网络平台企业监管的重要性。
③学习测评:讨论结果现场点评、包括小组互评、教师点评总结。

第五章　中国金融监管体制
专业教学目标
中国金融监管体制的变迁是与国内经济发展和金融体制改革紧密联系在一起的,并且是政府主导型的、主动的体制变迁模式。中国金融业经营体制模式经历了混业—分业—业务融合的发展阶段。我国金融监管体系框架基本合理,监管也卓有成效,但随着经济的不断发展,金融结构日益复杂,中国金融市场国际化不断发展,对现行金融监管的有效性提出了严峻的挑战。本章通过学习中国金融业经营体制模式的发展演变,明确中国现阶段的金融监管目标,了解现阶段金融监管存在的问题,中国要积极地参加到国际金融监管合作之中,建立与国际接轨的金融监管制度。

【知识目标】
1. 学生了解中国金融监管体制的含义,熟悉中国金融业经营体制模式的发展演变过程。
2. 学生理解现阶段中国金融监管的一般目标与具体目标。
3. 学生分析中国现阶段金融监管存在的问题。

【能力目标】

1. 培养学生将所学理论灵活应用于现实和具体案例的分析。

2. 培养学生从思辨的角度分析金融监管体制改革要比其他行政管理体制改革更慎重、更稳妥,全面思考推进金融监管体制改革势在必行。

课程思政教学目标及实践

【育人目标】

1. 政治认同　通过学习中国金融业经营体制模式和监管体制的发展变迁,加强学生对完善我国金融监管体系的认识,随着"一委一行两会"新格局的建立,我国金融监管体系有了更加积极、与时俱进的变化,监管的权威性和协调性进一步加强。

2. 家国情怀　中国金融业经营体制模式和监管体制发展演变过程中,涌现出许多爱岗敬业、乐于奉献的优秀人物和感人事迹,以此感召学生爱国主义精神。鼓励学生讲好家国故事、发出时代声音、并把家国情怀转化为实际行动,自觉地将个人追求与社会发展紧密结合。

【教学方式与方法】

1. 自主学习:学生线下阅读与中国金融监管体制相关的法律法规、文献资料,并撰写思维导图。

2. 课堂讲授:教师讲授与中国金融监管体制相关理论的主要观点或内容。

3. 课堂展示与讨论:学生展示根据教学素材整理分析的相关报告等,小组讨论,教师讲评。

【课程思政教学实例】

案例材料:"e租宝"集资诈骗、非法吸收公众存款案

(1) 案例简介

安徽某控股集团于 2014 年 6 月至 2015 年 4 月间,某国际控股集团于 2015 年 5 月至 12 月间,在没有银行业金融机构资质的前提下,利用 e 租宝平台、芝麻金融平台发布虚假的融资租赁债权项目及个人债权项目,包装成"e租年享""年安丰裕"等年化收益 9%～14.6% 的理财产品进行销售,以承诺还本付息等为诱饵,先后吸收 115 万余人资金共计 762 亿余元。其中大部分集资款在集团董事长、e租宝实际控制人丁某的授意下肆意挥霍、随意赠予他人,以及用于走私等违法犯罪活动,造成集资款损失共计 380 亿余元。

资料来源:中国银行保险监督管理委员会。http://www.cbirc.gov.cn/cn/view/pages/ItemDetail.html。

(2) 案例的思政元素

①法治意识。现代化社会所有活动的正常开展,都离不开法律的支持和保障。P2P 网络借贷属于典型的高风险、高回报的行业,使其更加离不开法律的规范和保护。我国 P2P 的发展大大超越了法律法规制定的速度,使得各方面法律配套都有待规范。

②时代担当。基层监管人员的相关专业知识储备不足,知识更新速度不能满足在经济高速发展下的金融监管不断进步的要求,应注重培养精通金融科技风险控制实务的年轻监管干部。

(3) 教学手段

①讲授:在"金融监管"中引入金融监管方式及我国金融监管存在的主要问题,将监管人员的力量不足、素质不高、监管效率低下等与金融市场分析相结合,培养学生的洞察力。

②讨论:P2P 网络借贷高风险带来的启示。

③学习测评:讨论结果现场点评,包括小组互评、教师点评总结。

第六章　金融机构内部控制制度

专业教学目标

金融机构内部控制是金融机构安全运行的保障。健全和完善内控制度建设,是金融机构实现稳健经营政策、防范化解风险、确保金融安全的需要。本章通过学习金融机构内部控制的内涵,明确境外金融机构内部控制的目标,并与我国金融机构内部控制目标进行比较,掌握金融机构建立内控机制的四项原则,了解外部监管与金融机构内部控制的区别,结合当前实际,完善我国金融机构内部控制制度。

【知识目标】

1. 学生了解金融机构内部控制含义,熟悉内部控制的目标,掌握建立内控机制的基本原则。

2. 学生理解巴塞尔核心监管原则的内控规定,了解金融机构内部控制与外部监管的关系。

3. 学生分析国际金融业内部控制制度的比较,了解我国金融机构内部控制发展现状,分析我国金融机构内控存在的主要问题。

【能力目标】

1. 培养学生将所学理论灵活应用于现实和具体案例的分析。

2. 培养学生从思辨的角度认清加强内控制度建设的艰巨性和长期性,充分认识加强内控制度建设的重要性和必要性。

课程思政教学目标及实践

【育人目标】

1. 科学精神　理解金融机构内部控制作为一种综合治理模式,不是治理措施的任意组合,而是一个科学的制度系统,能够同时满足"合理性"与"效率性"并处于最优状态,培养学生在金融监管理论和实践学习中求真、实证、怀疑和批判等精神。

2. 时代担当　通过提升学生对加强内控制度建设重要性的认识,引导学生以积极健康、与时俱进的心态对待个人事业发展和职业选择,淡泊名利,乐于奉献;加强风险意识和个人行为约束,对规则、制度、法律有敬畏之心,培养"不敢腐、不能腐、不想腐"的行为习惯。

【教学方式与方法】

1. 自主学习:学生线下阅读与金融机构内部控制制度相关的法律法规,撰写阅读笔记。

2. 课堂讲授:教师讲授金融机构内部控制制度相关理论的内容。

3. 课堂展示与讨论:学生展示与金融机构内部控制制度相关的报告,小组展开讨论,教师讲评。

【课程思政教学实例】

案例材料:2018年以来,银保监会处置高风险农村中小银行627家

(1)案例简介

2022年5月以来,银保监会持续加强和改进中小银行公司治理监管,银保监会通过加大不良资产处置力度、引进合格股东、吸收合并、重组整合、达标升级等多种方式,合力推进高风险农村中小银行处置。2018年以来,累计处置高风险农村中小银行627家,处置不良贷款2.6万亿元,金额超过前10年的总和。会同财政部、人民银行等部门,创新地方政府专项债补充中小银行资本举措,向289家农村中小银行注资1334亿元。

资料来源:银保监会处置高风险农村中小银行627家(people.com.cn)。http://finance.people.com.cn/n2/2022/0523/c186330-35280772.html。

(2)案例的思政元素

①法治意识与底线思维。通过深挖高风险农村中小银行通过信贷、债券、贴现等手段违规输送利益,以及内部人控制和大股东操纵掏空机构等问题,提高学生对实行内控管理的标准化和规范化的重要认识,培养守法合规经营理念。

②道德修养与职业伦理。加强对金融机构高级管理人员和重要岗位业务人员的资格审查和监督管理,健全内控制度,避免道德风险。

(3)教学手段

①讲授:在"银行内部控制管理"中引入银行员工操作风险观、操作风险内部控制意识和操作风险管理职业道德等内容,增强学生对银行内部控制建设的认同感。

②讨论:加强和改进中小银行公司治理监管的重要性。

③学习测评:讨论结果现场点评,包括学生自评、教师点评总结。

第七章　其他监管防线

专业教学目标

各国金融监管实践都证明,要对金融业实施有效的监管仅仅依靠政府监管当局的审慎监管与金融业的内部控制是不够的,还需要行业自律、市场约束机制和存款保险制度等其他监管防线的补充与配合。本章通过学习行业自律、市场约束机制、存款保险制度等内容,明确行业自律组织的一般功能,了解我国金融业的行业自律。随着金融业现代企业制度的逐步建立,金融机构接受市场的监督与约束成为必然的趋势,也是市场经济发展的必然要求,了解市场约束发挥作用的前提条件,熟悉发挥市场约束机制作用的具体措施,分析存款保险制度的功能与问题,了解主要国家的存款保险制度,分析我国建立存款保险制度的必要性。

【知识目标】

1. 学生了解行业自律在金融机构监管体系中的位置。
2. 学生了解我国有哪些重要的金融行业自律组织,我国金融行业自律组织的职能有哪些。
3. 学生分析为什么市场约束对于金融机构的稳健运行非常重要。
4. 学生分析存款保险制度的功能和局限性。

【能力目标】

1. 培养学生将所学理论应用于现实和具体案例的分析。
2. 培养学生从思辨的角度认识存款保险制度的目的在于维护存款人的利益、维护金融体系的稳定,但存款保险制度本身也会带来道德风险问题。

课程思政教学目标及实践

【育人目标】

1. 法治意识　提升学生对"权力必须关进笼子里"的认识,金融机构除了加强自身内部控制外,行业自律、金融监管部门等外在监管防线无处不在。引导学生充分认识监管者也需要被监管,鼓励学生探索市场约束机制和行业自律机制的创新。

2. 文化素养　围绕金融行业"信用"这一核心文化,通过金融市场信用评级制度与实践的讲解与分析,引导学生对"言""行"一致和"言"与"心"统一地思考与反省,同时引导学生树立履行经济契约的观念,培铸契约精神。

【教学方式与方法】

1. 自主学习:学生线下自主阅读相关监管法律法规、文献资料,撰写阅读笔记或思维导图。
2. 课堂讲授:教师讲授相关理论的主要观点或内容、政策启示与建议等。
3. 课堂展示与讨论:学生展示根据教学素材整理分析的相关报告等,小组讨论,教师讲评。

【课程思政教学实例】

案例材料:存款保险制度发挥金融稳定作用

(1)案例简介

市场经济条件下,存款保险制度是保护存款人权益的重要措施,是金融安全网的重要组成部分。目前,世界上已有140多个国家和地区建立了存款保险制度。存款保险制度在保护存款人权益、及时防范和化解金融风险、维护金融稳定中发挥了重要作用。存款保险制度是国家金融安全网的重要支柱和防范化解金融风险的重要防线,有效维护了国家金融安全。同时,存款保险制度为保护存款人利益提供了法律保障,增强了存款人对银行体系的信心,保护了存款人利益。

资料来源:存款保险制度不断提升 我国金融安全网整体效能—光明网。https://m.gmw.cn/baijia/2020-09/25/34220688.html.

(2)案例的思政元素

①文化素养。防止银行挤兑风险蔓延的关键是加强存款人对银行履约的信心,而存款保险这一监管工具恰恰可以提高存款人对银行体系的信任度,无疑将有助于银行挤兑问题的解决。

②广阔视野。提高学生对我国建立存款保险制度必要性的认识,随着我国金融改革的进一步深入,涌现出大量的股份制银行、民营银行以及外资银行等,建立存款保险制度对于稳定金融体系、保证储户利益乃至加强银行监管,促进金融改革都有着十分重要的意义。

(3)教学手段

①讲授:详细解读《存款保险条例》,将中国特色、深化改革等与专业知识相结合,增强学生对提升金融监管水平的认识,促进国家金融稳定发展的意识。

②讨论：中外存款保险制度的比较。
③学习测评：讨论结果现场点评，包括学生自评、教师点评总结。

第八章　金融监管的外部支持

专业教学目标

金融监管的外部支持是一个包含法律、会计、统计、企业与社会信用等诸多内容的系统，内容之间既相互联系又有所区别。本章通过学习法律、会计、统计等金融监管外部支持系统的内容，了解金融监管法律法规的内容，熟悉我国的金融监管法律法规；了解金融监管的审慎会计支持，分析审慎会计制度与金融监管的关系，了解金融监管的统计支持，思考对中国金融监管统计体系的构建。

【知识目标】
1. 学生熟悉我国的金融监管法律法规，加强对监管理念的认识。
2. 学生思考中国金融监管统计体系的构建。
3. 学生分析审慎会计制度是如何发展起来的。
4. 学生分析金融监管统计与金融监管审慎会计的关系。

【能力目标】
1. 培养学生将所学理论应用于现实和具体案例的分析。
2. 培养学生从思辨的角度认识我国银行监管存在着哪些缺陷以及怎样解决这些缺陷。

课程思政教学目标及实践

【育人目标】
1. **法治意识**　金融业监管的专门法律，规范了金融监管制度，加强了监管力度，特别强调监管理念，要求建立一个公开透明、高效运作的金融业监管体系，提升学生对我国的金融监管法律法规的认识，理解通过审慎有效的监管，提升金融业监管的专业化水平，有助于促进金融业合法稳健运行。
2. **广阔视野**　培养学生站在新时代对我国金融监管更高要求的时间节点，思考监管法律法规、审慎会计制度的完善如何与宏观经济政策相互协调，金融监管统计如何在金融政策正确制定与实施、金融监管稳健有效运行等重大理论与实践问题中的重要作用。

【教学方式与方法】
1. 自主学习：学生线下自主阅读金融监管外部支持相关的文献资料，撰写阅读笔记或思维导图。
2. 课堂讲授：教师讲授金融监管外部支持相关理论的主要内容、政策启示等。
3. 课堂展示与讨论：学生展示根据金融监管外部支持整理分析的报告等，小组讨论，教师讲评。

【课程思政教学实例】

案例材料：大公资信全面恢复评级业务

(1) 案例简介

中国银行间市场交易商协会和中国证券监督管理委员会北京监管局通知大公国际资信评估有限公司（简称"大公资信"），经中国人民银行和中国证券监督管理委员会同意，于2019年11月起全面恢复大公资信银行间市场非金融企业债务融资工具和证券市场信用评级业务。2018年8月，大公资信因业务违规受到监管机构处罚，暂停开展银行间市场非金融企业债务融资工具和证券市场信用评级业务。

资料来源：大公资信全面恢复评级业务—经济·科技—人民网。http://finance.people.com.cn/n1/2019/1104/c1004-31437188.html。

(2) 案例的思政元素

①道德修养与职业伦理。评级机构所出具的专业报告不能客观、真实地反映企业的运行状况、信用情况，只会对投资者构成更大程度的误导，不仅损害投资人的利益，而且也动摇了市场的信用基础，甚至诱发金融市场的系统性风险，提高学生正确认识信用评级机构应当恪守独立、客观、公正的基本原则，发挥好资本市场"看门人"的应有作用。

②文化素养。我国在信用评级方面起步较晚，国内评级市场的相关制度尚不完善，特别对违规评级机构的约束和责任认定欠缺，出现了无序竞争甚至恶性竞争的苗头，通过案例分析，促使学生对我国信用评

级机构监管的思考,引导信用评级机构和人员正确执行国家法律法规,遵守职业道德,在社会树立起良好的信用评级职业形象,维护信用评级机构和评级人员的合法权益。

(3)教学手段

①讲授:在"金融监管的外部支持"中引入对信用评级机构的监管,将信用评级职业形象等内容与专业知识相结合,加深学生对我国信用评级机构监管的思考。

②讨论:评级机构被监管部门实施行政处罚带来的启示。

③学习测评:讨论结果现场点评,包括学生自评、教师点评总结。

第九章 银行业监管

专业教学目标

商业银行是从事"吸收公众存款、发放贷款、办理结算等业务的企业法人",是国家金融体系的重要组成部分,对银行业的有效监管是稳健的经济环境的关键组成部分。本章着重介绍了市场准入监管、日常经营监管、市场退出监管等银行业监管方面的内容,让学生了解银行业经营管理与银行业监管的关系,理解市场准入监管、日常经营监管和市场退出监管的基本内容,熟练掌握我国银行业的监管方法和依据。

【知识目标】

1. 学生了解银行业经营管理与银行业监管的关系,理解市场准入监管、日常经营监管和市场退出监管等银行业监管方面的内容。

2. 学生掌握现实我国银行业的监管方法和依据。

【能力目标】

1. 培养学生将所学理论灵活应用于现实和具体案例。

2. 培养学生从思辨与探索的角度分析银行业监管的全过程,评价其存在的合理性及局限性,对我国银行业发展及监管的思考能力。

课程思政教学目标及实践

【育人目标】

1. 职业素养与底线思维 通过讲解商业银行的监管问题,使学生在全面了解金融监管基本知识和基本理论的基础上,系统掌握银行业的监管内容、方法和程序,从而能够胜任银行等金融监管部门的实践工作。

2. 法治意识 银行业的监管离不开法律契约的规范与约束,在市场准入、日常经营和市场退出等环节中,要培养学生懂法、守法的宪法法治精神和职业操守,帮助学生了解《商业银行法》《存款保险条例》等的重要意义,树立法治精神。

3. 家国情怀 通过讲解我国银行业的监管内容、方法以及依据,让学生能够理解新时代中国金融发展的根本遵循,即深入学习贯彻习近平新时代中国特色社会主义思想,培养学生高度的政治认同和责任感、使命感,协助加强金融监管,有效防范系统性金融风险。

【教学方式与方法】

1. 自主学习:通过慕课平台学习相应的基础专业知识点,利用金融领域专业网站、微信公众号等途径获取网络前沿资讯、银行业监管时事及权威专家解读资料,撰写阅读笔记或思维导图。

2. 课堂讲授:讲授银行业市场准入监管、日常经营监管和市场退出监管的基本内容以及我国银行业的监管方法和依据等。

3. 课堂展示与讨论:学生展示根据教学素材整理分析的相关报告等,小组讨论。

【课程思政教学实例】

案例材料:BS银行破产案

(1)案例简介

BS银行为某省规模较大的城商行,实际控制股东为"明天系",2019年被人民银行、银保监会联合接管,2021年法院裁定宣告其破产,风险处置工作基本完成。在接管期间,主要开展以下工作:①稳妥推进债权保障与处置工作。经过各方通力合作,在充分保障客户债权合法权益的同时,打破了刚性兑付,严肃了市场纪律,有助于引导金融机构健康发展,促进金融市场良性运转。②摸清风险底数,推动改革重组。一是新设 MS 银行收购承接 BS 银行总行及某省内各分支机构的相关业务,二是将 BS 银行某省外 4 家分行资产负债及相关业务打包评估,出售给 HS 银行。③依法申请破产清算。④严肃开展追责问责工作。

资料来源:金融稳定局.中国金融稳定报告 2021[R].北京:中国人民银行,2021.

(2)案例的思政元素

①国家认同。学生更能理解央行、银保监会等政府部门在 BS 银行破产案中的作用,强化政治认同和国家意识。

②社会责任。学生更能了解金融监管的责任与面临的挑战,在坚决防范系统性金融风险,维护金融稳定中主动作为和勇于担当。

③法治意识与底线思维。坚持法治化原则,全面依法依规推进风险治理,增强规则意识与法治意识。

(3)教学手段

①翻转课堂——支架与高阶:慕课资源、案例材料、文献资源为翻转课堂提供支架;课堂展示、师生思辨讨论实现课堂高阶性、高效性。

②知识点+实事+思政——贯穿融合:在知识点"市场退出监管"中引入 BS 银行破产案,将国家认同、社会责任以及法治意识等思政元素与专业知识相结合,增强学生法治意识,提升国家情怀。

③学习测评——实时呼应:小组展示互评,教师现场点评。

第十章 证券业监管

专业教学目标

证券业监管是金融监管的重要组成部分。由于证券市场自身存在不完全竞争等固有缺陷,同时证券业具有高风险性和内在不稳定性特征,因此,有必要对证券业进行有效的严格监管。本章主要从证券业监管概述、证券机构监管、证券市场监管、上市公司监管四个方面进行介绍,让学生了解证券业监管的相关问题,熟练掌握我国证券市场的监管。

【知识目标】

1. 学生了解和认识证券业监管的目标原则、监管体系,以及我国证券监管体制形成与发展。

2. 学生掌握内幕交易、证券欺诈、市场操作、信息披露等证券监管的实务问题,以及现实我国证券市场的监管方法和依据。

【能力目标】

1. 培养学生将所学理论灵活应用于现实和具体案例。

2. 培养学生从思辨与探索的角度分析证券业的监管问题,为我国证券业发展及监管出谋划策。

课程思政教学目标及实践

【育人目标】

1. 职业道德与底线思维 通过讲解证券业监管的目标原则、监管体系以及证券市场监管的相关问题,引导学生树立正确的人生观和价值观,坚守职业操守,同时要提升自身业务能力,强化风险防范,勿忘底线思维。

2. 法治意识 通过讲解国家依法从严打击内幕交易、证券欺诈、市场操作、信息披露等证券监管的实务问题,引导学生深入学习领会习近平总书记有关以人民为中心的法治思想,帮助学生了解证券法和相关法律法规的重要意义,增强法治意识,提升政治认同。

3. 家国情怀 通过讲解我国证券业监管的实务问题,以及现实我国证券市场的监管方法和依据,让学生能够理解新时代中国金融发展的根本遵循,即深入学习贯彻习近平新时代中国特色社会主义思想,培养学生高度的政治认同和社会责任感、使命感,协助加强金融监管,有效防范系统性金融风险。

【教学方式与方法】

1. 自主学习:通过慕课平台学习相应的基础专业知识点,利用中国银行保险监督管理委员会网站、金融领域专业网站、微信公众号等途径获取网络前沿资讯、证券业监管时事及权威专家解读资料,撰写阅读笔记或思维导图。

2. 课堂讲授:讲授证券机构监管、证券市场监管、上市公司监管等的基本内容以及我国证券市场的监管方法和依据等。

3. 课堂展示与讨论:学生展示根据教学素材整理分析的相关报告等,小组讨论。

【课程思政教学实例】

案例材料:"老鼠仓"交易

(1)案例简介

2018年,CQ市高级人民法院发布刑事判决书,RB资产原股票投资部投资经理卓某某终于迎来法律的制裁,被判刑三年零六个月。根据侦查信息,卓某某任职期间利用因职务便利获取的未公开信息,包括股票组合的交易品种、交易方向、交易数量、交易时间和持仓情况等信息,非法获利197万元。在二审中,CQ市高院认为,鉴于卓某某归案后能如实供述自己的罪行,清退全部赃款,有悔罪表现;同时检举他人犯罪,经查属实,有立功表现,可予减轻处罚。最终主要判决结果如下:卓某某犯利用未公开信息交易罪,判处有期徒刑三年六个月,并处罚金人民币200万元;违法所得197万元依法予以追缴。

资料来源:中国裁判文书网。每经网.判刑三年半,罚没397万!人保资产前投资经理"老鼠仓"细节曝光[EB/OL]. http://www.nbd.com.cn/articles/2018-05-23/1219785.html,2018-05-23/2022-08-28.

(2)案例的思政元素

①法治意识。对待"老鼠仓"的违法犯罪行为,监管层"零容忍"执法,警惕学生对法律心存敬畏,增强规则意识与法治意识。

②敬业和诚信。"老鼠仓"违背职业经理人的一般诚信原则,是严重的职业操守问题,引导学生从事证券业工作都应坚持职业操守,让财富取之有道。

③社会责任。学生更能意识到加强行业自律,强化职业操守,完善公司内部治理,仍将是我国证券业常抓不懈的重任。

(3)教学手段

①翻转课堂——支架与高阶:慕课资源、案例材料、文献资源为翻转课堂提供支架;课堂展示、师生思辨讨论实现课堂高阶性、高效性。

②知识点+实事+思政——贯穿融合:在知识点"政策市场监管"中引入"老鼠仓"交易案例进行分析,将法治意识、敬业和诚信以及社会责任等思政元素与专业知识相结合,增强学生的道德修养和法治意识,并提升家国情怀。

③学习测评——实时呼应:小组展示互评,教师现场点评。

第十一章 保险业监管

专业教学目标

保险作为经营风险的特殊行业,对社会经济的稳定和人民生活的安定负有很大的责任,所以世界各国均对其进行严格管理。本章重点讨论了保险市场的监管、保险人的监管、保险市场其他要素的监管问题,使学生了解保险市场的基本情况,掌握对保险人监管的基本内容及监管体系,以及我国保险行业实际工作中存在的问题与解决对策。

【知识目标】

1. 学生理解保险监管的含义及必要性,了解保险市场监管的部门、原则和目标。

2. 学生掌握对保险人监管的基本内容、监管体系,以及我国保险行业实际工作中存在的问题与解决对策。

【能力目标】

1. 培养学生将所学理论灵活应用于现实和具体案例。

2. 培养学生从思辨与探索的角度分析保险人监管的基本内容,评价其存在的局限性和问题,为我国保险业发展及监管出谋划策。

课程思政教学目标及实践

【育人目标】

1. 职业素养 通过讲解保险监管的含义及必要性、保险市场监管的部门、原则和目标等基本内容,提升学生对保险行业及监管的认知,协助加强金融监管,有效防范系统性金融风险。

2. 法治意识　保险业的监管离不开法律契约的规范与约束,通过对保险机构、业务、财务以及偿付能力等监管内容的讲解,培养学生懂法、守法的宪法法治精神,帮助学生了解《保险法》《保险公司偿付能力管理规定》等的重要意义,树立法治精神。

3. 家国情怀　通过讲解我国保险业监管的基本内容、"偿二代"监管体系,以及我国保险行业实际工作中存在的问题与解决对策,培养学生开阔视野和创新意识以及民族自豪感和民族自信心,增强学生的家国情怀。

【教学方式与方法】

1. 自主学习:通过慕课平台学习相应的基础专业知识点,利用金融领域专业网站、微信公众号等途径获取网络前沿资讯、保险业监管时事及权威专家解读资料,撰写阅读笔记或思维导图。

2. 课堂讲授:讲授保险市场的监管、保险人的监管、保险市场其他要素的监管问题以及我国保险行业实际工作中存在的问题与解决对策等。

3. 课堂展示与讨论:学生展示根据教学素材整理分析的相关报告等,小组讨论。

【课程思政教学实例】

案例材料:我国"偿二代"保险监管体系

(1)案例简介

中国银行保险监督管理委员会(原保监会)于 2012 年 3 月启动偿二代建设,于 2016 年 1 月正式实施,采用国际成熟的"三支柱"监管框架,并以"风险导向"为基本原则建设,整个过程取得了显著成效。但随着我国金融保险市场的内外部经营环境、业务模式和风险状况不断变化,保险市场和偿付能力监管逐渐迎来了新的风险和挑战,偿二代工程亟须调整和优化。为进一步补齐制度短板和监管漏洞,提升保险业风险管理和风险抵御能力,银保监会于 2017 年 9 月启动了偿二代二期工程建设,结合金融工作新要求和保险监管新形势,银保监会对现行偿二代监管规则进行了全面优化升级,同时广泛征求和吸收各方面意见,于 2021 年 12 月发布了《保险公司偿付能力监管规则(Ⅱ)》,并于 2022 年第一季度起全面实施。

资料来源:德勤 Deloitte. 偿二代二期监管发文解读报告[EB/OL]. https://mp.weixin.qq.com/s/FQYDiwg61G5Ta7YHZBnTNg,2022-01-19/2022-08-28.

(2)案例的思政元素

①法治意识。讨论我国实行"偿二代"监管指标的意义,学生更能理解建立完善的法律监督制度,是对保险市场开展有效监管工作的前提和基础。

②开阔视野和实践创新。明确"偿二代"是在借鉴国际经验的基础上,立足我国国情的一项重大创新,能够有效反映我国保险市场的风险变化,可以培养学生开阔视野和创新意识,提升国家认同感。

③民族自豪感和民族自信心。从偿付能力监管来看,中国是目前世界上保险业监管水平最全面最先进的国家之一,在党的带领下,我国金融业也是有领先全球的时候。

(3)教学手段

①翻转课堂——支架与高阶:慕课资源、文献资源为翻转课堂提供支架;课堂展示、师生思辨讨论实现课堂高阶性、高效性。

②知识点+实事+思政——贯穿融合:在知识点"偿付能力监管"中引入我国"偿二代"保险监管体系进行分析,将法治意识、开阔视野、实践创新、民族自豪感以及自信心等思政元素与专业知识相结合,增强学生的法治意识以及家国情怀。

③学习测评——实时呼应:小组展示互评,教师现场点评。

第十二章　对其他金融机构的监管

专业教学目标

对其他金融机构的监管是金融监管体系的重要组成部分。它包括对信托业的监管、对租赁业的监管、对财务公司的监管和对汽车金融及消费金融业的监管几个方面。本章正是从这四个角度进行分析,让学生了解其他金融机构的构成,理解我国对其他金融机构的监管内容及体系,掌握我国信托业等其他金融机构的有关监管问题。

【知识目标】

1. 学生了解其他金融机构的构成,理解其他金融机构的监管内容及体系。

2. 学生重点掌握我国信托业等其他金融机构的有关监管问题。

【能力目标】

1. 培养学生将所学理论灵活应用于现实和具体案例。

2. 培养学生从思辨与探索的角度分析信托业等其他金融机构监管的有关监管问题,为我国其他金融机构发展及监管出谋划策。

课程思政教学目标及实践

【育人目标】

1. 职业素养　通过讲解其他金融机构的构成、监管内容及体系等基本内容,提升学生对信托业等其他金融机构经营及监管的认知,培养学生职业素养,提高胜任信托业等金融机构及监管机构的工作能力。

2. 法治意识　任何金融机构的经营与监管均离不开法律契约的规范与约束,通过对我国信托业等其他金融机构监管内容的讲解,培养学生懂法、守法的宪法法治精神,树立法治意识。

3. 家国情怀　通过本章内容的讲解,以及我国信托业等实际工作中存在的问题与解决对策,掌握我国金融监管政策导向,探索协助提升金融监管水平,促进我国金融秩序和社会稳定。

【教学方式与方法】

1. 自主学习:通过慕课平台学习相应的基础专业知识点,利用金融领域专业网站、微信公众号等途径获取网络前沿资讯、信托业等其他金融机构监管时事及权威专家解读资料,撰写阅读笔记或思维导图。

2. 课堂讲授:讲授信托业等其他金融机构的监管内容及体系等。

3. 课堂展示与讨论:学生展示根据教学素材整理分析的相关报告等,小组讨论。

【课程思政教学实例】

案例材料:SC 信托被接管

(1)案例简介

银保监会发布消息称,监管部门发现,SC 信托违反审慎经营规则,背离受托人职责定位,将部分固有贷款或信托资金违规用于相关股东及其关联方。在监管部门责令整改后,相关股东拒不归还违规占用的资金,严重危及该公司稳健运行,损害信托产品投资者和公司债权人合法权益。

为进一步推进 SC 信托风险处置,四川银保监局将联合地方政府派出工作组,加强对 SC 信托的管控,督促其尽快改组董事会,委托专业机构提供经营管理服务,防止风险敞口扩大,积极采取风险处置措施,切实保护信托当事人和公司债权人合法权益,维护金融秩序和社会稳定。针对 SC 信托经营过程中的违法违规行为,工作组将会同相关部门依法加强调查,积极追偿股东及其关联方非法占用的资金,坚决惩处违规人员,严厉打击犯罪行为,严肃市场纪律。

资料来源:中国银行保险监督管理委员会.新闻通稿[EB/OL]. http://www.cbirc.gov.cn/branch/sichuan/view/pages/common/ItemDetail.html?docId=951355&itemId=2020,2020-12-22/2022-08-28。

(2)案例的思政元素

①法治意识。针对 SC 信托经营的违法违规行为,监管部门入驻,坚决惩处违规人员等,严厉打击犯罪行为,严肃市场纪律,使学生树立法治意识。

②家国情怀。分析银保监会一系列监管动作,对 SC 信托风险化解形成有利的舆论氛围和具体安排,学生更能理解中央第十次会议精神,防范化解重大金融风险、做好金融稳定发展仍是今后较长期的重要任务。

(3)教学手段

①翻转课堂——支架与高阶:慕课资源、案例材料、文献资源为翻转课堂提供支架;课堂展示、师生思辨讨论实现课堂高阶性、高效性。

②知识点+实事+思政——贯穿融合:在知识点"信托业监管"中引入 SC 信托被接管的案例进行分析,将法治意识、家国情怀等思政元素与专业知识相结合,增强学生的法治意识和家国情怀。

③学习测评——实时呼应:小组展示互评,教师现场点评。

第十三章 金融市场监管

专业教学目标

广义的金融市场监管就是金融监管,狭义的金融市场监管主要是对各种类型金融市场运行的监管。本章主要讨论狭义的金融市场监管,包括货币市场、外汇市场和金融衍生产品市场监管,让学生了解金融市场监管的一般原则、内容与手段等,理解金融市场各子市场的监管,掌握金融市场监管中外汇市场、金融衍生品市场监管问题。

【知识目标】

1. 学生了解金融市场监管的一般原则、内容与手段等,理解金融市场各子市场的监管。
2. 学生掌握金融市场监管中外汇市场、金融衍生品市场监管问题。

【能力目标】

1. 培养学生将所学理论灵活应用于现实和具体案例。
2. 培养学生从思辨与探索的角度分析金融市场的监管问题,为我国金融市场发展及监管出谋划策。

课程思政教学目标及实践

【育人目标】

1. 职业素养　通过讲解金融市场监管的一般原则、内容与手段等基本内容以及各子市场的监管实务,提升学生对金融市场及其监管的认知,提高胜任金融机构和监管机构的工作能力。
2. 家国情怀　通过讲解金融市场监管的相关内容,以及国内外金融市场监管存在的问题与解决对策,引导学生理性看待金融开放问题,培养他们高度的全球意识、爱国情怀和社会责任感、使命感。

【教学方式与方法】

1. 自主学习:通过慕课平台学习相应的基础专业知识点,利用金融领域专业网站、微信公众号等途径获取网络前沿资讯、外汇市场、金融衍生品市场等监管时事及权威专家解读资料,撰写阅读笔记或思维导图。
2. 课堂讲授:讲授货币市场、外汇市场和金融衍生产品市场监管的监管内容等。
3. 课堂展示与讨论:学生展示根据教学素材整理分析的相关报告等,小组讨论。

【课程思政教学实例】

案例材料:中国银保监会依法查处 ZG 银行"原油宝"产品风险事件

(1)案例简介

中国银保监会对"原油宝"产品风险事件高度重视,第一时间要求 ZG 银行依法依规解决问题,与客户平等协商,及时回应关切,切实维护投资者的合法权益。同时,中国银保监会会同相关部门成立跨部门联合调查组,认真做好核查事实、处置风险、堵塞漏洞等工作,坚决查处 ZG 银行违法违规行为,全力维护金融市场秩序。针对 ZG 银行"原油宝"产品风险事件相关违法违规行为,中国银保监会依法从严处罚,主要包括:一是产品管理不规范;二是风险管理不审慎;三是内控管理不健全;四是销售管理不合规。

资料来源:中国银行保险监督管理委员会.中国银保监会依法查处中国银行"原油宝"产品风险事件[EB/OL]. http://www.cbirc.gov.cn/cn/view/pages/ItemDetail.htm?dcId=947272&itemId=915&GENERALTYPE=0,2020-12-05/2022-08-28.

(2)案例的思政元素

①家国情怀。分析银保监会等在事件中的角色,体会政府态度,依法从严监管,切实保护金融消费者的合法权益,更能理解习近平总书记以人民为中心的发展思想,增强国家认同感,培养学生高度的爱国情怀。

②职业素养。通过对"原油宝"事件的思考,鼓励学生不断地持续学习,加强自身的金融素养,深入探讨商业银行产品创新和风险的关系,对金融市场的本质进行有益的探索。

(3)教学手段

①翻转课堂——支架与高阶:慕课资源、案例材料、文献资源为翻转课堂提供支架;课堂展示、师生思辨讨论实现课堂高阶性、高效性。

②知识点＋实事＋思政——贯穿融合：在知识点"金融衍生产品市场监管"中引入原油宝穿仓事件进行分析，将家国情怀、职业素养等思政元素与专业知识相结合，增强家国情怀以及职业素养的意识。

③学习测评——实时呼应：小组展示互评、教师总结点评。

第十四章 金融监管协调

专业教学目标

在金融混业化及金融科技化的背景下，金融风险在不同金融市场、金融机构间交叉传染速度越来越快，对经济体系和金融体系的冲击也不断加大。金融创新诱发的新风险也导致金融监管难度不断上升。一国（地区）各金融监管主体部门之间加强协调，共同防范金融风险、应对金融危机、保证金融安全显得日益重要。本章通过学习一国（地区）范围内金融监管协调理论，不同金融监管体制下的监管协调，中国的金融监管协调现状，理解金融监管与金融稳定的重要性。

【知识目标】

1. 学生了解金融监管协调的含义和必要性，熟悉金融监管协同的主要内容，理解金融监管协调的统一性和独立性。

2. 学生了解不同金融监管体制下的监管协调，掌握中国的金融监管协调现状，比较分析国内外监管协调体系的优劣。

3. 学生理解金融稳定的必要性，掌握金融稳定评估方法，了解我国强化金融监管与维护金融稳定的措施。

【能力目标】

1. 培养学生将所学理论灵活应用于现实和具体案例的比较分析。

2. 培养学生从思辨与探索的角度比较分析不同监管协调体系的优劣，评价其存在的局限性和问题，思考我国金融监管协调与金融稳定的发展。

课程思政教学目标及实践

【育人目标】

1. 广阔视野　通过学习金融监管协调的必要性，了解金融混业化及金融科技化背景下金融风险、金融危机对经济金融体系的冲击，熟悉不同金融监管体制下的监管协调，培养学生的国际金融素养，拓宽金融视野。

2. 道德修养与职业伦理　通过学习本章知识，提升学生对金融风险、金融危机危害性的认知，培养学生道德修养与职业伦理，强化金融风险意识，提高金融风险及金融危机管理能力。

3. 家国情怀　通过学习中国的金融监管协调现状，掌握我国金融监管协调体系改革动态，熟悉我国维护金融稳定的措施，协助提升金融监管水平，促进国家金融稳定发展。

【教学方式与方法】

1. 自主学习：学生线下自主阅读相关监管法律法规、文献资料，撰写阅读笔记或思维导图。

2. 课堂讲授：教师讲授相关理论的主要观点或内容、政策启示与建议等。

3. 课堂展示与讨论：学生展示根据教学素材整理分析的相关报告，小组讨论，教师讲评。

【课程思政教学实例】

案例材料：从"一行三会"到"一委一行两会"

(1) 案例简介

2018年4月8日，中国银行保险监督管理委员会在北京挂牌，标志着新组建的中国银行保险监督管理委员会（简称银保监会）正式运行。银保监会的合并是建立符合现代金融特点、统筹协调、有力有效的现代金融监管框架的一项重要举措，具有里程碑式意义。

银保合并后我国将形成"一委一行两会"的金融监管架构，具体来看，"一委"是"国务院金融稳定发展委员会"，负责统筹协调金融稳定和改革发展重大问题。"一行"是"中国人民银行"，负责宏观审慎监管职能，实施货币政策和宏观审慎的"双支柱框架"。"两会"是"中国证券监督管理委员会"和"中国银行保险监督管理委员会"，未来将专注于监管姓"监"，侧重于对金融机构行为和功能的微观监管，解决现有监管体制中监管重叠和监管空白等缺陷。

资料来源:近日,新组建的中国银行保险监督管理委员会正式挂牌_滚动新闻_中国政府网(www.gov.cn)。http://www.gov.cn/xinwen/2018-04/16/content_5282699.htm。

(2)案例的思政元素

①中国特色。既借鉴国外先进监管协调体系成功经验,又具有中国社会主义经济体制特色。

②深化改革。建立符合中国现代金融特点、统筹协调监管、有力有效的现代金融监管框架。

(3)教学手段

①翻转课堂——支架与高阶:监管法律法规、文献资源为翻转课堂提供支架;课堂展示、师生思辨讨论实现课堂高阶性、高效性。

②知识点+实事+思政——贯穿融合:在知识点"金融监管协调"中引入金融监管体制改革方案,将中国特色、深化改革等思政元素与专业知识相结合,增强学生协助提升金融监管水平,促进国家金融稳定发展的意识。

③学习测评——实时呼应:小组展示互评、教师总结点评。

第十五章 金融监管国际协调与合作

专业教学目标

在金融国际化及金融自由化的背景下,一国的金融风险伴随着跨国金融活动极易在各国间迅速传染,对各国乃至国际金融体系造成巨大冲击。因此,各国监管当局加强合作与交流,实现金融监管的国际化已成为当代金融发展不可逆转的趋势。本章通过学习金融监管国际协调与合作概况,理解金融监管国际协调与合作框架,掌握金融监管国际协调与合作的主要内容,探讨金融监管国际协调与合作的不足与发展。

【知识目标】

1. 学生了解金融国际化的趋势,熟悉金融监管国际协调与合作的框架与主要内容,理解金融监管国际协调与合作的必要性。

2. 以国际金融危机及国际监管协调与合作动态为案例,分析金融监管国际协调与合作的不足,思考金融监管国际协调与合作的未来发展。

【能力目标】

1. 培养学生将所学理论灵活应用于现实和具体案例的比较分析。

2. 培养学生从思辨与探索的角度比较分析金融监管国际协调与合作的不足,思考金融监管国际协调与合作的未来发展。

课程思政教学目标及实践

【育人目标】

1. 广阔视野 通过学习金融监管国际协调与合作的框架与主要内容,了解国际金融危机对国际经济金融体系的冲击,熟悉金融危机下国际监管协调与合作,培养学生的国际金融素养,拓宽金融视野。

2. 家国情怀 通过学习金融监管国际协调与合作的不足,思考国际金融危机下我国金融监管国际协调与合作机制的构建,凸显中国特色社会主义金融制度的优越性。

【教学方式与方法】

1. 自主学习:学生线下自主阅读金融监管国际协调与合作框架与主要内容,撰写阅读笔记或思维导图。

2. 课堂讲授:教师讲授相关理论的主要观点或内容、政策启示与建议等。

3. 课堂展示与讨论:学生整理分析金融监管国际协调与合作案例,开展小组讨论,教师讲评。

【课程思政教学实例】

案例材料:积极参与新一轮国际金融监管规则重塑

(1)案例简介

2008年国际金融危机以来,面对新一轮国际金融监管规则变革的挑战,我们应准确把握当前国际金融监管演变的新特点,积极应对新挑战,努力参与国际金融监管规则的重塑。

推动形成对我国有利的国际金融监管体系。

从当前美国对外监管措施分类看,尤其是在特朗普政府"美国优先"思想主导下,涉外金融监管领域摩擦恐将有增无减。面对这样的外部环境,我国应从国家战略高度提早制定预案,在国家层面进一步加强海外事务协调,统筹利用好国家司法、贸易、会计、金融等领域资源,做好大数据时代金融数据安全防范工作,对滥用"长臂管辖"权的行为予以坚决回击。

资料来源:积极参与新一轮国际金融监管规则重塑—观点—人民网。http://opinion.people.com.cn/n1/2017/0727/c1003-29430781.html.

(2)案例的思政元素

①中国特色。积极应对新挑战,努力参与国际金融监管规则的重塑,推动形成对我国有利的国际金融监管体系。

②制度自信。尊重世界多元文化的多样性和差异性,共同应对面临的全球性金融风险挑战,提升金融监管国际协调与合作成效。

(3)教学手段

①翻转课堂——支架与高阶:金融监管国际协调与合作案例为翻转课堂提供支架;课堂展示、师生思辨讨论实现课堂高阶性、高效性。

②知识点+实事+思政——贯穿融合:了解金融监管国际协调与合作的不足,思考国际金融监管规则的重塑,将中国特色、国际理解等思政元素与专业知识相结合,增强学生理解金融监管国际协调与合作的重要性,促进国际金融稳定发展的意识。

③学习测评——实时呼应:小组展示互评、教师总结点评。

四、课程思政的教学评价

(一)对教师的评价

1. 教学准备的评价

将《金融监管学》课程思政建设落实到教学准备各方面,提前提炼思政元素进行课程思政目标设计、修订教学大纲、教材选用、教案课件编写等。

2. 教学过程的评价

将《金融监管学》课程思政建设落实到教学过程各环节,注重评价教师的思政教学方式是否恰当,教学理念及策略、教学方法运用、作业及批改、平时成绩考核等环节是否自然融入金融监管思政元素,课程思政教学目标是否达成。

3. 教学结果的评价

建立健全《金融监管学》课程思政多维度评价体系,包括同行评议、随机听课、学生评教、教学督导、教学研究及教学获奖等。

4. 评价结果的运用

对于同行评议、学生评教、教学督导等提出的思政教学改进建议,结合考核环节学生对思政元素的领会及掌握程度,对思政教学进行反思与改进。

(二)对学生的评价

1. 学习过程的评价

检验学生是否认真完成了老师布置的思政教学学习要求和任务,是否积极参与资料收集、课堂讨论和实地调研等教学过程,科学评价学生在思政教学学习过程中的积极性、互动性和参与度。

2. 学习效果的评价

通过平时作业、课堂讨论、资源库平台资料分析报告、随堂练习、课程论文、期末考试等多种形式,检验学生对《金融监管学》课程思政元素的领会及其对思政元素的掌握程度,是否理解金融监管的重要性和必要性,是否能够熟悉各项金融监管法律法规并将之应用于今后的日常工作学习中。

3. 评价结果的运用

通过师生座谈和系部教研活动等多种形式,对学生的思政教学学习效果进行科学分析,总结经验,改进不足,提升课程思政的学习效果。

五、课程思政的教学素材

序号	内　　容	形式
1	《地方金融监督管理条例》(草案征求意见稿)	政策法规
2	《金融风险报告》	阅读材料
3	互联网金融在中国的发展创新与监管	阅读材料
4	"一委一行两会"新金融监管框架成形 利于监管协同	阅读材料
5	《金融控股公司监督管理试行办法》	政策法规
6	《商业银行内部控制指引》	政策法规
7	《存款保险条例》	政策法规
8	《银行业金融机构外部审计监管指引》	政策法规
9	中小银行金融风险主要源于公司治理失灵——从接管BS银行看中小银行公司治理的关键	阅读材料
10	《关于进一步提高上市公司质量的意见》	政策文件
11	《保险资产管理公司管理规定》	政策法规
12	《融资租赁公司监督管理暂行办法》	政策法规
13	《关于促进衍生品业务规范发展的指导意见(征求意见稿)》	政策文件
14	《中国金融稳定报告》	研究报告
15	《巴塞尔Ⅲ:金融监管的十年重构》	阅读材料

《证券投资学》课程思政教学指南

崔敏[1]　王勇民[1]　付榕[1]　杨馥[1]　刘俊棋[2]　周熙雯[2]

([1] 西安财经大学　[2] 福建江夏学院)

一、课程简介与课程目标

(一) 课程简介

《证券投资学》是随着我国金融市场的发展特别是资本证券市场的发展，高校为适应社会对从事金融证券投资业务活动的应用性专业人才不断扩大的需要而开设的一门课程。本课程的教学目的是通过课堂教学，让学生系统地掌握证券投资的基本知识、基本原理和基本应用技能。该课程除进行理论教学外，还进行案例教学。通过这门课的教学，使学生能够达到学以致用，掌握一门技能；扩大学生视野，拓宽就业领域。这一课程主要内容包括：证券投资要素、证券市场运行与管理、证券市场交易程序和方式、证券投资的收益与风险、资本资产定价理论、证券投资对象分析、证券投资基本分析、证券投资技术分析和证券投资管理。

(二) 课程目标

本课程为专业必修课程。通过本课程的学习，使学生能够达到以下目标：

1. 知识目标：系统掌握经济学理论基础，金融、投资等专业基础知识、基本理论与基本技能，同时具有其他相关领域知识，形成兼具人文社会科学、自然科学、工程与技术科学的均衡知识结构，具有在投资相关领域、行业和技术体系内，较熟练进行项目分析、设计与开发的专业能力。

2. 能力目标：具有获取知识的能力，能够掌握有效的学习方法，主动接受终身教育；具有实践应用能力，能够在金融、投资的实践活动中灵活运用所掌握的专业知识；能够运用专业理论知识和现代经济学研究方法分析解决投资领域实际问题，具备一定的科学研究能力；具备创新精神、创业意识和创新创业能力。

3. 育人目标：了解我国改革开放后证券业的发展历史、发展趋势和取得成就，加强对我国政治制度的认同，自觉增强"四个意识"、坚定"四个自信"、做到"两个维护"；认识到证券市场主体、客体、中介不断完善、创新，适应市场发展的需要，是深化改革开放，建设中国特色社会主义市场经济的重要内容；培养学生将所学知识应用于市场的实际中，对于证券发行市场的定价方法及其实际案例有更深刻的认识和把握，从而更好地服务于社会；通过学习证券市场的交易程序及交易制度，引导学生努力成为证券市场服务的提供者和行为的监管者，运用自己的专业知识和能力维持证券市场的稳定性；从法治意识和文化素养两个角度引导学生应当注意投资过程中不要仅仅关注高的投资收益，学生应当树立正确的投资价值观念；从道德修养与职业伦理和文化素养两个角度引导学生在未来进行金融风险管理时，应当注重自身的素质，避免产生操作风险，影响风险管理的水平；通过学习与分析宏观经济环境，使学生能够正确认知证券市场价格的波动原理，理解经济发展过程中经济规律带来的市场波动，理解我国经济发展建立内外循环机制的价值和意义；培养学生求真精神，以科学的思维方式认识证券投资管理的方法和步骤，客观看待股票、债券等有价证券价格变化的规律。培养学生面对投资业绩的变化保持积极乐观的心态，形成证券投资"抗逆力"。

(三) 课程教材和资料

➢ 推荐教材

霍文文. 证券投资学[M]. 6版. 北京：高等教育出版社，2021.

➢ 参考教材或推荐书籍

1. 桂荷发. 证券投资理论与实务[M]. 3版，北京：高等教育出版社，2021.
2. 沈悦. 证券投资学[M]. 北京：中国人民大学出版社，2015.

3. 吴晓求. 证券投资学[M]. 北京：中国人民大学出版社，2014.

➤ 学术刊物与学习资源

国内外经济金融类各类期刊。

学校图书馆提供的各种数字资源，特别是"中国知网"，下载相关文献并加以阅读。

➤ 推荐网站

1. 证券之星：http://www.stockstar.com/.
2. 中国证券网：http://www.cnstock.com/.
3. 中国证券报网络版：http://www.cs.com.cn/.
4. 中国金融界：http://www.jrj.com.cn/.
5. 中国易富网：http://www.eefoo.com/.

二、课程思政教学总体设计

(一) 课程思政教学目标

以习近平新时代中国特色社会主义思想为指导，坚持教学引导、知识传授与价值引领相结合，运用可以培养大学生家国情怀、政治信仰、理想信念、科学精神、实践创新、价值取向、社会责任的题材与内容，全面提高大学生深度学习、拓展创新、缘事析理、明辨是非的能力，让学生成为德才兼备、全面发展的专业性人才。

《证券投资学》课程以投资理论知识为核心内容，学生可以掌握证券投资与证券交易的基本内涵和知识，重视证券市场的监管和证券市场风险防范机制和体系的建立、证券投资基础理论和投资实践操作技能的培养，提升学生对投资领域问题的分析能力和综合运用能力，充分激发学生的使命感，培养学生正确的价值观。本课程的思政教学目标可以涉及以下八个维度：政治认同、家国情怀、道德修养与职业伦理、法治意识与底线思维、文化素养、科学精神、时代担当、广阔视野。

结合课程思政涉及的八个维度，归纳概括本课程的主要思政内容，概括成具体的方面。

1. 政治认同

《证券投资学》课程以证券投资理论为主，引入大量具有中国特色的证券投资理论与实践问题的总结与提炼，通过这些专业知识的讲述，有助于让学生更准确了解中国证券市场以及资本市场发展改革取得成就，从历史发展过程中能够自然而然地传递马克思主义基础理论的正确性，有助于同学们认识到马克思主义指导地位的重要性和中国特色社会主义制度的优越性，增强同学们的政治认同。

2. 家国情怀

中国当前正处于实现"两个一百年"奋斗目标的历史交汇期，中国经济整体进入"新常态"，从内部来看，我国经济由高速增长转向高质量发展阶段，经济结构处于深刻调整之中。从外部来看，全球金融危机的影响并未完全消除，金融形势仍然复杂且严峻。作为投资专业方向的学生，认真学习并掌握证券投资基本原理、证券投资的交易方式、证券投资过程中的风险防控，并将所学知识有效应用于我国证券市场，服务于我国证券市场，树立学生为祖国、为人民奋斗奉献的理想。

3. 道德修养与职业伦理

本课程会涉及到证券投资领域职业道德相关知识，在从事证券交易活动过程中，务必具备道德修养与职业伦理，道德修养与职业伦理道德的遵守，决定了证券市场的高效、健康、可持续发展。在本课程的学习过程中，让学生认识到投资领域职业道德的重要性，自觉养成遵守职业道德的习惯，不要出现内幕交易、操纵市场等损害他人和交易市场的行为。通过本课程的知识讲解和案例解读，切实提高学生的道德修养和职业伦理意识。

4. 法治意识

在证券市场从事证券交易活动，务必遵行相应的法律法规，要在既定法律法规框架下进行各项证券交易，不能出现造成证券市场交易秩序紊乱和市场参与主体经济利益受损的违规操作与行为。本课程各章学习中包含了大量法律、法规介绍，内容涵盖我国主要的证券法和证券交易异常情况的法律规制。通过本课程学习,让学生认识到相关法规对于证券业发展和金融稳定的重要作用,牢固树立个人遵纪守法的意识和合规从事证券交易的底线思维。

5. 文化素养

本课程亦会重视对学生文化素养的培养,文化素养即包括才智、能力、道德素养、审美情趣、艺术知识、文化艺术、价值取向等多个方面。文化素养的养成,是在素质的基础上不断积累和沉淀的过程,不断理解和深悟的过程,不断提高和丰富的过程。对于证券投资领域的学生而言,需要在课本所学的基本理论与知识之外,拓展性学习与认识哲学、历史、文学、社会学、法学等更多方面的相关知识,通过自己学习和认知树立正确的价值观,提升自己的专业技能素质和思想道德素质。

6. 科学精神

本课程注重培养学生的科学精神,鼓励学生要具有理性思维和求真精神,学会运用基本的科学原理和方法分析实际问题,能够尊重事实和证据,有实证意识和严谨的求知态度。在《证券投资学》的学习过程中,引导学生通过学习所学专业知识分析与解决实际问题,深入探索和学习如何通过法律手段、技术手段、建立风险防范预警体系等方式维持我国证券市场的稳定性和健康发展。

7. 时代担当

新时代的中国青年必须担负起时代重任,创造时代赋予的新的历史意义,才能为建设中国特色社会主义注入新的青春活力,为实现第二个百年奋斗目标加入新的生机色彩。本课程的教学过程中要号召当代青年人要具有担当和使命,运用自己所学的知识为我国的经济发展战略做出贡献。结合习近平总书记对青年的寄语"只有创新才能自强、才能争先,要坚定不移走自主创新道路,把创新发展主动权牢牢掌握在自己手中",引导学生充分发扬青年的智慧和力量,养成善于思辨的习惯,形成自主创新的能力,成为时代的奋斗者、奉献者和追梦者。

8. 广阔视野

在全球竞争日趋激烈、世界合作日趋紧密的今天,国家的发展需要更多的具有国际视野的高素质人才。本课程的学习要培养学生在学好专业知识的同时努力扩大自己的知识面,做到既"专"又"博"。同时,要指导学生具有对各种信息的良好的分析和辨别能力,要善于从世界文明发展史中汲取智慧和经验,做到为我所用,要善于分析当前国际形势大调整大变革的错综复杂局势,树立全局观和国际化大视野,把握和平和发展的世界主题,为我国证券市场的高效健康发展做出努力。

(二)课程思政的教学内容

《证券投资学》课程的思政内容可以涉及以下几方面:

1. 证券发展的历史、改革历程和制度演变

自新中国成立以来,中国证券业从零开始,经历了漫长而曲折的发展历程。证券市场是国家经济发展重要的融资场所,在市场资源配置、企业转型发展等方面发挥着重要作用和平台牵引。在《证券投资学》的教学过程中,要指导学生学习和了解我国证券市场的发展历程和制度变革,扎实学习和掌握证券投资的专业知识,认识到我国当前我国证券市场改革的关键痛点和存在的问题,以及与发达国家证券业发展的差距,深入探索和学习如何通过法律手段和技术手段维持我国证券市场的稳定性和健康发展。

2. 经济全球化与人类命运共同体意识

在经济全球化背景下,一国发生的危机通过全球化机制的传导,可以迅速波及全球,危及国际社会整体。证券市场的健康发展以及投资活动的规范与否与整个金融市场以及社会经济体系息息相关,因此,在进行本课程相关专业知识讲授的过程中,要注重从投资学的专业视角帮助学生形成人类命运共同体意识,培养学生深刻认识到维护本国证券市场和金融市场以及全球经济健康稳定发展的重要性,要引导学生具有和谐世界观与全球价值观,要能够"同舟共济""共克时艰"。

3. 证券中介机构的社会责任与担当

证券中介机构是为证券市场的参与者提供相关服务的专业机构,在整个证券市场上起着非常重要的桥梁作用,必须承担起相应的社会责任与担当,在为证券发行方和投资者提供相应服务的同时,严格防控违规操作和内幕交易等现象的发生,对于异常证券交易情况,能够利用介入优势和专业能力灵活、有效地进行处置,在合理的司法、行政权配合之下不易产生不当处置行为。授课教师在教学过程中,应当将证券

投资领域的中介机构所具备的社会责任与担当嵌入教育的全过程,将责任意识融入学生心灵。

4. 证券从业人员的职业道德

证券伦理与从业人员的职业道德是证券行业健康运行的基石,只有加强证券从业人员职业道德建设、防范道德风险,维护行业声誉,保护投资者及其他利益相关方合法权益,才能促进证券行业的健康发展。在本课程的学习过程中,应当融入证券投资伦理认知和职业道德教育,要培养学生认识到作为证券从业人员职业道德的重要性,引导学生积极学习《证券从业人员职业道德准则》等相关政策文件,指导学生深刻领悟社会主义核心价值观,培养学生努力成为做一名"政治过硬、作风优良、业务精通的高素质"人才。

(三)教学方法

本课程综合运用讲授、启发式教学、讨论教学、模拟实践教学等多种教学方法,使学生具备有关投资领域的基本知识、基本理论和基本分析方法,具有运用证券投资知识分析现实问题的能力,具有国际视野,了解全球化环境下的证券行业的发展,熟悉证券领域伦理和职业道德标准。运用证券投资相关慕课资源、文献资源等教学方式进行翻转课堂,通过课堂展示、师生思辨讨论培养学生独立分析证券市场的运行模式,培养学生将所学知识应用于市场的实际中的能力。通过案例教学、拓展阅读的教学方式,培养学生对于证券发行市场的定价、交易及其相关实际案例有更深刻的认识和把握,培养学生在掌握交易环节实际应用的同时,对于交易中出现的一些非常规交易方式的案例有防范意识,从而更好地服务于社会。将科学精神、深度学习、法治意识以及人格发展等思政元素与专业知识相结合,深入探索和学习如何通过法律手段、技术手段、建立风险防范预警体系,维护金融系统的稳定性,认识到在证券市场环境中从事金融产品的交易,必须严格遵守法律法规及我国证券市场交易制度,要树立法治意识,深刻领悟依法依规、按照规章制度进行证券投资的重要性,增强学生的法治意识与底线思维。从道德修养与职业伦理和文化素养两个角度引导学生在进行课程学习时,应当注重自身的素质,避免产生操作风险,影响风险管理的水平,引导学生具有家国情怀、社会责任和仁爱之心。

三、课程各章节的课程思政教学内容设计

第一章 导论

专业教学目标

通过本章学习,使学生掌握证券投资概念、证券投资环境、投资过程、了解投资与投机的区别和联系、投资的发展阶段与趋势,熟悉证券投资学的基本内容。

通过对本门课程的学习,使学生掌握证券投资的基础理论知识,为后续专业课程的学习打下坚实的基础。

【知识目标】

1. 学生掌握证券的含义,证券投资的概念、证券投资的环境、投资的过程。
2. 了解证券投资与投机的区别和联系、证券投资的发展阶段和发展趋势。

【能力目标】

1. 理解证券投资的意义。
2. 运用证券基础知识分析市场主体之间的关系。

课程思政教学目标及实践

【育人目标】

1. **政治认同** 证券市场是社会主义市场体系的重要组成部分,通过向学生讲解我国改革开放后证券业的发展历史和取得成就,及中央文件关于财产性收入的论述等,加强学生对我国政治制度的认同,自觉增强"四个意识"、坚定"四个自信"、做到"两个维护"。

2. **广阔视野** 在本章中,引导学生学习和认识证券业发展趋势,通过比较研究中外证券市场发展变化,培养学生的国际视野。

【教学方式与方法】

1. 自主学习:线上学习相应《证券投资学》慕课中关于证券市场发展、证券市场投资环境等方面的基础

专业知识点，线下自主阅读文献资料，撰写阅读笔记或思维导图。

2. 课堂讲授：讲授相关证券投资、证券市场、投资过程的概念、理论等。

3. 课堂展示与讨论：学生展示根据教学素材整理分析的相关报告等，小组讨论。

【课程思政教学实例】

案例材料：党的十七大报告中关于提高居民财产性收入的论述

(1)案例简介

党十七大报告指出：要千方百计增加居民收入。实现发展成果由人民共享，必须深化收入分配制度改革，努力实现居民收入增长和经济发展同步、劳动报酬增长和劳动生产率提高同步，提高居民收入在国民收入分配中的比重，提高劳动报酬在初次分配中的比重。初次分配和再分配都要兼顾效率和公平，再分配更加注重公平。完善劳动、资本、技术、管理等要素按贡献参与分配的初次分配机制，加快健全以税收、社会保障、转移支付为主要手段的再分配调节机制。"财产性收入"，按照国家统计局的统计指标解释，是指金融资产或有形非生产性资产的所有者向其他机构单位提供资金或将有形非生产性资产供其支配，作为回报而从中获得的收入。它一般是指经营家庭拥有的动产（如银行存款、有价证券等）、不动产（如房屋、车辆、土地、收藏品等）所获得的收入。由此可见，证券投资投入是居民重要的财产性收入。

资料来源：根据党十七大报告内容整理。

(2)案例的思政元素

①政治正确。居民利用闲置资产投资有价证券，获得证券投资收益，它是居民家庭财产收入的重要组成部分，具有合法性和正当性。

②文化素养。证券投资收益是个人理财收益的重要部分，培养学生认识家庭财产保值增值的渠道，树立学生的财商理念。

③国家情怀。居民收入的主要来源包括劳动收入和财产性收入。利用闲置资金投资资本市场，是增加居民收入的重要渠道，有利于实现共同富裕的目标，同时有利于国家建设和企业发展。

(3)教学手段

①翻转课堂：学生结合实际，讨论说明证券投资收益是家庭收入的重要来源。

②课堂讲授：通过讲授使学生认识到学习《证券投资学》课程的重要性，提高其学习自觉性和积极性。

第二章　证券投资要素

专业教学目标

通过本章学习，使学生对证券投资主体、证券投资客体、投资中介机构内容基本掌握，达到认识投资要素的目的。

通过导论的学习，使学生掌握证券投资的基础理论知识，为后续专业课程的学习打下坚实的基础。

【知识目标】

1. 熟悉证券投资主体。

2. 掌握证券投资客体。

3. 掌握证券投资中介机构。

【能力目标】

1. 能够准确区分不同股东的权利和义务。

2. 能够对我国现行国债的品种认知和判断。

3. 能够准确区分投资基金的种类。

课程思政教学目标及实践

【育人目标】

1. 政治认同　证券市场是社会主义市场体系的重要组成部分，对证券市场主体、客体、中介不断完善、创新，适应市场发展的需要，是深化改革开放，建设中国特色社会主义市场经济的重要内容。

2. 家国情怀　通过讲解股票、债券、投资基金，让学生理解投资和融资是一个事物的两个方面，政府和企业在资本市场发行债券和股票募集资金，是满足国家建设和提高企业效益、增加社会就业的需要，家庭和个人购买债券和股票,是支持国家建设和企业发展,同时还能获得一定收益。发展证券市场是利国利民的好事。

3. 法治精神　证券市场的主体行为、客体运行、中介服务等都必须在《中华人民共和国民法典》《中华人民共和国公司法》《中华人民共和国证券法》等法律法规规范下运行。

4. 文化素养　股票、债券、基金成为现代社会投资理财的基本工具,通过对投资主体、投资客体和投资中介的学习,帮助学生熟悉投资理财的相关知识。

【教学方式与方法】

1. 自主学习:线上学习相应《证券投资学》慕课中证券市场主体、客体和中介机构的基础专业知识点,线下自主阅读文献资料,撰写阅读笔记或思维导图。

2. 课堂讲授:主要回答学生问题,用思维导图帮助学生建立知识体系,强调本章的重点和难点。

【课程思政教学实例】

案例材料:中外机构投资者产生的原因

(1) 案例简介

机构投资者的起源是基于完全不同的原因。18世纪末英国由于经历了一场深刻的产业革命而出现资金过剩,使得许多人将资金投资于海外以谋取更高的资金报酬,但国际投资知识的缺乏以及投资国证券市场风险的不时爆发,致使这些投资者中有相当一部分遭受到比较大的损失,这样就产生了由政府出面组建基金的市场需求,如1873年苏格兰人创立的"苏格兰美洲信托"、1926年美国波士顿马萨诸塞金融服务公司设立的"马萨诸塞州投资信托公司"等。

反观我国证券市场,机构投资者的产生和发展在相当程度上都是由政府出于自己的某种需要而推动的。这些需要主要来自两个方面:一方面是与证券市场迅速扩容相适应,期望机构投资者扩容带来市场资金的迅速增加。如深圳交易所、上海证券交易所分别于1991年、1993年做出允许机构投资者入市的决定,1999年准许三类企业进入证券市场等。另外,认为行情低迷、需要市场资金进入也一直是管理层发展证券投资基金的原始动力。早在1994年7月,针对市场情况,管理层做出最核心的政策是:"发展共同投资基金,培育机构投资者,试办中外合作的基金管理公司,逐步吸引外国基金投入国内A股市场"。为达到稳定和规范市场发展的目的,管理层对机构投资者提供了比较优厚的政策待遇,其最主要表现在新股申购方面。

资料来源:贺显南.中外机构投资者比较及启示[J].南方金融,2003(03):50—52.

(2) 案例的思政元素

①科学精神。投资基金的发展有其内在的规律性,尊重规律就会健康发展,违背规律就会遇到障碍,欲速则不达。我国证券投资基金业是在不成熟的市场条件下、政府强力干预建立和发展起来的,存在一定不足,需要根据市场发展的需要不断完善。

②探索精神。走中国特色社会主义道路,发展中国证券投资基金是前所未有的新事物,既要从中国资本市场实际出发,还应学习西方经验,走中国特色的投资基金发展道路。

③公平公正。证券投资基金是证券市场的投资主体之一,在理论和政策上各投资主体处于同等地位,如果厚此薄彼,将不利于资本市场的发展,也不利于基金市场本身的发展。

④辩证思维。任何事物的发展不可能齐头并进,总有先后。我国证券投资基金主体和成熟市场国家基金主体相比相对落后一些,在适当范围给予一定政策优惠是可以接受的,但是投资基金必须发挥稳定市场的预期作用,如果对市场助涨助跌,则适得其反,须严加监管。

(3) 教学手段

①自主学习:线上学习相应慕课中证券投资主体、客体以及中介机构的基础专业知识点,线下自主阅读《中华人民共和国民法典》《中华人民共和国公司法》《中华人民共和国证券法》等文献资料和相关案例资料,撰写阅读笔记或思维导图。

②课堂展示:学生展示读笔记或思维导图,介绍自己投资基金的认识。

③课堂讨论:学生结合实际,投资基金发展的历程,认识中外投资基金发展的差异,中国投资基金市场存在的不足。

④课堂讲授:回答学生在自主学习中、在完成作业中遇到的各种问题。

第三章 证券市场的运行与管理

专业教学目标

证券市场在国民经济中的地位很重要,其经营内容主要包括证券的发行、交易以及市场的运营管理等诸多环节。本章内容几乎囊括了证券市场的主要经营活动,通过对证券发行、证券交易以及证券市场运营管理的学习,让学员对于证券市场运行与管理的内容有一个整体的认识,从而把握证券市场经营活动的具体内容与相关要求。

【知识目标】

1. 使学生对证券市场的含义、证券市场基本功能有大致的了解。
2. 熟悉证券发行市场的目的、条件、程序等,熟练掌握各种交易方式,同时对于证券发行的定价方法有大致的了解。
3. 熟练掌握证券交易市场的各个环节,对于交易方式能熟练掌握,同时区分交易所市场和场外交易市场的特点及其区别。
4. 对证券市场的监管能基本掌握。

【能力目标】

1. 培养学生将所学知识应用于市场的实际中,对于证券发行市场的定价方法及其相关的实际案例有更深刻的认识和把握。
2. 培养学生从掌握交易环节实际应用的同时,对于交易中出现的一些非常规交易方式的案例有防范意识。
3. 培养学生对于证券市场运营管理内容的深刻理解后,通过证券市场监管的实际案例把握监督管理的意义和必要性。

课程思政教学目标及实践

【育人目标】

1. 家国情怀 通过对证券发行方式及发行价格的讲解,让学生认识到一级市场的相关制度安排及具体要求。培养学生将所学知识应用于市场的实际中,对于证券发行市场的定价方法及其实际案例有更深刻的认识和把握,只要定价合理,上市公司融资到位以及投资者在一级市场获得收益实现双赢还是有可能的,同时向国际成熟证券市场的一级市场相关做法靠拢,不断成熟并完善我国一级市场的运行,从而更好地服务于社会。

2. 人格发展 通过熟练掌握证券交易市场的一系列做法,熟悉在交易环节的相关安排,让学生明白常规的交易方式,让学员回避一些违规甚至违法的交易方式,维护良性健康的交易市场做好自己的必要准备。认识到上市公司的信息披露、公司运营环节要真实可靠,才不至于发生被索赔的风险,学员们也要遵循诚信原则,才能身正为人。

3. 法治意识 健康有序的证券市场环境少不了法律法规的保障以及监管部门的倾力监督与管理。在证券运行过程中不能有违规违法的操作,否则会带来监管部门的处罚措施,从小就要培养证券市场法律法规意识,才能在今后的市场参与中以及之后的从业过程中遵纪守法。

【教学方式与方法】

1. 课堂讲授:课堂内与学生讲授证券交易、流通与运营管理的主要观点或内容、政策启示与注意点等。
2. 案例解析与探讨:通过实际案例与学员分析学习,探讨证券虚假陈述发行上市等案例中的知识点与相关注意内容。
3. 课堂展示与讨论:学生展示根据教学内容整理分析的学习心得等内容与其他学员分享。
4. 线上自主学习:配有针对性课程及具体相关知识点的学习通学习资料,供学员在课余时间在线上自主学习,同时把自己难懂的知识点通过反复观看视频来消化吸收。

【课程思政教学实例】

案例材料:ZJ 股份证券虚假陈述发行上市

(1) 案例简介

2020年首次公开发行(IPO)上市的ZJ股份引起市场的高度重视,因为该公司宣称截至2022年3月10日ZJ股份及其子公司存在定期存单违规质押担保,合计金额约4亿元,由于其中有两笔担保超过上一年的净资产10%以上,按规定是需要股东大会审议后才能决策,但公司的时任董事长授意安排未履行董事会审议程序,且上市前公司增资扩股引入投资者,增资价格8元,发行价20元,上市后股价最高到84元,表现风光。可当违规担保消息出来后,股价一路下滑,短短几个月时间到了4元的低价。投资者对公司提出上市虚假陈述的相关赔偿,公司也进入了复杂的诉讼程序。

资料来源:根据网络公开资料搜集整理。

(2) 案例的思政元素

①真实披露与诚信。上市公司的发行材料要真实,这和做人的道理是一样的,唯有诚信才是市场长久健康运行的基础。上市公司的信息披露、公司运营环节要真实可靠,才不至于发生被索赔的风险;学员们也要遵循诚信原则,才能身正为人。

②时时勤勉保持认真谨慎的态度。上市公司有很多投资者未知的资料和信息,作为市场的投资者应该有一份勤勉尽责的态度,谨慎对待发行价,如果虚高,也要注意及时回避,尽量避免参与炒作。时时跟踪上市公司发行上市的股价走势,结合公司的基本面做好防范策略。

(3) 教学手段

①知识点＋实际案例＋思政元素——贯穿融合:讲授证券发行的具体规则、条件以及发行价等知识点,同时配以实际的市场实例,尤其是发行上市的条例性内容较多,更要借助实例来调动课堂,穿插思政元素到讲授的内容中。

②课堂学习与教学手段丰富:该部分内容以课堂讲授学习为主,布置相关资料供学生课后继续学习,同时用一些视频资料丰富课堂教学内容。

③学习效果测评——实时更新改进:对学习内容进行投票、讨论结果现场点评,注意提升改进。

第四章 证券交易程序和方式

专业教学目标

证券交易活动需要按照一定的交易程序和交易方式来组织,这不仅保证了数额巨大的证券能以很快的速度成交,而且也保证了证券市场的交易秩序,有利于加强对证券市场的管理,以建立一个公开、公平、公正和高效的市场。通过本章的教学,使学生了解证券交易从订约到履约的期限关系和交易双方的选择权限,掌握证券交易程序,现货交易与信用交易,期货交易与期权交易。

【知识目标】

1. 学生掌握证券的交易程序,证券价格的交易价格的形成方式。
2. 学生掌握现货交易与信用交易的区别,掌握信用买进和信用卖出的流程。
3. 学生掌握保证金交易相关计算,掌握期货交易和期权交易流程和机制。

【能力目标】

1. 培养学生将所学证券交易程序、信用交易、期权与期货交易知识灵活应用于现实和具体案例的分析。
2. 培养学生通过学习证券交易程序及交易制度,认识到如何维持股票市场的稳定、保持市场流动性合理充裕、预防股票市场流动性风险。
3. 培养学生从思辨的角度分析期权与期货等融资融券交易对证券市场带来的影响,意识到证券交易过程中法律监管和风险防控的重要性。

课程思政教学目标及实践

【育人目标】

1. 家国情怀　通过学习证券市场的交易程序及交易制度,掌握我国证券市场的结构与功能,掌握股票及债券等证券的发行制度,认识到证券交易需要一个安全稳定的环境。作为投资专业的学生,需要为我国证券市场的稳定发展做出自己的贡献,运用自己的专业知识和能力维持证券市场的稳定性。

2. 科学精神　通过学习证券市场的交易程序以及金融基础工具和金融衍生产品的交易程序和机制，深入探索和学习如何通过法律手段、技术手段、建立风险防范预警体系等方式建立我国证券市场的风险防控体系，将我国证券市场风险控制在一个安全的范围内，对维护金融系统的稳定、促进我国经济发展尤为重要。

3. 法治意识　在学习和掌握证券市场交易流程和机制的过程中，深刻认识到证券市场的交易离不开法律的规范与约束，在证券市场交易过程中，必须严格遵守法律法规及我国证券市场交易制度，避免操纵股市、内幕交易、过度投机等影响证券市场稳定性的现象，要树立学生的法治意识。

【教学方式与方法】

1. 自主学习：线上学习相应慕课中证券交易程序和交易制度等基础专业知识点，线下自主阅读证券发行过程与信息披露等文献资料，撰写阅读笔记或思维导图，对相关问题和重点做记录并进行思考。

2. 课堂讲授：讲授证券交易程序、信用交易与期权期货交易理论的主要观点或内容，进行证券融资限制买卖的案例分析与讲解，提供拓展性阅读材料，给予相应政策启示与建议等。

3. 课堂展示与讨论：学生展示根据教学素材整理分析的相关报告等，结合自己的拓展性阅读与分析进行小组讨论，并提出自己的见解，提升学生的独立分析与思考能力。

【课程思政教学实例】

案例材料：中国平安遭限制融资买入

(1) 案例简介

2015年5月29日，中万宏源发布公告称，自6月1日起，暂停中国平安融资买入，恢复时间另行通知。6月1日，兴业证券发布公告称，为控制单一证券融资规模集中度风险，即日起暂停中信证券、中国平安融资买入。待融资集中度风险平缓后，公司将恢复其融资买入功能。统计显示，截至5月29日，中国平安融资余额达到了493.6亿元人民币，中信证券则为399.4亿元人民币，而沪深两市融资余额达到了2.07万亿元人民币。此前，多家证券公司调整了融资融券保证金比例。例如海通证券下发通知，自2015年5月28日起，将全体信用客户融资（券）保证金比例再度上调5个百分点。广发证券、长江证券、国信证券、招商证券等相继提高了融资融券保证金比例。

资料来源：桂荷发. 证券投资理论与实务[M]. 3版. 北京：高等教育出版社，2021.

(2) 案例的思政元素

①深度学习。认识到融资融券交易能够有提高股票市场定价效率的功能，但同时内幕交易、操纵信息、过度投机等异常交易行为的产生，会对证券市场的稳定性造成严重影响，因此必须深入学习证券交易市场风险控制与防范的举措。

②科学精神。学习并认识到为了维持证券市场的稳定性，防止和应对证券市场出现异常交易的情况，需要思索和分析如何通过熔断机制、控制融资融券信用账户的杠杆率等方式降低股票市场流动性风险。

③法治意识。按照证券交易程序在证券市场进行投资，要做到有章可循、有法可依，学习与认识我国关于证券交易异常情况的法律法规，帮助学生树立法治精神，依法依规地进行理性投资与交易。

(3) 教学手段

①翻转课堂——支架与高阶：通过《证券投资学》慕课资源、文献资源、拓展阅读为翻转课堂提供支架；课堂展示和学生独立分析证券市场的运行模式和交易异常情况的应对措施，师生思辨讨论实现课堂高阶性、高效性。

②知识点＋实事＋思政——贯穿融合：在知识点"证券交易程序与信用交易"中引入股票、债券以及融资融券交易的具体应用。将科学精神、深度学习和法治意识等思政元素与专业知识相结合，增强学生的法治意识与底线思维。

③学习测评——实时呼应：现场汇报对证券市场交易、信用交易以及期权期货交易的学习成果与实际运用，点评与讨论学生学习和应用情况，探讨在学习过程中相关思政元素的体会，并给予相应的学习测评结果。

第五章　证券的收益与风险

专业教学目标

证券投资的收益和风险是证券投资学学习的基础，本章介绍了债券和股票收益的来源以及收益的测算;介绍了风险的种类,阐述了收益和风险的关系;介绍了证券投资风险的衡量方法。让学生在理解投资风险与投资溢价等相关概念、在单一资产收益与风险的计量的基础上,掌握投资组合风险与收益的计算方法,以及投资组合理论所揭示的收益风险关系的经济含义。

【知识目标】

1. 掌握单证券投资收益的来源、影响因素及测算。
2. 掌握证券投资的风险的种类。
3. 掌握证券投资风险的衡量。

【能力目标】

1. 培养学生将所学理论灵活应用于现实和具体案例。
2. 培养学生对单一资产以及投资组合收益和风险进行综合分析的能力。

课程思政教学目标及实践

【育人目标】

1. 文化素养　证券投资的过程就是在不断地平衡收益和风险,本章的学习将帮助学生在正确了解证券投资收益与风险关系的基础上,引导学生树立正确的投资价值观念,只有这样方可切实达成合理的投资目标,而不是盲目追求高收益。

2. 道德修养与职业伦理　在获得一定收益的同时做到精准地控制风险,需要从业者具有良好的职业素养。提高学生的道德修养和职业伦理水平,减少在未来从事证券投资过程中的操作风险,从而提高风险控制的能力。

3. 广阔视野与时代担当　投资风险的控制需要从业者具有一定的金融视野,才能在复杂的金融市场中立于不败之地,而金融产品的不断更迭,产生新的风险也需要从业人员与时俱进。引导学生扩展视野,不断学习提升职业竞争力。

【教学方式与方法】

1. 自主学习:线上学习相应慕课中证券投资过程、证券投资风险种类等基础专业知识点,线下自主阅读文献资料,撰写阅读笔记或思维导图。

2. 课堂讲授:讲授单一证券投资以及证券投资组合的收益与风险的相关理论主要观点或内容、政策启示与建议等。

3. 课堂展示与讨论:学生展示根据教学素材整理分析相关报告等,小组讨论。

【课程思政教学实例】

案例材料:TXS互联网金融平台倒闭案例

(1) 案例简介

TXS是一家互联网金融平台,一直通过高额收益率引导投资者进行投资。平台注册新会员最高100元返30元,在没有投资上限的情况下,投资10万立马就能返3万,仅仅注册就有30%的收益。2018年某日,不少该平台投资者反映平台"TXS"爆雷了,位于上海浦东的公司总部18层被查封,让全国上万名抄资投资人陷入恐慌。近几年以来,伴随着互联网理财的火爆兴起,打着高返利、高收益的金融骗局也在疯狂增长,涉及投资者人数多达上万人,损失金额数以亿计。

资料来源:根据网络公开资料搜集整理。

(2) 案例的思政元素

①法治意识。监管部门明确规定民间借贷利息超过24%不受法律保护,稍微有法律常识的人都应该明白这种收益畸高的互联网理财产品是靠不住的,引导学生增强法律意识,以免落入各种打着高额收益率的"投资陷阱"。

②文化素养。大部分投资人易受到高息的诱惑,觉得自己不会那么倒霉成为最后的接盘侠。引导学生树立正确的投资价值观和投资观,明确收益和风险是并存的,天下没有免费的"午餐"。

(3) 教学手段

①翻转课堂——支架与高阶:慕课资源、文献资源为翻转课堂提供支架;课堂展示、师生思辨讨论实现课堂高阶性、高效性。

②知识点＋实事＋思政——贯穿融合：在知识点"投资收益的来源、影响因素及测算"中引入该案例，将法治意识、文化素养与专业知识相结合，增强学生的法治意识提高自身的文化素养。

③学习测评——实时呼应：对学习内容进行投票、讨论结果现场点评，注意提升改进。

第六章 资本资产定价理论

专业教学目标

资本资产定价理论主要由证券组合理论、资本资产定价理论和套利定价理论组成。通过本章的学习，使学生学会用有效集的理论和无差异曲线理论来选择将要投资的资产及选择组合中将要选择的资产，掌握资本资产定价模型的概念、含义、计算公式，学会应用该模型计算某资产的预期收益率，并结合资产的实际收益率来判断某资产的定价是否合理，为进行投资资产的选择提供依据。

【知识目标】

1. 学生掌握多种风险资产组合的有关理论，了解资本资产定价模型的构建。
2. 学生掌握无风险借入情况下组合收益率和组合风险的计算。
3. 学生掌握市场组合的概念及资本市场线、证券特征线的概念和计算。

【能力目标】

1. 培养学生将所学资本资产定价理论灵活应用于现实和具体案例的分析。
2. 培养学生通过运用资本资产定价模型，判断有价证券或其他金融资产的市场价格是否处于均衡水平，是否被高估或低估，并做出合理的投资决策。
3. 培养学生从思辨与探索的角度分析企业在经营过程中，如何利用资本资产定价模型进行投资分析，为企业的资产重组提供更加正确有力的参考依据。

课程思政教学目标及实践

【育人目标】

1. 家国情怀 通过学习资本资产定价模型理论，让学生辩证学习和认识到维护证券市场稳定性、加强证券市场监管、推动信息透明化的重要性。为提高资本资产定价模型在实际生活中的应用，需要根据我国股市的实际情况，探索和丰富投资组合理论，应用模型指导我国证券市场要紧密结合我国国情，要符合中国特色。

2. 法治意识 在应用资本资产定价模型指导个人投资和企业投资的过程中，要做到有章可循、有法可依，避免操纵股市、上市公司会计信息失真、内幕交易等影响证券市场稳定性的现象，帮助学生树立法治精神，认识到依法依规、理性操作投资的重要意义。

3. 深度学习 在学习资本资产定价模型理论的基础上，通过拓展阅读和案例分析等方式，了解资本资产定价模型的拓展模型，并结合不同证券市场的差异性去合理应用资本资产定价模型。同时，认识到资本资产定价模型的局限性，借助行为金融理论等相关研究，从理论上使模型更加符合实际情况。

【教学方式与方法】

1. 自主学习：线上学习相应慕课中资本资产定价模型的基础专业知识点，线下自主阅读资本资产拓展模型的文献资料，撰写阅读笔记或思维导图，对相关问题和重点做记录并进行思考。

2. 课堂讲授：讲授多种风险资产组合、无风险借入下收益与风险、资本市场线等相关理论的主要观点或内容，进行案例分析与讲解，提供拓展性阅读材料，给与相应政策启示与建议等。

3. 课堂展示与讨论：学生展示根据教学素材整理分析的相关报告等，结合自己的拓展性阅读与分析进行小组讨论，并提出自己如何结合证券市场实际状况，运用资本资产定价模型进行理性投资的见解，提升学生的独立分析与思考能力。

【课程思政教学实例】

案例材料：Fama-French 五因素资产定价模型

(1) 案例简介

1993 年，Eugene F. Fama 和 Kenneth R. French 提出了三因素模型。2014 年，他们在三因素模型的基础上提出了五因素模型，模型中盈利能力因素是盈利能力强的分散化股票组合收益率与盈利能力弱的分散化股票组合收益率之差;投资因素是低投资的分散化股票组合收益率与高投资的分散化股票组合收益率之差。他们运用美国1963—2013年的数据进行了实证研究,结果表明账面价值/市场权益比因素是一个多余的因素。因此,在实际应用中,如果人们只关心超常收益,那么去掉解释变量账面价值/市场权益比因素的四因素模型与五因素模型的作用相当。但是如果人们不仅关注超常收益,而且对规模因素溢价、价值因素溢价、盈利能力因素溢价和投资因素溢价的组合感兴趣的话,五因素模型则是首选。五因素模型的最大问题是无法解释小股票的低平均收益率现象,这些股票的收益率表现类似于那些尽管盈利能力低但投资多的企业的股票。

资料来源:桂荷发. 证券投资理论与实务[M]. 3版. 北京:高等教育出版社,2021.

(2)案例的思政元素

①科学精神。认识到资本资产定价模型提供了一个可以衡量风险大小的模型,来帮助投资者决定所得到的额外回报是否与当中的风险相匹配,可以用于公司对投资方案的选择,实现合理的企业资源配置。

②深度学习。了解资本资产定价模型的三因素模型和五因素模型的区别,并结合不同证券市场的差异性去合理应用资本资产定价模型,更好地指导证券市场投资行为。

(3)教学手段

①翻转课堂——支架与高阶:运用《证券投资学》的慕课资源、文献资源、拓展阅读为翻转课堂提供支架;学生独立分析资本资产定价模型的运用,师生思辨讨论资本市场线及证券特征线的区别与运用。

②知识点+实事+思政——贯穿融合:在知识点"个人投资与企业经营活动"中引入资本资产定价模型的应用,分析个人与企业的投资行为,将科学精神和法治意识等思政元素与专业知识相结合,增强学生的法治意识与底线思维。

③学习测评——实时呼应:现场汇报对资本资产定价模型的学习成果与实际运用,点评与讨论学生学习和应用情况,探讨在学习过程中相关思政元素的体会,并给予相应的学习测评结果。

第七章 证券投资对象分析

专业教学目标

证券市场上交易的对象是债券,股票和证券衍生产品。这些投资对象的收益和风险各不相同,投资者在做出投资决策之前要对它们的投资价值做出合理的分析和评估。对证券的投资评估一般从两个方面进行:证券估值和价格。投资者需要综合考虑社会、政治、经济因素以及供求关系等方面进行分析。证券价格指数是反映市场平均价格水平的重要指标,也是反映一个国家或地区社会经济运行态势的灵敏指标。

【知识目标】

1. 掌握债券、股票的价值分析方法。
2. 掌握股价指数编制方法。
3. 债券的信用评级。
4. 利率期限结构理论。

【能力目标】

1. 培养学生掌握对债券、股票的价值分析能力,了解股价指数编制方法。
2. 培养学生理解债券、股票的价格波动影响因素。

课程思政教学目标及实践

【育人目标】

1. 家国情怀 通过对比中外金融市场发展,了解我国证券投资市场的发展变革,加强对我国经济制度以及政治制度的认同。通过案例分析进一步让学生明白,我国能够有力抵御和平稳度过离不开有序严谨的市场管理体制。

2. 人格发展 引导学生建立良好的道德修养,能够科学合理地自我管理,明确认识到证券投资市场在不断创新的同时要持续维持稳定,明白证券市场稳定不仅是重要的民生问题,也是经济健康发展的基石。

3. 科学精神 鼓励学生进一步深入了解和参与证券投资活动,强化学生谨慎投资意识和对国家的责任担当意识,只有不断提高专业知识,才具有充分应对突发事件的风险防范能力。

4. 广阔视野　通过介绍多种证券投资产品,拓展学生投资视野。

【教学方式与方法】

1. 自主学习。自行线上查找相关资料,了解证券投资对象的概念以及范围。鼓励学生撰写阅读笔记或树立绘画证券投资对象体系结构图。

2. 课堂讲授。从债券、股票以及其他投资工具三个方面,分别介绍各种投资对象的概念、类别以及特点,以及价值分析。

3. 课堂练习。通过例题演示和课堂练习,让学生掌握债券与股票价值常见计算方法。

【课程思政教学实例】

案例材料:由麦道夫骗局谈证券市场监管问题

(1)案例简介

2009年6月29日,美国华尔街传奇人物、纳斯达克股票市场公司前董事会主席伯纳德·麦道夫深知投资者在高风险和高收益之间会寻求理想的均衡点,因此其投资公司提供的年回报率始终维持在10%~12%,这种回报率相当于或略高于道琼斯30种工业股票的平均增长率。最终由于被指控通过"庞氏骗局"操纵一只对冲基金给投资者损失大约至少500亿美元,被纽约南区联邦法院判处150年监禁。

资料来源:周麟.由麦道夫骗局引发的对我国证券市场会计监管的思考[J].商业会计,2010(21):12—13.

(2)案例的思政元素

①家国情怀。继2008年美国金融危机之后又爆发的这次事件,警醒我们证券市场监管以及金融道德风险的失控都会带来非常严重的后果,我国当前的金融市场体制都是为了有效提高监管效率,强化信息披露制度,保证投资者权益及市场稳定。

②法治意识。无论怎样的光环和无瑕的从业记录,都不得用于伪装自己骗取投资者信任。

(3)教学手段

知识点+实事+思政:将案例、时事以及理论贯穿融合,将家国情怀、法治意识以及人格发展等思政元素与专业知识相结合,增强学生的法治意识与底线思维,树立为金融市场有序健康发展做贡献的正确思想。

第八章　证券投资基本分析

专业教学目标

证券投资分析是证券投资的重要步骤,其目的在于选择合适的投资对象,抓住有利的市场机会争取理想的收益。证券投资分析的方法主要分为基本分析和技术分析两种,其中基本分析又包含了两种主要的分析手段,分别为质因分析和量因分析。基本分析法对预判把握整体证券市场中长期发展趋势具有重要作用,对价值投资对象的选择至关重要。

【知识目标】

1. 使学生学会宏观经济分析、行业分析的基本方法和指标。

2. 在经济周期性波动中,以及在宏观经济步入复苏、繁荣期的行业中准确把握投资先机、捕捉投资热点。

3. 优选投资对象,分享经济增长和行业、公司成长带来的好处,实现投资的价值增值。

【能力目标】

1. 培养学生将所学理论灵活应用于对证券投资的基本分析。

2. 培养学生从思辨与探索的角度阅读财报等。

课程思政教学目标及实践

【育人目标】

1. 家国情怀　宏观经济分析证券投资活动赖以存在的背景条件,社会经济活动会周期性地出现繁荣景象和衰退形式,主要由社会经济发展的内在规律所决定,有时也会受到外部、偶然因素影响。通过学习宏观经济分析方法,尤其是质因分析方法,使学生能够正确认知我国经济活动的波动变化,理解党和政府出台一系列宏观经济政策背后的经济机理,加强学生对我国经济制度以及政治制度的认同。

2. 道德修养　良好的道德修养是从业者必须具备的要素之一。通过学习,引导学生明白无论是企业自身,还是证券行业从业者,都需要具备良好的道德修养,对金融市场发展、经济可持续发展、绿色金融等方面具有重要的促进作用。

3. 科学精神　鼓励学生大胆探索精神,通过模拟投资或者真实投资,来验证证券投资基本分析对指导投资的有效性,同时思考为什么还需要技术分析来做辅助手段才能更科学地进行投资。

【教学方式与方法】

1. 自主学习。自行线上收集、观看证券市场相关的财经新闻,分析新闻中是从哪些方面以及角度,如何介绍和分析市场行情的。思考这些角度的差别。

2. 课堂讲授。从基本分析概述、宏观经济分析、行业板块分析以及公司分析四个层面分别讲授证券基本面分析的相关理论,阐述各种理论的主要观点、内容以及政策启示等。

3. 课堂展示与讨论。通过提供课堂案例、新闻等资料,或安排学生自主查找相关研究报告、财务数据等,进行小组讨论,进行证券投资基本分析,并最终形成价值及投资观点。

【课程思政教学实例】

案例材料:对 ST 公司财报审计项目的质量管理

(1)案例简介

2018 年上交所、深交所相继发布新的退改制度,建立更加多元和严格的退市指标体系,对上市公司在股票交易市场存续的各项指标趋向严格。上市公司出现财务状况异常会触碰风险警示指标,由此会进行特殊处理,将其证券冠以"ST"。然而在现实中,也曾出现 A 所对某 ST 公司财报项目审计失败的情况。失败案例特征主要反映在双方合作时间较长、ST 公司关联方交易难以识别、公司财报问题复杂以及内控机制存在缺陷等。这种情况的出现,不仅会错误评估该公司的财务状况,同时在市场上可能会对投资者产生误导。

资料来源:向雅玲,王金荣. 瑞华会计师事务所对索菱股份审计失败问题分析[J].现代商业,2022(20):190-192.

(2)案例的思政元素

①法治意识。作为上市公司应履行对投资者的保护职责,严格把控内部管理,做好信息披露;作为审计从业部门应履行审计职责,遵守相关职业道德规范。

②科学精神。通过学习,培养学生要深入挖掘失败案例,积极探索解决有效途径;充分认识财报的重要价值。

(3)教学手段

①翻转课堂:充分利用慕课资源、文献资源为翻转课堂提供支撑,借助课堂展示、师生思辨讨论实现课堂高阶性、高效性。

②知识点+实事+思政——贯穿融合:在知识点"公司分析"中引入案例或者市场上其他证券监管制度情况,通过引导学生自行分析,将法治意识、家国情怀以及科学精神等思政元素与专业知识相结合。

第九章　证券投资技术分析

专业教学目标

本章主要阐述了技术分析的含义、基本假设及三大要素,着重介绍并评述了作为技术分析鼻祖的道氏理论,详细分析了图形分析、市场指标分析及证券投资方法及其应用。

【知识目标】

1. 掌握技术分析的含义、假设和要素。
2. 理解道氏理论的主要内涵、优劣及其对技术分析的意义。
3. 掌握图形分析和市场指标分析方法。
4. 了解证券投资的主要方法。

【能力目标】

1. 培养学生比较技术分析和基本分析区别联系的思辨能力。

2. 培养学生判断股票及股指走势的实践应用能力和综合分析能力。
3. 培养学生完成小组任务的团队合作能力和语言文字表达能力。

课程思政教学目标及实践

【育人目标】

1. **国家认同** 本章以股票技术分析为核心内容,通过股票、股指走势的分析,使学生认识到股票和股指变化背后的国家力量,包括国家对我国股票市场发展及风险的关注和支持,对关系到国家命脉、国计民生行业及企业的大力扶持,对中小投资者合法利益的保护,帮助学生树立国家认同。

2. **理性思维** 本章涉及大量图形分析和技术指标分析,对学生的理性思考能力具有较高要求。结合上市公司股票和股指案例,帮助学生学习相关知识要点,掌握进行股票技术分析所需的各种手段,透过图形和技术指标表象,挖掘股票及股指变化的内在规律和影响因素,培养学生的理性思考能力。

3. **深度学习** 本章以技术分析的实践应用为核心,通过对学生实践应用成效进行教师点评、学生自评及互评相结合的课程设计,激发学生学习兴趣,培养学生乐学善学的学习习惯和能力。

【教学方式与方法】

1. 自主学习:线上学习慕课、智慧树平台《证券投资学》课程技术分析部分的课程内容和知识点,线下自主阅读证券分析、技术分析的相关文献资料,撰写阅读笔记或思维导图。

2. 课堂讲授:讲授技术分析的含义、基本假设和三大要素,道氏理论的主要内容和评价,图形分析、市场指标分析的主要方法,以及证券投资方法介绍。以上证A股和深圳A股,及行业龙头上市公司股票的技术图形和指标为案例,讲授技术分析方法的综合应用。

3. 课堂展示与讨论:学生根据本章的小组任务,选取我国股票指数或典型上市企业股票,利用技术分析方法,研判其走势变化及主要影响因素,引导学生要将股票指数的市场影响因素与政策影响因素分析相结合,通过小组团队合作整理完成股票或股指技术分析报告,并在课堂内进行汇报。采用学生自评、互评及教师点评相结合的方法,进行思维碰撞,形成修改意见,完善分析报告。

【课程思政教学实例】

案例材料:2015年的中国"股灾"及政府"救市"

(1)案例简介

在政府和市场多重利好的带动下,2014年中国股市出现了长达1年左右的大牛市。但2015年6月15日开始,我国股市发生严重的股灾,短短18个交易日上证指数最大跌幅35%,资本市场出现了严重的系统性风险。我国政府准确判断、果断出手、精准施策,迅速制定和出台了定向降准等政策方案,并通过汇金出手100亿申购四大蓝筹ETF,证券行业协会、基金业协会等纷纷提供支持并倡议券商联合出资救市,监管机构严查违规证券操纵行为。在一系列的救市"组合拳"下,股票市场逐渐恢复稳定。

资料来源:政府出手救市的经济逻辑[N].第一财经日报,2015-07-06(A02).

(2)案例的思政元素

①国家认同。通过对"股灾"中政府"救市"的原因、过程、结果的剖析,使学生感受到国家对证券市场的重视和大力支持,从而增强学生的国家认同和制度自信。

②理性及辩证思维。通过对"股灾"起因、发展的介绍,使学生能够客观理性看待股票市场涨跌变化,勇于探索股票指数和指标变化的内在规律,通过案例讨论,形成对观点的思辨。

③深度学习。学生通过自主学习搜索、整理与本案例相关的素材和资料,指导学生凝练其内在逻辑、比较其异同,形成独立的观点。

(3)教学手段

①翻转课堂:以在线慕课资源和文献资源为翻转课堂提供素材,通过课堂展示、师生思辨讨论拓展教学深度和广度,提升课堂效果。

②知识点+实事+思政:在"技术分析"的"图形分析"知识点中引入案例,将国家认同、理性思维和深度学习等思政元素与专业知识相结合,增强学生的家国情怀与思辨意识和深度学习能力。

③学习测评:通过学生自评、学生投票互评和讨论结果教师现场点评,实现学习效果的多维评价。

第十章 证券投资管理

专业教学目标

本章主要介绍了证券投资管理的主要步骤,股票投资管理的类型和依据、债券的持续期与凸性等概念,着重阐述了股票投资管理及债券投资管理的积极和消极策略及其应用方法,分析了夏普业绩指数等主要的投资业绩评估方法并进行比较。

【知识目标】

1. 了解股票投资管理的步骤、类型和依据。
2. 理解债券持续期与凸性的概念及其推导。
3. 掌握股票投资管理及债券投资管理的策略并能够实践应用。
4. 了解证券投资业绩评估方法并能够进行优劣比较。

【能力目标】

1. 培养学生对不同证券投资管理方法优劣的比较和思辨能力。
2. 培养学生利用股票投资管理和债券投资管理策略进行股票或债券模拟投资的实践应用能力。
3. 培养学生应用证券投资管理策略分析股票或债券投资的综合分析能力。

课程思政教学目标及实践

【育人目标】

1. **科学精神** 本章以证券投资管理策略为主要内容,训练学生应用股票、债券投资管理的科学方法,客观看待股票、债券等有价证券价格变化的规律,解决实践中股票、债券模拟投资中的问题,通过独立思考、勇于实践,逐渐形成自己的投资策略。

2. **人格发展** 本章内容证券投资管理,既要求学生掌握证券投资方法,也要求学生具备一定的投资管理能力,同时证券投资管理的效果与投资者的投资心理密切相关,在不断变化的股票、债券等有价证券市场中,学生在面对不断涨跌的股价和股指中能够锻炼积极乐观的心态,形成核心"抗逆力"。

3. **实践创新** 本章教学以实践中股票投资管理的典型问题为导向,鼓励学生通过讨论和团队合作,形成解决证券投资管理实践问题的合理方案,并基于本章素材,锻炼学生发现问题、解决问题的能力,以及在证券市场复杂环境下形成证券投资具体策略的实践创新能力。

【教学方式与方法】

1. 自主学习:线上学习慕课、智慧树平台《证券投资学》课程证券投资管理相关的课程内容和知识点,线下自主阅读证券投资管理的相关文献资料,撰写阅读笔记或思维导图。

2. 课堂讲授:讲授证券投资管理的步骤,股票投资管理的类型和依据,股票投资管理的策略,债券的持续期与凸性等概念,债券投资管理的策略,以及投资。

3. 课堂展示与讨论:选取偏股型和偏债型基金为案例,课堂展示案例基金披露的主要信息,引导学生对案例基金的证券投资管理的策略进行讨论,分析其所采取的投资策略的优劣,并指导学生利用投资业绩评估方法,对基金的投资业绩进行评估,最终通过学生小组讨论形成基金业绩评估报告。

【课程思政教学实例】

案例材料:巴菲特的"投资十招"

(1)案例简介

巴菲特现任伯克希尔·哈撒韦公司董事长和首席执行官,是全球著名的投资家,主要投资有多种股票和基金,年化收益率超过20%。在巴菲特眼中,投资成功有十大要素。第一,风险第一,盈利第二。成功的投资者必须具有巨灾投资风险的控制能力。第二,耐心是投资成功的关键要素,利用市场的错误定价寻找投资机会,并最终耐心将投资机会变现为投资收益。第三,利用市场而不是被市场利用,持续寻找被低估值的股票。第四,不迷信理论,理论的思维定式很难改变。第五,不懂不买,投资者应努力回避不理解的公司,着重关注熟悉的公司。第六,不提供管理建议。第七,不要过多后悔。要把精力用在避免犯错上,而不是反思错误上。第八,远离失败者,投资那些各方面都表现优秀的企业。第九,只为价值投资。第十,不稳不买,看重公司的稳定性。

资料来源:霍文文. 证券投资学(第五版)[M]. 高等教育出版社,2017.

(2) 案例的思政元素

①科学精神。通过介绍巴菲特投资的成功经验，使学生形成对证券投资的独立思考和判断，避免过于迷信已有理论和经验。

②人格发展。通过巴菲特投资成功的经验，培养学生养成对投资对象价格变化积极乐观的心理品质和耐心态度，形成投资挫折中的抗压能力。

③实践创新。基于巴菲特价值投资理念，成功的投资者不会被市场情绪左右，而是着眼于寻找被市场低估的投资对象，培养学生解决证券投资中核心的选股问题的兴趣和能力，并通过价值投资方法来选择适合的投资对象。

(3) 教学手段

①翻转课堂：以在线慕课资源和文献资源为翻转课堂提供素材，通过课堂展示、师生结合证券投资案例和实践展开线下讨论，将理论讲授与实践应用紧密结合，提升教学效果。

②专业理论＋案例＋思政：在证券投资管理策略部分引入案例，将科学精神、人格发展和实践创新等思政元素与专业知识相结合，增强学生的思辨能力、形成健全的人格，以及发现与解决问题的能力。

③学习测评：通过学生自评、小组互评和教师现场点评，实现学习效果的全面客观评价，通过测评结果反馈改进教学内容。

四、课程思政的教学评价

(一)对教师的评价

1. 教学准备的评价

将《证券投资学》课程思政建设落实到教学准备各方面，基于证券投资要素、证券市场运行与管理、证券市场交易程序和方式、证券投资的收益与风险、资本资产定价理论、证券投资对象分析、证券投资基本分析、证券投资技术分析和证券投资管理几大部分的内容，提前提炼思政元素进行课程思政目标设计、修订教学大纲、教材选用、教案课件编写等。

2. 教学过程的评价

将《证券投资学》课程思政建设落实到教学过程各环节，评价过程包括教学理念及策略、教学方法运用、作业及批改、平时成绩考核等。通过教学评价，主要是看教师是否采取了恰当的教学方式，将思政元素自然地融入教学内容中，是否在本课程引入中国证券市场发展和多层次资本市场改革的最新实践和成果，包括我国证券市场的发展现状、改革与创新，我国资本市场的发展历程、轨迹与自身特色，以及我国证券市场监管体系的完善和风险防范管理机制的建立等，能否通过在课程中大量融入和体现中国经验，增进学生分析和解决问题的能力，引导学生增强"四个意识"、坚定"四个自信"、做到"两个维护"，把思想和行为自觉与以习近平同志为核心的党中央保持高度一致，使思政教育以"润物细无声"的方式展开。

3. 教学结果的评价

建立健全《证券投资学》课程思政多维度评价体系，包括同行评议、随机听课、学生评教、教学督导、教学研究及教学获奖等。

4. 评价结果的运用

对于同行评议、学生评教、教学督导等提出的改进建议，以及对学生考核的成绩分析进行运用，对教学进行反思与改进。

(二)对学生的评价

1. 学习过程的评价

检验学生是否认真完成了老师布置的要求和任务，积极参与资料收集、拓展阅读、课堂讨论和实地调研等教学过程，一方面考查学生是否系统掌握经济学理论基础，金融、投资等专业基础知识、基本理论与基本技能，是否能够在证券市场的运行与交易、投资的实践活动中灵活运用所掌握的专业知识；另一方面，考察对学生是否通过《证券投资学》课程学习，认识到成为证券市场服务的提供者和行为的监管者的责任，学会运用自己的专业知识和能力维持证券市场的稳定性，学会正确合理地认识和运用证券投资模型去指导自己的投资行为,不要为了追求超额报酬去一味追求高风险证券,要树立正确的价值观,科学评价学生在学习过程中的积极性、互动性和参与度。

2. 学习效果的评价

通过平时作业、课堂讨论、资源库平台资料分析报告、随堂练习、课程论文、期末考试等多种形式,检验学生对课程思政元素的领会及其对思政元素的掌握程度,包括是否通过《证券投资学》的课程学习领悟到我国证券市场的不断完善、创新,是适应市场发展、深化改革开放的需要,是建设中国特色社会主义市场经济的重要内容;认识到在从事证券投资活动过程中,要具有证券市场法律法规意识,在市场参与中以及从业过程中遵纪守法;从道德修养与职业伦理和文化素养角度引导自身在金融风险管理时,应当注重自身的素质,避免产生操作风险。在投资的过程中,要做到有章可循、有法可依,避免违规交易现象,学习正确合理地认识和运用资本资产定价模型去指导自己的投资行为,不要为了追求超额报酬去一味追求高风险证券,要树立正确的价值观。

3. 评价结果的运用

通过师生座谈和系部教研活动等多种形式,对学生在《证券投资学》课程的学习效果进行科学分析,总结经验,改进不足,提升课程思政的学习效果。

五、课程思政的教学素材

序号	内容	形式
1	党的十七大报告中关于提高居民财产性收入的论述	阅读材料
2	中华人民共和国证券法	政策法规
3	中华人民共和国证券投资基金法	政策法规
4	中华人民共和国公司法	政策法规
5	国际证券市场发展简史(欧洲史、美国史、中国史)	阅读材料
6	ZJ股份证券虚假陈述发行上市	案例分析
7	中国平安遭限制融资买入	案例分析
8	新巴塞尔协议中的操作风险与萨班斯—奥克斯利法案404条款	政策文件
9	告白——震惊美日千亿日元金融弊案始末	案例分析
10	LTCM与俄罗斯金融危机	案例分析
11	Fama-French五因素资产定价模型	阅读材料
12	股票价格指数的起源、类别和发展	阅读材料
13	中国证监会公开发行公司债券注册工作流程(证监会)	政策文件
14	由麦道夫骗局谈证券市场监管问题	案例分析
15	绿色债券发行对企业股价的影响	阅读材料
16	上市公司财务报表分析	案例分析
17	2015年的中国"股灾"及政府"救市"	案例分析
18	巴菲特的"投资十招"	阅读材料
19	投资银行深度服务东方电缆案例	案例分析
20	私募基金管理人评价筛选体系案例	案例分析
21	公募基金科学优选实践案例	案例分析
22	全国中、西部地区首单自贸区离岸债券案例	案例分析
23	基础设施公募REITs案例	案例分析
24	新型灵活资产配置策略——"固收+"案例	案例分析

《投资银行学》课程思政教学指南

吕颖毅[1]　王小霞[2]　牛静[2]　褚希伟[2]　王勇民[2]　郑素娟[3]　李烜[3]

([1] 湖南工商大学　[2] 西安财经大学　[3] 福建江夏学院)

一、课程简介与课程目标

(一)课程简介

《投资银行学》是为金融学、投资学等财经类本科专业开设的一门专业选修课。本课程主要讲述投资银行作为一个金融中介如何满足个人、企业及地方政府的融资需求及证券投资需求。主要内容有：企业融资结构优化理论；资本资产定价模型；资产组合理论；生命周期假说与持久收入假说；投资银行经营特点与经营模式；企业并购动机论；资银行五大业务即企业IPO、并购与重组、项目融资、资产管理和资产证券化的业务流程。

投资银行是一种有别于商业银行的新型金融中介机构，是资本市场的核心。它虽然冠以"银行"的名称，但是和商业银行并不相同。一般商业银行主要经营吸收存款、发放贷款、结算、汇兑等业务，而投资银行主要从事证券发行与承销、证券交易、策划并组织企业并购、参与基金管理与投资、风险投资以及为企业投资融资提供咨询和顾问等金融服务类业务，是资本市场上的一种非银行金融中介机构。本课程的目的是让学生全面掌握投资银行基本特征，明确投资银行经营原则，熟悉投资银行基本业务，掌握主要业务操作流程、管理方法和企业估值手段。完成该课程后，学生应掌握投资银行业务及其运作的基本理论知识，掌握投资银行实务操作技能，并具备一定管理技能。

课程教学主动融入数字经济背景，充分利用"线上+线下"两个教学空间，构建以学生为中心的专业学习过程。课程教学全程贯彻习近平总书记关于教育的重要论述，落实立德树人根本任务，依托大数据、云计算和大数据等学科支持，整合优质教育教学资源，推动学科交叉融合，以资本市场为场景，以优化企业投融资为核心，以创新为驱动培养有担当、有理想的复合应用型高级投资人才，能入职投资银行、会计事务所、有投行业务资格的律师事务所、审计机构、证监会等机构担任证券承销、证券定价、股权交易与资产证券化等工作。

(二)课程目标

本课程为专业必修课。通过本课程的学习，使学生能够达到以下目标：

1. 知识目标：通过课程学习，学生将系统掌握投资银行主要业务的原理及经营管理；掌握资本资产定价模型及应用；掌握企业融资优化理论；了解人工智能、大数据和精准营销的关系；了解主要我国主要产业及其产业链构成；了解我国经济工作会议精神与资本市场重大监管规则变更。

2. 能力目标：通过课程学习，学生将具备短篇投资研究报告撰写能力；具备企业股票发行、并购、资产证券化等案例收集与分析能力；具备投行五大业务的主要业务流程解构与演绎能力。能够运用专业理论知识和现代经济学研究方法分析解决企业投融资优化问题，具备一定的资产估值与产权交易领域科学研究能力；具备创新精神、创业意识和创新创业能力。

3. 育人目标：树立并恪守社会主义核心价值观，始终秉持"金融服务实体经济"职业价值判断；坚持并落实"四个自信"，汲取改革开放经验，继往开来，投身资本市场建设和资本工具创新；落实高质量经济增长战略，熟悉国家产业发展政策和金融行业政策，职业发展与国家战略保持高度一致；熟悉红色证券史，赓续红色血脉，树立以知识为民、专业报国的情怀。

(三)课程教材和资料

➢ 推荐教材

1. 马晓军. 投资银行学:理论与案例[M].3版.北京:机械工业出版社,2020.
2. 周莉. 投资银行学[M].5版.北京:高教出版社,2021.

➢ 参考教材或推荐书籍
1. 郭永清. 财务报表分析与股票估值[M].2版.北京:机械工业出版社,2021.
2. 马喆. 估值的标尺[M].北京:机械工业出版社,2021.
3. 乔舒亚·罗森鲍姆,乔舒亚·珀尔. 投资银行:估值、杠杆收购、兼并与收购[M].刘振山,曹建海,译.北京:机械工业出版社,2015.

➢ 学术刊物与学习资源
国内外经济金融类各类期刊。
学校图书馆提供的各种数字资源"中国知网"等。
花旗集团、摩根大通、摩根士丹利等知名投行官网发布研报。

➢ 推荐网站
中国人民银行:http://www.pbc.gov.cn/.
东方财富网:https://www.eastmoney.com/.
新浪财经:https://finance.sina.com.cn/.

➢ 文件、法规
《公司法》《证券法》《上海证券交易所证券发行上市业务指引(2018年修订)》

二、课程思政教学总体设计

(一)课程思政教学目标

2016年12月,全国高校思想政治工作会议在北京召开,习近平总书记发表重要讲话,强调指出:"高校思想政治工作关系高校培养什么样的人、如何培养人以及为谁培养人这个根本问题。"课程思政应以课程教学为主体,融入思政元素。本课程主要围绕企业融资优化讲解投资银行业务的理论与实务。课程教学立足复合应用型人才培养目标,既充分利用大金融专业人才培养方案中的前期课程知识准备,又为《金融期货与期权》等后续课程做必要铺垫。在清晰的人才培养定位和课群设置理解下,教师都应积极运用基于信息化教学工具、教学平台挖掘课程思政元素,在"大思政"理念指引下,讲好中国的"投行风云三十年"故事、陆家嘴崛起与香港金融阻击战。努力实践课程思政与思政课程协同育人,通过历史厚重感与时代使命感,激励学生参加学科竞赛、专业实习实训、社会调研等提升股票发行、股权交易、项目融资、资产证券化等业务操作水平与工具创新能力。教学设计应充分凸显信息化手段应用,生动展现投行在中国数字经济发展与经济增长过程中的作用,投行未来的广阔发展前景。

《投资银行学》课程以投资银行业务及经营为核心内容,学生可以掌握投资银行业务运作的基本内涵和知识,重视企业融资、投资银行业务基础理论和实践操作技能的培养,提升学生对投资银行领域实践问题的分析能力和综合运用能力,充分激发学生的创新意识和使命意识。

本课程作为金融大类专业方向课程,旨在为学生构建专业应用场景,明确职业发展方向。在课程教学过程中,强化职业伦理教育,深化职业使命感召。教学中强调案例教学,对接创新创业教育,在生动的场景和感人的故事中激发学生家国情怀和专业钻研精神。教学深入挖掘章节思政元素,在案例教学中追踪中国经济改革、中国数字经济发展动态,追踪中国证券市场和投资银行发展的最新实践。结合课程知识,聚焦于我国证券市场和证券公司的改革、创新与发展,我国的证券市场、证券公司发展现状和监管特色,证券行业创新发展、金融创新与风险管理等。通过这些案例生动演绎资本市场上的中国智慧和中国方案,增进学生分析和解决问题的能力,引导学生坚定"四个自信"、做到"两个维护",把思想和行为自觉与以习近平同志为核心的党中央保持高度一致,使学生牢固树立"金融服务实体经济"意识,践行"知识为民、专业报国"。具体而言,本课程的思政教学目标可以涉及以下六个维度:政治认同、家国情怀、道德修养与职业伦理、法治意识与底线思维、文化素养、科学精神。

1. 政治认同

《投资银行学》课程围绕投资银行业务展开,是关于中国特色的资本市场建设理论与实践问题的总结与提炼。这些问题的提出与解决既要求我们坚持辩证唯物主义,不回避问题,正视中外差距、行业差距、发展瓶颈,又要求我们坚信中国特色社会主义道路,不盲目跟随西方经验、华尔街观点。以全球化视野、历史性思辨、辩证化谈论讲述专业知识,使学生全面了解中国证券市场和证券公司行业改革发展脉络,从历史发展过程中感悟马克思主义辩证唯物法的正确性,从中国金融发展成就和中国上市公司发展历程深刻认识中国特色社会主义制度的优越性。通过讲述经济改革和多层次资本市场建设所取得的伟大成就,传递坚持中国共产党领导的重要性,强化学生"中国共产党为什么能、马克思主义为什么行、社会主义为什么好"政治认同。

2. 家国情怀

我国证券市场和证券公司从诞生之初就具有红色基因,特别是改革开放过程中,在党的领导下,我证券行业迅猛发展。在此过程中涌现出一批爱岗敬业、勇于奉献的老一辈证券从业人员。通过介绍红色金融历史和行业楷模,让学生感受到中华民族的爱国主义精神,赓续红色血脉。新时代资本市场建设、投资银行发展的初心和使命都必须回答"我是谁"和"为了谁"。通过案例教学和社会实践,持续加强、不断推进红色金融主题专项教育走心、走深、走实,深入学习贯彻习近平总书记关于资本市场的一系列重要指示批示精神,始终牢记全心全意为人民服务的根本宗旨,全面贯彻新发展理念,站稳资本市场和投资银行发展的人民立场,不断满足经济社会发展和人民群众日益增长的财富管理需要。除此之外,本课程还会借由中外对比,向学生介绍当前我国证券行业和证券公司改革的关键痛点和存在的问题,以及与发达国家证券行业和证券公司发展的差距,让学生树立为祖国、为人民奋斗奉献的理想。

3. 道德修养与职业伦理

本课程涉及投资银行职业道德相关知识,特别是投资银行业务的学习过程中,我们通过反面案例分析,让学生认识到投资银行职业道德的重要性,自觉养成遵守投资银行职业道德的习惯。在市场经济条件下,投资银行业职业道德水平的高低在很大程度上决定着该行业能否立于不败之地并得到持续健康发展。投资银行业职业道德的基本规范可以涉及:爱岗敬业,遵纪守法,诚实守信,业务优良,服务群众,奉献社会等。道德修养与职业伦理道德规范决定了个人在职业生涯中的发展格局,决定一个人能走多远,能做多大的事。通过课程的知识讲解和案例解读,切实提高学生的职业道德修养,塑造学生职业伦理。

4. 法治意识

投资银行必须在既定法律法规框架下经营,合法合规是行业生存和发展的前提,也是行业红线。本课程各章学习中涉及了大量法律、法规介绍,内容涵盖民法、证券法、银行法和保险法等。通过本课程学习,让学生学习相关的法律法规,认识到相关法规对于投资银行业发展、防范系统性金融风险的重要作用。让学生牢固树立个人遵纪守法的意识和投资银行业合规经营的底线思维,如滴滴违规披露信息引致 App 下架、宝能超高杠杆融资收购万科等。引导学生敬畏法律、恪守规则。除此之外,本课程鼓励学生对当前行业监管存在的问题进行创新性探索,主动平衡合规经营与创新发展。

5. 红色金融文化

本课程注重学生红色金融文化熏陶。在中国共产党百年发展壮大的辉煌历程中,红色金融文化是重要能量之一。中国共产党始终高度重视金融工作,领导人民创建国有金融机构,为中国的建设发展贡献金融力量。坚持党的领导是红色金融文化最本质的特征,也是人民金融最本质的特征。红色金融文化指引学生全心全意为人民服务。无论是深化资本市场体制改革,还是现代化多层次资本市场构建,乃至数字证券、绿色证券的推行,投资银行都应该以满足人民对美好生活的向往为己任,服务于人民,为人民群众提供优质高效的金融服务。塑造学生永远不忘艰苦创业、开拓创新的红色金融文化品格。防控风险是红色金融文化珍贵内涵,需要我们践行始终。红色金融文化本身就有着对金融发展的秩序维护和方向的指引,坚守与传承红色金融文化本身在一定程度上保障了我们资本市场发展有着正确健康的航向。

6. 科学精神

本课程注重培养学生的科学精神。科学精神是反映科学发展内在要求并体现在科学工作者身上的一种精神状态,如科学探索者的信念、勇气、意志、工作态度、理性思维、人文关怀和牺牲精神等,内涵极为丰富,互相之间贯通性和可塑性很强。投资活动中的科学精神集中体现于价值投资,即开展实地调研、查阅资料、对目标公司经营管理、行业属性、区域经济等做大量研究,运用包括大数据、云计算、人工智能等前沿分析手段得出严谨的结论。这要求从业者掌握完备的知识体系并能长期地投入大量时间和精力。在教学中,引导学生完成"四个一"研究性学习,即一部纪录片,一本专著,一篇高质量论文,一个高水平竞赛。以项目为驱动,鼓励学生开展纵深阅读与探究。

(二)课程思政的教学内容

《投资银行学》课程的思政内容涉及以下几方面:

1. 中国投资银行发展的理论自信和制度自信

科学的理论来源于伟大的实践,同时又反过来指导实践。中国特色社会主义理论体系,是马克思主义基本原理同当代中国改革开放和社会主义现代化建设实践有机结合而形成的科学理论体系,是中华民族实现伟大复兴的科学指导和行动指南,也是指导资本市场和投资银行业发展的指南。习近平总书记指出,经济是肌体,金融是血脉,两者共生共荣。纵观历史,金融一旦脱离实体经济,就是无源之水、无本之木。推动金融服务实体经济,必须坚持以中国特色政治经济学为指导原则,始终把金融服务实体经济发展放在第一位,打破金融资本垄断,推动经济由高速增长向高质量发展转变,促进经济和金融良性循环、健康发展。专业教师在讲授时,应以新发展理念为引领,供给侧结构性改革为时代背景,讲述投资银行在服务实体经济尤其是金融支持小微企业方面的探索与新举措,监管方制定各项规则确保金融回归本源,使得金融资产脱实向虚势头得到扭转,服务实体经济质效明显提升。监管部门坚持"两个毫不动摇",依法维护公平竞争,坚决反对垄断,充分发挥了资本在金融活动中的积极作用。以投资银行与实体经济共生共荣事例增强学生对中国投资银行发展的理论自信和制度自信。

2. 人类命运共同体理念

经济全球化已经将世界各个国家的资本紧密联系在一起,全球资本由资金链链接,各国相互分工,相互合作,共生共存。面对世界经济的复杂形势和全球性问题,任何国家都不可能独善其身。人类命运共同体是我国对当今时代特征和国际形势的判断提出来的正确论断,其弘扬和平、发展、公平、正义、民主、自由的价值观,始终注重推动经济全球化朝着更加开放、包容、普惠、平衡、共赢的方向发展。"一带一路"倡议是关于人类命运共同体理念的实践。投资银行是一带一路多元化融资中的重要力量,是中国金融自身改革开放的重要参与者。证券公司"一带一路"相关债券融资业务在一带一路多元化融资体系中发挥重要作用,形成了较为良好的金融影响。如中国有色矿业发行公司债,募集资金用于在缅甸投资达贡山镍矿项目;福建省港口集团、山东海洋集团的发债项目主要涉及"一带一路"沿线国家基础设施建设,如海上油气钻井平台、港口等。

3. 投资银行的社会责任

投资银行不仅为建设、完善资本市场贡献力量,也应在积极履行社会责任上发光发热,营造气正风清的行业氛围。在社会责任和使命担当的感召下,投资银行应积极参与乡村振兴、脱贫攻坚,帮助农民群体增加收入、提升技能,助力其走上脱贫致富之路。在新冠肺炎疫情期间,投资银行也应积极抗疫,为困难群众捐钱捐物,支持员工当抗疫志愿者。还应通过成立抗疫专项基金等方式,加大对受疫情影响严重地区和行业的支持力度。行业监管和自律组织应减免若干费用,在上市审核、一线监管等方面提供有温度的服务。投行应积极主动顺应中国经济增长方式转型和数字经济发展,在监管层的引导下,大力倡导ESG(环境、社会、治理)投资,助力中国经济高质量发展。以此为导向和思路,教师在教学中应当将百年变局背景下投资银行的社会责任嵌入课程教学的全过程,将社会责任深刻烙印于学生认知。

4. 投资银行行业伦理与从业人员的职业道德

投资银行行业伦理与从业人员的职业道德是行业健康运行的基石。投资银行行业伦理是投资银行在金融交易中应遵循的道德准则和行为规范。法律的作用是有限的,而伦理道德在社会中则有更广泛的约束与激励功能,法律是最低限度的要求,道德是对人更高层次的要求。行业伦理道德约束层面,投资银行不应为一己之利罔顾他人和整个社会的利益。在教学中教师应以社会主义核心价值观为指针,围绕"合规、诚信、专业、稳健"的行业文化内涵,详细讲解投资银行从业人员应当遵守的基本要求,具体包括:敬畏法律,遵纪守规;诚实守信,勤勉尽责;守正笃实,严谨专业;审慎稳健,严控风险;公正清明,廉洁自律;持续精进,追求卓越;爱岗敬业,忠于职守;尊重包容,共同发展;关爱社会,益国利民。引导学生树立正确的金融伦理观,遵循市场准则,约束自身行为,更多践行社会责任投资。

(三)教学方法

本课程综合运用多媒体讲授、启发式教学、场景式案例教学等多种教学方法,使学生掌握投资银行业务及管理知识,具有运用证券承销、企业并购和资产证券化等业务工具解决各类主体投融资问题的能力;借助在线教学与行业专家讲座,开拓学生国际视野,了解国际投行运作特点,掌握国内证券公司发展格局,深化认识投资银行伦理和职业道德标准。

三、课程各章节的课程思政教学内容设计

第一章 投资银行概述

专业教学目标

通过本章学习,学生能够了解:投资银行的概念;投资银行的业务范畴;投资银行的作用与功能;投资银行与商业银行的联系与区别;我国投资银行的发展现状与现存问题。

【知识目标】

1. 掌握投行及投行业务概念,掌握投资银行与商业银行的区别及联系。
2. 了解投资银行发展历史与主要业务构成。
3. 了解我国投资银行的发展现状。

【能力目标】

1. 具备公开上市公司关键业务数据收集与分析能力。
2. 具备投行研究报告涉及的文档编辑能力。
3. 具备对投行行业动态的跟踪调查能力。

课程思政教学目标及实践

【育人目标】

本单元蕴含丰富的思政元素,主要包括:从投资银行的概念、功能和发展过程,结合我国社会主义特色,见证人类文明的进程;确保党的领导与我国投资银行治理协调统一;习近平总书记"必须加强党对金融工作的领导";了解投资银行的本质。对学生进行责任意识与使命担当教育,以及"四个意识""四个自信""两个维护"教育。通过将这些元素融入教学过程中,有助于全面提升学生的思政素养。具体而言,本章的思政目标包括:

1. **政治认同** 对中国国情有正确的理解和认识,具备服务社会大众的意识。给学生渗透人类命运共同体的理念,培养学生能够采用国际化视野看待问题、理解问题、分析问题和解决问题。加强学生对我国政治制度的认同。

2. **家国情怀** 通过讲解我国投资银行的发展现状和存在问题,培养学生对社会责任感的深入理解。通过在课程传播投行的"正能量"事迹,帮助学生建立社会主义核心价值观,树立学生爱国主义精神。

3. **道德修养** 通过讲授投资银行的具体业务时,重点强调投资银行是高智密集型行业,对从业人员有很高的要求,传递给学生要努力学习专业课,同时列举投行从业人员在自营业务中存在"老鼠仓"、操纵市场等不良行为的案例,告诫学生注意道德修养和约束。要秉承诚信、敬业的职业精神。

4. **法治精神** 通过介绍投资银行的"并购"业务,向学生强调并购过程中,双方在并购或反并购时,均需要符合公司法的要求。教学过程中,培养学生应具备国际视野,熟悉国际规则,能够理解和遵守各国法律法规,提升学生的法治意识。

5. **文化素养** 鼓励学生熟悉我国不同地区的文化,熟悉国际不同国家的国情差异,掌握跨文化沟通与交流技巧,提升个人文化素养。

6. **科学精神** 提供给学生前往我国投资银行实习的机会,组织学生参观或访问,了解投行各业务的流程,鼓励学生科学探索,引导学生能够将个人价值实现和民族复兴大业相契合。

7. **时代担当** 投资银行业务能够符合我国"实业兴国"、创新产品,构建科技型新发展战略,学生了解投行业务,培养学生兴趣,为未来大学生就业提供基础,实现个人能力培养与集体智慧的结合,培养学生肩

负实现中华民族伟大复兴的时代责任担当。

8. 广阔视野　在本章中,引导学生学习和分析国际投资银行业务的发展与变化过程,探索投行从业者素质变化特征,使学生能够凝聚共识、交流思想,为推动构建人类命运共同体贡献智慧和力量。

【教学方式与方法】

1. 课堂教学,多媒体授课,案例教学。
2. 案例研讨,探究式教学。

【课程思政教学实例】

案例材料:投资银行的"前世今生"

(1)案例简介

早期的投资银行家通过承销有价证券,将投资者手中的财富集聚起来,为实体提供项目融资。1900年,MG组织巨型的财团对美国的钢铁行业进行并购重组,企业资产并购重组从此也成为投资银行业务的重头戏之一。美国国会在1933年出台《格拉斯－斯蒂格尔法案》,规定银行只能选择从事储蓄业务(商业银行)或者是承销投资业务(投资银行)。根据法案,J.P.MG被迫将投资业务部门分离出来,成立了MGS公司。19世纪70年代客户导向型的投资银行开始向交易导向型的金融服务转变。1999年,在克林顿的主导下,《现代金融服务法》通过,长达半个世纪的分业经营终于落下帷幕。在2004－2005年的华尔街盛宴中,收益率主宰了一切,"次级贷款"的高违约风险暂时地被选择性遗忘了。2008年次贷危机对美国投行领域造成了巨大冲击,已经营百年的美国五大独立投行均出现了严重的经营风险,其中LB破产,BS和ML证券分别被JPM和BA收购,而GS和MS则转型成为银行控股公司。

资料来源:知网案例库,未来智库。

(2)案例的思政元素

①科学精神。本案例注重培养学生的科学精神。科学精神是伴随近代科学的诞生,在继承人类先前思想遗产的基础上,逐渐发展起来的科学理念和科学传统的积淀,是科学文化深层结构(行为观念层次)中蕴涵的价值和规范的综合。要对科学精神有所把握,最重要的是要让学生了解它的内涵或构成要素,以及它的整体结构。科学精神是反映科学发展内在要求并体现在科学工作者身上的一种精神状态,如科学探索者的信念、勇气、意志、工作态度、理性思维、人文关怀和牺牲精神等,内涵极为丰富,互相之间贯通性和可塑性很强。

②服务新时期国家发展建设大局。习近平总书记在党的十九届五中全会上的重要讲话和全会审议通过的《中共中央关于制定国民经济和社会发展第十四个五年规划和2035年远景目标的建议》提出的新发展目标、新发展理念和新发展格局将开启创新型国家建设新征程,资本市场、证券行业迎来了前所未有的高质量发展战略机遇。按照2035年远景目标,我国将进入"创新型国家前列",建成"现代化经济体系",实现"经济总量或人均收入翻一番",资本市场和证券行业服务我国经济创新转型升级,提供了前所未有的中长期发展机遇;我国贯彻创新、协调、绿色、开放、共享的新发展理念,推动高质量发展为主题,为资本市场、证券行业加快全面深化改革创新,加大双向开放,提升发展质量和效益,注入源源不断的发展动力,立足国内市场,拓展国际市场,开阔了战略思维和全球视野。

(3)教学手段

①讲授:课堂教学,多媒体授课。确保学生充分掌握投资银行基本知识点。

②案例教学:案例介绍,吸引学生兴趣,案例研讨调动学生的学习主动性。教师在案例线索、资料收集、分析方法等环节做必要引导与讲解。

第二章　证券的发行与承销

专业教学目标

证券发行是投资银行最基本的业务,证券业是从事证券发行和交易服务的专门行业。本章在介绍证券业概述的基础上,对证券种类与发行选择、发行方式与承销方式、证券发行管理制度进行归纳阐述,让学生对当前证券发行政策具备整体认识的基础上,熟悉证券发行与承销业务的操作程序。

【知识目标】

1. 了解证券发行、证券承销的演变,熟悉证券发行与承销业务的操作程序及我国证券承销的相关规定。

2. 掌握投资银行承销业务的含义、内容,掌握证券发行与承销业务规范操作、国内外证券承销的流程差异。

【能力目标】

1. 培养学生将所学理论和案例灵活应用于实践。

2. 培养学生从思辨的角度分析投资银行在证券发行中的作用,能够分析、判断证券承销业务的违规运作以及处罚规定。

课程思政教学目标及实践

【育人目标】

1. 政治认同　证券的发行与承销章节涉及我国投资银行业的发展与改革,投资银行相关业务的发展、经营管理等的各方面内容。课程需要对国内外制度的比较和思考,既有普适性问题介绍和分析,也有大量具有中国特色的银行理论与实践问题的总结与提炼,这些问题与辩证唯物主义以及中国特色社会主义密切相关。通过这些专业知识的讲述,有助于让学生更准确了解中国投资银行业改革发展取得成就,从历史发展过程中能够自然而然地传递马克思主义基础理论的正确性,有助于同学们认识到马克思主义指导地位的重要性和中国特色社会主义制度的优越性。通过讲述经济改革和金融改革所取得的伟大成就,有助于学生理解中国共产党领导下的社会主义制度的优越性,增强学生的政治认同。

2. 家国情怀　结合我国市场经济体制与证券市场历史演变过程,通过对我国证券的发行与承销行业的发展历程以及取得的巨大成就的学习,梳理国内投行相关业务案例,展示我国资本市场的发展以及在全球的重要地位,培养学生的国际视野与家国情怀。本章还会由中外对比,向学生介绍当前我国投资银行发展的关键痛点和存在的问题,以及与发达国家投资银行业发展的差距,让学生树立为祖国、为人民奋斗奉献的理想。

3. 社会主义核心价值观　在金融体系中占据重要地位的证券投资,肩负着配合国家政策、支持投资银行高质量发展的重要责任。通过对国内外投资银行的经典案例、上市公司财务造假、主权债务危机等案例的讲解与讨论,让学生认识到金融体系服务实体经济的重要性,及其对于经济环境稳定发展所起的主要作用。

【教学方式与方法】

1. 自主学习:线上学习相应慕课中的基础专业知识点,线下团队、小组结合模式讨论证券发行及承销案例。

2. 课堂讲授:讲授相关理论的主要观点或内容、政策启示与建议等。

3. 课堂展示与讨论:学生展示根据教学素材整理分析的相关报告等,小组讨论。

【课程思政教学实例】

案例材料:2001 年 SX 工程建设债券信用评级

(1) 案例简介

2001 年 SX 工程建设债券信用评级为:AAA

发行主体:中国长江 SX 工程开发总公司

债券担保:SX 工程建设基金

发行规模:50 亿元人民币

债券期限:10 年期,20 亿元;15 年期,30 亿元

利率:10 年期,浮动:一年期银行存款利率±1.75%;15 年期,固定 5.21%

偿还方式:每年付息到期一次还本

主承销商:ZX 证券

资料来源:百度百科。

(2) 案例的思政元素

本章将 SX 工程建设债券评级情况作为案例进行分析,既分析了 SX 工程在国民经济发展中的作用,及所产生的巨大社会效益;又分析了 SX 工程进度及资金到位情况;还分析了 SX 电站如期投产后,将给中国

长江SX工程开发总公司带来可观的收益,以此引发学生的深入思考。

(3)教学手段

①讲授:2018年4月24日,习近平总书记视察SX工程时指出:"SX工程的成功建成和运转,使多少代中国人开发和利用SX资源的梦想变为现实,成为改革开放以来我国发展的重要标志。这是我国社会主义制度能够集中力量办大事优越性的典范,是中国人民富于智慧和创造性的典范,是中华民族日益走向繁荣强盛的典范。"SX工程从设想到规划、从勘测到论证、从建设到运行的百年历程,是党史、新中国史、改革开放史、社会主义发展史的重要见证。党的百年奋斗历程铸就了中国共产党人光辉璀璨的精神谱系,SX百年圆梦过程孕育了历久弥新的SX精神。

②讨论:SX工程对中国发展的启示。慕课资源、文献资源为翻转课堂提供支架;课堂展示、师生思辨讨论实现课堂高阶性、高效性。

③学习测评:讨论结果现场点评,包括学生自评、互评、教师点评总结。

第三章 兼并与收购业务

专业教学目标

通过本章学习,要求学生掌握投资银行并购业务的内涵、了解企业并购的种类和方式、理解企业并购的动因、投资银行在企业并购中的作用,熟悉企业并购的流程。

【知识目标】

1. 掌握企业并购的种类、方式、熟悉企业并购的流程,理解企业并购的动因,及投资银行在企业并购中的作用。

2. 掌握不同并购方式下并购定价的估算。

【能力目标】

1. 培养学生将所学理论分析企业并购案例的能力。

2. 培养学生站在投资银行角度策划企业并购方案的能力。

课程思政教学目标及实践

【育人目标】

1. 竞争精神 市场经济大鱼吃小鱼,小鱼吃虾米,残酷竞争、优胜劣汰。企业兼并与收购是企业在产权市场上竞争的表现。通过讲授企业兼并与收购的动因,增强学生的竞争意识和竞争精神。

2. 法治意识 企业兼并与收购是市场竞争的高级表现形式,须依法律法规有序进行,保证兼并和收购过程公开、公平、公正,严禁违法收购,损害国家和职工合法权益。通过学习企业兼并与收购的程序,强化学生的法治意识。

3. 服务意识 投资银行在企业兼并与收购的过程中有两个身份,一个是自营商,一个是中间商。作为中间商既接受收购方的委托,也接受被收购方的委托,不管接受哪一方委托,都要尽职尽责服务客户。收购和反收购皆为市场行为,没有对错之分,投资银行作为中间商应尽力服务受托方,坚持职业操守,做好自己的本职工作。通过学习投资银行在兼并与收购中的职能作用,培养学生的服务意识。

4. 广阔视野 通过向学生提供企业将并收购的案例,让学生了解国内外企业收购的状况,开阔学生视野,扩大学生知识面。

【教学方式与方法】

1. 自主学习:学生线上学习相应慕课中的基础专业知识点,线下自主阅读文献资料,撰写阅读笔记或思维导图。

2. 课堂讲授:讲授相关理论的主要观点或内容,解答学生疑问。

3. 课堂展示与讨论:学生展示根据教学素材整理分析的相关报告等,开展小组讨论。

【课程思政教学实例】

案例材料:ZH扩张海外版图

(1)案例简介

2016年6月,历时近2年、涉资430亿美元(折合人民币2924亿元),号称中国历史上最大规模的并购案——ZH收购XZD终于尘埃落定。尽管在收购过程中,ZH遭遇的反对与质疑声音从未停歇,但历经九个多月艰苦而漫长的谈判与交流后,双方的握手言和还是为本次收购画上了一个圆满句号。这已经不是ZH第一次大手笔的海外并购了,在2015年中ZH曾以71亿欧元的价格收购意大利轮胎公司BNL。XZD是一家具有259年历史的老牌企业,其总部位于瑞士巴塞尔,是全球第一大农药、第三大种子的高科技公司。我国人口众多,且国内种子和农药企业规模小、实力弱、技术含量低,难以参与国际竞争,而XZD拥有先进的生物育种技术,在传统育种杂交水稻和杂交小麦等主要粮食作物上处于领先地位。因此,本次天价收购也被看作是维护国家粮食安全的一部分。

资料来源:中国十大著名企业并购案例。No.4 https://www.sohu.com/a/511198303_120378753.

(2)案例的思政元素

①道路自信。改革开放四十年来,我国经济发展取得了巨大成就,中国企业实力增强,开启在海外收购新篇章,充分说明中国特色社会主义道路是正确的,增强学生坚定"四个自信"、做到"两个维护"。

②国家安全。改革开放后,国外农药及高科技种子企业进入我国农资市场,给我国的粮食安全带来一定影响。习近平总书记说,"中国人的饭碗任何时候都要牢牢端在自己手上"。ZH收购XZD公司有利于实现"藏粮于技",使粮食和食品安全掌握在中国企业的手中。

③家国情怀。企业兼并与收购不单纯是一种经济现象,它还包含着国家战略,特别是我国国有企业的收购和反收购。ZH收购XZD公司,实现了中国企业海外扩张的战略,同时为国家对构建粮食安全战略提供了重要支持。

(3)教学手段

①自主学习:线上学习ZH收购XZD公司过程,线下自主阅读相关文献资料,撰写阅读笔记或思维导图。

②课堂展示:学生展示读书笔记或思维导图,介绍自己对兼并收购的认识。

③课堂讨论:学生结合实际,讨论ZH收购XZD公司的意义。

④课堂讲授:回答学生在自主学习中、在完成作业中遇到的各种问题。

第四章 风险投资业务

专业教学目标

投资银行是风险投资领域中最重要的中介服务机构,以其庞大而有效的行业体系推进着风险投资的发展。本章从风险投资概述、流程以及投资银行在风险投资中的作用三个方面深入浅出介绍与投资银行密切相关的风险投资知识,使学生建立对风险投资行业的整体认知,了解投行在风险投资中的地位和作用。

【知识目标】

1. 了解风险投资业务的具体流程;熟悉企业生命周期的构成、风险投资的产生背景和发展历程。

2. 掌握风险投资的概念和特征、风险投资业务对经济的影响、风险投资业务对自身改革的要求。

【能力目标】

1. 培养学生将所学理论灵活应用于现实和具体案例的能力。

2. 培养学生从现实的角度出发分析和解决问题的能力,用辩证的思维和创新的精神去探究事物发展的能力。

课程思政教学目标及实践

【育人目标】

1. **科学精神** 通过讲解风险投资的决策过程,使学生构建求真的理性思维;尊重事实和证据,有实证意识和严谨的求知态度;逻辑清晰,能运用科学的思维方式认识事物、解决问题、指导行为等。

2. **深度学习** 风险投资的过程本身就是一个对新技术和新商业模式价值发现的过程,要求投资人本身具有很强的学习能力,具有信息敏感性,能自觉、有效地获取、评估、鉴别、使用信息。具备数字化运用能力,了解"互联网+"等社会信息化发展趋势。

3. **创新精神** 风险投资对高科技创新起到了巨大作用,其促进了高新技术企业的孵化,推动了国家经济发展。

【教学方式与方法】

1. 自主学习:线上学习相应慕课中的基础专业知识点,线下自主阅读文献资料,撰写阅读笔记或思维导图;

2. 课堂讲授:讲授相关理论的主要观点或内容、政策启示与建议等;

3. 课堂展示与讨论:学生展示根据教学素材整理分析的相关报告等,小组讨论。

【课程思政教学实例】

案例材料:我国风险投资和独角兽企业的发展

(1)案例简介

独角兽公司指成立不超过10年,估值超过10亿美元,具有良好的成长性和发展潜力,商业模式很难被复制的企业。独角兽公司的发展是一个国家高科技企业发展水平的重要标志,根据胡润《2021年全球独角兽榜》中国共有301家上榜,在全球1058家独角兽企业中占28.5%,其中ZJTD、MYJT、CNWL等3家跻身全球前10。独角兽企业在中国的大量出现和风险投资的发展密不可分,风险投资人对初创企业的扶持,对技术进步的推动,对市场机会的敏锐捕捉使初创期企业能够很快发展壮大。

(2)案例的思政元素

①创新精神。通过对独角兽公司个案的观察,了解唯有创新才是一个企业乃至国家发展的真正源泉。

②科学精神。风险投资的决策本身就是大胆假设,小心求证的过程,需要用科学的方法去评估投资未来的收益和存在的风险。

③深度学习。风险投资始终走在高科技行业发展的最前沿,要求投资人必须不断学习,保持对新技术和商业模式的敏锐洞察力。

(3)教学手段

①授课与课堂讨论相结合:课堂以讲授为主,在讲授过程中组织学生针对部分问题进行讨论,如我国存在资本的无序扩张问题等,用科学的分析方法和态度来厘清我国经济发展中出现的冲突和矛盾。

②紧扣时政,寓理于例:力求把思政元素融入案例之中,引导学生自主体会案例所阐明的道理,帮助其塑造正确的价值观和培养逻辑分析能力。

③及时反馈,不断强化:在授课过程中,对核心思政元素不断地强化,如对创新精神和深度学习能力的强调,并通过点评和提问的方式给予学生反馈,同时根据学生不同的表现调整教学策略。

第五章 项目融资

专业教学目标

提升综合运用统计学、管理学、计算机等学科知识的综合素质;以PPP模式下存在政府信用风险、项目收益无保障为导向增加学习兴趣;回顾与评价非PPP模式下基建项目资金的使用效率;展望PPP模式的发展前景,提高把握行业前沿素质。

【知识目标】

1. 掌握PPP模式的概念。

2. 掌握PPP模式的优点及流程。

3. 了解PPP模式应用的范围及经典案例。

【能力目标】

1. 具备PPP模式下项目融资的构建能力。

2. 具备投行PPP项目主要文档编辑能力。

3. 具备对公私合营问题的研究能力。

课程思政教学目标及实践

【育人目标】

1. **政治认同** 项目融资与我国基础设施建设紧密相连,PPP模式是项目融资的重要模式,是实施现代化基础设施建设的重要构成部分。PPP模式在国外已有完善制度和实施案例,我们应该以全球视野和历史对比态度对其进行经验总结;需要以马克思唯物主义和辩证法对国内外基础设施建设情况做比较,对具有中国特色的基础设施建设投融资理论与实践问题进行总结与提炼。通过"中国高铁奇迹"的讲述,使学生更全面了解中国基础设施建设取得成就,深刻领悟中国特色社会主义制度的优越性。

2. 家国情怀　课程教学围绕大型基础设施项目的融资策略展开,阐述PPP模式的特点。课程通过"英法海底隧道"融资、"中国高铁融资"案例讲授PPP模式的概念、业务操作流程,使学生理解PPP模式下,大型基础设施建设实现投资效率与管理效率提升,社会投资与公共福利并进的优势。投行的项目融资业务是以专业融资服务融入国家基础建设,彰显了金融行业"为国理财、为民谋福"的公共性。

3. 科学精神　PPP模式投资活动具有周期长、风险大、流程多的特点,从业人员需要开展实地调研、查阅资料,对项目现金流、项目公司经营管理、相关供应方情况、区域经济发展等做大量研究,运用包括大数据、云计算、人工智能等前沿分析手段得出科学结论。这要求从业者掌握完备的知识体系、良好的承压能力、健康的身体素质。在教学中,引导学生完成围绕PPP模式下项目融资经理职业要求完成"四个一"研究性学习,即一部纪录片,一本专著,一篇高质量论文,一个案例写作,鼓励学生开展纵深阅读与探究。引导学生了解CFA、CPA、证券业从业资格证等资格证考试信息,以科学规划融资体系、实现政府企业共赢作为自己的职业追求。

【教学方式与方法】

1. 本章节教学充分应用了混合式教学模式,体现了课前、课堂、课后全过程的教学动态化控制,以信息化手段实时学情跟踪与教学调整,提升教学效率。

2. 在线主题讨论与话题筛选。本章节教学依据"学习中心"建设思路,结合学生学情开展案例教学。课堂前,教师通过学习通平台布置学习任务,要求学生发起高杠杆投资活动的主题讨论。以平时成绩加分为鼓励,激励学生主动发帖、回帖、跟帖。通过后台数据,教师挑选热点话题作为案例教学点。

3. 在线资料整理与案例编写。本章节教学强调学生自主学习、探究式学习和任务制学习。利用学校提供的超星、知网、EPS数据平台,额外补充其他互联网资源如人大经济论坛等,为学生建立时空连续的自主学习系统。本环节,教师提供关于中国高铁融资案例的部分材料,并给出线索和资料整理的基本方法,而后由学生分组完成资料整理与案例编写。

【课程思政教学实例】

案例材料:广西首条PPP模式建设铁路项目落地

(1)案例简介

广西沙河至铁山港东岸铁路支线PPP项目签约仪式2022年9月16日在南宁举行,标志着广西第一条以PPP模式建设的铁路落地实施。项目建设采用政府和社会资本合作(PPP)模式,旨在通过引入社会资本参与项目的投融资、建设、运营,充分发挥政府和社会资本的各自优势,降低政府直接投资压力,提高广西货运铁路行业运营管理效率。沙河至铁山港东岸铁路支线PPP项目的实施将有助于拓宽交通基础设施建设融资渠道。作为西部陆海新通道的重要组成部分和响应"一带一路"倡议的关键工程,项目设计速度120公里/小时,全长约68.4公里,总投资46亿元,建设工期33个月。该项目建成后,将解决铁路运输"最后一公里"问题,对于完善区域路网布局、促进相邻铁路货运量的提升、提高铁路的市场竞争力、扩大铁路市场范围及实现可持续发展具有重要意义。

资料来源:中国新闻网 https://www.chinanews.com.cn/sh/2022/09-17/9854544.shtml.

(2)案例的思政元素

①政治认同。广西沙河至铁山港东岸铁路支线PPP项目是关于我国基础设施建设融资社会化的重要实践。在充分借鉴国外经验,比对国内经济发展水平和浙江区域发展特色后做出这一项目融资安排。项目融资决策充分体现马克思唯物主义和辩证法对重大决策的指导意义。通过广西沙河至铁山港东岸铁路支线项目助推效应讲解,使学生更全面了解基础设施建设与"一带一路"倡议、地方经济发展之间的内在关联,深刻领悟中国特色社会主义制度的优越性。

②科学精神。广西沙河至铁山港东岸铁路支线PPP项目投资活动周期长、风险大、流程多,业务复杂程度高。在教学中,引导学生完成围绕广西沙河至铁山港东岸铁路支线PPP项目融资经理职业要求完成"四个一"研究性学习,即一部纪录片了解中国基建发展历史,一本专著学习PPP项目,一篇高质量论文研

习项目融资理论基础,一个案例写作掌握项目融资业务流程。饱满的工作量塑造学生专业钻研精神,激励学生践行专业报国。

(3)教学手段

①翻转课堂:超星学习通平台资源、学校电子图书馆为翻转课堂提供平台支持;课堂展示、师生思辨讨论构建以学生为中心的课堂。

②协同育人:在知识点"PPP模式"中引入广西沙河至铁山港东岸铁路支线PPP项目案例,将政治认同和科学精神等思政元素融入到专业知识。

③学习测评:观点投票、知识点检测、现场点评。

第六章 资产证券化业务

专业教学目标

通过介绍资产证券化概念与资产证券化的运作过程,使学生理解资产证券化给交易双方带来的益处,掌握资产证券化的发展动因及资产证券化的原理,掌握资产证券化的基本运作流程和分类。

【知识目标】

1. 了解资产证券化的概念与发展动因,理解资产证券化的原理与运作过程。
2. 掌握资产证券化的基本运作流程和分类。

【能力目标】

1. 培养学生将所学理论灵活应用于现实和具体案例。
2. 培养学生从思辨与探索的角度分析资产证券化的过程,评价其优点与存在的局限性。

课程思政教学目标及实践

【育人目标】

1. 科学精神 宏观经济环境复杂多变,发行时的市场利率将随宏观经济环境的变化影响融资成本,投资银行从业者必须具备独立思考与判断能力,多角度、辩证地分析资产证券化的收益与成本,才能做出明智的决策用以有效降低或规避金融风险,鼓励学生积极寻求有效解决问题的方法、能力和韧性。

2. 法治意识与底线思维 投资银行的资产证券化业务必须符合中国证监会和交易所等相关监管机构的审批与同意,业务产品设计的所有环节必须均不能损害投资者的利益,帮助学生了解证券法等相关法律法规,树立法治精神。

【教学方式与方法】

1. 自主学习:线上学习相应慕课中的基础专业知识点,线下自主阅读文献资料,撰写阅读笔记或思维导图。
2. 课堂讲授:讲授相关理论的主要观点或内容、政策启示与建议等。
3. 课堂展示与讨论:学生展示根据教学素材整理分析的相关报告等,小组讨论。

【课程思政教学实例】

案例材料:TF证券股份有限公司拟开展商业物业抵押贷款资产证券化业务

(1)案例简介

为拓宽融资渠道,降低融资成本,提高资产的流动性,2022年7月12日TF证券股份有限公司发布公告,拟以公司及间接全资子公司TFTR物业管理(武汉)有限公司持有的物业资产作为底层资产,开展商业物业抵押贷款资产证券化业务。公司全资子公司TF(上海)证券资产管理有限公司担任管理人设立"TF-安鑫资产支持专项计划"。该专项计划的审批程序如下:公司分别于2022年3月30日、2022年4月20日召开第四届董事会第十六次会议、2021年年度股东大会,审议通过《关于发行境内外债务融资工具一般性授权的议案》,同意公司拟一次或多次或多期公开或非公开发行或以其他监管许可的方式发行境内外债务融资工具。公司于2022年7月11日召开第四届董事会第二十三次会议,以15票赞成,0票反对,0票弃权审议通过了《关于开展商业物业抵押贷款资产证券化的议案》,本次专项计划无需提交公司股东大会审议,尚需提交上海证券交易所同意或审核,最终方案以上海证券交易所审核同意为准。

资料来源:巨潮资讯网天风证券股份有限公司公告,[EB/OL].http://www.cninfo.com.cn/new/disclosure/detail?

stockCode＝601162&announcementId＝1214005812&orgId＝qsgn0000533&announcementTime＝2022－07－12.

(2)案例的思政元素

①法治意识。投资银行设计的资产证券化业务必须符合中国证监会和交易所等相关监管机构的审批与同意。

②科学精神。投资银行工作人员必须具备独立思考与判断能力,多角度、辩证地分析资产证券化的收益与成本,才能做出科学的决策,有效降低或规避金融风险。

③服务意识。学生能够更加深入地理解资产证券化业务为投资者服务的价值,从而增强其服务意识。

(3)教学手段

①翻转课堂——支架与高阶:慕课资源、文献资源为翻转课堂提供支架;课堂展示、师生思辨讨论实现课堂高阶性、高效性。

②知识点＋实事＋思政——贯穿融合:在知识点"资产证券化的一般操作过程"中引入新出现上市公司的证券化业务,将法治意识、科学精神以及服务意识等思政元素与专业知识相结合,增强学生的法治意识与底线思维。

③学习测评——实时呼应:投票结果、讨论结果现场点评。

四、课程思政的教学评价

(一)对教师的评价

1. 教学准备的评价

将《投资银行学》课程思政建设落实到教学准备各方面,提前提炼思政元素进行课程思政目标设计、修订教学大纲、教材选用、教案课件、案例库编写等。

2. 教学过程的评价

将《投资银行学》课程思政建设落实到教学过程各环节,任课教师积极主动使用混合式教学模式,融合"线上＋线下"教学平台,扩容教学空间。以任务节点模式加强在线教学纪律。以在线汇报形式提升学习自主性从而提升教学效率。注重评价教师平台运用、作业批改、教学互动等环节是否落实思政元素挖掘,课程思政教学目标是否达成。

3. 教学结果的评价

建立健全《投资银行学》课程思政多维度评价体系,包括同行评议、随机听课、学生评教、教学督导、教学研究及教学获奖等。

4. 评价结果的运用

对于同行评议、学生评教、教学督导等提出的思政教学改进建议,结合考核环节学生对思政元素的领会及掌握程度,对课程教学进行反思与改进。

(二)对学生的评价

1. 学习过程的评价

检验学生是否认真完成了老师布置的学习任务,是否积极参与在线课程网站资料收集、课堂讨论和实地调研等教学过程,科学评价学生在课程学习过程中的积极性、互动性和参与度。

2. 学习效果的评价

通过平时作业、课堂讨论、资源库平台资料分析报告、随堂练习、课程论文、期末考试等多种形式,检验学生对职业生涯的构建及其对专业报国的热忱。

3. 评价结果的运用

通过师生座谈和系部教研活动等多种形式,对学生的学习效果进行科学分析,总结经验,改进不足,提升学生社会责任感和专业知识运用能力。

五、课程思政的教学素材

序号	内容	形式
1	我国风险投资和独角兽企业的发展	案例分析
2	风险投资的非理性与共享单车的泡沫	阅读材料
3	《财政部关于推进政府和社会资本合作规范发展的实施意见》	政策学习
4	纪录片《中国建设者》	在线学习
5	《项目融资》(第3版)	阅读材料
6	中华人民共和国证券法	在线学习
7	公司兼并收购案例汇编(原创力文档)	案例分析
8	《海外并购交易全程实务指南与案例评析》	案例分析
9	纪录片《大上海》	在线学习
10	深圳职业技术学院课程思政数据库	在线学习
11	纪录片《华尔街》	在线学习
12	全国大学生统计建模大赛	线下指导
13	新股发行注册制改革的若干重大问题探讨	在线学习
14	注册制下对中国新股发行体制变迁历程的回顾	线下讨论

《融资租赁》课程思政教学指南

王运鹏[1]　李亭亭[2]

([1] 西安财经大学　[2] 天津商业大学)

一、课程简介与课程目标

(一)课程简介

随着我国融资租赁行业的快速发展,行业的人才需求出现较大的缺口。本课程向学生讲授融资租赁相关的基本知识,包括融资租赁的产生与发展、基本理论、经济功能、业务模式;融资租赁市场的主体与客体;融资租赁公司的设立与监管、融资渠道、盈利模式与定价体系、项目筛选与营销体系、融资租赁合同、风险与控制、内部控制、经营方向、发展规划等内容。

本课程以服务于我国融资租赁产业发展为目标,力图让学生能够通过本课程的学习,对融资租赁行业有全面的了解与认识,让学生了解中国融资租赁市场的现状以及世界融资租赁行业的发展趋势,使学生在学习融资租赁理论的同时增强实践创新能力,形成科学思维的能力。

(二)课程目标

本课程为专业必修课。通过本课程的学习,使学生能够达到以下目标:

1. 知识目标:通过本课程的学习,学生能够对融资租赁的基础概念和实践应用有初步的把握。在融资租赁的基础理论部分,主要学习融资租赁的产生与发展、基本理论、经济功能、业务模式;在融资租赁的实践部分,主要学习融资租赁市场的主体与客体;融资租赁公司的设立与监管、融资渠道、盈利模式与定价体系、项目筛选与营销体系、融资租赁合同、风险与控制、内部控制、经营方向、发展规划等内容。

2. 能力目标:通过本课程的学习,帮助学生建立起主动学习、探求知识的能力;同时,结合丰富的实践案例,学生能够建立起将理论知识应用于实践的能力;在理论学习的过程中,通过讲授精算理论的演进,培养学生的科研与创新能力。

3. 育人目标:在课程讲授的过程中,增强学生的家国情怀,培养学生的人文素养,形成学生的科学精神,帮助学生建立起深度学习的能力,注重学生自身的人格发展,促进学生实践创新意识的形成。

(三)课程教材和资料

➢ 推荐教材

刘辉群. 融资租赁导论[M].北京:电子工业出版社,2017.

➢ 参考教材或推荐书籍

刘辉群. 融资租赁创业经营与管理[M].厦门:厦门大学出版社,2018.

➢ 学术刊物与学习资源

金融研究、管理世界、经济研究

➢ 推荐网站

中国租赁联盟:http://www.zgzllm.com/.

中国外商投资企业协会租赁业工作委员会:http://www.clba.org.cn/.

北京租赁行业协会:http://www.bjzl.org.cn/.

上海租赁行业协会:http://www.slta.org.cn/.

二、课程思政教学总体设计

(一)课程思政教学目标

本课程的思政教学目标的核心是培养符合社会主义现代化建设所需的人才,在专业理论的教学过程中,贯穿习近平新时代中国特色社会主义思想,提升学生的思政意识,维护我国社会主义事业的发展。

《融资租赁专题》课程以融资租赁理论知识和融资租赁实践知识为核心内容,学生可以学习融资租赁的基本理论、掌握融资租赁行业的发展规律、了解融资租赁公司的运作与经营,提升学生对融资租赁领域实践问题的分析能力和综合运用能力,充分激发学生的担当意识和使命意识。

具体而言,本课程的思政教学目标包括以下六个维度:政治认同、家国情怀、道德修养与职业伦理、法治意识与底线思维、文化素养、科学精神。

1. 政治认同

《融资租赁专题》课程以融资租赁理论和实践知识为主,同时也在课程讲授过程中引入与我国融资租赁市场相关的案例。通过案例的讲述,让学生认识到融资租赁专题的学习对于我国融资租赁行业的发展具有重要的作用。同时也让学生认识到,我国融资租赁行业在众多融资租赁公司和监管机构的努力下蓬勃发展。这与我国经济发展中马克思主义的指导地位息息相关,从而增加同学们的政治认同。

2. 家国情怀

在本课程的讲授过程中,不断强调融资租赁知识的学习对于,也为我国社会主义经济体制的不断发展打下基础。同时,在案例的讲授过程中,通过中外融资租赁实践的对比,让学生认识到我国的融资租赁行业的发展水平与国外相比仍存在较大的差距,帮助学生树立好好学习、报效祖国的社会责任感。

3. 道德修养与职业伦理

融资租赁作为金融行业的重要组成部分,其经营与发展事关我国金融行业的稳定与发展,学生提升自身道德修养与职业伦理,学习融资租赁相关知识,能够更好地服务于行业发展。

4. 法治意识

由于融资租赁实践的复杂性,行业监管机构包括银保监会和商务部颁布了相关的规章制度以对融资租赁的经营标准予以规范。在课堂讲授的过程中,将着重对这些规章制度进行介绍,分析相关规章制度对于融资租赁行业的影响,从而增强学生的法治意识。

5. 文化素养

在融资租赁的学习与实践过程中,学生会认识到公平的重要性。融资租赁公司的决策中需要考虑各方的利益,包括供应商、承租人等,学生通过对融资租赁合同定价等方面的学习,将学会以人为本的理念。

6. 科学精神

《融资租赁专题》课程以融资租赁中的理论与实践作为主要教学内容,在课程讲授过程中重点帮助学生理解公式的推导过程以及应用。学生在学习理论模型的过程中,可形成理性思维的能力,从而帮助学生建立科学精神。

(二)课程思政的教学内容

1. 融资租赁理论的不断发展

现代融资租赁产生于二战之后的美国,经过上百年的发展,融资租赁已经形成了不同的业务模式,同时产生了完整的融资租赁理论体系支撑本行业的发展。学生学习融资租赁理论可帮助学生深刻理解相关学科知识。

2. 融资租赁行业的职业道德

为更好地服务于社会公众和融资租赁公司的发展,员工需要在岗位职责的履行过程中保证其从业能力、工作规则、职业道德及对其服务对象、同业的社会责任能够履行。重点的讲授内容是融资租赁行业工作守则。

3. 融资租赁公司的社会责任

在讲授融资租赁专题中对于租金的定价原则过程中,认识到融资租赁能够切实让承租人以合理的价格获得融资,为承租人带来融资租赁的价值。同时,融资租赁经营模式的多样性使得融资租赁公司更好地履行其社会责任。

(三)教学方法

本课程综合运用讲授、启发式教学、讨论教学、案例教学、模拟实践教学等多种教学方法,使学生具备有关融资租赁领域的基本知识、基本理论和基本分析方法,具有运用融资租赁知识分析现实问题的能力,具有国际视野,了解全球化环境下的行业发展,熟悉融资租赁的行业伦理和职业道德标准。

三、课程各章节的课程思政教学内容设计

第一章 概述

专业教学目标

我国租赁发展历史悠久,改革开放以来在传统租赁的基础上发展了融资租赁的模式,推动我国企业进口大型设备,为促进 S 经济发展发挥了重要作用。融资租赁作为一门学科,它的研究对象是不同主体之间的融资与融物活动。通过研究这些融资与融物活动的产生、发展过程、交易形态以及交易结果、利益产生和分配,揭示这种经济活动的特点和规律。融资租赁的研究对象和体系可简单分为融资租赁的内涵和融资租赁的外延两个层次,其具体内容可表现为五个方面,即融资租赁市场、与融资租赁市场相关的法律、税收、会计和监管。

【知识目标】
1. 掌握传统租赁的基本概念、传统租赁存在的基础。
2. 掌握融资租赁的基本概念、构成要素、三方关系和两个合同。
3. 掌握融资租赁的基本交易结构。
4. 掌握传统租赁与融资租赁的特性和比较。

【能力目标】
1. 培养学生从融资租赁业务创新的具体案例和法律文书中提取信息处理信息的能力。
2. 培养学生从思辨与探索的角度分析融资租赁业务发展过程,评价其存在的局限性和监管要点。

课程思政教学目标及实践

【育人目标】
1. 制度自信 通过学习融资租赁业务的发展中经济制度的积极作用,深度内化我国社会主义制度优越性。
2. 创新精神 通过学习融资租赁与传统租赁特征的区别,实现内化青年人才创新精神的目标。
3. 服务意识 通过学习融资租赁服务实体经济的作用,实现增强青年人才服务意识的目标。

【教学方式与方法】
1. 自主学习:线上学习融资租赁小动画中的融资租赁概念,根据法律文书网案件内容梳理融资租赁三方和两个合同的关系。
2. 课堂讲授:讲授融资租赁业务概念和传统租赁比较,深入理解融资租赁业务元素。
3. 课堂展示与讨论:按小组分组进行讨论,辨析融资租赁与传统租赁的特征区别,并完成表格填写。

【课程思政教学实例】

案例材料:互联网大数据中心产业融资创新模式分析

(1)案例简介

IDC 建设是个很长的产业链,对于包括服务器、交换机、精密空调、冷水机组、柴油发电机组、配电柜、机柜、UPS、蓄电池冷水机组等 IDC 核心设备,均为适合做租赁物的设备,可进行融资租赁融资。在具体业务中,投资的是单个的模块或单个的数据中心楼,体量可大可小且易于拆分。因此,投资额度方面容易匹配融资租赁公司的投放额度。在具体模式中,首先是直租模式,该模式适用于大型设备购置及技术改造和设备升级的数据中心企业,适用的设备主要有风火水电设备、服务器等。其次是售后回租模式,该模式适用于拥有大量存量资产而流动资金不足的数据中心企业,适宜的设备有风火水电设备、服务器等。第三是

并购租赁模式,该模式是租赁公司通过与并购企业合作,以被并购企业的资产为租赁标的物,解决并购企业的资金需求。该模式适用于希望通过并购实现自身扩张和发展的IDC企业。

资料来源:结构金融论坛"互联网大数据中小产业融资全新模式分析"[EB/OL].2021－12－03/2022－08－18。

(2)案例的思政元素

①制度自信。我国社会主义市场经济具有显著的制度优势,可迅速采取财政和金融政策有效支持行业经济发展。

②创新精神。以IDC行业融资租赁创新模式为例,体现了融资租赁业务在新兴行业的创新举措。

③服务意识。金融政策和切实金融服务于IDC行业发展,体现了金融业的服务意识。

(3)教学手段

①自主＋交互学习:融易学系列小动画、学习强国学习资源为自主学习提供资源;课堂上通过小组活动互动,加深对融资租赁基本概念和特征、我国金融制度优越性和金融业务所需的创新精神和服务意识的理解。

②PBL项目式活动:通过以小组为单位进行资料收集和分类,深度比较融资租赁和传统租赁的区别与联系,体会思政教育中我国制度优越性和金融业务的创新精神与服务意识。

第二章　融资租赁的产生与发展

专业教学目标

我国宋代就形成了成熟的租赁市场,史料还有记载清代有图书和印数磨具的租赁业务,租赁的历史悠久。20世纪50年代初期融资租赁业务开始出现,其后随着改革开放的进程,我国融资租赁业务进入快速发展时期。经过60多年的历史发展,世界融资租赁市场格局发生了重大变化。本章主要内容为国际融资租赁业的产生的背景和发展情况,我国融资租赁业务产生的背景、发展不同阶段和发展现状。

【知识目标】

1. 重点掌握世界和中国融资租赁发展现状。
2. 掌握世界和中国融资融资租赁发展历程。
3. 了解世界和中国融资租赁产生的背景。

【能力目标】

1. 培养学生从我国金融市场发展历程的书籍和文献中提取发展脉络和历史进程的能力。
2. 培养学生以历史观的角度分析融资租赁业务发展历史,以发展的眼光看事务,有未来视角。

课程思政教学目标及实践

【育人目标】

1. 文化自信　通过学习我国悠久的租赁文化,了解租赁在古代对于经济和人民生活的积极作用,实现将我国社会主义文化优越性深度内化的目标。

2. 时代担当　通过学习天津东疆港融资租赁业务创新实践,实现深化青年人才时代担当的目标。

3. 国际视野　通过学习国内外融资租赁发展历程,体会不同历史背景下金融制度的安排,实现培养青年人才国际视野的目标。

【教学方式与方法】

1. 自主学习:线上学习融资租赁小动画中的融资租赁在国外和国内的发展历程,理解融资租赁业务对于国家经济发展的作用。

2. 课堂讲授:讲授融资租赁业务在国际和国内发展的历程,深入理解不同背景下融资租赁业务的不同经济作用。

3. 课堂展示与讨论:按小组分组进行讨论,讨论融资租赁产生的背景,并结合我国经济发展方向,预测近几年融资租赁发展的重点方向。

【课程思政教学实例】

案例材料:天津融资租赁业迅速持续发展

(1)案例简介

融资租赁业在我国有悠久的历史渊源。宋代租赁船只的情况十分普遍,提供舟船出租业务的主要是普通百姓和以出租船只为业的船户。租赁船只者按行为主体主要分为官府和私人。官府租赁船只的情况十分常见。北宋时期差雇民船已经成为定制，南宋时期租赁船只的数量更大，这些私人租赁者的身份复杂，上至达官贵人，下至平民百姓，还有外国人，涉及了社会的各个阶层。

融资租赁业在当代更是得到了快速发展的机会。京津冀协同发展战略使金融创新运营示范区的建立及金融改革继续先行先试，对天津融资租赁业的持续创新发展具有重要的支撑推动作用，特别是天津的金融创新运营示范区与天津的自贸试验区是叠加运行的，这样就形成了天津融资租赁业比较强大的持续的创新推动力。

近年来，天津自贸试验区不断深化金融领域改革创新，着力提升金融服务实体经济能力。在优化航空金融产业配套方面，形成了"租赁＋保险""租赁＋担保""租赁＋投资""租赁＋买卖""租赁＋维修""租赁＋改装"，以及未来"租赁＋拆解"的飞机资产处置模式全覆盖等普惠金融服务模式，并将"租赁物＋资金"的简单组合升级为集聚融资、交易、技术、监管、适航、登记等多元素的飞机资产管理体系。

此外，通过推动境内融资租赁业务收取外币租金等各项政策落地实施，截至2021年6月底，天津自贸试验区内融资租赁公司收取外币租金业务规模超过46亿美元；区内5家融资租赁公司下设的55家区内特殊项目公司共享外债额度近25亿美元，金融改革创新取得新成效，最终使天津融资租赁业的整体实力进一步增强。

资源来源：根据网络公开资料搜集整理。

(2) 案例的思政元素

①文化自信。我国五千年文化中，很多现代的商业模式和金融服务都曾经出现，并在历史上发挥过重要作用，通过案例学习，深化了学生的文化自信。

②时代担当。通过天津市融资租赁发展历程，体会融资租赁发展中各方机构共同合作的努力，培养学生为社会奉献的时代担当。

③国际视野。通过学习融资租赁国际和国内的发展，以国际视野看待融资租赁业务发展，培养学生人类命运共同体的意识。

(3) 教学手段

①自主＋交互学习：融易学系列小动画、学习强国学习资源为自主学习提供资源；课堂上通过小组活动互动，加深对融资租赁发展历程的理解。

②PBL项目式活动：通过以小组为单位进行小组讨论和分析，深度理解我国和国际融资租赁制度历史发展的经验，体会思政教育中青年人才的时代担当与国际视野。

第三章　融资租赁的基本理论

专业教学目标

本章主要内容及知识点概述。融资租赁的产生和发展有其自身发展的必然性、合理性和规律性。本章更多地从经济学的视角，概述当前存在的融资租赁基本理论，包括税率差别理论、债务替代理论、代理成本理论和破产成本理论、租赁发展周期理论、四大支柱学说。

【知识目标】

1. 重点掌握融资租赁的税率差别理论、发展周期理论和四大支柱学说。
2. 掌握融资租赁在经济学上的合理性。
3. 了解债务替代理论、代理成本理论和破产成本理论。

【能力目标】

1. 通过融资租赁相关理论学习，培养学生逻辑思维和推理能力。
2. 通过学习各种理论，培养学生发现问题并建立模型解释学术问题的能力。

课程思政教学目标及实践

【育人目标】

1. 道路自信　通过学习《民法典》中融资租赁相关内容，实现将我国社会主义道路优越性深度内化的目标。

2. 大国工匠　通过学习学者对于《民法典》涉及融资租赁条款的细致解读,实现强化青年人才大国工匠精神的目标。

【教学方式与方法】

1. 自主学习:线上学习融资租赁小动画中的融资租赁的各种理论学派,理解不同理论学派解释融资租赁业务的切入点和假设条件。

2. 课堂讲授:讲授融资租赁理论框架和发展过程,比较不同理论的假设条件和使用条件。

3. 课堂展示与讨论:按小组分组进行展示,讨论融资租赁的理论发展,并结合我国监管和法律发展,以四支柱的视角阐述目前法律监管等方面的变化。

【课程思政教学实例】

案例材料:《民法典》与融资租赁法律治理

(1)案例简介

随着《民法典》的颁布,诸多学者深入研究了其中涉及融资租赁的相关内容,以指导融资租赁行业发展,服务实体经济。通过学习《民法典》中涉及融资租赁的相关学术成果,我们可以看到中国学者精益求精的大国工匠精神。如梅夏、英王剑(2021)研究发现《民法典》定义了直接融资租赁交易模式,标志着我国融资租赁相关法律的巨大进展。在此基础上,梅夏、英王剑(2021)通过对《民法典》融资租赁合同相关规定的择要评析,对存有商榷空间的部分内容展开详细讨论,然后从融资租赁资金融通的工具目的与租赁形式本质的双重视角对融资租赁交易性质进行再剖析,肯定融资租赁与传统租赁的制度关联,进而以此为前提,探讨后《民法典》时代完善融资租赁法律治理的可能路径与具体展开方式。

《民法典》的颁布是全面依法治国的必然要求。《民法典》是全面依法治国的重要制度载体,很多规定同有关国家机关直接相关,直接涉及公民和法人的权利义务关系。《民法典》中涉及了诸多市场和人民生活方面的规定,体现了对人民根本权益的保护。

资料来源:根据网络公开资料搜集整理。

(2)案例的思政元素

①道路自信。通过学习《中华人民共和国民法典》的相关内容,体会我国社会主义道路的优越性,体会我国法律在保障人民权益方面的优越性,深化学生的道路自信。

②工匠精神。通过融资租赁法律的发展以及学者对于这些内容的研究和解读,体会业界相关和学术界人士的认真坚持的态度,内化学生学习和工作中的工匠精神。

(3)教学手段

①自主+交互学习:融易学系列小动画、学习强国学习资源为自主学习提供资源;课堂上通过小组活动互动,加深对融资租赁基本理论的理解。

②PBL项目式活动:通过以小组为单位进行小组讨论和分析,深度理解我国融资租赁配套法律法规的社会主义道路优越性,体会行业和学术研究者的工匠精神。

第四章　融资租赁的经济功能

专业教学目标

本章从宏观、微观两个层面,探讨融资租赁的经济功能。通过本章的学习,能够对融资租赁与经济的发展关系有清晰的认识,对融资租赁业如何推动经济社会发展有较为全面的了解,进一步探寻融资租赁业今后的发展方向。

【知识目标】

1. 重点理解并掌握融资租赁与社会经济发展的关系。
2. 掌握融资租赁可在哪些方面推动经济发展。
3. 了解融资租赁业的四大功能。

【能力目标】

1. 培养学生从我国近年来融资租赁业务与经济发展的关系中分析具体业务对于经济作用的能力。
2. 培养学生以经济学视角分析金融业务对于实体经济的作用,建立从宏观作用到微观个体的分析框架。

课程思政教学目标及实践

【育人目标】

1. 制度自信　通过融资租赁业务对行业发展的促进作用,将我国社会主义制度优越性深植于心。

2. 服务意识　通过学习融资租赁服务实体经济的作用,无形中强化青年人才为祖国为人民为社会的服务意识。

【教学方式与方法】

1. 自主学习:线上学习融资租赁在碳中和、艺术品行业、游戏影视等行业中的应用,理解融资租赁对于各行业发展的经济作用。

2. 课堂讲授:讲授融资租赁推动产业发展的内在逻辑和现实切入点。

3. 课堂展示与讨论:按小组分组进行讨论,研究融资租赁针对于解决不同行业发展痛点,有哪些优势。

【课程思政教学实例】

案例材料:融资租赁如何注入"绿色基因"

(1)案例简介

实现碳达峰、碳中和,是以习近平同志为核心的党中央做出的重大战略决策,这既彰显了我国在应对全球气候变化中的大国责任和担当,也契合新时代经济社会绿色低碳发展大势。金融作为现代经济的血脉,在发展过程中全方位注入"绿色基因",是实现自身转型发展的内在要求。在这场全方位的经济金融大变革中,作为全球第二大债权融资方式的融资租赁,凭借"融资+融物"的双重属性以及贴近实体经济的特色优势,应当扮演更为重要的角色,发挥更加关键性的作用。

租赁"以物融资"的特性与"双碳"经济重资产运营属性高度契合。租赁业务最典型的特征就是"以物融资",每一种模式、每一单业务都必须有租赁物的真实存在,都与设备或固定资产投资高度相关。

而大部分"双碳"经济产业都是典型的重资产行业,如光伏电站、风电场、储能系统等新能源资产,炼煤、炼焦、炼钢等传统产业绿色化升级所需的设备均是理想租赁物,运用这些资产开展租赁业务合作,可以有效缓解企业由于缺乏抵质押物而面临的融资难题。

同时,新能源产业或传统企业升级改造的投资额巨大,通过传统融资方式举债投资,企业的资产负债率和运营压力将会显著提升,而以经营性租赁的方式租入设备等资产,则不会增加企业的杠杆率,能够实现绿色化转型和轻量化运营的统筹兼顾。

资料来源:根据网络公开资料搜集整理。

(2)案例的思政元素

①制度自信。通过融资租赁业务支持新兴经济发展,助推经济结构调整体会社会主义制度优越性。

②服务意识。融资租赁业务服务于新能源产业发展,体现了融资租赁行业对于实体经济的服务意识。

(3)教学手段

①自主+交互学习:融易学系列小动画、学习强国学习资源为自主学习提供资源;课堂上通过小组活动互动,加深对融资租赁对经济发展的积极作用的理解。

②PBL项目式活动:通过以小组为单位进行讨论和分析,深度理解我国金融制度背后的社会主义道路优越性,学习融资租赁行业从业者的服务意识。

第五章　融资租赁的业务模式

专业教学目标

融资租赁业作为一种新型金融产业,可按不同的标准细分为多种不同的业务模式。从最基本的直接融资租赁,可以演变出多种模式,如转融资租赁、售后租回融资租赁、杠杆融资租赁、委托融资租赁、托拉斯融资租赁等。本章重点介绍融资租赁的各种业务模式。

【知识目标】

1. 重点掌握各种融资租赁模式的定义、特点与交易结构。

2. 掌握各种融资租赁模式的联系与区别。

3. 了解不同融资租赁业务模式的实质及划分依据。

【能力目标】

1. 培养学生快速搜集信息、比较内容分析新兴业务模式的能力。

2. 培养学生比较不同租赁模式的区别和共性，灵活运用不同模式的融资租赁模式解决问题。

课程思政教学目标及实践

【育人目标】

1. 家国情怀　通过学习不同种类的融资租赁业务的功能，体会融资租赁业务对于人民生活和地方经济的提升，培养具有家国情怀的青年人才。

2. 创新意识　通过学习融资租赁服务实体经济的作用，无形中强化青年人才为祖国为人民为社会的服务意识。

【教学方式与方法】

1. 自主学习：线上学习融资租赁小动画中的融资租赁的各种业务模式，理解不同业务模式所适用的情况。

2. 课堂讲授：讲授融资租赁几种业务模式，比较不同模式的优缺点和风险控制要点。

3. 课堂展示与讨论：按小组分组进行沙盘活动，模拟企业各种融资需求下，对于不同类型的融资租赁业务选择。

【课程思政教学实例】

案例材料："租赁＋基金"助推乡村振兴

(1) 案例简介

融资难、融资贵是制约我国中小企业发展的突出问题。安康市毛绒玩具文创产业发展困难。为帮助中小企业解决现实问题，营造良好营商环境，陕西财信融资租赁有限公司积极对接安康市新社区工厂领导小组办公室及发改委、财政局、建行安康分行，推出"融资租赁＋基金＋新社区工厂贷"，率先打出了支持社区工厂发展组合拳。

在多方共同努力下，乡村振兴协作融资租赁基金成功设立，从苏陕扶贫协作资金中拿出580万元注入财信融租，优先用于支持新社区工厂特别是毛绒玩具文创企业开展融资租赁专项业务，对毛绒玩具文创企业融资租赁租金给予补贴，切实解决企业融资难融资贵问题，支持安康市经济发展，推动安康市承接东部产业转移和苏陕区域经济合作。

资料来源：根据网络公开资料搜集整理。

(2) 案例的思政元素

①家国情怀。通过学习乡村振兴中融资租赁与基金相结合的业务模式，体会融资租赁业务对于乡村振兴的积极作用，培养具有家国情怀的青年人才。

②创新意识。融资租赁业务服务于毛绒玩具文创产业，体现了融资租赁从业人员的创新意识。

(3) 教学手段

①自主＋交互学习：融易学系列小动画、学习强国学习资源为自主学习提供资源；课堂上通过小组活动互动，加深对融资租赁业务模式的理解。

②沙盘模拟活动：通过以小组为单位进行角色扮演，模拟乡村振兴中"融资租赁＋产业基金"的模式中政府、金融机构和基层单位的功能。

第六章　融资租赁市场的主体与客体

专业教学目标

融资租赁市场的一个重要特征，就是通过将租赁资产中长期地出租给承租人使用，从而获得融资的效果。就市场结构而言，融资租赁市场类似于其他各种类型市场交易，其构成也应包括租赁市场的主体和客体两个部分。融资租赁市场主体主要包括出租人、承租人和其他当事人；融资租赁市场客体主要指的是租赁资产或者租赁物件包括固定(设备)资产和无形资产两大类。

【知识目标】

1. 重点理解并掌握融资租赁市场主体与客体的概念。

2. 掌握融资租赁市场中租赁资产的种类有哪些。
3. 了解当今主要的租赁资产如飞机、汽车、船舶等。

【能力目标】
1. 通过融资租赁相关理论学习,培养学生法律思维和分析能力。
2. 通过学习市场主体客体内容,培养学生发现法律风险并最大化规避业务风险的能力。

课程思政教学目标及实践

【育人目标】
1. 社会主义核心价值观 通过学习市场主体和客体的法律关系,实现强化诚信、法制等社会主义核心价值观要素。
2. 法治意识 通过学习融资租赁市场主体与客体间的法律纠纷问题,实现增强青年人才法治意识的目标。

【教学方式与方法】
1. 自主学习:线上学习文书网的各种融资租赁主客体纠纷案例、融资租赁物引发的纠纷案例。
2. 课堂讲授:讲授融资租赁主客体矛盾纠纷的常见类型和租赁物常见问题。

【课程思政教学实例】

案例材料:无形资产作为租赁物的司法认定

(1) 案例简介

某融资租赁有限公司与某传媒股份有限公司、苏某等融资租赁合同纠纷案

基本案情:原告与被告某传媒股份有限公司签订了《售后回租赁合同》及《所有权转让协议》,约定被告将其所有的某电视栏目著作权转让给原告并通过许可的方式租回使用。该传媒股份有限公司对涉案租赁物价值委托评估机构进行了评估,双方另就上述著作权于国家版权局进行了转移登记备案。后被告在支付部分租金后未再按期支付,构成违约。原告诉至法院要求承租人支付全部租金、留购价款及违约金并要求保证人承担保证责任。到庭被告(保证人某传媒集团有限公司、苏某)则辩称,不认可承担连带保证责任,本案实际上是借款合同关系,不存在真实的融资租赁关系,故不应承担连带清偿责任。法院生效判决认定了本案合同效力。

本案是天津法院做出的以无形资产作为融资租赁合同标的物的首份判决,具有重要意义。本案涉及无形资产融资租赁领域,法院秉承不轻易否定合同效力、尊重意思自治的司法理念,对行业创新业态加大关注,对新型审判问题加强研判,深入研究无形资产融资租赁业务走势,并在此基础上以调研形式明晰此类案件的审判难点及可融资性判断、租赁形式、价值评估、租金、租期、合同权利义务、转移登记备案等七大审查重点,不断增强司法精准保障能力,以优质高效的司法水平助力产业优化升级。本案判决的做出,有利于回应市场和企业的诉求,推动融资租赁创新发展,通过扩大标的物的范围来探索融资租赁新增长点,满足不同市场主体的诉求。有利于发挥租赁服务实体经济的优势,化解中小微、双创类、科技型等市场主体的融资难题。有利于推动金融创新,有利于促进知识产权成果转化,鼓励和保护创新。

资料来源:天津滨海新区法院发布十大融资租赁案例(2022)。

(2) 案例的思政元素

① 社会主义核心价值观。融资租赁交易中主体、客体的法律纠纷问题警示我们需要诚信、友善的社会主义核心价值观。

② 法治意识。对于租赁物的认定,无形资产的认定常存在问题,租赁交易双方应该提升法律意识,在合同订立中注意合同自身的合法性、租赁物的有效性等,这个过程中培养了学生的法律意识。

第七章 融资租赁公司的设立与监管

专业教学目标

通过对融资租赁行业认识的逐步深入,越来越多的大型企业发现了融资租赁的优势,开始计划成立融资租赁公司。本章主要阐述我国融资租赁公司的登记与设立条件、设立前的准备以及设立程序。

【知识目标】
1. 重点掌握三种不同类型融资租赁公司设立的条件及程序。

2. 掌握三种不同类型融资租赁公司监管上的差异。

3. 了解中国融资租赁监管现状和发展趋势。

【能力目标】

1. 通过对于融资租赁公司设立和监管的学习,帮助学生建立金融学监管思维。

2. 通过学习监管相关内容,各种监管处罚的案例,培养学生搜集信息,使用资料分析问题的能力。

课程思政教学目标及实践

【育人目标】

1. 职业伦理　通过监管处罚案例学习,实现强化青年人才金融职业伦理的目标。

2. 底线思维　通过违法违规案件学习,实现强化青年人才底线思维的目标。

【教学方式与方法】

1. 自主学习:线上学习相应慕课中最新的融资租赁公司设立条件和监管要求,分析最新监管规定对于行业的影响。

2. 课堂讲授:讲授融资租赁公司的设立条件和监管模式的变化和发展过程。

3. 课堂展示与讨论:根据最新的监管规定,分组讨论监管要求对于行业发展的影响以及企业的应对模式。

【课程思政教学实例】

案例材料:融资租赁监管处罚案例分析

(1)案例简介

《工银金融租赁有限公司、铜陵大江投资控股有限公司融资租赁合同纠纷(2018)最高法民再373号》,涉案当事人为工银金融租赁有限公司、华纳国际(铜陵)电子材料有限公司、铜陵大江投资控股有限公司、中国建设银行股份有限公司铜陵开发区支行,案件主要争议焦点是工银公司和华纳公司因案涉4号《融资租赁合同》形成的法律关系的性质及效力问题。

最终,法院认为工银公司作为专业融资租赁机构,其提供的证据不能证明其主张的设备的价值,其以高于市场价值十几倍的价格购买租赁物,显然背离买卖合同等价交换原则,其租金亦不体现租赁物的真正价值,工银公司如果违反监管规定,其应承担相应的行政责任,并不一定影响案涉民事合同的效力,工银公司和华纳公司所签订的4号《融资租赁合同》虽然形式上有售后回租融资租赁合同相关条款的约定,但实际上并不存在融物的事实,双方实际上仅是"借钱还钱"的借贷融资关系。

类似的监管处罚案例屡见不鲜,如广东银保监局于2021年6月15日做出的《粤银保监罚决字〔2021〕22号》行政处罚决定书,广东某金融租赁股份有限公司有关人员因开展金融租赁业务调查不尽职、项目评审逆程序操作、租后管理不尽职而受到警告,同时该金融租赁股份有限公司被罚款100万元;新疆银保监局于2022年2月25日做出的《新银保监决字〔2022〕6号》行政处罚决定书,岳某某在担任某金融租赁有限公司项目组组长期间,对该公司售后回租业务尽职调查不到位、租后管理不尽职,严重违反审慎经营规则的违法违规行为承担直接责任。

资料来源:根据网络公开资料搜集整理。

(2)案例的思政元素

①职业伦理。通过具体内容,实现强化青年人才金融职业伦理的目标。

②底线思维。通过具体内容,实现强化青年人才底线思维的目标。

(3)教学手段

①自主+交互学习:融易学系列小动画、学习强国学习资源为自主学习提供资源;课堂上通过小组活动互动,加深对融资租赁设立条件和监管模式的理解。

②沙盘模拟活动:通过以小组为单位进行角色扮演,模拟融资租赁公司设立的过程,模拟监管部门检测和处罚违规企业的过程。

第八章　融资租赁公司的融资渠道

专业教学目标

本章系统性地介绍了融资租赁公司的融资渠道,让学生认识到融资租赁公司如何根据公司实际情况选取最为恰当的融资渠道,从而增强融资租赁公司的核心竞争力、提升经营绩效。

【知识目标】
1. 重点掌握融资租赁公司融资渠道各种途径的意义、特点、模式及风险。
2. 掌握融资租赁公司融资渠道的途径与影响因素。
3. 了解融资租赁公司融资渠道的创新。

【能力目标】
1. 培养学生对资本市场融资渠道的全面了解。
2. 培养学生判断公司融资需求与融资渠道选择的能力。

课程思政教学目标及实践

【育人目标】
1. 批判思维　通过对不同融资渠道的优劣进行对比学习,增强学生批判思维的能力。
2. 实践创新　通过对融资租赁公司融资渠道创新的学习,增强学生的实践创新能力。

【教学方式与方法】
1. 自主学习:线上搜集相关资料,线下自主阅读文献资料,撰写阅读笔记或思维导图。
2. 课堂讲授:通过课堂多媒体的方式讲授本章的内容。
3. 课堂展示与讨论:学生在课堂讨论不同融资渠道的优劣,深入理解不同融资渠道的特点。

【课程思政教学实例】

案例材料:保险投资融资租赁

(1)案例简介

××融资租赁公司与××资产管理公司在上海签署了合作备忘录,这标志着保险资金投资融资租赁行业的首单已正式落定。首期融资规模可能为5亿元,包括××在内的多家保险公司共同参与该项目。合作模式为保险资金通过投资信托计划的形式投资于租赁资产。××融资租赁公司将此次融入资金将主要用于日常经营周转,包括各类融资租赁项目的投放,主要覆盖健康卫生、制造加工、教育文化和公用事业等行业,为医疗机构、教育机构、公交水务、中小企业等各类企事业单位提供融资租赁服务。

资料来源:根据网络公开资料搜集整理。

(2)案例的思政元素

①家国情怀。××融资租赁公司所获得的资金主要服务于医疗教育等社会事业,展现了融资租赁公司的社会责任担当。

②科学精神。融资租赁的融资方式需要遵循基本的金融学科规律,能够为融入资金提供合理的资金报酬。

③实践创新。学生能够认识到融资租赁公司的融资渠道不是一成不变的,能够结合实际不断进行创新。

(3)教学手段

①知识点＋实事＋思政——贯穿融合:在知识点"融资渠道"中引入融资租赁公司实际融资的案例,将家国情怀、科学精神以及实践创新等思政元素与专业知识相结合,增强学生的理性思维与勤于反思的能力。

②学习测评:讨论结果现场点评。

第九章　融资租赁公司的盈利模式与定价体系

专业教学目标

通过本章的学习,学生能够认识到融资租赁公司盈利的来源,能够掌握如何通过科学合理的方法进行租金的厘定。

【知识目标】
1. 重点掌握融资租赁的租金计算方法。
2. 掌握融资租赁的几种主要盈利模式。

3. 了解融资租赁租金的构成与定价。

【能力目标】
1. 培养学生对融资租赁公司不同盈利模式进行比较分析的能力。
2. 培养学生对租金定价模型的推导和结合实际因素展开计算的能力。

课程思政教学目标及实践

【育人目标】
1. 劳动意识　通过对盈利模式的学习，培养学生在工作岗位中不断创造价值的劳动意识。
2. 实践创新　通过对租金定价的学习，培养学生将理论应用于实践的实践创新精神。

【教学方式与方法】
1. 自主学习：线上搜集相关资料，线下自主阅读文献资料，撰写阅读笔记或思维导图。
2. 课堂讲授：通过课堂多媒体的方式讲授本章的内容，通过黑板板书的方式讲授数学模型的推导过程。
3. 课堂展示与讨论：组织学生讨论不同盈利模式的优劣。

【课程思政教学实例】

案例材料：融资租赁租金综合指标计算

(1) 案例简介

某融资租赁项目，融资租赁合同成本为800万元人民币，年利率为5.4%，每半年等额先付租金一次，租赁期为10年，无宽限期。计算占用总资金额、折合占用一年资金额、综合年利率以及资金年净收益率指标。

资料来源：根据网络公开资料收集整理。

(2) 案例的思政元素

① 家国情怀。融资租赁公司的经营与活力共同构成了我国经济的繁荣。
② 科学精神。融资租赁公司需基于理论模型进行精确定价。
③ 深度学习。融资租赁公司的租金定价需要通过多种指标综合判断定价合理性。

(3) 教学手段

① 知识点＋实事＋思政——贯穿融合：在知识点"融资租赁公司盈利模式"中引入实际案例，将家国情怀、科学精神以及深度学习等思政元素与专业知识相结合，增强学生的理性思维与勤于反思的能力。
② 学习测评：讨论结果现场点评。

第十章　融资租赁公司的项目筛选与营销体系

专业教学目标

通过本章的学习，让学生系统性地掌握融资租赁项目评估的方法，认识到项目评估的重要性，同时掌握融资租赁经营中的营销体系，从营销前期分析、市场调研与预测、营销战略制定、分销和促销战略等方面加深学生对市场营销的了解。

【知识目标】
1. 重点理解并掌握筛选项目的原则、流程和方法。
2. 掌握融资租赁的基本业务流程。
3. 了解融资租赁公司的营销体系。

【能力目标】
1. 培养学生对融资租赁公司项目评估体系的了解。
2. 培养学生对融资租赁公司营销体系的认识。

课程思政教学目标及实践

【育人目标】
1. 科学精神　通过对融资租赁项目评估的学习，培养学生的理性思维能力。
2. 实践创新　通过对融资租赁营销体系的学习，培养学生的实践创新能力。

【教学方式与方法】
1. 自主学习:线下学习相应专业基础知识点,自主阅读指定的及相关的文献资料,撰写阅读笔记或思维导图。
2. 课堂讲授:通过多媒体等方式讲授融资租赁公司的项目筛选与营销体系的主要内容。
3. 课堂展示与讨论:学生展示根据教学素材整理分析的相关报告等,小组讨论。

【课程思政教学实例】
案例材料:融资租赁项目
(1)案例简介
Z集团所属行业为光伏发电行业,融资租赁项目就是为了建设光伏发电站并保证光伏发电站的后续运营所设立。本案例运用财务分析方法对融资租赁项目的基本财务数据进行列举,进而分析融资租赁方案和贷款方案。

(2)案例的思政元素
①理性思维。基于融资租赁项目的财务数据展开分析,能够得到更准确的融资租赁方案。
②家国情怀。通过融资租赁的方式支持我国光伏产业发展,带动我国绿色经济转型。

(3)教学手段
①翻转课堂——支架与高阶:文献资源为翻转课堂提供支架;课堂展示、实证分析、师生讨论实现课堂高阶性、高效性。
②知识点+实事+思政——贯穿融合:在知识点"融资租赁项目分析"中引入财务分析技术,将理性思维和家国情怀等思政元素与专业知识相结合,培养学生的科学精神与广阔视野。
③学习测评:组织学生围绕案例进行现场讨论并实时点评。

第十一章 融资租赁合同

专业教学目标
通过本章的学习,让学生了解融资租赁合同的基本架构,通过介绍融资租赁合同的主要条款、双方当事人的主要权利义务,使学生更深入地理解融资租赁交易的本质,并把握交易中的法律风险。

【知识目标】
1. 重点掌握融资租赁合同的主要条款。
2. 掌握融资租赁合同谈判程序和内容。
3. 了解融资租赁合同和其他合同的区别。

【能力目标】
1. 培养学生对融资租赁合同的掌握能力。
2. 培养学生对融资租赁中潜在风险的防范能力。

课程思政教学目标及实践
【育人目标】
1. 科学精神　通过讲解融资租赁合同的主要条款,培养学生基于融资租赁合同思考融资租赁问题的理性思维能力。
2. 深度学习　通过比较融资租赁合同和其他合同,引导学生结合融资租赁特点深入分析。

【教学方式与方法】
1. 自主学习:线下学习融资租赁合同相关的专业基础知识点,自主阅读相应的文献资料,撰写阅读笔记或思维导图。
2. 课堂讲授:通过多媒体等方式对融资租赁合同相关的专业基础知识点进行系统讲授。
3. 课堂展示与讨论:学生展示就合同主要条款展开小组讨论,现场点评。

【课程思政教学实例】
案例材料:融资租赁合同无效
(1)案例简介
甲租赁公司、乙公司签订融资租赁合同约定乙公司支付首付租金250万元。同日,甲与乙公司、丙公司签订买卖合同,约定以550万元价格购买A机械供乙公司承租使用,并同意将乙公司已支付给丙公司的550万元货款作为甲应支付的货款抵扣,并由甲扣划首期租金后归还乙公司。后因乙公司拖欠租金,甲诉至法院。试进行分析。

  资料来源:根据网络公开资料收集整理。

 (2)案例的思政元素

  ①批判质疑。通过基于合同条款的案例分析,让学生认识到融资租赁合同生效的条件,形成批判质疑的精神。

  ②实践创新。通过将所学知识应用于实践,培养学生的实践创新精神。

 (3)教学手段

  ①翻转课堂——支架与高阶:文献资源为翻转课堂提供支架;课堂展示、师生思辨讨论实现课堂高阶性、高效性。

  ②知识点+实事+思政——贯穿融合:在知识点"融资租赁合同"中引入实际案例,将批判质疑、实践创新等思政元素与专业知识相结合,培养学生的科学精神与实践创新能力。

  ③学习测评——实时呼应:分析结论、讨论结果现场点评。

第十二章　融资租赁公司的风险与控制

专业教学目标

  通过本章的学习,让学生认识到风险控制对于融资租赁公司的重要性,了解融资租赁公司经营过程中存在的风险,全面掌握融资租赁公司的风险防范体系以及租赁经营中的风险指标。

【知识目标】

1. 重点掌握融资租赁公司面临的决策性风险、管理性风险及市场性风险的内容。
2. 掌握融资租赁公司风险管理手段与方法。
3. 了解融资租赁公司风险控制的意义。

【能力目标】

1. 培养学生全面认识融资租赁活动中风险因素的能力。
2. 培养学生建立系统性风险管理方案并予以实施的能力。

课程思政教学目标及实践

【育人目标】

1. 家国情怀　融资租赁公司的风险控制不仅对本公司的经营产生影响,也有助于提升我国金融系统的稳健性。
2. 法治意识　融资租赁公司的各项经营活动需要基于本公司的规章制度开展,从而提升学生的法治意识。

【教学方式与方法】

1. 自主学习:线下学习融资租赁公司的风险控制相关专业基础知识点,线下自主阅读文献资料,撰写阅读笔记或思维导图。
2. 课堂讲授:讲授相关理论的主要观点或内容、政策启示与建议等。
3. 课堂展示与讨论:学生展示根据教学素材整理分析的相关报告等,小组讨论。

【课程思政教学实例】

案例材料:WSB融资租赁公司

 (1)案例简介

  以WSB融资租赁公司在融资租赁项目操作中对风险因素的识别、风险因素的评估为主要内容,通过深度个案访谈和问卷调查所形成的数据,对WSB融资租赁公司的经营风险因素和风险因素成因进行深入分析,总结得出可行的融资租赁公司风险控制方案。

  资料来源:根据网络公开资料搜集整理。

 (2)案例的思政元素

  ①理性思维。建立恰当的风险管理方案需要从融资租赁公司的实际情况出发,从而需要首先搜集相

关数据,进而结合所学知识进行分析。

②问题解决。通过案例的学习,帮助学生建立起通过团队合作解决实际问题的能力。

(3)教学手段

①翻转课堂——支架与高阶:文献资源为翻转课堂提供支架;课堂展示、师生思辨讨论实现课堂高阶性、高效性。

②知识点+实事+思政——贯穿融合:在知识点"融资租赁公司风险控制"中将理性思维、法治意识等思政元素与专业知识相结合,培养学生理性思维与法治意识。

③学习测评——实时呼应:讨论结果现场点评。

第十三章 融资租赁公司的内部控制

专业教学目标

通过本章的学习,学生能够认识到融资租赁公司的内部管理和运作机制。本章重点介绍融资租赁公司的组织结构、股权结构、人才体系、规章制度、激励机制以及信息管理系统等内容。

【知识目标】

1. 重点理解并掌握融资租赁公司内部控制的主要内容。
2. 掌握融资租赁公司内部控制的方法。
3. 了解融资租赁公司内部控制的作用与意义。

【能力目标】

1. 培养学生对于公司组织结构、规章制度等内部控制体系的全面了解。
2. 培养学生基于融资租赁公司的人才需求建立自身职业规划的能力。

课程思政教学目标及实践

【育人目标】

1. 科学精神 通过融资租赁公司组织机构的学习,认识到公司组织机构需要基于相关管理理论进行设置。
2. 实践创新 通过融资租赁公司内部控制的学习认识到各个部门在公司经营中的职责。

【教学方式与方法】

1. 自主学习:线下学习融资租赁公司的内部控制基础知识点,线下自主阅读文献资料,撰写阅读笔记或思维导图。
2. 课堂讲授:讲授融资租赁公司的内部控制基础知识点、相关政策文本等。
3. 课堂展示与讨论:学生展示根据教学素材整理分析的相关报告等,小组讨论。

【课程思政教学实例】

案例材料:BH 融资租赁公司组织结构

(1)案例简介

BH 融资租赁公司组织结构中,董事会下设薪酬与考核委员会、提名委员会、战略发展委员会和审计委员会。经营管理团队包括:纪检监察部、董事会办公室、综合管理部、财务部、资金部、合规法务部、运营管理部、业务部和审计部。

资料来源:根据网络公开资料收集整理。

(2)案例的思政元素

①社会责任。融资租赁公司的组织为股东大会负责,体现为社会投资者负责的责任态度。

②实践创新。学生学习融资租赁公司组织结构,可增强实践创新能力。

(3)教学手段

①翻转课堂——支架与高阶:文献资源为翻转课堂提供支架;课堂展示、师生思辨讨论实现课堂高阶性、高效性。

②知识点+实事+思政——贯穿融合:在知识点"融资租赁公司组织结构"中引入实际案例,将科学精神、实践创新等思政元素与专业知识相结合,培养学生的家国情怀、理性思维。

③学习测评——实时呼应:讨论结果现场点评。

第十四章 融资租赁公司的经营方向

专业教学目标

通过本章内容的学习,让学生认识到经营方向对于融资租赁公司经营失败的重要作用,了解融资租赁公司如何端正经营理念、确定市场领域、统一发展思路。

【知识目标】
1. 重点掌握融资租赁公司的经营方向的主要内容。
2. 掌握融资租赁公司制定经营方向的原则。
3. 了解经营方向对融资租赁公司的作用与意义。

【能力目标】
1. 培养学生全面掌握融资租赁公司经营主业的能力。
2. 培养学生全面分析融资租赁市场,判断融资租赁公司市场地位的能力。

课程思政教学目标及实践

【育人目标】
1. 勤于反思　通过对现实案例的分析与学习,增强学生的反思能力。
2. 家国情怀　只有坚持融资租赁公司的主业,才能更好地发挥融资租赁公司的作用。

【教学方式与方法】
1. 自主学习:线上学习本课程的基础知识点,线下自主阅读文献资料,撰写阅读笔记或思维导图。
2. 课堂讲授:讲授相关理论的主要观点或内容、政策启示与建议等。
3. 课堂展示与讨论:学生展示根据教学素材整理分析的相关报告等,小组讨论。

【课程思政教学实例】

案例材料:RX融资租赁公司产生重大亏损

(1)案例简介

RX融资租赁公司发布公告,称因项目逾期率高、公司无法正常运营等原因,经营产生重大亏损,租金逾期率61.55%,拟向法院申请破产清算程序。2019年半年报显示,截至2019年6月营业收入、归属于母公司净利润和经营活动现金流量大幅下降,且已持续两年经营亏损,公司未弥补亏损已超过实收股本总额的三分之一。公司的董事、监事、高级管理人员频繁变动,公司银行账户被上海公安局及部分债权人冻结,公司已到期的多笔借款相继出现违约并已被有关债权人起诉。

资料来源:根据网络公开资料搜集整理。

(2)案例的思政元素

①科学精神。RX融资租赁公司在经营过程中未能坚守自身的经营主业,可引发学生对该公司的批判质疑。

②广阔视野。通过本案例,让学生认识到融资租赁公司的经营不是一帆风顺的,也可能会遇到破产的情况。

(3)教学手段

①翻转课堂——支架与高阶:慕课资源、文献资源为翻转课堂提供支架;课堂展示、师生思辨讨论实现课堂高阶性、高效性。

②知识点+实事+思政——贯穿融合:在知识点"融资租赁经营主业"中引入破产案例,将科学精神、法治意识、广阔视野等思政元素与专业知识相结合,增强学生的法治意识与底线思维,培养学生科学严谨态度。

③学习测评——实时呼应:案例思考、讨论结果现场点评。

第十五章 融资租赁公司的发展规划

专业教学目标

通过本章的学习,学生能够认识到融资租赁公司在经营中是如何做出发展规划的,包括近期、中期和长期规划三个维度,并根据规划制定相应的财务预算。本章主要介绍如何制定租赁的规模目标,如何确定经营的利润指标,如何控制资产的风险程度,如何调整合理的资金结构,如何设计近期、中期和长期总体经营方案等内容。

【知识目标】

1. 重点掌握融资租赁公司经营的四大类指标。
2. 掌握融资租赁公司发展规划制定的方法。
3. 了解融资租赁公司制定发展规划的意义。

【能力目标】

1. 培养学生基于融资租赁市场状况,制定融资租赁公司发展规划的能力。
2. 培养学生基于公司经营实际情况,制定融资租赁公司发展规划的能力。

课程思政教学目标及实践

【育人目标】

1. 家国情怀 通过本章学习,让学生认识到融资租赁公司制定恰当的发展规划对于本公司的发展乃至融资租赁行业的发展具有重要意义。
2. 科学精神 通过本章学习,让学生认识到融资租赁公司制定发展规划需要基于融资租赁市场状况和公司经营实际情况。

【教学方式与方法】

1. 自主学习:线上学习本课程的基础知识点,线下自主阅读文献资料,撰写阅读笔记或思维导图,完成课后习题和思考题。
2. 课堂讲授:讲授相关理论的主要观点或内容、政策启示与建议等。
3. 课堂展示与讨论:学生展示根据教学素材整理分析的相关报告等,小组讨论。

【课程思政教学实例】

案例材料:融资租赁公司发展规划

(1)案例简介

自2017年至今,我国经济发展从高速发展转向高质量发展阶段,融资租赁行业增速同步趋缓、等待转型。产业结构升级:经济产业结构将逐步出现变革,过去以传统经济主导的结构将逐步向传统产业升级与新兴产业发展过渡,融资租赁必须配合产业结构升级共同谋求发展。与此同时,多种直接融资工具竞争,资本市场加大金融体制改革、推动直接融资发展,多样化创新型融资工具如资产证券化、项目收益债等均与融资租赁竞争。请据此制定融资租赁公司发展规划。

资料来源:根据网络公开资料搜集整理。

(2)案例的思政元素

①实践创新。通过本案例的学习,培养学生根据不断变化的市场环境做出实际决策的能力。
②科学精神。通过本案例的学习,培养学生基于相关理论框架,综合分析当前市场环境。

(3)教学手段

①翻转课堂——支架与高阶:慕课资源、文献资源为翻转课堂提供支架;课堂展示、师生思辨讨论实现课堂高阶性、高效性。
②知识点+实事+思政——贯穿融合:在知识点"融资租赁公司的发展规划"中引入案例,将实践创新、科学精神等思政元素与专业知识相结合,增强学生的实践能力与科学思维,培养学生科学严谨态度。
③学习测评——实时呼应:案例思考、讨论结果现场点评。

四、课程思政的教学评价

(一)对教师的评价

1. 教学准备的评价

将《融资租赁原理》课程思政建设落实到教学准备各方面,提前提炼思政元素进行课程思政目标设计、修订教学大纲、教材选用、教案课件编写等。

2. 教学过程的评价

将《融资租赁原理》课程思政建设落实到教学过程各环节，评价重点如下。

第一，是否将制度自信、创新精神和服务意识三种要素融入了课程思政教育中，对学生的思政教育以"润物细无声"的方式展开。

第二，学生是否对于社会主义制度优越性、金融业务中的创新精神和金融服务所体现的服务意识有更深入的认识。

3. 教学结果的评价

建立健全《融资租赁原理》课程思政多维度评价体系，包括同行评议、随机听课、学生评教、教学督导、教学研究及教学获奖等。

4. 评价结果的运用

对于同行评议、学生评教、教学督导等提出的改进建议，以及对学生考核的成绩分析进行运用，对教学进行反思与改进。

(二)对学生的评价

1. 学习过程的评价

检验学生是否认真完成了老师布置的要求和任务，积极参与资料收集、课堂讨论和实地调研等教学过程，科学评价学生在学习过程中的积极性、互动性和参与度。

2. 学习效果的评价

通过平时作业、课堂讨论、资源库平台资料分析报告、随堂练习、课程论文、期末考试等多种形式，检验学生对课程思政元素的领会及其对思政元素的掌握程度。

3. 评价结果的运用

通过师生座谈和系部教研活动等多种形式，对学生的学习效果进行科学分析，总结经验，改进不足，提升课程思政的学习效果。

五、课程思政的教学素材

序号	内　　容	形式
1	融资租赁:促制造业加速发展	阅读材料
2	《国务院办公厅关于加快融资租赁业发展的指导意见》	政策文件
3	互联网大数据中心产业融资创新模式分析	案例分析
4	天津融资租赁业迅速持续发展的背景概述及原因分析	阅读材料
5	宋代租赁业研究	阅读材料
6	后《民法典》时代的融资租赁法律治理	阅读材料
7	天津滨海新区法院发布十大融资租赁案例(2022)	案例分析
8	融资租赁:促制造业加速发展	案例分析
9	融资租赁纾解中小企业资金之困	案例分析
10	"双碳"目标下的绿色租赁发展	案例分析
11	《当代金融家》杂志社和金时金融研究院联合主办、北京道口金融创新研究院协办的"融资租赁支持中小微企业案例征集活动"中遴选的优秀案例。	案例分析
12	融资租赁公司融资渠道研究	案例分析
13	第三方融资租赁公司融资模式研究	案例分析
14	基于风险因素的融资租赁租金定价方法研究	案例分析

续表

序号	内　　容	形式
15	基于蒙特卡洛模拟方法的飞机融资租赁租金定价研究	案例分析
16	融资租赁项目评估体系设计与实施	案例分析
17	融资租赁机构对中小企业融资租赁项目的评估方法研究	案例分析
18	论融资租赁合同的基本特征	案例分析
19	融资租赁合同概念的比较法厘定	案例分析
20	WSB融资租赁公司经营风险防范与控制研究	案例分析
21	融资租赁公司财务风险分析与控制策略	案例分析
22	浅谈我国融资租赁业的发展现状与制度建设	案例分析
23	浅议融资租赁公司信息管理系统规划与建设	案例分析
24	关于中国融资租赁行业发展方向的严肃探讨——《中国融资（金融）租赁行业发展报告（2013）》评介	案例分析
25	融资租赁与金融产品创新分析	案例分析
26	关于融资租赁公司经营模式专业化的探讨	案例分析
27	浅析融资租赁企业在产融结合中的定位与发展	案例分析

《保险学》课程思政教学指南

刘树枫[1]　杨馥[1]　李俊红[1]　周晶[1]　卢燕[1]　徐婷婷[1]　王运鹏[1]　刘朝辉[1]
邱全俊[2]　杨艳华[2]　王韧[3]　胡锡亮[3]　刘娟[3]　郭静[4]　黎银霞[4]

([1] 西安财经大学　[2] 福建江夏学院　[3] 湖南工商大学　[4] 天津商业大学)

一、课程简介与课程目标

(一)课程简介

《保险学》课程是金融类专业的核心课程,旨在引领学生认识风险的基本概念与性质,掌握保险的概念、特征以及基本原理,其中要重点掌握关于保险的四项基本原则、保险合同及保险市场方面的知识。在此基础上,还要求学生学会运用保险知识分析现实中的保险案例。另外,学生还应通过学习本课程了解风险管理的基本思想、程序和方法,并明确风险管理与保险的关系以及风险管理方法在实际中的运用,了解当前发生的与保险学相关的热点问题。

本课程综合运用讲授、启发式教学、讨论教学、案例教学、模拟实践教学等多种教学方法,对各种保险种类分别进行介绍,使学生对人身保险、财产保险以及再保险的保障范围、保障方式等基本内容有所认识。从宏观上能培养学生对保险的认识,让学生了解中国保险市场的现状以及世界保险业的发展趋势,使学生在学习保险理论的同时增强社会的责任感和保险的使命感。

(二)课程目标

本课程为专业必修课程。通过本课程的学习,使学生能够达到以下目标:

1. 知识目标:系统掌握经济学理论基础,金融、保险等专业基础知识、基本理论与基本技能,同时具有其他相关领域知识,形成兼具人文社会科学、自然科学、工程与技术科学的均衡知识结构,具有在保险相关领域、行业和技术体系内,较熟练进行项目分析、设计与开发的专业能力。

2. 能力目标:具有获取知识的能力,能够掌握有效的学习方法,主动接受终身教育;具有实践应用能力,能够在金融、保险实践活动中灵活运用所掌握的专业知识;能够运用专业理论知识和现代经济学研究方法分析解决实际问题,具备一定的科学研究能力;具备创新精神、创业意识和创新创业能力。

3. 育人目标:热爱祖国,遵纪守法,具有良好的道德品质和文明习惯,培养良好的职业操守和职业道德,具备社会责任感和人文关怀意识;具有良好的专业素养,熟悉国家有关保险的方针、政策和法律法规,了解国内外保险发展动态;具有一定的科学知识与科学素养;具有良好的身心素质。

(三)课程教材和资料

➤ 推荐教材

孙祁祥. 保险学[M]. 6版. 北京:北京大学出版社,2017年。

➤ 参考教材或推荐书籍

1. 孙蓉,兰虹. 保险学原理[M]. 5版. 成都:西南财经大学出版社,2021年。
2. 张洪涛. 保险学[M]. 4版. 北京:中国人民大学出版社,2014年。

➤ 学术刊物与学习资源

国内外经济金融类各类期刊。

学校图书馆提供的各种数字资源,特别是"中国知网",下载相关文献并加以阅读。

中国人寿、中国平安、新华保险、中国太保等上市保险公司年报。

➤ 推荐网站

中国银行保险监督管理委员会:http://www.cbirc.gov.c.

中国保险学会网站:http://wwww.iic.org.cn.
中国保险行业协会:http://www.iachina.cn.

二、课程思政教学总体设计

(一)课程思政教学目标

以习近平新时代中国特色社会主义思想为指导,坚持知识传授与价值引领相结合,运用可以培养大学生理想信念、价值取向、政治信仰、社会责任的题材与内容,全面提高大学生缘事析理、明辨是非的能力,让学生成为德才兼备、全面发展的人才。

《保险学》课程以保险理论知识为核心内容,学生可以掌握风险与保险的基本内涵和知识,重视风险管理、保险基础理论和实践操作技能的培养,提升学生对保险领域实践问题的分析能力和综合运用能力,充分激发学生的担当意识和使命意识。

本课程加入大量的中国经济改革和保险发展的最新实践和成果,比如我国金融保险机构和保险市场的改革、创新与发展,我国的金融、保险体系现状和监管体系特色,保险行业创新发展、保险风险管理等,通过在课程中大量融入和体现中国经验,增进学生分析和解决问题的能力,引导学生增强"四个意识"、坚定"四个自信"、做到"两个维护",把思想和行为自觉与以习近平同志为核心的党中央保持高度一致。具体而言,本课程的思政教学目标包括以下八个维度:政治认同、家国情怀、道德修养与职业伦理、法治意识与底线思维、文化素养、科学精神、时代担当、广阔视野。

1. 政治认同

《保险学》课程以保险理论为主,也有大量具有中国特色的保险理论与实践问题的总结与提炼,这些问题与辩证唯物主义以及中国特色社会主义密切相关。通过这些专业知识的讲述,有助于让学生更准确了解中国保险业改革发展取得成就。通过讲述经济改革和保险改革所取得的伟大成就,本课程能够传递坚持中国共产党领导的重要性,从心灵深处认同"中国共产党为什么能、马克思主义为什么行、社会主义为什么好",增强同学们的政治认同。

2. 家国情怀

我国保险业从中国共产党诞生就具有红色基因,特别是新中国成立和改革开放过程中,在党的领导下,我国保险业迅猛发展。在此过程中涌现出一批爱岗敬业、勇于奉献的老一辈保险从业人员。通过介绍他们为祖国为人民牺牲奉献的事迹,能够让学生感受到中华民族一脉相承的爱国主义精神,传承爱国情怀。通过旧中国新中国保险发展大事记对学生进行爱党、爱国、爱社会主义、爱人民、爱集体的"五爱"教育。除此之外,本课程还会借由中外对比,向学生介绍当前我国保险市场改革的关键痛点和存在的问题,以及与发达国家保险业发展的差距,让学生树立为祖国、为人民奋斗奉献的理想。

3. 道德修养与职业伦理

本课程会涉及到保险职业道德相关知识,让学生认识到保险职业道德的重要性,自觉养成遵守保险职业道德的习惯。保险职业道德的基本规范包括:爱岗敬业,遵纪守法,诚实守信,业务优良,服务群众,奉献社会等。道德修养与职业伦理道德规范决定了个人在保险发展中的作用,能走多远,能做多大的事。通过本课程的知识讲解和案例解读,切实提高学生的道德修养。

4. 法治意识

保险公司是在既定法律法规框架下经营的。本课程各章学习中包含了大量法律、法规介绍,内容涵盖民法典和保险法。通过本课学习,让学生学习相关的法律法规,认识到相关法规对于保险业发展和金融稳定的重要作用。让学生牢固树立个人遵纪守法的意识和保险业合规经营的底线思维,如"万能险"合规经营案、万邦保险破产案等,激励学生自发崇尚、遵守和捍卫法律。除此之外,本课程鼓励学生对当前法律法规存在的问题进行创新性探索,为保险领域的改革和法治建设贡献自己的力量。

5. 文化素养

本课程注重学生文化素养的养成。文化是一个内涵十分丰富的概念,素养是平时经常有意识地学习、实践和修养,以及社会舆论、环境暗示的影响,从而使自己的知识、能力、作风、品德、胸怀、境界达到了一定的水平。文化素养,不可能一蹴而就。积极的素养,是综合性的,既是知识,又是能力,还是品德作风,又是胸怀境界。对保险来讲,在众多的文化中,最重要的文化特色是"诚信"。在本课程保险合同和保险原则中,通过讲授相关专业知识,着重对学生进行"诚信"教育。我们将通过一些案例对学生进行中华优秀传统文化——诚信为本的教育。

6. 科学精神

本课程注重培养学生的科学精神。科学精神是伴随近代科学的诞生,在继承人类先前思想遗产的基础上,逐渐发展起来的科学理念和科学传统的积淀,是科学文化深层结构(行为观念层次)中蕴涵的价值和规范的综合。本课程提出"知识为基、研究为核、思政为魂"的课程目标,在各章节教学中,注重通过研究能力训练来培养学生的科学精神。比如,在教学中,引导学生学习各章后的思考题,结合中国保险业的发展,思考保险业发展中存在的问题,引导学生阅读相关的参考文献,鼓励学生开展纵深阅读与探究。

7. 时代担当

青年是国家的未来。青年兴则国家兴,青年强则国家强。青年要主动扛起责任担当,勇做新时代的弄潮儿。在教学中,一是介绍我国保险业发展过程中不同时代的"青年人"对保险改革;二是注重结合习近平总书记对青年的寄语引导学生树立远大崇高的理想,强本领、勇担当。

8. 广阔视野

全球竞争日趋激烈、世界合作日趋紧密是大趋势。在新时代、新理念、新格局下,国家的发展尤其需要更多的具有国际视野的高素质人才。大学生是否具有国际视野对于国家的发展尤为重要。大学生要培养自己的世界眼光和国际视野,立志成才报国,有志于世界文明的进步。本课程通过让学生了解国际、国内保险业发展的最新成就和发展趋势,特别是注重中国与其他国家保险业发展的比较,培养学生的广阔视野。

(二)课程思政的教学内容

《保险学》课程的思政内容可以涉及以下几方面:

1. 保险发展的文化自信和制度自信

中华文明源远流长,早在先秦时期著作中就有关于原始保险思想的记录,新中国成立后,保险业的发展更是蒸蒸日上。从中国传统文化讲,保险是成人达己,度人度己。从现代社会管理的视角看,保险是一种社会合作、和合与共济。保险业通过风险分担机制,为人民谋幸福,有助于经济社会的稳定健康发展。专业教师在讲授时,要结合中国传统文化,也要注重介绍体现时代、民族与文化特色的中国保险的发展实践和理论发展现状、原因及其独特性,增强学生对中国保险发展的文化自信和制度自信。

2. 人类命运共同体意识

人类文明史是一部人类社会与自然灾害抗争、对风险进行管理的历史,人类同舟共济,保险思想也因此孕育而生。从自然法则的角度看,保险是基于共生理论,是"相依为命"。从人性视角看,保险是一种互助友爱精神的体现,是"一人为大家,大家为一人"。课堂讲授时,应注重从保险学的专业视角帮助学生形成人类命运共同体意识。

3. 保险企业的社会责任

保险是社会化风险管理的制度安排,分担风险,补偿损失,稳定预期,福祉社会是保险企业的责任和初心,具有对社会福利和公益事业的责任等等。专业教师教学中应当将百年变局背景下保险企业的社会责任嵌入教育的全过程,将责任意识融入学生心灵。

4. 保险伦理与从业人员的职业道德

保险伦理与从业人员的职业道德是行业健康运行的基石。在教学中应当融入保险伦理认知和职业道德教育,如诚实守信教育、爱岗敬业教育、遵纪守法教育、廉洁奉公教育、优质服务教育等,引导学生具有家国情怀、法治意识、社会责任和仁爱之心。

(三)教学方法

本课程综合运用讲授、启发式教学、讨论教学、案例教学、模拟实践教学等多种教学方法,使学生具备有关保险领域的基本知识、基本理论和基本分析方法,具有运用保险知识分析现实问题的能力,具有国际视野,了解全球化环境下的行业发展,熟悉保险伦理和职业道德标准。

三、课程各章节的课程思政教学内容设计

第一章 风险及风险管理

专业教学目标

风险的存在是保险产生的逻辑基础,保险是社会化风险管理的制度安排,本章在介绍风险的含义、风险的构成要素及分类的基础上,重点介绍风险管理的内涵、目标及基本程序,让学生了解风险管理的创新与发展,把握国际风险管理的最新发展趋势。

【知识目标】

1. 学生了解风险的含义、掌握风险的构成要素及风险的分类。
2. 学生掌握风险管理的概念、及目标;风险管理的基本原则、基本职能及基本程序。
3. 了解风险管理的创新与发展。

【能力目标】

1. 培养学生将所学理论灵活应用于实践。
2. 培养学生从思辨与探索的角度分析风险管理的创新与发展,把握国际风险管理的最新发展趋势。

课程思政教学目标及实践

【育人目标】

1. 文化自信 从中国传统文化讲"保"的含义、风险的含义,树立文化自信。
2. 政治认同 保险是风险管理的主要方式。通过向学生讲解风险的含义,风险与保险的关系,习近平总书记关于金融保险作用的论述等,加强学生对我国政治制度的认同,自觉增强"四个意识"坚定、"四个自信"、做到"两个维护"。
3. 家国情怀 通过讲解风险管理的意义,风险管理的创新与发展,培养学生的家国情怀,树立学生爱国主义精神和为党和国家奉献的精神。

【教学方式与方法】

1. 自主学习:线上学习相应慕课中的基础专业知识点,线下自主阅读文献资料,撰写阅读笔记或思维导图。
2. 课堂讲授:讲授相关理论的主要观点或内容、政策启示与建议等。
3. 课堂展示与讨论:学生展示根据教学素材整理分析的相关报告等,小组讨论。

【课程思政教学实例】

案例材料:四川九寨沟天堂酒店地震灾害保险理赔案例

(1)案例简介

2017年8月8日21时,四川九寨沟突发7.0级地震,灾害导致当地建筑物倒塌、山体滑坡、道路塌方中断。R财险在当地承保的企业财险一切险标的四川九寨天堂国际会议度假中心正处于九寨沟甘海子震中位置,所涉40多万平方米的建筑物遭到严重破坏,财产标的损失金额巨大。

最终,R财险向被保险人及时支付了1.49亿元赔款。

近二十年来,自然灾害频发,一次次为我们敲响警钟:面对灾害,我们不仅仅需要防灾减损的自然科学知识,更需要防灾、减灾和救灾领域的经济学意识,尤其是保险意识。

资料来源:中国政府网。http://www.gov.cn/gzdt/2008-06/06/content_1009244.htm。

(2)案例的思政元素

①时代担当。提高全社会的防灾减损能力,就是要将构建灾害风险适应性和提升抗灾力作为新常态予以重视与管理。

②道德修养与职业伦理。保险是现代经济的重要产业和风险管理的基本手段,是社会文明进步、经济发达程度、社会治理能力的重要标志。

(3)教学手段

①课堂讲授:讲授风险与保险的同时,引入案例的主要内容。

②课堂讨论:学生就案例展开讨论,引导学生思考保险在现代经济和风险管理中的重要作用。

第二章 保险概述

专业教学目标

损失说、二元说、非损失说等是目前对保险各种概述所形成的学说。而对其进行界定可从法律和经济学两个角度展开。可保风险、大量同质风险的集合与分散、保费的厘定、保险基金的建立、保险合同的订立等构成了保险的要素。保险具有损失补偿的基本职能,又具有一系列的派生职能。本章将具体学习上述内容。

【知识目标】

1. 学生深入认识和把握保险的含义和要素。理解保险与其他类似经济制度及行为的异同。
2. 学生掌握保险的基本职能和派生职能;掌握保险的积极作用;理解保险的消极作用。

【能力目标】

1. 培养学生的思辨和探索能力,总结保险的各种学说,理解保险的含义和要素。
2. 培养学生的综合分析能力,保险服务现代社会经济发展,理解保险的职能与作用。

课程思政教学目标及实践

【育人目标】

1. 政治认同 保险与其他类似经济制度有相似之处,也有其特性,体现出和而不同、相辅相成的作用。
2. 文化素养与家国情怀 无论何种学说,都体现出我为人人、人人为我,风雨同舟的思想。通过学习,学生可以更好地理解人类命运共同体的深刻含义。
3. 科学精神与时代担当 保险的职能和作用,无不体现出其在现代社会风险管理中的重要作用。通过学习,树立正确的价值观和世界观。

【教学方式与方法】

1. 自主学习:线上学习(预习)基础知识点,线下阅读文献资料。
2. 课堂讲授:讲授相关理论的主要观点或内容、政策启示与建议等。
3. 课堂展示与讨论:学生展示分析报告等,小组讨论。

【课程思政教学实例】

案例材料:普惠保险织密"三农"保障网

(1)案例简介

中央一号文件中提出"坚决守住不发生规模性返贫底线",这也成为2022年乡村振兴工作的重点。在2021年实现全面脱贫后,如何保证"三农"人群不出现大规模因病因灾返贫是重心所在。

"三农"人群具有收入不稳定、刚性支出占比大、财务韧性差、获取金融服务有限等特征,同时由于马太效应,风险又往往集中在相对弱势的人群中发生。当风险来临时,他们往往会收不抵支,无法化解风险。风险意味着返贫可能性的存在,作为风险对冲最优工具的保险,在这一过程中起到对抗收入减少风险、防止因病因灾返贫的重要作用,大力发展普惠保险,织密"三农"安全网,是守住不发生规模性返贫底线的重要抓手。

资料来源:朱贺天戈.普惠保险织密"三农"保障网[N].中国银行保险报,2022-06-09.

(2)案例的思政元素

①政治认同。脱贫攻坚成果来之不易,需要全社会共同努力,实现"两个百年"奋斗目标。
②服务意识。学生能够更加深入地认识保险业如何服务"三农",增强其服务意识。
③家国情怀。保险服务社会经济发展。

(3)教学手段

①翻转课堂——支架与高阶:慕课资源、文献资源为翻转课堂提供支架;课堂展示、师生思辨讨论实现课堂高阶性、高效性。

②知识点+实事+思政——贯穿融合:在知识点"保险的职能与作用"中引入"经济补偿""服务社会"等理念,将思政元素与专业知识相结合,增强学生的政治认同、服务意识和家国情怀。

第三章 保险的起源与发展

专业教学目标

保险产生的基础既有自然基础,又有经济基础。本章在分析了国外古代保险思想和原始形态的保险的基础上,介绍了世界保险的起源与发展过程,分析了世界保险业发展的现状和趋势;并对中国古代的保险思想及保险业的整个发展过程,特别是国内保险业务恢复以来保险业的发展作了较为详细的介绍和分析。

【知识目标】

1. 了解国外保险思想的起源和保险原始形态。
2. 了解世界保险的起源、发展和现状,以及未来趋势。
3. 了解并掌握中国古代的保险思想以及保险在中国的发展过程。
4. 掌握新中国成立以来中国保险的发展。

【能力目标】

1. 将国内外保险的起源、发展和现状融会贯通,提高个人的职业素质修养。
2. 熟悉新中国成立以来中国保险的发展成就,能够从历史的角度分析当下保险发展中存在的问题。
3. 能够尝试思考未来保险的发展创新。

课程思政教学目标及实践

【育人目标】

1. 政治认同　先秦时期,《礼运大同篇》营造出的"大同"社会就是最早的保险思想的体现,从古至今,中国人一直拥有着向往美好生活的愿望,时隔千年,这一初衷始终不变,而保险业正是为了实现这一伟大的奋斗目标而产生发展。

2. 家国情怀　目前,中国保险的发展还落后于发达国家,但是,同学们更应该看到的是,我们的保险起源并不输于西方,我们现在正处于中国发展最好的时期,这也应该成为中国保险复兴的最好时期。

【教学方式与方法】

1. 自主学习:线上学习《保险学》的基础专业知识点,线下自主阅读文献资料,撰写保险发展的阅读笔记。
2. 课堂讲授:讲授国内外保险产生和发展的相关理论的主要内容。

【课程思政教学实例】

案例材料:农业保险

(1)案例简介

《礼记·王制》中一文:"三年耕,必有一年之食;九年耕,必有三年之食。"请说一说这其中包含的保险思想。

资料来源:王宁总 主编,叶绍钧 校注.礼记[M].北京:商务印书馆,2018年。

(2)案例的思政元素

①家国情怀。中国人是怎样解决吃饭问题的。五千年来,吃饭问题始终困扰着中国历朝历代的百姓和官员。一百年来中国共产党艰辛探索,在粮食问题上交出了一份令国人满意、令世界称赞的答卷,创造了用世界7%左右的耕地养活世界20%人口的奇迹。

②时代担当。保险在促进农业发展中发挥着重要作用。农业保险有助于国民经济的健康发展。在我国,农业是国民经济的基础,农业经济的波动是引发国民经济周期波动的重要因素。积极开展和推动农业保险全面铺开,对国民经济的发展和农业产值的提高都有重要的影响。

(3)教学手段

①翻转课堂:在知识点"保险的起源中"中引入"经济补偿""服务社会"等理念,将思政元素与专业知识相结合,组织学生以"中国保险史话"为主题进行讨论,增强学生的家国情怀、政治认同和服务意识。

第四章 保险类别

专业教学目标

按照不同的分类方式,保险可分为不同的类型。本章在介绍保险的一般分类的基础上,主要介绍了财产保险的概念、特征、保险标的损失状态及财产保险基本的赔偿方式,分析了财产保险合同的两个重要的内容——保险价值与保险金额,介绍了财产保险的主要业务种类,并着重分析了火灾保险、机动车辆保险、责任保险;在简要概述人身保险的概念、特征及分类的基础上,对人寿保险的基本形态及其发展、人寿保险的常用条款以及意外伤害保险和健康保险分别进行了介绍。

【知识目标】
1. 了解保险的一般分类。
2. 掌握财产及人身保险的概念、种类、特征、赔偿方式。

【能力目标】
1. 熟悉财产保险市场上一些常见的保险产品,并能够运用本章知识进行产品解读。
2. 熟悉人身保险市场上一些常见的保险产品,并能够运用本章知识进行产品解读。

课程思政教学目标及实践

【育人目标】
1. 时代担当　通过保险产品的学习和对保险创新的展望,青年一代有责任成为时代担当,在新的"赶考路"上做新时代中国保险业的建设者、保险强国的见证人。
2. 广阔视野　在本章中,同学们在学习各个险种的同时也会了解到不同领域的业务特征、不同时代的发展特征、不同地区的区域特征,由此扩宽学习视野。

【教学方式与方法】
1. 自主学习:线上学习保险产品的基础专业知识点,制作保险产品的思维导图。
2. 课堂讲授:讲授具体保险产品案例。
3. 课堂展示与讨论:学生自主选择保险产品进行解读,并进行小组讨论。

【课程思政教学实例】

案例材料:众惠防疫绿码通

(1)案例简介

众惠防疫绿码通是众惠相互新推出的一款防疫险,M先生在投保7天后,到当地某著名景区游玩。游玩回家后,被当地疾控中心通知与其同一时间在该景区游玩的游客中有新冠肺炎病毒确诊人员。M先生被要求在指定酒店接受集中隔离14天,费用自付。在隔离的第7天,M先生出现发热症状,经核酸检测阳性后,被医院确诊为普通型新冠肺炎病毒感染者,随即入院治疗。一个月后,M先生病情康复出院。M先生接受新冠肺炎病毒密接者集中隔离累计7天,每天补贴1000元,小计7000元。M先生被确诊为普通型新冠肺炎病毒感染,赔付20000元×30%=6000元。上述两项合计获赔13000元。

资料来源:根据网络公开资料整理。

(2)案例的思政元素

①政治认同。新时代我国社会主要矛盾已经转化为人民日益增长的美好生活需要和不平衡不充分的发展之间的矛盾,人民群众对意外、健康、养老等方面的保障需求日益多元化,保险逐渐成为不可或缺的必需品。

②家国情怀。新冠肺炎疫情发生后,保险业充分发挥风险保障功能,帮助企业渡过难关,支持企业复工复产,为统筹推进疫情防控和经济社会发展提供有力支持。

③科学精神。保险公司应以此次疫情防控为契机,积极运用云计算、人工智能等技术手段辅助保险经营,积极探索通过互联网、微信公众号、手机小程序等线上方式为消费者提供便利化服务,强化科技赋能,提升应对极端不利情形的能力。

(3)教学手段

翻转课堂:讲授保险产品的同时,引入案例的主要内容,引导学生就保险产品展开小组分享和讨论,引导学生思考新冠肺炎疫情影响下保险产品的创新。

第五章　保险合同

专业教学目标

保险合同制度是保险制度体系的核心,是各种保险商品交换关系的法律表现形式。保险合同作为合同的具体类型之一,既具有合同的共同属性,又以自身的诸多法律特点而区别于其他各种合同,因此本章的学习在保险法律体系中具有极为重要的意义,为学习具体的各险种保险合同搭建必要的理论基础。

【知识目标】

1. 了解并掌握保险合同的概念、特点。
2. 了解保险合同包括主体和客体在内的各类要素。
3. 了解保险合同订立程序,明晰保险合同成立、生效、有效、无效的法律界定。
4. 掌握保险合同履行中的变更、解除、终止和争议处理的相关法律规定。

【能力目标】

1. 培养学生探索保险合同各部分内容之内在逻辑和关联的能力。
2. 培养学生分析保险合同案例、解决保险合同实务问题的实践应用能力。
3. 培养学生对保险合同热点、难点问题的整体把握和逻辑分析能力。

课程思政教学目标及实践

【育人目标】

1. 社会责任　良好的道德修养是保险从业者必备的素质。作为保险从业者,必须要知法守法,以高尚的人格为指导,以保险法律为准绳,诚信尽责地履行保险合同义务,合法享有保险合同权利。

2. 法治精神　保险合同是满足社会公众保险保障需求的法律手段,凭借保险法律约束力保证保险当事人追求保险商品交换的目的。通过保险合同相关法律规定的剖析,培养学生的诚信守法的精神、尊重法律权威的精神、权利与义务对称的精神,养成依法维权和依法解决纠纷的习惯。

【教学方式与方法】

1. 自主学习:线上学习慕课、智慧树平台等《保险学》课程保险合同部分的课程内容和知识点,线下自主阅读《保险法》中保险合同部分、《保险法》司法解释(一)至(四)等相关文献资料,撰写阅读笔记。

2. 课堂讲授:基于司法公平的出发点,讲解保险合同的概念和特征;介绍与中国特色保险法律制度的法律宗旨与法律功能相适应的保险合同主体和客体要素;阐述保险合同的订立与有效性,引导学生对诚实守信价值观的认同;在平等的保险合同主体权利义务对等的基础上,讨论保险合同履行中的法律问题,培养学生懂法守法的意识。

3. 课堂展示与讨论:学生小组讨论案例,教师点评。

【课程思政教学实例】

案例材料:保险合同的说明义务和条款解释

(1)案例简介

2017年9月18日23时05分左右,赵甲驾驶重型半挂车,沿省道313线由西向东行驶时,由于操作不当驶入对向车道,与由东向西正常行驶的田甲驾驶的厢式货车发生相撞,致田甲当场死亡,厢式货车乘车人田乙、赵乙受伤,两车不同程度损坏,厢式货车货物损毁的重大交通事故。赵甲驾驶证于2003年初次申领,事故发生时属增驾A2实习期。田乙、赵乙等人因赔偿事宜起诉肇事车辆保险公司。

资料来源:根据网络公开资源搜集整理。

(2)案例的思政元素

①诚信意识与法治精神。诚信是保险合同履行的基石,法制是保险合同履行的保证,秉承诚信、法治,才能真正维护好保险合同契约双方的合法权益。保险合同双方当事人均应诚实守信,全面尽责地履行自身的义务。

②社会责任。保险合同应遵循的"契约精神"与社会责任中"个体自由平等和社会公平正义"的内涵不谋而合。通过案例分析,培育学生形成对保险各方当事人法律地位平等及意思自治的认知,能够清楚地辨析保险当事人的权利及义务,并且在行使自身权利时,对等地履行自己应尽义务,提升学生的社会责任感和规则意识。

(3)教学手段

①翻转课堂:以《保险学》在线慕课资源的保险合同部分和《民法典》合同部分的课程资源,以及保险合同相关期刊文献资料为翻转课堂提供素材,通过课堂展示、学生讨论拓展教学深度和广度,提升课堂效果。

②知识点＋案例＋思政：在保险合同履行部分引入案例，将国家认同、社会责任等思政元素融入保险合同专业知识，培育学生的诚信意识、法治精神和公平正义感。

第六章　保险的基本原则

专业教学目标

为规范保险行为，保证保险制度顺利运行，保险业界自发形成了一系列公认的基本原则，这些原则在法律或保险合同中予以规定或约定。本章主要讲述保险的基本原则，其中最大诚信原则、保险利益原则和近因原则是财产保险和人身保险的共同原则；损失补偿原则、代位原则和分摊原则是财产保险特有的基本原则。

【知识目标】

1. 学生系统掌握、深入理解最大诚信原则、保险利益原则和近因原则的含义、内容和基本要求。
2. 学生理解损失补偿原则、代位原则和分摊原则的含义、内容和基本要求。

【能力目标】

1. 培养学生的思辨和探索能力，讨论各原则是否存在争议，并结合实际进行分析。
2. 培养学生的综合分析能力，能结合相关案例进行分析。

课程思政教学目标及实践

【育人目标】

1. 科学精神与道德修养　结合我国传统诚信文化和市场经济中的诚信理念，凸显保险市场中最大诚信的重要意义和丰富内涵，倡导学生做人求学诚实守信。近因原则是保险实务中处理理赔案件时所遵循的重要原则之一。不同情况下，保险理赔案件应如何操作。理论与实际结合更为紧密。

2. 法治意识　结合保险利益的学习，了解保险利益在防范道德风险方面的积极作用，掌握当前急剧变化的社会关系中保险利益认定对保险双方的重大意义。

3. 文化素养与家国情怀　从现代社会管理的视角看，保险是一种社会合作、和合与共济。从中国传统文化讲，保险是成人达己，度人度己。从自然法则的角度看，保险是基于共生理论，是"相依为命"。从人性视角看，保险是一种互助友爱精神的体现，是"一人为大家，大家为一人"；体现上述精神的关键要进一步强化对保险补偿性的认识。

【教学方式与方法】

1. 自主学习：线上学习（预习）基础知识点，线下阅读文献资料。
2. 课堂讲授：讲授相关理论的主要观点或内容、政策启示与建议等。
3. 课堂展示与讨论：学生展示分析报告等，小组讨论。

【课程思政教学实例】

案例材料：张某诉保险公司一案

(1) 案例简介

2020年，张某为丈夫李某向保险公司投保了两份安康人身保险及一份附加住院医疗险，受益人为其女儿李某某。2021年1月，张某的丈夫因急性肺炎、呼吸衰竭而死亡。2021年2月，受益人李某某向保险公司提出索赔申请，保险公司却以李某有嗜酒史多年，而投保人在投保时未如实告知为由拒绝赔付。李某某遂向法院提起诉讼，要求保险公司支付身故保险金20000元、住院医疗保险金1800元。

资料来源：慧择保险网。https://xuexi.huize.com/study/detal-20713.html.[EB/OL].2017-08-28/2022-08-16.

(2) 案例的思政元素

①道德修养。倡导学生做人求学诚实守信。

②法律意识。保险法中对最大诚信原则及违反该原则如何认定，有明确的解释，法院、保险公司处理该类纠纷应依法判决。

③服务意识。保险合同是要式合同，对合同条款有两种以上解释的，人民法院或者仲裁机构应当做出有利于被保险人和受益人的解释。

(3) 教学手段

①翻转课堂——支架与高阶：慕课资源、文献资源为翻转课堂提供支架；课堂展示、师生思辨讨论实现

课堂高阶性、高效性。

②知识点+实事+思政——贯穿融合:在讲解保险基本原则中,引入"诚实守信""有法必依"等理念,将思政元素与专业知识相结合,增强学生的道德修养、法治意识等。

第七章 保险经营及过程
专业教学目标

保险作为经营风险的特殊行业,其主要经营活动包括展业、承保、再保险、理赔等环节。本章在介绍保险经营原则和经营主体的基础上,对主要的经营环节进行介绍、分析,让学生建立起对于保险公司经营过程的整体认识,了解保险公司经营环节之间的相互衔接。

【知识目标】

1. 学生了解保险经营的特点与原则,熟悉保险营销、保险赔偿与给付、保险财务、保险防灾减损等相关概念的含义。

2. 学生掌握保险金额与费率的计算能力。

【能力目标】

1. 培养学生将所学理论灵活应用于现实和具体案例。

2. 培养学生从思辨与探索的角度分析保险公司经营过程,评价其存在的局限性和问题。

课程思政教学目标及实践

【育人目标】

家国情怀 通过讲解保险合同的费率厘定与保险赔付,让学生认识到集体的力量,每个人做出的一点贡献便能够帮助遭受重大损失的人获得相应的支持,从而培养学生为集体贡献的意识。

【教学方式与方法】

1. 自主学习:线上学习相应慕课中的基础专业知识点,线下自主阅读文献资料,撰写阅读笔记。

2. 课堂讲授:讲授相关理论的主要观点或内容、政策启示与建议等。

3. 课堂展示与讨论。

【课程思政教学实例】

案例材料:A 保险向 B 会员推出了"相互保"产品

(1)案例简介

A 保险向 B 会员推出了"相互保"产品(后改为"相互宝"),可提供包括恶性肿瘤等 100 种大病保障。规定信用分在 650 以上、年龄不超过 60 周岁且身体健康的会员,即可免费加入。"相互宝"运用其灵活的互助模式,一经面市就吸引了广大客户的关注,根据官方统计显示已有近 8000 万人加入了该项计划。而它的出现为"互联网+相互保险"的发展提供了新的可能性。

资料来源:宋占军,卢雨萱. 相互宝一周年:回顾与展望[J].金融博览(财富),2019(11):57—59.

(2)案例的思政元素

①法治意识。互助保险是否具有保险公司经营的规范性,其经营环节是否能够受到相关法律法规的约束。

②互助精神。通过观察"相互宝"所实现的互助机制,能够形成对保险经营本质的有益的探索。

(3)教学手段

①翻转课堂——支架与高阶:慕课资源、文献资源为翻转课堂提供支架;课堂展示、师生思辨讨论实现课堂高阶性、高效性。

②知识点+实事+思政——贯穿融合:在知识点"保险经营活动"中引入新出现的保险产品,将法治意识、互助精神以及服务意识等思政元素与专业知识相结合,增强学生的法治意识与底线思维,以及为集体做贡献的意识。

第八章 保险精算基础
专业教学目标

保险精算学是保险经营的基础,主要研究保险领域的风险分析、产品设计与定价、资产与负债评估、偿付能力评价等问题,为保险业的健康发展提供基本保障。本章通过介绍保险费率厘定的基本原则及方法,保险责任准备金的含义及计算原理等知识,使学生对保险精算的基础知识有一个基本的了解。同时,为进一步学习并运用精算学相关理论,对风险和损失做出预先的评价和财务安排打下一定的基础。

【知识目标】

1. 掌握保险费率的构成及保险费率厘定的一般性原则。

2. 掌握寿险及非寿险费率厘定的基本原理及方法。

3. 掌握保险责任准备金的含义及构成,并了解责任准备金的计算原理。

【能力目标】

1. 使学生了解保险产品设计及定价、偿付能力评价等工作开展的逻辑与理论依据,培养学生运用科学的思维方式探索问题、解决问题的能力。

2. 结合具体的实例进行分析,让学生对精算实务操作有一个真切的体验,培养学生运用理论知识指导实践的能力。

课程思政教学目标及实践

【育人目标】

1. 科学精神 通过学习保险精算学的基础知识、了解保险精算学的应用范畴,强化学生的理性思维能力,学会运用科学的思维方式认识事物、解决问题、指导行为等,从而培养学生的探索精神和严谨的求知态度。

2. 家国情怀 通过讲解保险费率厘定与责任准备金的提存,让学生认识到集体的力量,每个人做出的一点贡献便能够帮助遭受重大损失的人获得相应的支持,从而培养学生为集体贡献的意识。

【教学方式与方法】

1. 自主学习:线上学习相应慕课中的基础专业知识点,线下自主阅读文献资料,撰写阅读笔记或思维导图。

2. 课堂教学:充分利用各种现代化教学手段,采用翻转课堂、情景教学、分组讨论等教学方法,讲授并讨论相关理论的主要观点或内容、启示与建议等。

【课程思政教学实例】

案例材料:2020 年车险综合改革费率调整方案

(1)案例简介

2020 年 9 月 3 日,银保监会印发《关于实施车险综合改革的指导意见》,并确认将于 2020 年 9 月 19 日正式全面实施。同时,多个配套条款与费率调整方案出炉,包括交强险责任限额与费率浮动、商业车险精算规范及多个商业车险示范条款等。这些改革举措赋予保险公司自主定价权,促使保险公司改善管理、降低费用率,同时也有助于减少保险事故,助力保险公司提质增效。

资料来源:中国政府网。http://www.gov.cn/zhengce/zhengceku/2020-09/04/content_5540321.htm。

(2)案例的思政元素

①社会责任、批判质疑、问题解决。汽车保险涉及亿万车主和人民群众的切身利益。通过新的车险改革解决这一现实矛盾,以更好地保护消费者权益为改革的主要目标,这也是新时代加快完善社会主义市场经济体制的必然要求。

②科学精神、实践创新。此次车险综改,是以市场为依托、以高科技为手段、以《中华人民共和国民法典》为载体的车险服务化,将是我国保险市场发展的新增长点,将更加有助于实现我国从车险大国向车险强国的迈进。

(3)教学手段

①翻转课堂——支架与高阶:慕课资源、文献资源、超星学习通平台等为翻转课堂提供支架;课堂展示、师生思辨讨论实现课堂高阶性、高效性。

②知识点+实事+思政——贯穿融合:在知识点"非寿险费率厘定"中引入"2020 年车险综合改革费率调整方案"这一典型案例,将社会责任、批判质疑、问题解决、实践创新等思政元素与专业知识相结合,增强学生的社会责任感及创新精神。

③学习测评——实时呼应:讨论结果现场点评。

第九章 保险基金及保险投资

专业教学目标

商品经济制度和市场经济机制为现代保险即商业保险的产生与发展创造了经济条件。保险基金是一种后备基金,它为生产和生活提供保障。本章从保险基金的来源、特征及性质出发,介绍保险投资的原则,保险投资的一般工具以及保险投资的策略。

【知识目标】

1. 学生了解保险基金的含义及特征、保险基金的存在形式、保险基金的来源、运用及其与保险资金的比较,认识保险投资的意义。

2. 学生掌握保险投资的资金来源、保险投资的原则、保险投资的一般形式等内容。

【能力目标】

1. 培养学生将所学理论灵活应用于现实和具体案例。

2. 培养学生从思辨与探索的角度分析保险基金与保险投资,评价其存在的局限性和问题。

课程思政教学目标及实践

【育人目标】

1. 国家认同 从保险行业来看,保险资金规模的不断扩大和运用方式的多样化反映了我国经济快速增长的背景下我国保险行业所取得的发展成就,通过本章学习学生可认识到祖国的快速发展,形成国家认同。

2. 科学精神与法治意识 通过相关知识的学习,可培养学生的科学精神。从资金的投资标的和投资比例等方面来看,保险公司应符合银保监会对于保险资金运用的相关要求,从而培养学生的规则意识与法律意识。

【教学方式与方法】

1. 自主学习:线上学习相应慕课中的基础专业知识点,线下自主阅读文献资料,撰写阅读笔记或思维导图。

2. 课堂讲授:讲授相关理论的主要观点或内容、政策启示与建议等。

3. 课堂展示与讨论。

【课程思政教学实例】

案例材料:保险资金在我国基础设施建设中所发挥的重要作用

(1)案例简介

2007年,北方某省将当地国有高速公路公司投资建设的多个高速公路项目作为该省混合所有制改革的重点项目向社会投资人进行推介。PA信托作为潜在社会投资人,对推介进行了积极响应。PA投资后,通过股东会和董事会与合作方的当地国有高速公路公司共同对该高速公路进行管理。根据未来收入及利润预测情况,预计全周期收益率能够达到8%左右,同时满足了保险资金长期稳定投资的需求。

资料来源:李宇航. 信托公司以保险资金投资高速公路股权案例研究[J]. 当代金融家,2020(09):109-111.

(2)案例的思政元素

①服务实体经济。从本案例中可以看出保险资金能够有效地起到服务实体经济的效果。

②深化改革进程。从本案例中可以看出将保险资金与社会存量资产相结合,可实现盘活存量资产的作用。充分认识到保险资金可以降低高速公路资产错配风险的积极作用。

(3)教学手段

①翻转课堂——支架与高阶:慕课资源、文献资源为翻转课堂提供支架;课堂展示、师生思辨讨论实现课堂高阶性、高效性。

②知识点+实事+思政——贯穿融合:在知识点"保险资金运用"中引入新出现的保险基金、保险投资,将规则意识与法治意识、服务实体经济等思政元素与专业知识相结合,增强学生的法治意识与底线思维,通过分析保险资金的作用可培养学生的家国情怀。

③学习测评——实时呼应:投票结果、讨论结果现场点评。

第十章 保险市场与保险监管

专业教学目标

保险市场是保险商品交换关系的总和,保险市场既具有特殊性,又遵循市场供求的一般规律。为规范保险市场,促进保险业的健康可持续发展,需要对保险市场进行监管。本章运用经济学及管理学的相关理论,分析了保险市场与保险监管,应注意在理解的基础上,结合国内外保险市场及其监管的最新状况进行深入的思考。

【知识目标】

1. 学生掌握保险市场的含义、构成要素及运作模式。
2. 学生掌握保险供给和保险需求函数,了解影响保险市场供求的主要因素。
3. 了解保险监管的意义及监管的主要内容。

【能力目标】

1. 培养学生掌握保险供给和保险需求函数,能对保险市场供给与需求进行综合分析。
2. 培养学生从思辨与探索的角度分析风险管理的创新与发展,把握国际风险管理的最新发展趋势。
3. 培养学生从思辨与探索的角度,结合国内外保险市场及其监管的最新状况进行深入的思考。

课程思政教学目标及实践

【育人目标】

1. **政治认同** 保险市场与一般市场相比具有鲜明的特征,完全放任保险市场无序竞争,必然会导致保险经营的混乱和保险消费者权益受到损害,使学生明确必须由党和国家领导的监管机构实行充分有效地监管,才能切实保障全体保险消费者的利益,保证保险业的繁荣和稳定,从而加强学生对经济和政治制度的认同。

2. **广阔视野** 保险市场群雄逐鹿,保险监管拨云见日,通过对波澜壮阔的保险市场竞争和高屋建瓴的保险监管的学习,了解中国保险市场已经成为世界保险市场上最重要的贡献者,中国的保险监管既能逐步与国际接轨,又能保持鲜明的中国特色。通过本章的学习,使学生树立强烈的制度自信心和民族自豪感,步伐坚定地走向更加广阔的未来。

【教学方式与方法】

1. 自主学习:线上学习相应慕课中的基础专业知识点,线下自主阅读文献资料,撰写阅读笔记或思维导图。
2. 课堂讲授:讲授保险市场的主要观点或内容、政策启示与建议等。
3. 课堂展示与讨论:学生展示根据教学素材整理分析的相关报告等,小组讨论。

【课程思政教学实例】

案例材料:中国银保监会发布《关于开展专属商业养老保险试点的通知》

(1)案例简介

近日,中国银保监会印发《中国银保监会办公厅关于开展专属商业养老保险试点的通知》。开展专属商业养老保险试点,是保险业坚持以人民为中心的发展思想,深化金融供给侧结构性改革,稳步推进养老金融发展的重要举措,有利于支持资本市场健康发展,满足基础设施建设和科技创新发展需要。

资料来源:中国政府网。http://www.gov.cn/zhengce/zhengceku/2021-05/16/content_5606788.htm.

(2)案例的思政元素

①党和政府关心民生福祉。党和政府时刻不忘初心,关心老年群体的生活,政府多部门形成合力,监管部门积极倡议,使万千中国老人在多重保障之下能够老有所依,幸福地安度晚年。

②保险业始终坚持以人民为中心的发展思想。保险业在财产险市场和人身险市场上深耕多年,既要对传统险种继续精耕细作,又需要考虑人民的需要,着眼于更加长远的未来,积极开拓新的业务领域。开办专属养老保险业务,体现一切为了人民,为了人民的一切。

(3)教学手段

①翻转课堂——支架与高阶:慕课资源、文献资源为翻转课堂提供支架;课堂展示、师生思辨讨论实现

课堂高阶性、高效性。

②知识点＋实事＋思政——贯穿融合：在知识点"保险市场，保险监管"中引入新出现的保险产品，将家国情怀及服务意识等思政元素与专业知识相结合，增强保险业始终坚持以人民为中心的发展思想。

③学习测评——实时呼应：投票结果、讨论结果现场点评。

第十一章 保险科技

专业教学目标

传统保险机构意识到保险科技的发展将带来一系列机遇与挑战，积极应用保险科技谋求升级转型。本章在介绍保险科技特征与发展现状基础上，对保险科技的应用、对保险业的影响以及今后的发展趋势进行介绍、分析，让学生了解保险科技的特征与现状，把握保险科技的行业现状及发展前景。

【知识目标】

1. 学生了解保险科技的特征与现状，熟悉互联网、人工智能、大数据、区块链、物联网在保险领域中的应用。

2. 学生了解保险科技前沿趋势。

【能力目标】

1. 培养学生将所学理论灵活应用于现实和具体案例。

2. 培养学生从思辨与探索的角度分析保险科技的趋势，分析现代科技对保险业的影响。

课程思政教学目标及实践

【育人目标】

1. 家国情怀 通过讲解科技赋能农业保险，巩固脱贫攻坚成果，助力乡村振兴的巨大成就，培育学生深厚的家国情怀，并树立为祖国、为人民奋斗奉献的理想。

2. 科学精神 通过讲解保险科技在保险领域的应用，让学生认识到科技的力量，思考保险科技对保险业发展的巨大冲击和影响，引导学生阅读相关的参考文献，鼓励学生开展纵深阅读与探究。

3. 广阔视野 通过讲解保险科技的发展现状，互联网、人工智能、大数据、区块链、物联网在保险领域中的应用，保险科技对保险业的影响，让学生了解保险业发展的最新成就和发展趋势，从而培养学生的广阔视野。

【教学方式与方法】

1. 自主学习：线上学习相应慕课中的基础专业知识点，线下自主阅读文献资料，撰写阅读笔记或思维导图。

2. 课堂讲授：讲授相关理论的主要观点或内容、政策启示与建议等。

3. 课堂展示与讨论：学生展示根据教学素材整理分析的相关报告等，小组讨论。

【课程思政教学实例】

案例材料：ZH保险集团强化科技赋能，助力乡村振兴

(1) 案例简介

2021年4月，江苏大风、冰雹等天气灾害发生后，ZH保险集团紧急调动112架无人机、424辆"三农"查勘车，同时依托农险移动端工具，全方位开展立体式农险理赔，10天时间完成全部理赔工作，支付赔款1.4亿元。保险科技加快了农业保险定损理赔速度，克服了农业保险定损理赔难的问题，有助于巩固脱贫攻坚，助力乡村振兴。

资料来源：李永生，姜玉桂，刘月姣．闯出保险服务乡村振兴的卓越之路——专访中国人民保险集团股份有限公司副总裁、中国人民财产保险股份有限公司总裁于泽[J]．农村工作通讯，2022(14)：22—25．

(2) 案例的思政元素

①家国情怀。让学生了解农业保险巩固脱贫攻坚成果、助力乡村振兴的重要成就，带领同学们感悟我国在农村贫困人口全部脱贫，为实现全面建成小康社会目标任务的巨大成就，培养学生的爱国情操和为国奉献的宝贵精神。

②科学精神。让学生认识到科技的力量，了解科学技术在保险中的应用，思考保险业发展中存在的问

题,从而培养学生的探索与创新精神。

③广阔视野。让学生了解保险科技发展的最新成就和发展趋势,从而培养学生的广阔视野。

(3)教学手段

①翻转课堂——支架与高阶:慕课资源、文献资源为翻转课堂提供支架;课堂展示、师生思辨讨论实现课堂高阶性、高效性。

②知识点+实事+思政——贯穿融合:在知识点"保险科技赋能保险"中引入新出现的科技应用,将科学精神、广阔视野以及服务意识等思政元素与专业知识相结合,开阔学生的视野,以及为集体做贡献的意识。

③学习测评——实时呼应:投票结果、讨论结果现场点评。

第十二章 社会保险

专业教学目标

社会保险是一种为工薪阶层或社会成员提供基本生活保障的制度。本章在介绍社会保险内涵与特征的基础上,分析社会保险的运行、业务险种以及我国社会保险制度,让学生掌握社会保险在防范和化解社会成员生活危机和社会风险、促进社会和谐安定等方面的重要作用,熟悉我国社会保险制度的发展现状与改革前景。

【知识目标】

1. 学生了解社会保险与商业保险之间的差异,掌握社会保险的特征、作用和类别,熟悉主要社会保险业务险种的概念与内容。

2. 学生掌握社会保险费率的决定与计算。

【能力目标】

1. 培养学生将所学理论灵活应用于现实和具体案例。

2. 培养学生从思辨与探索的角度,分析社会保险助力脱贫攻坚与乡村振兴有效衔接的机制,评价其可能存在的问题,提出可行的建议。

课程思政教学目标及实践

【育人目标】

1. 政治认同 通过讲授社会保险的特征、作用与业务险种,让学生理解社会保险作为新时代民生保障与社会风险防范体系的重要组成部分,在降低人民群众的风险度,解决全体人民的后顾之忧,提升人民群众获得感、幸福感与安全感,从而坚定学生对社会主义制度的制度自信与文化自信。

2. 家国情怀 通过讲授社会保险的政策与发展,让学生理解社会保险在保障和改善民生,巩固拓展脱贫攻坚成果同乡村振兴有效衔接,推动人的全面发展、全体人民共同富裕过程中的重要作用,从而让学生树立为祖国、为人民奋斗奉献的精神。

【教学方式与方法】

1. 自主学习:线上学习相应慕课中的基础专业知识点,线下自主阅读文献、研究报告与政策文件等资料,撰写阅读笔记。

2. 课堂讲授:讲授相关理论的主要观点或内容、政策启示与建议等。

3. 课堂展示与讨论。

【课程思政教学实例】

案例材料:安某民等80人与某环境公司确认劳动关系纠纷支持起诉案

(1)案例简介

安某民等80人自2003年起先后在某市某环卫所(以下简称某环卫所)从事环卫工作。双方未订立劳动合同,也未办理社保登记、缴纳社会保险费。2012年11月,某环卫所改制转企为某环境公司。安某民等80人继续在某环境公司工作,但仍未订立劳动合同。2020年3月31日,安某民等80人诉至某市某区人民法院,请求确认与某环境公司存在劳动关系。法院认定,用人单位自用工之日起即与劳动者建立劳动关系。后社保部门分别为环卫工人办理了补缴社会保险费手续。

资料来源：正义网．http://www.jcrb.com/jcjgsfalk/zdxal/msjc/202112/t20211223_2349828.html．

（2）案例的思政元素

①法治意识。基于《中华人民共和国劳动法》和《中华人民共和国劳动合同法》，某环境公司与安某民等80名劳动者之间是否存在劳动关系，某环境公司是否需要为安某民等80名劳动者补缴入职以来的社会保险费。

②家国情怀。通过分析社会保险制度的运行、险种及其作用，能够理解社会保险是保障和改善民生、维护社会公平、增进人民福祉的重要制度保障。

③制度自信与服务意识。劳动者要求用人单位补办社保登记、补缴社会保险费未果的，检察机关可以协助收集证据、提出支持起诉意见，支持劳动者起诉确认劳动关系，为其办理社保登记、补缴社会保险费提供帮助。学生能够更加深入地理解中国特色社会主义制度下政府职能部门为人民服务的宗旨，从而使其坚定中国特色社会主义制度的优越性，并增强其为人民服务的意识。

（3）教学手段

①翻转课堂——支架与高阶：慕课资源、文献资源为翻转课堂提供支架；课堂展示、师生思辨讨论实现课堂高阶性、高效性。

②知识点＋实事＋思政——贯穿融合：在知识点"我国社会保险制度"中引入社会保险助力脱贫攻坚与乡村振兴有效衔接的机制，将法治意识、家国情怀、制度自信与服务意识等思政元素与专业知识相结合，增强学生的法治意识、家国情怀与制度自信，以及为人民服务的意识。

③学习测评——实时呼应：投票结果、讨论结果现场点评。

第十三章　个人理财规划与保险规划

专业教学目标

保险规划，在人生规划布局中有着独特的作用，不仅能弥补风险事故所致的损失、减轻风险事故所致的损害，还能给予投资理财等资产保值增值的功效。因此本章在介绍个人理财和保险理财基本知识的基础上，让学生能够对保险规划的步骤流程有一定认识，并能根据客户的信息进行科学的保险规划。

【知识目标】

1. 学生能够理解个人理财的基本原则和步骤，掌握个人理财规划的基本内容；了解个人理财规划与保险规划的关系。

2. 学生了解保险规划的功能，熟悉保险规划的基本原则、步骤和应用。

【能力目标】

1. 培养学生将所学理论灵活应用于现实和具体案例的能力。

2. 培养学生根据目标客户实际情况客观科学地进行保险规划的能力。

课程思政教学目标及实践

【育人目标】

1. 家国情怀　通过理解保险在家庭理财规划中的功能，树立对家庭和社会责任感。

2. 道德修养与职业伦理　在保险规划过程中树立爱岗敬业的意识和掌握职业伦理的基本要求。

3. 科学精神　具备问题意识，能辩证地分析个人理财的基本原则；培养求真精神，辩证地理解保险规划的原则是建立在科学原理和人文关怀基础之上。

4. 广阔视野　能在复杂环境中认清事物本质，梳理客户需求，能自觉有效地获取相关信息，培养深度学习开阔视野的能力。

【教学方式与方法】

1. 自主学习：线上学习相应慕课中的基础专业知识点，线下自主阅读文献资料，撰写阅读笔记或思维导图。

2. 课堂讲授：讲授相关理论的主要观点或内容、政策启示与建议等。

3. 课堂展示与讨论：学生展示根据提供的案例分组进行保险规划，并进行讲解。

【课程思政教学实例】

案例材料：如何为王先生一家进行保险规划？

(1) 案例简介

王先生 26 岁,爱人李女士 27 岁,女儿 2011 年 9 月出生。目前,夫妇两人月收入约 15000 元,相对稳定,单位有五险一金,房子月供 4000 元,月生活支出约 4000 元,有买车计划,现有银行存款 10 万元。王先生准备为自己和家人购买保险,如何结合王先生现阶段的情况做一份保险规划呢?进一步思考,在王先生今后的人生中,还有哪几个阶段要做保险理财规划的安排和调整?

资料来源:深蓝保,https://www.shenlanbao.com/zhishi/11-179073.

(2) 案例的思政元素

①道德修养和职业伦理。能遵守职业道德为客户推荐适合的产品,具备扎实的专业知识才能进行保险规划。

②科学精神。实事求是地根据客户情况进行保险的规划,能自觉地举一反三,创造性地搜集和整合保险产品等相关信息来加深对客户现状和需求的认识。

③广阔视野。能在复杂的信息中抓住本质,能自觉有效地获取相关信息,梳理客户需求进行科学的保险规划。

(3) 教学手段

①五星教学:通过该案例讨论,把本章学习置于循序渐进的实际问题解决情境中来完成。通过聚焦问题(如何进行保险规划)、激活旧知(保险产品和保险营销的知识点)、示证新知(保险规划的知识点)、应用新知(小测)、融会贯通(根据案例进行保险规划)这五个环节来帮助学生掌握解决实务问题需要的理论知识和实践技能。

②知识点+生活+思政:知识的情景化与生活化,激发学生学习兴趣,将职业道德、人文关怀、深度学习和实践创新等思政元素与专业知识相结合,树立学生爱岗敬业的职业情怀和提高学生在复杂环境下解决问题的能力。

③即时反馈和过程考核:通过学习通等辅助工具进行投票、抢答、讨论,从而能够及时掌握学生学习情况和督促学生学习。

第十四章 巨灾保险

专业教学目标

巨灾保险在管理风险和组织经济补偿方面具有显著的优越性,是灾害风险管理体系中的重要组成部分。本章在界定巨灾风险和巨灾保险概念的基础上,对巨灾风险分散机制、巨灾保险制度理论基础、巨灾保险制度基本模式、我国巨灾保险发展概况、我国开展巨灾保险制度的必要性与可行性以及我国巨灾保险制度设计与实施等进行分析,让学生建立起对巨灾保险的整体认识,了解巨灾保险在社会风险管理,服务国家治理现代化的作用。

【知识目标】

1. 学生掌握巨灾风险和巨灾保险的概念。
2. 学生了解巨灾风险机制、巨灾保险制度理论基础、巨灾保险制度基本模式等内容。
3. 学生了解我国巨灾保险发展概况、我国开展巨灾保险制度的必要性与可行性。
4. 学生了解我国巨灾保险制度设计的理念和要素。
5. 学生掌握我国巨灾保险制度设计的整体框架。

【能力目标】

1. 培养学生将所学理论灵活应用于现实和具体案例。
2. 培养学生从思辨与探索的角度分析我国开展巨灾保险的可行性和必要性,评价其存在的局限性和问题。
3. 培养学生根据我国国情设计我国特色的巨灾保险制度,并搭建融入保险机制的灾害风险管理体系。

课程思政教学目标及实践

【育人目标】

1. **国际理解** 通过学习国外巨灾保险制度设计以及实践等知识,取其精华去其糟粕,培养学生的全球意识、开放的心态,尊重世界多元文化的多样性和差异性,跨文化交流的重要性等。

2. 家国情怀　通过讲解巨灾保险的作用,我国开展巨灾保险的可行性和必要性,让学生了解巨灾保险在灾害风险管理中的作用,巨灾保险通过损失补偿以及风险共担机制,可以完善国家应急管理体系,服务国家灾害风险治理现代化,建设更高水平的平安中国,助力共同富裕,实现中华民族伟大复兴中国梦。

3. 社会责任　通过讲解巨灾保险是社会化风险管理的制度安排,分担风险,补偿损失,稳定预期,福祉社会是保险企业的责任和初心等,引导学生形成"我为人人、人人为我"的互助精神,将社会责任意识融入学生心灵。

【教学方式与方法】

1. 自主学习:线上学习相应慕课中的基础专业知识点,线下自主阅读文献资料,拓展知识范围,撰写阅读笔记。

2. 课堂讲授:讲授巨灾风险和巨灾保险的概念;对巨灾保险制度理论基础进行阐释;对国内外巨灾保险制度基本模式、我国巨灾保险发展概况等内容进行简要的分析;在此基础上,对我国开展巨灾保险制度的必要性与可行性以及我国巨灾保险制度设计与实施等进行介绍、分析,引导学生对我国巨灾保险制度进行设计,搭建融入保险机制的新型灾害风险管理体系,从而对我国的巨灾保险制度设计以及灾害风险管理体制改革提出政策建议。

3. 课堂展示与讨论:学生根据课堂所学知识,以及文献阅读等分组进行讨论,并展示根据教学素材整理分析的相关报告等。

【课程思政教学实例】

案例材料:发挥巨灾保险重要作用　助力国家应急管理体系建设

(1) 案例简介

我国是世界上少数受灾害最严重的国家之一。银保监会数据显示,2021年保险业赔付增长14.1%,其中为河南、山西暴雨灾后重建提供赔付资金约116亿元。巨灾保险制度是政府运用现代金融手段应对重大自然灾害风险的有效途径,也是推进国家治理体系和治理能力现代化的重要机制。国际上一些自然灾害严重的国家通过建立巨灾保险体系,为灾害损失经济补偿、灾后重建发挥了重要作用。我国在"十四五"规划和2035年远景目标纲要中明确提出,要完善国家应急管理体系,发展巨灾保险。专家建议,要加快构建巨灾保险体系。

资料来源:中国经济网"保险业高质量发展动能足"。https://baijiahao.baidu.com/s?id=1735654103982455138&wfr=spider&for=pc.[EB/OL].2022-06-15/2022-08-16.

(2) 案例的思政元素

①国际理解。我国巨灾保险渗透率仍然较低,巨灾保险的赔付相较于国际上30%左右的巨灾保险赔付水平相比仍有较大差距。学生应该具有全球意识、开放的心态,积极向巨灾保险发展完善的国家学习经验。

②科学精神。我国巨灾保险渗透率仍然较低,既有公众保险意识问题,投保率不高,也有保险公司承保能力和保险产品设计问题。培养学生不畏困难,坚持不懈的探索精神;大胆尝试,积极寻求有效解决问题的方法、能力和韧性。在尊重保险基本原理的基础上,设计出与中国国情相适应的巨灾保险制度建设的总体思路和实施方案。

③服务意识。国家通过建立巨灾保险体系,为灾害损失经济补偿、灾后重建发挥了重要作用,服务国家治理体系和治理能力现代化,学生能够更加深入地认识保险的服务价值,从而增强其服务意识。

(3) 教学手段

①翻转课堂——支架与高阶:慕课资源、文献资源为翻转课堂提供支架;课堂展示、师生思辨讨论实现课堂高阶性、高效性。

②知识点+实事+思政——贯穿融合:在知识点"巨灾保险作用"中引入巨灾保险在灾害风险发生后的损失补偿职能案例,将服务意识和社会责任融入案例中,培养学生的责任担当意识以及为集体做贡献的意识;在"中国巨灾保险制度具体设计"知识点中,将科学精神、国际理解、实践创新等思政元素与专业知识相结合,增强学生的辩证思维、科学探索和创新意识。

③学习测评——实时呼应：投票结果、讨论结果现场点评。

四、课程思政的教学评价

（一）对教师的评价

1. 教学准备的评价

将《保险学》课程思政建设落实到教学准备各方面，提前提炼思政元素进行课程思政目标设计、修订教学大纲、教材选用、教案课件编写等。

2. 教学过程的评价

将《保险学》课程思政建设落实到教学过程各环节，主要是看教师是否采取了恰当的教学方式，将思政元素自然地融入教学内容中，对学生的思政教育以"润物细无声"的方式展开。包括教学理念及策略、教学方法运用、作业及批改、平时成绩考核等。

3. 教学结果的评价

建立健全《保险学》课程思政多维度评价体系，包括同行评议、随机听课、学生评教、教学督导、教学研究及教学获奖等。

4. 评价结果的运用

对于同行评议、学生评教、教学督导等提出的改进建议，以及对学生考核的成绩分析进行运用，对教学进行反思与改进。

（二）对学生的评价

1. 学习过程的评价

检验学生是否认真完成了老师布置的要求和任务，积极参与资料收集、课堂讨论和实地调研等教学过程，科学评价学生在学习过程中的积极性、互动性和参与度。

2. 学习效果的评价

通过平时作业、课堂讨论、资源库平台资料分析报告、随堂练习、课程论文、期末考试等多种形式，检验学生对课程思政元素的领会及其对思政元素的掌握程度。

3. 评价结果的运用

通过师生座谈和系部教研活动等多种形式，对学生的学习效果进行科学分析，总结经验，改进不足，提升课程思政的学习效果。

五、课程思政的教学素材

序号	内容	形式
1	关于保险机构科技应用与监管的思考	阅读材料
2	保险业改革发展的若干意见	政策文件
3	互联网保险的发展现状及分析——以众安保险为例	案例分析
4	大数据、人工智能、区块链的行业落地：中国保险科技报告	研究报告
5	中国银保监会：保险代理人监管规定	政策法规
6	普惠保险织密"三农"保障网	阅读材料
7	关于巩固拓展社会保险扶贫成果，助力全面实施乡村振兴战略的通知	政策文件
8	2020年全国社会保障基金理事会社会保障基金年度报告	阅读材料
9	养老金对缓解农村居民医疗负担的作用——为何补贴收入的效果好于补贴医保	研究文献
10	健康风险、医疗保险与家庭财务脆弱性	研究文献
11	关于扩大长期护理保险制度试点的指导意见	政策文件

续表

序号	内　　容	形式
12	保险公司合规管理办法	政策法规
13	关于推进投保提示工作的通知	政策法规
14	新时期关于保险理财应当回归保障的思考	阅读材料
17	巨灾保险政府主导 市场运作风险共担	阅读材料
18	国务院关于加快发展现代保险服务业的若干意见	政策文件
19	中国巨灾保险行业现状调研分析及市场前景预测报告	研究报告
20	发挥巨灾保险重要作用 助力国家应急管理体系建设	阅读材料
21	建立城乡居民住宅地震巨灾保险制度实施方案	政策文件
22	中国保险业发展"十三五"规划纲要	政策文件
23	地震巨灾保险条例	政策文件

《风险管理》课程思政教学指南

邱全俊[1]　徐婷婷[2]

([1]福建江夏学院　[2]西安财经大学)

一、课程简介与课程目标

(一)课程简介

本课程为保险专业的专业课,也适用于经济类、管理类其他专业。在教学体系中占有重要地位。本课程旨在帮助学生了解风险管理的概念及其在当今社会的重大作用,使学生能掌握从风险识别、风险衡量、风险管理技术到风险管理决策的主要内容,并能应用概率论与数理统计的知识,结合课程中介绍的各种风险估测与评价的方法,对风险管理进行定性与定量分析。对于信用风险、市场风险、操作风险、流动性风险、系统性风险这几类风险能较为深入地了解。使学生对于风险管理有比较清晰全面的了解,并能运用其解决风险管理实务中的问题,撰写较为完整的风险管理报告。

本课程的预修课程包括金融学、保险学、概率论与数理统计、微观经济学、宏观经济学等。本课程内容主要包括了风险管理的基本知识与整合框架、风险管理一般技术、微观风险管理与宏观风险管理模块。其中第一章介绍了风险、风险管理的基本概念和风险管理的流程。第二到第五章分别介绍风险识别、风险衡量、对付风险的方法、风险管理决策的理论和操作。第六到第九章主要讲解了信用风险、市场风险、操作风险、流动性风险等风险的一般原理与技术。第十章简要介绍了系统性风险与金融监管的内容。

(二)课程目标

本课程为专业必修课程。通过本课程的学习,使学生能够达到以下目标:

1. 知识目标:系统掌握风险管理的基础知识、基本原理,掌握现代风险管理体系的组成要素及其运行框架。熟练掌握风险识别、风险衡量、风险管理决策等方面的技术,能撰写较为完整的风险管理报告。

2. 能力目标:具有信息收集和处理的能力,具备获取知识的能力,能够掌握有效的学习方法,主动接受终身教育;具有实践应用能力,能够在风险管理实践活动中灵活运用所掌握的专业知识;具有批判性思考的能力和在复杂环境中分析问题和解决问题的能力,从而具备一定的科学研究能力;具备团队合作和协调能力和创新精神。

3. 育人目标:热爱祖国,拥护党的领导,具有良好的道德修养和职业道德,法治意识强,人文素养好,具备实事求是求真务实的科学精神,有较好的国际视野,有强烈的忧患意识,有强烈的社会责任感和时代担当,能够自觉用习近平新时代中国特色社会主义思想指导实践。

(三)课程教材和资料

➢ 推荐教材

1. 许谨良. 风险管理[M]. 第5版. 北京:中国金融出版社,2022.
2. 王周伟. 风险管理[M]. 第2版. 北京:机械工业出版社,2019.

➢ 参考教材或推荐书籍

1. 顾孟迪,雷鹏. 风险管理[M]. 第2版. 北京:清华大学出版社,2009.
2. 刘新立. 风险管理[M]. 第2版. 北京:中国财政经济出版社,2014.

➢ 学术刊物与学习资源

国内外经济金融类各类期刊。

学校图书馆提供的各种数字资源,包括"中国知网"等,下载相关文献并加以阅读。

> 推荐网站

中国银行保险监督管理委员会：http://www.cbirc.gov.cn。

中国保险学会网站：http://wwww.iic.org.cn。

中国保险行业协会：http://www.iachina.cn。

二、课程思政教学总体设计

(一)课程思政教学目标

以马克思主义和习近平新时代中国特色社会主义思想为指导，坚持知识传授与价值引领相结合，运用可以培养大学生理想信念、价值取向、政治信仰、社会责任的题材与内容，引导学生深入社会实践、关注现实问题，培育学生经世济民、诚信服务、德法兼修的职业素养。

《风险管理》课程以风险管理理论知识和实践运用为核心内容，学生可以掌握风险管理的基本原理与理论，能运用于分析家庭和团体面临的各类风险，并设计和撰写相应的风险管理方案。充分激发学生社会责任感和经世济民的情怀担当。

本课程在讲授课程中选择能够激发学生探究精神、时代担当责任、爱国热情的案例，比如我国政府在疫情下的风险管理，企业全面风险管理政策、学校责任风险管理、风险管理理论的创新与发展等，在这些案例分析和讨论中，一方面让学生掌握专业知识，增进学生分析和解决问题的能力。另一方面，引导学生增强"四个意识"、坚定"四个自信"、做到"两个维护"，把思想和行为自觉与以习近平同志为核心的党中央保持高度一致。因此，围绕以上目标，本课程的思政教学目标可以涉及以下八个维度：政治认同、家国情怀、道德修养与职业伦理、法治意识、文化素养、科学精神、时代担当、广阔视野。

1. 政治认同

风险管理的理论和实践都在随着实践不断发展，风险管理的目标之间如何抉择？后面的价值观是什么？如何落实习近平总书记提出的"把人民生命安全和身体健康放在第一位？"这些知识点的教授和讨论有助于让学生更深刻地体会到党和政府在任何时候都把群众利益放在第一位，体会到中国特色社会主义制度的优越性。从而从内心深处认同、热爱和拥护党。

2. 家国情怀

中国共产党成立100年以来，领导中国人民走过了波澜壮阔而又艰难曲折的奋斗历程，取得了举世瞩目的辉煌业绩。在这个过程中，一方面重视人民利益，带领人们抵御各种自然灾害、意外事故。另一方面，在人民面临重大危险的时候，广大党员和人民子弟兵能够淡泊个人生死，舍小我为大我，以个人生命换来国家和人民的安全。这些都可以在风险管理理论和实践中作为很合适的案例融入教学中，让学生感受到中华民族一脉相承的爱国主义精神，传承爱国情怀。感受到中国共产党的历史和光荣传统，激发爱国热情。

3. 道德修养与职业伦理

风险管理技术涉及到保险，风险管理人员涉及保险经纪人和保险公司，这些相关知识都包括在课程学习中。所以通过跟以上知识相关的案例分析和相关素材阅读，让学生认识到职业道德的重要性，认识到诚信做人做事的重要性，自觉养成遵守职业伦理、维护客户利益的习惯。同时，通过对诚信与否的风险分析，科学分析讲究诚信的社会效益，认识到构建诚信社会的重要性和必要性，从而提高学生的道德修养。

4. 法治意识

我国有各类有关消防安全、自然灾害防范、劳动安全保护的政策法律法规，各行各业也都有有关安全管理的安全制度和规定，在学习中，让学生深刻认识到，每一项安全规定的出台，背后都是血淋淋的教训总结。要牢固树立遵纪守法的意识，通过各类安全事故案例。激励学生重视安全制度，自发崇尚、遵守和捍卫法律，树立底线思维。

5. 文化素养

本课程也注重引导养成学生的文化素养。人文素养包括人文积淀、人文情怀、审美情趣等。在课程教学中,主要是在进行风险管理的理论和实践教学中,通过风险态度、忧虑价值等概念的解析和讨论,让学生养成健康豁达心态和自信自爱的心理品质,理解关爱人的生存、发展和幸福,树立以人为本思想,注重人的尊严和基本人权,从而提升文化素养。

6. 科学精神

本课程注重培养学生的科学精神。科学精神是伴随近代科学的诞生,在继承人类先前思想遗产的基础上,逐渐发展起来的科学理念和科学传统的积淀,是科学文化深层结构(行为观念层次)中蕴涵的价值和规范的综合。本课程从头至尾,在基础概念解析、风险识别、风险衡量、风险管理决策到各类风险管理,都通过讲解和练习强调理性思维、批判质疑、勇于探究的科学精神。比如对于风险的定义要批判性思考;风险识别要讲究求真务实和实地求证;风险衡量要严谨细致;风险管理决策既要勇于探究又要依据科学原理。在学习方法上,也鼓励学生通过信息收集进行自我学习,鼓励学生实地调研撰写风险管理方案,提升学生的科研能力和实践能力,都是培养科学精神的重要途径。

7. 时代担当

在抵御各类自然灾害、抵挡各类外敌入侵中,年轻人都是主力和担当。一代青年有一代青年的责任和担当。在介绍人类对抗风险的历史中,分析对抗风险的各类方法中,都能够融入有关时代担当的思政元素,激发学生思考自身作为新时代青年,要意识到自身的责任担当,自觉承担起时代重任。

8. 广阔视野

当今世界正处在一个大发展、大变化、大调整的时代。我国提出构建人类命运共同体,彰显了中国的大国责任,是时代发展的要求。因此,当代大学生在新时代、新理念、新格局下,也必须具有国际视野。本课程中,不论是风险管理的理论发展,还是风险管理的实践,都要求学生能够从更广阔的空间、时间和维度上去学习,了解不同国家、不同时期、不同行业的风险管理理论和实践,才能更深刻地掌握本门课程知识,达到课程的教学目标。

(二)课程思政的教学内容

《风险管理》课程的思政内容可以涉及以下几方面:

1. 以人为本的风险管理理念

面对风险,该如何处理?风险管理要达到什么目标?依据什么来进行风险管理决策?这些问题,可以在我们党始终把人民利益放在第一位的各类案例中体现。我们党在面对可能造成我国人民群众的重大风险时,如新冠肺炎疫情、地震洪水、环境污染,始终坚持以人为本的风险管理理念,维护最广大群众的利益。通过介绍和分析这些案例,可以树立学生的人文情怀,激发学生时代担当责任感,增强学生对党的政治认同,增强四个自信。

2. 风险管理理论的发展

人类文明史是一部人类社会与自然灾害抗争、对风险进行管理的历史。风险管理理论起源于20世纪50年代,随着社会的发展,风险也呈现不同的特征,风险管理理论与实践也随之改变。我国对于自然风险、意外风险、金融风险等各类风险的防范和管理,也在不断完善和发展。因此,介绍国际及我国风险管理的各类政策和法规,学习风险管理理论在实践中的运用,有助于让学生在更广阔的视野和格局下深入掌握风险管理的知识,有助于激发学生的创新精神和探究精神。

3. 风险评估和风险管理决策

在风险管理的流程中,风险评估和风险管理决策这两个环节对学生提出的要求较高。需要学生掌握扎实的数理基础,熟悉数据的收集与处理,能够在复杂环境中逻辑清晰地用科学思维指导来解决问题。因此,有关风险评估和风险管理决策的案例和练习,都有助于培养学生实事求是、求真务实、辩证分析的理性思维和科学精神。

4. 面对风险的态度和职业道德

面对风险,健康豁达的态度有助于减少损失和焦虑,有助于和谐社会的构建。同时,在教学中融入职业伦理教育,如诚实守信、爱岗敬业、遵纪守法、廉洁奉公、专业服务等,可以引导学生增强个人修养,唤起社会责任感,增强法治意识,和家国情怀。

(三)教学方法

本课程主要由讲授法与问题探究式教学方法相结合,同时采用案例讨论、翻转课堂、课后实践等方法;

本课程有线上资源,亦可采用线上教学;建议有条件的学校可以指导学生深入企业单位调查并撰写风险管理方案。

三、课程各章节的课程思政教学内容设计

第一章　风险管理导论

专业教学目标

有风险才要风险管理。掌握风险的基本内容才能顺利地进行后续的风险管理学习。因此,本章内容主要介绍风险的定义、特征、分类等基本概念,了解风险管理研究的发展历程,同时要重点掌握风险管理的目标的程序。

【知识目标】

1. 掌握风险与风险管理的基本定义和有关的基本概念。
2. 了解风险的分类和风险管理研究的发展。
3. 掌握风险管理的目标与程序。

【能力目标】

1. 培养学生对研究对象进行批判性思考的能力。
2. 培养学生探究风险管理知识形成过程的能力。

课程思政教学目标及实践

【育人目标】

1. 科学精神　在对风险的定义进行批判性思考的过程中,培养学生的批判精神和独立思考能力。
2. 时代担当　风险管理研究的发展与社会经济的发展密切相关,年轻人要肩负重担,发展风险管理理论,为构建平安中国和健康中国做贡献。
3. 政治认同　分析风险管理各目标之间的冲突,从中认识到我们党和国家在任何时候都是把人民的生命财产安全放在第一位。

【教学方式与方法】

1. 自主学习:线上学习相应慕课中的基础专业知识点,线下自主阅读文献资料,撰写阅读笔记或思维导图。
2. 课堂讲授:讲授相关理论的主要观点或内容、政策启示与建议等。
3. 课堂讨论:学生根据案例讨论风险的定义,讨论风险管理目标的选择。

【课程思政教学实例】

案例材料:风险的含义

(1)案例简介

讨论风险的定义及思考风险与不确定性、损失之间的关系

通过回顾保险学课程中的风险定义——损失的不确定性。展开思考:保险学中对风险的定义是否合适?梳理各学科各学者对风险的定义,思考风险、不确定性、损失之间的关系。以新冠肺炎疫情下的各种应对措施为例对风险与损失的关系,最终得出适合本门课程的风险的定义。

(2)案例的思政元素

①批判性思维。保险学课程中的风险定义也有其局限性,各学科各学者对风险的定义不一样,应该用批判性思维去思考。

②爱党爱国。分析新冠肺炎疫情下的各种应对措施,尽管面临风险,白衣战士依然冲锋在前。党领导下的全民抗疫一定会胜利。

(3)教学手段

①讨论:在讨论风险定义的过程中,培养学生的批判性思维;在讨论新冠肺炎疫情下的各种应对措施过程中,体会党以人民为中心的施政理念。讨论可以通过学习通等智慧教学工具辅助进行,效果更好。

②讲授:在风险导论知识点讲授中强调理论研究要联系实际,适合实践发展。增强学生的问题意识和

经世济民的意识。

第二章 风险分析

专业教学目标

风险分析是风险管理的基础。风险与人对待风险的态度和行为有密切联系。风险识别的时候要结合个人和企业行为来考虑。风险识别包括现场检查法、流程图法、事故树法、风险指数法等各类方法。因此本章主要学习风险分析的基本含义、掌握如何衡量人们对待风险的态度、对深入地了解各类风险识别方法的优缺点及适用范围。

【知识目标】

1. 了解风险分析的含义、范围和方法。
2. 理解人们应对风险的态度和衡量风险态度的方法。
3. 重点掌握风险识别的各种方法。

【能力目标】

1. 培养学生收集、处理、运用信息来进行风险识别的能力。
2. 培养学生在风险识别中发现问题和解决问题的能力。

课程思政教学目标及实践

【育人目标】

1. 文化素养 通过比较对待风险的不同态度,培养关爱人生存、发展和幸福的人文素养。
2. 科学精神 通过各类风险识别方法的学习,培养学生求真务实和实地求证的精神。
3. 道德修养与职业伦理 通过职业风险的识别,体会诚信的重要性,培养良好的道德修养和职业伦理。

【教学方式与方法】

1. 自主学习:线上学习相应慕课中的基础专业知识点,线下自主阅读文献资料,撰写阅读笔记或思维导图。
2. 课堂讲授:讲授相关理论的主要观点或内容、政策启示与建议等。
3. 课堂练习与讨论:学生及时完成布置的练习并进行讨论。

【课程思政教学实例】

案例材料:绘制"作弊风险"事故树并讨论

(1) 案例简介

在学习风险识别中的"事故树法"中,讲授完该方法后,第一步:布置课堂练习:联系实际绘制"作弊风险"事故树,分析风险因素间的关系及概率大小。第二步:提交练习。第三步:教师选取个别同学提交的练习,由其进行介绍。第四步:同学对上述分享的作品展开讨论。第五步:整理同学们意见,绘制包括各项风险因素的事故树。第六步:老师点评。同时引导学生思考得出作弊风险大,诚信收益高,良好的道德修养和职业伦理有助于个人和社会的和谐发展等结论。

(2) 案例的思政元素

①严谨的求真精神。对作弊风险进行分析,通过考虑各项风险因素及之间的关系和大小,得出科学结论。

②诚信意识。通过科学分析作弊风险,能更深入地理解和掌握诚信的必要性,树立诚信考试、诚信工作、诚信做事的意识和职业伦理。

(3) 教学手段

课堂练习与讨论:学生在课堂练习中,达到本知识点的知识目标;同时通过讨论和分享,培养学生创新和解决问题的能力,在讨论中引导学生思考加强道德修养的重要性。

第三章 风险衡量

专业教学目标

识别出风险后,还需要对风险进行定量评价,为后面的风险管理决策奠定扎实的基础。风险衡量的重点在于收集数据并运用数理基础进行分析和评估。因此本章主要学习风险衡量的准备工作和数理基础,掌握常见的概率分布函数、趋势分析、损失概率估计和损失程度估计。

【知识目标】

1. 了解风险衡量的基本概念和准备工作,理解风险衡量的数理基础。
2. 熟悉常见的概率分布函数;熟悉趋势分析、损失概率估计和损失程度估计。

【能力目标】

1. 培养学生收集、处理、运用信息来进行风险评估的能力。
2. 培养学生在复杂环境中分析问题和解决问题的能力。
3. 培养学生团队合作能力和口头表达能力。

课程思政教学目标及实践

【育人目标】

1. **科学精神** 资料收集、资料整理、数据计量都要求掌握扎实数理基础理论,具备尊重事实、严谨细致、条理清晰的科学精神,在此过程中培养学生运用科学思维认识事物和解决问题的能力。

2. **法治意识** 对责任风险大小的评估,应该以《民法典》等各项法规为依据。

3. **政治认同** 政府建设平安社会平安校园,降低了学校等部门的责任风险,体现了中国特色社会主义制度的优越性,加强同学们的政治认可。

4. **广阔视野** 了解责任险和风险管理要求的发展历程和趋势,培养学生广阔的视野和全局观念,才能更好地对事物的发展做出科学分析。

【教学方式与方法】

1. 自主学习:线上学习相应慕课中的基础专业知识点,线下自主阅读文献资料,撰写阅读笔记或思维导图。
2. 课堂讲授:讲授相关理论的主要观点或内容、政策启示与建议等。
3. 课堂练习与讨论:学生及时完成布置的练习并进行讨论。
4. 翻转课堂:学生提前思考和学习,课堂上进行展示和评分。

【课程思政教学实例】

案例材料:分析学校的责任风险

(1)案例简介

2022年,福建省教育厅对2022—2025年校方责任险进行了招标。教育厅坚持学生"生命至上、安全第一"原则,以实现应保尽保、应赔尽赔,最大限度争取学生权益最大化,确保优质保险市场主体提供高质量的教育服务保障为目标。多家保险公司积极响应,最终,人保等两家保险公司中标成为福建省校方责任险承保单位。与往年相比,本次校方责任险保险金额大大提升,保险责任有所扩大,保险公司提供的服务也更加完善,全面维护了广大学生的利益。思考:①搜索资料,比较本次校方责任险与以往校方责任险的不同之处。②搜索资料,了解校方无过失责任险的设置理念。③打开学校发放的学生手册,认真阅读《学生意外事故处理办法》,思考学生在校期间发生的意外,哪些是学校要承担责任的,哪些是自己承担的?学校可能面临哪些方面的责任风险?

资料来源:课程负责人根据福建省教育厅招投标文件编写。

(2)案例的思政元素

①法治意识。思考校方和自身责任的划分,不能凭感觉,而应该以《学生意外事故处理办法》等法规为依据。

②政治认同。通过案例体会到政府为学生争取最大利益,体现了党和国家以人民为中心的施政理念和中国特色社会主义制度的优越性,加强同学们的政治认可。

③广阔视野。了解责任险的发展历程和趋势,培养学生广阔的视野和全局观念,才能更好地对事物的

发展做出科学分析。

(3) 教学手段

①翻转课堂：课前学生通过在线网络课程平台上的资源等进行思考和分析；课堂上展示和讨论，实现课堂高阶性和挑战度。

②知识点＋时事＋思政：将法治意识、政治认同以及广阔视野等思政元素与专业知识相结合，增强学生对党和国家的政治认同，增强其法治意识和广阔视野。

第四章 对付风险的方法

专业教学目标

不同的风险有不同的特性，因此不同的风险要采取不同的风险管理措施。了解不同风险管理措施的特性才能设计科学的风险管理方案。本章主要学习风险管理方法的两大类别，了解不同风险管理方法的适用范围，掌握其具体内容。

【知识目标】

1. 掌握避免风险、非保险方式的转移风险和自留风险等对付风险的方法各自的特点及适用情形。
2. 了解自留风险的筹资措施的资金准备形式及各自的适用范围。

【能力目标】

1. 培养学生将所学理论灵活应用于现实和具体案例。
2. 培养学生在复杂环境中分析问题和解决问题的能力。

课程思政教学目标及实践

【育人目标】

1. 家国情怀　通过分析面对风险时的选择，结合面对国难淡泊生死的案例，激发爱国热情。
2. 时代担当　在分析风险回避的局限性过程中，让学生树立时代担当精神；对保险在风险管理中的职能有深入认识，从而树立正确的价值观和世界观。
3. 人文素养　关爱生命，降低风险概率，做好风险预防，以人为本，重视人的生存与发展。
4. 法治意识　遵守各项安全制度和规定，敬畏法律，充分认识到各项安全制度都是血淋淋的教训总结。
5. 科学精神　辩证地思考没有最好的风险管理方法，只有最适合的风险管理办法。
6. 广阔视野　让学生了解风险管理的趋势，与国内相比较，培养学生的广阔视野。

【教学方式与方法】

1. 自主学习：线上学习相应慕课中的基础专业知识点，线下自主阅读文献资料，撰写阅读笔记或思维导图。
2. 课堂讲授：讲授相关理论的主要观点或内容、政策启示与建议等。
3. 课堂练习与讨论：学生及时完成布置的练习并进行讨论。

【课程思政教学实例】

案例材料：从"死字旗"案例中分析风险回避的局限性

(1) 案例简介

死字旗是川军战士王建堂在出川抗战前由其父亲王者诚赠送的一面写着一个斗大而苍劲有力的"死"字的旗帜。鼓励儿子为国捐躯，奋勇杀敌，马革裹尸。充分体现了这位父亲在民族危亡之际的爱国情怀。上面写着：我不愿你在我近前尽孝，只愿你在民族分上尽忠。国难当头，日寇狰狞，国家兴亡，匹夫有分。本欲服役，奈过年龄，幸吾有子，自觉请缨。赐旗一面，时刻随身，伤时拭血，死后裹身，勇往直前勿忘本分！

1937年国难当头，四川学生王建堂投笔从戎，组建"川西北青年请缨杀敌队"；1937年秋，在王建堂出川抗战之际，年迈的父亲无法亲自到县城为儿子送行，于是托人交给他一面写有"死"字的旗帜，鼓励儿子为国捐躯，奋勇杀敌。在安县出川抗战将士欢送会上，县长成云章向民众展示了这面"死"字旗；带着父亲的嘱托，王建堂随川军踏上了抗日战场。王建堂出征后，在前线作战期间，三次负伤。每一次负伤他都是用"死"字旗擦拭、包裹伤口，然后把沾满鲜血的旗帜收好，他希望能活着带着"死"字旗回去见父亲。战争硝烟虽逐渐远去,但今天这一面旗帜依然能给予我们力量,它见证了中华儿女心中亘古不变的爱国情怀。

思考:案例中战斗而死的风险是否可以回避?试着分析风险回避这种风险管理方法的局限性。

资料来源:中国共产党新闻网,"死"字旗[EB/OL].http://fanfu.people.com.cn/n/2015/0729/c64371-27380488.html

(2)案例的思政元素

①家国情怀。通过学习案例中父子在国难当前舍小家为大家的爱国精神,激发学生的爱国热情。

②时代担当。通过案例分析风险回避的局限性,摒弃精致的利己主义,做有担当有理想的时代青年。

(3)教学手段

课堂练习与讨论:学生在课堂练习中,达到本知识点的知识目标;同时通过讨论和分享,培养学生的爱国情怀,在讨论中引导学生树立时代担当的责任感。

第五章 风险管理决策

专业教学目标

为了降低风险带来的损失,可以设计多种风险管理方案。在这些方案中选择最适合的方案,就是风险管理决策。风险管理方案决策需要考虑风险管理目标、决策问题种类和决策依据的方法。因此本章主要学习风险管理决策的相关概念,熟悉不同决策方法的内容并能加以熟练运用。

【知识目标】

1. 了解风险管理决策的含义、特点、程序和种类。
2. 熟悉不同决策问题的不同决策方法。
3. 掌握损失期望值最小法,期望效用损失最小法在风险管理决策中的运用。

【能力目标】

1. 培养学生信息收集和处理的能力。
2. 培养学生在复杂环境中分析问题和解决问题的能力。
3. 培养学生团队合作和协调能力及创新精神。

课程思政教学目标及实践

【育人目标】

1. 科学精神　运用科学原理比较成本效益,从而科学决策;把感性行为转化为可以量化的指标,培养学生逻辑归纳能力和严谨的求知态度。

2. 人文素养　让学生体会到健康豁达的心态,可以降低忧虑成本,从而影响风险管理决策;以人为本,包容每个人对同一事物的不同感受(效用)。

3. 广阔视野　效用理论在不同行业的风险管理中广泛存在,广泛了解气象、工程、金融、教育等领域风险管理中效用理论的运用。

【教学方式与方法】

1. 自主学习:线上学习相应慕课中的基础专业知识点,线下自主阅读文献资料,撰写阅读笔记或思维导图。
2. 课堂讲授:讲授相关理论的主要观点或内容、政策启示与建议等。
3. 课堂练习与讨论:学生及时完成布置的练习并进行讨论。

【课程思政教学实例】

案例材料:考虑忧虑价值的风险管理决策

(1)案例简介

根据以下矩阵图给出的信息,考虑忧虑价值后,应该选择哪种方案?同时思考你认为忧虑价值会对最后的风险管理决策产生怎样的影响?

不同方案火灾损失矩阵图

单位:元

方　　案	可能结果	
	发生火灾的损失 (无安全措施时概率2.5%; 有安全措施时概率1%)	不发生火灾的费用 (无安全措施时概率97.5%; 有安全措施时概率99%)
(1)自留风险并且不采取安全措施	可保损失 100000 未投保导致间接损失 5000 合计:105000	0
(2)自留风险并采取安全措施	可保损失 100000 未投保导致间接损失 5000 安全措施成本 2000 合计:107000	安全措施成本 2000
(3)投保	保费 3000	保费 3000

(2)案例的思政元素

①科学精神。把感性行为转化为可以量化的指标,能够有助于科学风险管理决策。这要求学生具备较好的逻辑归纳能力和严谨的求知态度。

②人文素养。健康豁达的心态,可以降低忧虑成本,从而影响风险管理决策。

(3)教学手段

课堂练习与讨论:学生在课堂练习中,达到本知识点的知识目标;同时通过讨论和老师的引导,树立学生的科学精神,培养学生豁达的心态。

第六章　信用风险管理

专业教学目标

信用风险是一种常见的风险。本章将按照风险管理流程说明信用风险管理技术。第一部分是介绍信用风险管理的基本知识;第二部分是介绍信用风险的静态评估与动态评估;第三部分是介绍信用风险的检测与管理措施。

【知识目标】

1. 学生掌握信用风险的概念、识别方法以及度量指标。理解信用评级体系和信用评级转移。
2. 学生掌握信用风险管理方法,了解经济资本度量与配置。

【能力目标】

1. 培养学生将所学理论灵活应用于现实和具体案例。
2. 培养学生从思辨与探索的角度分析公司的信用水平,评价其存在的局限性和问题。

课程思政教学目标及实践

【育人目标】

1. 道德修养　通过讲解信用和信用风险,让学生认识到信用在现代社会经济中的重要作用,"人无信不立,业无信不兴,国无信则衰",树立诚信守法的道德修养。

2. 法治意识与底线思维　以诚信为本,有良好的职业操守;对企业忠诚、对工作负责、令行禁止就是最基本的要求;有良好的职业道德,强烈的敬业意识和职业荣誉观,有强烈的守法意识、政策水平和制度观念。

【教学方式与方法】

1. 自主学习:线上学习相应慕课中的基础专业知识点,线下自主阅读文献资料,撰写阅读笔记或思维导图。

2. 课堂讲授:讲授相关理论的主要观点或内容、政策启示与建议等。

3. 课堂展示与讨论:学生展示根据教学素材整理分析的相关报告等,小组讨论。

【课程思政教学实例】

案例材料:拖欠农民粮款达两年,2015年上半年亏损9.71亿港元

(1)案例简介

某科技集团有限公司因拖欠农民粮款而新闻缠身,作为亚洲最大的玉米深加工企业,该公司从2013年底至今总计拖欠农民粮款达人民币8000万元。由于生产运营资金基本断流,四大银行(工、农、中、建)停止了新增贷款,该公司被迫在2015年3月11日向长春市政府正式提交了停产报告。

资料来源:央广网,上市公司欠农民粮款2年15亿投资重组后承诺年内兑现白条[EB/OL]. http://china.cnr.cn/yaowen/20150911/t20150911_519842851.shtml.

(2)案例的思政元素

①法治意识。某公司未能按时履约,拖欠农民粮款。

②服务意识。学生能够更加深入地认识金融业如何服务"三农",增强其服务意识。

(3)教学手段

①翻转课堂——支架与高阶:慕课资源、文献资源为翻转课堂提供支架;课堂展示、师生思辨讨论实现课堂高阶性、高效性。

②知识点+实事+思政——贯穿融合:在知识点"信用风险成因和风险管理方法"中引入"防患于未然""防错纠错机制",将法治意识及服务意识等思政元素与专业知识相结合,增强学生的法治意识与底线思维,以及为集体做贡献的意识。

③学习测评——实时呼应:投票结果、讨论结果现场点评。

第七章 市场风险管理

专业教学目标

市场风险是企业经营管理过程中面临的主要风险之一,具体而言,市场风险又细分为利率风险、汇率风险、股票价格风险和大宗商品价格风险。本章将讲述市场风险的概念、识别、度量以及其监测、控制和管理方法。

【知识目标】

1. 学生对市场风险的概念、度量及其管理的基础知识有一个系统的把握。掌握市场风险的概念、特点及分类。

2. 学生理解市场风险该如何度量;掌握市场风险管理的思路和方法。

【能力目标】

1. 培养学生将所学理论灵活应用于现实和具体案例。

2. 培养学生从思辨与探索的角度分析利率风险、汇率风险、股票价格风险和大宗商品价格风险。

课程思政教学目标及实践

【育人目标】

1. **家国情怀** 自新冠肺炎疫情发生以来,国际经济经历了艰难时刻,中国政府管控大宗商品价格风险,持续推动中国经济稳定向好。通过对大宗商品价格风险的讲述,使学生理解其对国民经济、社会民生的重要作用,培养学生的家国情怀。

2. **时代担当与广阔视野** 目前,相关部门继续加强疫情防控,做好国内产业链强化与优化工作,力求在外部产业链受到冲击时仍能维持正常生产,为全球防疫与全球经济复苏做出中国贡献。体现出中国政府和人民的时代担当,并为世界经济发展提供中国方案。

【教学方式与方法】

1. 自主学习:线上学习相应慕课中的基础专业知识点,线下自主阅读文献资料,撰写阅读笔记或思维导图。

2. 课堂讲授:讲授相关理论的主要观点或内容、政策启示与建议等。

3. 课堂展示与讨论:学生展示根据教学素材整理分析的相关报告等,小组讨论。

【课程思政教学实例】
案例材料：管控大宗商品价格风险 推动中国经济稳定向好
(1)案例简介

应对大宗商品价格的波动,政府应当有所作为,对囤积居奇、哄抬物价、蓄意扰乱市场的行为当然要进行打击治理,但对于周期性,乃至外来冲击带来的大宗商品价格波动,还是应该着眼于维系产业链与供应链的安全,厘清从上游大宗商品供应到下游生产消费各环节入手,发挥市场机制的资源配置功能,优化大宗商品进口、储运与交易流程,降低物流费用,并提供相应金融支持,市场机制下淘汰一些技术落后、消耗超标、不适应市场波动的企业,从而上中下游共同努力消化大宗商品价格波动的不利影响。

资料来源：央广网,李克强在浙江考察[EB/OL]. 2021/05/26－2022/08/16. http://china.cnr.cn/news/20210526/t20210526_525495897.shtml.

(2)案例的思政元素
①家国情怀。大宗商品价格波动关乎国计民生。
②政治认同。应认识到为稳定物价,政府所做出的努力,体现为人民服务的根本宗旨和初心使命。

(3)教学手段
①翻转课堂——支架与高阶：慕课资源、文献资源为翻转课堂提供支架；课堂展示、师生思辨讨论实现课堂高阶性、高效性。
②知识点＋实事＋思政——贯穿融合：在知识点"市场风险的成因和管理"中引入风险管理方法,将家国情怀、政治认同等思政元素与专业知识相结合,增强学生的"四个意识"。

第八章 操作风险管理

专业教学目标

1995年,曾经显赫一时的巴林银行破产,使得金融业认识到,交易欺诈及类似的风险是与信用风险、市场风险都不相同的一个独立的风险类别。2004年巴塞尔银行委员会综合各方意见,对操作风险进行了界定,本章主要讲述操作风险及其管理的相关内容。

【知识目标】
1. 掌握操作风险的概念、种类和识别方法。
2. 掌握操作风险资本计量的三种方法,包括基本指标法、标准法和高级法。
3. 理解操作风险的管理；了解操作风险的监测、预警和报告。

【能力目标】
1. 培养学生将所学理论灵活应用于现实和具体案例。
2. 培养学生从思辨与探索的角度识别操作风险,并对其进行有效的管理。

课程思政教学目标及实践
【育人目标】
1. **道德修养与职业伦理** 巴林银行倒闭案,是由于交易员里森刻意隐瞒损失导致巨额亏损,本质是人员操作管控失效,更折射出金融从业人员的职业修养与职业伦理问题。通过案例分析,不仅让学生理解操作风险及其管理的重要性,更要认识到职业道德的重要性,培养学生的道德修养与职业伦理。
2. **法治意识与底线思维** 任何行为都是以法律法规、各项规章制度为准绳,切不可越雷池一步,隐瞒损失,只会带来更严重的后果,任何决策,都应有法律意识和底线思维。

【教学方式与方法】
1. 自主学习：线上学习相应慕课中的基础专业知识点,线下自主阅读文献资料,撰写阅读笔记或思维导图。
2. 课堂讲授：讲授相关理论的主要观点或内容、政策启示与建议等。
3. 课堂展示与讨论：学生展示根据教学素材整理分析的相关报告等,小组讨论。

【课程思政教学实例】
案例材料：由巴林银行倒闭谈商业银行操作风险管理

(1)案例简介

1995年2月26日,巴林银行宣布其因进行不当期货交易导致巨额亏损,被迫宣布破产。从该事件中我们应认识到:

现代金融企业必须重视加强与改进内部管理,特别是在市场风险日益增大、金融创新不断深入的情况下,各金融企业从事相关业务必须严格区分监督和操作两大功能,坚持管理与经营权分离的原则。建立科学合理的分工体系,特别是对于一些风险较大、手续繁杂的企业,应分为多个环节,分属不同的岗位和人员进行管理。在科学分工的基础上,进一步建立健全企业的监管体系。只有这样公司才能及时发现潜在风险,并采取相关措施,以避免产生不必要的损失。

资料来源:腾讯网,24年前,28岁交易员搞垮了一家233岁的银行[EB/OL]2021/03/03—2022/08/16。https://new.qq.com/rain/a/20210303A0B6NZ00。

(2)案例的思政元素

①道德修养与职业伦理。巨额亏损被人为隐瞒,是内部风险控制机制不健全所致,更是交易员缺乏道德修养与职业伦理,最终导致"百年老店"破产。

②法治意识与底线思维。任何行为都是以法律法规、各项规章制度为准绳,切不可越雷池一步,隐瞒损失,只会带来更严重的后果,任何决策,都应有法律意识和底线思维。

(3)教学手段

①翻转课堂——支架与高阶:慕课资源、文献资源为翻转课堂提供支架;课堂展示、师生思辨讨论实现课堂高阶性、高效性。

②知识点+实事+思政——贯穿融合:在"操作风险成因""操作风险识别""操作风险管理"等知识点中引入风险管理方法,将道德修养与职业伦理、法治意识与底线思维等思政元素与专业知识相结合,增强学生的道德教育和底线思维教育。

第九章 流动性风险管理

专业教学目标

流动性风险贯穿于经济金融活动的各个方面,在整个金融体系中处于核心位置。流动性风险存在于微观层面(金融机构和非金融机构)、中观层面(金融行业)和宏观层面,并在各层面间相互传染,并在循环中陷入流动性漩涡,最终导致严重的金融危机,因此,需要对流动性风险引起足够的重视。

【知识目标】

1. 掌握流动性风险的定义、来源、与其他风险的关联。
2. 掌握流动性风险的识别方法、度量方法。
3. 掌握流动性风险的管理方法、监管策略。

【能力目标】

1. 培养学生将所学理论灵活应用于现实和具体案例,会情景分析,能撰写研究报告。
2. 培养学生从思辨与探索的角度流动性风险,进行案例分析,撰写分析报告。

课程思政教学目标及实践

【育人目标】

1. 政治认同 无论金融机构、非金融机构,还是政府,都在流动性与安全性之间权衡取舍,央行可以利用降准这一杠杆,倍数释放流动性,从而提振经济,而杠杆的小改变,可以创造大不同。国有国的抉择,家有家的抉择,每个独立的个体都有其独立的抉择。无数的抉择交织在一起,便有了今天腾飞的中国。

2. 时代担当与广阔视野 目前,各国纷纷掀起"加息"浪潮,而我国却宣布降准,主要原因在于中国经济周期的独立性和韧性,我国有能力指定和执行符合经济发展现状的货币政策。这是监管部门的时代担当,也是基于国际视野,对国内经济形势的准确把握所作的科学决策。

【教学方式与方法】

1. 自主学习:线上学习相应慕课中的基础专业知识点,线下自主阅读文献资料,撰写阅读笔记或思维导图。

2. 课堂讲授：讲授相关理论的主要观点或内容、政策启示与建议等。

3. 课堂展示与讨论：学生展示根据教学素材整理分析的相关报告等，小组讨论。

【课程思政教学实例】

案例材料：宏观分析——央行降准5300亿，给市场带来什么？

(1)案例简介

2022年4月15日，中国人民银行决定将于4月25日下调金融机构存款准备金率0.25个百分点（不含已执行5%存款准备金率的金融机构），并对没有跨省经营的城商行和存款准备金率高于5%的农商行，再额外多降0.25个百分点。此次降准将释放长期资金约5300亿元，下调后金融机构加权平均存款准备金率为8.1%。

当下，我国仍面临较大的经济下行压力，实现经济"稳增长"，提振总需求，增加居民收入是我国经济工作的重中之重。紧缩的货币政策不适应我国经济发展现状，适度宽松的货币政策，有克制地降准，不搞大水漫灌，依靠规模信贷有选择、有重点地支持实体经济更有利于我国经济的发展。

资料来源：腾讯网，央行降准5300亿，给市场带来什么？[EB/OL]2022/04/22－2022/08/16. https://new.qq.com/rain/a/20220422A08OTY00.

(2)案例的思政元素

①政治认同。中国有能力制定和执行符合中国经济发展现状的货币政策，促进经济持续向好。

②文化素养。流动性和安全性相互矛盾，需要权衡取舍，人生无处不取舍，有取有舍，才是智慧人生。

(3)教学手段

①翻转课堂——支架与高阶：慕课资源、文献资源为翻转课堂提供支架；课堂展示、师生思辨讨论实现课堂高阶性、高效性。

②知识点＋实事＋思政——贯穿融合：在知识点"央行宣布降准"的新闻中，引入流动性及流动性风险的概念，结合安全性和流动性的取舍问题，培养学生的政治认同和有舍有得的人生哲学。

第十章 系统性风险与金融监管

专业教学目标

每一次的金融危机几乎都是系统性风险的爆发。2008年国际金融危机以来，系统性风险监管已经称为国内外学术界和全球金融监管改革的热门话题。何谓系统性风险？系统性风险的动态演进机制如何？系统性风险的成因表现在哪几方面？如何对系统性风险进行有效监管？是本章的重点问题。

【知识目标】

1. 掌握系统性风险的含义、特征、外部因素。理解系统性风险的动态演进。
2. 掌握宏观审慎监管的含义、特征、监测工具。
3. 理解商业银行风险监管的目标、原则、监管内容和指标体系；理解保险公司偿付能力监管；理解证券公司净资本监管。

【能力目标】

1. 培养学生将所学理论灵活应用于现实和具体案例。
2. 培养学生从思辨与探索的角度分析商业银行、保险公司、证券公司的监管，会综合研析，能创新实践。

课程思政教学目标及实践

【育人目标】

1. **政治认同** 防止发生系统性金融风险是金融工作的根本性任务，也是金融工作的永恒主题。要把主动防范化解系统性金融风险放在更加重要的位置。应对系统性风险，主题是防范，关键是主动。改革开放是主动防范化解系统性金融风险的历史经验和未来抉择。

2. **科学精神** 宏观审慎监管与系统性风险评估体系是一套科学的风险评估与分析方法，基于MES法、SRISK法、ΔCoVaR法可对系统重要性银行进行识别，其计算过程亦是基于分位数回归、Copula函数、DCC-GARCH模型等科学的数理方法。对系统性风险的识别、度量体现出严谨的科学性。

【教学方式与方法】
1. 自主学习：线上学习相应慕课中的基础专业知识点，线下自主阅读文献资料，撰写阅读笔记或思维导图。
2. 课堂讲授：讲授相关理论的主要观点或内容、政策启示与建议等。
3. 课堂展示与讨论：学生展示根据教学素材整理分析的相关报告等，小组讨论。

【课程思政教学实例】
案例材料：决胜全面建成小康社会 夺取新时代中国特色社会主义伟大胜利——在中国共产党第十九次全国代表大会上的报告

(1) 案例简介

加快完善社会主义市场经济体制。深化金融体制改革，增强金融服务实体经济能力，提高直接融资比重，促进多层次资本市场健康发展。健全货币政策和宏观审慎政策双支柱调控框架，深化利率和汇率市场化改革。健全金融监管体系，守住不发生系统性金融风险的底线。

资料来源：中国政府网，决胜全面建成小康社会 夺取新时代中国特色社会主义伟大胜利——在中国共产党第十九次全国代表大会上的报告[EB/OL]. http://www.gov.cn/zhuanti/2017-10/27/content_5234876.htm.

(2) 案例的思政元素

①政治认同。着力防范系统性金融风险，是金融发展一般规律与我国金融改革实践探索相结合的科学部署，是指导金融改革发展稳定行动指南，是做好新时代金融工作的根本遵循。

②科学精神。系统性风险的识别、评估与宏观审慎监管是一个科学问题，需要以严谨的科学精神进行分析，才能牢牢守住不发生系统性风险的底线。

(3) 教学手段

①翻转课堂——支架与高阶：慕课资源、文献资源为翻转课堂提供支架；课堂展示、师生思辨讨论实现课堂高阶性、高效性。

②知识点+实事+思政——贯穿融合：在"系统性风险演进机制""宏观审慎监管"等知识点的讲解中，将政治认同等思政元素与专业知识相结合，增强学生"四个意识"，坚定学生"四个自信"。

四、课程思政的教学评价

(一) 对教师的评价

1. 教学准备的评价

将《风险管理》课程思政建设落实到教学准备各方面，提炼思政元素，进行课程思政目标设计、编写教学大纲、教材选用、教案课件制作等。

2. 教学过程的评价

将《风险管理》课程思政建设落实到教学过程各环节，包括教学理念及策略、教学方法运用、作业及批改、平时成绩考核等。将思政元素自然地融入教学内容中，对学生的思政教育以"润物细无声"的方式展开。

3. 教学结果的评价

建立健全《风险管理》课程思政多维度评价体系，包括同行评议、随机听课、学生评教、教学督导、教学研究及教学获奖等。

4. 评价结果的运用

对于同行评议、学生评教、教学督导等提出的改进建议，以及对学生考核的成绩分析进行运用，对教学进行反思与改进。

(二) 对学生的评价

1. 学习过程的评价

检验学生是否认真完成课前预习、课后复习、小组讨论等任务，积极参与资料收集、课堂讨论和实地调研等教学过程，科学评价学生在学习过程中的积极性、互动性和参与度。

2. 学习效果的评价

通过课后作业、课堂讨论、随堂测试、资源库平台资料分析报告、分析报告撰写、期末考试等多种形式，检验学生对课程思政元素的领会及其对思政元素的掌握程度。

3. 评价结果的运用

通过师生座谈和系部教研活动等多种形式，对学生的学习效果进行科学分析，总结经验，改进不足，提升课程思政的学习效果。

五、课程思政的教学素材

序号	内　　容	形式
1	中央企业全面风险管理指引	政策文件
2	学生意外事故处理办法	政策文件
3	中华人民共和国突发事件应对法	政策文件
4	消防法	政策文件
5	生产安全事故报告和调查处理条例	政策文件
6	破坏性地震应急条例	政策文件
7	中华人民共和国防震减灾法	政策文件
8	拖欠农民粮款达两年，2015年上半年亏损9.71亿港元	案例分析
9	管控大宗商品价格风险 推动中国经济稳定向好	阅读材料
10	由巴林银行倒闭谈商业银行操作风险管理	案例分析
11	宏观分析——央行降准5300亿，给市场带来什么？	研究报告
12	决胜全面建成小康社会 夺取新时代中国特色社会主义伟大胜利——在中国共产党第十九次全国代表大会上的报告	政策文件

《财产保险》课程思政教学指南

卢燕[1]　曾怡[2]

([1] 西安财经大学　[2] 福建江夏学院)

一、课程简介与课程目标

(一)课程简介

《财产保险》课程是金融类专业的核心课程之一。本课程结合财产保险理论研究与实践发展的最新成果,完整、系统地讲授财产保险的基本理论,包括财产保险的概念及原理、财产保险原则、财产保险合同、财产保险市场及其运行等内容;详尽介绍团体火灾保险、家庭财产保险、机动车辆保险、货物运输保险、船舶保险、航空保险、工程保险、责任保险、信用保证保险等险种的经营实务。通过本课程的学习,使学生为未来从事财产保险及相关工作打下扎实的理论和实务基础。本课程综合运用讲授、小组讨论、问题导向的案例教学、实践教学、在线教学等多种教学方法,对财产保险主要内容进行深入的探究,使学生具备扎实雄厚的财产保险理论和实务知识,以及强烈的历史使命感和崇高的道德情操。

(二)课程目标

本课程为专业必修课程。通过本课程的学习,使学生可以达到以下目标:

1. 知识目标:掌握财产保险的基本原则、财产保险合同、财产保险市场的发展变化、财产保险运行等基础理论知识,熟悉团体火灾保险、家庭财产保险、机动车辆保险、船舶保险、航空保险、货物运输保险、工程保险、责任保险、信用保证保险的承保实务,能将理论基础和实务知识有机结合起来,对险种涉及的多种风险,例如自然灾害风险、汽车、船舶、飞机等运输工具风险、建筑安装工程和物流风险、法律及信用风险等有所了解,培养具有跨学科知识、综合型、高素质的财产保险专业人才。

2. 能力目标:课堂是高等教育的主阵地,但课堂受到时间、空间限制,要在有效的时间内达成最大的教学效果,就必须高度重视学生综合能力的培养。通过多种教学方法的采用,学生的财产保险专业综合能力将会得到有效提升,能养成终身学习的良好习惯,具有极强的动手能力和团队协作能力,以及积极探索和锐意进取的创新能力。

3. 育人目标:真正的人才应当德才兼备,以德为先。财产保险行业的飞速发展需要高等教育加快相关专业人才的培养进程。因此,为党育人,要求学生投身于实现中华民族伟大复兴的奋斗中去;为国育才,坚持中国特色社会主义道路不动摇,强化身份认同,将个人理想融入到财产保险行业发展、国家前途和民族命运中去,肩负起强国富民、建设美好生活的历史使命,成为一个有情怀、有担当的财产保险行业四有新人。

(三)课程教材和资料

➢ 推荐教材

许飞琼,郑功成. 财产保险[M]. 6版. 北京:中国金融出版社,2020.

➢ 参考教材或推荐书籍

1. 陈冬梅. 财产与责任保险[M]. 上海:复旦大学出版社,2019.
2. 中国保险行业协会. 财产保险承保实务[M]. 北京:中国财政经济出版社,2020.

➢ 学术刊物与学习资源

1.《金融研究》《保险研究》《中国银行保险报》等。
2. 数字资源:国研网、万方期刊网、中国知网、超星数字图书馆等。

➢ 推荐网站

1. 中国银行保险监督管理委员会网站。
2. 中国保险学会网站。
3. 中国保险行业协会网站。
4. 中国人保财险、中国平安产险、中国太平洋产险等财产险公司网站。

二、课程思政教学总体设计

(一)课程思政教学目标

高等教育的任务是培养具有社会责任感、创新精神和实践能力的高级专门人才,他们肩负发展科学技术文化、进行社会主义现代化建设的重任。因此,课程思政应当以习近平新时代中国特色社会主义思想为指导,坚持在专业知识传授同时,帮助大学生树立正确的世界观、人生观和价值观,打造具有厚实的专业知识、坚定的理想信念和政治信仰、勇于承担历史责任的社会主义建设者。

《财产保险》课程以财产保险理论与实务知识为核心内容,学生既能掌握财产保险原则、财产保险合同、财产保险运行等财产保险理论知识,又能熟悉团体火灾保险、机动车辆保险、责任保险等险种的实务知识,在学习专业知识过程中注入思政内容,坚持为党育人、为国育才的基本定位,培养德、识、能兼备的行业复合型人才。

中国改革开放以来取得了巨大的成就,这也恰好是中国保险业飞速发展的时期。本课程紧密结合中国经济及财产保险行业发展进程,同步反映最新发展情况,增强学生国家自信和行业自信。例如财产保险运行一章中,通过展业、承保、再保险、防灾防损、理赔诸环节的学习,使学生深刻体会到财产保险行业从小到大、从无足轻重到为国民经济保驾护航、从默默无闻到积极承担风险保障、资金融通和社会风险管理功能,为国家富强和民生幸福做出了巨大的贡献。具体而言,本课程的思政教学目标可以涉及政治认同、家国情怀、道德修养与职业伦理、法治意识与底线思维、文化素养、科学精神、时代担当和广阔视野,共八个维度。

1. 政治认同

《财产保险》课程以财产保险理论与实务为主,课程内容涉及团体火灾保险、家庭财产保险、机动车辆保险等诸多领域,例如家庭财产保险与居民家庭财富的积累密不可分,而居民家庭财富的迅速增加始于改革开放以来的诸多利好政策,由此可以与中国的政治稳定、经济繁荣、社会和谐联系起来。通过国内国外发展对比,使学生对中国和世界的发展产生深刻印象,坚定学生在中国共产党的领导下,以社会主义核心价值观武装自己,走有中国特色社会主义道路的信心。

2. 家国情怀

中国的财产保险业始于1835年的谏当保安行,主要承保鸦片运输过程中的风险。直到1949年之前,外商财产保险公司每年通过直接保险和再保险业务从中国攫取大量的保费,并输送回母国。民族保险公司生存空间极其狭小逼仄,中国的财产保险行业几乎完全受制于外商保险公司,毫无独立性可言。学生从财产保险历史中更能深刻体会到中国近现代史上那个黑暗的时期,从而增强他们的国家民族意识,坚决捍卫国家的主权独立。此外,可以通过红色保险的讲述弘扬光荣传统,赓续红色血脉,使学生认识到中国共产党的先进性。结合具体险种及相关行业今昔对比、翻天覆地的变化,使学生对于实现中华民族的伟大复兴充满信心,并凝聚奋进力量,共同致力于这一目标的最终实现。

3. 道德修养与职业伦理

道德具有历史继承特性和自律特性,保险职业道德包括了职业品德、职业纪律、专业胜任能力及职业责任等。保险职业伦理的核心是恪尽职守、服务公众。本课程注重对学生道德修养和职业伦理教育,使学生明白个人道德修养和职业伦理的重要性,继承和发扬传统道德中的优秀部分,投身中国特色社会主义道德建设。落实到实践中,就是要求学生具备扎实的专业能力和职业素养,具有高度的职业责任感,严守职业纪律和职业操守,坚决抵制各种诱惑,积极服务社会大众,为行业健康持续发展做出自己的贡献。

4. 法治意识与底线思维

本课程各章节涉及《中华人民共和国民法典》《中华人民共和国保险法》《中华人民共和国消防法》《中

华人民共和国道路交通安全法》《中华人民共和国海商法》等数量繁多的法律法规。通过组织学生课堂课后大量的案例分析练习,深入探讨案例所涉及的法律法规条文,使学生熟知相关的法律法规,在日常生活、学习和工作中,牢固树立法治意识,坚持法律底线,严格遵守各项规章制度。

5. 文化素养

文化的内涵十分丰富,文化素养强调使用优势文化中的习语、隐喻和非正式内容流利交谈的能力。财产保险的展业和理赔环节,对从业人员就提出了比较高的文化素养要求。展业和理赔时面对的客户群体,是一个涵盖社会各阶层的群体,要求从业人员能熟悉不同群体的文化特点。以最佳的保障方案让客户投保,以客户最满意的服务结束理赔,是本课程着力培养学生的重要能力之一。

6. 科学精神

本课程在教学中,注重弘扬科学精神。例如财产保险运行一章中,借助于遥感卫星和无人机,能迅速为种植业保险完成承保和定损。机动车辆保险中的无人驾驶技术、船舶保险中共同海损分摊、航空保险中大型飞机的承保、工程保险中的数字化港口、大跨度桥梁建设及风险管理技术等等都会激发学生热爱科学、勇于探究、坚持不懈的求知精神,鼓励学生养成科学思维方式,以顽强坚韧的科学精神积极探索相关专业问题,攻坚克难,为中国财产保险行业的创新贡献自己的聪明才智。

7. 时代担当

当代青年面临的是日趋多元化的世界,借助于互联网的飞速发展,身处海量信息包围之中,需要我们在高等教育主阵地上,结合财产保险专业课程的学习,帮助青年学生明确人生目标和理想信念,认识中华民族的伟大复兴是当代青年的历史使命,用建国后几代保险人筚路蓝缕、砥砺前行的精神鼓舞学生勇于承担建设国家的历史重任。

8. 广阔视野

从国家积贫积弱到国际政治舞台上的举足轻重,中国共产党带领中国人民走过了相当长的一段路。当前国际局势复杂多变,反华抵中声音屡屡出现。这就要求我们在课堂主阵地上,结合专业知识的传授,既不狂妄自大,看到现阶段还有很多问题需要我们逐步解决;更不妄自菲薄,对中国经济建设和社会发展成就视而不见。结合财产保险具体险种的学习,积极培养学生的全球化视野,增强国家主权意识和民族自信心,促进世界和平和全球经济健康发展。

(二)课程思政的教学内容

《财产保险》课程的思政内容主要涉及以下方面:

1. 财产保险发展中所渗透的制度和文化自信

中国早在夏朝后期就已经认识到需要储粮备荒,战国时李悝的平籴思想与现代保险按不同危险频率确定不同的保险费率有相似之处,为以后历代开展赈济工作提供了政策依据。现代意义的财产保险虽然是舶来品,并在相当长的时期内受外商保险公司所挟制,但在解放后迎来了全新的发展时期。借助于先进的社会制度和改革开放的历史创举,财产保险乃至整个保险行业迎来了飞速发展的时期,中国已经成为世界第二大保险市场。财产保险从展业到理赔,从陆地、海洋到天空,甚至航天事业的伟大进步都有财产保险人的身影,这些无疑会极大增强学生的制度自信和文化自信。

2. 财产保险企业的社会责任

财产保险企业通过组织经济补偿,使受灾财产得到及时赔偿,保障生产和经营持续进行,利于整个国民经济按计划协调发展。财产保险企业通过对口帮扶,以及开办相关的扶贫险种,在脱贫攻坚计划顺利完成过程中发挥了积极的作用。财产保险企业在社会防灾防损、绿色经济发展、农业农村生产生活、安置残疾人就业等方面均勇于承担社会责任,做出了突出的贡献,树立了正面的行业形象。

3. 财产保险职业道德的培养

财产保险行业在快速发展过程中,不可避免的会出现一些法律道德问题。以财产保险欺诈为例,极少部分财产保险从业人员在日常工作中抵挡不住金钱诱惑,内外勾结,犯下严重罪行,造成无法挽回的损失。少数误导、欺骗客户行为时有发生,严重损害了保险行业的声誉。因此,现阶段强调职业道德具有积极的现实意义。本课程着力引导学生熟悉并遵守职业道德,成为自尊自律、明辨是非、具有法治意识和规则意识的专业人才。

(三)教学方法

本课程综合采用讲授法、小组讨论、问题导向的案例教学、实践教学、在线学习等多种教学方法,使学生掌握财产保险的理论和实务知识,养成在实践中发现、分析并解决问题的能力,以及具备相应的创新能力和就业竞争力,成为政治上可靠、具有超强学习能力和可塑性极强的行业专门人才。

三、课程各章节的课程思政教学内容设计

第一章 导论

专业教学目标

财产保险是保险的重要构成部分,是以各种财产物资和有关利益作为保险标的的保险。本章在阐述财产概念与种类的基础上,说明财产保险的业务结构,介绍财产保险的产生与发展,让学生初步建立对财产保险体系的整体认识,为财产保险险种介绍奠定基础。

【知识目标】
1. 学生掌握财产保险概念和分类,熟悉财产保险的特征。
2. 学生了解财产保险的职能和作用、历史沿革和现状。

【能力目标】
1. 培养学生将所学理论灵活运用于具体案例分析。
2. 培养学生从个人、家庭、国家的不同层次看待财产保险的产生与发展,评价其在社会进步中所起到的作用。

课程思政教学目标及实践

【育人目标】
1. 文化素养 通过对财产保险概念的讲解,让学生认识到财产保险本质上是一种"社会化经济补偿制度",体现了"我为人人,人人为我"的共济思想。
2. 政治认同 财产保险与个人风险自留、国家救灾等都是处理财产风险的管理手段,但在运行机制与功效上有所不同。客观看待各种财产风险管理手段的功能作用,综合各种办法的特点,让其相辅相成,方可形成更全面的社会财产风险管理体系。

【教学方式与方法】
1. 自主学习:线上学习相应慕课中的基础专业知识点,并结合线上提供的阅读文献资料,撰写阅读笔记或思维导图。
2. 课堂讲授:讲授财产保险概念、功能作用和相关理论,财产保险行业发展的政策启示与建议等。
3. 课堂展示与讨论:教师提供案例,学生根据教学素材进行小组讨论,并推举代表阐述观点。

【课程思政教学实例】

案例材料:某保险公司在"草莓之乡"推出"大棚草莓保险"产品

(1)案例简介

A保险公司针对某"草莓之乡"的农业特色推出大棚草莓保险。保险期间,因暴风、暴雨、洪水、冻害、高温热害、内涝、雪灾、旱灾等自然灾害造成的棚膜、棚架和棚内草莓的损失,均在保险责任范围内。

大棚草莓种植保险还进一步扩大了特色保险的服务范围。该保险公司将不断创新开发适合地区特点的特色保险产品,力争实现特色农险品种数逐年增加,以实际行动助力乡村振兴。

资料来源:根据网络公开资料搜集整理。

(2)案例的思政元素

①创新意识。该产品创新具体表现在哪些方面,其创新的依据是什么。
②服务意识。该保险产品主要为哪个群体服务,对当地农业发展将产生怎样的作用。

(3)教学手段

①课堂讨论:教师在课堂或线上推送阅读资料,在课堂现场进行师生之间的讨论,由学生自主阐述对该财产保险产品的直观感受与理解。

②课堂讲授：在学生讨论的基础上，教师结合财产保险的基本概念、构成和功能作用等知识点对案例做总结性阐述。

③知识点＋实事＋思政：在知识点"财产保险在中国的发展"中引入具体的农业保险创新产品，将创新意识、服务意识等思政元素与专业知识相结合，深化学生对财产保险"经世济民"作用的理解。

④学习测评：讨论结果现场点评。

第二章 财产保险原则

专业教学目标

财产保险原则是财产保险运行的基本准则。通过对基本原则在财产保险合同中的运用说明，让学生了解财产保险合同条款规定背后的初衷，进而更好地理解财产保险合同内容。

【知识目标】

1. 让学生掌握财产保险四个基本原则的含义，熟悉其在财产保险合同中的具体体现。
2. 让学生掌握损失补偿原则下的财产损失保险理赔计算公式。

【能力目标】

1. 培养学生将所学灵活应用于具体案例分析。
2. 培养学生对基本原则在财产保险承保、理赔等环节中的运用的辩证思考。

课程思政教学目标及实践

【育人目标】

1. 家国情怀　通过讲解基本原则，让学生意识到财产保险合同应遵循自由平等的原则，符合社会公平正义，当事人应肩负责任，履职尽责，树立规则意识与法治意识。

2. 道德修养与职业伦理　财产保险合同的成立、履行等过程中保险人应坚守职业道德，严格遵守法规，维护当事人的合法权益，树立保险企业良好形象。

【教学方式与方法】

1. 读书指导：教师在线上布置阅读文献资料，由学生撰写阅读笔记或思维导图，教师对学生提交的阅读笔记进行评价分析。

2. 课堂讲授：讲授保险基本原则理论的主要内容，以及在保险合同条款中的体现以及实务中的具体运用等。

3. 课堂展示与讨论：学生根据保险基本原则案例进行小组讨论，并推举代表阐述观点。

【课程思政教学实例】

案例材料：保险行业协会要求隔离险在合同范围内应赔尽赔

(1) 案例简介

2022年5月30日，中国保险行业协会发布《关于财险行业扎实推动稳经济各项政策落地见效的通知》，要求各财险公司要认真贯彻落实银保监会关于规范"隔离"津贴保险业务经营有关问题的通知要求，强化责任担当，不断加强和改进隔离险等新冠肺炎疫情相关保险理赔工作，提高理赔效率，在合同范围内实现应赔尽赔，鼓励保险公司简化理赔手续和理赔材料，对新冠肺炎疫情严重地区开通理赔绿色通道，做到应赔快赔。

资料来源：根据中国保险行业协会官网资料搜集整理。

(2) 案例的思政元素

①社会责任。"隔离"津贴保险业务是如何产生的，其保险责任有哪些。

②服务意识。在坚持保险基本原则的前提下如何实现应赔尽赔，该要求的出发点是什么。

③人文情怀。"隔离"津贴保险业务的推行对疫情下人民的生产生活提供怎样的保障。

(3) 教学手段

①读书指导：教师线上推送《通知》全文，引导学生自主阅读，通过提问了解学生的理解程度。

②课堂讨论：围绕《通知》中"应赔尽赔"的要求，由学生在小组讨论后推选代表阐述观点，尤其"应赔尽赔"与"近因原则""损失补偿原则"的关联。

③知识点＋实事＋思政：在知识点"损失补偿原则的内涵"中引入保险行业协会对隔离津贴保险的理赔工作的要求，将社会责任、服务意识、人文情怀等思政元素与损失补偿原则的理论知识相结合，引导学生理解财产保险的社会管理功能。

④学习测评：讨论结果现场点评。

第三章 财产保险合同

专业教学目标

财产保险合同是财产保险关系的法律凭证，可起到规范当事人行为的作用。本章通过介绍财产保险合同的订立、履行、终止等环节，让学生更深入地理解财产保险活动的流程。

【知识目标】

1. 让学生了解财产保险合同的概念、特征、形式。
2. 让学生掌握财产保险合同的构成要素。

【能力目标】

1. 培养学生将所学灵活应用于具体案例分析。
2. 让学生掌握财产保险合同流程及财产保险合同争议的解决技巧。

课程思政教学目标及实践

【育人目标】

1. 家国情怀 通过讲解保险合同当事人的权利与义务，以及合同争议解决的原则与处理方式，让学生认识到签订保险合同时应注意双方自由平等，合同内容符合法律规定及社会公序良俗；合同生效后应主动作为，履职尽责，培养学生的责任感与法律意识。

2. 法治意识与底线思维 财产保险合同的各个环节都要受到相关法律的规范与约束，在订立、履行乃至终止等环节中，合同当事人及涉及关系人都要遵循合同约定，认真履行义务，合法行使权利。通过以上内容介绍，引导学生在了解保险法和相关法律法规的基础上，树立法治精神。

【教学方式与方法】

1. 自主学习：学生线上学习相应慕课中的财产保险合同概念、特征、形式等基础专业知识点，并完成对应的章节测验与文献资料的阅读任务。
2. 课堂讲授：教师讲授财产保险合同理论的主要内容、与人身保险合同的区别等。
3. 课堂展示与讨论：学生根据教师提供的财产保险合同案例素材进行小组讨论，并推举代表发言，教师做最后的总结评价。

【课程思政教学实例】

案例材料：财产保险合同特别约定条款争议处理

(1) 案例简介

某年2月27日B企业向A保险公司投保车险，约定有效期为当年2月27日至次年2月26日。合同签订后，双方特别约定：缴费生效。企业直至当年4月30日才向保险公司缴纳全额保险费。被保险车辆于次年4月3日发生交通事故。企业多次向保险公司提出索赔，但保险公司认为保险期限为当年2月27日至次年2月26日，次年4月3日发生的交通事故赔偿超出保险合同有效期，不予理赔。

资料来源：根据网络公开资料搜集整理。

(2) 案例的思政元素

①法治意识。处理此纠纷适用的法律条款有哪些。
②公平正义。如何理解合同约定"缴费生效"的时间起点，采用当年2月27日起效的办法是否有变相缩短保险期限，减轻保险人责任，侵犯被保险人权益之嫌。

(3) 教学手段

①课堂讨论：教师提前在线上学习平台推送案例资料方便学生提前做好阅读理解，课堂现场学生先进行小组内讨论，推选代表对该案例中保险人与被保险人纠纷进行观点阐述，在思辨讨论中实现知识的"内化吸收"。

②知识点+实事+思政:在知识点"财产保险合同争议的处理"中引入具体的财产保险纠纷案例,针对特约条款双方对保险期限的不同解释,将法治意识、公平争议等思政元素与争议处理的理论知识相结合,引导学生理解争议处理原则在实务中的灵活使用。

③学习测评:讨论结果现场点评。

第四章 财产保险市场

专业教学目标

本章从财产保险市场概念出发,使学生通过系统学习,了解财产保险市场的结构与分类,财产保险市场供给方、需求方、中介方及险种的发展情况,掌握财产保险险种开发的程序和技术,熟悉财产保险市场营销的相关知识。

【知识目标】

1. 了解财产保险市场的结构与分类。
2. 握财产保险险种开发的程序。
3. 熟悉财产保险市场营销特征、策略与竞争内容。

【能力目标】

1. 培养学生对不同标准分类的各财产保险市场的分析能力。
2. 培养学生险种和营销策略创新的能力。

课程思政教学目标及实践

【育人目标】

1. 科学精神 通过学习财产保险市场和财产保险险种开发知识,使学生认识到险种开发离不开科学计算,保险人可以承保的是能够数量化和价值化的风险,保险费率的厘定是非常严谨的事情。

2. 人文素养 通过财产保险营销的学习,了解财产保险营销过程中需要以人为本,一切从客户的需求出发,通过自身的人文积淀和情绪管理,为客户提供细致周到的服务,促成营销目标的达成。

【教学方式与方法】

1. 自主学习:线上学习财产保险市场基础专业知识点,线下自主阅读文献资料,撰写阅读笔记,列出问题。
2. 课堂讲授:结合问题导入案例,讲授财产保险市场的主要观点和内容。
3. 课堂展示与讨论:学生展示根据教学素材整理分析的相关报告等,进行小组讨论。

【课程思政教学实例】

案例材料:马太效应背景下中小财产险公司的发展

(1)案例简介

财产险市场上,大型财产险公司凭借规模优势可以有效控制承保成本,从而实现更多的承保利润。2021年,市场份额占据前三位的头部财产险公司共实现净利润460.69亿元,占行业总利润的87.29%。利润分化是承保业务分化的必然结果,头部公司在车险领域占据着绝对优势,部分中小公司开始积极寻找新的增长点。例如成立不到三年的甲公司,专注在企财险领域精耕细作,已经初步实现盈利。乙公司从车险市场退出后在境外旅游和其他跨境业务方面发挥特长,保险收入增幅较小,但盈利水平却在持续增加。

资料来源:根据中国银保监会相关信息整理。

(2)案例的思政元素

①勇于探究。中小财产险公司不畏困难、大胆尝试,积极寻求发展空间。
②实践创新。观察甲公司和乙公司在复杂市场竞争中胜出的原因。

(3)教学手段

①任务驱动:财产险市场竞争主体实力不一,把任务发布给学生,由学生思考不同规模财产险公司的竞争策略。
②讲授:在知识点"财产保险市场结构"中引入竞争战略分析,将勇于探究、实践创新等思政元素与专业知识相结合,增强学生不畏困难、积极创新的意识。

③学习测评：学生把竞争策略上传课程平台，进行互评。

第五章 财产保险运行

专业教学目标

财产保险运行包括展业、承保、防灾防损、再保险、理赔等环节，展业是前提和基础，承保是关键，再保险是运行的保证，理赔体现了财产保险的宗旨和目的，防灾防损直接、间接作用于各环节之中。

【知识目标】

1. 熟悉展业与承保的具体内容。
2. 掌握防灾防损和理赔的实践内容。

【能力目标】

1. 培养学生熟知财产保险企业运行的具体内容。
2. 培养学生对各环节可能出现的问题进行分析和解决的能力。

课程思政教学目标及实践

【育人目标】

1. 道德修养与职业伦理 通过财产保险展业、承保、理赔环节的学习，使学生充分认识到诚信原则不只是对投保方的要求，也是对保险方的要求。在财产保险运行各环节都应恪守职业精神，遵守职业规范，加强道德修养建设。

2. 法治意识 财产保险各环节的顺畅运行需要严格的契约精神作为保证。各项活动的开展都应遵守各项相关的法律法规，坚决打击一切侵害保险双方当事人的行为。

【教学方式与方法】

1. 自主学习：线上学习相财产保险运行的专业知识点，线下阅读相关专题文献资料，绘制章节思维导图，了解财产保险运行环节的最新进展。
2. 课堂讲授：讲授财产保险运行的主要观点或内容、政策启示与建议等。
3. 翻转课堂：学生展示根据自选专题做出的相关报告，进行小组讨论。

【课程思政教学实例】

案例材料：某保险公司在理赔环节引入 AI 技术

(1) 案例简介

C 保险公司利用语音情绪识别技术在车险反欺诈领域打造了一款人工智能产品。通过在车险报案环节嵌入语音情绪识别，将客户报案的情绪特征与车险欺诈场景进行匹配建模，测算欺诈指数，并将疑点类型、现场查勘建议等第一时间推送给理赔前端的查勘员，从而有效地实现风控前置。

资料来源：根据网络公开资料搜集整理。

(2) 案例的思政元素

①法治意识。财产保险欺诈的重灾区之一就是车险欺诈，保险欺诈罪已被列入《中华人民共和国刑法》。
②科学精神。观察 AI、大数据、区块链等技术的发展，学习运用科学方式解决理赔问题。
③职业道德。探究理赔环节职业道德困境及对策。

(3) 教学手段

①演示法：AI 技术发展现状、未来以及应如何与财产保险运行诸环节进行融合。
②小组讨论分享：在新技术应用方面与国际同行比较形成国际化视野，培养理性思维、批判质疑和勇于探究的科学精神。
③学习测评：学生就财产保险运行主要观点展开讨论、教师现场点评总结。

第六章 团体火灾保险

专业教学目标

团体火灾保险又称企业财产保险，本章在介绍财产保险基本险、财产保险综合险、机器损坏保险、利润损失保险等险种的基础上，对团体火灾保险经营中的风险控制方法进行说明，让学生建立起对团体火灾保险的整体认识,并了解该保险的经营。

【知识目标】

1. 让学生熟悉团体火灾保险的概念与基本特征。

2. 让学生掌握财产保险基本险、财产保险综合险、财产保险一切险、机器损坏保险、利润损失保险等险种的内容。

【能力目标】

1. 培养学生将所学灵活应用于具体案例分析。

2. 让学生掌握团体火灾保险经营中的风险控制方法。

课程思政教学目标及实践

【育人目标】

1. 时代担当　团体火灾保险为企业生产经营提供风险保障。小微企业为国民经济的发展贡献了重要的力量,但其经济体量小、易受各种风险影响,向其普及团体火灾保险,可以有效增强其抗风险能力。企业财产保险通过保障小微企业的健康发展,为经济的稳步发展贡献力量。

2. 科学精神　团体火灾保险是财产保险中的传统险种,新时代下它顺应变化,积极进行产品创新,为新行业、新生产流程中出现的新风险提供解决办法。在产品创新过程中,保险企业应客观评估风险,严谨设计,确保保险产品的科学性。

【教学方式与方法】

1. 自主学习:学生在线上学习相应慕课中的团体火灾保险基础专业知识点,并完成线上文献资料的阅读任务,撰写阅读笔记或思维导图。

2. 课堂讲授:教师讲授团体火灾保险相关理论的主要内容,并结合数据资料介绍团体火灾保险的发展现状。

3. 课堂展示与讨论:学生根据教师提供的团体火灾保险实务发展案例进行小组讨论,并推选代表阐述观点。

【课程思政教学实例】

案例材料:助力绿色电力能源,承保新能源电力调峰损失保险

(1)案例简介

财险企业 A 承保新能源电力调峰损失保险,为某 75MW 旱冲光伏发电站提供累计 40 万元的调峰损失保险保障。该损失保险用于保障新能源发电企业因电网调峰导致上网电量核减而引发的直接损失。其推出减少了当新能源电力在某个地域、某个时点不能做到 100% 消纳时,因一定比例"弃风率、弃光率"的可能导致新能源发电企业上网电量的损失。

<small>资料来源:根据网络公开资料搜集整理。</small>

(2)案例的思政元素

①社会责任。绿色保险在实现绿色生活方式和可持续发展理念方面发挥了怎样的作用。

②勇于探究。作为一种创新型财产保险产品,在新能源电力错峰损失保险推出前保险企业应做好哪些准备。

(3)教学手段

①课堂讨论:教师在线上学习平台推送案例资料,学生在线下课堂现场进行讨论,将该保险产品的创新点与团体火灾保险的理论知识结合,重点理解该保险的保险责任。

②知识点+实事+思政:在知识点"团体火灾保险的险种"中引入具体的产品创新案例,结合绿色经济发展,将社会责任、勇于探究等思政元素与团体火灾保险险种的理论知识相结合,引导学生理解传统团体火灾保险顺应时代发展需求所做出的探索与创新。

③学习测评:讨论结果现场点评。

第七章　家庭财产保险

专业教学目标

家庭财产保险为普通家庭的生活提供保障。本章在介绍家庭财产保险基本特征及主要险种内容的基础上,对主要险种的经营也进行了说明,让学生在认识家庭风险的基础上,掌握家庭风险管理办法。

【知识目标】

1. 让学生了解家庭面临的风险种类,并识别其中可通过保险转嫁的风险。
2. 让学生掌握家庭财产保险业务的特征与主要险种内容。

【能力目标】

1. 培养学生将所学灵活应用于具体案例分析。
2. 让学生掌握家庭财产保险中的风险控制方法。

课程思政教学目标及实践

【育人目标】

1. 家国情怀 单个家庭对抗风险的能力有限,若没有家庭财产保险的支持,有的家庭可能因灾害而陷入贫困,这与"共同富裕"的奋斗目标相悖。发挥家庭财产保险对受灾居民的经济补偿职能,使其能及时恢复正常生活秩序,扎实走上共同富裕之路。

2. 文化素养 生计、财产构成了中国家文化存续的重要基础。家庭财产保险通过为家庭财产提供安全保障,免除百姓对生活、生产风险的担忧,安定城乡居民生活,为家文化的传承绵延贡献力量。

【教学方式与方法】

1. 自主学习:学生线上学习相应慕课中的家庭财产保险基础专业知识点,并完成对应的章节测验。
2. 课堂讲授:教师讲授家庭财产保险理论的主要内容,并介绍家庭财产保险的主要产品与发展现状。
3. 课堂讨论:结合具体的家庭财产保险案例,学生进行分组讨论,推选代表发言,教师做总结点评。

【课程思政教学实例】

案例材料:某新型城市家财险为城市家庭保驾护航

(1)案例简介

在S省银保监局具体指导和保险行业协会统筹协调下,由多家保险机构共同参与的某新型城市家财险正式亮相,为当地家庭提供财产及人身安全保障。该保险产品面向家庭常见风险,提供的保险责任包括住房及室内财产损失、水暖管爆裂、高坠伤害、雇佣人员伤害、银行卡盗刷、临时住宿补偿、公共交通意外等,还提供开锁、疏通等高频普适居家服务,是一款贴心化、惠民性的产品。

资料来源:根据网络公开资料搜集整理。

(2)案例的思政元素

①人文情怀。如何看待该家庭财产保险的保险责任设定。

②社会责任。这款家庭财产保险产品为何采用银保监局具体指导、行业协会统筹协调且多家保险机构共同参与的模式进行推广,该推广方法有什么特别的意义。

(3)教学手段

①课堂讨论:教师利用线上学习平台进行案例的详细介绍,引导学生从该家庭财产保险的保险责任、推广方式等方面进行讨论分析。

②知识点+实事+思政:在知识点"家庭财产保险险种"中引入具体的产品创新案例,结合普惠金融发展,将社会责任、人文情怀等思政元素与家庭财产保险险种的理论知识相结合,引导学生理解家庭财产保险在百姓生活中发挥的积极作用,以普惠性保险产品进行推广的社会效应。

③学习测评:讨论结果现场点评。

第八章 机动车辆保险

专业教学目标

机动车辆保险是运输保险的一种,该险种庞大的保费收入决定其占据了财产保险最重要的位置。本章介绍了机动车辆保险的基本内容与主要的业务结构,让学生在掌握机动车辆保险基本理论知识基础上,也对该保险承保、理赔等环节风险管控有所认识。

【知识目标】

1. 让学生了解机动车辆保险的基本内容与基本特征。

2. 让学生掌握车辆损失保险、商业第三者责任保险、机动车交通事故责任强制保险以及各种附加险的内容。

【能力目标】

1. 培养学生将所学灵活应用于具体案例分析。
2. 让学生掌握机动车辆保险的风险控制方法。

课程思政教学目标及实践

【育人目标】

1. 家国情怀　新能源汽车保险不仅为消费者提供更好的风险管理办法，也是传统机动车辆保险业务的拓展，同时也是保险为实现绿色生活方式和可持续发展理念的实现提供助力。

2. 道德修养与职业伦理　机动车辆保险与百姓利益密切相关，为了更好地维护消费者权益，多次车险综合改革针对机动车辆保险的产品定价、经营、竞争等方面存在的问题，逐步健全车险的市场化条款费率形成机制，规范市场秩序，提升服务水平，实现车险的高质量发展。

【教学方式与方法】

1. 自主学习：学生通过相应慕课做好机动车辆保险基础专业知识的预习，课后完成线上推送的文献资料的阅读任务，并撰写阅读笔记或思维导图。

2. 课堂讲授：教师讲授机动车辆保险理论的主要内容，并结合历次车险改革分析政策启示与建议等。

3. 课堂展示与讨论：围绕车辆损失保险和第三者责任保险的保险责任、除外责任等重点、难点，教师提供具体的车险案例，学生进行小组讨论，并发言阐述或提交分析报告。

【课程思政教学实例】

案例材料：新能源汽车商业保险市场调查

(1) 案例简介

2021年12月，《新能源汽车商业保险专属条款（试行）》正式下发。新的专属条款把新能源车型的电机、电池、电控"三电"正式纳入保障，并覆盖了车辆行驶、停放、充电及作业等场景，充分保障新能源车在各种场景的损毁风险。但该保险保费高于普通商业车险保费，让消费者望而却步，而新能源车出险率和赔付率较高等因素也使财产保险企业没有获利。

资料来源：根据保险行业协会官网公开资料整理。

(2) 案例的思政元素

①勇于探究。为什么新能源车险保费攀升的同时保险企业却没有获利。

②勤于反思。如何解决新能源车险保费攀升却业务亏损的困境。

(3) 教学手段

①课堂讨论：教师利用线上学习平台推送详细的保险合同，学生在仔细阅读后，在教师的引导下对产品的创新、经营困境等方面进行小组讨论，实现车险理论知识的"内化吸收"。

②知识点＋实事＋思政：在知识点"机动车辆保险的险种"中引入新能源汽车保险的创新案例，结合该保险产品推行中遇到的问题，将勇于探究、勤于反思等思政元素融入对学生的启发中，引导其思考车险新产品定价高企背后的原因有哪些，谁是获利者，如何改变这种供求矛盾。

③学习测评：讨论结果现场点评。

第九章　船舶保险

专业教学目标

本章主要包括船舶保险的特征、船舶保险的基本内容、船舶保险全损险、一切险和附加险险种。通过具体险种的学习，使学生充分了解船舶保险的实务知识，熟悉船舶保险风险控制的主要内容。

【知识目标】

1. 学生了解船舶保险的特征，熟悉船舶保险险种知识。
2. 学生掌握船舶保险风险控制的主要内容。

【能力目标】

1. 培养学生对船舶种类及船舶保险实务的业务能力。
2. 培养学生对船舶保险发展中所面临问题的分析、解决能力。

课程思政教学目标及实践

【育人目标】

1. 家国情怀　通过讲解船舶保险的保险标的,让学生了解中国船舶正在向着大型化、专业化和标准化加速发展,中国控制的海运船队运力规模居世界第二位,中国已经成为世界上具有重要影响力的航运大国,培养学生的国家自信和爱国情怀。

2. 广阔视野　通过船舶保险责任和除外责任的学习,以及中资财产险公司与国际水险市场合作部分的学习,使学生认识到国际水险市场共荣共生的重要性,明白中资财产险公司走出国门开展船舶等保险业务的意义,培养学生的全球化视野。

【教学方式与方法】

1. 演示法和讲授法:播放主要船舶保险标的(教师穿插讲解船舶保险基本内容和主要险种)和重大海难事故教学视频,由学生归纳总结船舶保险风险控制的要点。

2. 练习法:给出船舶保险案例,学生课堂进行案例分析练习,掌握案例分析的主要方法。

【课程思政教学实例】

案例材料:上海航运保险协会积极服务我国航运事业 参与全球航运保险治理

(1)案例简介

上海航运保险协会(以下简称协会)积极支持国家重大战略,深度服务"一带一路"和上海国际航运中心建设,在推进上海航运保险中心建设、提升我国航运保险全球影响力方面取得显著成效。在全球航运市场东移背景下,努力将上海打造为国内外航运业及保险业专家集聚交流的新地标,提升上海航运保险中心影响力和辐射力。协会牢牢把握上海浦东打造社会主义现代化建设引领区、上海自由贸易试验区及临港新片区建设契机,充分发挥上海国际航运中心和全国航运保险桥头堡的优势,为上海国际航运中心建设以及全国航运保险发展提供新动力。

资料来源:根据上海航运保险协会官网公开资料整理。

(2)案例的思政元素

①国家认同。中国作为航运大国为船舶保险市场发展提供了广阔的发展空间,中国在国际船舶保险市场的竞争力逐渐增强。

②深度学习。观察航运保险中心变化对船舶保险发展的影响。

(3)教学手段

①讲授:静态教材和动态多媒体配合使用,有效集中学生课堂注意力,实现课堂效果最大化。

②讨论:在"船舶保赔保险"中引入国际水险市场知识,将国家认同、深度学习等思政元素与专业知识相结合,增强学生的国情知识与信息意识。

③学习测评:利用在线课程平台进行船舶保险知识问答,测评学生主要内容掌握情况。

第十章　航空保险

专业教学目标

航空保险在财产保险中占据着较为重要的地位。本章主要学习航空保险的概念、特征和类型,使学生掌握机身保险及相关附加险的基本内容和具体的业务经营技术,并学习航空保险承保、理赔期间的风险控制知识,了解国际航空保险的最新发展情况。

【知识目标】

1. 学生了解航空风险的分类、航空保险的概念、特征和类型。
2. 学生掌握机身保险、航空附加险及航空责任险的业务知识。
3. 学生了解航空保险风险控制知识及国际航空保险前沿知识。

【能力目标】

1. 培养学生航空保险的业务能力。

2. 培养学生对航空保险案例多角度的分析能力。

课程思政教学目标及实践

【育人目标】

1. 家国情怀　通过航空保险险种的学习,了解到中国航空和航空保险从无到有、从弱到强的发展过程,认识到航空业及航空保险的发展离不开中国经济的高速增长和人民富裕后出行方式的巨大变化,使学生心存高远,践行社会主义核心价值观。

2. 时代担当　通过航空风险和相关航空保险知识的学习,使学生勇于承担建设航空强国、进军国际航空保险市场的历史使命。

【教学方式与方法】

1. 自主学习:线上学习航空保险的基础知识点,线下自主阅读航空保险相关文献资料,绘制章节思维导图。

2. 课堂讲授:涉及航空保险的主要观点或内容、政策启示与建议等。

3. 课堂展示与讨论:学生根据要求完成课前阅读材料,课堂展示相关报告等,进行小组讨论。

【课程思政教学实例】

案例材料:全球最大航空保险机队顺利续转

(1)案例简介

2021年12月,P财险公司主承保的中国民航保险联合机队项目顺利续转。这也是该公司连续46年主承保该统保项目。统保标的包含3551架飞机,机队价值1664亿美元,为全球第一大规模的保险联合机队,由47家境内航空公司、49家公务机公司和澳门航空组成。该项目为所有成员航空公司提供包括机身责任险、免赔额保险、战争险和战争超赔保障在内的保险。

资料来源:《证券时报》,2022年3月13日。

(2)案例的思政元素

①互助精神。中国民航保险联合机队采取共同保险方式承保,能有效地分散航空风险,发挥行业互助协作精神,壮大行业承保能力。

②技术运用。航空保险标的价值大、风险高,对于承保技术要求较高,提醒学生思考承保技术的改进和优化。

(3)教学手段

①讲授:在知识点"航空保险内容"中引入共同承保案例,将互助精神以及技术运用等思政元素与专业知识相结合,培养学生的科学思维能力。

②讨论:航空保险的共同保险和再保险安排情况带来的启示。

③学习测评:根据讨论情况,进行学生互评和教师点评。

第十一章　货物运输保险

专业教学目标

本章主要包括货物运输保险的概念和基本特征,学习货物运输保险的基本内容和主要险种,熟悉货物运输保险在承保、保险及理赔期间的风险控制知识,并能运用所学知识分析相关案例,具备相关的专业素养。

【知识目标】

1. 学生了解货物运输保险具有保险标的流动性、承保风险广泛性、保险期限采用仓至仓条款等基本特征,熟悉影响货物运输保险费率的主要因素。

2. 学生掌握货物运输保险的主要险种及附加险种的保险责任和除外责任。

【能力目标】

1. 培养学生运用所学知识分析、解决实务问题的能力。

2. 培养学生开展货物运输保险业务的能力。

课程思政教学目标及实践

【育人目标】

1. 政治认同　通过铁路、水路、航空货物运输保险标的、险种和物流货物保险的学习,使学生认识到得益于货物运输效率和承保效率大幅度提升,市场上的商品种类更加丰富多样,人民生活幸福感进一步增强,政治认同度达到新的高度。

2. 法治意识　货物运输保险与《中华人民共和国海商法》等法律法规关系密切,货物损失如果是由承运人原因导致的,在相关法律框架内即可行使代位追偿权,这就需要学生熟悉相关法律法规知识,培养学生法治意识。

【教学方式与方法】

1. 自主学习:线上学习货物运输保险的专业知识点,线下自主阅读有关货物运输保险的文献资料,绘制本章节思维导图。

2. 课堂讲授:讲授货物运输保险的主要观点或内容、政策启示与建议等。

3. 课堂展示与讨论:学生根据货物特点给出投保方案,并进行货物运输保险风险控制的讨论。

【课程思政教学实例】

案例材料:程序前置、高效理赔

(1)案例简介

X船满载货物在某海域与Y船发生碰撞后沉没,船上货物全部损毁。A保险公司急客户所急,将理赔服务向前端延伸,前往多地与货主、轮船公司等进行多次协商,并协助货主通过确权诉讼的程序前置完成对船方的代位追偿,同时依据货物运输保险合同约定支付了扣除代位追偿金额后的剩余赔款。

资料来源:根据中国保险行业协会官网公开资料整理。

(2)案例的思政元素

①法治意识。理赔人员利用法律知识采取程序前置方式完成理赔,避免了旷日持久的层层索赔。

②科学精神。保险公司能尊重事实,运用科学的思维方式按照客户实际需求处理结案,节约了社会资源。

(3)教学手段

①讲授:在货物运输保险理赔风险控制环节引入该案例,探索代位追偿对货物运输保险承保人的积极意义以及代位追偿可能面临的诸多困难,培养学生迎接挑战、科学思维和解决问题的能力。

②讨论:向承运人代位追偿时会面临哪些困难及如何克服这些困难。

③学习测评:根据讨论情况,进行学生自评、互评,教师结合讨论情况现场点评。

第十二章　工程保险

专业教学目标

本章主要包括工程保险的概念和基本特征,学习工程保险的基本内容和主要险种,熟悉建筑工程保险、安装工程保险、船舶工程保险、科技工程保险在承保、保险及理赔期间的风险控制。

【知识目标】

1. 学生熟悉工程保险基本特征、熟悉工程保险各险种的保险责任和除外责任。

2. 学生了解海洋石油开发、航天、核能保险及新型科技工程风险管理知识。

【能力目标】

1. 培养学生运用所学工程保险知识开展保险业务的能力。

2. 培养学生对工程项目进行风险管理的能力。

课程思政教学目标及实践

【育人目标】

1. 家国情怀　通过工程保险的学习,使学生了解中国在大型工程建设领域的巨大成就,及施工中重视人与自然的关系和坚持可持续发展理念,树立绿色发展观。

2. 科学精神　大型工程项目的建设和承保要求重视科学原理和方法,培养学生批判质疑、勇于探究的科学精神。

【教学方式与方法】
1. 自主学习：线上学习工程保险的专业知识点，线下自主阅读工程保险相关文献资料，观看工程保险相关视频资料，撰写阅读笔记，思考不同工程项目风险管理及保险安排。
2. 课堂讲授：讲授工程保险的主要观点或内容、政策启示与建议等。
3. 课堂展示与讨论：学生展示具体工程项目风险管理和保险安排情况，进行小组讨论和互评。

【课程思政教学实例】
案例材料：保险护航国之重器
（1）案例简介
港珠澳大桥是中国境内一座连接香港、广东珠海和澳门的桥隧工程，因其超大的建筑规模、空前的施工难度和顶尖的建造技术而闻名世界。施工过程中，港珠澳大桥岛隧工程 E15 管节由于基槽回淤，经历了两次沉放失败后返航，给隧道沉管建设造成了重大损失，各财产险承保公司迅速赔付 5000 万元，为港珠澳大桥顺利通车做出了重要的贡献。

资料来源：中国人保财险官网。

（2）案例的思政元素
①国际视野。港珠澳大桥建工险采取共同保险和再保险方式，实现了风险横向和纵向转移，体现了财产保险中人类面临共同风险时的互助合作关系。
②社会责任。港珠澳大桥管节沉放失败，各财产险公司迅速理赔体现了团队意识和责任担当。

（3）教学手段
①讲授：在工程保险风险控制部分引入该案例，探索工程保险承保过程中面临的主要问题，以及工程保险理赔的难点和重点。
②讨论：在知识点"科技工程保险"中引入新出现的科技保险险种，将国际视野、社会责任等思政元素与专业知识相结合，增强学生的开放心态，以及勇担社会责任的意识。
③学习测评：网上设计题目，限定学生在规定时间内提交答案并进行互评。

第十三章　责任保险

专业教学目标
本章在介绍责任保险基本内容的基础上，结合公众责任险、产品责任保险、雇主责任保险、职业责任保险等险别，对各种责任风险的控制方法进行说明，让学生建立起对责任保险的整体认识，并了解责任保险经营。

【知识目标】
1. 让学生掌握责任保险的概念与基本内容。
2. 了解责任保险的主要险别及对应险种，理解各个险别与险种之间的区别。

【能力目标】
1. 培养学生将所学灵活应用于具体案例分析。
2. 让学生掌握责任保险的风险控制方法。

课程思政教学目标及实践
【育人目标】
1. 法治意识与底线思维　法律制度的发展与完善是责任保险发展的基础条件。随着全社会法治观念和法制水平的提升，责任保险产品的不断丰富，为各主体各领域责任风险提供更多元的保障，推动了法律制度的完善和社会的发展和进步。
2. 家国情怀　随着法律法规的完善，责任风险逐渐为人们所重视，责任保险除了帮助解决责任方的后顾之忧，更推动社会成员"主动作为，履职尽责"信念的树立和责任感的培养。

【教学方式与方法】
1. 自主学习：学生利用相应慕课对该章节的基础专业知识做好预习，课后完成线上学习平台推送的文献资料，并完成章节测验与讨论题。

2. 课堂讲授：教师讲授责任保险理论的主要内容，着重讲解责任保险在承保风险、保单条款方面的特殊性，并结合具体的责任保险产品创新分析政策启示与建议等。

3. 课堂展示与讨论：教师在线上学习平台推送责任保险案例资料，学生根据资料进行小组讨论，推举代表上台发言或提交小组报告。

【课程思政教学实例】

案例材料：责任保险合同纠纷

(1) 案例简介

王某驾驶货车拉着矿渣给水泥厂送货。到达卸货地点后，王某下车查看卸货情况，被车上的矿渣掩埋，后经抢救无效死亡。王某生前为货车投保交强险与商业三者险。事故发生在保险期间，王某具备道路运输驾驶员资格且驾驶证准驾车型与所驾车型相符。王某父母要求保险公司支付责任保险赔偿金，保险公司以王某既是事故的侵权人又是受害人，本人对自己不承担法律上的赔偿责任，拒绝责任保险合同的赔偿。

资料来源：根据网络公开资料整理。

(2) 案例的思政元素

①法治意识。该案情分析需要基于哪些保险合同条款。

②理性思维。相关责任保险合同中是否对"第三者"做出说明？结合案情进行理解说明。

(3) 教学手段

①课堂讨论＋读书指导：教师在线上学习平台推送案例的详细介绍，引导学生关注责任保险"第三方"的要求，并在线上推送责任保险第三方理论相关文献供学生参考，在此基础上进行小组讨论，并推选代表阐述观点。

②知识点＋实事＋思政：在知识点"责任保险的保险责任"中引入具体的保险纠纷案例，结合法治意识、理性思维等思政元素与责任保险中"第三者"限定的理论知识相结合，引导学生理解不同险种在具体案情下对第三者的判定方法。

③学习测评：讨论结果现场点评。

第十四章　信用保证保险

专业教学目标

本章分别介绍了信用保险和保证保险的概念、特征、险种等理论知识。在此基础上，对两类保险的经营实务进行说明，让学生理解其承保风险的特殊性，以及经营面临的挑战。

【知识目标】

1. 让学生掌握信用、保证保险的概念与特征。

2. 让学生了解信用保险与保证保险的经营实务。

【能力目标】

1. 培养学生将所学灵活应用于具体案例分析。

2. 培养学生从探索的角度分析信用保证保险业务的经营，并客观评价经营的特殊性与局限性。

课程思政教学目标及实践

【育人目标】

1. 家国情怀　通过对信用保证保险基本内容的讲解介绍，让学生认识到这两类保险是管理信用风险的有效方法。发展信用保证保险不仅为信用有限的经济个体创造了更多发展机会，也是推动信用经济进步的客观需求。

2. 科学精神　信用保证保险起步晚，发展时间短，保险企业在产品设计、风险管控等方面经验尚浅。保险企业可利用大数据分析等信息处理手段了解信用风险，并通过专业人才培养与储备，积极探索信用保证保险的发展。

【教学方式与方法】

1. 自主学习：学生利用线上相应慕课完成信用保证保险基础专业知识的预习与复习，并完成线上章节测验与讨论题。

2. 课堂讲授：教师讲授信用保证保险相关理论的主要内容，结合出口信用保险、工程类保证保险等具体险种说明政策启示与建议等。

3. 课堂展示与讨论：学生根据教师提供的信用保证保险素材进行小组讨论，并整理分析报告等。

【课程思政教学实例】

案例材料：小微企业"单一窗口"保单

(1) 案例简介

在 A 保险公司"单一窗口"投保出口信用保险的小微企业 X 公司，与国外买家签订出口冷冻毛豆合同。货物出运后当地军事冲突爆发，因目的港被封，买方明确告知 X 公司其无法提货，要求退运。此时，货物尚在途中待中转，X 公司需自行承担海运费、中转港口费用、通关费等一系列损失。X 公司随即向 A 保险公司通报风险，保险公司及时批复货物退运方案，并立即启动快速赔付程序，在货物处理完毕前先进行足额赔付，有效缓解了出口企业的资金压力。

资料来源：根据网络公开资料搜集整理。

(2) 案例的思政元素

①国际理解。出口业务面临哪些风险，与一般财产风险相比有何特殊性。

②国家认同。小微企业的出口业务为什么需要专门的出口信用保险保障。

(3) 教学手段

①课堂讨论：引导学生关注案例中的出险时间、出险原因、被保险人损失、保险人作为等关键信息，结合出口信用保险的理论知识，由学生在课堂现场对实务中出口信用保险的理赔、风险管控进行分组讨论分析，并推选代表阐述观点。

②知识点＋实事＋思政：在知识点"出口信用保险的保险责任"中引入小微企业"单一窗口"保单理赔案例，结合国际理解、国家认同等思政元素与出口信用保险的保险责任、除外责任的理论知识相结合，引导学生理解出口信用保险承保风险的特殊性，以及该保险对出口企业发展的重要性。

③学习测评：讨论结果现场点评。

四、课程思政的教学评价

(一) 对教师的评价

1. 教学准备的评价

根据《财产保险》课程思政建设要求，课前应完成课程思政目标设计，把课程思政元素融入教案和课件之中，以课程思政建设为抓手，对教学大纲、教材、推荐用书和参考资料等进行积极调整。

2. 教学过程的评价

教学过程中注重教师的引导作用，在课堂讲授、在线抢答、小组讨论、课后作业等各教学环节中，结合财产保险专业知识的学习，流畅引入思政内容，使学生在专业学习中加深对思政内容的印象，在课程考核过程中增加对课程思政内容的考核分数，达成课程思政的教学要求。

3. 教学结果的评价

建立《财产保险》课程思政的立体评价体系，包括但不限于同行听课、学生网上评课、课程思政比赛、教学研究项目申请和教学成果获奖等等。

4. 评价结果的运用

对于同行、学生提出的意见建议及时反馈，对课程思政成绩评价过程中出现的问题进行分析总结，结合相关教学研究项目的研究成果，给出相应的对策和建议，以更好地达成课程思政的教学目标。

(二) 对学生的评价

1. 学习过程的评价

《财产保险》课程的教学是按照学期进行的，因此评价应贯穿整个学期。课程思政元素应尽量融入每一次专业课教学过程，发挥学生的主观能动性，以学生是否完成教师的思政任务、是否参与线上抢答以及小组讨论中的表现等来观察思政内容的完成情况。

2. 学习效果的评价

课程思政学习效果评价应力求客观准确。借助于各种课程平台,可以把《财产保险》课程思政作业、课堂讨论、小论文、在线学习、考试等多种方式综合运用,评价学生对课程思政的掌握情况。

3. 评价结果的运用

通过问卷调查、访谈、同行讨论等多种形式,对课程思政学习效果的评价结论进行探究,丰富课程思政的教学方法,积累课程思政的教学经验,调整课程思政考核方式,全面提升课程思政的教学水平。

五、课程思政的教学素材

序号	内容	形式
1	关于银行业保险业支持城市建设和治理的指导意见	政策文件
2	中国保险科技发展报告(2021)	研究报告
3	2021年保险诉讼典型案例报告	案例分析
4	中国保险企业社会责任报告	研究报告
5	消费者权益保护局关于2022年第二季度保险消费投诉情况的通报	政策文件
6	中国保险发展指数(CIDI)	阅读材料
7	关于印发银行业保险业法治建设实施方案的通知	案例分析
8	关于银行业保险业支持高水平科技自立自强的指导意见	政策文件
9	机动车交通事故责任强制保险条例	政策法规
10	农业保险条例	政策法规
11	古今保险文化杂谈	阅读材料
12	2022新市民金融服务白皮书	阅读材料
13	中国保险业发展助力共同富裕	研究报告
14	保险业服务乡村振兴蓝皮书	阅读材料
15	保险行业多元化纠纷解决机制研究报告	研究报告
16	保险碳中和系列报告之一:低碳时代的保险行动路径	研究报告
17	国家风险分析报告	研究报告
18	中小财险公司特色化为什么这么难	阅读材料
19	巨灾管理体系中保险的作用	阅读材料
20	构建"智能风控"防火墙	阅读材料
21	从红色历史中汲取前行的力量(一)—(四)	阅读材料
22	"九一八"事变后的东北保险业	阅读材料
23	诉讼财产保全保险性质之思考	案例分析
24	开车门引发事故如何赔付	案例分析
25	八年保险诈骗瞒天过海 一朝声纹鉴定无处遁形	案例分析
26	保物流通畅,保险大有可为(上)(下)	阅读材料
27	保险公司分支机构市场准入管理办法	政策文件
28	关于推动财产保险专业化、精细化、集约化发展的指导意见	政策文件
29	合理期待原则的二维功能及本土化路径	阅读材料

续表

序号	内容	形式
30	保险法对价平衡原则论	阅读材料
31	财产保险合同中付费前事故免责条款的法律探析	阅读材料
32	以支付保险费为生效条件的财产保险合同责任承担问题研究	阅读材料
33	营业中断保险赔偿纠纷的英国和德国判例及启发	阅读材料
34	我国家财险现状及产品创新方向探析	阅读材料
35	区块链视角下我国家庭财产保险发展研究	阅读材料
36	美国车险特色保障计划研究（上）（下）	阅读材料
37	保险公司车险承保利润差异的根源分析——基于供给侧与需求侧的双向研究	阅读材料
38	《民法典》与责任保险发展关系研究	阅读材料
39	董事高管责任保险与企业创新关系研究——兼议董事会规模的调节作用	阅读材料
40	人工智能侵权责任保险制度的构建	阅读材料
41	我国保证保险发展现状、困境与优化建议研究	阅读材料
42	在后疫情时代下出口信用保险如何更好地发挥作用	阅读材料

《保险营销学》课程思政教学指南

周晶[1]　黄茂海[2]　洪琛[2]
([1] 西安财经大学　[2] 福建江夏学院)

一、课程简介与课程目标

(一)课程简介

保险营销学是研究保险企业营销活动过程及其规律的新兴学科,是建立在经济学、社会学、心理学、行为学等学科的基础上,又与其有着不同的研究对象和研究内容的边缘性应用科学,是一门集合了基础知识＋创新意识、前沿理论＋创新方法、专业技能＋创新能力的复合型课程,包含的基本内容包括:保险营销与营销理念介绍、保险营销市场、保险营销管理、保险营销环境分析、保险营销机会分析、保险营销信息与调研、保险营销预测与决策、保险目标市场选择、保险产品策略、保险费率策略、新险种开发策略、保险公司分销渠道、保险人员促销、保险公关策略、保险公司客户管理与客户沟通等。通过保险营销课程的学习,学生能够全面认识现代保险营销的理念、系统掌握保险营销方法,深入理解保险理论与实践,培养创新意识、创新方法和创新能力,为成为保险行业应用型创新人才打好基础。

(二)课程目标

本课程为专业必修课程。通过本课程的学习,使学生能够达到以下目标:

1. 知识目标:系统了解市场营销学的相关理论基础,全面掌握金融、保险等专业基础知识、基本理论与基本技能,此外还应当适当具备具体保险产品涉及领域的相关知识,打破营销、保险和专业领域之间的壁垒,将知识融汇贯通,形成全面均衡的知识结构。

2. 能力目标:具有主动获取知识的能力,能够适应保险市场的变化趋势,主动接受终身教育,不断实现个人能力的优化提升;具有实践应用能力,能够在保险营销的实践活动中灵活运用所掌握的营销专业知识,推动营销工作开展;具备一定的科学研究能力,能够对保险营销涉及的相关理论实践问题进行深入研究和探讨;具备创新精神、创业意识和创新创业能力。

3. 育人目标:热爱祖国,遵纪守法,具有能够体现保险营销人员良好的道德品质和文明习惯,培养良好的保险营销职业操守和道德,具备社会责任感和人文关怀意识;具有良好的保险专业素养,熟悉国家有关保险的方针、政策和法律法规,了解国内外保险市场发展动态;具有一定的科学知识与科学素养;具有良好的身心素质。

(三)课程教材和资料

➤ 参考教材或推荐书籍

1. 黄茂海. 保险营销理论与实务[M]. 大连:东北财经大学出版社,2017.
2. 粟芳. 保险营销学[M]. 3版. 上海:上海财经大学出版社,2009.
3. 方有恒,郭颂平. 保险营销学[M]. 上海:复旦大学出版社,2013.
4. 科特勒. 何佳讯,等,译. 营销管理[M]. 15版. 上海:格致出版社,2016.
5. 郭颂平. 保险营销学[M]. 北京:中国金融出版社,2007.
6. 刘子操. 保险营销学[M]. 北京:中国金融出版社,2003.
7. 袁辉. 保险营销[M]. 武汉:武汉大学出版社,2004.

➤ 学术刊物与学习资源

国内外经济金融类各类期刊。

学校图书馆提供的各种数字资源,特别是"中国知网"等。

中国人寿、中国平安、新华保险、中国太保等上市保险公司年报。

➢ 推荐网站

中国保监会网站：http://www.circ.gov.cn/.

中国保险学会网站：http://wwww.iic.org.cn.

二、课程思政教学总体设计

(一)课程思政教学目标

"培养什么人、怎样培养人、为谁培养人是教育的根本问题，立德树人成效是检验高校一切工作的根本标准。"习近平总书记的指示为课程思政的进一步发展指明了方向，将价值塑造、知识传授和能力培养融合的一体化课程思政建设已然成为新时代高等教育发展的必然，这为未来课程建设提出了更高更新的要求。结合《保险营销学》的课程特点，本课程的思政教学目标可以涉及以下八个维度：政治认同、家国情怀、道德修养与职业伦理、法治意识与底线思维、文化素养、科学精神、时代担当、广阔视野。

1. 政治认同

《保险营销学》课程是保险学专业一门较为综合性的课程，以保险理论为主，融入营销学的相关知识，在具体应用时涉及大量具有中国特色的保险实践问题，通过对具体问题的分析有助于帮助学生了解中国保险的发展成就，认识马克思主义指导地位的重要性和中国特色社会主义制度的优越性，增强同学们的政治认同。

2. 家国情怀

从中国保险发展的历史可以发现，从早期民族保险业的艰难探索，到革命战争时期红色保险的传承，再到新中国成立和改革开放后中国保险蒸蒸日上的发展，这一过程中无不体现着浓浓的国家情怀，学生通过对这些知识的学习，能够感受到中华民族一脉相承的爱国主义精神在保险领域的体现，激发学生树立为祖国、为人民奋斗奉献的理想。

3. 道德修养与职业伦理

一名优秀的营销员除了要具有过硬的业务知识外，更应该具备诚实守信的高尚人格、爱岗敬业的优良品质和不忘初心的强大意念，这是整个保险行业都需要努力践行的目标，因此在《保险营销学》中会始终贯穿道德修养与职业伦理的相关知识，引导学生树立爱岗敬业、遵纪守法、诚实守信、业务优良、服务群众、奉献社会的优良品质。

4. 法治意识

保险营销的所有工作必须受到相关法律法规的约束，除了宪法、民法、保险法、公司法、商法之外，保险营销中还涉及到一些其他具体领域的法律法规，这些法规对于保险业发展和金融稳定发挥着重要作用，通过学习，牢固树立学生个人遵纪守法的意识和坚决履行合规经营的基本信念。

5. 文化素养

《保险营销学》课程特别注重学生文化素养的养成。在保险营销人员与准保户面对面地交谈或电话联系提供有关保险与保险产品信息的时候，优秀的文化素养能够有助于塑造完美的专业形象，提升客户对保险产品和保险公司的信任感，进而有助于整个保险行业的良性发展。一名优秀的保险营销工作者的文化素养不可能一蹴而就，这是一个综合性的要求，既是知识，又是能力，既是品德作风，又是胸怀境界，需要长期养成。

6. 科学精神

《保险营销学》课程非常注重培养学生的科学精神。不同于传统的保险推销，现代营销理念是一种科学的理念，蕴含积极的价值观和正确的规范指南，全面反映出保险营销工作的科学内涵，而不是仅仅把目光聚焦在短期的营销业绩上，科学的营销理念是保险营销的灵魂，学生通过学习能够认识理解保险营销工作的科学性，从而树立个人的科学精神。

7. 时代担当

面对各种灾难和风险，保险业总是能够发挥经济"减震器"和社会"稳定器"的作用，保险行业以保障生命财产安全为己任,充分发挥风险的保障功能,持续满足人民群众和实体经济多样化的金融保险要求,积极履行服务社会民生的职责使命。服务国家发展大局,满足人们美好生活向往,这本身就是保险业的使命和担当,更是青年一代保险人的责任。

8. 广阔视野

大学生的国际视野对于保险营销的发展尤为重要。大学生要培养自己的世界眼光和国际视野,了解国际、国内保险业发展的最新成就和发展趋势,比较中国与其他国家保险业的发展状况,从只见树木不见森林的狭窄思维走出来,置身于战略高地,用高瞻远瞩的姿态分析中国的保险问题,培养学生历史地、辩证地处理保险营销问题的能力。

(二)课程思政的教学内容

《保险营销学》课程的思政内容主要包括以下方面:

1. 树立制度自信、行业自信和职业自信

坚持中国共产党领导下社会主义市场经济体制不动摇,熟悉中国保险发展的历史和成就,尤其是改革开放以来保险业蓬勃发展的总趋势,发自内心树立对中国保险发展的自信,正确认识中国保险发展中存在的问题,坚定推动中国保险更快更好发展的理想信念。

2. 坚持保险营销的科学性

现代保险营销理论强调保险营销工作应该贯穿于产品构思、开发、设计、费率厘定、分销、促销及售后服务等各个环节,只有科学认识保险营销的内涵和本质,才能正确指导保险营销实践工作,推动保险行业良性发展。

3. 培养有理想、有道德、有文化、有纪律的高素质保险营销队伍

现代保险营销人员,不仅要有扎实的专业知识基础,还应该拥有渊博的文化积淀、举止得体的素质修养、不屈不挠的奋斗精神、为客户负责的专业品质,以及为推动中国保险业发展贡献个人力量的责任与担当。

(三)教学方法

本课程综合运用讲授、启发式教学、讨论教学、案例教学、模拟实践教学等多种教学方法,帮助学生进一步夯实保险学、财产保险、人身保险等选修课程的理解深度,在此基础上融入营销学相关基本知识、基本理论和基本分析方法,融入大量案例讨论、营销模拟等教学环节,全方位提升学生综合素质。

三、课程各章节的课程思政教学内容设计

第一章 保险与保险营销

专业教学目标

【知识目标】

1. 了解保险营销与保险营销市场。
2. 掌握保险营销的定义、特点。
3. 了解营销理念的发展过程。
4. 理解现代保险营销理念。
5. 掌握保险营销的主体、客体和对象。

【能力目标】

1. 能够将现代保险营销理念运用到解决问题的实践中。
2. 能够从历史的角度理解保险营销理念的变迁。

课程思政教学目标及实践

【育人目标】

1. 道德修养与职业伦理　中国保险探索发展的历史中,不乏有很多爱岗敬业、诚实守信、服务群众、奉献社会的优秀案例,这些案例为树立学生正确的价值观和职业观具有积极影响。
2. 文化素养　文化素养是保险行业从业人员优秀素质体现的一个重要方面,无论是保险的发展还是

保险营销的发展,都离不开具有良好文化素养的保险人支持,这是影响保险行业整体形象的软实力,需要每位同学高度重视。

3. 科学精神　纵观保险营销的发展历史,经历了不同的营销理念阶段,从现代的角度回看,有些营销理念缺乏科学性,在短暂的辉煌之后便逐渐退出历史舞台,青年一代学生需要以史为鉴,在保险营销中践行科学精神,才能更好推动保险业发展。

4. 时代担当　人类的发展历史就是一部与风险不断抗争的历史,保险诞生以来,始终坚持以保障生命财产安全为己任。现阶段,风险不断刷新着对人类的挑战,2020年席卷全球的新冠肺炎疫情就是目前最典型的案例,在这一时代挑战的背景下,保险业应该服务国家发展大局,满足人们美好生活向往,体现时代担当。

5. 广阔视野　以史为镜方知兴替,学习保险营销及其理念的发展有助于培养学生的广阔视野,帮助学生辩证地对待保险营销理论和实践中遇到的问题,抓住时代机遇,接受时代挑战,理解现代营销理念的内涵,同时也不为之所限制,敢于在新的时代背景下探索保险营销的新发展。

【教学方式与方法】
1. 自主学习:线上学习学堂在线中的相关知识点,线下自主阅读有关保险营销理念的文献资料。
2. 课堂讲授:讲授保险营销的定义、特点,营销理念的发展过程。
3. 课堂展示与讨论:组织学生分组搜集保险营销发展过程中的案例材料,并进行课堂展示和分享,组织小组讨论。

【课程思政教学实例】
案例材料:某脱口秀节目节选
(1)案例简介
在某档脱口秀节目中,提到买保险时这样说道,"人要怎么把保险卖出去,就是一定要在短时间内说服你这个社会是不安全的。大家都接到过保险销售人员的电话:'先生您好!请问我这有一份人身意外保险,您需要了解一下吗?……您怎么可能不需要了解呢?您现在不需要,不代表您未来不需要,这个社会到处都是危险,四处都是伏击,万一有个三长两短,您的妻子怎么办?父母怎么办?家人怎么办?一旦您出了问题,老年丧子,中年丧夫,幼年丧父,人生大不幸啊!现在买上这样一份保险,给家人买一份安心对不对?……哎?您不要骂人嘛!我不是在咒您,当然,如果您认为身体非常好不需要,没关系,您也可以给父母或者妻子买上一份呀?……'你就天天跟别人这样说话,别人怎么能对你没有偏见呢?"
资料来源:由公开影像资料整理。

(2)案例的思政元素
①文化素养。保险营销人员需要具有良好的文化素养,推荐产品要体现优良的专业形象,从客户出发而非产品出发,从长远考虑而非只图眼前。
②科学精神。保险营销不是保险推销,但保险营销又离不开保险推销,这是一个辩证的科学关系。

(3)教学手段
课堂展示与讨论:首先播放课程视频,分析案例中营销员的问题出在哪里,引导学生讨论应该如何正确开展保险营销工作,为后续章节的学习埋下伏笔。

第二章　保险营销信息与调研
专业教学目标
【知识目标】
1. 学生了解保险营销信息、保险营销信息的含义。
2. 熟悉保险营销信息系统的概念、功能和构成。
3. 掌握保险营销调研的含义、内容和方法。

【能力目标】
1. 能够组队设计保险相关问卷。
2. 能对问卷结果进行简单分析并形成报告。

课程思政教学目标及实践
【育人目标】
1. 深度学习　通过对保险营销信息系统的讲解,让学生树立信息意识:自觉、有效地获取、评估、鉴别、使用信息。
2. 科学精神　通过对保险营销信息调研的设计,关键信息的筛选,培养学生的理性思维,用科学的理性思维解决问题。
3. 人文素养　在信息调研的时候,要注意被调查者的人文情怀,人们的行为可能会受到一些理念的影响。

【教学方式与方法】
1. 自主学习:线上学习学堂在线中的基础专业知识点,线下结合自己的实习实践或参加相关比赛的经验,进行知识总结。
2. 课堂讲授:讲授保险营销调研的基本思路和方法。
3. 课堂展示与讨论:分组设计保险相关问卷,课堂分享问卷制作的思路和过程,尝试对问卷结果进行简单分析并形成报告。

【课程思政教学实例】
案例材料:可口可乐:一次市场调研失败的教训
(1) 案例简介
百事可乐针对年轻人推出新口味的可乐,这使得可口可乐市场份额减少。为找出可口可乐衰退的真正原因,可口可乐决定在全国10个主要城市进行一次深入的消费者调查。

可口可乐设计了"你认为可口可乐的口味如何?""你想试一试新饮料吗?""可口可乐的口味变得更柔和一些,您是否满意?"等问题,希望了解消费者对可口可乐口味的评价并征询对新可乐口味的意见。调查结果显示,大多数消费者愿意尝试新口味可乐。

可口可乐不惜血本协助瓶装商改造了生产线开始生产新口味的可乐,但没想到越来越多的老可口可乐的忠实消费者开始抵制新可乐。迫于巨大的压力,决策者们不得不作出让步,在保留新可乐生产线的同时,再次启用近100年历史的传统配方生产让美国人视为骄傲的"老可口可乐"。

仅仅3个月的时间,可口可乐的新可乐计划就以失败告终。尽管公司前期花费了2年时间,数百万美元进行市场调研,但可口可乐忽略了最重要的一点——对于可口可乐的消费者,尤其是老消费者而言,口味并不是最主要的购买动机。对于美国的消费者,尤其是老消费者来说,传统配方的可口可乐背后承载着一种传统的美国精神,放弃传统配方就等于背叛美国精神,这是新可乐调研计划失败的主要原因。

资料来源:黄茂海. 保险营销理论与实务[M]. 大连:东北财经大学出版社,2017.

(2) 案例的思政元素
①科学精神。通过调研,了解人们对可乐口味的偏好,以求产品口味上面的突破来应对百事可乐的竞争。
②人文素养。在信息调研的时候,可口可乐忘记了人们的消费行为也会受美国传统精神的影响,只考虑产品本身的特点是不够的,也要关注人文情怀。

(3) 教学手段
课堂讨论与分享:通过讲解可口可乐失败的调研案例,引入调研问卷的设计理念,将科学精神、人文素养等思政元素与专业知识相结合,增强学生多角度分析问题的能力,培养学生的实证意识和严谨的求知态度,引导他们多关注人文情怀。

第三章　保险消费行为与需求
专业教学目标
【知识目标】
1. 掌握保险需求的含义、特征。
2. 理解保险营销市场需求的基本形态。

3. 对于保险需求分析及其影响因素有基本了解。
4. 对于保险消费行为分析进行理解。
5. 掌握保险消费者行为决策过程。

【能力目标】

1. 能够正确认识保险消费者的消费行为。
2. 能够针对不同保险消费者的需求创造保险产品需求。

课程思政教学目标及实践

【育人目标】

1. 道德修养与职业伦理　在根据保险消费者个人需求对于客户建议规划保险产品时,要严格恪守职业道德规范,约束自身行为,站在消费者角度,为客户量身定制合适的产品。

2. 文化素养　在了解保险消费者个人的保险需求时,一定要有和保险需求相关的文化素养,以便后续对于保险需求分析和保险消费行为分析的实践提供理论支撑。

3. 科学精神　分析保险消费者的行为要有严谨的科学精神,对于消费者个人行为进行观察了解,创新独立地根据理论知识,归纳消费者的消费行为。

【教学方式与方法】

1. 自主学习:线上学习学堂在线中的相关知识点,线下自主阅读消费者行为方面的文献资料。
2. 课堂讲授:讲授保险消费行为与需求的含义、特征,保险消费需求及行为决策的影响因素。
3. 课堂展示与讨论:根据案例组织小组讨论,组织小组自由发挥角色扮演,体会保险产品需求挖掘的过程。

【课程思政教学实例】

案例材料:钱先生购买保险经历

(1)案例简介

消费者钱先生最近在网上看到一篇关于保险意识普及的公益文章,深有感触,打算趁自己年轻,也有一定财力,为自己和妻子投保几份保险,便主动找到在保险公司工作的小孙咨询。

小孙首先向钱先生普及了保险的分类等基础知识,详细了解了钱先生需要哪方面的保障,随后结合钱先生的年龄、收入、家庭情况,为钱先生做了针对性的保险规划,建议钱先生可以优先为自己和妻子投保重大疾病保险和养老金保险,并推荐了保险公司目前热销的几款产品,介绍了各款产品的特色。

钱先生认真地比较了小孙推荐的几款产品,并仔细询问了不同产品之间保障范围的差异,经过综合考虑,钱先生最终决定按照自己的想法为自己和妻子投保了两款适合的重大疾病类保险。

资料来源:新华保险:如何规划你的保障配置计划,这些关键信息别漏掉[EB/OL].2022-08-16. https://news.sina.com.cn/sx/2022-08-16/detail-imizmscv6454475.shtml.

(2)案例的思政元素

①道德修养与职业伦理。保险营销人员根据客户保险需求提供了专业的建议,客户行使了金融消费者的自主选择权。在不断加强服务,提升消费者体验的同时,通过开展系列消费者教育宣传工作,提高消费者金融素养,保护消费者权益。

②法治意识与底线思维。保险营销人员在实现业绩增长的同时,认真贯彻落实银保监会和公司制度的要求。

③文化素养。保险营销人员从客户个人需求出发,根据客户实际需求提供专业意见,用自身的文化素养提高保险服务水平。

(3)教学手段

①课堂讲授:讲授保险消费行为与需求的含义、特征,保险消费需求及行为决策的影响因素。
②课堂展示与讨论:仿照案例组织小组自由发挥角色扮演,体会保险产品需求挖掘的过程。

第四章　保险营销环境与战略规划

专业教学目标

【知识目标】

1. 熟悉保险营销环境概念。

2. 了解目前保险营销环境与威胁。
3. 熟悉保险营销战略概念、制定过程。
4. 理解保险营销环境宏观、微观下的影响力。

【能力目标】

1. 熟悉保险营销环境、保险营销战略的概念。
2. 理解保险营销环境的影响力、目前保险营销的环境和威胁。
3. 熟悉如何制定保险营销战略。

课程思政教学目标及实践

【育人目标】

1. 家国情怀　从内外部了解目前我国的保险营销环境，面对什么机会与威胁？保险业作为金融行业的"三驾马车"之一，占有重要地位，这章节的学习会让大学生认识到保险业该如何发展才能为我国经济提供动力，从而激发家国情怀。

2. 法治意识与底线思维　保险营销战略的制定有详细且严谨的过程，在制定和实行过程中要严格遵循我国法律法规和行业规范，坚守道德底线，大学生应该约束自身行为强化道德法律意识。

3. 广阔视野　保险营销战略的制定离不开对未来市场的预测，这要求制定战略规划时要有预判思想，预测未来的市场走向，有广阔的视野。

【教学方式与方法】

1. 自主学习：线上学习学堂在线中的相关知识点，线下自主阅读文献资料。
2. 课堂讲授：讲授保险营销环境与威胁、保险营销环境的影响力、保险营销战略规划的制定与执行。
3. 课堂展示与讨论：根据案例组织小组讨论。

【课程思政教学实例】

案例材料：香甜"态"给荔！北流大力推动荔枝公用品牌建设

(1) 案例简介

2022年6月24日上午，北流荔枝公用品牌发布会暨明星产品推介会在南宁国际会展中心举办。

在推荐会上，来自北京的品牌营销推广策划公司介绍了"北流荔枝"全新的品牌包装、视觉形象，提出了"北流荔枝，香甜'态'给荔"的品牌推广口号，还介绍了下一步北流荔枝在产业升级和品牌建设等方面的营销战略。

北流当地荔枝种植企业分享了种植经验，龙头企业还介绍了各具特色的荔枝酒、荔枝蜜、荔枝果品等深加工产品。推荐会还重点推介了产自北流的"桂味""妃子笑""糯米滋""南国红荔"等明星产品。

本次推介会是北流荔枝种植企业以抱团模式统一向外进行展示的一次尝试，同时也是将"北流荔枝"作为一个公共品牌面向市场推出的一项重要活动，旨在通过打造"北流荔枝"品牌，促进北流荔枝产业做大做强，持续塑造品牌价值，创新农业品牌形象，完善标准体系，增强品牌竞争力，实现"厚利多销"的产业目标，带动农民增收，实践行乡村振兴。

资料来源：新华网，香甜"态"给荔！北流大力推动荔枝公用品牌建设[OB/EL].2022-06-25. http://gx.news.cn/newscenter/2022-06/24/c_1128773997.htm.

(2) 案例的思政元素

①家国情怀。"北流荔枝"的成功利用了营销策略，客观分析产品优势以及市场情况，成功打造产品品牌，肩负带动农村发展的责任，实现乡村振兴。

②科学精神。对于荔枝销售，品牌营销公司遵循营销策略、规律制定合适的营销战略，实现品牌建设、农民增收。

(3) 教学手段

①课堂讲授：借鉴北流荔枝的案例经验，讲授保险营销战略规划的相关内容。

②课堂展示与讨论：结合具体保险产品，组织小组讨论进行营销环境分析，并尝试进行战略规划。

第五章　保险营销计划、组织与控制

专业教学目标

【知识目标】

1. 掌握保险营销计划的定义、类型、主要内容、目的。
2. 理解保险营销组织的形式。
3. 了解保险营销策略的执行具体内容。
4. 掌握保险营销控制的内容。
5. 了解保险营销控制的方法。

【能力目标】

1. 掌握保险营销计划、组织、控制等概念、内容。
2. 培养学生执行保险营销策略、控制的能力。

课程思政教学目标及实践

【育人目标】

1. 科学精神　保险营销计划的制定，依据现实环境和科学原理，做到切实可行，在这个过程中培养学生独立思辨、创新能力。
2. 政治认同　保险营销控制过程中不仅针对企业经济效益，还针对客户满意度以及社会责任。在工作中践行为群众服务，为顾客服务，主动承担社会责任。
3. 广阔视野　保险营销计划的制定对于未来保险营销目的的实现具有导向作用，保险营销计划在实施过程中不断适应现实，根据未来市场情况、竞争情况等因素进行调整，在学习过程中培养了学生对于宏观环境发展趋势预测能力。

【教学方式与方法】

1. 自主学习：线上学习学堂在线中的相关知识点，线下自主阅读保险营销计划方面的文献资料。
2. 课堂讲授：讲授营销计划的主要内容，保险营销组织的形式，保险营销控制的内容和方法。
3. 课堂展示与讨论：根据案例组织小组讨论。

【课程思政教学实例】

案例材料："世界上最好的工作"

(1) 案例简介

2009年，澳大利亚昆士兰旅游局在全球招募"大堡礁"看护员，在半年的工作时间里支付高达15万澳元的工资，并提供众多优惠的条件。这项招聘活动引起全球媒体的关注，并成功地把大堡礁地区介绍给全世界旅游者。这项公关活动在"2009戛纳国际广告节"上，获得了三项大奖，打破了戛纳广告节上一个作品得奖数目的纪录，被称为"世界上最好的广告"。后来据昆士兰旅游局透露，整个活动经费预算不过170万澳元，但达成的广告价值高达1亿澳元。

资料来源：人民网，澳大利亚旅游局再推"世界上最好的工作"已有3万人应征[EB/OL]，2013-03-06/2022-08-16。http://world.people.com.cn/n/2013/0306/c157278-20695553.html

(2) 案例的思政元素

①科学精神。该案例的独特之处在于由招聘达到营销的作用，低成本高效用。具有创新性，通过案例培养学生的创新意识，不局限于固定的营销规划中。

②广阔视野。昆士兰旅游局抓住了旅游所带来的经济发展时机，通过另类的"招聘"营销，扩展宣传手段，抓住了营销与其他方式结合，在市场中有广阔的眼界。

(3) 教学手段

①课堂讲授：结合案例，讲授营销计划应该具有的科学性和创新性。

②课堂展示与讨论：根据案例组织小组讨论这个案例的独特之处，以及对于保险行业的启发。

第六章 保险产品策略

专业教学目标

【知识目标】

1. 理解保险产品概念的层次。
2. 了解保险产品的特点。
3. 掌握保险产品的分类。
4. 了解保险产品开发的程序。
4. 掌握保险产品组合策略和保险产品开发策略。

【能力目标】

1. 能够深度解读保险产品。
2. 尝试运用保险产品组合策略制定营销方案。
3. 尝试开发新的保险产品。

课程思政教学目标及实践

【育人目标】

1. 法治意识　保险公司的经营发展必须遵循法律法规的规范，保险产品的设计也要符合法律法规的一般要求，责任保险产生之初就曾经出现过是否与法律要求相悖的争论，因此，青年一代保险人对待保险产品一定需要具有法治意识，这样才能推动保险业良性发展。

2. 科学精神　随着保险业不断地发展，保险市场不断推出新的保险产品以更大程度满足消费者的保险需求，但是这些产品良莠不齐，有的产品利用一些当下的热门话题作为噱头，产品本身并没有创新，有的产品确实真正挖掘到风险，并受到消费者认可。因此，在保险产品的开发与营销中必须秉持科学精神。

3. 时代担当　保险的发展基础在于风险，而每一个时代都具有自身独特的风险特点，保险公司顺应时代特征开发销售新的产品，一方面是为了自身经营发展需要，另一方面也是实现公司的责任担当和社会价值。保险公司如此，保险从业人员更是如此，青年一代学生需要扛起时代大旗，为中国保险的发展贡献力量。

【教学方式与方法】

1. 自主学习：线上学习学堂在线中的相关知识点，线下自主查看主要保险公司的网站，了解保险产品的相关信息。
2. 课堂讲授：讲授保险产品概念的层次，保险产品的特点、分类、保险产品开发的程序和保险产品组合策略和保险产品开发策略。
3. 课堂展示与讨论：对目前保险市场的产品进行分享和讨论，分组进行新产品设计，组织课堂比赛。

【课程思政教学实例】

案例材料：全球首例重大疾病保险产品的诞生

(1) 案例简介

1967年12月3日，在南非的开普敦完成了人类历史上第一例异体心脏移植手术，手术后病人恢复很快，但仍然需要休养一年。但3个月后，当医生回访这位病人的时候却意外地发现她已经外出参加工作了！他找到这位病人，批评她没有按照医生的话去做，好好休养身体，而病人却说："医生，我知道你是为我好，可是，如果我不来工作，我和我的孩子们就要被饿死，我也是没有办法啊！"医生听后，默默无语。又过了3个月，这位世界上首例心脏移植成功的病人去世了……

病人的离世深深地刺痛了这位医生，他说："我可以拯救一个人的生理生命，但我无法拯救她的经济生命！"他见证了一位重大疾病患者在痊愈后由于没有经济能力养病而无奈离开的过程，不仅在南非这个相对落后的国度，就是在世界上最富有的国家里，又有多少人可以支付得起重大疾病的治疗费用和疗养费用？这位医生感觉到需要有一种保险来保障这些罹患重大疾病并存活下来的人。于是，他联合了科隆再保险公司和南非一家名为"Crusader"的寿险公司首先设计并推出了世界上第一个重大疾病保险！

资料来源：黄茂海.保险营销理论与实务.[M].大连：东北财经大学出版社，2017.

(2) 案例的思政元素

①科学精神。目前，重疾险已经成为寿险市场最重要的产品之一，它的出现正是由于对风险科学的认

识和评估。无独有偶,火灾保险、宠物保险的出现也有类似的背景,同学们还知道哪些呢?

②时代担当。每一个优秀的保险产品背后都有一群拥有时代担当的人,他们设计或推出产品的初衷都是为了降低风险对个人的经济影响,这是伟大的时代担当的表现。

(3)教学手段

①课堂讲授:讲授保险产品概念的层次,结合案例讲解保险产品开发的程序和策略。

②课堂展示与讨论:根据案例组织小组讨论,理解保险产品的内涵和外延。

第七章 保险产品定价策略

专业教学目标

【知识目标】

1. 熟练掌握保险费和保险费率的概念及特点。
2. 掌握影响保险费率厘定的原则和方法。
3. 掌握影响保险费率的主要因素。
4. 熟练掌握厘定保险费率的策略。
5. 熟练掌握调整保险费率的策略。

【能力目标】

能够运用保险费率厘定的原则和方法解读保险价格。

课程思政教学目标及实践

【育人目标】

1. 政治认同　中国保险产品定价的基本原则是以人民为中心,深化供给侧结构性改革,更好维护消费者权益,促进保险业高质量发展,更好地满足人民美好生活需要的基本要求。

2. 科学精神　保险费率的厘定和调整需要践行以市场为导向、以风险为基础,在运用经济学原理、数理统计知识、保险精算方法过程中,无处不体现着科学精神。

3. 法治意识　保险产品的价格厘定需要遵从《保险法》的要求,以及全国金融工作会议的相关精神,受到法律规范的约束和监管。此外,保险费率的缴纳和收取是保险行为产生的重要环节之一,也是保险关系受到法律保护的重要基础。

【教学方式与方法】

1. 自主学习:线上学习学堂在线中的相关知识点,线下自主阅读有关产品价格的文献资料。

2. 课堂讲授:讲授保险费和保险费率的概念及特点,保险费率厘定的原则和方法,影响保险费率的主要因素,厘定保险费率的策略和调整保险费率的策略。

3. 课堂展示与讨论:结合车险费率改革组织小组讨论,加深对保险费率的认识。

【课程思政教学实例】

案例材料:2020年车险综合改革

(1)案例简介

继2015年和2017年之后,2020年中国银保监会印发实施车险综合改革指导意见的通知,开启第三轮车险改革。与前几轮车险改革相比,本次车险综合改革内容更加全面丰富,不但有商业险的改革,也增加了交强险的改革内容。本次改革后,由于交强险道路交通事故费率浮动系数的优化,驾驶习惯良好、多年未出险的客户投保交强险保费会较改革前有所下浮。但同时在商业险方面,在重新测算的基准纯风险保费基础上,各保险公司根据车辆零整比、事故发生率、自身风险等确定保费价格,可能会出现少数消费者保费价格上涨的情况。本轮车险改革另一项比较大的变化是无赔款优待系数的优化。改革之前,无赔款优待系数赔付记录只考虑一年的出险情况,这次改革之后,把赔付记录从一年扩大到了前三年,也就是说对偶然出现赔付消费者的费率上调幅度会大幅降低。

资料来源:根据公开资料整理。

(2)案例的思政元素

①政治认同。车险综合改革的目标是促进车险高质量发展,更好地满足人民美好生活需要。

②法治意识。阅读《关于实施车险综合改革的指导意见》，从法制高度理解新一轮车险改革。

③科学精神。车险综合改革中的科学精神体现在哪些方面？

(3) 教学手段

①课堂讲授：讲授保险费和保险费率的概念及特点，保险费率厘定的原则和方法，影响保险费率的主要因素，厘定保险费率的策略和调整保险费率的策略。

②课堂展示与讨论：组织小组讨论对车险费率的认识。

第八章　保险公司分销渠道策略

专业教学目标

【知识目标】

1. 掌握保险分销渠道的概念。
2. 了解分销渠道的类型和功能。
3. 了解直接分销渠道的主要工具。
4. 了解间接分销渠道的主要工具。
5. 掌握保险分销渠道策略。

【能力目标】

1. 熟练应用保险分销渠道策略开展营销活动。
2. 能够结合时代发展尝试创新保险分销渠道。

课程思政教学目标及实践

【育人目标】

1. **科学精神**　从传统分销渠道到创新分销渠道，每一种具体的营销渠道中都体现着科学精神，结合当下日新月异的创新环境，未来保险营销也会开发出越来越多的新渠道，但是只有符合科学的基本原理和基本规律，才能够走得更远。

2. **时代担当**　纵观保险营销的渠道，大都具有强烈的时代特色。20世纪电话营销风靡一时，时至今日，依托互联网平台和人工智能技术，越来越多"炫酷"的营销渠道获得青年消费者的喜爱，作为保险行业的青年人，有责任也应该有能力为未来分销渠道拓展做出贡献。

3. **广阔视野**　研究与保险营销渠道相关的理论和实践问题，特别需要广阔视野的支持。拥有广阔视野，能够为开保险营销渠道的创新提供思路来源，能够推动保险业的改革和创新发展。

【教学方式与方法】

1. 自主学习：线上学习学堂在线中的相关知识点，线下自主阅读有关营销渠道方面的文献资料，尤其是近年来创新营销手段的相关文献。

2. 课堂讲授：讲授掌握保险分销渠道的概念、类型和功能，直接分销渠道的主要工具，间接分销渠道的主要工具，保险分销渠道策略。

3. 课堂展示与讨论：组织小组设计并讨论创新营销渠道。

【课程思政教学实例】

案例材料：保险分销渠道创新（学生案例节选）

(1) 案例简介

联名营销：客户的需求是保险业跨界合作的根源，多领域的合作将起到协同增效的作用。跨界营销核心在于"创新"，目的在于通过创新解决营销环境中存在的问题，实现合作双方的共赢。比如说，友邦保险公司和网红餐饮店花圃的联名，花圃注重凸显天然食材，呼吁健康饮食，这与友邦"健康长久好生活"的理念不谋而合。

自媒体营销：2021年保观InsurStar的年度保险短视频大V奖颁给了深蓝保，深蓝保以微信公众号、小程序为载体，提供保险知识科普，热门产品测评，1v1保险规划，保单管理等服务。长久以来，国人的保险观念都相对保守，近几年以深蓝保为代表的自媒体逐渐出现在大家的视野中，结合图文、视频等多形式的传播，让枯燥复杂的保险知识变得有趣且有料，也让更多人正确认识保险，相信保险的价值。

场景营销：保险需求具有隐蔽性，有时会需要外部刺激才能被激发，这样的成本往往是巨大的，如果在营销过程有一个虚拟的场景去模拟，就能够在一定程度上唤起客户的潜在需求。场景营销首先准备一系列生活场景，体验者通过游戏的方式，模拟保险人生。体验者根据职业、性别、年龄等基本要素选择角色，进入生活场景的模拟，在不同关卡中穿插各种风险，体验者选择不同的保险产品用来规避风险，体验不同人生。

人工智能营销：近年来，科技发展突飞猛进，AI科技也逐渐为保险营销注入了新的活力。例如，利用AI智能客服获取客服数据，给出准确合理的回复，同时将数据收集起来进行建模和分析，此外，AI还可以提供实时辅助营销。目前，中国人寿提出了科技创新助力打造"智慧国寿"的畅想。他们以人工智能为技术支撑形成了以慧学、慧听、慧眼为智能核心的"国寿大脑"整体规划。

资料来源：根据网络公开资料搜集整理。

(2) 案例的思政元素

①科学精神。好的营销渠道要能够经得住时间的考验，以上同学提出的创新渠道是否科学严谨？

②时代担当。以上案例均来源于西安财经大学保险专业学生的课堂分享，运用同学身边的案例进行分享，更加容易产生共鸣。此外，青年学生的创新思路应该鼓励并正确引导。

③广阔视野。鼓励学生不断扩展知识的深度和广度，尝试将新思路、新理念、新技术、新方法运用到保险营销实践中。

(3) 教学手段

课堂展示与讨论：组织小组设计创新营销渠道，并进行课堂展示和讨论。

第九章 保险促销策略

专业教学目标

【知识目标】

1. 掌握保险促销的概念和主要手段。
2. 了解保险促销的作用和手段。
3. 熟悉保险促销组合策略。
4. 掌握保险人员促销策略和保险广告促销策略。

【能力目标】

1. 对照本章讲到的仪表素质、品德素质、心理素质、业务素质提升个人综合能力。
2. 尝试运用保险促销策略开展保险营销活动。

课程思政教学目标及实践

【育人目标】

1. **政治认同**　无论是人员促销还是广告促销，都是向消费者传递保险公司文化和保险产品信息的重要途径。除此之外，人员促销和广告促销中还应该传递爱党、爱国、爱社会主义、爱人民、爱集体的正面力量。

2. **道德修养与职业伦理**　人员促销在保险营销中始终发挥着重要的作用，营销工作不易，想做好首先需要具备一定的道德修养和职业伦理。礼貌为先、尊重他人，充满自信、钟爱保险，富有个人魅力，对公司负责对顾客负责，都是优秀营销员所需要具备人基础素质。

3. **文化素养**　保险营销人员具有丰富的产品知识是非常重要的。"知识与勇气能够造就伟大的事业。"有丰富的知识，才能创造有利的契机。熟悉公司历史、精通专业知识、拥有广博的知识，才能创造源源不断的话题，提高与客户的沟通效果。

4. **时代担当**　无论是人员促销还是广告促销，都是联通保险公司和消费者之间的重要桥梁，都肩负着实现中华民族伟大复兴的时代责任，在相关教学案例讲解时可以融入时代担当元素，同时，引导青年学生勇于扛起时代大旗，做时代的弄潮儿。

【教学方式与方法】

1. 自主学习：线上学习学堂在线中的相关知识点，线下自主通过网络资源学习保险公司的广告案例。

2. 课堂讲授:讲授保险促销的概念和主要手段,保险促销组合策略,保险人员促销策略和保险广告促销策略。

3. 课堂展示与讨论:以"保险让生活更美好"为主题,欣赏优秀保险广告作品,分组模拟保险人员促销过程。

【课程思政教学实例】

案例材料:"保险让生活更美好"

(1)案例简介

2016年7月8日,全国保险公众宣传日。保险业的炽热宣言:"保险,让生活更美好"在中国第一高塔——广州塔上盛装登场,全国瞩目。这是保险人的一份庄严承诺,更是一份光荣和骄傲。这是保险业蓬勃发展,在助力经济建设、保障民生、创新社会治理形式等各方面发挥着越来越重要作用,越来越被社会高度赞同的结果。

由中国保监会、中国保险行业协会筹资,央视宣传广告《保险,让生活更美好》,在CCTV黄金时段播出,为社会公众正面宣导,为行业发展加油助力。保险是人类历史上最好的一项发明,保险是对亲人的担当!每一份保单背后,都承载着一份美好的真爱,有了保险,生活更有保障,保险,让生活更美好!

央视公益广告这样说:

没有重疾保障的父母,是在透支孩子的未来!

没有意外保障的父母,是拿孩子幸福做赌注!

没有养老保险的父母,是在增加孩子的负担!

保险就是强制的储蓄,万一不幸是雪中送炭,一生健康是锦上添花。

朋友们:面对保险,请你们不要那么清高、傲慢和不耐烦!当意外、疾病来临时候,能给你300元的是同事,能拿出500元的是亲戚,能拿出2000元的是兄弟姐妹,能拿出20000元的是父母!但能一次拿出10万元、20万元、100万元给你且不用偿还的一定是保险公司,保险买时嫌多,赔时嫌少,雨露再盛不润无根之草,保险虽好不赔无保之人!请不要在风雨来临时才想到当初你所拒绝的——保险。

记住:没有人因为买了保险而倾家荡产,但却有人因为没买保险而倾家荡产!保险不能改变你的生活,但却能防止你的生活被改变!

资料来源:黄茂海.保险营销理论与实务[M].大连:东北财经大学出版社,2017.

(2)案例的思政元素

①政治认同。得益于国家政策对保险业的不断支持,中国保险发展蒸蒸日上,人民对保险的认可度越来越高。

②时代担当。党和国家现阶段的重要任务是不断实现人民对美好生活的向往,"保险让生活更美好",这是对时代的庄严承诺。

(3)教学手段

①课堂讲授:讲授保险促销的概念和主要手段,保险促销组合策略,保险人员促销策略和保险广告促销策略。

②课堂展示与讨论:结合"保险让生活更美好"的案例,讨论保险的内在本质,激发学生的行业认同感,同时组织小组以传递"保险让生活更美好"理念为主题的营销模拟。

第十章 保险营销礼仪与职业道德

专业教学目标

【知识目标】

1. 了解营销利益和职业道德的定义、原则及重要意义,理解保险营销礼仪发展中存在的问题及发生职业不道德的原因,掌握保险营销礼仪的要求。

2. 掌握营销中职业道德的要求,了解加强保险职业道德的措施。

【能力目标】

1. 培养学生做到营销礼仪中的具体要求。

2. 培养学生遵守职业道德，从思想上树立诚实守信、敬业、服务客户、守法、团结、礼貌等意识。

课程思政教学目标及实践

【育人目标】

1. 家国情怀　保险营销中的"职业道德"包含的内容和要求的讲解，能够让学生们树立社会责任感：要爱岗敬业，对人诚信友善，工作中具有职业道德，同时能有团队意识和互助精神。

2. 人文素养　通过对保险营销礼仪的介绍和模拟实践，培养学生们"以人为本"的人文情怀，尊重人的尊严。

3. 法治意识　通过对违反保险职业道德的案例的讲解，帮助学生了解保险法和相关法律法规的相关规定，树立法治精神。

【教学方式与方法】

1. 自主学习：线上学习学堂在线中的基础专业知识点，线下自主阅读文献资料，撰写阅读笔记。
2. 课堂讲授：讲授相关理论的主要观点或内容、政策启示与建议等。
3. 课堂展示与讨论：学生展示根据教学素材整理分析的相关报告等，小组讨论。

【课程思政教学实例】

案例材料：投保资料代签名案例

(1) 案例简介

张女士，2005年3月5日通过代理人在某公司给其丈夫王先生购买了终身保险，保险金额20000元，代理人向投保人张女士介绍保单需要被保险人签字，但因张女士丈夫不在，张女士在"被保险人"签字的一栏中代为签了字。这一举动，代理人在场并未反对。

2007年8月26日，王先生因车祸意外死亡，张女士向保险公司提出索赔，公司拒赔，原因是代签名，合同无效。

2007年9月10日张女士把保险公司告上了法庭，理由是，本人不知相关法律，"代签名时保险代理人在场"，当时代丈夫签字，代理人并未有异议，代理人员的行为代表着保险人的意识表示，代签名默认成立。

根据保险法第十六条：保险人在合同订立时已经知道投保人未如实告知的情况的，保险人不得解除合同；发生保险事故的，保险人应当承担赔偿或者给付保险金的责任。

根据保险代理人管理规定第六条：保险代理人在保险人授权范围内代理保险业务的行为所产生的法律责任，由保险人承担。

法院要求保险公司给付王先生身故保险金60000元，合同终止。

资料来源：黄茂海．保险营销理论与实务[M]．大连：东北财经大学出版社，2017．

(2) 案例的思政元素

①法治意识。法律对保险代理人的职业道德有一定的要求，如果违反，则有相应的惩罚。

②家国情怀。通过这个反面案例的讲解，提出保险营销人员需要有职业道德，不能为了省事什么都不管，要考虑客户的特殊情况，主动作为，比如让丈夫写授权书、事后补签等方式来解决可能遇到的法律问题，培养爱岗敬业的社会责任感。

(3) 教学手段

课堂讨论：用代理人默认代签的案例，引出保险从业人员的职业道德的概念，讨论应该如何加强法治意识、遵守职业道德等问题。

第十一章　保险展业

专业教学目标

【知识目标】

1. 掌握保险展业的基本概念。
2. 理解保险展业的目的和基本流程。
3. 理解保险展业的环节。
4. 掌握保险展业的技巧和方法。

【能力目标】
1. 运用所学知识进行案例分析。
2. 实践中熟练运用展业技巧。

课程思政教学目标及实践

【育人目标】
1. 家国情怀　优质的保险展业能够改善人们对保险的认识，为保险业良好形象有重要作用。提高人们遭受风险时的抗风险能力，减轻社会负担，唤起全社会风险意识。在建设幸福家庭、提高公民意识、社会稳定等方面有突出作用。
2. 道德修养与职业伦理　在保险展业的过程中始终保持为客户服务的理念，热情、礼貌对待客户。从客户出发，为客户服务，维护客户利益，不因个人利益误导、欺骗客户。
3. 文化素养　保险展业的过程中，不断与客户接触，要不断学习和保持与客户良好沟通的态度，以诚待人、尊重客户、做到进退得宜。这个过程对于积累文化素养具有积极意义。
4. 法治意识与底线思维　保险展业具有政策性、技术性，这要求展业人员具有较强的政策和法治观念，牢记双方平等、自愿投保的原则订立保险合同，不能使用不正当手段。

【教学方式与方法】
1. 自主学习：线上学习学堂在线中的相关知识点，线下自主阅读有关保险展业的阅读文献资料。
2. 课堂讲授：讲授保险展业的基本概念、目的、基本流程、环节、技巧方法。
3. 课堂展示与讨论：根据案例组织小组讨论。

【课程思政教学实例】
案例材料：保险代理为何退出市场

(1)案例简介

2021年以来，全国各地已陆续注销2000多家保险中介机构的经营保险代理业务许可证。这些保险代理机构为何选择退出市场？如何更好促进行业健康发展？

一个保险大国必有发达的保险中介做后盾。国际经验表明，利用保险代理人或经纪人展业可降低三分之一到一半的展业成本，可促进保险公司竞争、提高服务质量，可提升保险业的公信力。保险代理人为推动我国保险业务发展、提高国民保险保障程度发挥了重要的推动作用。

但是，当前保险代理业也面临转型问题，主要可以从以下几个方面进行优化：

公司治理完善化。公司治理的核心在于按照公司法明确"一层三会"的责权，并辅之以配套制度，为保险代理公司规范经营创造条件。

代理人才专业化。要有懂保险业务又懂新技术的复合人才，通过股权激励、企业年金、司龄工资、优先提升等机制留住人才。

经营手段科技化。在保险代理经营中，要充分运用如大数据、人工智能、物联网、云计算、区块链等有关技术。在展业手段上，要注意线上与线下的结合，充分挖掘客户资源，及时有效做好保险服务。

经营业务特色化。随着保险代理公司不断增加，竞争已转向了比服务、比质量，这就要求保险代理企业经营业务专而美、专而精，以便赢得更多客户。

保险代理服务化。保险代理服务包括基本服务、附加服务和延伸服务。基本代理服务的核心是展业和防灾防损。附加服务是为没有发生保险事故的被保险人给予一定鼓励的服务。延伸服务则是在购买某一保险产品时所得到的一种有偿、优惠的购买其他相关产品的服务。

目前，我国保险代理业正处在转型期，只有抓住机遇，中国保险代理业才能迎来高质量发展。

资料来源：人民网，保险代理为何退出市场，[EB/OL].2022-01-11/2022-08-16.http://finance.people.com.cn/n1/2022/0111/c1004-32328628.html.

(2)案例的思政元素

①道德修养与职业伦理。应对客户不同的展业态度，展业人员始终要以道德、职业标准约束自己，热情、真诚、诚信对待客户，在客户有疑惑时第一时间答疑解惑。

②科学精神。应对不同的客户和态度要用不同的展业方法，在交流中让客户了解保险，懂得变通。

(3)教学手段

①课堂讲授:讲授保险展业不同情况下的技巧。

②课堂展示与讨论:根据案例组织小组讨论,并进行角色扮演应对不同情况。

第十二章 保险计划书的制作

专业教学目标

【知识目标】

1. 掌握保险计划书的定义、特点、基本要素和一般结构。
2. 理解保险计划书制作的前期准备。
3. 掌握保险计划书的制作步骤、主要内容。
4. 了解保险计划书制作的理念与技巧。

【能力目标】

1. 要求学生会操作保险计划书的制作。
2. 学生理解保险计划书制作的原理要求。

课程思政教学目标及实践

【育人目标】

1. 文化素养 保险专用文书在保险行业被广泛运用,一份优质的保险计划书体现了公司和业务员的能力。这要求在课程上培养学生独立学习、制作的能力,具有一定的文化素养和业务素养。

2. 科学精神 保险计划书有针对性的设计原理,要求在设计保险计划书的过程中要做好实践调研、符合客户保险需求,严格恪守业务规则。学生个人制作保险计划书,培养了学生实践、创新能力。

3. 广阔视野 保险计划书的设计具有前瞻性、科学性。设计时要挖掘客户需求,对客户个人发展趋势及隐含风险具有合理预测。

【教学方式与方法】

1. 自主学习:线上学习学堂在线中的相关知识点,自主在各大保险公司网站上查找保险计划书进行学习。

2. 课堂讲授:讲授保险计划书的定义、特点、一般结构,通过案例了解保险计划书制作原理和步骤、内容。

3. 课堂展示与讨论:通过案例分析加深对保险计划书的理解,分组设计保险计划书,并进行课堂展示和讨论。

【课程思政教学实例】

案例材料:保险计划书设计

(1)案例简介

客户需求:关注于宝宝在重疾、教育方面的保障。能在宝宝高中、大学及成家立业时有笔钱可供支出,另外兼备保障功能,让保险来呵护宝宝幸福成长。

被保险人资料:0岁婴幼儿(男),月均收入0元,侧重需求于重大疾病保险、医疗保险、子女教育金、意外险。

保障方案(参考):国寿福星少儿两全保险(分红型)+国寿康宁定期重大疾病保险(国寿附加康宁两全保险)

资料来源:中国人寿保险计划书[OB/EL].2017-01-17/2022-08-16.http://m.xiangrikui.com/shouxian/detail/498921.html.

(2)案例的思政元素

①文化素养。通过案例讨论分析,强化学生对保险计划书相关知识的掌握,要求个人制作保险计划书的同时倡导自主查找资料。

②道德修养与职业伦理。在设计保险计划书的过程中要秉承为客户服务的态度,不掺杂个人利益,对学生的道德修养和职业伦理提出要求,有利于爱岗敬业、诚信服务等素质的提高。

(3) 教学手段

①课堂讲授:通过保险计划书的制作案例,掌握保险计划书设计原理,独立设计保险计划书。

②课堂展示与讨论:根据案例个人设计制作保险计划书,并进行讲解。

第十三章 保险团队建设

专业教学目标

【知识目标】

1. 掌握团队建设的概念。
2. 理解加强团队建设的必要性。
3. 了解我国保险行业销售团队的现状以及存在问题。
4. 掌握解决保险团队建设问题的对策和技能。

【能力目标】

1. 掌握保险团队建设的相关技能。
2. 培养学生团结团队、责任担当的意识。

课程思政教学目标及实践

【育人目标】

1. 家国情怀　保险团队是保险公司发展业务的主力军,保险团队建设对于团队的发展具有积极作用。学习保险团队建设,从培养自身可以发展为培养团队,从团队扩展到公司,进而一步步利于行业、国家的发展。培养了当代大学生的团队意识和家国情怀。

2. 时代担当　担当是一种责任,一代人有一代人的担当。培养保险团队建设相关的思想和技能,培养了大学生的责任意识、团队意识。

【教学方式与方法】

1. 自主学习:线上学习学堂在线中的相关知识点,线下自主阅读保险团队建设的文献资料。
2. 课堂讲授:讲授团队建设概念、保险团队建设的必要性、保险行业团队建设的现状以及解决措施。
3. 课堂展示与讨论:根据案例组织小组讨论保险团队建设的相关问题。

【课程思政教学实例】

案例材料:施乐公司的团队建设

(1) 案例简介

20 世纪 70 年代,施乐公司经营陷入低谷。从 1980 年开始,新总裁大卫开始塑造企业团队精神。施乐团队建设的一条重要原则就是鼓励员工之间"管闲事",对同僚业务方面的困难,应积极帮助。为此,施乐经常派那些销售业绩良好的员工去帮助销售业绩不佳的员工,他们认为,合作应从"管闲事"开始。施乐团队建设的第二条重要原则就是强调经验交流和分享。任何一位员工有创意且成功的做法,都会得到施乐公司的赞美和推广。施乐团队建设的第三条重要原则是开会时允许参加者海阔天空的自由发挥,随意交流,并允许发牢骚、谈顾虑,即便是重要的会议也开得像茶馆那样热闹,经常是"说者无心、听者有意",启发出旁听者火花般的灵感,思路大开。至 1989 年,施乐扭亏为盈,后逐渐在世界 140 个国家建立了分公司。

资料来源:百度文库,施乐公司的团队建设。[EB/OL]. 2022-05-09/2022-08-16. https://wenku.baidu.com/view/22a8f2c2ef06eff9aef8941ea76e58fafbb04532.html。

(2) 案例的思政元素

①科学精神。多渠道分析公司目前存在问题,多方位提出解决措施,在案例讨论时培养发现问题到解决问题的思维过程。

②时代担当。学习过程中渗透责任担当精神,体现对团队的责任意识,小组内部团结,外部与其他组竞争,团队上下团结一心。

(3) 教学手段

①课堂讲授:讲授保险团队建设的必要性以及实现保险团队建设意义最大化。

②课堂展示与讨论:根据案例组织小组讨论提升保险团队建设的方法和策略。

第十四章 保险营销创新

专业教学目标

【知识目标】

1. 了解保险营销创新的内涵。
2. 掌握保险营销的创新思路、保险营销创新发展的可行性措施。
3. 理解发展保险营销创新渠道应注意的问题。

【能力目标】

1. 让学生了解目前保险营销存在的主要问题。
2. 让学生了解最新的营销模式和接受最新的营销理念。

课程思政教学目标及实践

【育人目标】

1. 实践创新　通过对新旧的保险营销模式的对比讲解，让学生们意识到，传统保险营销模式存在一些痛点，解决这些痛点则需要不断创新。
2. 深度学习　区块链、人工智能、大数据三大核心科技，开始向保险业辐射，广泛应用于产品创新、保险营销、保险公司内部管理等方面，学生们要不断学习，跟上科技发展的步伐。
3. 人文素养　当前的营销理念很大程度还是渠道为先，学生要知道，好的销售是以人为本，以客户为先，解决客户实际需求的。

【教学方式与方法】

1. 自主学习：线上学习学堂在线中的基础专业知识点，线下多渠道了解保险创新的相关理论和实践知识。
2. 课堂讲授：结合案例讲授现阶段保险营销创新的主要内容。
3. 课堂展示与讨论：组织学生进行保险营销创新，并进行课堂分享和讨论。

【课程思政教学实例】

案例材料：保险新政出台，从区块链谈保险创新新动力

(1) 案例简介

在区块链的应用过程中，保险无疑是一个"典型场景"，因此，我们有理由相信：区块链将成为保险创新的新动力，它带来的不仅仅是新技术，更有基于"底层变革"的商业模式创新与迭代。

从现实的角度看，重视区块链的一个重要理由是：它可能成为解决金融创新"最后一公里"的利器。在保险创新中，面临三个突出且基础的问题：信任、安全和隐私。在现有的技术条件下，是难以突破的，无法支持创新实现。区块链"另辟蹊径"地为三个问题的解决提供了思路，不仅是方法论，更有价值观。

"分布式"已渐渐成为大势所趋，它不仅体现在信息技术层面，也不仅是一个物理概念。"分布式"概念的背后是一种技术和理念的进步。首先，技术的"指数级"进步为"分布式"创造了条件。其次，"以客户为中心"的理念不断深入人心，使得"分布式"经营模式成为必然。第三，"普惠金融"的时代潮流，不仅考验认识与理念，更检验能力与效率，最终实现从去中介到去中心，从去中心到自中心。自中心的本质是无中心，这个"无中心"只是一种形式概念，它是以更大的中心——"集体共识"——为前提并存在。

资料来源：黄茂海．保险营销理论与实务[M]．大连：东北财经大学出版社，2017．

(2) 案例的思政元素

①实践创新。传统保险行业一直以来都存在着严重中心化，中介利润高、执行效率低，存在理赔难、不能依据个人数据实现个性化定价。而区块链技术去中心化、去信任化、集体维护的特点或许正是解决传统保险行业弊病的一剂良方，学生要学会用最新的技术解决现有的问题。

②深度学习。学生们要树立起信息意识，不断学习新的技术，与时俱进，增强自己数字化的生存能力。

(3) 教学手段

课堂讨论与分享：组织学生结合大数据、云计算、人工智能、区块链等金融科技创新手段，讨论保险营销应该如何创新。

四、课程思政的教学评价

(一)对教师的评价

1. 教学准备的评价

将《保险营销学》课程思政建设落实到课程的各章节中,将思政元素融入进《保险营销学》的教学大纲、教材选用、教案课件编写中来。

2. 教学过程的评价

将《保险营销学》课程思政建设落实到教学过程各环节,思政元素的融入要自然,将课程思政作为支撑课程的基础,加强案例分享和学生分享的环节设计,处处体现思政教育,但又不刻板。

3. 教学结果的评价

建立健全《保险营销学》课程思政多维度评价体系,包括同行评议、随机听课、学生评教、教学督导、教学研究及教学获奖等。

4. 评价结果的运用

参照评价结果对《保险营销学》的课程设计进行及时地反思和修正。

(二)对学生的评价

1. 学习过程的评价

对学生完成任务过程中的资料收集整理、课堂展示和课堂讨论等环节进行详细的记录和评价,全面评价学生在学习过程中的积极性、互动性和参与度。

2. 学习效果的评价

通过课堂展示环节检验学生对课程思政元素的领会程度。

3. 评价结果的运用

通过师生座谈检验学生是否达到了思政教育的要求,总结经验,改进不足,提升课程思政的学习效果。

五、课程思政的教学素材

序号	内容	形式
1	如此营销	视频材料
2	全球首例重大疾病保险产品的诞生	阅读材料
3	2020年车险综合改革	案例分析
4	保险分销渠道创新(学生案例)	案例分析
5	保险让生活更美好	阅读材料
6	大数据、人工智能、区块链的行业落地:中国保险科技报告	研究报告
7	中国银保监会:保险代理人监管规定	政策法规
8	钱先生购买保险经历	案例分析
9	世界上最好的工作	案例分析
10	保险展业实训	角色扮演
11	根据客户需求配置保险	案例分析
12	施乐公司的团队建设	案例分析

《人身保险》课程思政教学指南

刘珺[1]　晏飞[2]　王明梅[3]　李玉水[3]

([1] 西安财经大学　[2] 湖南工商大学　[3] 福建江夏学院)

一、课程简介与课程目标

(一)课程简介

《人身保险》是保险学专业的专业基础课程。本课程以人身风险管理、人身保险和人身保险公司经营管理等方面为框架,系统讲授人身风险、传统型人寿保险、分红保险、投资型人寿保险、意外伤害保险、健康保险、人身保险合同、人身保险承保和理赔等内容,并指导学生进行相关实训内容。本课程要求学生掌握以人寿保险、意外伤害保险和健康保险为中心的人身保险理论,承保和理赔实务,并对相关法律法规及理财事项具备一定的了解。本课程是后续的寿险公司经营管理、寿险精算与寿险实务等模拟实验课程的基础,以培养有能力从事人身保险业务的应用型人才为目标。

本课程综合运用讲授、启发式教学、讨论教学、案例教学、模拟实践教学等多种教学方法,对人身保险险种分别进行介绍,使学生对人身保险的保障范围、保障方式等基本内容有所认识。从宏观上培养学生对人身保险的认识,让学生了解中国人身保险市场的现状以及国际人身保险领域的发展趋势,使学生在学习人身保险理论的同时增强社会责任感与使命感。

(二)课程目标

本课程为专业必修课程。通过本课程的学习,使学生能够达到以下目标。

1. 知识目标:在系统掌握经济学、金融学、保险学理论的基础上,学习并理解人身风险和人身保险的基本内容、基本理论与基本技能,兼具其他相关领域知识,形成人文社会科学、自然科学、技术科学为一体的均衡知识结构,具有在人身保险相关领域内,较熟练进行分析、设计、开发、营销及管理的专业能力。

2. 能力目标:具备获取知识的能力,能够掌握有效的学习方法,理解并对本课程的核心内容实现融会贯通;具备实践应用能力,能够理论联系实际,提高分析并解决实际问题的能力;具备全面的人身风险意识与较高的人身风险管理水平,提出正确的人身风险解决方案;具备创新精神与一定的科研能力。

3. 育人目标:具备完整的社会主义核心价值观,热爱祖国,遵纪守法;具备良好的道德品质、文明习惯与职业操守,富有社会责任感和人文关怀意识;具备良好的专业素养,熟悉国家有关人身保险的方针、政策和法律法规,了解国内外学界、业界发展动态,有能力对我国商业及公益性人身保险的实务与改革措施提出建设性的意见和建议;具备良好的身心素质及相应的科学知识与科学素养。

(三)课程教材和资料

➢ 推荐教材

魏巧琴. 新编人身保险学[M]. 4版. 上海:同济大学出版社,2019.

➢ 参考教材或推荐书籍

1. 肯尼斯·布莱克,哈罗德·斯基伯. 人寿与健康保险[M]. 北京:北京大学出版社,2003.
2. 张洪涛,庄作瑾. 人寿与健康保险[M]. 北京:中国人民大学出版社,2008.

➢ 学术刊物与学习资源

国内外经济金融类各类期刊。

学校图书馆提供的各种数字资源,如"读秀学术搜索"与"万方数据服务平台",特别是"中国知网"。

中国人寿、中国平安、新华保险、中国太保等上市保险公司年报。

➢ 推荐网站

中国保监会网站：http://www.circ.gov.cn/.
中国保险学会网站：http://wwww.iic.org.cn.

二、课程思政教学总体设计

(一)课程思政教学目标

以中国特色社会主义思想为指导，坚持马克思主义唯物史观及辩证原理，始终做到知识传授与价值引领相结合，运用可以培养大学生理想信念、价值取向、政治信仰、社会责任的题材与内容，全面提高大学生缘事析理、明辨是非的能力，为学生的全面发展提供思想政治保障。

《人身保险》课程以人身保险理论知识为核心内容，学习人身保险的基本内涵和知识，重视风险管理、基础理论和实践操作技能的培养，提升学生对人身保险领域实践问题的分析能力和综合运用能力，充分激发学生的担当意识和使命意识。

本课程加入大量的中国寿险市场发展的最新实践和成果，通过在课程中大量融入和体现中国经验，增进学生分析和解决问题的能力，引导学生增强"四个意识"、坚定"四个自信"、做到"两个维护"，思想和行为自觉与以习近平同志为核心的党中央保持高度一致。具体而言，本课程的思政教学目标可以以下八个维度为出发点，即政治认同、家国情怀、道德修养与职业伦理、法治意识与底线思维、文化素养、科学精神、时代担当和广阔视野。

1. 政治认同

《人身保险》课程以传统的人身保险理论为主，也兼具大量中国特色的人身保险理论与实践问题的提炼与总结，这些问题与辩证唯物主义以及中国特色社会主义理论与实践密切相关。在本课程中，学生将通过任课教师对相关专业知识的讲述，更准确了解中国人身保险领域改革取得的成就，从其发展历程中自然而然地传递马克思主义基础理论的正确性，进一步认识马克思主义指导地位的重要性和中国特色社会主义制度的优越性，从而增强政治认同。

2. 家国情怀

我国人身保险业诞生于旧中国，发展步履维艰。新中国成立后，尤其是处于改革开放的过程中，在党的领导下，我国人身保险业才得以迅猛发展。在这一过程中，爱岗敬业、勇于奉献的保险从业人员层出不穷。本课程将通过介绍人身保险领域先辈楷模为祖国为人民牺牲奉献的事迹及中国人身保险发展的大事记，对学生进行爱党、爱国、爱社会主义、爱人民、爱集体的"五爱"教育，使学生感受中华民族一脉相承的爱国主义精神，积极传承爱国情怀。除此之外，本课程还会借由中外对比，向学生介绍当前我国保险市场，特别是寿险市场改革存在的问题及与发达国家寿险业发展的差距，让学生树立为祖国、为人民奋斗奉献的理想。

3. 道德修养与职业伦理

本课程会进行保险的基本原则的讲解，尤其是最大诚信原则的理论和案例分析。人身保险领域，特别是人身保险中介业务对职业道德要求很高，其基本规范包括爱岗敬业、遵纪守法、诚实守信、业务优良、服务群众、奉献社会等。我们将通过案例分析，让学生认识到人身保险从业道德的重要性，自觉遵守职业道德。在市场经济条件下，人身保险从业者职业道德水平的高低在很大程度上决定着该行业能否持续健康发展，而从业者个人的道德修养与职业伦理道德规范决定了其在人身保险发展中的作用，能走多远，能做多大的事。本课程将通过知识讲解和案例解读，切实提高学生的道德修养与从业操守。

4. 法治意识与底线思维

保险法包括保险业法和保险合同法，寿险公司是在保险法律法规框架下经营的。本课程各章内容包括大量法律、法规介绍，涵盖了中国主要的民法和保险法。通过本课学习，学生将初步搭建相关法律法规知识体系，认识到相关法规对于人身保险业发展和金融稳定的重要作用，进而牢固树立个人遵纪守法的意识和人身保险业合规经营的底线思维，激励学生自发崇尚、遵守和捍卫法律。除此之外，本课程鼓励学生对当前法律法规存在的问题进行创新性探索，为保险领域的改革和法制建设贡献自己的力量。

5. 文化素养

本课程注重学生文化素养的养成。文化素养的养成,是在素质的基础上不断积累和沉淀的过程,不断理解和深悟的过程,不断提高和丰富的过程,不断完善和完美的过程。文化素养,不可能一蹴而就。良好的素养,是综合性的,既是知识,又是能力,还是品德作风,又是胸怀境界。对人身保险从业者而言,最重要的文化特质是"诚信"。在本课程,即人身保险合同和保险原则中,任课教师将通过讲授相关专业知识,引述典型案例,对学生进行中华优秀传统文化——诚信为本的教育。

6. 科学精神

本课程注重培养学生的科学精神。本课程提出"知识为基、研究为核、思政为魂"的课程目标,在各章节教学中,注重通过研究能力训练来培养学生的科学精神。比如,在教学中,引领学生学习各章后的思考内容,并结合中国寿险业的发展,思考寿险业发展中存在的问题。同时,指导学生阅读相关的参考文献,鼓励学生开展纵深阅读与探究。

7. 时代担当

青年是国家的未来。青年兴则国家兴,青年强则国家强。"青年一代有理想、有本领、有担当,国家就有前途,民族就有希望"。青年是国家建设和发展的生力军。回顾历史,在"五四运动"的呐喊奔走间,在"抗日救亡"的枪林弹雨里,在"改革开放"的时代,寿险业改革发展进程中都不缺少青年人的身影。"国家的希望在青年,民族的未来在青年",青年要主动扛起责任担当,勇做新时代的弄潮儿。在教学中,任课教师既应介绍我国寿险业发展过程中不同时代的"青年人"的保险改革,也要注重结合习近平总书记对青年的寄语,引导学生树立远大崇高的理想,增强本领,勇于担当。

8. 广阔视野

在新时代、新理念、新格局下,国家的发展尤其需要更多具有国际视野的高素质人才。而当代大学生是我国全面建成小康社会、实现中华民族伟大复兴的生力军,是祖国的未来和民族的希望,其是否具有国际视野对于国家的发展尤为重要。因此,大学生要培养自己的世界眼光和国际视野,立志成才报国,有志于世界文明的进步。本课程通过让学生了解国际、国内人身保险业发展的最新成就和前沿趋势,特别是注重对中外人身保险业发展的比较研学,培养学生的广阔视野。

(二)课程思政的教学内容

《人身保险》课程的思政内容涉及以下几方面。

1. 人身保险发展的文化自信和制度自信

中华文明源远流长,早在先秦时期著作中就有关于原始保险思想的记录,新中国成立后,保险业的发展更是蒸蒸日上。人身保险业通过风险分担机制,为生命健康提供保障,有助于经济社会的稳定健康发展。教师在授课时,应结合中国传统文化,注重介绍体现时代、民族与文化特色的中国人身保险的发展实践和理论发展现状、原因及其独特性,增强学生对中国人身保险发展的文化自信和制度自信。

2. 人类命运共同体意识

人类文明史是一部人类社会与自然灾害抗争长期发展史,也是人类一部风险管理意识与实践的长期发展史,人类同舟共济,保险思想也因此孕育而生。从自然法则的角度看,保险是基于共生理论,是"相依为命"的朴素意识长期发展的结果。从人性视角看,保险是一种互助友爱精神的体现,是"一人为大家,大家为一人"的现实表现形式。专业教师在讲授时,须注重从人身保险学的专业视角帮助学生形成人类命运共同体意识。

3. 人身保险相关企业的社会责任

人身保险是对公民生命健康进行社会化风险管理的制度安排,分担风险,补偿损失,稳定预期,福祉社会是人身保险相关企业的初心与责任。专业教师在教学中,要将百年变局背景下人身保险企业的社会责任嵌入教育的全过程,将责任意识融入学生心灵。

4. 保险伦理与从业人员的职业道德

人身保险伦理与从业人员的职业道德是行业健康运行的基石。在教学中,应当融入保险伦理认知和职业道德教育,如诚实守信教育、爱岗敬业教育、遵纪守法教育、廉洁奉公教育、优质服务教育等,引导学生具有家国情怀、法治意识、社会责任和仁爱之心。

(三)教学方法

本课程综合运用讲授、启发式教学、讨论教学、案例教学、模拟实践教学等多种教学方法,使学生具备有关人身保险领域的基本知识、基本理论和基本分析方法,具有运用人身保险知识分析现实问题的能力,具有国际视野,了解全球化环境下的行业发展,熟悉人身保险伦理和职业道德标准。

三、课程各章节的课程思政教学内容设计

第一章　人身风险
专业教学目标
人身风险主要包括生命风险、健康风险、失业风险等,为了保障个人及家庭生活的安定,我们需要运用风险管理手段来处理人身风险。
本章内容主要包括:人身风险的概念和特征;人身风险的分类;人身风险的管理方法。
【知识目标】
1. 掌握人身风险的概念和特征。
2. 了解人身风险的分类。
3. 具备人身风险管理意识与相关知识。
【能力目标】
学生能够进行人身风险识别、估测与评价,进而进行风险管理方法的选择。
课程思政教学目标及实践
【育人目标】
理性思维　本章的学习主要是掌握分析方法,这需要大量的练习,特别是思维训练。这些训练有助于学生加强普遍联系和部分与整体等概念的认识,有助于理性看待个体最优选择与群体行为的宏观后果,有助于理性看待市场制度和监管规则的制定及选择。
【教学方式与方法】
1. **自主学习**:线上学习相应慕课中的基础专业知识点,线下自主阅读文献资料,撰写阅读笔记或思维导图。
2. **课堂讲授**:讲授相关理论的主要观点或内容、政策启示与建议等。
3. **课堂展示与讨论**:学生展示根据教学素材整理分析的相关报告等,小组讨论。
【课程思政教学实例】
案例材料:新冠肺炎疫情下的人身风险管理
(1)案例简介
人身保险这门课,先从2020年春节的新冠肺炎疫情说起。
SARS的时候你们还小,但这次你们亲身经历了新冠肺炎疫情疫情,你们也已经学过保险学这门课程,那么大家从风险管理的角度来分析一下这次疫情的发生、发展,并对未来的结果做个预判。
本学期我们将会密切关注这次疫情对宏观经济和微观的厂商及个人的影响,希望同学们能积极参与。可以选一个视角,写一些文章,作为学年论文的初稿。也可以去做一些调研,作为你们的社会调研作业的素材。
从大家对新冠肺炎疫情的梳理不难发现,在风险发生之初,我们也是有教训的。但中国很快地对风险进行了科学的识别、估测和评价,选择了适合中国国情的动态清零的风险管理办法,有效地保障了人民的生命和健康安全。同时,全国也涌现出无数舍己为人、邻里守望相助的模范人物,体现出居民互助意识与行动对个人风险管理的重要意义。
资料来源:根据网络公开资料搜集整理。
(2)案例的思政元素
①**制度认同**。在疫情初期的工作失误之后,国家与各地方机关及时采取了有效的防疫措施,和全国人民群策群力,避免了次生破坏的进一步扩大,有效保障了人民群众的生命健康,避免了更大范围的人身健康风险。
②**互助精神**。在这次疫情中,全国涌现出无数舍己为人、邻里守望相助的模范人物,体现出居民互助

意识与行动对个人风险管理的重要意义。

(3)教学手段

①翻转课堂——支架与高阶:慕课资源、文献资源为翻转课堂提供支架;课堂展示、师生思辨讨论实现课堂高阶性、高效性。

②知识点+实事+思政——贯穿融合:在知识点"人身风险与人身风险管理"中引入制度认同、互助精神以及为集体做贡献的意识。

③学习测评——实时呼应:投票结果、讨论结果现场点评。

第二章 人身保险的发展简史

专业教学目标

人身保险的发展简史主要包括人身保险的发展历程、发达国家人身保险发展简史、我国人身保险发展简史以及影响人身保险发展的因素。

通过本章的学习,找出我国人身保险发展滞后的原因,并给出相应的对策建议。

【知识目标】

1. 了解人身保险发展历程。

2. 理解影响人身保险发展的因素。

3. 分析现状给并给出解决方案。

【能力目标】

分析影响人身保险发展的因素,找出我国人身保险发展滞后的原因并给出对策建议。

课程思政教学目标及实践

【育人目标】

家国情怀　在介绍我国与国际人身保险的发展历程时,可联系我国民族保险业建立的艰难历程,通过和改革开放以来我国人身保险业取得的快速进步进行对比,激发学生强烈的爱国热情和家国情怀,并激励学生在专业学习中更加努力,为中华民族的伟大复兴和人身保险业的强大而努力学习。

【教学方式与方法】

1. 自主学习:线上学习相应慕课中的基础专业知识点,线下自主阅读文献资料,撰写阅读笔记或思维导图。

2. 课堂讲授:讲授相关理论的主要观点或内容、政策启示与建议等。

3. 课堂展示与讨论:学生展示根据教学素材整理分析的相关报告等,小组讨论。

【课程思政教学实例】

案例材料:近代以来我国人身保险的发展史

(1)案例简介

我国古代即有互助共济的思想与具有一定保险色彩的自发性互助组织,但近代人身保险制度是随西方侵略进入的舶来品。

从19世纪80年代开始,西方人身保险企业首先在上海等口岸城市组建了一系列近代性质的人身保险公司。然而,因为旧中国积贫积弱、苦难深重,绝大多数城乡居民极端贫困且国民总体受教育程度很低,新中国成立之前,人身保险理念与寿险产品没能深入到群众当中。

新中国成立之后,较稳定的国内形势与人民群众生活水平、受教育程度的提高为国家开展人身保险业务提供了基础。特别是改革开放以来,随着我国综合国力与人民生活水平的发展走上快车道,我国人身保险的业务范围大大拓展,险种不断增加,寿险业制度建设与赔付体系不断完善。在党和国家的领导下,我国人身保险领域从业者正积极进行人身保险理论研究,推进行业实务发展,服务于保险市场持续高速发展背景下风险日益多元与复杂化的形势,满足人民群众日益增长的保险需要。

资料来源:根据网络公开资料搜集整理。

(2)案例的思政元素

①政治认同。通过学习从旧中国到新中国人身保险行业的发展历程,增强学生对国家、对中国特色社

会主义制度的认同。

②家国情怀。了解旧中国人身保险行业发展迟滞的历史背景,使学生对中华民族近代的苦难具有一定体会,更加明确当下自身肩负的历史任务。

③时代担当。学生能够对当前我国人身保险行业取得的成就及存在的问题具有整体性的了解,树立推动我国新时代人身保险领域发展的志向。

(3)教学手段

①翻转课堂——支架与高阶:慕课资源、文献资源为翻转课堂提供支架;课堂展示、师生思辨讨论实现课堂高阶性、高效性。

②知识点＋实事＋思政——贯穿融合:在知识点"人身保险发展简史"中引入旧中国民族人身保险业的艰难和新中国人身保险业的发展,激发学生的制度认同、家国情怀和时代担当。

③学习测评——实时呼应:投票结果、讨论结果现场点评。

第三章　人身保险概述

专业教学目标

通过对人身保险的概念、特征、类别、职能及作用的学习,对人身保险有深入的了解,同时理解人身保险对个人、家庭、企业、社会及国家的重要意义。

【知识目标】

1. 人身保险的概念。
2. 人身保险的特征。
3. 人身保险的分类。
4. 人身保险的作用。

【能力目标】

通过学习理解人身保险和社会保障、财产保险的区别与联系,选择合适的人身保险产品,为相关企业和个人进行有效的风险管理。

课程思政教学目标及实践

【育人目标】

社会责任　人身保险对个人和家庭具有经济保障、投资手段、税收优惠的作用,对企业有化解企业对员工的人身风险责任、增加员工福利、减少人才流失、补偿企业因重要员工的生命健康受损而遭受的损失的作用。在宏观上,有稳定社会秩序、增加就业机会、促进金融市场发展的作用。鉴于人身保险对个人及社会发展的重要作用,希望通过本章的学习,使相关专业学生理解自身将肩负的社会责任。

【教学方式与方法】

1. 自主学习:线上学习相应慕课中的基础专业知识点,线下自主阅读文献资料,撰写阅读笔记或思维导图。
2. 课堂讲授:讲授相关理论的主要观点或内容、政策启示与建议等。
3. 课堂展示与讨论:学生展示根据教学素材整理分析的相关报告等,小组讨论。

【课程思政教学实例】

案例材料:中国人寿2021年十大寿险理赔案例

(1)案例简介

ZGRS发布《ZGRS2021年寿险理赔服务年报》,2021年赔付件数超1911万件,不到2秒就赔付1件,理赔金额超546亿元,平均每天赔付1.5亿元,最高赔付9950万元。

资料来源:央广网,国寿寿险发布2021年理赔年报,日均赔付1.5亿元[EB/OL]2022－01－25/2022－08－16。

(2)案例的思政元素

法治意识。学生能够了解人身保险投保及承保的相关事项及法律条款,增强合理投保,依法进行理赔或给予赔付的意识。

(3)教学手段

①翻转课堂——支架与高阶:慕课资源、文献资源为翻转课堂提供支架;课堂展示、师生思辨讨论实现

课堂高阶性、高效性。

②知识点＋实事＋思政——贯穿融合：在知识点"人身保险的职能和作用"中引入积极投保、依法索赔及理赔的法治意识。

③学习测评——实时呼应：投票结果、讨论结果现场点评。

第四章　人身保险合同

专业教学目标

人身保险合同是确立人身保险当事人之间权利与义务关系的协议，了解和掌握人身保险合同基础知识对学生具有重要意义。

本章着重介绍三部分内容：人身保险合同总论、对人身保险合同的静态研究与动态研究。

【知识目标】

1. 人身保险合同的法律特征。
2. 人身保险合同的主体与客体。
3. 人身保险合同的内容和形式。
4. 人身保险合同的履行。

【能力目标】

根据人身保险合同的基础知识，分析具体的人身保险合同，并对保险合同履行中出现的问题进行客观的分析。

课程思政教学目标及实践

【育人目标】　法治意识　根据《保险法》中关于保险合同的具体内容，自觉地履行保险合同的相关条款，并能对大众进行保险条款的解释和普及。

【教学方式与方法】

1. 自主学习：线上学习相应慕课中的基础专业知识点，线下自主阅读文献资料，撰写阅读笔记或思维导图。
2. 课堂讲授：讲授相关理论的主要观点或内容、政策启示与建议等。
3. 课堂展示与讨论：学生展示根据教学素材整理分析的相关报告等，小组讨论。

【课程思政教学实例】

案例材料：一张保单背后的家国情怀

（1）案例简介

一张保单，仅仅是个人与企业的一纸合约吗？是也不是。

作为国家金融行业的三大组成部分之一，一纸保单，关乎家与国。往小了说，它是现代人幸福生活的"保险阀"。往大了说，它是国家和社会的"稳定器"，社会经济的"助推器"。

保险业是现代经济的重要产业，风险管理的基本手段，又是社会文明水平、经济发达程度、社会治理能力的一个重要标志，尤其是在我国经济进入转型期、社会进入转轨期这样一个特殊时期，保险业的发展迎来了重大的历史机遇期，保险业在整个社会发展当中要唱主角、挑大梁。

资料来源：根据网络公开资料搜集整理。

（2）案例的思政元素

①家国情怀。能够使学生形成"当代中国寿险业发展史凝聚了中国现代化历程"这一深刻道理，明白人身保险事业的发展与我国人民群众的幸福生活息息相关，增强其责任感与使命感。

②互助精神。使学生理解人身保险的运行机制及其在当代中国对个人、家庭，乃至社会与国家的重要作用，增强其对人身保险蕴含的风险共担、守望互助精神的体会。

（3）教学手段

①翻转课堂——支架与高阶：慕课资源、文献资源为翻转课堂提供支架；课堂展示、师生思辨讨论实现课堂高阶性、高效性。

②知识点＋实事＋思政——贯穿融合:在知识点"人身保险合同"中引入保险合同的宏观和微观意义,进而引出家国情怀和互助精神。

③学习测评——实时呼应:投票结果、讨论结果现场点评。

第五章 人寿保险合同的条款

专业教学目标

人寿保险合同条款受政府银保监管部门控制,所使用的保险单格式须得到监管部门批准,保险条款中应包括保险法中的规定的一些标准条款,各家保险公司的条款都比较统一。此外,为了满足投保人多样化的需求,在人寿保险合同中除了十个常见条款外,还列有各种选择条款。

本章着重介绍两部分内容:人寿保险合同的常见条款和人寿保险合同的选择性条款。

【知识目标】

1. 不可抗辩条款。

2. 宽限期条款。

3. 受益人条款。

4. 保险费缴付方式、红利、退保金和保险金给付方式选择权。

【能力目标】

根据人寿保险合同条款的基础知识,分析具体的人寿保险合同,并对保险合同案例中涉及的条款争议进行客观的分析。

课程思政教学目标及实践

【育人目标】

法治意识 根据《保险法》中关于保险合同的具体内容,自觉地履行保险合同的相关条款,并能对大众进行人寿保险条款的解释和普及。

【教学方式与方法】

1. 自主学习:线上学习相应慕课中的基础专业知识点,线下自主阅读文献资料,撰写阅读笔记或思维导图。

2. 课堂讲授:讲授相关理论的主要观点或内容、政策启示与建议等。

3. 课堂展示与讨论:学生展示根据教学素材整理分析的相关报告等,小组讨论。

【课程思政教学实例】

案例材料:受益人权利主张

(1)案例简介

合同约定了第一受益人,并未授权投保人或被保险人主张保险金,应向投保人或被保险人及第一受益人释明相关的诉权。

基本案情:2019 年 6 月 14 日,史某驾驶冀 Gxxxx 重型牵引车发生侧翻,造成车辆受损,史某死亡的交通事故,史某负事故全部责任。登记于史某名下的事故车辆由继承人转让给薛某某。

事故车辆在某保险公司投有机动车损失险和不计免赔,保险期间 2019 年 3 月 10 日到 2020 年 3 月 9 日,保单中载明第一受益人为"某租赁公司"。史某以贷款的方式购买事故车辆,某销售公司提供担保。截至案件审结前,贷款尚未清偿完毕。

裁判结果:一审法院经审理认为,虽然车辆登记信息并未变更,但薛某某已经购买该车辆,属于对保险标的具有权利的主体。案涉保险合同合法有效,某保险公司应当按照约定对事故车辆的损失向薛某某承担赔偿责任。

某保险公司不服提出上诉,二审法院向某销售公司了解事故车辆情况,查明贷款尚未清偿完毕。二审法院认为,保单中载明了第一受益人,薛某某虽受让该事故车辆,但未能提交证据证明其得到第一受益人的授权,故应在确定第一受益人的意思表示的情况下确定薛某某是否能够获得保险金。

案例意义:一般来说,保险合同的投保人、被保险人及受益人都属于与保险标的具有利益的主体,均可以基于合同的约定向保险人主张权利。

本案中,保单中明确约定了第一受益人,即在基于合同主张保险利益的时候存在顺位。保险合同亦属于合同范畴,应当以尊重当事人意思自治作为审理案件的思路。

存在第一受益人的情况,车辆一般是被保险人通过贷款购买,贷款人(或担保人)要求设立其为第一受益人,这是保障债权实现的一种手段,符合法律规定。如在没有授权的情况下,直接认定投保人、被保险人具有保险利益而进行判决,将对第一受益人的权益造成侵害。

本案中的车辆转让行为发生在事故之后,根据保险法的规定,出险时被保险人应当对保险标的拥有保险利益,显然薛某某不符合上述条件,虽在事发后经继承人受让保险标的车辆,也应当取得第一受益人的授权。

第一受益人作为对保险标的具有独立请求权的主体,应当向其释明有关的诉讼权利义务及法律后果,在此基础上再行对投保人或被保险人是否具备领取保险金的资格进行判断。

资料来源:潇湘晨报,张家口法院保险合同典型案例(之一)[EB/OL]2021-11-26/2022-08-16。

(2)案例的思政元素

①法治意识。学生能够了解人身保险投保及承保的相关事项及法律条款,增强合理投保,依法进行理赔或给予赔付的意识。

②互助精神。使学生理解人身保险的运行机制及其在当代中国对个人、家庭,乃至社会与国家的重要作用,增强其对人身保险蕴含的风险共担、守望互助精神的体会。

(3)教学手段

①翻转课堂——支架与高阶:慕课资源、文献资源为翻转课堂提供支架;课堂展示、师生思辨讨论实现课堂高阶性、高效性。

②知识点+实事+思政——贯穿融合:在知识点"人寿保险合同条款"中引入人寿保险合同条款的法律依据,进而树立法律意识和培养互助精神。

③学习测评——实时呼应:投票结果、讨论结果现场点评。

第六章 人寿保险的种类

专业教学目标

人寿保险是一种社会保障制度,人寿保险是以人的身体以及生命来作为保险对象的,我们通常将人身危险总结为死亡,伤残,疾病,年老等。了解人寿保险种类,帮助学生运用人寿保险解决个人养老意外伤害等问题。

本章着重介绍三部分内容:传统人寿保险、分红型人寿保险、投资型人寿保险,并区分它们的异同。

【知识目标】

1. 传统人寿保险的种类及特征。
2. 分红型人寿保险的种类及特征。
3. 投资型人寿保险的种类及特征。
4. 三类寿险的异同。

【能力目标】

根据人寿保险种类和特征的基础知识,分析具体的人寿保险合同,并对人寿保险合同履行中出现的问题进行客观的分析。

课程思政教学目标及实践

【育人目标】

制度自信与职业伦理道德规范 人身保险业职业道德的基本规范包括爱岗敬业、遵纪守法、诚实守信、业务优良、服务群众、奉献社会等。通过本章的知识讲解和案例解读,切实提高学生的道德修养与从业操守。

【教学方式与方法】

1. 自主学习:线上学习相应慕课中的基础专业知识点,线下自主阅读文献资料,撰写阅读笔记或思维导图。

2. 课堂讲授:讲授相关理论的主要观点或内容、政策启示与建议等。
3. 课堂展示与讨论:学生展示根据教学素材整理分析的相关报告等,小组讨论。

【课程思政教学实例】

案例材料:为近3亿农民工提供保障"精惠保"平台发布"爱家保"

(1)案例简介

2019年5月,首个惠及近3亿农民工保障的互联网平台"精惠保"正式发布。此次活动由上海陆家嘴金融城发展局指导,QMY(上海)科技有限公司、HQRSBX 有限公司联合主办。原中国保监会副主席魏迎宁、中国保险行业协会秘书长商敬国等领导和专家学者参加了研讨会。

40年改革开放催生了独具中国特色的庞大的农民工群体。有了保险保障,才能防止农民工因疾病、意外造成家庭生活困难。精算是保险业的核心技术之一,期待通过精算、科技服务促进农民工保障水平进一步提升。

会上,由 QMY 和 HQRS 共同打造的"精惠保"平台发布并上线了首款针对农民工群体的保险产品"爱家宝"定期寿险。据了解,"爱家宝"是一款针对农民工家庭风险特点设计的高保额低保费的定期寿险,1—6类职业均可投保,部分高危职业也能投保,适合多种职业的农民工。

资料来源:新疆保险网,为近3亿农民工提供保障"精惠保"平台发布"爱家保"[EB/OL]2019—05—07/2022—08—16。

(2)案例的思政元素

①增强学生对我国人身保险制度自信。明白人身保险事业的发展与我国人民群众的幸福生活息息相关,增强其责任感与使命感。

②增强创新意识。以农民工定期寿险为例,掌握扎实的人身保险学知识和技能、交叉融合前沿知识和跨学科知识,设计时代需要的寿险产品。

(3)教学手段

①翻转课堂——支架与高阶:慕课资源、文献资源为翻转课堂提供支架;课堂展示、师生思辨讨论实现课堂高阶性、高效性。

②知识点+实事+思政——贯穿融合:在知识点"人寿保险"种类和特征中引入人寿保险的意义,进而引出制度自信和创新意识。

③学习测评——实时呼应:投票结果、讨论结果现场点评。

第七章 人身意外伤害保险

专业教学目标

人身意外伤害保险属于人身保险业务种类之一。通过本章教学,使学生在掌握人寿保险业务的基础上进一步学习人身意外伤害保险,掌握人身意外伤害保险的重要内容,加深对人身意外伤害保险在整个社会生活中重要作用的理解。

【知识目标】

1. 掌握人身意外伤害保险的概念、特征、分类及可保风险。
2. 掌握意外伤害的含义、人身意外伤害保险的保险责任与保险金的给付。
3. 了解人身意外伤害保险的品种,掌握人身意外伤害保险与人身意外伤害责任保险的区别。

【能力目标】

1. 培养学生正确理解人身意外伤害保险在社会中作用及现实具体案例。
2. 培养学生正确解读各家寿险公司人身意外伤害保险的条款。

课程思政教学目标及实践

【育人目标】

1. 家国情怀 通过讲解人身意外伤害的要素和人身意外伤害保险保障的主要内容,让学生认识到意外风险与社会职业核心价值观的和谐、平等和公正相融合,如果人人都有投保意外险,当意外发生时,就不会因为意外风险导致家庭经济负担加重,社会也会相对和谐。

2. 实践创新 通过讲解人身意外伤害保险合同主要条款,让学生意识到社会生活中有哪些意外风险,针对这些意外风险可能带来的伤害,应该如何做好风险管理,并进行宣传,从而降低人们由此带来的损失。同时,引导学生针对一些意外风险,设计相对应的人身意外伤害保险产品,从而解决这类风险带来的问题。

【教学方式与方法】

1. 自主学习:线上学习相应慕课中的基础专业知识点,线下自主阅读文献资料,撰写阅读笔记或思维导图。

2. 课堂讲授:讲授相关理论的主要观点或内容、政策启示与建议等。

3. 课堂展示与讨论:学生展示根据教学素材整理分析的相关报告等,小组讨论。

【课程思政教学实例】

案例材料:东航 MU5735 航班失事,机上 132 人全部遇难

(1)案例简介

2022 年 3 月 21 日,东航一架波音 737 客机在执行昆明——广州航班任务时,于梧州上空坠毁。机上人员共 132 人,其中旅客 123 人、机组 9 人,全部遇难。事故发生后,保险业迅速反应。多家保险公司迅速启动应急服务举措,组织排查客户出险情况,展开理赔服务工作。广西银保监局成立了区、市两级应急处置小组,要求辖内 44 家保险公司启动一级响应,全面开展排查。

资料来源:金融界,心痛:东航一架波音 737 飞机坠毁,广西保险业启动一级响应[EB/OL].2022-03-21/2022-08-16。

(2)案例的思政元素

①意外风险意识。意外和明天不知道哪一个先来,所以要做好风险的转嫁。

②服务意识。在重大意外风险来临时,保险业都会启动应急服务举措,从而让学生能够更加深入地认识保险的服务价值,从而增强其服务意识。

(3)教学手段

①翻转课堂——支架与高阶:慕课资源、文献资源为翻转课堂提供支架;课堂展示、师生思辨讨论实现课堂高阶性、高效性。

②知识点+实事+思政——贯穿融合:在知识点"人身意外伤害保险导论"中引入案例,将意外风险意识、服务意识等思政元素与专业知识相结合,增强学生的风险转嫁意识和为客户做好服务的意识。

③学习测评——实时呼应:投票结果、讨论结果现场点评。

第八章 健康保险

专业教学目标

健康保险属于人身保险业务种类之一,它主要包括医疗保险、疾病保险、失能收入损失保险、护理保险以及医疗意外保险等。本章在介绍健康保险基本概述的基础上,对主要的险种的概念、保障范围等内容分别进行介绍、分析,让学生了解和理解健康保险存在的必要性和重要性。

【知识目标】

1. 掌握健康保险的概念、特征。

2. 掌握医疗保险、疾病保险、失能收入损失保险、长期护理保险的保障范围和特征。

3. 熟悉健康保险的主要险种及其责任范围,明确健康保险合同的特殊条款规定。

【能力目标】

1. 培养学生正确理解健康保险在健康中国建设中的作用及现实具体案例。

2. 培养学生正确解读各家寿险公司健康保险的条款的能力。

课程思政教学目标及实践

【育人目标】

1. 家国情怀 "健康中国"上升为国家战略,这也是国富民强,社会和谐的重要表现。"健康中国 2030"规划纲要:提出 2030 全民健康素养、平均寿命、健康教育、健康行为的目标。完善健康保障的措施包括:健全医保管理服务体系、积极发展商业健康保险。

2. 人格发展 通过健康风险和健康保险的讲解,引导学生珍爱生命;养成良好的生活方式,了解生活方式对一个人健康的影响程度。生活中人们追求财富、成功、事业、地位、名誉、能力、爱情、家庭、幸福,但是所有这些都需要"健康"做支撑,没有它,生命将没有意义!

3. 实践创新　通过讲解健康保险合同主要条款,让学生意识到社会生活中面临的哪些健康风险,针对这些健康风险可能带来的经济负担,应该如何做好健康风险管理,从而降低人们由此带来的损失。同时,引导学生针对一些健康风险,进行健康保险产品创新设计,从而加深对该类产品的认知。

【教学方式与方法】

1. 自主学习:线上学习相应慕课中的基础专业知识点,线下自主阅读文献资料,撰写阅读笔记或思维导图。
2. 课堂讲授:讲授相关理论的主要观点或内容、政策启示与建议等。
3. 课堂展示与讨论:学生展示根据教学素材整理分析的相关报告等,小组讨论。

【课程思政教学实例】

案例材料:A 保险公司向 B 客户推荐"惠闽宝"产品

(1)案例简介

A 保险公司向 B 客户推荐"惠闽宝",告诉客户这是政府指导的惠民工程,有医保就可以购买,一年只需要 129 元。已经生病的能保、正在住院的能保、老人年纪大的也能保、有既往病症的能保,保障一年最高可达 350 万,还可以提供十大健康管理服务。该产品上市一个月投保人数达到了 110 万。2015 年深圳首次推出"惠民保险",至 2022 年 7 月末,全国已有 200 多个地级市开展惠民保业务,参保人群超过 1.2 亿。惠民保的开办城市数量呈现由南向北、从东到西的趋势逐渐增加。国家层面一再明确表态支持商业健康险发展,广大城乡居民对潜在医疗费用支出的担忧显而易见,农民工兄弟对医保的渴求更是有增无减,惠民保的运营模式就是解决城乡居民,特别是新市民群体保险需求问题的最优模式,也符合"健康中国"国家战略的需要。

资料来源:根据网络公开资料搜集整理。

(2)案例的思政元素

①人文情怀意识。"惠民保"类的产品在一定程度上解决了民众的医疗费用问题,这也是为人们谋福利,让人民过上更幸福的生活。

②互助精神。"惠民保"类的产品,让普通民众都有经济能力购买,在这些民众遇到医疗费用困难时,通过理赔,也是体现了保险"一人为众,众为一人"的互助精神。

③社会责任意识。学生能够更加深入地认识到保险业在发展的同时,要参与到政府的惠民工程中,从而给那些弱势群体提供更好的保障,尽到企业的社会责任。

(3)教学手段

①翻转课堂——支架与高阶:慕课资源、文献资源为翻转课堂提供支架;课堂展示、师生思辨讨论实现课堂高阶性、高效性。

②知识点+实事+思政——贯穿融合:在知识点"医疗保险"中引入最近火爆的"惠民保"类医疗保险产品,将人文情怀意识、互助精神以及社会责任意识等思政元素与专业知识相结合,增强学生的家国情怀意识与人文意识,以及互助精神的意识。

③学习测评——实时呼应:投票结果、讨论结果现场点评。

第九章　团体保险

专业教学目标

团体保险是一份合同向一个团体的许多成员提供保险,了解和掌握团体保险合同基础知识对学生具有重要意义。

本章着重介绍四部分内容:团体保险概述、团体保险的特点、团体保险的限制性规定、团体保险的分类。

【知识目标】

1. 了解团体保险的价值和意义。

2. 掌握养老方式的综合选择。
3. 正确看待我国的养老计划。

【能力目标】

根据团体保险合同的基础知识,分析具体的团体保险合同,并对保险合同履行中出现的问题进行客观的分析。

课程思政教学目标及实践

【育人目标】

制度自信　根据对中外团体保险产品和制度的比较,让学生深刻领悟我国团体保险尤其是养老保险的制度优势。

【教学方式与方法】

1. 自主学习:线上学习相应慕课中的基础专业知识点,线下自主阅读文献资料,撰写阅读笔记或思维导图。
2. 课堂讲授:讲授相关理论的主要观点或内容、政策启示与建议等。
3. 课堂展示与讨论:学生展示根据教学素材整理分析的相关报告等,小组讨论。

【课程思政教学实例】

案例材料:政府工作报告首提"第三支柱养老保险"

(1)案例简介

2022年3月5日,国务院总理李克强作政府工作报告,在论及"加强基本民生保障"时提出,"推进养老保险全国统筹,规范发展第三支柱养老保险"。这一专业名词首次被写入政府工作报告。

今年多位全国人大代表和全国政协委员针对"第三支柱养老保险"带来了建议,内容聚焦"加速推动第三支柱养老保险规范发展""对相关养老金融产品加大税收优惠力度""丰富养老产品供给与服务"等方面。

可以看出,在健全多层次社会保障体系过程中,第三支柱养老保险正在被寄予越来越多的期望。

资料来源:根据网络公开资料搜集整理。

(2)案例的思政元素

制度自信。让学生深入了解"我国现行的养老保险支柱",增强学生对我国养老制度的自信,增强其责任感与使命感。

(3)教学手段

①翻转课堂——支架与高阶:慕课资源、文献资源为翻转课堂提供支架;课堂展示、师生思辨讨论实现课堂高阶性、高效性。

②知识点+实事+思政——贯穿融合:在知识点"企业年金"中引入养老保险支柱,进而引出我国养老保险制度的优势。

③学习测评——实时呼应:投票结果、讨论结果现场点评。

第十章　人身保险的承保

专业教学目标

人身保险承保是保险承保工作的关键,只有认真、细致、全面地评估保险标的风险才能进行承保选择和承保控制,才能以适当的保险费率或保险条件做出正确的承保决策。使学生熟练掌握承保流程,规范承保行为。

本章着重介绍四部分内容:人身保险承保概述、人身保险核保程序、人身保险核保要素分析、人身保险合同的安全。

【知识目标】

1. 人身保险核保的因素。
2. 人身保险核保信息的取得和评价。
3. 人身保险核保的流程。
4. 人身保险核保与承保实训。

【能力目标】

根据人身保险承保的基础知识,掌握人身保险承保流程,并对承保过程中出现的问题进行客观地分析并解决。

课程思政教学目标及实践

【育人目标】

职业修养和敬业精神　自觉遵守人身保险承保中的具体规范和要求,提高职业修养,牢牢树立为客户服务,为社会稳定的工作意识。

【教学方式与方法】

1. 自主学习:线上学习相应慕课中的基础专业知识点,线下自主阅读文献资料,撰写阅读笔记或思维导图。

2. 课堂讲授:讲授相关理论的主要观点或内容、政策启示与建议等。

3. 课堂展示与讨论:学生展示根据教学素材整理分析的相关报告等,小组讨论。

【课程思政教学实例】

案例材料:神舟十四成功飞天！航天征程背后的保险承保

(1)案例简介

2022年6月5日10时44分07秒,神舟十四号载人飞船发射并取得圆满成功。

接下来,神舟十四号宇航员将在轨生活长达六个月,完成以天和核心舱、问天实验舱和梦天实验舱为基本构型的天宫空间站建造,建成国家太空实验室。

这也代表着经历30年的载人航天探索,中国航天事业即将开启空间站全面建造阶段。不得不说的是,伴随着我国航天事业的飞速发展,航天保险也发挥着重要的风险保障作用,为我国逐梦太空扮演着"护航者"的角色。

对比国际市场,我国航天保险起步较晚,20世纪80年代,以人保、太保、平安为代表的国内头部险企开始探索航天保险业务。1985年,人保承保了第一颗卫星——国土普查低轨道卫星,由此掀开了中国航天保险的发展篇章。

紧接着,1992年8月,平安保险独家承保返回式遥感卫星2号01星发射保险;1992—1996年,太保独家承保或参与承保尖兵一号卫星第14—17次发射保险。

不过,我国航天保险走向规范化发展是在1997年,当年8月,在财政部、央行的组织下,9家财产险公司和中国再保险集团共同组建中国航天保险联合体,这一阶段航天保险的经营模式主要是以政策性保险为主。

七年后的2004年,为进一步推动航天保险走向专业化、市场化发展,原保监会明确航天保险采用"一个市场,两种模式"的新规则。

对于我国航天保险的承保模式,有研究报告指出,由于国内的承保能力较为有限,我国的卫星发射和在轨保险项目大多需要进行再保险,由此也形成了多主体国内共保、国际分保的承保流程。

2004年"风云二号C"气象卫星的发射保险和在轨保险,便是我国首度按照商业化原则安排的航天保险项目,总保额达3.95亿元,其中国内自留份额为保额的20.75%,国外再保份额为保额的79.25%,彼时共有9家外国险企参加了再保,该项目的承保流程也代表了我国航天保险承保的一般流程,具有典型性。

值得一提的是,随着近年来我国航天产业的商业化发展,险企参与航天保险项目数量也与日俱增,特别是对卫星发射的相关业务,险企热情较高。

相关数据显示,人保财险累计承保卫星已近150颗。近年来,人保独家承保了长征五号运载火箭重要载荷,此外,公司也是国内唯一且同时首席承保"风云""海洋""资源""高分"四大系列对地观测卫星的险企。2021年,人保财险北京分公司还独家承保了"天问一号"火星探测器在轨寿命保险项目。

除人保外,平安产险也积极发展航天保险业务,资料显示,截至2020年,平安产险累计已为超120颗卫星及火箭提供航天保险业务。其中2015年至今,平安产险首席或独家承保18颗遥感卫星发射及在轨项目。

另需要指出的是,除了大型保险公司积极发展航天保险业务外,部分保险经纪公司也凭借专业优势,深度参与其中。如2002年,江泰保险经纪就首次以中介经纪的身份参与风云一号D气象卫星航天保险的安排。

对于载人航天项目商保参与有限的原因,研报分析称,这背后主要源于航天项目的研究制造流程非常复杂,涉及的责任主体也较多,且通常涉及国家秘密,普通商业保险机构难以深入了解投保项目的具体细节。

尽管对于神舟等系列的载人飞船项目,商业性的航天险难以深入参与,但在保障航天员的人身风险方面,商业险却可以发挥积极作用。如中国人寿分别为神舟五号航天员杨利伟,神舟六号航天员费俊龙、聂海胜和神舟七号航天员翟志刚、刘伯明、景海鹏提供了大额人身保障,2012年6月18日,神舟九号和天宫一号对接任务中,中国人寿也为航天员景海鹏、刘旺和刘洋提供了每人最高500万元保额的人身保障。

在中国人寿为航天员提供的定制专属保障中,航天员们日常工作、生活期间的保障为10万元/人,执行飞行任务期间则提高到500万元/人。

资料来源:网易。神舟十四成功飞天! 讲述航天征程背后的保险故事。https://www.163.com/dy/article/H9567GD20519GOCK.html。

(2) 案例的思政元素
①敬业精神。让学生了解"人身保险承保为我国航天事业保驾护航"这一事实,明白人身保险事业的发展与我国航天事业的腾飞息息相关,增强其责任感与使命感。
②职业修养。使学生理解人身保险承保工作对个人、家庭乃至社会与国家的重要作用,增强学生人身保险承保工作的热情和工作能力。

(3) 教学手段
①翻转课堂——支架与高阶:慕课资源、文献资源为翻转课堂提供支架;课堂展示、师生思辨讨论实现课堂高阶性、高效性。
②知识点+实事+思政——贯穿融合:在知识点"人身保险承保流程"中引入大胆创新、小心求证的工作精神,进而引出加强职业修养、提高敬业精神。
③学习测评——实时呼应:投票结果、讨论结果现场点评。

第十一章 人身保险理赔

专业教学目标

人身保险理赔是人身保险经营的重要的一环,做好理赔工作,对提供保险公司的经营效益和社会效益具有重大的意义。本章主要介绍人身保险理赔的概念、功能、宗旨、理赔的程序和实务操作。通过介绍,让学生对人身保险理赔在人身保险经营中起到的重要意义有一个清晰的认识,加深对寿险行业的认知。

【知识目标】
1. 掌握人身保险理赔的概念、功能和宗旨。
2. 熟悉人身保险理赔的程序。
3. 掌握人身保险理赔的实务操作。

【能力目标】
1. 培养学生将所学理论灵活应用于现实和具体案例。
2. 培养学生从思辨与探索的角度分析保险公司经营过程,评价其存在的局限性和问题。

课程思政教学目标及实践

【育人目标】
1. 家国情怀 通过讲解人身保险理赔的内容,让学生认识到集体的力量,每个人做出的一点贡献便能够帮助遭受重大损失的人获得相应的支持,从而培养学生为集体贡献的意识。同时也是社会主义核心价值观中的平等、公正、法治、诚信紧密结合的重要体现。
2. 法治意识与底线思维 保险公司的运营离不开法律契约的规范与约束,在人身保险理赔的经营环节中,不能做出有损于当事人的行为,帮助学生了解保险法和人身保险理赔的相关法律法规的重要意义,树立法治精神。

【教学方式与方法】

1. 自主学习：线上学习相应慕课中的基础专业知识点，线下自主阅读文献资料，撰写阅读笔记或思维导图。

2. 课堂讲授：讲授相关理论的主要观点或内容、政策启示与建议等。

3. 课堂展示与讨论：学生展示根据教学素材整理分析的相关报告等，小组讨论。

【课程思政教学实例】

案例材料：ZGRS 发布 2022 年上半年理赔服务报告

(1) 案例简介

2022 年上半年，ZGRS 赔付件数超 829 万件，赔付金额超 252 亿元，日均赔付约 1.4 亿元，均稳居行业前列。从理赔半年报中可以看出，赔付金额中 38.22% 为医疗案件赔付，第二位是重大疾病赔付，占比 30.59%，身故和伤残案件赔付金额占比分别为 27.38% 和 3.81%。所有理赔案件中，最高赔付金额为 1456 万元。上半年，ZGRS 共豁免保费超 3.77 亿元，约 4.5 万张保单在享受保费豁免的同时，仍能享有保险保障。客户理赔获赔率高达 99.5%。理赔时效向来是衡量理赔服务能力的直观指标之一。ZGRS 理赔智能化让服务更简捷，上半年整体理赔服务时效达到 0.46 天，在行业中处于领先位置。

资料来源：华声在线，国寿寿险发布 2022 年上半年理赔服务报告[EB/OL]2022－07－28/2022－08－16。

(2) 案例的思政元素

①平等公正守信意识。人身保险在理赔中既不能惜赔也不能滥赔。

②职业道德意识。作为理赔人员在办理理赔过程中要有职业精神，协助客户主动、迅速、准确、合理地进行理赔。

③服务意识。学生能够更加深入地认识人身保险理赔的服务价值，从而增强其服务意识。

(3) 教学手段

①翻转课堂——支架与高阶：慕课资源、文献资源为翻转课堂提供支架；课堂展示、师生思辨讨论实现课堂高阶性、高效性。

②知识点＋实事＋思政——贯穿融合：在知识点"人身保险理赔的概述"中引入该数据，将平等公正守信意识、职业道德意识以及服务意识等思政元素与专业知识相结合，增强学生对保险公司的经营效益和社会效益重大意义的理解，从而为保险行业的良性发展做出应有的贡献。

③学习测评——实时呼应：投票结果、讨论结果现场点评。

第十二章　人寿保险的数理基础

专业教学目标

人寿保险的科学运营客观上离不开精算，寿险精算使人寿保险的经营科学化，确保了经营的稳定性和盈利水平，了解人寿保险的数理基础有助于学生更深入了解保险业运营和保险的意义。本章主要包括人寿保险保费的构成、费率厘定要素、费率厘定原则及计算、责任准备金内涵及计算方法。

人身保险合同是确立人身保险当事人之间权利与义务关系的协议，了解和掌握人身保险合同基础知识对学生具有重要意义。

本章着重介绍三部分内容：人身保险合同总论、对人身保险合同的静态研究与动态研究。

【知识目标】

1. 人寿保险保费构成。

2. 人寿保险费率厘定原则及计算。

3. 人寿保险责任准备金计算。

【能力目标】

根据人寿保险的数理基础，掌握不同人寿保险产品净保费的计算，使用不同方法计算不同人寿保险产品净责任准备金。

课程思政教学目标及实践

【育人目标】

1. 广阔视野　随着精算技术和计算机技术的发展，保险费、责任准备金的厘定技术也在不断进步，可以把更多影响因素考虑在内,通过精算技术的最新成就和发展趋势,分析各国在保险公司的责任准备金监管上规定,培养学生的广阔视野。

2. 法治意识与底线思维　准备金的由计算是由保险法律、法规、会计实务标准等决定,由于寿险经营长期性,准备金是保障保险消费者享受合法利益的重要基石,银保监会不断强化法定责任准备金监管,通过法律和监管规定,帮助学生了解责任准备金的重要意义,树立法治精神。

【教学方式与方法】

1. 自主学习:线上学习相应慕课中的基础专业知识点,线下自主阅读文献资料,撰写阅读笔记或思维导图。
2. 课堂讲授:讲授相关理论的主要观点或内容、政策启示与建议等。
3. 课堂展示与讨论:学生展示根据教学素材整理分析的相关报告等,小组讨论。

【课程思政教学实例】

案例材料:ZDRSBX 准备金少计提 4.98 亿遭原保监会重罚

(1) 案例简介

原保监会于 2013 年 7 月 3 日对 ZDRS 总公司和 ZDRS 北京分公司开出罚单。ZDRS 总公司因未按规定提取准备金和虚列营业费用,被原保监会罚款 70 万元。据了解,在 2011 年,ZDRS 龙盛两全保险(万能险)产品的准备金评估方法不符合精算规定。如果严格按照原保监会的监管规定计提准备金的话,需增提准备金约 4.98 亿元。仅此一项就被原保监会罚款 30 万元,同时其时任总精算师薄卫民被罚款 10 万元。ZDRS 总公司还存在虚列营业费用的情况。经查,2011－2012 年 6 月,ZDRS 通过会议费科目列支 38.51 万元,实际用途为购买购物卡;电子设备运转费列支 7.8955 万元,实际用途为购买购物卡及其他礼品。就 ZDRS 虚列营业费用的行为,原保监会决定对其罚款 40 万元;对责任人张美玲、胡佳名分别警告并各处罚款 2 万元。

资料来源:根据网络公开资料搜集整理。

(2) 案例的思政元素

①法治意识、职业伦理。通过对案例中相关责任人的处罚引导学生思考,使学生理解保险从业人员的相关职责及违规行为的后果,培养学生法治意识、道德修养与职业伦理意识。

②科学精神。使学生理解责任准备金评估意义,明白"责任准备金是以保障被保险人利益为原则"的深刻含义,掌握科学计算不同时点责任准备金的方法,并不断根据监管要求和精算发展,针对不同产品能准确对责任准备金进行评估。

(3) 教学手段

①翻转课堂——支架与高阶:慕课资源、文献资源为翻转课堂提供支架;课堂展示、师生思辨讨论实现课堂高阶性、高效性。

②知识点＋实事＋思政——贯穿融合:在知识点"准备金的意义和种类"中引入准备金计提错误而被处罚系列案例,分析我国在保险责任准备金上的法律法规或监管规定,将科学精神、法治意识、道德修养与职业伦理等思政元素与专业知识相结合,增强学生的法治意识与底线思维,培养学生科学严谨态度。

③学习测评——实时呼应:投票结果、讨论结果现场点评。

四、课程思政的教学评价

(一)对教师的评价

1. 教学准备的评价

将《人身保险》课程思政建设落实到教学准备各方面,提前提炼思政元素进行课程思政目标设计、修订教学大纲、教材选用、教案课件编写等。

2. 教学过程的评价

将《人身保险》课程思政建设落实到教学过程各环节,主要是看教师是否采取了恰当的教学方式,将思政元素自然地融入教学内容中,对学生的思政教育以"润物细无声"的方式展开。包括教学理念及策略、教学方法运用、作业及批改、平时成绩考核等。

3. 教学结果的评价

建立健全《人身保险》课程思政多维度评价体系，包括同行评议、随机听课、学生评教、教学督导、教学研究及教学获奖等。

4. 评价结果的运用

对于同行评议、学生评教、教学督导等提出的改进建议，以及对学生考核的成绩分析进行运用，对教学进行反思与改进。

(二)对学生的评价

1. 学习过程的评价

检验学生是否认真完成了老师布置的要求和任务，积极参与资料收集、课堂讨论和实地调研等教学过程，科学评价学生在学习过程中的积极性、互动性和参与度。

2. 学习效果的评价

通过平时作业、课堂讨论、资源库平台资料分析报告、随堂练习、课程论文、期末考试等多种形式，检验学生对课程思政元素的领会及其对思政元素的掌握程度。

3. 评价结果的运用

通过师生座谈和系部教研活动等多种形式，对学生的学习效果进行科学分析，总结经验，改进不足，提升课程思政的学习效果。

五、课程思政的教学素材

序号	内容	形式
1	对长寿时代人身险发展背景的辩证认知	阅读材料
2	农村低收入家庭人身风险管理方案构建	阅读材料
3	香港人身保险市场对上海保险业发展的启示——基于2005年至2019年数据回顾与分析	阅读材料
4	党领导下的新中国保险业发展历程	阅读材料
5	保费收入增长与经济增长关系检验	阅读材料
6	2021年中国金融十件大事	阅读材料
7	论人身保险消费者的权益及其保护	阅读材料
8	人身保险合同受益人制度研究	阅读材料
9	人身保险合同法律规范专题研究	阅读材料
10	格式保险合同免除保险人应承担责任，加重被保险人责任无效条款的认定	阅读材料
11	科技发展视角下英、日、韩、中人寿保险业发展研究	阅读材料
12	人寿保险理论与实务	阅读材料
13	社会治理现代化背景下团体保险合同的制度构造	阅读材料
14	团体保险中保险人的说明义务	阅读材料
15	人身保险核保核赔	阅读材料
16	人身保险合同核保期内的风险承担——以临时保险制的建立为视角	阅读材料

《保险精算学》课程思政教学指南

李玉水[1]　许燕[1]　王运鹏[2]

([1] 福建江夏学院　[2] 西安财经大学)

一、课程简介与课程目标

(一)课程简介

精算学是一门交叉性和实践性都很强的学科。精算学之所以是一门交叉性学科,主要体现为保险学、数学和统计学等学科在精算学的理论及应用研究中都具有十分重要的作用;而精算学的实践性主要体现在其本身就是一门应用性学科,离开了实际部门的应用,精算学也就失去了存在的实际价值。本课程的教学主要围绕寿险和非寿险的定价和准备金展开。通过本课程的学习,学生能够掌握寿险和非寿险的定价原理以及准备金计算的方法,掌握利息理论在寿险定价和准备金当中的应用,掌握非寿险中常用的风险分布。

课程教学方法及学生培养目标支撑的概述。在本课程的教学过程中,重点在于通过对于理论公式的推导,让学生认识到在精算技术的支撑下,保险公司的经营是具有科学性的,从而重点培养了学生的科学思维。同时,通过在教学过程中引入与实际相关的案例,增强学生对于理论公式的理解,提升学生的实践创新能力。

(二)课程目标

本课程为专业必修课程。通过本课程的学习,使学生能够达到以下目标:

1. 知识目标:通过本课程的学习,学生能够对寿险精算和非寿险精算的基础概念和理论模型有初步的把握。在寿险精算部分,主要学习利息理论、生命表、精算现值、总保费和准备金评估等精算概念及技术,以及联合保险的精算问题。在非寿险部分,主要学习损失模型、分类费率、经验费率、准备金评估和再保险等问题。通过这一学习顺序和学习框架,学生能够更好地理解精算学的内在逻辑关系,同时对精算学的基本内容有基本的掌握。

2. 能力目标:通过本课程的学习,帮助学生建立起主动学习、探求知识的能力;同时,结合丰富的实践案例,学生能够建立起将理论知识应用于实践的能力;在理论学习的过程中,通过讲授精算理论的演进,培养学生的科研与创新能力。

3. 育人目标:在课程讲授的过程中,增强学生的家国情怀,培养学生的人文素养,形成学生的科学精神,帮助学生建立起深度学习的能力,注重学生自身的人格发展,促进学生实践创新意识的形成。

(三)课程教材和资料

➢ 推荐教材

王晓军,孟生旺. 保险精算原理与实务[M]. 5版. 北京:中国人民大学出版社,2021.

➢ 参考教材或推荐书籍

1. 孟生旺,刘乐平,肖争艳. 非寿险精算学[M]. 3版. 北京:中国人民大学出版社,2015.
2. 王燕. 寿险精算学[M]. 2版. 北京:中国人民大学出版社,2014.

➢ 学术刊物与学习资源

Insurance:Mathematics and Economics;Scandinavian Actuarial Journal。

➢ 推荐网站

中国精算师协会网站,英国精算师协会网站,北美精算师协会网站。

二、课程思政教学总体设计

(一)课程思政教学目标

本课程的思政教学目标的核心是培养符合社会主义现代化建设所需的人才,在专业理论的教学过程中,贯穿习近平新时代中国特色社会主义思想,提升学生的思政意识,维护我国社会主义事业的发展。

《保险精算学》课程以保险精算学理论知识为核心内容,学生可以掌握风险与保险的基本理论模型,掌握现金流计算、保险费厘定和准备金评估等的培养,提升学生对保险精算学领域实践问题的分析能力和综合运用能力,充分激发学生的担当意识和使命意识。具体而言,本课程的思政教学目标包括以下六个维度:政治认同、家国情怀、道德修养与职业伦理、法治意识与底线思维、文化素养、科学精神。

1. 政治认同

《保险精算学》课程以保险精算理论为主,同时也在课程讲授过程中引入与我国保险市场相关的案例。通过案例的讲述,让学生认识到保险精算学的学习对于我国保险事业的发展具有重要的作用。同时也让学生认识到,我国保险业在众多保险人和保险监管机构的努力下蓬勃发展。这与我国经济发展中马克思主义的指导地位息息相关,从而增加同学们的政治认同。

2. 家国情怀

在本课程的讲授过程中,不断强调保险精算理论对于我国保险事业发展的重要作用,也为我国社会主义市场经济体制的不断发展打下基础。同时,在案例的讲授过程中,通过中外保险精算实践的对比,让学生认识到我国的精算理论水平与国外相比仍存在较大的差距,帮助学生树立好好学习、报效祖国的社会责任感。

3. 道德修养与职业伦理

精算师由于其专业性以及其在岗位工作过程中的严谨性对于社会各方的潜在影响,精算师协会要求其精算师成员具有较高程度的道德修养与职业伦理。在保险定价的过程中,充分考虑保险价格对于被保险人的公平性。在准备金评估的过程中,充分考虑准备金的充足性对于保险公司持续经营的重要性。

4. 法治意识

由于保险精算实践的复杂性,保险监管机构颁布了相关的规章制度以对精算师的工作标准予以规范。在课堂讲授的过程中,将着重对这些规章制度进行介绍,分析相关规章制度对于精算师工作的影响,从而增强学生的法治意识。

5. 文化素养

在保险精算理论的学习与实践过程中,学生会认识到公平的重要性。将不同风险状态的保险标的进行公平的定价,是精算师的重要职责。通过相关知识的学习,能够帮助学生建立起以人为本的人文素养。

6. 科学精神

《保险精算学》课程以保险精算中的理论模型作为主要教学内容,在课程讲授过程中重点帮助学生理解公式的推导过程以及应用。学生在学习理论模型的过程中,可形成理性思维的能力,从而帮助学生建立科学精神。

(二)课程思政的教学内容

1. 精算理论的不断发展

保险精算理论的起源可追溯至19世纪,经过上百年的发展,保险精算学已经建立起了非寿险精算和寿险精算两套成熟的精算体系。保险精算理论将学生所学的基础知识加以融会贯通,包括数学、统计学、经济学等学科,可帮助学生深刻理解相关学科知识。

2. 精算师的职业道德

为更好地服务于社会公众和保险公司的发展,精算师需要在岗位职责的履行过程中保证精算师从业能力、工作规则、职业道德及对其服务对象、同业的社会责任能够履行。重点的讲授内容是中国精算师协会、英国精算师协会、北美精算师协会等精算师协会关于精算师工作守则。

3. 保险公司的社会责任

在讲授保险精算学中对于保险产品的定价原则过程中,认识到保险产品能够切实让被保险人以合理的价格获得风险的保障,为被保险人带来保险的价值。同时,精算师对于保险准备金的精准评估让保险公司有充足的资金用于将来的保险赔付,从而使得保险公司更好地履行其社会责任。

(三)教学方法

本课程综合运用讲授、启发式教学、讨论教学、案例教学等多种教学方法,使学生掌握保险精算学领域的基本知识、基本理论和基本分析方法,具有运用专业知识分析现实问题的能力。

三、课程各章节的课程思政教学内容设计

第一章 总 论

专业教学目标

本章系统性地介绍了保险精算学课程所涵盖的主要知识和内在逻辑,指出本书的基本结构,同时简要介绍精算师职业,包括精算师就职岗位、精算管理系统、精算师协会等方面的内容。

【知识目标】

1. 了解保险精算学的知识体系。
2. 认识精算师职业。
3. 了解精算控制系统。

【能力目标】

1. 培养学生在精算控制系统下系统性思考问题的能力。
2. 培养学生将精算控制系统应用于实践的能力。

课程思政教学目标及实践

【育人目标】

1. 人格发展 通过对精算师职业的介绍,帮助学生确立自我的职业目标。
2. 科学精神 通过对精算控制系统的学习,增强学生的理性思维以及问题解决能力。

【教学方式与方法】

1. 自主学习:线上搜集相关资料,线下自主阅读文献资料,撰写阅读笔记或思维导图。
2. 课堂讲授:通过课堂多媒体的方式讲授本章的内容。
3. 课堂展示与讨论:学生在课堂讨论精算控制系统对于精算师职业的重要作用。

【课程思政教学实例】

案例材料:精算控制系统在产品定价中的应用

(1)**案例简介**

A保险公司通过市场调研,发现手机碎屏险有广泛的市场需求,但由于缺乏手机碎屏事件的历史数据,A公司以消费者的心理预期价位为出发点进行产品定价。随着手机碎屏险经营数据的积累,A公司通过数据分析得出不同手机型号的理赔成本,从而进行更加精准的定价。

资料来源:根据网络公开资料搜集整理。

(2)**案例的思政元素**

①人文素养。保险公司的产品设计需要经过完整的市场调研,才能够真正设计出满足消费者需求的产品。

②科学精神。保险公司的产品定价需要基于清晰的数据分析结论,以反映保险事故的真实发生概率。

③深度学习。学生能够认识到产品开发不是一劳永逸的,需要不断调整产品设计和定价。

(3)**教学手段**

①知识点+实事+思政——贯穿融合:在知识点"精算控制系统"中引入保险公司开发保险产品的实际案例,将人文素养、科学精神以及深度学习等思政元素与专业知识相结合,增强学生的理性思维与勤于反思的能力。

②学习测评:讨论结果现场点评。

第二章 利息理论

专业教学目标

通过本章的学习,学生能够掌握基本的利息理论,在理解累积函数、单利、复利、现值和贴现率等基本概念的基础上,运用数学模型工具对现金流进行定量化计算。认识利息理论在实践问题中的应用,包括年金等保险产品的定价、债务偿还和债券价格计算等。

【知识目标】

1. 认识资金的时间价值。
2. 掌握不同类型年金现值的计算方法。
3. 掌握债务偿还和债券价格计算。

【能力目标】

1. 培养学生对金融保险产品中的现金流问题进行辨别的能力。
2. 培养学生针对现金流问题定量化分析的能力。

课程思政教学目标及实践

【育人目标】

1. **科学精神** 通过对资金现值的学习,帮助学生建立从长期维度思考问题的能力。
2. **人格发展** 通过对债务偿还的学习,帮助学生认清网络贷款的高成本,树立远离网络贷款的意识。

【教学方式与方法】

1. **自主学习**:线上搜集相关资料,线下自主阅读文献资料,撰写阅读笔记或思维导图。
2. **课堂讲授**:通过课堂多媒体的方式讲授本章的内容,通过黑板板书的方式讲授数学模型的推导过程。
3. **课堂展示与讨论**:基于网络贷款的案例,学生在课堂讨论网络贷款的危害。

【课程思政教学实例】

案例材料:保险产品开发

(1)案例简介

A 保险公司针对中青年人的养老需求开发了一款养老年金产品,养老产品的缴费期限为投保之日起到被保险人六十岁止,养老产品的给付期限为被保险人六十岁起至被保险人死亡为止。

资料来源:根据网络公开资料搜集整理。

(2)案例的思政元素

①人文素养。保险公司在开发保险产品的过程中应充分考虑人们的保险需求。
②科学精神。保险公司在产品定价过程中需要运用相应的数学模型加以计算,得出精确的保险定价。
③深度学习。保险公司在产品定价过程中不仅需要考虑每年的现金流,还需要考虑由于投保人和被保险人生存状态的随机性对于现金流的影响。

(3)教学手段

①知识点+实事+思政——贯穿融合:在知识点"年金现值计算"中引入保险公司开发保险产品的实际案例,将人文素养、科学精神以及深度学习等思政元素与专业知识相结合,增强学生的理性思维与勤于反思的能力。
②学习测评:讨论结果现场点评。

第三章 生命表

专业教学目标

生命表是研究人口死亡规律的有力工具,它用表格的形式简单清楚地表述了同时出生的一批人以怎样的死亡率陆续死亡的全部过程。本章在介绍生命表的基本函数及其相互关系、非整数年龄存活函数的估计方法、死亡时间的解析分布的基础上,对生命表的编制方法进行介绍,让学生对生命表的基本函数及生命表的编制有整体认识,了解生命表的用途。

【知识目标】

1. 学生掌握生命表基本函数及其相互关系,掌握生存函数及其相互关系。

2. 学生了解三种常用的非整数年龄存活函数的估计方法、了解几个死亡时间的解析分布、了解生命表的编制方法。

【能力目标】

1. 培养学生从科学与探索的角度分析生命表的编制过程。

2. 培养学生运用生命表来评价国家或者地区居民健康水平；研究人口再生产情况；进行人口预测分析；研究人群的生育、发育及疾病发展规律等。

课程思政教学目标及实践

【育人目标】

1. 科学精神　教学中，引导学生学习生存函数、死亡时间的解析分布，结合死亡规律研究的发展，思考生命表编制中存在的局限，引导学生阅读相关的参考文献，鼓励学生开展纵深阅读与探究。

2. 广阔视野　本课程通过让学生了解国际、国内死亡率研究的最新成果和发展趋势，特别是注重确定性与随机性死亡率预测模型研究成果发展的比较，培养学生的广阔视野。

【教学方式与方法】

1. 自主学习：线下学习相应生命表中的专业基础知识点，自主阅读指定的及相关的文献资料，撰写阅读笔记或思维导图。

2. 课堂讲授：讲授生命表相关理论的主要内容、死亡率预测模型的新进展等。

3. 课堂展示与讨论：学生展示根据教学素材整理分析的相关报告等，小组讨论。

【课程思政教学实例】

案例材料：死亡率预测模型的新进展

(1) 案例简介

死亡率预测对养老金财务安排和养老年金的成本核算具有重要的影响，随着社会不断发展，在世界范围内，人口死亡率整体上呈现出下降的趋势。本案例将依据相关数据运用确定性死亡率预测模型与随机性死亡率预测模型对中国人口死亡率进行预测比较，并做出评述，对中国死亡率预测模型的选取给出建议。

资料来源：根据网络公开资源搜集整理。

(2) 案例的思政元素

①理性思维。本着求真精神，依据死亡率预测相关知识与原理，在尊重事实和证据前提下，培养学生的实证意识和严谨的求知态度。

②勇于探究。在学习确定性死亡率预测模型基础上，引导学生探究随机性死亡率预测模型。

(3) 教学手段

①翻转课堂——支架与高阶：文献资源为翻转课堂提供支架；课堂展示、实证分析、师生讨论实现课堂高阶性、高效性。

②知识点＋实事＋思政——贯穿融合：在知识点"死亡时间的解析分布"中引入随机性死亡率预测模型，将理性思维、勇于探究以及问题解决等思政元素与专业知识相结合，培养学生的科学精神与广阔视野。

③学习测评——实时呼应：实证结果、讨论结果现场点评。

第四章　多减因表

专业教学目标

保险精算分析中，研究同批人受两个或者两个以上减因影响陆续减少的数学模型就是多减因模型。与生命表一样，多减因模型通常用多减因表的形式表示，称多减因表。生命表实际只有死亡一个减因的单减因表。

多减因表用来研究一批人受多个因素影响而陆续减少的规律。例如，在编制养老金计划时，需研究在职劳动力人数受职工死亡、伤残、离职、退休等因素影响而逐步减少的规律；健康保险精算需研究各种死因使一批被保险人陆续减少的规律；伤残保险需研究一批人受死亡和伤残两个因素影响的规律；对寿险来说，则需研究死亡和退保两个重要因素。

【知识目标】
1. 学生掌握多减因表的基本函数及其相互关系。
2. 学生了解减因力和中心减率的意义、了解联合单减因表与单减因表的关系、了解联合单减因函数的估计方法。

【能力目标】
1. 培养学生将所学理论灵活应用于现实和具体案例。
2. 培养学生多角度思考、分析问题。

课程思政教学目标及实践

【育人目标】
1. 科学精神 通过讲解联合单减因表与单减因表的关系,让学生学会从多角度、辩证地分析问题,培养学生明辨的科学精神。
2. 深度学习 通过讲解联合单减因表不同分布假设下的多减因表减因概率的估计,引导学生根据不同情境和自身实际,选择或调整学习策略和方法。

【教学方式与方法】
1. 自主学习:线下学习多减因表相关的专业基础知识点,自主阅读相应的文献资料,撰写阅读笔记或思维导图。
2. 课堂讲授:讲授如何编制多减因表相关理论与内容。
3. 课堂展示与讨论:学生展示根据教学素材整理分析的多减因表,小组讨论不同分布假设下的结论异同。

【课程思政教学实例】
案例材料:运用联合单减因表编制多减因表
(1)案例简介
依据联合单减因函数与多减因函数的基本关系,在联合单减因表的各减因恒定或均匀分布假设下,根据 k 个减因减少概率与联合单减因表的存活函数、第 k 个减因的减因力之间的函数关系式,在已知联合单减因表的各个减因绝对减率情况下,求出多减因表中的减因概率并做比较。

资料来源:根据网络公开资料搜集整理。

(2)案例的思政元素
①批判质疑。由单一的死亡减因到多因素减因的研究,让学生学会从多角度、辩证地分析问题。
②勤于反思。通过联合单减因表不同分布假设下的多减因表减因概率的估计,引导学生根据不同情境和自身实际,选择或调整学习策略和方法。

(3)教学手段
①翻转课堂——支架与高阶:文献资源为翻转课堂提供支架;课堂展示、师生思辨讨论实现课堂高阶性、高效性。
②知识点＋实事＋思政——贯穿融合:在知识点"联合单减因表不同分布假设下的多减因表减因概率的估计值的比较"中编制多减因表,将批判质疑、勤于反思等思政元素与专业知识相结合,培养学生的科学精神与深度学习能力。
③学习测评——实时呼应:分析结论、讨论结果现场点评。

第五章 人寿保险

专业教学目标

广义的人寿保险是指以人的生存和死亡为保险事故的保险,被保险人在保险期内死亡或者生存到一定年龄,保险人按照契约给付保险金。狭义的人寿保险是指以被保险人在保险期内死亡为保险金给付条件的保险,其主要目的是降低因死亡带来的家庭收入下降。本章讨论狭义的人寿保险。让学生在了解传统个人寿险产品及其特点基础上,掌握寿险精算现值的计算,能够利用寿险精算现值递推公式解决相关问题。

【知识目标】
1. 学生了解传统个人寿险产品及其特点。
2. 学生掌握定期寿险、终身寿险、两全保险精算现值的计算。
3. 能够利用寿险精算现值递推公式解决相关问题。

【能力目标】
1. 培养学生将寿险精算现值应用于现实和具体案例。
2. 培养学生从科学的角度分析保险公司销售保险产品获得保费收入，用于补偿保单承诺的保费赔付和费用支出。

课程思政教学目标及实践

【育人目标】
1. 科学精神　通过寿险死亡年年末赔付、死亡时赔付两种情形的讲解，让学生能充分运用科学的思维方式认识事物、解决问题、指导行为。
2. 法治意识　保险公司在经营寿险产品时，应遵守相关的规范与约束，不能做出损害消费者的行为。

【教学方式与方法】
1. 自主学习：线下学习相应寿险精算中的专业基础知识点，线下自主阅读文献资料，撰写阅读笔记或思维导图。
2. 课堂讲授：讲授相关理论的主要观点或内容、政策启示与建议等。
3. 课堂展示与讨论：学生展示根据教学素材整理分析的相关报告等，小组讨论。

【课程思政教学实例】
案例材料：两全保险精算现值计算与产品规范
(1) 案例简介
在给定的已知条件和相应的假设下，计算死亡年年末给付与死亡时刻给付的两全保险保单趸缴净保费，阅读银保监会发布《关于规范两全保险产品有关问题的通知》，对给定的两全保险产品进行分析，讨论其合规性。

资料来源：根据网络公开资源搜集整理。

(2) 案例的思政元素
① 理性思维。通过两全保险精算现值计算，培养学生能运用科学的思维方式认识事物、解决问题。
② 法治意识。学生能明辨保险公司经营的两全保险产品是否符合规范，培养学生的规则意识和法治意识。

(3) 教学手段
① 翻转课堂——支架与高阶：文献资源为翻转课堂提供支架；课堂展示、师生思辨讨论实现课堂高阶性、高效性。
② 知识点＋实事＋思政——贯穿融合：在知识点"两全保险精算现值计算与产品规范"中将理性思维、法治意识等思政元素与专业知识相结合，培养学生理性思维与法治意识。
③ 学习测评——实时呼应：计算结果、讨论结果现场点评。

第六章　生存年金

专业教学目标

生存年金是人寿保险中的一种基本产品形态，是以被保险人在年金期内生存为领取条件的年金。同时，人寿保险的保费交付也采取生存年金的方式，以被保险人在保费缴付期内生存为条件定期缴付。要求学生掌握各类生存年金精算现值的计算方法，并能学以致用。

【知识目标】
1. 学生了解生存年金的基本产品类型。
2. 学生掌握各类生存年金精算现值的计算方法、生存年金的递推公式及其应用。

【能力目标】
1. 培养学生将生存年金精算现值计算应用于现实和具体案例。

2. 培养学生从科学的角度认识年金产品。
课程思政教学目标及实践
【育人目标】
1. 家国情怀　通过年金产品讲解，告诫学生应尊重世界多元文化的多样性和差异性，让学生认识跨文化交流的重要性。
2. 科学精神　通过变额年金精算现值的讲解，让学生能充分运用科学的思维方式认识事物、解决问题。

【教学方式与方法】
1. 自主学习：线下学习生存年金专业基础知识点，线下自主阅读文献资料，撰写阅读笔记或思维导图。
2. 课堂讲授：讲授生存年金精算现值相关理论及其计算、相关政策文本等。
3. 课堂展示与讨论：学生展示根据教学素材整理分析的相关报告等，小组讨论。

【课程思政教学实例】
案例材料：变额年金试点与其精算现值计算
(1)案例简介
阅读关于开展变额年金保险试点通知、修订变额年金保险销售管理等的相关材料基础上，探讨变额年金产品；并在给定的利率条件下，以中国人身保险业经验生命表(2010—2013)养老金业务表(男)的资料为依据，假设某男在30岁时购买了从60岁起领取生存年金，且60岁的领取额给定，以后每年领取额在上年基础上增加的固定的比例，计算变额年金的精算现值，并展开讨论。

资料来源：根据网络公开资源搜集整理。

(2)案例的思政元素
①国际理解。在世界人口老龄化、养老金面临一定压力的条件下，变额年金产品一定程度上弥补了养老保障体系的不足，在借鉴国外年金产品成功的经验，完善发展我国变额年金产品，让学生意识到跨文化交流的重要性。
②理性思维。通过变额年金精算现值的计算，培养学生能运用科学的思维方式认识事物、解决问题。

(3)教学手段
①翻转课堂——支架与高阶：文献资源为翻转课堂提供支架；课堂展示、师生思辨讨论实现课堂高阶性、高效性。
②知识点+实事+思政——贯穿融合：在知识点"变额年金试点与其精算现值计算"中引入变额年金产品，将国际理解、理性思维等思政元素与专业知识相结合，培养学生的家国情怀、理性思维。
③学习测评——实时呼应：讨论结果、计算结果现场点评。

第七章　保险费
专业教学目标
保险费是投保人购买保险产品所支付的价格。保险公司通过销售保险产品获得保费收入，用于补偿保单承诺的保险赔付和费用支出，同时获取利润。保费水平取决于保险产品的成本、预定的利润目标以及市场竞争因素，保费通常采取分期等额的方式支付。

【知识目标】
1. 理解总保费与净保费的意义。
2. 掌握寿险及年金均衡净保费的计算原理和计算方法。
3. 了解保险费的计算原理和计算方法。

【能力目标】
1. 培养学生将所学理论灵活应用于不同保险公司的保险费用各组成构成的分析。
2. 培养学生从思辨与探索的角度分析附加保险责任对应的净保费的厘定，评价传统厘定保费方法的局限性和问题。

课程思政教学目标及实践

【育人目标】

1. 时代担当　通过讲解保险赔付的资金来源和保险费厘定原则,让学生认识到保险费定价过高过低的危害,理解保险公司合理公平确定保费费率的重要性,从而培养学生深刻认识到保险人在风险社会中时代担当。

2. 法治意识与底线思维　保费是保险发挥"减震器"和社会"稳定器"功能的前提,保费的收到与应该离不开法律契约的规范与约束,通过投保人的保险费缴纳的法定义务和保险人的承担保险责任的法定义务的学习,帮助学生了解保险法和相关法律法规的重要意义,树立法治精神。

3. 广阔视野　随着精算技术和计算机技术的发展,保险费厘定技术也在不断进步,可以把更多影响保费因素考虑在内,通过保险费厘定技术的最新成就和发展趋势,培养学生的广阔视野。

【教学方式与方法】

1. 自主学习:线上学习本课程的基础知识点,线下自主阅读文献资料,撰写阅读笔记或思维导图。

2. 课堂讲授:讲授相关理论的主要观点或内容、政策启示与建议等。

3. 课堂展示与讨论:学生展示根据教学素材整理分析的相关报告等,小组讨论。

【课程思政教学实例】

案例材料:日本日产生命保险公司破产

(1)案例简介

1997年4月25日日本大藏省宣布日产生命保险停止一切业务。众所周知日本是民办保险强国,寿险业更是发达。在这样一个寿险业发达,经营管理水平高的国家竟会发生寿险公司破产的事件,日本日产生命保险公司到底怎么了?据有关报道分析,由于日产生命保险公司在80年代末泡沫经济时期销售了大量预定利率为5%的个人养老金业务,在随后的几年里因日本利率低迷,银行降息,导致资金投资收益率低于预定利率,产生巨大利差损而导致破产。从日产生命保险公司的破产,我们可看出利率的变动对寿险公司经营的巨大影响。因为寿险产品是基于三个预定因素,即预定利率、预定死亡率、预定费用率来定价的。预定利率一经确定,长期不变,而利率是宏观经济的变数,经常要随经济形势变化产生变动,其变动对于保险企业而言是一种外在不可抗力,是经营长期性业务的主要风险,研究利率变动对寿险业影响的重要性就可想而知了。

资料来源:找法网,银行利率变化对我国寿险业的影响及中国人寿保险应对策略[EB/OL].2022-05-23/2022-08-16。

(2)案例的思政元素

①科学精神。通过不合理定价假设所引发"破产"后果的思考,使学生理解保费厘定过程中科学合理、全面、严谨的重要性,并启发学生进一步探索分析中国人寿保险业应对利率风险的策略。

②法律意识。破产后保险公司未到期保单应如何处理,是否能够受到相关法律法规的保护。

③广阔视野。分析2022年中国易安财险破产重整案例,思考如何让再保险发挥应有的作用,探索国际上保险业发达国家经验做法,拓展思考问题视野。

(3)教学手段

①翻转课堂——支架与高阶:慕课资源、文献资源为翻转课堂提供支架;课堂展示、师生思辨讨论实现课堂高阶性、高效性。

②知识点+实事+思政——贯穿融合:在知识点"均衡净保费"中引入破产案例,考虑保费对利率敏感性问题,将科学精神、法治意识、广阔视野等思政元素与专业知识相结合,增强学生的法治意识与底线思维,培养学生科学严谨态度。

③学习测评——实时呼应:案例思考、讨论结果现场点评。

第八章　责任准备金

专业教学目标

保险公司发行保单、收取第一笔保费后,开始承担起保单承诺的赔付责任。在整个保险期内,保险公司收取的保费应该能够抵偿可能的赔付和费用支出,同时保险公司也要获得利润。但是,保费收入和赔付支出在时间和数额上是不一致的,保险公司必须把前期多余的保费积存起来,建立储备基金,用于将来保费收入不足赔付支出时的补偿。这种为未来给付责任而建立的储备基金就是给付责任准备金。

【知识目标】

1. 了解保险责任准备金的意义和种类。
2. 掌握均衡净保费给付责任准备金的计算原理和方法。
3. 掌握修正的净保费给付准备金的计算原理和计算方法。

【能力目标】

1. 培养学生将所学理论联系实际的能力,能根据上市保险公司披露的财务数据,分析与比较各保险公司的偿付能力。
2. 培养学生从思辨与探索的角度分析利率未来变化对责任准备金的计算的影响,并分析传统责任准备金厘定的局限性和问题。

课程思政教学目标及实践

【育人目标】

1. 道德修养与职业伦理　通过讲解精算师承担保险责任准备金计算的重要职责,并分析准备金精算评估重要意义和精算评估不准确对保险公司的影响,让学生认识到精算师的工作职责,理解责任准备金评估的重要性,从而培养学生未来从事精算工作的道德修养与职业伦理。

2. 法治意识与底线思维　准备金的计算是保险法律、法规、会计实务标准等决定,由于寿险经营长期性,准备金是保障保险消费者享受的合法利益的重要基石,银保监会不断强化法定责任准备金监管,通过法律和监管规定,帮助学生了解责任准备金的重要意义,树立法治精神。

3. 广阔视野　分析责任准备金评估准确性的影响因素,并通过分析各国在保险公司的责任准备金监管上规定,培养学生关于责任准备金评估与监管最新成就和发展趋势,培养学生的广阔视野。

【教学方式与方法】

1. 自主学习:线上学习本课程的基础知识点,线下自主阅读文献资料,撰写阅读笔记或思维导图,完成课后习题和思考题。
2. 课堂讲授:讲授相关理论的主要观点或内容、政策启示与建议等。
3. 课堂展示与讨论:学生展示根据教学素材整理分析的相关报告等,小组讨论。

【课程思政教学实例】

典型案例1:强化法定责任准备金监管,牢牢守住行业风险底线

(1)案例简介

2020年中国银保监会办公厅发布了《关于强化人身保险精算监管有关事项的通知》(以下简称《通知》)。《通知》要求"2020年7月1日起,保险公司报送人身保险条款和保险费率审批或备案的,最近季度末责任准备金覆盖率不得低于100%"。根据《通知》,责任准备金覆盖率=(资产-其他负债+费用调整项)÷责任准备金。责任准备金覆盖率的分子是资产扣减其他负债后与费用调整项之和,分母是法定责任准备金,主要衡量公司是否有足够资产覆盖法定责任准备金,既反映公司资产负债匹配水平,也体现公司应对未来保险责任给付的能力。法定责任准备金评估对人身保险公司未来负债给付、利差损风险防范等起着基础性、决定性的作用,也间接影响着人身保险业的发展模式和市场秩序。通过正式引入"责任准备金覆盖率"指标,并挂钩产品监管,强化了法定责任准备金监管,切实发挥法定责任准备金在监管体系中的作用。

(2)案例的思政元素

①法律意识。通过分析保险法关于责任准备金的相关规定和银保监会的监管要求,使学生牢记法律底线思维。

②道德修养与职业伦理。通过延伸违反责任准备金监管案例,反思责任准备金评估相关责任人的法律责任,使学生理解保险从业人员的相关职责及违规行为的后果,培养学生道德修养与职业伦理意识。

③科学精神。在学生理解责任准备金的重要性的基础上,引导学生如何该准备评估责任准备金,影响责任准备金的计算的因素有哪些?启发学生科学探索精神。

(3)教学手段

①翻转课堂——支架与高阶：慕课资源、文献资源为翻转课堂提供支架；课堂展示、师生思辨讨论实现课堂高阶性、高效性。

②知识点＋实事＋思政——贯穿融合：在知识点"准备金的意义和种类"中引入责任准备金的监管最新规定或要求，分析我国保险公司因责任准备计提错误或不足而被处罚系列案例，将科学精神、法治意识、道德修养与职业伦理等思政元素与专业知识相结合，增强学生的法治意识与底线思维，培养学生科学严谨态度。

第九章 联合保险

专业教学目标

本章研究有经济联系的两个或两个以上的人（或单位）结合在一起组成一个联合投保集团，以联合集团中的一个人或几个人（或单位）发生保险事故为保险赔付条件以及对被保险人的两种或两种以上危险事故进行保险的精算技术。

【知识目标】

1. 了解联合生存状态、最后生存状态、条件联合状态的概念。
2. 掌握联合生存状态和最后生存状态概率的计算方法。
3. 掌握联合状态下精算现值的计算。

【能力目标】

1. 培养学生将所学理论联系实际的能力，针对不同家庭保障需求，设计出以家庭成员作为共同保障对象的保责任，并能根据所精算原理，掌握产品的定价思路。

2. 培养学生从思辨与探索的角度分析家庭成员间寿命独立性假设对保险费计算的影响，并深度Copula方法解决寿命相依性问题。

课程思政教学目标及实践

【育人目标】

1. 道德修养与职业伦理　通过讲解不同家庭的人口结构不同和财务状况的不同所引起对保险保障需求不同，保险从业人员应具备设计个性化保险的能力，从而有效满足不同投保人的保障需求，推动客户对保险综合认知，并分析现有传统保险销售员的保险展业中问题，让学生认识到保险专业服务的重要性，从而培养学生未来从事保险工作的客户服务意识。

2. 科学精神　探索从以单个被保险人为承保对象的保险精算方法拓展到以两个及以上被保险人联合为一保障对象的保险精算方法，综合多学科的知识，创新解决不同保险对象组合不同保险责任组合下保险定价问题，从而培养学生科学理性思维和勇于探究精神，并通过对教材中两个家庭成员的生命体独立性假设的批判，培养学生批判质疑和创新反思的精神。

【教学方式与方法】

1. 自主学习：线上学习本课程的基础知识点，线下自主阅读文献资料，撰写阅读笔记或思维导图，完成课后习题和思考题。

2. 课堂讲授：讲授相关理论的主要观点或内容、政策启示与建议等。

3. 课堂展示与讨论：学生展示根据教学素材整理分析的相关报告等，小组讨论。

【课程思政教学实例】

案例材料：人口老龄化下家庭联合保险设计

(1)案例简介

根据我国第七次人口普查数据显示：2020年，我国60岁及以上人口为26402万人，占18.70％（其中，65岁及以上人口为19064万人，占13.50％），老年人口数量超过了少年儿童人口数量，少儿抚养比为28.3（将15～59岁劳动年龄人口设为基数100，下同），老年抚养比为29.5，这标志着我国社会养"老"的负担反超养"幼"的负担，家庭和社会由传统的养幼为主转为养老为主，且养老压力不断增加，养老问题变得日趋严峻。在此背景下，"全面三孩"政策出来之后，许多家庭即将迎来家庭人员数量增加，一方面由于育儿相关费用快速成长,相关风险将增大;另一方面养老相关费用不断膨胀,从而导致目前家庭生育意愿不断降低。为此,越来越多的家庭想通过保险来寻求增加保障,而现在的传统家庭联合保险已经不能满足他们的保障需求。传统的家庭联合保险中被保险人往往是针对夫妻双方,子女仅作为受益人,而未考虑到子女意外对父母影响,而为防范此风险,往往需自行独立购买其他商业保险,增加相关保费负担。根据所学知识,分析三口及以上家庭的人身风险,并设计相应保险责任和构建精算模型。

资料来源:北京日报,现阶段是我国人口转变的关键时期[EB/OL].2022-08-01/2022-08-16。

(2)案例的思政元素

①道德修养与职业伦理。通过引导分析不同家庭的人口结构不同面临风险从而匹配保险或进行保险设计,有效解决客户保障的痛点,并让学生认识到保险专业服务的重要性,从而培养学生未来从事保险工作的专业化服务意识。

②科学精神。根据学生所设计保险责任,探索解决不同保险对象组合不同保险责任组合下保险定价问题,从而培养学生科学理性思维和勇于探究精神,并基于家庭成员的生命体相依关系假设,区别于教材中独立性的假设,培养学生批判质疑和创新反思的精神。

(3)教学手段

①翻转课堂——支架与高阶:慕课资源、文献资源为翻转课堂提供支架;课堂展示、师生思辨讨论实现课堂高阶性、高效性。

②知识点+实事+思政——贯穿融合:在知识点"条件联合状态"中引入不同家庭的人身风险分析案例,分析不同家庭的人口结构面临不同风险,引导创新设计关联的保险责任并进行初步定价分析,将科学精神、道德修养与职业伦理等思政元素与专业知识相结合,增强学生的保险专业服务意识,培养学生科学严谨态度。

③学习测评——实时呼应:案例思考、讨论结果现场点评。

第十章 损失模型

专业教学目标

通过本章的学习,学生能够理解风险和保险之间的关系,掌握度量风险的统计模型,包括常见的损失次数模型和损失金额模型,掌握损失模型的基本概念,包括随机变量及随机变量的数字特征,如数学期望、方差、矩和偏度系数等。

【知识目标】

1. 掌握损失模型的基本概念。
2. 掌握常见的损失次数模型。
3. 掌握常见的损失金额模型。

【能力目标】

1. 培养学生对基本统计模型的掌握能力。
2. 培养学生对非寿险风险进行建模的能力。

课程思政教学目标及实践

【育人目标】

1. 科学思维 通过对统计模型的学习,帮助学生建立科学思考问题的能力。
2. 实践创新 通过对风险建模的学习,帮助学生提升发现问题、解决问题的能力,实现实践创新。

【教学方式与方法】

1. 自主学习:线上搜集相关资料,线下自主阅读文献资料,撰写阅读笔记或思维导图。
2. 课堂讲授:通过课堂多媒体的方式讲授本章的内容,通过黑板板书的方式讲授数学模型的推导过程。

【课程思政教学实例】

案例材料:保单估算

(1)案例简介

①下表给出了5000份保单的赔款情况(不考虑免赔偿额),其中每一保单承担风险期限为1年。假定

每份保单赔款的次数服从泊松分布,用最大似然估计原理估计泊松分布的参数。

赔款次数	被观察的保单数
0	3788
1	842
2	266
3	104
总和	5000

②求上题中数据所代表的风险种类赔款频率的置信度为95%的置信区间。

资料来源:根据网络公开资源搜集整理。

(2)案例的思政元素
①家国情怀。保险公司基于众多被保险人的索赔数据进行分析,其决策影响到群体利益。
②科学精神。保险公司在数据分析过程中需要运用选取合适的风险统计模型进行建模分析。
③深度学习。保险公司基于数据的基础分析可得到更加深入的结论,从而支撑保险公司的经营决策。

(3)教学手段
①知识点+实事+思政——贯穿融合:在知识点"风险损失模型"中引入保险公司数据分析的实际案例,将家国情怀、科学精神以及深度学习等思政元素与专业知识相结合,增强学生的社会责任与乐学善学的态度。
②学习测评:布置课后作业要求学生在课下完成。

第十一章 费率厘定的基本原理

专业教学目标

通过本章的学习,学生能够了解非寿险厘定的基本概念,理解非寿险产品费率的构成要素,掌握测算总平均费率的方法,包括纯保费法和赔付率法,认识免赔额和赔偿限额对于纯保费的影响,理解保险公司如何对观察数据中出现的不一致进行调整。

【知识目标】
1. 掌握费率厘定的基本概念。
2. 掌握纯保费法和赔付率法。
3. 掌握毛保费厘定方法。
4. 掌握等水平已赚保费和最终赔款计算方法。

【能力目标】
1. 培养学生对保险公司实际经营中毛保费厘定的认识。
2. 培养学生基于保险公司观察数据进行调整的能力。

课程思政教学目标及实践

【育人目标】
1. 实践创新 通过对毛保费厘定的学习,帮助学生建立将知识应用于实践的能力。
2. 理性思维 通过对数据调整的学习,帮助学生建立理性思维的能力。

【教学方式与方法】
1. 自主学习:线上搜集相关资料,线下自主阅读文献资料,撰写阅读笔记或思维导图。
2. 课堂讲授:通过课堂多媒体的方式讲授本章的内容,通过黑板板书的方式讲授数学模型的推导过程。

【课程思政教学实例】
案例材料:赔款估算
(1)案例简介
请根据下表的增量赔款数据,应用损失进展法预测各个事故年的最终赔款(假设在第5个进展年以后不会再有赔款支出)。

事故年	进展年					
	0	1	2	3	4	5
2000	534	277	91	78	44	31
2001	651	354	116	82	53	
2002	788	435	105	79		
2003	841	486	121			
2004	952	562				
2005	1189					

资料来源:根据网络公开资源搜集整理。

(2)案例的思政元素

①实践创新。费率厘定是保险公司实际经营中的重要课题,需要综合运用相关知识进行定价。

②科学精神。保险公司的费率厘定需要根据历史数据进行科学的设定。

③深度学习。保险公司在历史数据的基础上应结合实际情况进行不断调整。

(3)教学手段

①知识点+实事+思政——贯穿融合:在知识点"最终赔款"中引入保险公司数据调整的实际案例,将实践创新、科学精神以及深度学习等思政元素与专业知识相结合,增强学生的社会责任与乐学善学的态度。

③学习测评:布置课后作业要求学生在课下完成。

第十二章 分类费率

专业教学目标

通过本章的学习,学生能够了解保险公司如何选取分类因素以将不同风险状况的保险标的进行分组,进而通过数学工具计算不同组保险标的的相对费率以实现保费定价。

【知识目标】

1. 理解不同的分类变量。
2. 掌握赔付率法和纯保费法。
3. 掌握边际总和法。

【能力目标】

1. 培养学生对保险公司实际经营过程中对保险标的进行分组的认识。
2. 培养学生对保险公司实际费率厘定中各保险标的分组之间相对费率的计算能力。

课程思政教学目标及实践

【育人目标】

1. 人文素养 通过对精算因素、经营因素、社会因素和法律因素等分类因素的学习,培养学生的人文素养。
2. 实践创新 通过对保险公司相对费率定价方法的学习,增强学生的实践创新能力。

【教学方式与方法】

1. 自主学习:线上搜集相关资料,线下自主阅读文献资料,撰写阅读笔记或思维导图。
2. 课堂讲授:通过课堂多媒体的方式讲授本章的内容,通过黑板板书的方式讲授数学模型的推导过程。

【课程思政教学实例】

案例材料:汽车保险业务保费

(1)案例简介

假设某汽车保险业务的风险单位数和赔款数据如下面两表所示,请用边际总和法估计各个风险类别的纯保费。

风险单位数

	地区 A	地区 B
车型 1	50	20
车型 2	30	20

赔付成本

	地区 A	地区 B
车型 1	900	500
车型 2	600	500

资料来源:根据网络公开资源搜集整理。

(2)案例的思政元素

①科学精神。分类费率的计算需要综合考虑多种分类因素的影响,从中可培养学生勇于探究的科学精神。

②深度学习。学生需要基于多方面的信息总结判断并计算相对费率的答案,从中可培养学生的信息意识。

(3)教学手段

①知识点＋实事＋思政——贯穿融合:在知识点"边际总和法"中引入保险公司分类费率的实际案例,将科学精神和深度学习等思政元素与专业知识相结合,增强学生的社会责任与乐学善学的态度。

②学习测评:布置课后作业要求学生在课下完成。

第十三章 经验费率

专业教学目标

通过本章的学习,学生能够了解保险公司如何根据历史数据对风险统计模型的结论进行调整,以使得最终结论具有更强的现实意义。

【知识目标】

1. 理解信度因子的基本概念。
2. 掌握古典信度理论和 Buhlmann 模型。
3. 掌握最优奖惩系统。

【能力目标】

1. 培养学生对保险公司实际经营过程中经验费率厘定的认识。
2. 培养学生对保险公司最优奖惩系统的认识。

课程思政教学目标及实践

【育人目标】

1. 科学精神 通过对信度因子的学习,让学生认识到历史数据不是完全可信的,从而培养学生批判质疑的科学精神。

2. 人文素养 通过对保险公司最优奖惩系统的学习,认识到保险公司针对每个个体理赔经验进行保费定制化的人文情怀。

【教学方式与方法】

1. 自主学习:线上搜集相关资料,线下自主阅读文献资料,撰写阅读笔记或思维导图。
2. 课堂讲授:通过课堂多媒体的方式讲授本章的内容,通过黑板板书的方式讲授数学模型的推导过程。

【课程思政教学实例】

案例材料:保单组合保费估算

(1)案例简介

某保险公司的汽车保单组合共有 5000 份保单,其奖惩系统共有 4 个等级,保费折扣分别为 0%、8%、16%、24%。该奖惩系统的转移规则如下:

①若在一年中无索赔发生,保单持有人上升一个等级或停留在最高折扣等级。

②若在一年中发生一次索赔,保单持有人停留在原等级。

③若在一年中发生一次以上索赔,保单持有人下降到最低折扣等级。

假设每份保单的初始保费为1000元,每一份保单在每年发生索赔的概率分布如下:$\Pr(n=0)=0.7$,$\Pr(n=1)=0.25$,$\Pr(n\geq 2)=0.05$。请计算当奖惩系统到达稳定状态以后,保险公司每年在此保单组合上的保费收入。

<small>资料来源:根据网络公开资源搜集整理。</small>

(2)案例的思政元素

①实践创新。最优奖惩系统的应用可降低保险公司经营成本,同时让消费者获利。

②科学精神。学生需要基于马尔可夫转换矩阵计算最优奖惩系统,从而认识到理性思维的重要性。

③深度学习。学生可基于本案例进一步思考最优奖惩系统对于保险公司和消费者的影响。

(3)教学手段

①知识点+实事+思政——贯穿融合:在知识点"最优奖惩系统"中引入保险公司数据调整的实际案例,将实践创新、科学精神以及深度学习等思政元素与专业知识相结合,增强学生的社会责任与乐学善学的态度。

②学习测评:布置课后作业要求学生在课下完成。

第十四章 非寿险准备金评估

专业教学目标

通过本章的学习,学生能够了解保险公司如何根据历史数据对风险统计模型的结论进行调整,以使得最终结论具有更强的现实意义。

【知识目标】

1. 理解非寿险准备金的构成。
2. 掌握未到期责任准备金的评估方法。
3. 掌握未决赔款准备金的评估方法。
4. 掌握理赔费用准备金的评估方法。

【能力目标】

1. 培养学生对保险公司非寿险业务准备金基本概念的认识。
2. 培养学生对保险公司非寿险业务准备金评估方法的认识。

课程思政教学目标及实践

【育人目标】

1. 实践创新　通过对保险公司非寿险业务准备金评估的学习,增强学生的实践创新能力。
2. 科学精神　通过对链梯法、案均赔款法等未决赔款准备金评估方法的学习,增强学生的科学思维。

【教学方式与方法】

1. 自主学习:线上搜集相关资料,线下自主阅读文献资料,撰写阅读笔记或思维导图。
2. 课堂讲授:通过课堂多媒体的方式讲授本章的内容,通过黑板板书的方式讲授数学模型的推导过程。

【课程思政教学实例】

案例材料:保险公司未决赔款准备金评估

(1)案例简介

假设各个事故年的累积赔款流量三角形数据如下表所示,且第一个事故年的最终赔款估计值为160。请计算下列各项:

①用加权平均法计算进展因子。
②计算各个事故年的未决赔款准备金。

事故年	进展年			
	1	2	3	4
2011	30	87	115	144
2012	54	112	160	
2013	67	164		
2014	72			

资料来源：根据网络公开资源搜集整理。

(2) 案例的思政元素

① 实践创新。掌握未决赔款准备金的应用对于将来从事保险公司相关岗位具有重要意义。

② 科学精神。对进展因子的学习，让学生认识到未来事件的发展可基于历史规律进行推演。

③ 深度学习。基于本案例，学生可对所学的理论知识加以应用，加深对所学知识的理解程度。

(3) 教学手段

① 知识点＋实事＋思政——贯穿融合：在知识点"未决赔款准备金"中引入保险公司数据调整的实际案例，将实践创新、科学精神以及深度学习等思政元素与专业知识相结合，增强学生的社会责任与乐学善学的态度。

② 学习测评：布置课后作业要求学生在课下完成。

第十五章 再保险

专业教学目标

通过本章的学习，学生能够认识再保险，了解保险公司如何通过再保险进行风险管理，根据实际需求制定再保险方案并进行定量化的计算。

【知识目标】

1. 认识再保险的类型和特征。
2. 掌握再保险的定价方法。
3. 掌握再保险准备金的评估方法。

【能力目标】

1. 培养学生对再保险的定性认识。
2. 培养学生对再保险的定量认识。

课程思政教学目标及实践

【育人目标】

1. 实践创新 通过综合风险基础定价过程和损失经验定价过程的学习，掌握再保险定价方法，增强学生的实践创新能力。

2. 科学精神 通过对于再保险定价和准备金评估方法的理论模型的学习，增强学生的科学精神。

【教学方式与方法】

1. 自主学习：线上搜集相关资料，线下自主阅读文献资料，撰写阅读笔记或思维导图。

2. 课堂讲授：通过课堂多媒体的方式讲授本章的内容，通过黑板板书的方式讲授数学模型的推导过程。

【课程思政教学实例】

案例材料：保险公司准备金估算

(1) 案例简介

根据下表的数据，分别应用链梯法和S-B方法估计再保险公司的IBNR准备金。

事故年	已赚风险纯保费	经调整的已赚风险纯保费	累积已报案赔款	累积已报案赔款比例
2010	3000	3500	2500	100%
2011	3500	4500	2700	95%
2012	4000	4600	2500	85%
2013	4500	5500	3000	75%
2014	5000	6400	3400	60%
2015	5500	6200	3600	50%
合计	25500	30700	17700	

资料来源：根据网络公开资源搜集整理。

(2) 案例的思政元素

①实践创新。再保险 IBNR 准备金评估的学习对于学生从事相关就业岗位具有实践意义。

②科学精神。再保险 IBNR 准备金评估需要基于相关的理论模型进行精确计算，从而培养学生的科学精神。

(3) 教学手段

①知识点＋实事＋思政——贯穿融合：在知识点"再保险 IBNR 准备金评估"中引入实际案例，将实践创新和科学精神等思政元素与专业知识相结合，增强学生的社会责任与乐学善学的态度。

②学习测评：布置课后作业要求学生在课下完成。

四、课程思政的教学评价

(一) 对教师的评价

1. 教学准备的评价

将《保险精算学》课程思政建设落实到教学准备的全过程中，将课程教案、课程大纲和课程PPT的制作与本课程的思政元素相结合，突显出课程教学中的思政元素。

2. 教学过程的评价

将《保险精算学》课程思政建设落实到教学过程的全过程中，其核心是教师在知识的讲授过程中是否恰当地将思政元素蕴含于教学过程当中，使得学生能够较好地接受相关知识。

3. 教学结果的评价

建立健全《保险精算学》课程思政多维度评价体系，主要包括同行评议、学生评教、教学研究等。

4. 评价结果的运用

综合分析同行评议、学生评教、教学督导等所提出的问题与建议，总结得出今后应改进的方向。

(二) 对学生的评价

1. 学习过程的评价

通过对于学生课堂表现的把握，分析学生对思政内容的接受程度，鼓励学生积极分享思政感想，提升学生在学习过程中的积极性和主动性。

2. 学习效果的评价

通过平时作业、期中测试、期末考试等多种形式，检验学生对课程思政元素的学习效果及其对思政元素的掌握程度。

3. 评价结果的运用

基于评价结果展开与学生的沟通交流，向学生提出相应的学习建议，同时根据学生的学习情况对教学方法进行适当调整，从而实现更好的教学效果。

五、课程思政的教学素材

序号	内　容	形式
1	精算管理控制系统	阅读材料
2	养老年金的定价模型及其保险金结构	阅读材料
3	住房抵押贷款偿还保险精算模型研究	阅读材料
4	生命表编制理论与实验	阅读材料
5	Lee-Carter 模型在模型生命表拓展中的应用——以中国区域模型生命表为例	阅读材料
6	有限数据下 Lee-Carter 模型在人口死亡率预测中的应用	阅读材料
7	死亡率预测模型的新进展	案例分析
8	Modeling and forecasting U. S. mor-tality	案例分析
9	相依减因下的寿险模型研究	案例分析
10	多重减因模型的马氏链方法与转移强度参数估计	案例分析
11	寿险精算学中利率建模和分数年龄分布假设的研究	案例分析
12	如何选择两全保险	案例分析
13	变额年金保险试点案例研究——以 A 年金保险为例	案例分析
14	我国企业年金制度研究——以马钢企业年金计划为例	案例分析
15	中国保险费率监管制度的改革与思考	案例分析
16	保险费率市场化效果的解释和评估	案例分析
17	深度学习改变保险精算定价模式	案例分析
18	我国保险业资产负债管理监管体系研究——基于《保险资产负债管理监管规则(1—5 号)》	案例分析
19	带跳的 Vasicek 利率模型下的寿险净保费责任准备金	案例分析
20	长寿风险对寿险和年金产品准备金评估的对冲效应研究——基于中国人身保险业经验生命表两次修订视角	案例分析
21	夫妻联合长期护理保险的定价模型与应用	案例分析
22	基于 Copula 函数的家庭联合保险定价	案例分析
23	随机利率下的一种家庭联合保险模型	案例分析
24	基于贝叶斯偏态线性混合模型的费率厘定	案例分析
25	广义线性模型在非寿险精算中的应用及其研究进展	案例分析
26	日历年效应与链梯法	案例分析
27	免赔额和 NCD 赔付条件下保险索赔次数的分布	案例分析
28	非寿险费率厘定中的分类费率因子研究	案例分析
29	大病商业补充医疗保险赔付率分析方法及系统	案例分析
30	商业银行操作风险计量研究——基于极值理论和信度因子模型	案例分析
31	考虑个体保单风险特征的最优奖惩系统	案例分析
32	三元 Copula 模型在 IBNR 准备金中的应用研究	案例分析
33	准备金"链梯法"与三种过原点回归模型	案例分析
34	极值理论及其在巨灾再保险定价中的应用	案例分析
35	中国巨灾风险管理:再保险的角色	案例分析
36	论我国农业再保险体系框架的构建	案例分析

《保险法》课程思政教学指南

杨馥

(西安财经大学)

一、课程简介与课程目标

(一)课程简介

保险法课程是为适应学校培养宽口径、厚基础、重能力的经济管理专门人才而开设的专业课程,是保险学方向的专业必修课之一。课程修读对象为保险方向以及其他各专业本科学生。本课程系统梳理保险法的内涵与演进历程,界定保险法律关系,分析保险法四大基本原则与实务问题,阐述保险合同订立、履行至解除中的法律要点,具体讨论财产保险合同与人身保险合同中的法律问题,介绍保险业法与保险监管法律制度的重点,全面解读保险法的主要内容。

本课程秉持 OBE 教育理念,坚持"学生中心、成果导向、持续改进",从知识传授、能力培养和价值引领三个角度设置逐层进阶的教学目标,以目标为起点确定教学内容,结合学情设计教学方法,将线下授课和在线教学相结合、课堂授课与主题讨论相结合、文献阅读和案例分析相结合,对教学目标达成和教学方法成效进行评价,以评促改,持续改进,确保保险法课程有效支撑保险专业的毕业要求。

(二)课程目标

本课程为专业必修课程。通过本课程的学习,使学生能够达到以下目标:

1. 知识目标:熟悉保险法的内涵、适用范围、立法目的和法律体系,掌握保险法基本原则及其应用,掌握保险合同的主体、客体和主要内容,以及保险合同订立、履行至解除中的法律要点,理解财产保险合同与人身保险合同的概念、法律特征、主要条款和适用范围,理解保险业法的概念、特点和主要内容。

2. 能力目标:培养学生对保险法律规定的法理、逻辑的深度思考和归纳总结能力,运用《保险法》相关法律规定分析保险法典型案例的实践应用能力,对保险法实务领域热点问题的辩证分析能力,以及沟通协作、语言文字表达能力。

3. 育人目标:对国家不断完善保险立法体系、推动我国保险业健康稳定发展的国家认同,学法、守法、用法的法律和规则意识,以最大诚信履行合同、正确行使权利义务的契约精神,以及探索保险法领域新现象、新问题的实践创新能力和辩证分析能力。

(三)课程教材和资料

➤ 推荐教材

贾林青. 保险法[M]. 4 版. 北京:中国人民大学出版社,2020.

➤ 参考教材或推荐书籍

1. 孙蓉,王凯. 保险法概论[M]. 4 版. 成都:西南大学出版社,2019.
2. 中华人民共和国保险法[M]. 北京:中国法制出版社,2021.
3. 国家法官学院,最高人民法院司法案例研究院. 中国法院 2021 年度案例·保险纠纷[M]. 北京:中国法制出版社,2021.
4. 中国保险行业协会.《民法典》颁布对保险业的影响[M]. 中国金融出版社,2021.

➤ 学术刊物与学习资源

《保险研究》《法学研究》《保险理论与实践》及《中国银行保险报》等刊物。

➤ 推荐网站

中国银保监会网站:http://www.cbirc.gov.cn/.

中国保险学会网站:http://www.isc-org.cn/.
中国保险行业协会网站:http://www.iachina.cn/.

二、课程思政教学总体设计

(一)课程思政教学目标

保险法是保险专业学生的专业必修课程,对学生深化保险专业知识体系和保险立法体系的认知以及保险职业伦理道德塑造至关重要。本课程以保险法主要理论和法律规定为核心内容,深化学生对保险立法体系及其主要内容的认识,提升学生分析保险法实务案例和热点问题的实践应用能力及辩证分析能力,加强学生的国家认同和社会责任感,培育学生的法治和规则意识,激发学生的使命和担当责任,以及积极投身保险行业的实践创新精神。

根据保险法的课程特征、知识结构和教学需求,其蕴含的思政元素可以涉及国家认同、家国情怀、社会责任、法治意识、科学精神、深度学习和实践创新七个维度。

1. 国家认同

保险法课程着重阐述了保险法律制度和立法体系、中国保险法律制度的演变与完善,以及维护被保险人权益的基本宗旨,有助于学生深刻理解国家致力于完善保险法制度体系,推动保险业稳定发展,构筑我国社会经济安全保障网的决心,从而增强学生的国家认同与制度认同。

2. 家国情怀

保险立法体系的建设和完善,凝聚着许多保险和法学前辈和专家的投入和心血。本课程有关我国保险立法历史与发展的案例,彰显出当代保险人的家国情怀,以推动保险行业健康发展为使命担当,从零开始,逐步构筑了中国保险法律体系。通过课程内容的学习,帮助学生树立为祖国、为人民奋斗的理想,激发其投身保险行业建设的热情。

3. 社会责任

《保险法》以民法诸多法律原则为基础,体现出正义、公平的社会道德理念。通过本课程的学习,使学生深刻认识保险市场主体的各类行为等都必须符合保险法律的要求,各主体都应以最大诚信全面履行自身的义务,不能侵害其他主体的合法权益,从而提升学生的社会责任感,使其自觉维护社会公平正义,并积极履行自身的公民义务。

4. 法治意识

保险法是规范保险市场主体从事保险活动的法律规则。通过本课程的学习,使学生形成对保险法律体系的系统认识,学法、守法、用法,善用保险法律分析保险案例和实务问题,并把保险法律规定内化为其行为准则,遵守保险法等相关法律,注重保险消费者权益保护,提升其法治意识、规则意识。

5. 科学精神

保险法课程是保险学与法学的学科交叉性课程,其内容体系与保险学、经济法学等课程联系紧密,课程教学中注重司法判例分析,引入诸多保险法领域热点问题讨论,培养学生的探索精神、理性思维,掌握辩证分析方法,理性看待我国保险立法体系的发展、保险合同相关法律规定的变化和保险监管规则的制定与演变。

6. 深度学习

保险法课程体系内容丰富,涉及《中华人民共和国保险法》《中华人民共和国民法典》合同编、《最高人民法院关于适用〈保险法〉若干问题的解释》等诸多法律法规,课程教学旨在激发学生的学习兴趣,培养学生自主学习的意识、持续学习的能力,形成勤于反思的学习态度,探索适合《中华人民共和国保险法》课程的学习方法。

7. 实践创新

随着我国保险业的快速发展和保险科技等新技术的出现,电子保单的效力等法律问题不断涌现,探索这些新现象、新问题的解决方案,要求学生具备发现并解决问题的兴趣、持之以恒的探索精神,以及新思维、新方法。课程通过以学生为中心的翻转课堂、案例讨论及专题研讨,激活课堂并激发学生潜力,鼓励学生尝试创新思路和创意方案,真正提升其实践创新能力。

(二)课程思政的教学内容

《保险法》课程的思政内容可以涉及以下几方面:

1. 保险立法体系的历史和演变

通过保险法立法体系的内容讲授,使学生感受到国家对建立和完善我国保险立法体系的大力支持,保险从业者艰苦卓绝的努力,以及保险法律制度对推动我国保险业稳定发展和维护保险消费者权益的重要作用,增强学生的国家认同、行业使命感和社会责任感,培育学生的法治意识,自觉学法、守法、用法,努力成为保险业法治精神的践行者。

2. 保险法的社会道德理念

保险法体现着正义、公平、平等、诚信等社会道德理念。通过保险法律法规及其实务案例的教学,培育学生的社会责任感,法治、规则和诚信意识,使其自觉维护社会公平正义,维护保险市场主体的合法权益,并积极履行自身的义务。

3. 保险合同中的契约精神和法治意识

保险合同应遵循的"契约精神"与社会责任中"个体自由平等和社会公平正义"的内涵不谋而合。通过保险合同的教学,培育学生形成"契约精神"及对保险权利义务的深刻认识,提升学生的社会责任感和法治意识,并通过保险合同典型案例的讨论,培养学生理性思维、勇于探究、敢于质疑的精神,寻求争议案例的合理解决方案。

4. 维护保险消费者权益的社会责任

维护保险消费者权益是我国《保险法》的基本宗旨,也是我国保险业持续健康发展的重要方面。通过本课程的学习,培育学生对保险消费者权益保护的认同感和责任使命感,深化对保险市场主体自由平等、公平公正的认识,逐渐形成保险从业的职业操守、法治和规则意识。

(三)教学方法

本课程采用线上线下混合教学,以问题为导向、以学生为中心,综合运用案例讨论、模拟法庭、头脑风暴等多种教学方法,使学生掌握保险法的主要理论、知识和分析方法,具备运用保险法相关理论和知识辩证分析实践问题的能力,具有国际视野、形成国家认同、法治意识和社会责任感,恪守保险伦理和职业道德。

三、课程各章节的课程思政教学内容设计

第一章 保险法概述

专业教学目标

在现代法律制度中,保险法既是民商法的组成部分,也是以独立的法律部门。本章以保险法的基本概念为切入点,介绍了保险法的内涵、立法目的和适用范围,让学生了解保险法的内涵、外延,并建立对保险法律体系的系统认识。

【知识目标】

1. 掌握保险法的含义、调整对象和适用范围。
2. 熟悉保险法的基本原则和立法目的。
3. 了解保险法演变和我国保险法律体系。

【能力目标】

1. 培养学生从法理视角认识保险法的内涵及法律框架。
2. 培养学生从思辨的角度理解保险法与民商法律制度的关系。
3. 培养学生从历史角度看待世界保险法律体系的形成和发展,以及我国保险法律体系的建立与完善。

课程思政教学目标及实践

【育人目标】

1. **国家认同** 尽管我国保险法律体系的建立明显晚于国外保险业发达国家,但近年来中国保险法律

体系建设与国外发达保险业国家的差距不断缩小,秉承"以人为本"理念、将保险消费者保护作为核心立法目的,我国保险法律体系逐步完善,形成了诸多保险法司法实践成果,为我国保险业的稳定发展保驾护航。通过本章的学生,增强学生的国家认同和制度认同。

2. 国际理解　各国保险法律体系的历史与发展主要受到各国立法体系和保险业发展历程的影响。通过本章的学习,引导学生客观看待各国保险立法体系的形成原因,尊重世界文化、经济、制度的多样性和差异性,重视吸收发达国家保险立法之所长,兼容并蓄、不断交流,为我国保险法律体系的完善贡献力量。

3. 法治意识　保险法概述是保险法课程的开篇章节,学生通过学习保险法理及内容体系,形成对保险法本质和作用的初步看法,对现行中国保险法律制度的认同,并逐步自发形成依据保险法律维护自身及他人合法权益的法治意识。

【教学方式与方法】

1. 自主学习:线上学习《保险法》课程的视频学习资料,线下阅读本章文献资料,并撰写阅读笔记。

2. 课堂讲授:广义和狭义保险法的含义、保险法的两类调整对象、适用范围,保险立法的演变,以及我国保险法律体系的历史与发展。

3. 课堂展示与讨论:本章学生的课后学习任务是搜集国外保险业发达国家保险法的最新立法进展,并整理目前我国保险法律体系的主要内容,根据搜集整理的素材完成相应报告,进行课堂小组讨论、小组互评和教师点评,补充完善报告。

【课程思政教学实例】

案例材料:《保险法》诞生始末

(1) 案例简介

1991年,中国人民保险公司前董事长兼总经理秦道夫被委任为中国《保险法》起草小组组长,当时起草《保险法》面临极大挑战,最大的困难是对国际法律不熟悉,一切都是从零开始。起草开始前,秦道夫首先请英国律师讲了三天《保险法》,还想办法找来16个国家和地区的《保险法》进行研究。1992年5月,保险法第一稿完成。随后起草小组奔赴成都、上海等地,搜集意见。1993年4月,秦道夫率起草组访问了美、德、英、日、菲律宾等五国。至1995年,中国第一部《保险法》经过第十四届全国人民代表大会常委会通过后,正式颁布,标志着中国市场走向法制化和规范化。而后,我国《保险法》在2002年和2009年两度修改,保险法的内容多处进行了修订完善,但维护被保险人的合法权益,一直是我国《保险法》的基本精神。

资料来源:杨敏.《中华人民共和国保险法》的诞生[J].金融博览,2011(12):22—24.

(2) 案例的思政元素

①国家认同。通过向学生讲述《保险法》从着手制定到最终正式颁布的历程,使学生感受到国家对保险业发展的重视和大力支持,在推进保险立法中的大量投入,以及每个参与起草者克服困难的决心和艰苦卓绝的努力,增强学生的国家认同。

②社会责任。通过讲述《保险法》出台的这段历史,让学生感受到我国保险业发展和保险法律体系建立的来之不易,唤起学生投身保险行业建设的热情,着力塑造了学生实现"保险强国"梦、推动我国保险法律体系日益完善的行业使命感和社会责任感。

③法治意识。我国《保险法》出台之前,国内保险市场化水平低,保险公司经营方式落后且存在诸多问题,保险公司及民众法治意识比较淡薄,保险消费者(被保险人)的利益难以得到维护。通过阅读材料的学习,培育学生的法治意识,自觉学法、守法、用法,努力成为保险业法治精神的践行者。

(3) 教学手段

①翻转课堂:以在线慕课资源《保险法》《中国保险史》等文献资源和纪录片《大国保险》为翻转课堂提供素材,通过课堂展示、以学生为中心的讨论,拓展保险法概述部分的教学深度和广度,提升学习效果。

②知识点+历史+思政:在中国保险立法知识点处引入案例,将国家认同、社会责任和法治意识等思政元素与专业知识融会贯通,培育学生的家国情怀、责任担当和规则意识。

③学习测评:通过学生自评和教师点评,实现学习效果的多维评价。

第二章　保险法基本原则

专业教学目标

保险法基本原则是贯穿保险法律体系，指导诸多保险法律制度适用的根本规则。

通过本章学习，要求学生掌握最大诚信原则、保险利益原则、损失补偿原则和近因原则的法律内涵、主要内容及其适用范围，能够应用保险法基本原则分析保险实务中的案例和实践问题。

【知识目标】

1. 理解并掌握最大诚信原则中告知、说明、弃权与禁止反言义务的含义及主要内容。
2. 理解并掌握保险利益的含义与内容，辨析人身保险和财产保险之保险利益。
3. 理解并掌握近因原则的内涵及适用。
4. 理解损失补偿原则的内涵及相关法律规定。

【能力目标】

1. 培养学生从法理视角探索保险法基本原则形成的原因、内在逻辑及法律后果的深度思考和归纳能力。
2. 培养学生运用保险法基本原则，分析保险法案例、解决保险实务问题的实践应用能力。
3. 培养学生对保险法基本原则热点问题的辩证分析能力。

课程思政教学目标及实践

【育人目标】

1. 社会责任　本章保险法基本原则以民法诸多法律原则为基础，同时反映了保险活动的特殊规律和需求，这些基本原则都体现着正义、公平、平等的社会道德理念。保险市场各主体都必须符合保险法基本原则的要求，并可以运用这些原则维护自身合法权益。通过本章的学习，培育学生的社会责任感，使其自觉维护社会公平正义，捍卫公民合法权利，并积极履行自身的公民义务。

2. 法治意识　保险法基本原则是指导保险市场各主体的基本法律准则，是规范保险活动的法律规则。通过本章的学习，使学生善用保险法律分析保险案例和实践问题，能以公平、公正的视角理解保险市场主体的行为，在分析具体保险司法案例时，既注重保险消费者权益保护，也注重维护其他保险市场主体的合法权益，使保险法律成为贯穿保险课程学习的"主线"。

3. 科学精神　保险实务中大量保险司法判例以保险法基本原则为主要法律依据。在本章课内案例教学中，要培养学生尊重事实和证据的严谨求知态度，使其形成理性思维和独立思考能力，敢于质疑案例司法审判结论，善于思辨，能够多角度辩证分析案情，最终提出并论证自己的观点。

【教学方式与方法】

1. 自主学习：线上学习《保险法》《保险法》在线课程中保险基本原则的专业知识点，并阅读最大诚信原则、保险利益原则、近因原则和损失补偿原则的相关文献资料，撰写阅读笔记。

2. 课堂讲授：最大诚信原则、保险利益原则、损失补偿原则和近因原则的内涵、主要内容、相关法律规定及典型案例，提出电子保单的如实告知及说明义务等保险法基本原则的学术前沿问题。

3. 课堂展示与讨论：学生展示根据本章的案例、文献资料等教学素材，整理完成案例分析报告、课程小论文等，通过课内小组讨论，教师点评，提出修改意见，完善形成报告终稿。

【课程思政教学实例】

案例材料1：恶意带病投保未如实告知案

(1)案例简介

2010年，左某被确诊为恶性黑色素瘤，且多次进行住院治疗。2013年10月6日，左某为自己投保重大疾病保险，投保时健康告知均否认了患病事实。2015年10月22日，左某因病死亡。左某家属提出索赔后，保险公司拒赔。保险公司认为：第一，被保险人左某在患癌症并开始化疗后为自己投保，主观恶意明显，具有恶意骗保的意图，严重违背了诚实信用原则，不属于《保险法》第十六条第三款的不可抗辩条款。该条关于"两年不得解除"的抗辩条款目的是加强对善意投保人、被保险人的保护，左某不应受此条款的保护。

资料来源：许飞琼. 经典保险案例分析100例[M]. 北京：中国金融出版社，2020.

(2)案例的思政元素

①法治意识。本案例是保险实务中典型的带病投保案,涉及投保人及被保险人投保时的如实告知义务及其法律后果。通过案情介绍,让学生自主分析该案的审判结论,培养学生运用《保险法》及其相关法律法规,分析保险法实务问题的实践应用能力。

②理性思维。通过向学生陈述案情,引导学生思考在被保险人系带病投保且故意未履行告知义务,故意甚至恶意骗保的情形下,《保险法》应如何调节保险各方当事人的争议,培养学生理性思维能力,辩证看待《保险法》维护被保险人权益的基本宗旨。

③社会责任。通过案例分析,使学生认识到保险各方当事人均应该恪守《保险法》等相关法律规定,以最大的诚意合法行使权利、全面履行义务,秉承"契约精神"积极承担自己的责任。

(3)教学手段

①课堂讨论:通过课内案例陈述、以学生为中心,采用学生小组内自由讨论、小组间辩论的方式,形成头脑风暴,让学生对这一类案例既有感性认识又有理性思维,"述+辩"结合,真正提升保险法基本原则的应用能力和学习效果。

②知识点+案例+思政:在最大诚信原则部分引入案例,将法治意识、理性思维和社会责任等思政元素与专业知识紧密结合,培育学生的规则意识、思辨能力和契约精神。

③学习测评:将学生评价和教师评价相结合,借助测评表打分,发现学习中存在的问题并反馈改进。

案例材料2:福利院投保案

(1)案例简介

某福利院为福利院的孩子购买了意外伤害保险,福利院院长李某为投保人,被保险人为福利院收养的孩子,受益人为该福利院。随后,福利院一儿童突发疾病死亡。福利院院长李某持该死亡证明书向保险公司索赔,但保险公司经调查后发现,李某并非孙某的亲生父母,没有资格为孙某投保人身伤害险,因此保险公司拒绝理赔。双方为此发生纠纷,福利院李某遂起诉至法院,请求保险公司按照双方签订的人身保险合同承担保险责任。

资料来源:沃保保险网,关于人身意外险中投保资格中保险利益的实例分析[EB/OL].2015-01-21/2022-06-16。

(2)案例的思政元素

①法治意识。出于对未成年人的生命安全的保护,《保险法》规定除父母为子女投保外,投保人不得为无民事行为能力人投保以死亡为给付保险金条件的人身保险。通过讲授这一案例,让学生认识到依法投保的重要性,并以《保险法》等法律法规作为分析案例的重要依据。

②思辨精神。在保险司法实践中,仍有很多值得探索和争议的问题。在本案中,福利院能否为收养的孩子购买保险是值得探讨的论题。通过本案例的讨论,鼓励学生以事实和证据为依据不断讨论、争议、思辨,通过理性思维方式认识问题、解决问题,并最终形成自己的观点。

(3)教学手段

①课堂讨论:课堂内学生基于案例主题分组自由讨论,教师随机旁听,课后学生提交讨论稿,教师对旁听和学生讨论稿内容进行分析。

②知识点+案例+思政:在保险利益原则部分引入案例,将法治意识和思辨能力等思政元素潜移默化地融入专业知识,培育学生的规则意识,批判质疑精神直至形成独立观点的能力。

③学习测评:学生组内根据评价量表互评,教师通过学生讨论稿的词频分析,评估本章知识目标、能力目标和思政目标的达成情况,以此优化本章的教学设计。

第三章 保险合同总论

专业教学目标

保险合同制度是保险法的核心,具有合同的一般属性,又以其法律特征区别于其他经济和民事合同,因此保险合同在保险法律体系中具有极为重要的作用。通过本章的学习,要求学生了解保险合同的种类、内容、形式和主要条款,理解保险合同的概念和特征,掌握保险主体、保险合同程序等相关法律规定,能够熟练运用本章内容分析有关保险合同的案例。

【知识目标】
1. 理解保险合同的内涵、法律特征、了解保险合同的种类。
2. 掌握保险合同主体、客体和内容的相关法律规定。
3. 掌握保险合同订立、变更、终止等程序的相关法律规定。
4. 理解《保险法》中有关保险合同部分相关法律规定的法理。
5. 了解保险合同条款解释原则,以及保险合同争议处理的主要方式。

【能力目标】
1. 培养学生从法理视角思考和探索保险合同相关法律规定中内在逻辑的能力。
2. 培养学生运用保险合同法相关法律规定,分析保险合同案例、解决保险合同实务问题的实践应用能力。
3. 培养学生对保险合同主体的权利义务、保险合同订立、变更及终止等热点、难点问题的逻辑分析能力。

课程思政教学目标及实践
【育人目标】
1. 社会责任　通过本章的学习,培育学生形成对保险各方当事人法律地位平等及意思自治的认知,明晰保险当事人的权利及义务,提升学生的社会责任感、规则意识和法治意识。
2. 科学精神　在保险合同法司法实践中,诉讼案例的审判结果往往更有利于被保险人的利益,这与《保险法》基本宗旨一致,但也可能与保险合同法的具体法律规定相左。通过本章的学习,培养学生勇于探究、敢于质疑的精神,以《保险法》等相关法律依据,独立判断、辩证分析。
3. 深度学习　本章保险合同总论主要内容体系庞大,涉及的法律规定繁多,教学适宜以点带面,采用热点案例辩论、模拟法庭等教学方法,激发学生自主学习的兴趣,培养学生自主学习的意识、持续学习的能力,并形成勤于反思的学习态度。

【教学方式与方法】
1. 自主学习:线上学习《保险法》《经济法》等在线课程的保险合同法、合同篇等内容,线下自主阅读相关期刊文献及《保险法商典型案例解析》等书籍资料,撰写阅读笔记。
2. 课堂讲授:保险合同的种类、内容、形式和主要条款,保险合同的概念和特征,保险主体、保险合同程序等相关法律规定,保险合同条款解释原则及争议处理办法,以及保险合同部分的典型案例。
3. 课堂展示与讨论:学生展示参加线上课程学习、线下阅读文献资料的学习心得,并根据拓展阅读和案例分析等教学素材整理完成相关报告,以小组为单位进行课堂汇报。

【课程思政教学实例】
案例材料1:保险人对电子保单的说明义务
(1)案例简介

投保人曲某通过代理人向保险公司投保车险,投保时曲某没有到场,代理人通过电话沟通进行确认之后,曲某手机收到了保险公司平台发的短信验证码,然后把验证码转发给了代理人。在保险期间内出现暴雨天气,被保险人曲某驾车驶入积水路段突然熄火,曲某报案并等待救援。后来曲某的车经过定损,损失金额高达34.3万元。曲某向保险公司索赔后,保险公司却出具了拒赔通知书,指出"发动机涉水"属于合同免除责任,不予以赔付。随后,双方当事人就免责保险条款是否尽到提示和说明义务,以及保险人是否应赔偿产生了争议。

资料来源:中国保险行业协会.《民法典》颁布对保险业的影响[M].北京:中国金融出版社,2021.

(2)案例的思政元素

①社会责任。保险合同中双方当事人应履行各自的义务,同时享有对等的权利。本案中的焦点是保险人是否履行了其对保险条款,特别是免责条款的说明义务。通过案情陈述,使学生认识到保险当事人在新型保险合同和传统保险合同中的权利和义务关系是一致的,作为相对强势方的保险人,更不能将信息技术作为减轻或免除自身义务的手段。只有积极履行契约责任与社会责任,维持保险合同双方的权益平衡,才能减少保险争议,促进保险市场良性发展。

②探索精神。电子保险合同作为新型保险合同,业务发展速度快,出现问题多,但目前《保险法》尚未出台针对电子保险合同的法律规定。通过本案例的讨论,激发学生自主学习《民法典》电子合同相关内容的兴趣,引导学生持续探索,积极寻求解决电子保险合同纠纷问题的可行方案,并形成独立的观点。

(3)教学手段
①课前素材准备:要求学生提前阅读《保险法》在线课程平台发布的电子保险合同视频和文字素材,鼓励学生搜索电子保险合同最新研究文献和典型案例。
②知识点+案例+思政:在保险合同履行部分引入案例,将家国情怀、科学精神等思政元素融入保险合同专业知识,培育学生的社会责任、法治意识和探索精神。
③学习测评:学生分组讨论,以小组形式在课堂展示讨论结果,学生互评、教师点评。

案例材料2:投保人未如实告知案

(1)案例简介
2017年3月,郭某为其父亲郭甲在保险公司投保"老年恶性肿瘤疾病保险",投保人及被保险人在投保时否认了投保前患有肿瘤等疾病,并在投保单上签字确认。被保险人郭甲于2017年11月病故,受益人于2017年12月25日向保险公司申请理赔。保险公司在理赔调查时发现,被保险人在2017年3月住过院,且被诊断疑似患前列腺癌。

资料来源:张韧,张礼.保险法商典型案例解析[M].北京:中国金融出版社,2022年.

(2)案例的思政元素
①科学精神。通过对本案的陈述,培养学生的问题意识,探索案情背后可能的事实与线索,引导学生对投保人和被保险人是否单纯地带病投保,以及是否可能存在例外情形进行反思,学会理性思考、辩证分析。
②社会责任。如何平衡保险双方当事人的权利义务关系,始终是保险合同法关注的核心问题。通过本案的讨论,使学生能够明确公民的权利和义务,具备法治意识、依据事实和证据,明辨案例是非。

(3)教学手段
①讲授:在保险合同"投保人的义务"部分引入案例,结合保险法基本原则的告知义务,探究投保时投保人告知义务的履行及其法律后果,培养学生的权利义务意识和社会责任,以及分析案例时的科学精神。
②讨论:投保人未如实告知案带来的启示。
③学习测评:设计学习测评表,对学生的准备情况、投入专注度、互动情况、学习主动性和学习结果的达成情况进行综合评价。

第四章 人身保险合同

专业教学目标
人身保险合同作为主要的保险合同类型,在合同订立和履行中均具有特殊性。通过本章的教学,使学生理解人身保险合同的特点,明确人身保险合同的分类,掌握人身保险合同的主要条款,熟练运用《保险法》相关法律法规分析人身保险合同的热点问题与典型案例。

【知识目标】
1. 理解人身保险合同的概念和法律特征。
2. 掌握人身保险合同的主要条款。
3. 熟悉人寿保险合同、意外伤害保险合同及健康保险合同的法律特征和适用范围。

【能力目标】
1. 培养学生归纳、凝练课程内容的能力。
2. 培养学生熟练分析人身保险合同案例、实务问题的实践应用能力。
3. 培养学生运用人身保险合同理论,自主探索人身保险合同实务领域新现象、新问题的能力。

课程思政教学目标及实践
【育人目标】
1. 法治意识 人身保险合同条款的拟定、合同的权利行使和义务履行,都必须遵守《保险法》《民法典》

等相关法律的规定。通过本章的学习,使学生意识到人身保险合同的各个环节均要贯穿法治意识和法律思维,维护人身保险被保险人的合法权利。

2. 理性思维　在保险法律纠纷中,涉及人身保险合同的争议和纠纷不在少数,包括人身保险的保险利益、保险合同当事人的权利义务、保险金请求权判定等等。在分析讨论这些司法案例时,培养学生理性思维、以事实和证据为依据,求真务实、并辩证分析问题的能力。

3. 职业道德　维护保险消费者合法权益是《保险法》的基本宗旨,其中蕴含了公平正义的价值观念。人身保险市场中有关人身保险合同纠纷案件乃至侵害保险消费者权益的现象屡有发生。通过本章学习,引导学生树立遵守保险职业道德、维护保险消费者权益的价值理念。

4. 社会责任　保险人依法承担人身保险合同中的责任、履行应尽义务,可以有效转移、分散人们面临的人身风险,从而实现老有所养、病有所医,社会稳定、人民幸福。对于本章内容的讲授,突出人身保险合同的履行在构筑人民风险保障防护网中的重要作用,使学生更加深刻感受到保险业的社会责任。

【教学方式与方法】

1. 自主学习:线上学习慕课等平台《保险法》《人身保险》课程中人身保险合同部分的专业知识点,线下自主阅读相关文献资料,撰写阅读笔记。
2. 课堂讲授:讲授人身保险合同的特点、分类,人身保险合同的一般条款和特殊条款,以及人寿保险合同、意外伤害保险合同和健康保险合同的法律特征与适用范围。
3. 课堂展示与讨论:学生根据在线教学素材、阅读的文献资料和典型案例,形成学习报告、读后感和案例分析报告,以小组形式进行讨论。

【课程思政教学实例】

案例材料:不可抗辩条款与保险欺诈

(1)案例简介

2009年10月10日,梁某某被诊断出甲状腺癌并住院治疗。2012年9月28日,梁某某与保险公司签订保险合同,且未如实告知既往病情。2014年4月4日,梁某某再次被诊断为甲状腺癌,此时距合同成立满两年还有五个多月。2015年10月后,梁某某才向保险公司提出理赔申请,被保险公司拒赔。本案中,被保险人提出索赔时保险合同已经订立满两年,保险人是否能以未如实告知解除合同呢?投保人不履行如实告知义务,应适用《合同法》中的撤销权条款还是《保险法》的不可抗辩条款,需判定投保方的行为是否构成了保险欺诈。当投保人不履行如实告知义务的行为但不构成欺诈的,适用《保险法》有关不可抗辩条款的规定,但构成保险欺诈的,则保险人可解除保险合同。

资料来源:凤凰新闻,https://ishare.ifeng.com/c/s/7n1Rt2aqRjH.

(2)案例的思政元素

①法治与规则意识。人身保险合同的当事人依法行使权利、履行义务。本案中,被保险人在明显带病投保的情形下,企图利用不可抗辩条款对被保险人未如实告知义务的除外规定,来骗取保险金,这一行为看似"合法",实则因构成了保险欺诈而违法。通过本案例的讨论,培养学生的法治和规则意识,意识到钻法律空子、未履行应尽义务,甚至故意欺诈的,终究要承担其法律责任。

②理性思维。实践中,一些涉及人身保险合同的案例纷繁复杂,很难一概而论。通过案例的陈述和分析,培养学生的求真精神,尊重证据,理性思维,最终才能获得复杂案例背后的事实真相。

(3)教学手段

①课堂讨论:课堂内学生基于案例分组讨论,分组互评,教师点评。
②知识点+案例+思政:在人身保险合同条款部分引入案例,将法治意识、规则意识和理性思维等思政元素融入人身保险合同专业知识,提升学生的社会责任和科学精神。
③学习测评:对学生的小组任务展示情况、提交报告的完成情况、章节测验等对本章学习效果进行测评。

第五章　财产保险合同

专业教学目标

财产保险合同是与人身保险合同并列的两大基本保险合同之一,财产保险合同的补偿性体现出其保障功能。通过本章的学习,使学生理解财产保险合同的法律特征,主要内容,以及财产损失保险合同、责任保险合同和信用保证保险合同的法律特点和适用范围。

【知识目标】
1. 理解财产保险合同的概念与法律特征。
2. 掌握财产保险合同的保险标的、保险金额、保险责任。
3. 掌握财产保险合同双方当事人的主要权利与义务。

【能力目标】
1. 培养学生运用相关法律法规分析财产保险合同领域典型案例和热点问题的实践应用能力。
2. 培养学生探究财产保险合同前沿问题的自主学习和独立思考能力。
3. 培养学生以小组形式进行案例讨论、成果展示的沟通与协作能力。

课程思政教学目标及实践

【育人目标】
1. 国家认同　财产保险合同是转移企业和个人家庭财产风险、分摊其财产损失的契约安排,为企业正常生产、人民安居乐业提供了重要保障。通过本章学习,使学生感受到国家对财产保险业发展的推动,尤其是对巨灾保险、农业保险、交强险、雇主责任保险等险种的支持,认识到财产保险合同在社会经济发展中的重要作用,提升学生的国家认同感和行业自豪感,并激发学生投身保险业建设的热情。

2. 国际理解　通过本章的学习,使学生认识到财产保险发展及其合同创新的跨文化交流重要性,特别是在进出口信用保险、科技保险等领域,当然对不同国家的财产保险及其合同的差异也应保持兼容并蓄的开放观点。

3. 社会责任　财产保险合同条款及其法律规定是保险当事人履行合同义务,行使正当权利的重要依据。通过本章的学习,引导学生基于法律规定正确理解合同,依法依约分析财产保险合同案例,对于尚存争议的问题,应尽可能从维护被保险利益的角度出发,真正成为社会公正公平的践行者。

4. 创新意识　通过对财产保险险种创新、合同条款创新等拓展内容的介绍,引导学生应对市场新需求,采用保险科技等新技术手段,探索财产保险合同可能的创新方向,培养其创新能力,并形成合理的创新方案。

5. 科学精神　财产保险合同,特别是工程保险合同、货物运输保险合同等合同,往往涉及保险主体多,合同条款复杂,保险标的价值大。通过本章的学习,培养学生解决复杂问题时坚持不懈的探索精神,多角度辩证地看待财产保险合同中保险当事人的权利与义务,寻求有效解决问题的方法。

【教学方式与方法】
1. 自主学习:线上学习相应慕课等平台《保险法》《财产保险》等课程中的有关财产保险合同的知识点,线下自主阅读财产保险合同的文献资料,撰写阅读笔记。
2. 课堂讲授:讲授财产保险合同的法律特征,保险标的、保险金额、赔偿方式等主要内容,以及财产损失保险合同、责任保险合同和信用保证保险合同的法律特点和适用范围。
3. 课堂展示与讨论:学生根据课件、线上、线下阅读的案例、文献等教学素材,完成案例分析、读书笔记等形式的报告,开展小组讨论,教师点评,根据讨论结果对报告内容进行修改完善。

【课程思政教学实例】

案例材料:国际货物运输保险合同的代位求偿案

(1)案例简介

2015年3月,A公司委托甲海运公司运输一批液晶显示面板先经海运自马来西亚巴生港至希腊比雷埃夫斯港,再经铁路至斯洛伐克尼特拉。在货物运输前,A公司已向乙保险公司就该批货物投保货物运输保险。货物在位于希腊境内的铁路运输区段因火车脱轨而遭受货损,其原因是事故时段当地持续暴雨,引起地质塌陷。根据本案适用的《国际铁路运输公约》规定,若货物的灭失、损坏或迟延交付是由于承运人无法避免并且无法阻止其发生的原因所造成的,承运人无须承担赔偿责任。在这一案例中,乙保险公司应该对A公司的损失承担赔偿责任吗?甲海运公司是否对A公司负有民事赔偿责任呢?乙公司可否对甲海运公司行使代位求偿权?

· 623 ·

资料来源：上海海事法院十大精品案例[EB/OL].2022-06-18/2022-08-16.

(2)案例的思政元素

①法治意识。国际货物运输保险是国际贸易及货物运输中风险转移的重要工具，而保险公司及运输方是否对货物损失承担责任取决于货物运输保险合同条款、《保险法》的规定，以及国际货物运输相关条约的规定。通过本案例的学习，培养学生的法治和规则意识，正确适用国内、国际法律法规，得出合理合法的案例结论。

②国际理解。本案中涉及的国际货物运输保险合同属于涉外保险合同，主要适用于国际或事发地的法律法规，通过本案的分析，增进学生对国际相关法律规定和惯例的了解，理解各国相关法律规定的差异，做出合法合理的判断。

(3)教学手段

①课堂讨论：学生分组案例讨论，针对案例进行主题辩论，学生互评、教师点评。

②知识点+案例+思政：在货物运输保险合同部分引入案例，将法治意识、国际理解等思政元素融入财产保险合同的专业知识，培养学生善用法律、知法守法，增进对国际相关法律或公约的了解。

③学习测评：根据学生案例展示及报告完成情况、教师对案例讨论的词频分析，以及学生章节测试结果，对学习效果进行综合测评。

第六章 保险业法

专业教学目标

保险业法是保险法的重要组成部分，保险监管机构依照保险业法对市场实施监督管理，以保障保险市场的稳定运行。本章内容较多，通过本章学习，使学生理解保险业法的概念、特点和适用目标，熟悉保险业法的内容体系，掌握保险业组织监管、保险企业偿付能力监管、保险企业经营活动监管的主要内容和法律规定，了解主要的保险法律责任。

【知识目标】

1. 理解保险业法的概念、特点和适用目标。
2. 熟悉保险业法的内容体系。
3. 掌握保险业组织监管、保险企业偿付能力监管、保险企业经营活动监管的主要内容和法律规定。
4. 了解保险法律责任的概念、特征和主要种类。

【能力目标】

1. 培养学生对于保险业法主要内容的归纳、凝练能力。
2. 培养学生熟练运用保险业法，分析实务中保险经营、保险监管领域重难点问题的实践应用能力。
3. 培养学生对保险业法领域相关问题的专业敏感度，以及发现问题、解决问题的探索精神。

课程思政教学目标及实践

【育人目标】

1. 社会责任 保险业是经济社会发展的安全网和稳定器，关乎企业、家庭和个人的正常生产、生活，因此与一般企业相比，保险公司承担更广泛的社会责任，受到监管机构更严格的监督管理。通过本章内容的学习，增加学生对于保险公司和保险从业者社会责任感的认知，培育遵守保险职业规则的自律精神，提升服务消费者的意识。

2. 科学精神 保险业法是政府监管保险市场主体的法律依据，而保险市场准入、退出，保险企业偿付能力或经营中存在的各种问题，都具有复杂性，甚至一定程度的隐蔽性。通过本章内容的学习，培育学生的思辨精神，具有探索复杂问题、寻求有效解决现实问题方法和能力。

3. 实践创新 随着我国保险市场的快速发展，也涌现出各种新问题，包括保险企业不当竞争、偿付能力风险过高、保险公司被接管甚至破产等。这些新问题、新风险需要学生以发展的眼光看待问题，以创新的思维审视问题，并能够给出合理的问题解决方案。通过本章的学习，引导学生自主学习、创新思维，为将来学生步入保险行业工作打好基础。

【教学方式与方法】

1. 自主学习：线上学习慕课等平台《保险法》课程中保险业法的相关知识点，线下自主阅读保险业法相关文献资料和法律法规,撰写阅读笔记。

2. 课堂讲授:讲授保险业法的概念、特点、适用目标、内容体系,保险业组织监管、保险企业偿付能力监管、保险企业经营活动监管的主要内容和法律规定,以及保险法律责任。

3. 课堂展示与讨论:学生展示根据课堂教学和课内外案例、文献资料等教学素材,整理完成相关报告,并进行小组讨论,根据讨论意见修改完善后提交。

【课程思政教学实例】

案例材料:保险消费者权益保护

(1)案例简介

2012年,原中国保监会下发了《关于做好保险消费权益保护工作的通知》,围绕保护保险消费者合法权益的主题,对保险行业提出明确要求。2014年,原保监会印发了《中国保监会关于加强保险消费者权益保护工作的意见》,从总体要求、强化保险公司主体责任、加强信息披露、严厉查处损害消费者合法权益的行为、完善消费者维权机制等九个方面对保险消费者权益保护工作提出了总体要求和具体方案。经过十余年的保险消费者权益保护工作的持续推进,保险市场主体竞争更加有序规范,严重侵害保险消费者权益的案件数量有所减少,消费者维权机制和渠道更加通畅。2022年,中国银保监会就《银行保险机构消费者权益保护管理办法(征求意见稿)》公开征求意见,内容共8章,56条,通过统一银行保险机构消费者权益保护监管标准,切实维护银行业、保险业消费者合法权益。

资料来源:根据网络公开资源搜集整理。

(2)案例的思政元素

①社会责任。保护保险消费者权益是我国《保险法》的基本宗旨,也是我国保险业持续健康发展的重要方面。通过这段阅读材料的学习,培育学生对保险消费者权益保护的认同感和责任使命感,深化对保险市场主体自由平等、公平公正的认识,形成保险职业道德、法治和规则意识。

②实践创新。保险消费者权益保护是保险依法监管的重要内容。从2012年的《关于做好保险消费权益保护工作的通知》,至2014年《中国保监会关于加强保险消费者权益保护工作的意见》,再到2022年《银行保险机构消费者权益保护管理办法(征求意见稿)》,这些监管规定的变化体现出我国保险消费者权益保护工作内容和方法的不断完善和创新。通过对阅读材料的学习,培育学生面对新问题的独立思考,不断探索、创新问题解决方法的能力,为将来学生步入保险职场打好基础。

(3)教学手段

①课堂讨论:学生对阅读材料进行讨论,基于查阅的相关素材进行观点阐述、教师点评。

②知识点+阅读素材+思政:在保险业法概述部分引入阅读材料,将社会责任、实践创新等思政元素融入保险消费者权益保护的知识点,培养学生的诚信、法治和规则意识,以及解决问题的独立思考和实践创新能力。

③学习测评:对学生搜集保险消费者保护相关素材的参与度、对学生形成独立观点的能力、对学生完成研讨报告的情况,以及章节测试情况进行全面评价。

四、课程思政的教学评价

(一)对教师的评价

1. 教学准备的评价

制定适合《保险法》课程特点的能力和育人目标,关注学生的学习背景和先验知识,形成促进学生主动学习的方案,凝练课程设计中的思政元素、修订教学大纲、教案、课件,落实能力和育人目标的实现。

2. 教学过程的评价

考察《保险法》课程思政与教学环节的衔接情况,课程思政呈现内容是否适当,与保险法专业知识的融合是否紧密,课程思政实施方案的可操作性,以及教师与学生的沟通和及对学生的指导是否有效等。

3. 教学结果的评价

建立《保险法》课程的多维评价体系,包括同行评价、督导教学评价、教师自评和学生满意度测评、教学成果获奖等。

4. 评价结果的运用

将《保险法》课程多维评价结果及改进建议，反馈于课程思政设计、教学过程的优化和改进，形成持续反馈改进机制。

(二) 对学生的评价

1. 学习过程的评价

考查学生是否完成了课程作业、素材收集、拓展阅读，是否积极参与案例分析、课堂讨论等环节，科学评价学生学习的积极性、参与性和互动性。

2. 学习效果的评价

通过课堂讨论、作业完成、课程论文、问卷调查及学生座谈等方式，检验学生对课程思政元素的领会和育人目标的实现程度。

3. 评价结果的运用

对评价结果进行整理分析，总结经验，改进不足，不断完善课程思政设计和教学过程改进，提升课程思政的教学效果，实现育人目标。

五、课程思政的教学素材

序号	内容	形式
1	《保险法》诞生始末	阅读材料
2	恶意带病投保未如实告知案	案例分析
3	福利院投保案	案例分析
4	保险人对电子保单的说明义务	案例分析
5	投保人未如实告知案	案例分析
6	不可抗辩条款与保险欺诈	案例分析
7	国际货物运输保险合同的代位求偿案	案例分析
8	责任保险合同在中国的创新与发展	阅读材料
9	保险消费者权益保护	政策法规
10	中华联合保险经重组而涅槃重生	阅读材料